重 各154.5×363.2cm　神戸市立博物館蔵

南蛮屏風の描かれた背景を年表・地図から考えてみよう

西暦	日本	世界
1517		ルターの宗教改革
1522		マゼランの世界周航
1543	ポルトガル人来航	イエズス会結成
1549	ザビエル来航 	
1557		ポルトガル，マカオ居住権獲得
1571		レパントの海戦
		スペイン，マニラ建設
1581		オランダが独立
1582	天正遣欧使節訪欧	
1584	スペイン人来航	
1587	秀吉のバテレン追放令	
1588		スペイン無敵艦隊，イギリスに敗北
1591	秀吉，インド・マニラに入貢《にゅうこう》要求	1595　オランダ，ジャワに到達
1596	サン＝フェリペ号事件	
1597	26聖人殉教《じゅんきょう》 マニラより象献上	
1598	秀吉死去	
		1600　イギリス，東インド会社設立
1616	ヨーロッパ船の来航地を長崎・平戸に限定	

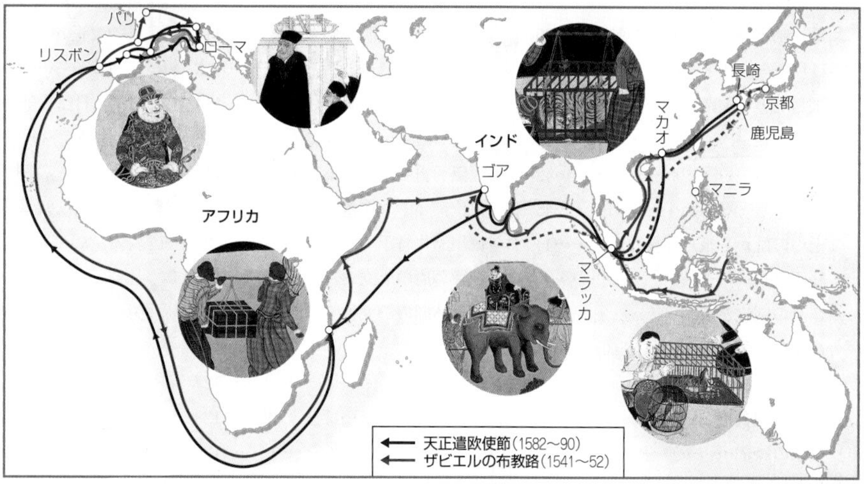

15世紀後半から16世紀にかけ，ヨーロッパ諸国はキリスト教の布教と貿易のために世界へと進出し，**大航海時代**を迎《むか》えた。スペイン人やポルトガル人は南蛮人と呼ばれ，マカオ・マニラなどを中継地点として，中国の生糸《きいと》や火薬をはじめ，アジアやヨーロッパの珍しい文物を日本にもたらした。貿易をのぞむ大名らによって，**イエズス会**などのキリスト教宣教師らによる布教活動も保護された。こうした貿易と布教とが一体化した**南蛮貿易**がおこなわれた(►p.112)。

南蛮貿易の様子を絵師が描いた屏風《びょうぶ》が**南蛮屏風**である(►p.121)。国際色豊かな南蛮屏風は現在91点が知られている。神戸市立博物館蔵の南蛮屏風は，作者が判明《はんめい》する珍しい作品である。作者・**狩野内膳**《かのうないぜん》(1570～1616)は摂津国荒木村重《せっつのくにあらきむらしげ》の家臣の子であったが，荒木氏が織田信長《おだのぶなが》に滅ぼされたため，狩野松栄《しょうえい》の弟子になり絵師となった。後に豊臣秀吉《とよとみひでよし》の御抱絵師《おかかええし》になり，『豊国祭礼図屏風《ほうこくさいれいずびょうぶ》』などの作品を残した。

目 次

動画あり（二次元コードから動画にアクセスできます）

TRY論述
・相互関連 などの記号は，論述する際に働かせる「歴史的な見方・考え方」を示しています。
・模範解答は，別冊「白地図ワーク」内に掲載しています。

本書の記号

国 は国宝指定の文化財を示す。
重 は重要文化財を示す。
世 は世界文化遺産登録の文化財を示す。
史 は巻末『必修日本史史料150選』に掲載されている史料を示す。
★本書に収録した写真所蔵・クレジットにつきましては，原則として該当写真のそばに表示いたしました。ただし，レイアウトの都合で入らない場合は，巻末にまとめて掲載いたしました。

下地中分絵図《したじちゅうぶんえず》には何が描《えが》かれているか

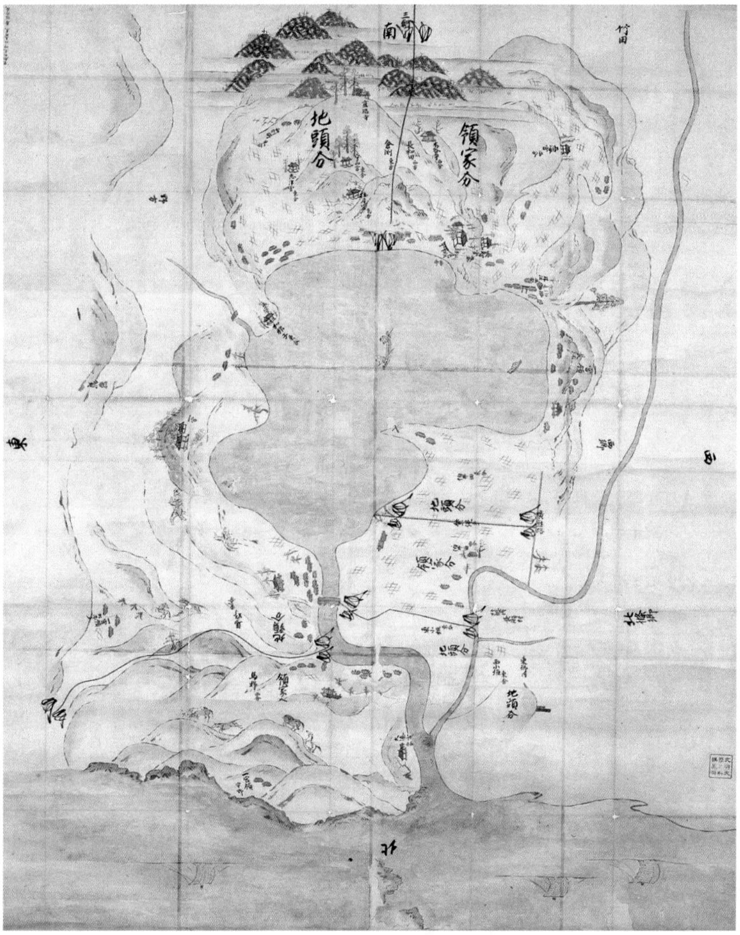

1 伯耆国河村郡東郷荘下地中分絵図《ほうきのくにかわむらぐんとうごうのしょうしたじちゅうぶんえず》(複写本) 東京大学史料編纂所蔵

2 地頭分《じとうぶん》と領家分《りょうけぶん》を分ける朱線《しゅせん》

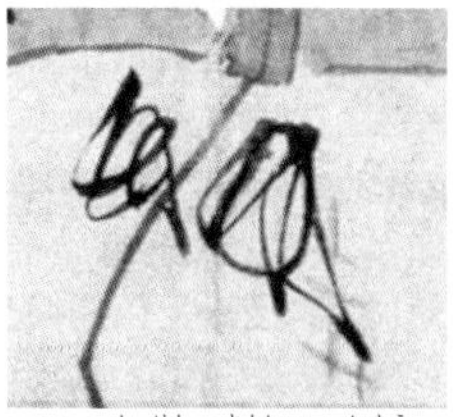

3 執権《しっけん》・連署《れんしょ》の花押《かおう》

4 松尾神社《まつのおじんじゃ》

5 描かれている馬

この絵図《えず》は，1258年に**領家**《りょうけ》の松尾神社《まつのおじんじゃ》と**地頭**《じとう》との間に作成されたものである。荘園《しょうえん》の境界となる朱線《しゅせん》の両端《りょうたん》には，幕府執権《ばくふしっけん》の北条長時《ほうじょうながとき》と連署《れんしょ》の北条政村《まさむら》の花押《かおう》が据《す》えられている。裁判の判決を下した下知状《げちじょう》同様，この絵図が**法的な効力**を有していることがわかる。

家屋敷《いえやしき》・神社・寺院なども描かれ，ほぼ均等の数になっている。荘園には必ず鎮守《ちんじゅ》がおかれ，年中行事として祭礼《さいれい》が行われた。京から松尾神社の分社を招き，鎮守としていたことがわかる。

6 小船

7 牓示石《ぼうじせき》

河や湖の中央が荘園の境界となることが多く，東郷池《とうごういけ》の中央には目印と思われる小船《こぶね》が描かれる。荘園の東西南北の4ヶ所の境界地点(四至《しし》)を牓示《ぼうじ》といい，目印となる牓示石《ぼうじせき》が置かれた。

裏書《うらがき》に書かれていることを読みとろう

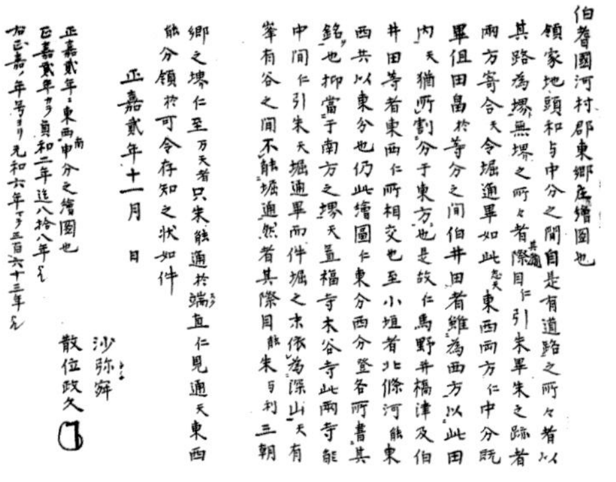
伯耆國河村郡東郷庄絵圖也
領家地頭和与中分之間自是有道路之所々者以
其路為堺無堺之所々者際目ニ引朱畢朱之跡者
両方寄合テ令堀通畢如此東西両方ニ中分既
畢但田畠於等分之間伯井田者雖為西方以此田
内テ猶所割分于東方也是故ニ馬野并橋津及伯
井田等者東西ニ所相交也至小垣者北條河熊東
西共以東分也仍此絵圖ニ東分西分登各所書其
銘也抑當于南方之堺テ置福寺木谷寺此両寺能
中間ニ引朱テ堀通畢而件堀之末依為深山テ有
峯有谷之間不能堀通然者其際目能朱与利三朝
郷之堺ニ至万天者只朱能通於端ヨリ直ニ見通テ東西
能分領於可令存知之状如件
正嘉貳年十一月 日
沙弥
散位政久
正嘉貳年ノ東西南中分之絵圖也
正嘉貳年ヨリ貞和二年迄八拾八年ニ
右正嘉ノ年号ヨリ元和六年マテ三百六十三年ニ

8 **裏書**(絵図の裏側に記載)

裏書の内容(抜粋)

- 道路があるところは道路を境《さかい》とし，境となるものがないところは，絵図上に朱線を引き，両方が寄り合って堀《ほり》を掘り通した。
- 南方の境は，置福寺と木谷寺の中間を境界として堀を掘り進めたが，深い谷に当たるため，その先はまっすぐに見通した直線を境界とする。

境界となる道路がない部分にも堀を作るなどして，明確に荘園を分割していたことがうかがえる。

9 **南方の境界** 裏書に記されているように，置福寺と木谷寺の中間まで荘園を緩《ゆる》やかに分割する朱線は，山間から直線となっている。

下地中分絵図は何のために作成されたか

承久《じょうきゅう》の乱(1221年)の後，西国《さいごく》にも武家政権の影響が強まると，鎌倉幕府により荘園に武士が**地頭**として新たに補任《ぶにん》され，現地支配を強めるようになった(►p.84)。荘官の中にも幕府から改めて地頭に任命され，**荘園領主**《りょうしゅ》(皇室《こうしつ》・摂関家《せっかんけ》・寺社《じしゃ》など)への年貢《ねんぐ》を押領《おうりょう》するものも増加するなど，次第に荘園の領有をめぐって荘園領主と地頭とのトラブルが多発するようになっていった。荘園領主は地頭の非違行為《ひいこうい》を裁判に訴《うった》えたが地頭の現地支配は弱まることはなかった。そこで荘園領主は訴訟《そしょう》を取り下げて和解し(**和与**《わよ》)，荘園管理の一切《いっさい》を地頭に委任《いにん》し一定の年貢を納入させた(**地頭請所**《じとううけしょ》)。また，双方で権益《けんえき》を折半《せっぱん》し領地を明確にする方法も採《と》られた(**下地中分**)。それぞれの土地をめぐる権利を明確化するために荘園の絵図が作成された。これらの権利は最終的に幕府によって認定され，法的な効力を与えられた(►p.86)。

Discovery

今も残る地名

現在の地名の中には鎌倉時代以来の地名が残っている場合も多い。東郷荘に見える「伯井田《ははいだ》」は現在の羽合《はわい》温泉(鳥取県)として知られる。地元の絵図から地名を研究してみよう。

10 伯井田《ははいだ》

巻頭特集 見る・読む・考える 漆紙文書 ～古代～

次の対話文を読んで［　　］に入る用語を答えよう

正体不明の「皮製品」？

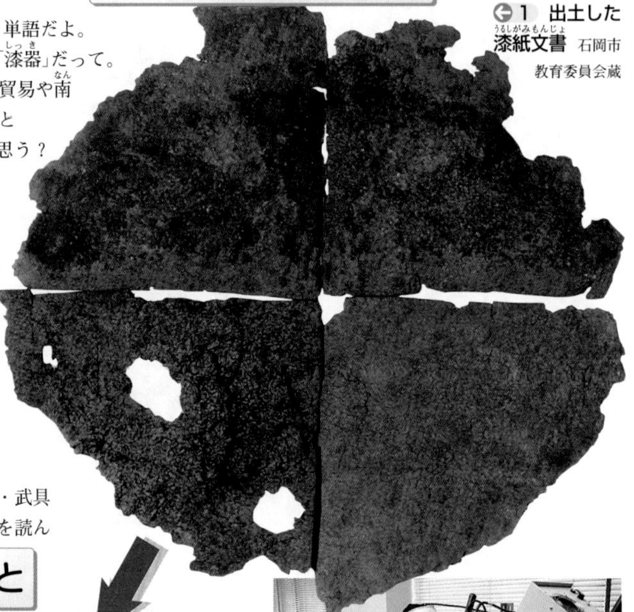

←1 出土した漆紙文書《うるしがみもんじょ》 石岡市教育委員会蔵

日本といえば「漆《うるし》」

先生：英語の辞書を持ってるだろ。“japan”という単語を調べてごらん。小文字から始まる単語だよ。

生徒：馬鹿にしないでください。「日本」に決まってるじゃないですか！あれれ？「［ 1 ］」「漆器《しっき》」だって。

先生：日本列島では8000年以上前の縄文時代から**漆**が使われ優れた技術が育まれた。日宋《にっそう》貿易や南《なん》蛮《ばん》貿易でも日本の代表的な工芸品として「漆器」が輸出されたので，欧米人から見ると日本といえば美しい「漆器」のイメージなんだね。ところで，1 の写真はなんだと思う？

科学技術で文字を読む

生徒：なんだろう，センベイのできそこないかな？

先生：あはは，無理もないな。多賀城跡《たがじょうあと》の発掘調査ではじめて出土したんだが，専門家が見ても正体不明で，とりあえず「皮製品」として保管した。漆が染み込んで残った文《もん》書《じょ》（**漆紙文書《うるしがみもんじょ》**という）だとわかったのは8年後，「**地下の正倉院《しょうそういん》**」ともいわれる貴重な資料なんだ。**文化財は見た目が悪くてもちゃんと保存しないとね。**

生徒：でも文字はどこに書いてあるんですか。

先生：波長が長い**赤外線**を当て，反射した赤外線をカメラで撮ると墨《すみ》で書いた文字だけが反射しないので黒く浮き上がる（2・3）。科学技術の応用だね。

出挙《すいこ》の実態がわかった！

先生：1 は茨城県石岡市の鹿《か》の子《こ》C遺跡から出土した。この遺跡は常陸国府《ひたちのこくふ》直属の武器・武具を作る工房《こうぼう》だったらしい。武具を飾る塗料《とりょう》として漆が使われたんだ。4 の判読文を読んで，何が書いてあるのか，考えてみよう。

赤外線カメラでのぞいてみると

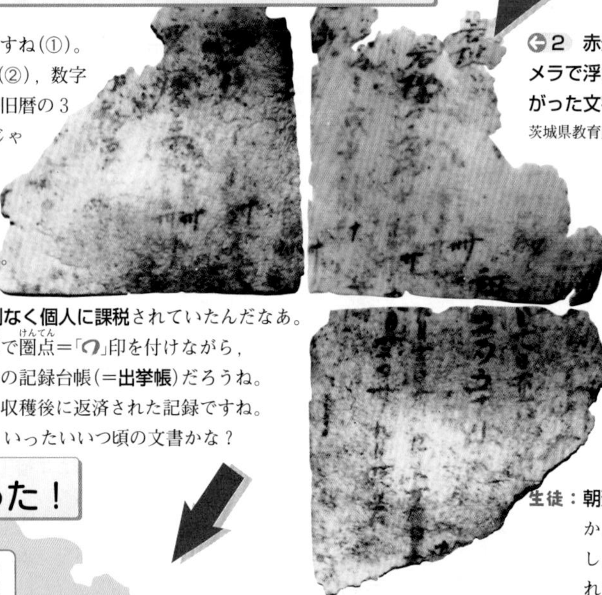

←2 赤外線カメラで浮かび上がった文字 (財)茨城県教育財団蔵

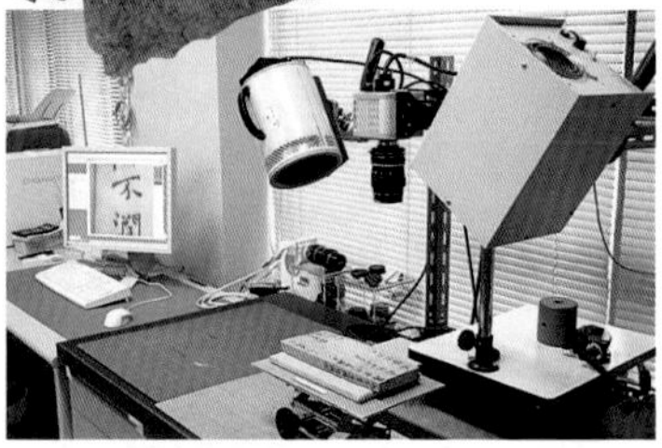

↑3 赤外線デジタルカメラで文字を撮影 滋賀県文化財保護協会提供

生徒：上段の大きめな字が人名でその下が月，「◯」印，数字の順ですね（①）。

先生：「稲五百五十束」と総計があるから（②），数字は稲束の数だと推定できる。でも旧暦の3月・5月は［ 2 ］と夏。収穫期じゃないね。**地方の四季**（►p.51 1）と**律令《りつりょう》の税**（►p.49 1）を見てごらん。

生徒：そうか，**春と夏の出挙《すいこ》**だ。数字は貸し付けた稲束の数なんですね。庸《よう》や調《ちょう》など律令の税は男性だけなのに，［ 3 ］と同じで**男女の別なく個人に課税**されていたんだなあ。

先生：この文書は，おそらく郡司《ぐんじ》が朱色《しゅいろ》で圏点《けんてん》＝「◯」印を付けながら，ひとりひとりをチェックした出挙の記録台帳（＝**出挙帳**）だろうね。

生徒：では，下段（③）は9月だから秋，収穫後に返済された記録ですね。［ 4 ］で返すこともあったのか。いったいいつ頃の文書かな？

奈良時代の出挙《すいこ》帳だった！

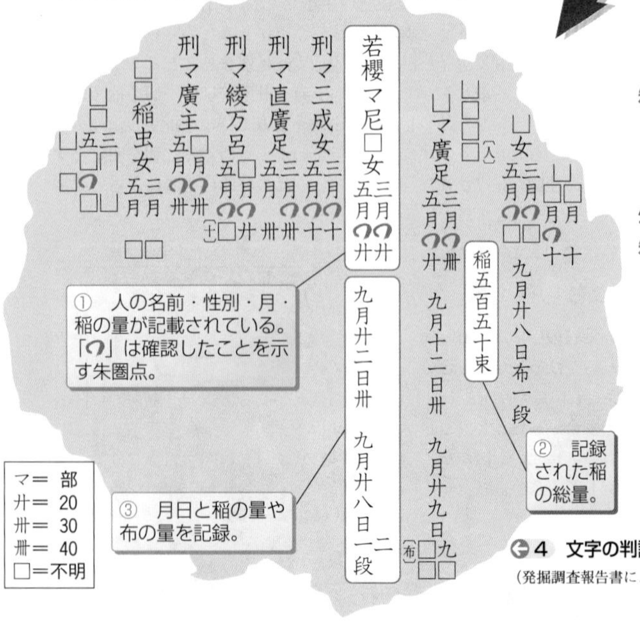

←4 文字の判読文（発掘調査報告書による）

漆のコーティングが文書を残した

先生：同じ遺跡から延暦《えんりゃく》年間（782～806年）の文書が出土しているから，奈良時代末から平安時代初期だろう。当時この地方ではどんなことが起きていたのかな。**東北侵出と蝦夷《えみし》の抵抗**（►p.64 4）で調べてみよう。

生徒：**朝廷軍が蝦夷と数十年も戦っていた時期**ですね。そうか，それで陸奥国《むつのくに》の隣の常陸国で武器工房がフル稼働し，多くの武器を作ることになって，漆が大量に使われたんですね。

先生：古代では漆は金や鉄，朱《しゅ》と並ぶ**極めて貴重な品**だった。「**尾張国郡司百姓等解《おわりのくにぐんじひゃくしょうらげ》**」（►p.75 5-1）にも強欲《ごうよく》な［ 5 ］（国司《こくし》）が過酷な取り立てをした品物の一つに挙げられている。漆はほこりや乾燥を避けるため，不要になった文書を「ふた紙」として桶《おけ》に入れ，漆液の表面に密着させて保管したんだね。そして漆にコーティングされた文書が残った。

生徒：それで四角い紙の文書が丸形になったんだ。

先生：正倉院にも地方の文書があるが東日本のものは皆無《かいむ》だから，この「**漆紙文書**」によって，出挙など東国の地方政治の実態がはじめて分かったんだよ。

↑5 漆桶《うるしおけ》と漆紙文書の出土 秋田県教育庁払田柵《ほったのさく》跡調査事務所蔵

↑6 ふた紙と漆桶の復元 東北歴史博物館所蔵

［　　］の答え：1漆　2春　3租《そ》　4布　5受領《ずりょう》

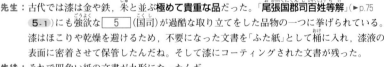

次の対話文を読んで□に入る用語を答えよう

「地券《ちけん》」とは何？

生徒： 夏休みに祖父の家を整理していたら，こんなものが出てきたんですけど，これって何ですか？

先生： ほう，**地券**じゃないか。明治時代に当時の府県がそれぞれの土地の所有者に発行した証明書だよ。発足したばかりの明治政府の課題の一つが［ 1 ］や殖産興業《しょくさんこうぎょう》を推進するための財源《ざいげん》の確保だった。江戸時代の年貢《ねんぐ》は，その年の**収穫高**《しゅうかくだか》を基準に米で納めさせる**物納**《ぶつのう》が原則だったけど…。

生徒： その場合，天候が悪くて米の収穫量が少ないと税収入が減ってしまうとか…。

先生： そのとおり。それに米価《べいか》も変動するから，税収入はどうしても不安定になってしまう。そこで，税収入を安定させるため，それぞれの田や畑の**地価**《ちか》を算定し，それに一定の割合で**地租**《ちそ》とよばれる税を課して金納《きんのう》させることにした。これが**地租改正**とよばれる改革で，1873(明治６)年に**地租改正条例**を制定し，府県ごとに土地の所有を証明する**地券**を発行したんだ。

地券には何が記載《きさい》されているのだろうか？

先生： **地券**に名前が記されたことで，土地の所有者として認められると同時に，**地租**を納めることが義務づけられたんだね。

生徒： **地価**の「百分ノ三」が**地租**というわけですね。「百分ノ三」というと３％か…。ずいぶん低い税率なんですね。

先生： ちょっと待って。江戸時代の年貢は**収穫高**にかけられたが，**地租**は**地価**にかけられているからね。江戸時代とほぼ同じ税収になるように**3％**と決めたんだ。

明治八年改正

地券

土地の所在地

信濃國(国)更級郡石川村字六百七拾(十)壱(一)番

字鶉石

地目(田・畑の別)

一 耕地

面積

貳(二)畝貳(二)歩

同國(国)同郡石川村

持主 神田七蔵

所有者

地價(価)金三圓(円)五拾(十)貳(二)銭

地価

此百分ノ三

金拾(十)銭六厘

地租

明治十年ヨリ

此百分ノ貳(二)ケ半

税率

金八銭八厘

地租

(明治10年～)地租

外 畦畔四歩

あぜ道の面積

右検(検)査之上授與(与)之

明治十二年四月一日

長野縣(県)

大日本帝國(国)政府

日本帝國《ていこく》ノ人民土地ヲ所有スルモノハ必ラス此券状《このけんじょう》ヲ有スヘシ

日本帝國外ノ人民ハ此土地ヲ所有スルノ権利ナキ者トス故《ゆえ》ニ何等《なんら》ノ事由《じゆう》アルトモ日本政府ハ地主即《すなわ》チ名前人ノ所有ト認ムヘシ

日本人民ノ此券状ヲ有スルモノハ其《その》土地ヲ適意ニ所有シ又ハ土地ヲ所有シ得《う》ヘキ権利アル者ニ売買《ばいばい》譲渡《じょうと》質入《しちいれ》書入《かきいれ》スル事ヲ得ヘシ

売買譲渡質入書入等ヲナサントスルモノハ渾《すべ》テ其規則ヲ遵守《じゅんしゅ》スヘシ若《も》シ其規則ニ因《よ》ラスシテ此券状ヲ有スルトモ其権利ヲ得《え》サルモノトス

表書ノ地所自今《いまより》右記名ノ者所有タルヲ確認ス

明治　年　月　日

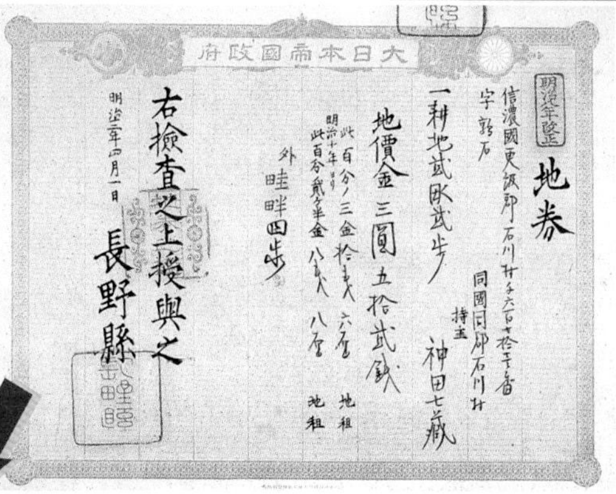

1　地券記載例(表)　個人蔵

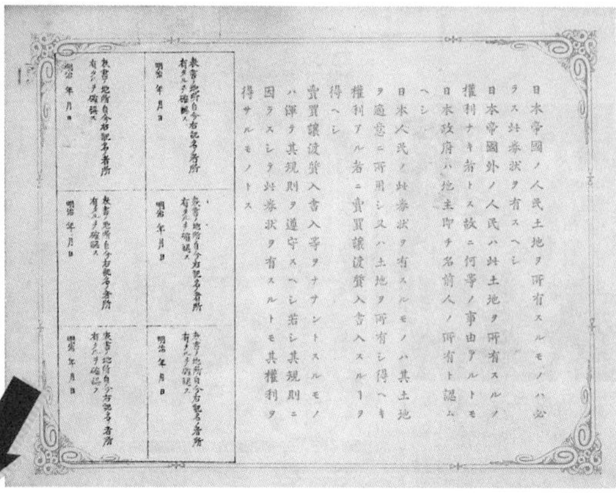

2　地券記載例(裏)　東洋計量史資料館(東洋計器)蔵

地租改正前後の状況

1872(明治５)年	学制公布　徴兵告諭《ちょうへいこくゆ》　太陽暦採用
1873(明治６)年	徴兵令公布　**地租改正条例** 史　征韓派《せいかんは》の下野《げや》
1874(明治７)年	民撰議院設立《みんせんぎいんせつりつ》の建白書《けんぱくしょ》提出　佐賀の乱
1875(明治８)年	漸次立憲政体樹立《ぜんじりっけんせいたいじゅりつ》の詔《みことのり》
1876(明治９)年	廃刀令《はいとうれい》　神風連《じんぷうれん》の乱　秋月《あきづき》の乱　萩《はぎ》の乱　伊勢《いせ》暴動　真壁《まかべ》暴動
1877(明治10)年	**地租を地価の2.5%に引き下げ**　西南戦争
1878(明治11)年	竹橋《たけばし》事件

なぜ地租は引き下げられたのか？

生徒： **地券**の表の「此《この》百分ノ三」の横に，「明治十年ヨリ　此百分ノ二ヶ半」とあるのは何ですか？

先生： この年から税率が**2.5%**に引き下げられた。なぜだろう？

生徒： 「明治十年」というと1877年か…。あっ，前年には神風連《じんぷうれん》の乱や伊勢《いせ》暴動など，士族や農民の反乱が起こっている。引き下げと同じ年には［ 2 ］も。

先生： そう。農民は維新によって暮らしが楽になると期待したが，その期待は裏切られ，1872年の［ 3 ］公布による学校の建設の負担や1873年の［ 4 ］で，新政府に強い不満を持っていたんだ。

生徒： だから政府は士族と農民が結びつくことを警戒して，**地租**の税率を引き下げ，農民の不満を和《やわ》らげようとした。

先生： そういうこと。実際に税率引き下げ後は農民の反乱は一時的に収《おさ》まっている。

生徒： あれっ，裏にも何か書いてあるぞ。それに，左の四角い欄《らん》は何だろう？

先生： そう，裏にはこの**地券**に関する説明４項目が記されている。四角い欄はその土地を売買《ばいばい》・譲渡《じょうと》した際に，新しい所有者の住所や氏名を書き込む欄なんだ。

3　「三重県下領民暴動之事件」　月岡芳年画　東京大学明治新聞雑誌文庫蔵

その後，地券はどうなったのだろうか？

生徒： いずれにしても，この地券は土地の所有権を証明するとても大事なものなんですね。すぐに送り返さなくちゃ…。

先生： たしかに資料として見るとおもしろいが，土地の所有権を示す証明書としてはもう効力のあるものではないからね。1886(明治19)年に**登記法**《とうきほう》が制定されてね。それ以降は，登記簿《とうきぼ》が土地所有を証明するものとなった。だから，実際に**地券**が効力を持ったのは10年余りの間だけなんだ。

生徒： じゃあ，大切にとっておこう。それにしても，たった１枚の**地券**からいろいろなことがわかるのですね。ありがとうございました。

□の答え：1 **富国強兵**　2 **西南戦争**　3 **学制**　4 **徴兵令**

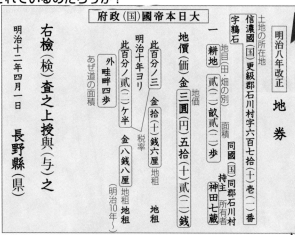

その時，世界はどのように動いていたか？ 〜幕末から明治期の世界と日本〜

18世紀後半にイギリスで改良された蒸気機関は，19世紀初頭には早くも蒸気機関車や蒸気船にも応用・実用化され，鉄道と海運が飛躍的に発展した。おりしも時はまさに帝国主義の時代。欧米列強は鉄道・海運網を広げ，世界各地に植民地を拡大していった。こうした世界の動向はアジアの東端に位置する日本にも及び，開国・明治維新の外因となった(►p.147・156)。

産業革命

蒸気機関の発明

1710頃　ニューコメン(英)，蒸気機関を発明
1769　ワット(英)，蒸気機関を改良

蒸気機関車の発明

1804　トレヴィシック(英)，蒸気機関車を初走行
1814　スティーヴンソン(英)，蒸気機関車を改良
1830　リヴァプール・マンチェスター間鉄道開通

➡1　ワット(1736〜1819)　ニューコメンの蒸気機関を改良し熱効率を高め，実用化。

⬆2　スティーヴンソン(1781〜1848)　蒸気機関車による公共鉄道の実用化に成功。「鉄道の父」とよばれる。

⬆3　スティーヴンソンが設計したロケット号　最高時速46.4km，リヴァプール・マンチェスター間を4時間半かけて走行した。

19世紀末〜20世紀初頭の世界

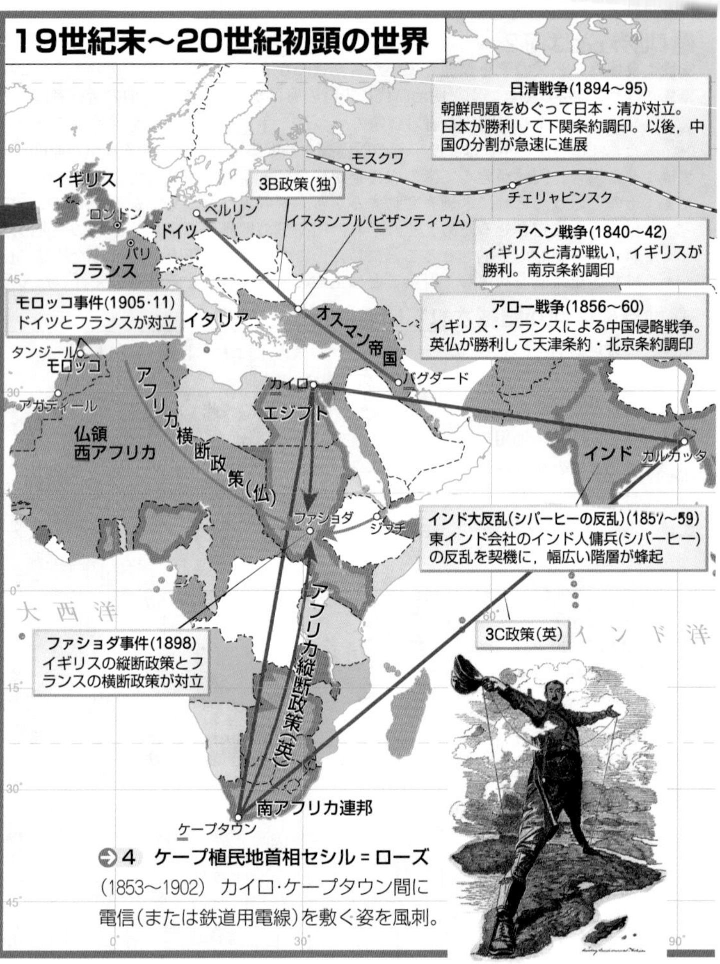

➡4　ケープ植民地首相セシル＝ローズ(1853〜1902)　カイロ・ケープタウン間に電信(または鉄道用電線)を敷く姿を風刺。

その頃，ヨーロッパでは…

蒸気機関の発明・改良を契機に18世紀後半のイギリスでおこった産業革命は，やがてヨーロッパ各地とアメリカに波及した。それにともなって資源の供給地と商品の市場としての植民地の重要性が高まり，列強諸国は積極的に海外に進出し，世界各地で対立するようになった。帝国主義の時代の到来である。

イギリスはカイロ・ケープタウン・カルカッタを結ぶ3C政策を展開し，ベルリンからイスタンブル(ビザンティウム)を経てバグダードに勢力を伸ばそうとするドイツと対立した。また，3C政策の一環としてイギリスが進めたアフリカ縦断政策は，フランスの進めるアフリカ横断政策と対立し，ファショダで衝突した。さらに，フランス・ドイツもモロッコ事件で対立した。

一方，ロシアは日本に接近して開国を求めるとともに，シベリア鉄道の敷設により，さらにシベリアの開発と極東への進出を強めた。これはのちに日本との対立を深め，日露戦争を招くこととなった。

⬆9　ヴィクトリア女王(英)(位1837〜1901)　治世は63年以上にわたる。時代はイギリス帝国主義の絶頂期であった。

⬆10　ヴィルヘルム2世(独)(位1888〜1918)　ビスマルクを罷免《ひめん》し，積極的な帝国主義政策を展開。第一次世界大戦を招いた。

⬆11　アレクサンドル3世(露)(位1881〜94)　中央アジアに進出するとともに，シベリア鉄道を起工して極東への進出を企てた。

その頃，アジアでは…

インドではプラッシーの戦い(1757)でフランスを破ったイギリスにより植民地化が進み，インド大反乱(シパーヒーの反乱)(1857〜59)を契機にムガル帝国は滅亡し，イギリスの統治によるインド帝国が成立した(►p.147)。

中国でも清朝の勢力が衰え，アヘン戦争(1840〜42)，アロー戦争(1856〜60)を契機に植民地化が進んだ。さらに太平天国《たいへいてんごく》(1851〜64)がおこって国内は混乱し，日清戦争(1894〜95)での敗北後は，列強による分割がさらに進展し，半植民地状態となった(►p.181)。

日本では江戸幕府による支配が続き，諸外国との通交は厳しく制限されていたが，19世紀以降，列強諸国が頻繁に接近し，対応を迫られていた(►p.147)。1853年にアメリカのペリーが黒船を率いて浦賀《うらが》に来航して強硬に開国を要求すると，その外圧によりついに開国し，国内の政治・経済は混乱した(►p.156)。そうした状況下で，江戸幕府は滅亡して明治政府が樹立され，近代的な国家体制が整備されていった。

⬅12　アヘン戦争でイギリス軍艦に撃破される清のジャンク船

イギリス領　オランダ領　スペイン領　アメリカ領　日本領
フランス領　ドイツ領　ポルトガル領　イタリア領

シベリア鉄道の起工(1891)と開通(1904)
ロシアの極東進出を推進
日露戦争(1904～05)
満州・朝鮮の支配権をめぐって日本・ロシアが対立。日本が勝利してポーツマス条約調印
北清事変(1900)
義和団事件を利用して清が列国に宣戦。列国は連合軍を組織して対抗・勝利。北京議定書調印
日本への開国要求
1792　ラクスマン(露)，根室に来航
1804　レザノフ(露)，長崎に来航
1846　ビッドル(米)，浦賀に来航
1853·54　ペリー(米)，浦賀に来航
プチャーチン(露)，長崎・下田に来航
1854　日米和親条約調印
1858　日米修好通商条約調印
アメリカ大陸横断鉄道の開通(1869)
西部からのセントラル・パシフィック鉄道と，東部からのユニオン・パシフィック鉄道が接続。以後，急速に西部開拓が進展し，フロンティアが消滅(1890)
ロ　シ　ア
カ ナ ダ 連 邦
ウラジヴォストーク
北京
朝鮮
清
浦賀
日本
南京
広州
台湾
フィリピン
太平天国(1851～64)
仏領
インドシナ連邦
マレー連合州
オランダ領東インド
太 平 洋
ハワイ諸島
プロモントリー
サクラメント
オマハ
ニューヨーク
アメリカ合衆国
大 西 洋
キューバ
カリブ海
蒸気船の発明・改良
1783　ダバン(仏)，蒸気船を発明
1807　フルトン(米)，蒸気船の試運転に成功
パナマ
コロンビア
ブラジル
アルゼンチン
アメリカの太平洋地域への進出
1898　ハワイ王国の併合
1898～　フィリピンの植民地支配
オーストラリア連邦
ニュージーランド
120°
150°
180°
150°
120°
90°
60°

⬆6　ペリー
(1794～1858)

⬆7　リリウオカラニ
(位1891～93)　ハワイ王国最後の女王。『アロハ・オエ』の作曲・作詞者としても知られる。

⬆8　ハドソン川を航行するクラーモント号
(1807)　クラーモント号(フルトンが開発)は外輪船であったが，やがて速度の速いスクリュープロペラ船が開発され，後者が主流となった。

⬆5　アギナルド(1869～1964)　アメリカの支援により，フィリピンはスペインから独立。初代大統領に就任，のちにアメリカにより排除される。

⬆13　ミドハト＝パシャ
(1822～84)　オスマン帝国の宰相。アジアで初の憲法を起草した。

その頃，アメリカでは…

当初は東部に人口が集中していたが，フランスからルイジアナを購入したり，メキシコからテキサス・カリフォルニアを獲得したりして国土を拡大し，先住民を排除して西部開拓が進展した。この西部開拓に大きな役割を果たしたのが大陸横断鉄道の開通(1869)であった。資源の豊富なアメリカは，多くの移民を受け入れて諸産業を発展させ，19世紀末には工業生産力で世界の首位に立った。フロンティアの消滅(1890)以降は，新たな市場を求めて太平洋地域に積極的に進出し，ハワイ王国の併合(1898)，フィリピンの植民地化を進め，中国との交易にも乗り出した。ペリーの日本への来航はこうした太平洋地域への進出の前段階と言える。

一方，20世紀初以降はカリブ海にも乗り出し，キューバを一時的に占領したり，パナマをコロンビアから独立させてパナマ運河を完成させ，大西洋・太平洋の連絡路を掌握したりするなど，「棍棒《こんぼう》外交」とよばれる強引な外交で，西半球へのヨーロッパ諸国の介入を防いだ。

⬆17　大陸横断鉄道開通式典(1869)　西から東進したセントラル・パシフィック鉄道と，東から西進したユニオン・パシフィック鉄道がユタ準州で接続。初の大陸横断鉄道となった。

⬆14　西《せい》太《たい》后《こう》(1835～1908)　同《どう》治《ち》帝《てい》·光緒帝《こうしょてい》を擁立し，70余年にわたって清朝の政治の実権を掌握した。

⬆15　ジャクソン(任1829～37)　米英戦争で活躍するとともに，多くの先住民を殺戮《さつりく》した。

⬆16　セオドア＝ローズヴェルト(任1901～09)　「棍棒外交」とよばれる強引な外交で，カリブ海に勢力を伸張。

CARIBBEAN SEA
SANTO DOMINGO
DEBT COLLECTOR
THE BIG STICK IN THE CARIBBEAN SEA

➡18　セオドア＝ローズヴェルトの「棍棒外交」　パナマ運河の租借やキューバの占領など，20世紀初頭のアメリカの中米諸国のへ強引な勢力拡大を風刺。

テーマで学ぼう 花押のはなし

いつの時代も手紙や証文の偽造が行われる。これを防止するため他人がまねできない癖《くせ》のある文字で署名《しょめい》する習慣がうまれた。草書で名前を自署《じしょ》するこの方法を草名《そうみょう》という。草名はしだいに改良され，さまざまに工夫された花押《かおう》とよばれるサインがうまれた。

1 現代に生きる花押

東京・(財)出光美術館蔵

Point 平安時代の草名。左は藤原定家《ふじわらのさだいえ/ていか》のもの。 右は僧正長信《そうじょうちょうしん》のもの。

Point 総理大臣など閣僚はハンコではなく花押を用いている。1885年内閣制度発足以来の慣例。右は太平洋戦争直前，御前会議《ごぜんかいぎ》での閣僚らの花押である。

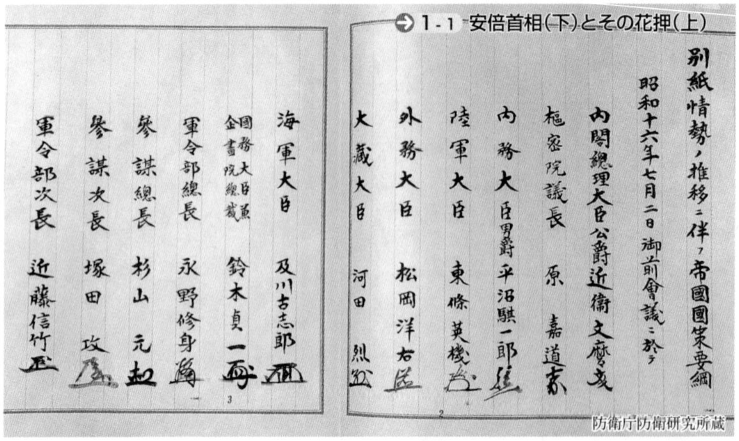
別紙情勢ノ推移ニ伴フ帝國國策要綱
昭和十六年七月二日御前會議ニ於テ
内閣總理大臣公爵近衛文麿
樞密院議長 原嘉道
内務大臣男爵平沼騏一郎
陸軍大臣 東條英機
外務大臣 松岡洋右
大藏大臣 河田烈
海軍大臣 及川古志郎
國務大臣企畫院總裁 鈴木貞一
軍令部總長 永野修身
參謀總長 杉山元
參謀次長 塚田攻
軍令部次長 近藤信竹

1-1 安倍首相(下)とその花押(上)

防衛庁防衛研究所蔵

首相官邸資料による

2 頼朝の花押～鎌倉時代

神奈川県立歴史博物館蔵

Point 頼朝《よりとも》の花押は「束」と「月」の２字を，実朝《さねとも》の花押は「寃」と「月」の２字を合成して制作されている。武士の場合，集団としての結合を強めるため，花押を父祖に似せる場合がある。(左は頼朝，右は実朝の花押)

3 願いをこめた花押～室町時代

國學院大學図書館蔵

Point 足利義政《あしかがよしまさ》の花押のもとは「慈」である。将軍として望ましい徳目《とくもく》である「慈悲《じひ》」の心を花押に託《たく》したのであろう。花押にはその人の理想や願望が込められる場合もある。

4 戦国武将の花押～戦国時代

4-1 織田信長画像と花押 東京大学史料編纂所蔵

高台寺蔵 大阪城天守閣蔵

4-2 豊臣秀吉画像と花押

4-3 武田信玄画像と花押 (左)高野山持明院蔵 (右)個人蔵

4-4 上杉謙信画像と花押 (左)上杉神社稽照殿蔵 (右)米沢市(上杉博物館)蔵

5 中世の庶民の花押

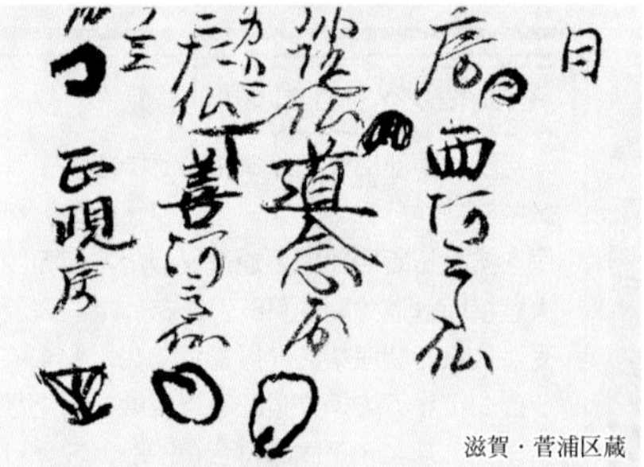
滋賀・菅浦区蔵

Point 武士や貴族の花押は形や制作方法などそれぞれの特徴《とくちょう》があった。一方，農村の庶民の花押はきわめて素朴《そぼく》でわかりやすいものであった。

6 おもしろい花押

Point 花押には文字や名前とは関係のない別の形をデザインしたものもあり，中世の僧侶《そうりょ》に多い(別様体)。写真左は曹洞宗《そうとうしゅう》の僧瑩山紹瑾《けいざんじょうきん》の蛇《へび》，右はおなじく禅僧の竺仙梵僊《じくせんぼんせん》の涙目を模《も》した花押。

7 花押の隆盛～江戸時代

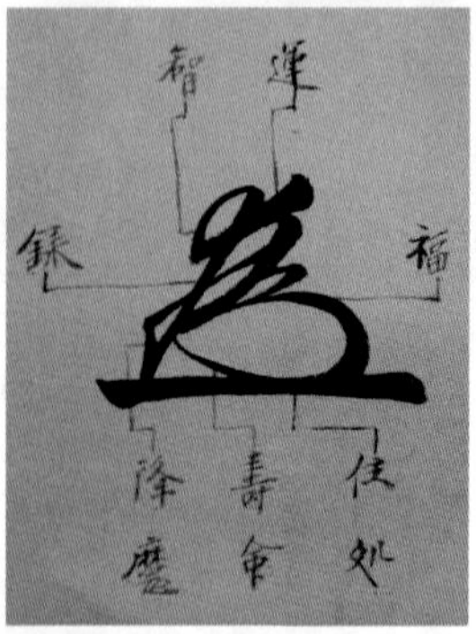

Point 天地に水平に２本の線をひいた花押を明朝体の花押という。上の徳川家康の花押以降，徳川将軍や諸大名のほとんどはこのかたちを使っている。近現代の政治家の花押も明朝体である。左は画線で縁起《えんぎ》の良い花押をつくったようすがわかる。江戸時代，花押づくりの専門家が現れた。個人蔵

1 不換紙幣の発行

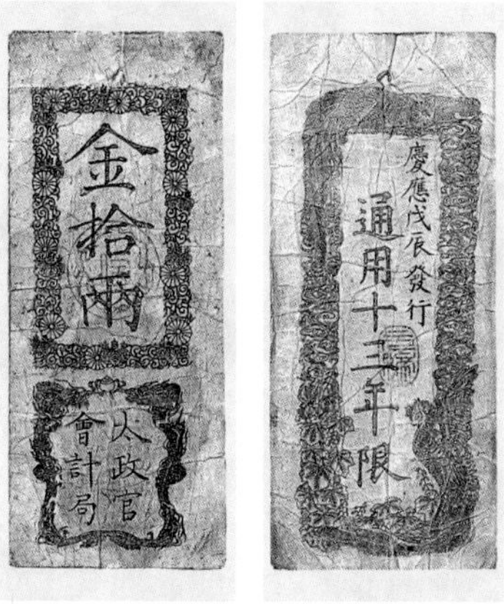

1-1 太政官札（10両） 159×68mm

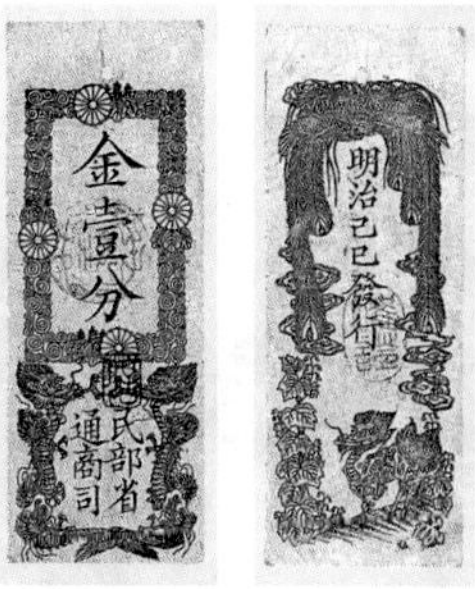

1-2 民部省札（1分） 100×38mm

Point 新政府は戊辰戦争の戦費支払いなどのため，太政官札と小額紙幣である民部省札を発行した。

2 円の誕生

2-1 旧10円金貨（原寸大）
直径29.424mm 重量16.6666g

2-2 貿易用1円銀貨（原寸大）
直径37.575mm 重量26.957g

Point 明治初年に国内で流通していた通貨は，幕府が発行した三貨のほかに藩札が1,700種近くもあり，統一的な通貨制度の確立は急務であった。そこで政府は1871年に**新貨条例**を制定して新たに円を単位とし，同時に**金本位制**を採用することを決定した。これをうけ金貨・銀貨が鋳造《ちゅうぞう》(正確には打刻《だこく》)されるとともに，ドイツの印刷会社に新たな紙幣が発注され，旧来の紙幣と順次交換していくことになった。しかし本位制度は当時のアジア貿易における決済が銀貨(メキシコ銀)で行われることが一般的であったため，結果的に**金銀複本位制**というべき状態にとどまり，金本位制の確立は日清戦争後のことになる。

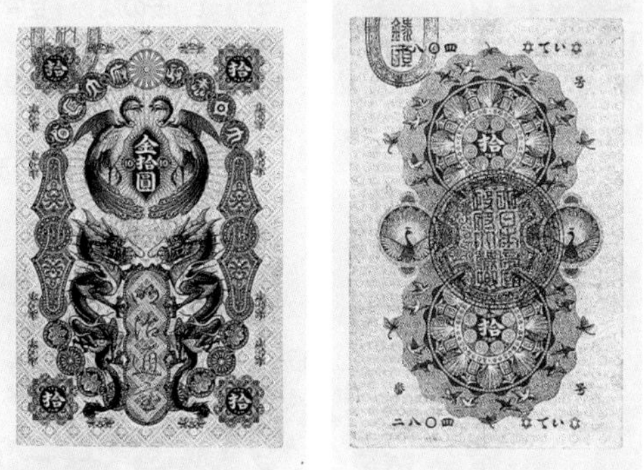

2-3 新紙幣（明治通宝）10円券　旧幕府時代以来の多様な紙幣を整理するために発行された。 137×89mm

3 国立銀行券の発行

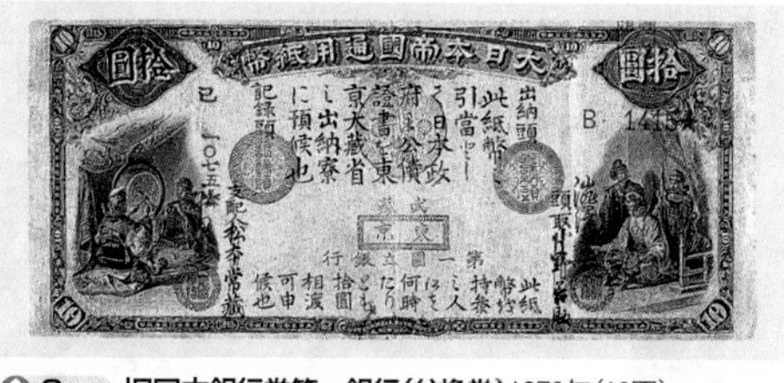

3-1 旧国立銀行券第一銀行（兌換券）1873年（10円）80×190mm

3-2 新国立銀行券第四十銀行（兌換券）1878年（5円）89×174mm

Point 1872年，政府は国立銀行条例を制定した。これは不換紙幣を回収して兌換《だかん》銀行券を増やし，同時に殖産興業資金を供給するために民間銀行（**国立銀行**）を設立させるというものであった。しかし国立銀行券は当初正貨（金貨）との兌換が義務付けられていたため，発行するとすぐに兌換されて銀行に戻ってしまい流通せず，銀行経営も困難となった。そこで政府は76年に条例を改正し，正貨ではなく政府紙幣との交換でよいとしたため，銀行設立が活発になった。その結果1879年の第百五十三銀行を最後に，政府は銀行設立を停止した。

4 兌換《だかん》制度の確立

Point 1882年に設立された日本銀行は，1885年銀兌換の銀行券を発行し，ここに兌換制度の確立をみた。この結果国立銀行券は1899年をもって通用停止となった。

4-1 日本銀行券（兌換券）
（100円 大黒札） 115×186mm

5 金本位制の確立

5-1 新10円金貨（原寸大）
直径21.121mm 重量8.3333g

Point 1897年に貨幣法が制定されて**金本位制**が確立する。これが可能となったのは日清戦争の賠償金をロンドンにおいてポンドで受け取ったことで，必要な正貨準備ができたからである。この政策の中心となったのは大蔵大臣松方正義《まつかたまさよし》であった。なお，貨幣法では１円を金0.75ｇとしたので10円金貨が新貨条例によるものの半分の大きさである（2-1 10円金貨を参照）。

6 管理通貨制度下の紙幣

6-1 甲10円券金兌換の文言あり

6-2 い10円券兌換の文言なし

Point 1931年12月，犬養《いぬかい》毅《つよし》内閣は再度金輸出を禁止し，日本は管理通貨制度に移行した。それにともない，金兌換も行われなくなったので，日本銀行券の兌換文言も印刷されなくなった。

7 戦中・戦後混乱期の円

Point 戦争の長期化はあらゆる物資の不足をもたらした。金属材料の入手が困難になる中で，代替品として粘土と長石《ちょうせき》を主原料とする陶貨《とうか》が開発されたが，発行される前に敗戦となった。

原寸大

直径21.90mm 重量2.00g　直径15.00mm 重量0.80g

7-1 10銭陶貨（左） 1銭陶貨（右）

7-2 証書添付日本銀行券い100円券 93×162mm

Point 敗戦直後の急激なインフレーションへの対策として，幣原《しではら》内閣は金融緊急措置令を発し，通貨を新円に切り替えることで旧来の紙幣を使えなくし，通貨収縮を実現しようとした。しかし新円の印刷が間に合わなかったため，古い紙幣に証書を貼って対応せざるを得なかった。

テーマで学ぼう 日本史の中の素材“衣”

1 麻《あさ》を着る

Point わが国の近代以前における被服材料は，麻・絹・木綿が主なものであった。このうち麻は最も早く，弥生時代から利用されており，その中心となったのは苧麻《からむし》であった。＊三草は麻と紅花・藍(►p.135)

1-1 麻の一種苧麻《からむし》《ちょま》の刈り取り

1-2 苧麻の茎《くき》の表皮剝《は》ぎ

1-3·4 繊維を引き出す苧麻引き

1-5 繊維を爪で裂《さ》く苧績《おう》み

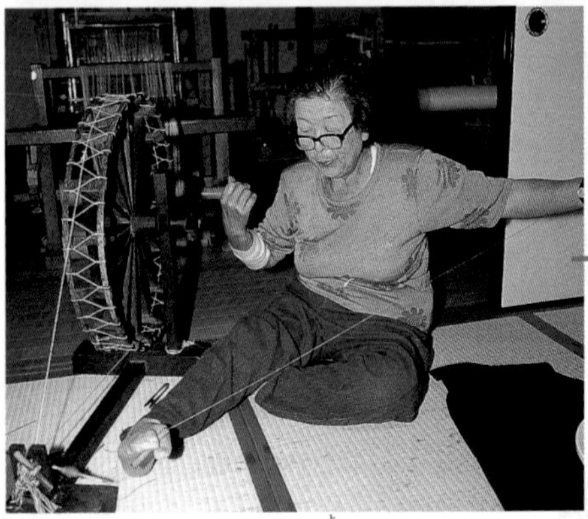
1-6 糸を巻きとりながら撚《よ》りをかける

1-7 苧麻織り

1-8 麻の貫頭衣《かんとうい》
(『魏志倭人伝』より復元)
京都・風俗博物館蔵

1-9 麻の筒袖《つつそで》・括袴《くくりばかま》の物売り(中世)
京都・風俗博物館蔵

2 絹《きぬ》を着る

Point わが国における養蚕《ようさん》・絹織物の始まりは明らかではないが，『魏志』倭人伝にはすでに現れる。おそらく中国の技術がおよんできたものであろう。律令体制下の8世紀には，絹・絁《あしぎぬ》を納めることが行われた。近世に入ると従来の一部特権層に限られていた絹織物への需要が増大し，京都西陣《にしじん》を中心として絹織物産業は隆盛《りゅうせい》を極《きわ》めた。

鎖国前の江戸初期は中国産生糸(白糸)が最も重要な輸入品だったが，幕末の開国後から明治期の最大の輸出品が日本産生糸となった。鎖国中の江戸時代の日本社会発展を表している。

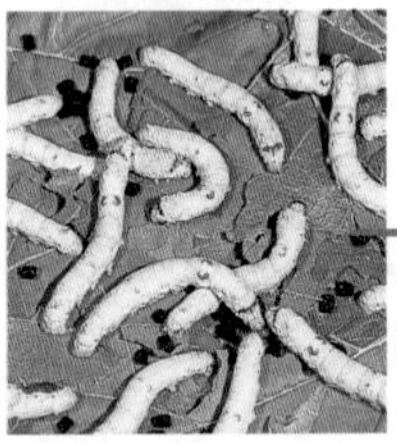
2-1 蚕《かいこ》

2-2 繭《まゆ》

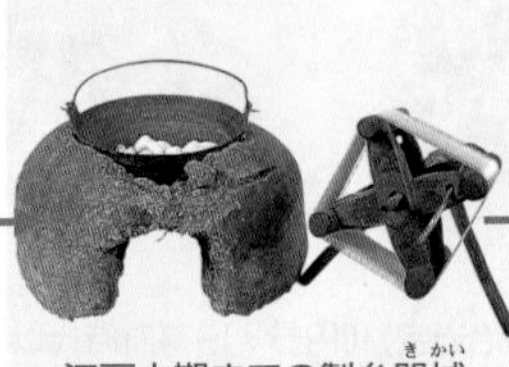
2-3 うしっ子
江戸中期までの製糸器械《きかい》

2-4 生糸

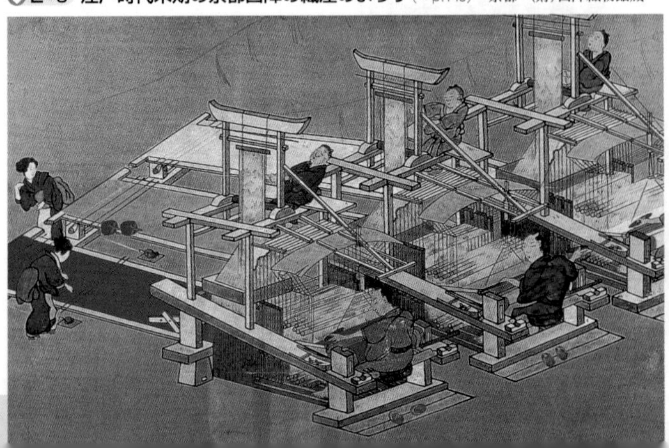
2-5 江戸時代末期の京都西陣《にしじん》の織屋《おりや》のようす(►p.149)　京都・(財)西陣織物館蔵

2-6 元禄期の小袖《こそで》姿

2-7 平安時代の文官の夏姿
左右とも京都・風俗博物館蔵

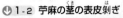

3 木綿《もめん》を着る

Point 15世紀後半になると，西国を中心に木綿栽培が急速に普及《ふきゅう》して，衣料として麻にとってかわる。それは柔らかくて肌ざわりがよく，暖かいといった衣料としての品質の高さに加えて，生産性がはるかに高かったことによる。同じ量の布をつくるのに，麻では木綿の数倍～10倍の時間がかかったという。貝原益軒《かいばらえきけん》はその著書『人和本草《やまとほんぞう》』の中で，木綿を「四民寒苦をまぬかれる誠に万世の利，群国の宝也」と絶賛《ぜっさん》している(►p.135･142)。

3-1 綿の実

3-2 18世紀初め頃の木綿づくりのようす 大阪・藤田美術館蔵

3-3 **木綿を使った江戸町火消の火事装束** 綿布を重ねて細かく縫った刺子《さしこ》でつくられている。(半纏《はんてん》･頭巾《ずきん》・手袋)
京都・風俗博物館蔵

3-4 **縞《しま》木綿の小袖を着た召使い** 江戸時代後期，上方町家の召使いの少女の姿。小袖は紀伊国屋で用いられたもの。
京都・風俗博物館蔵

4 衣を彩る

4a 紅花 (►p.135)

4-1 紅花《べにばな》を摘《つ》む

4-2 摘んだ花びらをつく

4-3 ついたものを丸め，天日《てんぴ》で干《ほ》す

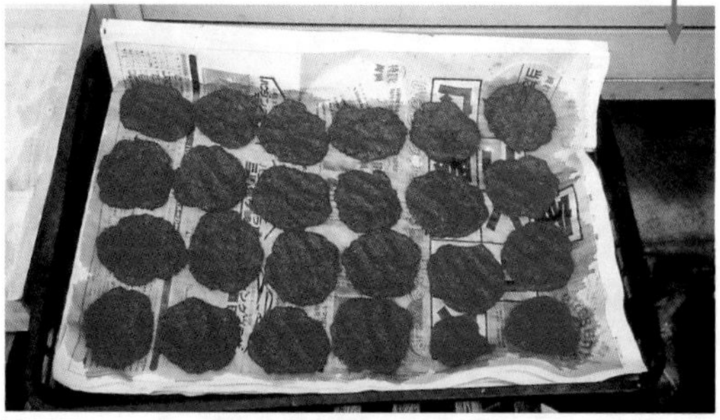

Point 近代以前において繊維に色を染めつけるために用いられたのは，草木の花・茎・実・根などの天然染料《せんりょう》であった。このうち繊維を紅《くれない》に染《そ》める紅花《べにばな》は，染料としてだけでなく口紅や薬品としても用いられた。また，その種子からは紅花油《べにばなゆ》が得られる。古くから東北地方(出羽・最上地方など)が産地として知られていた。写真は山形県における栽培のようす。

4b 紫草《むらさきぐさ》

4-4 花は白く根は紫色で，その根を日干しにしたものを染色に利用した。江戸時代，江戸近郊で多く栽培された。

4c 藍《あい》

4-5 花には紅白がある。葉を刻んで発酵《はっこう》させ，つき固めて藍玉《あいだま》にする。江戸時代，四国の阿波《あわ》で多く栽培された。

4d 茜《あかね》

4-6 花は白いが，根は淡い褐色《かっしょく》で，これを煮《に》た汁に布を浸《ひた》すと緋色《ひいろ》に染まる。本州～九州で広く栽培された。

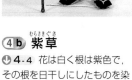

テーマで学ぼう 日本史の中の素材"食"

1 穀物～五穀《ごこく》と稗《ひえ》

1a 稲（五穀）

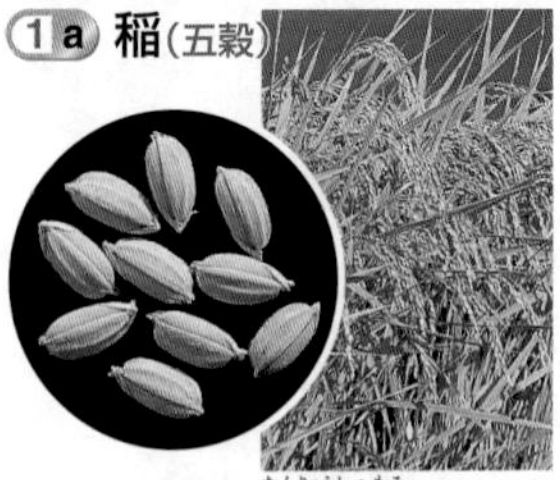

1-1 **稲穂と短粒種籾《たんりゅうしゅもみ》** アジアイネの起源は東南アジアの丘陵《きゅうりょう》地帯のどこかと考えられ，その後日本へ伝播《でんぱ》した。縄文時代晩期にはすでに栽培が行われていた。

1b 麦（五穀）

1-2 **小麦の穂と種子** 日本でも弥生時代から栽培され利用された。麺《めん》は飛鳥時代に，唐菓《とうが》子《し》は奈良時代に伝来。

1-3 **大麦の穂** 縄文～弥生頃伝来。麦飯として食された。江戸後期には麦茶が商売化。

1c 粟《あわ》（五穀）

1-4 **粟の穂と穀粒《こくりゅう》** 中央アジアからインド西北部にかけてが原産地。米と混ぜて炊《た》いたり，粒粥《つぶがゆ》や団子，餅《もち》，粟おこしや飴《あめ》づくりにも利用。

1d 黍《きび》（五穀）

1-5 **黍の穂と穀粒** 粟と同じくユーラシア大陸一円で栽培されてきた。日本では粉にしての黍団《だん》子《ご》や黍餅《もち》，駄菓子に利用されたり，炊飯・粥《かゆ》も食された。

1e 大豆（五穀）

1-6 **大豆の種子と大豆畑** 大豆は中国，朝鮮半島，日本などに分布するツルマメから発生。日本ではさまざまな加工法が考え出されてきた。豆腐，凍《しみ》豆腐，豆乳，湯葉《ゆば》，味噌，納豆，醤油などの原料として広く利用されている。

1f 稗《ひえ》

1-7 **稗の穂と穀粒** かつて稲のつくれない丘陵地，山村で栽培されて，主食用として重要な役割を果たしてきた。粥にしたり，粉にしての団子，飴《あめ》，味噌，醤油，酒の原料にもなった。

2 調味料～「さしすせそ」ほか

2a さ＝砂糖

2-1 **サトウキビ** 熱帯や亜熱帯で広く栽培され，砂糖の主な原料となる。強い日差しのため茎《くき》が赤い。

2-2 **奄美大島《あまみおおしま》の黒砂糖製造** 甘蔗《かんしょ》＝サトウキビをたたいて人力のろくろで搾《しぼ》る。搾り汁を煮詰《につ》め，石灰を入れて固める。琉球産等も含め，19世紀には流通量も増大し料理にも砂糖が使われるようになる。

2b し＝塩

宮内庁書陵部蔵

2-3 **室町時代の製塩風景** （揚浜《あげはま》塩田） 海水を運び，塩を煮詰める釜が描かれている。塩田づくりは９世紀頃から始まった。塩づくりは縄文晩期に始まったと考えられ，６・７世紀頃には藻塩焼《もしおや》きが始まる。近世では潮の干満《かんまん》を利用した入浜《いりはま》塩田により塩の生産料が増えた。瀬戸内海沿岸10カ国の塩は「十州塩《じっしゅうしお》」とよばれ大坂や江戸の市場から各地にもたらされた。（►p.104･133）

2c す＝酢

2-4 **「七十一番職人歌合《うたあわせ》」の71番酢づくりの部分**（室町後期の成立だが，図は江戸後期の模写本） 酢は塩とともに古くからの調味料であり，「塩梅《あんばい》」は塩《しお》と梅酢《うめす》のことである。酢酸《さくさん》菌《きん》の発酵《はっこう》で製造され食品の殺菌や刺身，なます，すし，酢の物や和《あ》え物に用いられた。江戸時代では梅酢，柿酢，芥子《からし》酢《す》，山葵酢《わさびず》などさまざまな種類の酢がつくられた。 東京国立博物館蔵

2d せ＝醤油《しょうゆ》

2-5 **4代勝文斎作の押し絵細工「野田醤油醸造《のだしょうゆじょうぞう》の図」** 1877年の第１回内国勧業博覧会《ないこくかんぎょうはくらんかい》出品のもの。中央奥の麹室で麹菌《こうじきん》を培養し，いくつもの大釜で大豆を蒸《む》している。当時の役者も見学している。醤油は室町中期より普及。大豆と砕いた小麦に麹菌を加え，できた麹をねかせ，もろみに力を加えて絞り出した汁を加熱殺菌して完成となる。料理中に味付けすることが可能となった。江戸中期以降は関東の濃口醤油《こいくちしょうゆ》が中心となった。

キッコーマン国際食文化研究センター蔵（►p.133）

2e そ＝味噌《みそ》

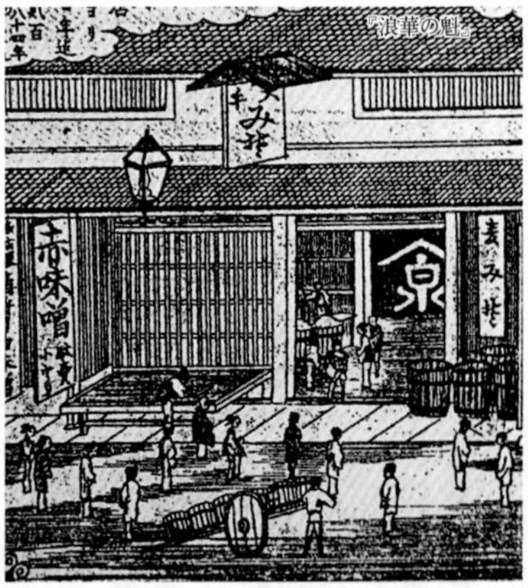

2-6 **味噌醤油問屋の店先** 看板に樽《たる》売りのほか，小売りすると書かれている。大豆を主原料にした発酵調味料の味噌は奈良時代までに伝来し，室町時代には味噌汁も登場。江戸時代には各地方で特有の味噌がつくられるようになった。調味料だけでなくタンパク質源としての役割も大きい。近世では関東以北で米麹《こめこうじ》を用いた塩辛《しおから》い味噌が，京都では白味噌が，江戸では塩分の少ない赤褐色の甘味噌もつくられた。江戸市中では赤味噌系の仙台味噌や信州味噌が人気であった。

2f かつお節

2-7 **かつお節づくり**　和食にかつお節は欠かせない。近世に流通が拡大。薩摩，土佐，紀州が有名。蒸した鰹《かつお》を干してつくる。 国立国会図書館蔵

3 嗜好品　茶・酒

3a 茶(►p.135)　茶・桑・楮《こうぞ》・漆《うるし》が「四木《しぼく》」

3-1 **江戸の茶屋**　鈴木春信が美人の評判の高かった笠森稲荷《かさもりいなり》の水茶屋のお仙を描いた浮世絵(中央で茶釜から湯を汲《く》んでいるのがお仙)。一服《いっぷく》の抹茶《まっちゃ》に湯を注《そそ》いで客に供することは江戸時代以前から寺社門前で見られた。茶道による抹茶に加え，近世では煎茶《せんちゃ》が改良されて(出し茶)庶民に普及した。 東京国立博物館蔵

3b 酒

3-2 **江戸時代の酒造風景**　杜氏の指揮のもと多くの蔵人が酒造りに従事した。図の右側で蒸し米，左手前で発酵を進める醪《もろみ》仕込みが行われ，左の階上で熟成させる。上方の伊丹，池田，灘などで醸造され樽廻船で運ばれた「下り酒」が江戸で消費された。 小西酒造蔵 (►p.133·149)

5 肥料～近世の金肥《きんぴ》(►p.134)

5a 干鰯《ほしか》・〆粕《しめかす》

5-1 **マイワシ**　鰯《いわし》類はいずれも群れで遊泳するため大量に漁獲できる。近世では九十九里浜の地引き網での漁が著名。その鰯を１カ月弱天日《てんぴ》で乾燥させたのが「干鰯《ほしか》」。鰯や鰊《にしん》などの魚類や胡麻・豆などから油を搾り取った残り粕《かす》が「〆粕《しめかす》」。

5b 油粕《あぶらかす》

5-2 油菜の菜種や綿実，荏胡麻《えごま》から油を搾《しぼ》った粕が「油粕《あぶらかす》」。金肥《きんぴ》の普及も商品作物の栽培増大要因。

4 海産物

4-1 **蝦夷地松前の昆布取り**　松前の昆布は良質で知られ，北前船《きたまえぶね》で大坂に運ばれた。琉球，中国の輸出用にも使われ「諸色《しょしき》」と称されるものの代表である。琉球(沖縄)料理では昆布がよく使われるが沖縄では採れない海産物で，蝦夷地産が琉球の味の一つをつくった。

! 俵物《たわらもの》《ひょうもつ》(＝干しあわび・ふかひれ・いりこ)

長崎貿易で中国向けに輸出された海産物。乾燥させ俵に入れたところからよばれる。17世紀末から銅の輸出を俵物に切り替える政策が取られた。代表がこの三品。いずれも中華料理の高級食材としての需要だった。これに対し，昆布・天草《てんぐさ》などは「諸色《しょしき》」とよばれ，これらも中国に輸出された。(►p.129·146)

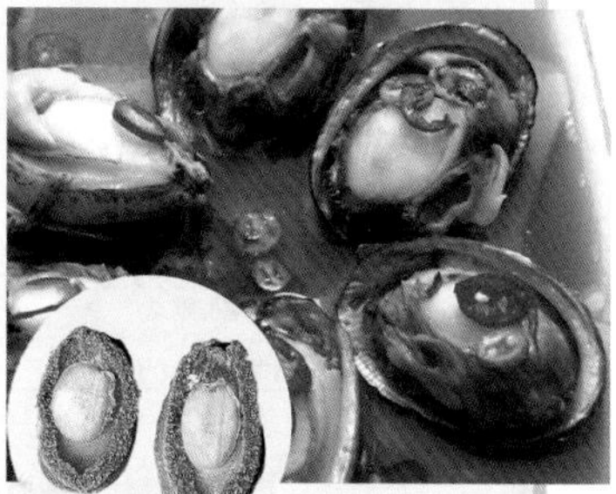

天然真珠も育てる大型巻貝のアワビ　縄文の古来から日本では食用とされた。「干しあわび」は中国では乾鮑(カンパオ)とよばれ，中華料理で愛好されている。

ヨシキリザメ　ヨシキリザメやメジロザメの鰭《ひれ》を「ふかひれ」という。中華料理の満漢全席などにも欠かせない食材で，背鰭や尾鰭が高級とされる。

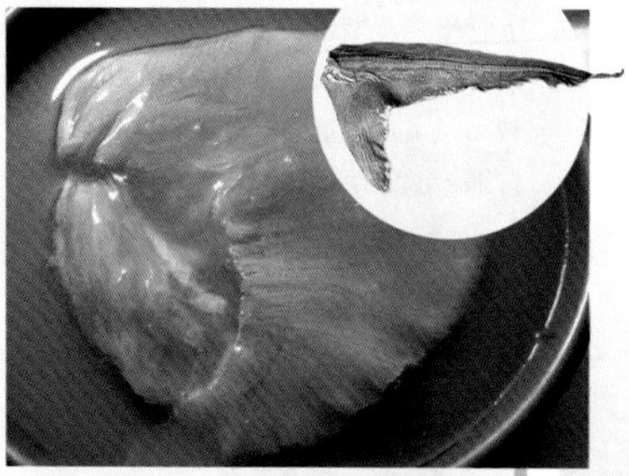

人気が高いふかひれの姿煮　乾燥の物をもどして使う。

棘皮《きょくひ》動物のナマコ(左)**を煮て乾かしたのが「いりこ」**(右)　中華料理では海蔘(ハイシェン)とよんで珍重した。いりこをつくる時の副産物で抜き取った腸を塩水で洗い食べるのが「このわた」である。

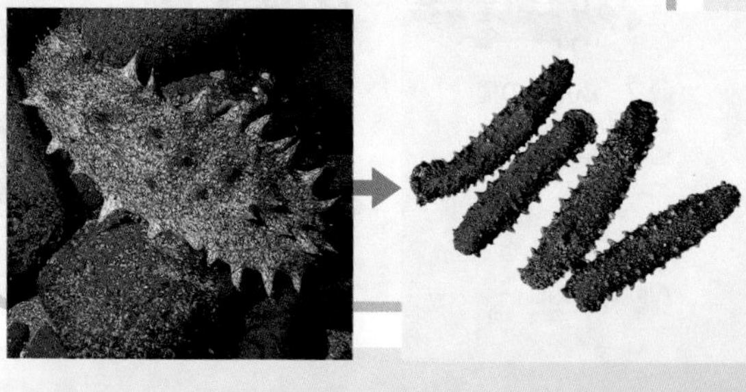

1 変わる弥生社会像　柳沢遺跡《やなぎさわ》（長野県）

Point 弥生時代中期に制作された青銅器の銅鐸《どうたく》5個と銅戈《どうか》8本が，これまでの常識を覆《くつがえ》して長野県中野市柳沢遺跡から発見された。(1)銅鐸と銅戈が一緒に埋納された例は近畿のみに数例だけで東日本ではじめて，(2)北部九州中心に分布する銅戈，大阪湾中心に分布する銅戈が，同時に埋納されているのは全国ではじめて，(3)九州型の銅戈が高知・広島・島根を結んだラインより東で見つかったのははじめて，(4)分布が全く異なる九州型銅戈と銅鐸が同じ場所に埋められているのも全国ではじめて，とはじめて尽くしである。青銅器の祭祀は集団の強い結びつきを表すとされるが，銅戈の刃を立てて埋めているのは西日本のやり方である。また，シカ絵線刻土器も見つかり，畿内との結びつきを予想させる。『後漢書《ごかんじょ》』東夷伝《とういでん》に出てくる倭国《わこく》は，小さな「クニ」に分かれて争っていたという。この発見は信濃《しなの》の「クニ」と西日本の「クニ」との強い結びつきを示し，東日本弥生社会の位置づけの見直しを迫る貴重な資料である。

➡1　**銅鐸と銅戈の出土状況**　銅戈の刃《は》を立てて埋納《まいのう》されていることが分かる。

銅鐸・九州型銅戈・大阪湾型銅戈の分布（弥生時代中期）
（►p.26）

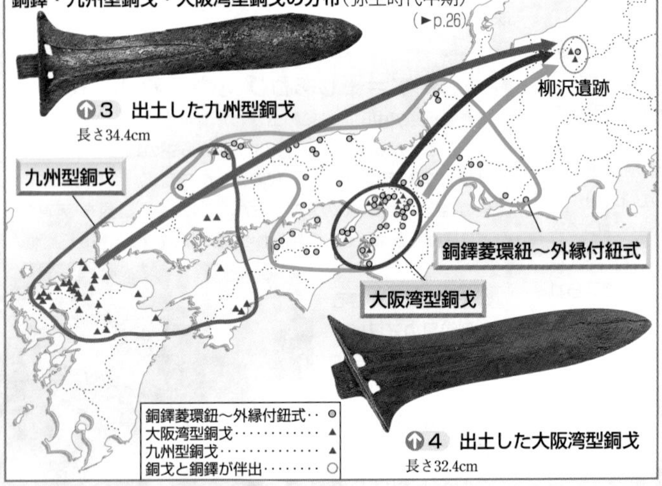

⬆3　**出土した九州型銅戈**
長さ34.4cm

⬆4　**出土した大阪湾型銅戈**
長さ32.4cm

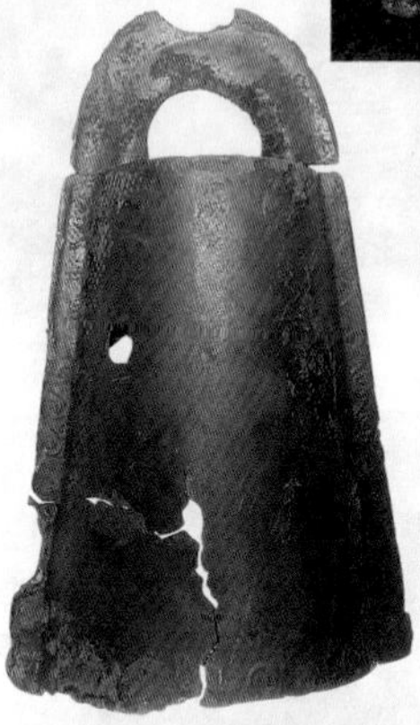

⬆2　**出土した2号銅鐸**　高さ22cm

⬆5　**シカ絵線刻土器**　シカ絵（2匹）の大きさ約4×7.5cm

1～5 長野県埋蔵文化財センター蔵

2 弥生の博物館　青谷上寺地遺跡《あおやかみじち》（鳥取県）

Point 弥生時代中期から古墳時代初頭にかけての，前例のないほどリアルな遺跡が発掘された。低湿地に広がる遺跡からは，大量の土器や繰り返しつくられた板材や杭《くい》が足の踏み場もないほど発見され，それに伴って金属製品，木製品，骨角器や人骨などが見つかったため，「弥生の博物館」とよばれる。祭祀《さいし》に関連する遺物では，卜骨《ぼっこつ》や銅鐸《どうたく》型石製品，鳥形木製品，土器など多くの種類が見つかっている。日常生活では，桶《おけ》に入れられた炭化米や石包丁，木製鋤鍬《すきくわ》類，精緻《せいち》な技術でつくられた木製品，また多量の獣・魚骨や貝殻《かいがら》とともに4本束ねたヤスや銛《もり》，釣針《つりばり》などが出土し，狩猟《しゅりょう》・漁労《ぎょろう》が重要であったことをうかがえるものも多数発見された。

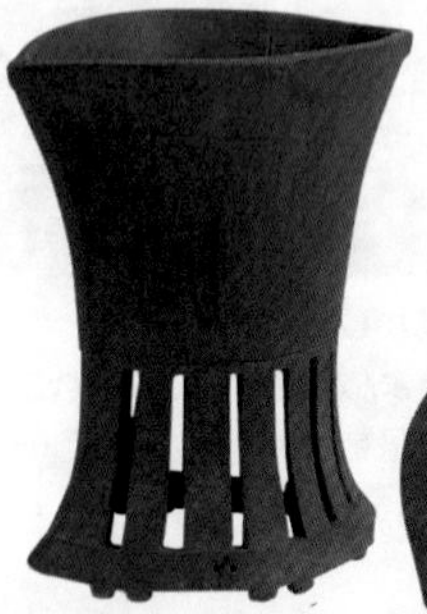

⬆7　**ふた付の桶**
ふた　径19.8×14.3cm
桶　　高さ21.5cm

➡6　**中国大陸からもたらされた貨泉**
径　約2.3cm

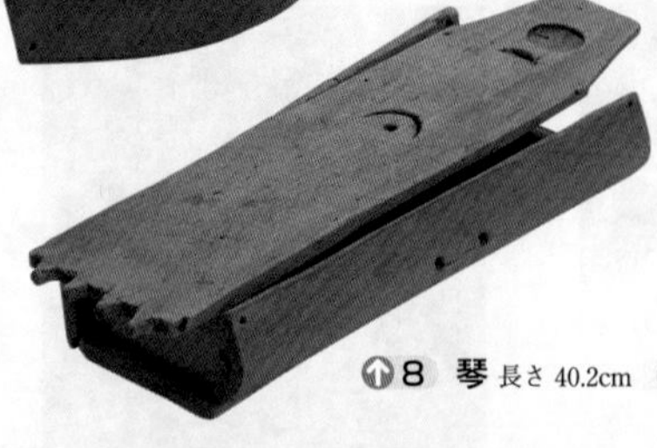

⬆8　**琴**　長さ40.2cm　幅9.6cm

6～8
鳥取県埋蔵文化財センター蔵

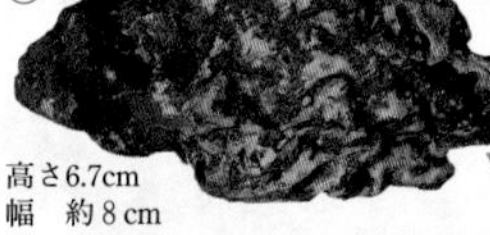

①
高さ6.7cm
幅　約8cm

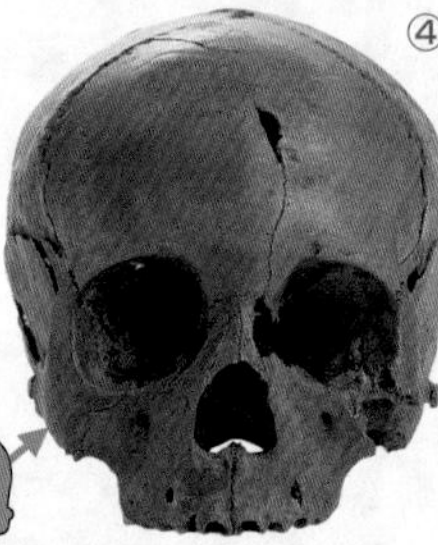

④
高さ17.2cm
幅　13.3cm

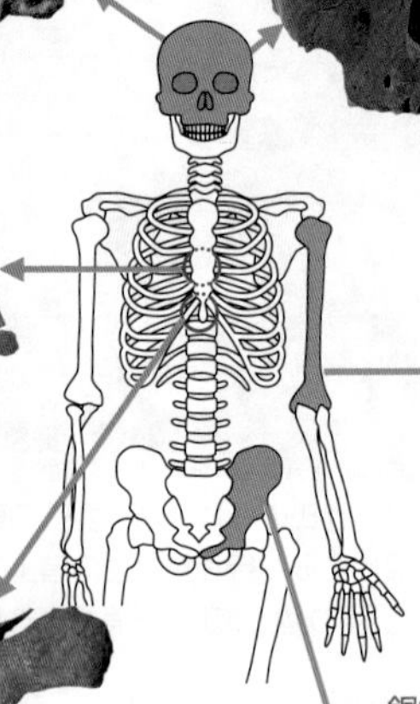

②

⑤

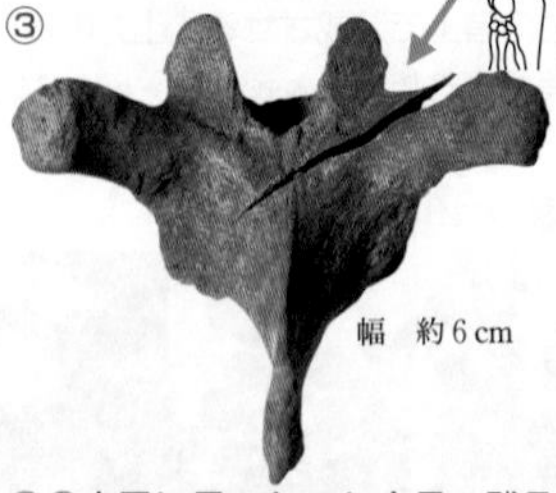

③
幅　約6cm

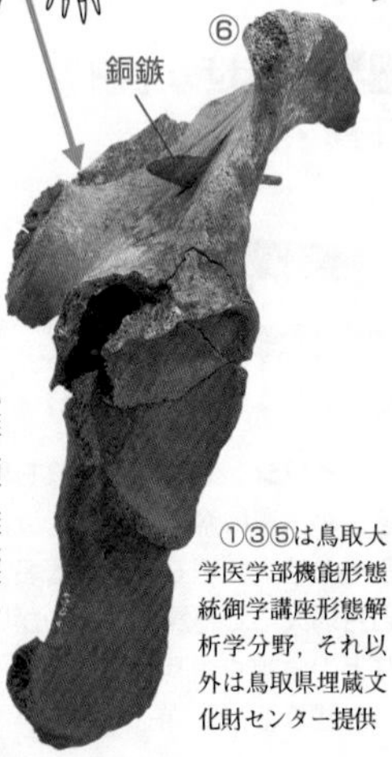

⑥

⬆➡**大量に見つかった人骨**　残ることがほとんどない人間の脳(①)や結核菌《けっかくきん》が背骨に入り込んで癒着《ゆちゃく》・変形する脊椎《せきつい》カリエスの胸椎《きょうつい》(②)などは最古の稀《まれ》な事例である。また，頭に傷を受けた頭骨(④)や殺傷痕《さっしょうこん》を伴う胸椎(③)・上腕骨(⑤)，銅鏃《どうぞく》が刺さった左の骨盤《こつばん》(⑥)など，戦争または集落内の争いを暗示させる人骨は，いずれも溝状遺構からバラバラに折り重なって65体分も見つかった。

①③⑤は鳥取大学医学部機能形態統御学講座形態解析学分野，それ以外は鳥取県埋蔵文化財センター提供

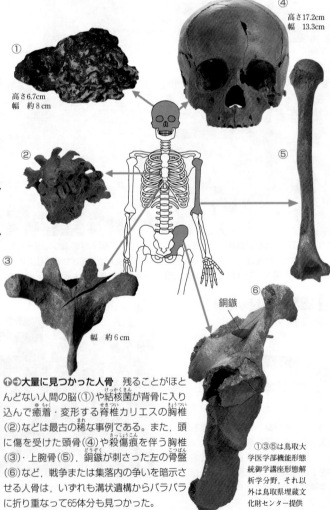

③ 庚寅年籍《こういんねんじゃく》を裏付ける最古の戸籍《こせき》か？

国分松本《こくぶまつもと》遺跡（福岡県）

〈表〉
嶋評《しまのこおり》 戸主《こしゅ》 建部身麻呂《たけるべのみまろ》の戸。また附《ふ》す。去…
政丁《せいてい》。次に得□□、兵士《へいし》。次に伊支麻呂《いきまろ》、政丁。…
占部《うらべ》恵□□。川部里《かわべのさと》。占部赤足《あかたり》…
小子《しょうし》の母。占部真□女。老女《ろうじょ》の子。得…
穴《あな》□部《ほべの》加奈代《かなよ》の戸。附すること有り。（建部）…。占部…
嶋一□□

〈裏〉
あわせて十一人。同里の人 進大弐《しんだいに》（階）の建部成《なる》の戸。一有り。戸主（建部）
同里の人 建部咋《くい》の戸。有り。戸主の妹 夜乎女《やおめ》。同戸に（有り）…
麻呂。（損）戸。また去るによる。同部得麻女《えまめ》。丁女《ていじょ》。同里の（人）…
白髪部伊止布《しらかべのいとふ》。（損）戸。二戸を別《わ》かつ。本《もと》の戸主 建部小麻呂《こまろ》…

↑9 出土した戸籍木簡《こせきもっかん》 太宰府市教育委員会蔵

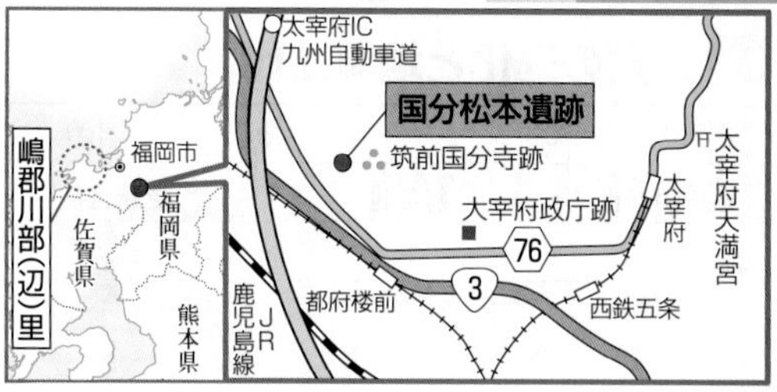

最古の戸籍記録

福岡県太宰府《だざいふ》市の国分松本《こくぶまつもと》遺跡で，人名・身分・人の異動などの戸籍《こせき》の内容が記録された，国内最古の木簡《もっかん》が見つかった。最初の全国的戸籍とされる庚午年籍《こうごねんじゃく》(670年)と律令《りつりょう》に基《もと》づき班田《はんでん》のために作られた本格的戸籍である庚寅年籍《こういんねんじゃく》(690年)は共に現存していない。ところが，今回見つかった木簡は7世紀後半の飛鳥《あすか》時代の内容を示す。

木簡の年代

木簡の年代を示す根拠は次の2つの言葉である。

嶋評《しまのこおり》：大宝律令《たいほうりつりょう》(702年施行)以後は「郡」となる行政単位を，それ以前に使用された「評」と表記している。

進大弐《しんだいに》：天武《てんむ》天皇が685年に定めた冠位《かんい》四十八階の1つ。大宝律令で廃止された。

以上から，この木簡は685～701年の間に書かれたことが確実である。本格的な中央集権国家体制の成立は8世紀初頭の大宝律令の制定後とされていた。しかし，それ以前に古代国家が人々を直接把握《はあく》・支配していることが明らかになったのである。つまり，この木簡の発見により，天武・持統《じとう》朝に飛鳥浄御原令《あすかきよみはらりょう》(689年施行)に基づく中央集権的な国家体制が整備されていたことが分かったのである。

戸籍《こせき》・計帳《けいちょう》の内容を示す言葉の意味

【人の異動《いどう》・戸《こ》の再編成】
附・去：「附」は転入して戸に加わったことを，「去」は転出して戸から除籍されたことを示し，戸の人数に増減があったことを記録している
二戸別：戸を2つの戸に分割して，再編成をしたことを示す

【行政支配のための区分】
戸主：国家は班田や課税のため，家族単位で「戸《こ》」として人々を把握したが，その家長のこと
川部里：「里」は国・**評**に次ぐ行政単位。702年作成の「筑前国嶋郡川辺里《ちくぜんのくにしまぐんかわべのり》」戸籍が正倉院にある
兵士：「政丁」の課役《かえき》。大宝令《たいほうりょう》では，正丁3～4人に1人の割合で兵役《へいえき》に就いた

【人々の把握《はあく》のための年令・性別・続柄の区分】
政丁：後の「正丁」にあたり，課役《かえき》負担者である21～60歳の健康な良民成年男子
小子：4～16歳の子ども
老女：61～65歳の高齢の女性
丁女：21～60歳の健康な良民成年女子
母・子・妹：戸主などとの続柄。家族関係を示す

④ 最古級の国号《こくごう》「日本」

中国・西安《シーアン》市

最古の「日本」の国号例

遣唐使に随行《ずいこう》して唐に渡った留学生が数多くいたことは知られているが，五位以上でないと記録されない日本側の文献では全く知られていなかった留学生の墓誌(墓に葬《ほうむ》られた人の名前や業績等を書いたもの)が中国・西安《シーアン》で見つかった。墓誌によると，この人物の名は「姓は井，字は真成」と記され，日本名を唐風に「**井真成《せいしんせい》**」と改めていたとみられる。出身国は「国号日本」と明記されており，国内外を問わず**最古級の「日本」の国号の使用例**である。

「井真成」という留学生

717年の遣唐使に伴い19歳で入唐，共に渡海した**阿倍仲麻呂《あべのなかまろ》・吉備真備《きびのまきび》・玄昉《げんぼう》**らと国際都市・長安(現在の西安)で学んでいたらしい。生まれつき優秀で，国命で唐にやってきて一生懸命勉学に励んでいたが，志《こころざし》かなわず734(開元22)年，36歳にして死亡した。皇帝(玄宗《げんそう》)はこれを残念に思い，特別に「尚衣奉御《しょういほうぎょ》」という，従五品上の役職を贈った。五品以上が皇帝に拝謁《はいえつ》できる高官であり，同じころ阿倍仲麻呂が従五品下に昇格していることを考えると，仲麻呂同様に優秀で皇帝の信頼が厚かったものと思われる。同年秋に出発した船で玄昉・吉備真備が帰国しており，直前に無念の死を迎えたといえるであろう。

↑10 井真成の墓誌 中国・西北大学蔵

16 人類の発生と日本列島

1 人類の進化と地質時代

表中人骨 国立科学博物館蔵 旧人は東京大学総合研究博物館蔵

年前	700万	530	260	100	70	20	13	5	3.5	1	
地質時代	中新世《ちゅうしんせい》	鮮新世《せんしんせい》	更新世《こうしんせい》前期		更新世中期		更新世後期				完新世《かんしんせい》
氷期				ギュンツ	ミンデル	リス		ヴュルム			

猿人 原人 旧人 新人

化石人骨と特徴

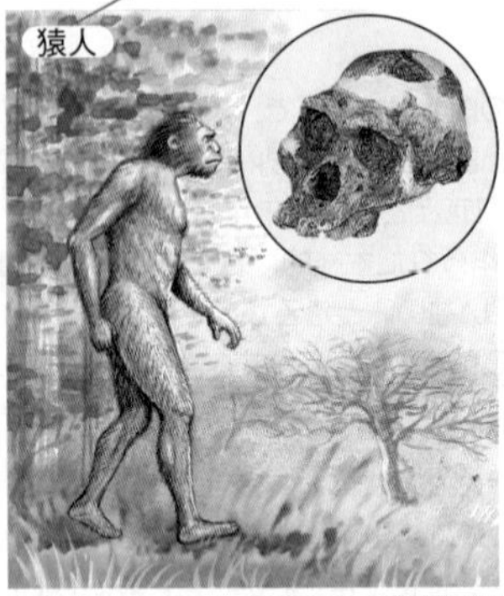

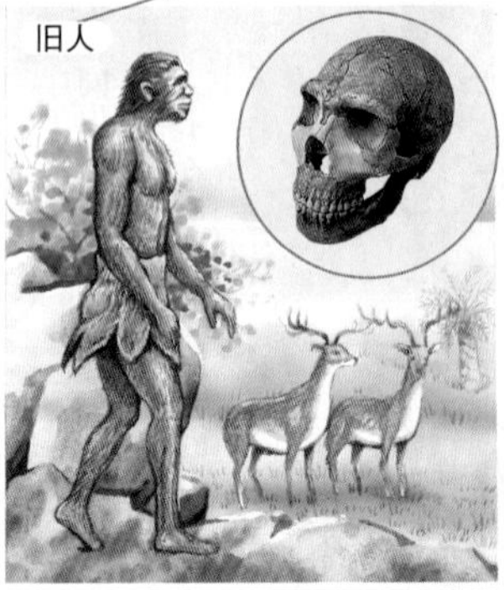

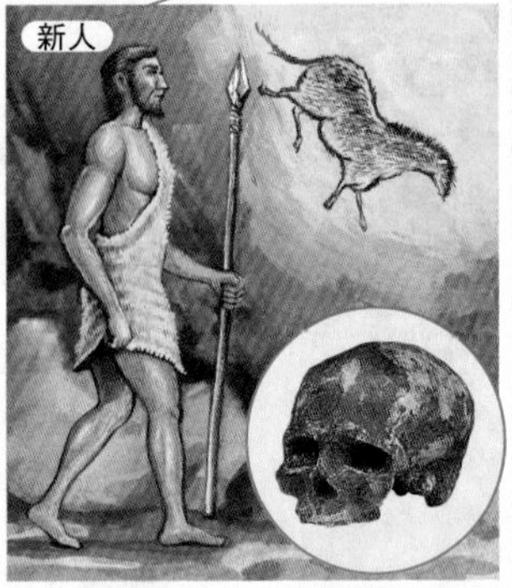

猿人
- アルディピテクス・ラミダス
- アウストラロピテクス
- ジンジャントロプス
  - ・直立歩行
  - ・礫《れき》石器の使用

原人
- ピテカントロプス(直立原人)
- シナントロプス(北京原人)
  - ・火の使用

旧人
- ネアンデルタール人
- ローデシア人
  - ・儀礼的埋葬(花を供えるなど)
  - ・剥片《はくへん》石器の使用

新人
- クロマニョン人
- 柳江人《りゅうこうじん》
- 港川人《みなとがわじん》
  - ・壁画・装飾品の制作
  - ・骨角器の使用

縄文人
弥生人
↓
現代人

2 更新世《こうしんせい》の化石人骨と四大文明

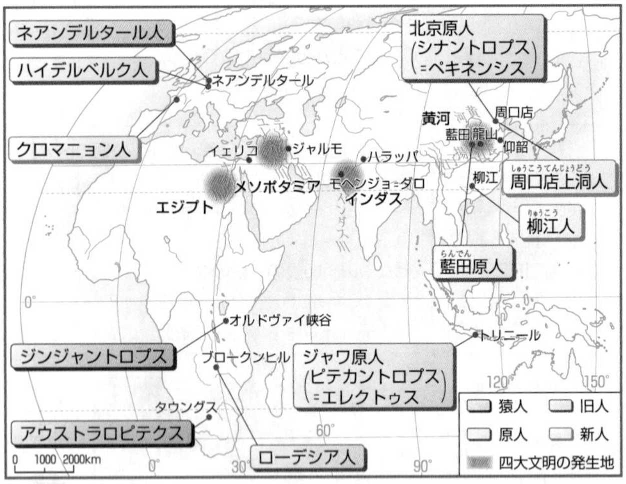

3 約2万年前の日本列島

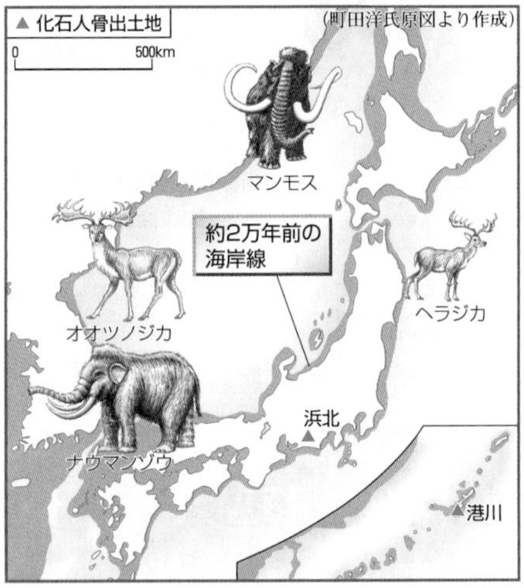

Point 更新世の氷期に海水面が下がり，日本列島は大陸と何度も陸続きになって動物が渡ってきた。冷温帯動物群の**ナウマンゾウ**は約30万年前に朝鮮半島経由で，亜寒帯動物群の**マンモス**は約4万年前に樺太《からふと》経由で日本にやってきて，列島内に約1万6000年前頃まで生息《せいそく》していた。これらを追ってきた旧石器人たちは石器を使って全高約2.7mのナウマンゾウや**オオツノジカ**などを倒し解体して，食料としていたのである。大形動物が絶滅した背景に，旧石器人の乱獲《らんかく》があったという説もある。

Discovery

野尻湖ナウマンゾウ博物館

～ナウマンゾウの鳴き声が聞ける～ (長野・信濃町)

野尻湖発掘《はっくつ》はだれでも参加できることで有名だが，その湖畔《こはん》で発掘成果を展示公開している。1986年から提供してきた再現したナウマンゾウの鳴き声をより正確に再現するため最新の研究成果を反映《はんえい》し作り替えた。一回り大きな体格，頭骨の内側にあるハチの巣のような細かい空洞の影響などを考慮《こうりょ》し，声紋《せいもん》分析などで知られる日本音響研究所が，コンピュータ解《かい》析《せき》して復元した。さらに離れた場所にいる仲間を呼ぶため発する低周波のうなり声も再現できた。展示室はもちろん，テレホンサービス(電話026-258-2323)や，同館のHPでも聞くことができる。

4 日本人の起源

Point 縄文人骨の遺伝子を分析した結果，北方ルートでシベリアから入った集団や朝鮮ルートを渡った集団がいたらしい。日本列島の旧石器人や縄文人のルーツは東南アジアから中国南部にいた**古モンゴロイド**で，東シナルートから渡ってきた説が有力だったが，ルーツは多様になりそうだ。しかし稲作とともに朝鮮ルートから北東アジアの**新モンゴロイド**が渡来して大規模な混血が進んだため，現代日本人は双方の形質を引き継《つ》いでいる。

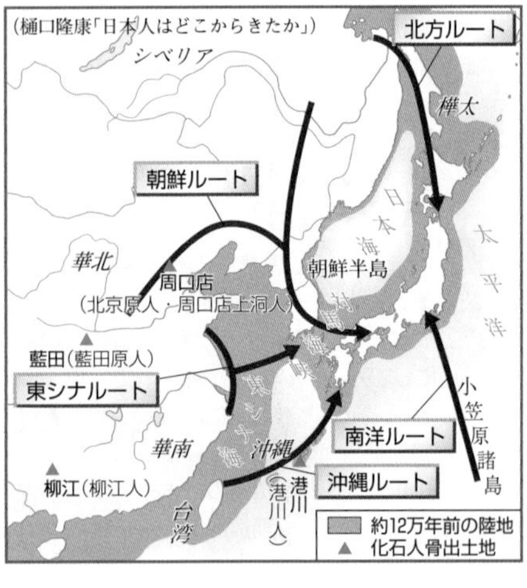

1 石器の発達

握斧《にぎりおの》(ハンドアックス)
原石の表面を加工して形を整えた石器。打つ，掘る，切る，削るなど多目的に使用。

重
9.5cm 群馬・岩宿遺跡

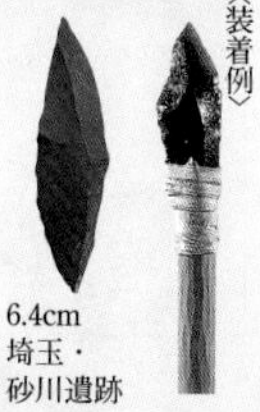

ナイフ形石器
原石から薄くはぎ取った鋭い剝《はく》片《へん》を調整して，切る，削る，突く道具として使用。

〈装着例〉
6.4cm 埼玉・砂川遺跡

尖頭器《せんとう》(ポイント)
主に刺突《しとう》する目的でつくられ，剝片の両面を丁《てい》寧《ねい》に加工する。槍先《やりさき》として使用。

9.8cm 長野・神子柴遺跡

細石器《さいせっき》(マイクロリス)
幅5mm，厚さ2～3mm，長さ数cm程度のカミソリのような剝片を木や骨に装着し槍《やり》として使用。

2.8～4.0cm 北海道・上白滝8遺跡

2-1 旧石器人の狩猟復元ジオラマ 愛媛県歴史文化博物館蔵

2 旧石器時代の主な遺跡の分布

7 cm 岩宿遺跡出土ナイフ形石器

岩宿遺跡《いわじゅく》(群馬)
1946年，**相沢忠洋《あいざわただひろ》**が**関東ローム層**中より石器を見つけた。1949年の学術発掘で尖頭器《せんとうき》(写真)が発見され，はじめて日本旧石器文化の存在が明らかになった。

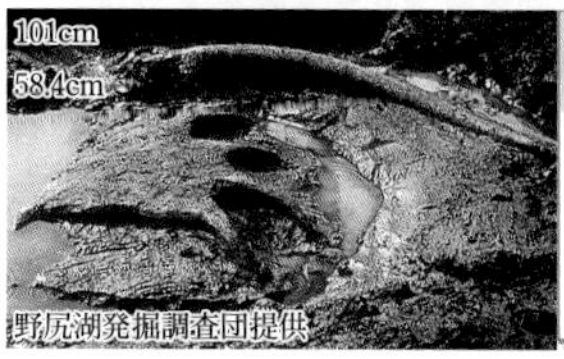

野尻湖発掘調査団提供

野尻湖《のじりこ》(長野)
冷温帯動物群の**ナウマンゾウ**や**オオツノジカ**の化石が石器・骨角器とともに発見され，狩猟・解体の地であったことがわかった。

冠遺跡群《かんむり》(広島)
石器をつくるために割った石を接合したところ，重さ108kg，長さ80cmの岩になった。

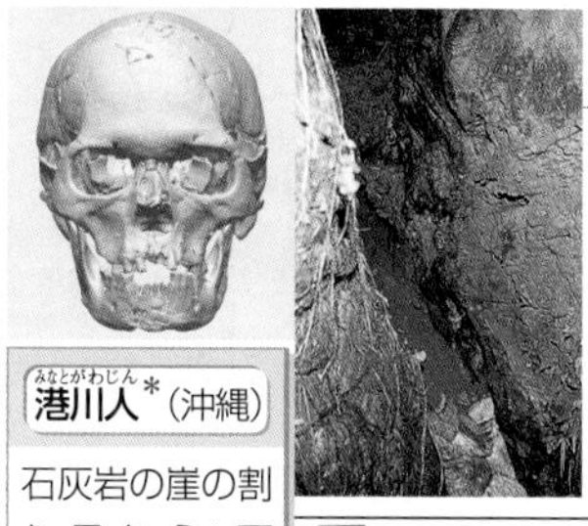

国立科学博物館提供

港川人《みなとがわじん》*(沖縄)
石灰岩の崖の割れ目から1万8000年前の化石人骨を発見。

＊近年の研究で，港川人骨のあごの骨にゆがみがあることがわかった。上はゆがみ補正後のCG画像。

宮守村教育委員会蔵

金取遺跡《かねどり》(岩手)
約9万年前の地層から両面加工された石器が見つかった。

花泉町教育委員会蔵

花泉遺跡《はないずみ》(岩手)
多くの獣骨化石・骨角器が出土。狩猟した獲物の解体場所と思われる。

貫ノ木《かんのき》・日向林《ひなたばやし》B遺跡(長野)
野尻湖に隣接する遺跡から約3万年前の局部磨製石斧《せきふ》や砥石《といし》が大量に見つかった。主に動物解体に使われたと思われるが，一つの場所から百数十点見つかったのは世界的にも珍しい。

長野県立歴史館蔵

(大阪府教育委員会原図より作成)

はさみ山遺跡(大阪)
出土した柱穴から当時の家の構造がはじめて判明した。

TRY 論述
細石器《さいせっき》はそれ以前の石器と比べて手の込んだ作り方であるが，狩猟具としてはどんな点が優《すぐ》れていただろうか。 比較

細野修一氏画

2-2 旧石器人のキャンプ想像図
たき火をしながら石器作りに専念している。 宮城・地底の森ミュージアム蔵

! 旧石器・新石器
更新世では打ち欠いただけの**打製石器**である「旧石器」のみを使い，完新世になって磨《みが》いて仕上げた**磨製石器**である「新石器」が出現するとされている。しかし旧石器時代の磨製石器＝**局部《きょくぶ》磨製石斧《ませいせきふ》**が，貫ノ木《かんのき》遺跡・日向林《ひなたばやし》B遺跡をはじめ，北海道から九州，奄《あま》美《み》大島まで約135か所の遺跡で約400点出土している。世界の旧石器時代遺跡から見つかることは少なく，年代も新しい。国内では主に約3万年前の遺跡から見つかっており，文字どおり世界最古の磨製石器である。縄文・弥生時代も含めて，「打製石器は古く磨製石器は新しい」と単純に分けることはできない。

Discovery

石器の作り方～細石刃《さいせきじん》をつくる～

槍の刃としてつくられる細石器は，中国東北部からシベリアなど東アジアに発達した旧石器人の知恵の結晶で，細心の注意と高度な技術で作られている。

小菅将夫氏製作

①原石を加工するための道具類を用意する。石や木や鹿の角などをハンマーやタガネにして使い分けた。

②黒曜石《こくようせき》などの原石から直接打法によって母型をはがす。

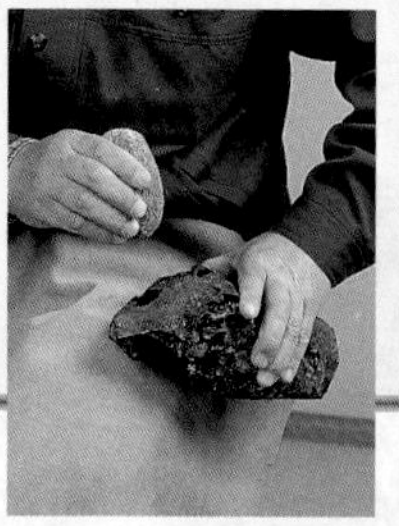

③母型を鹿角などで調整し，形を整える。

④さらに打撃を加え剝片をとるための石核《せきかく》をつくる。

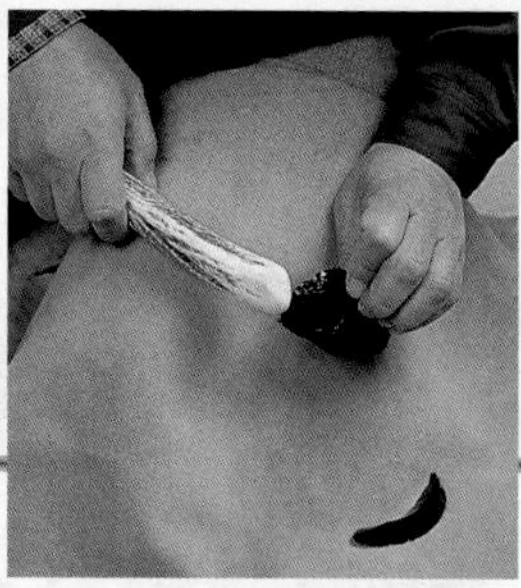

⑤石核に先端が尖った鹿角などをあて，押圧剝離《おうあつはくり》や間接打法(イラスト)で細石器をはがしとる。

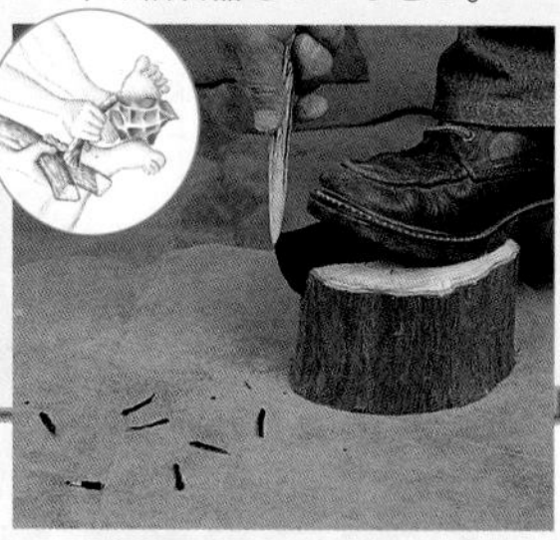

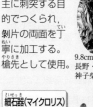

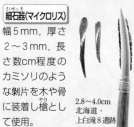

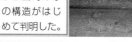

18 縄文土器と遺跡

1 縄文土器とその時代

1-1 火焔《かえん》(炎)土器

新潟・笹山遺跡 国 十日町市博物館蔵 高さ21～47cm

Point 縄文土器は表面に縄を回転させて文様《もんよう》をつけることから名付けられた。しかし，左の火焔《かえん》(炎)土器は全く縄文を使わず立体的な装飾《そうしょく》で見事な造形《ぞうけい》をつくっている。時期や地域で特色ある土器が生まれ，漆《うるし》や朱《しゅ》で彩色されたものも多い。

年前	時期の特色	区分	土器
1万5000	**【成立期】** **土器**の使用開始。初めて生活に化学変化を応用。土器の底が尖底，丸底が多い。旧石器時代の細石器が併存。最近1万6500年前と測定された土器が見つかっている。	草創期	隆起線文《りゅうきせんもん》土器  高さ24cm ナスナ原遺跡(東京)  高さ30cm 表館《おもてだて》遺跡(青森)
1万2000	**【発展期】** **弓矢**が使われはじめ，狩猟に犬を利用。漁撈《ぎょろう》も盛んで，**貝塚《かいづか》**を形成。**竪穴《たてあな》住居**で**定住化**が進み**石鏃《せきぞく》**・**磨製石斧《ませいせきふ》**・**石皿《いしざら》**・**磨石《すりいし》**など縄文的な石器が出現する。	早期	尖底《せんてい》土器 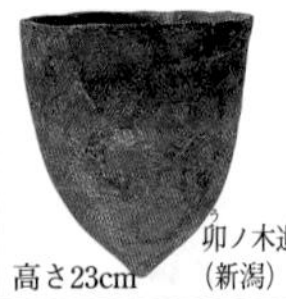 高さ23cm 卯ノ木遺跡(新潟) 壺形《つぼがた》土器  高さ52cm 上野原遺跡(鹿児島)
7000	**【成熟期】** *堅果類：ドングリ類，トチ，クルミなど 気候：約6500年前から温暖化，海水が内陸奥地まで侵入(**縄文海進《じょうもんかいしん》**)。 狩猟：イノシシ・シカなど中小動物を中心として活発化。	前期	彩漆《さいしつ》土器  高さ15cm 押出《おんだし》遺跡(山形) 波状口縁《はじょうこうえん》土器  高さ29cm 天神《てんじん》遺跡(山梨)
5400	漁撈：**骨角器《こっかくき》**の釣針《つりばり》・銛《もり》などを使用。東日本ではサケ・マスが主体となる。 採集：照葉《しょうよう》樹林帯の堅果類《けんかるい》*に依存するようになる。 集落：広場をもつ環状《かんじょう》集落や馬《ば》蹄形《ていけい》貝塚が形成される。	中期	水煙《すいえん》土器  高さ43cm 曽利《そり》遺跡(長野) 有孔鍔付《ゆうこうつばつき》土器  高さ47cm 花上寺《かじょうじ》遺跡(長野)
4100	習俗：**抜歯《ばっし》**を行い，**土偶《どぐう》**・**石棒《せきぼう》**が盛んにつくられる。 墓制：**屈葬《くっそう》**による集団墓地。 土器：器種が豊富になり，装飾も高い芸術性をもつ。	後期	波状口縁土器  高さ51cm 堀之内貝塚(千葉) 注口《ちゅうこう》土器  高さ13cm 寺改戸遺跡(東京)
3400 2400	**【終末期】** 西日本ではいち早く，大陸から水《すい》稲《とう》農耕が伝えられる。最近，稲作の伝来が3000年前までさかのぼるのでは，との調査結果が出た。	晩期	注口土器  高さ8cm 壺形土器  高さ41cm 是川中居《これかわなかい》遺跡(青森)

2 縄文遺跡

大湯環状列石《おおゆかんじょうれっせき》(秋田)

後期の径48m・45mの環状列石。共同墓地の可能性が高い 世

亀ヶ岡《かめがおか》遺跡(青森)

晩期の土器が多数出土した泥《でい》炭《たん》遺跡。きわめて発達した文様と数十種におよぶ器種をもち，朱塗《しゅぬ》りの土器も多い 世

尖石《とがりいし》遺跡(長野)

合計100カ所におよぶ竪穴《たてあな》住居の大集落が発見された

鳥浜《とりはま》貝塚(福井)

低湿地遺跡から前期の木製遺物やヒョウタン・エゴマなどの植物遺体が出土

津雲《つぐも》貝塚(岡山)

後・晩期の埋葬人骨約160体出土。**抜歯《ばっし》**風習，多数の装飾品を発見

(►p.21 2)

三内丸山《さんないまるやま》遺跡(青森)

姥山《うばやま》貝塚(千葉)

中・後期の大貝塚。一つの竪穴から5人の遺体が発見され注目された

加曽利《かそり》貝塚(千葉)

中期～晩期にわたる径約150mの大貝塚。貝層の厚さは2m以上におよぶ

大森《おおもり》貝塚(東京)

1877年，**モース**が初めて本格的に発掘。日本考古学発祥《はっしょう》の地

泉福寺洞穴《せんぷくじどうけつ》(長崎)

細石器と一緒に出土した豆粒文《とうりゅうもん》土器

高さ24cm

縄文海進

今から約6500年ほど前，世界的に温暖化の時代が訪《おとず》れた。平均気温は現在より2～5℃高かったとみられ，海水面も2～3m高かった。そのため海水が内陸部に深く侵入《しんにゅう》することになり，栃木県南部まで入り込んでいる。縄文前・中期には関東平野では右図のように海岸線に沿って貝塚が形成された。

(江坂輝彌氏原図より作成)

Discovery

縄文土器をつくる～加曽利《かそり》貝塚博物館の原始技術復元～

①粘土《ねんど》を採取し，砂・繊維《せんい》など必要なものを混ぜ，よくこねる。

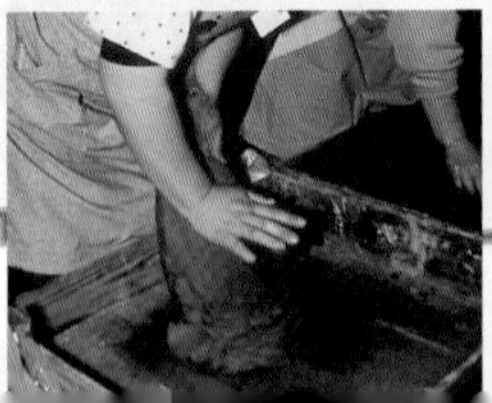

②粘土紐《ひも》をつくって積み重ね，接合部を空気が入らないように指先でつぶす。

③指や竹べらなどで器面の凹凸をなくし形を整える。

④器面に縄文・沈線《ちんせん》文など施《し》文《もん》したり，粘土を使って隆線《りゅうせん》文・取っ手など立体装飾をつける。半乾きで研磨《けんま》する。

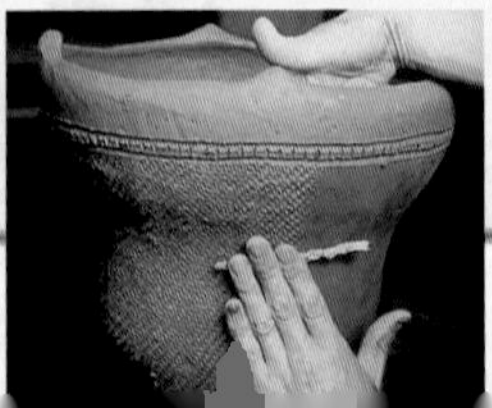

⑤10日間ほど陰干《かげぼ》しにし，5～6時間かけて焼く。すすや煙で黒くなったときは高温の炎にあてると赤褐色《かっしょく》に焼き上がる。

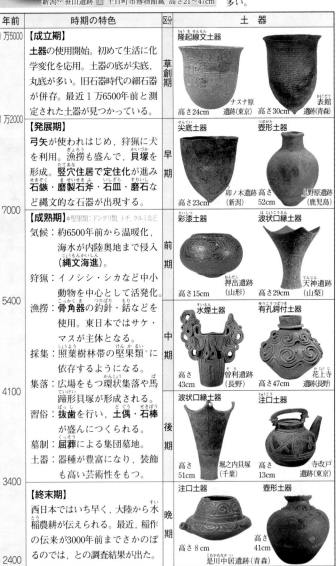

縄文人の暮らし

1 縄文人の四季

1a 広場を持つ環状《かんじょう》集落

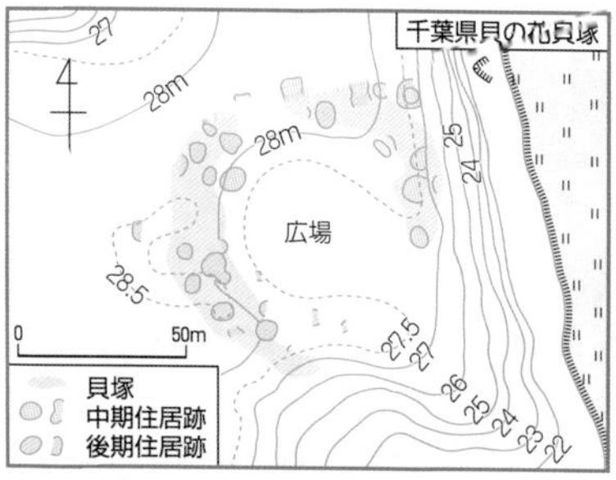

↑1-1 竪穴《たてあな》住居の集落
復元 長野・与助尾根《よすけおね》遺跡

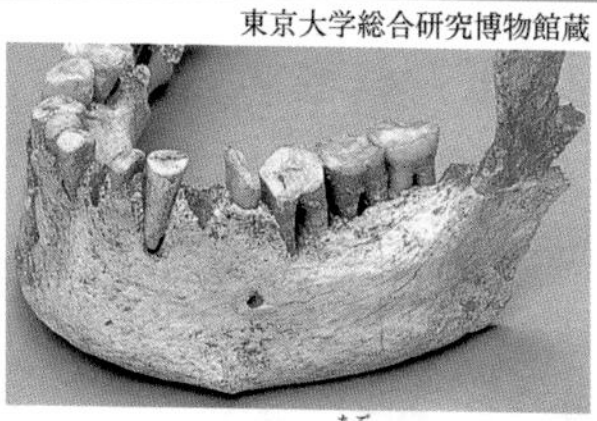

↑1-2 縄文人の下顎《あご》
千葉・姥山《うばやま》貝塚

Point 皮なめしなどで極端にすり減った歯。歯も重要な道具であった。

↑1-3 丸木舟《まるきぶね》
福井・ユリ遺跡

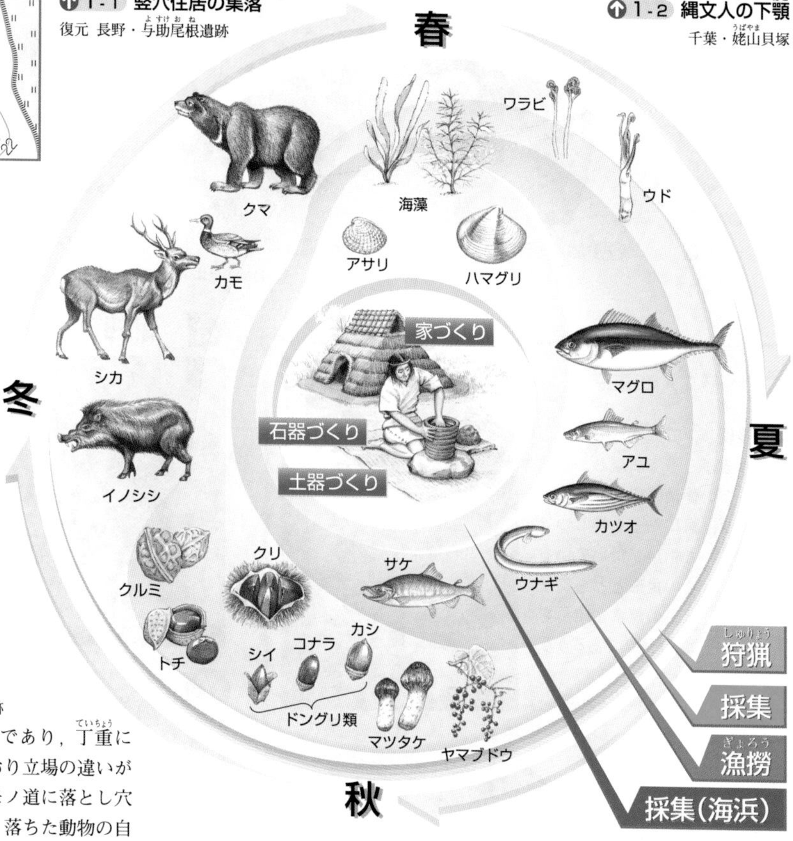

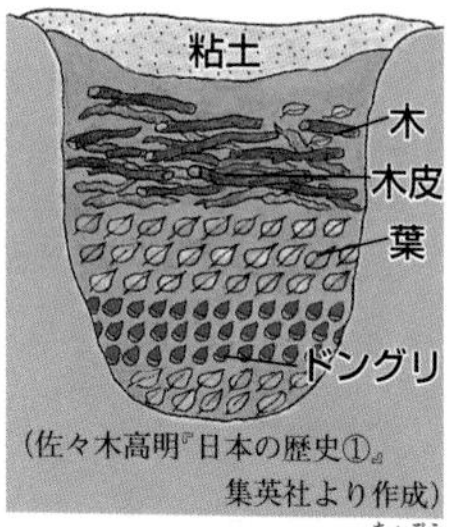

(佐々木高明『日本の歴史①』集英社より作成)

↑1-4 ドングリ類の貯蔵《ちょぞう》穴 模式図 岡山・南方前池遺跡

ドングリ類など堅果《けんか》類を木の葉や木皮で覆《おお》い，粘土をのせて密封《みっぷう》し冬の食料減少期に備《そな》えた。

↑1-5 竪穴《たてあな》住居跡 東京・木曽遺跡

↑1-6 埋葬《まいそう》された犬 千葉・高根木戸遺跡

Point 犬は狩りの重要なパートナーであり，丁重《ていちょう》に弔《とむら》った。弥生時代以降は食用とされており立場の違いが際立《きわだ》っている。冬は狩りの季節で，ケモノ道に落とし穴を多数掘った。底には数本の杭《くい》を立て，落ちた動物の自由を奪った。

1b 縄文人の恵まれ度

(佐原眞『大系日本の歴史1 日本人の誕生』小学館一部改変)

Point 木の実の種類が豊富な地方では住みやすく人口密度も高かった。

TRY 論述 縄文人は，新石器である磨製石器の技術を得ていたのに，打製石器も製作して盛んに使っている。具体的な道具としての機能に触れながらその理由を述べなさい。
比較 相互関連

Point 縄文時代は，道具の用途に合わせて様々な石器を作った。石材も道具の目的に合わせて遠方から交易《こうえき》などで取り寄せることもあった。

2 縄文人の道具箱

↑2-1 石鏃《せきぞく》
縦約2.5cm

←2-2 刺《さ》さった石鏃

←2-3 石匙《いしさじ》
八戸市教育委員会蔵

→2-6 銛《もり》
長さ約14.0cm

↑2-4 石錘《せきすい》
縦約5.7cm

←2-5 釣針《つりばり》
縦約7.6cm

↑2-9 石皿と磨石《すりいし》
井戸尻考古館蔵

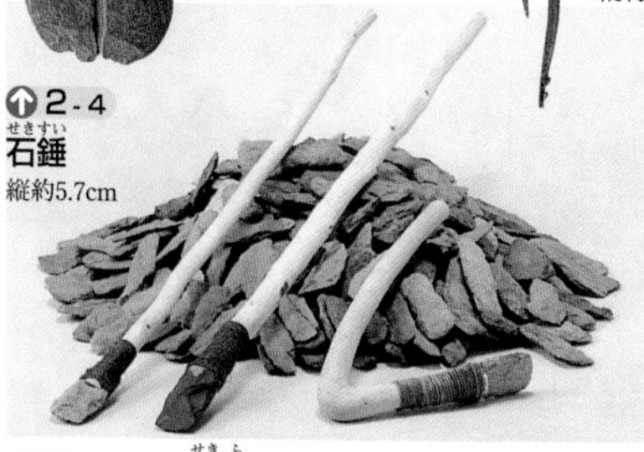

↑2-7 打製石斧《せきふ》(土掘り具)

左右とも東京都埋蔵文化財センター蔵

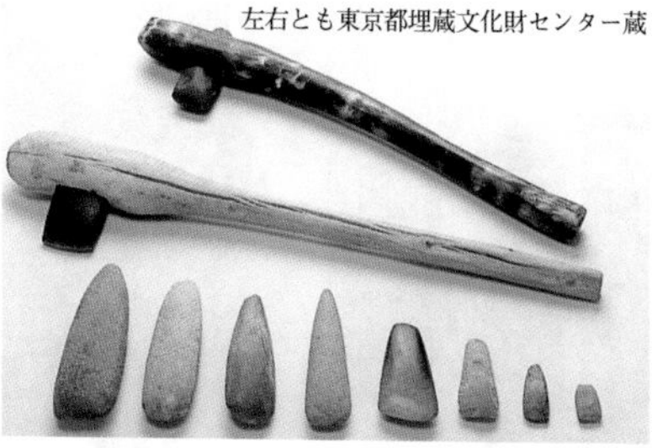

↑2-8 磨製石斧 (伐採具)

Discovery

トチのアク抜き

トチの実は虫がつかないので長期間保存できるが，苦いアクが強くそのままでは食べられない。アク抜きするため大きな水さらし場の施設をつくり共同作業でアクを抜いたようである。

イラスト 川口市教育委員会蔵 色付けは東京法令

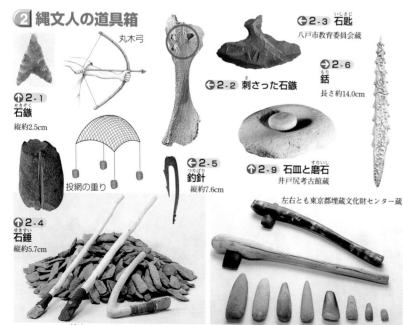

20 縄文人の精神世界と習俗

1 土偶・土面・動物意匠《いしょう》

国 高さ27.0cm

1-1 「縄文のビーナス」 長野・棚畑《たなばたけ》遺跡

高さ30.5cm

1-2 ハート型 群馬・郷原《ごうはら》遺跡

高さ18.2cm

1-3 ミミズク型 埼玉・鴻巣市滝馬室

高さ36.1cm

1-4 遮光器《しゃこうき》型 宮城・恵比須田《えびすだ》遺跡

1-5 土面 縄文時代後・晩期に東北地方を中心に近畿地方まで広がっている。 秋田・麻生遺跡

長さ14.5cm
高さ16.6cm

1-6 蛇の意匠が付いた土器 灯火として使われ，土器に蛇の子(マムシか)が4匹表現されている。 長野・札沢《ふださわ》遺跡

高さ18.2cm

1-7 猪《いのしし》形土製品 狩りの成功を祈る儀式に使われたものであろうか。 青森・十腰内《とこしない》遺跡

Discovery

親の愛情と願い～縄文人の親子～

①は赤ちゃんの出産の瞬間を表現し，安産を願ったと思われる土器である。母親に抱かれる子どもを表現した土偶(②)からは，いつの時代も変わらない愛情が伝わってくる。③は表に1歳くらいの子どもの手が，裏に粘土を押しつけた指跡《ゆびあと》が付いている。④の足形とともに子どもの無事な成長を願ったものであろうか。

①
山梨・津金御所前遺跡

②
東京・宮田遺跡

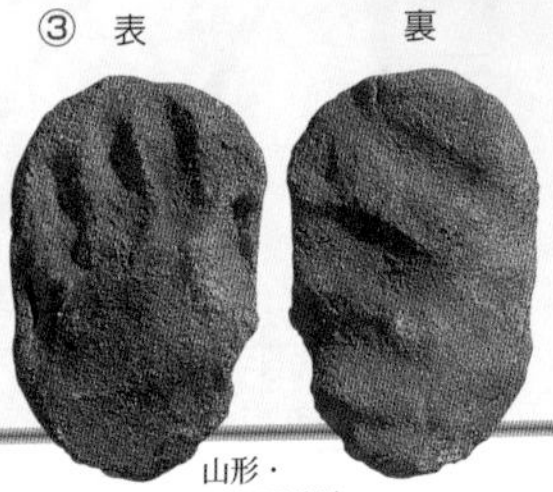
③ 表 裏
山形・西海渕遺跡

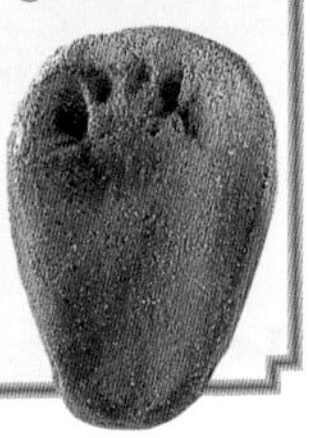
④
青森・大石平遺跡

2 配石遺構と木柱列

Point 縄文時代は自然から大きな影響を受けやすい生活であった。そこで，豊作・豊漁を祈る巨大な施設をつくった。石棒《せきぼう》や立石をもつ環状列石《かんじょうれっせき》(配石遺構)や，円形に巨木を配置した木柱列を多くの労力をかけつくっている。

2-1 配石遺構と石棒 山梨・金生遺跡

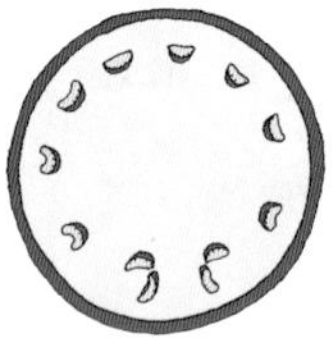

円形の木柱列

2-2 木柱列 石川・チカモリ遺跡

3 屈葬

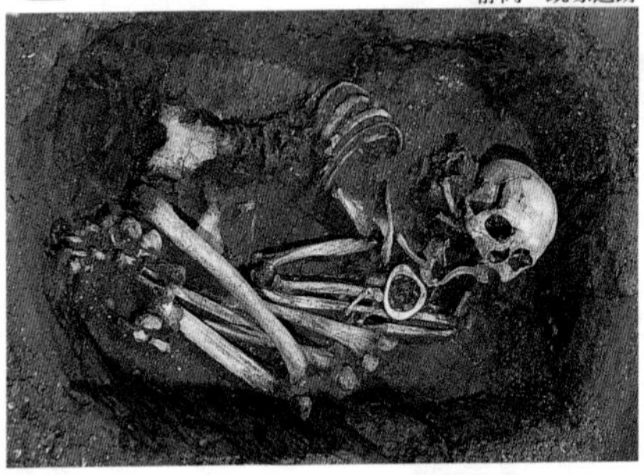
静岡・蜆塚《しじみづか》遺跡

Point 屈葬は，死者の霊がさまよい出るのを防ぐために体を曲げて埋葬されたと思われる。頭骨の下にあるのは貝製の腕輪で，副葬品があることもある。

抜歯《ばっし》

❶は抜歯をする民族例のようすで，成人への通過儀礼《ぎれい》として一定の年齢になった者の歯を弓状の道具で抜いているところである。大人になった証《あかし》を，大きな苦痛を乗り越えることで示すのである。愛知県伊川津《いかわづ》貝塚出土の縄文人の頭骨(❷)からも抜歯が盛んであったようすがうかがえ，男女にかかわらず縄文人の多くに見られる。相手と会話をすればすぐにわかる前歯の抜歯が多く，どの歯が抜けているかで年齢・出身などを表した。

❶

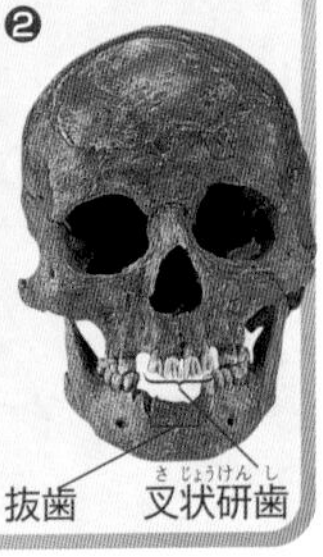
❷

4 ハレの土器，ケの土器

Point 装飾が施されたハレの土器(A・B・C)は少なく，飾りのないケ(日常用)の土器(Z)が65%を占める。

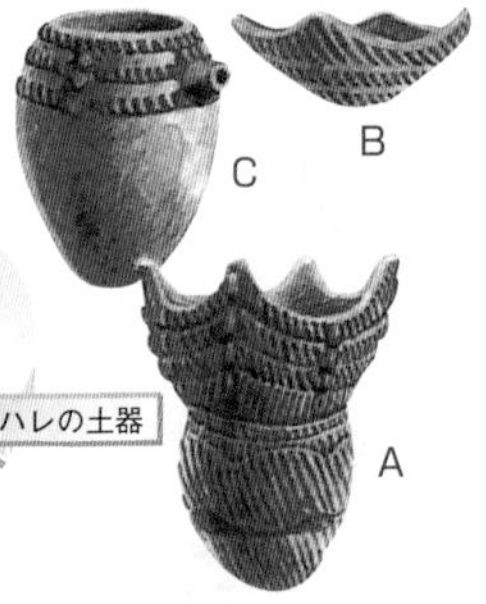

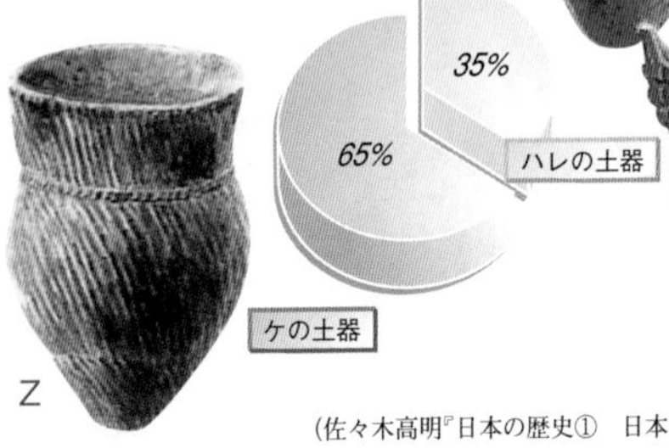

(佐々木高明『日本の歴史① 日本史誕生』集英社より作成)

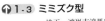

1 縄文人の交易範囲

↑1-1 姫川《ひめかわ》上流のヒスイ(硬玉)峡と大珠《たいしゅ》

↑1-2 和田峠に広がる黒曜石《こくようせき》と原石

Point **縄文人は自給自足が原則**であったが，必要なものが近くになければ遠方から手に入れていた。石鏃《せきぞく》など鋭利《えいり》な道具に天然ガラスの**黒曜石**，接着剤には**アスファルト**，装身具に使うのは**ヒスイ**と，原産地が限られている場合には，数百km離れた集団とも**交易のネットワーク**をつくっていたと考えられる。

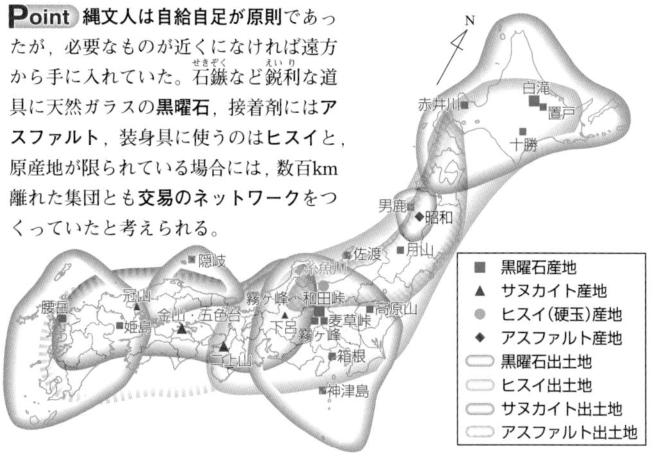

Discovery

縄文人の鉱山，星糞峠～長野県長和町鷹山《たかやま》遺跡群～

江戸時代から「星糞峠《ほしくそとうげ》」とよばれている峠がある。今も峠道にキラリと光る黒曜石のかけらが大量に落ちているが，当時の旅人は，それが約1万～3500年前の縄文人が採掘《さいくつ》し，捨てていったものとは思ってもみなかっただろう。

1993年，峠の東側斜面一面に広がるクレーター状の採掘跡が見つかった。発掘調査では，斜面下部の峠の部分で約1万年前に黒曜石の採掘が始まり，約3500年前に斜面上部へ到達《とうたつ》したことがわかった。6000年以上の間，①のように採掘を上へ上へと繰り返した結果，現在も見られる窪《くぼ》みができたのだ。縄文人は地表から地下数mの地層にある有用鉱物＝良質の黒曜石を狙《ねら》って鉱山開発を行っていたのである。

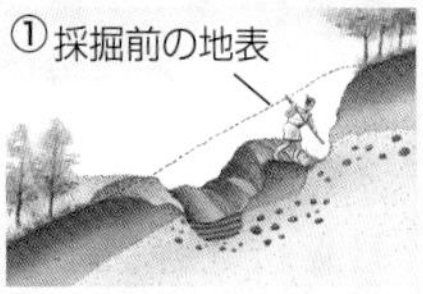

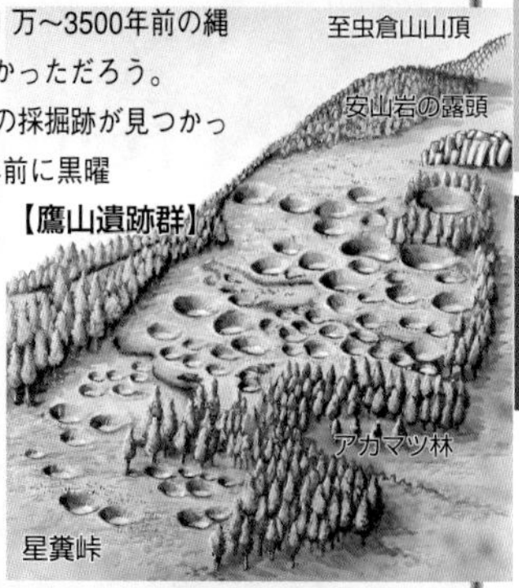

↑採掘想像図(右図とも小杉康氏原画をもとに作成)

縄文の酒

青森県三内丸山《さんないまるやま》遺跡の廃棄場から，厚さ5～10cmにおよぶ，種子と果実だけからなる植物遺体層(❶)が見つかった。もとの果実に換算《かんさん》すると実にドラム缶3本分以上になる膨大な量である。そのほとんどがエゾニワトコ(❷)で，果皮にコウジカビが繁殖《はんしょく》しやすく発酵《はっこう》すれば簡単に果実酒《かじつしゅ》となる。多くのショウジョウバエの遺体も見つかり，縄文人が果実の発酵を利用した酒造りをしていた可能性が出てきた。さらに秋田県池内《いけない》遺跡では，2ℓほどのニワトコ主体の植物遺体が細かい植物繊維に包《つつ》まれて見つかった。果実を搾《しぼ》り，液体を漉《こ》し，発酵の仕組みを利用して縄文の酒を醸造《じょうぞう》したならば，どんな場面で飲まれていたのだろうか。

❶

❷

2 拠点集落と交易―青森県三内丸山《さんないまるやま》遺跡 史 以下写真提供 青森県教育庁文化財保護課

❶

❷

❸

❹

Point 縄文時代は通常，十数軒程度の集落である。ところが**三内丸山遺跡**は，数十軒の大規模な集落が1500年間も継続したこれまでにない遺跡である。文物の交易拠点であったため，長野県産(❶)・北海道産(❷)の黒曜石《こくようせき》，秋田県槻木《つきのき》産のアスファルト(❸)，新潟県糸魚川周辺産のヒスイ(❹)，岩手県久慈《くじ》産の琥珀《こはく》など遠隔地との交流が盛んで拠点集落として栄えた。大型の建造物もつくられ，集落の繁栄《はんえい》ぶりを現している。

↑2-1 盛り土遺構

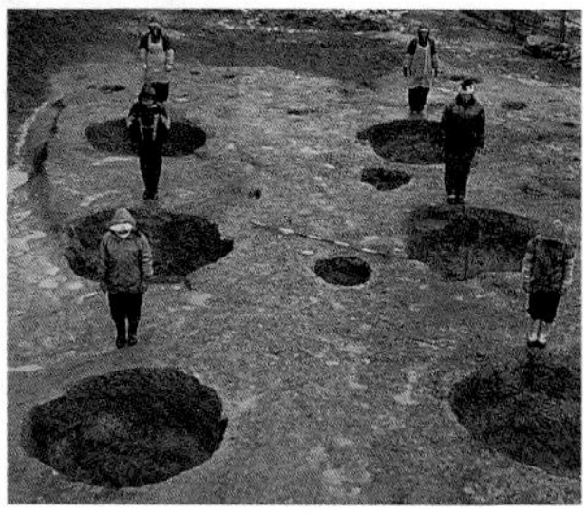

↑2-2 大型掘立建物跡

↑2-3 復元された大型掘立柱建物全高20mと大型住居全長32m

↑2-4 三内丸山遺跡復元模型

特集 ピアスの歴史

古今東西を問わず，オシャレは人々の大きな関心事である。その一つである“ピアス”は，すでに8000年も前の日本で装着する習慣があった。現代の若者もピアスをする人が多いが，まさに時空を越えたファッションなのである。

ピアスの流行

Point 中国の長江下流域から東アジア全体に広がったピアス＝玦状《けつじょう》耳飾(❸)が，日本列島に住む縄文人に流行したのは，約8000年前の縄文時代早期末のことである。人骨頭部の両脇から装着された状態で出土したり(❷)，土偶にもピアスが表現され(❹)，縄文時代後晩期には縄文工芸の極《きょく》致《ち》ともいえるほど精緻《せいち》なつくりの土製ピアス(❺)が出現する。見事に浮《う》き彫《ぼ》りされ，真っ赤に塗《ぬ》られたピアスは，❶のイラストのように縄文人の両耳を華《はな》やかに飾《かざ》ったことであろう。

❶
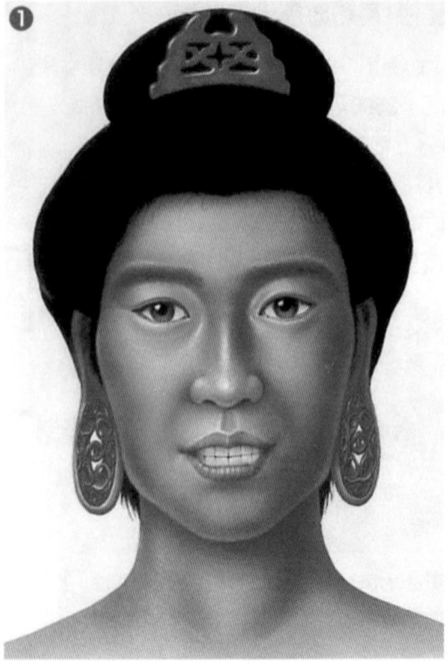

ピアスを着けた縄文人
復元 新潟・十日町市博物館蔵

❷

❸
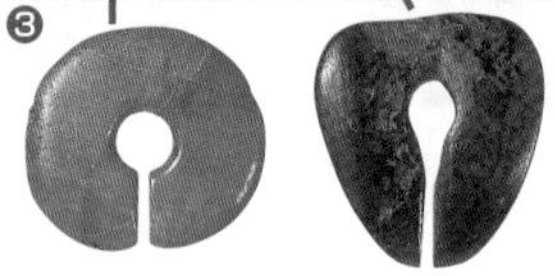

人骨頭部両耳部出土の玦状《けつじょう》耳飾
縄文前期 大阪・国府《こう》遺跡
関西大学博物館蔵

❹
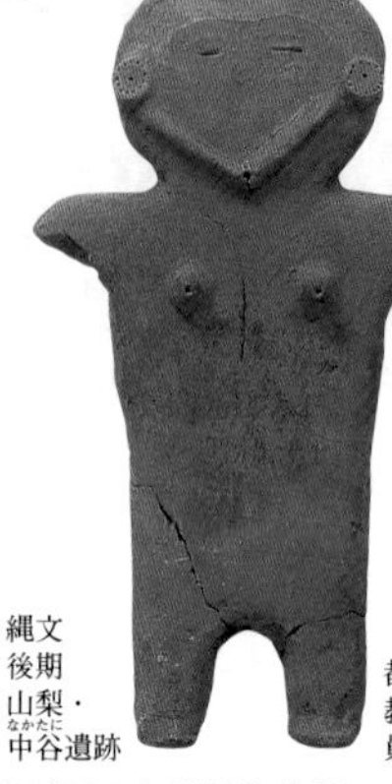

縄文後期 山梨・中谷《なかたに》遺跡 都留市教育委員会蔵
ピアスを着けた土偶

❺

土製ピアス 縄文晩期 群馬・千網谷戸遺跡 桐生市教育委員会蔵

Point 弥生時代になると列島内のピアスは一旦《いったん》少なくなるが，土器絵画(❻)や管玉《くだたま》の耳飾(❼)などから耳飾の風習が続いていたことがわかる。古墳時代になると，朝鮮半島からもたらされた金環(❾)を着けるようになり，権威・権力の象徴となった(❽)。しかし，古墳後期には農民にまで幅広い階層で装着するようになり(⓫)，金銅製品の量産・流通体制が整備されていたことがわかる。しかし，庶民にまで普及したアクセサリーは，もはや権力者の権威を示すものとなりえず，7～8世紀には使用されなくなる。(►p.37)

❻
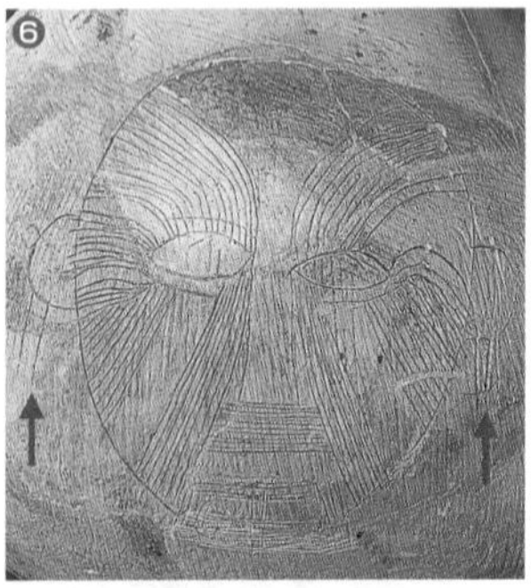

ピアス？を着けた弥生人 弥生後期
愛知・亀塚遺跡 安城市歴史博物館蔵

❼

耳飾りにした管玉《くだたま》
弥生中期 大阪・巨摩廃寺遺跡
(財)大阪府文化財センター蔵

❽

金環を着けた巫女《みこ》の埴輪 古墳後期
群馬・塚廻り3号墳 国(文化庁)保管

❾
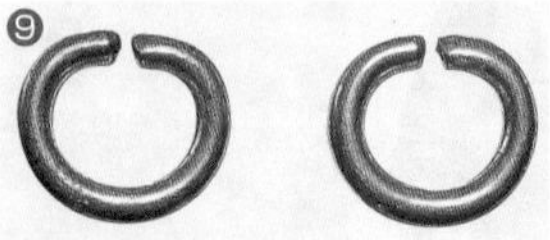

金環《きんかん》 古墳後期 長野・松原1号墳
長野県立歴史館蔵

❿
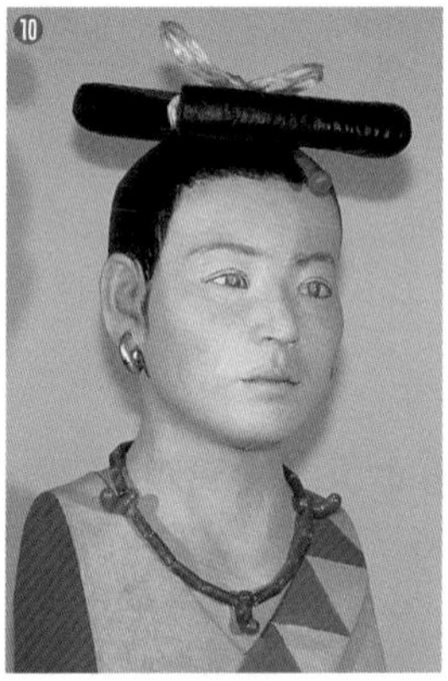

復元した巫女と装身具 金環は切れ込みを耳たぶにはさんだ。
復元 山口・平生町歴史民俗資料館蔵

⓫

金環を着けた農民の埴輪
古墳後期 群馬・赤堀町 東京国立博物館蔵

ピアスの消滅

Point 高松塚古墳壁画(►p.45)の人物はピアスを着けていない。その後江戸時代まで，かんざしなどの髪飾を除きアクセサリーを身に着けない(⓭)，世界でも珍しい文化をもつことになる。仏像には豪華なアクセサリーが表現されており(⓬)，意識的にアクセサリーをしなかったことになる。

⓬

アクセサリーを着けた仏像
飛鳥時代 法隆寺金堂壁画 奈良・法隆寺蔵

⓭

アクセサリーを着けていない江戸美人 18世紀 喜多川歌麿《きたがわうたまろ》 東京国立博物館蔵

ピアスの再登場

Point 幕末の開国で欧米文化が流入し，再びピアスをした女性が登場する(⓮)。明治政府の欧化《おうか》政策もあってしだいに定着し，大正時代には洋服とアクセサリーの着用が流行となる(⓯)。現代ではピアスなどアクセサリーの装着はあたりまえとなり，世界の諸民族(⓰)と同様にアクセサリー文化の時代となった。

⓮

洋装した幕末女性 1860 光斎芳盛《こうさいよしもり》 神奈川県立歴史博物館蔵

⓯

大正時代の女性 1925 竹久夢二《ゆめじ》 群馬・竹久夢二美術館蔵

⓰

マサイ族の少女 現代

Discovery

群馬県榛東村耳飾り館
～世界のピアスコレクション～

国内で唯一の耳飾をテーマとした資料館で，世界の耳飾を集め，その文化と歴史を紹介している。近くの茅野遺跡から出土した国の重要文化財の耳飾(縄文後晩期)577点も展示され縄文人の美意識にふれることができる。

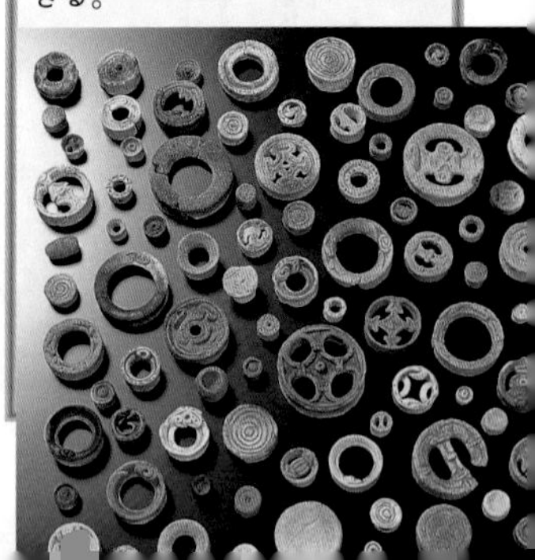

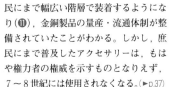

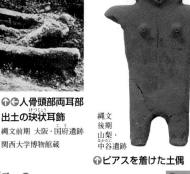

原始時代は，自然環境の変化で人間社会が大きく影響を受けたが，一方で自然を改変して生活を豊かにし，環境へも大きな影響を与えた。ときには人間自身が行った環境改変(破壊)によって生活が続かなくなることもあった。

環境の変化と人々の生活

火山灰で消えた文化

Point 南九州では，約１万2000年前にすでに石鏃《せきぞく》・磨《ま》製石斧《せいせきふ》・石皿《いしざら》などがあり，縄文時代の早い段階から成熟した文化があった。鹿児島県**上野原遺跡**では，列島に先んじて約9500年前に52軒もの定住大集落が形成されて平《ひら》底《ぞこ》土器が使われ，約7500年前には壺形《つぼがた》土器や土製耳飾りがつくられた。しかし，この文化は約7300年前の鬼界《きかい》カルデラ大噴火で火山灰の下となり，環境の激変《げきへん》で消滅。遅れて列島文化が波及《はきゅう》する。

⬆2 **平底・壺形の土器文化** 縄文早期 鹿児島・上野原遺跡 鹿児島県埋蔵文化財センター蔵

⬆1 **約9500年前の大集落** 復元 縄文早期 鹿児島・上野原遺跡 鹿児島県埋蔵文化財センター提供

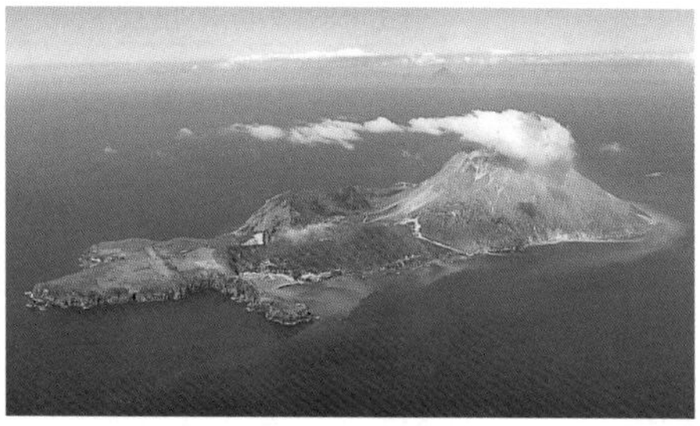

⬆3 **現在も煙を吐く鬼界カルデラ** 鹿児島県薩摩硫黄島

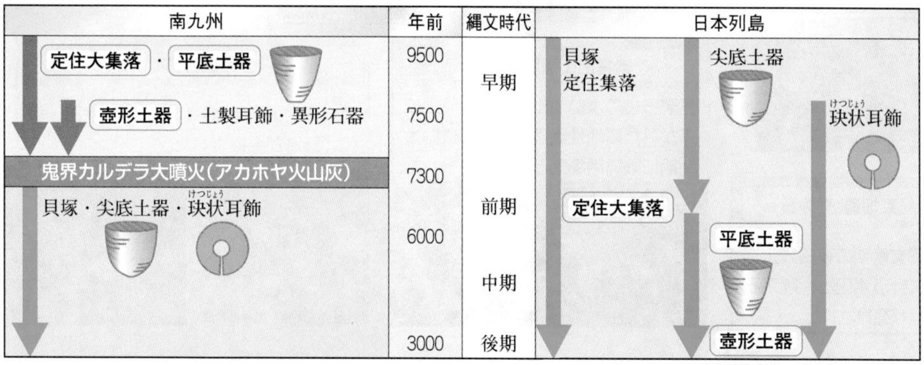

(原図新東晃一氏作成，一部改変)

縄文大集落の繁栄と終焉

繁栄 青森県**三内丸山遺跡**《さんないまるやま》出土のクリ(❶)のDNAは野生のクリ(❷)に比べそろっていて，良いクリだけ選んで栽培していたといわれている。花粉分析からも約5500年前から急速にブナ・コナラが減りクリが増えることがわかった(❸)。自然の植生ではあり得ない環境の変化は，巨大集落の存続のため自然に手を加えて食料のクリ(❹)を確保していたことを示している。 ❶❷佐藤洋一郎氏提供

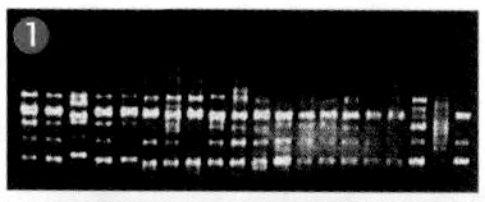

❶

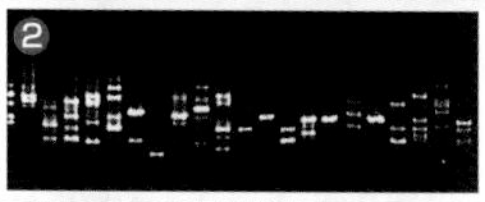

❷

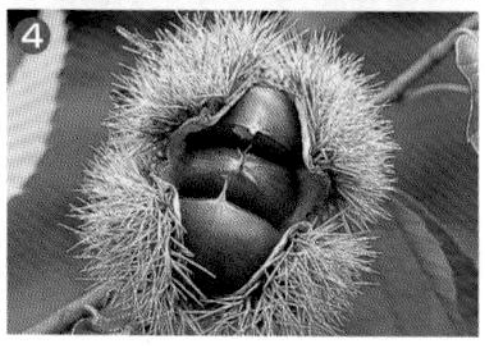

❹

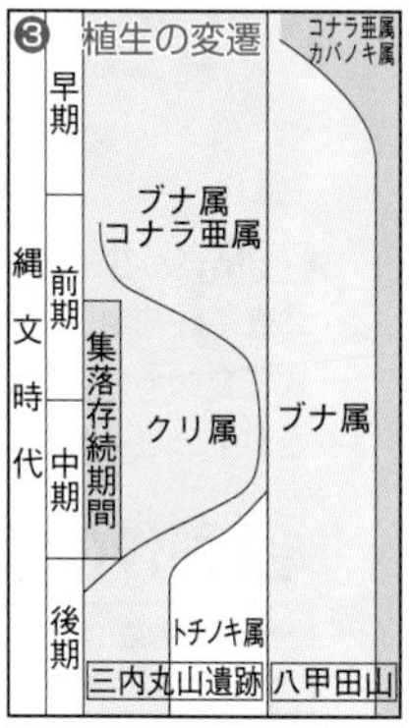

終焉 出土した高床建物の柱の年輪が約4000年前からしだいに狭《せま》くなっており(❺)，気温が寒冷化したことを示している。ほぼ同緯度の湖にいたプランクトンもこれまでのパイプ状(❻)から球状(❼)に変化し寒冷化を裏付けている。縄文人が管理・栽培し，生活の糧《かて》としていたクリの林は暖帯性植物ゆえに衰《おとろ》え，集落も維持できなくなったものと思われる。 ❻❼福澤仁之氏提供

5

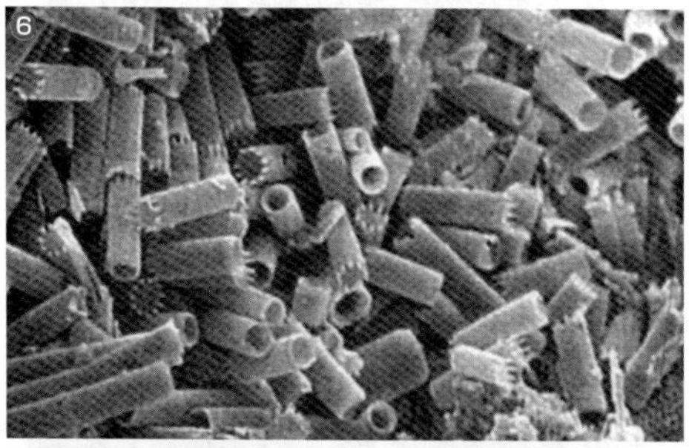

6

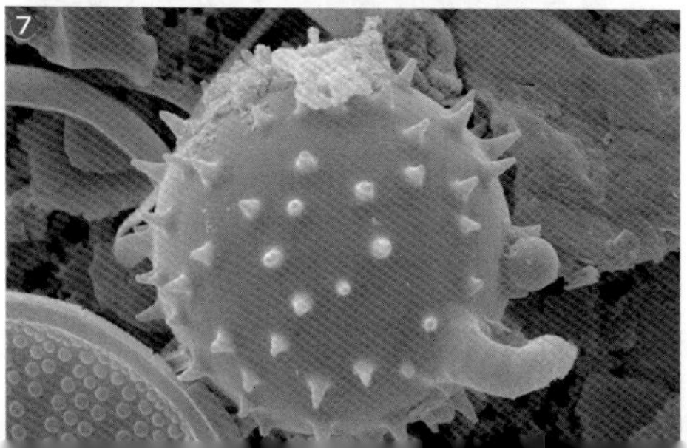

7

弥生環濠集落の都市問題

Point 愛知県**朝日遺跡**は，弥生中期に約1,000人が住んでいた東海地方の代表的な環《かん》濠《ごう》大集落(►p.27)である。急激な人口集中は周囲の環境汚染を進行させ，食糞性《しょくふんせい》昆虫(❶)や寄生《きせい》虫(❷❸)を多く発生させた。都市環境問題が起こったのである。悪臭漂《あくしゅうただよ》う都市には人は長く住めない。朝日遺跡の集落が弥生後期に衰えたことは，都市型昆虫の激減でもよくわかる。

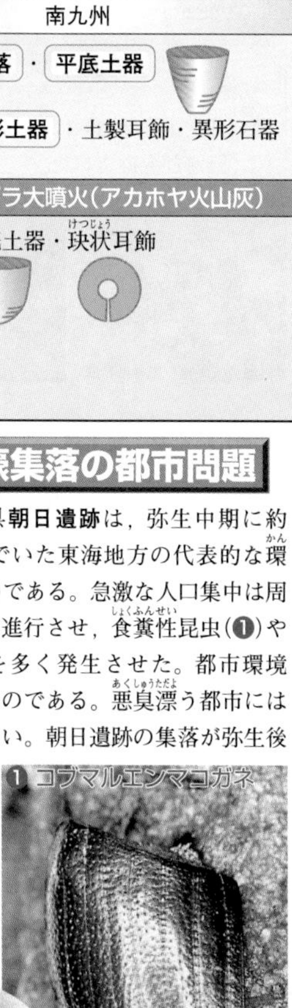

❶ コブマルエンマコガネ

⬇4 **コブマルエンマコガネ**(現生)

ⓐ朝日遺跡の都市型生物

(森勇一氏作成，一部改変)

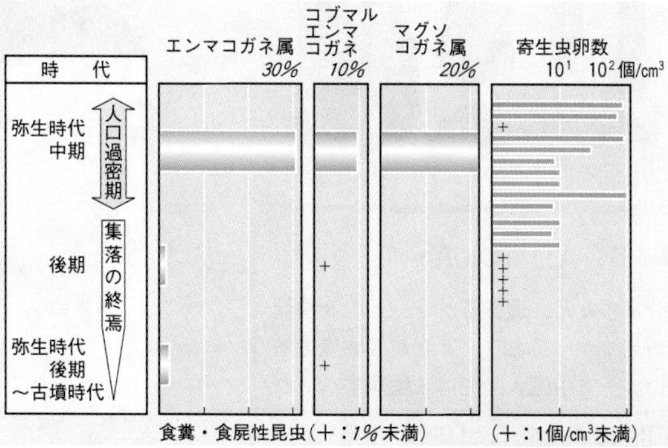

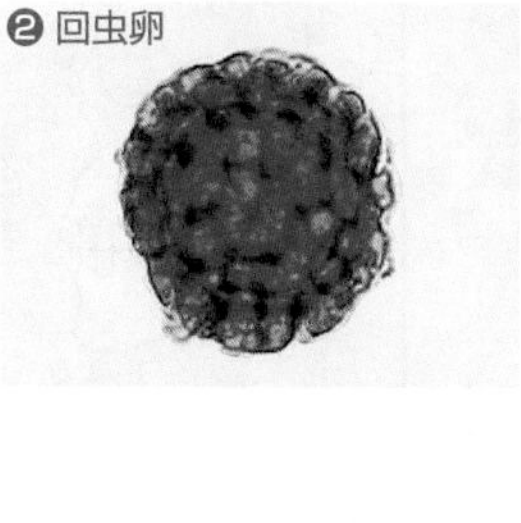

❷ 回虫卵

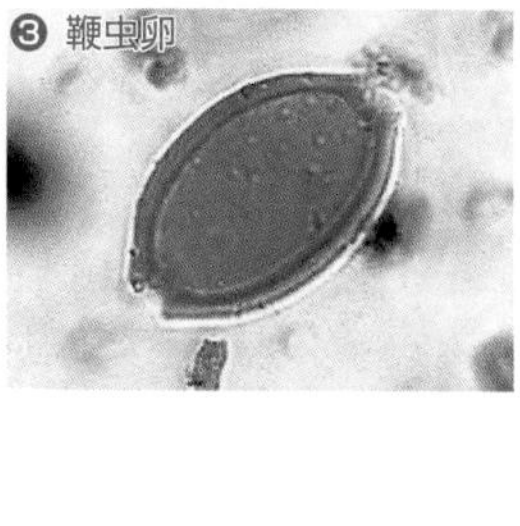

❸ 鞭虫卵

24 稲作の伝来

1 弥生土器のセット

米の煮炊《にた》き(模式図)

奈良・唐古・鍵遺跡出土

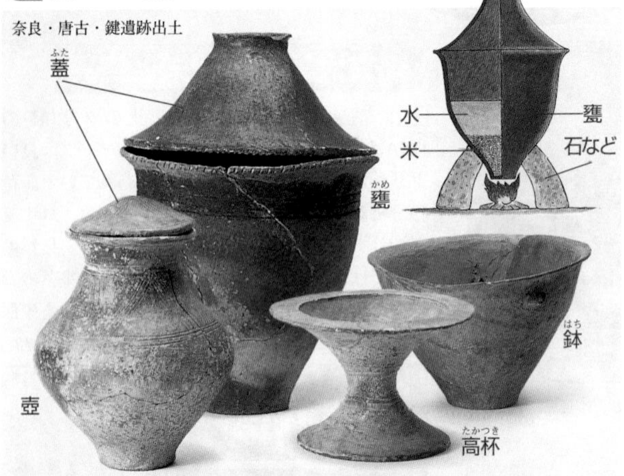

Point 弥生土器の基本的な器種は，その用途《ようと》に応じて①**甕《かめ》**—煮炊《にた》き用，②**壺《つぼ》**—貯蔵《ちょぞう》用，③**鉢《はち》**・④**高杯《たかつき》(坏)**—盛り付け用に分けられる。米は甕《かめ》で煮て食べていたらしく(模式図)，蒸《む》すための甑《こしき》は出土数が少ない。また壺が半分以上を占め籾《もみ》などの貯蔵が重要な意味をもつようになった。

2 弥生遺跡

砂沢《すなざわ》遺跡(青森)

弥生前期の水田跡が発見され，東北地方にも早くから稲作が伝わったことが証明された。

垂柳《たれやなぎ》遺跡(青森)

弥生中期の水田跡。現在の水田と比べると弥生水田の規模の小ささがわかる。

荒神谷《こうじんだに》遺跡(島根)
加茂岩倉《かもいわくら》遺跡(島根)

荒神谷遺跡から銅剣357本と銅矛《どうほこ》・銅鐸《どうたく》が，隣接する加茂岩倉遺跡から39個の銅鐸が出土。(►p.26)

唐古《からこ》・鍵《かぎ》遺跡(奈良)

巨大な環濠《かんごう》集落と多量の土器・木製農具などが出土。拠点《きょてん》集落として東海～瀬戸内地方の土器が搬入《はんにゅう》された。

吉野ヶ里《よしのがり》遺跡(佐賀)(►p.27)

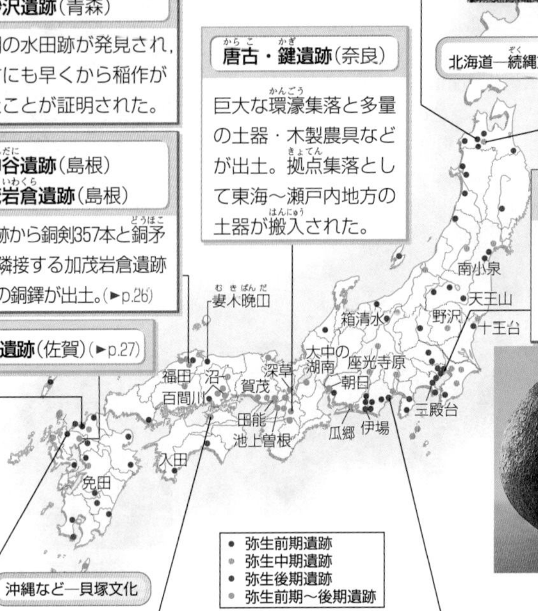

向ヶ岡《むこうがおか》貝塚(東京)

本郷弥生町で発見され，「弥生」の名称が付けられた土器。

板付《いたづけ》遺跡(福岡)

縄文晩期～弥生初期の**環濠《かんごう》集落**で，水田跡・石包丁・炭化米などが発見された。

紫雲出山《しうでやま》遺跡(香川)

見晴らしのよい海岸沿いの丘陵上に築かれた**高地性集落**の遺跡。倭国《わこく》大乱期に戦闘《せんとう》用集落としてつくられた。

登呂《とろ》遺跡(静岡)

竪穴《たてあな》住居・高床倉庫にともなう水田・水路・畦《あぜ》跡が発掘された。

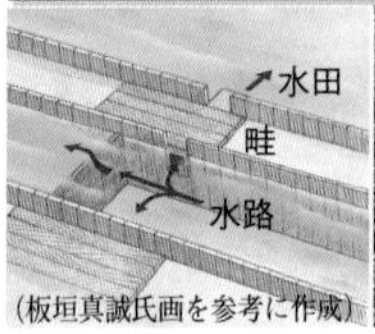

(板垣真誠氏画を参考に作成)

菜畑《なばたけ》遺跡(佐賀)

縄文晩期の夜臼《やうす》式土器に伴う水田と大陸系石器が発見された。

3 稲作の伝来

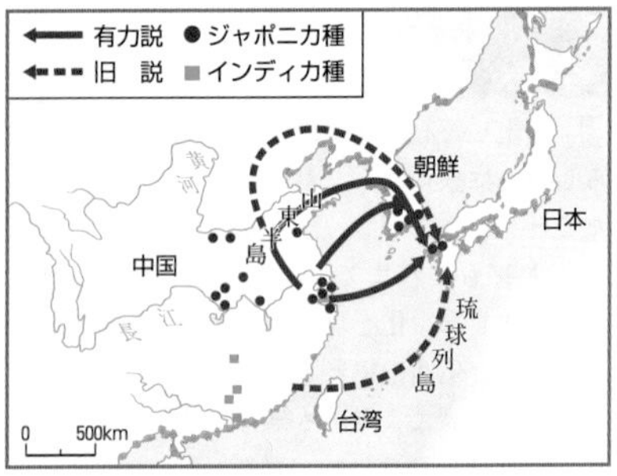

3-1 ジャポニカ(短粒)

3-2 インディカ(長粒)

Point 稲の短粒《たんりゅう》種で**ジャポニカ種**の原産地は**長江中・下流域**といわれる。ジャポニカ種の分布，大陸系石器の形の類似性などから，東シナ海を渡《わた》って直接，または朝鮮半島を経由して日本に伝来したといわれる。水稲農耕は，列島内で九州から青森まで急速に拡大していく。

Discovery

稲作伝来のルートを探る～DNA分析の応用～

日本・中国大陸・朝鮮半島の稲の在来《ざいらい》種をDNA分析すると，遺伝子がa～hの8種類に分けられることがわかった。日本ではabcのみが見つかっており，abが高頻度《ひんど》である。ところが朝鮮半島ではaの頻度が高く，bがない。一方中国大陸では8種類すべてが存在するがbが高頻度で見つかっている。したがって，日本のacの遺伝子は朝鮮半島から，bの遺伝子は中国大陸から伝来した稲にそれぞれ由来《ゆらい》する可能性が高く，稲作伝来は原産地の長江中・下流域から直接伝来するルートと朝鮮半島を経由したルートの二つがあったと考えられるのである。

ⓐ稲のDNA遺伝子型分布と伝来ルート
(『週刊朝日百科　日本の歴史37』朝日新聞社により作成)

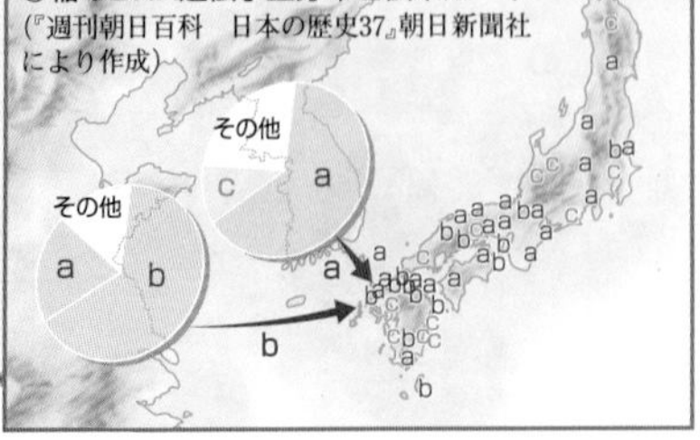

4 弥生顔(渡来系)・縄文顔

石井礼子氏画

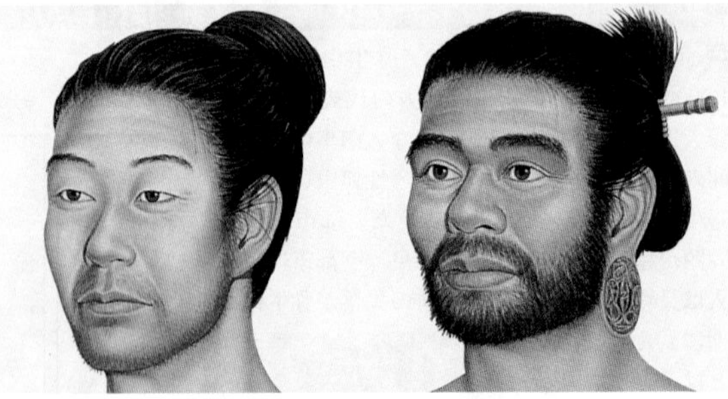

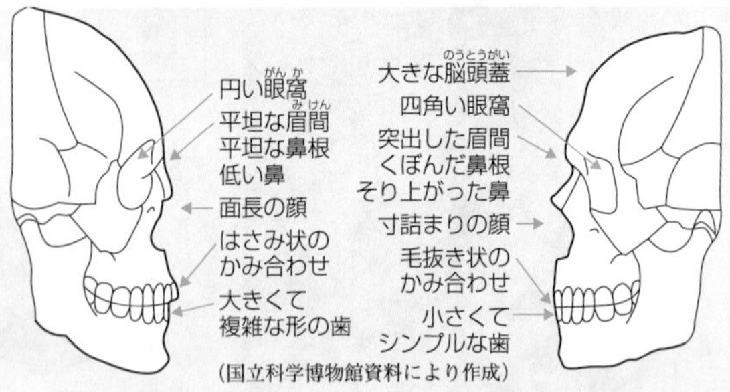

(国立科学博物館資料により作成)

4-1 渡来系弥生人

4-2 縄文人

1 弥生人の四季

1a 木製農具

1-1 鍬《くわ》 長野・石川条里遺跡

1-2 広鍬 長崎・里田原《さとたばる》遺跡

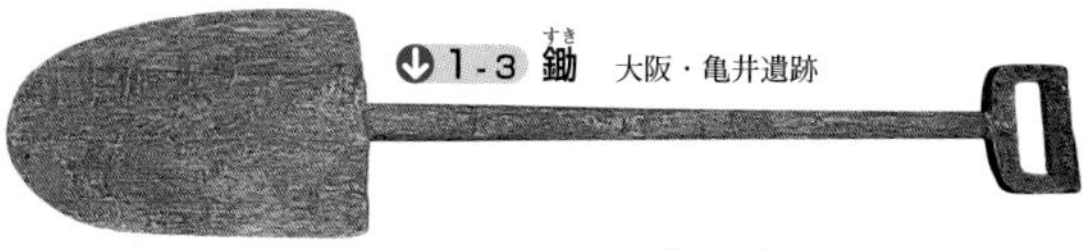

1-3 鋤《すき》 大阪・亀井遺跡

1-4 えぶり（水田面をならす） 長野・石川条里遺跡

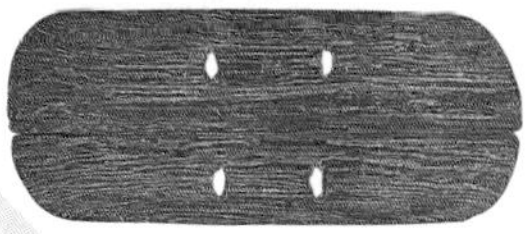

1-5 田下駄《たげた》 静岡・登呂遺跡

1-19 イノシシ狩り
国 銅鐸絵画 東京国立博物館蔵

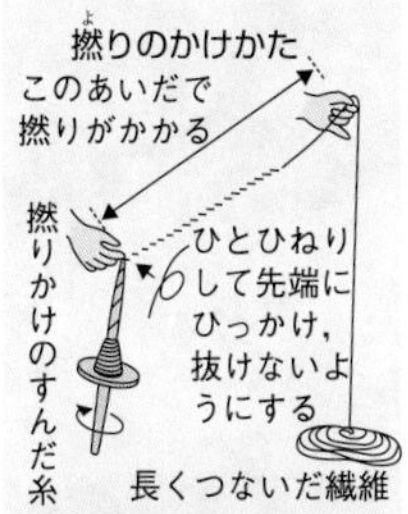

1-18 糸撚《いとよ》りの方法（『日本歴史館』小学館により作成）

1-17 機織《はたお》り 滋賀・安土城考古博物館蔵

1-16 太型蛤刃石斧《はまぐりば》（伐採具） 大阪・池上遺跡

1-15 柱状片刃石斧《ちゅうじょうかたば》（伐採・加工具） 大阪・池上遺跡

1-14 扁平《へんぺい》片刃石斧（加工具） 大阪・池上遺跡

1-13 石斧での伐採　切り倒すのに約12分かかったが思いのほか早く切れる。大阪府立弥生文化博物館

1-12 高床倉庫《たかゆか》 静岡・登呂遺跡

1-11 ネズミ返し 静岡・登呂遺跡

穂首刈《ほくびが》り　稲穂の部分だけを刈り取る収穫方法。初期段階の水稲農耕は，稲の生育が安定せず実る時期がずれるため，実った穂のみを何回かに分けて**石包丁《いしぼうちょう》**で摘《つ》み取ったものと考えられる。また，除草《じょそう》が徹底《てってい》していないため雑草が多く，それと区別するためにも，穂首刈りで選択的に収穫したものと思われる。

大阪・池上曽根遺跡

鉄斧　福岡・辻田遺跡

1-10 鉄斧《てつおの》の伐採　石斧と比べ1/4の時間（約３分）で切り倒せた。
大阪府立弥生文化博物館

1-7 脱穀《だっこく》
国 銅鐸絵画 神戸市立博物館蔵

1-8 竪杵《たてぎね》 大阪・鬼虎川遺跡

1-9 臼《うす》
高さ43.0cm
佐賀・生立ヶ里《うりゅうがり》遺跡

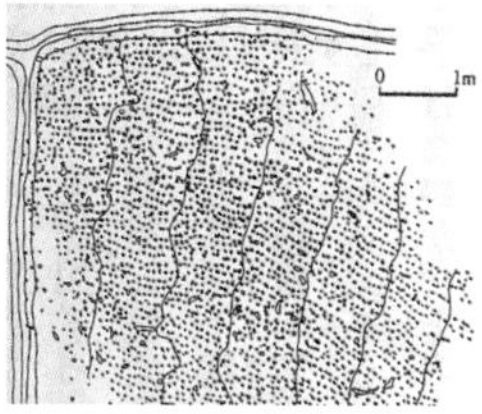

1-6 田植えの跡　岡山・百間川遺跡（佐原眞『大系日本の歴史１ 日本人誕生』小学館）

TRY 論述　上の水田では７人の共同作業で田植えをしたらしいが，稲作が伝来した頃から田植えが行われていた理由は何か。 相互関連

（春の水田とも『週刊朝日百科「新訂増補日本の歴史」』より）

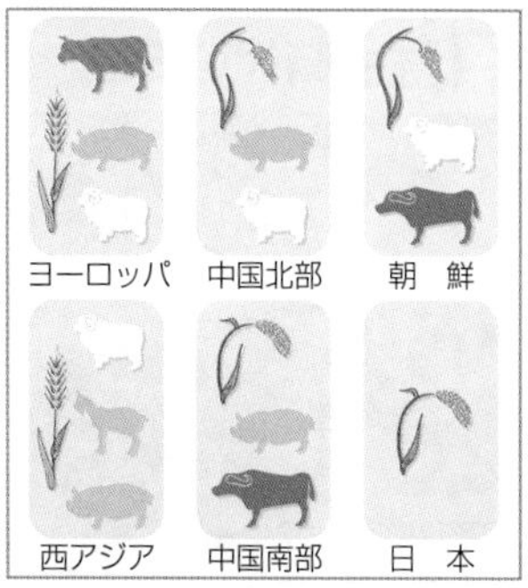

（佐原眞『大系日本の歴史１　日本人誕生』小学館）

Point 日本は世界でも珍しい食用家畜を伴わない農業である。日本の食生活が植物食中心になったのは，弥生時代以来の農業の伝統に根ざしている。

26 金属器の普及と祭り

1 青銅器と分布

Point 大陸から伝播した金属器は，銅・錫の合金でできた**青銅器**と**鉄器**であった。青銅器は主に**祭器**として，鉄器は主に実用利器として**武器**や**農工具**として利用された。**青銅製祭器**の銅鐸は近畿・東海，平形銅剣は瀬戸内海中部，銅矛・銅戈は北部九州を中心に分布し，一定の地域圏があったことがわかる。

銅鐸《どうたく》(三遠式銅鐸)

(近藤喬一氏原図より作成)

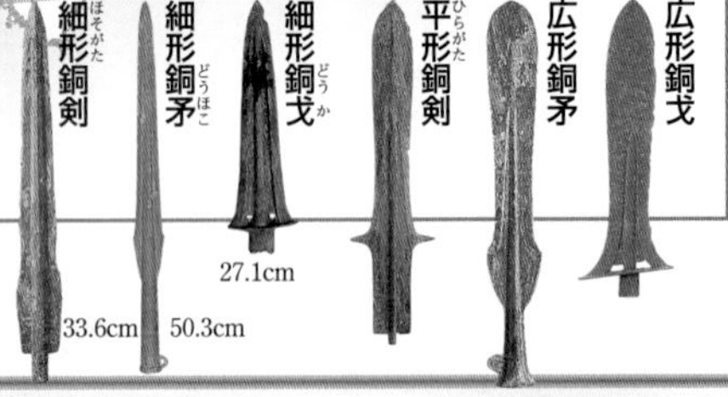

↑↓1-1 大量に埋納《まいのう》された銅剣・銅矛《どうほこ》・銅鐸《どうたく》 国 島根・荒神谷遺跡

↑1-2 一括埋納《いっかつまいのう》された銅鐸群 国 島根・加茂岩倉遺跡

Point 島根県**荒神谷《こうじんだに》遺跡**からは，これまで国内で出土した総本数を超《こ》える357本もの銅剣と，16本の銅矛，6個の銅鐸が見つかった。またその南東約3.5kmの**加茂岩倉《かもいわくら》遺跡**からは，1カ所から出土した銅鐸としては国内最多の39個の銅鐸が一括埋納された状態で見つかった。加茂町内の神原《かんばら》神社古墳からは**景初《けいしょ》三年銘三角縁神獣鏡《さんかくぶちしんじゅうきょう》**(►p.29)が出土しており，日本海に面した出雲《いずも》地方に弥生時代の一大勢力があったことをうかがわせる。

Discovery

金色に輝く青銅器～銅鐸復元～

鋳造《ちゅうぞう》作家の小泉武寛氏による銅鐸の復元制作。まず，(❶)鋳造用の真土《まね》(粘土)で外型をつくり，(❷)文様を竹べらで根気よく彫り込み，(❸)中型と組合せて鋳型とし，(❹)溶けた銅を流し込む。厚さわずか2～3mmの銅鐸が見事に鋳上《いあ》がった。青銅はもともと金色《こんじき》に輝いており，弥生人の心を奪ったに違いない。

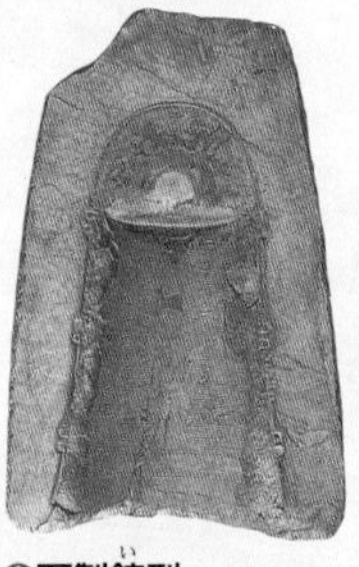

↑石製鋳《い》型 大阪・東奈良遺跡 国(文化庁)保管

↑国内最大の銅鐸の復元 滋賀・銅鐸博物館蔵

←土製鋳型 奈良・唐古・鍵遺跡 田原本町教育委員会蔵

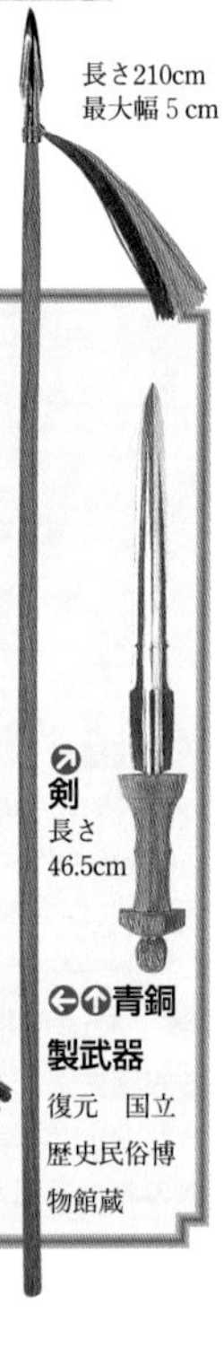

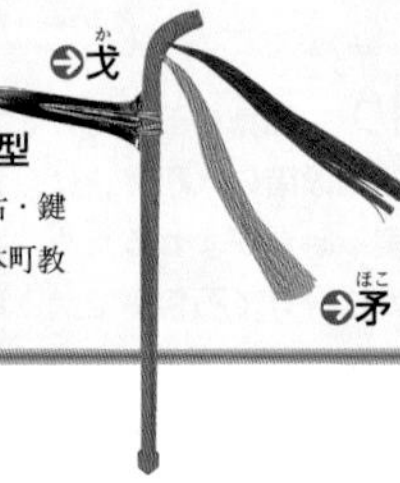

→戈《か》

→矛《ほこ》

↗剣 長さ46.5cm

←↑青銅製武器 復元 国立歴史民俗博物館蔵

2 鉄製工具の利用

↑2-1 鉄器による弥生工芸品 実用利器の鉄器は効率がよく，木挽《こび》きも行われるようになった。復元 高石市教育委員会蔵

↑2-2 出土した鉄器 鳥取・青谷上寺地《あおやかみじち》遺跡

3 弥生時代の葬制

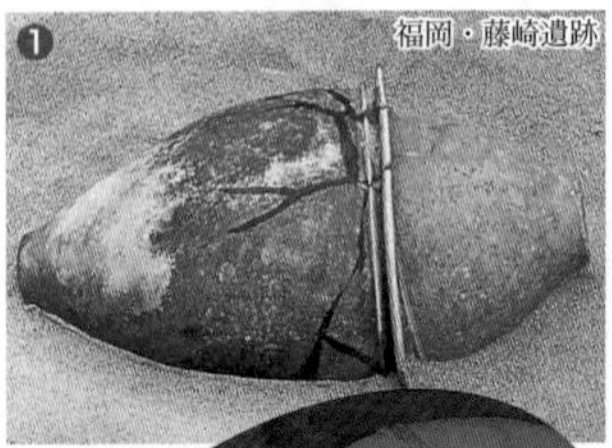

福岡・春日市奴国の丘歴史資料館蔵

Point ❶**甕棺《かめかん》墓《ぼ》**：縄文時代からの伝統で集団墓の棺《ひつぎ》として使用される。❷**支《し》石墓《せきぼ》**：朝鮮半島から伝来，地上に巨石を配置する。❸**箱式石棺墓《はこしきせっかんぼ》**：板石を組合せて棺とする。木の板の場合は木棺墓という。❹**方形周溝墓《ほうけいしゅうこうぼ》**：墓域を溝《みぞ》で囲み，中央に盛り土をする。西日本から東日本にかけて分布する集団墓であるが，大型で墳丘墓《ふんきゅうぼ》クラスのものもある。❺**四隅突出墓《よすみとっしゅつぼ》**：出雲及び北陸地方に出現し，墳丘の四隅を出す形で墳丘墓クラスのものも多い。❻**墳丘墓**：卓越した墳丘と豊富な副葬品をもつ。

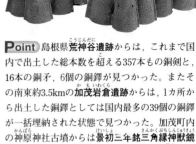

1 戦争の時代

Point 弥生人は集落に深い溝(**環濠**《かんごう》)や逆茂木《さかもぎ》をめぐらし，物見やぐらを作り，戦闘に備えて生活には不便な山頂・丘陵上に**高地性集落**を築いた。弥生人は素早《すばや》く多量に作ることができる打製石鏃《せきぞく》を大量に使用し，縄文人の石鏃より長く，重くして殺傷力《さっしょうりょく》を高めた。出土する遺体から銅剣や石剣の先が見つかるのは戦闘で死んだ証拠であり，縄文人にはほとんどみられない。弥生時代はまさに，**戦争がはじまった時代**なのである。

1-1 守りの村，環濠集落 神奈川・大塚遺跡

1-2 環濠 京都・扇谷遺跡

1-3 戦闘の村 朝日遺跡(愛知)の逆茂木《さかもぎ》(右写真)をもとに復元した戦争の想像図

1-4 石戈と木のよろい・盾で身を固めた弥生戦士 よろい：岡山・南方遺跡，石戈：大阪・鬼虎川遺跡，盾：静岡・登呂遺跡出土品を参考に復元 国立歴史民俗博物館蔵

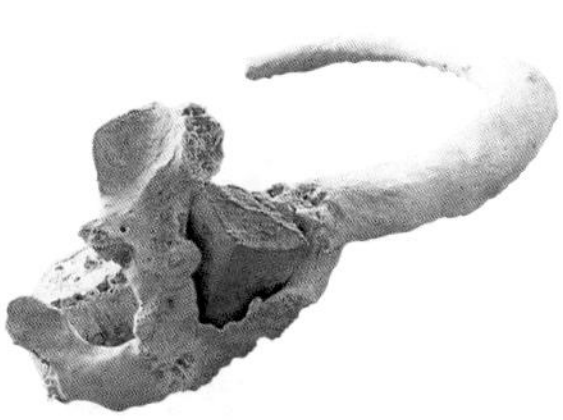
1-5 背後から石剣を刺された男の胸椎《きょうつい》 福岡・スダレ遺跡 穂波町教育委員会提供

1-6 13本も矢が刺さった戦士 山口・土井ヶ浜遺跡

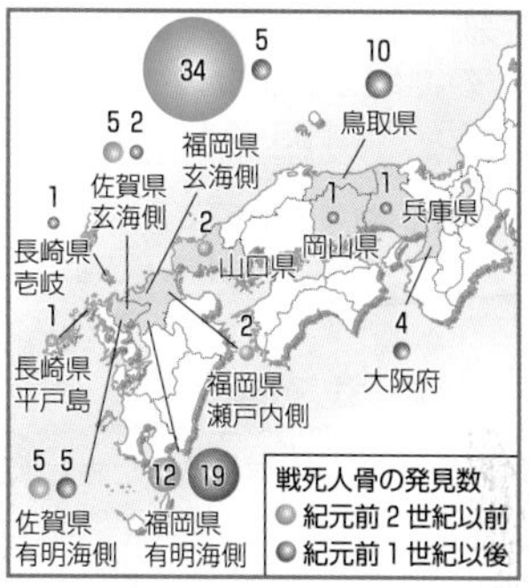

1-7 弥生時代の戦死者の分布
(大阪府弥生文化博物館作成)

Point 弥生時代の戦争はその初めまで北部九州の玄海灘周辺部に集中しているが，中期以降，近畿にもみられるようになり，本格的な戦争の時代が始まった。

福岡・隈・西小田遺跡
1-8 重い鈍器で頭を割られた男

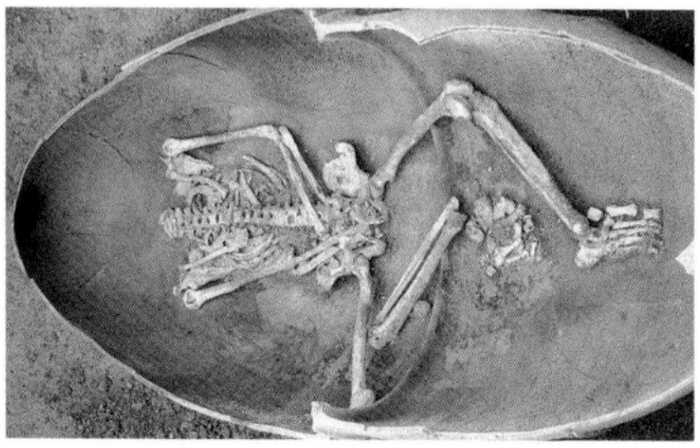
1-9 首無し遺体 敵に首をもち去られたのだろうか。
佐賀・吉野ヶ里遺跡
佐賀県教育委員会提供

2 小国分立 ～佐賀県吉野ヶ里遺跡

2-1 復元された大環濠集落(上)**と北内郭**(下) 厳重に濠《ほり》に囲まれ，『**魏志**』**倭人伝**に対応する施設がそろう。 復元模型 国立歴史民俗博物館蔵

以下4点佐賀県教育委員会提供

2-2 「V」字状の深い濠 深さが3m以上もある急傾斜の濠である。

Point 約40haの大環濠集落が発掘調査に基づいて復元された。『**魏志**』**倭人伝**に登場するような「宮室」「邸閣」「楼閣」を備え，「城柵」(環濠)をめぐらせている。首なし遺体などの出土からも当時の緊迫《きんぱく》した情勢を想像できる。出土品は大陸との関係を示すものが多く，**小さなクニ**が存在していたことを示している。また，**墳丘墓**《ふんきゅう》や副葬品《ふくそう》から階層分化が進んでいたことがわかる。

2-3 種類や量が豊富な鉄器

2-4 甕棺《かめかん》内の銅剣と管玉

貨泉《かせん》 中国の新を建てた王莽《おうもう》が紀元14年につくらせた銅銭で国内では70数例しか見つかっていない。中国との結びつきを示す資料である。

小国分立から邪馬台国へ

1 記録に残る大陸との交渉

◎中国史書 ◎朝鮮関係

中国

前漢 B.C.／8 A.D.／23 新／25 後漢 220／220 魏 265／221 蜀 263／222 呉 280／晋(西晋) 304 316／317 東晋 420／304 五胡十六国 439／386 北魏 535／420 宋 479／479 斉 502／502 梁 557／535 西魏 556／534 東魏 550／北周／北斉／陳

日本

百余国に分立，楽浪郡《らくろう》へ遣使
(『漢書《かんじょ》』地理志・班固《はんこ》) 史

B.C.

A.D.

57 倭《わ》の奴《な》国王後漢に朝貢，光武帝《こうぶてい》より「漢委奴国王《かんのわのなのこくおう》」の印綬《いんじゅ》を賜《たま》う

中国冊封《さくほう》体制へ編入

107 倭国王帥升《すいしょう》ら生口《せいこう》160人献上《けんじょう》

147～189 倭国大乱《わこくたいらん》，歴年《れきねん》主なし
(『後漢書《ごかんじょ》』東夷《とうい》伝・范曄《はんよう》) 史

239 邪馬台国《やまたい(やまと)》女王卑弥呼《ひみこ(ひめこ)》，魏《ぎ》へ遣使。「親魏倭王《しんぎわおう》」の金印紫綬《しじゅ》・銅鏡を賜う (『魏志《ぎし》』倭人伝《わじんでん》・陳寿《ちんじゅ》)

266 倭女王(壹与《いよ》？)西晋《せいしん》に遣使
(『晋書』・房玄齢《ぼうげんれい》)

[以後，約150年間中国史書に日本の記事なし]

国内統一＝ヤマト政権成立

369 百済《くだら(ひゃくさい)》王，新羅《しらぎ(しんら)》と対抗するため七《しち》支刀《しとう》をつくり，倭王に贈る(372)
(七支刀銘文《めいぶん》・『日本書紀』)

391 倭，百済・新羅を破り臣民《しんみん》とする

404 倭，高句麗《こうくり》に敗れ後退
(高句麗好太王碑《こうたいおうひ》文・長寿王《ちょうじゅおう》) 史

413 倭王(讃《さん》？)東晋《とうしん》に遣使(『晋書』)

421 讃，宋《そう》に遣使

438 珍《ちん》，遣使。「安東将軍倭国王」賜う

443 済《せい》，遣使。「安東将軍倭国王」賜う

462 興《こう》，遣使。「安東将軍倭国王」賜う

478 武《ぶ》，遣使，上表文《じょうひょうぶん》を提出。「使持《しじ》節都督《せつととく》倭・新羅・任那《みまな》・加羅《から》・秦《しん》韓《かん》・慕韓《ぼかん》六国諸軍事安東大将軍倭王」賜う(『宋書』倭国伝・沈約《しんやく》) 史

479 武，斉《せい》から「鎮東大将軍」賜う(『南斉書《なんせいしょ》』)

502 武，梁《りょう》から「征東将軍」賜う(『梁書』)

[以後，約98年間中国史書に日本に関する記事なし]

中国冊封体制から離脱

512 加耶《かや》(任那) 4県割譲問題

538 百済聖明王《せいめいおう》，仏像・経論献上
(『上宮聖徳法王帝説《じょうぐうしょうとくほうおうていせつ》』史『元興寺縁起《がんごうじえんぎ》』による。『日本書紀』は552年説)

朝鮮

B.C.108 楽浪郡 313／210 帯方郡／馬韓 346 百済／弁韓 369 加耶(任那)／辰韓 356 新羅／高句麗

＊加耶は，加羅(から)・駕洛(から)などともいう。

Discovery

↑超大型の倭鏡 国(文化庁)保管

平原遺跡～伊都国の王墓～

倭国と大陸との関係を結んでいた国が伊都国である。『魏志』倭人伝にも，卑弥呼は常に伊都国に「一大率《そつ》」を置いて諸国を検察させたとあり，倭国を統治するための重要な国に位置付けていたことがわかる。弥生後期の方形周溝墓《ほうけいしゅうこうぼ》からは，直径46.5cmという超大型の倭鏡を含む40面の鏡と多数の副葬品《ふくそうひん》が出土し，勢力の大きさを示している。

2 冊封《さくほう》体制への編入～金印の下賜《かし》

2a 漢代に冊封された王・侯の金印

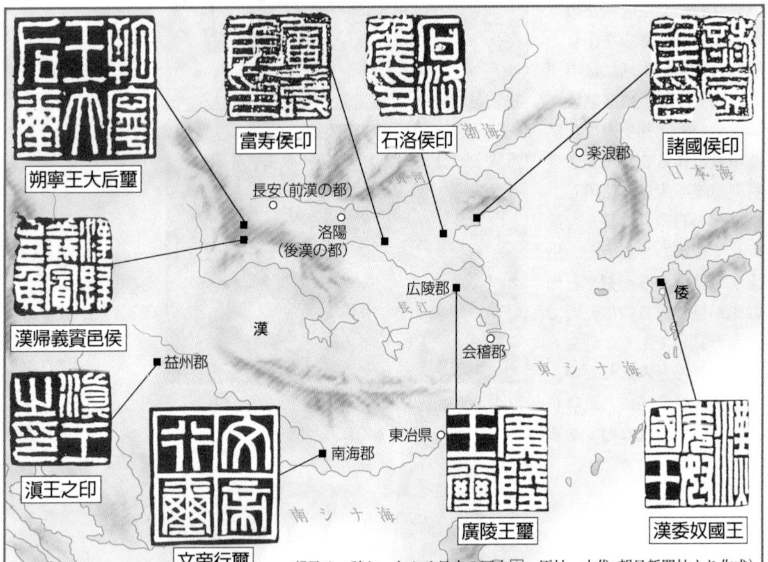

(『見る・読む・わかる日本の歴史1 原始・古代』朝日新聞社より作成)

←2-1 志賀島 福岡市博物館提供

重さ109g

1辺2.3cm・後漢の一寸

↑2-2 金印 国 福岡市博物館蔵

『後漢書《ごかんじょ》』東夷伝《とういでん》(范曄《はんよう》) 史

建武中元二年《けんむちゅうげんにねん》①、倭《わ》の奴国《なのくに》、奉貢朝賀《ほうこうちょうが》②す。使人《しじん》自《みずか》ら大夫《たいふ》と称す。倭国の極南界《きょくなんかい》なり。光武《こうぶ》③、賜《たま》ふに印綬《いんじゅ》を以《もっ》てす。

①57年 ②朝貢 ③後漢初代の皇帝

Point 1784年，博多湾の**志賀島**《しかのしま》(現福岡市東区)で農民の甚兵衛が発見した**金印**は，「**漢委奴国王**《かんのわのなのこくおう》」と刻字されており，『**後漢書**《ごかんじょ》』**東夷伝**《とういでん》の記事により，後漢の光武《こうぶ》帝が倭の奴国王に与えたものと判明した。これは，中国の政治的秩序下に入った(＝**冊封**《さくほう》)ことを示すが，代わりに倭国内の政治的優位を獲得し，大陸の先進文物の入手が有利になった。

3 邪馬台国連合と国際関係

→3-1 史 『魏志《ぎし》』倭人伝《わじんでん》

3a 3世紀の東アジアと倭国―邪馬台国畿内説による

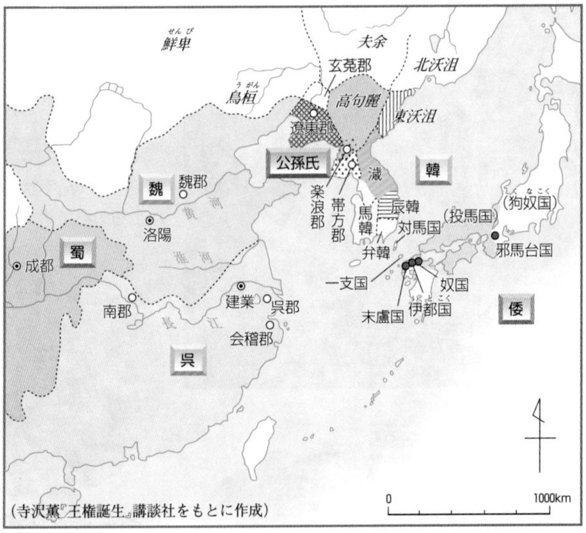

(寺沢薫『王権誕生』講談社をもとに作成)

Point **邪馬台国**《やまたい(やまと)》の**卑弥呼**《ひみこ(ひめこ)》は，**帯方郡**《たいほうぐん》を通じて魏《ぎ》の**洛陽**《らくよう》に使いを送り，「親魏倭王《しんぎわおう》」の称号・印綬《いんじゅ》・銅鏡などを下賜《かし》されたとされる。邪馬台国の位置については九州説・畿内説に見解が分かれるが，その後の政権は大和に成立する。

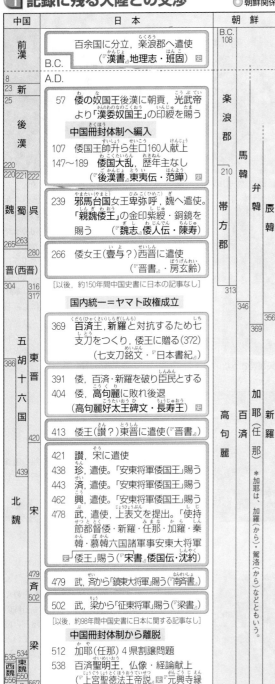

前方後円墳の登場

邪馬台国の所在地については，いまだ結論が出ていない。しかし，その後に続く前方後円墳の時代(古墳時代)は，3世紀にその成立を求められるため，邪馬台国を中心とする倭国がヤマト政権へと移行したと考えられる。

1 3世紀前半の地域差

Point 3世紀前半には，各地の祭や墓に新しい要素が生まれ，次代につながる**地域差**が出てくる。山陰・瀬戸内地方では銅鐸の祭を止《や》めて首長の墳墓《ふんぼ》が巨大化する傾向が顕著《けんちょ》になり，鏡や玉などの副葬品を納めたり特殊器台を並べるようになって，前方後円墳の要素が現れる。

↑1 **四隅突出型墳丘墓《よすみとっしゅつがたふんきゅうぼ》** 模型 島根・西谷3号墓 40m×30m 島根県古代文化センター蔵

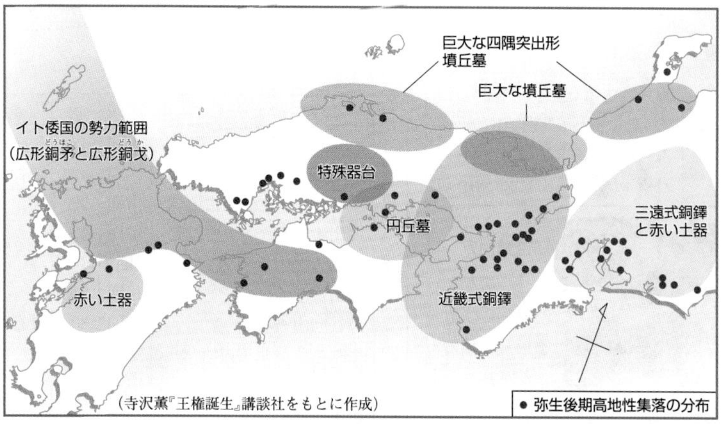

(寺沢薫『王権誕生』講談社をもとに作成)

→2 **巨大な方形墳丘墓《ほうけいふんきゅうぼ》** 京都・赤坂今井墳丘墓 38m×33m 京丹後市教育委員会提供

←3 **特殊器台** 岡山・楯築墳丘墓 高さ112cm

3 弥生墳丘墓から前方後円墳へ

ⓐ大きさの比較

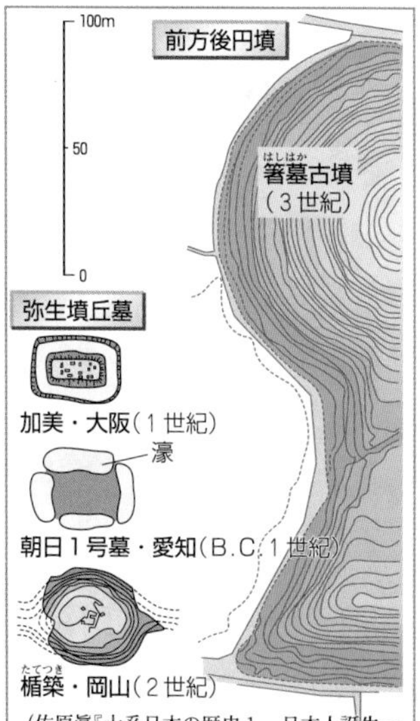

(佐原眞『大系日本の歴史1 日本人誕生』小学館などより作成)

Point 地域差の大きかった弥生墳丘墓に対して，前方後円墳は，**巨大で強い画一性をもつ**。背景に強大なヤマト政権の成立を示している。東日本には**前方後方墳**が多い。

ⓑ前方後円墳の画一性

墳　形	前方後円(方)の相似形
埋　葬	大型の割竹《わりたけ》形木棺 竪穴《たてあな》式石室
副葬品	鏡(三角縁神獣鏡《さんかくぶちしんじゅうきょう》など)
その他	葺石《ふきいし》 円筒埴輪《えんとうはにわ》

ⓒ出現期の前方後円墳の規模と分布

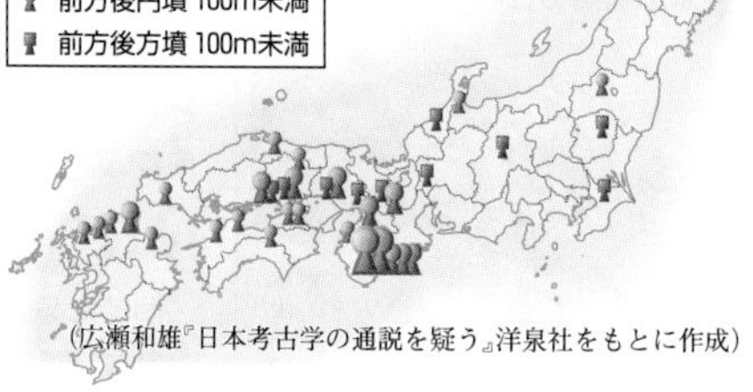

(広瀬和雄『日本考古学の通説を疑う』洋泉社をもとに作成)

2 政治都市　纒向遺跡の出現

Point 奈良盆地の東南，三輪山の麓《ふもと》に突如出現するのが，**纒向遺跡《まきむく》**(❶)である。この地域の環濠集落のほとんどは衰退・消滅していたが，纒向遺跡は3世紀前半に1キロ四方，3世紀後半には1.5キロ四方と群を抜く巨大さである。関東～九州に及ぶ大量の外来系土器が出土していることは，短期間で広範囲から意図的な人の移住があったことを示しており，人工的な政治都市が誕生したといえる。さらに100m前後の「纒向型」前方後円墳が初めて，しかも次々造られ，最後に強い画一性をもつ巨大前方後円墳の**箸墓古墳《はしはか》**が築造される。

↑4 3世紀の纒向

4 三角縁神獣鏡と政権

Point **三角縁神獣鏡《さんかくぶちしんじゅうきょう》**は黒塚《くろづか》古墳(33面)・椿井《つばい》大塚山古墳(32面)を筆頭《ひっとう》に畿内で多量に見つかっている。その分有関係から，ヤマト政権と地方の首長との強い政治的結合が背景にあったことは間違いない。

↑5 **景初《けいしょ》三年銘《めい》三角縁神獣鏡** 島根・神原《かんばら》神社古墳 径23cm 国(文化庁)保管

↑6 **黒塚古墳石室** 奈良・橿原考古学研究所蔵

ⓐ都道府県別の三角縁神獣鏡出土数

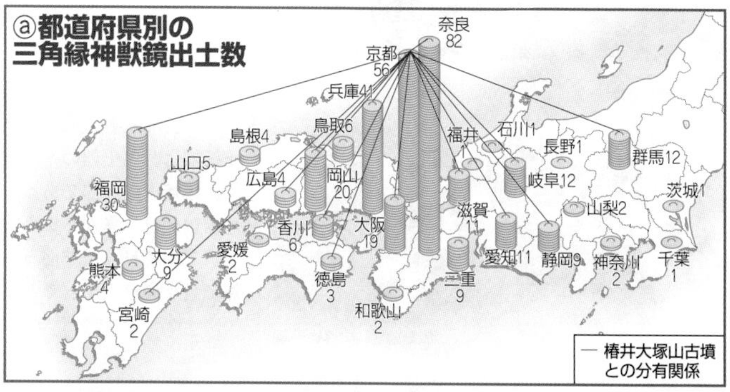

30 前方後円墳の体制と古墳の巨大化

1 古墳文化の変遷

区分	前　期(3世紀後半～4世紀末)	中　期(4世紀末～5世紀)	後　期(6～7世紀)
分布	**畿内《きない》中心**に九州～関東	全国に拡大(東北～九州)	全国の山間部に築造
形態	**前方後円墳《ぜんぽうこうえんふん》**を中心に**前方後方墳《ぜんぽうこうほうふん》**や円墳《えんぷん》・方墳《ほうふん》など	**巨大化**した前方後円墳中心に，周囲に濠《ごう》や陪冢《ばいちょう》を配置する	小規模な円墳や横穴《おうけつ》の**群集墳《ぐんしゅうふん》**が中心。前方後円墳は縮小
内部構造	**竪穴《たてあな》式石室**と**粘土槨《ねんどかく》** 割竹形《わりたけがた》の木棺《もっかん》	**竪穴式石室**，5世紀半ばに横穴式石室へ変化。長持形《ながもちがた》石棺	**横穴《よこあな》式石室**で家族墓的な性格，家形《いえがた》石棺など
副葬品	**司祭者的・呪術《じゅじゅつ》的**宝器類中心。**鏡・玉**・碧玉《へきぎょく》製腕飾りや鉄製農工具・武器など	**大陸より渡来の軍事・権力的**なもの中心。鉄製武具・武器・馬具・甲冑《かっちゅう》，金銀製冠《かんむり》・装身具，大量の鉄器など	**日用品が中心**。工芸装飾品・**土師器《はじき》・須恵器《すえき》**などに武器・馬具
埴輪	**円筒埴輪《えんとうはにわ》**中心	**形象《けいしょう》埴輪**(人物・動物・家形など)出現	しだいに減少
代表例	**箸墓《はしはか》古墳**(奈良県桜井市) 椿井大塚山《つばいおおつかやま》古墳(京都府木津川市) 行灯山《あんどんやま》(伝崇神陵《すじんりょう》)古墳(奈良県天理市) 渋谷向山《しぶたにむこうやま》(伝景行《けいこう》陵)古墳(奈良県天理市)	**大仙陵《だいせんりょう》(伝仁徳天皇陵《にんとくてんのうりょう》)古墳《こふん》**(大阪府堺市) **誉田御廟山《こんだごびょうやま》(伝応神天皇陵《おうじんてんのうりょう》)古墳《こふん》**(大阪府羽曳野《はびきの》市) 造山《つくりやま》古墳(岡山県岡山市) 西都原《さいとばる》古墳群(宮崎県西都《さいと》市)	**藤ノ木《ふじのき》古墳**(奈良県斑鳩《いかるが》町) 野口王墓《のぐちおうぼ》古墳(奈良県明日香村)(►p.52) 吉見百穴《よしみひゃくあな》(埼玉県吉見町) 岩橋千塚《いわせせんづか》(和歌山県和歌山市)

1a 古墳の形

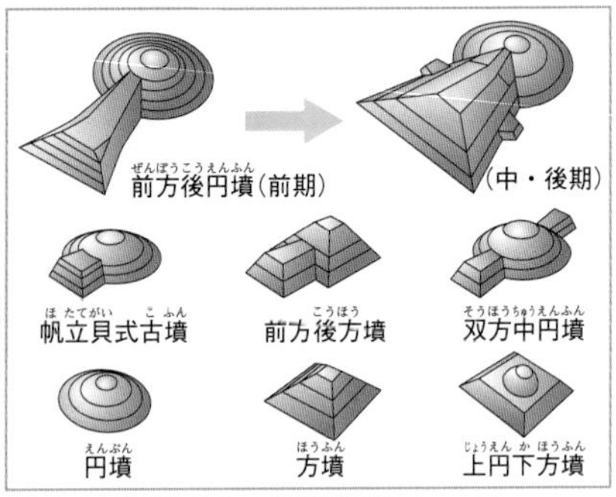

2 古墳の分布

Point 3世紀後半から全国に前方後円墳がつくられ全国が**ヤマト政権**中心にまとまった。さらに4世紀には**大王中心の秩序**が成立し，巨大古墳築造《ちくぞう》の時代が到来《とうらい》する。6世紀以降，仏教伝来後は権威《けんい》の象徴《しょうちょう》が寺院へ移るが，古墳は7世紀まで築造される。

箸墓《はしはか》古墳(奈良)

最古の前方後円墳

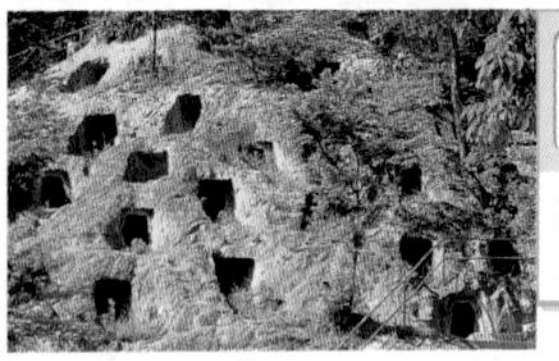

吉見百穴《よしみひゃくあな》(埼玉)

237基よりなる横穴古墳群

大仙陵《だいせんりょう》(伝仁徳天《にんとくてん》皇陵《のうりょう》)古墳《こふん》(大阪)

国内最大の前方後円墳で百舌鳥《もず》古墳群の中心

五色塚《ごしきづか》古墳(復元)(兵庫)

当時の姿に復元整備された古墳

西都原《さいとばる》古墳群(宮崎)

329基の古墳からなる古墳群

竹原《たけはら》古墳(福岡)

横穴式石室の奥壁に壁画が描かれている装飾古墳

広島県立歴史博物館蔵

土師器《はじき》・須恵器《すえき》

土師器は弥生土器の系譜《けいふ》を引く，素焼《すや》きの土器である。須恵器は朝鮮半島から伝来しロクロでつくり，窯《かま》を使って高温で焼く硬質《こうしつ》の土器である。

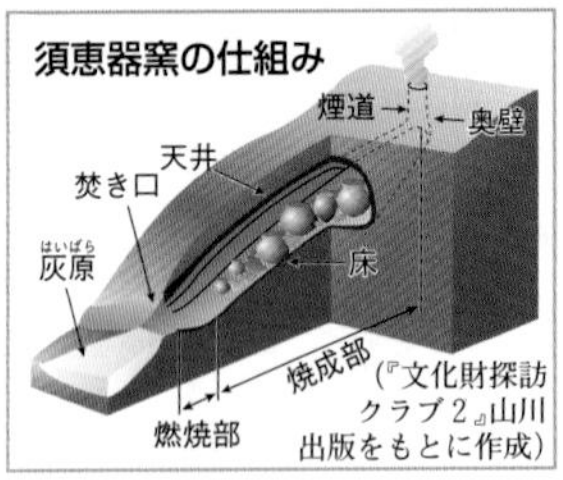

(『文化財探訪クラブ2』山川出版をもとに作成)

3 日本の巨大古墳

順位	古墳名・○所在地	時期	m	備考
1	大仙陵《だいせんりょう》(伝仁徳天皇陵《にんとくてんのうりょう》)古墳《こふん》大	中期	486	仁徳《にんとく》
2	誉田御廟山《こんだごびょうやま》(伝応神天皇陵《おうじんてんのうりょう》)古墳《こふん》大	中期	425	応神《おうじん》
3	上石津《かみいしづ》ミサンザイ古墳大	中期	365	履中《りちゅう》
4	造山《つくりやま》古墳岡	中期	360	
5	河内大塚山《かわちおおつかやま》古墳大	後期？	335	
6	丸山《まるやま》古墳奈	後期	318	
7	渋谷向山《しぶたにむこうやま》古墳奈	前期	302	景行《けいこう》
8	土師《はじ》ニサンザイ古墳大	中期	288	
9	仲津山《なかつやま》古墳大	中期	286	
9	作山《つくりやま》古墳岡	中期	286	
11	箸墓《はしはか》古墳奈	前期	280	
12	五社神《ごさし》古墳奈	前期	276	神功《じんぐう》
13	ウワナベ古墳奈	中期	265	
14	市庭《いちにわ》古墳奈	中期	250	平城《へいぜい》
15	行灯山《あんどんやま》(伝崇神《すじん》陵)古墳奈	前期	242	崇神《すじん》

大＝大阪府　岡＝岡山県　奈＝奈良県

3a 大仙陵古墳の築造比較

	古代工法	現代工法
工　期	15年8カ月	2年6カ月
作業員	延べ6,807,000人 (1日あたりピーク時で　2,000人)	延べ29,000人 (1日あたりピーク時で　60人)
総工費	796億円	20億円

(大林組『復元と構想』)

大仙陵古墳 世

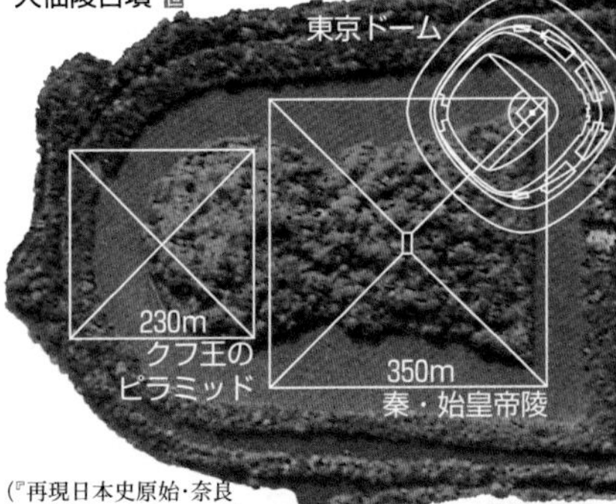

(『再現日本史原始・奈良②』講談社をもとに作成)　日本地図センター提供

Point 世界の巨大墳墓《ふんぼ》と比較しても，面積は圧倒的《あっとうてき》に広い。古墳時代の王の絶大《ぜつだい》な権力が想定できる。

TRY 論述 世界規模の古墳は仏教伝来とほぼ同時に築造《ちくぞう》されなくなるが，その理由は何か。 相互関連

1 石室構造の変化

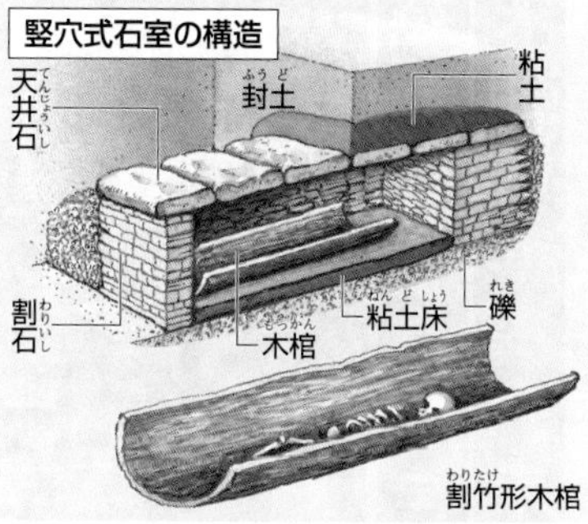

（和田萃『大系日本の歴史２古墳の時代』小学館より作成）

↑1-1 雪野山古墳竪穴式石室　滋賀・東近江市

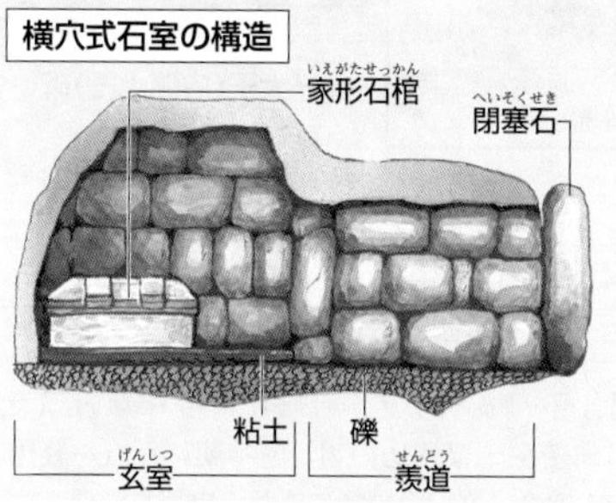

（和田萃『大系日本の歴史２古墳の時代』小学館より作成）

↓1-2 横穴式石室と家形石棺《いえがたせっかん》　奈良・藤ノ木古墳

2 副葬品の変質

呪術・宗教的なもの（古墳前期）

↑2-1 鏡（三角縁神獣鏡）径21.3cm　静岡・松林山古墳

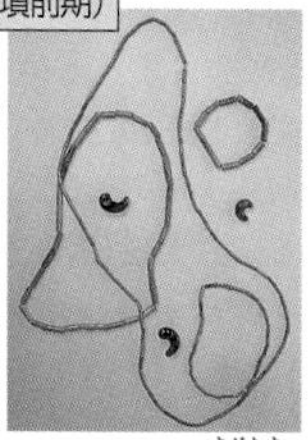

↑2-2 玉（勾玉《まがたま》・管玉《くだたま》）勾玉長さ2.3cm　愛知・東之宮古墳

↑2-3 腕飾り（鍬形石《くわがたいし》）長さ15.8cm　愛知・東之宮古墳

軍事的・権力的なもの（古墳中後期）

←2-4 大刀　長さ約103cm　神戸市立博物館蔵

↑2-5 兜（眉庇付兜）　千葉・大塚山古墳

↑2-6 短甲　高さ45cm　群馬・長瀞西古墳

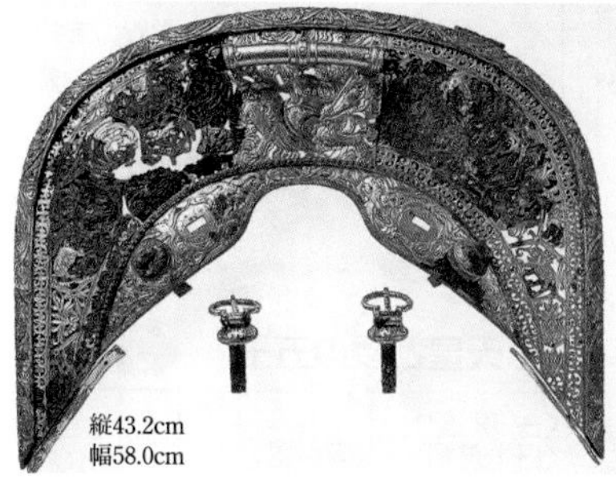

↑2-7 鞍金具（金銅製後輪）　国　奈良・藤ノ木古墳

復元　滋賀・安土城考古博物館蔵

Point 上の復元写真は，左から古墳時代前・中・後期の各期の古墳に葬《ほうむ》られた豪族の装《よそお》いを復元したもの。司祭《しさい》者から軍事指揮官さらに政治的指導者への変遷《へんせん》がわかる。

3 埴輪《はにわ》の種類

←3-1 円筒埴輪　高さ117.0cm　奈良・メスリ山古墳

↑3-2 衣蓋《きぬがさ》形埴輪　高さ93.0cm　京都・庵寺山古墳

←3-3 馬形埴輪　高さ87.5cm　埼玉・熊谷市大字上中条

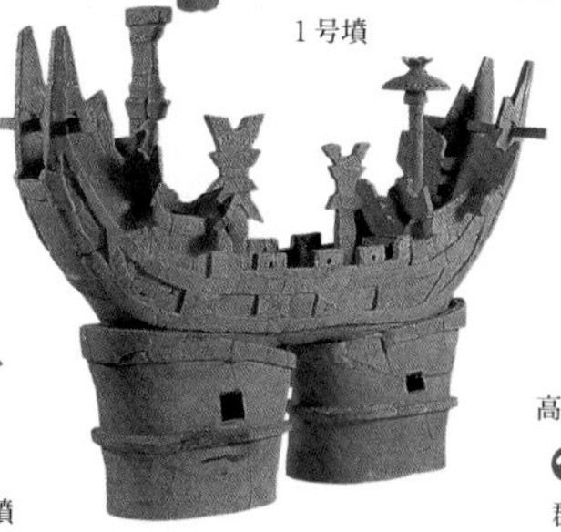

↓3-5 船形埴輪　長さ140cm　三重・宝塚1号墳

↑3-4 家形埴輪　高さ170cm　大阪・今城塚古墳

高さ134.1cm

↑3-6 武人埴輪　群馬・太田市世良田

←↓2-8 豪華な副葬品　復元 ❶冠，❷筒形金銅製品，❸履，❹大刀　奈良・橿原考古学研究所蔵

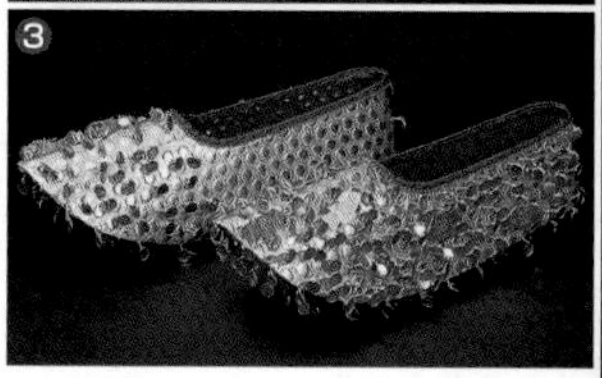

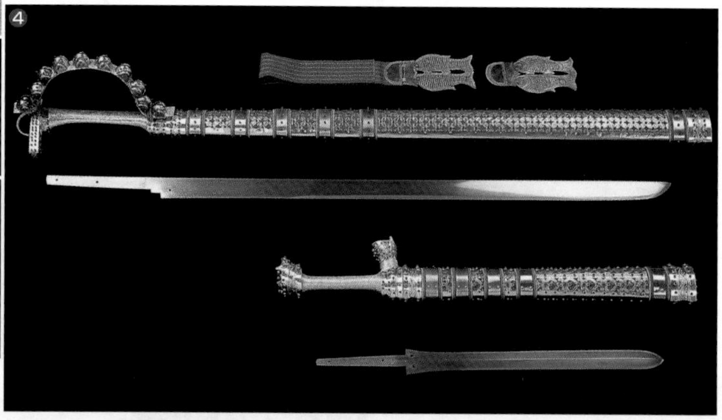

32 倭の五王と大陸との交渉

1 謎の4世紀と倭の五王の遣使

晋(西晋) 304 316 317 五胡十六国 386 東晋 420 439 北魏 宋 479 斉 502 梁
313 高句麗 346 百済 369 加耶(任那) ※加耶は、加羅(から)などともいう。 356 新羅

前方後円墳の成立・全国的拡大
→ヤマト政権の確立

謎の4世紀＝中国王朝と交流無し
369 百済《くだら》王，七支刀《しちしとう》を造り，ともに高句《こうく》麗《り》に対抗するため倭王へ贈る(372)
(七支刀銘文・『日本書紀』)
391 倭，百済・新羅《しらぎ》を破り臣民とする
404 倭，高句麗に敗れ後退
(高句麗好太王碑文《こうたいおうひぶん》)

倭の五王の遣使＝中国王朝からの冊封
413 倭王(讃《さん》？)東晋に遣使(『晋書』)
421 讃，宋《そう》に遣使
438 珍《ちん》，遣使。「安東《あんとん》将軍倭国王」賜う
443 済《せい》，遣使。「安東将軍倭国王」賜う
462 興《こう》，遣使。「安東将軍倭国王」賜う
478 武，遣使，上表文《じょうひょうぶん》を提出。「使持《しじ》節都督倭《せつととくわ》・新羅・任那《みまな》・加羅《から》・秦《しん》韓《かん》・慕韓《ぼかん》六国諸軍事安東大将軍倭王」賜う(『宋書』倭国伝・沈約《しんやく》) 史

[以後，遣使の記録がなくなる]
中国冊封体制から離脱
→大王権威の確立
○氏姓制度 ○漢字の使用

! 好太王《こうたいおう》(広開土王《こうかいどおう》)碑

高句麗《こうくり》の好太王は，391年に即位すると領土拡大に努めた。西方への拡大は失敗したが，南方の百済《くだら》・新羅《しらぎ》支配地への拡大は成功し，その背後にあった倭の勢力を駆逐《くちく》したとされる。好太王(広開土王)碑は彼の子長寿王《ちょうじゅおう》がその功績《こうせき》を讃《たた》えるため，高句麗の都**丸都《がんと》(中国吉林省集安市)**に建立したものである。

碑文《ひぶん》にはヤマト政権が当時，朝鮮半島南部を支配下においていたかのように表現されているため，朝鮮半島侵出を目論《もくろ》んでいた明治時代の日本陸軍による改竄《かいざん》があったのではないかとされたこともあったが，現在では碑文の信憑《しんぴょう》性が確認されている。

碑文から，倭が加耶《かや》(加羅《から》)諸国や百済に対して優位に結びつきを強めていったことがわかる。南進策をとった高句麗の好太王に攻め込まれた百済の救援要請を受け，倭は朝鮮半島に派兵した。交戦の結果敗れはしたが，ヤマト政権が朝鮮半島南部に大きな影響力を持つようになったのは明らかで，渡来人や先進技術，鉄資源などを得て国力の充実を図ることができた。

●4世紀末の朝鮮半島

史

❶好太王《こうたいおう》(広開土王《こうかいどおう》)碑
高さ6.2m

2 5世紀の東アジアとヤマト政権

Point

5世紀になると，倭王が次々と中国南朝に遣使・朝貢して(❶)王権を承認されるとともに，中国の将軍号を授与された。倭王は，中国の冊封《さくほう》体制下に入り，その**権威を利用して国内支配を進めようとした**。また，朝鮮半島からは，**渡来人**がやってきて先進技術・文化を伝えるとともに，政権の文書作成など重要な政務をまかされた。さらに軍事国家的色彩を強めていたヤマト政権は，半島産の**鉄資源**を独占的に手に入れ，国内で再分配する(❷)ことにより，強固な支配体制をつくった。

2a 天皇と倭の五王

〈古事記〉〈日本書紀〉
15 応神《おうじん》
16 仁徳《にんとく》
19 允恭《いんぎょう》 18 反正《はんぜい》 17 履中《りちゅう》
21 雄略《ゆうりゃく》 20 安康《あんこう》

〈宋書〉
珍《ちん》 讃《さん》
済《せい》
武《ぶ》 興《こう》

〈梁《りょう》書〉
彌《み》 賛《さん》
済《せい》
武《ぶ》 興《こう》

2b 鉄素材の出土地

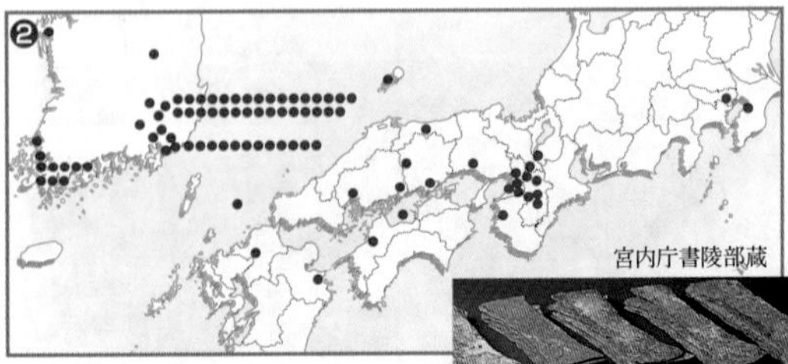

宮内庁書陵部蔵

➲2-1 古墳に納められた鉄素材

3 渡来人と先進技術・文化

	出身・貢献	主な渡来人
4〜5世紀の渡来人	楽浪《らくろう》・帯方《たいほう》から避難してきた漢民族。**古墳文化**形成に貢献。伴造《とものみやつこ》のもとで品部《しなべ》に編入され，畿内《きない》中心《とも》に活躍。	弓月君《ゆづきのきみ》…**秦氏《はたうじ》**の祖《そ》。応神《おうじん》朝に来日，養蚕《ようさん》・機織《はたおり》を伝えた。 阿知使主《あちのおみ》…**東漢氏《やまとのあやうじ》**の祖。応神朝に百済《くだら》を経由して渡来。文筆の職能に優れ，史部《ふひとべ》を管理。 王仁《わに》…**西文氏《かわちのふみうじ》**の祖。5世紀頃百済より渡来。**論語・千字文《せんじもん》**を伝えたとされ，出納・文筆に従事。
6〜7世紀の渡来人	百済系の人々が多く渡来し，**飛鳥《あすか》文化**形成に寄与。大王一族や蘇我《そが》氏などに仕え，儒教・仏教・暦・医学などを伝えた。東国にも居住。	**五経博士《ごきょうはかせ》**…継体《けいたい》朝に渡来。易経・書経・詩経・礼記・春秋の五経を講じたといわれる。 **易・暦・医博士**…欽明《きんめい》朝に渡来。 司馬達等《しばたつと》…鞍作《くらづくり》氏の祖。継体朝に来日し，仏像礼拝。鞍作鳥《くらつくりのとり》は孫。 観勒《かんろく》…暦法を伝える。 曇徴《どんちょう》…**紙・墨**・絵の具を伝える。

Discovery

倭の五王がもらった将軍号の国際ランク

倭の五王が授与された将軍号は，同じように中国南朝に朝貢《ちょうこう》していた高句麗《こうくり》や百済《くだら》に授与されたものよりもかなりランク(位階)が低かった。中国南朝は，北朝を包囲するため高句麗・百済を重要視しており，倭はその下位に位置付けられていたのである。倭王武は478年，遣使を通じて百済の軍事的な支配権を認めるよう要求したが，宋は認めなかった。倭王が授与された将軍号は外交的には意義の低いものであったが，国内的には王の地位を高め，独自の権威である「治天下大王《おおきみ》」として，安定した支配体制を固めることができたのである。

中国(南朝)		東晋					宋								
任官年		372	386	413	416	420	421	430	438	443	451	457	462	463	478
第一品	車騎大将軍													▲	
第二品	車騎将軍														
	征東大将軍					▲									
	鎮東大将軍					△		△				△			
	安東大将軍										済?				武
第三品	征東将軍			▲											
	鎮東将軍	△	△		△										
	安東将軍						讃		珍	済			興		

▲高句麗の将軍号 △百済の将軍号 倭の五王の将軍号
(『再現日本史 原始・奈良③』講談社をもとに作成)

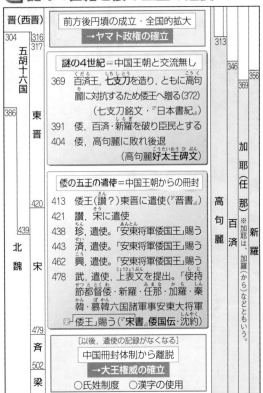

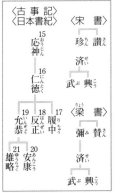

火山灰に埋もれたムラ
～古墳時代の暮らし～

群馬県の榛名《はるな》山が噴火したのは今から約1500年前。火山灰で埋もれた5世紀のムラが，発掘調査でよみがえった。首長の居館《きょかん》を中心に集落が広がり，原野を切り開いて広大な畑や水田が営まれ，前方後円墳や群集墳が集まる墓域が形成され，先進技術をもった渡来人も住んでいた古墳時代の暮らしが復元できた。

Point 庶民の家は，住宅・作業小屋・家畜小屋などの掘立柱《ほったてばしら》建物数棟《すうとう》と作業広場および畑を柵《さく》で囲み竪穴住居(❶，竪穴住居の生活復元図)が附属した，生活の基本単位であったと考えられる。

2

Point 三ツ寺《みつでら》Ⅰ遺跡で出土した**首長の居館《きょかん》**は，盛り土で86m四方にした台地を幅30m，深さ4mの堀で囲んでいる。内部は土を盛った堀の斜面に石を貼《は》り(❷)，三重の柵《さく》に囲まれた建物群と堀の外から水を引く祭祀《さいし》場が設けられている。

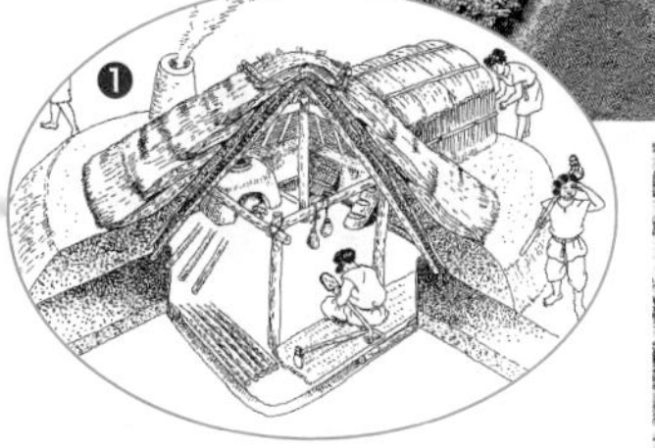
❶

TRY論述 古墳時代は，発掘された集落の様子から弥生時代と大きく変化したことが分かるが，どのようなことが変化している点か，簡潔にまとめなさい。 **推移**

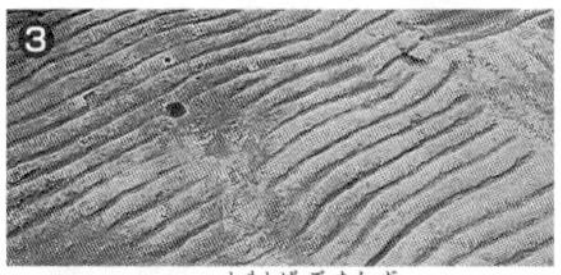
3

Point ❸は下芝五反田《しもしばごたんだ》遺跡で出土した畝《うね》立てされた畑跡。畝の広い狭いは作物の違いを示し，連作障害を防ぐ休耕地もあり，集落にすき間なく開かれた畑の役割は重要であったことがわかる。

榛名山麓《はるなさんろく》のムラの景観

Discovery

かみつけの里博物館

(群馬・高崎市)

榛名《はるな》山南麓の国史跡保渡田《ほどた》古墳群を中心に整備された「上毛野《かみつけの》はにわの里公園」の一角に建つ考古博物館。リアルな復元模型群と豊富な出土品の展示で，主に古墳時代の榛名山麓の暮らしについて，周囲の史跡とあわせて臨場感《りんじょうかん》のある見学ができる。隣接《りんせつ》の「はにわ工房」では，国史跡八幡塚《はちまんづか》古墳に設置する円筒埴輪《えんとうはにわ》づくりにだれでも参加できる。

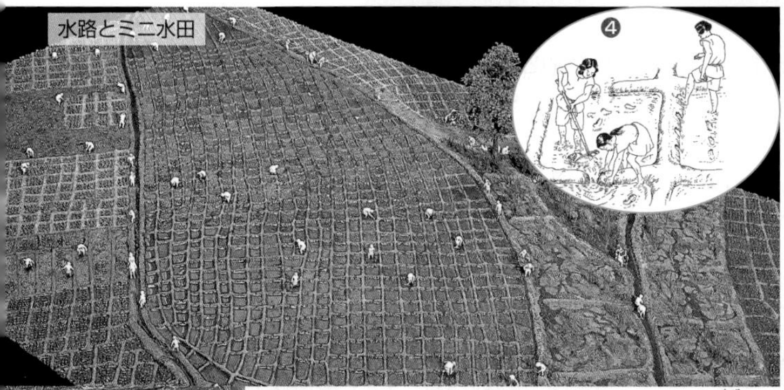

❹

5

Point 低地には水田が切り開かれたが，水路と大畦《あぜ》に区切られた水田域の中は，一区画が2m四方にもならない狭いミニ水田がつくられる。完成した田(❺)のエリアと畦が壊《こわ》されているエリア，足跡だらけで畦のないエリア，畦を踏《ふ》み固めながら水田を仕上げている(❹)エリアなどがあって，同時進行で作業を進めていたらしい。

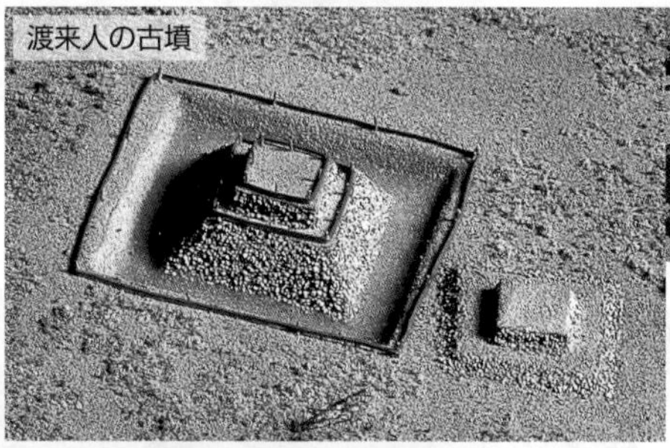

6

❼

Point 傾斜が急で上段が積み石だけでつくられた特異《とくい》な形状の方墳《ほうふん》(❻，谷ツ《やつ》古墳)が発掘され，華麗《かれい》な金銅飾《しょく》履《り》が出土した。これは朝鮮半島が源流の文化で，近くの集落から生活具の韓《かん》式系土器(❼)も見つかっていて，渡来人が移り住み，先進技術をもって活躍《かつやく》していたのであろう。

34 漢字の使用

1 石上神宮《いそのかみ》七支刀《しちしとう》(奈良)

(表)**泰和四年**五月十六日丙午正陽　造百練鐵**七支刀**　世辟百兵宜供供侯王　□□□□作
(裏)先世以来未有此刀　**百済**王世□奇生聖音故　為倭王旨造　伝示□世

「(表)泰和《たいわ》四年五月十六日丙午《へいご》正陽に百練《ひゃくれん》の鉄の七支刀を造る。世は百兵を避《さ》け、宜《よろ》しく侯《こう》王に供供すべし、□□□□作る。
(裏)先の世以来、未《いま》だ此《こ》の刀有らず。百済《くだら》王の世子《せいし》、生を聖音に寄す故に、倭王の旨《むね》によりて造り、後世に伝示す。」

国 長さ74.9cm 奈良・石上神宮蔵

Point 奈良県天理市**石上神宮**《いそのかみ》(物部《もののべ》氏の氏神《うじがみ》)の神宝となっている鉄剣。奇異な形をしており**七支刀**《しちしとう》と呼ばれている。表裏に金象嵌《ぞうがん》の銘文《めいぶん》が彫《ほ》られており，「泰和《たいわ》四年」は369年であるとされる。4世紀の朝鮮半島で高句麗が強大化し，**百済**は背後を固めるため倭にこの刀を贈った。

2 稲荷山《いなりやま》古墳出土鉄剣(埼玉) 国

(表)**辛亥年**七月中記　乎獲居**臣**　上祖名意富比垝　其児多加利足尼　其児名弖已加利獲居　其児名多加披次獲居　其児名多沙鬼獲居　其児名半弖比
(裏)其児名加差披余　其児名乎獲居**臣**　世々為杖刀人**首**　奉事来至今　**獲加多支鹵大王**寺　在斯鬼宮時　吾左治天下　令作此百錬利刀　記吾奉事根原也

「辛亥の年七月中に記す。乎獲居《おわけ》の臣《おみ》、上《かみ》つ祖《おや》の名は意富比垝《おほひこ》、其の児は多加利《たかり》の足尼《すくね》、其の児の名は弖已加利獲《てよかりわ》居《け》、其の児の名は多加披次獲居《たかはしわけ》、其の児の名は多沙鬼獲居《たさきわけ》、其の児の名は半弖比《はてひ》。其の児の名は加差披余《かさはよ》、其の児の名は乎獲居の臣。世々杖刀人《じょうとうじん》の首《おびと》と為《な》りて事《つか》え奉《たてまつ》りて来り今に至る。獲加多支鹵《わかたける》の大王《おおきみ》の寺、斯鬼《しき》宮に在《あ》る時、吾《われ》天下を治《おさ》むるを左《たす》く。此の百錬の利刀《りとう》を作ら令《し》め、吾《わ》が事え奉る根原《こんげん》を記《しる》す也。」

国 長さ73.5cm 国(文化庁)保管

Point **埼玉県**行田《ぎょうだ》市埼玉《さきたま》古墳群の**稲荷山古墳**から出土した**鉄剣**で，X線撮影の結果115文字の金象嵌銘文が発見された。「**辛亥年**《しんがい》」は**471年**にあたり，「**獲加多支鹵**《わかたける》**大王**《おおきみ》」は**雄略**《ゆうりゃく》**天皇**とされる。

3 江田船山《えたふなやま》古墳出土鉄刀《てっとう》(熊本)

(治)台天下**獲□□□鹵大王**世　奉事典曹人名无利弖　八月中　用大鐵釜　并四尺廷刀　八十練　九十振　三寸上好刊刀　服此刀者　長壽　子孫注々　得□恩也　不失其所統　作刀者名伊太和　書者張安也

「天《あめ》の下治《したし》らしめしし獲□□□鹵大王の世、典曹《てんそう》に奉事《ほうじ》せし人、名は无利弖《むりて》、八月中、大鉄釜《てつがま》を用い、四尺《よんしゃく》の廷刀《ていとう》を并《あ》わす。八十たび練《ね》り、九十たび振《う》つ。三寸上好《じょうこう》の刊刀《かんとう》なり。此の刀を服する者は、長寿にして子孫注々、□恩を得る也。其の統《す》ぶる所を失わず。刀を作る者、名は伊太和《いたわ》、書する者は張安《ちょうあん》也。」

国 長さ90.7cm
東京国立博物館蔵

Point **熊本県**玉名郡**江田船山古墳**出土の**鉄刀**で，75文字の銀象嵌の銘文が刀の峰《みね》に彫られている。「**獲□□□鹵大王**」の部分は，稲荷山古墳出土鉄剣銘文に「獲加多支鹵大王」の文字があったことから，雄略天皇とされた。また「**天皇」の称号がまだ成立していない**ことも示している。

TRY 論述 「獲加多支鹵大王」の2例(2 3)と「臣」「首」の言葉から，当時のヤマト政権の支配について，次の用語を使って簡略に説明しなさい。〔地方豪族　5世紀後半　氏姓制度　ヤマト政権〕
時系列　推移

4 隅田八幡《すだはちまん》神社人物画像鏡(和歌山)

国 直径19.8cm 和歌山・隅田八幡神社蔵

Point 和歌山県橋本市**隅田八幡神社**に伝えられた倭《わ》製《せい》青銅鏡である。銘文の「意柴沙加《おしさか》」は万葉仮名風の地名(大和国忍坂《おしさか》)を漢字で表現した古い例で，「癸未《きび》年」は503年または443年とされる(国宝指定書では「人物画象鏡」と表記)。

5 岡田山1号墳出土大刀《たち》(島根)

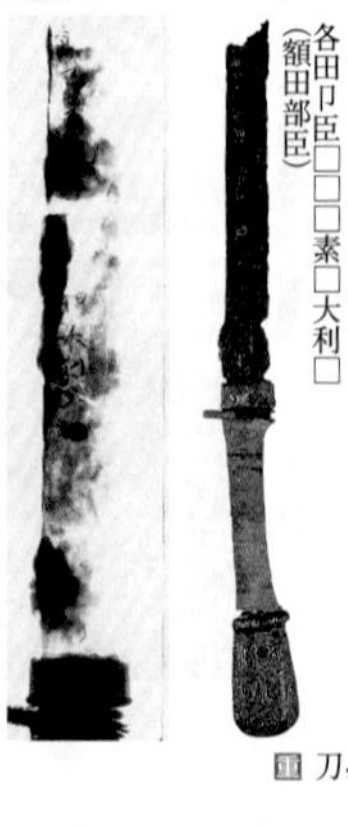

国 刀身約52cm 島根・六所神社蔵

Point 島根県松江市の**岡田山古墳群1号墳**から出土した鉄剣に漢字が彫られていることが1983年のX線調査でわかった。銘文には「**額田部臣**《ぬかたべのおみ》」の文字が刻《きざ》まれ，地方において6世紀頃に部民制の部(姓)を示す最古の資料となった。

! ワカタケル大王　第21代の天皇とされる**雄略天皇**は，『日本書紀』で「大泊瀬**幼武**(おおはつせ**わかたける**)」と記され，『古事記』では「大長谷若建命」と表記される。『書紀』には，即位にあたり大和・河内の抵抗勢力を駆逐《くちく》し，吉備・伊勢の豪族の反乱も鎮圧したとされる。南朝鮮に出兵し，中国の南朝へも遣使したと記録され，『宋書』倭国伝にみえる倭の五王の最後，**「武」**であることはほぼ確実である。『万葉集』の巻頭第1番の国見歌が彼の作とされていることからも，ヤマト政権の発展に大王として君臨し，一画期《いっかくき》をもたらした功績が後世に語り継がれたと考える説が強い。

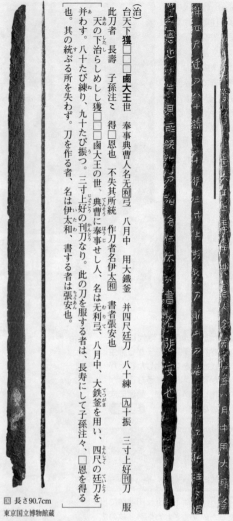

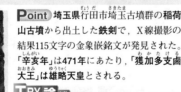

1 氏姓制度《しせい》

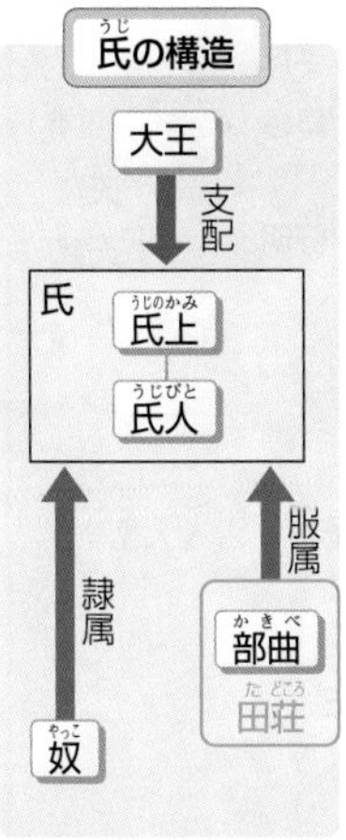

【与えられた姓(カバネ)】	
臣《おみ》	皇別の有力豪族
連《むらじ》	特定職能の豪族
君《きみ》	地方の有力豪族
直《あたえ》	国造《くにのみやつこ》の地方豪族
造《みやつこ》	中小豪族の伴造《とものみやつこ》
首《おびと》	地方小豪族
村主《すぐり》	渡来人系豪族

＊品部は技術で分かれる職掌や貢納でヤマト政権に仕え，そこから中央に伴が出仕したといわれるが，諸説がありはっきりしない。

政治組織

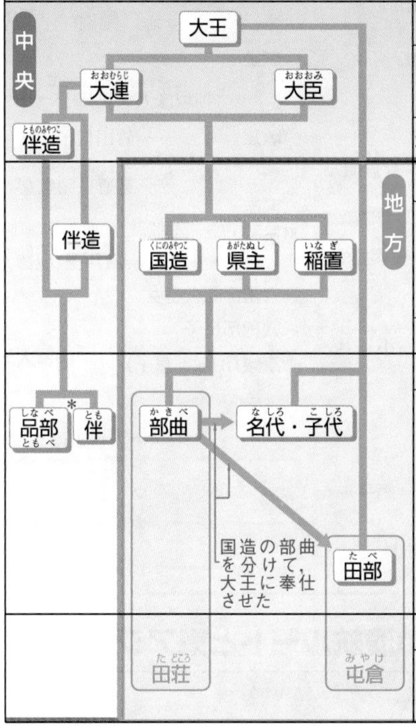

姓と地位		
【中央有力豪族】		
姓《かばね》	臣《おみ》	平群《へぐり》臣・葛城《かずらき》臣・巨勢《こせ》臣・**蘇我《そが》臣**
	連《むらじ》	**物部《もののべ》連・大伴《おおとも》連・中臣《なかとみ》連**
地位	大臣・大連・伴造	
【地方豪族】		
姓	臣・連・君《きみ》・造《みやつこ》・直《あたえ》・首《おびと》など	
	吉備《きび》臣・出雲《いずも》臣・土師《はじ》連・**筑紫《ちくし》君**・毛野《けの》君・馬飼《うまかい》造・東漢《やまとのあや》直	
地位	伴造・国造・県主・稲置	
【私有民】		
部民《べのたみ》(農民・技術民)	名代	長谷《はせ》部・春日《かすが》部・穴穂《あなほ》部
	子代	舎人《とねり》部・膳《かしわで》部
	品部	**錦織《にしごり》部・韓鍛冶《からかぬち》部**・弓削《ゆげ》部・**陶《すえつくり》(作)部**・土師部・**史《ふひと》部**・玉造《たまつくり》・鞍作《くらつくり》部
	田部	大王の私有民，屯倉を耕作
	部曲	豪族の私有民，田荘を耕作
【奴　隷】		奴《やっこ》(家内奴隷，奴婢《ぬひ》)
【私有地】		屯倉(大王・ヤマト政権の直轄地) 田荘(豪族の私有地)

2 6世紀前半の朝鮮半島

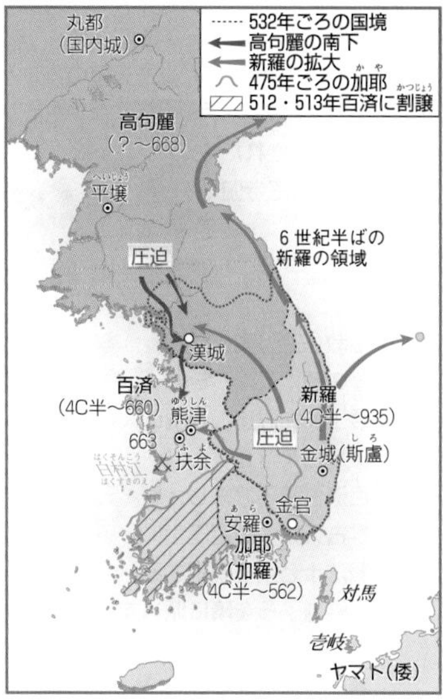

Point 6世紀前半頃，ヤマト政権と関係が深く小国分立状態にあった加耶《かや》西部は，南下してきた百済《くだら》(ひゃくさい)の支配権が確立した。また，新たに台頭してきた新羅《しらぎ》(しんら)が東側から南下を始め，ヤマト政権の勢力は朝鮮半島から後退した。

3 ヤマト政権の動揺と磐井《いわい》の乱

朝鮮	事項	天皇	大臣《おおおみ》	大連《おおむらじ》
高句麗《こうくり》 / 百済《くだら》(ひゃくさい) / 加耶《かや》(加羅《から》)	478 倭王武《わおうぶ》(雄略《ゆうりゃく》)，宋《そう》(中国南朝)の順帝《じゅんてい》に上表文を提出する	雄略 ⋮ 武烈《ぶれつ》	平群真鳥《へぐりのまとり》	大伴室屋《むろや》／物部目《め》
	507 大伴金村《おおとものかなむら》ら，越前より継体《けいたい》天皇を迎える	507 継体	許勢男人《こせのおびと》	大伴金村／物部麁鹿火
	512 大伴金村，**加耶4県を百済に割譲《かつじょう》**			継体擁立
	513 割譲2県追加			加耶4県割譲
	527 **筑紫国造《つくしのくにのみやつこ》磐井の乱**(背後に新羅)		蘇我氏欽明擁立《ようりつ》	
	528 物部麁鹿火《もののべのあらかひ》，磐井の乱を鎮圧			磐井の乱鎮圧
	[欽明《きんめい》朝と安閑《あんかん》・宣化《せんか》朝対立？]	531 ／ 534 安閑 ／ 536 宣化 ／ 539		
	538 百済より仏教公伝(『元興寺縁起』)		蘇我稲目	物部尾輿
	540 大伴金村，加耶割譲問題で大連を辞任	欽明		540 失脚 ← 4県割譲糾弾《きゅうだん》
	552 蘇我稲目《そがのいなめ》と物部尾輿《もののべのおこし》，**崇仏《すうぶつ》論争**(『日本書紀』)		【崇仏派】	← 対立 → 【排仏派】
	562 新羅が加耶を滅ぼす			
新羅《しらぎ》(しんら)	**この頃帝紀・旧辞が成立**	572 敏達《びだつ》	蘇我馬子	物部守屋
		585 用明《ようめい》		皇位継承問題抗争
	587 **蘇我馬子《うまこ》・厩戸王《うまやとおう》(聖徳太子)ら物部守屋《もりや》を滅ぼす**	587 崇峻	崇峻擁立	587 滅亡
	592 蘇我馬子，東漢直駒《やまとのあやのあたいこま》に崇峻《すしゅん》天皇を暗殺させる	592 推古	暗殺	
	593 厩戸王，推古《すいこ》天皇の摂政《せっしょう》となる		推古擁立	

3-1 岩戸山《いわとやま》古墳(福岡県八女《やめ》市)

3a 石人《せきじん》・石馬《せきば》の分布

3-2 石人(右)・石馬

福岡・岩戸山古墳 八女市教育委員会蔵

高さ75cm

高さ154cm

＊古墳の北東側にある一辺43mの方形の土壇。石人・石馬とともに，ほかにはない個性が際立っている。

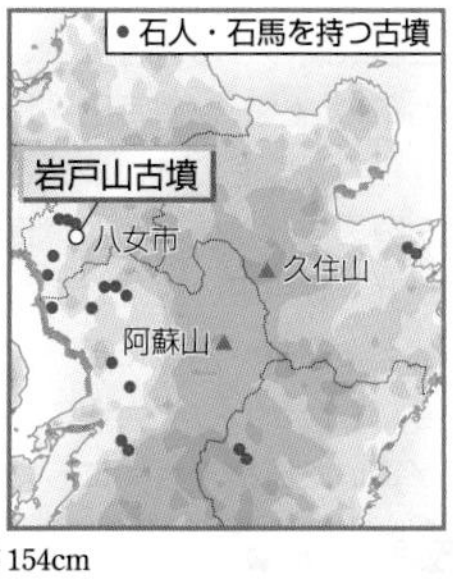

Discovery

朝鮮半島の前方後円墳

古墳の日本固有の形態といえば，前方後円墳であるが，朝鮮半島でも前方後円墳が発見され，1990年代頃から発掘調査されるようになった(❷は月桂洞《ウオルゲドン》1号墳の全景)。

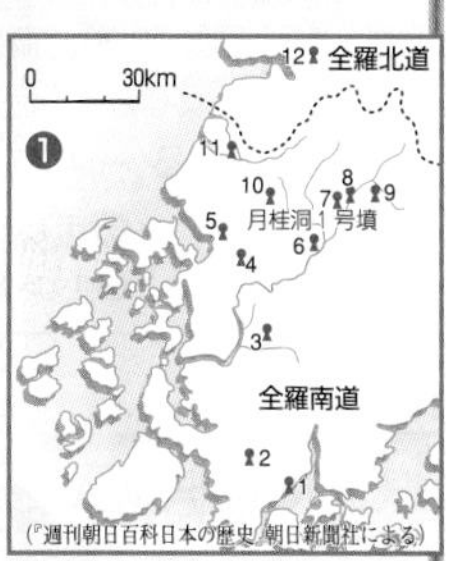

(『週刊朝日百科日本の歴史』朝日新聞社による)

現在確認されているのは12基と少数であるが，いずれも5世紀後半から6世紀前半にかけて短期間につくられ，ほぼ全羅南道《チョルラナムド》一帯に分布している(❶)。6世紀初めに百済が大伴金村から割譲されたとされる地域であり興味深い。

TRY 論述 磐井《いわい》の乱は，当時のヤマト政権の支配が確立しておらず，地方では独自の勢力を持ち続けた豪族がいたことを示している。磐井の地方豪族としての独自性を示す要素と，ヤマト政権に属していたことを示す要素をそれぞれあげなさい。 比較

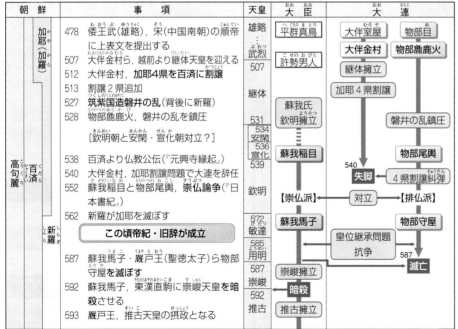

36 厩戸王の政治と遣隋使

1 厩戸王関係年表

592	蘇我馬子《そがのうまこ》，崇峻《すしゅん》天皇を東漢直駒《やまとのあやのあたいこま》に殺害させ，推古天皇を擁立《ようりつ》
593	厩戸王《うまやとおう》(聖徳太子《しょうとくたいし》)，推古天皇の摂政《せっしょう》となる。難波《なにわ》に四天王寺《してんのうじ》を建立
594	仏教(三宝《さんぽう》)興隆の詔《みことのり》
600	倭王多利思比孤《わおうたりしひこ》が隋の大興城(長安)に遣使(『隋書』)(►1-2)
601	斑鳩宮《いかるがのみや》を建立
602	百済僧観勒《かんろく》渡来し，暦・天文地理の本などを伝える
603	推古天皇，小墾田《おはりだ》宮に移る。**冠位十二階《かんいじゅうにかい》を制定**
604	**憲法十七条を制定**する 史
607	**小野妹子《おののいもこ》らを隋に派遣**する。**法隆寺を創建《そうけん》**する
608	小野妹子，隋使**裴世清《はいせいせい》**とともに帰国する。妹子を再び隋に派遣。高向玄理《たかむこのげんり》，僧旻《みん》(日文《にちもん》)，南淵請安《みなぶちのしょうあん》ら同行し，留学する
610	高句麗《こうくり》僧曇徴《どんちょう》，紙・墨・絵の具の製法を伝える
611	『**勝鬘経義疏**《しょうまんぎょうのぎしょ》』を著《あらわ》す →『三経義疏《さんぎょうのぎしょ》』
613	『**維摩経義疏**《ゆいまきょう》』を著す →『三経義疏』
614	犬上御田鍬《いぬかみのみたすき》らを隋に派遣する
615	『**法華経義疏**《ほけきょう》』(►Discovery ❷)を著す →『三経義疏』
618	隋滅亡し，唐建国する
620	大臣《おおおみ》蘇我馬子とともに『**天皇記**』『**国記**』『臣連伴造国造百八十部并公民等本記《おみむらじとものみやつこくにのみやつこももやそとももならびに》』撰録
622	厩戸王没(49歳)。蘇我馬子の執政，橘 大郎女《たちばなのおおいらつめ》(厩戸王后《きさき》)，**天寿国繡帳《てんじゅこくしゅうちょう》**を作製する(►p.41)

➲1-1 復元された四天王寺伽《が》藍《らん》

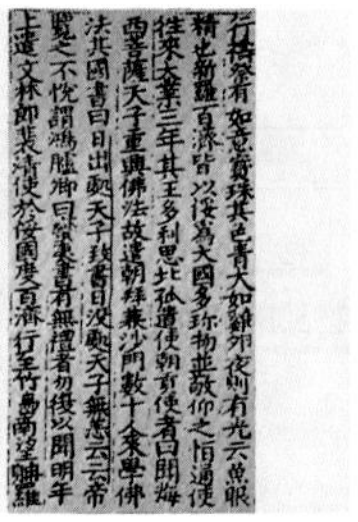
➲1-2 『隋書』倭国伝
陽明文庫蔵 史

2 皇室・蘇我氏関係系図

重祚《ちょうそ》…退位した天皇が再び皇位につくこと

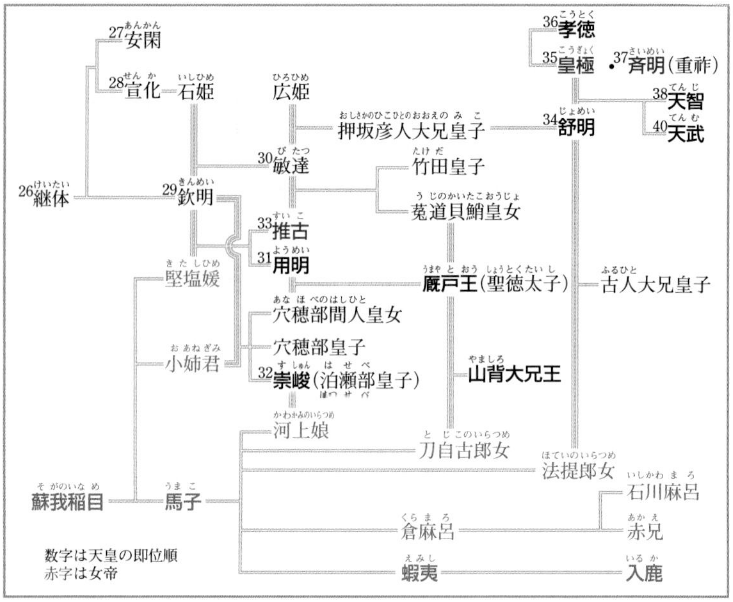

3 遣隋使の渡航ルートと東アジア

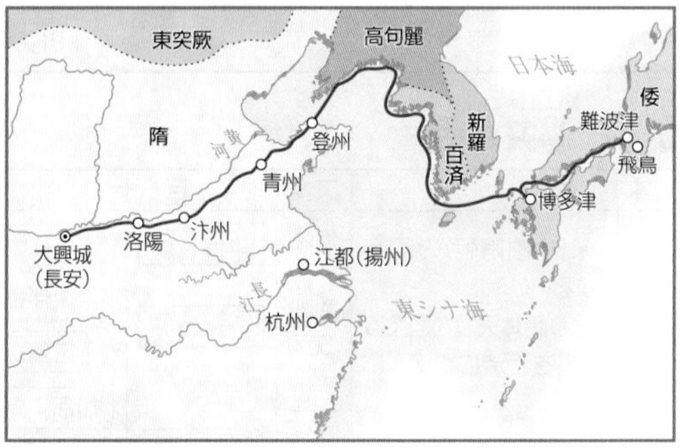

Point 推古朝の外交は，朝鮮半島の勢力回復に成果がなく新羅と和平を保った。中国を統一した隋に対しては，607年に小野妹子を遣隋使として大興城(長安)に派遣し，**対等外交を求めた**点が，倭の五王時代の朝貢《ちょうこう》外交と大きく異なっている。このときの留学生が帰国後，律令体制確立の中心となる。

Discovery

厩戸豊聡耳皇子

厩戸王(❶)は生存中から偉大な人物として尊敬され，死後も仏教の聖者として「聖徳太子」と称されてさまざまな伝説が生まれ，院政期には「太子信仰」として確立した。「厩戸豊聡耳皇子《うまやとのとよとみみのみこ》」とも記録されているが，名の由来は，母が散歩をしていて厩《うまや》の前に来たときに産気《さんけ》づき生まれたためといわれている。これは，厩戸王の伝記である，『上宮聖徳法王帝説《じょうぐうしょうとくほうおうていせつ》』や『日本書紀』の双方に記述された逸話《いつわ》である。この話は，7世紀末～8世紀初頭に日本に伝来した，よく知られているキリスト生誕《せいたん》伝説と結びついてつくられた話と思われる。

また，厩戸王は生まれながらにして聡明《そうめい》で，一度に8人(『帝説』)とか10人(『書紀』)の訴えを聞き分けたと書かれている。しかし，これも「豊聡耳」を厩戸王の偉大さと結びつけて解釈しようとして生まれた伝説であろう。

(❷)は，厩戸王の撰である**三経義疏《さんぎょうのぎしょ》**のうち，自筆といわれている巻物4巻のうちの冒頭の部分である。右下の「上宮」が厩戸王を指し，厩戸王の手になるものであって，海を渡ってきた舶載《はくさい》のものではないと記されている。さらに，「大委国」の「委」は7世紀末頃までしか使われない日本の国名「倭」と同じ用例で，飛鳥時代末までに書かれ，厩戸王の直筆《じきひつ》と認めていたものと考えられる。本文はいたる所に書き加えた部分や消した部分，張り紙をして補正した部分があり，明らかに下書きにもかかわらず大切に残されている。これも卓越《たくえつ》した力をもつ厩戸王自身が書いた原稿を大切にしたためと考えられる。

❶伝聖徳太子二王子像 縦1.25m 宮内庁蔵

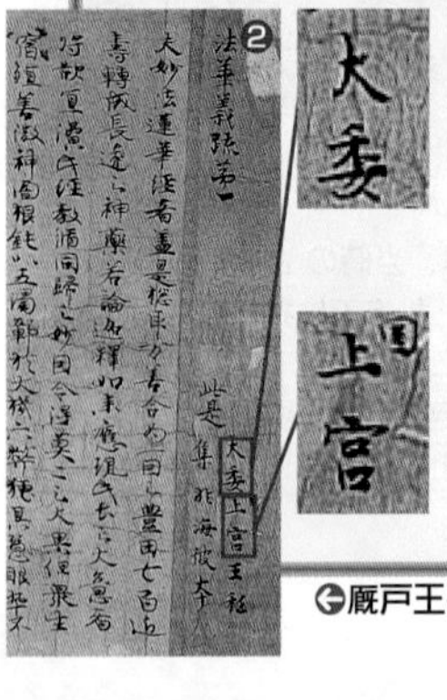

❷厩戸王の自筆といわれている法華経義疏 宮内庁蔵

4 冠位十二階と授与者

	冠位《かんい》	冠の色	主な授与者
1	大徳《とく》	紫	小野妹子《おののいもこ》
2	小徳	紫	高向玄理《たかむこのげんり》
3	大仁《じん》	青	犬上御田鍬《いぬかみのみたすき》，鞍作鳥《くらつくりのとり》
4	小仁	青	昇進
5	大礼《らい》	赤	小野妹子　犬上御田鍬
6	小礼	赤	
7	大信《しん》	黄	
8	小信	黄	
9	大義《ぎ》	白	
10	小義	白	
11	大智《ち》	黒	
12	小智	黒	

Point 厩戸王は，世襲《せしゅう》でなく才能や業績のある人材を登用できるようにこの制度をつくった。しかし，蘇我馬子は大臣を称しており限界があった。

➲4-1 最高位紫冠の役人の復元
大阪・近つ飛鳥博物館蔵

1 飛鳥地方

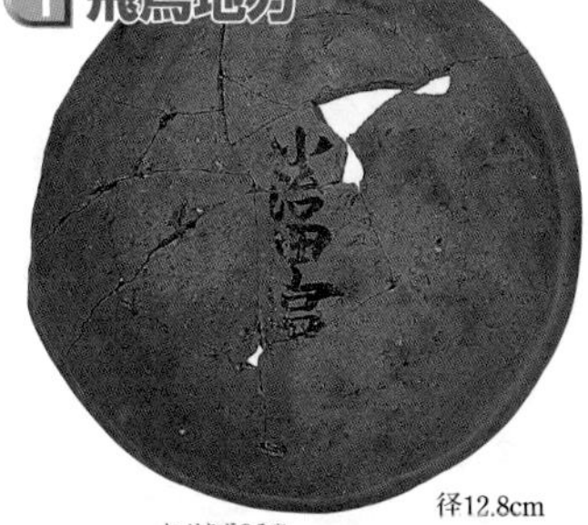

径12.8cm

1-1 「小治田宮《おはりだのみや》」と書かれた土器　従来説と別の雷丘《いかづちのおか》の東から出土した。小墾《おはり》田宮《だのみや》の場所が確定。 明日香村教育委員会蔵

1-2 飛鳥寺塔心礎《しんそ》に埋納された品々　金環(金銅製の耳飾り)や勾玉《まがたま》・管玉《くだたま》などの装身具，飾り金具や馬鈴《ばれい》など通常，後期古墳に副葬されている品である。 奈良文化財研究所蔵

奈良文化財研究所提供

1-3 吉備池《きびいけ》廃寺《はいじ》の発掘(写真は北側から撮影) 舒明《じょめい》天皇は蘇我氏の影響が強い飛鳥を避け，百済大寺《くだらたいじ》を建設し，蘇我氏に対抗しようとしたと思われる。吉備池廃寺跡はこの百済大寺であろう。

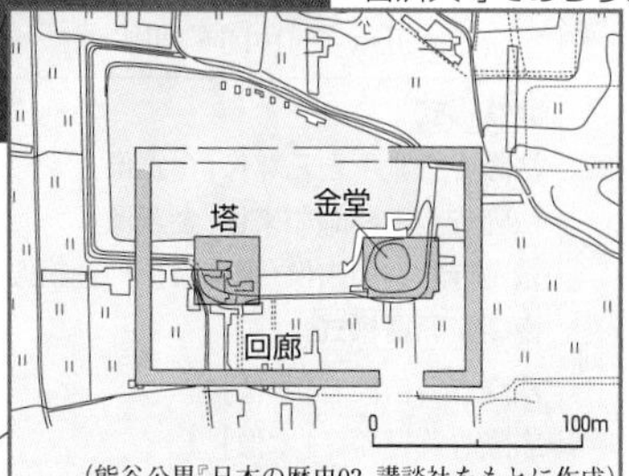

(熊谷公男『日本の歴史03』講談社をもとに作成)

1-7 豊浦宮《とゆらのみや》の建物　豊浦寺の下層から見つかった遺構《いこう》で，推古天皇が即位した豊浦宮のものと思われる。 奈良文化財研究所提供

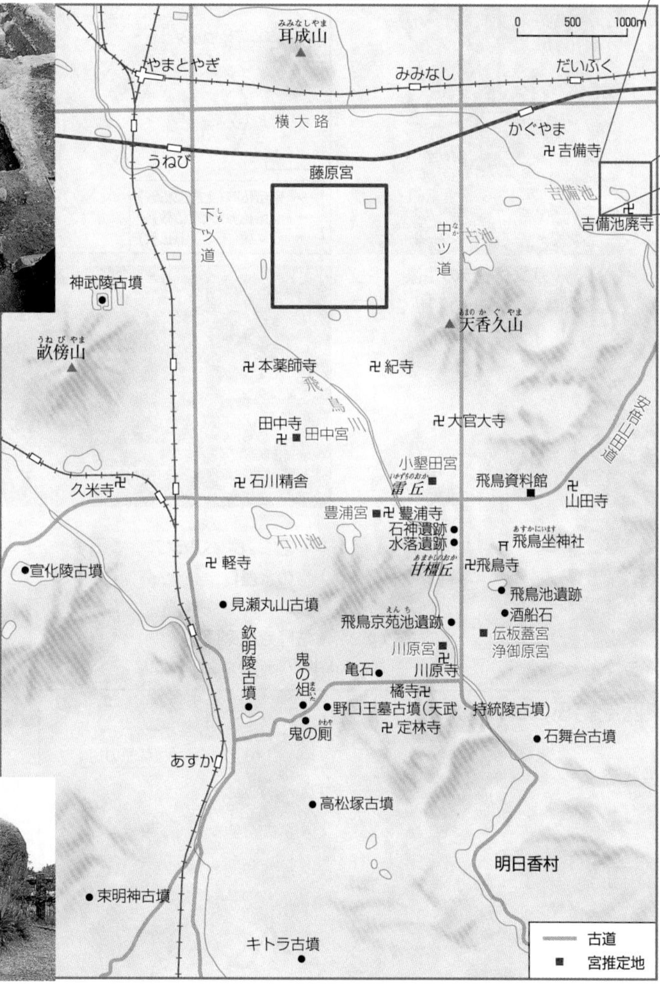

奈良文化財研究所提供

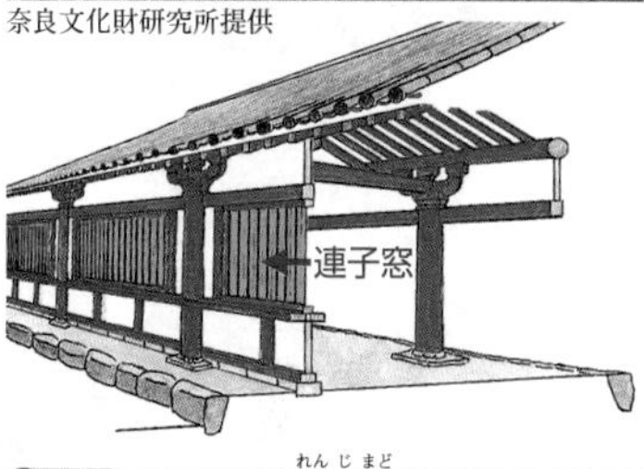

1-4 山田寺回廊連子窓《れんじまど》出土状況と復元図

あすか・飛鳥・明日香

奈良盆地東南部の飛鳥川流域を指す地名で，古代の皇居・宮都が置かれ，仏教文化を中心とした飛鳥文化が花開いた。明日香と書くことも多いが，「飛鳥」と表記するのは，「あすか」の枕詞《まくらことば》に「飛ぶ鳥の」が使われることによる。語源は，①鳥のイスカが多く飛来した，②「あ」は接頭語で「すか」が住処(集落)，③朝鮮からの渡来人が安住の地を「安宿」と称し，日本人が「あすか」とよんだ，といった説がある。

1-6 亀石《かめいし》
長辺4.5m
短辺2.8m
高さ 2 m

1-5 石舞台《いしぶたい》古墳　墳丘が失われて石室の巨岩が残されているが，その大きさから蘇我馬子《そがのうまこ》の墓とされ，権力の大きさを物語っている。

Discovery

奈良文化財研究所飛鳥資料館

(奈良・明日香村)

1973年，奈良国立文化財研究所に飛鳥資料館が設置され，本格的な発掘調査・研究に加えて，その成果を一般に公開するため1975年開館した。飛鳥地方の発掘成果をわかりやすく展示・解説している。点在する石造物や山田寺金堂軒先の復元(❶)，同寺回廊の出土部材を使った復元(❷)など古代飛鳥を実物大で体感できる。

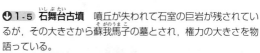

飛鳥文化①

飛鳥文化

- ７世紀前半～中頃(推古朝中心)
- 中国南北朝文化・百済・新羅など朝鮮半島文化の影響を受ける
- ギリシア・インド・ペルシアなど西域文化の要素を含む(世界性)
- 渡来人が文化形成に大きな役割を果たす
- 仏教文化が中心

建築	法隆寺(斑鳩《いかるが》寺) 世 金堂・五重塔・中門・回廊
彫刻	**北魏様式** 法隆寺金堂釈迦三尊《しゃかさんぞん》像[金銅像] 法隆寺金堂薬師如来像[金銅像] 飛鳥寺釈迦如来《しゃかにょらい》像(飛鳥大仏)[金銅像] **南朝・新羅様式** 法隆寺百済観音《くだらかんのん》[木像] 広隆寺弥勒菩薩《みろくぼさつ》[木像] 中宮寺弥勒菩薩《さつ》[木像]
絵画	法隆寺玉虫厨子須弥座《たまむしのずししゅみざ》絵・扉絵
工芸	法隆寺玉虫厨子 伎楽面《ぎがくめん》・獅子狩文様錦《ししかりもんようきん》・金銅灌頂幡《こんどうかんじょうばん》 中宮寺天寿国繡帳《てんじゅこくしゅうちょう》

1 仏教の源流

1-1 ガンダーラの仏像　ギリシア系の人々が初めて仏像をつくった。 インド国立博物館蔵

1-2 雲崗石窟《うんこうせっくつ》寺院の大仏 世 全高13.7m

1-3 龍門《りゅうもん》石窟本尊 世

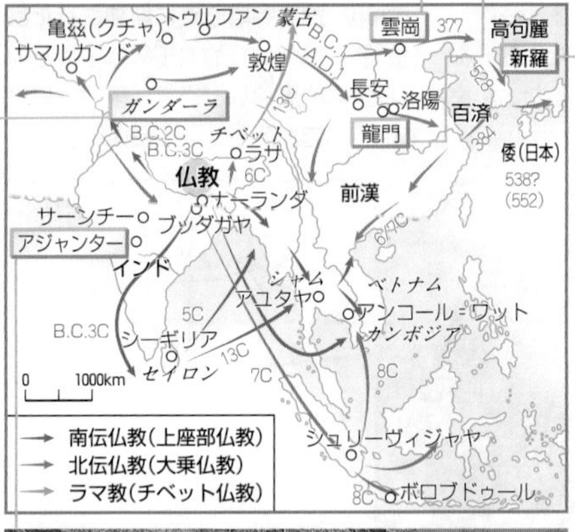

1-4 韓国慶州《けいしゅう》出土金銅弥勒菩薩《みろくぼさつ》像 ソウル中央博物館蔵

TRY 論述 仏教の伝播を仏像の変化に着目してまとめなさい。 推移

1-5 アジャンター石窟《せっくつ》院　壁画の画風は日本まで伝播した。(►p.53) 世

2 東西文化の交流

2-1 パルテノン神殿
エンタシス式の柱 世

2-2 法隆寺中門《ちゅうもん》・歩廊《ほろう》 国

2-3 イラン人

2-4 法隆寺伎楽面《ぎがくめん》
縦30.6cm 横20.2cm 東京国立博物館蔵

2-5 ペルシアの水差し 高さ37cm
イラン国立博物館蔵

2-6 龍首水瓶《りゅうしゅすいびょう》
(►p.58天平文化)
国 高さ49.8cm
東京国立博物館蔵

2-7 ペルシアの絵皿《えざら》
(財)中近東文化センター蔵

2a 東西を結ぶ3つの道

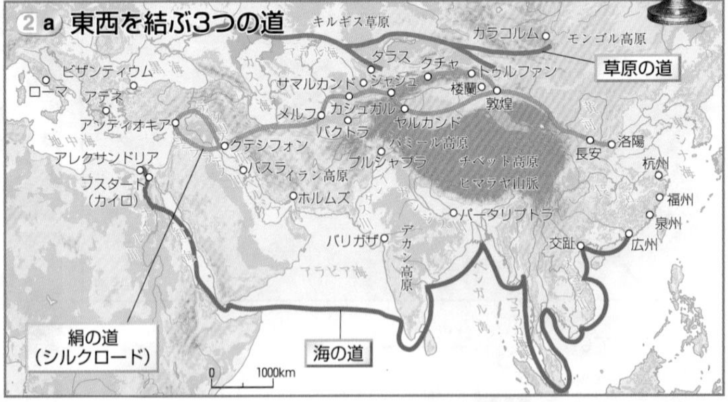

2b 忍冬唐草文様《にんとうからくさもんよう》の変遷

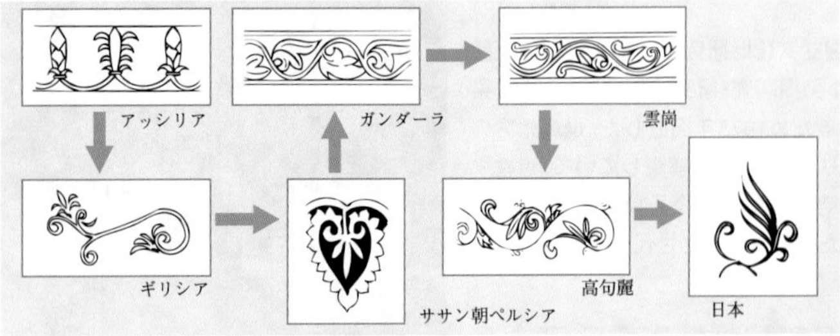

2-9 法隆寺玉虫厨子「忍冬唐草文様」国

2-8 法隆寺獅子狩文様錦《ししかりもんようきん》 国 部分 250×134.5cm

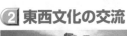

3 彫刻

北魏様式

- 仰月《ぎょうげつ》形の口唇《こうしん》
- 杏仁《きょうにん》(アンズの種の中の胚《はい》)形の目

3-1 **飛鳥寺《あすかでら》釈迦《しゃか》如来《にょらい》像(飛鳥大仏)** 605年**鞍作鳥《くらつくりのとり》(止利《とり》仏師)**作の金銅像 像高 275.7cm

3-2 **法隆寺《ほうりゅうじ》金堂釈迦三尊《しゃかさんぞん》像** 鞍作鳥《くらつくりのとり》(止利《とり》仏師)作 国 中尊像高86.4cm

3-3 **法隆寺夢殿《ゆめどの》救世《くぜ》観音《かんのん》像** 明治時代まで1000年以上も秘仏とされたが，**フェノロサ**(►p.188)の調査で表に出た。国 像高178.6cm

南朝様式

- 表情や姿が全体的に柔らかみがある
- 衣文《えもん》(衣服のこと)には変化があって自然な感じ

3-4 **法隆寺百済《くだら》観音《かんのん》像** クス材の一木造 国 像高210.9cm

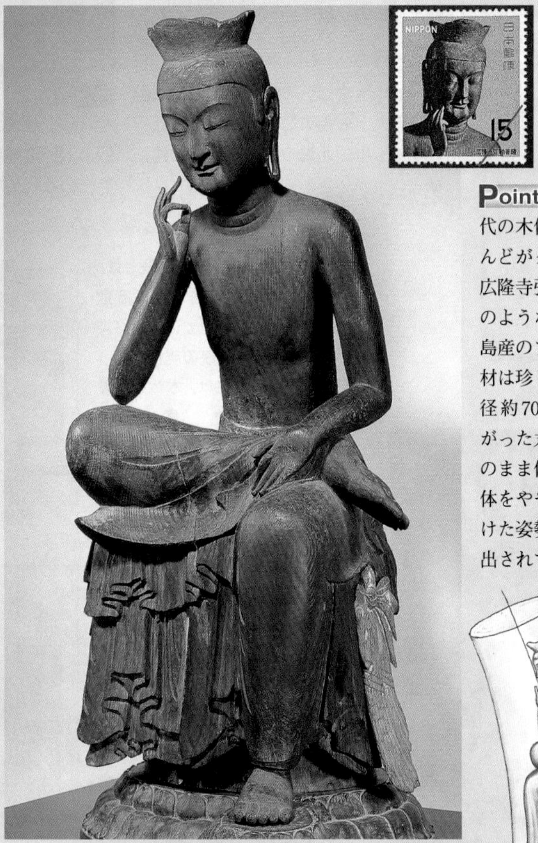

3-5 **広隆寺弥勒《みろく》菩薩《ぼさつ》(半跏《はんか》思惟《しゆい》)像** 国 像高 84.2cm

Point 飛鳥時代の木像はほとんどがクス材で，広隆寺弥勒菩薩のような朝鮮半島産のアカマツ材は珍しい。直径約70cmの曲がった丸太をそのまま使い，上体をやや前に傾けた姿勢に彫り出されている。

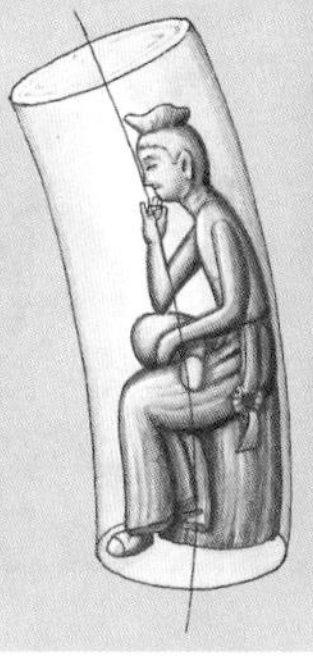

3-6 **中宮寺弥勒《みろく》菩薩《ぼさつ》(半跏《はんか》思惟《しゆい》)像** 国 像高87cm

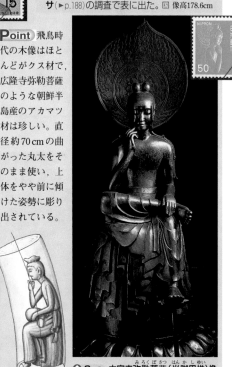

飛鳥文化③ 建築

4 建築

4-1 **法隆寺金堂**
中国南北朝様式で，現存する世界最古の木造建築である。
国 高さ15.2m
平面18.4×15.2m

4-2 **法隆寺五重塔** 飛鳥様式の最古の五重塔。全高の3分の1を占める相輪《そうりん》が均整のとれた安定感を出している。 国 高さ32.5m

Point 金堂部分の❶卍崩しの勾欄❷雲斗❸人字形割束❹雲形肘木手法は，いずれも中国北魏《ほくぎ》の影響を受けた建築様式。

Discovery

再建・非再建論争に一石？

法隆寺は，薬師如来《やくしにょらい》の光背銘《こうはいめい》から用明天皇の病気平癒《へいゆ》を願って，607年に創建されたとされるが，『日本書紀』に670年炎上の記述があることから再建説が，建築様式や尺度が古いことから非再建説がとなえられ論争となった。しかし1939年，**四天王寺式**《してんのうじ》の伽藍《がらん》配置をもった**若草伽藍**《わかくさ》跡が発掘され(❶)，再建説に軍配が上がった。

ところが，最近行った**年輪年代測定**で五重塔心柱は594年と創建時に近い年代が，垂木《たるき》などの部材は663年までくだるものがあることがわかり，再びこの論争に一石を投じることとなった。

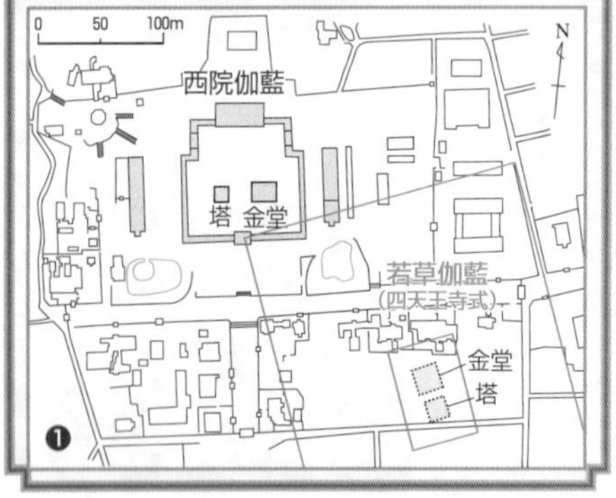

5 法隆寺式伽藍配置

5-1 法隆寺伽藍配置

伽藍配置 伽藍とは，本来は僧侶《そうりょ》の住居を建てる敷地《しきち》のことであったが，土地および建物を含む寺院の総称《そうしょう》となった。寺院建築には，本尊を安置する**金堂**《こんどう》(本堂，仏殿)と舎利《しゃり》(釈迦の骨)をまつる**塔**，仏法を講ずる**講堂**を中心として経蔵《きょうぞう》，鐘楼《しょうろう》，僧坊《そうぼう》などがあり，これらの配置を「**伽藍配置**」という。

飛鳥時代の伽藍配置は，塔を中心として金堂・講堂が一直線に並ぶ**四天王寺式**が多く，金堂が塔を囲む**飛鳥寺式**は珍しい。7世紀後半には左右対称を破《やぶ》る**法隆寺式**と塔を二つにする**薬師寺式**が採用され，しだいに寺の中心は塔から金堂へ移る。奈良時代の**東大寺式**では金堂を中心として塔は中門・回廊《かいろう》の外に配置された。

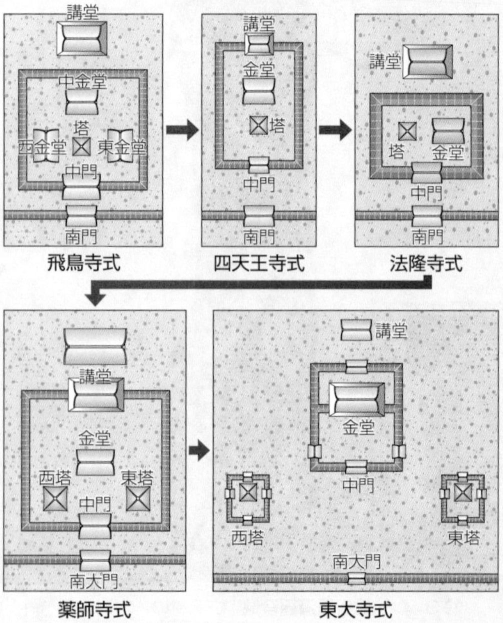

6 工芸・絵画

6-1 **法隆寺玉虫厨子《たまむしのずし》**　小仏像を安置した上部の宮殿部は，飛鳥建築様式にならっている。飾り金具の下に玉虫の羽が並べられていた。 国 高さ226.6cm

6-2 **宮殿正面軒下《のきした》部分の玉虫の翅鞘《ししょう》**

6-3 玉虫

6-5 **法隆寺金銅灌頂幡《かんじょうばん》**（透かし彫り，部分）
東京国立博物館蔵

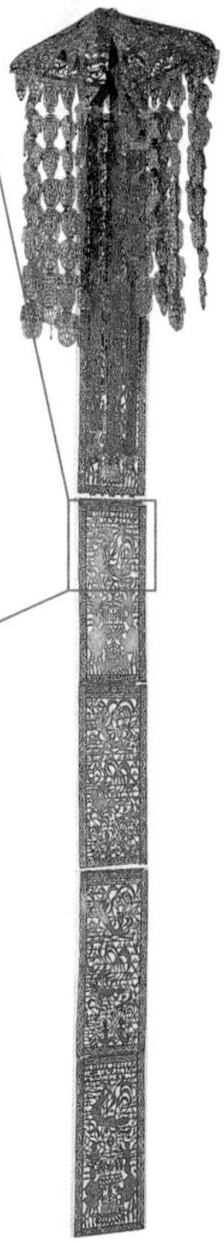

6-6 **法隆寺金銅灌頂幡**　国 高さ510cm
東京国立博物館蔵

縦31.0cm
横20.0cm

呉公《ごこう》

縦28.8cm
横22.3cm

迦楼羅《かるら》

6-4 **法隆寺伎楽面《ぎがくめん》**　仮面劇の一種の伎楽に用いる。 重 東京国立博物館蔵

6-7 **玉虫厨子扉絵菩薩像《とびらえぼさつぞう》**（側面扉）　正面扉には天王像が描かれている。 縦31.5×横19.5cm

6-8 **玉虫厨子須弥座絵《しゅみざえ》**　下段の須弥座左右側面に描かれた**密陀絵《みつだえ》**。
縦65×横35.4cm

TRY 論述　右の「捨身飼虎図《しゃしんしこず》」は，飢えた虎が母子を食べようとする場面に出くわした釈迦を描いている。虎と母子の両方を救うために釈迦はどんな行動をとったか，またそれは仏教のどんな思想を説いたものであるか，考えなさい。 **比較**

6-9 **中宮寺天寿国繡帳《てんじゅこくしゅうちょう》**　聖徳太子の死後，后《きさき》の橘大郎女《たちばなおおいらつめ》が太子の天寿国でのようすを渡来人《とらいじん》に描かせ，采女《うねめ》たちに刺繡《ししゅう》させたもの。
国 縦88.8cm×横82.5cm

42 大化改新

1 大化改新《たいかのかいしん》と大王家の権力掌握《しょうあく》

629	630	第1回遣唐使に犬上御田鍬《いぬかみのみたすき》を派遣する
舒明《じょめい》	639	百済宮・百済大寺《くだらのおおでら》造営着手(舒明，飛鳥を離れる？)
641	640	南淵請安《みなぶちのしょうあん》・高向玄理《たかむこのげんり》・唐より帰国(僧旻《みん》は632年帰国)
642		**蘇我蝦夷《えみし》・入鹿《いるか》親子の専横**
		この頃蝦夷・入鹿親子は，大王だけが許される呪術・祭祀・徴発・叙位などを行い権限を侵したとされる
皇極《こうぎょく》	643	入鹿，山背大兄王《やましろのおおえのおう》を斑鳩宮《いかるがのみや》に襲い，一族を滅ぼす
	644	蝦夷・入鹿，邸宅を宮門《みかど》，子どもを王子《みこ》と称す
		改新政治の展開
645	645	6 中大兄皇子《なかのおおえのみこ》・中臣鎌足，宮中で入鹿暗殺(**乙巳《いっし》の変**) 蝦夷自殺し，蘇我宗家滅亡。『天皇記』『国記』焼失 新政府発足(► 2)，元号「大化」を定めたとされる
		9 中大兄皇子，謀反《むほん》の疑いで古人大兄皇子《ふるひとのおおえのみこ》を殺害
孝徳《こうとく》		12 **難波長柄豊碕宮《なにわながらとよさきのみや》**へ遷都
	646	1 改新の詔《みことのり》 史，3 薄葬令《はくそうれい》
	649	蘇我倉山田石川麻呂が謀反の疑いをかけられ山田寺で自害
	650	白雉《しろきじ》献上を吉兆として「白雉《はくち》」と改元したとされる
654	653	中大兄皇子，皇極上皇らと飛鳥に戻る
655		**律令国家への胎動**
	656	飛鳥岡本宮へ遷る。狂心渠《たぶれごころのみぞ》を掘り，石材を運び，石垣を積む
斉明《さいめい》	658	阿倍比羅夫《あべのひらふ》，蝦夷・粛慎《みしはせ》へ遠征開始(～660)
		有間皇子が謀反の疑いをかけられ殺害される
661	660	百済滅亡。翌年，天皇・中大兄皇子，再興軍を率い九州へ
	663	**白村江《はくそんこう》の戦い**で唐・新羅《しらぎ》連合軍に敗北
中大兄《なかのおおえの》皇子	664	冠位二十六階制定。氏上《うじのかみ》・民部《たみべ》・家部《やかべ》を定める(部曲《かきべ》復活) 対馬・壱岐，筑紫に防人《さきもり》，烽《とぶひ》を設置。筑紫に水城《みずき》築城(► 5)
＊称制	665	大宰府《だざいふ》防衛のため大野城(山城)築城(► 5)
	667	近江**大津宮《おおつのみや》**に遷都。大和《やまと》高安城・讃岐《さぬき》屋島城・対馬金田《つしまかなた》城築城
668	668	高句麗が唐・新羅に滅ぼされる
	669	**近江令**完成とされる
天智《てんじ》		中臣鎌足没(大織冠《たいしょくかん》・藤原の姓《せい》・内大臣の位を与える)
671	670	**庚午年籍《こうごねんじゃく》**の作成(初の全国的戸籍，永久保存)

1-1 大織冠と玉枕 復元 奈良文化財研究所蔵

＊称制…即位式をあげずに政治をとること

2 改新政府

天皇	孝徳天皇
皇太子	**中大兄皇子**
左大臣	阿倍内麻呂
右大臣	蘇我倉山田石川麻呂
内臣	**中臣鎌足**
国博士	僧旻《みん》・高向玄理《たかむこのげんり》

Point 姓《かばね》である大臣が廃され，新たに左右大臣と**内臣《うちつおみ》**が政治の中心となった。また，遣唐使としての経験と知識を生かすため**国博士《くにのはかせ》**が置かれた。

! 「評《こおり》」と「郡《こおり》」

写真の木簡《もっかん》には「己亥年十月上挟国阿波評松里」と記されている。「己亥年」は699年で，大宝律令施行2年前のことである。改新の詔では，これまでの国造《くにのみやつこ》をやめ，新たな地方支配のため「郡司《ぐんじ》」を置くこととしている。しかし，各地に設置された地方支配組織は，藤原京をはじめ7世紀後半期の遺跡から出土する木簡に「評」と表記されており「郡」の文字が使用された事例はまったく無い。詔の条文の一部は明らかに8世紀の大宝律令などで潤色《じゅんしょく》されており，改革の具体的内容については意見が分かれる。 奈良・橿原考古学研究所蔵

3 北方遠征 (► p.55·64)

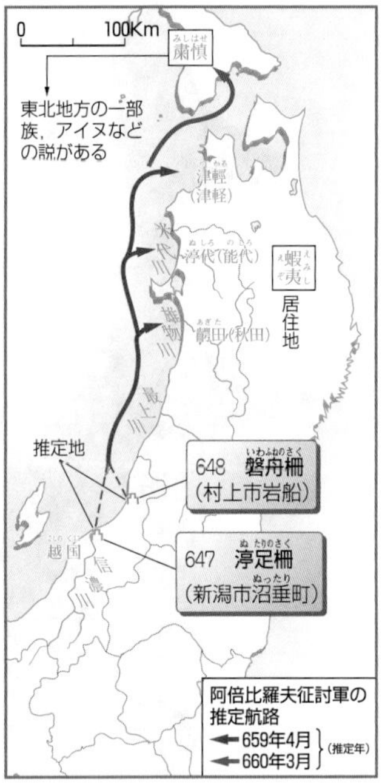

4 皇室系図

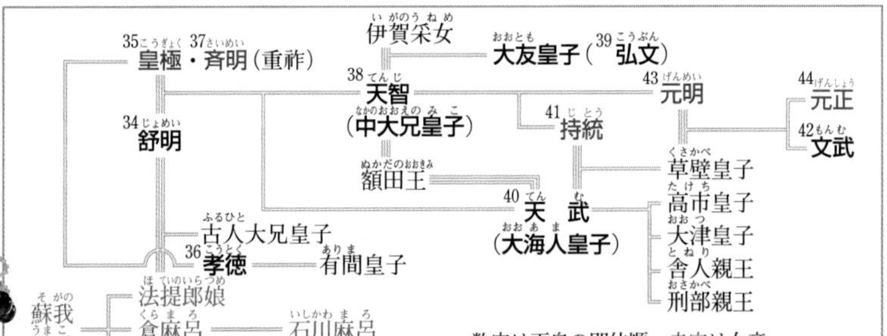

数字は天皇の即位順　赤字は女帝

重祚《ちょうそ》…退位した天皇が再び皇位につくこと

5 白村江《はくそんこう》の戦い

はくすきのえ

5-1 現在の白村江 クム川(錦江)の河口

5-3 **大野城《おおのじょう》**(福岡県太宰府市)**の百間《ひゃっけん》石垣** 最下部の幅9m，高さ8mの石垣が6.2kmにわたる。

5-2 水城跡(福岡県太宰府市)

5 a 水城《みずき》断面図

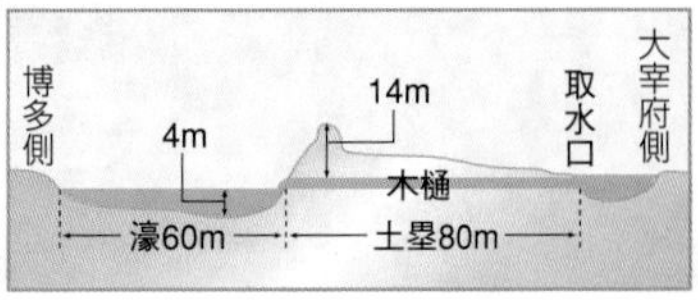

5-4 全長80mに及ぶ木樋の底板

Discovery

大阪歴史博物館 (大阪・大阪市)

古代の難波宮，中世の大坂本願寺，近世の大坂城と城下町，近代・現代の大阪市の歴史や文化を原寸大の復元や数多くの模型，ビジュアルなグラフィック，豊富な実物資料で紹介する博物館。1350年を超える「都市おおさか」の歴史を体感できる。難波宮を中心とする考古学の資料センターとしての機能をもち，発掘調査の成果を活かした展示が特長。

大阪城や史跡難波宮跡へは歩いて行ける。

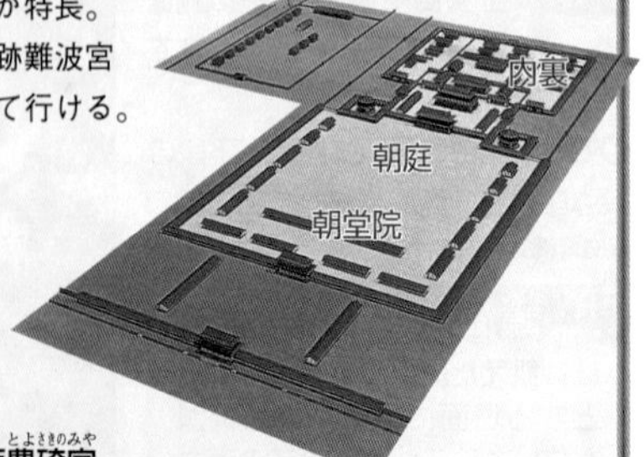

難波長柄豊碕宮《なにわながらとよさきのみや》

瓦を使わず，板葺き，掘立柱建物で構成される。内裏《だいり》の前の広い朝庭は大王の隔絶した権威を視覚的に表現しようとしたと思われる。 復元 大阪歴史博物館蔵

水と石の都 ～大土木工事の時代～

斉明・天智朝

難波長柄豊碕宮《なにわながらとよさきのみや》から飛鳥《あすか》へ戻った皇極《こうぎょく》上皇は再び即位(重祚《ちょうそ》)して斉明《さいめい》天皇となった。飛鳥では大王《おおきみ》の力を誇示《こじ》するかのような大土木工事が始められ，水と石の都がつくられる。

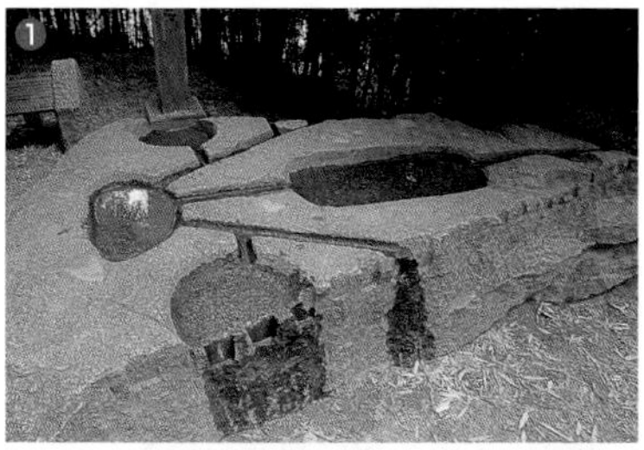

明日香村教育委員会蔵

Point 『日本書紀』には，656年に**飛鳥岡本宮を造営**したことや，その**東の山に石垣を築く**ため，香具山の西から石上山(現天理市)にいたる**約12kmの運河をつくり，石(天理砂岩)を運んだ**とされ，**「狂心《たぶれごころの》(狂気《きょうき》の沙汰《さた》)渠《みぞ》」**とよばれたこの運河を掘るのに３万人余，石垣を積むのに７万人余の人夫を費《つい》やしたという。

従来，この記事は文飾《ぶんしょく》されたものとされていたが，**酒船石**(❶)のある丘陵《きゅうりょう》に天理砂岩の切石を１m以上も積み上げた石垣(❷)が発掘され，記事は史実であったことがわかった。さらに，飛鳥京の発掘調査で岡本宮の遺構《いこう》が，「狂心渠」は飛鳥池東方遺跡や飛鳥東垣内遺跡(❸)などで部分的に存在が確認された。

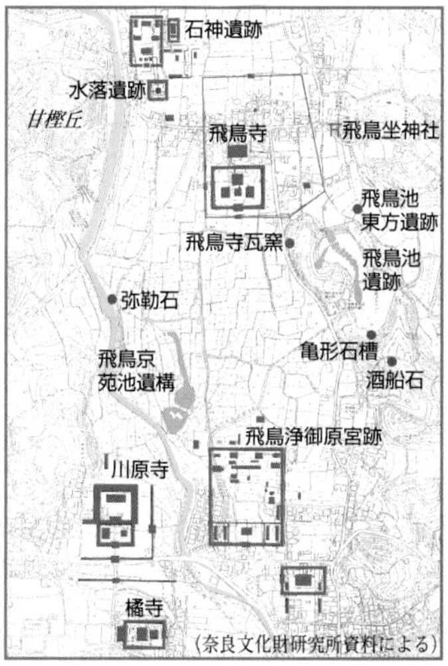

(奈良文化財研究所資料による)

酒船石が置かれた丘陵の北裾の谷に天理砂岩の階段状石垣と**12m四方の石敷広場**(❹)が見つかり，中央には**給水塔・小判形石槽・亀形石槽**が設置され(❺)谷の湧水《ゆうすい》が流される仕組みになっていた。

明日香村教育委員会蔵

5 亀形石槽 全長2.4m×幅2m 甲羅の径1.25m

Point **石人像《せきじん》**(❻)や**須弥山石《しゅみせんせき》**(❼)が出土した石神遺跡では大規模な掘立柱建物群と石組池が，隣接する水落《みずおち》遺跡では**漏刻《ろうこく》**(水時計)**台**が見つかった(❾復元)。『日本書紀』には，飛鳥寺の西の槻《つき》(ケヤキの古名)の下で蝦夷など服属した民に対して饗宴《きょうえん》を開いたことが記されている。征服民や外国使節を，建物群や石敷広場で饗応《きょうおう》したと考えられ，水と石の都を見せ，大王の威厳《いげん》と権威《けんい》を示し服属《ふくぞく》を確認したと思われる。石人像と須弥山石は，噴水として水を噴き出す仕組み(❽)になっている。

9 復元模型 縮尺１/500 奈良文化財研究所蔵

Point **水落遺跡《みずおち》**(❿)の発掘調査をもとに，唐の貞観年間(627～649)に呂才《ろさい》が考案した**漏刻《ろうこく》の図**(⓫)と現存する清代の漏刻を参考にして，**漏刻＝水時計**(⓭)が復元された。人形が立つ水槽《すいそう》に，サイフォンの原理で流れ落ちた水がたまり，上昇した箭《や》の目盛りで時刻を測《はか》った。『日本書紀』には，660年に中大兄皇子が漏刻をつくり，天智天皇となった671年に鐘鼓《しょうこ》で時刻を知らせたとある。漏刻台(⓬)の鐘で時刻を知らせ，大王《おおきみ》が時間をも支配する権威者であることを示したかったものと思われる。

6 ⑦とも奈良文化財研究所蔵 復元 高さ1.7m×幅70cm

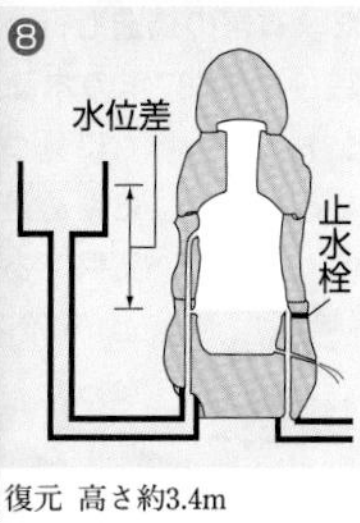

復元 高さ約3.4m

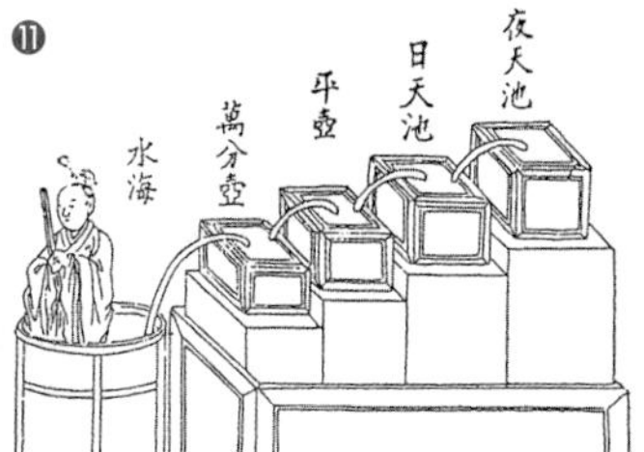

(『古今図書集成』)

13 復元 ⑩とも奈良文化財研究所蔵

44 壬申の乱から飛鳥浄御原宮へ

1 天武《てんむ》・持統《じとう》朝の政治

天皇	区分	年	事項	都
天智《てんじ》		671	大海人皇子《おおあまのみこ》，出家して吉野《よしの》へ	大津宮
(弘文《こうぶん》)		672	壬申《じんしん》の乱，大友皇子《おおとものみこ》(弘文)山背《やましろ》の山前《やまざき》で自害	大津宮
			中央集権国家の成立	
	天武朝の政治		大海人皇子，**飛鳥浄御原宮**《あすかきよみはらのみや》に移る	飛鳥浄御原宮
— 673 —	天武朝の政治	673	天武天皇(大海人皇子)即位	飛鳥浄御原宮
	天武朝の政治	675	諸氏の部曲《かきべ》禁止	飛鳥浄御原宮
	天武朝の政治	680	皇后(後の持統天皇)の病気平癒《へいゆ》を願い，薬師寺建立を発願《ほつがん》	飛鳥浄御原宮
天武《てんむ》	天武朝の政治	681	**飛鳥浄御原令の作成開始** 『帝紀《ていき》』『旧辞《きゅうじ》』の撰集開始	飛鳥浄御原宮
	天武朝の政治	683	銀銭の使用禁止，銅銭を使うことを命ず(**富本銭**)	飛鳥浄御原宮
	天武朝の政治	684	**八色の姓**《やくさのかばね》を制定	飛鳥浄御原宮
— 686 —		686	大津皇子の変	飛鳥浄御原宮
持統《じとう》 称制	持統朝の政治	689	**飛鳥浄御原令を施行** この頃元嘉暦《げんかれき》を使う(石神遺跡具注暦木簡《ぐちゅうれきもっかん》)	飛鳥浄御原宮
— 690 —	持統朝の政治	690	**庚寅年籍**《こういんねんじゃく》**の作成**(6年ごとの戸籍作成開始)	飛鳥浄御原宮
			律令国家体制の完成	
持統	持統朝の政治	694	**藤原京遷都**《せんと》(〜710，はじめて都城制を採用)	藤原京
— 697 —		701	**大宝律令の完成**(702施行)	藤原京
文武《もんむ》		702	遣唐使《けんとうし》の派遣(粟田真人《あわたのまひと》・山上憶良《やまのうえのおくら》ら)	藤原京
		705	中納言《ちゅうなごん》設置	藤原京
— 707 —		708	武蔵《むさし》国から自然銅献上され，和銅《わどう》と改元	藤原京
元明《げんめい》			**和同開珎**《わどうかいちん》(銀銭・銅銭)**発行**	藤原京
		710	平城京へ遷都	

2 壬申の乱

Point **壬申の乱**は，古代政権内で最大の皇位継承《こういけいしょう》争いである。天智天皇が死去すると，皇位をめぐり**大海**《おおあ》**人皇子**《まのみこ》(天智の弟)と**大友皇子**(天智の子)が対立した。吉野で兵を挙げた大海人皇子は鈴鹿関《すずかのせき》をふさぎ，美濃・尾張から信濃《しなの》・甲斐《かい》にいたる東国の兵を集め不破関《ふわのせき》から近江に入り最後の決戦が瀬田橋で行われ，大津宮を攻略した。

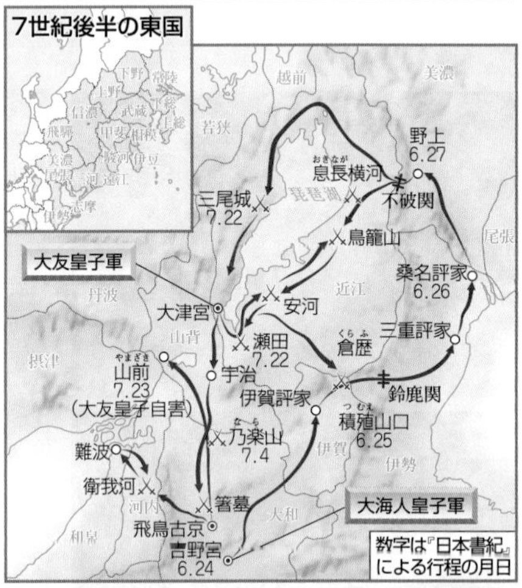

⬆2-1 **壬申の乱の武人**
奈良文化財研究所蔵

⬆2-2 **瀬田橋** 7世紀の橋脚が発掘され，川幅約250mの瀬田川に幅9m，高さ8mの橋がかけられていたことがわかった。
復元 (財)滋賀県文化財保護協会蔵

3 飛鳥浄御原宮《あすかきよみはらのみや》

Point 壬申の乱後に都を大津宮から**飛鳥浄御原宮**へ移して即位した**天武天皇**(大海人皇子)は，豪族を押さえて皇族中心に政治を進め(**皇親政治**)，**八色**《やくさ》**の姓**《かばね》**を定めて氏族の序列を再編成**した。『万葉集』に「大君《おおきみ》は**神にしませば**赤駒のはらばふ田井を都となしつ」などの歌がある史。緊迫《きんぱく》した国際関係の中で**天皇の神格化**が行われ，唐や新羅に対抗できる律令国家を建設することが必要になったのであろう。

八色《やくさ》の姓《かばね》
真人《まひと》
朝臣《あそみ》
宿禰《すくね》
忌寸《いみき》
道師《みちのし》
臣《おみ》
連《むらじ》
稲置《いなぎ》

撮影 阿南辰秀氏

⬆3-2 **飛鳥京苑池遺構**《えんち》 出土した庭園の池は，天武14年11月条の「白錦後苑《しらにしきのみその》」の一部であろう。

⬅3-1 **飛鳥浄御原宮** 天武天皇が中央集権政治を進めた都。飛鳥に置かれた最後の都となった。 復元模型 奈良文化財研究所蔵

4 「天皇」称号と国家の威信《いしん》

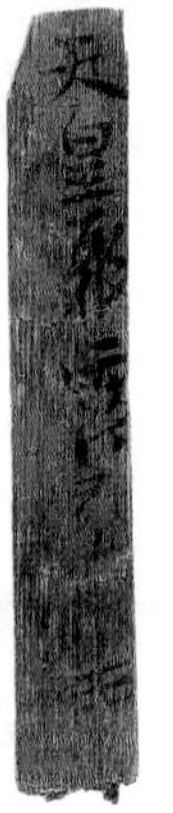

長さ11.8cm 幅1.9cm 厚さ0.3cm 奈良文化財研究所蔵

Point 飛鳥池遺跡から最古の「天皇」の文字が書かれた木簡《もっかん》(左)が出土したことから，天武朝には**中国皇帝を意識した「天皇」の称号**が使われたと考えられる。683年貨幣の地金自体が価値をもつ銀銭(無文銀銭)を禁止して**国家が価値を与えた銅銭**(**富本銭**《ふほんせん》)を鋳造《ちゅうぞう》した。また，石神《いしがみ》遺跡からは**時間の支配を示す**最古(689年)の元嘉暦《げんかれき》が見つかり，飛鳥浄御原令・『帝紀』『旧辞』の国史編纂《へんさん》など**国家的威信**を示す事業が行われた。

TRY 論述 富本銭が都から遠く離れた信濃などから出土している理由を，出土地と壬申の乱の経過との関係に着目して答えなさい。
推移 相互関連

⬆4-1 **無文銀銭**
国 近江神宮蔵

⬅4-2 **開元通宝** 富本銭の手本となった。

➡4-3 **富本銭**
長野・高森町教育委員会蔵

Discovery

飛鳥池遺跡

飛鳥寺の東南側の谷あいに位置する7世紀後半〜8世紀初頭の官営工房跡《こうぼうあと》。金・銀・銅・鉄・ガラス(❷)・漆(❸)などを使ったさまざまな製品を生産していた。貨幣の鋳造《ちゅうぞう》も行われ，富本銭(❶)が687年の木簡《もっかん》とともに見つかったため最古の貨幣であることが確実になった。

❶

❷

❸

❶〜❸奈良文化財研究所蔵

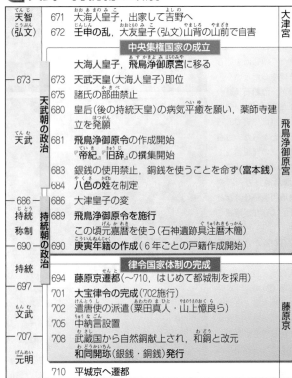

1 藤原京(復元模型)

尺縮1:1000 橿原市教育委員会蔵

Point 天武《てんむ》天皇が構想し持統《じとう》天皇が完成させた，日本で初の都城《とじょう》が**藤原京**である。900m四方の藤原宮を中心とし，初めて東西南北約5.3kmの巨大な京城《けいじょう》がつくられた。**官人を意図的に集住**させ，天皇のもとに毎日勤務させるようにした人工的政治都市の出現である。さらに，本格的な中央集権体制の基本法となる**大宝律令**が完成し，全国的に普及《ふきゅう》する「大宝」の元号が制定され(①)国家を運営するためのハードとソフトがそろったのである。『続日本紀』にみえる701(大宝元)年正月元日の朝賀《ちょうが》の記事には「**文物**(文化・芸術・法律など)**の儀《ぎ》，ここに備《そな》われり**」とあり，1月下旬には32年ぶりの遣唐使が任命され新国家の国際認知《にんち》をめざしたのである。

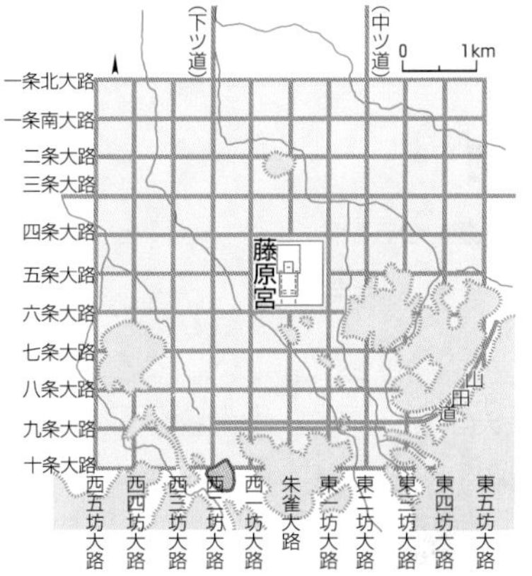

①

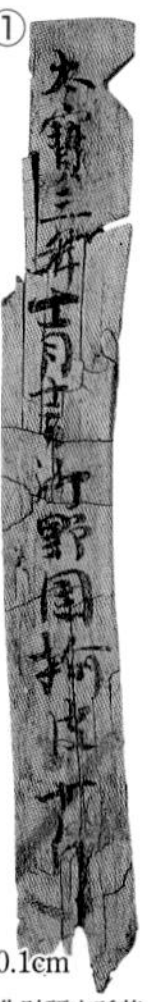

大宝三年十一月十二日御野国楡皮十斤

長さ20.1cm

奈良文化財研究所蔵

1-1 藤原京の下級役人

復元 奈良文化財研究所蔵

木簡《もっかん》 中国の戦国時代から漢代に盛《さか》んに行われた，竹や木の札に文字を記したもの。日本では紙が貴重品だった7世紀から10世紀頃まで多用され，命令などを伝える文書木簡と税の内容などを記した付札木簡などのほかに習字や落書きに用いられた。多くは短冊《たんざく》形(❶)で上下に紐《ひも》をかける切れ込みがあり，(❷)のような形で付けた。削《けず》ればまた別の文言を記入できるため，リサイクルが可能で，「刀筆《とうひつ》の吏《り》」といわれた役人は刀子《とうす》(❸)が必需品《ひつじゅひん》だった。ただし，重要な木簡は不正使用を避けるため割ったり折ったりして廃棄《はいき》された。藤原京からは約8,000点が発見され古代史解明の鍵《かぎ》となっている。

❶

尾張国海部郡魚鮨三斗六升

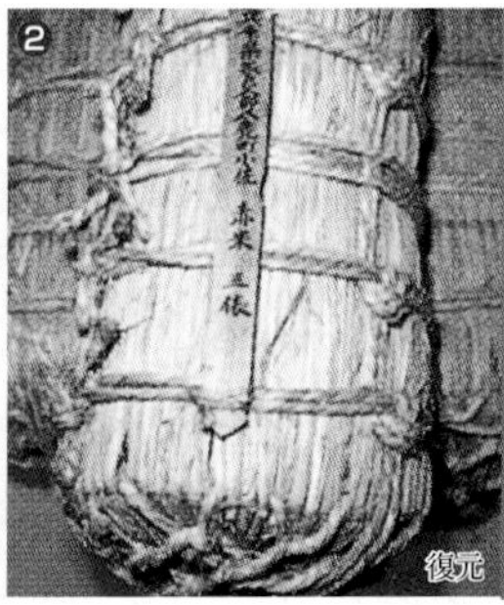

❷ 復元

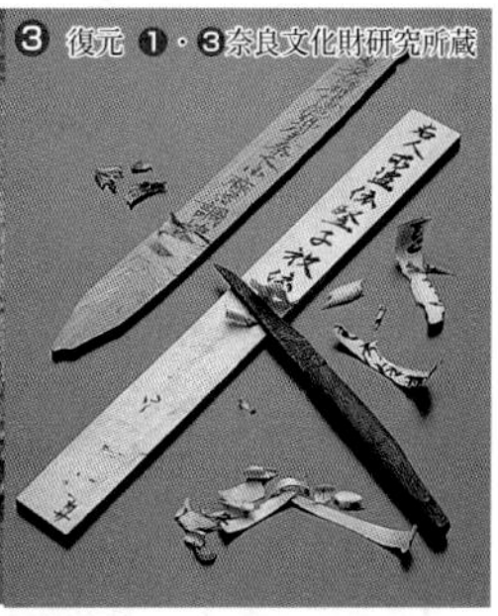

❸ 復元 ❶・❸奈良文化財研究所蔵

2 高松塚古墳とキトラ古墳の世界

Point 双方の古墳には大陸の強い影響を受けた共通の壁画《へきが》が多く描かれていて，四神《しじん》は白虎《びゃっこ》の向きが違うだけで非常によく似ている。また，**高松塚古墳**の人物群像は7世紀の貴人の服装を示す貴重な資料である。**キトラ古墳**の天文図は平壌付近で観測されたものが原図となったらしい。

2-1 女子群像 国 高松塚古墳

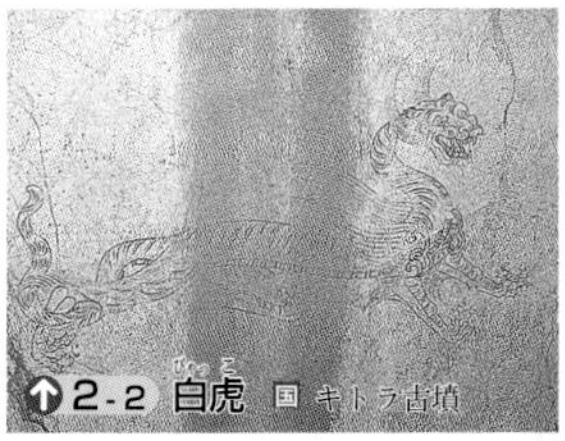

2-2 白虎《びゃっこ》 国 キトラ古墳

2-3 天文図 国 キトラ古墳

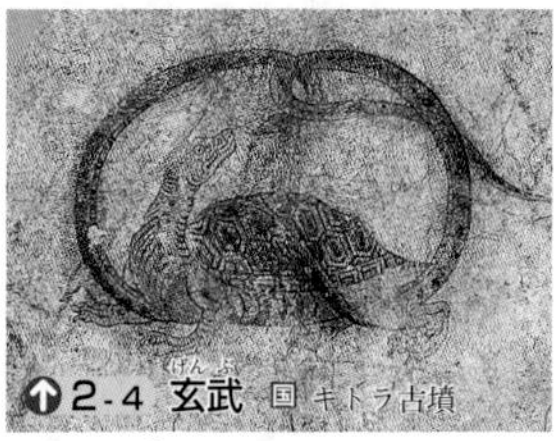

2-4 玄武《げんぶ》 国 キトラ古墳

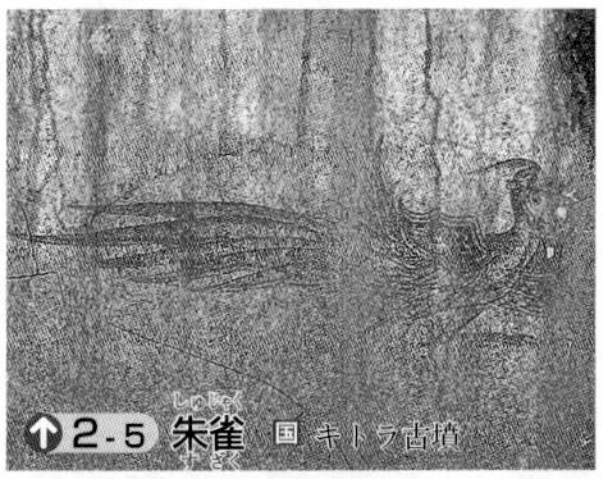

2-5 朱雀《しゅじゃく》《すざく》 国 キトラ古墳

2a キトラ古墳の石室内部展開図

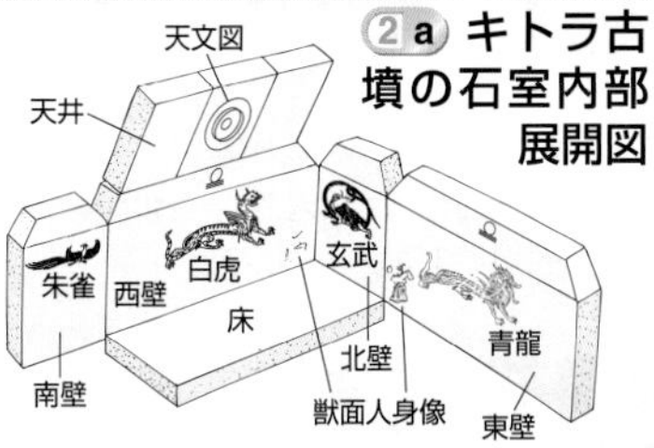

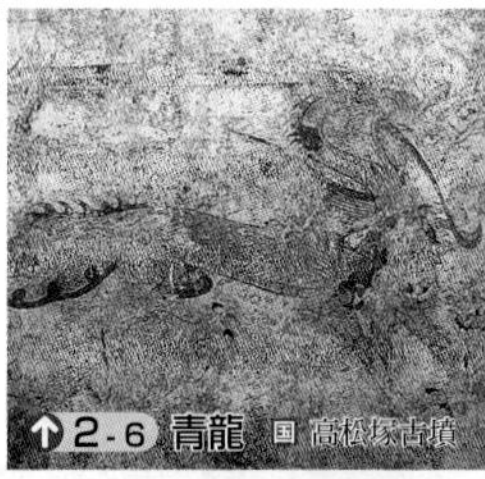

2-6 青龍 国 高松塚古墳

2-7 復元された服装

奈良文化財研究所蔵

46 律令の制定と官制

1 律令の制定

天皇	年	律令	説明
天智《てんち》	668	近江令《おうみりょう》 制定？	中臣鎌足《なかとみのかまたり》らが編纂《へんさん》とされるが，現存せず
天武《てんむ》	681	飛鳥浄御原令《あすかきよみはらりょう》 編纂開始	現存はしないが，令22巻が制定されて，大宝律令制定まで使われた。律は編纂されず，唐律を準用か
持統《じとう》	689	施行	
文武《もんむ》	701	大宝律令 制定，令施行	刑部親王《おさかべしんのう》・藤原不比等《ふじわらのふひと》らが編纂。律6巻，令11巻からなるとされるが，現存しない
	702	律施行	
元正《げんしょう》	718	養老律令《ようろうりつりょう》 制定	藤原不比等が中心で編纂。律10巻，令10巻からなる。律が一部現存し，令はほぼ全文が残存する
孝謙《こうけん》	757	施行	

Discovery

律と令

律《りつ》は刑罰《けいばつ》について，令《りょう》は行政機構や土地・人民の支配・教化について定めた法典である。中国では「礼」が社会規範《きはん》とされ，それを文章化した律が重要視されたが，日本では一般行政に必要な令を最初に編纂した。養老律令は，律が3割ほど残っており，完存する唐律から類推して復元できる。令は平安時代に成立した注釈書『令集解《りょうのしゅうげ》』『令義解《りょうのぎげ》』(►p.67)に引用されてほぼ完全に残っている。大宝律令は，律が養老律とほぼ同じとみられ，令は『令集解』が引用する「古記」などから復元できる。

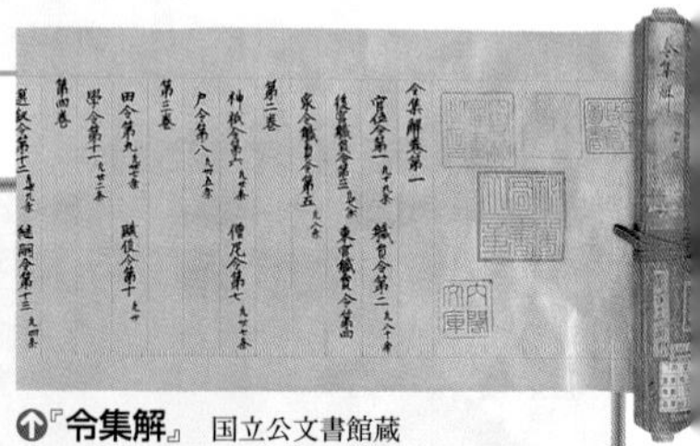

↑『令集解』 国立公文書館蔵

2 律令官制

中央官制 二官八省一台五衛府《にかんはっしょういちだいごえふ》

二官
- 神祇官《じんぎかん》
- 太政官《だいじょうかん》
  - **公卿**
    - 太政大臣《だいじょうだいじん》(則闕《そっけつ》の官*)
    - 左大臣《さだいじん》
    - 右大臣《うだいじん》
    - 大納言《だいなごん》
    - 中納言(令外官)
    - 参議(令外官)
  - 左弁官《さべんかん》
  - 少納言《しょうなごん》 外記《げき》
  - 右弁官《うべんかん》

八省
- 左弁官
  - 中務省《なかつかさ》(天皇側近事務・詔勅《しょうちょく》作成・女官《にょかん》人事)
  - 式部省《しきぶ》(文官の人事・朝廷儀礼・大学の管理・官人俸禄《ほうろく》の支給)
  - 治部省《じぶ》(氏姓・相続・婚姻《こんいん》の事務・国の葬儀《そうぎ》・外国使節の接待)
  - 民部省《みんぶ》(戸籍作成・税務など一般民政)
- 右弁官
  - 兵部省《ひょうぶ》(武官人事・兵士徴発《ちょうはつ》など軍事一般)
  - 刑部省《ぎょうぶ》(裁判で刑罰を決定)
  - 大蔵省《おおくら》(財政・度量衡《どりょうこう》・物価の決定)
  - 宮内省《くない》(宮中の庶務・調度)

*適任者がいないと設置しない

- 弾正台《だんじょうだい》(風俗取り締まり・官吏《かんり》の監察)
- 五衛府《ごえふ》
  - 衛門府《えもんふ》
  - 左右衛士府《えじふ》
  - 左右兵衛府《ひょうえふ》

  (諸門の警備・京中の巡視)

地方官制

【諸国】 [五畿七道《ごきしちどう》] 国《こく》(国司《こくし》)《くに》 ― 郡《ぐん》(郡司《ぐんじ》)《こおり》 ― 里《り》(里長《りちょう》)(715年「郷《さとごう》」と改称)
　　　　　　　　　　　　　　　　　　└ 軍団

【要地】
- [京師《けいし》] ― 左右京職《さうきょうしき》(京の一般民政) ― 東西市司《いちのつかさ》・坊
- [難波《なにわ》] ― 摂津職《せっつしき》(摂津国の民政・難波津《なにわつ》の管理・外交) ― 郡司・軍団
- [筑前《ちくぜん》] ― 大宰府《だざいふ》(西海道の統括・外交・防衛) ― 西海道諸国・防人司《さきもり》・鴻臚館《こうろかん》

! **公卿《くぎょう》** 太政大臣・左大臣・右大臣を公，大納言・中納言・参議(四位含む)と三位以上の散位者を卿といい，あわせて公卿といった。官職に就いているものは議政官《ぎじょうかん》とよばれ，平安時代から摂政・関白も加わった。

↑2-1 太政官印

↑2-2 諸司印
(民部の印)

↑2-3 諸国印
(尾張《おわり》国印)

↑2-4 郡印
(宇治《うじ》郡印)

Point 官印は公文書に信用と権威をもたせるため，用法と寸法が厳格に定められていた。

3 地方の行政区分

億岐家宝物館蔵　島根県古代文化センター提供

↗3-1 **駅鈴《えきれい》** 駅家《うまや》は30里(約16km)ごとに置かれ，駅鈴をもった者だけが利用できた。

↑3-2 **大宰府《だざいふ》政庁**(復元模型) 大宰府は西海道《さいかいどう》諸国の統括《とうかつ》と，外国使節の接待など古代国家の対外的な窓口として，「**遠の朝廷**」とよばれ重要な役所であった。 九州歴史資料館蔵

←3-3 **武蔵国都筑郡家《むさしぐうけ》**(復元模型) 郡家は郡司らが郡政を執《と》った機関。この郡家には郡庁(実務・儀式など)・厨《くりや》(調理)・正倉《しょうそう》(税の保管)・舘《たち》(宿泊)などがそろっている。 横浜市歴史博物館蔵

←3-4 **伯耆《ほうき》国府**(復元模型) 中心に位置しているのが国司らが地方政務を行う国庁である。周囲に**正倉**・兵庫などがあり，近くに**国分寺**が置かれた。 国立歴史民俗博物館蔵

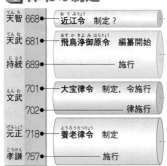

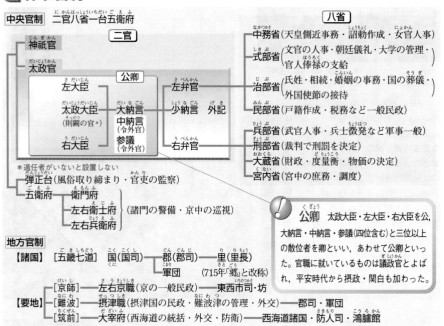

1 官位相当制

□：長官《かみ》　□：次官《すけ》　□：判官《じょう》　□：主典《さかん》　赤字は令外官《りょうげのかん》

				神祇官	太政官	中務省	他の7省	衛府	大宰府	国司
貴族(上級官人)	貴《き》	正一位 従一位			太政大臣					
		正二位 従二位			左・右大臣 内大臣					
		正三位			大納言					
		従三位			中納言			大将	帥	
	通貴《つうき》	正《しょう》四位	上			卿				
			下		参議		卿			
		従《じゅ》四位	上		左右大弁					
			下	伯				中将		
		正五位	上		左右中弁	大輔		衛門督	大弐	
			下		左右小弁		大輔 大判事	少将		
		従五位	上			少輔		兵衛督		大国守
			下	大副	少納言	侍従	少輔	衛門佐	少弐	上国守
下級官人		正六位	上	少副	左右弁大史					
			下			大丞	大丞 中判事	兵衛佐	大監	大国介 中国守
		従六位	上	大祐		少丞	少丞	将監	少監	上国介
			下	少祐			少判事	衛門大尉		下国守
		正七位	上		大外記 左右弁小史	大録	大録	衛門少尉	大典	
			下			大主鈴	判事大属	兵衛大尉	主神	大国大掾
		従七位	上		少外記			兵衛少尉		大国少掾 上国掾
			下					将曹	博士	
		正八位	上			少録 少主鈴	少録		小典・医師	中国掾
			下	大史			判事少属	衛門大志		
		従八位	上	少史				衛門少志 兵衛大志		大国大目
			下					兵衛少志		大国少目 上国目
		大初《そい》位	上						判事大令史	
			下						判事少令史	中国目
		少初位	上							下国目
			下							

Discovery

四等官制と「判官びいき」

四等官制とは，官司(役所)ごとに幹部の役人を職務に応じて4等に分けた制度のことである。業務を統括し決裁《けっさい》を行う**長官《かみ》**，その補佐《ほさ》を行い長官に代わって決裁を行う**次官《すけ》**，公文書の検査や庁内の取り締まりを行う**判官《じょう》**，記録，公文書の起草《きそう》を行う**主典《さかん》**に分かれて職務を遂行《すいこう》した。左表のように各官司で文字が違っているが，すべてが「かみ」「すけ」「じょう」「さかん」と読むことになっていた。郡司も，大領・少領・主政・主帳が置かれ4等に分かれていた。

現在でもよく使われる「**判官《ほうがん》《はんがん》びいき**」という言葉は，不遇《ふぐう》な者，弱い者に同情して肩をもつことをいう。12世紀の末，源義経(►p.79)は，後白河法皇の離間策と知らずに**検《け》非違使《びいし》・左衛門少尉《さえもんじょう》**に任官したため兄頼朝の不信を招き，逃れた奥州で頼った藤原泰衡《やすひら》に裏切られ生涯《しょうがい》を終えた。左表で左衛門少尉は衛府《えふ》の第三等官で，四等官制では「判官《じょう》」にあたる。そこで「九郎判官」と称された薄幸《はっこう》の義経に，世人が同情し愛惜《あいせき》したことからできた言葉が「判官びいき」なのである。

⇧郡司の四等官名が書かれた須恵器　左から大領・志太少領・主帳と書いてある。志太郡衙跡 藤枝市郷土博物館蔵

3 度量衡《どりょうこう》(大宝令)

度(長さ)	1丈《じょう》=10尺《しゃく》 1尺(小尺)=10寸《すん》=29.7cm 1寸=10分《ぶ》
	1里《り》=300歩《ぶ》=534.6m 1歩=5尺《ほ》 (大尺,大尺=小尺×1.2)
量(容積)	1斛《こく》=10斗《と》 1斗=10升《しょう》 1升=10合《ごう》(=京枡《きょうます》4合) =720ml 1合=10勺《しゃく》
衡(重さ)	1斤《きん》=16両《りょう》 1両=24銖《しゅ》=41.1g
田(面積)	1町《ちょう》=10段《たん》 1段=360歩=11.7a

⇧3-1 平城宮で使われた物差し　長さ30.95cm 8世紀 平城宮跡 奈良文化財研究所蔵

⇧3-2 平城宮で使われたおもり　重さ329g 8世紀 平城宮跡 奈良市教育委員会蔵

Point 統一的な国家行政を行うためには，度量衡《どりょうこう》の基準が必要となる。大宝令や養老令を通じて細かく修正しながら統一基準が定められた。

2 律令制の身分(良と賤)

天皇			
皇親(皇族)			
良民《りょうみん》(百姓《ひゃくせい》)	官人	貴族	**貴**…三位以上 **通貴**…五位以上
		下級官人	六位～初位 無位
	公民	班田農民	課役(調・庸・雑徭など)を負担する。
	雑色人《ぞうしきにん》	品部《しなべ》	良民だが諸官司に隷属し手工業労務に従事。
		雑戸《ざっこ》	
賤民《せんみん》(五色《ごしき》の賤《せん》)	官有民	陵戸《りょうこ》	皇室の陵墓を守衛する。戸(家族)を形成できた。
		官戸《かんこ》	中央官庁の雑役に従事。戸を形成できた。
		公奴婢《くぬひ》(官奴婢)	中央官庁の雑役に従事。戸を成せず，売買された。
	私有民	家人《けにん》	貴族・寺社に隷属した。戸を成し，売買されない。
		私奴婢《しぬひ》	私人に隷属し，戸を成せず，売買された。

TRY論述 律令制では，上位の官職へは教養や実務能力で昇進する仕組みであった。1 官位相当制の表を見て，どのように職務を経て，下級官人から昇進していくか，簡単にまとめなさい。　推移

4 司法制度(五刑 左表 と八虐《はちぎゃく》 右表)

＊八虐…特別な重罪とされ，有位者でも減刑されず罰せられた。

笞《ち》	細い木の棒で臀《しり》や背を打つ体刑。10・20・30・40・50打の5段階
杖《じょう》	笞より太い木の棒で臀や背を打つ体刑。60・70・80・90・100の5段階
徒《ず》	現在の懲役刑に相当。年限は1年・1年半・2年・2年半・3年間の5段階
流《る》	【近流《こんる》】近国への流罪。越前《えちぜん》・安芸《あき》への配流《はいる》 【中流《ちゅうる》】信濃《しなの》や伊予《いよ》などへ配流 【遠流《おんる》】伊豆《いず》・安房《あわ》・常陸《ひたち》・佐渡《さど》・隠岐《おき》・土佐《とさ》などへ配流
死《し》	死刑。絞《こう》(絞首刑)・斬《ざん》(斬首刑)の2種

謀反《ぼうへん》	天皇殺害・国家転覆《てんぷく》をはかる罪
謀大逆《ぼうだいぎゃく》	御陵《ごりょう》・皇居の破壊をはかる罪
謀叛《むほん》	敵国との内通・亡命・降伏・開城などをはかる罪
悪逆《あくぎゃく》	祖父母・父母を殴打《おうだ》し殺害をしたり，尊属殺人を犯す罪
不道《ふどう》	一家3人以上を殺害，尊属殴打・告訴《こくそ》・殺害をはかる罪
大不敬《だいふけい》	大社破壊・祭具を盗む，勅使《ちょくし》への反抗など天皇に対する不敬にあたる罪
不孝《ふきょう》	祖父母・父母を告訴したり，籍を別にするなどの罪
不義《ふぎ》	主人・国守・師の殺害，夫の喪中《もちゅう》の再婚などに対する罪

48 戸籍と班田収授法

1 戸籍《こせき》 史 1a 筑前国嶋郡川辺里戸籍《ちくぜんのくにしまぐんかわべのり》 正倉院宝物

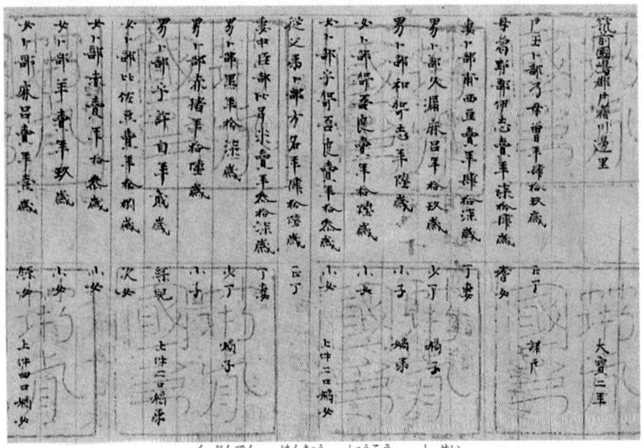

Point 戸籍は，**口分田《くぶんでん》の班給《はんきゅう》・収公《しゅうこう》**と**氏姓《しせい》の確認**のため，戸を単位として6年ごとに全国で作成された。戸主を中心とした家族関係，名前，年齢，性別，税の課《か》・不課《ふか》，末尾に家族数と課口《かこ》・不課口《ふかこ》数が記される。最初の戸籍は670年の**庚午年籍《こうごねんじゃく》**で基本台帳として**永久保存**とされた。戸令によると戸籍は3部つくられ，1部が国，2部が民部省《みんぶしょう》・中務省《なかつかさしょう》で30年間保管された。

1b 下総国葛飾郡大嶋郷島俣里戸籍《しもうさのくにかつしかぐんおおしまごうしままたり》

戸主[①]孔王部佐留年肆拾柒歳（四十七）　残疾[②]　課戸
母孔王部平弖売年柒拾参歳（七十三）　耆女
妻孔王部若大根売年参拾柒歳（三十七）　丁妻
男孔王部古麻呂年拾伍歳（十五）　小子　嫡子
男孔王部麻麻呂年拾弐歳（十二）　小子　嫡弟
男孔王部勝年玖歳（九）　小子
男孔王部小勝年柒歳（七）　小子
女孔王部与佐売年弐拾弐歳（二十二）　丁女
女孔王部真黒売年拾弐歳（十二）　小女
女孔王部小黒売年柒歳（七）　小女
弟孔王部徳太理年参拾柒歳（三十七）　正丁　兵士
男孔王部古麻呂年柒歳（七）　小子
弟孔王部小足年弐拾柒歳（二十七）　正丁
妹孔王部小宮売年肆拾肆歳（四十四）　丁女
娣孔王部与伎売年拾陸歳（十六）　小女

合口壱拾伍（十五）
口壱拾弐（十二）不課　口五小子　口三丁女　口三小女　口一耆女
口参（三）課　口一兵士　口一正丁　口一残疾

漢数字	壱	弐	参	肆	伍	陸	漆・柒	捌	玖	拾
	‖	‖	‖	‖	‖	‖	‖	‖	‖	‖
	一	二	三	四	五	六	七	八	九	十

①戸主：郷戸主
②残疾《ざんしつ》：軽度障害者

（『千葉県史』をもとに作成）

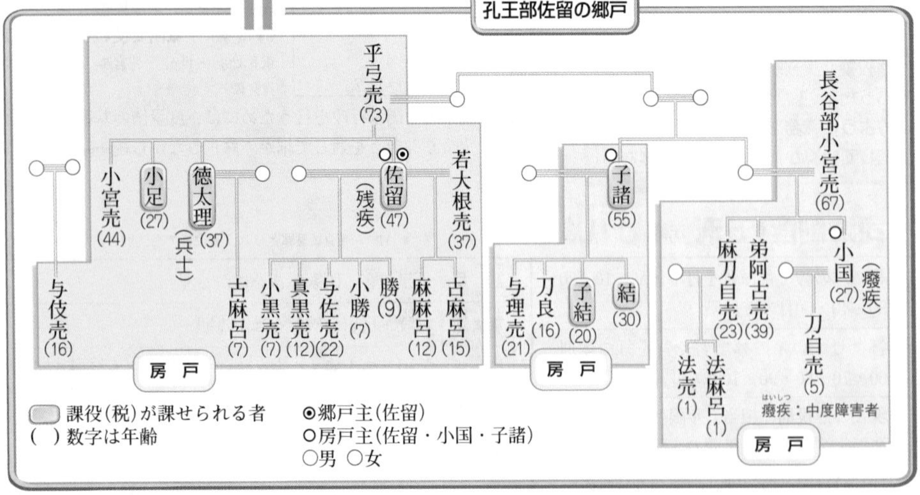

【班田収授法《はんでんしゅうじゅほう》】…**与えられた耕地は生涯耕作できたが，代わりに重い税負担が課された**
班田…口分田を満**6歳**以上の男女に分け与えた。これは農民の生活保障の意味合いもあった
面積…**男2段，女1段120歩**（男の2/3），奴婢は良人男女それぞれの**1/3が与えられた**
収公…死者の田は次の戸籍作成の時に把握され，没収されることになっていた

2 条里制《じょうりせい》と班田《はんでん》

➔2-1 条里制の遺構 奈良県天理市

Point **条里制**とは，全国で班田のために実施された地割りである。ほぼ郡ごとに6町間隔《かんかく》で縦横に区切り，一辺を条，もう一辺を里とした。それを1町四方に36等分し，さらに1段ごとに分けて班田や収公の便《べん》を図った。条里制が律令施行当初から全国各地に完成していたとは考えにくく，班田を目的として条里制による国土開発が進んだのであろう。

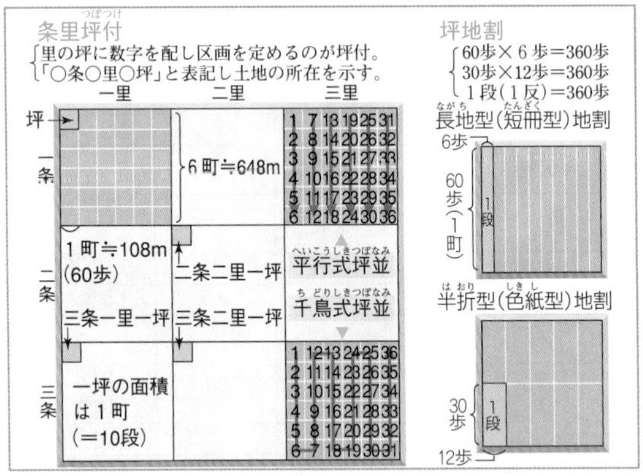

長さ 大尺《しゃく》1尺＝0.36m
1歩《ぶ》＝5尺＝1.8m
1町《ちょう》＝60歩＝108m

面積 1段《たん》＝360歩
＝1町(60歩)×6歩
＝1166.4m²＝11.7a

⬇

〈班田される口分田〉
良民男子：2段＝48.3m四方
良民女子：1段120歩
＝39.4m四方

Point 左は，約1300年前の721（養老5）年の下総国葛飾郡大嶋郷島俣里《しもうさのくにかつしかぐんおおしまごうしままたり》（東京都葛飾区《かつしかく》柴又《しばまた》）に住んでいた一家の戸籍の一部である。国郡里制《こくぐんりせい》は，715（霊亀《れいき》元）年に国郡「郷《ごう》」制に改められ，里が郷となった。1郷は，「戸《こ》」（郷戸《ごうこ》とよぶ）50戸で構成され，郷戸は生活の単位（＝現在の家族）と思われる2～3の房戸《ぼうこ》から成っていた。この戸籍は孔王部佐留《あなほべのさる》の房戸で，戸主である佐留を筆頭に構成員が併記《へいき》されている。

- 孔王部《あなほべ》一家の構成

…奈良時代の平均的な郷戸は25名程度とされているが，孔王部一家は27名で構成される。それを系図式にしたものが左下の図で，郷戸が三つの房戸で構成され，ひとつの「戸」（郷戸）として把握されていた。

- 口分田《くぶんでん》はどれだけ班給《はんきゅう》されたか

…班田収授法《はんでんしゅうじゅほう》によれば「五年以下には給《たま》わざれ」とあり満6歳以上が班給対象とされるが，実際は戸籍への登録が2回以上で班田対象となったらしい。
この戸籍では前回の造籍《ぞうせき》がたまたま1年延びたため，27名中7歳の子どもも班給の対象外となり，孔王部家は男11名女10名に口分田が与えられた。

したがって，この郷戸に支給される田は，
2段×11名＋1段120歩×10名＝3町5段120歩
となる。田の善《よ》し悪《あ》しによって違うが，計算上は秋には約30石《こく》程度の収穫が見込まれる。

3 田の種類

輸《ゆ》租《そ》田《でん》	口分田《くぶんでん》		6歳以上良民男性…2段 6歳以上良民女性…1段120歩
輸租田	位《い》田《でん》		五位以上の有位者…80～8町
輸租田	賜《し》田《でん》		特別功労者に勅令で与える
輸租田	功《こう》田《でん》		功績があった者に与える
輸租田	職《しき》田《でん》	郡司《ぐんじ》	租を負担（大領6町，少領4町，主政，主帳2町）
不《ふ》輸《ゆ》租《そ》田《でん》	職田	貴族	官職に応じて支給（►p.50）
不輸租田	神田《しんでん》・寺田《じでん》		寺社に与えられた永代所有地
輸《ゆ》地《じ》子《し》田《でん》	乗《じょう》田《でん》		班給後に残った田地で班田農民に賃租《ちんそ》し収穫の20%を徴収

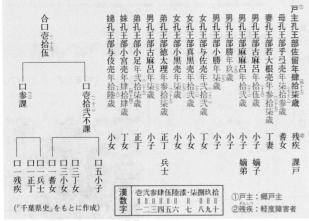

1 律令の税

1a 国衙《こくが》に納める税

□=土地にかかる税　□=成年男性にかかる税　□=その他の税

租《そ》	田1段《たん》につき2束《そく》2把《わ》の稲(穀《こく》)を納める。706年束《たば》を大きくし，1束5把とする。収穫高の約**3％**に相当し，男女ともに負担。口分田以外の輸租田にも課税。
出挙《すいこ》(公出挙《くすいこ》)	国司が春と夏に種籾《たねもみ》を貸し付け，秋に5割の利息とともに徴収する制度。当初は勧農・貧民救済が目的だったが，国衙《こくが》収入を目当てにしだいに強制的となり租税化，奈良時代以降は諸国の重要な財源となる。737年に私出挙は禁止された。
義倉《ぎそう》	凶作《きょうさく》に備え，毎年**粟**などを供出させ，各地に貯蓄。
雑徭《ぞうよう》	国司が農民を徴発《ちょうはつ》し，**年間60日**を限度として国衙で労役にあたる。次丁(老丁)は1/2，中男(少丁)にも1/4を課せられ，重い負担となった。
兵士《へいし》	**正丁3～4人に1人**を徴兵。諸国の**軍団**に属し交代で勤務。**食料・武装は自弁《じべん》**。職務は訓練や倉庫・関の守備，犯罪者の逮捕等。一部は**衛士《えじ》**・**防人《さきもり》**となる。

1b 都に運脚する税

※運脚…調・庸などの貢納物を食料自弁で都へ運搬する正丁の義務。

庸《よう》	歳役(年10日間上京して労役)の代納物として**布(麻布)2丈6尺**(約7.9m)を納入。次丁(老丁)は1/2。中男(少丁)は課されず。京・畿内は免除。
調《ちょう》	諸国のさまざまな産物の1種を貢納。正規の調は絹・絁《あしぎぬ》8尺5寸(約2.6m)，糸(絹糸)8両，綿1斤，**布(麻布)2丈6尺**(約7.9m)のいずれか。ほかに鉄・塩・鰒《あわび》など34種。次丁(老丁)は1/2，中男(少丁)は1/4，京・畿内の正丁は1/2。
調副物《ちょうのそえもの》	紫《むらさき》，紅《くれない》，茜《あかね》などの染料，麻，胡麻油《ごまあぶら》，紙，鹿角，鳥の羽，砥石《といし》などから1種類を納入。のちに中男の調とともに廃止され，**中男作物**となって生産・納税された。

1c 中央政府の徴兵・徴発

衛士《えじ》	諸国の**兵士が交代で上京**。衛門府《えもんふ》，左・右衛士府《えじふ》に配属され宮門の警護などを行った。食料・武装は自弁で**任期は1年**。
防人《さきもり》	外国侵略に備え，諸国の軍団，特に**東国の兵士から選ばれ**，**大宰府《だざいふ》**に属して九州の防衛にあたった。食料・武装は自弁で**任期は3年**。
仕丁《しちょう》	**50戸(1郷)ごとに正丁2人を3年間**徴発され中央政府で雑用に従事。50戸で食料を負担。

2 計帳～山背国《やましろ》愛宕郡《おたぎ》出雲郷《いずもごう》雲下里《くもしものさと》

(『正倉院文書』)

山背国愛宕郡出雲郷雲下里計帳　神亀《じんき》三年(七二六)
戸主出雲臣《いずものおみ》吉事《よごと》戸
去年帳定　①良賤《りょうせん》口参拾人(三十)　男五　奴二　女十九　婢四
帳後新附　壱人(一)　小女
今年計帳定　見(現)良賤大小口参拾壱人(三十一)　男五　奴二　女廿　婢四
不課口参拾人(三十)　旧廿九　新一
男肆人(四)　小子三　篤疾一
女弐拾肆人(二十四)　妻一　小女二　残女一　婢四　丁女十三　老女二　耆女一
課口壱人(一)
②見輸《げんゆ》壱人　正丁
③輸調銭《ゆちょう》玖文(九)
戸主出雲臣吉事　年参拾肆歳(三十四)　④癲狂《てんきょう》　⑤篤疾《とくしつ》　左頰黒子《ほほにほくろ》
母酒人連鳥木売《さかひとのむらじとりきめ》　年陸拾弐歳(六十二)　一目盲　⑥残疾《ざんしつ》　右頰黒子
男出雲臣豊嶋《とよしま》　年捌歳(八)　小子
男出雲臣豊成《とよなり》　年肆歳(四)　小子
女出雲臣豊日売《とよひめ》　年陸歳(六)　⑦括首《かっしゅ》
姉出雲臣真飛鳥売《まあすかめ》　年参拾柒歳(三十七)　丁女　右頰黒子
姉出雲臣宅主売《やかぬしめ》　年参拾柒歳　丁女　右頰黒子　養老六年⑧逃
姉出雲臣辞无売《ことなしめ》　年参拾肆歳(三十四)　丁女　左唇《くちびるに》黒子
姑《おば》出雲臣形名売《かたなめ》　年陸拾陸歳(六十六)　耆女　和銅六年逃
婢乎都貴売《おつきめ》　年陸拾壱歳(六十一)　左頤《おとがいに》黒子　戸主婢
(以下二十一名略)

Point **毎年つくられた課税台帳で，調《ちょう》・庸徴収《ようちょうしゅう》の元**となった。氏名，年齢，身体的特徴，課口・不課口の別などを記入。年齢はごまかさないよう漢数字で表記されたが，重い負担をさけるため**偽籍《ぎせき》**(女と偽る，障害者と申告)・**逃亡《とうぼう》**などの手段で抵抗していたらしい。

①良賤：良民と賤民　②見輸：課役を負う者(この戸は31人中1人)　③輸調銭：調を銭納すること　④癲狂：神経障害　⑤篤疾：重度障害者　⑥残疾：軽度障害者　⑦括首：前年の帳簿落ち　⑧逃：逃亡

！ 課《か》(課口《こう》)・不課《ふか》(不課口《ふかこう》)　令で，**課役《かやく》**(調・庸・雑徭《ぞうよう》)をすべてまたは一部負担する者を**課(課口)**という。基本的には17～65歳の**成年男性**(中男《ちゅうなん》〈少丁《しょうてい》〉・正丁《せいてい》・次丁〈老丁〉)であり，里長《さとおさ》・兵士のような庸・雑徭が免除の者や雑徭のみ免除の者がいた。それに対して女性・16歳以下または66歳以上の男性・八位以上の有位者及び五位以上の有位者親族・奴婢《ぬひ》などの賤民《せんみん》・中度または重度の身体障害者・衛士《えじ》・防人《さきもり》は，課役を免除される**不課(不課口)**であった。(►p.57)

！ 穎稲《えいとう》と穀《こく》　正税帳によると，**租**は籾《もみ》にした「**穀《こく》**」で，**出挙《すいこ》**は籾付きの穂先を束《たば》ねた形の「**穎稲《えいとう》**」で納めた。租の「穀」は，**国衙の正倉に30年分**を目標に蓄積《ちくせき》された。税率が3％なので，30年分はその土地の約1年分の収穫にあたり，**凶作で1年間収穫がなくても耐えられるよう考えられていた**のである。「穎稲」は地方の財政支出にあてられ，出挙《すいこ》や舂米《しょうまい》にされた。

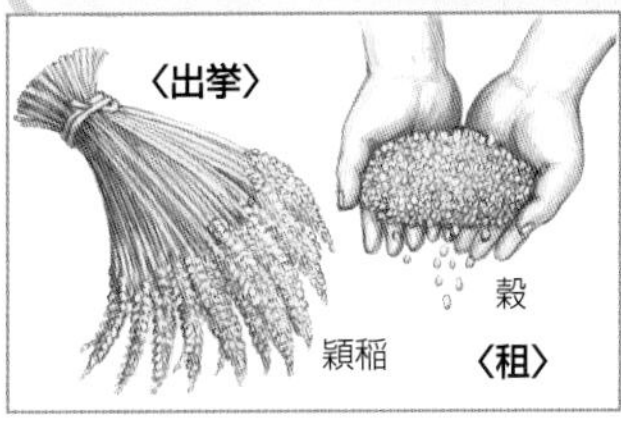

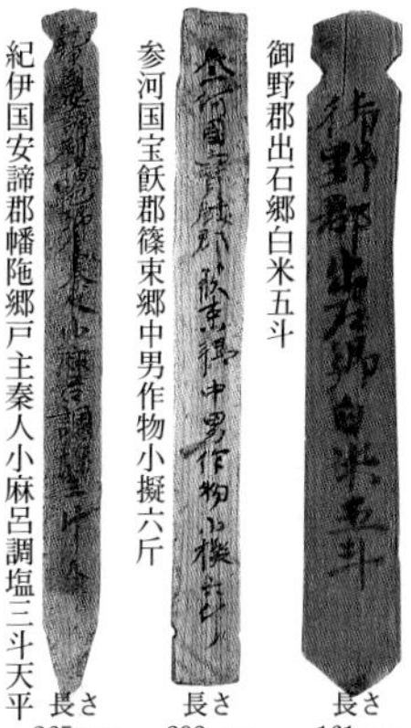

1-1 荷札木簡《にふだもっかん》
①調(塩)②中男作物(小擬は海草)③舂米《しょうまい》(精米)
奈良文化財研究所蔵

1d 年齢規定

年齢＼区分	男	女
3歳以下	緑児《りょくじ》(子)	緑女
4～16歳	小子	小女
17～20歳	中男(少丁)	少女(次女)
21～60歳	正丁	正女(丁女)
61～65歳	次丁(老丁)	次女(老女)
66歳以上	耆老《きろう》	耆女

□ 課丁《かちょう》(調《ちょう》・庸《よう》を負担する成年男性)

3 運脚に要した日数(延喜式<10世紀>)

『週刊朝日百科「新訂増補・日本の歴史47号」より』

Point 調《ちょう》・庸《よう》・舂米《しょうまい》を運ぶ運脚《うんきゃく》は，農民の食料自弁《じべん》の義務で大きな負担であった。重い荷物を背負った都までの旅は過酷《かこく》で，飢えや病気に悩まされ途中で死ぬ者も多かった。

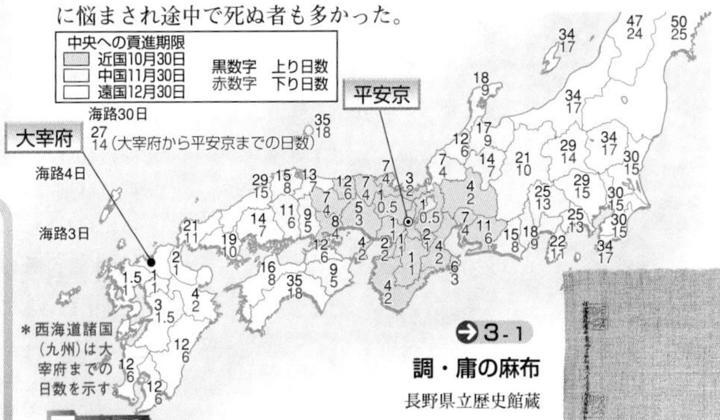

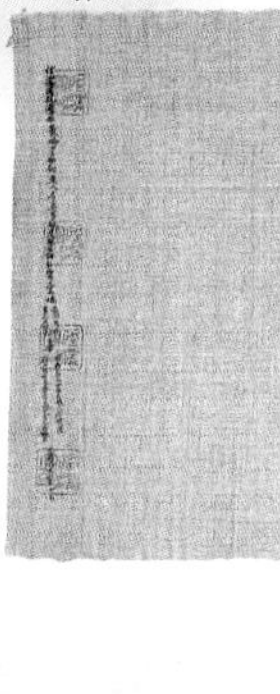
3-1 調・庸の麻布
長野県立歴史館蔵

TRY 論述　p.48の孔王部佐留の郷戸全体が負担する課役はどれくらいか，調(布)・庸(布)・雑徭(日数)について答えなさい。なお，廃疾《はいしつ》は全免除，兵士は庸・雑徭が免除，残疾は次丁と同じに扱われた。

50 貴族の特権

1 位階による特権

位階	位田《いでん》	位封《いふ》	位禄《いろく》				季禄《きろく》				位分資人《しじん》
			絁《あしぎぬ》	綿	布	庸布《ようふ》	絁	綿	布	鍬《くわ》	
	町	戸	匹	屯	端	常	匹	屯	端	口	人
正一位	80	300					30	30	100	140	100
従一位	74	260					30	30	100	140	100
正二位	60	200					20	20	60	100	80
従二位	54	170					20	20	60	100	80
正三位	40	130					14	14	42	80	60
従三位	34	100					12	12	36	60	60
正四位	24		10	10	50	360	8	8	22	30	40
従四位	20		8	8	43	300	7	7	18	30	35
正五位	12		6	6	36	240	5	5	12	20	25
従五位	8		4	4	29	180	4	4	12	20	20
正六位							3	3	5	15	
従六位							3	3	4	15	
正七位							2	2	4	15	
従七位							2	2	3	15	
正八位							1	1	3	15	
従八位							1	1	3	10	
大初位							1	1	2	10	
少初位							1	1	2	5	

Point **位田《いでん》**は五位以上の貴族に給付され，さらに三位以上に**位封《いふ》**(**封戸《ふこ》**を支給)，四・五位に**位禄《いろく》**(絹・布など)が与えられた。また，すべての官人には春秋に**季禄《きろく》**(絹・布・鍬《くわ》など)が支給された。貴族には警護駆使《くし》のための**資人《しじん》**も給された。

2 上級官人の特権

官職	職田《しきでん》	職封《しきふ》	職分資人《しきぶんしじん》
太政大臣	40(町)	3,000(戸)	300(人)
左・右大臣	30	2,000	200
大納言	20	800	100
(中納言)		200	30
大宰帥《だざいのそち》	10		事力《じりき》 20
国司(大国守)	2町6段		事力 8

＊事力…朝廷より地方官に与えられた従者

Point 中央の高い官職ほど多くの特権が認められており，地方とは格差があった。中納言と大宰帥はともに従三位相当の高い官職であるが特権には差がある。

! 蔭位《おんい》の制

律令体制のもとで，勤務した結果与えられた位階・官職のみによって官人の地位が決められたとすればどうなるか。貴族には大きな特権が与えられたが，完全な能力主義を踏まえた官僚制度のため，世代が交代すれば貴族の地位は保証されたものではなくなり，貴族から転落する者も出たはずである。ところがこうした事態にならないよう，**貴族の地位を永続的なものとする制度**が蔭位《おんい》の制である。五位以上の子または三位以上の子と孫は21歳で右表の地位を与えられ，生涯官人を勤めると父祖の地位に上れる仕組みとなっていた。

父祖の位階	嫡子《ちゃくし》	庶子《しょし》	嫡孫《ちゃくそん》	庶孫《しょそん》
一位	従五位下	正六位上	正六位上	正六位下
二位	正六位下	従六位上	従六位上	従六位下
三位	従六位上	従六位下	従六位下	正七位上
正四位	正七位下	従七位上		
従四位	従七位上	従七位下		
正五位	正八位下	従八位上		
従五位	従八位上	従八位下		

嫡子：正妻の長子
庶子：嫡子以外の子

3 役人の収入

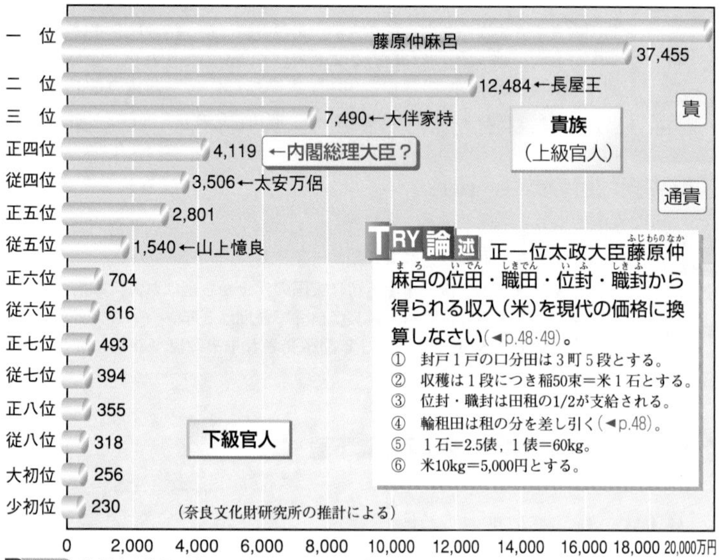

(奈良文化財研究所の推計による)

TRY 論述 正一位太政大臣藤原仲麻呂《ふじわらのなかまろ》の位田《いでん》・職田《しきでん》・位封《いふ》・職封《しきふ》から得られる収入(米)を現代の価格に換算しなさい(◄p.48･49)。
① 封戸1戸の口分田は3町5段とする。
② 収穫は1段につき稲50束＝米1石とする。
③ 位封・職封は田租の1/2が支給される。
④ 輸租田は租の分を差し引く(◄p.48)。
⑤ 1石＝2.5俵，1俵＝60kg。
⑥ 米10kg＝5,000円とする。

Point 貴族(五位以上)と下級官人には明確な格差がある。ちなみに，現在総理大臣の給与は約3,900万円(2012年3月現在)で，当時なら正四位クラス。国家公務員Ⅲ種の初任給は約223万円(2012年)だから初位クラスか。

4 宅地の班給《はんきゅう》

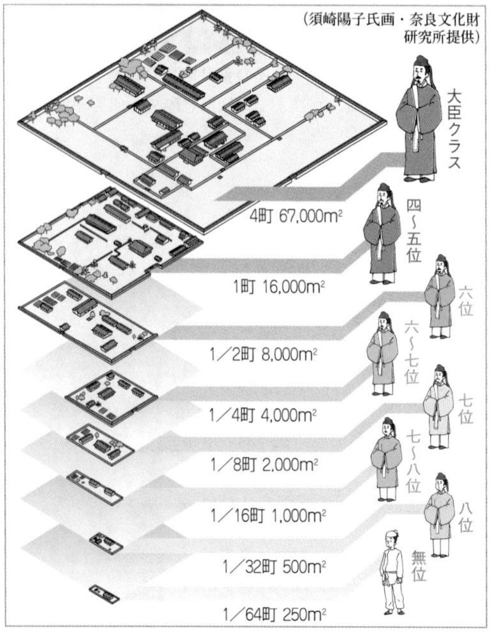

(須崎陽子氏画・奈良文化財研究所提供)

Point 藤原京・平城京に住む人々は位階によって宅地が与えられ，貴族は1町(4,500坪)，八位の官人でも32分の1町(150坪)であった。母屋《おもや》は10坪ほどで残りは畑などだったらしい。

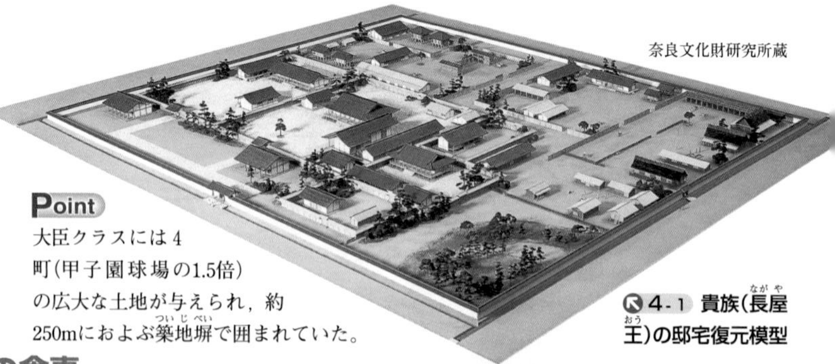

奈良文化財研究所蔵

Point 大臣クラスには4町(甲子園球場の1.5倍)の広大な土地が与えられ，約250mにおよぶ築地塀《ついじべい》で囲まれていた。

4-1 貴族(長屋《ながや》王《おう》)の邸宅復元模型

5 貴族の食事

伝承料理研究家奥村彪生氏制作

Point 漆器《しっき》に盛られ，山海の珍味が並ぶぜいたくな食事であった。

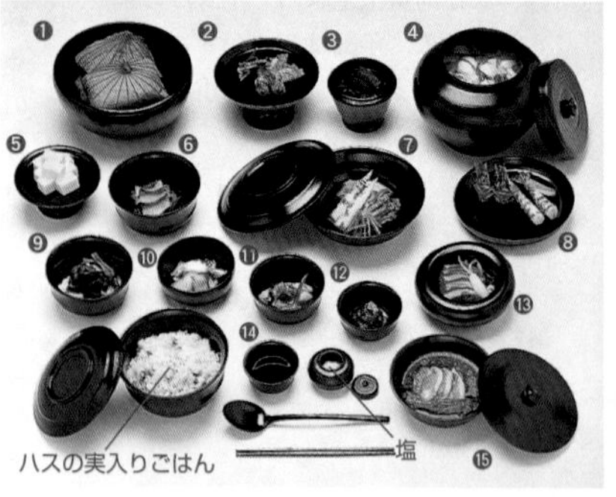

❶荷葉飯《はちすいい》(ハスの実入りごはんをハスの葉で包んだもの)❷菓子(干し柿，草もち，煮あずき)❸茄子瓜入醤《なすうりいりひしお》(塩漬けのナスと干した瓜を醤《ひしお》に漬けたもの)❹水須々保理《みずすすほり》(塩水に漬けて発酵させた漬物)❺蘇《そ》(牛乳を加熱濃縮した乳製品)❻焼鰒《やきあわび》(そぎ切りにした鮑《あわび》，はらわた・ワカメ添え)❼野菜茹《やさいのゆでもの》(焼いたタケノコ，フキ，菜の花)❽焼海老《やきえび》(クルマエビの塩焼き)❾熬海鼠《いりこ》(戻した干し海鼠《なまこ》，たたきトロロ，ワサビ添え)❿干蛸《ほしだこ》(皮を取り，焼いてから干した蛸《たこ》)⓫生加岐《なまかき》(生牡蠣《かき》，刻みネギ，二杯酢)⓬鹿醢《かのししびしお》(鹿の細切り肉の糀《こうじ》入り塩辛)⓭鮮鮭膾《なまざけのなます》(生鮭，ダイコン，紫菜《のり》)⓮醤《ひしお》(醤油《しょうゆ》に似た液体調味料)⓯鴨羹《かものあつもの》(鴨とセリの汁)

1 地方の四季

赤字は四度使《よどのつかい》。諸国の政務報告を行った。

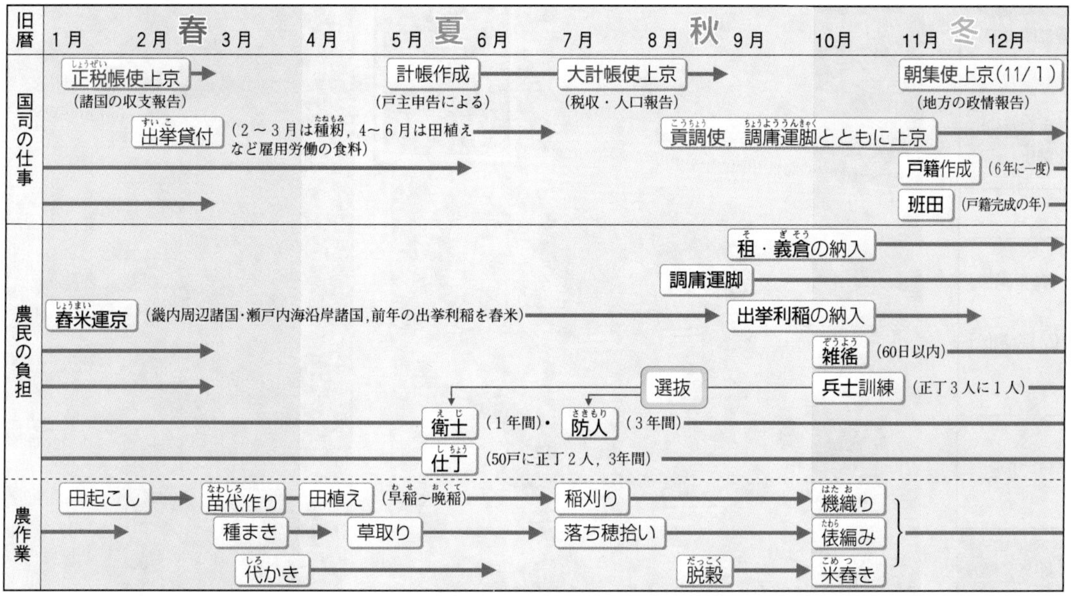

Point 国司の仕事は律令に細かく定められており，上京して太政官に国務を報告する**四度使《よどのつかい》**は重要な職務とされた。

＜国司の1年＞
正月　郡司・軍団の賀を受ける
　金光明経《こんこうみょうきょう》・最勝王経《さいしょうおうきょう》読経
2月　**正税帳使《しょうぜいちょうし》**として上京
3月　**出挙《すいこ》**の国内巡行
4月　勧農・善導の国内巡行
5月　計帳作成の国内巡行
6月　計帳集計，大計帳作成
7月　**大計帳使**として上京
9月　田租徴収で国内巡行
10月　**貢調使《こうちょうし》**として上京
11・12月　**朝集使**として上京

以上の仕事を国司数人が分担して行っていた。

2 本朝《ほんちょう》(皇朝《こうちょう》)十二銭《じゅうにせん》

名称	天皇	鋳造年	材料
和同開珎《わどうかいちん》《ほう》	元明《げんめい》	708(和銅《わどう》元)年	銀・銅
万年通宝《まんねんつうほう》	淳仁《じゅんにん》	760(天平宝字《てんぴょうほうじ》4)年	銅
神功開宝《じんごうかいほう》	称徳《しょうとく》	765(天平神護《てんぴょうじんご》元)年	〃
隆平永宝《りゅうへいえいほう》	桓武《かんむ》	796(延暦《えんりゃく》15)年	〃
富寿神宝《ふじゅしんぽう》	嵯峨《さが》	818(弘仁《こうにん》9)年	〃
承和昌宝《じょうわしょうほう》	仁明《にんみょう》	835(承和《じょうわ》2)年	〃
長年大宝《ちょうねんたいほう》	仁明	848(嘉祥《かしょう》元)年	〃
饒益神宝《じょうえきしんぽう》	清和《せいわ》	859(貞観《じょうがん》元)年	〃
貞観永宝《じょうがんえいほう》	清和	870(貞観12)年	〃
寛平大宝《かんぴょう》	宇多《うだ》	890(寛平《かんぴょう》2)年	〃
延喜通宝《えんぎ》	醍醐《だいご》	907(延喜《えんぎ》7)年	〃
乾元大宝《けんげん》	村上《むらかみ》	958(天徳《てんとく》2)年	〃

①和同開珎《わどうかいちん》《ほう》(銀銭)　②万年《まんねん》通宝　③神功《じんごう》開宝　④隆平《りゅうへい》永宝　⑤富寿《ふじゅ》神宝　⑥承和《じょうわ》昌宝
⑦長年《ちょうねん》大宝　⑧饒益《じょうえき》神宝　⑨貞観《じょうがん》永宝　⑩寛平《かんぴょう》大宝　⑪延喜《えんぎ》通宝　⑫乾元《けんげん》大宝

3 都の生活

3-1 下級役人の住居(平城京右京八条一坊十三・十四坪)　母屋には間仕切りがなく屋根は板葺《いたぶ》きか草葺《くさぶ》きだった。左下が32分の1町の宅地で2分の1町に12軒分の宅地がある。 復元模型 奈良文化財研究所蔵

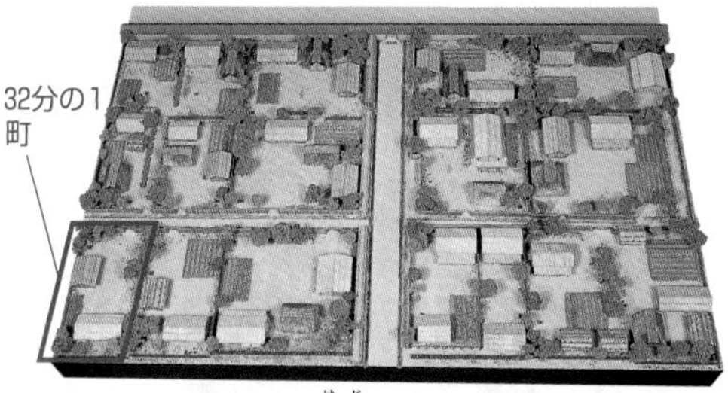

3-2 下級役人の食事　土師《はじ》器·須恵《すえ》器などに魚やキュウリ·カブなどが盛られている。糟湯《かすゆ》酒が付く。 復元 奈良文化財研究所蔵

3-3 農民の食事　品数が減り，米(強飯《こわめし》)中心の粗末な食事になる。 復元 奈良文化財研究所蔵

4 市のにぎわい ～商品と値段～

Point 都には政府直営の市が設けられ，市司《いちのつかさ》が管轄した。市は，官人の仕事が終わる正午から開かれ，日没で終了した。売られていた商品は，食物，布，工芸品，文房具，炭，漆，鉄製品，土器などで，和同開珎1文で米1升を買うことができた。もっとも，当時は物々交換が盛んで，布や米がお金の代わりに使われていた。また人が集まる市では，見せしめのために犯罪者の公開処刑がたびたび行われた。

←市のにぎわい(想像図)

奈良時代の物価

酒	1文/升《ます》
鮭	20文/隻《せき》・
細螺《しただみ》(巻貝の一種)	6文/升・
瓜(大)	0.5文/顆《つぶ》・
茄子《なす》	3文/升・
柿	6文/斗・
鴨《かも》	25文/羽・
布	200文/端・
漆《うるし》	50文/合
瓶《へい》(首の細長い壺)	10文/口・

＊無印は長屋王家木簡にみえる物価
＊＊・は二条大路木簡を中心とする天平年間前半の物価

復元
奈良文化財研究所蔵

白鳳文化①

白鳳文化

- 7世紀後半～8世紀初め(平城京遷都頃まで)
- 遣唐使による初唐文化の影響
- インド・西南アジアの影響
- 仏教・歴史書編纂《へんさん》などに国家統制的色彩が強い
- 和歌の五七調など固有の伝統文化創出《そうしゅつ》

建築	薬師寺《やくしじ》国東塔《とうとう》(水煙《すいえん》)
彫刻	薬師寺金堂薬師三尊像[金銅像] 　薬師如来《にょらい》像・日光・月光菩薩《がっこうぼさつ》像[金銅像] 薬師寺東院堂聖観音《とういんどうしょうかんのん》像[金銅像] 法隆寺阿弥陀三尊《あみださんぞん》像(橘《たちばな》夫人念持仏《ねんじぶつ》)[金銅像] 法隆寺夢違観音《ゆめたがいかんのん》[金銅像] 興福寺国仏頭[金銅像]
絵画	法隆寺金堂壁画《へきが》 高松塚《たかまつづか》古墳壁画・キトラ古墳壁画(◀p.45)
詩歌	万葉集(第1・2期)

1-1 **本薬師寺跡**　天武《てんむ》天皇が皇后(後の持統《じとう》天皇)の病気平癒《へいゆ》を祈って，藤原京内に薬師寺を建立した遺構。

TRY 論述　天平文化が花開いた平城京の京域に，白鳳文化の象徴である薬師寺があるのはなぜか，答えなさい。　推移　相互関連

1 建築

1-2 **薬師寺東塔**　三重塔だが，各層に裳階《もこし》が付けられて六層に見える。輪郭《りんかく》が複雑でありながら調和のとれた優美さをもつ。

国 総高34.1m 相輪部10.3m

2 彫刻

2-1 **薬師寺金堂薬師三尊像(月光菩薩像)**

国 像高315.5cm

3 伽藍配置

3-1 **復元された薬師寺(薬師寺式伽藍配置)**(◀p.39)

3-2 **薬師寺西塔**　1981年復元

3-3 **薬師寺金堂**　1976年復元

3-4 **薬師寺中門・回廊**　1984年復元

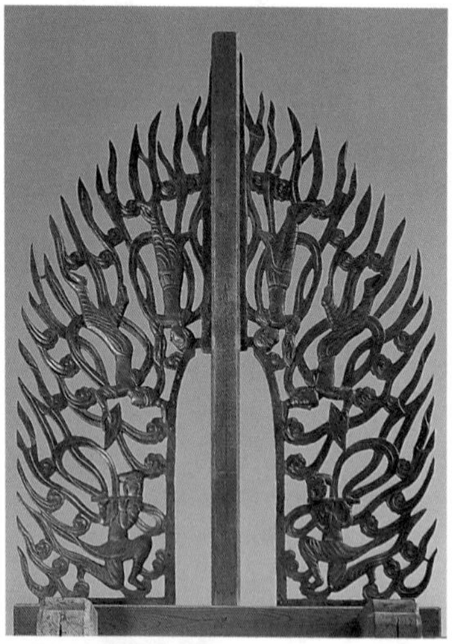

3-5 **薬師寺東塔の水煙**　相輪《そうりん》の上に付けられた装飾《そうしょく》。舞い踊り音楽を奏《かな》でる天女を飛雲《ひうん》の中に配し，透《す》かし彫《ぼ》りで仕上げている。火焔《かえん》型だが，火を嫌《きら》い水煙《すいえん》とされる。

国 総高193cm 下辺長さ約48cm 厚さ2～6cm

Discovery

終末期の古墳文化～八角墳《はっかくふん》～

6世紀末から7世紀初め頃から前方後円墳はつくられなくなって，畿内の大王《おおきみ》(天皇)の墳墓は墳形が八角形になる。そして倭国独自の**八角墳**が，舒明《じょめい》天皇(641年没)から文武《もんむ》天皇(707年没)まで(白鳳文化期)の大王墓に受け継がれる。「八」は天地八方を統治することを表すとされ，律令国家確立期に大王が超越《ちょうえつ》した存在であることを示そうとしてこの墳形を採用したと考えられる。

❶

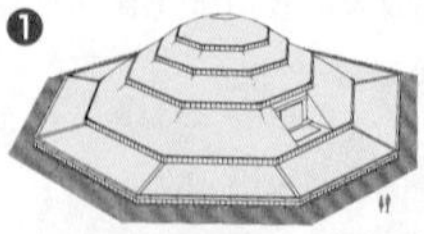

復元図

野口王墓《のぐちおうぼ》古墳は天武・持統両天皇の合葬墓《がっそうぼ》で八角形の五段築造(❶)である。1235年に盗掘《とうくつ》された際の記録には天武天皇が葬られた布張りの棺や持統天皇の火葬骨が納められた金銅製の骨蔵器《こつぞうき》(❷)が置かれていたことが記されている。その記述は『日本書紀』や『続日本紀《しょくにほんぎ》』の記述と一致しており，天武・持統天皇陵であると確定している。

天武・持統合葬墓内部の復元　❶・❷奈良文化財研究所蔵

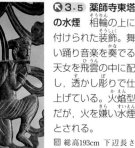

2-2 薬師寺金堂薬師三尊像(薬師如来像)
国 像高254.7cm

2-3 薬師寺金堂薬師三尊像(日光菩薩像)
国 像高317.3cm

2-4 薬師寺東院堂聖観音《とういんどうしょうかんのん》像 国 高さ188.9cm

2-5 法隆寺阿弥陀三尊像(橘《たちばな》夫《ふ》人《じん》念《ねん》持《じ》仏《ぶつ》) 橘夫人は光明皇后の母とされ，白鳳から天平への発展がみられる。
国中尊像高34.0cm

2-6 薬師如来台座南面部分 台座に浮き彫りにされた鬼形像で，西方的要素をもつ。 国 台座高152cm

2-7 法隆寺夢違《ゆめたがい》観音 国 高さ86.9cm

2-8 興福寺仏頭 柔和《にゅうわ》な表情は白鳳文化の典型である。もともとは山田寺本尊の薬師如来像であったらしい。 国 頭高98.3cm

4 絵画

4-1 法隆寺金堂壁画阿弥陀浄土《あみだじょうど》図 重 頭高107cm

Point インドのグプタ朝で製作された**アジャンター石窟院**(◄p.38)**の壁画**の画風が，雲崗《うんこう》・敦《とん》煌《こう》壁画を経て**法隆寺金堂壁画**・右側の**観世音菩《かんぜおんぼ》薩《さつ》像**に影響したといわれている。1949年，模写作業中に一部を除いて焼損《しょうそん》した。この火災がきっかけとなって，翌1950年，文化財保護法が制定された。

TRY 論述 阿弥陀浄土図の観世音菩薩像とアジャンター石窟院壁画との類似点を挙げ，インド芸術の影響をまとめなさい。
比 較 相互関連

4-2 アジャンター石窟院壁画 世

54 平城京

1 平城京

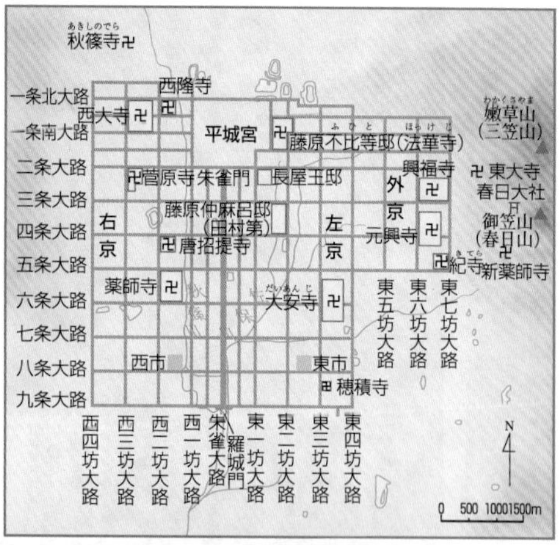

Discovery

都城の変遷

東アジア各地では，中国王朝を見倣《みなら》って大規模な都城《とじょう》が建設された。本格的な中央集権国家には整った官僚制度が不可欠である。官僚は膨大《ぼうだい》な政務をこなすために毎日出仕《しゅっし》する必要があり，役所の近くに集住することになる。このような国家の中枢機構《ちゅうすうきこう》を守るため，官僚の住まいを含めて都市全体を城壁《じょうへき》で囲ったのが都城なのである。日本の都城(平城京・平安京など)は，唐の長安城を手本としてつくられた。都市を囲んだ城壁，整然《せいぜん》とした区画，中央の宮城，商業区の東西市など共通点も多い。

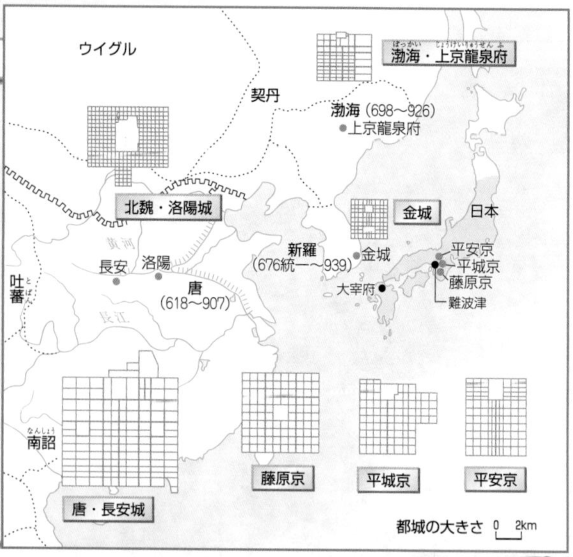

1-1 朱雀門《すざくもん》の朝(想像図)
『週刊朝日百科　日本の歴史46』を参考

復元模型 縮尺1／1000 奈良市役所蔵

Point 平城京は，東西約4.3km，南北約4.8kmの規模をもち，**条坊制《じょうぼうせい》**に基づいて整然と区画されている。中央を南北に**朱雀大路《すざくおおじ》**が走り，その東を**左京《さきょう》**，西を**右京**とし，左京の東側に**外京《げきょう》**があった。中央北は，政務を行う大極殿《だいごくでん》・朝堂院《ちょうどういん》や天皇の居所である内裏《だいり》を含む**大内裏《だいだいり》**が設けられている。また官設の**東西市**があった。

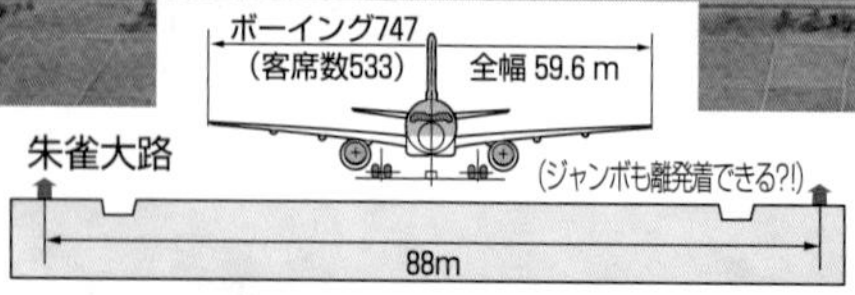

1-2 皇族・貴族の調度品《ちょうどひん》 復元 奈良文化財研究所蔵

1-6 天平年間の貴族の親子 復元 奈良文化財研究所蔵

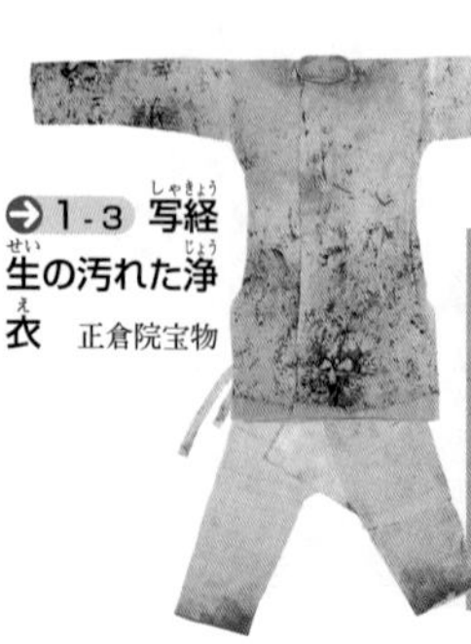

1-3 写経《しゃきょう》生《せい》の汚れた浄《じょう》衣《え》 正倉院宝物

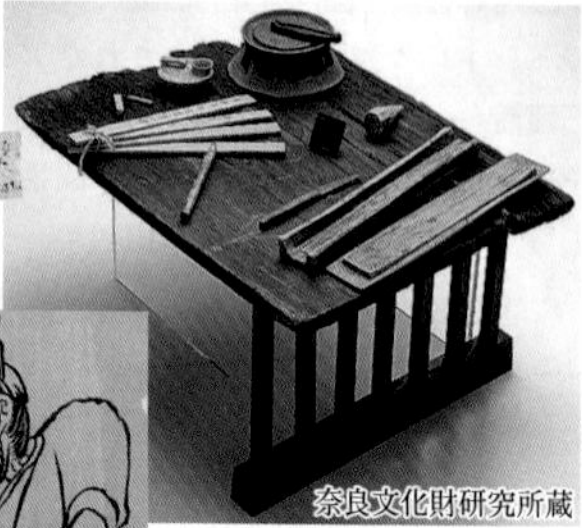

1-5 下級役人の机

1-4 激論《げきろん》する写経生 正倉院宝物

2 宮都の変遷

643 飛鳥板蓋宮《いたぶきのみや》 皇極 ／ 655 斉明 ⇄ 645 難波長柄豊碕宮《ながらとよさきのみや》 孝徳
▶ 667 大津宮 天智
▶ 672 飛鳥浄御原宮《きよみはらのみや》 天武
▶ 694 藤原京 持統
▶ 710 平城京 元明
▶ 784 長岡京 桓武
▶ 794 平安京 桓武 ⇄ 1180 福原京 安徳

710 平城京 → 740 恭仁京《くに》 聖武 ▶ 742 紫香楽宮(聖武離宮) ▶ 744 難波宮 聖武 ▶ 744 紫香楽宮《しがらき》 聖武 → 平城京

1 政局の推移

赤字は女帝

藤原氏　皇族　僧侶　他氏

天皇	政権担当者	出来事
697 文武《もんむ》	藤原不比等《ふひと》	701 大宝律令《たいほうりつりょう》制定
707 元明《げんめい》		708 武蔵《むさし》国が銅を献上，和同開珎《わどうかいちん》《ほう》鋳造
		710 平城京遷都《せんと》
		711 蓄銭叙位令《ちくせんじょいれい》発布
715 元正《げんしょう》		718 養老《ようろう》律令撰修（施行は757年）
	長屋《ながや》王	722 百万町歩開墾計画
		723 三世一身法《さんぜいっしんほう》
724 聖武《しょうむ》		729 長屋王の変（皇親《こうしん》政治の終焉《しゅうえん》）
	藤原四子	729 光明子《こうみょうし》，皇后となる
		藤原四子それぞれ昇進
		735～天然痘《てんねんとう》流行　＊藤原四子…武智麻呂《むちまろ》，房前《ふささき》，宇合《うまかい》，麻呂《まろ》
		737 藤原四子死亡
	橘諸兄《たちばなのもろえ》	738 橘諸兄右大臣，玄昉《げんぼう》・吉備真備《きびのまきび》登用
		739 藤原広嗣《ひろつぐ》を大宰府《だざいふ》に左遷《させん》
		740 藤原広嗣の乱
		741 国分寺《こくぶんじ》・国分尼寺《こくぶんにじ》建立《こんりゅう》の詔《みことのり》
		743 墾田永年私財法《こんでんえいねんしざいほう》
		大仏造立の詔（紫香楽宮《しがらきのみや》）
749 孝謙《こうけん》		752 大仏開眼供養《かいげんくよう》
	藤原仲麻呂《なかまろ》	757 養老律令施行
		橘奈良麻呂《ならまろ》の変
758 淳仁《じゅんにん》		758 官名を唐風に改称，恵美押勝の名を賜る（道鏡，孝謙上皇の後押しで進出）
		764 恵美押勝《えみのおしかつ》の乱
764 称徳《しょうとく》	道鏡《どうきょう》	764 孝謙上皇重祚《ちょうそ》し，称徳天皇即位
		765 太政大臣禅師《だいじょうだいじんぜんじ》（766　法王）となる
		769 宇佐八幡神託《うさはちまんしんたく》事件（和気清麻呂《わけのきよまろ》）
		770 称徳天皇没
		道鏡下野《しもつけ》国薬師寺に左遷
770 光仁《こうにん》	藤原氏台頭	770 永手《ながて》・百川《ももかわ》ら光仁天皇擁立《ようりつ》
781 桓武《かんむ》		781 桓武天皇即位
		784 長岡京遷都
		785 造《ぞう》長岡宮使《ぐうし》藤原種継《たねつぐ》暗殺
		794 平安京遷都

隼人《はやと》の盾《たて》（右）とその復元

奈良文化財研究所蔵

隼人《はやと》　九州の日向《ひゅうが》・大隅《おおすみ》・薩摩《さつま》地方に住む人々を指し，天武・持統朝には一部が畿内に移住させられた。宮門の警備にあたるとともに，大嘗祭《だいじょうさい》などで盾を使った「隼人舞」を演じ奏することもあった。

2 皇室・藤原氏関係系図

重祚《ちょうそ》…退位した天皇が再び皇位につくこと

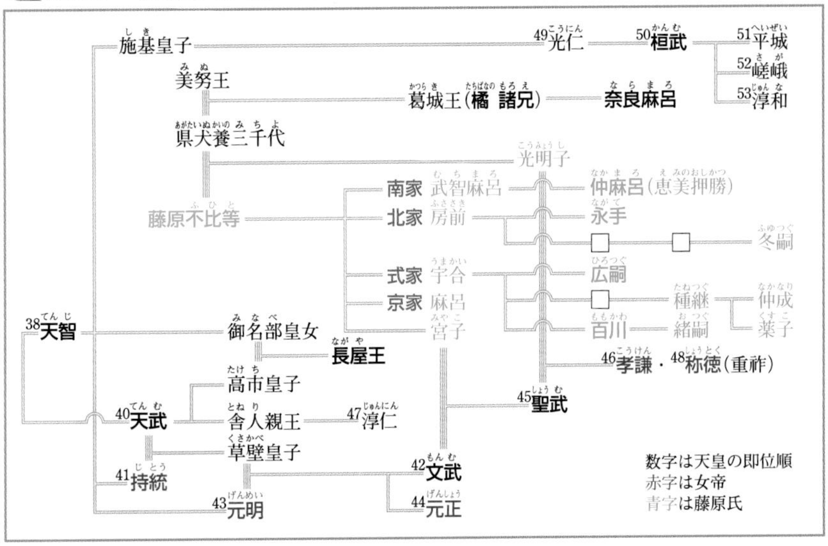

TRY 論述　藤原四子の昇進は，長屋王の変がきっかけであるが，長男武智麻呂は内舎人《うどねり》（官僚の見習い）から学問に力を注ぎ，右大臣になった。この事実から，氏姓制度と律令制の根本的な違いを比較して答えなさい。

比較

3 官人の昇進

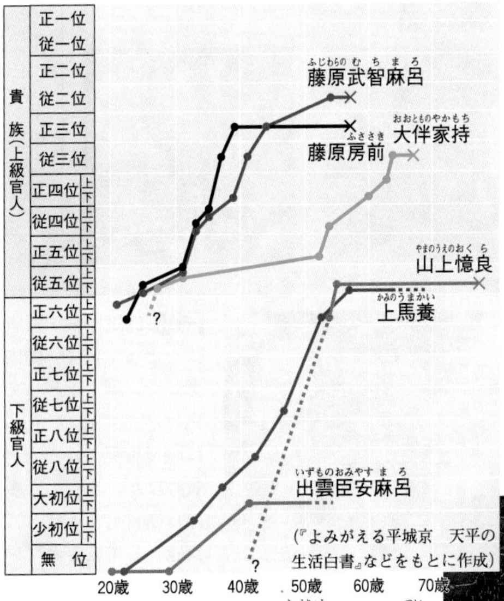

（『よみがえる平城京　天平の生活白書』などをもとに作成）

4 東北侵出と南西諸島の服属

（►p.64 ◄p.42）

復元模型　東北歴史博物館蔵

4-1 **多賀城**　標高約60mの丘陵《きゅうりょう》先端部を築地《ついじ》（一辺約900m，築地の幅2.7m，高さ4.5m）で囲み，中心の政庁を防衛している。

4-2 **多賀城政庁**　東北支配の要《かなめ》として724年設置。陸奥国府と鎮守府《ちんじゅふ》が置かれた。

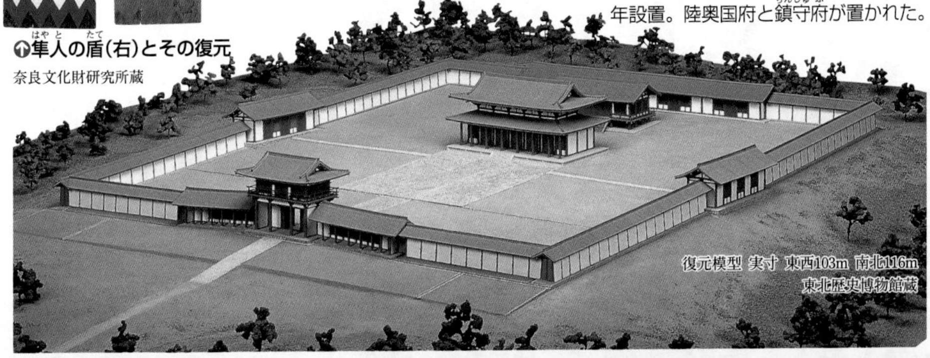

復元模型　実寸　東西103m　南北116m

東北歴史博物館蔵

56 遣唐使

1 遣唐使《けんとうし》と渤海《ぼっかい》使の航路

Point **遣唐使**は，630～894年の間，20回任命され十数回渡航《とこう》した。はじめは安全な**北路**をとっていたが，朝鮮半島を新羅が統一して情勢が緊迫《きんぱく》し，危険な**南路**をとらざるを得なくなったため，実に30％が遭難《そうなん》している。なお，帰路は南西諸島沿いに帰国することもあった。

1-1 **遣唐使船の復元** 全長約30m，幅約９m，排水量約300ｔ，乗員120～150人と推定。

渤海使《ぼっかいし》 新羅を追われた旧高句麗《こうくり》人らが建国した**渤海**からは，727年から９世紀にかけて合計34回もの渤海使が来日した。日本も新羅との対抗を考え友好的に交易《こうえき》を行った。渤海使は秋から冬にかけて西北の季節風を利用して南下し来日した。渤海使からは豹《ひょう》・虎・熊の毛皮や薬用人参《にんじん》などがもたらされ貴族に珍重《ちんちょう》された。政府は来着することの多かった越前松原や能登に客院《きゃくいん》を置き歓待《かんたい》した。

TRY 論述 渤海使は大宰府を目指すよう日本側から求められたにもかかわらず，1 の地図のように日本海沿岸各所に漂着している。その原因と日本側の対応を地図を見て答えなさい。
相互関連

2 遣唐使の派遣

任命	出発	船数	航路(予定)	主な使人	備考
1	**630**		北路	**犬上御田鍬《いぬかみのみたすき》**	
2	653	1	北路	吉士長丹《きしのながに》(大使)	
	653	1	北路	高田根麻呂《たかたのねまろ》(大使)	薩摩沖で往路遭難
3	654	2	北路	**高向玄理《たかむこのげんり（くろまろ）》**(押使)	高向玄理，唐で没
4	659	2	北路	坂合部石布《さかいべのいわしき》(大使)	
	663 白村江《はくそんこう》の戦い				
5	665		北路	守大石《もりのおおいわ》	
6	667		北路	伊吉博徳《いきのはかとこ》(送唐客使)	唐使を百済《くだら》に送る
7	669		北路	河内鯨《かわちのくじら》	
	676 新羅《しらぎ》朝鮮半島統一				
8	702		南路	粟田真人《あわたのまひと》(執節使) **山上憶良《やまのうえのおくら》**(少録)	「日本」を称した初めての遣唐使
9	717	4	南路	多治比県守《たじひのあがたもり》(押使)	**玄昉《げんぼう》・吉備真備《きびのまきび》・阿倍仲麻呂《あべのなかまろ》**留学 新羅使と朝賀の席次を争う
10	733	4	南路	多治比広成《ひろなり》(大使)	玄昉・真備ら帰国(734)
11	746			石上乙麻呂《いそのかみのおとまろ》(大使)	中止
12	752	4	南路	吉備真備(副使)	**鑑真《がんじん》**来日(753)
13	759	1	渤海路《ぼっかい》	高元度《こうげんど》(迎入唐大使使)	前大使を迎える使
14	761			石上宅嗣《いそのかみのやかつぐ》(副使)	破損で中止
15	762			中臣鷹主《なかとみのたかぬし》(送唐客使)	風波便なく中止
16	777	4	南路	佐伯今毛人《さえきのいまえみし》(大使)	
17	779	2	南路	布勢清直《ふせのきよなお》(送唐客使)	
18	804	4	南路	藤原葛野麻呂《かどのまろ》(大使)	**空海《くうかい》・最澄《さいちょう》・橘逸勢《たちばなのはやなり》**ら入唐
19	838	4	南路	藤原常嗣《つねつぐ》(大使) 小野篁《たかむら》(副使)	小野篁，入唐せず 円仁《えんにん》入唐
20	**894**			菅原道真《すがわらのみちざね》(大使)	道真の建議で**停止**

3 朝貢品《ちょうこう》

❶**黄絁《あしぎぬ》** 正倉院宝物

❷**砂金** 日本銀行貨幣博物館蔵

❸**水晶** 法隆寺献納宝物 東京国立博物館蔵

Point 遣隋使・遣唐使は**朝貢《ちょうこう》**の形式をとっていて，国内の特産物を持参した。調・庸として納められた黄色(＝皇帝の色)の絹製品(❶)や749年に陸奥《むつ》で見つかった砂金(❷)，水晶(❸)など一次産品が多かった。回賜《かいし》品は「唐物《からもの》」とよばれ，現在も正倉院御物《ぎょぶつ》として残されているガラス器・銀器・香木《こうぼく》・唐三彩《とうさんさい》などであった。

よつのふね 奈良時代の遣唐使は四等官制を基本として構成されており，**４隻の船に分乗《ぶんじょう》**して唐へ向かうことになっていた。これを「よつのふね(四つの船)」という。大使・副使・判官が別々の船に乗ることで，どれか１隻でも渡航できれば使節の役目が果たせるようになっていた。船団には500～600名が乗船したが，半数は船員で，留学生《るがくしょう》・学問僧・技術者・通訳・書記官がそれぞれの船に分乗した。

4 鑑真の遭難(鑑真和上東征絵伝《がんじんわじょうとうせいえでん》) 第２巻第１段 部分 高さ(幅)37.3cm 第２巻全体の長さ1967.7cm 奈良・唐招提寺蔵

Point 井上靖《やすし》『**天平の甍《いらか》**』には，日本に正しい仏法を伝え授戒《じゅかい》ができる高僧を招くため奔走《ほんそう》する留学僧と，５回計画・失敗し２度の遭難を乗り越え失明してもなお不屈《ふくつ》の精神をもって仏法布教のため身命《しんみょう》を惜《お》しまず来日した**鑑真《がんじん》**の姿が鮮やかに描かれている。『鑑真和上東征絵伝』(左)の遣唐使船難破《なんぱ》の様子をみても，当時の航海がいかに危険なものであったかわかる。**阿倍仲麻呂《あべのなかまろ》**は鑑真と別船に乗って同時に中国を離れたが，難破して唐に残り，二度と日本の土を踏《ふ》むことはできなかった。

1 初期荘園の成立と消滅

重い税負担

- 偽籍《ぎせき》(戸籍に女性名急増)
- 課役免《かやくめん》の私度僧《しどそう》・資人《しじん》の増加
- 在地からの逃亡《とうぼう》・浮浪《ふろう》

◆口分田不足(人口増，田の荒廃)
◆税収の減少(国衙《こくが》財政の危機)

特権的土地所有

位田《いでん》・賜田《しでん》・職田《しきでん》・神《しん》田《でん》・寺田《じでん》

◆支給地不足
◆墾田の収公
(国司への反発)

722　百万町歩開墾計画《ひゃくまんちょうぶかいこんけいかく》…条里制の進行→非現実的で失敗
723　三世一身法《さんぜいっしんほう》…………開墾者の権利保障と収公の規定
史　→1世代で墾田意欲をなくす
743　墾田永年私財法《こんでんえいねんしざいほう》……墾田の永代所有の承認→開田の進展
史　墾田＝**輸租田**の把握→税収の確保

初期荘園の成立(8～9世紀)

主体　貴族・寺社・地方豪族による未墾地の占有・開発
開墾　国司・郡司の支援を得て，**班田農民**を動員
耕作　**賃租**(収穫の20%が地子《じし》)による班田農民の請作《うけさく》
浮浪・逃亡農民の吸収

◆輸租の義務→**国司の介入**
◆賃租経営…口分田耕作のかたわらで開墾
と賃租(班田農民への依存)
→**専従《せんじゅう》者不在の不安定な経営**
◆地方政治の解体…郡司《ぐんじ》の弱体化
→**農民動員力の減退**

9世紀末までに初期荘園消滅

1a 逃亡・浮浪が半分以上の戸
—726年(神亀3)山背国愛宕《おたぎ》郡計帳

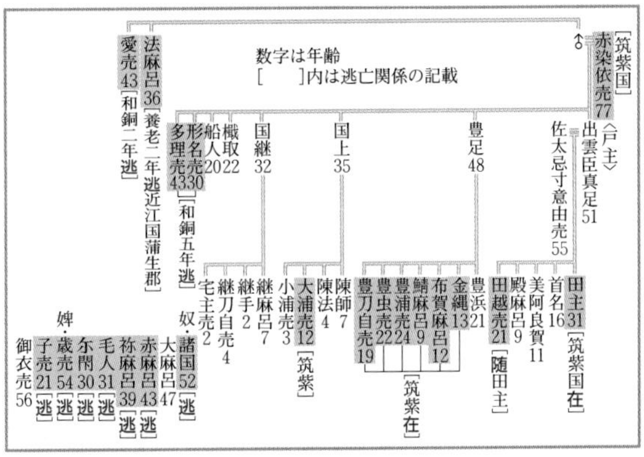

1b 遠隔地におよぶ逃亡先
—726年(神亀3)・733年(天平5)山背国愛宕《おたぎ》郡計帳

(1aとも『週刊朝日百科日本の歴史47』をもとに作成)

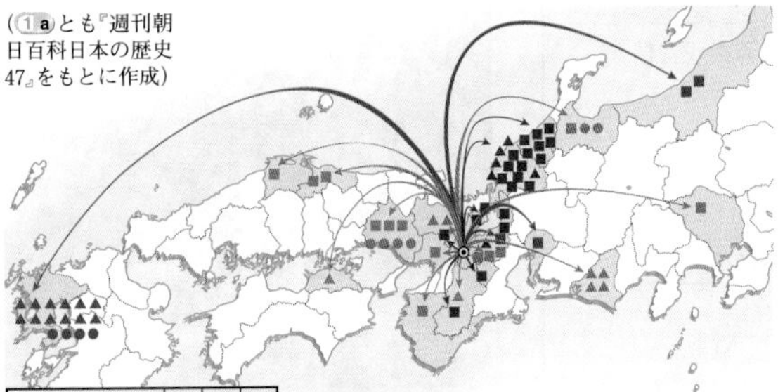

	逃	在	随
雲上里《うんじょうり》計帳	■	▲	●
雲下里《うんげり》計帳	■	▲	●
愛宕郡《おたぎぐん》計帳	■	▲	●

Point 律令制では，班田農民が本来の土地を離れて行方をくらまし(＝**逃亡《とうぼう》**)，他国へ流浪《るろう》して知り合いや有力者にかくまわれる(＝**浮浪《ふろう》**)ような事態は，租税徴収の基礎を揺るがすゆゆしきことである。逃亡・浮浪が出た場合，もともと所属していた戸に彼らの租・調を負担させることになっていた。しかし，重い税負担に加え，平城京造営の負担が加わると各地で逃亡・浮浪が頻発《ひんぱつ》する。そこで715(霊亀元)年，浮浪先でも調・庸を徴収するとして威嚇《いかく》し，本来の土地へ戻るよう仕向けた。しかし，736(天平8)年には戻らない者を浮浪人帳という帳簿に登録することになり，政府も現実容認の政策を取らざる得なかったといえよう。

TRY 論述 班田農民が重い税負担から逃れるため，「偽籍」という手段を使ったが，なぜ「偽籍」で税から逃れることができたのか。課税の仕組みと女性名が急増したことを踏まえて答えなさい。(◄p.49)
相互関連

2 農村の景観

Point 農家は，奈良時代頃から西日本では**掘立柱建物《ほったてばしら》**が主流になるが，東日本では竪穴《たてあな》住居が一般的であった。

2-1 **東日本の農家**　復元 長野・塩尻市平出博物館蔵

2-2 **農村の景観**(千葉・八千代市村上遺跡)
復元模型 縮尺1／200 国立歴史民俗博物館蔵

Discovery

今も残る荘園の景観～東大寺領越前国足羽《あすわ》郡糞置荘《くそおきのしょう》～　(福井市)

749(天平勝宝元)年，大仏開眼の目途《もくと》がついた**東大寺**は，経済基盤を確保するため広大な墾田を所有することが許された。**墾田永年私財法**(743年)ですでに私有地を所有することは認められていたが，位階に応じてその面積は制限を受けていた(❶)。しかし，東大寺は鎮護《ちんご》国家という重大な使命《しめい》を帯びた総国分寺であり，4,000町という破格の墾田を開発・所有することが許されたのである。

❶
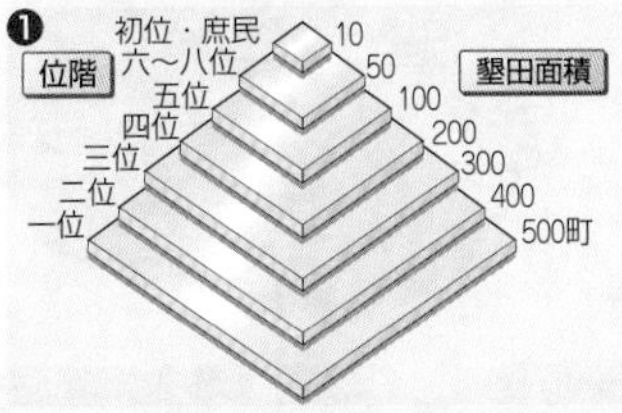

そのうちの一つ，越前国足羽《あすわ》郡糞置荘《くそおきのしょう》(福井市)は，面積が15町ほどしかないものの，正倉院に8世紀の開田図が2枚と当時の関係文書が残り，故地《こち》が比定《ひてい》できる著名な**初期荘園**の事例である。現在，その開田図(❹)とそっくりの丘陵《きゅうりょう》や谷を見ることができ(❷・❸)，荘園の景観を実感できる。❹は759(天平宝字3)年の開田図で開田2町5段316歩，未開田12町5段288歩が，越前国司立ち合いのもとで記録されている。もう1枚の766(天平神護2)年の開田図と比べると，口分田から寺田に地目が変更されたり交換・買得・開田によって田を増やし，できるだけ一カ所に集めようとした荘園経営のようすがうかがえる。

❷

❸

❹ 縦78×横109cm 正倉院宝物
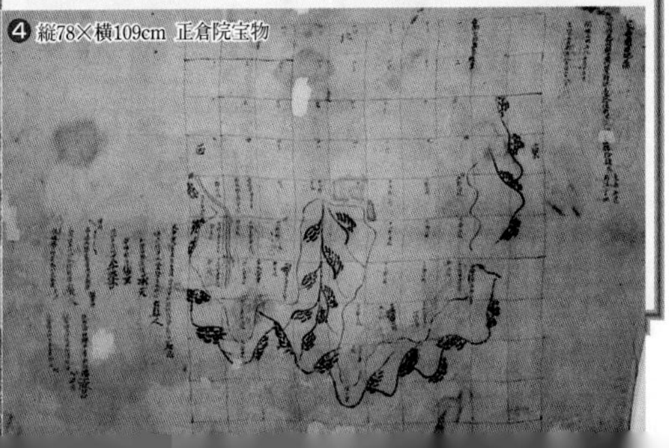

天平文化

- 8 世紀(奈良時代中心)
- 盛唐文化に影響を強く受けた国際色豊かな文化
- 鎮護国家《ちんごこっか》の思想に基づく国家仏教を中心とした仏教文化
- 平城京中心の貴族文化

建築		東大寺世 法華堂《ほっけどう》(三月堂)・転害門《てがいもん》・正倉院宝庫《しょうそういんほうこ》 法隆寺夢殿・伝法堂《でんぽうどう》 唐招提寺世金堂
彫刻	塑像	東大寺法華堂執金剛神像《ほっけどうしゅこんごうしんぞう》 東大寺日光・月光菩薩像 東大寺戒壇堂《かいだんどう》四天王像 持国天《じこく》・増長天《ぞうちょう》・広目天《こうもく》・多聞天《たもん》 新薬師寺十二神将像
	乾漆像	東大寺法華堂不空羂索観音像《ふくうけんじゃくかんのん》 唐招提寺鑑真和上《がんじんわじょう》像 唐招提寺金堂盧舎那仏《るしゃなぶつ》像 興福寺八部衆《はちぶしゅう》像(阿修羅・五部浄) 興福寺十大弟子《じゅうだいでし》像 聖林寺《しょうりんじ》十一面観音像
絵画		東大寺正倉院 鳥毛立女屏風《ちょうもうりゅうじょびょうぶ》(樹下美人図) 薬師寺世吉祥天《きちじょうてん》像 過去現在絵因果経《いんがきょう》
工芸		正倉院御物 螺鈿紫檀五弦琵琶《らでんしたんごげんのびわ》・漆胡瓶《しっこへい》・龍首水瓶《りゅうしゅすいびょう》 (◄p.38)など 東大寺大仏殿八角灯籠《はっかくとうろう》

1 鎮護国家〜大仏造営 史

➡1-1 東大寺毘盧遮那大仏《びるしゃな》
この大仏は開眼《かいげん》以来何度も戦乱に遭《あ》い，ほとんどが後世に補修《ほしゅう》されている。天平期の部分は腹部以下・台座蓮弁《れんべん》の一部のみである。 国 像高14.73m
＊盧舎那仏は毘盧遮那仏の略であるが，舎《しゃ》→遮《しゃ》に変わるので注意。

⬆1-2 東大寺西大門勅額《ちょくがく》
東大寺は華厳宗《けごん》の中心寺院であり総国分寺であった。この勅額は聖武天皇直筆《じきひつ》という。総国分尼寺は法華寺《ほっけ》である。
国 縦286.4×横(上辺)289.7cm

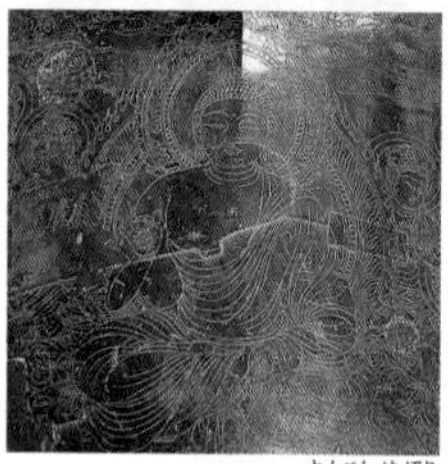

⬆1-3 東大寺大仏蓮弁毛彫《れんべんけぼり》

縷《る》の全長215m 筆の長さ56.6cm 径約 4 cm

⬅1-4 大仏開眼縷《かいげんる》と筆
眼睛《がんせい》を点じる開眼導師の筆に結びつけ，聖武《しょうむ》上皇等参列者が握って開眼を行った。1185年の大仏再建の開眼の時にも後白河法皇が使ったらしい。正倉院宝物

Discovery

仏教統制と行基菩薩

行基は自主的に民間布教に努め，布施屋《ふせや》(宿泊所)の設置や池・溝・橋・道等の開発など社会事業を行ったため「**行基菩薩**《ぎょうきぼさつ》」と崇《あが》められた。しかし，僧尼令で仏教を統制しようとした律令国家と対立，717(養老元)年以降「小僧行基…詐《いつわ》って聖道を称し，百姓を妖惑《ようわく》す」との理由で布教をたびたび弾圧された。

しかし，律令国家は743(天平15)年聖武天皇の大仏建立の詔に伴う負担で民衆に不満が蓄積《ちくせき》すると，行基崇拝《すうはい》を利用しようと大仏造営の勧進《かんじん》に起用，745(天平17)年一転して「大僧正」に任じて大仏造営に協力させた。

(七一七)(養老元年)夏四月…中略…方今《ほうこん》**小僧行基**《しょうそうぎょうき》幷《なら》びに弟子等、…中略…村里に布告して勤《つとめ》て禁止を加へよ。

(七四五)(天平)十七年正月…中略…詔《みことのり》して行基法師を以《もっ》て**大僧正**《だいそうじょう》と為《な》す。

➡行基《ぎょうき》

国 奈良・唐招提寺蔵

1a 大仏の鋳造《ちゅうぞう》方法と資材

資材 (『扶桑略記』より)

■1斤《きん》≒675g・1石《こく》≒4斗《と》3升《じょう》で換算した推定原材料

熟銅《じゅくどう》(高純度の銅)	739,560斤	約499t
白鑞《はくろう》(錫《すず》と鉛《なまり》の合金)	12,618斤	約8.5t
錬金《れんきん》(精錬した黄金)	10,446両	約441kg
水銀	58,620両	約2.5t
炭	18,656石	約8,022石

役夫と材木寄進者など (『東大寺要録』より)

材木知識(寄進者)		51,590人
金知識(〃)		372,075人
材木役夫	延べ	1,665,071人
金役夫	延べ	514,902人
合計	延べ	2,179,973人
＊1カ月平均		12,748人
＊1日平均〔÷30〕		425人

＊大仏建立の詔《みことのり》が発せられた743年10月より，塗金が完了したといわれる757年(年末)までの14年3カ月間をもとに算出。

2 鎮護国家～国分寺建立 史

2 a 国分寺・国分尼寺の分布

⬅2-1 備中《びっちゅう》国分寺
岡山県総社《そうじゃし》市

国分寺・国分尼寺　8世紀中頃には，藤原広嗣《ひろつぐ》の乱(740年)やその前後の疫病《えきびょう》流行，飢饉《ききん》，対新羅の関係悪化など社会不安が増大した。そこで741(天平13)年，聖武《しょうむ》天皇が山背《やましろ》国恭仁宮《くにのみや》で詔《みことのり》を出し，各国に国分寺・国分尼寺を建立し，災害・疫病・外敵除去・五穀豊穣《ごこくほうじょう》など鎮護国家を祈らせた。正式には，国分寺は「金光明四天王護国之寺《こんこうみょうしてんのうごこくのてら》」，国分尼寺は「法華滅罪之寺《ほっけめつざいのてら》」といい，僧寺の七重塔の中に金字の「金光明最勝王経《きんこうみょうさいしょうおうきょう》」を安置することを定めている。

⬆2-2 紫紙金字金光明最《ししきんじこんこうみょうさい》勝王経《しょうおうきょう》　紫泥《しでい》を塗って仕上げた紫紙に金泥《こんでい》で経文を書き磨《みが》いて制作した。備後《びんご》国国分寺に安置されていたと伝えられる。 国 奈良国立博物館蔵

⬅2-3 陸奥国分寺　七重塔がそびえる。 復元模型 縮尺1/100 国立歴史民俗博物館蔵

3 修史《しゅうし》事業と文学・教育

天武《てんむ》天皇による国史編纂《へんさん》事業
6世紀(欽明朝)成立の帝紀《ていき》・旧辞《きゅうじ》の検討。稗田阿礼《ひえだのあれ》に誦習《しょうしゅう》させ，筆記も開始

↓

元明《げんめい》天皇
712(和銅《わどう》5)年，太安万侶《おおのやすまろ》が稗田阿礼の暗唱した旧辞を整理・編集し，古事記《こじき》として献上した。神代《じんだい》～推古《すいこ》天皇までが対象で紀《き》伝体《でんたい》で書かれた。

元正《げんしょう》天皇
720(養老《ようろう》4)年，舎人《とねり》親王が日《に》本書紀《ほんしょき》献上。神代《じんだい》～持統《じとう》天皇までが記述され，編年体《へんねんたい》で編集されている。

3 a 六国史《りっこくし》(正史)の編纂《へんさん》

六国史	巻	範囲	成立年代	編者
日《に》本《ほん》書《しょ》紀《き》	30	神代《じんだい》～持統《じとう》	720(養老《ようろう》4)	舎人《とねり》親王
続《しょく》日《に》本《ほん》紀《ぎ》	40	文武《もんむ》～桓武《かんむ》	797(延暦《えんりゃく》16)	藤原継縄《つぐただ》
日《に》本《ほん》後《こう》紀《き》	40	桓武～淳和《じゅんな》	840(承和《じょうわ》7)	藤原緒嗣《おつぐ》
続《しょく》日《に》本《ほん》後《こう》紀《き》	20	仁明《にんみょう》	869(貞観《じょうがん》11)	藤原良房《よしふさ》
日本文徳天皇実録《にほんもんとくてんのうじつろく》	10	文徳《もんとく》	879(元慶《がんぎょう》3)	藤原基経《もとつね》
日《に》本《ほん》三《さん》代《だい》実《じつ》録《ろく》	50	清和《せいわ》～光孝《こうこう》	901(延喜《えんぎ》元)	藤原時平《ときひら》

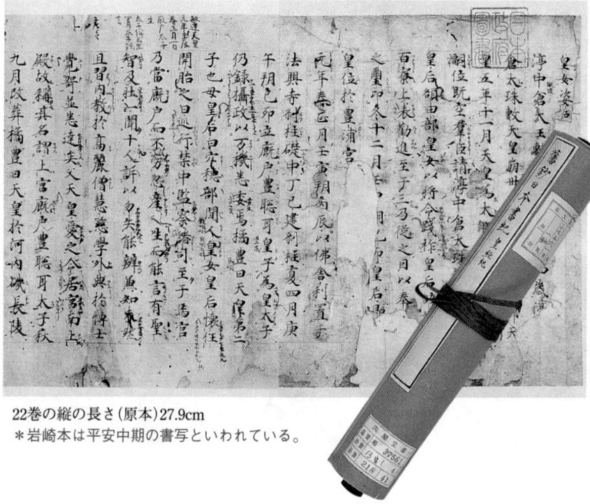

22巻の縦の長さ(原本)27.9cm
＊岩崎本は平安中期の書写といわれている。

⬅3-1 日本書紀　中国の歴史書に倣《なら》って，出来事を年代を追って記述した歴史叙述の方法である漢文の編年体で書かれている。写真は10世紀後半に写されたもので，22・24巻が現存している。
国 岩崎本　複製　国立公文書館蔵 原本 京都国立博物館蔵

3 b 風土記《ふどき》の編纂

TRY 論述　奈良時代に，国史である『古事記』『日本書紀』や地誌である『風土記』の編纂が行われたのはなぜか。「国家意識の高まり」という用語を使って簡潔に述べなさい。
相互関連

3 c 文学

Point **万葉集**(❶)は，日本語の詩歌を漢字で表記しており，音と訓の双方を使って読むようになっている(**万葉がな**)。

漢詩文では**懐風藻《かいふうそう》**(❷)が編纂《へんさん》され，以後貴族の教養として欠かせないものになる。

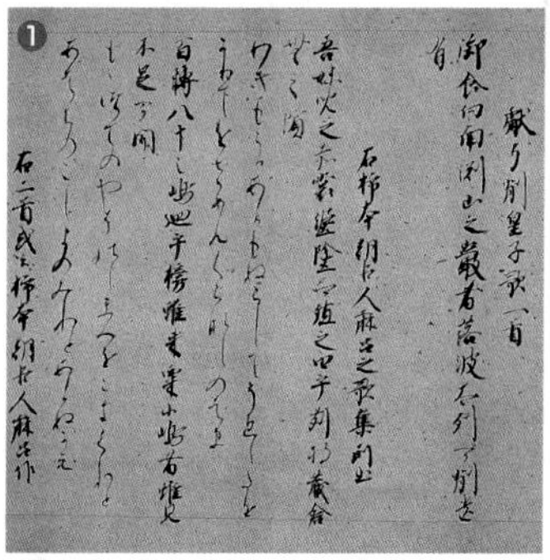

⬆3-2 万葉集　平安末期の写本 東京国立博物館蔵

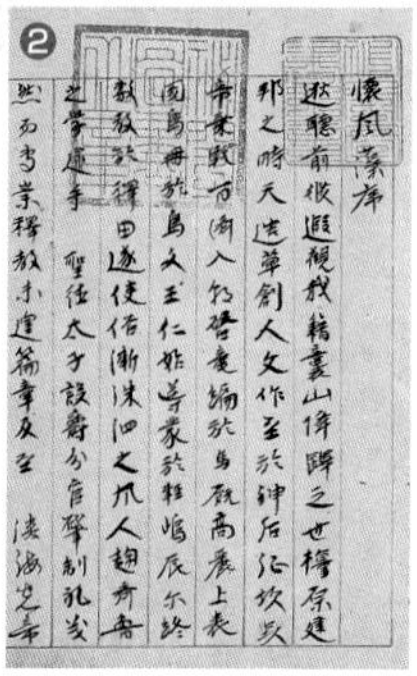

⬆3-3 懐風藻　江戸初期の写本 国立公文書館蔵

3 d 教育制度

	大学	国学
入学資格	五位以上の貴族の子弟・東西《やまとかわちの》史部《ふひとべ》の子など	郡司の子弟で13～16歳の聡《そう》明《めい》な者
学生定員	学生《がくしょう》400名，算生《さんしょう》30名	国ごとに国学生20～50名，医学生4～10名
所管	式部《しきぶ》省	国司
その他	大学と国学生は孝経・論語中心に学び，平安時代までに明《みょう》経《ぎょう》道・明法《みょうほう》道・紀伝《きでん》道・算道の四道が整備された。国家試験があり，これに合格すると官吏《かんり》に登用され，25歳になると授位された。	

4 彫刻(塑像《そぞう》)

塑像　心木《しんぎ》に荒縄《あらなわ》を巻き，荒土を盛りつけて像の形をつくる。表面に白土をかぶせ整え彩色《さいしょく》を施《ほどこ》して完成する。

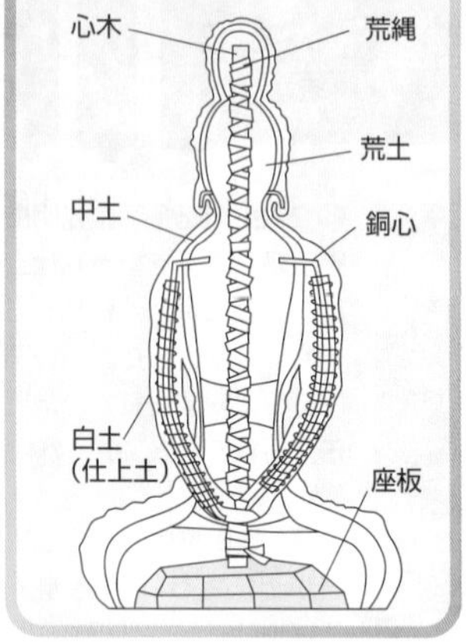

←↓4-1 東大寺日光《にっこう》(左)・月光《がっこう》(下)菩薩《ぼさつ》像　法服をつけた日光と唐服をつけた月光の合掌《がっしょう》する姿は端正《たんせい》で敬虔《けいけん》な姿を写実的に描写《びょうしゃ》している。
＊現在東大寺ミュージアム内に安置。
国 日光像高 207.2cm
国 月光像高 204.8cm

↑4-2 東大寺法華堂執金剛神《しゅこんごうしん》像　国 像高170.4cm

↑4-3 東大寺戒壇堂《かいだんどう》四天王像(広目天《こうもくてん》)　静かな姿ながら，かなたを見据《す》えた表情から，内に秘めた迫力が見事に表現されている。国 像高162.7cm

↑4-4 新薬師寺十二神将像　迷企羅《めきら》
国 部分 手前左側正面
＊国宝指定名称は迷企羅，寺伝尊名は伐折羅《ばさら》。

←4-5 新薬師寺《しんやくしじ》十二神将像《じゅうにしんしょうぞう》　中央の薬師如来《にょらい》像(弘《こう》仁《じん》・貞観《じょうがん》期国)を取り囲むように忿怒《ふんぬ》面相《めんそう》の塑像群が配置される。
国 薬師如来像191.5cm
十二神将像高各160cm内外

→4-6 法隆寺《ほうりゅうじ》五重塔初層群像(北面)
塔の心柱のまわりに須弥山《しゅみせん》をつくり，四方に塑像《そぞう》群が配置される。北面は釈迦入《しゃかにゅう》滅《めつ》のようすを写実的に描き，悲しさに号《ごう》泣《きゅう》する弟子の羅漢《らかん》像の表情は迫力に満ちている。
国 羅漢像高30cm内外

5 彫刻（乾漆《かんしつ》像）

乾漆像　芯木《しんぎ》と粘土《ねんど》の粗型の上に麻布を漆《うるし》で厚さ１cm程貼り重ね，漆を盛《も》って細部を形づくる。

5-1 東大寺法華堂不空羂索観音像《とうだいじほっけどうふくうけんじゃくかんのん》　法華堂の本尊で，煩悩《ぼんのう》に悩む人々を救済する三目八臂《さんもくはっぴ》（三つの目と八つの手）の観音像。国 像高363.6cm　＊現在，左右の日光・月光菩薩像は保存上の理由から，東大寺ミュージアム内に安置されている。

5-2 唐招提寺鑑真像　国 像高79.7cm 唐招提寺蔵

TRY 論述　奈良時代に，従来の金銅像・木像に加えて塑像・乾漆像が盛んに制作されるようになったのはなぜか，次の４つの用語を使って述べなさい。〔写実的　材料入手　簡便　重量〕相互関連

5-3 興福寺五部浄《ごぶじょう》像　国 残存高50.0cm

国 像高147.6cm

5-4 興福寺《こうふくじ》十大弟子像（須菩提《すぼだい》）　釈迦《しゃか》の高弟10人を個性豊かに写実的に表現している。

5-5 聖林寺《しょうりんじ》十一面観音像　もとは大神《おおみわ》神社の大御《おおみ》輪《わ》寺にあった。天《てん》平《びょう》後期の優雅で均整のとれた仏像。

国 奈良・桜井市
像高209.0cm

5-6 唐招提寺金堂盧舎那仏《るしゃなぶつ》像
鑑真の伝えた戒律の厳しさを表すような鋭い表情である。顔や胸などに麻布を貼り重ねた乾漆像の特徴が見える。国 像高304.5cm

5-7 興福寺阿修羅《あしゅら》像　八部衆像の一つで三面六臂《さんめんろっぴ》の異様な姿であるが，少年のような顔立ち，全体の見事なバランスは比類がない。国 像高152.3cm

6 建築

6-1 唐招提寺金堂《とうしょうだいじこんどう》 天平期の寄棟造《よせむねづくり》・金堂建築で唯一《ゆいいつ》の遺構《いこう》。前面の吹放《ふきはな》し柱廊《ちゅうろう》がギリシア建築の流れを示し，雄大で堂々とした建築で和様《わよう》の起点となる。 国 平面28.0×14.7m

6-2 唐招提寺講堂 平城宮《へいじょうきゅう》の建築物の中で唯一現存している建物。もともと朝集殿《ちょうしゅうでん》の中の一棟として つくられたが，切妻造《きりづまづくり》であったものを入母屋造《いりもやづくり》にして移築《いちく》している。 国 平面33.8×13.5m

6-3 法隆寺夢殿《ゆめどの》 厩戸王《うまやとおう》(聖徳太子)の斑鳩宮跡《いかるがのみやあと》に建てられた八角堂で東院の中心建築。本尊《ほんぞん》は救世観音《ぐぜかんのん》像。 国 1辺4.7m

6-4 東大寺法華堂《とうだいじほっけどう》(三月堂《さんがつどう》) かわらの古い左の寄棟造の正堂が天平期のもの。礼堂《らいどう》は鎌倉時代につくられた。毎年3月に法華会《ほっけえ》を行うことからこの名前がある。不空羂索《ふくうけんじゃく》観音像，執金剛《しゅこんごう》神像などが安置される。

(◄p.60・61)

国 平面17.4×25.2m

6-7 校倉造《あぜくらづくり》 柱はなく断面三角形の木材を井桁《いげた》に組み壁面《へきめん》を構成している建築方法。正倉院のものが最古で最大である。

6-5 東大寺転害門《てがいもん》 創建当時の東大寺の門で現存する唯一のもの。緩《ゆる》やかな勾配《こうばい》をもち，堂々とした安定感をもつ八脚門。 国 高さ10.6m

6-6 正倉院宝庫《しょうそういんほうこ》

国 平面33.1×9.4m 床下2.4m

! 正倉院 光明《こうみょう》皇后が東大寺に献納《けんのう》した聖武天皇の遺品《いひん》など，数千点を収蔵。北倉・中倉・南倉に分かれる。
正倉《しょうそう》とは，諸国の正税《しょうぜい》を収めた倉のことであるが，もともとは中央の官倉のことで，寺院の財宝・什物《じゅうもつ》を収める倉も正倉といった。

7 絵画・工芸

重 長さ135.8cm×幅56.0cm
静岡・MOA美術館蔵

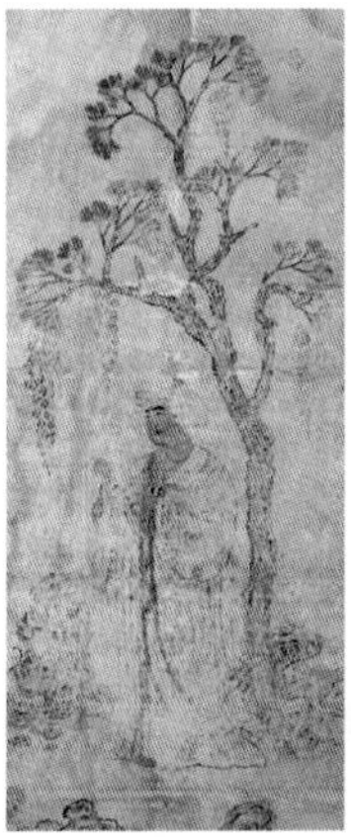

長さ135.8cm×幅56.0cm
正倉院宝物

Point 左はトゥルファン市(中国)の8世紀中頃の「**樹下美人図**《じゅか》」で，この構図は西アジアから中央アジアまで広く用いられたモチーフである。右は，**鳥毛立女屏風**《ちょうもうりゅうじょびょうぶ》《とりげりつじょの》で，樹下に唐風衣装を付けた美人を描く世界的なモチーフをもった絵が6枚残されている。現存しないが髪や衣装に羽毛が貼《は》ってあった。

7-1 薬師寺吉祥天像《きちじょうてん》 称徳天皇発願で制作された唐風美人画で「樹下美人図」と共通点が多い。

国 縦53.0×横31.7cm

東京藝術大学蔵

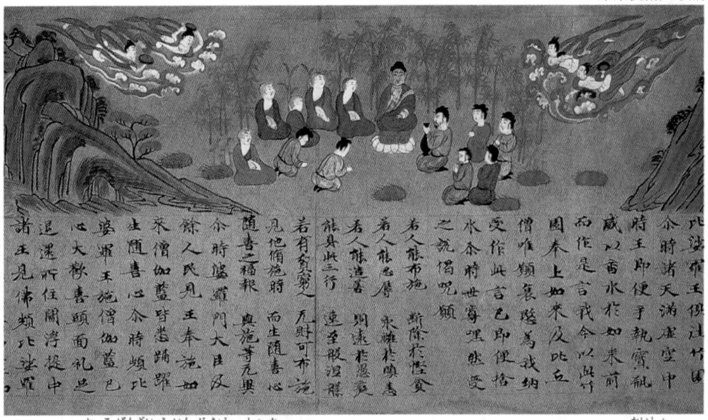

7-2 過去現在絵因果経《かこげんざいえいんがきょう》 釈迦《しゃか》の前世と現世の物語を述べた経文を唐風の楷書《かいしょ》で下段に書き，その物語を上段に絵で描写したもの。絵巻物のはじめ。 国 縦26.5×横1,036.4cm

7-3 碧瑠璃坏《へきるりのつき》

高さ11.2cm 重さ260g

高さ21.4cm

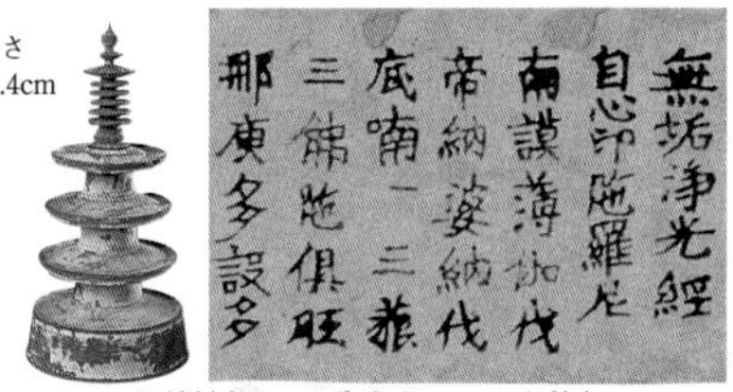

7-8 百万塔《ひゃくまんとう》**(左)・陀羅尼**《だらに》**(右)** 称徳《しょうとく》天皇発願で木製の三重小塔が百万基つくられ，南都十大寺に分けられた。塔内に納められた法隆寺の陀羅尼は世界最古の印刷物である。 国立歴史民俗博物館蔵

7-4 白瑠璃碗《はくるりわん》 高さ8.5cm 重さ485g

7-5 白瑠璃瓶《はくるりびょう》 高さ27.0cm 重さ633g

7-9 東大寺大仏殿八角灯籠《はっかくとうろう》(音聲菩薩《おんじょうぼさつ》立像) 銅製の灯籠の火袋《ひぶくろ》の扉に見事な音聲菩薩と唐《から》獅子《じし》の透彫《すかしぼ》りがある。 国 火袋部93.6×44.0cm

7-6 漆胡瓶《しっこへい》
ペルシア風の水瓶《すいびょう》
高さ41.3cm 胴径18.9cm

7-7 銀薫炉《ぎんくんろ》
銀製の香炉《こうろ》
総高20.0cm
重さ1,550g

7-3～7-7 正倉院宝物

Discovery

螺鈿紫檀五絃琵琶(正倉院宝物) 長さ108.1cm

この琵琶は，唐からもたらされたと考えられるが，世界で現存するただ一つの五絃琵琶《ごげんのびわ》である。インド産の紫檀《したん》を刳《く》り抜きつくられた実用品で，表(❶)裏(❷)全体にヤコウガイを使った美しい螺鈿《らでん》が施《ほどこ》されている。表はラクダに乗った楽人が琵琶を弾いている姿や熱帯樹を描き出し，裏は唐花文がデザインされ，異国風の意匠《いしょう》となっている(❸)。

❶
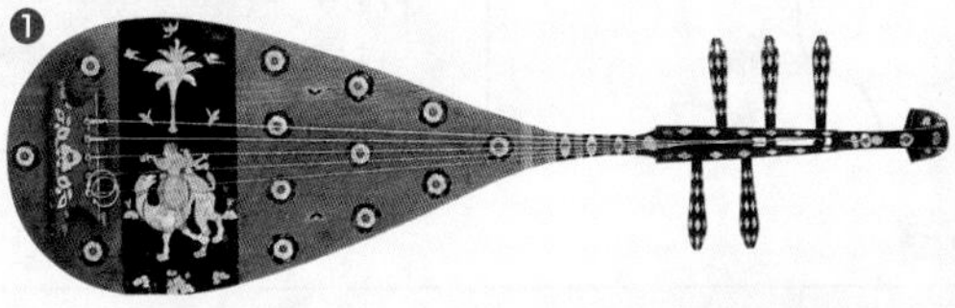

❷

❸

❹

ヤコウガイ(❹)は，熱帯サンゴ礁《しょう》海域にすむリュウテンサザエ科の大型巻貝である。内側の真珠《しんじゅ》層が装飾《そうしょく》に利用され，淡い紅色から黄色，緑色などを発色し，見る角度によってさまざまな色合いのコントラストを見せる。正倉院宝物の中にも螺殻《らかく》といわれるヤコウガイがあり，帯の飾りにもヤコウガイ製のもの(❺)がある。沖縄で7～8世紀のヤコウガイが開元通宝とともに出土しており，唐へ輸出されていたとも考えられている。

❺
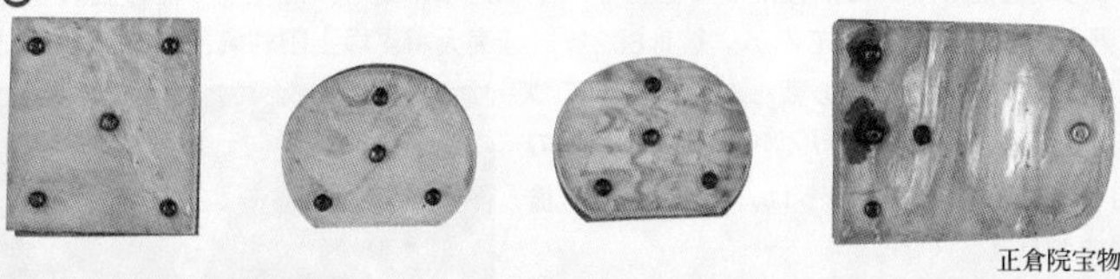

正倉院宝物

64 長岡京・平安京遷都と政治

1 軍事と造作

天皇	年	事項
781	784	長岡京遷都《ながおかきょうせんと》
	785	造《ぞう》長岡宮使《ぐうし》藤原種継《たねつぐ》暗殺，早良《さわら》親王皇太子を廃され死去
	788	伊治呰麻呂《これはりのあざまろ》の乱(780～)に対し蝦夷《えみし》征討，阿弖流為《あてるい》が抵抗
	792	軍団廃止(東北・佐渡・九州を除く)，健児《こんでい》の制採用
	794	平安京遷都
	795	雑徭《ぞうよう》を半減(60日→30日)，公出挙《くすいこ》の利率減(5割→3割)
桓武	797	勘解由使《かげゆし》を設置
		蝦夷征討(～801)に，坂上田村麻呂を征夷大将軍として派遣
	801	畿内《きない》の班田を12年に1班とする(808　6年1班に戻す)
	802	阿弖流為降伏，胆沢《いさわ》城を築城し，多賀城から鎮守府《ちんじゅふ》移転
	805	徳政相論《とくせいそうろん》 史(藤原緒嗣《おつぐ》の「天下の民が苦しむところは軍事と造作」との進言を採用)→平安京の造営中止 ↓ **軍事・造作の中止**
806 平城 809		平城天皇の藤原薬子寵愛《くすこちょうあい》，仲成(式家)重用
	810	蔵人所《くろうどどころ》設置→藤原冬嗣《ふゆつぐ》(北家)，蔵人頭《くろうどのとう》となる
		平城太上天皇の変(薬子の変)
嵯峨	811	征夷大将軍文室綿麻呂《ふんやのわたまろ》，蝦夷を服属させる
		※この頃検非違使《けびいし》設置(816が初出)
	820	弘仁格式《こうにんきゃくしき》選定(藤原冬嗣)，施行(►p.67三代格式)
823	823	大宰府管内で公営田《くえいでん》開始

(784～805：桓武天皇の政治改革／810～823：藤原北家の台頭)

2 長岡京と平安京

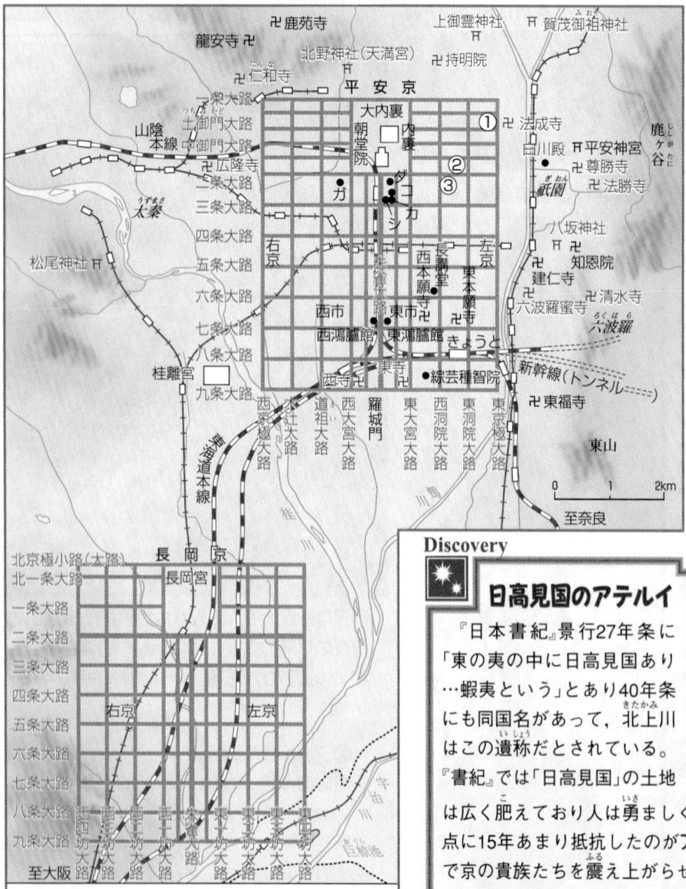

① 藤原道長邸	ダ 大学寮	寺院・神社
② 藤原実資邸	コ 弘文院	赤字 平安時代末までの造立
③ 東三条殿	カ 勧学院	黒字 平安時代末以降の造立
	シ 奨学院	
	ガ 学館院	

3 桓武天皇の政治改革

目的	●律令政治の再建 ●寺社など旧勢力からの離脱
政治改革	●旧勢力の排除(長岡京・平安京遷都) →天智系皇族の都に南都寺院の移築不可 ●農民負担の軽減 →軍団廃止，雑徭半減，班田12年1班 ●地方政治の刷新 →勘解由使《かげゆし》による国郡司の行政監察 ●兵制の改革 →健児《こんでい》(郡司の子弟)の制

3-1 桓武天皇　京都・延暦寺蔵

3a 皇室の系図

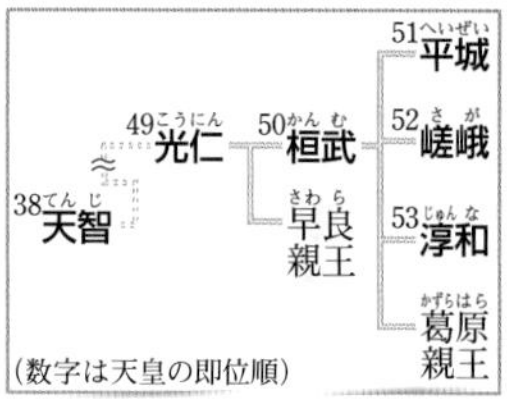

4 東北侵出と蝦夷の抵抗 (◄p.42・55)

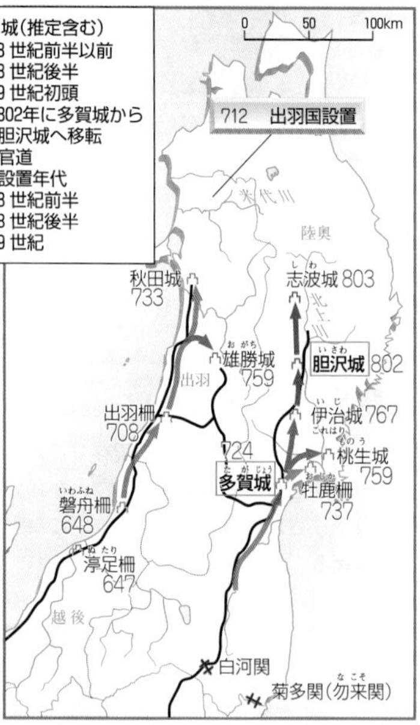

時代	年	事項
飛鳥	647	渟足《ぬたり》柵設置
	648	磐舟《いわふね》柵設置
	658	阿倍比羅夫《あべのひらふ》蝦夷《えみし》征討(～660)
奈良	712	出羽国の設置
	724	多賀城築城 陸奥国府・鎮守府《ちんじゅふ》設置
	733	出羽柵を移し秋田城とする
	780	伊治呰麻呂《これはりのあざまろ》の乱 多賀城を焼かれる
	788	蝦夷征討(～789)
	789	衣川で阿弖流為《あてるい》に大敗
	791	蝦夷征討(～794)
平安初期	797	坂上田村麻呂を征夷大将軍に任じ蝦夷征討(～801)
	802	阿弖流為降伏，胆沢《いさわ》城築城 多賀城より鎮守府移転
	803	志波《しわ》城を築城
	811	文室綿麻呂《ふんやのわたまろ》，蝦夷征討 蝦夷を服属させる

5 令外官

*□＝平安初期に設置

官職	設置(天皇)	職務内容
中納言《ちゅうなごん》	705(文武)	大納言の補佐，上奏《じょうそう》・宣下《せんげ》を司《つかさど》る。**公卿《くぎょう》**に含まれる
鋳銭司《ちゅうせんし》	708(元明)	貨幣鋳造を司る。皇朝十二銭《こうちょうじゅうにせん》を鋳造
按察使《あぜち》	719(元正)	国郡司の行政を監督する地方行政監察官
参議《さんぎ》	731(聖武)	議政官として朝政に参加，**公卿《くぎょう》**に含まれる
内大臣《ないだいじん》	771(光仁)	左右大臣に次ぐ地位で代わって儀式政務を執れる
征夷大将軍《せいいたいしょうぐん》	794(桓武)	蝦夷《えみし》征討のための臨時に任じた最高指揮官
勘解由使《かげゆし》	797？(桓武)	国司交代時の引継ぎ文書(解由状《げゆじょう》)を検査し，不正や争いを防ぐ
蔵人頭《くろうどのとう》	810(嵯峨)	天皇に近侍し，機密事務を扱う**蔵人所**の長官
検非違使《けびいし》	816？(嵯峨)	京の治安維持，裁判も扱う。824年**検非違使庁**開設
摂政《せっしょう》	858(清和)	天皇幼少か女帝時に代わって執政。(866年藤原良房が，臣下で初)
押領使《おうりょうし》	878(陽成)	地方の暴徒鎮圧。10世紀後半に常設
関白	884(光孝)	天皇より先に奏上《そうじょう》文を内覧《ないらん》できる
追捕使《ついぶし》	932(朱雀)	海賊・凶賊《きょうぞく》を追跡，逮捕。承平《じょうへい》・天慶《てんぎょう》の乱後常設

Discovery

日高見国のアテルイ

『日本書紀』景行27年条に「東の夷の中に日高見国あり…蝦夷という」とあり40年条にも同国名があって，北上川《きたかみ》はこの遺称《いしょう》だとされている。『書紀』では「日高見国」の土地は広く肥《こ》えており人は勇《いさ》ましく強いと記している。侵略してきたヤマト朝廷軍に対し，北上川中流の胆沢《いさわ》を拠点に15年あまり抵抗したのが**アテルイ(阿弖流為)**である。彼は802年に征夷大将軍**坂上田村麻呂**に降伏するまで京の貴族たちを震《ふる》え上がらせた。故郷を守るため戦ったアテルイについては，作家高橋克彦氏の小説「火怨《かえん》」，ミュージカル劇「アテルイ－北の燿星《ようせい》」(右写真)などで脚光を浴びている。その中からは，アテルイ側(被侵略者)の視点からみた別の歴史が見えてくる。

1 最澄《さいちょう》と空海《くうかい》

1-1 最澄(伝教大師)

1-2 空海(弘法大師)

	天台宗	真言宗
開祖	最澄《さいちょう》(伝教《でんぎょう》大師767〜822) 近江《おうみ》に生まれ19歳で出家，比《ひ》叡山《えいざん》に草庵《そうあん》を結ぶ(785)	空海《くうかい》(弘法《こうぼう》大師774〜835) 讃岐《さぬき》に生まれ，大学に学んだあと出家
入唐	804〜805　**天台山《てんだいさん》**にて天台奥《おう》義《ぎ》・密教・禅《ぜん》を学ぶ	804〜806　青竜寺の**恵果《けいか》**に真《しん》言宗《ごんしゅう》を学ぶ
開山	**805**　帰国後，**桓武《かんむ》**・嵯峨《さが》天皇の保護で布教→**南都仏教と対立** 818〜819　『山家学生式《さんげがくしょうしき》』を定め，大乗戒壇《だいじょうかいだん》設立を主張 (822　没後7日目に許可) **比叡山延暦寺《ひえいざんえんりゃくじ》**…**南都《なんと》**(興福《こうふく》寺《じ》)に対し**北嶺《ほくれい》**と称される 805　帰国後，天台宗の中心とする 823　延暦寺の勅額《ちょくがく》を賜《たま》う	**806**　帰国後，**嵯峨《さが》**天皇に保護され布教 **高野山金剛峰寺《こうやさんこんごうぶじ》**…総本山 816　嵯峨天皇の保護下で，高野山に創建 **教王護国寺《きょうおうごこくじ》(東寺《とうじ》)**…大本山 823　嵯峨天皇より賜う ＊勅額…天皇直筆の額
法典	法華経《ほけきょう》	大日経《だいにちきょう》・金剛頂経《こんごうちょうきょう》
教義	隋の智顗《ちぎ》が開創。仏前における人間の絶対平等を説く	真言(仏＝大日如来《だいにちにょらい》の真実の言葉)の教えを聞き，秘法の**加持祈禱《かじきとう》**によって，**即身成仏《そくしんじょうぶつ》**できると説いた
著作	『**山家学生式《さんげがくしょうしき》**』…大乗戒《だいじょうかい》による，学生養成のための法式 『**顕戒論《けんかいろん》**』…戒壇設立に反対する南都六宗を論駁《ろんばく》	『**三教指帰《さんごうしいき》**』…797　儒・道・仏教での仏教の優位を説く
発展	円仁《えんにん》(838　最後の遣唐使の一員で入唐)・円珍《えんちん》(853　入唐)により密教化(＝**台密《たいみつ》**)。993年以降，円仁末流の**山門派《さんもんは》**(＝**山《やま》**，**延暦寺《えんりゃくじ》**)と円珍末流が大津《おおつ》に下って起こした**寺門派《じもんは》**(＝**寺《てら》**，**園城寺《おんじょうじ》＝三井寺《みいでら》**)に分裂	**現世利益《げんぜりやく》**への期待で，貴族層に支持され，密教が流行。真言密教を**東密《とうみつ》**という
影響・業績	絶対平等の教えは，鎌倉仏教の開祖《かいそ》らの思想に影響	・**三筆《さんぴつ》**…『**風信帖《ふうしんじょう》**』 ・灌漑《かんがい》事業…讃岐に満濃池《まんのういけ》 ・庶民教育…**綜芸種智院《しゅげいしゅちいん》**

1 a 奈良仏教(南都仏教)と密教の違い

① 南都六宗の理論的・学問的側面から経典を学ぶ**顕教《けんぎょう》**に対し，宗教的・実践的側面を重視する**密教《みっきょう》**的傾向を持つ
② 鎮護国家《ちんごこっか》のみならず，**現世利益《げんぜりやく》**の仏教である
③ **山岳仏教**の性格をもち，山岳崇拝と結合し修験道《しゅげんどう》の源となる

2 入唐の航路と密教文化

Point 最澄と空海さらに**橘逸勢《たちばなのはやなり》**は同じ第18回遣唐使に随行《ずいこう》して入唐した。最澄と空海は別々の船に乗船していたこともあって，中国での行動も全く違ったものになった。最澄は，直ちに入唐前から目的としていた天台山へ向かい約8か月で帰国した。空海は，使節とともに長安に行き，**密教**の奥《おう》義《ぎ》を恵果《けいか》から本格的に学び帰国したのである。

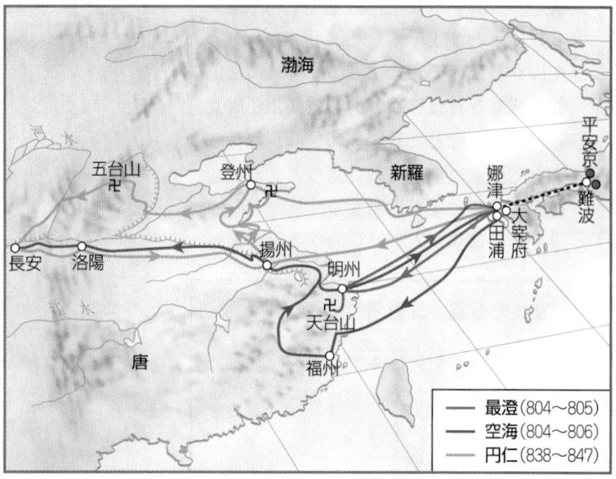

2 a 空海が伝えた密教文化

2-1 東寺御影堂の護摩壇　(株)新潮社芸術新潮

2-2 金剛密教法具　五鈷鈴《ごこれい》 高さ25.8cm 五鈷《ごこ》杵《しょ》 長さ24.0cm 京都・東寺蔵

2-3 白檀《びゃくだん》の一木に彫られた諸尊仏龕《しょそんぶつがん》
和歌山・金剛峰寺蔵

Point 大日如来《だいにちにょらい》が不可思議《ふかしぎ》な力をもって伝える真の教えを**密教**というが，その宗教的実践は極《きわ》めて新鮮《しんせん》なものであった。不動明王や極彩色《ごくさいしき》の曼陀羅《まんだら》に囲まれ薄暗い護摩壇《ごまだん》で珍しい法具《ほうぐ》を使って行われる**加持祈禱《かじきとう》**は，当時の人々に**現世利益《げんぜりやく》**を期待させるものとなった。

TRY 論述 密教が皇族・貴族から広く民衆に広がったのはなぜか。当時の社会背景を踏まえ，奈良時代の仏教と比較して答えなさい。
比較 相互関連

! 入唐求法巡礼行記《にっとうぐほうじゅんれいこうき》

最後の遣唐使について入唐し，密教を学んだ天台僧が最澄の弟子《でし》円仁《えんにん》である。足かけ10年に及ぶ唐での苦難の様子はこの旅行記に詳《くわ》しい。838年に揚州から五台山に参詣《さんけい》し，長安で密教を深く学んだが，たまたま起きた仏教弾圧に遭遇《そうぐう》し還俗《げんぞく》までさせられた。この記録は同時に唐の生活様式や遣唐使や随行員の任務や行動を具体的に記録している点でも貴重な資料である。たとえば楽師が琵琶《びわ》の師匠《ししょう》から秘技を伝授されたことや画工が唐の名画をすべて模写《もしゃ》したことなど彼《かれ》らが勉学をきわめ学問芸能を日本に招来《しょうらい》したことがよくわかる。円仁は新羅商船で帰国し天台宗の密教化に腐心《ふしん》した。

入唐求法巡礼行記
国 個人蔵

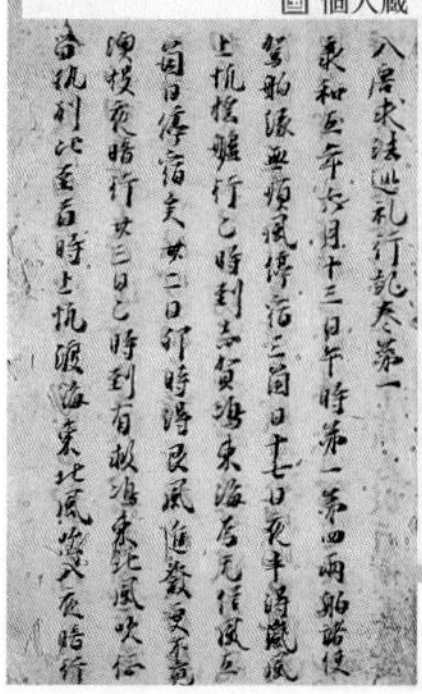

円仁
栃木・輪王寺蔵

弘仁・貞観文化①

弘仁・貞観文化

- 8世紀末～9世紀末(平安初期中心)
- 中国から入ってきた密教の興隆《こうりゅう》，山岳仏教の成立を背景に新しい仏教文化が成立
- 観音《かんのん》，明王《みょうおう》など密教関連の仏像が増える
- 文芸で国家隆盛を実現しようとする文章《もんじょう》経国《けいこく》の思想により漢詩文が隆盛
- 学問，教育が盛ん

建築	室生寺《むろうじ》金堂・五重塔
彫刻	室生寺《むろうじ》金堂《こんどう》釈迦《しゃか》如来《にょらい》像 室生寺弥勒堂《みろくどう》釈迦如来坐像 元興寺《がんごうじ》[国]薬師《やくし》如来《にょらい》像 神護寺《じんごじ》薬師如来像 薬師寺《やくしじ》[国]僧形八幡神《そうぎょうはちまんしん》像 観心寺《かんしんじ》如意輪観音《にょいりんかんのん》像 教王護国寺《きょうおうごこくじ》[国]五大明王像(不動明王) 法華寺《ほっけじ》十一面観音《じゅういちめんかんのん》像
絵画	神護寺両界曼荼羅《りょうかいまんだら》 教王護国寺両界曼荼羅 園城寺《おんじょうじ》不動明王像(黄不動) 高野山[国]明王院《みょうおういん》不動明王像(赤不動)
書道	三筆 嵯峨天皇 光定戒牒《こうじょうかいちょう》 空海 風信帖《ふうしんじょう》 橘逸勢《たちばなのはやなり》 伊都内親王願文《いとないしんのうねがいぶみ》
漢詩	★凌雲《りょううん》集・★文華秀麗《ぶんかしゅうれい》集・★経国《けいこく》集 性霊《しょうりょう》集(空海)・菅家文草《かんけぶんそう》(菅原道真)
格式	三代格式《きゃくしき》(弘仁・貞観・延喜) 令義解《りょうのぎげ》・令集解《りょうのしゅうげ》

★は勅撰

一木造《いちぼくづくり》 弘仁・貞観文化期の木造彫刻の特徴で，仏像の頭部と胴体を一本の木材から作り出し，深彫りが可能となる技法をいう。

1 建築

↑1-1 **室生寺《むろうじ》金堂** 今は柿葺《こけらぶき》だが当初は檜皮葺《ひわだぶき》の簡素なつくりだった。
[国] 平面12×12m

(宮元健次『図説 日本建築のみかた』学芸出版社を参考に作成)

Point 室生寺は，8世紀末頃に興福寺の末寺として創建された。真言宗の寺で「女人《にょにん》高野」とよばれる。山岳仏教的色彩が強く，自由な伽藍《がらん》配置の傾向にある。

↓1-2 **室生寺《むろうじ》五重塔** 檜皮葺《ひわだぶき》の端麗な国内最小の五重塔。
[国] 高さ16.2m(修復以前のもの)

2 彫刻

↑2-1 **室生寺弥勒堂《みろくどう》釈迦《しゃか》如来《にょらい》坐像《ざぞう》**
[国] 像高105.7cm

↑2-2 **室生寺《むろうじ》金堂《こんどう》釈迦《しゃか》如来像《にょらいぞう》**
[国] 像高237.7cm

↑2-3 **観心寺《かんしんじ》如意輪観音像《にょいりんかんのんぞう》** 華麗な彩色，豊満な肢体は女性的。 [国] 像高108.8cm

↓2-4 **法華寺《ほっけじ》十一面観音像《じゅういちめんかんのんぞう》**
[国] 像高100.0cm

↓2-5 **神護寺《じんごじ》薬師如来像《やくしにょらいぞう》**
[国] 像高169.7cm

→2-6 **元興寺《がんごうじ》薬師如来像《やくしにょらいぞう》**
[国] 像高169.7cm

翻波式《ほんぱしき》 平安時代初期の仏像彫刻の布のしわの表現様式を指す。衣文《えもん》のひだを深く刻み，角が鋭い大波と丸味のある小波が交互に繰り返されて流れ翻《ひるがえ》るような表現となっている。11世紀初め頃衰退するが，地方でつくられる一木造《いちぼくづくり》の仏像には12世紀まで残る。 →**室生寺釈迦如来** 部分

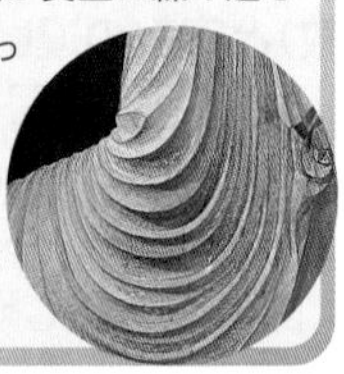

3 絵画

3-1 教王護国寺《きょうおうごこくじ》両界曼荼羅《りょうかいまんだら》(金剛界《こんごうかい》) 国183.0×154.0cm

3-2 教王護国寺両界曼荼羅(胎蔵界《たいぞうかい》) 国183.0×154.0cm

曼荼羅《まんだら》 梵語《ぼんご》で mandalaは悟《さと》りの境地に達することをいう。曼荼羅は本来，壇・道場と訳すが，そこに仏教の真理が集約・象徴されると考えられた。

[金剛界《こんごうかい》曼荼羅] 金剛頂経により，大日如来《だいにちにょらい》の煩悩《ぼんのう》を打ち破る力が金剛のように強いことを示す。

[胎蔵界《たいぞうかい》曼荼羅] 大日経により悟りへ進む姿を，胎児が胎内で成長するかのようであることを示す。

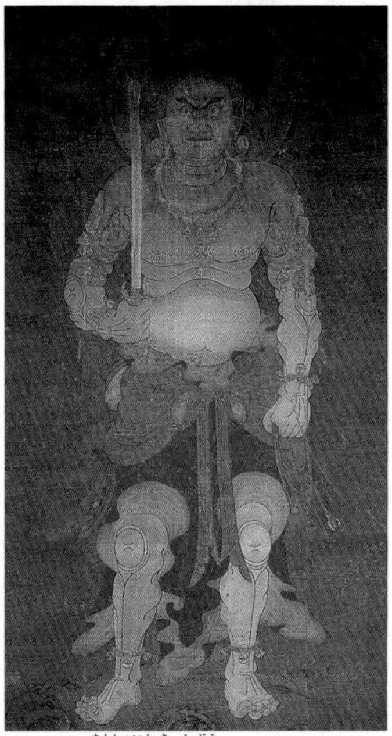

3-3 曼殊院黄不動《まんしゅいんきふどう》 国 168.2×80.3cm

2-7 教王護国寺《きょうおうごこくじ》(東寺)講堂不動《ふどう》明王《みょうおう》像　五大明王の一つ。大日《だいにち》如来の使者として悪を断じ，衆生《しゅじょう》を救う仏として信仰が厚い。

国 像高175.1cm

2-8 薬師寺僧形八《そうぎょうはち》幡神《まんしん》像　神仏習合《しんぶつしゅうごう》が進み仏像に似せた神像がつくられた。

国 像高38.8cm

3-4 高野山明王院《みょうおういん》赤不動 国165.0×95.8cm

4 書

三筆《さんぴつ》　平安初期の，唐風の力強い筆蹟の能書家３人を指す。

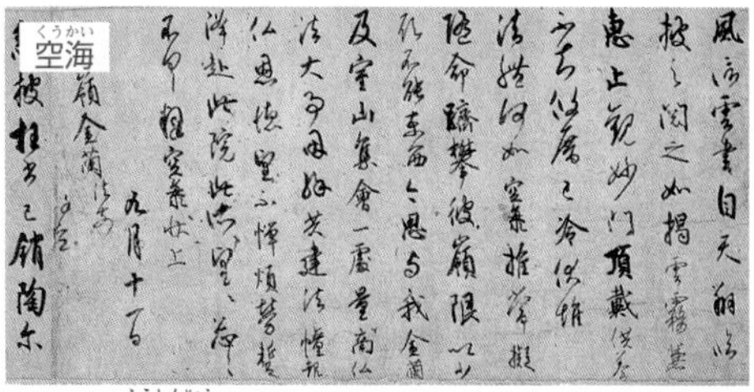

4-1 風信帖《ふうしんじょう》(空海筆，最澄へ送った書状) 国 京都･東寺蔵

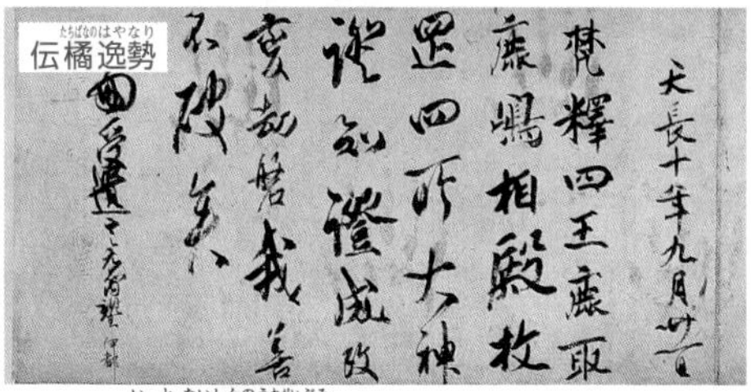

4-2 伊都内親王願文《いとないしんのうねがいぶみ》(伝橘逸勢筆)　宮内庁蔵

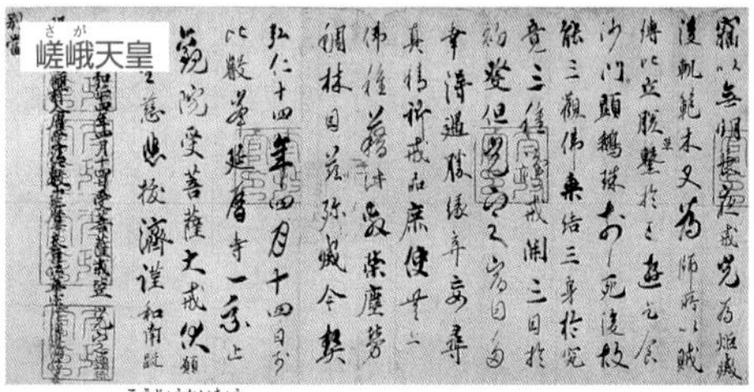

4-3 光定戒牒《こうじょうかいちょう》(嵯峨天皇筆) 国 滋賀・延暦寺蔵

5 教育

大学教科の充実 －四道

明経道《みょうぎょうどう》	儒教の経典を学ぶ。清原・中原氏が世襲《せしゅう》
明法道《みょうほうどう》	律令・格式の研究。明法家に中原・坂上氏
紀伝道《きでんどう》(文章道《もんじょうどう》)	漢文学・史学を研究。教官の文章博士は大江《おおえ》氏・菅原《すがわら》氏が主流。小野氏からも出た
算《さん》　道《どう》	算数の学を教授。算博士には小槻《おづき》・三善《みよし》氏

大学別曹 －有力氏族が，子弟教育のために設置

弘文院《こうぶん》[和気《わけ》氏]	800頃	和気広世《ひろよ》が創設
勧学院《かんがく》[藤原氏]	821	藤原冬嗣《ふゆつぐ》が創設
学館院《がくかん》[橘《たちばな》　氏]	844頃	壇林《だんりん》皇后(橘嘉智子《かちこ》)創設
奨学院《しょうがく》[在原《ありわら》氏]	881	在原行平《ゆきひら》が皇族のため創設

6 格式の編纂

格《きゃく》は律令の補則･改正，式《しき》は施行細則

名称		年	天皇	編者	備考
三代格式	弘仁格 弘仁式	820	嵯峨《さが》	藤原冬嗣《ふゆつぐ》ら	格は『類聚三《るいじゅうさん》代格《だいきゃく》』に一部現存。式は『延喜式』のみ完全に現存。
	貞観格	869	清和《せいわ》	藤原氏宗《うじむね》ら	
	貞観式	871			
	延喜格	907	醍醐《だいご》	藤原時平ら	
	延喜式	927		藤原忠平ら	
令義解《りょうのぎげ》 史		833	淳和《じゅんな》	清原夏野《きよはらのなつの》ら	養老令の注釈書
令集解《りょうのしゅうげ》		9世紀	清和	惟宗直本《これむねのなおもと》	諸家に伝わる令の注釈集

藤原氏の台頭

1 藤原北家の台頭

青字の天皇は母が藤原氏　青数字は即位年齢
藤原氏の他氏排斥

即位年	天皇	即位年齢
809	嵯峨《さが》	24
823	淳和《じゅんな》	38
833	仁明《にんみょう》	24
850	文徳《もんとく》	24
858	清和《せいわ》	9
876	陽成《ようぜい》	9
884	光孝《こうこう》	55
887	宇多《うだ》	21
897	醍醐《だいご》	13
930	朱雀《すざく》	8
946	村上	21
967	冷泉《れいぜい》	18
969	円融《えんゆう》	11
984	花山《かざん》	17
986	一条	7
1011	三条	36
1016	後一条	9
1036	後朱雀	28
1045	後冷泉	21
1068	後三条	35

摂政　関白

年	摂政・関白
866	良房《よしふさ》
872	基経《もとつね》
884	基経
890	
	忠平《ただひら》
	実頼《さねより》
	実頼
	伊尹《これただ》
	兼通《かねみち》
	頼忠《よりただ》
	兼家《かねいえ》
	道隆《みちたか》
	道兼《みちかね》
995	道長《みちなが》(内覧)
	道長
	頼通《よりみち》
	頼通
1068	教通《のりみち》

藤原北家の台頭

810　蔵人所《くろうどどころ》設置。冬嗣《ふゆつぐ》，蔵人頭《くろうどのとう》に就任
810　平城《へいぜい》太上天皇の変(薬子《くすこ》の変)　仲成《なかなり》・薬子兄妹が平城太上天皇復位と平城京遷都《せんと》を企図《きと》，失敗【藤原式家の没落】

摂関政治の開始

842　承和《じょうわ》の変　良房《よしふさ》，恒貞《つねさだ》親王派の伴健岑《とものこわみね》・橘逸勢《たちばなのはやなり》らを謀反《むほん》の疑いで隠岐《おき》・伊豆《いず》に配流《はいる》
866　応天門《おうてんもん》の変 史　伴善男《とものよしお》，源信《みなもとのまこと》の失脚をねらい応天門に放火。発覚し紀豊城《きのとよき》・夏井《なつい》とともに配流
866　良房，人臣にして初めて摂政《せっしょう》就任
884　基経，光孝天皇を擁立《ようりつ》し，事実上初めての関白《かんぱく》となる
887～888　基経，関白の詔《みことのり》の文言に反発，出仕拒否。宇多天皇，起草者橘広相《たちばなのひろみ》を罰し勅書を改める【阿衡《あこう》の紛議】【藤原氏の示威《じい》事件】

寛平《かんぴょう》の治《ち》(891～897)
894　菅原道真《すがわらのみちざね》の建議で，遣唐使《けんとうし》停止
[この間，滝口《たきぐち》の武者《むしゃ》設置]

延喜《えんぎ》の治(897～930)
901　昌泰《しょうたい》の変　時平《ときひら》の陰謀で，道真を大宰権帥《だざいのごんのそち》に左遷《させん》
902　延喜《えんぎ》の荘園整理令…勅旨田《ちょくしでん》・親王賜田《しでん》廃止。最後の班田
914　三善清行《みよしきよゆき》の意見封事《ふうじ》十二箇条，奏上 史

939～941　天慶《てんぎょう》の乱(平将門《まさかど》・藤原純友《すみとも》が東・西国で反乱)

天暦《てんりゃく》の治(949～967)
958　乾元《けんげん》大宝鋳造(最後の本朝十二銭《ほんちょうじゅうにせん》)

摂関常置

967　実頼，関白となり，以後摂関常置
969　安和《あんな》の変　源満仲《みつなか》の密告で，源高明《たかあきら》を大宰府に左遷

摂関家の内部抗争

977　兼家を左遷…[兼通・兼家の争い]
995　道長，内覧《ないらん》となり伊周《これちか》と対立…[道長・伊周の争い]
996　伊周を大宰権帥に，隆家《たかいえ》を出雲権守に左遷

摂関政治の全盛

1016　道長，摂政就任
1017　頼通，摂政就任
1018　道長，一家三立后を達成。「望月《もちづき》の歌」を詠む(『小右記《しょうゆうき》』) 史
1019　刀伊《とい》の入寇《にゅうこう》，藤原隆家《たかいえ》が撃退。頼通，関白となる
1020　道長，法成寺《ほうじょう》建立
1045　寛徳《かんとく》の荘園整理令…前任国司以後の新立荘園禁止
1053　頼通，平等院鳳凰堂《びょうどういんほうおう》を建立

摂関政治の衰退

1068　藤原氏を外戚《がいせき》としない後三条天皇即位
1069　延久《えんきゅう》の荘園整理令 史…記録荘園券契《けんけい》所設置，大江匡房《おおえのまさふさ》登用

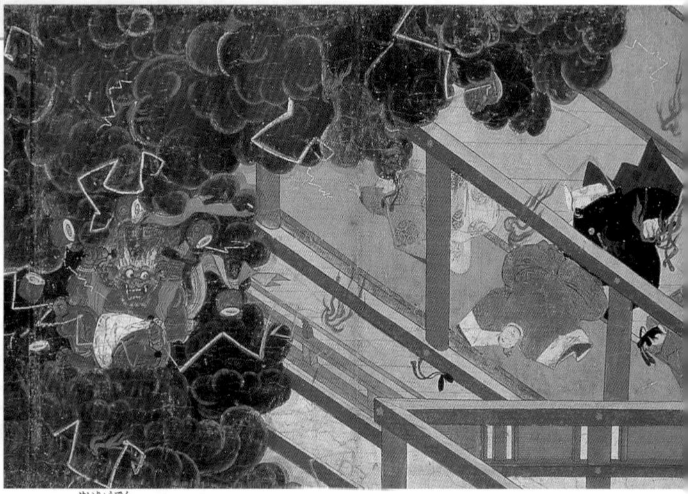

1-1 清涼殿《せいりょうでん》の西南の柱に落ちた落雷のすさまじさを描いた北野天神縁起絵巻　藤原時平の讒言《ざんげん》で菅原道真が大宰府に左遷《させん》され横死《おうし》したが，これに荷担《かたん》した貴族たちが焼死・悶絶《もんぜつ》死している。醍醐天皇はこの後すぐ譲位し，同年他界している。時平はたたりに悩まされ39歳の若さですでに死亡していたが，道真の怨霊《おんりょう》によると信じた藤原氏は，北野天満宮(北野神社)を建立し霊《れい》を鎮《しず》めようとしたのである。 国 京都・北野天満宮蔵

2 公卿《くぎょう》の変化と藤原氏の比率

①藤原氏公卿数
②公卿総人数

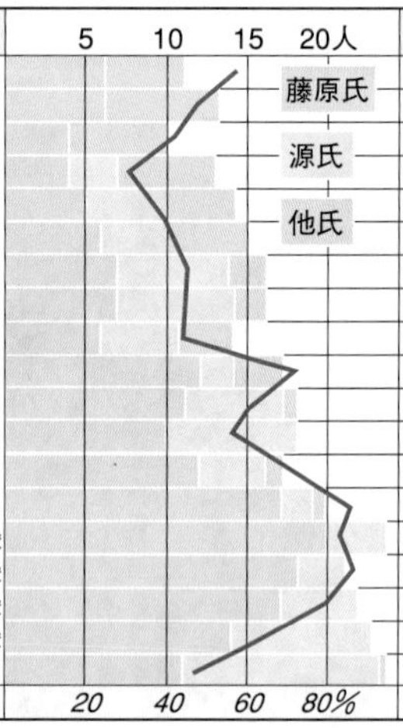

年代	事項	天皇	①	②	%
794	平安京遷都	桓武	6	11	55
811	薬子の変(810)後	嵯峨	6	13	46
820	冬嗣，台頭	嵯峨	4	10	40
841	承和の変(842)前	仁明	4	13	30
858	良房，事実上摂政	清和	5	14	36
866	応天門の変	清和	6	15	40
884	基経，事実上関白	光孝	7	16	44
887	基経，正式に関白	宇多	7	16	44
901	菅原道真を左遷	醍醐	6	14	43
930	醍醐天皇譲位	朱雀	12	17	71
969	安和の変	冷泉	11	18	61
977	兼通・兼家の対立終	円融	10	18	56
998	道長，台頭	一条	12	17	71
1008	//	一条	17	20	85
1017	頼通，摂政	後一条	20	24	83
1028	摂関政治全盛期	後一条	18	21	86
1032	//	後一条	17	22	77
1070	摂関家衰退	後三条	14	23	61
1103	白河院政	堀河	11	24	46

1-2 伴大納言絵巻に描かれた応天門の炎上　866年，大納言伴善男《とものよしお》は大極殿前の応天門に放火し，左大臣源信《みなもとのまこと》の失脚をねらって犯人であると訴えたが，子どもの喧嘩《けんか》が発端《ほったん》となって(►p.81)，伴善男自身が真犯人であることが発覚，伊豆に配流《はいる》された。この事件がきっかけで伴(大伴)氏・紀氏が没落し，藤原良房《ふじわらのよしふさ》が実権を握ることになる。 国 東京・出光美術館蔵

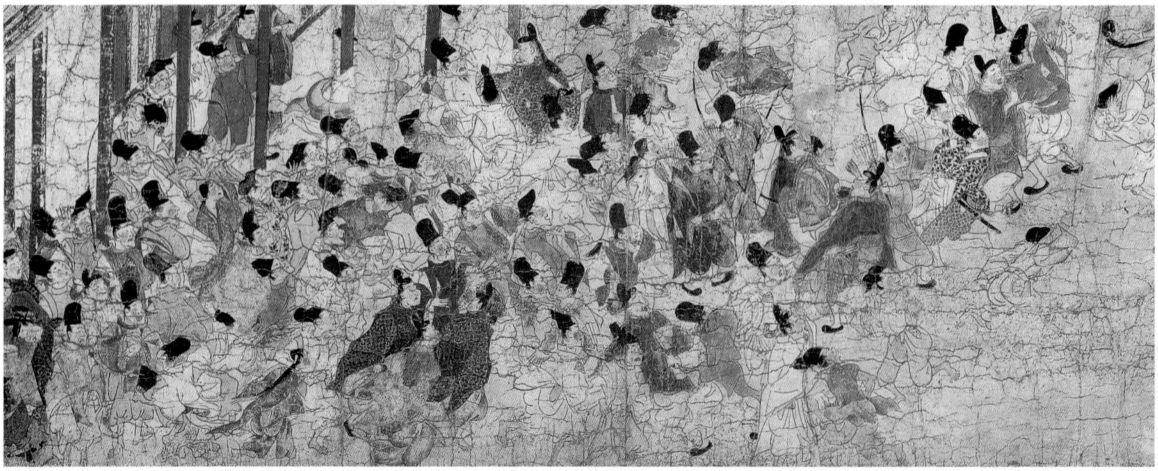

1 藤原氏系図

青字は天皇　青数字は即位順　○数字は藤原氏の摂政・関白の順　＝は養子関係

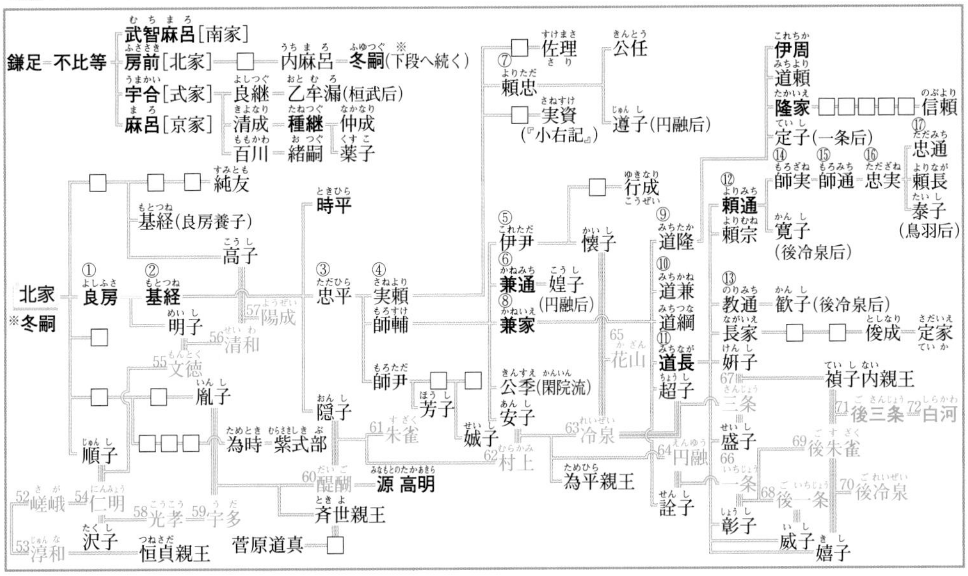

2 摂関政治の構造

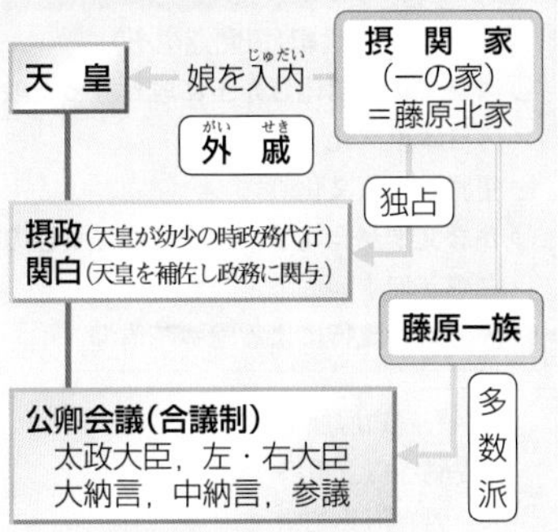

2 a 摂関家の経済基盤

○**官職に伴う収入**
律令制の規定による膨大な，位田・位封・職田・功封(◀p.50)

○**荘園の収入**
寄進地系荘園→荘園整理令の例外

○**成功・重任**(▶p.75)**の見返り**
国司の任命権を独占的に行使

3 道長の栄華

（紫式部日記絵詞）　国 部分 第五段 大阪・藤田美術館蔵

Point ライバルの藤原伊周《これちか》を追い落とし，初めて外孫の皇子が生まれた道長が，一条天皇の行幸《ぎょうこう》に備え，邸宅《ていたく》である土御門《つちみかど》殿内の池に浮かぶ新造したばかりの龍頭鷁首《りゅうとうげきしゅ》の船を見ている。『紫式部日記絵詞』に描かれた道長は喜びに満ちた表情で，権力を手に入れ，これから始まる栄華《えいが》を予感させる。

4 宋との交流

Point 中国との正式な国交は遣唐使の停止で中断していたが，私的な往来は続いていた。唐に代わった宋（北宋）からは，錦《にしき》・綾《あや》・香薬・経典・茶碗などが持ち込まれ，「唐物《からもの》」と呼ばれて高値で取引され，貴族たちに珍重された。例外的に僧侶の渡航は許され，東大寺学僧の**奝然《ちょうねん》**は938年入宋，太宗に謁し五台山の巡礼を行った。大蔵経とともに帰国し，清凉寺を建立して釈迦像を安置した。他にも1072年に入宋し客死した**成尋《じょうじん》**がいる。

↑4-1 清凉寺釈迦如来像　国 像高160.0cm

➔4-2 北宋の定窯《ていよう》の白磁《はくじ》

TRY 論述 摂関政治について，9世紀後半から10世紀中頃までの前期と，10世紀中頃から11世紀中頃までの後期の二期に分け，その特徴を比較して述べなさい。 推移 比較

Discovery

病に倒れた道長　道長の日記

『**御堂関白記《みどうかんぱくき》**』(▶p.73)には非常に雨を気にする記事が多い。どうやら気管支《きかんし》系統の病気である喘息《ぜんそく》などであったと推察できる。1018年には胸の病気で眠れない日々が続いたようで，苦しさのあまり大声を発することもあったらしい。その年の冬，**「望月の歌」**史を詠《よ》んで栄華《えいが》を誇ったが，翌日には藤原実資《さねすけ》に「汝の顔，殊に見えず」と言った。これは糖尿病による網《もう》膜《まく》症とされ，過食過飲に加え，政権争いのストレスも加わって発病したものと思われる。20世紀になって，国際糖尿病会議記念切手に肖像《しょうぞう》が描かれることになるとは思ってもみなかったであろう。

! 刀伊《とい》の入寇《にゅうこう》

1019年，突然九州を外敵が襲った。正体不明のこの賊《ぞく》は高麗人が「刀伊」とよんだ女真人《じょしんじん》で，朝鮮半島を襲った後，対馬海峡を渡ってきたのである。当時大宰権帥《だざいごんのそち》だったのが豪傑《ごうけつ》で知られた**藤原隆家《たかいえ》**であった。隆家は兄伊《これ》周《ちか》とともに道長との政争に敗れ，一旦は復帰したものの大宰府に派遣されていた。よく誤解されるが左遷《させん》ではなく，唐人医師に目を治療してもらうため自ら望んで赴任《ふにん》していた。隆家の活躍で刀伊は撃退《げきたい》されたが，死者365人におよび九州は大きな被害を受けた。

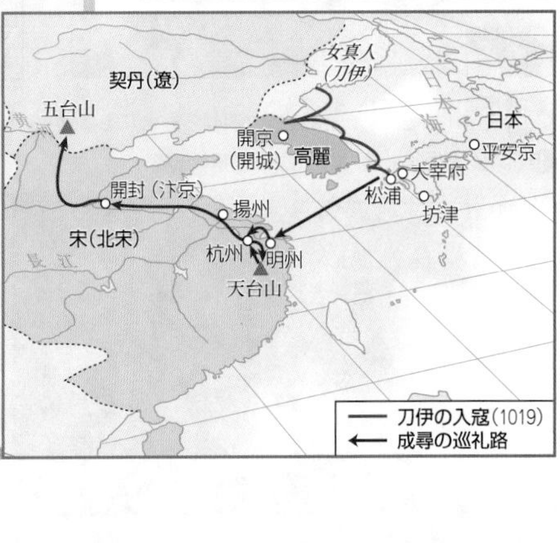

70 国風文化①

国風文化

- 10世紀～11世紀(摂関期中心)
- 唐風文化を消化した上に成り立った独自の日本風文化
- 優雅《ゆうが》な貴族文化
- かな文学が発達し，文化形成に女性の存在感が増す
- 浄土教《じょうどきょう》の流行による阿弥陀信仰《あみだしんこう》

建築	平等院鳳凰堂《ほうおうどう》 醍醐寺《だいごじ》五重塔 法界寺阿弥陀堂《ほうかいじあみだ》
彫刻	平等院鳳凰堂阿弥陀如来像《あみだにょらい》[寄木造《よせぎづくり》] 平等院鳳凰堂雲中供養菩薩像《うんちゅうくようぼさつ》 法界寺阿弥陀如来像[寄木造]
絵画	高野山聖衆来迎図《しょうじゅらいごうず》 平等院鳳凰堂扉絵《とびらえ》
書道	三蹟《さんせき》 小野道風《おののとうふう》《みちかぜ》 屏風土代《びょうぶどだい》・秋萩帖《あきはぎじょう》 藤原佐理《さり》《すけまさ》 離洛帖《りらくじょう》 藤原行成《こうぜい》《ゆきなり》 白氏詩巻《はくししかん》
工芸	沢千鳥螺鈿蒔絵小唐櫃《さわちどりらでんまきえこからびつ》

Discovery

源氏物語ミュージアム

(京都・宇治市)

紫式部によって書かれた『源氏物語』は，五十四帖《じょう》からなる長編文学作品で，翻訳もされ世界でも高い評価を得ている。

その最後の十帖で舞台となっている宇治に源氏物語の世界をイメージできる博物館がある。光源氏がもっとも華やかな時を過ごした六条院の再現模型や貴族たちが日常的に使っていた牛車《ぎっしゃ》，貴族の女性の正式な衣服である女房装束《にょうぼうしょうぞく》(十二単)，調度品《ちょうどひん》などが復元，展示されている。また，『源氏物語』をマルチ画面映像や音響を多彩に取り入れてわかりやすく紹介している。

1 かな文字の発達

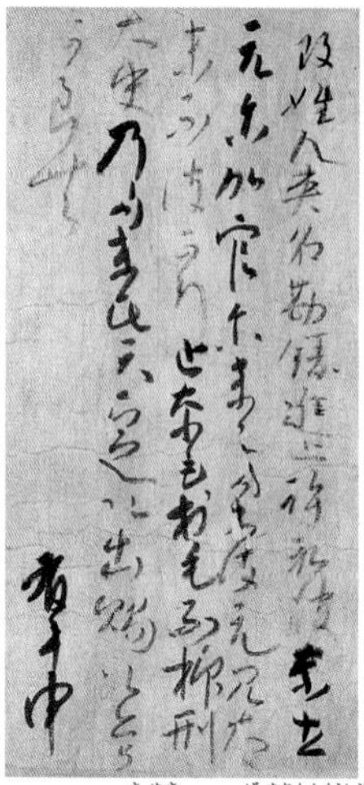

・・・・(9字略)・・・・・許《こ》礼《れ》波《は》奈《な》世《ぜ》
无《む》爾《に》加《か》官《官》尓《に》末《ま》之《し》多《た》末《ま》波《は》无《む》見《見》太《た》
末《ま》不《ふ》波《は》可《か》利《り》止《と》奈《な》毛《も》於《お》毛《も》不《ふ》・後略・
有年申

1-1 讃岐《さぬき》国司解有年申文《げありとしもうしぶみ》 867年頃，藤原有年筆の草がなの早期の資料。万葉仮名(「奈」「加」など)と平がな(「ふ」「と」など)を併用。

平がな

无	和	良	也	末	波	奈	太	左	加	安
ん	わ	ら	や	ま	は	な	た	さ	か	あ
	為	利		美	比	仁	知	之	幾	以
	ゐ	り		み	ひ	に	ち	し	き	い
		留	由	武	不	奴	川	寸	久	宇
		る	ゆ	む	ふ	ぬ	つ	す	く	う
	恵	礼		女	部	祢	天	世	計	衣
	ゑ	れ		め	へ	ね	て	せ	け	え
	遠	呂	与	毛	保	乃	止	曽	己	於
	を	ろ	よ	も	ほ	の	と	そ	こ	お

片かな

爾	和	良	也	末	八	奈	多	散	加	阿
ン	ワ	ラ	ヤ	マ	ハ	ナ	タ	サ	カ	ア
	井	利		三	比	二	千	之	幾	伊
	ヰ	リ		ミ	ヒ	ニ	チ	シ	キ	イ
		流	由	牟	不	奴	州	須	久	宇
		ル	ユ	ム	フ	ヌ	ツ	ス	ク	ウ
	恵	礼		女	部	祢	天	世	介	江
	ヱ	レ		メ	ヘ	ネ	テ	セ	ケ	エ
	乎	呂	与	毛	保	乃	止	曽	己	於
	ヲ	ロ	ヨ	モ	ホ	ノ	ト	ソ	コ	オ

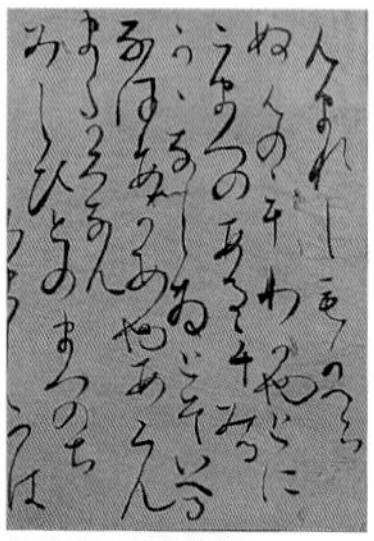

(財)前田育徳会蔵

1-2 『土佐日記』写本 紀貫之《きのつらゆき》原作『土佐《とさ》日記』の最古の写本で，藤原定家《さだいえ》《ていか》が原作者の筆跡を模して書写したと言われている。

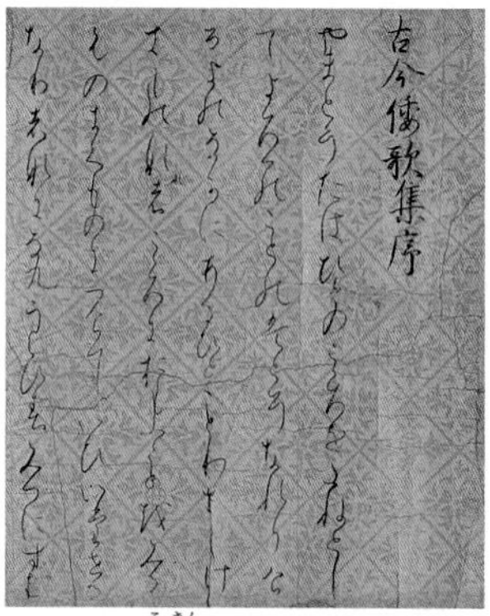

古今倭歌集序
やまとうたはひとのこころをたねとし
てよろつのことのはとそなれりけ
るよのなかにあるひとことわさしけ
きものなれはこころにおもふことをみる
ものきくものにつけていひいたせる
なりはなになくうくいすみつにすむ

1-3 『古今《こきん》和歌集』仮名序(伝俊頼筆) 国 大倉文化財団蔵

2 文学

詩歌	古今《こきん》和歌集	紀貫之《きのつらゆき》など	905年成立した，最初の勅撰《ちょくせん》和歌集
	和漢朗詠《ろうえい》集	藤原公任《きんとう》	1012年頃成立。朗詠にふさわしい日本・中国の詩歌収録
物語文学	竹取《たけとり》物語	未詳	竹取の翁《おきな》とかぐや姫の説話に，当時の貴族社会が反映
	伊勢《いせ》物語	未詳	在原業平《ありわらのなりひら》が主人公の短編集。歌物語の初め
	宇津保《うつぼ》物語	未詳	967～984年成立。左大将の娘貴宮《あてみや》をめぐる求婚物語
	落窪《おちくぼ》物語	未詳	継母《ままはは》にいじめられたが貴公子に愛される落窪の君の物語
	源氏《げんじ》物語	紫式部《むらさきしきぶ》	光源氏《ひかるげんじ》の恋愛と薫《かおる》大将の悲劇を通じ，貴族社会を描写
	栄華《えいが》(花)物語	赤染衛門《あかぞめえもん》？	歴史物語。かな文字で書かれ，藤原道長の栄華を讃美《さんび》
日記・随筆	枕草子《まくらのそうし》	清少納言《せいしょうなごん》	中宮定子《ちゅうぐうていし》に宮仕《みやづか》えした頃の情趣《じょうしゅ》・機知《きち》に富んだ随筆《ずいひつ》集
	土佐《とさ》日記	紀貫之	貫之が土佐守《とさのかみ》の任を終え帰京するまでの最初のかな日記
	蜻蛉《かげろう》日記	藤原道綱《みちつな》の母	夫藤原兼家《かねいえ》との家庭生活を日記風に記録
	紫式部日記	紫式部	中宮彰子《しょうし》に仕えていた頃の宮廷《きゅうてい》の見聞《けんぶん》や人物評を記録
	和泉式部《いずみしきぶ》日記	和泉式部	敦道《あつみち》親王との恋愛関係を回想して描く
	更級《さらしな》日記	菅原孝標《たかすえ》の女	13歳の時，父の任地上総《かずさ》より帰京してからの一生の回想録
辞書	和《わ》(倭)名類聚抄《みょうるいじゅうしょう》	源順《みなもとのしたごう》	930年代に成立した，最初の百科漢和辞書

2-1 中宮彰子《ちゅうぐうしょうし》と紫式部《むらさきしきぶ》(紫式部日記絵詞《えことば》) 小袿《こうちぎ》姿の彰子(左)が，正装(女房《にょうぼう》装束《しょうぞく》)の紫式部に『白氏文集《はくしもんじゅう》』の進講を受けている。当時才気《さいき》ある女性は宮仕《みやづか》えをした。 重 個人蔵

3 書

三蹟《さんせき》 王羲之《おうぎし》の書体をもとにしたかな・草体の流麗・優雅な和風能書家3人を指す。

3-1 秋萩帖《あきはぎじょう》 国 部分 東京国立博物館蔵

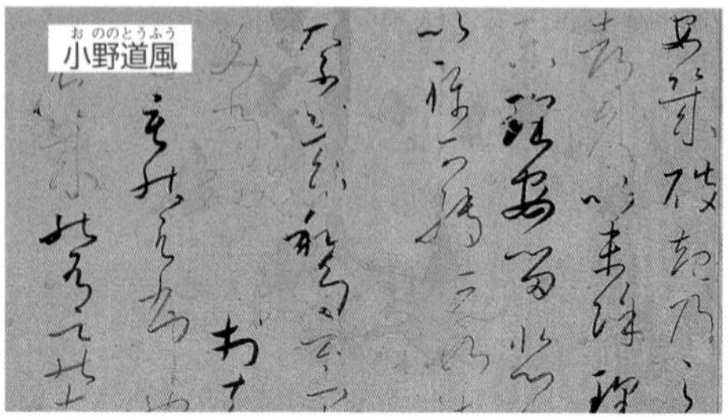

3-2 離洛帖《りらくじょう》 国 部分 東京・(財)畠山記念館蔵

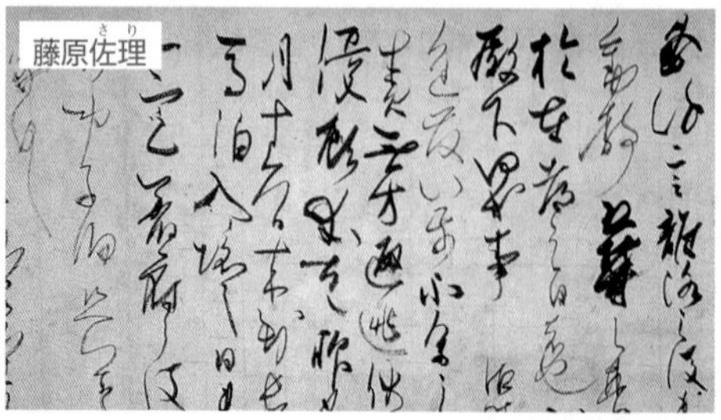

3-3 白氏詩巻《はくししかん》 行成は世尊寺《せそんじ》流を創始。 国 部分

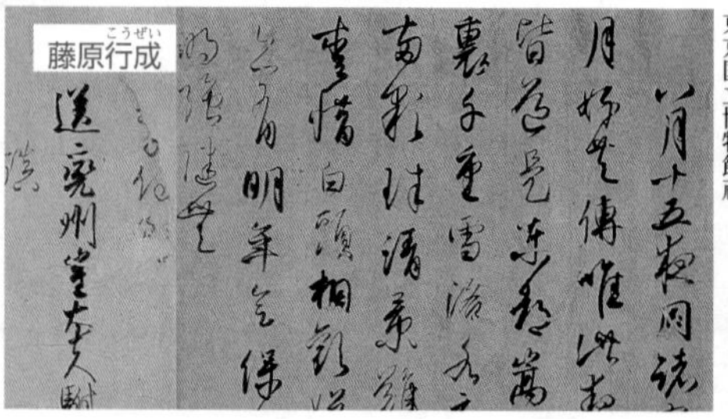

4 建築

⬆4-1 **平等院鳳凰堂《ほうおうどう》**　1053年(末法翌年)，藤原頼通が宇治の別荘を阿弥陀堂とした。 国 平面46.9(正面)×35.3(奥行)m

⬆4-2 **鳳凰**
高さは1mを超える。 国

⬆4-3 **法界寺《ほうかいじ》阿弥陀堂《あみだどう》**
内部に定朝《じょうちょう》様の阿弥陀如来像がある。 国 平面13.4×13.4m

⬆4-4 **醍醐寺《だいごじ》五重塔**　952年完成。内部に両界曼荼羅《りょうかいまんだら》が描かれる。 国 高さ38.2m

5 彫刻

⬆5-2 **平等院鳳凰堂雲中《うんちゅう》供養《くよう》菩薩《ぼさつ》像**
阿弥陀仏の周囲壁面に配置されている。
国 像高40.0～87.0cm

⬅5-1 **平等院鳳凰堂阿弥陀《あみだ》如来《にょらい》像**　定朝《じょうちょう》制作の確証がある唯一《ゆいいつ》の仏像。寄木造《よせぎづくり》でつくられた柔和な気高い阿弥陀如来像。 国 像高278.7cm

> **!** **末法思想**　釈迦の入滅後，正法（1000年）・像法(1000年)・**末法**(10000年)へと時代が下るにしたがい，仏法が衰え乱世になるという考え方。**1052年**が末法初年とされ，平安中期以降，極楽往生を願い**浄土教**が流行した。

5a 寄木造《よせぎづくり》

(製作者：山崎隆之氏・松永忠興氏)

Point 平安中期以降，複数の部分を多くの工人が制作し，寄せ合わせる仏像彫刻法。大型化が可能。

❶像の形に合わせて材を寄せ，下図を描く
❷材を組んだままで彫刻する
❸各材を一度解体し材ごとに内刳《うちぐ》りを施す
❹寄木造の解体写真
(平等院阿弥陀如来坐像の概略構造)
❺彫刻の完成。この後彩色工程に入る

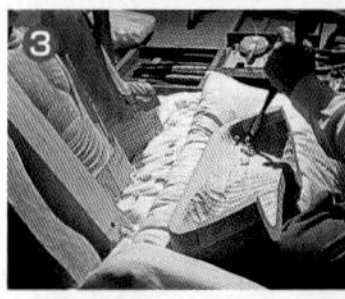

6 絵画

⬆6-1 **高野山聖衆来迎図《しょうじゅらいごうず》**　浄土信仰の高まりによって，極楽浄土から阿弥陀如来が多くの菩薩を伴って死者を迎えに来るようすを描いた来迎図が書かれた。現存する来迎図中最大で，大和絵《やまとえ》風に描かれている。 国 和歌山・有志八幡講十八箇院蔵

7 浄土信仰

源信 滋賀・聖衆来迎寺 滋賀県立琵琶湖文化館蔵

史

Point 左は**源信《げんしん》(恵心僧都《えしんそうず》)**の画像で，比叡山の良源《りょうげん》に学び，「市聖《いちのひじり》」といわれた空也《くうや》とともに浄土教を拡大した中心人物。比叡山横川《よかわ》の恵心院に住んだことから，「恵心僧都」の名でもよばれる。彼が記した『**往生要集《おうじょうようしゅう》**』(龍谷大学大宮図書館蔵)は，985年，浄土信仰の根拠を示すために，念仏による極楽往生の方法とその重要性を示している。藤原道長も愛読したといわれる。

> **!** **往生伝**　さまざまな善行，特に浄土信仰に基づく念仏を修して阿弥陀仏の浄土に極楽往生を遂げた人々の伝記を集め，善行を奨《すす》める助けとした書物。
> 『日本往生極楽記』…　985年頃成立した最初の往生伝で，慶滋保胤《よししげのやすたね》が著す。
> 『拾遺往生伝《しゅういおうじょうでん》』………　1132年三善為康《みよしためやす》が95人の往生伝を著す。

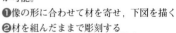

雅な世界①
～貴族の生活～

摂関政治が確立すると，貴族の政務《せいむ》は定式化して儀礼《ぎれい》的な内容となる。身分や家柄で将来がほぼ固定化された貴族社会では，先例《せんれい》や迷信《めいしん》が重視される中，優美さを追求する雅《みやび》な世界が展開することになる。

貴族の服装

←1 束帯《そくたい》
復元 直衣とも国立歴史民俗博物館蔵

↑3 束帯姿の紀貫之《きのつらゆき》
(『三十六歌仙絵』)
東京・五島美術館蔵

↑5 女房装束姿の小大君《こおおきみ》
(『三十六歌仙絵』)
奈良・大和文華館蔵

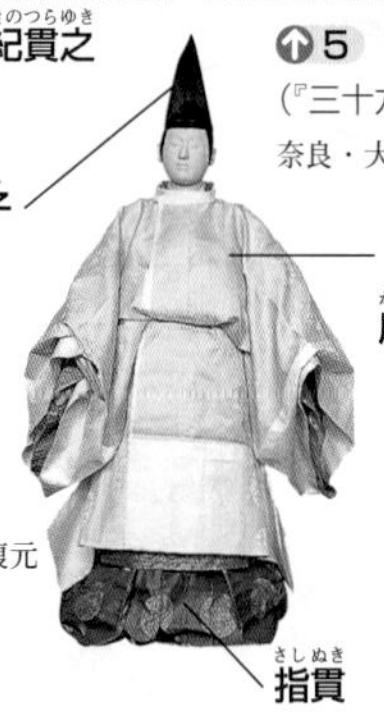

→2 直衣《のうし》 復元

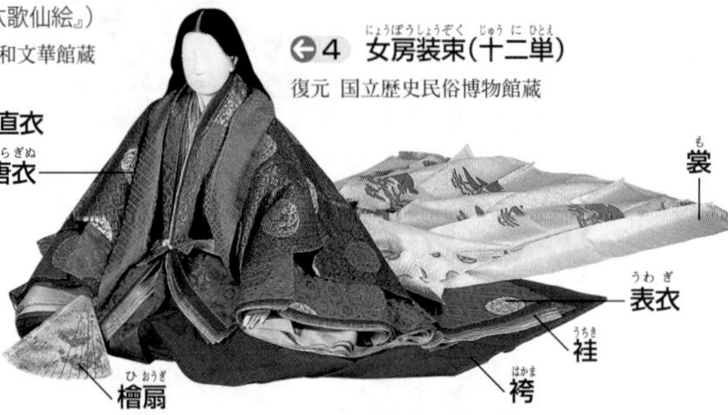

←4 女房装束《にょうぼうしょうぞく》(十二単《じゅうにひとえ》)
復元 国立歴史民俗博物館蔵

Point **束帯**《そくたい》は略式の**衣冠**《いかん》とともに貴族男性の正装で，公の行事はすべてこの衣装で参加した。平常服は**狩衣**《かりぎぬ》・**直衣**《のうし》であった。宮中の女官の正装は**女房装束**《にょうぼうしょうぞく》で，単《ひとえ》の上に**袿**《うちき》を何枚も重ねたところから十二単という。袿は女性の略装で，さらに短いものを**小袿**《こうちぎ》といいいずれも**袴**《はかま》をつけていた。それに対し庶民は簡素で働きやすい服装である。

庶民の服装

↙6 水干《すいかん》 復元
小袖とも京都・風俗博物館蔵

→7 小袖 復元

女房装束の着付け

①小袖《こそで》

②長袴《ながばかま》

③単《ひとえ》

④袿《うちき》(五衣《いつつぎぬ》)

⑤打衣《うちぎぬ》

⑥表衣《うわぎ》

⑦唐衣《からぎぬ》

⑧裳《も》

衣装・撮影協力 ハクビ総合学院

! 重ね(襲《かさね》)の色目

貴族たちは，衣服の色彩の組み合わせで，華《はな》やかさと優雅《ゆうが》さを競《きそ》った。衣の表裏上下の配色に趣向《しゅこう》を凝《こ》らし，色彩の濃淡《のうたん》やぼかしを表現してそれぞれに草花や風物の名称を付けた。季節や年齢ばかりでなく，どんな場面で着用するか，教養と適切な判断力が必要だった。

邸宅内の調度

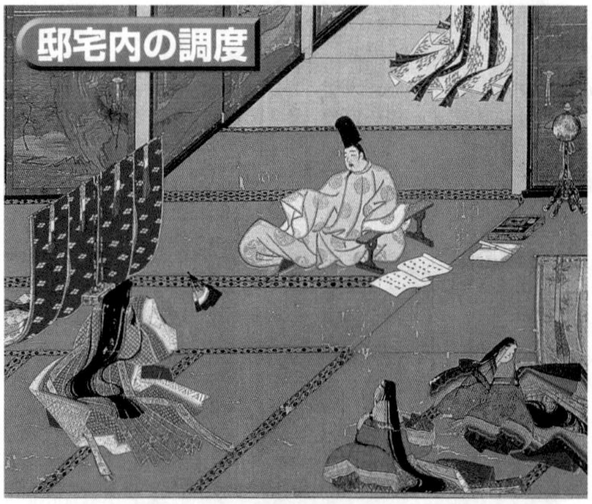

→8 貴族の邸宅(春日権現験記絵)
国 宮内庁三の丸尚蔵館蔵

↓9 邸宅の復元 国立歴史民俗博物館蔵

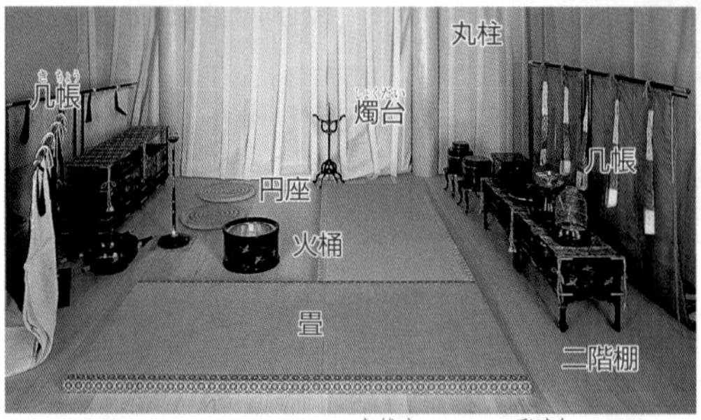

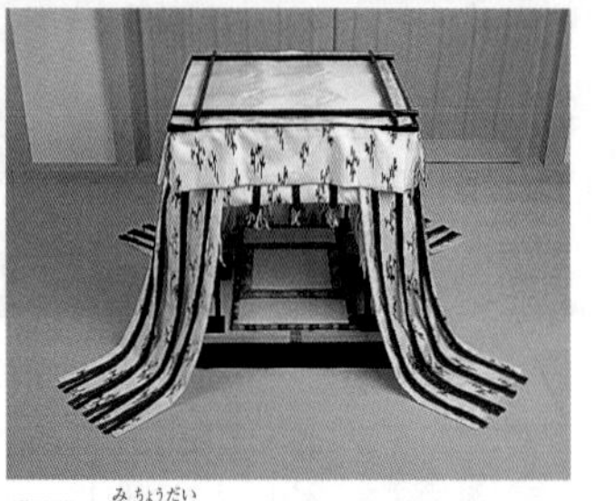

↑10 御帳台《みちょうだい》 復元 風俗博物館蔵 主人の寝台

寝殿造

Point 藤原氏嫡流《ちゃくりゅう》の代々の邸宅《ていたく》で代表的な**寝殿造**であった東三条殿を復元した模型。東西約109m，南北約218mにおよぶ広大な敷地内に，寝殿を中心に**対屋**《たいのや》・**釣殿**《つりどの》などが渡殿《わたどの》で接続され，中庭・池が設けられている。屋根は**檜皮葺**《ひわだぶき》，柱は**白木造**の**丸柱**，床は板敷きとなっている。

復元
国立歴史民俗博物館蔵

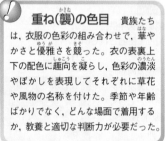

雅な世界②
～年中行事～

年中行事

Point 宮廷の政治が安定し内容が整理されてくると，それらはしだいに固定化して**年中行事**の骨格ができあがる。藤原基経《もとつね》は885年に光孝《こうこう》天皇に１年間の公事《くじ》を書いた年中行事障子《しょうじ》(人物の後ろの衝立《ついたて》)を献《けん》じ，これが清涼殿《せいりょうでん》に置かれることになった。現在，京都御所の清涼殿にも同様の障子が置かれている。

↑1 **年中行事障子《しょうじ》**(年中行事絵巻)　田中家蔵

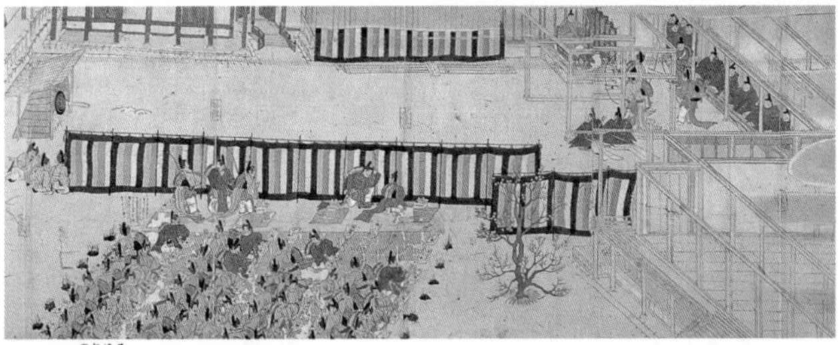

↑2 **賭弓《のりゆみ》**(年中行事絵巻)　田中家蔵

主な年中行事			
春	正月	元日	四方拝《しほうはい》・朝賀
		5日または6日	叙位
		7日	七草《ななくさ》
		11～13日	**県召除目《あがためしのじもく》**
		18日	賭弓《のりゆみ》(► 2)
	2月	4日	**祈年祭《としごいのまつり》**
		15日	涅槃会《ねはんえ》
	3月	3日	上巳《じょうし》(雛祭)
			曲水宴《ごくすいのえん》(► 3)
夏	4月	1日	更衣《ころもがえ》
		8日	灌仏会《かんぶつえ》
		中の酉《とり》の日	賀茂祭《かものまつり》(► 4)
		28日	駒牽《こまひき》
	5月	5日	端午節会《たんごのせちえ》
	6月	15日前後	**祇園会《ぎおんえ》**
		晦日《みそか》	六月祓《みなづきはらえ》
秋	7月	7日	乞巧奠《きこうでん》(七夕)(► 5)
		15日	**盂蘭盆会《うらぼんえ》**
		26日または28日	相撲節会《すまいのせちえ》
	8月	15日	仲秋観月《ちゅうしゅうかんげつ》(► 6)
	9月	9日	重陽《ちょうよう》
冬	10月	1日	更衣
	11月	中の卯の日	**新嘗祭《にいなめのまつり》**
	12月	晦日	**大祓《おおはらえ》**

↑3 **曲水宴《ごくすいのえん》**　水辺の宴で，浮かべた盃《さかずき》が流れてくるまでに歌を詠《よ》む。

↑4 **葵祭《あおいまつり》**　上賀茂・下鴨両神社の例大祭で，平安時代は賀茂祭《かものまつり》といった。

↑5 **七夕《たなばた》**　冷泉家で古式にのっとって行われている七夕の行事。平安時代の乞巧奠《きこうでん》。

↑6 **仲秋観月《ちゅうしゅうかんげつ》**　月見の宴。月の名所の大覚寺《だいかくじ》大沢池に浮かぶ船上で楽しむ。

↑7 **鶏合せ《とりあわ》**(年中行事絵巻)　闘鶏《とうけい》のことで，3月3日に行われた年中行事。狩衣《かりぎぬ》姿の公卿《くぎょう》が中心になり，女房たちも顔をのぞかせている。　田中家蔵

↑8 **蹴鞠《けまり》**(年中行事絵巻)　革製の鞠を下枝以上に蹴り上げ，落とさないようにする遊び。直衣《のうし》・狩衣《かりぎぬ》を着た公卿《くぎょう》や僧の姿も見える。　田中家蔵

↑9 **中宮大饗《ちゅうぐうたいきょう》**(年中行事絵巻)　公卿《くぎょう》は儀式や饗宴《きょうえん》が夜におよぶことが多くなり，内裏《だいり》に泊まり込む場合も少なくなかった。　田中家蔵

物忌《ものいみ》と陰陽師《おんみょうじ》

Point (❶)は長岡京出土の物忌札《ものいみふだ》で，陰陽師に示された**物忌**の日を知らせ他人の出入りを禁止するため門前に立てた。平安時代以降の政務の形式化とともに，貴族は日常生活を厳しく規制していた吉凶占いや物忌などにかかわる**陰《おん》陽道《みょうどう》**に関心を向け，夢違《ゆめたが》え，**方違《かたたがえ》**が盛んになった。(❷)は道長に重用《ちょうよう》された陰陽師の安倍晴明《あべのせいめい》が病気の疫病神《やくびょうがみ》(左上)を追い払うため祭文を読み，祈禱《きとう》をしている場面である。

❶

全長
110.4cm

❷

(『不動利益縁起』)東京国立博物館蔵

! **『御堂関白記《みどうかんぱくき》』**　貴族たちは，日記にその日の出来事《できごと》のみならず，儀式《ぎしき》の作法や行事の進め方，約束事を正確に記録した。子孫が先例《せんれい》を正しく継承《けいしょう》するための公式記録だったのである。藤原道長が残した『御堂関白記』は，現存最古の自筆日記で，内覧《ないらん》になった30歳前後から書き始められ，吉凶《きっきょう》等が記されている具《ぐ》注暦《ちゅうれき》の間に書き入れられている。

＊内覧…関白に準じる重職のこと

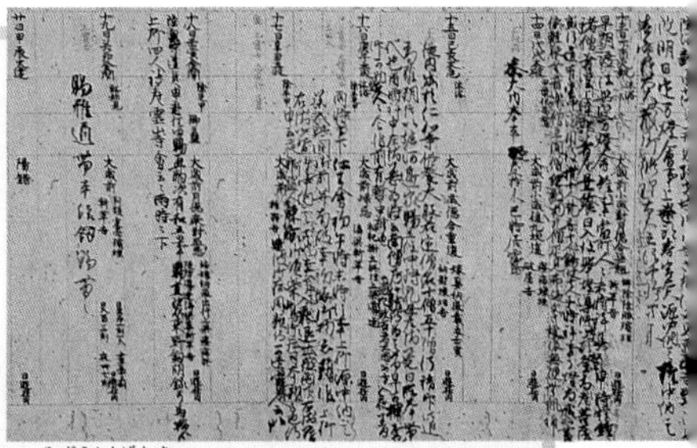

↑**御堂関白記《みどうかんぱくき》**　陽明文庫蔵　＊『御堂関白記』は2013年６月にユネスコ世界記憶遺産に登録された。

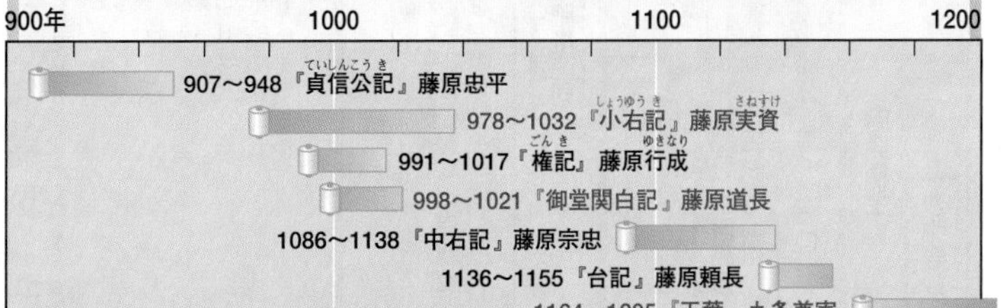

↑**貴族の主な日記**(『日本の歴史⑥』集英社により作成)

74 荘園公領制の成立

1 初期荘園の景観—東大寺領越前《えちぜん》国道守荘《ちもりのしょう》 (◄ p.57)

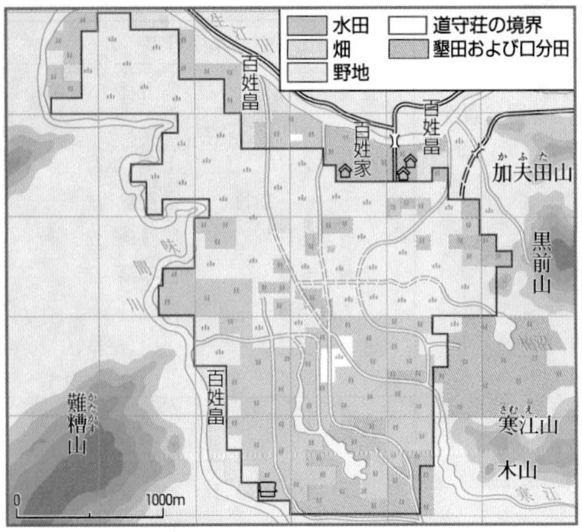

Point これは，荘園絵図の模式図《もしきず》である。荘園の境界内には農家(百姓家)が無く，周囲の班田農民によって賃租耕作《ちんそこうさく》・開墾《かいこん》が行われていたと思われる。**初期荘園のウィークポイントは，固有の荘民がいない点で，利益の少ない賃租に農民が応じなくなり崩壊した。**

2 荘園の分布

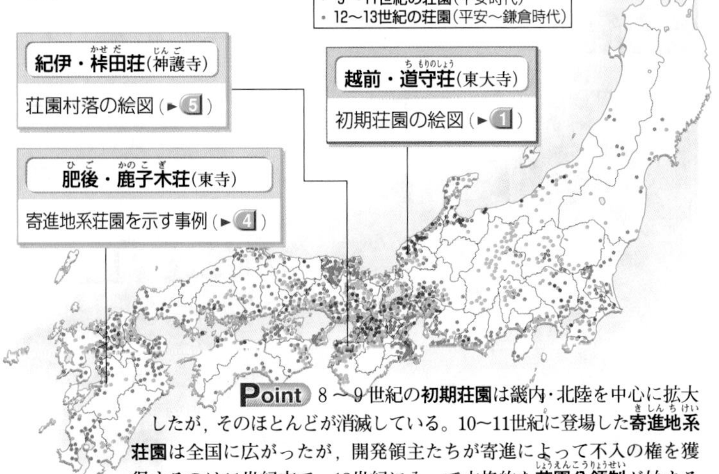

Point 8～9世紀の**初期荘園**は畿内・北陸を中心に拡大したが，そのほとんどが消滅している。10～11世紀に登場した**寄進地系荘園**《きしんちけい》は全国に広がったが，開発領主たちが寄進によって不入の権を獲得するのは11世紀末で，12世紀に入って本格的な**荘園公領制**《しょうえんこうりょうせい》が始まる。

3 荘園公領制の成立—土地支配の変化

3a 初期荘園と地方支配(8～9世紀)

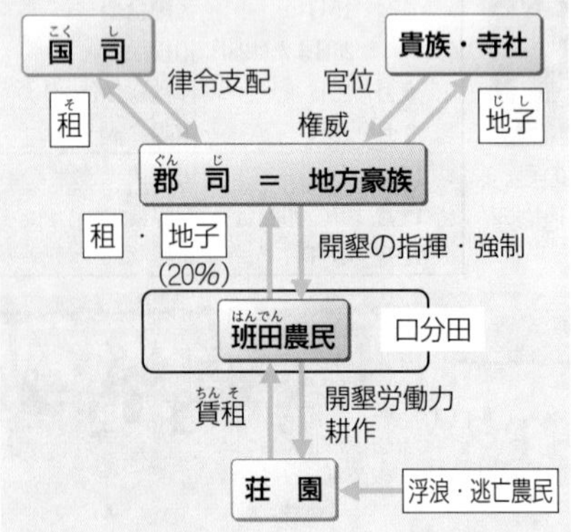

3b 負名体制《ふみょうたいせい》による請作《うけさく》経営(10～11世紀中)

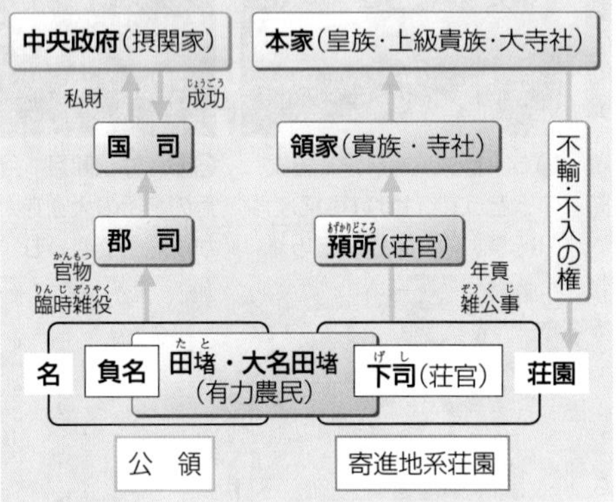

3c 荘園公領制《しょうえんこうりょうせい》による名田《みょうでん》経営(12世紀～)

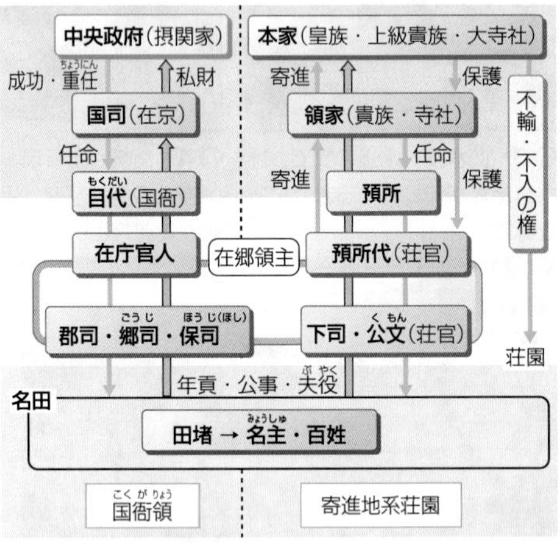

4 寄進地系荘園の事例—肥後国鹿子木荘《かのこぎ》 史

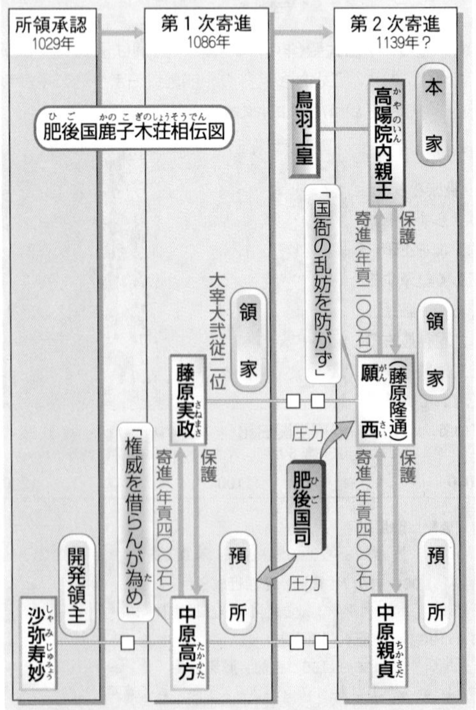

Point **寄進地系荘園**は，開発領主が国司の介入《かいにゅう》を防ぎ自己の利益を確保するため，上位の権力へ土地を寄進し保護を受け，**不輸・不入の権**を得ることで成立した。

＊鹿子木荘の史料は，荘園成立の約200年後の鎌倉時代後半に書かれた訴訟関係文書で，一方的な立場から書かれた文書とされる。そのため，内容が必ずしも当時の実態を表しているとはいえないと考えられる。

5 荘園絵図

—紀伊国桛田荘《かせだ》

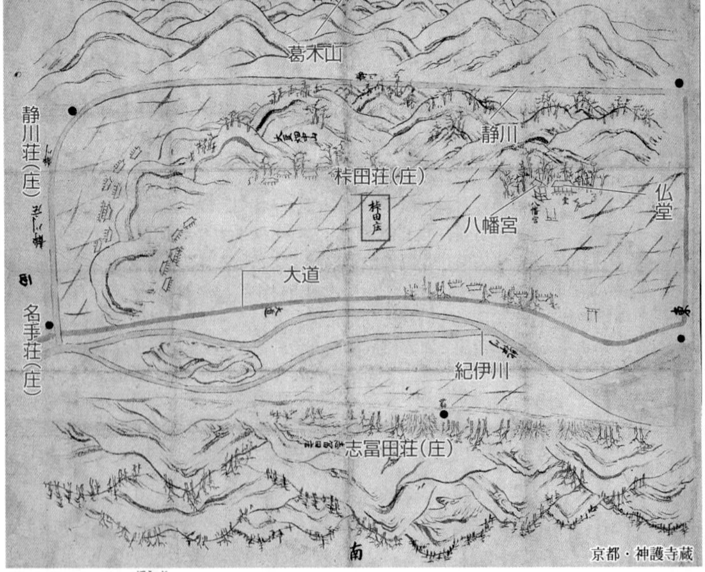

京都・神護寺蔵

Point 黒丸＝牓示《ぼうじ》は荘園の境界を示すものである。荘園内には荘民の集落や八幡宮・仏堂があり当時の村落のようすがよくわかる。

＊院政期には，寄進された耕地の集積に留まらず，立荘によって山野・河海・集落を含むまとまった地域の支配が成立した。これを「領域型荘園」とよぶこともある。

1 紀伊国の荘園分布

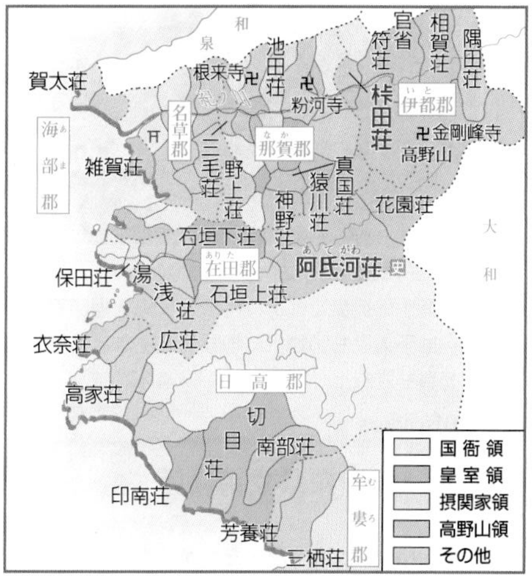

当国(紀伊)は七箇郡を管するなり。いはゆる伊都・那賀・名草・海部・在田・日高・牟婁等これなり。件の七箇郡の内、牟婁・日高・海部・在田・伊都・那賀の六箇郡は、毎郡十分の八九すでに庄領となり、公地いくばくもあらず、僅かに残る所は名草一郡ばかりなり。件の内には又……諸神社・仏寺の領する田畠等あり。（一一〇七年の官宣旨より）

Point 1107年の官宣旨《せんじ》によると紀伊国は7郡中6郡が8～9割荘園となって公領がほとんど無くなっているとされる。

2 地方政治の変質

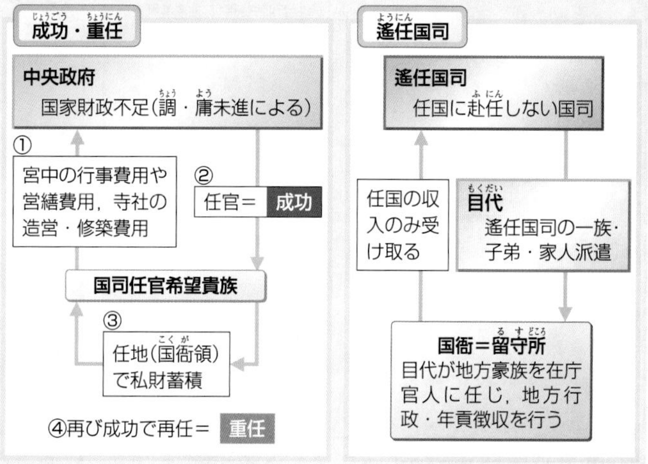

3 公出挙《くすいこ》制の変質

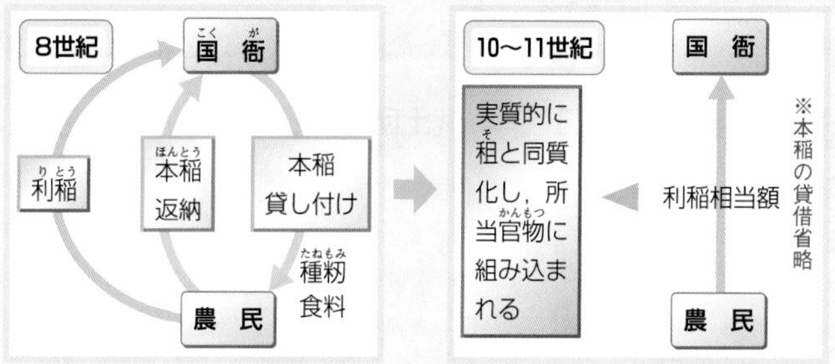

4 受領《ずりょう》の生活

4-1 **受領《ずりょう》の館**(松崎天神縁起絵巻) 都の貴族に見劣りしない調度《ちょうど》をそろえた贅沢《ぜいたく》な受領の任国での生活 重 山口・防府天満宮蔵

Discovery

「受領は倒るるところに土を摑め」

『今昔物語集』巻28に納められている説話は，受領の貪欲《どんよく》さをよく表していて有名である。話は，信濃守藤原陳忠《のぶただ》が任期を終えて帰京の途中，信濃と美濃の境にある御坂《みさか》(神《み》坂《さか》峠)で落馬し，谷底へ転落してしまった。しかし，下から声がするので，家来たちは助け上げるための籠《かご》を降《お》ろし，急いで引き揚げた。ところがやけに軽い。籠の中に入っていたのは主人ではなく，たくさんの平茸《ひらたけ》であった。再び声がするのでもう一度降ろし引き揚げると今度は重い。陳忠は片手で縄をつかみ，もう一方で持てるだけの平茸を持って上がってきた。命が危ないというのに，とあきれ顔で笑う家来たちに陳忠はたしなめるように「けしからんことを言ってはならぬ。宝の山に入って何も取らないということはない。『受領は倒るるところに土を摑《つか》め』というではないか。なんとも惜しいことをした。」と言い放ったというのである。藤原陳忠は実在した人物で，しかも10世紀末に信濃守となっている。この話が実話かどうかは確かめようもないが，平安時代の受領が任国での搾取《さくしゅ》で財を成すことはごくあたりまえのことであったのだろう。

5 訴えられた受領

5a 悪状・善状を出された国司

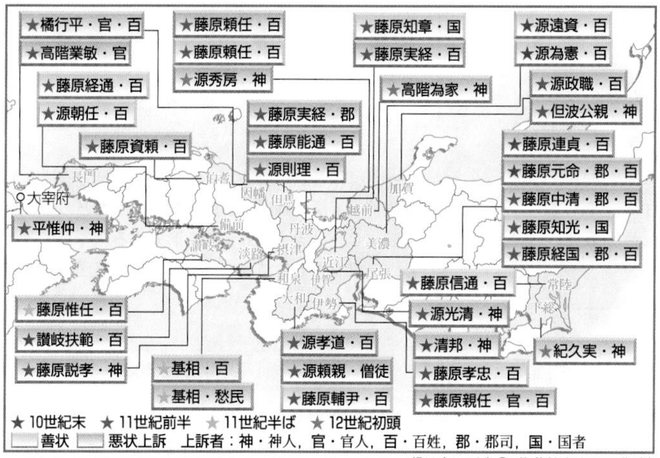

(『日本の歴史⑥』集英社をもとに作成)

5-1 **尾張国郡司百姓等解《おわりのくにぐんじひゃくしょうらげ》** 早稲田大学図書館蔵 史

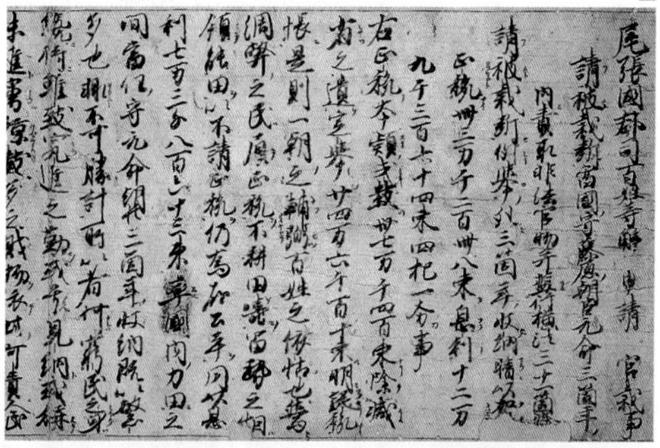

Point 左は988(永延2)年，国司藤原元命《もとなが》の非法・横暴を郡司・百姓が朝廷に訴えた訴状で元命は罷免《ひめん》された。逆に善政で再任を求められることもあった。

武士団の成長と地方の動乱①

1 武士の発生

1a 9〜10世紀の茨城県西部

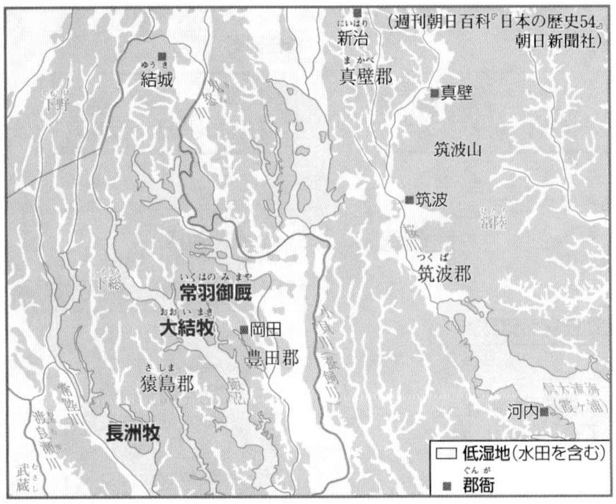

（週刊朝日百科『日本の歴史54』朝日新聞社）

Point 武士の発生には諸説あり，また，さまざまな場合が想定できる。まず，官牧《かんまき》の馬の管理者であった牧官《もっかん》が武装化したという説がある。平将門《たいらのまさかど》は猿島郡《さしま》の大結牧《おおい》と常羽御厩《いくはのみまや》の牧官という地位を利用して騎兵隊《きへいたい》を組織したともいわれる。また，都の治安を維持する検非違使《けびいし》が武装化したり，地方の荘園の荘官《しょうかん》が隣接する勢力に対抗するために武装したりもした。

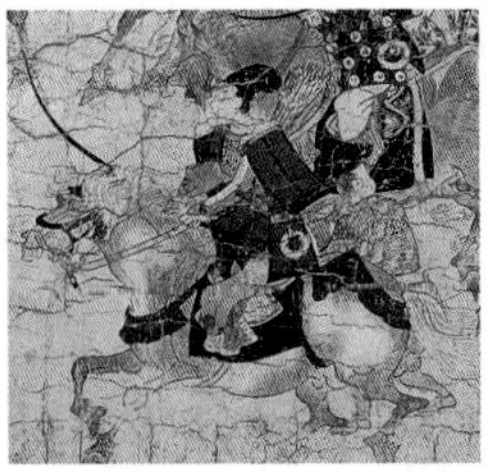

1-1 **武装《ぶそう》した検非違使《けびいし》**（伴大納言絵巻）平安後期の大《おお》鎧《よろい》を着た検非違使の姿。 国 東京・出光美術館蔵

1-3 **貴族の警護《けいご》をする武士**（年中行事絵巻） 傭兵《ようへい》として都に進出した武士は「侍《さぶらい》（貴人の側にひかえる，奉仕するの意）」として地位を確立した。場面は関白《かんぱく》の賀茂詣《かもまうで》の警護《けいご》にあたる武士。 田中家蔵

1-2 **武士と所従《しょじゅう》**（松崎天神縁起絵巻） 所従が騎馬《きば》武士に徒歩で従い，弓・刀・矢を担《かつ》いでいる。彼らは下人《げにん》ともいわれ，地頭《じとう》や名主《みょうしゅ》などに隷属《れいぞく》して売買《ばいばい》もされた。 重 山口・防府天満宮蔵

Discovery

山梨県立博物館（山梨・笛吹市）

山梨の文化，歴史をわかりやすく展示する博物館。甲斐源氏ゆかりの楯無鎧《たてなしのよろい》の精巧な複製が展示されている。

2 平氏・源氏の成長

2a 平氏・源氏関係系図

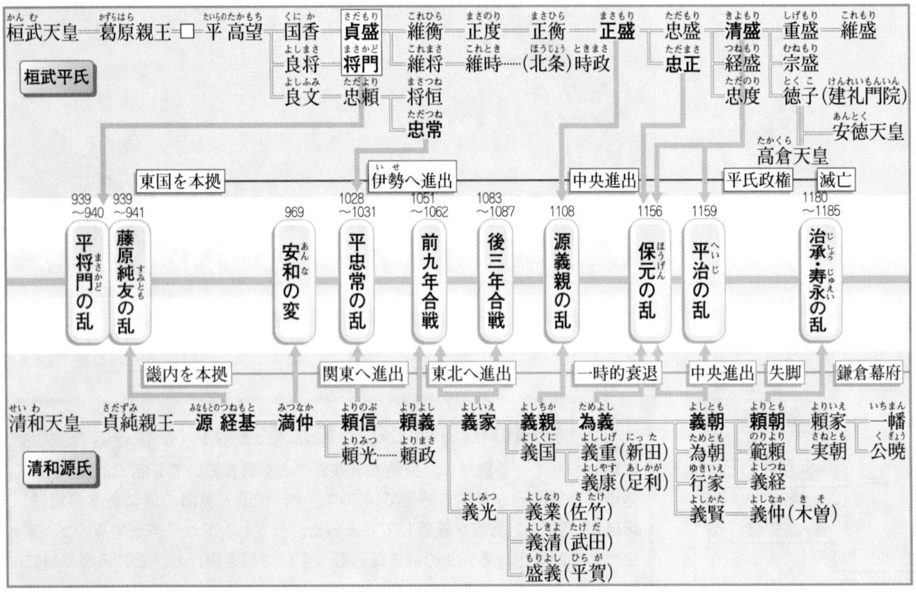

2b 武士団の構成

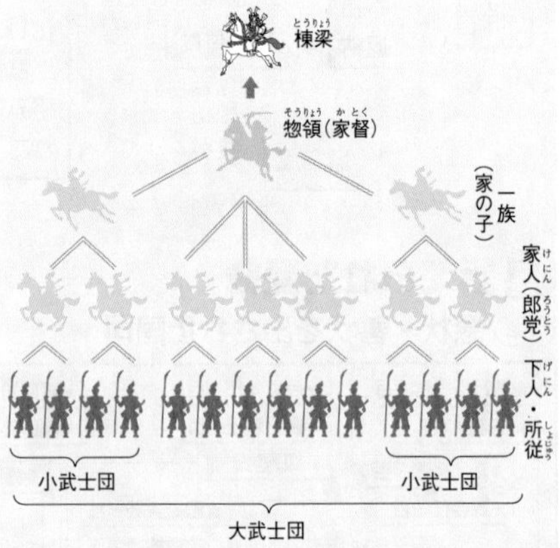

Point 律令制が崩壊《ほうかい》していく中で，地方豪族は治安維持・所領《しょりょう》の確保・農民支配の徹底などのために武装化し，小規模な武士団を形成する。やがてそれらが棟梁《とうりょう》を中心に結合し，より大きな集団へと発展していく。

3 諸国の武士団

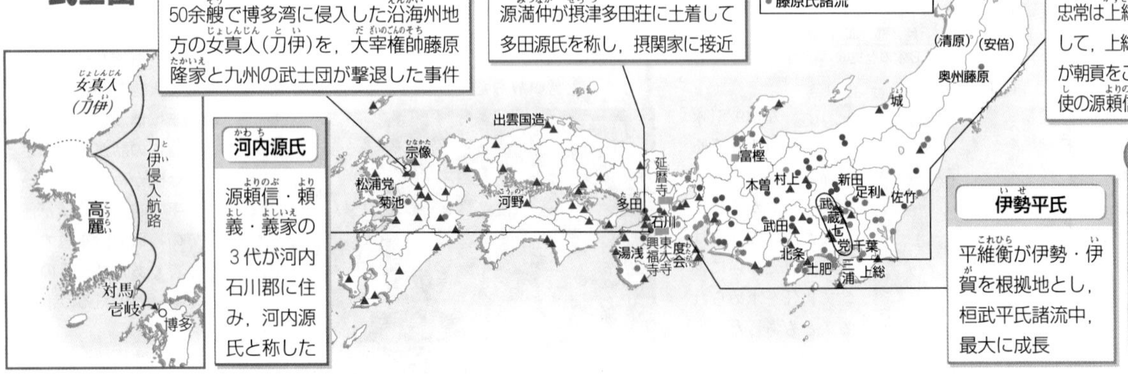

刀伊《とい》の入寇《にゅうこう》（1019年）（◄ p.69）

50余艘《そう》で博多湾に侵入した沿海州《えんかい》地方の女真人《じょしんじん》（刀伊《とい》）を，大宰権帥《だざいのごんのそち》藤原隆家《たかいえ》と九州の武士団が撃退した事件

多田《ただ》源氏

源満仲《みつなか》が摂津《せっつ》多田荘に土着して多田源氏を称し，摂関家に接近

河内《かわち》源氏

源頼信《よりのぶ》・頼義《よりよし》・義家《よしいえ》の3代が河内石川郡に住み，河内源氏と称した

平忠常《たいらのただつね》の乱（1028〜31年）

忠常は上総介《かずさのすけ》・武蔵押領使《むさしおうりょうし》などを歴任して，上総・下総《しもうさ》に大勢力を形成したが朝貢をこばみ安房《あわ》国守を殺害。追捕使《ついぶし》の源頼信《よりのぶ》が派遣されると降伏した

伊勢《いせ》平氏

平維衡《これひら》が伊勢・伊賀《いが》を根拠地とし，桓武平氏諸流中，最大に成長

押領使《おうりょうし》 律令制下で地方の内乱や乱行の鎮圧《ちんあつ》，盗賊の逮捕などにあたった令外官《りょうげのかん》。藤原純友《ふじわらのすみとも》の乱の前後から常置《じょうち》された。

1 平将門《たいらのまさかど》の乱

1a 平将門関係図

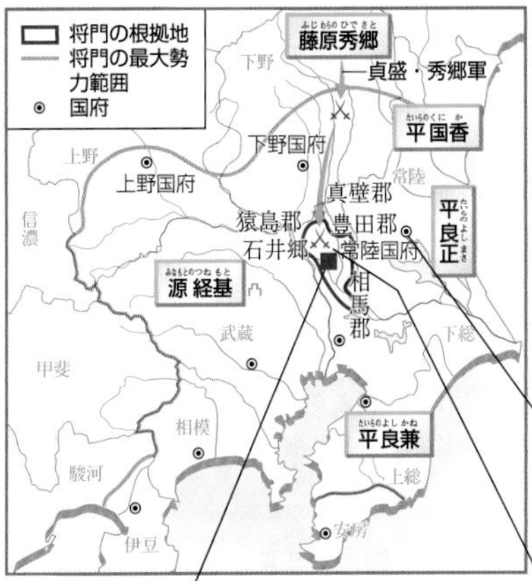

国府《こくふ》の占領 939
常陸《ひたち》国司に追われた藤原玄明《はるあき》を保護。常陸国府を焼き払い，続いて上野《こうづけ》・下野《しもつけ》の国府も占領

新皇《しんのう》と称する 939
上野《こうづけ》の国府で新皇《しんのう》と号し，下総《しもうさ》の石井《いわい》郷を王城として，一族を関東諸国の国司とする

反乱の鎮定《ちんてい》 940
下野押領使《しもつけおうりょうし》藤原秀郷《ひでさと》と平貞盛《さだもり》らが，下総《しもうさ》の猿島《さしま》(現，茨城県坂東市付近)で平将門を討《う》つ

1-1 平将門《たいらのまさかど》(？～940)
茨城・国王神社蔵

1-2 新皇《しんのう》となり国司《こくし》を任命する将門《まさかど》(秀郷草子《ひでさとぞうし》) 宮内庁書陵部蔵

1-3 将門《まさかど》の館《やかた》を攻める藤原秀郷・平貞盛《たいらのさだもり》軍(秀郷草子《ひでさとぞうし》) 宮内庁書陵部蔵

Discovery

平将門伝説

藤原秀郷《ふじわらのひでさと》の軍によって将門の首は京の獄門《ごくもん》に掛けられたが3か月もの間，眼を見開き色も変わらず，毎晩「斬《き》られし我《わ》が五体何《ごたいいず》れの処にあらん。此《ここ》に来たれ，頭続《くびつ》いで今一《いちど》軍《いくさ》せん」と叫んだという。ついに首は胴を求め東国めざし飛行する。首を射落《いお》とし，落下した場所と伝えられる首塚《くびづか》が関東に多く残る。神田明神《かんだみょうじん》は将門鎮魂《ちんこん》の神社である。

Point 9世紀以降の東アジア変革の余《よ》波《は》で日本各地で群衆が蜂起《ほうき》した。将門《まさかど》・純友《すみとも》の乱はその最大で，当時の年号から天慶《てんぎょう》の乱といった。

2 藤原純友《ふじわらのすみとも》の乱

2a 藤原純友の乱関係図

純友軍四散 941.5
小野好古《おののよしふる》・源経基《つねもと》らが純友軍を破る

純友の死 941.6
橘 遠保《たちばなのとおやす》によって純友が討《う》たれる

反乱の発端 939.12
純友の配下が備前介《びぜんのすけ》藤原子高《しこう》の一行を襲う

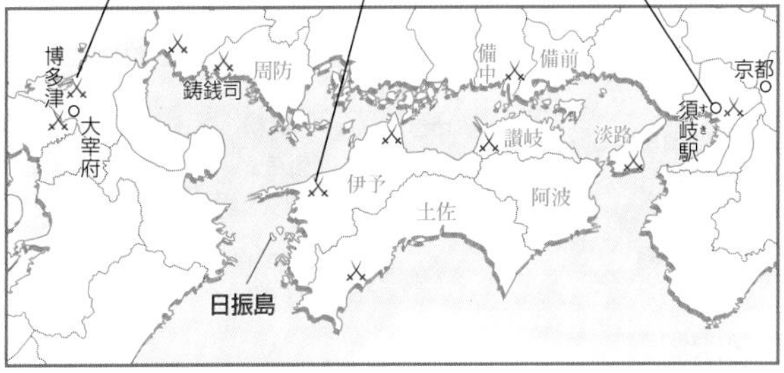

2-1 純友の根拠地・日振島《ひぶりじま》(愛媛県)

2b 藤原氏系図

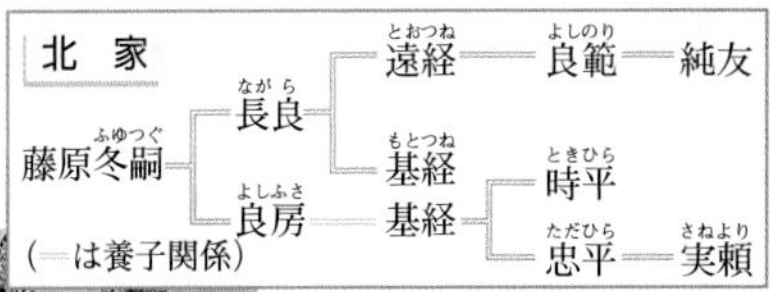

2-2 炎上《えんじょう》する純友方の船(楽音寺縁起絵巻《がくおんじえんぎえまき》) 純友を攻略しているのは藤原倫実《ともざね》で，島にこもる純友に対し海から純友の荷船に火を放《はな》ち，陸からは馬で同時に攻めている。
広島・楽音寺蔵

3 前九年《ぜんくねん》・後三年合戦《ごさんねんかっせん》

3a 前九年・後三年合戦関係図

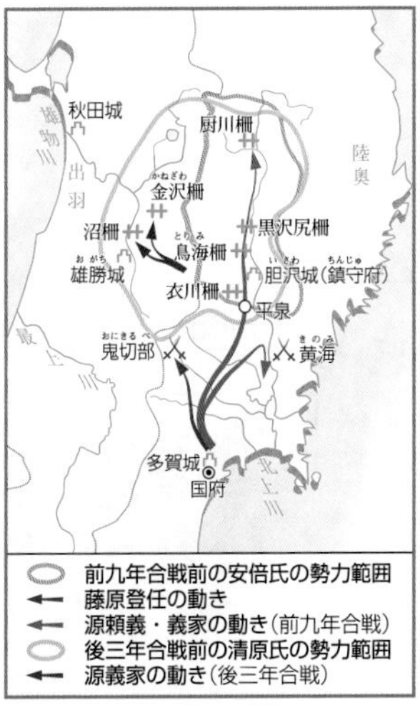

3b 奥州藤原氏《おうしゅうふじわらし》系図

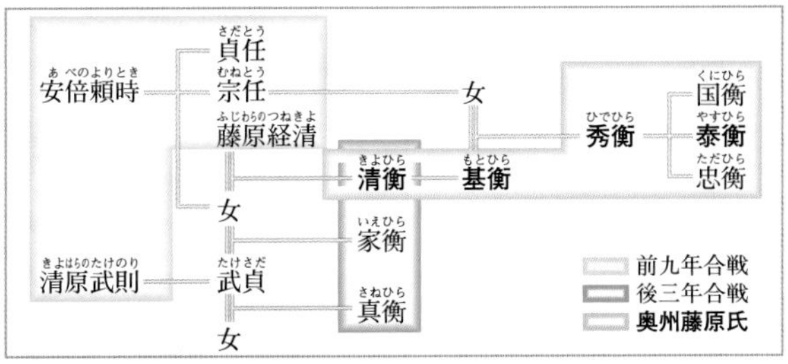

3-1 奥州藤原三代 岩手・毛越寺蔵

Point 東北では陸奥《むつ》の安倍《あべ》氏や出羽《でわ》の清原氏が勢力を誇っていたが，源頼義《よりよし》・義家親子が安倍氏の反乱を平定したのが前九年合戦，義家が内紛《ないふん》に介入して清原氏を滅ぼしたのが後三年合戦。前後12年続いたので十二年合戦ともよばれた。

3-2 前九年《ぜんくねん》合戦(前九年合戦絵巻) 源義家《よしいえ》が放《はな》った矢が敵の騎兵《きへい》の首を射抜《いぬ》く凄惨《せいさん》な合戦の場面。
千葉・国立歴史民俗博物館蔵

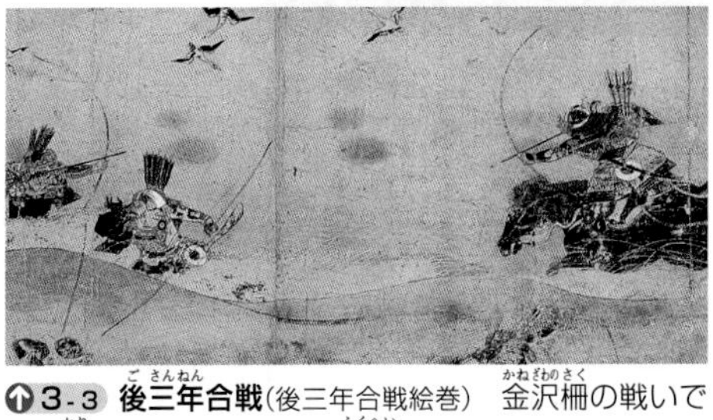

3-3 後三年《ごさんねん》合戦(後三年合戦絵巻) 金沢柵《かねざわのさく》の戦いで飛ぶ雁《かり》の列の乱れから敵の伏兵《ふくへい》の存在を知り，弓を射る義家の姿の場面。 東京国立博物館蔵

78 院政と平氏政権

1 院政の展開

1a 院政関係年表

Point 藤原家と外戚《がいせき》関係のない**後三条天皇**の親政，続く**白河上皇**が直系の子孫を皇位につけた後も**治天の君**として国政を担ったことが院政の始まりである。譲位後の天皇の称号を上皇，出家した上皇を法皇という。

＊治天の君　朝廷の政務決定の代表権者。院政が行われているときは上皇(法皇)，それ以外は天皇。この時期現天皇の父方の尊属親が治天の君だった。

1069	延久の荘園整理令	後三条天皇
	記録荘園券契所の設置	
1086	白河上皇の院政開始 史	白河院政期
1095	北面の武士を設置	
1098	源義家が院の昇殿を許可される	
1129	平正盛が瀬戸内の海賊を討伐	
	鳥羽上皇の院政開始	鳥羽院政期
1132	平忠盛が昇殿を許可される	
1155	後白河天皇即位	
1156	鳥羽法皇死去，保元の乱	後白河天皇
1158	後白河上皇の院政開始	後白河院政期
1159	平治の乱	
1167	平清盛が太政大臣になる	
1172	平徳子が高倉天皇に入内する	

1b 院政関係系図

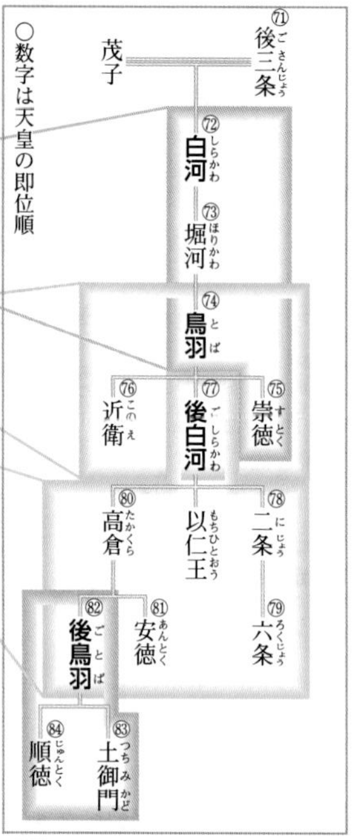

1c 院の経済基盤

院の荘園

長講堂領　後白河上皇の持仏堂に集められた荘園群。最盛期180カ所。

八条女院領　鳥羽上皇の皇女八条院に伝えられた荘園群。最盛期220カ所。

院の知行国《ちぎょうこく》

院は近臣を諸国の知行国主として任命し，その国衙領(公領)から収益を与えた。

国司の成功《じょうごう》・重任《ちょうにん》

成功　院が寺社造営などで資金が必要なとき，献金をすることによって，見返りとして国司の職を得る。

重任　任期が過ぎても，引き続き国司を勤めること。成功によって重任することが多く，これを成功重任という。

2 保元《ほうげん》・平治《へいじ》の乱

↑2-1 **平治の乱**(平治物語絵巻)　平清盛が都を留守にしていた1159年12月9日藤原信頼《のぶより》・源義朝《よしとも》の軍勢が後白河法皇の御所を襲《おそ》った。ボストン美術館蔵

2a 保元の乱

	皇室	摂関(藤原)家	平氏	源氏
勝者	後白河《ごしらかわ》天皇㊦	関白 藤原忠通《ただみち》㊄	平清盛《きよもり》㊚	源義朝《よしとも》㊄
敗者	崇徳《すとく》上皇㊄(讃岐配流)	左大臣 藤原頼長《よりなが》㊦(傷死)	忠正《ただまさ》 叔父 (斬首)	為義《ためよし》㊇(斬首) 為朝《ためとも》㊦(流刑)

原因　天皇・摂関家の継承問題
結果　武家の存在感が高まる

2b 平治の乱

	院近臣《いんのきんしん》	平氏
勝者	藤原通憲《みちのり》(信西)(自殺)	清盛 重盛《しげもり》
敗者	藤原信頼《のぶより》(斬首)	源氏：義朝(殺害) 義平《よしひら》(斬首) 頼朝《よりとも》(伊豆配流)

原因　院近臣間の対立と源平の対立
結果　平氏政権確立と源氏没落

3 平氏政権

撮影　浅沼光晴

↑3-1 伝**平清盛《きよもり》像**　清盛は保元《ほうげん》・平治《へいじ》の乱に勝ち，1167年太政大臣《だいじょう》となった。国 京都・六波羅蜜寺蔵

Point 平氏の経済基盤となったのは，一族で支配した全国32カ所の知行国，一族や家人の500カ所におよぶ荘園，さらに，清盛が進めた**日宋貿易**であった。

3a 平氏の知行国(治承4年2月) 史

Point 図は安徳天皇即位時。治承3年，平重盛が没すると，**後白河法皇**は重盛の知行国越前を没収した。これに怒った清盛は後白河を幽閉《ゆうへい》する。治承三年の政変がこれである。この後，平氏の知行国は増加した。

3b 日宋貿易

輸出品	輸入品
砂金・水銀・真珠・刀剣・日本扇・蒔絵	宋銭・陶磁器・香料・典籍・高級繊維製品

Point 平清盛が瀬戸内海航路を開削して大輪田泊《おおわだのとまり》が貿易港となると，日宋間貿易は盛んになり，宋銭の流入は日本経済に多大な影響を与えた。

↑3-2 陶磁器「**黄釉鉄《おうゆうてつ》絵盤《えばん》**」　愛知県陶磁資料館蔵

1 源平争乱略年表

1177	6	鹿ヶ谷《ししがたに》の陰謀《いんぼう》①
1179	11	平清盛《たいらのきよもり》，院政《いんせい》を停止，後白河法皇《ごしらかわほうおう》を幽閉《ゆうへい》
1180	4	以仁王《もちひとおう》の平氏追討《ついとう》の令旨《りょうじ》
	5	源頼政《みなもとのよりまさ》の挙兵②
	6	福原遷都《ふくはらせんと》(11月には京都に戻る)③
	8	源頼朝《よりとも》の挙兵，石橋山《いしばしやま》の戦い④
	9	源(木曽)義仲《よしなか》の挙兵
	10	源頼朝の鎌倉入り。富士川《ふじがわ》の戦い⑤
	11	**源頼朝，侍所《さむらいどころ》を設置**
	12	平重衡《しげひら》，東大寺・興福寺を焼き打ち
1181	閏《うるう》2	平清盛没(64歳)
1183	5	倶利伽羅峠《くりからとうげ》の戦い⑥
	7	平氏の都落ち。源義仲の入京
	10	源頼朝，宣旨《せんじ》により**東国沙汰権《さたけん》を獲得**
1184	1	源義仲，源範頼《のりより》・義経《よしつね》に敗れ粟津《あわづ》で敗死
	2	一《いち》の谷《たに》の戦い⑦
	10	**源頼朝，公文所《くもんじょ》(のち政所《まんどころ》と改称)・問注所《もんちゅうじょ》を設置**
1185	2	屋島《やしま》の戦い⑧
	3	壇《だん》の浦《うら》の戦い(平氏滅亡)⑨
	11	源頼朝，義経追討の院宣《いんぜん》を得る
		源頼朝，諸国に守護《しゅご》・地頭《じとう》を設置
1189	閏4	藤原泰衡《やすひら》，義経を殺す⑩
	9	源頼朝，奥州《おうしゅう》を平定(奥州藤原氏の滅亡)
1192	7	源頼朝，**征夷大将軍《せいいたいしょうぐん》就任**

治承《じしょう》・寿永《じゅえい》の乱 (1179〜1185)

2 平氏・源氏系図

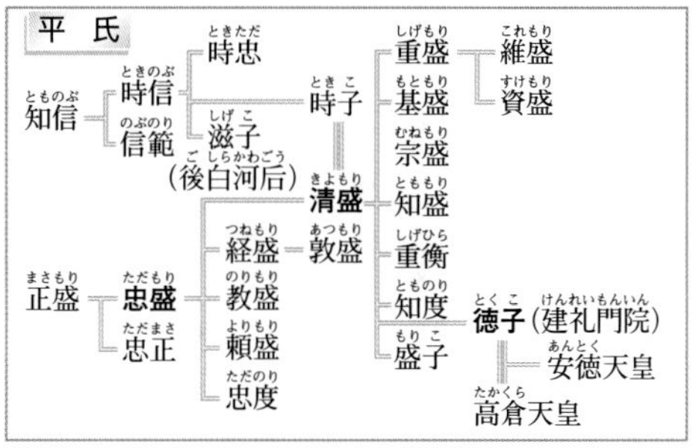

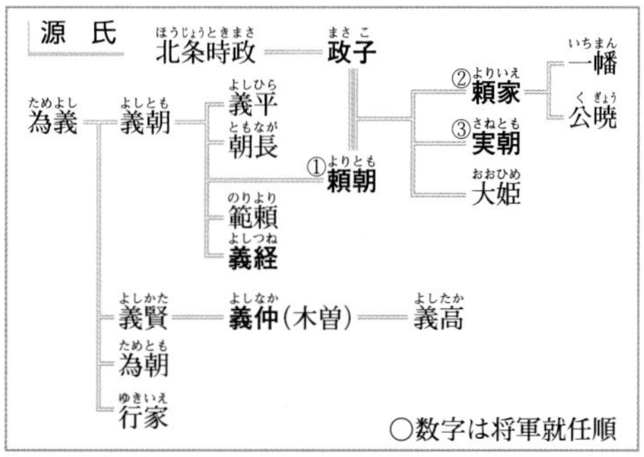

Discovery

安徳天皇と耳なし芳一

安徳《あんとく》天皇は高倉《たかくら》天皇と平徳子《とくこ》との間に生まれた。生後1か月で皇太子，3歳で即位。寿永《じゅえい》2(1183)年，源(木曽)義仲《よしなか》の入京で平宗盛《むねもり》に擁《よう》され西国へ赴《おもむ》き屋島《やしま》に移った。しかし文治《ぶんじ》元(1185)年3月，壇《だん》の浦《うら》の海に沈む(享年8)。鎌倉時代，阿弥陀《あみだ》寺(現赤間《あかま》神宮，山口県下関市)に御影堂《みえいどう》(❶)が設けられ天皇の御陵《ごりょう》となり，1600年頃には入水した平氏一門の墓(七盛塚《ななもりづか》)も作られた。阿弥陀寺には盲目《もうもく》の法師がおり安徳天皇や平氏の御霊《ごりょう》を鎮《しず》め琵琶《びわ》を弾き語ったという。「耳なし芳一《ほういち》」(❷)はそうした説話の一つだ。

❶阿弥陀寺陵《あみだじのみささぎ》(御影堂)

❷耳なし芳一

山口・赤間神宮提供

3 源平の合戦

3-1 伝源頼朝《よりとも》像(藤原隆信《たかのぶ》筆) 国 京都・神護寺蔵

3-2 源義仲
滋賀・義仲寺蔵

3-3 源義経
岩手・中尊寺蔵

3-7 壇《だん》の浦《うら》の戦い(安徳天皇縁起絵図) 山口・赤間神宮蔵

⑥倶利伽羅峠《くりからとうげ》の戦い
1183(寿永2)年5月，源義仲《よしなか》の「火牛《かぎゅう》攻め」の奇襲により平氏敗走。

⑩衣川《ころもがわ》の戦い
1189(文治5)年閏《うるう》4月，奥州藤原氏を頼り身を寄せていた源義経を藤原泰衡《やすひら》が殺害。

⑨壇《だん》の浦《うら》の戦い
1185(文治元)年3月，源平最後の戦い。平氏は安徳《あんとく》天皇を擁《よう》して戦ったが，天皇は入水《じゅすい》し平氏も滅亡した。

①鹿ヶ谷《ししがたに》の陰謀《いんぼう》
1177(治承《じしょう》元)年6月，後白河法皇の近臣藤原成親《なりちか》らが平氏打倒を計画し失敗。

④石橋山《いしばしやま》の戦い
1180年8月，伊豆《いず》で挙兵した源頼朝が平氏方の大《おお》庭景親《ばかげちか》らに敗れ，安房《あわ》に逃れる。

⑧屋島《やしま》の戦い
1185(文治《ぶんじ》元)年2月，屋島の平氏を源義経が背後より急襲。平氏は敗走，海上へ逃れる。

⑦一の谷の戦い
1184(元暦《げんりゃく》元)年2月，摂津《せっつ》国福原に集結した平氏を源範頼《のりより》・義経軍が攻撃。平氏敗走，屋島《やしま》に逃れる。

②源頼政《よりまさ》の挙兵
1180(治承4)年5月，以仁王《もちひとおう》を奉じて源頼政が平氏打倒の挙兵。宇治《うじ》平等院で敗死。

3-4 源義高(義仲の子)，頼朝の人質になる(木曽義仲合戦図屏風) 長野県立歴史館蔵

3-5 鵯越《ひよどりごえ》(源平合戦図屏風) 大阪・霊松寺蔵

3-6 扇の的(源平合戦図屏風) 大阪・霊松寺蔵

③福原《ふくはら》遷都
1180年6月，平清盛は寺院勢力をさけるために遷都《せんと》。反対多く11月に再遷都。

⑤富士川《ふじがわ》の戦い
1180年10月，源頼朝の軍と平維《これ》盛《もり》軍が対陣。平氏方は水鳥の羽音を敵の襲来《しゅうらい》と誤認し敗走。

院政期の文化

- 貴族中心の国風文化が12世紀になり地方へ伝播《でんぱ》し開花
- 地方の武士や庶民が担い手

歴史・文学	説話	今昔物語集《こんじゃくものがたりしゅう》	天竺《てんじく》(インド)・震旦《しんたん》(中国)・本朝《ほんちょう》(日本)の古今説話1,000余話
歴史・文学	軍記物	将門記《しょうもんき》(作者不明) 陸奥話記《むつわき》(作者不明)	
歴史・文学	歴史物語	大鏡《おおかがみ》(作者不明)	藤原道長の栄華を記述するが，批判的な精神がみられる
歴史・文学	歴史物語	今鏡《いまかがみ》(藤原為経？)	大鏡の構想を模倣《もほう》。後一条天皇から高倉天皇まで記述
芸能	歌謡	梁塵秘抄《りょうじんひしょう》(後白河法皇撰《ごしらかわほうおうせん》) 史	平安末期の今様《いまよう》・催馬楽《さいばら》などの歌を分類・集成
絵画	絵巻物	源氏物語絵巻《げんじものがたりえまき》(藤原隆能《ふじわらのたかよし》？) 信貴山縁起絵巻《しぎさんえんぎえまき》，伴大納言絵巻《ばんだいなごんえまき》 鳥獣戯画《ちょうじゅうぎが》(伝鳥羽僧正覚猷《とばそうじょうかくゆう》)	
絵画	写経	扇面古写経《せんめんこしゃきょう》	下絵に庶民生活を描き，経文を書写
絵画	写経	厳島平家納経《いつくしまへいけのうきょう》	平清盛が奉納した経典
建築・庭園		中尊寺《ちゅうそんじ》金色堂《こんじきどう》(岩手県平泉《ひらいずみ》町) 毛越寺《もうつじ》庭園(岩手県平泉町) 白水阿弥陀堂《しらみずあみだどう》(福島県いわき市) 三仏寺投入堂《さんぶつじなげいれどう》(鳥取県三朝町《みささちょう》) 富貴寺大堂《ふきじおおどう》(大分県豊後高田市) 浄瑠璃寺《じょうるりじ》本堂(京都府木津川市)	六《ろく》勝《しょう》寺《じ》 法勝寺《ほっしょうじ》(1077年,白河天皇) 尊勝寺《そんしょうじ》(1102年,堀河天皇) 最勝寺《さいしょうじ》(1118年,鳥羽天皇) 円勝寺《えんしょうじ》(1128年,待賢門院《たいけんもんいん》) 成勝寺《じょうしょうじ》(1139年,崇徳《すとく》天皇) 延勝寺《えんしょうじ》(1149年,近衛《このえ》天皇)

＊六勝寺の多くは，受領層の成功によって造立された(現在は焼失)。(◄p.78)

1 建築・庭園・彫刻

1-1 **中尊寺金色堂《ちゅうそんじこんじきどう》** 藤原清衡《ふじわらのきよひら》(◄ p.77)が建立した。随所《ずいしょ》に金箔《きんぱく》が押され，現在はさや堂に覆《おお》われ保存されている。

1-2 **中尊寺金色堂内陣**

1-3 **毛越寺《もうつじ》庭園** 藤原基衡《もとひら》が建立。平安時代の浄土庭園の様式を伝える。

＊2011年に平泉一帯の文化遺産が「平泉―仏国土(浄土)を表す建築・庭園及び考古学的遺跡群―」として世界遺産に登録された。

1-4 **白水阿弥陀堂《しらみずあみだどう》** 願成寺《がんじょうじ》内にある堂で，藤原秀衡《ひでひら》の妹が夫岩城《いわき》氏の冥福《めいふく》を祈るため建立。

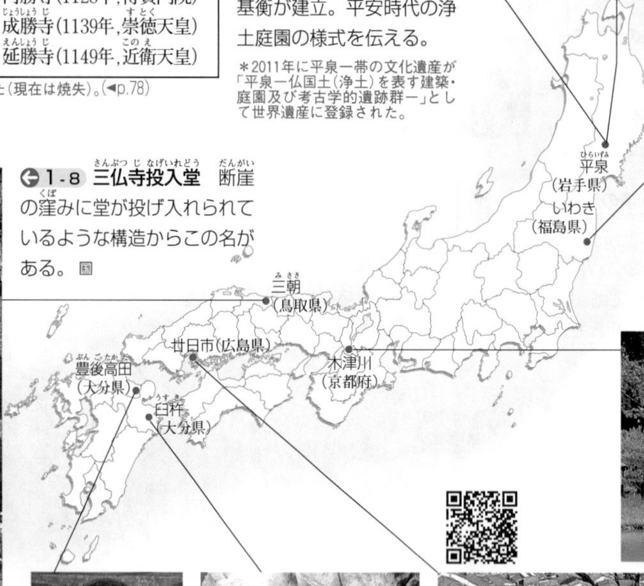

1-5 **浄瑠璃寺本堂《じょうるりじ》** 九体阿弥陀如来《あみだにょらい》像を安置するため長大な平面をもつ仏堂。平安時代後期に盛んにつくられたものの唯一の遺構。 平面25.3×9.1m

1-8 **三仏寺投入堂《さんぶつじなげいれどう》** 断崖《だんがい》の窪《くぼ》みに堂が投げ入れられているような構造からこの名がある。

1-7 **臼杵《うすき》磨崖仏《まがいぶつ》** 巨大な岩肌に多数の石仏が彫られている。写真はホキ磨崖仏。 中尊像高279cm

1-9 **富貴寺大堂《ふきじおおどう》** 阿弥陀《あみだ》堂としては九州最古。定朝様《じょうちょうよう》阿弥陀如来《にょらい》が安置されている。 大堂高さ9m

1-6 **厳島神社《いつくしまじんじゃ》** 航海の神として古くから信仰を集めた。平清盛《きよもり》が絢爛《けんらん》な装飾写経《そうしょくしゃきょう》を奉納《ほうのう》し，一族に尊崇《そんすう》された。

2 絵画

東京・出光美術館蔵

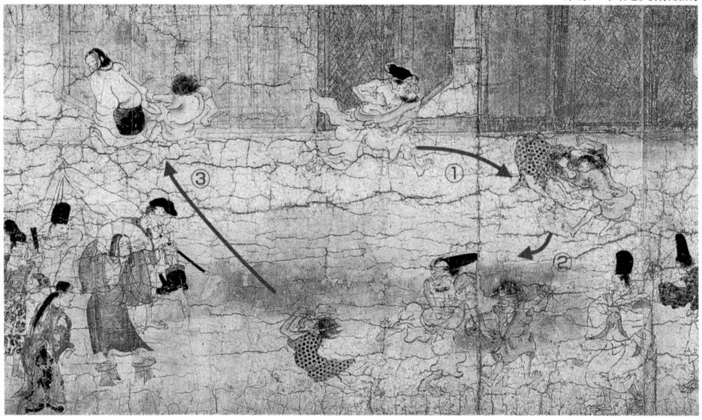

2-1 伴大納言《ばんだいなごん》絵巻《えまき》 866年，大納言伴善男《とものよしお》が左大臣源 信《みなもとのまこと》を失脚《しっきゃく》させようとして仕組んだ応天門放火事件《おうてんもんほうかじけん》を題材にした絵巻(◄p.68)。場面は事件の真相が発覚するきっかけとなった善男の召使(出納《すいとう》)の子と舎人《とねり》の子の喧嘩《けんか》。 国 30.4×821.8cm 部分

Discovery

平安時代のアニメ？ ～伴大納言絵巻～

伴善男《とものよしお》の召使(出納《すいとう》)の子と舎人《とねり》の子がとっくみあいの喧嘩《けんか》をしている。そこへ出納がやってくる①。出納は我が子を助け舎人の子を蹴《け》とばす②。そこへ出納の妻がやってきて子どもの手を引き家に戻る③。このようにこの絵巻は，同じ画面上に時間的に前後する数カットを盛り込む「異時同図法」で描かれている。

ちなみに我が子を蹴《け》られた舎人とその妻は出納の仕打ちを怒り，目撃した放火を言いふらすのだった。

2-2 源氏物語絵巻《げんじものがたりえまき》(藤原隆能《ふじわらのたかよし》筆？)**「柏木《かしわぎ》」** 12世紀前半に成立。絵は濃彩《のうさい》のつくり絵，人物は引目鉤鼻《ひきめかぎばな》，家屋は吹抜屋台《ふきぬけやたい》の画法。光源氏《ひかるげんじ》が女三《おんなさん》の宮《みや》の産んだ薫《かおる》を五十日《いか》の祝いに抱く場面。 国 21.9×48.1cm 部分 愛知・徳川美術館蔵

2-3 信貴山縁起絵巻《しぎさんえんぎえまき》 信貴山の僧命蓮《みょうれん》の奇跡を描いて毘沙門天《びしゃもんてん》の功徳《くどく》を説く。場面は鉢《はち》を飛ばす命蓮の奇跡(「飛倉巻《とびくらのまき》」)。 国 31.5×872.2cm 部分 奈良・信貴山朝護孫子寺蔵

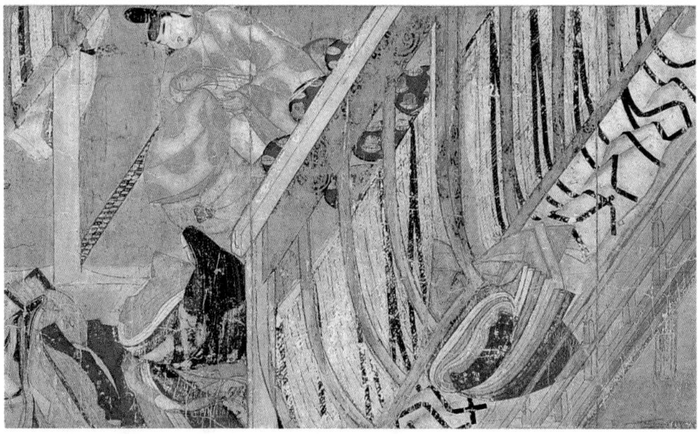

3 風俗

3-1 鳥獣戯画《ちょうじゅうぎが》(伝鳥羽僧正覚猷《とばそうじょうかくゆう》筆) 4巻からなる絵巻で，いずれも詞書《ことばがき》はなく絵は墨絵《すみえ》。第1・2巻は擬人化《ぎじんか》された動物の姿，第3・4巻は庶民の姿を描く。写真は第1巻。 国 31.0×1148.4cm 部分 京都・高山寺蔵

3-2 平家納経《へいけのうきょう》 1164年，平清盛《たいらのきよもり》が一門の繁栄を祈願して，法華経《ほけきょう》28巻，阿弥陀経《あみだきょう》など5巻の計33巻を厳島《いつくしま》神社に奉納した。 国 各約26.0×約812.6～891.4cm 部分 広島・厳島神社蔵

3-3 扇面古写経《せんめんこしゃきょう》「井戸汲水図」(右)「栗《くり》拾《ひろ》い図」(下) 12世紀後半に成立したとされ，大和絵手法の下絵の上に経文を記す。右絵には水くみや洗濯姿の女性など都の風俗が描かれる。

国 各縦21.6，上弦49.4，下弦19.0cm 大阪・四天王寺蔵

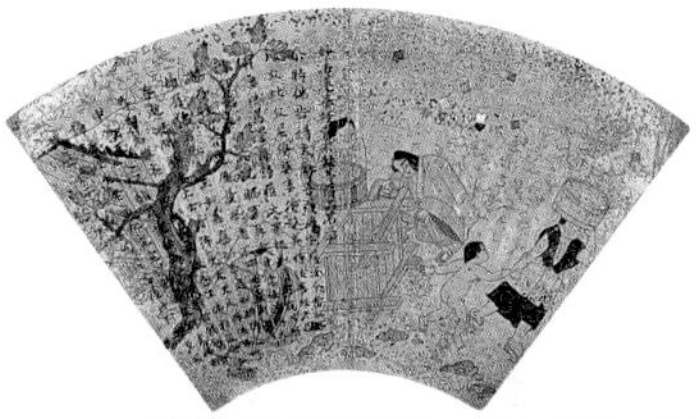

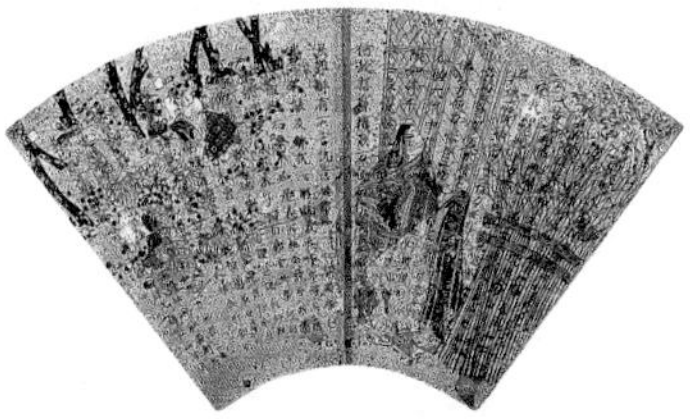

3-4 田楽《でんがく》(浦島明神縁起《うらしまみょうじんえんぎ》) 笛《ふえ》・太鼓《たいこ》・鼓《つづみ》に合わせて，びんざさらを打ち鳴らしながら軽快に踊る姿を周囲の人々が眺《なが》めている。もともと田楽は田植えなどに際して，豊作を祈った田遊《たあそ》びから発達し，やがて都市で芸能化された神事芸。 部分 京都・浦嶋神社蔵

82 鎌倉幕府の成立と構造①

1 鎌倉幕府の職制

承久の乱以前設置　承久の乱以後設置　元寇《げんこう》後設置

将軍

評定会議〔執権・連署・評定衆等の合議（13名：1225年）〕
- 執権《しっけん》（1203）
- 連署《れんしょ》（1225）
- 評定衆《ひょうじょうしゅう》（1225）

区分	機関	改編後	職務
中央	侍所《さむらいどころ》（1180）		軍事・警察・御家人統率。初代別当《べっとう》は和田義盛《わだよしもり》
中央	公文所《くもんじょ》（1184）	→ 政所《まんどころ》（1191）	一般政務・財政。初代別当は大江広元《おおえのひろもと》
中央	問注所《もんちゅうじょ》（1184）		訴訟・裁判事務。引付衆設置後は訴訟の受理。初代執事《しつじ》は三善康信《みよしやすのぶ》
中央	引付衆《ひきつけしゅう》（1249）		御家人の所領に関する裁判を担当。北条氏任命
地方	京都守護（1185）	→ 六波羅探題《ろくはらたんだい》（1221）	京都内外の警備。尾張《おわり》（後三河《みかわ》）以西諸国の政務・裁判・軍事統括
地方	長門探題《ながと》（1276）		モンゴルに備えて設置。長門・周防《すおう》2国の守護兼任。北条氏任命
地方	鎮西奉行《ちんぜいぶぎょう》（1185）	→ 鎮西探題（1293）	鎮西（九州）の御家人の統率・軍事・行政・裁判。元寇《げんこう》後鎮西探題となる。北条氏任命
地方	奥州総奉行《おうしゅうそうぶぎょう》（1189）		奥州御家人の統率・幕府への訴訟の取り次ぎ
地方	守護《しゅご》（1185）		御家人統率・警察
地方	地頭《じとう》（1185）		荘園，国衙領《こくがりょう》の管理。1223年制定の新補率法《しんぽりっぽう》適用者は新補地頭《しんぽじとう》，ほかは本補《ほんぽ》地頭とする

2 鎌倉の地形

→2-1 名越切通《なごえきりどおし》　幅約1mの折れ曲がった道は，軍勢《ぐんぜい》を防ぐ仕組みとなっている。都市鎌倉が，自然の要害《ようがい》であった。

←2-2 鶴岡八幡宮《つるがおかはちまんぐう》　源頼義《よりよし》が創建し，頼朝がこの地に移した。源氏の守護神として尊崇《そんすう》され，年頭には将軍の社参《しゃさん》が恒例《こうれい》となった。

! 探題《たんだい》
遠隔《えんかく》の要地の政治・裁判・軍事などの備えのため，設置された職名。

3 幕府初期の守護配置（1190頃）と奥州出兵

議奏公卿《ぎそうくぎょう》の設置
1185（文治《ぶんじ》元）年，源頼朝《よりとも》は九条兼実《くじょうかねざね》など親鎌倉派の公卿10人を選んで朝廷に推薦，重要政務を議させるなど朝廷に介入《かいにゅう》

後白河法皇《ごしらかわほうおう》の死
1192（建久《けんきゅう》3）年3月，後白河法皇が病死すると，朝廷の実権は九条兼実に移り，源頼朝が征夷大将軍《せいいたいしょうぐん》に任命された

奥州藤原氏の滅亡（◀p.77）
1189（文治5）年8月，幕府軍30万の兵力で平泉《ひらいずみ》は占領された。北方に逃れた藤原泰衡《やすひら》も9月に家臣に殺害され，奥州藤原氏は滅亡した

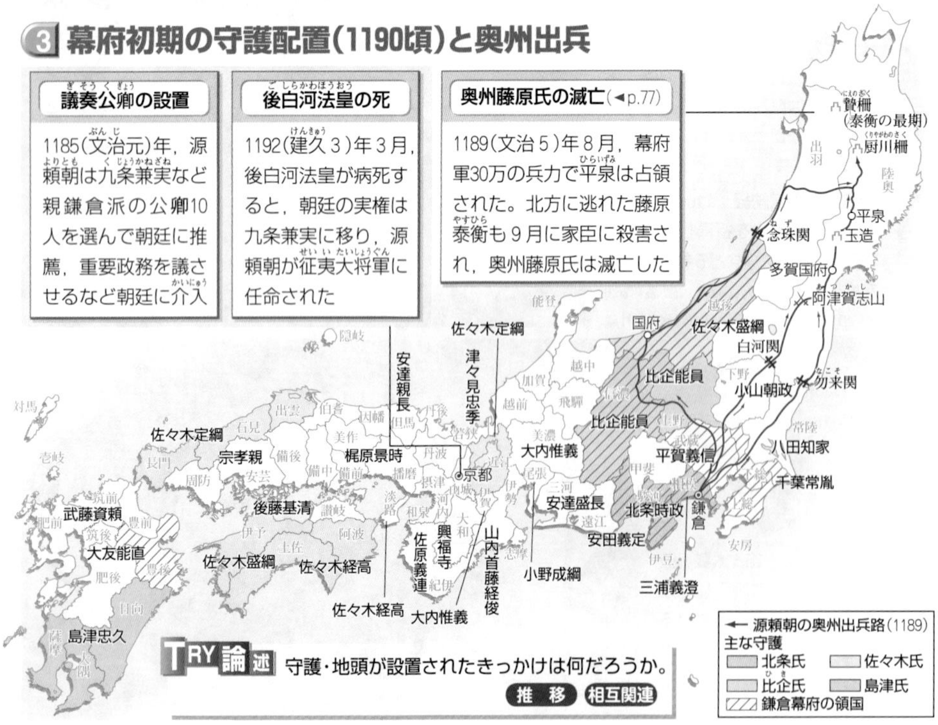

TRY 論述　守護・地頭が設置されたきっかけは何だろうか。
推移　相互関連

Discovery

後白河法皇～日本一の大天狗《てんぐ》～

平清盛《たいらのきよもり》，源義仲《みなもとのよしなか》，源頼朝《みなもとのよりとも》という武士に対し，権謀術数《けんぼうじゅっすう》を用いて朝廷の権威《けんい》を維持しようとした。保元《ほうげん》・平治《へいじ》の乱から源平の争乱にいたる内乱の中で，幾度《いくど》となく訪れた朝廷の危機を回避《かいひ》したのである。頼朝はそんな彼を「日本一の大天狗」と称《しょう》した。頼朝の征夷大将軍任官は，法皇の没後にようやく認められた。

その一方で文化的素養《そよう》を高くもった彼は，今様《いまよう》を愛し『梁塵秘抄《りょうじんひしょう》』という歌謡集《かようしゅう》を編纂《へんさん》した。修学旅行で必ずといってよいほど訪れる京都の蓮華王院《れんげおういん》（三十三間堂）は後白河が創建した。この宝蔵が当時最高の美術品収蔵庫であったことはあまり知られていない。また彼が絵巻物の新しいスタイルの開発や制作に精力を注いでいたことが呼び水となって，この時期には「伴大納言絵巻《ばんだいなごんえまき》」「信貴山縁起絵巻《しぎさんえんぎえまき》」「餓鬼草紙《がきぞうし》」などといった現在有名な絵巻物が生まれたということも，時代背景として理解すべきであろう。

4 御家人制度

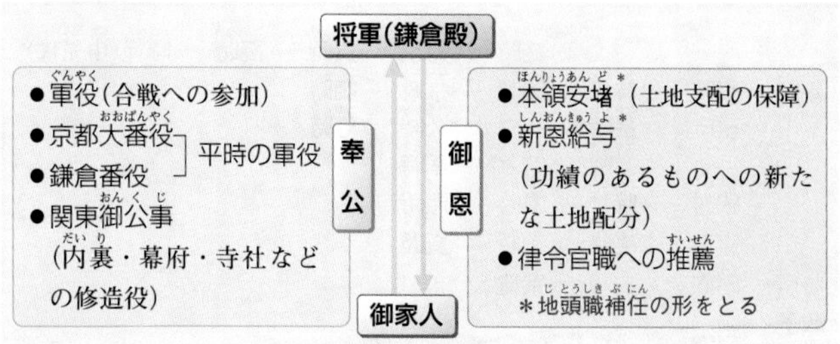

Point 御家人制度は，鎌倉時代の将軍と御家人間の「土地を媒介《ばいかい》にした主従《しゅじゅう》関係」をいう。将軍から御家人には**本領安堵《ほんりょうあんど》**，**新恩給与《しんおんきゅうよ》**などの**御恩《ごおん》**が，御家人には将軍への**奉公《ほうこう》**として，軍役《ぐんやく》や平時の警備役，修造負担などの義務が課せられた。

5 守護と地頭 史

守　護		地　頭
各国1名	設置	荘園と国衙領《こくがりょう》(郡《ぐん》・郷《ごう》・保《ほ》) 初め平家没官領《へいけもっかんりょう》・謀叛人跡地《むほんにんあとち》
東国出身の有力御家人	資格	御家人
大犯三カ条《だいぼんさんかじょう》─大番催促《おおばんさいそく》 ─謀叛人の逮捕 ─殺害人の逮捕	任務 権限	●土地管理 ●所領内の治安維持 ●年貢を徴収し荘園領主や国司に納入
●守護としての収入はない ●地頭を兼ねて収入を得る	得分《とくぶん》	荘官や郷司《ごうじ》の収入を継承する 1段《たん》につき5升《しょう》の兵粮米《ひょうろうまい》(1186年中止)

Point 源義経追捕《よしつねついぶ》のために1185(文治元)年，守護・地頭が設置されたが，当初は不安定なものであった。

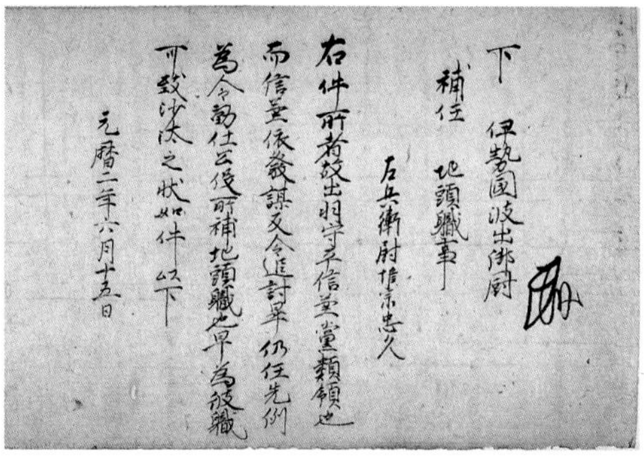
下　伊勢國波出御厨
補任　地頭職事
左兵衛尉惟宗忠久
右件所者故出羽守平信兼党類領也
而信兼依発謀反令追討畢　仍任先例
為令勤仕公役所補地頭職也　早為彼職
可致沙汰之状如件　以下
元暦二年六月十五日

5-1 源頼朝《みなもとのよりとも》下文《くだしぶみ》(島津家文書) 頼朝が惟宗忠久《これむねただひさ》を伊勢《いせ》国波出御《はでみ》厨《くりや》の地頭職《じとうしき》に任命したもの。右側のサインが頼朝の花押《かおう》。(◄p.8)
国東京大学史料編纂所蔵

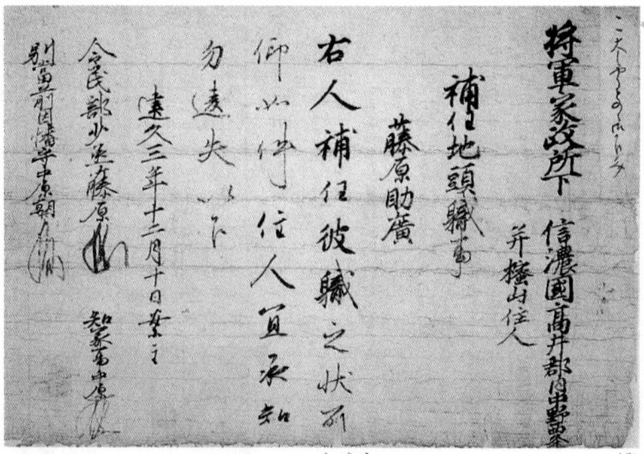
将軍家政所下　信濃國高井郡中野西条
并樒山住人
補任地頭職事
藤原助廣
右人補任彼職之状所
仰如件　住人宜承知
勿違失　以下
建久三年十二月十日　案主
令民部少丞藤原
知家事中原
別当前因幡守中原朝臣

5-2 将軍家《しょうぐんけ》政所下文《まんどころくだしぶみ》(市河文書) 政所の役人らにより藤原助弘(広)が信濃国中野西条《なかのにしじょう》・樒《しきみ》山《やま》の地頭職に任命された。頼朝の花押はない。
重山形・(財)本間美術館蔵

Point 当初頼朝は御家人に所領《しょりょう》を与えたりする場合，下文《くだしぶみ》に自筆の花押を加えた。しかし1190年，右大将《うだいしょう》を辞任してからは，所領給与は政所《まんどころ》職員が「前右大将家政所下文」を発することで行われた。1192年征夷大将軍となってからは，将軍家政所によって下文が発せられるようになる。つまり幕府の整備が進んでいく中で，御家人は頼朝個人ではなく，幕府という機関に奉仕する意識が強まった。

6 公武の二元支配

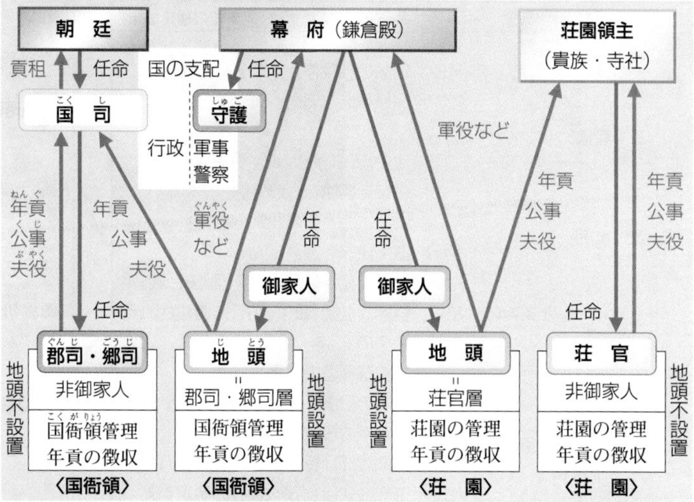

Point 幕府成立後も朝廷が従来の支配を続けていたため，地頭の任命も一部地域に限られた。地頭に補《ほ》せられた御家人は，荘園領主や国衙《こくが》に年貢《ねんぐ》・公事《くじ》を納めつつ，将軍に対しても軍役《ぐんやく》や各種番役の義務を負った。

7 訴訟制度のしくみ

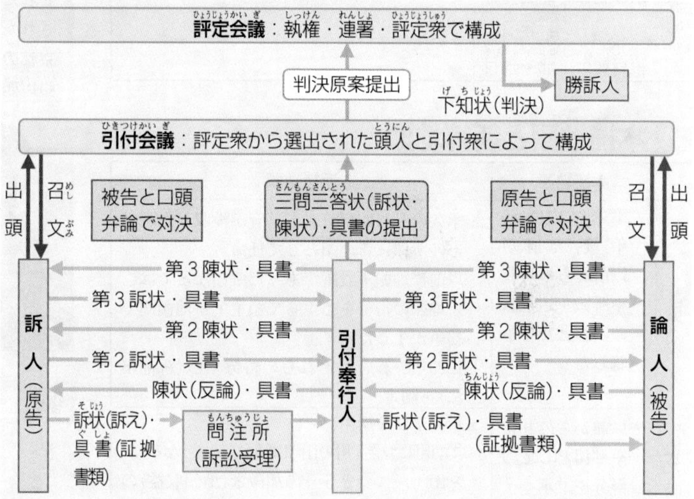

Point 原告の訴えにより原告・被告両者が3回の書面での弁論(三問三答《さんもんさんとう》)を行う。次に引付《ひきつけ》会議の召喚《しょうかん》で両者が出頭し，口頭弁論で対決する。引付は以上の結果から判決案を作成，評定《ひょうじょう》会議で判決を行い下知状《げちじょう》を下す。当時の裁判は原告・被告とも，証拠書類をみずから集め提出する当事者《とうじしゃ》主義の色濃いものだった。

8 幕府の財政基盤

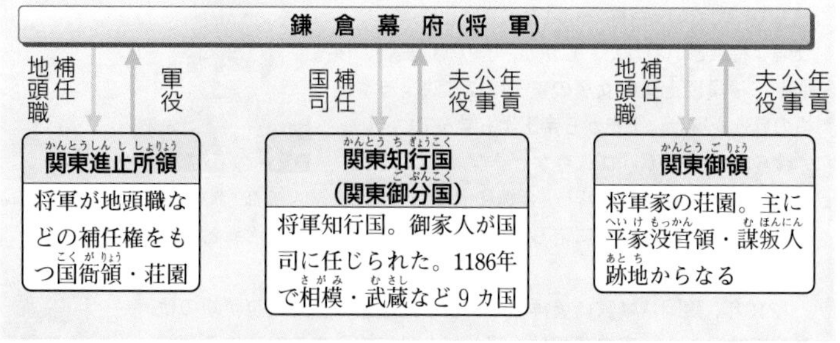

Point 初の本格的な武家政権である鎌倉幕府もその財政基盤からみると，当初は知行国・荘園といった貴族政権的色彩の濃いものに依存していた。

執権政治の展開

1 執権政治の展開略年表

	将軍	執権	幕政の推移（□は北条氏の他氏排斥《はいせき》）
将軍独裁《どくさい》	源《みなもとの》頼朝《よりとも》		
	—1199—		1199 頼家の独裁停止。13人の合議制《ごうぎせい》
	—1202—		1200 梶原景時《かじわらかげとき》を追討《ついとう》
北条氏台頭《たいとう》	源《みなもとの》頼家《よりいえ》		
	—1203—	—1203—	1203 比企能員《ひきよしかず》（頼家の義父《ぎふ》）を謀殺《ぼうさつ》
		① 北条時政《ほうじょうときまさ》	頼家を幽閉《ゆうへい》（翌年殺害）
	源《みなもとの》実朝《さねとも》		
		—1205—	1205 畠山重忠《はたけやましげただ》を追討
		② 北条義時《ほうじょうよしとき》	1213 和田義盛《わだよしもり》が挙兵《きょへい》，敗死《はいし》（和田合戦）
	—1219—		1219 実朝，公暁《くぎょう》（頼家の子）に暗殺される
執権政治確立			1221 承久《じょうきゅう》の乱
			六波羅探題の設置
		—1224—	1225 連署《れんしょ》の設置
		③ 北条泰時《ほうじょうやすとき》	評定衆《ひょうじょうしゅう》の設置
	—1226—		1226 藤原頼経，将軍就任（摂家《せっけ》将軍）
	藤原頼経《ふじわらのよりつね》	—1242—	1232 御成敗式目《ごせいばいしきもく》（貞永式目《じょうえいしきもく》）の制定
	—1244—	④ 北条経時《ほうじょうつねとき》	1246 院庁《いんのちょう》に院《いんの》評定衆を設置（後嵯峨《ごさが》院政下）
	藤原頼嗣《ふじわらのよりつぐ》	—1246—	1247 三浦泰村《みうらやすむら》を追討（宝治《ほうじ》合戦）
		⑤ 北条時頼《ほうじょうときより》	1249 引付衆《ひきつけしゅう》の設置
	—1252—		1252 宗尊親王，将軍就任（皇族《こうぞく》将軍）
得宗専制《とくそうせんせい》	宗尊親王《むねたかしんのう》	—1256—	
		⑥ 北条長時《ほうじょうながとき》	
	—1266—	—1264—	
	惟康親王《これやすしんのう》	⑦ 北条政村《ほうじょうまさむら》	

2 源氏・北条氏系図

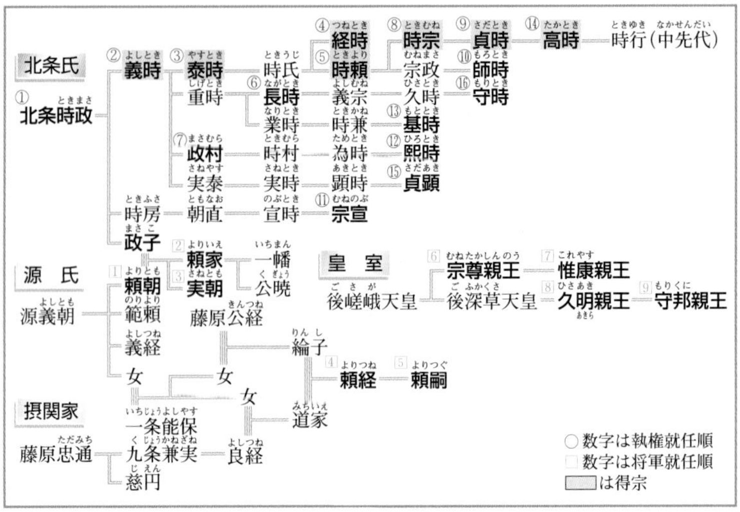

3 承久《じょうきゅう》の乱と乱後の守護《しゅご》・地頭《じとう》の設置

六波羅探題　承久の乱後設置された幕府職で，北条一族が長官に任命された。京都六波羅《ろくはら》南北両府に置かれ，京都の守護はもちろん，朝廷の監視，尾張《おわり》以西諸国の裁判や軍事を掌握《しょうあく》した。

3a 皇室系図

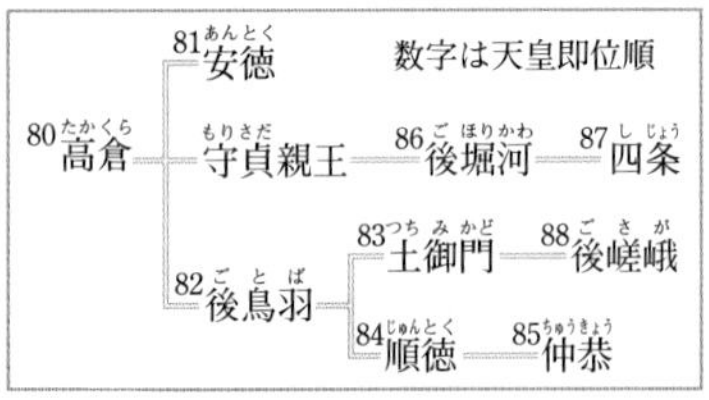

3-1 **後鳥羽上皇《ごとばじょうこう》**（1180～1239）　幕府に対抗して承久の乱をおこすが，敗れて隠岐《おき》に流される。歌人としても有名。国 大阪・水無瀬神宮蔵

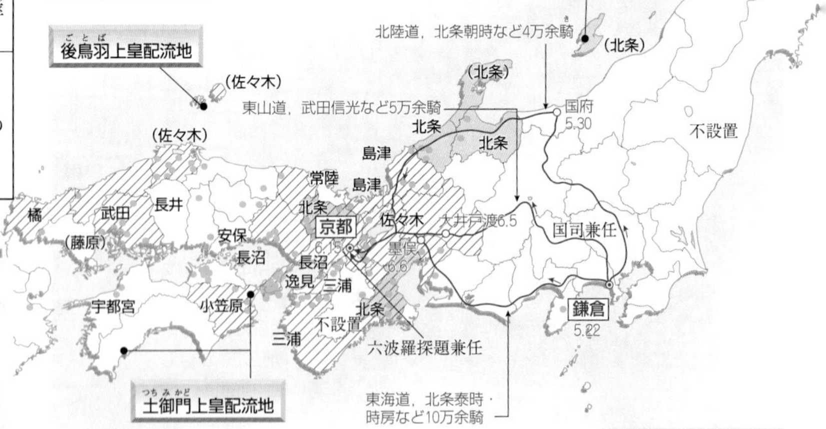

3-2 **北条政子《ほうじょうまさこ》**（1157～1225）　頼朝の妻。承久の乱では御家人《ごけにん》を率《ひき》いて幕府を守った。重 神奈川・安養院蔵

3-3 **北条時政《ほうじょうときまさ》**（1138～1215）　政子の父で初代執権《しっけん》。源実朝《みなもとのさねとも》を除《のぞ》こうとして失敗。静岡・願成就院蔵

4 本補地頭《ほんぽじとう》と新補《しんぽ》地頭

	本補地頭	新補地頭
設置	・平家滅亡（1185年）後，幕府が以前からの所職や所領を地頭職《じとうしき》の内容として承認した	・承久《じょうきゅう》の乱（1221年）後，幕府が没収した朝廷方の所領に新地頭として任命 ・以前に地頭不設置であった所領などでは，新地頭の得分をめぐって領主・新地頭間で紛争が生じた ・1223年，幕府はそれらの得分率法（新補率法《しんぽりっぽう》）を制定
得分《とくぶん》（収益）	・以前からの荘官《しょうかん》や郷司《ごうじ》としての得分を継承 （得分の先例があればそれに従う）	・新補率法を適用 ①11町につき1町の田畑（地頭の収益となる） ②田1段《たん》につき5升《しょう》の加徴米《かちょうまい》（地頭収益）の徴収権 ③山・野・川・海からの収益の半分（地頭収益）

Discovery

悲運の将軍源実朝

第3代将軍実朝《さねとも》は，北条氏や母政子《まさこ》の手に実権が移っていたため，蹴鞠《けまり》や和歌など京文化に傾斜するひ弱な将軍といわれた。しかし，子のない実朝の後継者に後鳥羽上皇《ごとばじょうこう》の女房の皇子頼仁に決まるや破格の昇進を遂《と》げ，上皇から帝王学も学んでいる。

時により　すぐれば民のなげきなり
八大龍王あめやめ給へ（金槐和歌集《きんかいわかしゅう》）

京都・大通寺蔵

この歌は実朝が洪水に苦しむ民の嘆きを歌ったもので治者《ちしゃ》としての自覚がうかがえる。

1219年，鶴岡八幡宮《つるがおかはちまんぐう》に参拝《さんぱい》した実朝を兄頼家《よりいえ》の遺児《いじ》公暁《くぎょう》が親の仇《あだ》として暗殺した。事の真相は不明だが上皇に接近する実朝に危機感を覚えた北条氏や東国武士の暗躍《あんやく》を感じさせる事件である。

1 武士の館

1-2 持仏堂《じぶつどう》(一遍上人絵伝)　武士の館の多くには祖先や仏を祀《まつ》る持仏堂が置かれ，仏事を行った。国 神奈川・清浄光寺蔵

1-1 筑前国《ちくぜんのくに》の武士の館(一遍上人絵伝)　神託《しんたく》を受けた一遍が筑前国の武士の館を訪れたところ。母屋の奥に畳が敷《し》かれている。国 神奈川・清浄光寺蔵

TRY 論述　武士の館の周りには何がめぐらされているか。それは何のためかを写真から読みとりなさい。　比較

2 武士のくらし

2-1 笠懸《かさがけ》(男衾三郎絵巻《おぶすまさぶろうえまき》)　ぶら下げた笠を的にして馬上から射《い》た。東京国立博物館蔵

2-2 武具の整備(男衾三郎絵巻)　屋内《おくない》では武具の整備を，庭では三人張りの弓を張っている。

2-3 犬追物《いぬおうもの》(犬追物図屏風)　騎射三物《きしゃみつもの》(笠懸《かさがけ》・流鏑馬《やぶさめ》・犬追物)の一つで，走る犬を的とした競技。

2-4 鎌倉今小路《いまこうじ》周辺の想定復元図　発掘に基づき鎌倉後期の武家屋敷と庶民のすまいを復元している。右奥は北条氏または有力御家人《ごけにん》の屋敷。左上は御家人の屋敷。手前が庶民の住居。指導 鈴木わたる氏，イラスト 松本徹氏

3 惣領制《そうりょうせい》

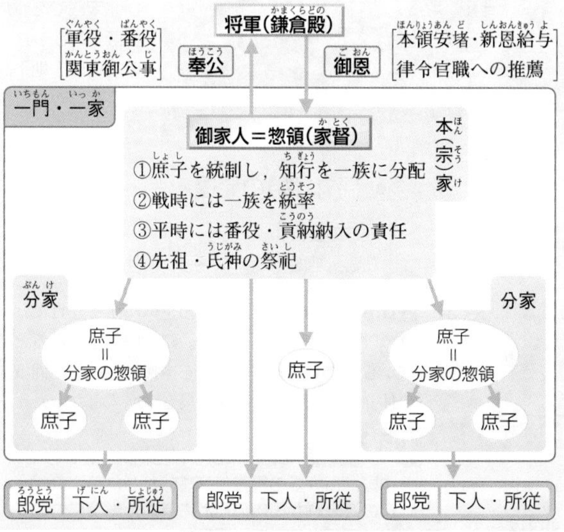

Point 一族を率いる惣領《そうりょう》がほかの者(庶子《しょし》)を統制・支配する家族制度が惣領制《そうりょうせい》である。幕府はこれを御家人支配の基盤とした。

4 分割相続―豊後国大友氏《ぶんごのくにおおとも》の例

4a 大友能直《おおともよしなお》の所領分割

相続者	相続分
嫡男《ちゃくなん》　大炊助入道《おおいのすけにゅうどう》分	相模《さがみ》国大友郷地頭郷司《じとうごうじ》職
次男　宅万別当《たくまべっとう》分	豊後《ぶんご》国大野荘内志賀村半分地頭職
大和太郎兵衛尉《ひょうえのじょう》分	同荘内上村半分地頭職
八郎分	同荘内志賀村半分地頭職
九郎入道分	同荘内下村地頭職
犬御前《いぬごぜん》分	同荘内中村地頭職
美濃局《みののつぼね》分	同荘内上村半分地頭職
帯刀左衛門尉後家《たてわきさえもんのじょうごけ》分	同荘中村内保多田名《ほただみょう》

＊赤字は女子の相続

4b 惣領《そうりょう》・庶子《しょし》の相続

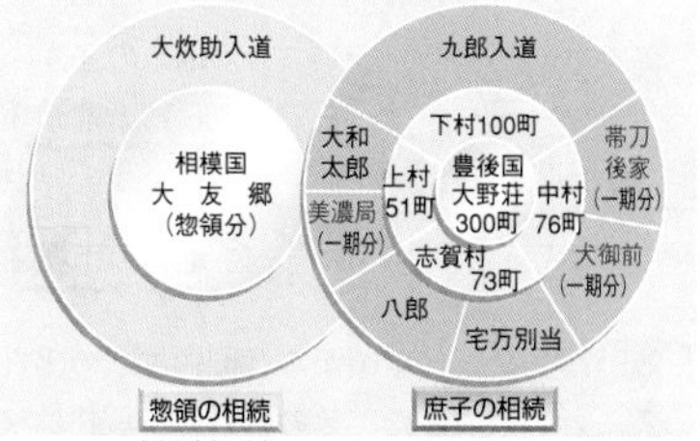

Point 大友能直《おおともよしなお》の死後，妻が所領相続したが，その後1240年に一族に再分割した。大友郷《ごう》は嫡男《ちゃくなん》に，ほかは庶子《しょし》に相続された。

鎌倉時代の社会・経済①

1 荘園支配の変遷

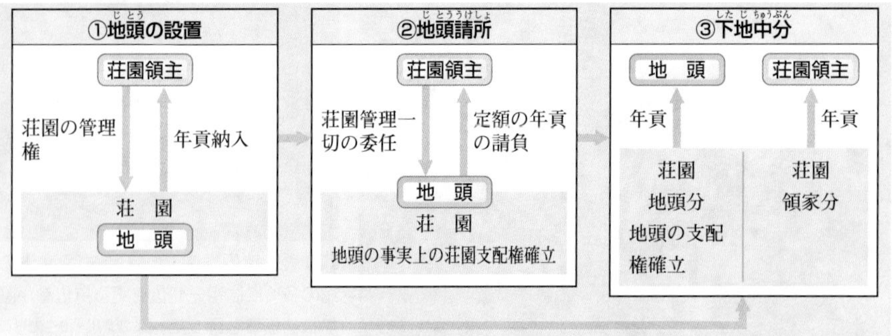

Point ①荘官《しょうかん》は地頭になることで，幕府権力を背景に領地の保障を得る。一方で，彼らは荘園領主に年貢を徴収《ちょうしゅう》して納め，土地管理・治安維持も行った。

②地頭がしだいに年貢を怠《おこた》るようになると，荘園領主は一定額の年貢納入を前提に，一切の荘園管理を地頭にゆだねるようになる。このような荘園を**地頭請所**《じとううけしょ》という。

③地頭が年貢の納入を滞《とどこお》らせたり横領《おうりょう》したりすると，荘園領主は幕府に申請して荘園を分割(強制中分《ちゅうぶん》)したり，示談《じだん》により荘園を折半《せっぱん》(和与《わよ》中分《ちゅうぶん》)した。このような紛争解決方法を**下地中分**《したじちゅうぶん》という。

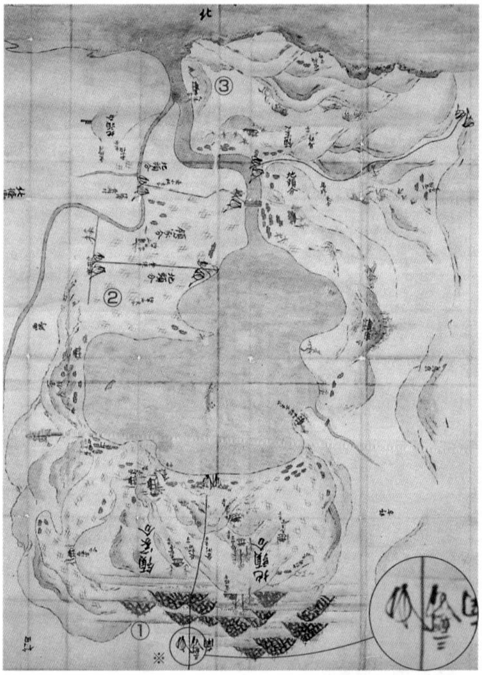

1-1 伯耆国東郷荘《ほうきのくにとうごうのしょう》の下地中分絵図　東郷荘は京都松尾神社《まつのおじんじゃ》の荘園であったが，地頭との間で争いがおき，1258年和与《わよ》による下地中分が成立した。荘園全体を①湖南の谷あい地帯②湖西の水田地帯③湖北の丘陵地帯の3つに分けて，それぞれを地頭方と領家方で分割していることがわかる。単純に荘園全体を2分割するわけではなかった。境には幕府の執権《しっけん》と連署《れんしょ》の花押《かおう》(※)があり，地頭・領家双方の裁決を行った。(◄p.3)

2 農民の暮らし

2a 税の負担

荘園領主 ↑ 名主《みょうしゅ》	年貢《ねんぐ》	全収穫高の30～40% 畑地では麦・大豆など
	公事《くじ》	耕作副産物(藁《わら》・筵《むしろ》など) 山林の産物(薪《まき》・炭など) 手工業製品(布・絹など) 水産物(塩・魚類など)
	夫役《ぶやく》	佃《つくだ》(領主直営地)の耕作 兵士役(領主の館の警備) 池溝《ちこう》の構築・修理
荘官・地頭 ↑ 名主	夫役	佃の耕作　一般の雑事 京・鎌倉への年貢輸送
名主 ↑ 作人	年貢 加地子《かじし》(小作料)	

2-1 公事《くじ》の納入(粉河寺縁起絵巻)　河《かわ》内《ち》国の長者の家へ，農民が公事を納めている場面。国 和歌山・粉河寺蔵

2-2 半地下式住居(粉河寺縁起絵巻)　中世の下級農民や下人《げにん》たちの住居は，半地下式のものが利用されていたと考えられる。国 和歌山・粉河寺蔵

2b 銭《ぜに》の流通

2-3 政和通宝《せいわつうほう》(北宋)　**2-4 元豊通宝《げんぽう》**(北宋)

!和与《わよ》
もとは無償譲与《むしょうじょうよ》の意だが，訴訟当事者間の相互譲歩で和解する方法も指し，この時つくる契約書を和与状《わよじょう》という。

2-5 銭五十貫《かん》文《もん》を掘り出した人びと(一遍上人絵伝)　鎌倉時代には急激に貨幣経済が浸透し，その7～8割が北宋銭であった。土蔵がなかったこの時代は，地下が金庫代わりだった。国 神奈川・清浄光寺蔵

2c 年貢《ねんぐ》の銭納《せんのう》

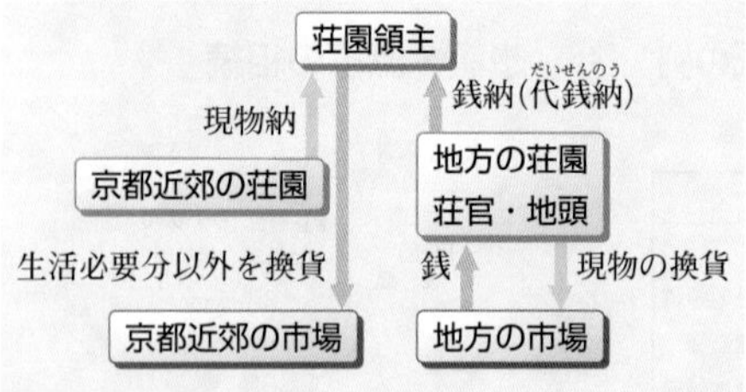

Point 鎌倉時代中頃から荘園領主への年貢を銭で納めることが増加した。その背景は①現物は輸送中の危険性が高い，②運賃が多くかかる，③荘官や地頭は地方の市場の相場を操作できるので，中間利潤《りじゅん》を得ることができた，などが考えられる。

2d 為替《かわせ》

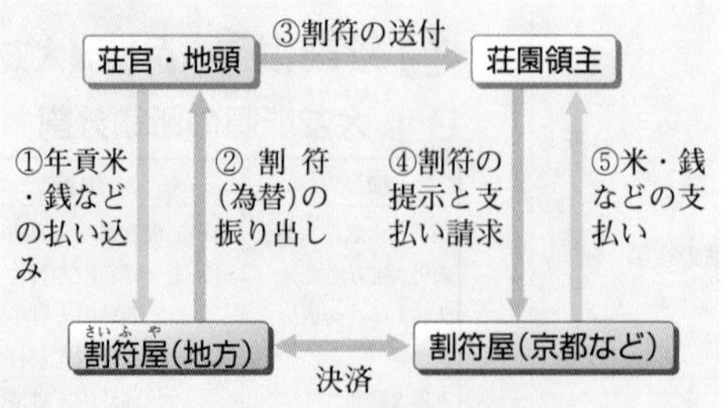

Point 遠隔地取引には為替《かわせ》が使用された。①地方から中央への現物輸送が困難，②年貢の銭納が浸透していた，などの理由が考えられる。割符屋《さいふや》は信用と資本の裏付のある者が行った。

2e 問丸《といまる》(問《とい》)の発達

Point 問丸はもとは荘園領主に属する荘官で，年貢の貯蔵・輸送にあたった。鎌倉時代末になると領主から独立し，各地の港湾を本拠に，遠隔地間取引の仲介や商売をも行う運送業者・商人となった。

TRY 論述　10世紀末から14世紀前半にかけて，中国から大量の銅銭(渡来銭)がもたらされた。この渡来銭が国内の経済に与えた影響について，次の用語を使って説明しなさい。
〔年貢　三斎市　為替〕　相互関連

1 鎌倉時代の主な市

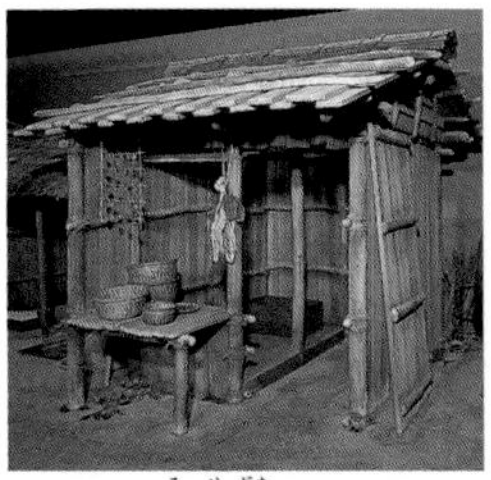

1-1 **見世棚《みせだな》**(復元) 常設店のようす。 長野県立歴史館蔵

1-2 **定期市**(復元) 掘立小屋《ほったてごや》で特産物が売られる。 長野県立歴史館蔵

Discovery

長野県立歴史館 (長野・千曲市)

常設展示室の中世のコーナーには，実物大の善光寺《ぜんこうじ》門前が復元されている。善光寺には，朝鮮半島より伝来した日本最古の阿弥陀如来《あみだにょらい》が安置されているため，浄土教《じょうどきょう》が庶民《しょみん》にも浸透《しんとう》する鎌倉時代には全国から信者が集まり，門前には市がたった。「一遍上人絵伝《いっぺんしょうにんえでん》」には善光寺の当時の繁栄のようすが描かれている。こういった絵画資料をもとに，当時の門前のようすを実際に手にとりながら体感できるように復元された博物館である。

(http://www.npmh.net/)

1-3 **猟師の先導で旅をする商人**(一遍上人絵伝) 全国を旅する商人は常に危険にさらされた。地元の道に通じた案内人の先導も必要だった。

国 神奈川・清浄光寺蔵

1-4 **備前国福岡市《びぜんのくにふくおかのいち》**(一遍上人絵伝) 一遍の話を聞いた妻が仏門に入り尼になったため，武士が怒って一遍に斬《き》りかかろうとする場面。 国

反物《たんもの》を売る女性に銭《ぜに》さしを渡す男。

魚を天秤竿《てんびんざお》で運ぶ男。

船や馬でさまざまな物資が運ばれてくる。

神奈川・清浄光寺蔵

米の売買 中央の男が一升枡《いっしょうます》で米を量って売っているようす。

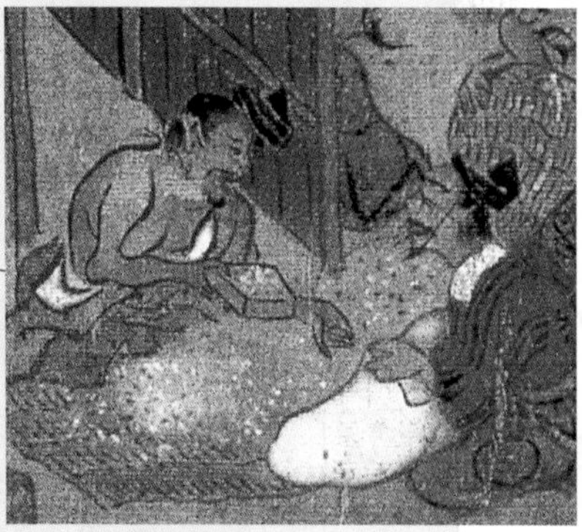

備前《びぜん》の特産物の焼き物(備前《びぜん》焼)。

1-5 **信濃国《しなののくに》伴野市**(一遍上人絵伝) 三斎市《さんさいいち》で市が開かれていない日を描く。閑散《かんさん》とした市庭に寝泊まりする浮浪者《ふろうしゃ》が，犬を追い払う。 国

1 元寇《げんこう》関係年表

1260	世祖《せいそ》フビライ即位
1268	高麗《こうらい》使，フビライの書をもって大宰府《だざいふ》に到着
1271	**元《げん》王朝成立**。元使趙良弼《ちょうりょうひつ》，筑前今津《ちくぜんいまづ》に来航
1272	筑前・肥前《ひぜん》の要害警固《ようがいけいご》を鎮西御家人《ちんぜいごけにん》に命ず
1274	**文永《ぶんえい》の役《えき》**
1275	**異国警固番役《いこくけいごばんやく》**の制を定める。元使を鎌倉龍《たつ》の口《くち》で斬《き》る
1276	鎮西武士に**石塁《せきるい》**を築かせる
1279	南宋《なんそう》滅亡
1281	**弘安《こうあん》の役**
1286	元，3度目の日本遠征を中止
1293	**鎮西探題《ちんぜいたんだい》**設置
1296	琉球が元の攻撃を受ける

2 モンゴル帝国(13世紀後半)

台北・故宮博物院蔵

2-1 **フビライ**(1215〜1294) モンゴル第5代大汗《ハーン》で元王朝の創始者《そうししゃ》。文《ぶん》永《えい》・弘安《こうあん》の役《えき》の後，3度目の遠征を試みたが実現しなかった。

3 元寇

3-1 **蒙古襲来絵詞《もうこしゅうらいえことば》**(文永《ぶんえい》の役《えき》) 蒙古襲来の際に活躍した肥後国《ひごのくに》御家人竹崎季長《たけざきすえなが》が自らの活躍を後世に残すため描かせた絵巻。一騎打《いっきうち》が主流の日本軍は敵の集団戦法や「てつはう」とよばれる火器《かき》に苦戦する。

国 宮内庁三の丸尚蔵館蔵

＊3人の蒙古兵(中央)が後世の加筆とする説もある。

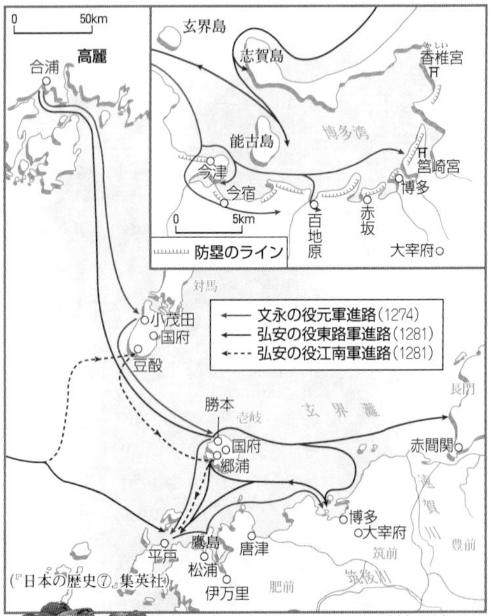

(『日本の歴史⑦』集英社)

3-2 **てつはう** 弘安《こうあん》の役《えき》で元軍が壊滅した長崎県鷹島《たかしま》沖からは，中国製や高麗《こうらい》製の陶磁器などが発見された。投石機《とうせきき》で使われる石弾《せきだん》やてつはうも見つかった。

長崎・鷹島町教育委員会蔵

3-3 **元寇防塁跡《げんこうぼうるいあと》** 異国警固番役《いこくけいごばんやく》で九州各国の御家人《ごけにん》を動員して築いた石塁《せきるい》。香椎《かしい》から今津まで全長約20km，前面(敵側)の高さは約2.6mだった。

異国警固番役《いこくけいごばんやく》 幕府が蒙古襲来に備えて博多湾沿岸警備を九州御《ご》家人《けにん》に課した負担。文永《ぶんえい》の役《えき》後には長《なが》門《と》警固番役も加えられた。

Discovery

筥崎八幡宮 (福岡市・東区)

京都・天龍寺蔵

亀山上皇

筥崎《はこざき》八幡宮は醍醐天皇の923(延長元)年創建と伝えられ，武神として鎌倉時代以降は武士の信仰を集めた。蒙古襲来のおりには亀山《かめやま》上皇は，「敵国降伏」の祈りを込めた願文《がんもん》を多数神社に納《おさ》めた。現在，筥崎八幡宮の楼門正面に高々と掲げられている額は，上皇の文字を約300年後に彫《ほ》り写したものといわれる。

「敵国降伏」の額

筥崎八幡宮

TRY 論述 元軍と日本軍の戦い方の違いは何か。日本の武家社会の特質と関連させ，次の用語を使って説明しなさい。〔恩賞　武士団　集団戦　一騎討ち〕

比較 相互関連

1 元寇後の政治情勢

将軍	執権	得宗専制強化
1266	1268	1274 文永《ぶんえい》の役《えき》
	北条《ほうじょう》	1281 弘安《こうあん》の役《えき》
惟康《これやす》	時宗《ときむね》	執権《しっけん》時宗，自邸で寄合《よりあい》を開き，重要政務決定
親王《しんのう》	1284	1285 霜月騒動《しもつきそうどう》(有力御家人安《あ》達泰盛《だちやすもり》一族滅亡)
		内管領平頼綱《うちかんれいたいらのよりつな》実権掌握《しょうあく》
1289	貞時《さだとき》	北条氏に守護職集中
久明《ひさあき》		1293 平頼綱《たいらのよりつな》の乱
親王《しんのう》		1297 永仁《えいにん》の徳政令《とくせいれい》
	1301	(〜1298 徳政令の打ち切り)
	師時《もろとき》	1305 連署《れんしょ》北条時村《ときむら》暗殺される
1308	宗宣《むねのぶ》	
	熙時《ひろとき》	
	基時《もととき》	
守邦《もりくに》	高時《たかとき》	1322 陸奥《むつ》安東《あんどう》一族の内紛《ないふん》
親王《しんのう》	貞顕《さだあき》	
	1326	1331 内管領長崎高資《たかすけ》の専制
	守時《もりとき》	北条氏，30カ国の守護職独占
1333	1333	1333 鎌倉幕府滅亡

2 得宗専制《とくそうせんせい》の構造

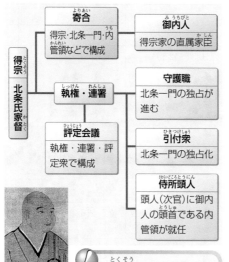

得宗《とくそう》 北条氏家督《かとく》

寄合《よりあい》：得宗·北条一門·内《うち》管領《かんれい》などで構成

御内人《みうちびと》：得宗家の直属家臣《かしん》

執権《しっけん》・連署《れんしょ》

評定会議《ひょうじょう》：執権・連署・評定衆で構成

守護職：北条一門の独占が進む

引付衆《ひきつけしゅう》：北条一門の独占化

侍所頭人《さむらいどころとうにん》：頭人(次官)に御内人の頭首《とうしゅ》である内管領が就任

2-1 伝北条《ほうじょう》時宗《ときむね》画像 熊本・満願寺蔵

! 得宗《とくそう》 執権である北条氏嫡流《ちゃくりゅう》の当主《とうしゅ》のこと。2代義時《よしとき》を得宗と称したのが初めで，9代貞時以後は執権としてよりも得宗として幕政を左右した。

TRY 論述 元寇(蒙古襲来)が鎌倉幕府に与えた影響について，政治的側面からまとめなさい。 推移 相互関連

3 永仁《えいにん》の徳政令《とくせいれい》

前提　御家人《ごけにん》の窮乏《きゅうぼう》

- 元寇《げんこう》による御家人の負担増
- 元寇の恩賞《おんしょう》不足
- 御家人の相続方式の限界＝**分割相続による所領《しょりょう》細分化**
- 貨幣経済の進展

永仁の徳政令 史

1 御家人の**所領売買・質入れ禁止**
(御恩《ごおん》の地＝主従関係の基本)
2 以前に売却した土地を，**もとの持ち主に返還**させる
①御家人が買った場合は買い取って**20年**を過ぎていれば売り主は取り戻せない
②御家人が売り主で，買い主が非御家人や凡下《ぼんげ》(借上《かしあげ》など)の場合，**何年経過しても御家人は取り戻せる**
3 金銭貸借《たいしゃく》に対する御家人への訴訟の不受理《ふじゅり》
4 越訴《おっそ》(再審)の禁止

結果

- 借上など金融業の引き締め
- 御家人の金融の窓口がふさがれる

1298年，徳政令停止

4 鎌倉後期の守護の配置

得宗《とくそう》の守護国	不設置 陸奥《むつ》・出羽《でわ》・相模《さがみ》・山城《やましろ》・大和《やまと》
北条氏一門の守護国	得宗領(陸奥・出羽分のみ)
外様《とざま》守護国	不明

4 a 北条一門の守護数

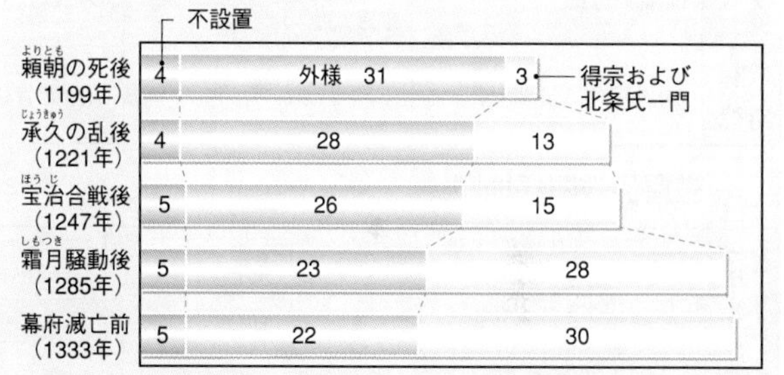

＊検出国のみ　　(『鎌倉幕府守護制度の研究』東京大学出版会)

Point **貞永式目《じょうえいしきもく》(御成敗式目《ごせいばいしきもく》)**で**大犯《だいぼん》三カ条**として厳格に規定されていた守護の権限が，北条氏の権力集中の中でしだいに強化されていった。それと並行して諸国の守護が得宗，そして北条氏一門によって占められるようになった。

Discovery

安達泰盛～北条氏を追い越そうとした男～

北条時宗《ほうじょうときむね》の死後，新得宗《とくそう》となったのはわずか14歳の貞時《さだとき》であった。貞時の外戚《がいせき》(母方の祖父)であった安達泰盛《あだちやすもり》は幕府寄合《よりあい》の中心として，増加した訴訟を公正に行う制度を確立するなど改革に着手した(弘安《こうあん》の徳《とく》政《せい》)。しかし，御内人《みうちびと》の平頼綱《たいらのよりつな》との権力抗争に敗れ一族ともに滅ぼされ，弘安の徳政は中座《ちゅうざ》した。

安達泰盛 宮内庁三の丸尚蔵館蔵

5 悪党の時代

5-1 **悪党**(芦引《あしびき》絵《え》)　悪党は悪者やその集団の意味だが，13世紀後半から出没《しゅつぼつ》する悪党は，幕府の支配や荘園領主《しょうえんりょうしゅ》からの支配に反抗するさまざまな階層の集団を指した。彼らは農民を巻き込み年貢《ねんぐ》の強盗や殺害・放火などを行いながら連合していった。 重 大阪・(財)逸翁美術館蔵

鎌倉文化① 鎌倉仏教

1 鎌倉仏教

系統	浄土宗系(他力本願《たりきほんがん》)			天台宗系	禅宗系(不立文字《ふりゅうもんじ》)	
宗派	浄土宗《じょうどしゅう》	浄土真宗《じょうどしんしゅう》(一向宗《いっこうしゅう》)	時宗《じしゅう》(遊行宗《ゆぎょうしゅう》)	日蓮宗《にちれんしゅう》(法華宗《ほっけしゅう》)	臨済宗《りんざいしゅう》	曹洞宗《そうとうしゅう》
開祖	法然《ほうねん》(源空《げんくう》)(1133〜1212)  重 京都・二尊院蔵 美作《みまさか》の武士出身。父漆《うるし》間時国《まときくに》の遺言で出家	親鸞《しんらん》(1173〜1262)  重 奈良国立博物館蔵 貴族日野有範《ひのありのり》の子。法然の弟子	一遍《いっぺん》(1239〜1289)  神奈川・清浄光寺蔵 伊予《いよ》の豪族河野通広《こうのみちひろ》の子	日蓮《にちれん》(1222〜1282)  静岡・妙法華寺蔵 安房《あわ》の漁村出身	栄西《えいさい》(1141〜1215)  神奈川・寿福寺蔵 備中吉備津神社《びっちゅうきびつじんじゃ》の神官の子	道元《どうげん》(1200〜1253)  福井・宝慶寺蔵 貴族の久我通親《こがみちちか》の子
主著	『選択本願念仏集《せんじゃくほんがんねんぶつしゅう》』 『一枚起請文《いちまいきしょうもん》』	『教行信証《きょうぎょうしんしょう》』 『歎異抄《たんにしょう》』(弟子唯円《ゆいえん》が記す)	『一遍上人語録《いっぺんしょうにんごろく》』(弟子智《ち》応《おう》が記す)	『立正安国論《りっしょうあんこくろん》』 『開目鈔《かいもくしょう》』	『興禅護国論《こうぜんごこくろん》』 『喫茶養生記《きっさようじょうき》』	『正法眼蔵《しょうぼうげんぞう》』『正法眼蔵随《しょうぼうげんぞうずい》聞記《もんき》』(弟子懐奘《えじょう》が記す)
教義・特徴	・平易な方法である念《ねん》仏《ぶつ》のみが往生《おうじょう》できる唯一の方法である(**専《せん》修念仏《じゅねんぶつ》，極楽往生《ごくらくおうじょう》**) ・旧仏教による批判《ひはん》と迫害《はくがい》	・信心に基づく念仏こそが往生できる方法である(**一向専修《いっこうせんじゅ》**) ・救われにくい悪人こそがかえって阿弥陀仏《あみだぶつ》が救いをさしのべようとする対象(**悪人正機《あくにんしょうき》**)	・全国を遊行《ゆぎょう》。念仏を唱えるだけで極楽往生できるとし，念仏札を配り受け取った者が往生できる(**賦算《ふさん》**) ・**踊念仏《おどりねんぶつ》**	・法華経《ほけきょう》こそが唯一の釈迦《しゃか》の教え ・**題目《だいもく》(南無妙法蓮華《なむみょうほうれんげ》経《きょう》)**唱和《しょうわ》による救済 ・「念仏無間《ねんぶつむげん》・禅天魔《ぜんてんま》・真《しん》言亡国《ごんぼうこく》・律国賊《りっこくぞく》」と他宗派を攻撃，辻《つじ》説法	・坐禅《ざぜん》を組み，師の与える問題(**公案《こうあん》**)を解決し悟《さと》りに到達する ・幕府の保護と統制をうける	・ただひたすら坐禅《ざぜん》を組むことが，悟りそのものである(**只管打坐《しかんたざ》**) ・世俗に交わらず，厳しい修行をし，政治権力に接近しない
布教対象	公家・武士などの各階層(京都周辺)	武士・農民，とくに下層農民(関東，のちに北陸，東海，近畿)	初めは浮浪人層が受容，のちに武士・農民層(全国)	下級武士・商工業者	京・鎌倉の上級武士，地方の有力武士	地方の中小武士・農民
関係寺院	知恩院《ちおんいん》(京都市)	本願寺《ほんがんじ》(京都市)	清浄光寺《しょうじょうこうじ》(神奈川県)	久遠寺《くおんじ》(山梨県) 中山法華経寺《なかやまほけきょうじ》(千葉県)	建仁寺《けんにんじ》(京都市) 建長寺《けんちょうじ》・円覚寺《えんがくじ》(鎌倉市)	永平寺《えいへいじ》(福井県)

1a 鎌倉仏教関係地図

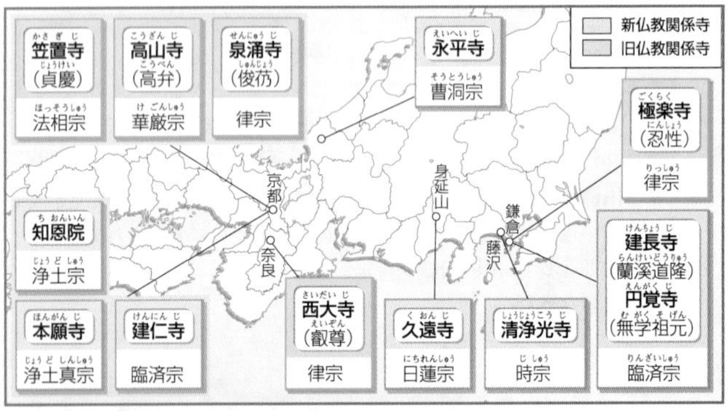

1b 鎌倉仏教開祖の活動時期

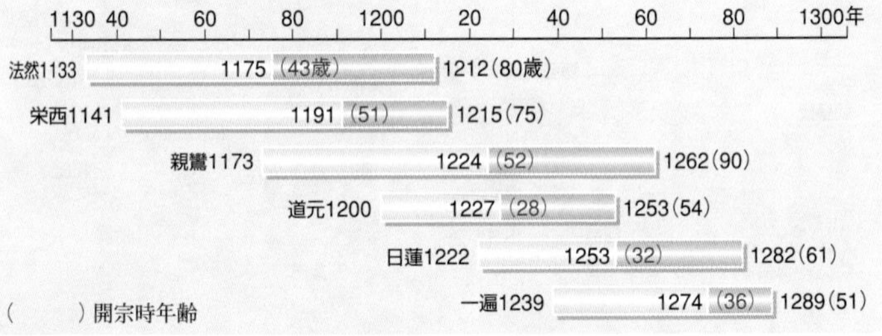

Point 開宗年については**法然**は専修念仏を始めた年，**栄西・道元**は宋から帰国した年，**親鸞**は「教行信証」を著した年，**日蓮**は安房清澄寺《せいちょうじ》で初めて法華題目を唱えた年，**一遍**は熊野で神示を受けた年とした。

1-1 **踊念仏《おどりねんぶつ》**(一遍上人絵伝《いっぺんしょうにんえでん》) 京都に入った一遍が踊念仏を実施した場面。 国 東京国立博物館蔵

2 旧来の仏教の革新

僧侶名	宗派	活動内容
貞慶《じょうけい》(解脱《げだつ》) 1155〜1213	法相宗《ほっそうしゅう》	僧侶の堕落《だらく》を嫌《きら》い笠置《かさぎ》山に籠《こも》る。戒律《かいりつ》を復興し，法然《ほうねん》の浄土宗《じょうどしゅう》を批判する
高弁《こうべん》(明恵《みょうえ》) 1173〜1232	華厳宗《けごんしゅう》	京都栂尾《とがのお》に高山寺《こうざんじ》を開く。戒律を重んじて念仏の門徒《もんと》の進出に対抗する
俊芿《しゅんじょう》(我禅《がぜん》) 1166〜1227	律宗《りっしゅう》	入宋《にっそう》して戒律を学んで，京都に泉涌寺《せんにゅうじ》を開き，天台・真言・禅・律兼学の道場とする
叡尊《えいぞん》(思円《しえん》) 1201〜1290	律宗	西大寺《さいだいじ》を復興し，戒律により下層民を救済しようとする。架橋《かきょう》などの社会事業も実施
忍性《にんしょう》(良観《りょうかん》) 1217〜1303	律宗	叡尊に師事《しじ》。律宗を広め，病人や貧民救済の社会事業を行う。北山十八間戸《きたやまじゅうはっけんど》を設立

2-1 叡尊《えいぞん》

奈良・西大寺蔵

2-2 忍性《にんしょう》

神奈川・極楽寺蔵

2-3 北山十八間戸《きたやまじゅうはっけんど》 (奈良市) 忍性が建立したといわれる救「癩《らい》」施設である。

鎌倉文化

- 質実・剛健・写実的
- 武家社会と公家社会の二元文化
- 宋・元の文化の流入と影響
- 初の庶民的宗教(鎌倉新仏教)の影響

学問	注釈書	『万葉集註釈《まんようしゅうちゅうしゃく》』(仙覚《せんがく》) 『釈日本紀《しゃくにほんぎ》』(卜部兼方《うらべかねかた》)
	図書館	金沢《かねざわ》《かなざわ》文庫《ぶんこ》(金沢実時《さねとき》)…和漢書の私設図書館
文学	軍記物語	『保元物語《ほうげんものがたり》』 『平治物語《へいじものがたり》』 『平家物語』(信濃前司行長《しなののぜんじゆきなが》?) 『源平盛衰記《げんぺいせいすいき》』
	説話集	『十訓抄《じっきんしょう》』 『沙石集《しゃせきしゅう》』(無住《むじゅう》) 『宇治拾遺物語《うじしゅういものがたり》』 『古今著聞集《ここんちょもんじゅう》』(橘成季《たちばなのなりすえ》) 『発心集《ほっしんしゅう》』(鴨長明《かものちょうめい》)
	随筆	『方丈記《ほうじょうき》』(鴨長明《かものちょうめい》) 『徒然草《つれづれぐさ》』(兼好《けんこう》法師)
	紀行文	『海道記《かいどうき》』(源光行?) 『東関紀行《とうかんきこう》』(源親行《みなもとのちかゆき》?) 『十六夜日記《いざよいにっき》』(阿仏尼《あぶつに》)
	歴史書	『愚管抄《ぐかんしょう》』(慈円《じえん》) 【史】 『元亨釈書《げんこうしゃくしょ》』(虎関師錬《こかんしれん》) 『吾妻鏡《あづまかがみ》』(編者未詳) 『水鏡《みずかがみ》』(中山忠親《ただちか》?)
	和歌集	『山家集《さんかしゅう》』(西行《さいぎょう》) 『新古今和歌集』(後鳥羽上皇《ごとばじょうこう》) 『金槐和歌集《きんかいわかしゅう》』(源実朝《さねとも》)
建築	大仏様《だいぶつよう》	東大寺《とうだいじ》【国】南大門《なんだいもん》
	禅宗様《ぜんしゅう》	円覚寺舎利殿《えんがくじしゃりでん》 正福寺千体地蔵堂《しょうふくじせんたいじぞうどう》
	和《わ》様	三十三間堂《さんじゅうさんげんどう》(蓮華王院本堂《れんげおういんほんどう》) 石山寺多宝塔《いしやまでらたほうとう》
	折衷様《せっちゅう》	観心寺金堂《かんしんじこんどう》
彫刻	仏教彫刻	東大寺南大門金剛力士像《とうだいじなんだいもんこんごうりきしぞう》(運慶《うんけい》・快慶《かいけい》ら) 東大寺僧形八幡神像《とうだいじそうぎょうはちまんしんぞう》(快慶) 高徳院阿弥陀如来像《こうとくいんあみだにょらいぞう》(鎌倉大仏)
	肖像彫刻	興福寺《こうふくじ》【国】無著《むちゃく》・世親像《せしんぞう》(運慶ら) 明月院上杉重房像《めいげついんうえすぎしげふさぞう》 六波羅蜜寺空也上人像《ろくはらみつじくうやしょうにんぞう》《こうや》(康勝《こうしょう》)
絵画	似絵《にせえ》	伝源頼朝像 伝平重盛像(藤原隆信《ふじわらのたかのぶ》)
	頂相《ちんぞう》	蘭溪道隆画像《らんけいどうりゅうがぞう》
	寺社縁起絵巻	北野天神縁起絵巻《きたのてんじんえんぎえまき》(伝藤原信実《ふじわらののぶざね》) 春日権現験記絵《かすがごんげんげんきえ》・石山寺縁起絵巻(高階隆兼《たかしなたかかね》) 粉河寺縁起絵巻《こかわてらえんぎえまき》
	合戦絵巻	平治物語絵巻 蒙古襲来絵詞《もうこしゅうらいえことば》 男衾三郎絵巻《おぶすまさぶろうえまき》
	伝記絵巻	法然上人絵伝 一遍上人絵伝(円伊)
	その他	地獄草紙 餓鬼草紙《がきぞうし》 病草紙《やまいぞうし》
工芸・書蹟《しょせき》	刀剣	岡崎正宗《おかざきまさむね》(鎌倉) 粟田口吉光《あわたぐちよしみつ》(京都) 長船長光《おさふねながみつ》(備前《びぜん》)
	甲冑《かっちゅう》	明珍《みょうちん》
	製陶	加藤景正《かとうかげまさ》(瀬戸焼《せとやき》)
	書蹟	鷹巣帖《たかのすじょう》(尊円入道親王《そんえんにゅうどうしんのう》)

Discovery

藤原定家《ふじわらのさだいえ》《ていか》とその家系～鎌倉時代の文化人一家～

(定家の異父兄)
隆信《たかのぶ》(似絵)

藤原俊成《しゅんぜい》《としなり》(千載《せんざい》和歌集) ― 定家《さだいえ》《ていか》(新古今和歌集) ― 為家《ためいえ》

為家の子:
為氏《ためうじ》(二条《にじょう》流)(後拾遺和歌集)
為教《ためのり》(京極《きょうごく》流)
為相《ためすけ》(冷泉《れいぜい》流)
阿仏尼《あぶつに》(十六夜日記)

藤原定家 和歌の大成者であり，日記『明月記《めいげつき》』の作者。定家の一族からは和歌の二条《にじょう》・京極《きょうごく》・冷泉《れいぜい》の3派がうまれている。 (財)冷泉家時雨亭文庫蔵

1 学問・文学

1a 金沢文庫《かねざわぶんこ》

1-1 金沢《かねざわ》(北条)実時《さねとき》 国 称名寺蔵

1-2 称名寺境内《しょうみょうじけいだい》

Point 鎌倉中期，金沢(北条)実時が武蔵国《むさしのくに》金沢郷(横浜市)の別荘に蔵書を移管し公開したのが金沢文庫の始まり。

1b 物語

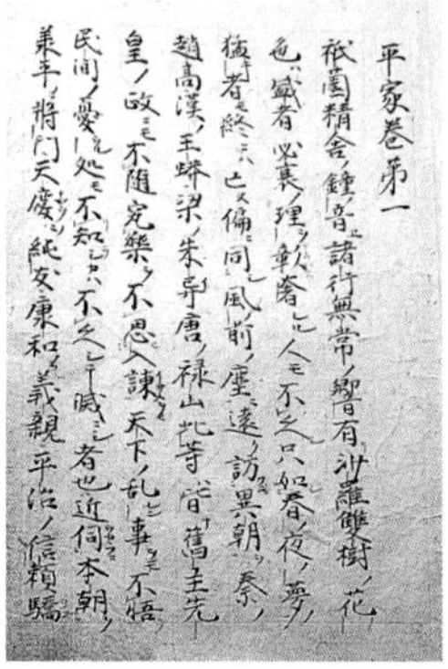

1-3 平家物語 (信濃前司行長《しなののぜんじゆきなが》作?) 平氏の興亡《こうぼう》を主題とした軍記物語の傑作《けっさく》。 縦28.0×横19.8cm 國學院大學図書館蔵

1-4 琵琶法師《びわほうし》 (慕帰絵詞《ぼきえことば》) 平家物語は盲目の琵琶法師が流しで語り継ぎ，民間に流布《るふ》していった。 部分 京都・西本願寺蔵

1c 随筆

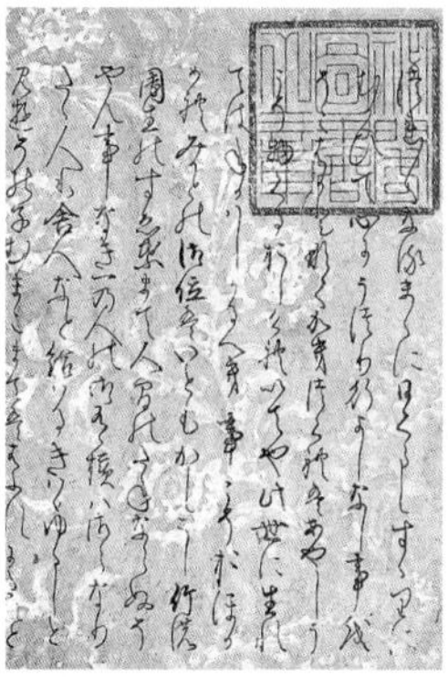

1-5 徒然草 紅葉山文庫本 (独)国立公文書館蔵

1-6 兼好法師(徒然草画帖《がじょう》) 部分 東京国立博物館蔵

1d 和歌集

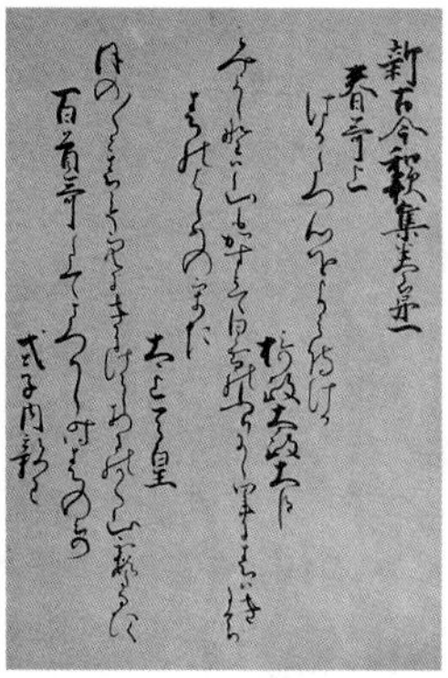

1-7 新古今和歌集 後鳥羽上皇の命で藤原定家らが編纂《へんさん》。 筑波大学附属図書館蔵

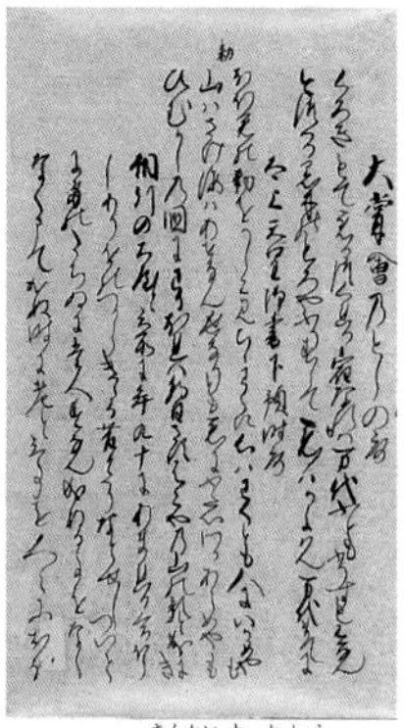

1-8 金槐和歌集《きんかいわかしゅう》 源家三代目実朝《さねとも》は歌人でもあった。(◄p.84Discovery) (独)国立公文書館蔵

1e 歴史

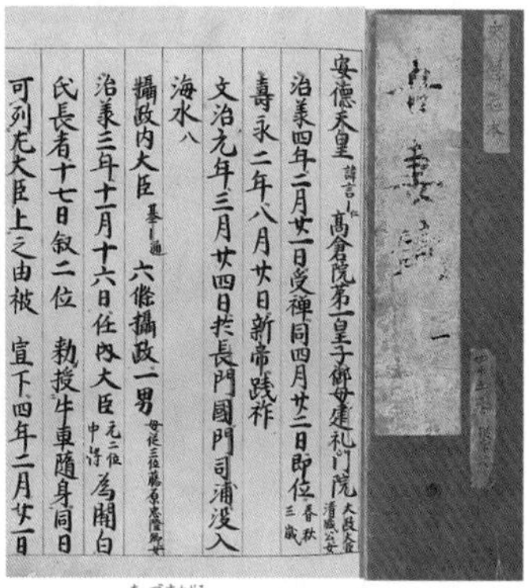

1-9 吾妻鏡《あづまかがみ》 鎌倉幕府の正史である吾妻鏡のなかで，現存している最古の写本。 国 (独)国立公文書館蔵

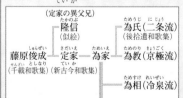

2 建築

2a 大仏様《だいぶつよう》

2-1 東大寺南大門《とうだいじなんだいもん》(奈良市)　1180年の平重衡《たいらのしげひら》の焼き討ちで焼失した東大寺の伽藍《がらん》再建で，重源《ちょうげん》は大仏様《だいぶつよう》(天竺《てんじく》様《よう》)という建築技法を採用した。南大門はその技法を伝える代表的なもので，上棟《じょうとう》は1199年である。国 高さ約26m

Point **大仏様《だいぶつよう》(天竺様《てんじくよう》)**は，**重源《ちょうげん》**が入宋《にっそう》してもち帰った建築様式である。平安期の優美なつくりとは異なり，雄大豪壮で変化に富んだ構造美をもつ。太い柱をそのまま上屋まで高く立てたものに肘木《ひじき》を差し込んで重ね，重い屋根を支えている。なお大仏様は天竺様ともいうが，天竺(インド)とは関係がない。

2b 禅宗様《ぜんしゅうよう》

2-2 円覚寺舎利殿《えんがくじしゃりでん》(神奈川県鎌倉市)
円覚寺は宋《そう》僧無学祖元《むがくそげん》を開山とする臨済宗の寺院で，このうち舎利殿は，源実朝《さねとも》が宋の能仁寺《のうにんじ》から請来した仏舎利《ぶっしゃり》を安置する。柿葺《こけらぶ》きの屋根は入母屋造《いりもやづくり》で，急勾配《こうばい》の高い屋根，強く反《そ》った軒など禅宗様建築の代表的なものであるが，建立年代は明らかでない。国 平面8.1×8.1m

Point 禅宗様(**唐様《からよう》**)は鎌倉中期以降に**宋から輸入された建築様式**で，禅宗寺院に多く採用された。屋根は急勾配《こうばい》で軒反《のきぞ》りが強く，その屋根を支えるための棰《たるき》を放射状に配置したり，大瓶束《たいへいづか》を大虹梁《だいこうりょう》に載せて仏壇前面の柱を省いて内陣《ないじん》を広く見せるなど，全体的に力強さを見せる構造的な工夫が特徴である。その一方で細部での曲線の多用による装飾性や繊細さも特徴である。

①桟唐戸　框《かまち》(周囲の枠)の中に縦横の桟を組み，その枠に薄い板を入れた扉。旧来の厚い一枚板や板をはぎ合わせた戸に対し，強度を保ち軽量化したもの。
②花頭窓　尖頭《せんとう》アーチ形の輪郭《りんかく》をもち，内側に障子《しょうじ》を入れた窓。

2c 和様

2-3 三十三間堂《さんじゅうさんげんどう》(蓮華王院《れんげおういん》本堂)(京都市)　平安時代末後白河法皇《ごしらかわほうおう》が造営した。1,001体の千手《せんじゅ》観音《かんのん》を祀《まつ》った長大な本堂は，三十三間堂ともいわれる。1249年の火災で大部分を失ったが，ただちに本堂の再建と仏像の復興が行われ，1266年に再建が完了した。国 平面118.2×16.4m

Point **和様**は鎌倉時代に伝来した大仏様《だいぶつよう》や禅宗様《ぜんしゅうよう》などの大陸建築様式に対し，平安時代以来の日本的様式を受け継いだものをいう。興福寺《こうふくじ》の再建などは和様をもってなされたが，ゆるい勾配《こうばい》の檜皮葺《ひわだぶき》の屋根は寝殿造《しんでんづくり》の繊細さ・優雅さを備えている。

2-4 石山寺多宝塔《いしやまでらたほうとう》(滋賀県大津市)　1194年建立。軒先の張りが大きく，檜皮葺《ひわだぶき》の屋根は勾配《こうばい》がゆるやかで，優美な姿をしている。現存する最古の多宝塔。国 高さ約17m

2 d 折衷様《せっちゅうよう》

2-5 **観心寺金堂《かんしんじこんどう》**(大阪府河内長野市)　14世紀に再建されたもので，和様《わよう》を基調に大仏《だいぶつ》様《よう》・禅宗様《ぜんしゅうよう》の要素を取り入れた折衷様《せっちゅうよう》の例である。 国 平面19.6×17.8m

Point 鎌倉時代を通じて大仏様・禅宗様が発展すると，和様もしだいにその影響を受けるようになった。鎌倉末期になると大仏様·禅宗様が部分的に取り入れられた**折衷様《せっちゅうよう》(新和《しんわ》様《よう》)**という様式が生まれた。

3 書・工芸

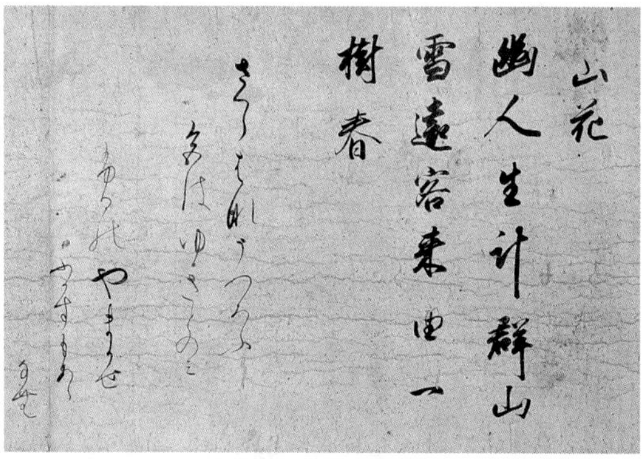

3-1 **鷹巣帖《たかのすじょう》**　伏見《ふしみ》天皇の皇子尊円入道親王《そんえんにゅうどうしんのう》が後光厳《ごこうごん》天皇に奉《たてまつ》ったもの。和様に宋の書風を取り入れて，新流派を開いた(青蓮院流《しょうれんいんりゅう》)。
部分 京都・西本願寺蔵

3-2 **兵庫鎖太刀《ひょうごくさりたち》**　鎌倉時代には，地域的に鍛《か》冶《じ》の系統ができ，元寇《げんこう》後，正宗《まさむね》によって技法が集大成された。
東京国立博物館蔵

3-4 **瀬戸焼《せとやき》**　道《どう》元《げん》とともに入宋《にっそう》した加藤景正《かとうかげまさ》が中国の陶器の製法を伝え，瀬戸焼を創始したと伝えられる。
高さ27.1cm
東京国立博物館蔵

3-3 **赤糸威鎧兜大袖付《あかいとおどしよろいかぶとおおそでつき》**　鎌倉時代後期には，武士によって戦勝祈願《きがん》などで奉納《ほうのう》されることが増え，鎧《よろい》は装飾性を高めていった。威《おどし》は甲冑《かっちゅう》を構成する札《さね》をつるす緒《お》で，その材質は組糸の糸威《いとおどし》のほか，革威《かわおどし》や芯《しん》に麻を用いた綾威《あやおどし》がある。 国 青森·櫛引八幡宮蔵

Discovery

東大寺を再建した重源

俊乗坊重源《しゅんじょうぼうちょうげん》は，法然《ほうねん》に浄土教を学び，中国宋《そう》へも三度渡り，その間土木技術を習得した。帰国後，造東大寺勧進職《ぞうとうだいじかんじんしき》に任じられた。当時，源平の争乱で平家の攻撃を受けた奈良は，東大寺や興福寺などが焼失し，特に東大寺の大仏にいたっては首が落ち，堂塔の大部分が焼失していた。重源は全国をめぐって勧進《かんじん》(資金の募集)につとめ，一方で民衆の教化や救済などの社会事業も行った。源頼朝《よりとも》の援助を得，宋の陳和卿《ちんなけい》を招き1185年大仏開眼供養《かいげんくよう》，1195年には大仏堂供養，1203年には東大寺総供養を行い，南都復興に大きく貢献した。

東大寺重源上人像
(1121〜1206)　国 奈良・東大寺蔵

重源碑《ちょうげんひ》　奈良時代行基《ぎょうき》がつくった河内《かわち》国狭山池《さやまいけ》の修復を，1202年重源が行ったことを示す石碑が出土した。
大阪府立狭山池博物館蔵

4 似絵《にせえ》・頂相《ちんぞう》

4-1 **肖像画《しょうぞうが》を描く藤原隆信《たかのぶ》**(法然上人絵伝《ほうねんしょうにんえでん》)　似絵《にせえ》の大家だった隆信が，後白河《ごしらかわ》法皇の命で法然の真影《しんえい》を描く場面。 国 部分 京都·知恩院蔵

4-2 **蘭溪道隆像《らんけいどうりゅうぞう》**　鎌倉時代中期南宋から来日し，北条時頼《ときより》の招きで鎌倉に建長寺《けんちょうじ》を開いた高僧蘭溪道隆《らんけいどうりゅう》の頂相《ちんぞう》画。頂相とはもともとは仏の頭の様相《ようそう》のことで，転じて禅僧の肖像画のこと。師が弟子に法の継承者として与えた。
国 104.8×46.4cm 部分 神奈川·建長寺蔵

5 彫刻

➡5-2 **興福寺金剛力士像《こうふくじこんごうりきしぞう》阿形**(定慶《じょうけい》作) 興福寺旧《きゅう》西金堂《さいこんどう》に安置されていた等身大の像。極めて写実的で，彩色もされている。
国 像高154.0cm

⬅5-1 **東大寺金剛力士像阿形《とうだいじこんごうりきしぞうあぎょう》**(左)・**吽形《うんぎょう》**(右)(運慶《うんけい》・快慶《かいけい》ら作) 東大寺南大門の左右に立つ檜《ひのき》の寄木造《よせぎつくり》の両像は，1203年運慶・快慶らが70日間の短期間で製作したという。徹底した分業体制によって完成した両像はわが国最大の木造仏であり，剛健《ごうけん》で写実的な鎌倉彫刻の傑作《けっさく》でもある。
国 阿形像高836.3cm 吽形像高842.3cm

⬅5-3 **興福寺弥勒仏像《こうふくじみろくぶつぞう》**(中)・**無著像《むちゃくぞう》**(右)・**世親像《せしんぞう》**(左) 中央の阿弥陀如来《あみだにょらい》は火災に遭《あ》い，1212年に運慶の統率のもとに再興された。左右の手の指の形が造立当初の形を伝える。左右の無著《むちゃく》・世親《せしん》像は鎌倉期の写実的な特徴をもった傑作。無著・世親兄弟はインドのガンダーラに生まれ，法相宗《ほっそうしゅう》の教学を確立した僧。
国 中 阿弥陀如来像 像高141.9cm
右 無著像 193.0cm 左 世親像 190.9cm

➡5-4 **興福寺維摩居士像《こうふくじゆいまこじぞう》**(定慶作) 維摩《ゆいま》居士《こじ》は釈迦《しゃか》在世の頃の富豪の仏教徒。生きた人間の写実的な造形で，1196年に定慶《じょうけい》が製作。定慶については不明な点が多いが，運慶・快慶とほぼ同時代の仏師で，慶派の一門と考えられている。 国 像高88.5cm

5a 運慶と慶派略系図

＝ は師弟関係

定朝《じょうちょう》(平等院鳳凰堂《びょうどういんほうおうどう》阿弥陀仏《あみだぶつ》) ＝ (3代略) ＝ 康慶《こうけい》(興福寺南円堂《こうふくじなんえんどう》諸仏)
- 康慶 ＝ 快慶《かいけい》(東大寺僧形八幡神像《とうだいじそうぎょうはちまんしんぞう》 東大寺金剛力士像《とうだいじこんごうりきしぞう》)
- 康慶 ＝ 運慶《うんけい》(東大寺金剛力士像 興福寺無著《こうふくじむちゃく》・世親像《せしんぞう》)
  - 運慶 ＝ 湛慶《たんけい》(三十三間堂千手観音像《さんじゅうさんげんどうせんじゅかんのんぞう》)
  - 運慶 ＝ 康弁《こうべん》(興福寺天灯鬼《こうふくじてんとうき》・龍灯鬼像《りゅうとうきぞう》)
  - 運慶 ＝ 康勝《こうしょう》(六波羅蜜寺空也上人像《ろくはらみつじくうやしょうにんぞう》)

Point 平安期の仏師定朝《じょうちょう》の流れをくむ運慶は，鎌倉時代の剛健な写実主義彫刻の様式を確立し，慶派仏師中の第一人者と称された。

← 5-5 **東大寺僧形八幡神像《とうだいじそうぎょうはちまんしんぞう》**(快慶《かいけい》作)
鳥羽《とば》天皇に献上され，鳥羽勝光明院に安置されていた画像をもとに，1201年重源《ちょうげん》の命で快慶が写して製作された。神像としてはまれにみる写実的な作品。
国 像高87.1cm 東大寺勧進所八幡殿蔵

→ 5-6 **興福寺天灯鬼像《こうふくじてんとうきぞう》**(左)・**竜灯鬼像《りゅうとうきぞう》**(右)(康弁《こうべん》作) 像内納入の紙片で1215年の康弁作であることが知られる。鬼の表情がユーモラスであるが，体躯《たいく》が力強い小作品である。
国 天灯鬼像高77.9cm
国 竜灯鬼像高77.3cm

← 5-7 **東大寺地蔵菩薩像《とうだいじじぞうぼさつぞう》**(快慶作) 「巧匠法《こうしょうほっ》橋快慶《きょうかいけい》」と記されていることから1203～1208年までの法橋在任中の作品であることがわかる。理知的な顔と衣紋《えもん》の優美さから，写実的彫刻の特徴を見いだせる。 重 像高89.8cm

↓ 5-8 **源頼朝像**
鎌倉時代の俗人の彫像の代表作で，頼朝の像として有名。
像高89.8cm
重 東京国立博物館蔵

← 5-10 **明月院上杉重房像《めいげついんうえすぎしげふさぞう》** 重房は上杉氏の祖《そ》。鎌倉幕府の要職にある人物の姿を写実的に表現している。木造。 像高68.2cm

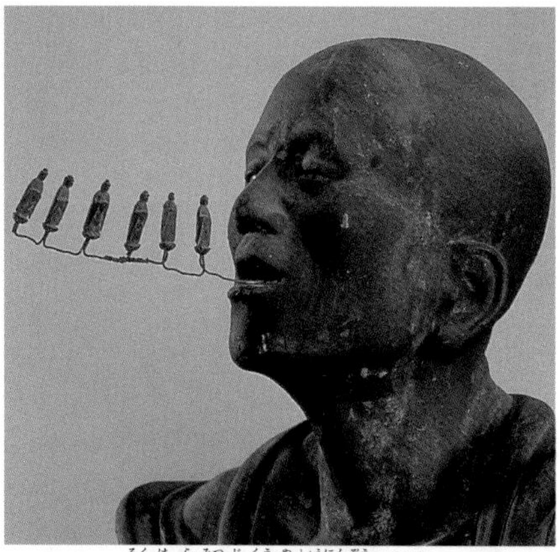

→ 5-9 **六波羅蜜寺空也上人像《ろくはらみつじくうやしょうにんぞう》**(康勝《こうしょう》作) 空也がかわいがっていた鹿の死を悼《いた》み，その角《つの》を杖《つえ》に付け，革を身にまとい念仏を唱えながら京を歩いたときの姿という。南無阿弥陀仏《なむあみだぶつ》の念仏を阿弥陀如《あみだにょ》来《らい》の形で表現しているところに，この時代の技巧の高さがうかがえる。 重 像高117.65cm

撮影 浅沼光晴氏

→ 5-11 **高徳院阿弥《こうとくいんあみ》陀如来像《だにょらいぞう》(鎌倉大仏)**
造立事情や作者は不明だが，13世紀中頃の作と考えられる。たびたびの風水害で仏堂は倒壊し，1498年以降は露座《ろざ》となり今日に至っている。奈良の大仏が盧舎那《るしゃな》仏であるのに対し，これは阿弥陀仏である。阿弥陀如来は源頼朝のほか，歴代北条氏によって篤く保護された。
国 像高11.36m

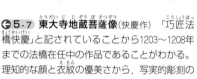

＊近年の科学分析で，この銅像の材料が大量に輸入された中国銭であった可能性が高いという結果が出ている。

6 絵画

6-1 **春日権現験記絵《かすがごんげんげんきえ》** 縁起物 木曽義仲の入京であわただしく都落ちする平家。途中，藤原基通は春日権現の霊験《れいげん》で京へもどったという。

国 巻4第3段 縦41.3×横958.0cm 部分 宮内庁三の丸尚蔵館蔵

6-2 **法然上人絵伝《ほうねんしょうにんえでん》** 伝記物 京都知《ち》恩院《おんいん》に伝わる14世紀成立の絵巻物。浄土《じょうど》宗《しゅう》開祖の法然《ほうねん》の生涯《しょうがい》と門弟《もんてい》の事績を描く。場面は美作《みまさか》の法然の生家で，武士の館をよく表している。

国 巻1 縦35.1×横1027.5cm 部分 京都・知恩院蔵

6-3 **餓鬼草紙《がきぞうし》** 仏教絵巻 地獄とともに六道《ろくどう》(来世《らいせ》に人が赴《おもむ》くところ)の一つである餓鬼道《がきどう》を描く。写真は水供養《みずくよう》でこぼれた水をする食水餓鬼《しょくすいがき》の哀《あわ》れな姿。

国 26.8×49.3cm 部分 京都国立博物館蔵

6-4 **地獄草紙《じごくぞうし》** 仏教絵巻 地獄を描いたもので，当時流行した六道《ろくどう》思想を反映している。12世紀後半成立。絵は前世に動物をいじめた者が，巨大な鶏《にわとり》にさいなまれる「鶏地獄《とりじごく》」の情景。

国 縦26.1×横243.4cm 部分 奈良国立博物館蔵

6-5 **蒙古襲来絵詞《もうこしゅうらいえことば》** 軍記物 弘安《こうあん》の役で矢を放って攻撃する船上の元軍。永《えい》仁《にん》元(1293)年製作。国 後巻第27紙 縦39.5×横1999.5cm 部分 宮内庁三の丸尚蔵館蔵

12世紀頃から天皇・貴族の肖像を中級貴族がスケッチ的に描く似絵が流行し，武士や僧侶階層まで広まった。肖像画は，それぞれの集団での帰属意識や連帯感を生みだす上で重要な素材となった。しかし，今日，描かれている人物を特定することは，意外とむずかしい。綿密《めんみつ》な考証《こうしょう》で従来のイメージが覆《くつがえ》る画像もあるのだ。

神護寺(京都市)の画像3点

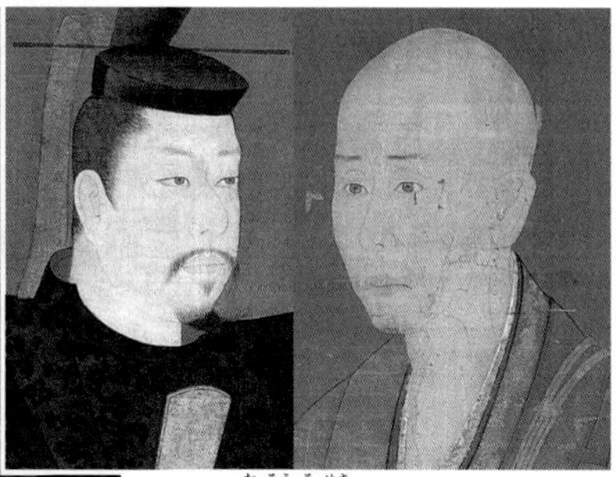

↗1 **夢窓疎石《むそうそせき》**(南北朝時代) 眼・鼻・口・耳の描き方が①と似ている。
京都・妙智院蔵

Point 14世紀に書かれた『神護寺《じんごじ》略記』という記録に頼朝，重盛，光能《みつよし》の画像が安置されたと記《しる》されていることを根拠に，①は源頼朝，②は平重盛，③は藤原光能とされてきた。しかし近年，足利直義《ただよし》が兄尊氏《たかうじ》と自分の画像を神護寺に奉納《ほうのう》した事実を記した古文書が紹介され，また，京都等持院《とうじいん》の尊氏像との類似性から，これら3点の画像が①足利直義，②足利尊氏，③足利義詮《よしあきら》の肖像画であるとする説が発表された。さらに伝頼朝像と夢窓疎石《むそうそせき》の肖像画を比較すると，目鼻立ちなど顔の細部の表現が共有されており，伝頼朝像の制作年代が14世紀前半頃に下るとする新説も出されている。

↑2 **足利尊氏像** 京都等持院は足利将軍家の菩提寺《ぼだいじ》で，室町幕府の歴代将軍の木像が安置されている。
京都・等持院蔵

伝武田信玄像はだれがモデルか

↑3 **長谷川信春の落款**

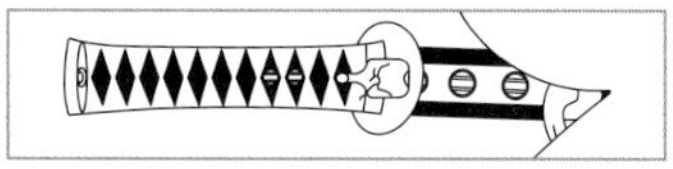

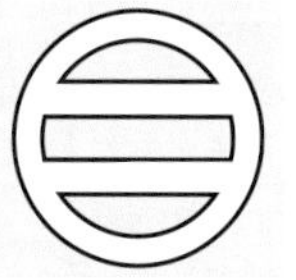

↑5 **腰刀と「丸に二引両紋《ふたつひきりょうもん》」** 甲斐武田氏の家紋は菱紋《ひしもん》であるが，像主の腰刀に着目するとそこには二引両紋が描かれている。二引両紋は足利氏とその一門である細川・今川・吉良《きら》・斯波《しば》・畠山《はたけやま》などが使用している。

Point 左は従来から晩年《ばんねん》の武田信玄像《しんげんぞう》とされてきた画像である。信玄は39歳で出家した時の法名《ほうみょう》である。しかし出家姿に見える画像には後頭部に僅《わず》かながら髻《もとどり》が描かれており，出家前の俗人《ぞくじん》なので信玄とは考えにくい。また腰刀の家紋も二《ふたつ》引両紋《ひきりょうもん》で武田の紋ではない。この像を描いたのは落款《らっかん》(印)から長谷川信春《はせがわのぶはる》(1539～1610)で，のちに等伯《とうはく》を名乗る画人である。信春がこの印を使用している時期は1564～72年までで，そのほとんどが北陸地方で制作された作品である。なおこの時期北陸地方で二引両紋を使用していたのは能登《のと》守護畠山氏である。こうしたことから，描かれた像主は能登国守護畠山義続《はたけやまよしつぐ》の可能性が指摘されている。

➡4 **武田晴信画像** 高野山持明院《こうやさんじみょういん》に残されたこの画像には武田家の家紋である菱が描かれている。烏帽子《えぼし》に直垂《ひたたれ》姿の青年武田晴信を描いている。
和歌山・高野山持明院蔵

伝足利尊氏像はだれがモデルか

↑6 **輪違《わちが》い紋**

Point 従来足利尊氏とされてきた上の像を考証《こうしょう》すると，尊氏の執事高師直《しつじこうのもろなお》である可能性が高い。理由は①武具に描かれている紋は足利氏でなく高氏の輪違い紋であること，②兜《かぶと》をかぶらず抜身《ぬきみ》の大太刀《おおだち》を担《かつ》ぐ姿から戦闘後の画像であり，また画像の上にある足利義詮の花押から考えて，義詮から軍功を賞された際の画像であること，などからである。 京都国立博物館蔵

異形の姿

Point 左は後醍醐天皇の肖像である。真言密教の法具を両手にもち，唐風の王冠《おうかん》を載《の》せ，仏が着座する獅子座と敷物の上に座る唐衣の姿は，それまでの天皇像とは異なる異《い》形《ぎょう》の姿を表現している。
国 神奈川・清浄光寺蔵

98 建武の新政と南北朝の動乱

1 鎌倉幕府の滅亡と南北朝の動乱略年表

時代	年	できごと
鎌倉幕府	1272	後嵯峨《ごさが》天皇死去→**持明院統《じみょういんとう》**と**大覚寺統《だいかくじ》**が争う
	1317	**文保《ぶんぽう》の和談《わだん》**(幕府の調停，以後両統迭立《りょうとうてつりつ》)
	1318	後醍醐《ごだいご》天皇即位(大覚寺統)
	1321	後醍醐天皇親政開始(院政廃止，記録所《きろくしょ》再興)
	1324	**正中《しょうちゅう》の変**(討幕《とうばく》計画露顕《ろけん》) ①
	1331	**元弘《げんこう》の変**(後醍醐天皇，笠置山《かさぎやま》に遷幸《せんこう》。楠木正成《くすのきまさしげ》挙兵) ②
		幕府，**光厳《こうごん》天皇を擁立《ようりつ》**(持明院統)
	1332	後醍醐天皇，隠岐《おき》へ配流。護良親王《もりよししんのう》挙兵
	1333	後醍醐天皇，隠岐を脱出。足利高《あしかがたか》(尊)氏《うじ》，六波羅探題《ろくはらたんだい》攻略 ④
		新田義貞《にったよしさだ》，鎌倉攻略(**鎌倉幕府滅亡**) ⑥
建武の新政		新政開始(記録所・雑訴決断所《ざっそけつだんしょ》・武者所《むしゃどころ》設置) 史
	1335	**中先代《なかせんだい》の乱**(北条時行《ときゆき》の乱) ⑦
南北朝	1336	**湊川《みなとがわ》の戦い**。尊氏《たかうじ》，入京し光明《こうみょう》天皇擁立 ⑩
		建武式目《けんむしきもく》制定。史 後醍醐天皇吉野《よしの》へ移る(南北朝対立)⑪
室町幕府	1338	**足利尊氏，征夷大将軍《せいいたいしょうぐん》となる**
	1350	**観応《かんのう》の擾乱《じょうらん》**(～52)
	1358	尊氏没
	1368	足利義満《よしみつ》，征夷大将軍となる
	1378	義満，花の御所に移る
	1390	**土岐康行《ときやすゆき》の乱**
	1391	**明徳《めいとく》の乱**
	1392	**南北朝の合体**

2 皇室系図

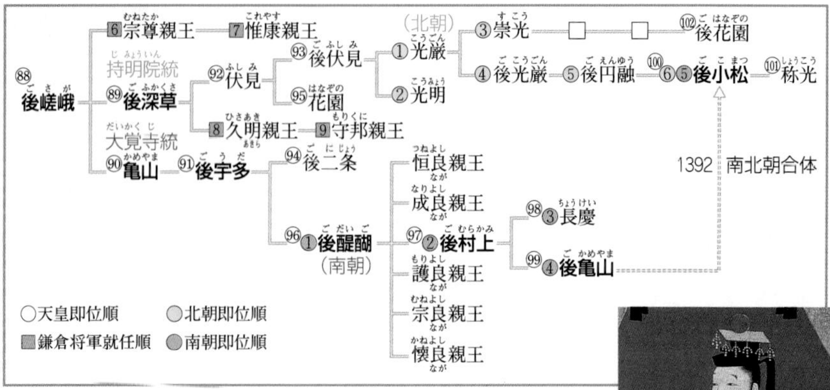

➡2-1
後醍醐天皇
(1288～1339)
重 神奈川・清浄光寺蔵

4 建武新政組織図

- 天皇
  - 中央
    - **記録所《きろくしょ》**(行政・司法など重要政務)
    - **恩賞方《おんしょうがた》**(恩賞事務)
    - **雑訴決断所《ざっそけつだんしょ》**(所領関係の裁判)
    - **武者所《むしゃどころ》**(京都の治安維持)
  - 地方
    - **鎌倉将軍府**(成良《なりよし(なりなが)》親王・足利直義《あしかがただよし》)
    - **陸奥《むつ》将軍府**(義良《のりよし》親王・北畠顕家《きたばたけあきいえ》)
    - **国司・守護**(諸国に併置)

Point 延喜《えんぎ》・天暦《てんりゃく》の治《ち》を理想とする天皇政治をめざした後醍醐天皇の親政《しんせい》は，**記録所《きろくしょ》**を復活させるなど公家一本立のものであったため，やがて武士層の離反《りはん》を招いた。

5 幕府の滅亡と南北朝の動乱

①正中《しょうちゅう》の変《へん》 1324
後醍醐《ごだいご》天皇の第1回目の幕府討伐挙兵計画，失敗

②元弘《げんこう》の変 1331
第2回目の挙兵計画，失敗。天皇は隠岐《おき》配流

③赤坂城《あかさかじょう》の戦い 1331
楠木正成《くすのきまさしげ》が幕府軍に抵抗する。落城後の翌1332年，千早《ちはや》城で再挙

④後醍醐《ごだいご》天皇隠岐《おき》脱出 1333
伯耆《ほうき》の豪族名和長年《なわながとし》が，天皇を船上山《せんじょうさん》で迎える

⑤六波羅《ろくはら》攻撃 1333
足利高《あしかがたか》(尊)氏《うじ》，幕府に反旗を翻《ひるがえ》し，六波羅探題《たんだい》を攻め落とす

⑥鎌倉幕府滅亡 1333
新田義貞《にったよしさだ》が鎌倉に侵入，北条高時《ほうじょうたかとき》は自刃《じじん》し幕府滅亡

⑦中先代《なかせんだい》の乱 1335
幕府再興を企て挙兵した北条時行《ときゆき》を尊氏が追討。尊氏は乱後，建武《けんむ》政府に叛《はん》す

⑧箱根・竹ノ下の戦い 1335
建武政府に背いた尊氏を，新田義貞らが攻撃するも敗北。南北朝内乱が始まる

⑨多々良浜《たたらはま》の戦い 1336
尊氏が筑前《ちくぜん》の多々良浜で南朝方の菊池武敏《きくちたけとし》を破り，勢力をばん回

⑩湊川《みなとがわ》の戦い 1336
九州から東上した尊氏を新田・楠木らが迎撃。正成は敗死，義貞は敗走

⑪南北朝の分裂 1336
尊氏入京後，後醍醐天皇は吉野《よしの》に逃れ南朝をたてるが，1339年死去

⑫藤島《ふじしま》の戦い 1338
南朝方の新田義貞が越前《えちぜん》の藤島で敗死

⑬北畠親房《きたばたけちかふさ》の入城 1338
関東に南朝拠点を築くため常陸《ひたち》の小田《おだ》城に入る。城中で『神皇正統記《じんのうしょうとうき》』を執筆

3 畿内要図

⬇5-1
楠木正成
(?～1336)

大阪・観心寺蔵

⬇5-2
新田義貞
(1301～38)

群馬・金龍寺蔵

⬇5-3
太平記
(►p.108)

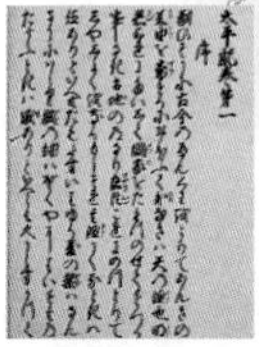

⬇5-4 **逃れる後醍醐天皇**

埼玉県立博物館蔵

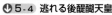

1 室町幕府の職制

将軍（公方《くぼう》）

中央
- 奉公衆《ほうこうしゅう》 将軍の直轄軍《ちょっかつ》。通常は在京して将軍の護衛《ごえい》・御料所《ごりょうしょ》管理
- 管領《かんれい》［将軍補佐 三管領《さんかんれい》 細川《ほそかわ》・斯波《しば》・畠山《はたけやま》］
  - 評定衆《ひょうじょうしゅう》 一般政務の合議 ― 引付衆《ひきつけしゅう》 訴訟
  - 問注所《もんちゅうじょ》 記録・訴訟関係文書の保管
  - 政所《まんどころ》 財政管理
  - 侍所《さむらいどころ》 京都市中警備・軍事
  - ［長官は所司《しょし》。四職《ししき》―赤松《あかまつ》・京極《きょうごく》・山名《やまな》・一色《いっしき》］

地方
- 鎌倉府《かまくらふ》 関東10カ国統轄《とうかつ》
  - 鎌倉公方［足利基氏《あしかがもとうじ》の子孫が世襲《せしゅう》］ ― 関東管領《かんとうかんれい》［鎌倉公方を補佐。上杉《うえすぎ》氏が世襲］ ― 評定衆・問注所・政所・侍所
- 奥州探題《おうしゅうたんだい》 陸奥《むつ》の統治
- 羽州探題《うしゅう》 出羽《でわ》の統治
- 九州探題 九州の統治
- 守護・地頭

2 室町幕府の財政

幕府

守護・地頭	商工業者	五山《ござん》禅院《ぜんいん》	庶民	幕府直轄地	関・津	都市民	貿易
公用銭《くようせん》 臨時役《りんじやく》	土倉役《どそうやく》 酒屋役《さかややく》	五山官銭《ござんかんせん》 五山献銭《ござんけんせん》	段銭《たんせん》 棟別銭《むなべつせん》 分一銭《ぶいちせん》	年貢《ねんぐ》 公事《くじ》 夫役《ぶやく》	関銭《せきせん》 津料《つりょう》	間別銭《まべつせん》	天龍寺《てんりゅうじ》造営料《ぞうえいりょう》 抽分銭《ちゅうぶんせん》など
	（営業税）	（五山の金融活動への課税）	（土地一段ごとに課税）（一棟ごとに課税）（徳政のとき債権・債務に課税）		（通行料）（港湾使用料）	（家屋の間数に応じて課税）	（天龍寺造営費をまかなうための貿易税）（外国貿易での収入に課税）

3 観応《かんのう》の擾乱《じょうらん》

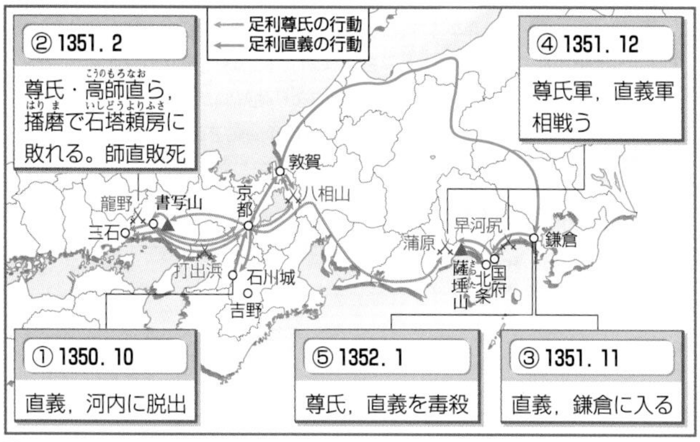

Point 幕府は尊氏・直義による分担制で運営されたが，1350年に両派が対立し，鎌倉に逃れた直義は52年に毒殺された。

4 足利氏系図

＝＝ は養子関係 ○数字は将軍就任順 （ ）数字は鎌倉公方

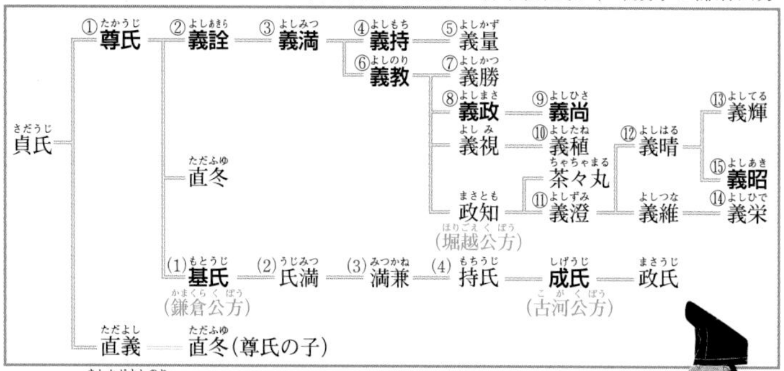

4-1 **足利義教《あしかがよしのり》** 6代将軍義教は神前のくじびきで決められた。のちに恐怖政治を敷《し》き赤松満祐《みつすけ》により謀殺《ぼうさつ》される。愛知・妙興寺蔵 一宮市博物館提供

5 守護の権力拡大 史

	鎌倉期	南北朝動乱期	室町期
軍事・警察	1185大犯《だいぼん》三カ条（京都大番役《おおばんやく》の催促《さいそく》，謀反人《むほんにん》・殺害人《さつがいにん》の逮捕）		
	1232夜討《ようち》ち・強盗・山賊などの検断権		
		1346刈田狼藉《かりたろうぜき》の検断権	
指揮		使節遵行権《しせつじゅんぎょう》（裁判判決の執行）	
所領		1352半済地《はんぜいち》給与権 史	
給与		闕所《けっしょ》（没収地）預置《あずけおき》権	
課税		一国検注《けんちゅう》権（賦課《ふか》台帳の作成）	
		1372段銭《たんせん》などの徴収権	
請負		（荘園の年貢徴収を請け負う）	守護請 史

Discovery

細川頼之 2代将軍足利義詮《よしあきら》は死期を悟《さと》り，10歳の幼君義満《よしみつ》に言った。「われ汝《なんじ》のために一父を与えん。その教えに背《そむ》くなかれ」と。義詮はその後逝去《せいきょ》し，義満は3代将軍となった。そしてこの時「父」と指名された人物が細川頼之《ほそかわよりゆき》である。彼は管領《かんれい》として12年，義満の政治を補佐しながら四国・中国地方を支配していった。その後斯波《しば》氏らの排斥《はいせき》運動により讃岐《さぬき》へ隠遁《いんとん》する時期を経て，再び幕政の中心に復帰し，その後の細川氏の隆盛《りゅうせい》をもたらした。

6 守護大名の反乱 ※守護大名の配置は1400年頃

②1391（明徳2）明徳《めいとく》の乱
山名《やまな》氏は一族で11カ国を領して権勢を誇ったが，義満が山名氏の内紛に介入し，山名氏清《うじきよ》を京都で敗死させる

⑥1440（永享12）結城合戦《ゆうきがっせん》
結城氏朝《うじとも》が鎌倉公方足利持氏の遺子を擁立して幕府に反抗，敗北

④1416（応永23）上杉禅秀《うえすぎぜんしゅう》の乱

⑦1441（嘉吉元）嘉吉《かきつ》の変
将軍義教の討伐に危険を感じた赤松満祐《あかまつみつすけ》が先制し，義教を殺害。満祐《みつすけ》も幕府の追討により敗死 史

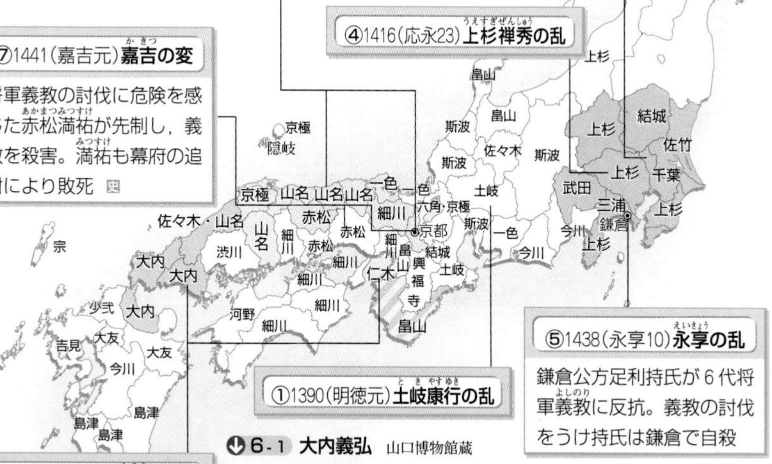

①1390（明徳元）土岐康行《ときやすゆき》の乱

⑤1438（永享10）永享《えいきょう》の乱
鎌倉公方足利持氏が6代将軍義教《よしのり》に反抗。義教の討伐をうけ持氏は鎌倉で自殺

③1399（応永6）応永《おうえい》の乱
大内義弘《おおうちよしひろ》は6カ国の守護として大勢力を誇り，和泉《いずみ》の堺で挙兵したが敗死

6-1 **大内義弘** 山口博物館蔵

- 明徳の乱直前の山名一族の領国・11カ国（日本60余国の6分の1）→六分《ろくぶん》の一衆《いちしゅう》（六分一殿《ろくぶいちどの》）
- 応永の乱直前の大内義弘の領国・6カ国
- 鎌倉公方の管轄領域（のち出羽・陸奥も管轄）

丸数字は年代順

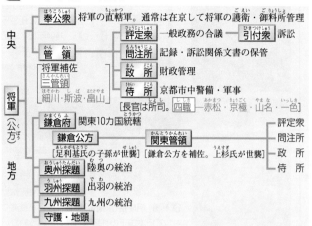

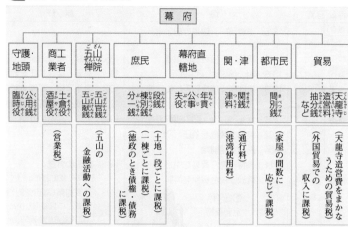

100 室町時代の対外関係

1 対外関係略年表

将軍	倭寇	中国		朝鮮	
(鎌倉)			1325 鎌倉幕府，建長寺船《けんちょうじせん》派遣		
(建武)		元《げん》			
尊氏《たかうじ》			1342 尊氏，天龍寺《てんりゅうじ》船を派遣	高《こう》麗《らい》	1350 倭寇《わこう》，高麗《こうらい》沿岸に出現
義詮《よしあきら》			1368 明の建国(太祖洪武帝《たいそこうぶてい》)		1367 高麗，倭寇禁圧を要請
義満《よしみつ》	前期倭寇		1369 洪武帝，懐良《かねよし》親王に倭寇禁圧を要請		1391 今川了俊《いまがわりょうしゅん》，高麗人を送還
					1392 李成桂《りせいけい》《イソンゲ》，朝鮮を建国
義持《よしもち》			1401 義満，僧祖阿《そあ》・肥富《こいつみ》を明に派遣		1398 朝鮮，幕府に遣使
			1402 義満，倭寇を禁圧		
			1404 勘合《かんごう》貿易開始		
			1411 義持，勘合貿易を中止		1419 応永《おうえい》の外寇《がいこう》
義教《よしのり》			1432 義教，勘合貿易を再開		〔朝鮮軍，倭寇根拠地と考えて対馬《つしま》襲撃〕
		明《ミン》		朝《ちょう》鮮《せん》	1443 癸亥約条《きがいやくじょう》(嘉吉《かきつ》条約)締結 （宗《そう》氏との貿易取り決め (宗氏歳遣船《さいけんせん》年間50隻《せき》)）
義稙《よしたね》					1510 三浦《さんぽ》の乱 〔朝鮮三浦の日本人蜂起〕
義晴《よしはる》			1523 寧波《ニンポー》の乱 （大内対細川→大内氏の勘合貿易独占）		1512 壬申《じんしん》約条(永正《えいしょう》条約)締結 （貿易制限の強化(宗氏歳遣船年間25隻)）
義輝《よしてる》	後期倭寇		1551 大内氏の滅亡(勘合貿易の断絶)		
(安土・桃山)			1588 豊臣秀吉，海賊取締令		

1-1 **足利義持**
(1386～1428)
京都・神護寺蔵

京都・鹿苑寺蔵

1-2 **足利義満**
(1358～1408)

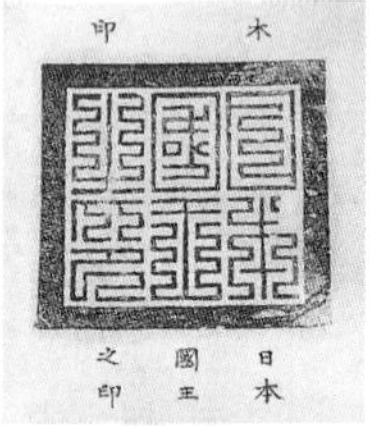

1-3 **日本国王印**
義満は1402年明《ミン》から「日本国王」に任じられ，1404年日本は正式に冊封《さくほう》体制下に入った。山口・毛利博物館蔵

1-4 **明成祖《せいそ》(永楽帝《えいらくてい》)**

京都・相国寺蔵

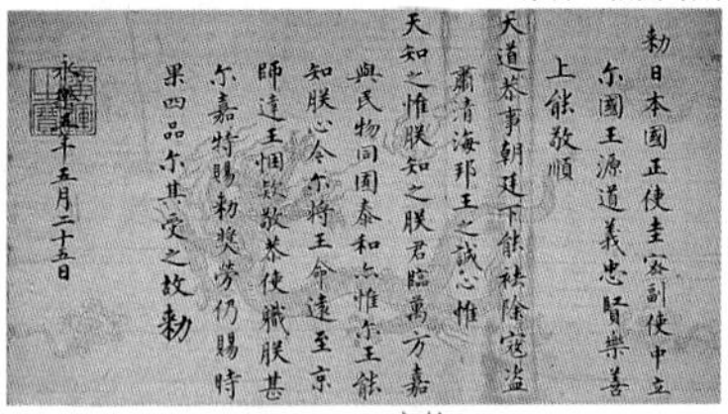
勅日本国正使圭密副使中立
尓国王源道義忠賢楽善
上能敬順
天道恭事朝廷下能祛除寇盗
粛清海邦王之誠心惟
天知之惟朕知之朕君臨萬方嘉
與民物同国泰和亦惟尓王能
知朕心今尓将王命遠至京
師達王悃款恭使職朕甚
尓嘉特賜勅奨労仍賜時
果四品尓其受之故勅
永楽五年五月二十五日

1-5 **明成祖(永楽帝)勅書《ちょくしょ》** 成祖が義満に対して日本国王の称号を与えるという勅書。印文「広運之宝」は臣下に与える時の印。

三浦《さんぽ》 朝鮮半島南部の乃而浦《ないじほ》(現熊川)，富山浦《ふざんほ》(現釜山《ふさん》)，塩浦《えんぽ》(現蔚山《うるさん》)の三つの港のこと。三浦は朝鮮王朝時代初期の日本人の居留地《きょりゅうち》・交易場であった。しかし16世紀になり朝鮮側が貿易統制を強化すると，これに反発した三浦の日本人が1510年暴動を起こした(三浦《さんぽ》の乱)。

2 倭寇と勘合貿易

2-1 **倭寇**(倭寇図巻) 倭寇(右)と明《ミン》の官兵の戦闘場面を描いたもの。倭寇は明から「北虜《ほくりょ》南倭《なんわ》」としてモンゴル族とともに恐れられ，明滅亡の一因となった。構成員は必ずしも日本人だけではなく，朝鮮人や中国人などを含む国家への帰属《きぞく》意識が曖昧《あいまい》な環《かん》シナ海地域の多様な人々であった。後期倭寇の構成員は，大部分が中国人であった。 東京大学史料編纂所蔵

2-2 **遣明船《けんみんせん》**(真如堂縁起絵巻) 2枚の帆《ほ》を張って快走《かいそう》する遣明船の姿。帆は筵《むしろ》で，甲板《かんぱん》の中央には檜皮葺《ひわだぶき》の建物が見え，中には畳《たたみ》が敷いてある。船腹《せんぷく》には櫓《ろ》を漕《こ》ぐための台が据《す》え付けられている。

京都・真正極楽寺蔵

2a 倭寇関係図

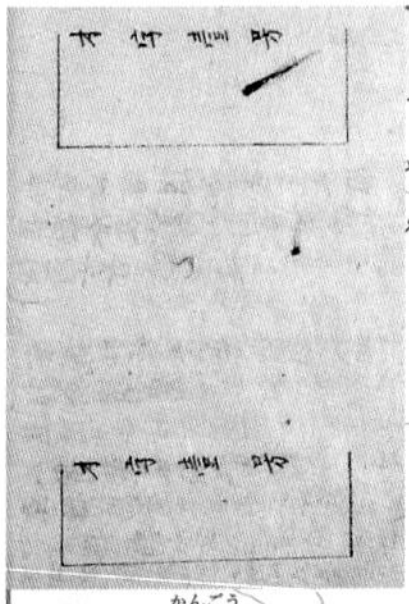

2-3 **勘合《かんごう》** 遣明船は勘合《かんごう》を持参し，寧波《ニンポー》と北京《ペキン》で底簿《ていぼ》と照合，公認船かどうか検査された。 京都・妙智院蔵

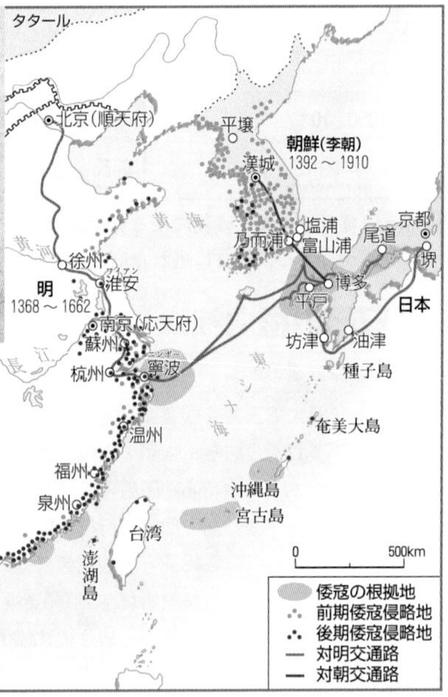

2b 勘合貿易の構造

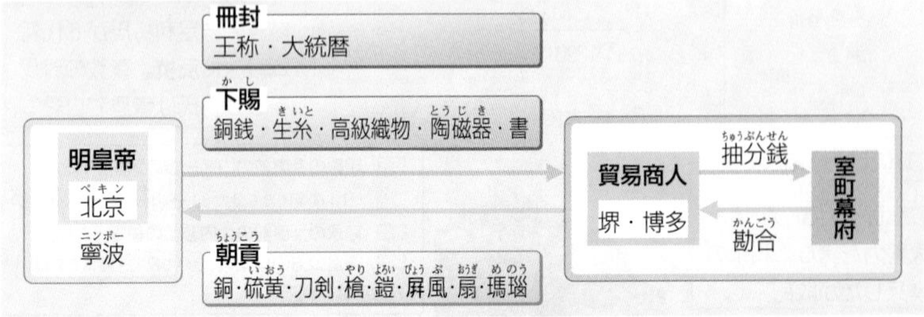

Discovery

福岡市博物館 (福岡・福岡市)

福岡の歴史と民俗をとおして，文化発展の足跡を学ぶことのできる博物館として1990年に開館した。特に中世の東アジア社会との貿易の窓口だった国際都市・博多のようすや，町衆《まちしゅう》の活動を国際的な視点でいきいきと展示している。(http://museum.city.fukuoka.jp/)

1 中世の北方日本

1 a 中世の港

1-1 志苔館《しのりだて》で発見された古銭　越前焼《えちぜんやき》や珠洲焼《すずやき》の瓶《かめ》から約39万枚の古銭が見つかった。この地は14世紀以来，京で珍重《ちんちょう》された宇賀昆布《うがこんぶ》の産地で，日本海ルート交易が盛んだったことがわかる。北海道・市立函館博物館蔵

(石井進『中世のかたち』中央公論新社による)

1-2 十三湊《とさみなと》　津軽地方から蝦夷ヶ島《えぞがしま》(北海道)の北方海域を支配した安藤氏の拠点で，北方最大の港町。アイヌ人から昆布《こんぶ》やトド・ラッコの毛皮，鮭《さけ》や鮑《あわび》など海産物を中継し畿内《きない》と交易していた。また国産のみならず中国・朝鮮からの陶磁器も多数見つかっている(写真下)。青森・市浦村教育委員会提供

1-3 中国産・国内産の陶磁器　市浦村教育委員会蔵

Point 安藤氏は15世紀半ば南部氏に敗れて蝦夷ヶ島《えぞがしま》に逃《のが》れ，和人《わじん》の移住が増大した。その結果アイヌとの対立が深まり，1457年首長**コシャマイン**に率《ひき》いられたアイヌが蜂起《ほうき》し，道南の和人館を落とした。これを鎮圧《ちんあつ》したのが武田《たけだ》(蠣崎《かきざき》)信広《のぶひろ》で，しだいに支配を強めていった。

2 中世の琉球

2 a 琉球文化の形成

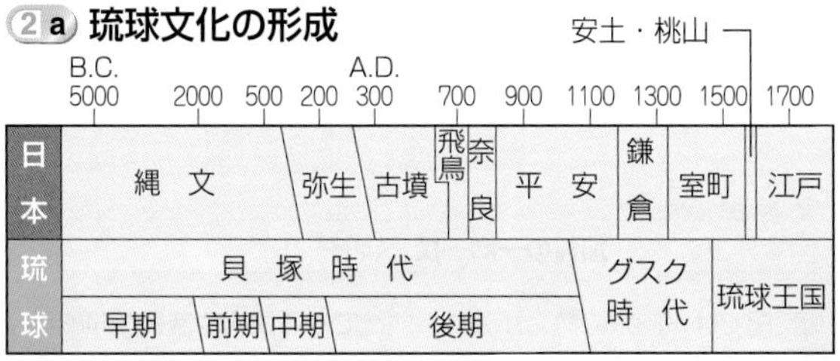

12〜15世紀	**グスク(城)**による按司《あじ》(豪族)間攻防
14世紀	沖縄本島に山北《さんほく》(北山《ほくざん》)・中山《ちゅうざん》・山南《さんなん》(南山《なんざん》)の三つの小国家成立　14世紀後半より明《ミン》へ朝貢《ちょうこう》
1429	中山の尚巴志《しょうはし》が琉球統一**(琉球王国成立)**
1470	金丸《かなまる》によるクーデタで第二尚氏《しょうし》王朝成立(金丸《かなまる》は尚円《しょうえん》を名乗る)
1477	尚真《しょうしん》が即位し中央集権的古代国家成立
15世紀	中国・朝鮮・日本・東南アジア諸国との中継貿易で繁栄。島津氏とも友好関係
16世紀中頃	ポルトガルの進出により中継貿易衰退
16世紀末	文禄《ぶんろく》・慶長《けいちょう》の役に際し秀吉が服従と朝貢，軍役を求めるが拒否。島津氏と断交
1609	島津氏による琉球征服

Point 琉球王国は，グスク時代の内乱のあと成立した統一王朝である。明に朝貢《ちょうこう》し臣下の礼を取る代わりに，明の皇帝から「琉球中山王《りゅうきゅうちゅうざんおう》」の称号と暦や絹織物などを下賜《かし》される冊封《さくほう》を受けた。

2-1 冊封《さくほう》のようす　明《ミン》の使者が琉球国王に，国王の称号《しょうごう》と冠《かんむり》や衣服などを与えている。部分　沖縄県立博物館蔵

個人蔵　沖縄県立芸術大学提供

2-2 尚真《しょうしん》(在位1477〜1526)　王国の黄金時代を築いた。

2-3 秀吉に与えられた明服　琉球王もこのようなものを得た。京都・妙法院蔵

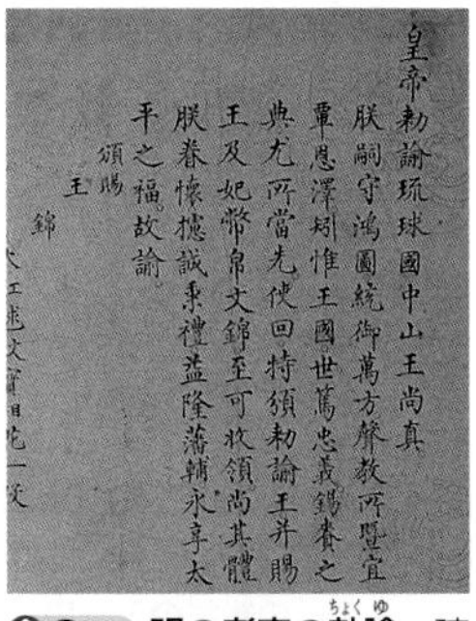
皇帝勅諭琉球國中山王尚真
朕嗣守鴻圖統御萬方聲教所曁宜
覃恩澤矧惟王國世篤忠義錫賚之
典尤所當先使回特頒勅諭王并賜
王及妃幣帛文錦至可收領尚其體
朕眷懷攄誠秉禮益隆藩輔永享太
平之福故諭
頒賜
王
錦

2-4 明の孝宗の勅諭《ちょくゆ》　琉球王尚真《しょうしん》と后《きさき》へ，錦《にしき》など織物類を分け与えることを記したもの。この衣服を国王は儀礼時に着用した。部分　沖縄県立博物館蔵

2-5 雪舟のみた琉球人(伝雪舟筆『国々人物図巻』)京都国立博物館蔵

2 b 琉球王国の貿易範囲

(入間田宣夫・豊見山和行『北の平泉，南の琉球』中央公論新社)

2-6 中国からの貿易陶磁器

沖縄県立埋蔵文化財センター蔵

2-7 万国津梁《ばんこくしんりょう》の鐘　1458年鋳造《ちゅうぞう》。尚泰久《しょうたいきゅう》王の代に首里《しゅり》城正殿に掛けられた。銘文《めいぶん》に「舟楫《しゅうしゅう》をもって万国の津梁《しんりょう》となし異産《いさん》至宝《しほう》は十方刹《じっぽうさつ》に充満す」とあり，貿易立国琉球の気概《きがい》が示され，当時の琉球の繁栄のようすがよく見て取れる。

沖縄県立博物館蔵

1 惣村《そうそん》の形成

❶ 惣村の形成

時期	14〜15世紀
地域	近畿・北陸・東海の先進地
目的	入会地《いりあいち》・水利権の管理　荘園領主・国人《こくじん》の非法への対抗　戦乱への自衛　村の鎮守《ちんじゅ》の祭祀《さいし》

❷ 指導者層

身分	侍身分の有力農民(長《おとな》・乙名《おとな》・年寄《としより》・沙汰人《さたにん》)
協議機関	寄合《よりあい》(惣の決定機関。村内の鎮守の社《もり》で集会)
規約	惣掟《そうおきて》・地下掟《じげおきて》

❸ 領主・守護への対抗

地下請《じげうけ》	村が年貢《ねんぐ》・公事《くじ》を請け負う(村請・百姓請)
自検断《じけんだん》	村内の司法・裁判の処理と警察権の行使《こうし》
反抗	強訴《ごうそ》・逃散《ちょうさん》・一揆《いっき》

Point 室町時代になると生産力の向上に支えられて農村が大きく変化し，畿内や北陸，東海地方を中心に自治的な組織をもつ惣村(惣)が形成された。村落の秩序を守るために独自の掟を定め，独自の警察権や裁判権をもち，領主の非法に抵抗することもあった。村落の結合はしばしば村の鎮守の神社などを中心におこなわれ，神前で一味神水《いちみじんすい》をくみ交わし約束をかわすことが通例だった。

3 嘉吉《かきつ》の徳政一揆《とくせいいっき》

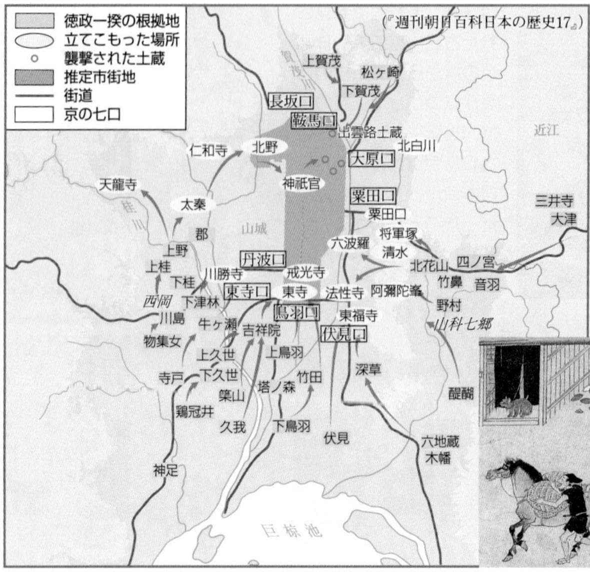

Point 1441(嘉吉《かきつ》元)年，嘉吉の変直後の幕府に対して，将軍義勝《よしかつ》の**「代始めの徳政」**を要求して数万人が京都を包囲した。幕府は初めて正式に徳政令を発令した。徳政は代始めや改元《かいげん》に際して要求された。

3-1 馬借《ばしゃく》(石山寺縁起絵巻)　内陸輸送の中心である馬借はしばしば一揆の中心となった。　部分　滋賀・石山寺蔵

2 一揆の時代

! **徳政《とくせい》**　借金などの債権《さいけん》や債務《さいむ》を破棄《はき》する政策。室町時代になると金融業者の勢力増大に苦しむ農民や国人《こくじん》などが徳政実施を強要する一揆をたびたびおこした。

長島《ながしま》の一向一揆《いっこういっき》　1570〜1574
本願寺《ほんがんじ》の命令で，長島の一向宗信徒が信長に対抗

正長《しょうちょう》の徳政一揆《とくせいいっき》　1428(正長元)
近江坂本《おうみさかもと》の馬借《ばしゃく》が徳政を要求して蜂起《ほうき》した。下の地蔵には一揆以後の債務破棄《さいむはき》の文字が彫《ほ》られた。

法華《ほっけ》一揆
京の町衆《まちしゅう》が日蓮宗《にちれんしゅう》中心に一揆を結び，一向宗に対抗して町政を自治的に運営

加賀《かが》の一向一揆《いっこういっき》　1488〜1580
加賀国では一向宗の勢力が強く，門徒《もんと》である国人《こくじん》や農民が1488年に守護の富樫政親《とがしまさちか》を攻め滅ぼし，以後約100年間一向宗の僧侶や国人，農民の合議《ごうぎ》に基づく自治支配が行われた

奈良市柳生町

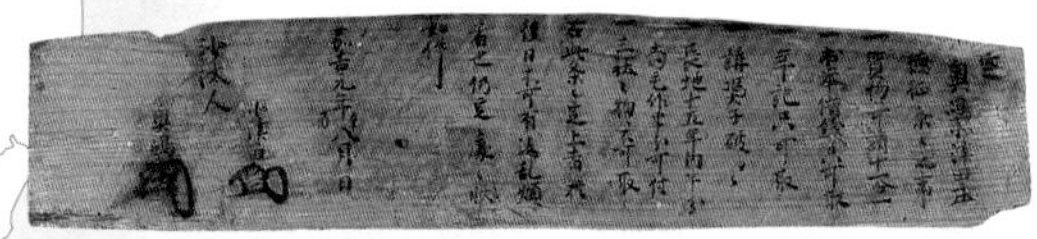

2-3 近江奥島荘徳政木札《おうみおきつしましょうとくせいもくさつ》　奥島荘の領主延暦寺《えんりゃくじ》が徳政《とくせい》を発して木札に記して村に掲示した。　滋賀・大嶋奥津嶋神社蔵

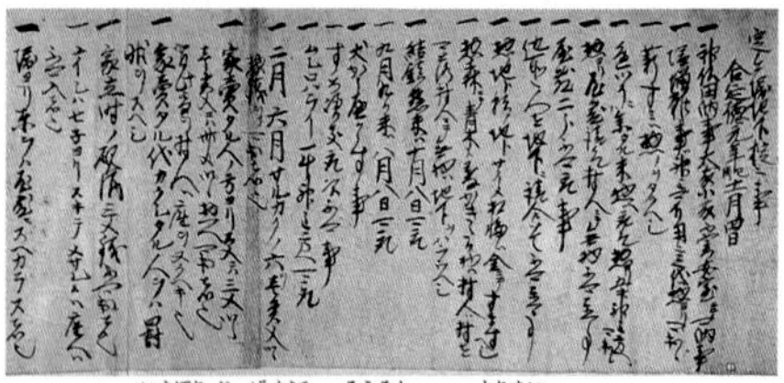

2-4 今堀地下掟《いまぼりじげおきて》　惣村《そうそん》では寄合《よりあい》の協議を通じて，村民の日常全般におよぶ規定や神社の祭祀《さいし》などについて掟を定めた。今堀は現在の滋賀県東近江市。

石山《いしやま》戦争　1570〜1580
全国統一をめざす織田信長と対立した本願寺《ほんがんじ》が10年にわたり抗戦したが敗れ，堂舎は焼失した

2-6 近江国菅浦の惣村《そうそん》の入り口　入口にあたる門が現在まで残る。

播磨《はりま》の土一揆《つちいっき》　1429
矢野荘《やののしょう》の国人《こくじん》が中心となり，守護大名赤松《あかまつ》氏の軍勢退去を求めたが，赤松満祐《みつすけ》に鎮圧《ちんあつ》された

山城《やましろ》の国一揆　1485〜1493
畠山義就《はたけやまよしひろ》・政長《まさなが》両軍の撤退《てったい》を国人が要求。両軍は撤退し，宇治平等院《うじびょうどういん》で国《くに》掟《おきて》を制定し，以後８年間自治支配

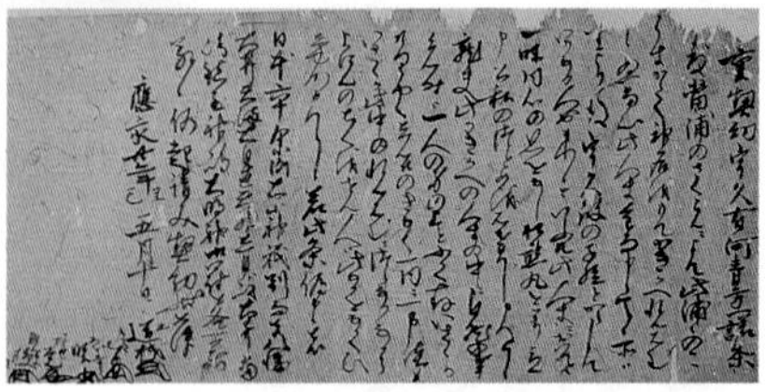

2-5 五島列島の人々の一揆にかかわる誓約書《せいやくしょ》　長崎県立長崎図書館蔵

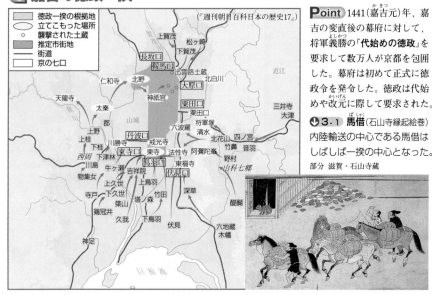

1 応仁の乱年表

1454	畠山義就《はたけやまよしひろ》・政長《まさなが》の家督《かとく》争い 鎌倉公方《くぼう》足利成氏《あしかがしげうじ》，上杉憲忠《うえすぎのりただ》を謀殺《ぼうさつ》
1460	細川勝元《ほそかわかつもと》，畠山氏の家督争いに介入《かいにゅう》
1464	将軍義政《よしまさ》の弟義尋《ぎじん》，還俗《げんぞく》して義視《よしみ》と改名
1465	義政夫人富子《とみこ》，義尚《よしひさ》を産む
1466	義政，斯波《しば》氏の家督争いに介入
1467	畠山政長(東軍)，突如管領《かんれい》を解任されて，義就(西軍)との間で武力衝突《しょうとつ》(応仁の乱の始まり) 細川勝元《かつもと》方(東軍)は花の御所《ごしょ》を占拠《せんきょ》し，山名持豊《やまなもちとよ》(宗全《そうぜん》)方(西軍)は堀川《ほりかわ》の西に陣を移す(西陣の起こり)
1468	足軽《あしがる》など傭兵集団《ようへいしゅうだん》の動きが活発化
1469	戦局の中心が地方へ移る
1473	. 3　山名持豊死去。. 5　細川勝元死去。 .12　9代将軍足利義尚就任
1477	畠山義就，河内《かわち》へ撤兵《てっぺい》。大内政弘《おおうちまさひろ》，周防《すおう》へ撤兵(応仁の乱終結)
1482	義就と政長の対立は南山城《やましろ》で継続
1485	山城国人《こくじん》，農民等が両畠山氏の撤退を要求(山城の国一揆《くにいっき》)

2 応仁の乱の対立関係(1468年末)

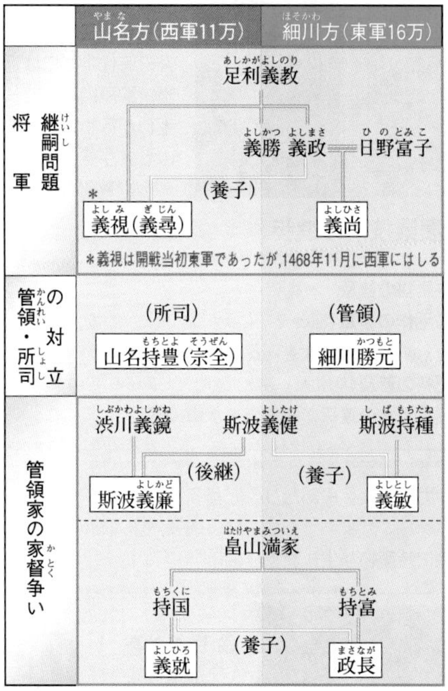

2-1 足利義政《あしかがよしまさ》

2-2 日野富子《ひのとみこ》

2-3 細川勝元《ほそかわかつもと》

Discovery

義尚～奇行《きこう》の将軍～

愛知・地蔵院蔵

若き将軍義尚《よしひさ》は奇行が目立った。父の義政の女性に手を出したり，昼夜逆転の生活で近習《きんじゅう》らと猿楽《さるがく》に耽《ふけ》り，寵愛《ちょうあい》していた猿楽師の妻選びに奔走《ほんそう》し，2日間に17回も女性にアプローチするなど生活がすさんだ。一条兼良《いちじょうかねよし》は，息子尋尊《じんそん》に「犬前の説教，用に立たず」と笑われながらそんな義尚を諫《いさ》め，『樵談治要《しょうだんちよう》』など政道書《せいどうしょ》を献《けん》じた。義尚は指導力の発揮できないコンプレックスや父義政と母富子《とみこ》の不和など複雑な環境からさまざまな奇行に走ったのだろうか。そんななか武威《ぶい》を示そうと突如近江《おうみ》へ出陣《しゅつじん》，陣中《じんちゅう》で没した(25歳)。

3 応仁の乱と京都 史

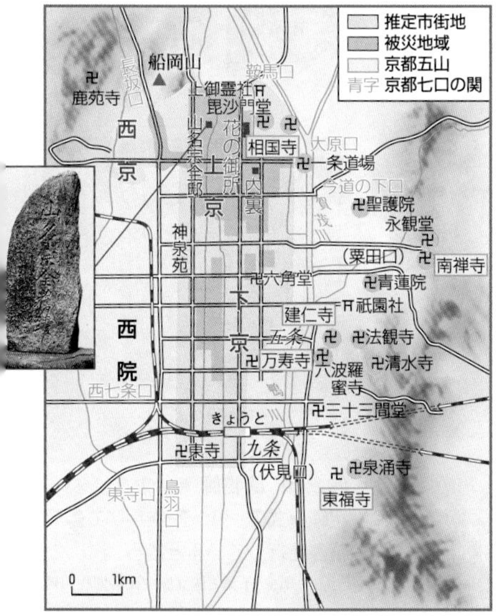

TRY 論述 南北朝時代から戦国時代に至る守護大名について，その成立と変質，没落の過程をまとめなさい。 推移

4 応仁の乱の勢力分布

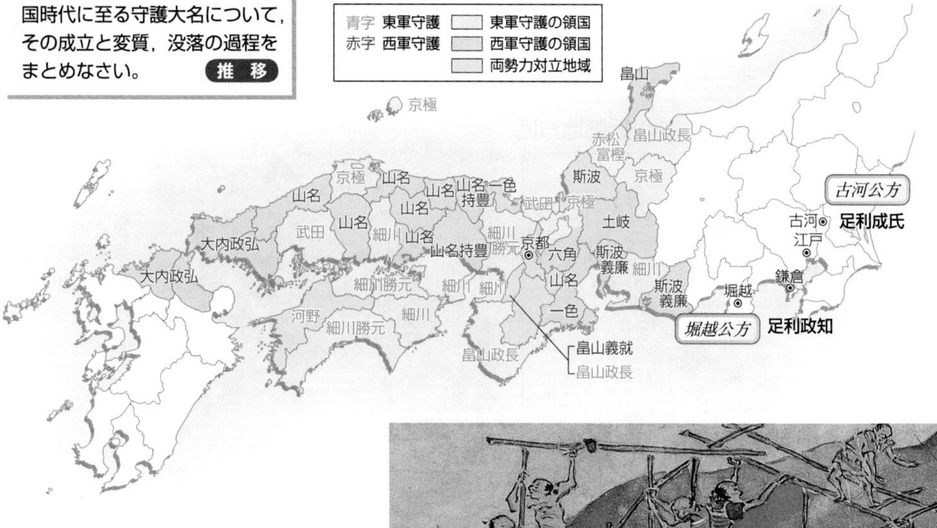

5 足軽《あしがる》の活動 史

5-2 陣《じん》を築く足軽(真如堂縁起)　公家《くげ》邸宅から奪取《だっしゅ》した建築材を，陣所に転用している。守護大名はこれら農民を傭兵《ようへい》として編成して労働に従事させた。
重 部分 京都・真正極楽寺蔵

5-1 足軽の活動(真如堂縁起《しんにょどうえんぎ》)
応仁《おうにん》の乱を境に，それまでの騎馬《きば》による個人戦から足軽の集団戦闘に変化し，足軽による槍《やり》隊や鉄砲隊へ発展する。
重 部分 京都・真正極楽寺蔵

Point **応仁の乱**は足利将軍家の家督《かとく》問題，有力守護の家督問題のほか，幕府内の指導権争いも絡《から》んだ戦乱であった。京都市中の市街戦が中心であったため，例えば東軍の骨皮道賢《ほねかわどうけん》など身軽に行動できる悪党が重用《ちょうよう》され，「足軽」「疾足《はやあし》の徒《と》」とよばれた。**一条兼良**《いちじょうかねよし》は『**樵談治要**《しょうだんちよう》』(►p.108)のなかでこれを「ひる強盗」とよび罵倒《ばとう》している。京都は多くの寺院が焼失し，現存するのは六波羅蜜寺《ろくはらみつじ》，八坂塔《やさかとう》など数カ所である。この乱により幕府・将軍家の権威が失墜《しっつい》した。

1 農業技術の発達

1-1 **牛耕《ぎゅうこう》**(松崎天神縁起《まつざきてんじんえんぎ》絵巻) 犂《すき》を引く牛のようすが見える。室町時代には多くの地域で普及した。 部分

1-2 **田おこし**(俵《たわら》かさね耕作絵巻) 鍬《くわ》と鋤《すき》での苗代《なわしろ》づくり。 部分 東京大学史料編纂所蔵

1-3 **田植え**(月次風俗図《つきなみふうぞくず》屏風《びょうぶ》) 田植えは豊作を祈る田楽《でんがく》とともに大勢で行われた。 部分 東京国立博物館蔵

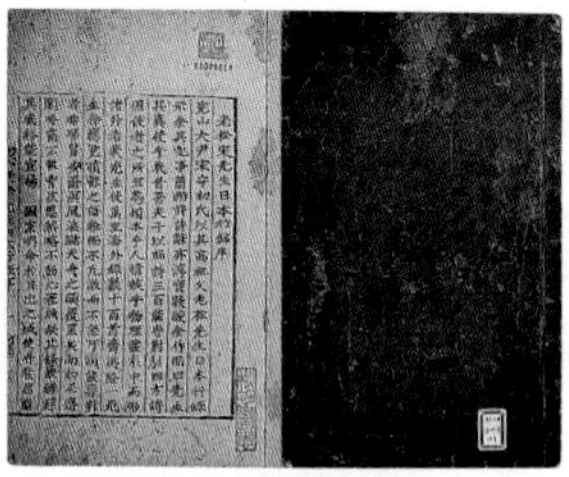

1-8 **『老松堂日本行録《ろうしょうどうにほんこうろく》』** 朝鮮使節宋希璟《そうきけい》の日本紀行記。室町時代半ばには近畿・瀬戸内地域で三毛作《さんもうさく》が行われていたようすが記される。 京都大学附属図書館蔵

部分 千葉・国立歴史民俗博物館蔵

1-7 **肥溜《こえだ》め**(泣不動縁起)**と施肥《せひ》**(町田本洛中洛外図) 人糞尿《じんぷんにょう》は大切な肥料だった。 部分 京都・清浄華院蔵

1a 農業技術の進歩

①**牛馬耕《ぎゅうばこう》の普及**
②**二毛作《にもうさく》の普及**(稲と麦・麦と大豆・麦とソバなど，近畿・瀬戸内は三毛作も)・品種改良(早稲《わせ》・中稲《なかて》・晩稲《おくて》)
③**肥料の普及**(草木灰《そうもくかい》・刈敷《かりしき》・厩肥《きゅうひ》・人糞尿《じんぷんにょう》の使用)
④**農業用水の確保，龍骨車《りゅうこつしゃ》・水車の普及**

↓

生産力の増大＝段《たん》あたりの収穫高増加
→名主《みょうしゅ》層の成長・作人《さくにん》層の自立
各地に特産物が生まれる(商品作物)

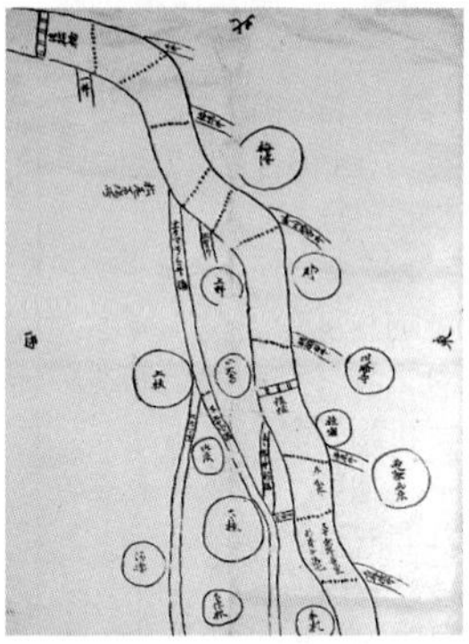

1-6 **用水路の確保** 水利権《すいりけん》をめぐり村落ごとで荘園の郷民が結合して水をめぐる紛争を回避しようとした。左は京都桂川《かつらがわ》用水の絵図 京都府立総合資料館蔵

1-4 **水車**(石山寺縁起絵巻《いしやまでらえんぎえまき》) 部分 滋賀・石山寺蔵

1-5 **龍骨車《りゅうこつしゃ》**(俵《たわら》かさね耕作絵巻) 4人で足踏みして水を汲《く》み上げている。 部分 東京大学史料編纂所蔵

2 諸国の特産物

2a 近畿地方図

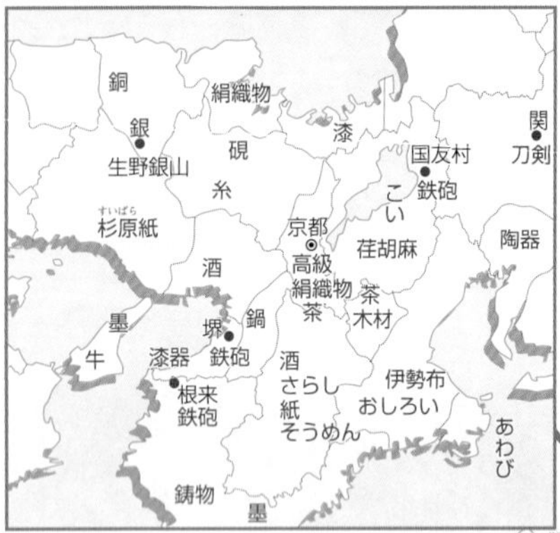

2-1 **紙漉《かみすき》**(七十一番職人《しちじゅういちばんしょくにん》歌合《うたあわせ》) 鳥《とり》の子《こ》紙(越前《えちぜん》)，杉《すい》原《ばら》紙(播磨《はりま》)など全国的に紙が生産された。 部分 (財)前田育徳会蔵

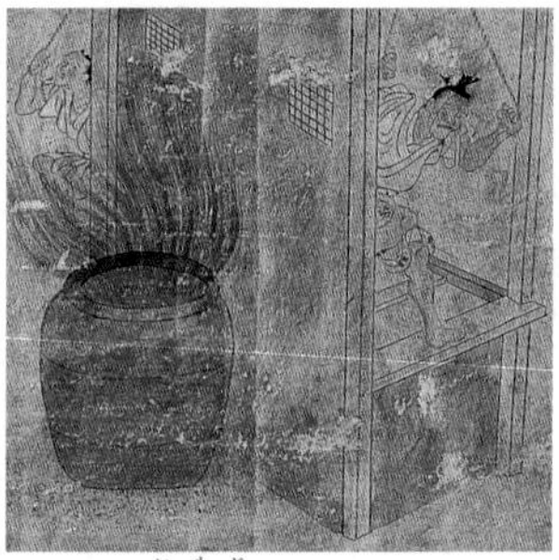

2-2 **鋳物師《いもじ》**(職人歌合絵巻) 足踏み式の「ふいご」を用いて銅の精錬《せいれん》を行っているところ。 部分 千葉・国立歴史民俗博物館蔵

2-3 **製塩《せいえん》**(文正《ぶんしょう》草紙) 乾燥させて塩分を多く含む砂を集め，それを煮《に》つめて塩をつくった。場面は塩釜《しおがま》を煮つめる男性のようすを描く。 部分 宮内庁書陵部蔵

2-4 **波文様漆器《はもんようしっき》** 神奈川・鎌倉市教育委員会蔵

2-5 **荏胡麻《えごま》**

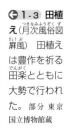

1 室町時代の商人と座

1-1 **連雀商人**《れんじゃく》(模型)
千葉・国立歴史民俗博物館蔵

1-2 **桂女**《かつらめ》
(福富草紙《ふくとみそうし》) 京都の桂に住む鵜飼《うか》い集団の女性で，鮎《あゆ》などを行商《ぎょうしょう》して歩く。
京都・春浦院蔵

1-3 **油売り**(長谷雄草紙《はせおぞうし》) 石清水八幡宮《いわしみずはちまんぐう》を本所《ほんじょ》とする大山崎油座《おおやまざきのあぶらざ》は，本所に灯油を納《おさ》めたり労役《ろうえき》を提供する見返りに，商品の仕入れや販売の独占権，関銭《せきせん》や土倉《どそう》役の免除などの特権を認められていた。 東京・永青文庫蔵

1a 座の構造(大山崎油座《おおやまざきのあぶらざ》)

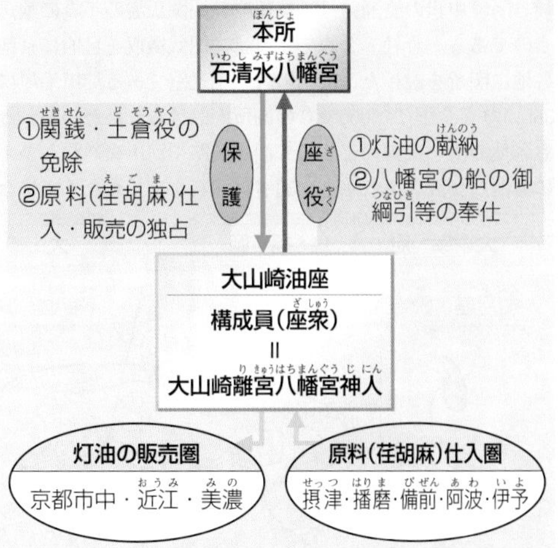

1-4 **見世棚**《みせだな》(洛中洛外図屏風《らくちゅうらくがいずびょうぶ》) 軒を連ねた町屋では生活用品を常設販売した見世棚がおかれた。 国 部分 山形・米沢市(上杉博物館)蔵

2 職人の活躍 (職人尽図屏風《しょくにんづくしずびょうぶ》) 部分 埼玉・喜多院蔵 埼玉県立博物館提供

2-1 **仏師**《ぶっし》

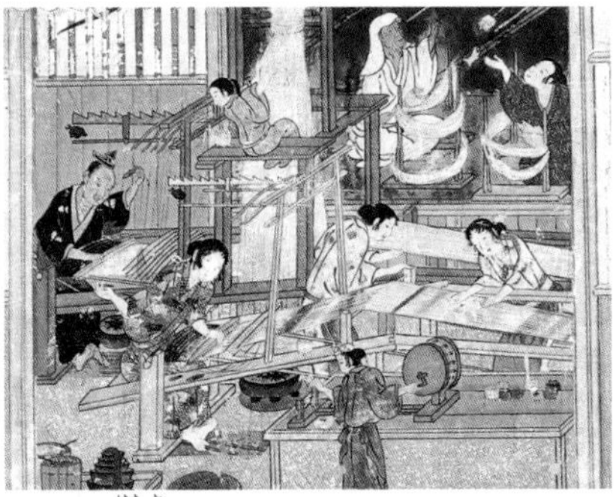

2-2 **機織り**《はたお》

2-3 **筆結**《ふでゆい》

2-4 **鍛冶屋**《かじや》

2-5 **弓造師**《ゆみづくりし》

3 貨幣経済の進展

Point 産業の発達により貨幣の需要が増大したが，室町時代には貨幣の鋳造《ちゅうぞう》が行われなかったので明《ミン》からの渡来《とらい》銭が大量に流通した。また，明銭を模《も》した粗悪な模鋳《もちゅう》銭(びた銭)が鋳造されたので，撰銭《えりぜに》が行われるようになり，流通の障害になった。

日本銀行貨幣博物館蔵

3-1 **洪武通宝**《こうぶつうほう》(明銭)

3-2 **永楽通宝**《えいらくつうほう》(明銭)

3-3 **私鋳銭**《しちゅうせん》(びた銭)

3-4 **借上**《かしあげ》(病草紙断簡) 高利貸《こうりがし》で蓄財した女性。有《う》徳人《とくにん》ともよばれた。
部分 山崎信一氏撮影 福岡市美術館(松永コレクション)蔵

3a 酒屋と土倉《どそう》

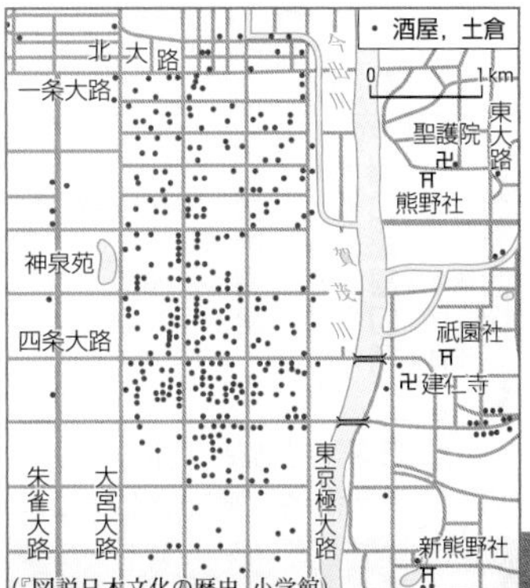

(『図説日本文化の歴史』小学館)

Point 京都の酒屋・土倉の推定分布(15世紀前半)。酒屋の中には，酒造業のかたわら金融業を営むものも多かった。徳政一揆《とくせいいっき》では，襲撃の対象になった。

3-5 **土倉**《どそう》(春日権現験記絵《かすがごんげんげんき》) 土倉とは質物保管のために土壁の倉庫を有していた高利貸業者《こうりがしぎょうしゃ》。
国 部分 宮内庁三の丸尚蔵館蔵

都市の発達

1 交通・都市と主な座

Point 中世の交通路は，農民や荘園関係者の年貢《ねんぐ》の輸送路が発展したものである。寺社・公家・幕府は，関銭《せきせん》徴収を目的に京都の七口《ななくち》を初め，各地に関所を設けた。畿内の幹線輸送路である淀川《よどがわ》沿岸には中世後期に380余《あま》り，全国では600余りの関所が設けられたといわれる。水上交通路も各地の港を中継地として，沿岸航路や河川交通路が整えられたが，港にも関所が設けられ水上交通者は津料《つりょう》を支払わなくてはならなかった。

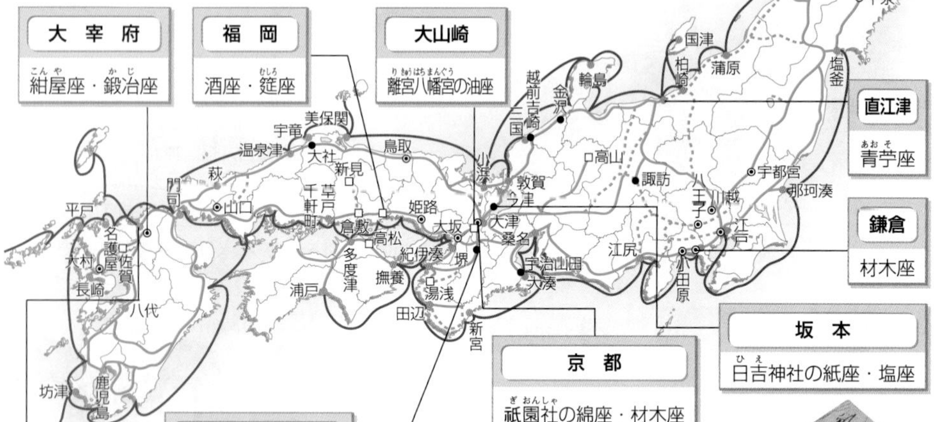

1-1 兵庫北関入船納帳《ひょうごきたせきいりふねのうちょう》 1445年の兵庫北関から京都へ向かった主要船舶《せんぱく》の，積み荷や関税額を記した台帳。京都市歴史資料館蔵

1a 瀬戸内海の商品流通

Point 室町時代の瀬戸内海には数多くの船が行き来していた。今の神戸港に近い「**兵庫北関《ひょうごきたせき》**」では，年間2,300隻《せき》の船が利用したといわれ，九州，四国，瀬戸内から運ばれた荷物が京都へ向けて小型船に積み替えられた。

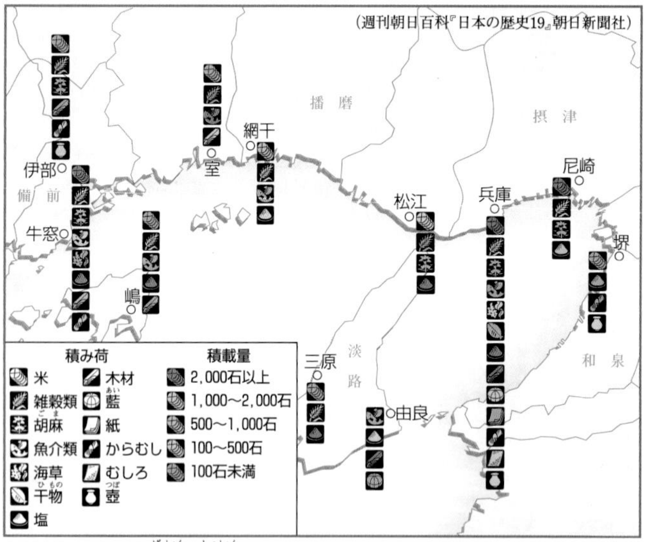

（週刊朝日百科『日本の歴史19』朝日新聞社）

1-2 馬借《ばしゃく》と車借《しゃしゃく》（六道絵） 中世の陸上輸送では，馬の背に荷を積む馬借や，牛に荷台を引かせる車借が主であった。国 部分 滋賀・聖衆来迎寺蔵

Discovery

広島県立歴史博物館
～よみがえる中世のまち並み～

（広島・福山市）

平成元年に開館した県立博物館。室町時代の港町・草戸千軒町の出土遺物の展示をはじめ，中世のまち並みを実物大に復元した展示など，流通の発達した瀬戸内地域の中世をじっくりと観賞できる。

2 都市の種類と発達

城下町《じょうかまち》	小田原《おだわら》（北条氏・相模《さがみ》） 甲府（武田氏・甲斐《かい》） 一乗谷《いちじょうだに》（朝倉氏・越前《えちぜん》） 山口（大内氏・周防《すおう》） 府内《ふない》（大友氏・豊後《ぶんご》）
門前町《もんぜんまち》	坂本（延暦寺《えんりゃくじ》，日吉《ひえ》神社・近江《おうみ》） 宇治山田（伊勢《いせ》神宮・伊勢） 奈良（興福寺，春日神社・大和《やまと》）
寺内町《じないまち》	吉崎《よしざき》（吉崎御坊《ごぼう》・越前） 山科《やましな》（山科本願寺《ほんがんじ》・山城） 石山《いしやま》（石山本願寺・摂津《せっつ》）
港《みなと》　町	堺《さかい》（和泉《いずみ》） 博多《はかた》（筑前《ちくぜん》） 小浜《おばま》（若狭《わかさ》） 坊津《ぼうのつ》（薩摩《さつま》） 大津《おおつ》（近江） 桑名《くわな》（伊勢） 草戸千軒《くさどせんげん》（備後《びんご》）
宿場町《しゅくばまち》	掛川《かけがわ》（東海道・遠江《とおとうみ》） 藤枝《ふじえだ》（東海道・駿河《するが》） 三島《みしま》（東海道・伊豆《いず》）
自由都市	堺―会合衆《えごうしゅう》36人の合議 博多《はかた》―年行司《ねんぎょうじ》（事）12人の合議

2a 堺

Point 戦国の争乱から町を守るために周囲に**環濠《かんごう》**をめぐらせ，浪人《ろうにん》を雇《やと》って武装し，36人の**会合衆《えごうしゅう》**の合意によって市政を運営した。

2b 草戸千軒町

2-1 草戸千軒町《くさどせんげんちょう》（広島県福山市） 鎌倉時代～室町時代末にかけて芦田川の河口付近に栄えた町。発掘調査により港町・市場町のようすが明らかになった。広島県立歴史博物館提供

1 守護大名と戦国大名

1a 守護大名と戦国大名の比較

守護《しゅご》大名		戦国《せんごく》大名
南北朝動乱期を通じて権限が拡大された守護から成長	出《しゅつ》　自《じ》	応仁の乱後，下剋上《げこくじょう》の風潮の中で守護大名・守護代・国人《こくじん》から成長
幕府より守護に任命。幕府の権威に依存《いぞん》	幕府との関係	実力で地位を獲得。幕府権力からは独立
国人《こくじん》を被官《ひかん》化(本領安《ほんりょうあん》堵《ど》)。主従関係は比較的弱い	家臣団の統制	国人の被官化(封建的給与)。強固な主従関係(寄《より》親《おや》・寄子《よりこ》制)
建武以来追加《けんむいらいついか》	法　律	分国《ぶんこく》法(家《か》法)
領国内に荘園が存在。半済《はんぜい》・守護請《しゅごうけ》など荘園を侵略	領国支配	荘園制の否定。指出検地《さしだしけんち》の実施。土地と人民の一円支配
地頭職《じとうしき》・半済・守護請など	経済基盤	在地《ざいち》からの年貢。富国強兵策など
座《ざ》の容認(座銭《ざせん》・座役《ざやく》の徴収)	商工業政策	座の撤廃(楽市《らくいち》・楽座《らくざ》令)。城下町を建設し商工業者を招致《しょうち》
多くは都に滞在し，領国には守護代が置かれる	大名の居所	在国して領国経営。家臣団も城下町に集住
応仁の乱後多数が没落	没　落	織豊《しょくほう》政権下で多数が没落

1b 戦国大名の出自

守護大名	今川氏親《うじちか》(駿河《するが》)　武田信玄(甲斐《かい》) 大内義隆《よしたか》(周防《すおう》)　大友義鎮《よししげ》(豊後《ぶんご》) 佐竹義宣《よしのぶ》(常陸《ひたち》)　六角義賢《ろっかくよしかた》(近江《おうみ》) 島津貴久《たかひさ》(薩摩《さつま》)
守護代とその一族	上杉謙信(越後《えちご》)　織田信長(尾張《おわり》) 朝倉孝景《たかかげ》(越前《えちぜん》)　尼子経久《あまこつねひさ》(出雲《いずも》)
国《こく》　人《じん》	伊達稙宗《だてたねむね》(陸奥《むつ》)　浅井長政《あざいながまさ》(近江《おうみ》) 徳川家康(三河《みかわ》)　結城政勝《ゆうきまさかつ》(下総《しもうさ》) 毛利元就《もうりもとなり》(安芸《あき》)　龍造寺隆信《りゅうぞうじたかのぶ》(肥前《ひぜん》) 長宗我部元親《ちょうそかべもとちか》(土佐《とさ》)
その他	北条早雲《ほうじょうそううん》(伊豆《いず》・相模《さがみ》)　斎藤道三《さいとうどうさん》(美濃《みの》)

Point 北条早雲《ほうじょうそううん》(伊勢宗瑞《いせそうずい》)は備中《びっちゅう》国出身で，若い頃は伊勢新九郎盛時《いせしんくろうもりとき》と称し，室町幕府の申次衆《もうしつぎしゅう》として任官した。申次衆は将軍と各地の守護大名との間を取り次ぐ職で，盛時の父盛定《もりさだ》は駿河《するが》守護今川氏と早くからつながりがあった。また盛時の姉北川殿は今川義忠《いまがわよしただ》と婚姻《こんいん》している。その後今川家の家督《かとく》争いで龍王丸(北川殿の子，のちの氏親《うじちか》)を推《お》し，これを駿河守護につけることに成功したことで，駿河興国寺城主となり伊豆《いず》・相模《さがみ》征服の基礎を築いた。

1c 戦国大名の生没年

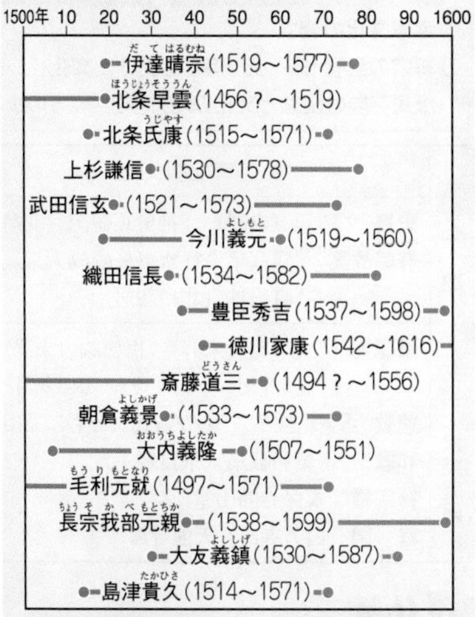

斎藤道三《さいとうどうさん》は，2代で美濃《みの》国を手中にした。妙覚寺僧だった父が美濃国へ下り長井氏の家臣となり長井を名乗った。子の左近大夫《さこんのたいふ》(道三)は長井氏の惣領を乗っ取り斎藤利政《としまさ》と改名した。さらに守護土岐《とき》頼芸《よりなり》を追放して美濃一国の主となった。

2 戦国大名と分国法 史

分国法
戦国大名が御成敗《ごせいばい》式目《しきもく》など武家法を参考に，領国内の統治のために独自に制定した法。

大内氏掟書《おきてがき》(大内家壁書《かべがき》)
大内持世《もちよ》〜義隆《よしたか》
1495頃

朝倉孝景条々《あさくらたかかげじょうじょう》
(朝倉敏景《としかげ》十七箇条)
1471〜1481

塵芥集《じんかいしゅう》
(伊達稙宗《だてたねむね》)
1536

六角氏式目《ろっかくししきもく》
六角義賢《よしかた》・義治《よしはる》
1567

甲州法度之次第《こうしゅうはっとのしだい》
(信玄家法)武田信玄
1547

相良氏法度《さがらしはっと》
相良為続《ためつぐ》・晴広《はるひろ》
1493〜1555

長宗我部氏掟書《ちょうそかべしおきてがき》
長宗我部元親・盛親《もりちか》
1596

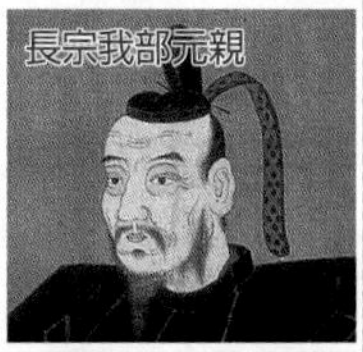

新加制式《しんかせいしき》
三好長治《みよしながはる》
1562〜1573

今川仮名目録《いまがわかなもくろく》
今川氏親《うじちか》　1526
今川仮名目録追加《いまがわかなもくろくついか》
今川義元《よしもと》　1553

早雲寺殿廿一箇条《そううんじどのにじゅういっかじょう》
北条早雲
制定年不明

Discovery

福井県立一乗谷朝倉氏遺跡資料館（福井・福井市）

朝倉氏の城下町であった一乗谷《いちじょうだに》は発掘調査によって武家屋敷，職人や商人の町屋が復元された。長期にわたる発掘で出土した遺物《いぶつ》は資料館で展示されている。

108 室町文化①　仏教・芸能

室町文化

- 武家文化の確立
- 禅宗の影響(宋《そう》・元《げん》・明《ミン》)を受けた文化
- 庶民《しょみん》芸能の確立と文化の地方移住(地方の小京都)

	南北朝文化
学問	**史書**　『増鏡《ますかがみ》』(未詳)　『神皇正統記《じんのうしょうとうき》』(北畠親房《きたばたけちかふさ》) **有職故実《ゆうそくこじつ》**　『建武年中行事《けんむねんちゅうぎょうじ》』(後醍醐天皇《ごだいご》) 『職原抄《しょくげんしょう》』(北畠親房)
文学・建築庭園	**軍記物**　『太平記《たいへいき》』(未詳)『梅松論《ばいしょうろん》』(未詳) 『難《なん》太平記』(今川了俊《いまがわりょうしゅん》)　『曽我《そが》物語』(未詳) **連歌**　『莵玖波《つくば》集』・『応安新式《おうあんしんしき》』(ともに二条良基《にじょうよしもと》) **和歌**　『新葉《しんよう》和歌集』(宗良《むねよし》親王) **禅宗様**　永保寺開山堂《えいほうじかいざんどう》 **庭　園**　西芳寺《さいほうじ》世　天龍寺《てんりゅうじ》世

	北山文化	東山文化
学問・思想・文芸	**五山《ござん》文学**　『空華集《くうげ》』(義堂周信《ぎどうしゅうしん》) 『蕉堅稿《しょうけんこう》』(絶海中津《ぜっかいちゅうしん》)など **五山版**　五山寺院の宗教書・漢詩集の木版印刷 **能**　『風姿花伝《ふうしかでん》(花伝書《かでんしょ》)』(世阿弥元清《ぜあみもときよ》) 『申楽談儀《さるがくだんぎ》』(世阿弥元能《もとよし》) **軍記物**　『義経記《ぎけいき》』(未詳)	『公事根源《くじこんげん》』『樵談治要《しょうだんちよう》』『花鳥余情《かちょうよせい》』(一条兼良《いちじょうかねよし》) 『医書大全』(阿佐井野宗瑞《あさいのそうずい》) **連歌**　『水無瀬三吟百韻《みなせさんぎんひゃくいん》』(宗祇《そうぎ》ら) 『新撰莬玖波集《しんせんつくばしゅう》』(宗祇)…正風《しょうふう》連歌 『犬筑波集《いぬつくば》』(山崎宗鑑《やまざきそうかん》)…俳諧《はいかい》連歌 **和歌**　古今伝授《こきんでんじゅ》(東常縁《とうつねより》) **史書**　『善隣国宝記《ぜんりんこくほうき》』(瑞溪周鳳《ずいけいしゅうほう》) **学校**　足利《あしかが》学校再興(上杉憲実《うえすぎのりざね》)
建築庭園	**寝殿造《しんでんづくり》・禅宗様《ぜんしゅうよう》**　鹿苑寺金閣《ろくおんじきんかく》 **禅宗様**　安楽寺《あんらくじ》三重塔 **和　様**　興福寺《こうふくじ》世東金堂《とうこんどう》・五重塔 **庭　園**　鹿苑寺世	**書院造《しょいんづくり》・禅宗様**　慈照寺銀閣《じしょうじぎんかく》 **書院造**　慈照寺東求堂同仁斎《とうぐどうどうじんさい》 **庭園**　慈照寺世(善阿弥《ぜんあみ》) 枯山水《かれさんすい》《せん》…龍安寺《りょうあんじ》世　大徳寺大仙院《だいとくじだいせんいん》
絵画	**水墨画《すいぼくが》**　禅僧が伝えた宋・元画。明兆《みんちょう》・如拙《じょせつ》・周《しゅう》文《ぶん》らが活躍	**水墨画**　雪舟《せっしゅう》・雪村《せっそん》 **土佐《とさ》派**　土佐光信《みつのぶ》 **狩野《かのう》派**　狩野正信《まさのぶ》・元信《もとのぶ》
庶民の文化	**能《のう》・狂言《きょうげん》**　大和四座《やまとしざ》(金春《こんぱる》・金剛《こんごう》・観世《かんぜ》・宝生《ほうしょう》)・近江三座《おうみさんざ》(山階《やましな》・下坂《しもさか》・比叡《ひえい》) 能楽の大成　観世座の観阿弥《かんあみ》・世阿弥《ぜあみ》	金春禅竹《こんぱるぜんちく》(象徴能へ発展) **茶道**　侘茶《わびちゃ》の成立………村田珠光《むらたじゅこう(しゅこう)》 **花道**　花道の成立………池坊専慶《いけのぼうせんけい》
	小歌《こうた》　『閑吟集《かんぎんしゅう》』(未詳)　**御伽草子《おとぎぞうし》**　『物くさ太郎』『一寸法師《いっすんぼうし》』『酒呑童子《しゅてんどうじ》』など **民間芸能**　祇園会《ぎおんえ》　幸若舞《こうわかまい》　風流踊り《ふりゅうおど》　古浄瑠璃《こじょうるり》　盆《ぼん》踊り	

1 仏教

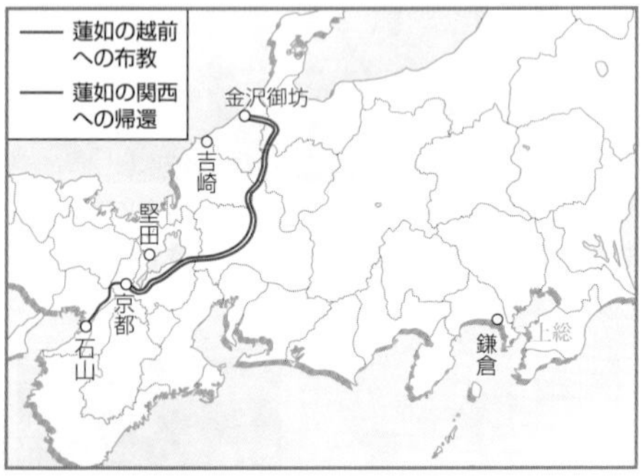

1a 臨済宗

1-1 夢窓疎石《むそうそせき》(1275〜1351)
後醍醐《ごだいご》天皇・足利尊氏《たかうじ》の帰依《きえ》を受け，幕府内での臨済宗《りんざいしゅう》発展の基礎を確立。天龍寺《てんりゅうじ》を建立し，彼の門《もん》下《か》からは五山文学の主流を形成した春屋妙葩《しゅんおくみょうは》，義堂周信《ぎどうしゅうしん》，絶海中津《ぜっかいちゅうしん》などが出た。京都・妙智院《みょうちいん》蔵

1-2 一休宗純《いっきゅうそうじゅん》(1394〜1481)
大徳寺《だいとくじ》派の禅僧。在野《ざいや》的・民衆的な禅を説き，禅宗の腐敗《ふはい》を風刺《ふうし》・批判《ひはん》した。京都・大徳寺真珠庵蔵

五山《ござん》・十刹《じっさつ》の制

僧録《そうろく》
- 五山僧の任免，寺領の管理
- 初代長官は春屋妙葩《しゅんおくみょうは》

↓

別格　南禅寺《なんぜんじ》	
京都五山	鎌倉五山
天龍寺《てんりゅうじ》	建長寺《けんちょうじ》
相国寺《しょうこくじ》	円覚寺《えんがくじ》
建仁寺《けんにんじ》	寿福寺《じゅふくじ》
東福寺《とうふくじ》	浄智寺《じょうちじ》
万寿寺《まんじゅじ》	浄妙寺《じょうみょうじ》

↓

京都十刹《じっさつ》・関東十刹《じっさつ》

↓

諸山《しょざん》(甲刹《かっさつ》)

1-3 春屋妙葩《しゅんおくみょうは》
京都・慈照寺蔵

Point **五山《ござん》・十刹《じっさつ》の制**は鎌倉時代に中国から伝わり，足利義満の時に確立した。五山僧は幕府の政治・外交顧問《こもん》となり影響力をもった。

1b 一向宗(浄土真宗)

1-4 蓮如《れんにょ》(1415〜99)　本願寺第八代法主《ほっす》で，当時不振だった一向宗《いっこうしゅう》を興隆《こうりゅう》させた。特に北陸地方へ発展を遂《と》げた。京都・東本願寺蔵

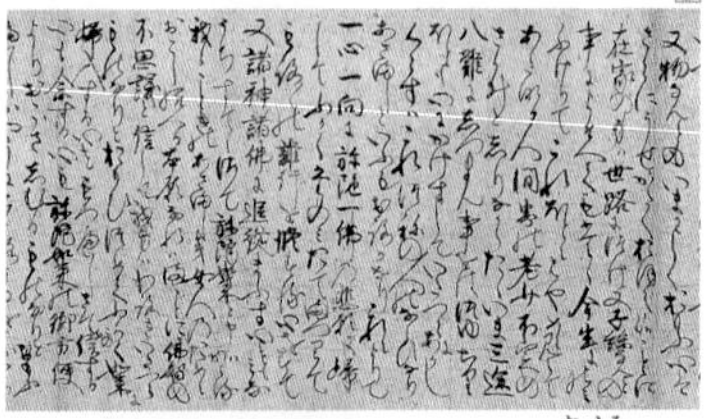

1-5 御文《おふみ》　蓮如が門徒のために，平易な仮名まじりの手紙で教義をわかりやすく説いた文章。石川・専光寺蔵

1-6 吉崎御坊《よしざきごぼう》　蓮如北陸布教の拠点　滋賀・照西寺蔵

1c 日蓮宗

1-7 日親《にっしん》(1407〜88)　上総《かずさ》出身の日蓮宗の僧侶《そうりょ》。『立正治国論《りっしょうちこくろん》』で将軍足利義教《よしのり》に諫言《かんげん》したため弾圧された。焼鍋の拷問《ごうもん》を受け「鍋かぶり上人」ともよばれた。京都・本法寺蔵

2 芸能

2a 連歌

2-1 飯尾宗祇《いのおそうぎ》(1421〜1502)　正風《しょうふう》連歌を確立。

2-2 連歌の会(慕帰絵詞)　和歌を上下《かみしも》二句に分けて詠《よ》む。京都・西本願寺蔵

2b 能・立花

2-3 立花《たてはな》《りっか》
(祭礼草子《さいれいぞうし》)
(公財)前田育徳会蔵

2-4 観世能《かんぜのう》
(洛中洛外図屏風)
千葉・国立歴史民俗博物館蔵

3 建築

柴田秋介氏撮影

3-1 **鹿苑寺《ろくおんじ》金閣《きんかく》**(京都市)　足利義満《あしかがよしみつ》が京都北山の西園寺《さいおんじ》家の邸宅を譲り受けて造営。下二層は寝殿造であるのに対して，最上層は禅宗仏殿の形態をとっている。二・三層に金箔《きんぱく》がはられていたことに名前の由来がある。高さ約13m

3-5 **慈照寺《じしょうじ》銀閣《ぎんかく》**(京都市)　足利義政《よしまさ》が1482年から東山に造営《ぞうえい》を開始した，二層の観《かん》音堂《のんどう》。義政の死後慈照《じしょう》寺《じ》と名を改めた。庭園は同朋衆《どうほうしゅう》の善阿弥《ぜんあみ》の作で，回遊《かいゆう》式の浄土《じょうど》庭園となっている。国 高さ約10m

3-2 **興福寺《こうふくじ》東金堂《とうこんどう》**(奈良市)　聖武《しょうむ》天皇が元正《げんしょう》天皇の病気回復を願って建立したもので，現在の東金堂は1415年に再建された純和《わ》様《よう》の建築。国 平面23.8×13.0m

3-6 **慈照寺《じしょうじ》東求堂《とうぐどう》** 国 高さ6.5m

3-3 **興福寺五重塔**　光明《こうみょう》皇后の発願で730年に建立され，5度の焼失・再建を経《へ》て1426年頃現在のような純和様の建築に至る。国 総高50.1m

3-7 **慈照寺東求堂同仁斎《どうじんさい》** 国

桑原英文氏撮影

3-4 **永保寺《えいほうじ》開山堂《かいざんどう》**(岐阜県多治見市)　禅宗《ぜんしゅう》寺院では開山を尊《たっと》び，開山堂が相次《あいつ》いでつくられた。現存する最古の開山堂であるこの堂は，入母屋《いりもや》造，檜皮葺《ひわだぶき》で，鋭《するど》く反《そ》り上がった軒先《のきさき》は禅宗仏殿の典型である。左は永保寺《えいほうじ》開祖の夢窓疎石《むそうそせき》の彫像。国 平面5.5×13.1m

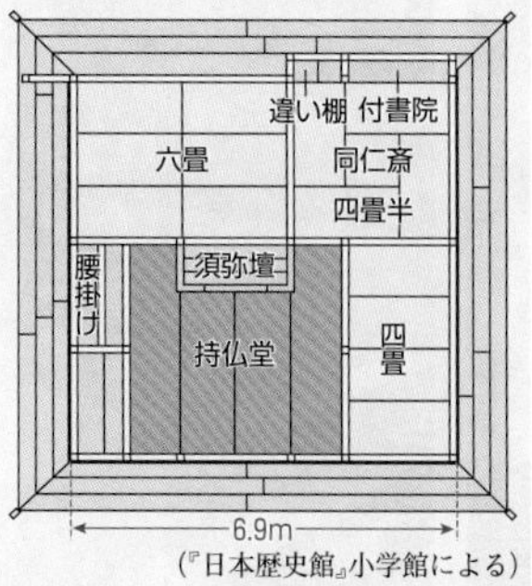

(『日本歴史館』小学館による)

3-8 **東求堂内部の間取り**

Point **東求堂《とうぐどう》**は義政の建立した持仏堂《じぶつどう》で，檜皮葺《ひわだぶき》で入母屋《いりもや》造の建築。仏間と義政の書《しょ》斎《さい》である**同仁斎《どうじんさい》**など4室からなる。同仁斎には違い棚と付書院が並び，記録では違い棚に茶壺《ちゃつぼ》や茶筅《ちゃせん》などの茶道具が置かれたとされる。茶室の始まり。

3 庭園

↑3-1 **永保寺《えいほうじ》庭園**(岐阜県多治見市) 夢窓疎石《むそうそせき》が開山した寺院で，観音堂とその前には池泉《ちせん》，梵音巌《ぼんのんがん》と名付けられた岩盤がそびえ立つ典型的な禅宗庭園である。

↑3-2 **天龍寺《てんりゅうじ》庭園**(京都市) 夢窓疎石《むそうそせき》のすすめで，足利尊氏《あしかがたかうじ》が後醍醐《ごだいご》天皇の冥福《めいふく》を祈るために建てた天龍寺の庭園は，池泉回遊式《ちせんかいゆうしき》庭園である。池泉の正面に滝，その手前に石橋と三尊石が配置されている。

↑3-3 **西芳寺《さいほうじ》庭園**(京都市) 夢窓疎石が荒廃《こうはい》していた浄土宗寺院を再興《さいこう》し1399年に禅寺に改めた際，上部の石組みの枯山水《かれさんすい》と，下部の回遊式池泉《かいゆうしきちせん》庭園とを組み合わせて禅宗風にアレンジした。下部は苔《こけ》が美しく，苔寺《こけでら》ともよばれている。

←3-4 **大仙院《だいせんいん》庭園**(京都市) 大徳寺の子院の大仙院には石･白石･植栽で形成された枯山水の庭園がある。写真は険しい山をあらわす石組み。

↓3-5 **龍安寺石庭《りょうあんじせきてい》**(京都市) 龍安寺は1488年細川政元《ほそかわまさもと》が再建した禅寺。その庭園はそれまでの池泉式庭園とは異なり，塀《へい》と建物に囲まれた空間に大小15個の石を配列し，全面に白砂を敷いただけの，一木一草もない極めて簡略化された庭園である。枯山水庭園の代表である。

4 絵画

↑4-1 **瓢鮎図《ひょうねんず》**(如拙《じょせつ》筆) 川辺に立つ老人が瓢簞《ひょうたん》で鮎《なまず》(鯰《なまず》の古字)をつかまえようとしている図で，禅の公案《こうあん》(禅問答)を題材とした代表的山水画。 国 111.5×75.8cm 部分 京都・妙心寺退蔵院蔵

←4-2 **寒山図《かんざんず》**(可翁《かおう》筆) 森鷗外《もりおうがい》の小説の題材ともなった寒山と拾得《じっとく》は中国唐の貞観《じょうがん》年間(７世紀)の人で，その個性的な生き方が古来禅僧《ぜんそう》から尊《とうと》ばれ，好んで絵の題材にされてきた。可翁は南北朝時代の代表的な画僧である。 国 98.6×33.5cm 部分

←4-3 **雪舟《せっしゅう》**(雲谷等益筆 1420～1506？) 日本水墨画の完成者。大内《おおうち》氏の庇護《ひご》を受けその船で中国へ渡った。日本各地を遊歴《ゆうれき》し作品を残す。 山口・常栄寺蔵

↓4-4 **国々人物図巻《くにぐにじんぶつずまき》**(伝雪舟筆) 外国人の容貌《ようぼう》をユーモラスに描く作品。 部分 27.9×601.3cm 京都国立博物館蔵

←4-5 **四季山《しきさん》水図巻《すいずかん》**(山水長《さんすいちょう》巻《かん》雪舟筆) 中国から帰国した雪舟は独自の山水画の世界を築く。写真は1486年(67歳)の作品で，長大な画面に四季の変化を描いた傑作《けっさく》。場面は夏景。 国 39.7×1,568.0cm 部分 山口・毛利博物館蔵

←4-6 **秋冬山水図《しゅうとうさんすいず》**(雪舟《せっしゅう》筆) 雪舟の代表作の一つ。写真は秋冬２幅《ふく》のうちの冬景図で，南宋の水墨画を消化した雪舟の画法の完成作とされる。 国 各46.4×29.4cm 部分 東京国立博物館蔵

↓4-7 **大仙院花鳥図《だいせんいんかちょうず》**(伝狩野元信《かのうもとのぶ》筆) 京都大徳寺《だいとくじ》大仙院の襖絵《ふすまえ》で，漢画風の写実主義に大和絵《やまとえ》の構図と色彩の技法を取り入れた，新しい画風の作品。元信は正信の長男で，狩野派の大成者。大和絵の技法を高めた。 174.5×139.5cm 部分

↑4-8 **飯尾宗祇《いのおそうぎ》像**(狩野元信《かのうもとのぶ》筆) 宗祇は全国を遊歴して連歌の道を広く伝えた。写真は晩年の宗祇を伝える珍しい画像。 97.6×55.4cm 部分 ボストン美術館蔵

ヨーロッパ文明の伝来

1 大航海時代の世界

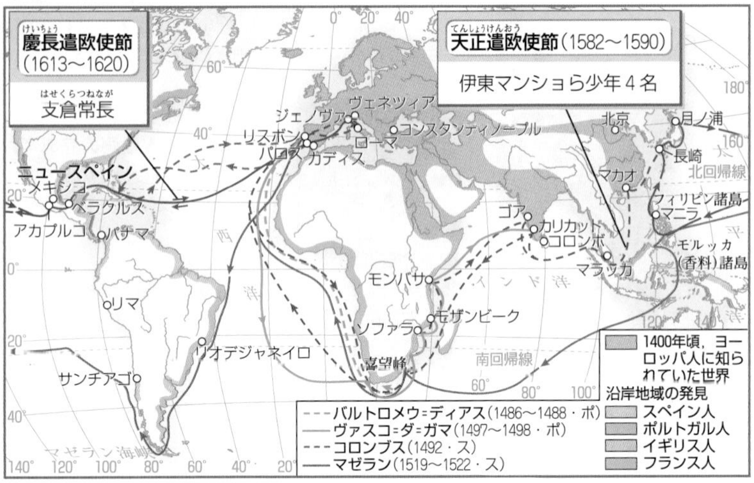

＊ 3-3 支倉常長像を含む「慶長遣欧使節関係資料」は2013年６月にユネスコ世界記憶遺産に登録された。

2 鉄砲伝来

種子島時邦氏蔵 種子島開発総合センター提供

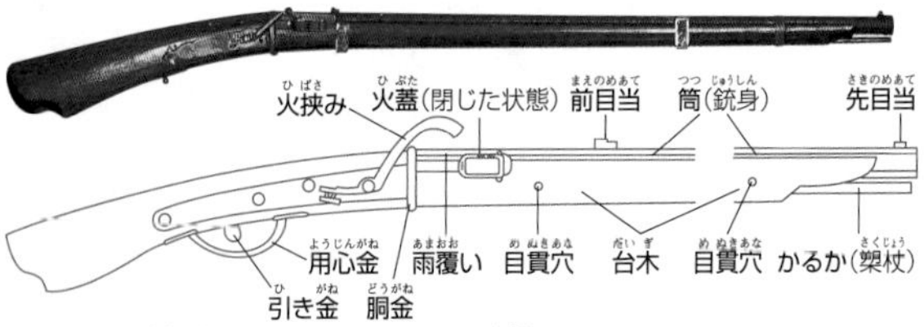

2-1 火縄銃《ひなわじゅう》 1543年
種子島《たねがしま》に漂着したポルトガル人から領主種子島時尭《たねがしまときたか》が購入して研究。翌年には種子島・根来《ねごろ》・堺《さかい》・近江国友《おうみくにとも》で製造され，10年前後で実戦に用いられた。射撃法の研究も行われ指南書《しなんしょ》もつくられた。

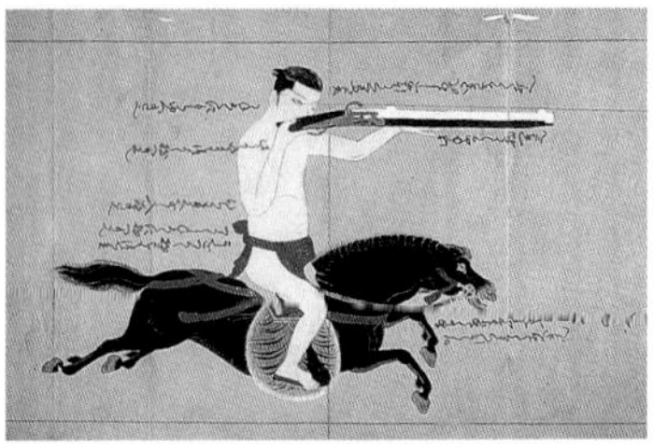

2-2 稲富流鉄砲秘伝書《いなどめ》 縦24.8cm 個人蔵

3 キリスト教伝来とキリシタン

3a キリシタンの増加

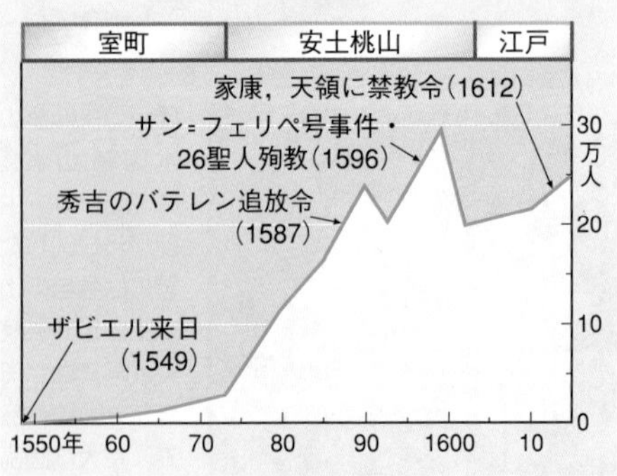

（『原色図解大事典』小学館などによる）

3b キリスト教の発展

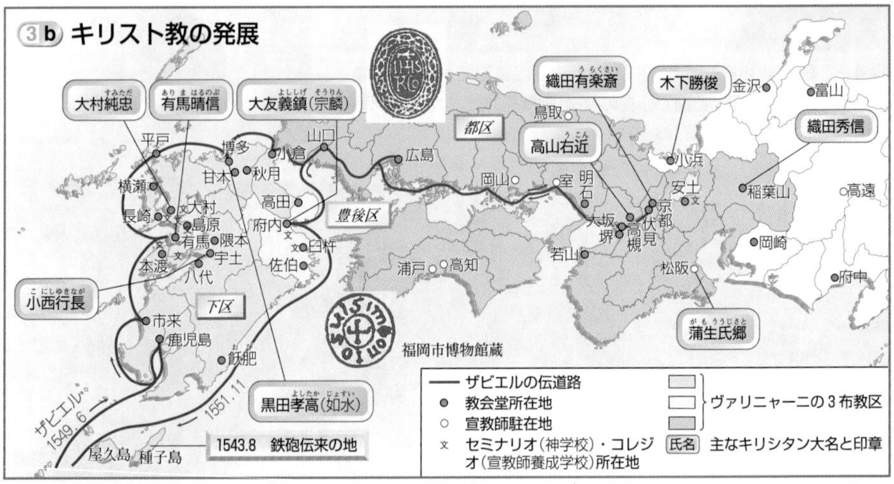

3c 宣教師とその活動

来日年	活　動
1549	フランシスコ＝ザビエル　マラッカで日本人ヤジローと会い鹿児島へ上陸。以後1551年の離日まで鹿児島，山口，豊後府内《ぶんごふない》で布教
1556	ガスパル＝ヴィレラ　室町幕府より布教許可獲得。書簡《しょかん》が「耶蘇会士日本通信《やそかいしにほんつうしん》」にある
1563	ルイス＝フロイス　信長・秀吉と親交。日蓮宗僧日乗《にちじょう》との宗論に勝つ。『日本史』を著述
1570	オルガンティーノ　フロイスを助けて畿内《きない》で布教。信長の信任を得て京都に教会堂（南蛮寺《なんばんじ》），安土《あづち》にセミナリオを開設
1579	アレッサンドロ＝ヴァリニャーニ　大友義鎮《おおともよししげ》（宗麟《そうりん》）・有馬晴信《ありまはるのぶ》・大村純忠《おおむらすみただ》の保護を受け日本の国情に適した布教を指導。天正遣欧使節《てんしょうけんおうしせつ》に同行して日本を去り（1582〜1590），再来日
1593	ペドロ＝ヴァウチスタ　秀吉と外交交渉。長崎で殉教《じゅんきょう》。日本26聖人の中心人物
1594	ジェロニモ＝デ＝ジェズス　家康に接近。関東に教会設立
1603	ルイス＝ソテロ　家康・秀忠《ひでただ》の好意を受ける。伊達政宗《だてまさむね》を知り慶長遣欧使節《けいちょうけんおうしせつ》（1613〜1620）の支倉常長《はせくらつねなが》に同行

赤字：スペイン　青字：ポルトガル　緑字：イタリア

3-1 教会堂の救世主像（南蛮屏風） 部分 宮内庁三の丸尚蔵館蔵

3-2 フランシスコ＝ザビエル（1506〜1552年） 部分

3-3 支倉常長《はせくらつねなが》（1571〜1622年） 部分 仙台市博物館蔵

3d 天正遣欧使節《てんしょうけんおうしせつ》

伊東マンショ

中浦ジュリアン

千々石ミゲル

原マルチノ

すべて京都大学附属図書館蔵

Point 大友《おおとも》・大村《おおむら》・有馬《ありま》のキリシタン大名がローマおよびスペインに送った少年使節。1590年帰国するが，すでに禁教令下で十分な活動ができなかった。

Discovery

神戸市立博物館（兵庫・神戸市）

市立南蛮美術館と考古館を統合し，1982年秋に開館した。「国際文化交流―東西文化の接触と変容」を基本テーマにしており，とりわけ南蛮紅毛《なんばんこうもう》伝来の優品が数多く収蔵《しゅうぞう》されている。

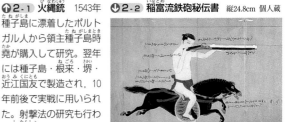

「織田がつき　羽柴《はしば》がこねし天下餅　すわりしままに食ふは徳川」 泰平の世となった江戸時代，誰が作ったかこんな狂歌が流行ったという。戦国の混乱から抜けだし，日本の天下統一に果たした３人の役割を言い得ている。３人の興味深いエピソードを簡単にまとめてみた。

織田信長～伝統主義者？～

愛知・長興寺蔵

生没	1534～1582年（享年49）
出自	尾張国清洲（現　愛知県清須市） 尾張国守護代・織田家の奉行の家に誕生
政策	楽市《らくいち》・楽座《らくざ》の実施，特権的商人集団の解体 鉄砲を使った革新的な戦術を考案 キリスト教を保護 一向宗《いっこうしゅう》の弾圧，延暦寺《えんりゃくじ》の焼打ち

東京大学史料編纂所蔵

⬆1　信長の「麒麟《きりん》」の花押《かおう》

こんな面も　旧体制を破壊したといわれる信長だが，意外にも伝統的な支配体制を重視していた面もある。1565（永禄８）年，将軍足利義輝《あしかがよしてる》が松永久秀《まつながひさひで》の謀反により殺害された。これを契機に信長は自らの花押《かおう》を書き換えた（◀p.８）。この花押は麒麟《きりん》の「麟」の字をデザイン化したものだ。麒麟は中国の想像上の動物で，平和の世の中にのみ出現するという。信長は自らの政治的理想を込めた花押を創出したのである。同様に1567（永禄10）年，斎藤氏の稲葉山城《いなばやまじょう》を攻め落とした信長は，ここを岐阜城と改め支配拠点とした。岐阜とは中国の善政にちなんだ理想の地名である。さらにこの年から「天下布武《てんかふぶ》」の印章を用い始め，さらに足利義昭《よしあき》を将軍に擁立《ようりつ》し，伝統的な支配体制を利用しながら天下統一を行おうともしたのである。

西暦	主な事柄
1549	キリスト教伝来
1554	秀吉，信長の家臣となる
1560	桶狭間《おけはざま》の戦い
1567	信長，岐阜城を拠点とする
1573	室町幕府滅亡
1576	信長，安土城《あづちじょう》を築城
1582	本能寺の変（信長の死）
1584	小牧《こまき》・長久手《ながくて》の戦い
1585	秀吉，関白となる
1590	秀吉，天下統一。家康，関東へ移封
1592	文禄《ぶんろく》の役
1597	慶長《けいちょう》の役
1600	関ヶ原《せきがはら》の戦い
1603	家康，征夷大将軍《せいいたいしょうぐん》となる
1615	大坂夏の陣（豊臣家滅亡）

信長 1534～1582
秀吉 1537～1598
家康 1542～1616

豊臣秀吉～神話の創出～

京都・高台寺蔵

生没	1537～1598年（享年62）
出自	尾張国中村（現　愛知県名古屋市） 遍歴する下層身分の商人の家？に誕生 信長に見いだされ，異例のスピード出世
政策など	信長死後，天下統一を達成 楽市・楽座の徹底，関白・太政大臣に就任 太閤検地《たいこうけんち》，人掃令，朝鮮侵略 死後は豊国《とよくに》神社に神として祀《まつ》られる

⬅2　豊公吉野花見図屛風
京都・細見美術館蔵

中華皇帝を目指す？　秀吉は文禄《ぶんろく》の役（1592～93）の緒戦で勝利したとき，甥《おい》の秀次《ひでつぐ》に対し，明国を制圧したあと後陽成《ごようぜい》天皇を北京に遷座《せんざ》させ，日本にはその皇太子に跡を継がせると漏《も》らしたという。これは秀吉が天皇の任免権を手中に収めようとしたことでもあり，さらに中華思想にもとづき中華皇帝として東アジアの支配権を秀吉自身が望んでいたと受け取れる。彼の多くの肖像画は大陸風の「唐冠《とうかん》」を被った姿で描かれているのもおもしろい。

徳川家康～新田氏に改姓～

日光東照宮蔵

生没	1542～1616年（享年75）
出自	三河国岡崎（現　愛知県岡崎市） 三河城主・松平家に誕生 ２歳の時に織田信長の父信秀《のぶひで》のもとで，ついで今川義元《いまがわよしもと》のもとで人質に 桶狭間《おけはざま》の戦いで今川義元が戦死し解放
政策	関ヶ原《せきがはら》の戦いで勝利，江戸幕府開府 大坂の役で豊臣氏を滅ぼす

改姓した家康　家康は1590（天正17）年の小田原攻めで功があり，秀吉の命令で後北条《ごほうじょう》氏の所領である関東に移封《いふう》された。翌年には松平姓を徳川に改姓した。徳川は新田義貞《にったよしさだ》につながる世良田《せらた》徳川氏の姓であり，家康は自分がこの子孫であると称したのだ。新田義貞は，鎌倉の北条氏を滅ぼしている。後北条氏を滅ぼして関東へはいる家康は，自分の姿をかつての新田義貞に重ねていたのであろう。改姓には後北条氏の影響を取り除き，関東を支配する家康の正当性を強調する目的があったのだろうか。秀吉の死後は，1600（慶長３）年の関ヶ原の戦いで石田三成《いしだみつなり》を破り，1603（慶長５）年征夷大将軍《せいいたいしょうぐん》に任命され江戸幕府が誕生した。1615年には豊臣秀頼《とよとみひでより》を滅ぼし天下の趨勢《すうせい》を名実ともに徳川家が握った。家康は生涯健康に気を遣い，自ら病状を診断，薬を調合し服用した。しかし最晩年，自身の腹痛を寸白《すばく》（寄生虫）と診断したが，これが誤りで，実は胃癌《いがん》だったらしい。家康は慎重に生きた75歳だったが，最期は誤診とは皮肉である。

ⓐ交通の要衝《ようしょう》・濃尾《のうび》平野

Point「織田がつき　羽柴《はしば》がこねし天下餅　すわりしままに食ふは徳川」という狂歌は，天下統一の基盤作りをおこなった信長，信長の政策を受け継ぎ形にした秀吉，幕府を開き長期政権を作り上げた家康，をあらわしたものである。この３人はいずれも東海地域の尾張・三河（現在の愛知県）に生まれた同時代人だった。尾張国は木曽川《きそがわ》・長良川《ながらがわ》・揖斐川《いびがわ》などの大河川の下流域で日本有数の肥沃《ひよく》地帯である濃尾《のうび》平野に位置する。また，政治の中心地でもある京都に近く，東海道と中山道《なかせんどう》などの陸路の要衝《ようしょう》でもある。伊勢湾の海上交通や商品流通の集積地でもあった。「東国と西国の物流・情報の交差点・濃尾平野をおさえるものが天下を治める」
　３人の経歴をみると，こういってもあながち間違いではないだろう。

114 織田信長の統一事業

1 信長の統一への道

尾張時代	1534	信長，織田信秀《おだのぶひで》の二男として誕生
	1551	信秀の死後，家督《かとく》を継《つ》ぐ
	1559	尾張《おわり》国を統一
	1560	桶狭間《おけはざま》の戦《たたか》いで今川義元《いまがわよしもと》を討《う》つ①
	1562	三河松平元康《みかわまつだいらもとやす》(徳川家康)と同盟
	1567	稲葉山城《いなばやまじょう》を落とし斎藤龍興《さいとうたつおき》を追って美濃《みの》制覇。居城《きょじょう》を岐阜城と改める②
岐阜時代	1567	天下布武《てんかふぶ》の朱印《しゅいん》を用い始める 美濃加納《かのう》を楽市《らくいち》とする
	1568	近江六角《おうみろっかく》氏を放逐《ほうちく》。足利義昭《あしかがよしあき》を伴い上洛《じょうらく》 六角氏旧領蒲生《がもう》郡で指出検地《さしだしけんち》実施
	1570	姉川《あねがわ》の戦《たたか》いで浅井《あざい》 朝倉連合軍を撃破③ 石山本願寺の顕如挙兵《けんにょきょへい》(石山戦争～80)
	1571	比叡山延暦寺《ひえいざんえんりゃくじ》焼打《やきう》ち④
	1572	武田信玄《たけだしんげん》，三方《みかた》が原《はら》で徳川家康《とくがわいえやす》を破る
	1573	15代将軍足利義昭を追放(室町幕府滅亡) 浅井・朝倉滅亡
	1574	伊勢長島《いせながしま》の一向一揆討伐《いっこういっきとうばつ》
	1575	長篠合戦《ながしのかっせん》⑤。越前《えちぜん》の一向一揆討伐
	1576	近江国蒲生郡に安土城《あづちじょう》を築城⑥
安土時代	1577	安土城下を楽市・楽座《らくざ》とする 紀州《きしゅう》の根来《ねごろ》・雑賀《さいが》一揆を討伐⑦
	1579	安土城天守《てんしゅ》完成
	1580	石山戦争の終了
	1582	天目山《てんもくざん》で武田勝頼《たけだかつより》を滅ぼす 明智光秀《あけちみつひで》の謀反《むほん》で死亡

1-1 織田信長《おだのぶなが》
(1534～1582)
愛知・長興寺蔵

2 信長の商業政策 史

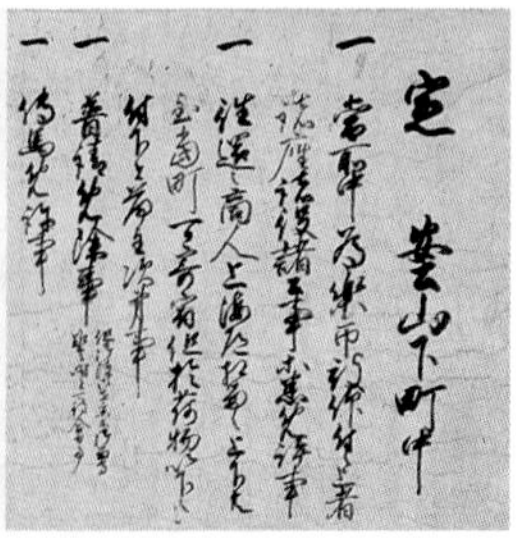

縦42.4×横149.5cm 滋賀・近江八幡市蔵(部分)

2-1 安土山下町《あづちさんかちょう》中掟書《じゅうおきてがき》 楽市《らくいち》令など13カ条を発布《はっぷ》し安土城下の商業優遇政策をおこなった。

楽市令の内容(抜粋)

一 当所は楽市とすることにしたので、城下町では座に入らなくても自由に商売してよい。また住民の税は一切免除とする

一 ①普請《ふしん》役《やく》は免除する

一 ②伝馬《てんま》役《やく》は免除する

一 信長分国中で徳政令が出されても、この城下町の町人の債権《さいけん》は破棄《はき》されない

①築城や河川の工事などの負担
②公用旅行者のための人馬・宿の負担

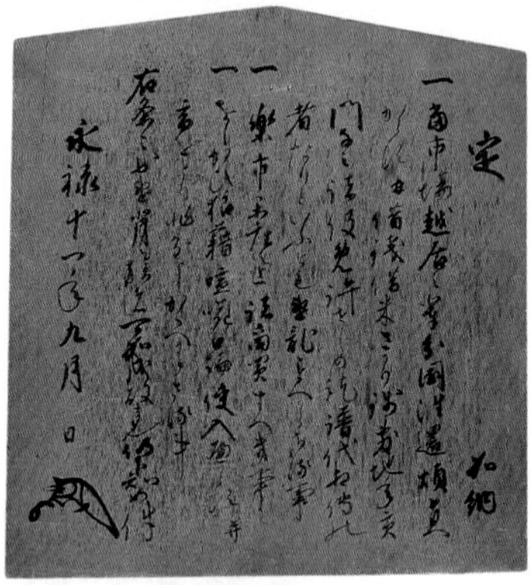

2-2 岐阜城下楽市令《らくいち》 戦乱で荒廃した城下に商工業者を集め，自由に商いを行わせ，都市の経済復興を行おうとした信長の政策の一つ。
縦35.9×横33.9cm 厚さ1cm 岐阜・円徳寺蔵

3 信長の統一過程

⑥安土城《あづちじょう》を築城 1576

内藤昌氏復元 滋賀県立安土城考古博物館蔵

②美濃《みの》攻略 1567

斎藤龍興《さいとうたつおき》の稲葉山城《いなばやまじょう》を攻め落とし拠点とし，岐阜と改称。天下布武《てんかふぶ》印を使用しはじめる

信長の領域
1560年(桶狭間の戦い)頃
1576年(安土城築城)頃
1581年頃
1582年(武田氏旧領を併合)
信長の有力家臣(本能寺の変直前)
反信長勢力
丸数字は年代順

④延暦寺焼打《えんりゃくじやきう》ち 1571
寺院勢力最大の拠点が屈服

①桶狭間《おけはざま》の戦い 1560
今川義元《いまがわよしもと》を破る

③姉川《あねがわ》の戦い 1570
浅井・朝倉連合軍を破る

⑤長篠合戦《ながしのかっせん》 1575
織田・徳川連合軍が武田軍を破る

⑦根来《ねごろ》・雑賀《さいが》一揆平定 1577

4 鉄砲と長篠合戦《ながしのかっせん》

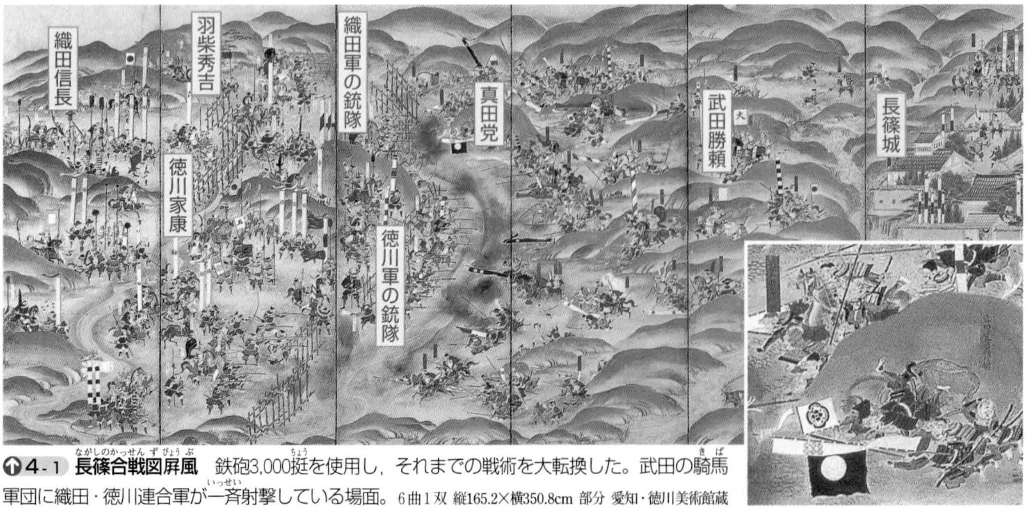

4-1 長篠合戦図屏風《ながしのかっせんずびょうぶ》 鉄砲3,000挺《ちょう》を使用し，それまでの戦術を大転換した。武田の騎馬《きば》軍団に織田・徳川連合軍が一斉《いっせい》射撃している場面。 6曲1双 縦165.2×横350.8cm 部分 愛知・徳川美術館蔵

4-3 磔姿《はりつけすがた》の鳥居強右衛門《とりいすねえもん》 徳川方長篠城《ながしのじょう》に援軍《えんぐん》到来を伝える途中捕まった鳥居は，逆磔《さかさはりつけ》にされた上，嘘報《きょほう》を伝えるよう武田方から強制されたが拒絶した。
縦146×横133cm 部分 東京大学史料編纂所蔵

4-2 鉄砲に苦戦する武田軍 常勝騎馬軍団の武田軍も鉄砲の一斉射撃で惨敗した。場面は次々に倒れる真田《さなだ》隊。

プレステでおなじみの「信長の野望」。本能寺の変はこのゲームの中でしイベントで発生するが，本能寺の変は，果たして偶然おこったのだろうか。近年の研究成果をもとに真の首謀者《しゅぼうしゃ》を探《さぐ》ってみたい。

信長包囲網と本能寺の変

ⓐ足利義昭と信長関係年表

西暦（和暦）	主な事柄
1537（天文６）	**足利義昭**《あしかがよしあき》生まれる（幼名不明）
1542（天文11）	興福寺別当一乗院門跡に入る（覚慶）
1565（永禄８）	兄，13代将軍義輝《よしてる》が暗殺される
1566（永禄９）	奈良を出た覚慶は義秋と名を改め近江を経て，越前一乗谷《えちぜんいちじょうだに》に朝倉氏を頼る
1568（永禄11）	義昭と改名。信長に奉じられて京都に入り**征夷大将軍となる（15代将軍）**
1569（永禄12）	義昭，信長打倒を諸勢力によびかける
1573（元亀４）	義昭二条城で挙兵，信長により鎮圧，**幕府滅亡**。義昭は山城・河内・紀伊を転々とし諸勢力に信長打倒よびかける
1574（天正２）	本願寺教如《きょうにょ》が信長に対して挙兵，義昭の求めに応じ三好氏も呼応
1575（天正３）	**長篠合戦**で信長勝利
1576（天正４）	義昭，備後国鞆《びんごのくにとも》（広島県福山市）に移る。毛利輝元，上杉謙信が反信長に
上杉・武田・後北条・毛利・島津・本願寺・一向一揆等による信長包囲網形成	
1582（天正10）	信長を三職《さんしょく》（太政大臣・関白・将軍）に推任する問題で朝廷と信長関係悪化

ⓑ天正９〜10（1581〜82）年頃の勢力地図

大阪・本徳寺蔵

高知・秦神社蔵

高野山持明院蔵

愛知・長興寺蔵

神奈川・早雲寺蔵

吉田兼見《よしだかねみ》　吉田神社神官の兼見は光秀と親交が深く，本能寺の変決行後その足で大津へ向かう光秀と途中で対面し会話を交わした。この年の彼の日記は２冊あり一方にはこの事実が記され一方は抹消《まっしょう》されている。嫌《けん》疑《ぎ》を避《さ》けるため日記を書き換えたのである（『兼見卿記』）。

←1　**近衛前久《このえさきひさ》「血書起請文《けっしょきしょうもん》」**　近衛家16代当主前久（1536〜1612）は1559年，上洛した長尾景虎《ながおかげとら》（上杉謙信）に心酔《しんすい》し，幕府再興の望みを託《たく》し，関白職にありながら越後や戦場の関東へ出かけた。写真は景虎にあてた血書の起請文。米沢市立上杉博物館蔵

Point 明智光秀がなぜ織田信長に謀反《むほん》をおこしたのだろうか。信長への怨恨《えんこん》であったという説，天下取りの野望だったという説，様々な見解がある。またかつて自分の主《あるじ》であった足利義昭を再び将軍職につけ幕府の復活をもくろんでいた光秀が謀反を決行したという説もある。そこには天下人《てんかびと》とよばれる権力者のもとに権力集中される新体制派と，伝統的な将軍権力に結集する室町幕府体制派との対立構図がある。この構図に**本能寺の変**を位置づけようとするものである。前者が信長であり，それを継承した秀吉である。後者の中心は義昭であった。15代将軍足利義昭自身，諸勢力と連《れん》携《けい》をとりつつあくまで幕府を再興《さいこう》させようとした「傑出《けっしゅつ》した政治能力」の将軍と評価しなおされている。

足利義昭の画策

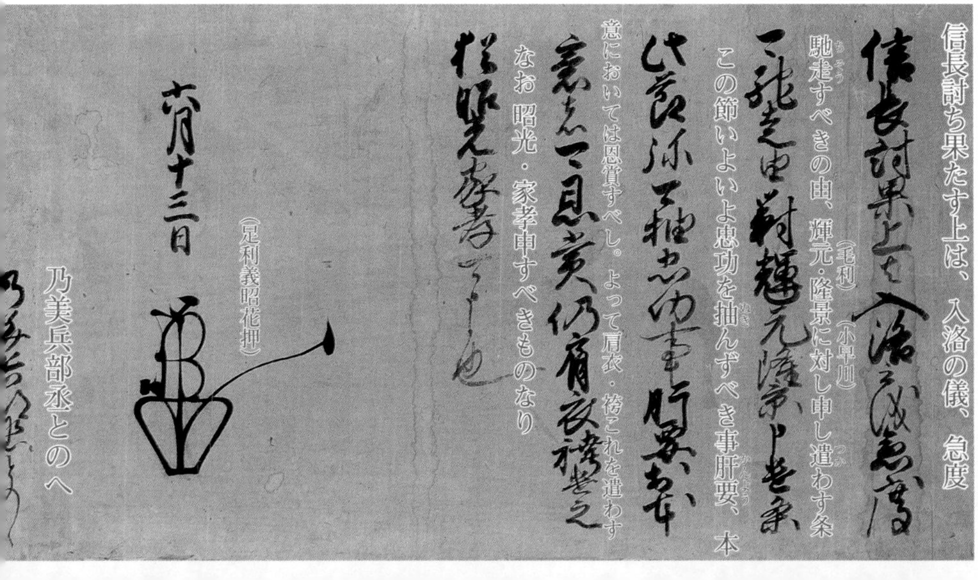

Point 本能寺の変は，６月２日であった。左の写真はその後，足利義昭が毛利一族小早川《こばやかわ》家の重臣にあてた書状。信長を討ち果たしたことを告げて，毛利・小早川軍が上洛《じょうらく》するための軍事行動をおこすように要請している。「信長討ち果たす」と義昭自らが信長打倒勢力の首謀者《しゅぼうしゃ》であることを宣言している点が注目される。しかし，頼みの光秀が13日には秀吉に敗れ，室町幕府再興《さいこう》計画は頓挫《とんざ》した。京都・本法寺蔵　京都国立博物館提供

116 豊臣秀吉の統一事業①

1 秀吉の統一過程年表

1582	**本能寺の変**《ほんのうじのへん》。山崎の合戦で明智光秀《あけちみつひで》を破る②
	太閤検地《たいこうけんち》の開始(～1598)
1583	**賤ヶ岳の戦い**《しずがたけのたたか》で柴田勝家《しばたかついえ》を破る ③
	大坂城築城開始 ④
1584	小牧《こまき》・長久手《ながくて》の戦《たたか》い ⑤
1585	雑賀《さいが》・根来一揆《ねごろいっき》の平定 ⑥。関白就任
	長宗我部《ちょうそかべ》氏の服従 ⑦
1586	太政大臣《だいじょうだいじん》就任。豊臣姓を与えられる
1587	島津義久《しまづよしひさ》の服従(九州平定) ⑨
	バテレン追放令発布 ⑩
1588	刀狩令の発布
1590	小田原征伐《おだわらせいばつ》⑪，奥州《おうしゅう》平定(全国統一の達成) ⑫
1591	**身分統制令**の発布
1592	**人掃令**《ひとばらいれい》の発布
	第一次朝鮮出兵(文禄《ぶんろく》の役《えき》)
1597	**第二次朝鮮出兵(慶長《けいちょう》の役)**
1598	秀吉死去(63歳)

2 秀吉の統一過程

③賤ヶ岳の戦い《しずがたけのたたか》 1583

この戦いで秀吉は柴田勝家《しばたかついえ》を討《う》ち，信長の後継者の地位を確立した。拡大図は秀吉の子飼《こが》いで俗に「七本鑓《しちほんやり》」とよばれた初陣《ういじん》の7人の若侍たちの活躍の場面(賤ヶ岳合戦図屏風) 大坂城天守閣蔵

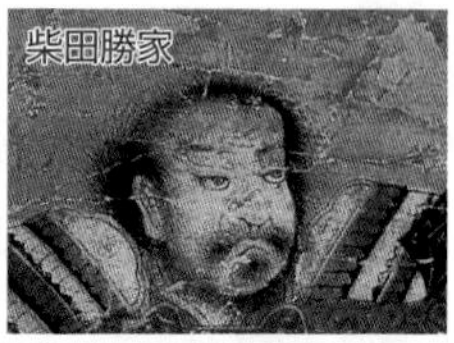

①毛利輝元《もうりてるもと》と和睦《わぼく》 1582

備中《びっちゅう》高松城の水攻めの最中に本能寺《ほんのうじ》の変《へん》を知り，和睦

④大坂城築城 1583～1591頃

石山本願寺《いしやまほんがんじ》跡に築城

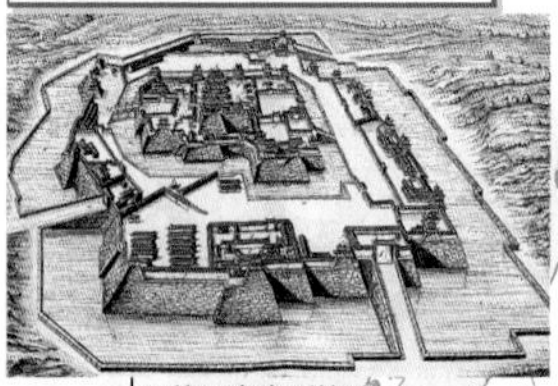

※絵は家康が築城したときのもの

⑫奥州《おうしゅう》平定 1590

伊達政宗《だてまさむね》を降伏させて奥州を平定，全国統一を達成

⑬肥前名護屋城築城《ひぜんなごやじょう》 1591

朝鮮出兵の本陣

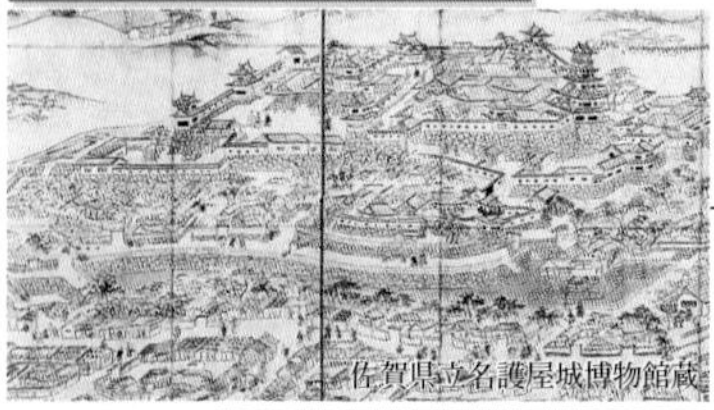

佐賀県立名護屋城博物館蔵

⑦四国平定 1585

四国一円を平定した長宗我部元親《ちょうそかべもとちか》を服属させる

⑧聚楽第《じゅらくてい》造営 1586

1588年後陽成《ごようぜい》天皇を招き，天皇の前で諸大名に秀吉への忠誠を誓わせた

⑩バテレン追放令 1587

九州平定ののち博多《はかた》で発令

⑨九州平定 1587

12万の軍勢で島津義《しまづよし》久《ひさ》を降伏させる

⑥和泉《いずみ》・紀伊《きい》平定 1585

雑賀《さいが》・根来一揆《ねごろいっき》平定

⑤小牧《こまき》・長久手《ながくて》の戦《たたか》い 1584

徳川家康と交戦するが決着つかず

⑪小田原征伐《おだわらせいばつ》 1590

北条氏政《ほうじょううじまさ》・氏直《うじなお》父子の居城《きょじょう》小田原城を籠城《ろうじょう》攻め

②山崎《やまざき》の合戦《かっせん》 1582

明智光秀《あけちみつひで》を山城《やましろ》国山崎で討《う》つ

東京・(財)三井文庫蔵

Point

豊臣《とよとみ》政権は腹臣《ふくしん》の浅野《あさの》長政《ながまさ》・増田《ました》長盛《ながもり》・石田三成《いしだみつなり》・前田《まえだ》玄以《げんい》・長束正家《なつかまさいえ》を**五奉行**《ごぶぎょう》として政務を分担させた。有力大名徳川家康《とくがわいえやす》・前田利家《としいえ》・毛利輝元《もうりてるもと》・小早川隆景《こばやかわたかかげ》・宇喜多秀家《うきたひでいえ》・上杉景勝《うえすぎかげかつ》を**大老**《たいろう》(隆景の死後は**五大老**) として合議制ができたのは，秀吉の晩年である。

3 豊臣家の人々

部分 京都・高台寺蔵

部分 京都・高台寺蔵

3-2 北政所《きたのまんどころ》 秀吉の正妻《せいさい》だが実子《じっし》がなかった。秀吉死後は剃《てい》髪《はつ》し高台院《こうだいいん》を号《ごう》した。

部分 京都・高台寺蔵

3-3 小早川秀秋《こばやかわひであき》 (1582～1602) 北政所の兄木下家定の子。秀吉の養子，ついで小早川家の養子となった。慶《けい》長《ちょう》の役《えき》の総大将となる。

部分 東京藝術大学蔵

3-4 豊臣秀頼《とよとみひでより》 (1593～1615) 父は秀吉，母は淀君《よどぎみ》。大坂夏の陣で母とともに自殺。

3-1 豊臣《とよとみ》(羽柴《はしば》)秀吉《ひでよし》(1537～1598) 尾張《おわり》中村の足軽《あしがる》木下弥右衛門《きのしたやえもん》の子として生まれ，織田信長に仕《つか》える。

千葉・国立歴史民俗博物館蔵

3-5 醍醐《だいご》の花見の秀吉と北政所

死の前年(慶長3年)の秀吉。 部分

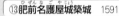

4 太閤検地 史

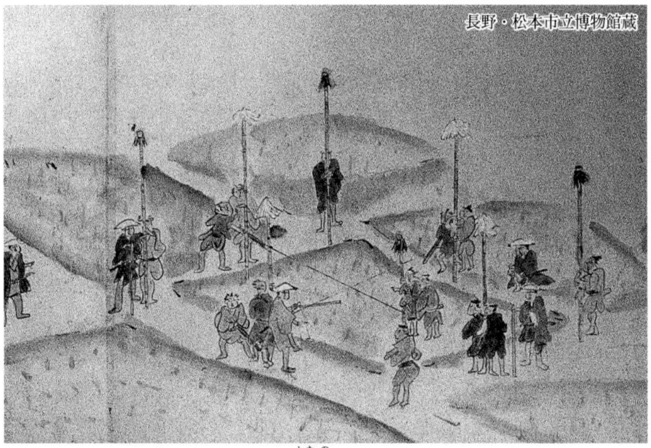

4-1 **検地絵図** 江戸時代末期の検地のようす 長野・松本市立博物館蔵

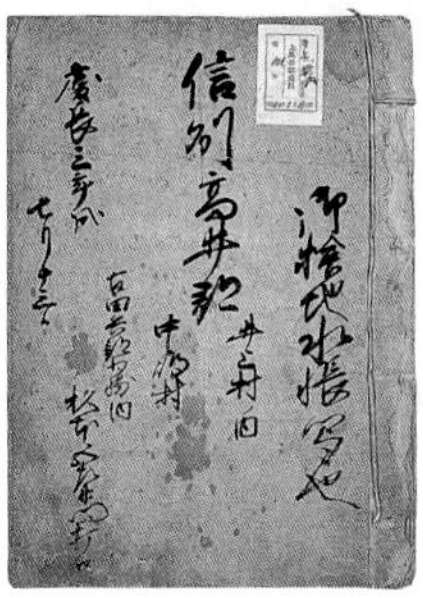

4-2 **信濃《しなの》国高井郡中島村検地帳** 検地帳には地名・田畑《でんばた》の等級・面積・石高《こくだか》・作人《さくにん》名などが記される。 個人蔵

Point 全国統一に際してはどの地域であっても１段《たん》の面積，1升《しょう》の米の量は同じでなければならなかった。この原則のもとで行われた太閤検地は，自己申告の指出《さしだし》とは異なり，検地役人が立ち会って縄打《なわうち》・竿入《さおいり》を行って田の面積を測量，耕作《こうさく》者を確定し耕作権を認め，年貢の義務を負わせた。太閤検地は山城《やましろ》国が始まり。

4a 秀吉による単位（度量衡《どりょうこう》）の統一

度（長さ）と面積 1歩 6尺3寸 6尺3寸	6尺《しゃく》3寸《すん》四方（約191cm四方） ＝1歩《ぶ》(3.6cm²) 30歩＝1畝《せ》 10畝＝1段《たん》(反) 10段＝1町《ちょう》
量（容積） 一升瓶	10合《ごう》＝1升《しょう》(約1.8リットル) 10升＝1斗《と》(4斗＝1俵《ひょう》) 10斗＝1石《こく》
衡（重さ）	銅銭1枚＝1匁《もんめ》(約3.75g) 1,000匁＝1貫《かん》(3.75kg)

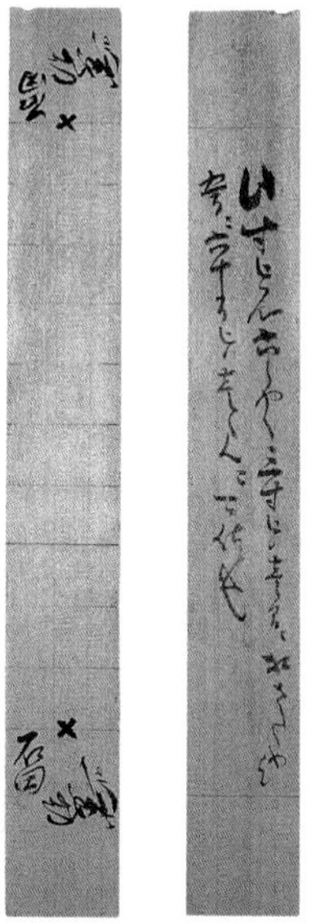

4-3 **検地尺《けんちじゃく》** 島津家に伝わった検地用の尺で，×印の間が一尺である。上下の端《はし》には検地奉行《ぶぎょう》の石田三成《いしだみつなり》の署名がある。 鹿児島・尚古集成館蔵

（表） （裏）

個人蔵

4-4 **京枡《きょうます》** それまで地域や用途によって異なっていた枡《ます》を，京都で使用されていた京枡に統一（現在の1升枡《しょうます》の起源）。

TRY 論述 戦国大名が行った検地と，豊臣秀吉による太閤検地との違いを説明しなさい。 比較

5 朝鮮侵略

5-3 **朝鮮軍陣《ちょうせんぐんじん》図屏風《ずびょうぶ》** 慶長《けいちょう》の役《えき》で蔚山《うるさん》城普請《ふしん》中の加藤清正《かとうきよまさ》らの軍が，5〜6万の明・朝鮮連合軍に包囲され籠城《ろうじょう》しているところ。

(財)鍋島報效会

5-1 **加藤清正** 秀吉子飼《こが》いの武将として朝鮮に出兵。

5-2 **耳塚** 朝鮮人の切られた耳・鼻を埋めた供養《くよう》塔。

5-4 **亀甲船《きっこう》** 李舜臣《りしゅんしん》《イスンシン》率いる朝鮮水軍は，日本水軍との戦いに連勝し，日本軍は大打撃を受けた。

複製 佐賀県立名護屋城博物館蔵

5-5 **李舜臣《りしゅんしん[イスンシン]》**（現在の釜山《ふざん》《プサン》港の銅像） 朝鮮水軍総帥で，日本軍を亀甲船《きっこう》で苦しめた。

Discovery

名護屋城博物館 （佐賀・唐津市）

文禄《ぶんろく》・慶長《けいちょう》の役《えき》を侵略戦争と位置づけ，その反省の上に立って日本列島と朝鮮半島との長い交流の歴史をたどり，相互の理解を深めることを目的とした博物館。

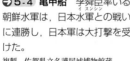

桃山文化

- 城郭《じょうかく》建築を中心に，豪壮《ごうそう》・絢爛《けんらん》・華麗《かれい》な文化
- 南蛮文化《なんばんぶんか》の影響
- 仏教の影響が薄れ，宗教色が払拭《ふっしょく》される
- 新興大名と豪商が文化の担い手

建築		姫路城《ひめじじょう》(白鷺城《しらさぎじょう》)世　松本城《まつもとじょう》(烏城《からすじょう》)
		犬山城《いぬやまじょう》　彦根城　二条城世二の丸御殿
		西本願寺《にしほんがんじ》世飛雲閣《ひうんかく》(伝聚楽第遺構《じゅらくていいこう》)
		西本願寺大書院《にしほんがんじおおしょいん》(伝伏見城遺構《ふしみじょういこう》)
		大徳寺唐門(伝聚楽第遺構)
		都久夫須麻神社本殿《つくぶすまじんじゃほんでん》(伏見城遺構)
		西本願寺唐門
		醍醐寺《だいごじ》世三宝院表書院《さんぼういんおもてしょいん》・庭園
		妙喜庵待庵《みょうきあんたいあん》(伝千利休《せんのりきゅう》茶室)
		如庵《じょあん》(織田有楽斎《おだうらくさい》茶室)
絵画	障壁画《しょうへきが》　濃絵《だみえ》	唐獅子図屏風《からじしずびょうぶ》(狩野永徳《かのうえいとく》)
		牡丹図《ぼたんず》(狩野山楽《かのうさんらく》)
		智積院襖絵《ちしゃくいんふすまえ》(伝長谷川等伯《はせがわとうはく》)
	障壁画　水墨画《すいぼくが》	松鷹図《しょうようず》(狩野山楽)
		松林図《しょうりんず》屏風(長谷川等伯)
		山水図《さんすいず》屏風(海北友松《かいほうゆうしょう》)
	風俗画	洛中洛外図屏風《らくちゅうらくがいずびょうぶ》(狩野永徳)
		花下遊楽図屏風《かかゆうらくずびょうぶ》(狩野長信《かのうながのぶ》)
		職人尽図屏風《しょくにんづくしずびょうぶ》(狩野吉信《かのうよしのぶ》)
		高雄観楓図屏風《たかおかんぷうずびょうぶ》(狩野秀頼《かのうひでより》)
		南蛮屏風《なんばんびょうぶ》
工芸	陶磁器	有田焼《ありたやき》　薩摩焼《さつまやき》　萩焼《はぎやき》　唐津焼《からつやき》　志野焼《しのやき》
	蒔絵	高台寺蒔絵《こうだいじまきえ》
芸能・風俗	茶道	侘茶《わびちゃ》の大成　千利休
	能楽	武士・町人への広がり
	かぶき踊り	阿国歌舞伎《おくにかぶき》(出雲阿国《いずものおくに》)
	人形浄瑠璃	琉球《りゅうきゅう》の蛇皮線《じゃびせん》を改良した三味線《しゃみせん》の伴奏
	小歌	隆達節《りゅうたつぶし》(堺の商人高三隆達《たかさぶりゅうたつ》)
	服装	小袖《こそで》の一般化

1 城郭建築

1a 天守閣の変遷

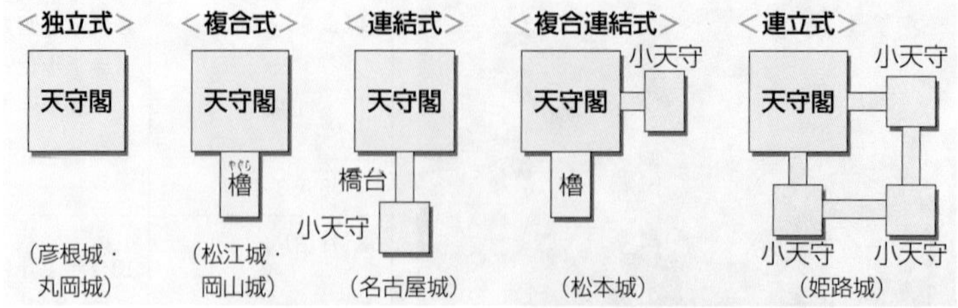

Point 天守の構成は，最初は1基単独の独立式だったが，天守の入口を固めるため櫓《やぐら》を設けた複合式，さらに小《こ》天守を配する連結式・複合連結式・連立式が生まれた。

1-1 **姫路城天守閣**(兵庫県)　国 高さ46m

1-2 **姫路城の防衛施設**(格子窓《こうしまど》と石落《いしおと》し)

1-3 **姫路城全景**　姫路城は小高い丘を利用した平山城《ひらやまじろ》で，天守閣は三つの小天守を配した連立式である。優美な外観とは裏腹にさまざまな防衛施設をもつ戦闘本位の城である。

1-4 **松本城天守閣《まつもとじょうてんしゅかく》**(長野県)　大天守と小天守，櫓《やぐら》で構成された複合連結式の平城《ひらじろ》である。石垣は野面積《のづらづ》み(石を自然のまま利用)でゆるやかな勾配《こうばい》である。国 高さ29.4m

1-5 **犬山城天守閣《いぬやまじょうてんしゅかく》**(愛知県)　木曽川に面する，標高約80mの丘に築かれた平山城《ひらやまじろ》である。天守閣は独立式で初期の様式を示している。国 高さ19m

1-7 **二条城二の丸御殿《にじょうじょうにのまるごてん》**(京都府)　徳川家康が諸国の大名に命じて築いた平城《ひらじろ》で，京都の警備および上洛《じょうらく》した際の徳川氏の宿所となった。建物は雁行型《がんこうがた》(斜《なな》めに並ぶこと)に配置され，どこからでも庭園が鑑賞できる。国

1-6 二条城全景

② 建築

2-1 **西本願寺飛雲閣《にしほんがんじひうんかく》**(京都市)　柿葺《こけらぶき》三層の楼閣《ろうかく》で，聚楽第《じゅらくてい》を移築したものと伝えられる。 国 平面25.8×12.5m

2-2 **西本願寺書院《しょいん》**(対面所)　伏見城の遺構《いこう》とされてきたが，近年1632年の新築とするのが一般的。上段と下段の境の欄間彫刻《らんまちょうこく》に鴻《こう》の鳥が彫られている。 国

2-3 **西本願寺飛雲閣歌仙《ひうんかくかせん》の間《ま》**
天井には葡萄《ぶどう》に栗《り》鼠《す》図，壁や扉などには紀貫之《きのつらゆき》や小野小町など平安時代の三十六歌仙《さんじゅうろくかせん》が，狩野山楽《かのうさんらく》の筆で描かれている。

2-4 **西本願寺唐門《からもん》**　檜皮葺《ひわだぶき》の前後が唐破風造，側面が入母屋の屋根をもつ四脚門《よつあしもん》である。見事な彫刻が施され，伏見城《ふしみじょう》からの移築説もある。

国 高さ8m

2-5 **醍醐寺三《だいごじさん》宝院《ぼういん》表書院《おもてしょいん》**(京都市)　建物・庭とも秀吉の命で着工された。外面は寝殿《しんでん》造《づくり》の名残があるが，内部は典型的な書《しょ》院造《いんづくり》である。 国

2-6 **醍醐寺三《だいごじさん》宝院表書院《ぼういんおもてしょいん》内部**
横に並んだ三部屋のうちの上段の間にあたる。二間幅の床の間と一間幅の違い棚がある。壁と襖《ふすま》の絵はともに長谷川《はせがわ》派の絵といわれる。 国

2-7 **都久夫須麻神社本殿《つくぶすまじんじゃほんでん》内部**(滋賀県)　本殿は伏見城からの移築で，透《す》かし彫《ぼ》りの装飾が特徴である。 国

2-8 **大徳寺唐《だいとくじから》門《もん》**(京都市)　檜皮《ひわだ》葺《ぶき》の前後が唐破風造，側面が切妻《きりづま》の屋根をもつ四脚門で，聚楽第《じゅらくてい》からの移築とも伝えられる。大変に凝《こ》った彫刻がなされた，当時を代表する門である。

国 高さ約8m

3 絵画

3-1 **唐獅子図屏風**《からじしずびょうぶ》(狩野永徳《かのうえいとく》筆) 秀吉の陣屋《じんや》を飾っていた屏風を，和睦《わぼく》の印として毛《も》利《り》氏へ贈ったといわれる。雌雄《しゆう》の獅子が堂々と歩く姿が描かれる。

国 6曲1双 222.8×452.0cm 部分 宮内庁三の丸尚蔵館蔵

3-2 **花下遊楽図屏風**《かかゆうらくずびょうぶ》(狩野長信《ながのぶ》筆) 桜の下で遊ぶ人びとの衣装の模様《もよう》まで細かく描く，桃山風俗画の記念的作品。 国 154.8×361.5cm 部分 東京国立博物館蔵

3-3 **洛中洛外図屏風**《らくちゅうらくがいずびょうぶ》(狩野永徳筆 上杉本) 三管領家の一つである斯波《しば》氏館前で闘鶏《とうけい》がおこなわれている。上杉本は織田信長が上杉謙信に贈ったもの。 国 6曲1双 160.4×365.2cm 部分 山形・米沢市(上杉博物館)蔵

3-4 **牡丹図**《ぼたんず》(狩野山楽《さんらく》筆) 大覚寺《だいかくじ》にある「牡丹・紅梅図襖絵《こうばいずふすまえ》」の一つ。襖三面に牡丹を大きく描く。背中合わせの襖には「紅梅図」が描かれる。

1面184.0×99.0cm 部分 京都・大覚寺蔵

3 a 狩野派の系譜

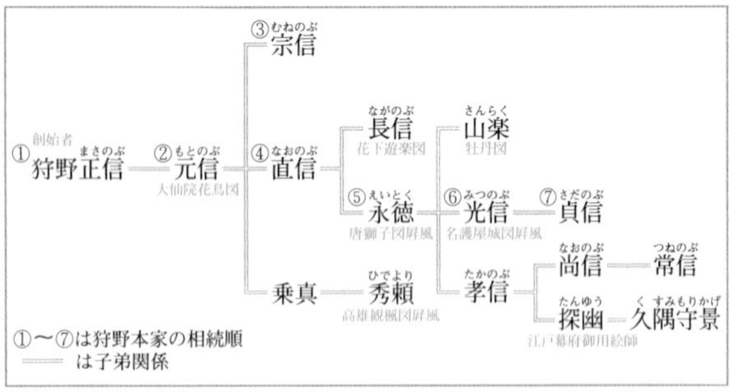

3-5 **智積院襖絵**《ちしゃくいんふすまえ》(伝長谷川等伯《はせがわとうはく》筆) 智積院の25面の障壁《しょうへき》画の一つ「楓図《かえでず》」で，楓の古木を草木とともに描く。 国 172.4×139.4cm 部分 京都・智積院蔵

4 工芸

4-2 **黄金茶碗** 醍醐《だいご》の花見の際，秀吉が使用したという。 京都・醍醐寺蔵

口径12.6cm

4-1 **高台寺蒔絵手文庫**《こうだいじまきえてぶんこ》 高台寺は秀吉の正妻北政所《きたのまんどころ》が秀吉の冥福《めいふく》を祈って建立した。写真は，漆《うるし》で文様をつけ金銀粉を蒔《ま》きつける蒔絵の伝統的作品。

高さ26.6cm縦31.0cm横50.3cm 京都・高台寺蔵

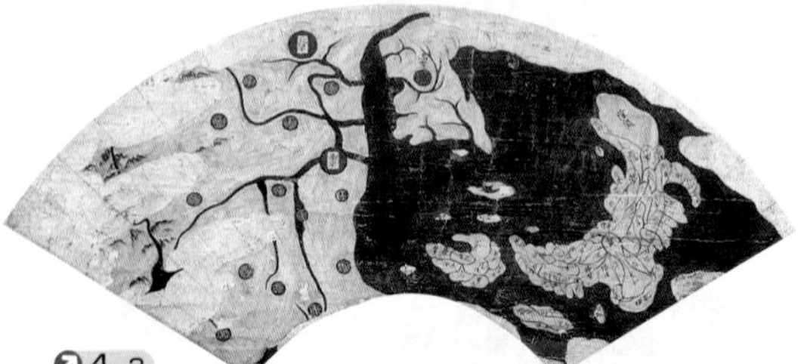

4-3 **三国地図扇面** 秀吉がつくらせたといわれる日本・高麗《こうらい》・明《ミン》の東アジア図。 大坂城天守閣蔵

4-4 **色々威二枚胴具足**《いろいろおどしにまいどうぐそく》 秀吉に仕えた木下利房《きのしたとしふさ》の子孫の家に伝来した，秀吉が着用した具足。

名古屋市秀吉清正記念館蔵

5 芸能

5 a 茶道の系譜

- 村田珠光《むらたじゅこう》(しゅこう)
  - 足利義政《あしかがよしまさ》
  - 宗悟《そうご》 ― 武野紹鷗《たけのじょうおう》
    - 今井宗久《いまいそうきゅう》
    - 津田宗及《つだそうきゅう》
    - 千《せんの》 利休《りきゅう》(宗易《そうえき》)
      - 織田有楽斎《おだうらくさい》
      - 細川忠興《ただおき》
      - 千 宗淳《そうじゅん》 ― 千 宗旦《そうたん》
        - 千 宗左《そうさ》 表千家
        - 千 宗室《そうしつ》 裏千家
        - 千 宗守《そうしゅ》 武者小路千家
      - 高山右近《たかやまうこん》
      - 蒲生氏郷《がもううじさと》
      - 古田織部《ふるたおりべ》 ― 小堀遠州《こぼりえんしゅう》
    - 細川幽斎《ほそかわゆうさい》
  - 津田宗伯《つだそうはく》

Discovery

黄金太閤と茶の湯

秀吉は，信長同様に派手好みの文化趣味をもち，天正大判鋳造のほか茶の湯にも黄金が使われた。

商人たちの世界で発達した茶の湯文化は，信長，秀吉をはじめ武家のたしなみとなり，秀吉は醍醐寺での花見に黄金の天目茶碗を用いたり，正親町天皇《おおぎまちてんのう》に秀吉自ら茶を点《た》てるため組み立て式の黄金の茶室をつくった。わび・さびを追求する利休の茶の湯精神と，黄金の絢爛豪華《けんらんごうか》な秀吉の黄金好みはきわめて対照的であった。

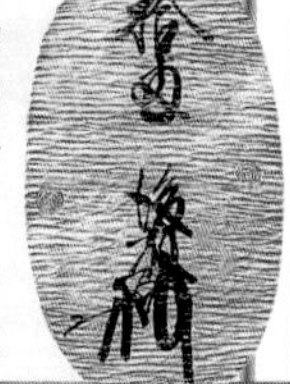

↘天正大判《てんしょうおおばん》　秀吉が後藤《ごとう》徳乗《とくじょう》につくらせた。贈答用だったため流通しなかった。

➡復元された黄金の茶室

静岡・MOA美術館

↑5-1 千利休《せんのりきゅう》(1521～91)　武野紹鷗《たけのじょうおう》に学び侘《わび》茶《ちゃ》を大成。信長・秀吉に仕え，草庵風茶室《そうあんふうちゃしつ》を創意。

長谷川等伯筆 京都・不審菴蔵

↑5-2 如庵《じょあん》　信長の実弟の長益《ながます》(有楽斎《うらくさい》)の茶室。庭からの茶室出入口を躙口《にじりぐち》といい，かがんで入る。 国 平面4.7×4.5m 愛知・有楽苑《うらくえん》蔵

←5-3 歌舞伎図巻《かぶきずまき》　出雲《いずも》大社の巫女阿国《みこおくに》が始めたかぶき踊り。首から十字架《じゅうじか》をさげ男装し刀をもった女性が「かぶき」者である。

愛知・徳川美術館蔵

6 南蛮文化

施設　南蛮寺《なんばんじ》(教会堂)・コレジオ(宣教師養成学校)・セミナリオ(神学校)・ノビシャド(修養所)建設

出版　ヴァリニャーニが活版印刷機伝える。キリシタン版・天草版(伊曽保《いそほ》物語・平家物語・日葡《にっぽ》辞書など)

学問　天文学　地理学　暦学　医学

美術　油絵　銅版画　南蛮屏風

生活　パン・カステラ・カルタ・タバコ(ポルトガル)，コーヒー・ビール・ガラス(オランダ)，メリヤス・ビロード(スペイン)，地球儀・時計・眼鏡など

↑6-1 南蛮屏風《なんばんびょうぶ》(狩野内膳《かのうないぜん》筆)　主に南蛮船の入港や交易を描いた風俗画で，多くは狩野派の画家によって描かれた。

(◀巻頭折込裏)

154.5×363.2cm 部分 神戸市立博物館蔵

←6-2 カルタに興じる人びと(遊楽《ゆうらく》風俗図《ふうぞくず》屏風)　カルタはポルトガル渡来の文化で，48枚で1組である。日本の貝合《かいあわ》せの遊びと融合して広まっていった。 部分 東京・サントリー美術館蔵

←6-3 葡萄蒔絵螺鈿聖餅箱《ぶどうまきえらでんせいへいばこ》　カトリックの儀式で用いる聖餅を入れる，蒔絵《まきえ》の技巧《ぎこう》が施《ほどこ》された容器。

高9.0×径11.3cm 神奈川・東慶寺蔵

↓6-4 世界地図屏風《せかいちずびょうぶ》　日本人画家がヨーロッパからもたらされた地図をもとに作成。八曲一双《はっきょくいっそう》屏風で四都市図と対《つい》をなす。158.7×466.8cm 神戸市立博物館蔵

➡6-5 南蛮寺(扇面京都《せんめんきょうと》南蛮寺《なんばんじ》　狩野元秀《もとひで》筆)　イエズス会は教会建築を和様にし，現地に適応させた。

縦19.7×横50.6cm

神戸市立博物館蔵

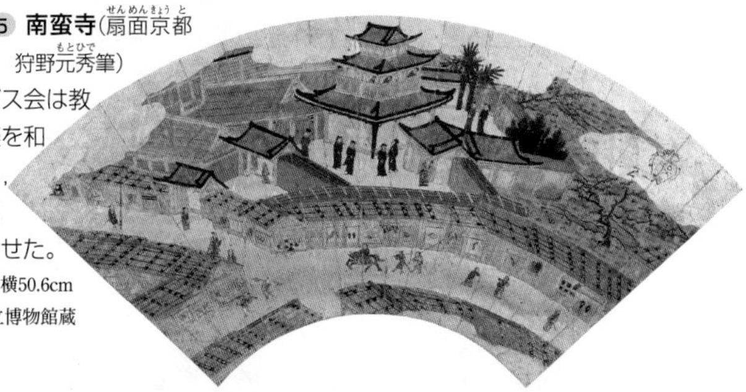

1 徳川歴代将軍

■は代　写真下の赤字はニックネーム
青字は文化関連

就任年	将軍	重要人物		主な事項	
				1600 関ヶ原の戦い(►p.123)	
1603	1 家康《いえやす》 	金地院崇伝《こんちいんすうでん》	徳川支配の確立(►p.124)	1603 家康，征夷大将軍就任 →江戸幕府開幕(62歳) 1605 将軍職を秀忠に譲る	
1605 家康の大御所政治 1605→16	2 秀忠《ひでただ》 			1614 大坂の役(冬の陣)(►p.123) 1615 大坂の役(夏の陣) →豊臣氏滅亡 一国一城令 武家諸法度《ぶけしょはっと》(崇伝起草) 禁中並公家諸法度《きんちゅうならびにくげしょはっと》(崇伝起草)	
1623 秀忠の大御所政治 1623→32	3 家光《いえみつ》 	老中 松平信綱《まつだいらのぶつな》	幕藩体制確立(►p.124)	1627 紫衣《しえ》事件 1635 武家諸法度(寛永令) →参勤交代制度化 日本人の海外渡航， 帰国の全面禁止 1637 島原の乱(～38)(►p.126) 1639 ポルトガル船来航禁止 1641 蘭の長崎商館を出島へ →鎖国の完成(►p.126)	寛永期の文化
1651	4 家綱《いえつな》 	補佐 保科正之《ほしなまさゆき》 (会津藩主) ↓ 大老 酒井忠清《さかいただきよ》	文治政治へ(►p.132)	1651 由井《ゆい》(比《ひ》)正雪《しょうせつ》の乱(慶安《けいあん》の変) 末期養子《まつごようし》の禁の緩和 1657 明暦《めいれき》の大火 1663 殉死の禁止 1671 河村瑞賢《かわむらずいけん》，東廻り海運開設 1672 河村瑞賢，西廻り海運開設	
1680	5 綱吉《つなよし》  犬公方	大老 堀田正俊《ほったまさとし》 ↓ 側用人 柳沢吉保《やなぎさわよしやす》	元禄時代(►p.132)	1682 井原西鶴『好色一代男』 1685 初の生類憐《しょうるいあわれ》みの令 1689 松尾芭蕉『奥の細道』の旅出立 1690 林家《りんけ》の聖堂を湯島に移し，湯島聖堂創立 1695 元禄小判発行→荻原重《おぎわらしげ》秀《ひで》による貨幣改鋳 1702 赤穂事件 1703 近松門左衛門『曽根崎心中』初演	元禄文化
1709	6 家宣《いえのぶ》 	侍講 新井白石《あらいはくせき》 (朱子学者) 側用人 間部詮房《まなべあきふさ》	正徳の政治(►p.132)	1709 生類憐みの令廃止 1710 閑院宮家《かんいんのみやけ》創設 1711 朝鮮通信使の待遇の簡素化	
1712 1713	7 家継《いえつぐ》 			1714 正徳小判発行→貨幣の質を改良 1715 海舶互市新例《かいはくごししんれい》(長崎新令・正徳新令)→長崎貿易の制限	
1716 吉宗の大御所政治 1745→51	8 吉宗《よしむね》  米将軍・中興の英守 ＊吉宗の子，孫により三卿(田安家・一橋家・清水家)が成立	江戸町奉行 大岡忠相《おおおかただすけ》	享保の改革(►p.144)	1719 相対済《あいたいすま》し令 1721 目安箱の設置→小石川養生《こいしかわようじょう》所《しょ》・町火消の実現 1722 上げ米(～30) 1723 足高《たしだか》の制 1732 享保の飢饉 1735 青木昆陽《あおきこんよう》『蕃薯考《ばんしょこう》』 1742 公事方御定書《くじかたおさだめがき》を制定	
1745	9 家重《いえしげ》 			1751 吉宗死去 1755 安藤昌益『自然真営道』 1758 宝暦《ほうれき》事件(竹内式部《たけのうちしきぶ》ら処罰)	宝暦・
1760	10 家治《いえはる》 	側用人→老中 田沼意次《たぬまおきつぐ》	田沼時代(►p.146)	1767 明和《めいわ》事件(山県大弐《やまがただいに》ら処罰) 1774 前野良沢・杉田玄白『解体新書』 1782 印旛沼の干拓着手 天明の飢饉(～87) 1783 浅間山の大噴火 工藤平助《くどうへいすけ》『赤蝦夷風説考《あかえぞふうせつこう》』 1786 10代家治死去で田沼意次失脚	天明期の文化
1786 1787	11 家斉《いえなり》 	老中 松平定信《さだのぶ》	寛政の改革(►p.146) 大御所政治(►p.148)	1789 棄捐令《きえんれい》・囲米《かこいまい》の制 1790 寛政異学の禁 1791 七分積金《しちぶつみきん》の制 洒落本作家山東京伝《さんとうきょうでん》を処罰 1792 『海国兵談』の著者林子平《はやししへい》を弾圧・ロシアのラクスマン，根室に来航(►p.147) 1804 ロシアのレザノフ，長崎に来航 1805 関東取締出役(八州廻り)設置 1808 英船フェートン号事件 1814 曲亭馬琴《きょくていばきん》『南総里見八犬伝』 1825 異国船打払令(►p.147) 1828 シーボルト事件 1833 天保の飢饉(～39) 歌川広重『東海道五十三次』	化政文化
1837 家斉の大御所政治 1837→41	12 家慶《いえよし》 	老中 水野忠邦《みずのただくに》	天保の改革(►p.148)	1837 大塩の乱 モリソン号事件(►p.147) 1839 蛮社《ばんしゃ》の獄《ごく》 1841 家斉死去 株仲間解散令 1842 天保の薪水給与《しんすいきゅうよ》令(►p.147) 1843 人返しの法 上知《じょうち》《あげち》令《れい》失敗→水野忠邦失脚 1844 オランダ国王開国勧告	
1853	13 家定《いえさだ》 	老中 阿部正弘《あべまさひろ》 ↓ 老中 堀田正睦《まさよし》 大老 井伊直弼《いいなおすけ》	安政の改革	1853 アメリカのペリー，浦賀沖に来航 ロシアのプチャーチン，長崎に来航 1854 日米和親条約締結(►p.156) 日露和親条約締結 1856 アメリカ総領事ハリス着任 1858 日米修好通商条約締結(►p.156) 紀伊藩主の徳川慶福《よしとみ》(家茂)を継嗣《けいし》に決定	
1858	14 家茂《いえもち》 	大老 井伊直弼 ↓ 老中 安藤信正《あんどうのぶまさ》	幕府の崩壊・滅亡へ(►p.158・159)	1858 安政の大獄(～59)→井伊直弼による一橋派弾圧(►p.156) 1860 桜田門外の変(直弼暗殺) 1861 皇女和宮《かずのみや》の降嫁《こうか》(公武合体) 1862 坂下門外の変(安藤信正負傷) 文久の改革・生麦事件 1864 禁門の変(蛤御門《はまぐりごもん》の変) 1866 薩長《さっちょう》連合成立 改税約書に調印	
1866	15 慶喜《よしのぶ》 			1866 孝明天皇死去 1867 大政奉還・討幕の密勅 王政復古の大号令 →江戸幕府の滅亡	
1867			明治維新	1868 戊辰《ぼしん》戦争(～69)→旧幕府軍敗れ，明治新政府の支配確立(►p.160)	

在職期間

1603 05 23 51 80 1709 12 13 16 45 60 86 87 1837 53 58 66 67

1 家康 (1603–05)	2 秀忠 (1605–23)	3 家光 (1623–51)	4 家綱 (1651–80)	5 綱吉 (1680–1709)	6 家宣 (1709–12)	7 家継 (1713–16)	8 吉宗 (1716–45)	9 家重 (1745–60)	10 家治 (1760–86)	11 家斉 (1787–1837)	12 家慶 (1837–53)	13 家定 (1853–58)	14 家茂 (1858–66)	15 慶喜 (1866–67)

元禄時代　正徳の政治　享保の改革　田沼時代　寛政の改革　大御所政治　天保の改革　安政の改革

武断政治　文治政治

1 関ヶ原の戦い

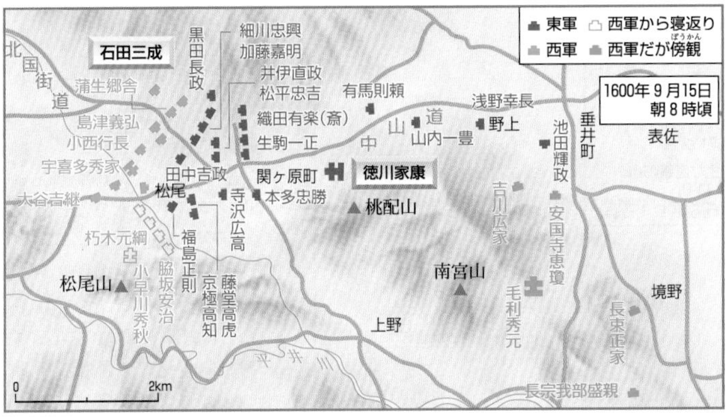

Point 東・西合わせて十数万の軍勢といわれるが，西軍の中には傍観者《ぼうかんしゃ》的な軍や寝返った小早川秀秋《こばやかわひであき》軍などもおり，1600(慶長5)年9月15日早朝に始まった戦いも，昼過ぎには東軍の圧勝に終わった。関ヶ原の戦いの結果，西軍の諸将で改易《かいえき》(88家)・減封《げんぽう》が合わせて約630万石，豊臣家(秀頼)も約220万石あった領地が65万石余に削減された(◄p.116)。

1-1 石田三成(1560～1600)　豊臣政権の五《ご》奉行《ぶぎょう》の一人。秀吉死後，家康と対立した。滋賀・龍潭寺蔵

1-2 徳川家康(1542～1616)　徳川氏は三河《みかわ》松平郷の国人《こくじん》から身をおこし，戦国大名に成長した。「松平」から家康が「徳川」に改姓。1590年秀吉によって三河・遠《とお》江《うみ》・駿河《するが》より転封《てんぽう》され関東に移り，江戸を本拠《ほんきょ》とした。1603年，念願の征夷大将軍《せいいたいしょうぐん》となった。日光東照宮蔵

2 大坂の役

2-1 方広寺《ほうこうじ》(京都市)**の鐘と銘文《めいぶん》**　豊臣氏の財力を消《しょう》耗《もう》させるために家康は，方広寺の大仏殿再建をはじめ，さまざまな寺社の修築を命じた。

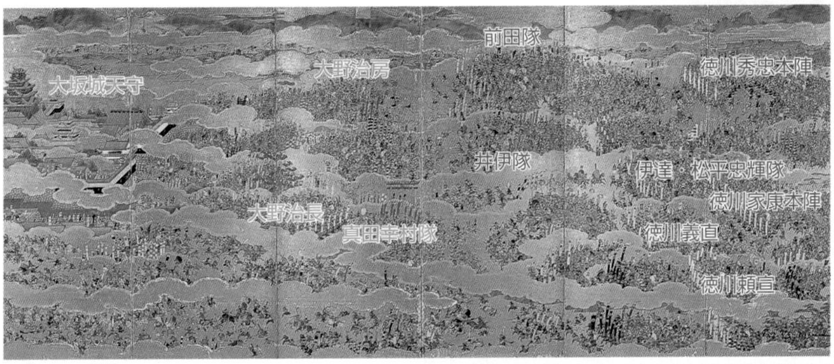

2-2 夏の陣の布陣　右が東軍(徳川)，左が西軍(豊臣)。大阪城天守閣蔵

TRY 論述　徳川家康が大坂の役を仕掛けた目的，またその直接的理由としたことはどのようなことか。　相互関連

2-3 大坂夏の陣図屏風　豊臣方の敗走兵や避難民の群れを描いている。部分　大阪城天守閣蔵

Discovery

真田幸村

個人蔵

真田幸村(信繁)(1567～1615)は，明治大正期の「立川《たちかわ》文庫」でフィクションとして創作された真田十勇士(猿《さる》飛《とび》佐《さ》助《すけ》ら)でも知られる。関ヶ原では，兄と別れ父と共に西軍に属し，信州上田城で秀忠軍を苦しめた。九度山《くどやま》に配流《はいる》されたが，大坂の役で再び徳川軍と対した。冬の陣では城外に真田丸を築き奮戦《ふんせん》，夏の陣では赤備《あかぞなえ》の少数部隊で家康本陣にまで迫り，島津家久《しまづいえひさ》に「日本《ひのもと》一の兵《つわもの》なり」といわしめた。兄信之《のぶゆき》の真田氏は松代《まつしろ》藩として生き残った。

3 徳川氏系図

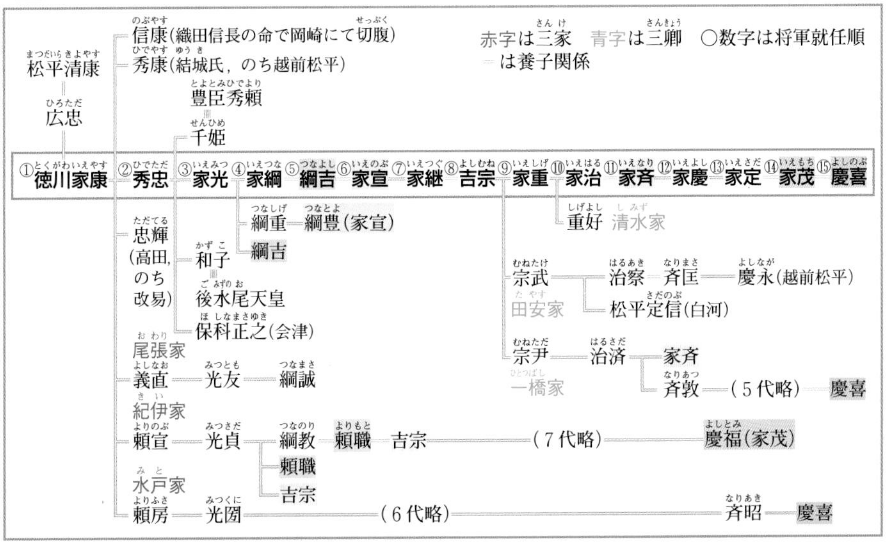

4 江戸開府(1603)

4-1 幕府の権威《けんい》を象徴《しょうちょう》する江戸城(江戸図屏風)　大手門前には朝鮮使節の姿。五層の天守閣は明暦《めいれき》の大火で焼失し，以後再建されず。千葉・国立歴史民俗博物館蔵

1 幕藩体制の構造

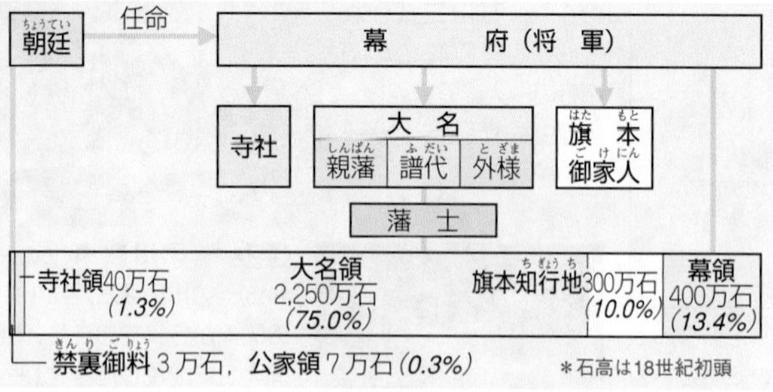

Point 幕藩体制とは，将軍・大名の強力な領主権によって，土地・人民を支配する統治機構と，農業生産を基盤とし，強固な身分制や鎖国《さこく》などによって組み立てられた社会構造全体を指す。家光《いえみつ》の頃確立。

2 大名配置　1664（寛文4）年

TRY 論述 外様大名を抑えるために，大名配置には幕府の工夫がなされている。配置にはどのような特色があるだろうか。**比較**

2 a 大名への統制

①**一国一城令**（1615）
大名の居城以外の領内の城の破壊を命じた。

②**武家諸法度《ぶけしょはっと》** 史
大名統制の根本。1615年の元和《げんな》令以降将軍の代替わりごとに公布。違反者には厳しい処分が科された。

③**参勤交代制** 史
家光の武家諸法度（1635年・寛《かん》永《えい》令）で制度化。大名は江戸と国元《くにもと》を1年交代。妻子は江戸居住を強制。大名は大きな財政負担を強いられた。

④**手伝い普請《ふしん》**
幕府が課す土木（城など）・治水《ちすい》工事などの負担。

⑤**軍役《ぐんやく》**
石高《こくだか》に応じて兵馬《へいば》を常備させた。

⑥処分
改易《かいえき》…領地没収，大名家の断絶
減封《げんぽう》…領地削減
転封《てんぽう》＝国替《くにがえ》・移封《いほう》

2 b 石高別による大名数

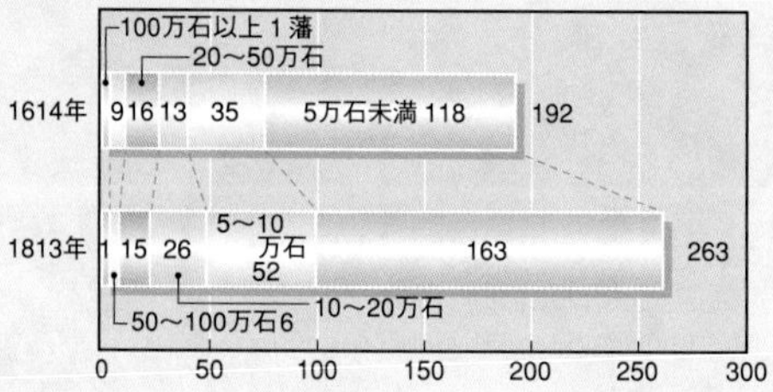

2-1 3代将軍徳川家光（1604～1651）（財）徳川記念財団蔵

3 江戸幕府の職制

□譜代大名　□旗本より任命　※三奉行　＊遠国奉行

将軍
- **大老《たいろう》** 幕府の最高職，1名。常置ではない
- **老中《ろうじゅう》** 総括 5～6名 月番制
  - **大番頭《おおばんがしら》** 番方の一つ。江戸城・江戸市中の警備
  - **大目付《おおめつけ》** 大名の監察。4～5名
  - ※**町奉行《まちぶぎょう》（江戸）** 江戸市中の行政・司法・警察を管轄《かんかつ》，2名。南町・北町奉行所が月番《つきばん》交代
  - ※**勘定奉行《かんじょうぶぎょう》** 幕領の租税徴収，幕府財政の運営，幕領・関八州の私領訴訟担当。4～5名。配下に郡代《ぐんだい》・代官《だいかん》
  - **勘定吟味役《ぎんみやく》** 勘定奉行所の監察・監査。4～5名
  - **城代《じょうだい》** 駿府・二条・伏見城設置（のち二条・伏見廃止）
  - ＊**町奉行** 京都・大坂・駿府
  - ＊**奉行** 長崎・佐渡・山田・日光・奈良・堺・下田など
- （**側用人《そばようにん》** 常時将軍の側近にあり，その命を老中に伝える。1名。柳沢吉保《やなぎさわよしやす》，間部詮房《まなべあきふさ》，田沼意次《たぬまおきつぐ》らが著名）
- **若年寄《わかどしより》** 老中補佐 3～5名 月番制
  - **書院番頭《しょいんばんがしら》** 番方の一つ。江戸城警備，将軍の出行護衛
  - **小姓組番頭《こしょうぐみばんがしら》** 番方。書院番頭と同じ
  - **目付《めつけ》** 旗本・御家人の監察，10名前後。月番制
- ※**寺社奉行《じしゃぶぎょう》** 全国の寺社，寺社領管理，関八州以外の私領訴訟等。4名。月番制
- **京都所司代《きょうとしょしだい》** 京都の護衛，朝廷の監察，西国大名の監察など。1名
- **大坂城代《おおさかじょうだい》** 大坂城の守護，大坂諸役人の統率，西国大名の監察。1名

月番制…1カ月交代で勤務。重要事項は合議で決定
評定所《ひょうじょうしょ》…最高司法機関。三奉行・大目付らで構成され，式日には老中も出席

3-1 **将軍に拝謁《はいえつ》する五位以下の大名たち**（徳川盛世録）　大名でも格差があり，国持大名は将軍への独礼が許されたが一般の大名は許されず，官位により衣服色などにも規定があった。国立国会図書館蔵

旗本・御家人　ともに将軍直属の武士のことで，石高1万石未満の者である（1万石以上は大名）。
旗　本―お目見え以上，知行取《ちぎょうどり》・蔵米取《くらまいどり》。約5,000人（享保期）。軍役あり。
御家人―お目見え以下，100俵以下の蔵米取多い。約1万7,000人（享保期）
役方《やくかた》（行政）・番方《ばんかた》（軍事）の役割を務め，譜代大名らと共に幕府を支えた。旗本の軍役人数と御家人を合わせて約8万人。＝「旗本八万騎」

1 大名の改易《かいえき》

※数字は改易大名数

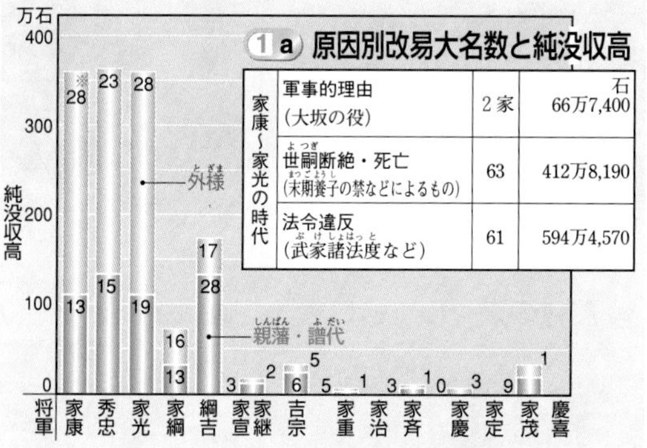

1 a 原因別改易大名数と純没収高

家康〜家光の時代	軍事的理由（大坂の役）	2家	石 66万7,400
	世嗣《よつぎ》断絶・死亡（末期養子《まつごようし》の禁などによるもの）	63	412万8,190
	法令違反（武家諸法度《ぶけしょはっと》など）	61	594万4,570

（藤野保『新訂幕藩体制史の研究』より）

2 江戸幕府の財政

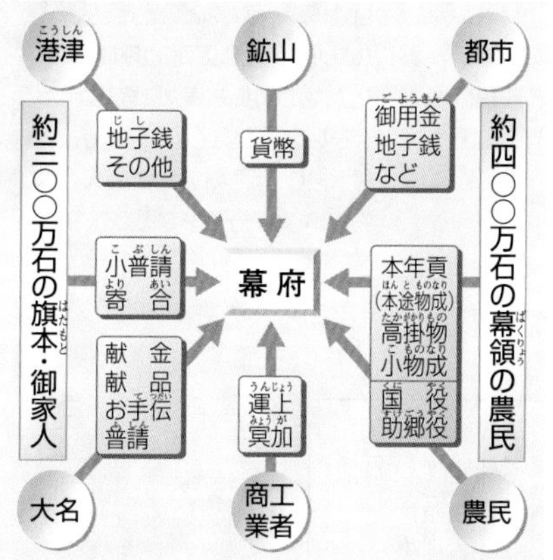

2 a 幕府財政の内訳

（大口勇次郎『天保期の性格』）

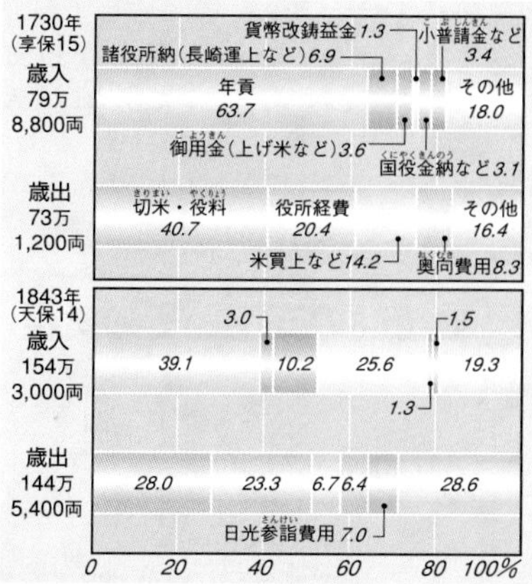

3 参勤交代 —参勤交代従者数幕府指針1721年—

	馬上《ばじょう》	足軽《あしがる》	人足《にんそく》
1万石	3〜4騎《き》	20人	30人
5万石	7	60	100
10万石	10	80	140〜150
20万石以上	15〜20	120〜130	250〜300

※この指針は最低必要な人数　（『ビジュアル・ワイド江戸時代館』小学館）

➡2-1 正保《しょうほ》の信濃国絵図《しなののくにえず》　1604（慶長《けいちょう》9）年，幕府の命により各国で国絵図・郷帳《ごうちょう》が作成された。信濃では松代《まつしろ》藩，松本《まつもと》藩などが共同で作成した。郡名・石高《こくだか》が記されている。郷帳は国絵図に付属した石高の集計帳で，各村の石高が列記されている。幕府は慶長・正保（1640年代）・元禄《げんろく》・天保《てんぽう》と四度にわたって国絵図・郷帳の作成事業を命じた。

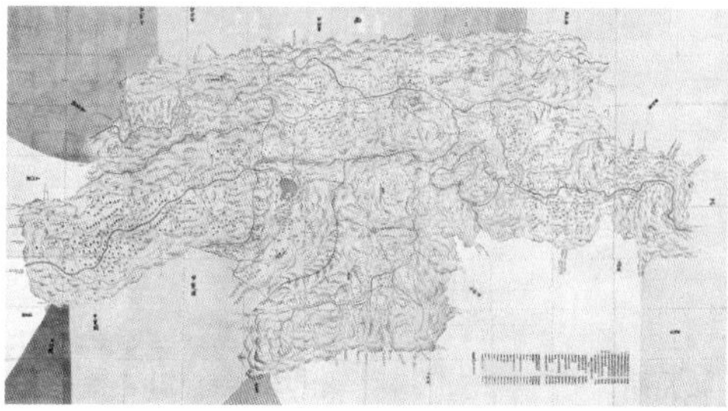

協力：上田市マルチメディア情報センター

⬆3-1 加賀藩大名行列図屏風　弓・鉄砲・槍《やり》などを備えた総勢数千名。石川県立歴史博物館蔵

4 朝廷・寺社統制

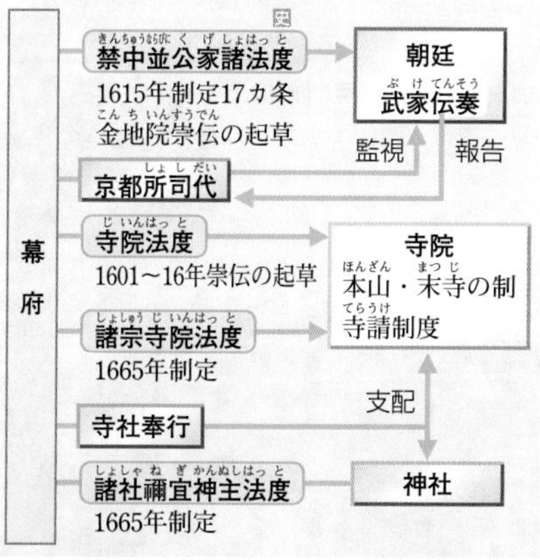

⬅4-1 金地院崇伝《こんちいんすうでん》　（1569〜1633）「黒衣《こくえ》の宰相《さいしょう》」とよばれ，幕府の諸政策立案にかかわった。京都・金地院蔵

4 a 天皇の1日（後光明《ごこうみょう》天皇の日課）

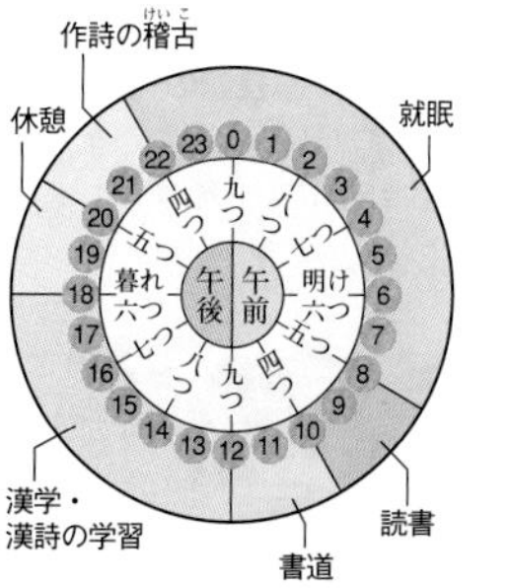

（『ビジュアルNIPPON江戸時代』小学館）

Point 禁中並公家諸法度《きんちゅうならびにくげしょはっと》や京都所司代《きょうとしょしだい》などにより統制や監視を受けた天皇・朝廷は政治的役割から排除された。その務めは学問などに限定され，文化的領域での活動を主とした存在だった。

Discovery

江戸東京博物館 ～江戸を体験する～（東京・墨田区）

大きな建物に実寸大《じっすんだい》の復元模型《もけい》や縮小の模型を展示し実に迫力を感じる歴史博物館である。まさに，江戸から東京への歩みを体感できる。

江戸時代の実寸の復元としては，日本橋・棟割《むねわり》長屋・芝居小屋の中村座があり，江戸の中心日本橋から江戸時代に入っていく。近代以降では，朝野《ちょうや》新聞社・戦時下の住宅などが実寸復元で見ることができる。

⬆両国橋西詰め《りょうごくばしにしづめ》（江戸を代表する盛《さか》り場）**のようすの模型**

➡芝居小屋　やや贅沢《ぜいたく》であったが，芝居見物は庶民の最大の娯楽であった。

⬅土弓《どきゅう》（矢場《やば》・楊弓場《ようきゅうば》）　楊《やなぎ》でつくられた軽い弓を使った射的場。

身分と社会

1 身分別人口構成 —江戸後期の秋田藩の例1849年—

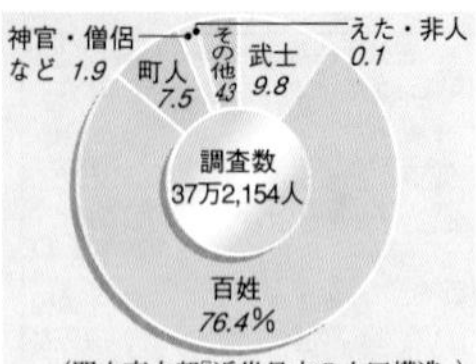

(関山直太郎『近世日本の人口構造』)

Point 士農工商の下に，かわた(えた)・非人など賤民《せんみん》階級が置かれ，民衆の分断支配をはかった。

1-1 様々な身分(英一《はなぶさいっ》蝶《ちょう》筆「雨宿り図屏風」) 武士・百姓・職人・商人などの家持町人(いわゆる「士農工商」と呼ばれた人々)以外にも様々な職業が存在した。描かれているのは侍・棒手振《ぼてふ》り・行商人・人足《にんそく》・雑芸人・物乞《ものご》い・女性・子どもなどである。

東京国立博物館蔵

2 農工商の支配とその負担

農民支配機構

将軍 → 寺社奉行《じしゃぶぎょう》 → 寺社 → 寺請《てらうけ》制度 → 村方三役《むらかたさんやく》
将軍 → 勘定奉行《かんじょうぶぎょう》 → 郡代・代官 → 村方三役
大名 → 郡奉行《こおりぶぎょう》 → 代官 → 村方三役

村方三役：名主《なぬし》(庄屋《しょうや》・肝煎《きもいり》)／組頭《くみがしら》／百姓代《ひゃくしょうだい》
→ 本百姓 ― 水呑《みずのみ》百姓・名子《なご》・被官《ひかん》
五人組制度での統制

法令等による統制
・田畑永代売買《でんばたえいだいばいばい》の禁止令(1643年) 　・分地制限令《ぶんちせいげんれい》(1673年)
(・田畑勝手作《でんばたかってづく》りの禁(1643年)) 　(・慶安《けいあん》の触書《ふれがき》(1649年))

農民の負担 → 本途物成《ほんとものなり》(本年貢)(田畑・屋敷への本租) ― 小物成《こものなり》(山・海雑税) ― 高掛物《たかがかりもの》(付加税) ― 国役《くにやく》(臨時税) ― 伝馬役《てんまやく》(助郷役《すけごうやく》)(宿駅に人馬提供)

町人支配機構

将軍 → 町奉行 → 町役人
町役人：(江戸)町年寄《ちょうどしより》―町名主《ちょうなぬし》，月行事《がちぎょうじ》／(大坂)惣年寄《そうどしより》―町年寄
→ 町人 地主《じぬし》・家持《いえもち》 ― 地借《じがり》 借家《しゃくや》・店借《たながり》

(工)親方―職人―徒弟《とてい》　(商)主人―番頭―手代《てだい》―丁稚《でっち》

町人の負担 → 地子《じし》(銭《せん》) ― 運上《うんじょう》・冥加《みょうが》 ― 御用金《ごようきん》 ― 町人足役《ちょうにんそくやく》

2a 農村の人々のくらし

佐賀県立博物館・美術館蔵

2-1 田植えと稲刈り(四季耕作図屏風) 人手のいる仕事では結《ゆい》という共同作業が行われた。収穫後の稲から村請制《むらうけせい》で年貢が納入された。

2-2 蔵納め(会津農耕春秋図) 役人立会いでの年貢納入。
会津若松市蔵

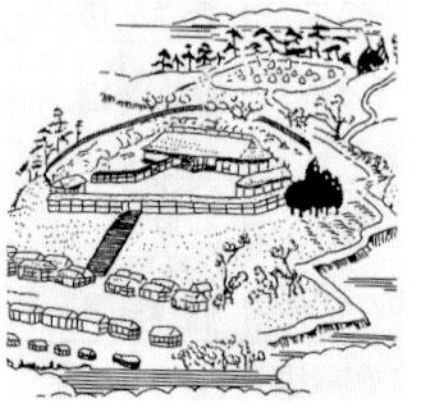
2-3 農村の階層 高台の家が全村高102石をもつ名主。下の隷属農民の家にも格差が見られる。

3 城下町《じょうかまち》の構造

Point 多くの城下町では町割《まちわり》が行われ，城を中心に武家地，町人地が何重にも重なり，街道が城の近くを通っている。防衛の必要性から，城下町の外周や山麓《さんろく》には広い敷地を持った寺社が配置されることが多かった。大名による支配の象徴となっていたのが城下町である。

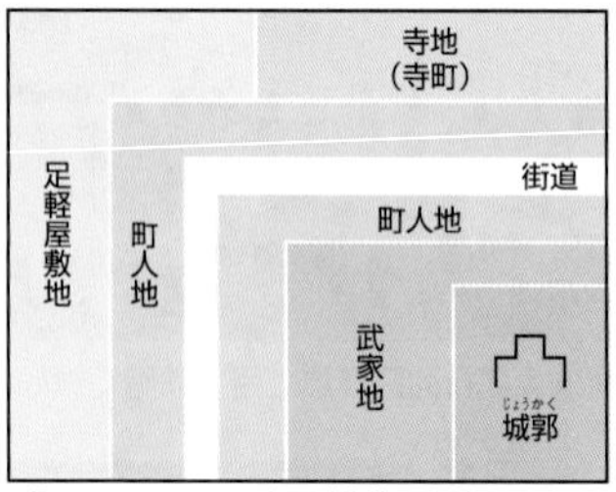

(『ビジュアル・ワイド江戸時代館』小学館により作成)

Discovery

下肥《しもごえ》の利用

名古屋市蓬左文庫蔵

国立国会図書館蔵

江戸市民が排泄《はいせつ》する下肥は貴重な肥料であり，農民は武家屋敷《ぶけやしき》・商家・裏長屋等と契約して糞尿《ふんにょう》を汲《く》み取った。裏長屋の惣雪隠《そうせっちん》＝共同便所の糞尿(左)は部切船《へきりふね》という専用船により近郊の農村に運ばれ，下肥の代償《だいしょう》として相応《そうおう》の謝礼《しゃれい》金や練馬大根《ねりまだいこん》(右)等の野菜が支払われた。裏長屋の場合は管理人である大家の収入となった。

4 江戸庶民の生活の場～町と町屋敷

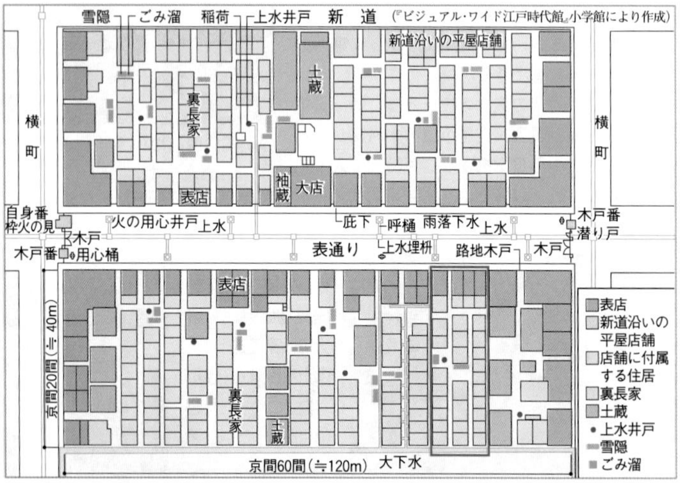

(『ビジュアル・ワイド江戸時代館』小学館により作成)

4-1 裏長屋《うらながや》の惣雪隠《そうせっちん》・ゴミ溜《ため》・上水井戸《じょうすいいど》(共同利用)
深川江戸資料

4-2 裏長屋の一部屋 間口9尺，奥行2間(3坪《つぼ》)が標準。
小泉和子氏指導・中西立太氏画
『週刊朝日百科「新訂増補日本の歴史」66号』

Point 江戸の町では，通りの両側で町屋敷が構成されており，一つの町屋敷《まちやしき》(左図の□で囲んだ部分)は間口が5～10間，奥行が20間(1間＝1.96m)の細長い構造だった。通りから5間は店舗《てんぽ》＝表店が立ち並び，その奥に裏長屋が密集《みっしゅう》し庶民の生活の場であった。

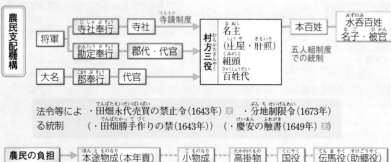

1 近世の琉球王国《りゅうきゅうおうこく》 (◄p.101, ►p.162)

15世紀	中国(明)・朝鮮・日本・東南アジア諸国との中継貿易で繁栄
16世紀	ポルトガルのアジア進出により中継貿易衰退
中頃～末	文禄《ぶんろく》・慶長《けいちょう》の役《えき》に際し，秀吉が朝貢《ちょうこう》や軍役《ぐんやく》を求めるが拒否。島津氏との通交も断絶
1609	**島津氏(薩摩《さつま》藩)による琉球征服**。尚寧王《しょうねいおう》降伏。以後島津氏の支配下に置かれる
	中国への進貢船《しんこうせん》派遣は継続され，日(薩摩)中両属状態となる
1611	薩摩藩による琉球検地終了。奄美《あまみ》群島は薩摩藩の直属地とされる
1633	進貢船の派遣。旧来の二年一貢を許可される
1634	慶賀使《けいがし》・謝恩使《しゃおんし》の初め
17世紀	キリスト教宗門改《しゅうもんあらた》め始まる。黒糖《こくとう》などの専売制。
中～後半	五人組の制度化。砂糖奉行《ぶぎょう》設置。薩摩藩へ甘藷《かんしょ》伝える
1853	ペリー来航
1872	明治政府，琉球王国を廃し，琉球藩とする
1879	**琉球藩が廃止され，沖縄県設置(琉球処分)**

1-1 首里城正殿《しゅりじょうせいでん》 琉球王国の繁栄を伝える。1992年に復元されたが2019年に焼損した。世

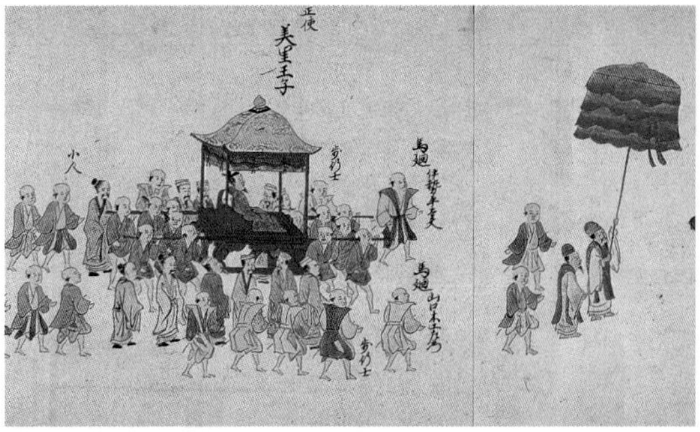

1-2 琉球使節の江戸上り(琉球中山王《ちゅうざんおう》両使者登城《とうじょう》行列) 慶賀使《けいがし》(将軍の代替わりごと)，謝恩使《しゃおんし》(琉球王の代替わりごと)が派遣された。

部分 独立行政法人国立公文書館蔵

滋賀大学経済学部附属史料館蔵

TRY 論述 琉球使節はどのようなタイミングで江戸へ来たか。また異国風の髪型や服装を強制させたのはなぜか。 時系列 相互関連

1-3 進貢船《しんこうせん》の図 中国の福州《ふくしゅう》へ派遣する朝貢《ちょうこう》貿易は，薩摩《さつま》の支配下で十年・五年一貢に制限されたが，1633年二年一貢が許可された。生糸《きいと》，薬種《やくしゅ》，陶磁器等がもたらされ，利益を上げたが，その利益は薩摩藩に吸い取られた。

部分 沖縄県立博物館蔵

1-4 那覇港《なはこう》のにぎわい(琉球貿易図屛風) 進貢船《しんこうせん》や薩摩船《さつません》(マルに十字の旗，一本マスト)など各種の船が港に出入りしている。

2 近世の蝦夷地《えぞち》支配 (◄p.101, ►p.147・164)

1457	コシャマインの戦い→蠣崎《かきざき》氏の台頭《たいとう》
	アイヌと和人《わじん》との抗争続く
1600	徳川家康《とくがわいえやす》により所領安堵《しょりょうあんど》(松前藩《まつまえはん》)
1604	蠣崎より松前《まつまえ》氏に改称，家康から蝦夷交易の独占権を認められる
	商場知行制《あきないばちぎょうせい》―アイヌとの交易権を知行として家臣《かしん》に分与《ぶんよ》→不正交易多し
1669	**シャクシャインの戦い**―日高《ひだか》地方の首長《しゅちょう》シャクシャインのもとに全蝦夷地のアイヌ蜂起《ほうき》→松前藩，アイヌを分断，シャクシャインを謀殺《ぼうさつ》
	松前藩の支配強化・拡大(寛政《かんせい》年間に最後の大規模蜂起) **場所請負制《ばしょうけおいせい》**の成立―和人商人に交易を請け負わせて運上金《うんじょうきん》を取る→漁業経営・交易の発達(不正交易・酷使《こくし》多し)
1786	田沼意次《たぬまおきつぐ》，最上徳内《もがみとくない》らを派遣，開発を企図
1807	ロシア接近により，全蝦夷地を幕府直轄《ちょっかつ》化
1821	松前氏に復領《ふくりょう》
1855	再び幕府直轄化←日露和親条約《にちろわしんじょうやく》(1854)(►p.168)

2-1 シャクシャイン像 彼の謀殺《ぼうさつ》後鎮圧《ちんあつ》され，松前《まつまえ》藩の支配は強化された。

※2018年に新像に変更

2-2 厚岸《あっけし》の首長《しゅちょう》イコトイ(『夷酋列像』) 千島《ちしま》の交易で活躍の有力者。内側の服が蝦夷錦《えぞにしき》(清《シン》から樺太《からふと》経由で伝来《でんらい》)。 市立函館図書館蔵

2-3 松前藩主謁見《まつまえはんしゅえっけん》の図 松前藩主とアイヌとのウイマムのようすを描いている。ウイマムは当初，藩主とアイヌとの交易の形式であった(献上物《けんじょうぶつ》をもって松前城下に参上し贈り物をもらった)が，のちにアイヌの支配に利用された。1633年には幕府の巡見使《じゅんけんし》に対するウイマムも始まった。 市立函館図書館蔵

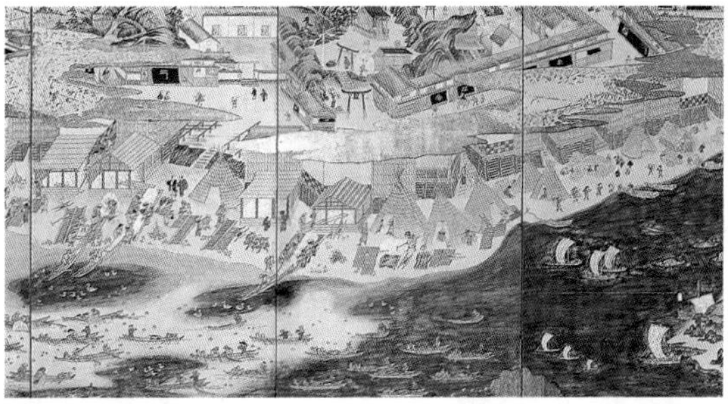

2-4 江差浜《えさしはま》での鰊《にしん》漁(江差浜鰊《えさしはまにしん》漁乃図《りょうのず》) 海岸近くまで鰊が押し寄せている。アイヌの人々が小舟で鰊を捕《と》り，直ちに浜で加工する。円錐《えんすい》形の小屋はアイヌの作業場で，後方(写真上部)に経営者の和人《わじん》商人の暖簾《のれん》のかかった建物が見える。和人商人はアイヌの人々を酷使《こくし》した。右下に北前船《きたまえぶね》(弁財船《べざいせん》)が描かれる。 市立函館図書館蔵

Discovery

北海道博物館(北海道・札幌市) 第1テーマでおよそ120万年前から，本格的に開拓が始まった19世紀終わり頃までの北海道の歴史，第2テーマでアイヌ民族のくらしの道具，信仰など伝承されてきた文化を展示している。右の写真は「オムシャ」(アイヌに対して交易の掟《おきて》等を知らせる集まり)のようすの復元である。オムシャは，本来アイヌの古くからの友人を迎える儀式であった。

128 江戸初期の外交と禁教・鎖国

1 禁教と貿易政策

政権	年代	事　項（青字はキリスト教関係）
	1543	ポルトガル人，種子島《たねがしま》漂着
	1549	キリスト教伝来(ザビエル)
秀吉	1584	スペイン船，平戸《ひらど》に来航
秀吉	1587	秀吉，バテレン追放令
秀吉	1596	サン＝フェリペ号事件。長崎で26聖人殉教《じゅんきょう》
秀吉	1600	**オランダ船リーフデ号豊後《ぶんご》漂着**
家康・秀忠	1604	**糸割符《いとわっぷ》制度**
家康・秀忠	1607	朝鮮使節来日(1609己酉約条《きゆうやくじょう》)
家康・秀忠	1609	オランダ，平戸に商館を設立し貿易開始
家康・秀忠	1610	家康，メキシコに田中勝介《たなかしょうすけ》を派遣
家康・秀忠	1611	中国船の長崎貿易を許可
家康・秀忠	1612	家康，幕領(1613全国)に禁教令
家康・秀忠	1613	伊達政宗，**慶長遣欧使節**を派遣
家康・秀忠		イギリス，平戸に商館を設立し貿易開始
家康・秀忠	1614	高山右近《たかやまうこん》らキリスト教徒148名を国外追放
家康・秀忠	1616	欧州船の寄港地を平戸・長崎に制限
家康・秀忠	1622	元和大殉教《げんなだいじゅんきょう》
家光	1623	イギリス，平戸商館閉鎖。日本より撤退
家光	1624	**スペイン船の来航禁止**
家光	1631	奉書船《ほうしょせん》制度開始
家光	1633	**奉書船以外の海外渡航を禁止**
家光	1634	海外往来，通商を制限
家光	1635	**日本人の海外渡航・帰国を全面禁止**
家光	1636	ポルトガル人を出島《でじま》に移す　貿易に無関係なポルトガル人やその子孫を追放
家光	1637	島原《しまばら》の乱(～1638)
家光	1639	**ポルトガル船の来航禁止**
家光	1640	宗門改役《しゅうもんあらためやく》設置➡宗門改帳《しゅうもんあらためちょう》(宗旨人別帳《しゅうしにんべつちょう》)を作成
家光	1641	オランダ人を出島に移す

対外関係：ポルトガル／スペイン／オランダ／イギリス／中国(明・清)／朝鮮／朱印船貿易(奉書船)

2 日本人の海外発展

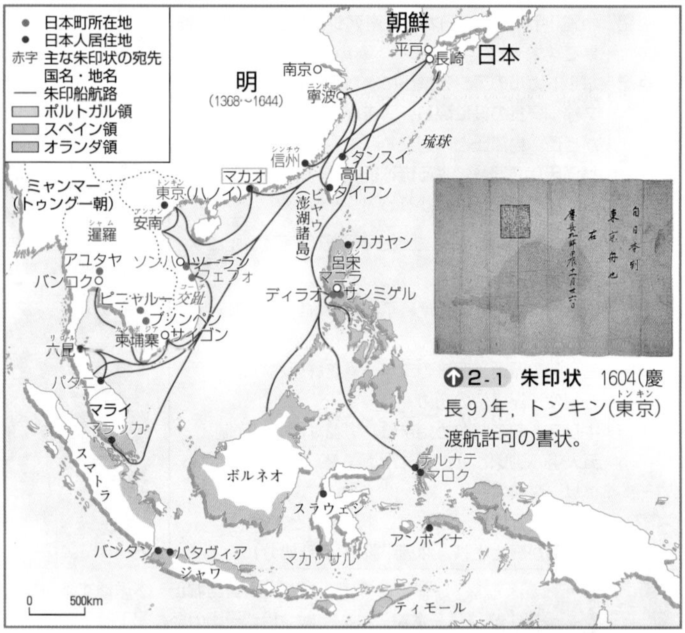

2-1 **朱印状**　1604(慶長9)年，トンキン(東京《トンキン》)渡航許可の書状。

西国大名	島津家久《しまづいえひさ》・有馬晴信《ありまはるのぶ》・松浦鎮信《まつらしげのぶ》ら
幕府役人	末次平蔵《すえつぐへいぞう》(長崎代官)ら
商人	角倉了以《すみのくらりょうい》・茶屋四郎次郎《ちゃやしろうじろう》(京都)・末吉孫左衛門《すえよしまござえもん》(大坂)ら
外国人	ウィリアム＝アダムズ・ヤン＝ヨーステンら

↓↑
輸出…銀・銅・鉄など(銀：世界産出額の約1/3)
輸入…生糸・絹織物・砂糖など

東南アジア	日本人町の形成　＊人口は元和年代1615～1623年 アユタヤ…人口1,500～1,600名。山田長政《ながまさ》ら マニラ(サンミゲル・ディラオ)…人口3,000名

2-2 **山田長政**
静岡・浅間神社蔵

3 キリスト教弾圧

3-1 **元和大殉教《げんなだいじゅんきょう》**　1622年，長崎立山《たてやま》における55名の殉教。

3-2 **キリシタン禁制の高札**　密告を奨励《しょうれい》し，褒賞《ほうしょう》する高札。1711年のもの。東京・明治大学博物館蔵

3-3 **踏絵《ふみえ》**
東京国立博物館蔵

3-4 **絵踏**　当初は転びキリシタンの棄教《ききょう》を証明。のち，一般化した。
ライデン国立民族学博物館蔵

宗門改《しゅうもんあらた》め・寺請《てらうけ》制度　禁教徹底《てってい》のため信仰調査の宗門改めをし，各寺院に檀家《だんか》として所属させ，キリスト教徒でないことを檀那寺《だんなでら》が寺請証文を発行して証明した。宗門改帳《しゅうもんあらためちょう》が作成された。

4 島原の乱

4-1 **島原陣図屏風**　(財)秋月郷土館蔵

4-2 **益田《ますだ》(天草《あまくさ》四郎《しろう》)時貞《ときさだ》**

4-3 **益田(天草四郎)時貞の陣中旗《じんちゅうき》**

Point 天草藩主寺沢氏，島原藩主松倉氏の苛酷《かこく》な支配とキリスト教徒弾圧に対し，1637(寛永14)年10月両藩の農民３万8,000余が16歳の益田(天草四郎)時貞を盟主として蜂起《ほうき》。翌年鎮圧《ちんあつ》。

1 長崎貿易の変遷

1641年（３代家光《いえみつ》）	オランダ商館を出島《でじま》へ。「オランダ風説書《ふうせつがき》」の初め
1655　（４代家綱《いえつな》）	糸割符制《いとわっぷせい》廃止。相対貿易法《あいたいぼうえきほう》（自由貿易）
1685　（５代綱吉《つなよし》）	貿易額制限―オランダ銀高3,000貫《かん》・清銀高6,000貫。糸割符制復活
1688　（綱吉）	清船入港数を年70隻《そう》に制限 唐人屋敷《とうじんやしき》を長崎に設置（1689年完成）
1697　（綱吉）	長崎会所《ながさきかいしょ》を設置（官営貿易化――括《いっかつ》購入後入札） ●長崎運上《うんじょう》を幕府に納める●商人による自治運営
1715　（７代家継《いえつぐ》） ―新井白石《あらいはくせき》―	海舶互市新例《かいはくごししんれい》（長崎新令・正徳《しょうとく》新令）史―金銀銅流出抑制・密貿易防止 ●清船30隻・銀高6,000貫（内，銅で300万斤《きん》支払い） ●蘭船２隻・銀高3,000貫（内，銅で150万斤支払い）
享保《きょうほう》改革期 （８代吉宗《よしむね》）	海舶互市新例の方針継承 清船の入港数次第に縮小
1763　（10代家治《いえはる》）	銀の輸出全面停止。清より逆に銀輸入開始
1765　（家治）	オランダ船より初めて金銀輸入
1767　（家治） ―田沼意次《たぬまおきつぐ》―	貿易制限緩和《かんわ》―俵物《たわらもの》・銅を増産し，金銀を輸入
1790・91 （11代家斉《いえなり》）	オランダ船・清船への制限復活
～以降も，銅輸出に対する制限を強化	

2 鎖国時代の対外貿易

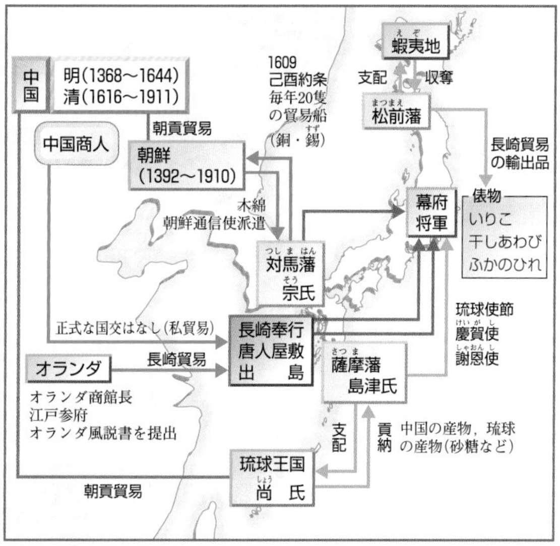

2a 俵物三品

長崎貿易の輸出用海産物。蝦夷地産が多く，中華料理の食材用。（◄p.13，►p.146）

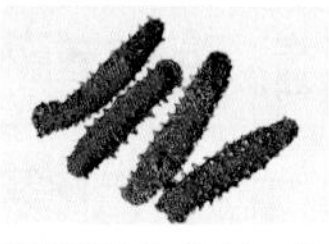

2-1 いりこ　なまこを煮て乾燥させたもの。

2-2 干しあわび

2-3 ふか（大型のサメ）のひれ

2-4 唐人屋敷（唐蘭館絵巻）　面積約9,000坪弱。唐人屋敷に入る門で役人が懐中改めをしている場面。　神戸市立博物館蔵

2-5 1月に行われる蛇踊《じゃおど》り（唐蘭館絵巻）　長崎市立博物館蔵

2-6 朝鮮通信使を描いたと推定される絵（羽川藤永《はねがわとうえい》筆）　1607～1811年までに計12回来日した。将軍代替わりの慶賀《けいが》などが目的。人数は400名前後で，その応接費用は毎回100万両に達した。江戸市中を行く一行で，中央の輦台《れんだい》に乗っているのが正使か。使節との文化交流が盛んだった。　69.7×91.2cm　神戸市立博物館蔵

3 長崎出島

3-1 出島（長崎図屏風）　鎖国期における唯一の窓口。総坪数約4,000坪（1.31ha）の人工の島。オランダ人は１年に銀55貫の使用料を支払った。オランダにとって，日本との貿易は純益が多く，出島に閉じ込められている状況でも，魅力あるものであった。　長崎市立博物館蔵

3-2 1820（文政3）年の出島風景

Discovery

出島復元

長崎市は1996年より本格的復元事業に着手，すでに16棟あまりの建物が復元・公開されている。1820年頃の町並みを体験することができ，さらに四方の水面を確保し扇形の出島完全復元の長期計画もされている。

ヘトル（商館長次席）の住居（右）

寛永期の文化

- 17世紀前半(幕藩体制確立期)
- 武士・公家・上層町衆が担い手
- 桃山文化の継承《けいしょう》

学問	朱子学《しゅしがく》　藤原惺窩《ふじわらせいか》，林羅山《はやしらざん》
建築	桂離宮《かつらりきゅう》・修学院離宮《しゅがくいんりきゅう》[数寄屋造《すきやづくり》] 日光東照宮《にっこうとうしょうぐう》[権現造《ごんげんづくり》]㊃ 清水寺《きよみずでら》㊃本堂《ほんどう》・延暦寺《えんりゃくじ》㊃根本中堂《こんぽんちゅうどう》 万《まん》(萬)福寺大雄宝殿《ぷくじだいゆうほうでん》
絵画	風神雷神図屏風《ふうじんらいじんずびょうぶ》(俵屋宗達《たわらやそうたつ》) 大徳寺方丈襖絵《だいとくじほうじょうふすまえ》(狩野探幽《かのうたんゆう》) 夕顔棚納涼図屏風《ゆうがおだなのうりょうずびょうぶ》(久隅守景《くすみもりかげ》) 彦根屏風《ひこねびょうぶ》
工芸	舟橋蒔絵硯箱《ふなはしまきえすずりばこ》(本阿弥光悦《ほんあみこうえつ》) 色絵花鳥文深鉢《いろえかちょうもんふかばち》(酒井田柿右衛門《さかいだかきえもん》)
文学	仮名草紙《かなぞうし》 松永貞徳《まつながていとく》—貞門《ていもん》俳諧

1 建築

宮内庁京都事務所提供

➡1-1 **桂離宮《かつらりきゅう》**(京都市) 後陽成《ごようぜい》天皇の弟八条宮智仁《としひと》親王(桂宮)が造営した別邸《べってい》。書院造《しょいんづくり》に茶室様式を取り入れた数寄屋造《すきやづくり》の建物で，回遊《かいゆう》式庭園と調和している。

宮内庁京都事務所提供

➡1-2 **桂離宮《かつらりきゅう》の新御殿付書院《つけしょいん》** 上段は窓辺の付書院，複雑な桂棚《かつらたな》，格天井《ごうてんじょう》で構成されている。

宮内庁京都事務所提供

➡1-3 **桂離宮《かつらりきゅう》の松琴亭《しょうきんてい》一の間** 床貼付《とこはりつけ》と襖障子《ふすましょうじ》の大柄な市松模様《いちまつもよう》は，現代においても新鮮な感覚を与える。

⬆1-5 **日光東照宮陽明門《にっこうとうしょうぐうようめいもん》** 徳川家康を東照大権現《だいごんげん》として祭る神社。家光が造営。神社と仏寺を折衷《せっちゅう》した権現造《ごんげんづくり》の建築。
㊃ 高さ11.1m

⬆1-4 **修学院離宮《しゅがくいんりきゅう》**(京都市) 紫衣《しえ》事件で退いた後水尾《ごみずのお》上皇が営んだ山荘。比叡《ひえい》山を借景にした雄大な庭園が著名。 宮内庁京都事務所提供

⬆1-6 **万《まん》(萬)福寺大雄宝殿《ぷくじだいおうほうでん》**(宇治市) 明僧隠元隆琦《いんげんりゅうき》が創建した黄檗宗《おうばくしゅう》の本山で，中国式建築の特色を示す。高さ19.8m

⬆1-7 **清水寺本堂《きよみずでらほんどう》**(京都市) 徳川家光が再建。本堂は舞台造《ぶたいづくり》で，創建時(平安時代)の様式を伝える。㊃ 棟高18m (床から下まで)12m

TRY 論述 桃山文化の様式を受け継いだところはどんな点だろうか(◀p.118～121)。 推移 比較

2 工芸

⬅2-1 **色絵花鳥文深鉢《いろえかちょうもんふかばち》**(酒井田柿右衛門《さかいだかきえもん》作) 有田の柿右衛門は，一度焼いた陶磁器の上に色絵を付け再び焼き彩色陶磁器をつくる上絵付《うわえつけ》の技法を研究。赤を主調としたところからこれを赤絵とよぶ。高さ21.3cm
東京国立博物館蔵

2a 陶芸の分布

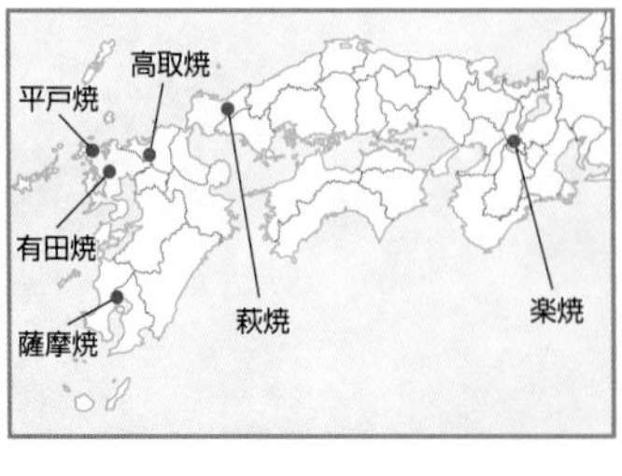

Discovery

本阿弥光悦

光悦《こうえつ》(1558～1637)は上層の町衆(家業は刀剣の鑑定《かんてい》・研磨《けんま》など)に生まれ絵画・茶道・作庭など多方面で芸術的才能を発揮した文化人として知られる。なかでも書や蒔絵《まきえ》に優《すぐ》れ，陶芸でも楽焼茶碗《らくやきちゃわん》で秀作を残した。書では「寛永の三筆」に数えられ，縁戚《えんせき》の俵屋宗達《たわらやそうたつ》は芸術上のパートナーであった。1615年，家康より京都洛北《らくほく》の鷹ヶ峰《たかがみね》の地を与えられ，一族や工匠《こうしょう》らを引き連れて移住し芸術家村をつくった。ここには，商人の茶屋《ちゃや》四郎次郎《しろうじろう》や尾形宗柏《おがたそうはく》(光琳祖父《こうりんそふ》)らも住み，芸術の共同製作にあたった。
(『ビジュアル日本の歴史』ディアゴスティーニなど)

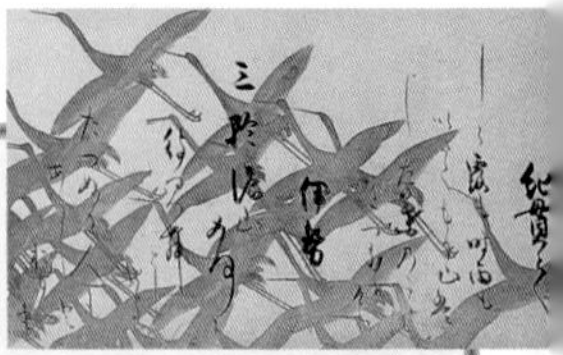

⬆**鶴下絵三十六歌仙絵巻**
(本阿弥光悦書・俵屋宗達画)
京都国立博物館蔵

⬅**舟橋蒔絵硯箱《ふなはしまきえすずりばこ》**(本阿弥光悦《ほんあみこうえつ》作) 蓋《ふた》の中央の橋は鉛《なまり》，その下の舟と波模様を金蒔絵で，文字は銀を用いて描いている。㊃ 東京国立博物館蔵 高さ11.8cm

3 絵画

3-1 **風神雷神図屏風《ふうじんらいじんずびょうぶ》**(俵屋宗達《たわらやそうたつ》筆) 力感豊かで，しかもどこかユーモラスな風神·雷神を見事に描き上げた。宗達の画風は大胆な構図と華麗な色彩，豊かな量感に特色がある。のち，尾形光琳《おがたこうりん》(►p.141)らに引き継がれる。 国 各156.9×169.7cm 部分 京都・建仁寺蔵

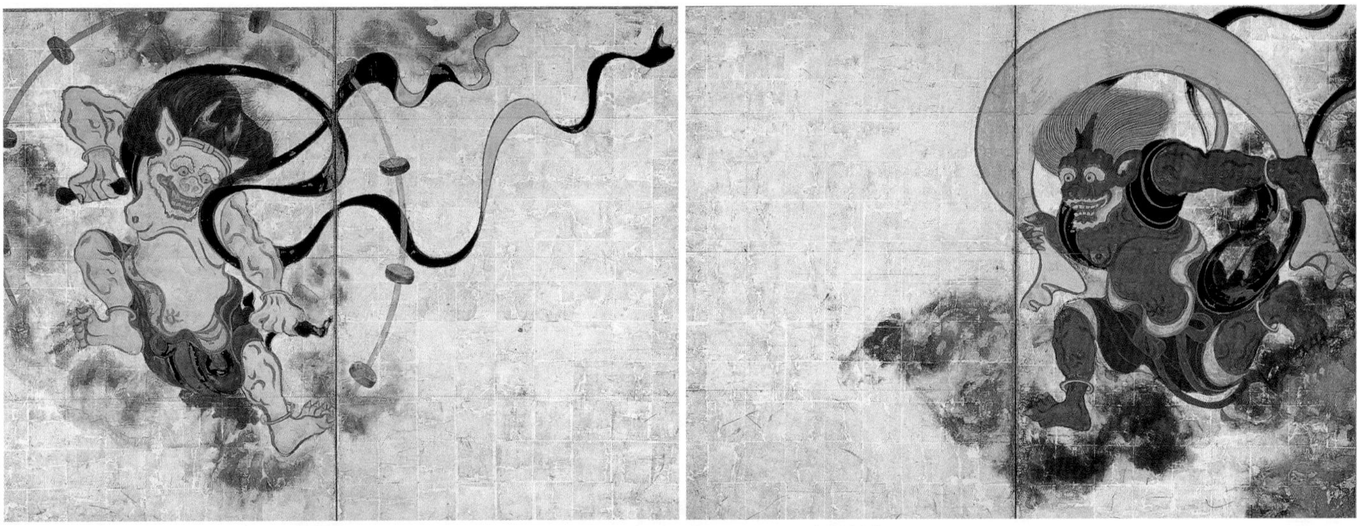

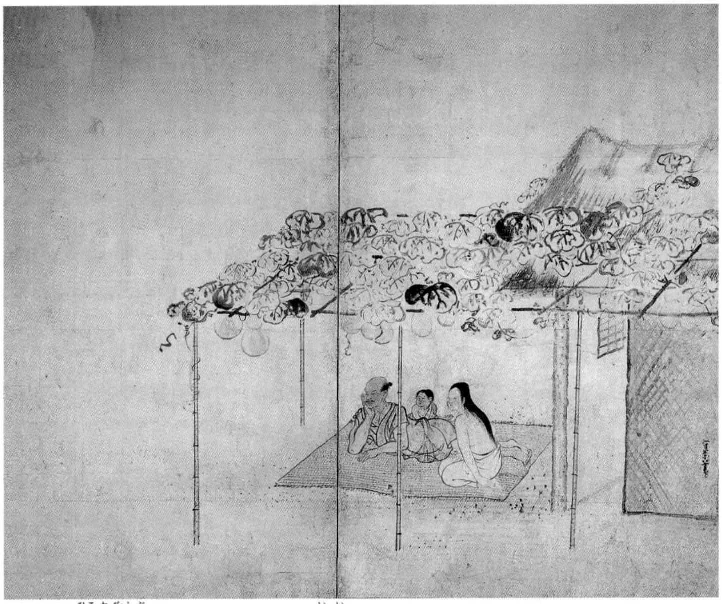

3-2 **夕顔棚納涼図屏風《ゆうがおだなのうりょうずびょうぶ》**(久隅守景《くすみもりかげ》筆) 久隅守景は狩野探幽《かのうたんゆう》の門人であったが，狩野派にとらわれず好んで庶民，農民の姿を画題とし，風雅な佳《か》品《ひん》を残した。

国 151×167cm 部分 東京国立博物館蔵

3-3 **松《まつ》に鷹図《たかず》**(二条城)(狩野探幽《かのうたんゆう》筆) 重 各1面縦207.0×横159.5cm 部分 岡本茂男氏撮影

3-4 **彦根屏風《ひこねびょうぶ》**(筆者不明) 彦根藩主井伊《いい》家に伝来したもの。狩野派の手法で男女の遊び楽しむ姿を描く風俗画の傑作《けっさく》である。精巧な服飾等資料としても貴重である。 国 94.5×278.8cm 部分 滋賀・彦根城博物館蔵

3-5 **大徳寺方丈襖絵《だいとくじほうじょうふすまえ》**(狩野探《かのうたん》幽《ゆう》筆) 幕府御用《ごよう》絵師。武家絵画としての狩野派(◄p.120)の様式を生み出した。優美・知的な特徴がある。大徳寺方丈の9室に，探幽は山水《さんすい》，花鳥《かちょう》などを描いた。

各178×91cm 山水図部分 京都・大徳寺蔵

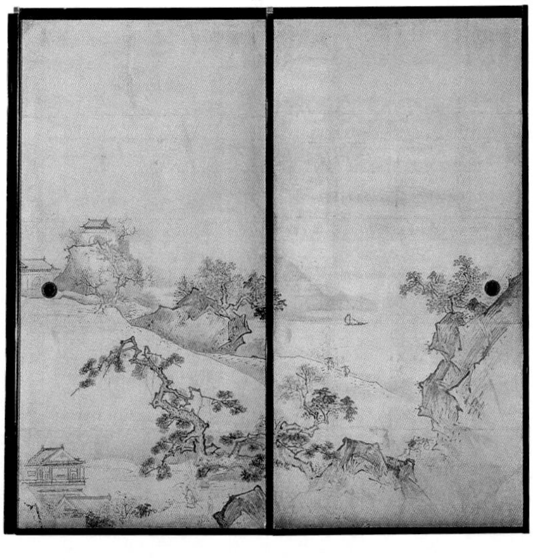

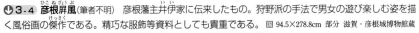

1 文治政治《ぶんちせいじ》の展開

武断政治《ぶだんせいじ》～武力強圧の支配～

家康《いえやす》・秀忠《ひでただ》・家光《いえみつ》

[幕藩体制確立《ばくはんたいせいかくりつ》]
- 改易《かいえき》・減封《げんぽう》などによる大名統制《だいみょうとうせい》
- 農民統制や鎖国《さこく》などによる経済・思想統制

1651　由井正雪《ゆいしょうせつ》の乱(**慶安《けいあん》の変**)家光の死直後 ← ・牢人《ろうにん》激増　・旗本奴《はたもとやっこ》の横行《おうこう》

文治政治～法令中心の支配～

家綱《いえつな》[補佐]保科正之《ほしなまさゆき》，のち大老酒井忠清《たいろうさかいただきよ》
- **末期養子《まつごようし》の禁緩和《きんかんわ》**…牢人対策
- **殉死《じゅんし》の禁止**
- 大名の人質《ひとじち》制廃止
- 1657　**明暦《めいれき》の大火《たいか》**

綱吉《つなよし》[補佐]大老堀田正俊《ほったまさとし》，のち側用人柳沢吉保《そばようにんやなぎさわよしやす》

[**元禄《げんろく》時代**]元禄文化の最盛期
- **湯島聖堂《ゆしませいどう》**創立
- 林信篤《はやしのぶあつ》を大学頭《だいがくのかみ》に任命
- 歌学方《かがくかた》(北村季吟《きたむらきぎん》)設立
- 天文方《てんもんかた》(安井算哲《やすいさんてつ》)設立
- 1685　**生類憐《しょうるいあわれ》みの令《れい》** 史
- 護国寺《ごこくじ》建立《こんりゅう》
- 寛永寺《かんえいじ》・増上寺《ぞうじょうじ》修築
- 1695　元禄金銀発行…勘定吟味役《かんじょうぎんみやく》**荻原重秀《おぎわらしげひで》**の献策《けんさく》で貨幣改鋳《かいちゅう》。小判の質を落とす→幕府財政は一時潤《うるお》うが，インフレ招き，庶民の不満高まる
- 1702　赤穂事件《あこうじけん》(吉良邸《きらてい》への討《う》ち入り)

愛知・徳川美術館蔵

1-1 徳川綱吉

家宣《いえのぶ》・家継《いえつぐ》[補佐]侍講新井白石《じこうあらいはくせき》，側用人間部詮房《まなべあきふさ》

[**正徳《しょうとく》の政治**]新井白石の善政
- 生類憐みの令廃止
- **閑院宮家《かんいんのみやけ》**創設
- 朝鮮使節の待遇簡素化
- 1714　正徳金銀発行…荻原重秀を罷免《ひめん》し，貨幣の質を慶《けい》長《ちょう》金銀の品位に戻す
- 1715　**海舶互市新例《かいはくごししんれい》**(正徳新令・長崎新令) 史…貿易制限で金銀の海外流失防止

個人蔵

1-2 新井白石

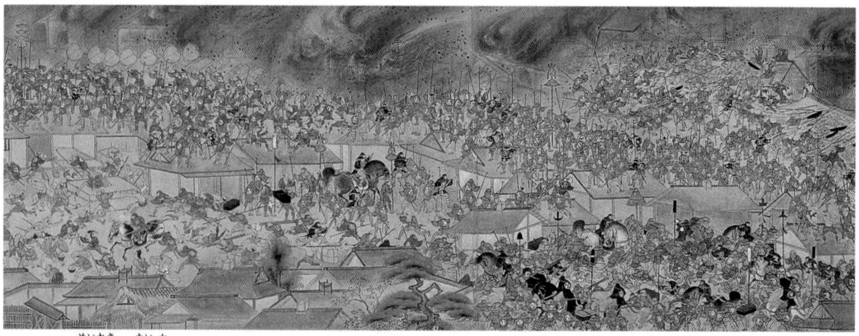

1-3 **明暦《めいれき》の大火《たいか》**(江戸火事図巻)　消火活動を行う大名火消しのようすが描かれている。1657(明暦3)年の江戸の大火で，別名振袖火事《ふりそでかじ》。江戸城をはじめ全市の55%を焼失し，死者も10万人余を数えた。幕府財政窮乏《きゅうぼう》の一因となった。 江戸東京博物館蔵

1-4 **かぶき者のけんか**(豊《ほう》国祭礼図屏風《こくさいれいずびょうぶ》)　牢人《ろうにん》か旗本奴《はたもとやっこ》(無頼化《ぶらいか》した旗本・御家人)たちのけんかか。異装異体《いそういたい》のかぶき者とよばれる者たちが横行《おうこう》し，社会風俗・秩序を乱した。江戸初期50年間の牢人発生数は約40万人といわれる。
6曲1双 部分 愛知・徳川美術館蔵

1-5 **湯島聖堂《ゆしませいどう》**(聖堂講釈図《せいどうこうしゃくず》)
聖堂とは孔子《こうし》を祀《まつ》った堂のこと。綱吉《つなよし》は上野忍ヶ岡《うえのしのぶがおか》にあった林家の家塾と孔子廟《びょう》を湯島に移し，幕府の文教《ぶんきょう》政策の拠点とした。
東京大学史料編纂所蔵

1-6 **巨大な猛犬《もうけん》**(江戸図屏風)
大名邸の門前を小役人が散歩させている。大名が権威の誇示《こじ》のために飼育していた西洋種の猛犬である。
千葉・国立歴史民俗博物館蔵

2 諸藩の文治政治

藩名	藩主(生没年)	招かれた学者	内　容
会津《あいづ》	**保科正之《ほしなまさゆき》**(1611～72)	山崎闇斎《やまざきあんさい》(朱子学者《しゅしがくしゃ》)	殉死《じゅんし》の禁，漆《うるし》・櫨《はぜ》栽培，社倉《しゃそう》設置
岡山《おかやま》	**池田光政《いけだみつまさ》**(1609～82)	熊沢蕃山《くまざわばんざん》(陽明学者《ようめいがくしゃ》)	花畠教場《はなばたけきょうじょう》(私塾)・閑《しず》谷《たに》学校(郷校《ごうこう》)設立，新田開発，義倉《ぎそう》設置
水戸《みと》	**徳川光圀《とくがわみつくに》**(1628～1700)	朱舜水《しゅしゅんすい》(明《ミン》の儒者)	彰考館《しょうこうかん》設置(江戸)，『大日本史』編纂《へんさん》開始→水戸学形成(►p.142)
加賀《かが》	**前田綱紀《まえだつなのり》**(1643～1724)	木下順庵《きのしたじゅんあん》(朱子学者)	古文献の収集・保存・編纂，改作法《かいさくほう》(領土直接支配)実施

3 貨幣改鋳《かへいかいちゅう》 史

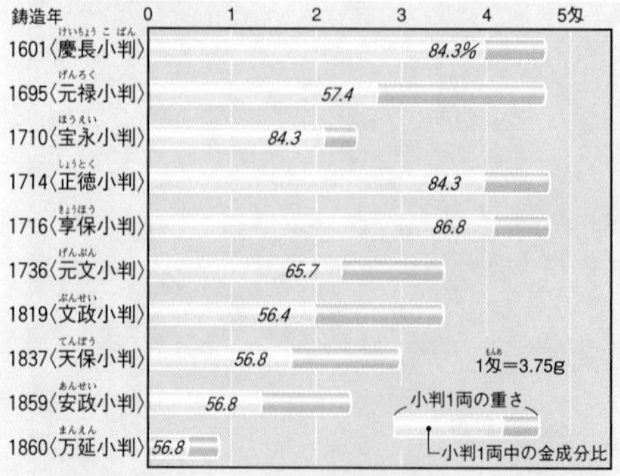

(大蔵省理財局『日本通貨変遷図鑑』)

TRY 論述 荻原重秀《おぎわらしげひで》が中心となった元禄《げんろく》小判への改鋳《かいちゅう》は何を目的としていたのか。また，正徳《しょうとく》の政治の正徳小判が良質に戻されたのはなぜか。相互関連

側用人《そばようにん》　江戸幕府の将軍側近《そっきん》の最高職。綱吉《つなよし》が牧野成貞《まきのなりさだ》を登用《とうよう》したのが最初とされる。将軍の命を老中《ろうじゅう》に伝え，老中よりの上申《じょうしん》を将軍に伝達するのを職分とした。柳沢吉保《やなぎさわよしやす》，間部詮房《まなべあきふさ》，田沼意次《たぬまおきつぐ》らが代表で老中を超える権勢を誇ったが，下級出身者が多く，田沼を除いて老中に就《つ》くことはできなかった。

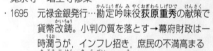

1 各地の産業

1 a 佐渡《さど》金山

↑1-1『**佐渡鉱山金銀採製全図**』 相川《あいかわ》，鶴子《つるし》など10カ所以上の金・銀山を総称して佐渡金山とよんだ。産出のピークは17世紀前半。 東京大学工学系研究科地球システム工学専攻蔵

Discovery

史跡佐渡金山（新潟・佐渡市）

佐渡金山の鉱内に電動の等身大の人形を配置して，江戸時代の採掘作業のようすを再現。

➡鉱山内のようす（再現）

1 b 林業

中部森林管理局蔵

↑1-2 **木曽檜《きそひのき》の大木伐倒の図** 木曽山では伐木《ばつぼく》の際，鋸《のこぎり》ではなく，斧《おの》が使われた。度重《たびかさ》なる大火で木材需要《じゅよう》も高まり，林業が発達。木曽檜《ひのき》や秋田杉は藩《はん》が直轄《ちょっかつ》支配し（木曽は尾張《おわり》藩支配下），重要な産物であった。

1 c 醤油《しょうゆ》製造

千葉・愛宕神社蔵

↑1-3 **下総《しもうさ》野田の醤油《しょうゆ》製造絵馬《えま》**（1839年奉納） 醪《もろみ》の攪拌《かくはん》（かきまぜること）や樽《たる》詰《つ》めのようす（◀p.12）。

1 d 酒造業

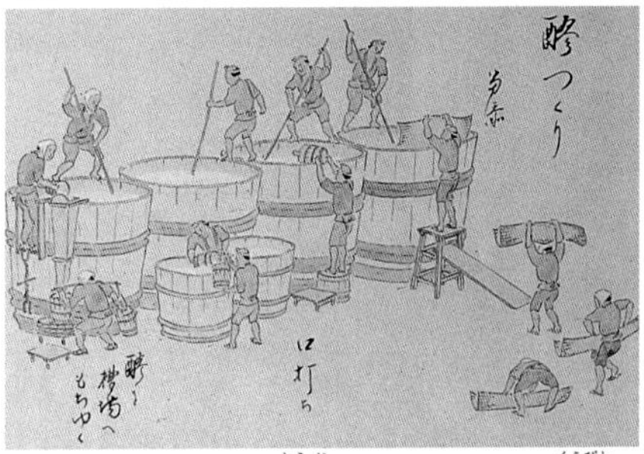

↑1-4 **酒造りの図** 杜氏《とうじ》の指揮で十数人の蔵人《くらびと》が協業《きょうぎょう》で仕事を進めている。冬期出稼ぎ農民に依存《くらんど》するマニュファクチュア的経営であった。上方《かみがた》の酒は樽廻船《たるかいせん》で江戸へ運ばれた（◀p.13）。 個人蔵

1 e 製塩業

東京・たばこと塩の博物館蔵

入浜塩田の構造

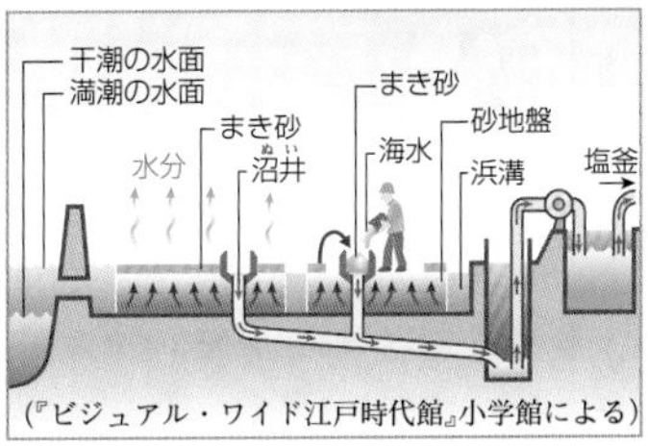

（『ビジュアル・ワイド江戸時代館』小学館による）

①満潮《まんちょう》時に堤防《ていぼう》で区切られた塩田の溝に海水を入れる。②砂浜にまいた細かい砂に海水を浸透《しんとう》させ（毛細管現象《もうさいかんげんしょう》），天日や風力で水分を蒸発《じょうはつ》させる。③塩分のついた砂を沼井《ぬい》に入れて海水で塩を溶かし，海水より数倍濃い塩水を得る。④塩釜で結晶させて塩にする。

←1-5 **播州赤穂《ばんしゅうあこう》の入浜塩田** 塩の干満の差を利用した大規模な塩田がつくられた。揚浜式《あげはましき》に比べると人手が入らず江戸時代に普及。赤穂《あこう》藩では重要な産物となり，良質な塩が産出された。赤穂事件（浅野長矩《あさのながのり》刃傷《にんじょう》・切腹《せっぷく》事件と旧家臣の討《う》ち入り）の背景にも吉良《きら》（領地は三河《みかわ》）との塩田技術を巡《めぐ》る対立があったとの説もある。（◀p.12・104）

1 f 漁業

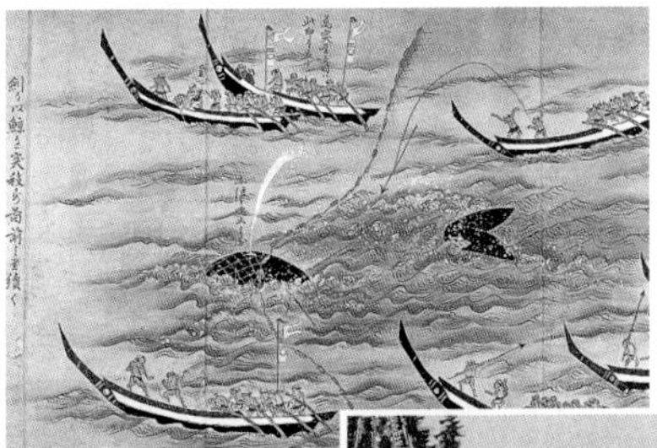

←1-6 **網取法による捕鯨《ほげい》**（鯨《くじら》絵巻） 捕鯨業は古くからあったが，16世紀頃から銛《もり》による突取《つきとり》法が行われ，17世紀末頃からは鯨を網の中へ追い込んでから突き取る網取法へと発展した。鯨油《げいゆ》は殺虫剤として農業にも利用された。

東京・国文学研究資料館蔵

➡1-7 **伊豆内浦《うちうら》の立《たて》網漁《あみりょう》のようす** 湾内に入り込んだ鮪《まぐろ》，鰹《かつお》などの魚群を陸へ引き寄せ魚と格闘《かくとう》し捕獲《ほかく》した。九十九里浜の鰯《いわし》地引網漁なども著名《ちょめい》。（◀p.13）

静岡県立中央図書館蔵

農業の発達

1 新田開発

1a 耕地面積の増大（『日本史料集成』平凡社）

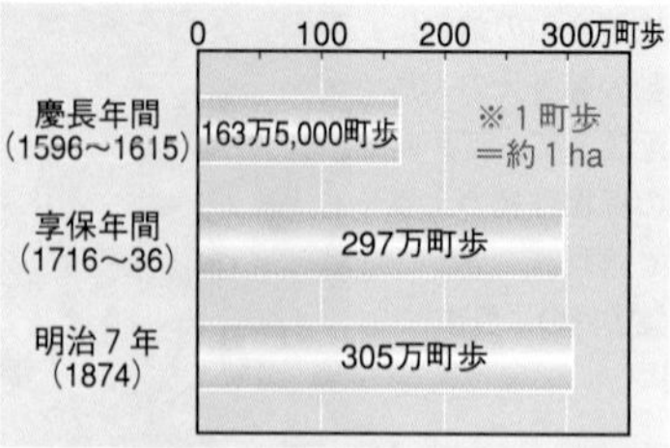

1b 石高の増加（『日本史料集成』平凡社）

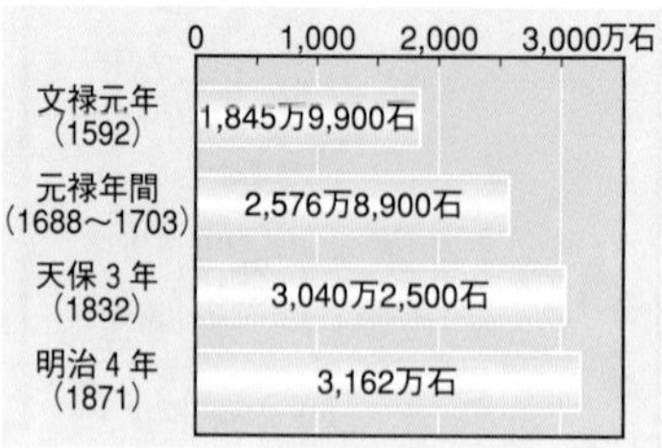

1c 新田増加率

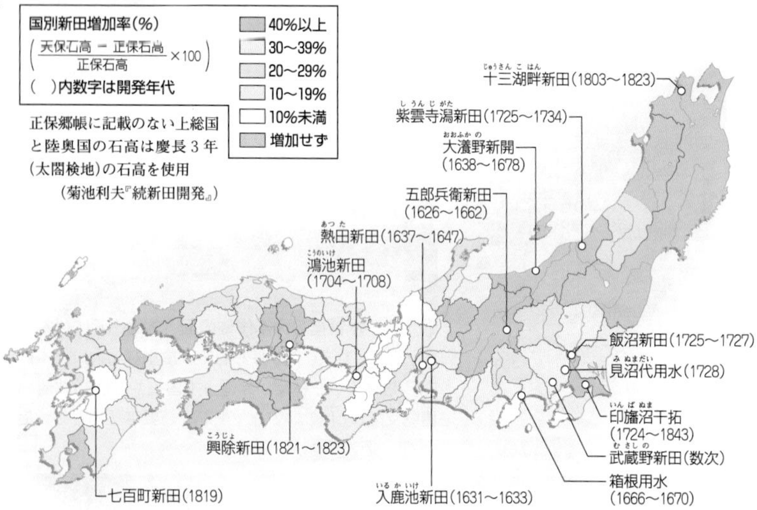

正保郷帳に記載のない上総国と陸奥国の石高は慶長3年（太閤検地）の石高を使用
（菊池利夫『続新田開発』）

2 農具の発達

龍骨車《りゅうこつしゃ》…揚水機《ようすいき》。破損しやすく，のち小型の踏車が普及（◀p.104）。

踏車《ふみぐるま》…揚水機。

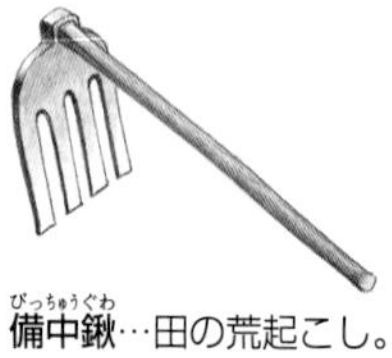

備中鍬《びっちゅうぐわ》…田の荒起こし。深耕用の鍬。

扱箸《こきばし》…脱穀具《だっこくぐ》。2本の竹棒に穂をはさんで扱《こ》く。

千歯扱《せんばこき》…元禄頃考案された脱穀具。能率の飛躍的向上をもたらし，「後家倒《ごけだお》し」とよばれた。

殻竿《からさお》…穀類・豆類などの脱穀具。竿の先にさらに短い竿を付け，回転させて打つ。

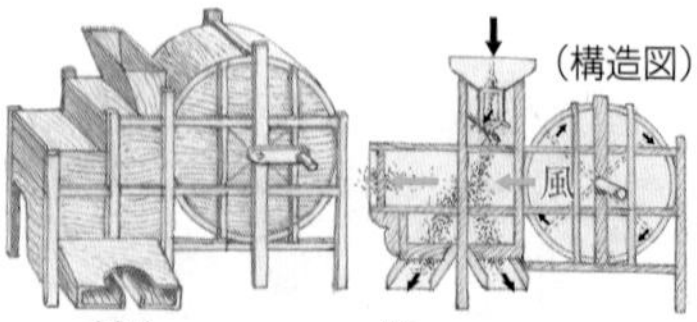

唐箕《とうみ》…選別農具。籾《もみ》がらやしいな（実のならない籾）などを取り去る。

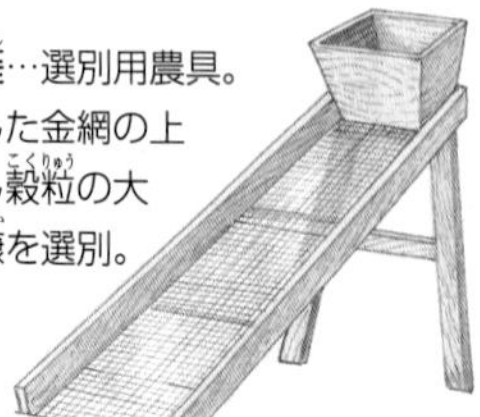

千石簁《せんごくどおし》…選別用農具。傾斜した金網の上を流し穀粒《こくりゅう》の大小や糠《ぬか》を選別。

3 農学の発達

（独）国立公文書館蔵

←3-1『農業《のうぎょう》全書《ぜんしょ》』（宮崎安貞《みやざきやすさだ》著，1697年刊表紙・部分） 各地を実地に調査し刊行された日本最初の体系的な農書。挿絵《さしえ》は唐臼《からうす》による籾《もみ》すりと，殻《から》竿打《さおう》ちが描かれている。

↑3-2『広益国産考《こうえきこくさんこう》』（大蔵永常《おおくらながつね》著，1859年全巻刊行） 各地の特産物の栽培を奨励《しょうれい》して，殖産興業《しょくさんこうぎょう》を説く。図は醤油《しょうゆ》の手作りを示したもの。

↑3-3『除蝗録《じょこうろく》』（大蔵永常著，1826年刊部分） 鯨油《げいゆ》を煮て，酢《す》を混ぜ，ほうきに付けてたたいたり，田にまいて稲の害虫を駆除《くじょ》した。（独）国立公文書館蔵

↓2-1 春の農村風景（農耕春秋屏風） 田楽《でんがく》，田植《たう》えをする人々。

会津若松市蔵

！ 金肥《きんぴ》 農民が金銭により購入した肥料《ひりょう》。この普及が農業生産，特に商品作物の増産につながった。鰯《いわし》・鰊《にしん》などを乾燥させた干鰯《ほしか》，油や酒の製造過程で生じた油粕《あぶらかす》・〆粕《しめかす》などがある。（◀p.13）

↓吉田新田を囲む堤《つつみ》をつくっているようす（模型）

Discovery

横浜市歴史博物館

（神奈川・横浜市）

原始から近現代までの横浜地域の発展を中心に常設展示，体験学習なども行うことができる。

近世の「平和の中に生きる人々」では，東海道《とうかいどう》の宿場であった神奈川宿のにぎわいのようすを茶屋の大型模型で紹介し，また吉田新田の開発のようすなども示している（写真）。鎮守《ちんじゅ》の祭りのからくり模型や弁財船《べざいせん》の模型などの展示もある。

1 四木《しぼく》(漆《うるし》・桑・茶・楮《こうぞ》) (◄p.10·13)

1-1 **漆《うるし》** 実から蠟《ろう》を製し，樹幹《じゅかん》から生漆《きうるし》を採取する。塗料《とりょう》として古くから利用。

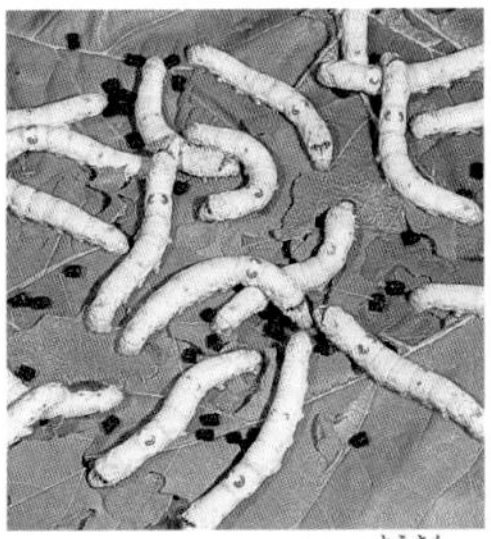

1-2 **桑** 桑の葉は養蚕《ようさん》用。江戸時代中期より急増。

1-3 **茶摘《つ》みと茶の木** 喫茶《きっさ》の風習が本格化したのは12世紀末の僧栄西《えいさい》以降。茶道《さどう》の抹茶《まっちゃ》と煎茶《せんちゃ》で普及。

1-4 **楮《こうぞ》** 樹皮《じゅひ》を和紙の原料とする。

2 三草《さんそう》(紅花《べにばな》・藍《あい》・麻) (◄p.10·11)

2-1 **紅花《べにばな》**

2-2 **紅花《べにばな》の栽培** (紅花屏風) 紅花の黄色い花弁《かべん》は，写真のように丸めて乾燥させ紅餅《べにもち》にして出荷された。出羽《でわ》の最上《もがみ》紅花は質量ともにすぐれ，京都紅花問屋に送られ，紅色染料，薬用，口紅として加工された。 山形・山寺芭蕉記念館蔵

2-3 **藍《あい》** タデ科，高さ50~70cm。葉や茎から染料を採《と》る。

2-4 **藍栽培製造図** 藍草の葉を刈り取って発酵《はっこう》させ「すくも」をつくる。これを臼《うす》にいれて搗《つ》き，餅《もち》状に固めた藍玉《あいだま》を原料とする。江戸時代の生産の中心は四国吉野川流域で，阿波藍《あわあい》が特に名高い。 徳島・(社)三木文庫蔵

2-5 **麻** 麻は古くから庶民の衣料原料。綱，網，蚊帳《かや》などにも利用。

3 その他 (◄p.11)

3a 綿花

3-1 **河内《かわち》地方の綿作・機《はた》織り** (「織耕図屏風」英一蝶《はなぶさいっちょう》筆) 河内のほか，摂津《せっつ》・和泉《いずみ》など畿内《きない》と三河《みかわ》・尾張《おわり》など東海地方が木綿の代表的産地だった。 大阪・藤田美術館蔵

3-2 **綿花** 綿花とは綿の花弁《かべん》ではなく，綿の種子を包んでいる白い毛状繊維《せんい》のことをいう。綿織物は室町時代に伝わったが，江戸元禄《げんろく》期より麻に代わって庶民《しょみん》衣料の中心を占めた。

3b 油菜

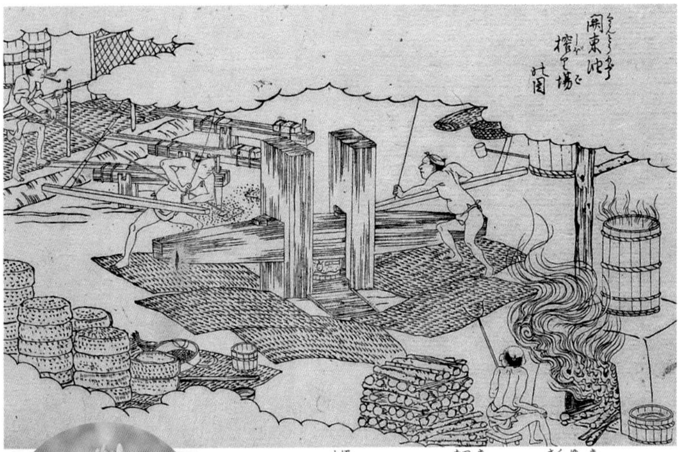

3-3 **油絞《しぼ》り** (製油録) 立木《たつき》という搾油機《さくゆき》で菜種油(水油《みずあぶら》)を絞り取っているところ。菜種は江戸時代灯火用の油原料として，最も多く使われた。畿内が主要産地。 (独)国立公文書館蔵

3-4 **油菜** 種子から菜種油を採《と》る。水田の裏作物として普及した。

3c 櫨《はぜ》

3-5 櫨《はぜ》の実(写真右上)をつぶしてその粉を蒸《む》し，蠟《ろう》を絞《しぼ》り取った。蠟燭《ろうそく》は江戸中期に日常生活に普及した。

3d 藺《い》(草《ぐさ》)

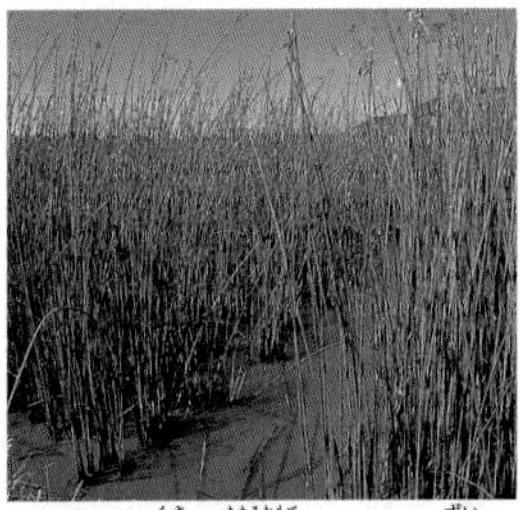

3-6 茎《くき》は畳表《たたみおもて》の原料。髄《ずい》は灯心《とうしん》としても利用。

1 海上交通

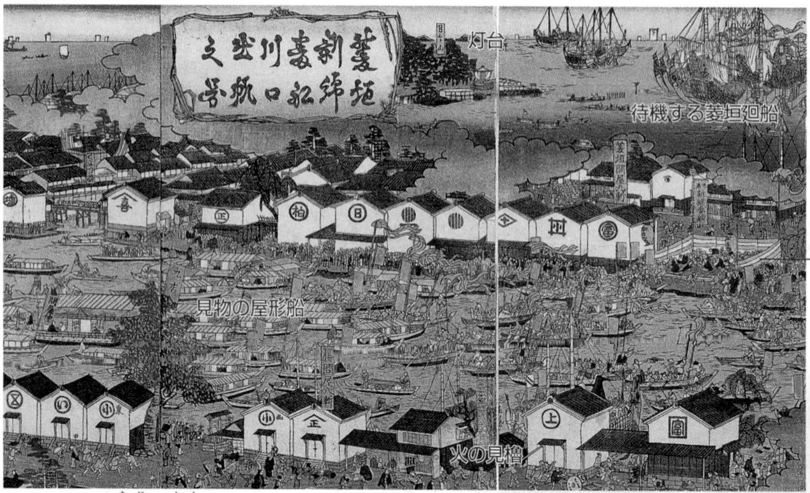

1-1 大坂安治川河岸《あじかし》の賑《にぎ》わい 「天下の台所」といわれた大坂の繁栄を象徴している。安治川をはさんで菱垣廻船《ひがきかいせん》問屋の蔵(中央)と樽廻船《たるかいせん》問屋の蔵(手前)が建ち並ぶ。右上には江戸へ出帆《しゅっぱん》しようとする菱垣廻船が見える。新綿番船《しんめんばんぶね》とよばれる木綿《もめん》の江戸への早着競走が行われ，通常２週間の行程を３～４日で到着した。安治川河口は「出船千艘《そう》，入船千艘」と称される大賑わいであった。 大阪城天守閣蔵

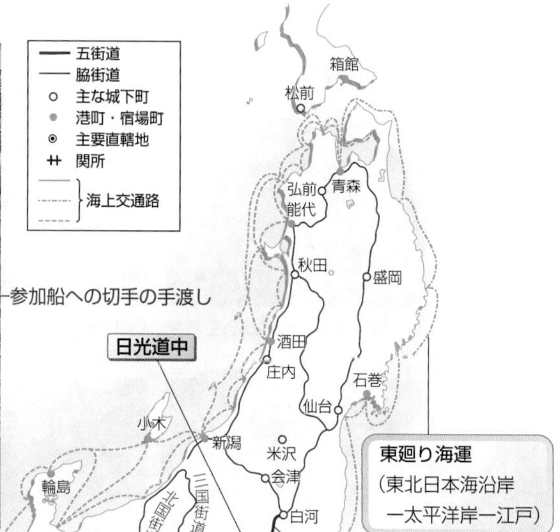
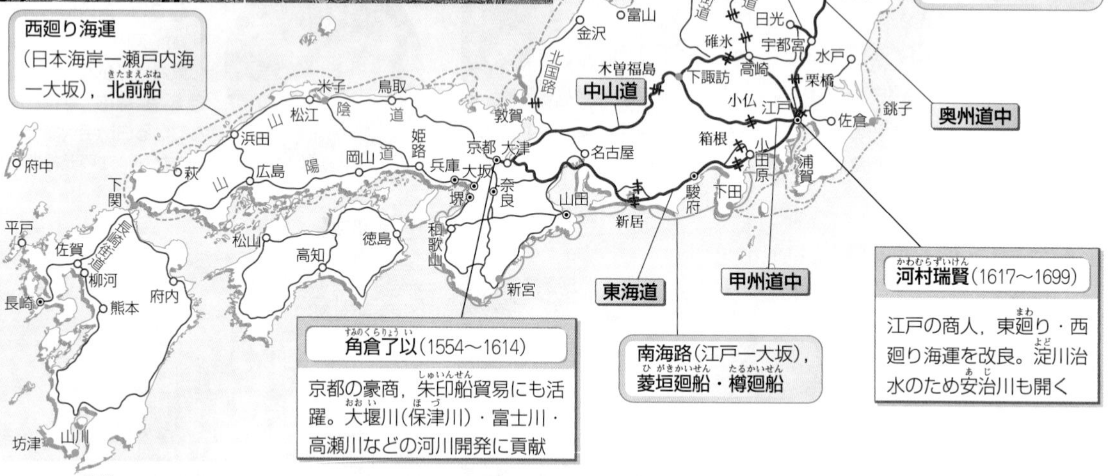

1-2 北前船《きたまえぶね》 北前船は西廻り海運の廻船《かいせん》が蝦夷《えぞ》地と大坂を結ぶようになって，総称された。海産物が大坂に運ばれ，船は積み荷の売買もした。当時船は航海安全を願い，絵馬《えま》を縁《ゆかり》の神社に奉納《ほうのう》する習慣があった。右の写真もその絵馬の一つ。左の白山丸は空船，右の永福丸は満船の状態を描いている。
石川・粟崎八幡神社蔵

1-3 菱垣廻船《ひがきかいせん》 船べりに菱形《ひしがた》の格子《こうし》(垣)を付けたことから菱垣廻船とよばれる。江戸・大坂間の海上輸送＝南海路で最も重要な役割を果たした定期船であり，菱垣廻船が日常生活物資を，樽《たる》廻船《かいせん》が酒を主に輸送した。船足は樽廻船の方が速く，しだいに菱垣廻船は樽廻船に押されていった。
東京・物流博物館蔵

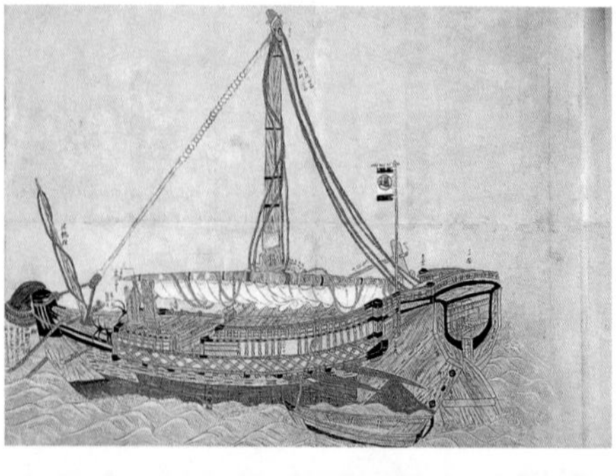

1-4 大坂の蔵屋敷《くらやしき》(摂津名所図会　4巻部分)　大坂中之島《なかのしま》の各藩蔵屋敷には，淀川《よどがわ》や安治川《あじがわ》を利用し運ばれた米などの蔵物《くらもの》が検査を経《へ》て収納された。大坂は「天下の台所」として全国商品流通の一大中心地だった。 (独)国立公文書館蔵

“昆布《こんぶ》の道(こんぶロード)”

昆布が日本各地へ運ばれていったルートは通称「こんぶロード」とよばれている。

蝦夷地などで採取された昆布は，北前船により西廻り海運で下関，瀬戸内海を経由して「天下の台所」大坂に運ばれた。その大坂から，さらに江戸，九州，琉球《りゅうきゅう》へと運ばれた。琉球料理には，昆布を使った「クーブイリチー」があるが，琉球では昆布は採れず，この「こんぶロード」によってもたらされたものである。

昆布は琉球から中国(清)への輸出品としても重要品目であった。

1-5 浪華丸《なにわまる》(復元)　江戸・大坂間の輸送には菱垣廻船が活躍した。写真は大阪での博物館展示のために復元され，実験航海も行われた浪華丸。

1 陸上交通

1a 東海道(53宿・品川－大津)と中山道《なかせんどう》(67宿・板橋－守山)

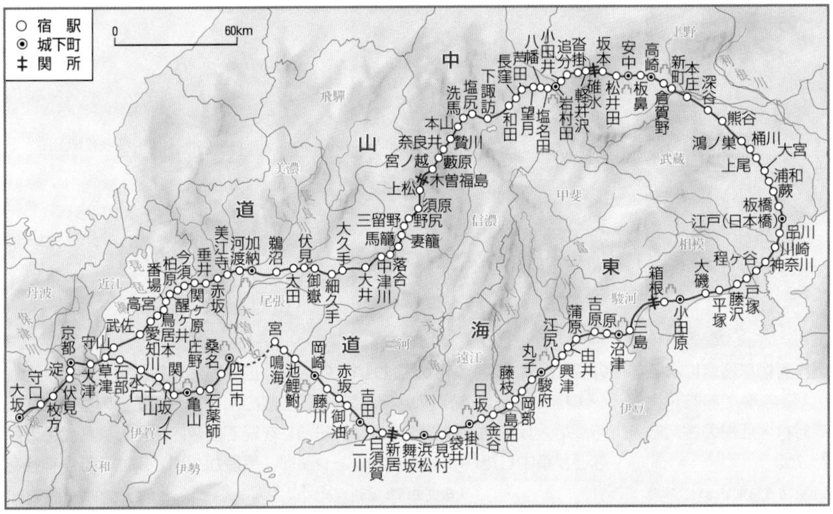

1-1 継飛脚《つぎびきゃく》 継飛脚は幕府公用のための飛脚で，江戸－京都間を70時間弱で走った(1763年)。人足《にんそく》は各宿駅《しゅくえき》に常時詰め，昼夜を問わず2人1組で走り継《つ》いだ。関所の通過や川留め解除の最優先など特権が認められていた。ほかに大名が江戸と国元《くにもと》間に置いた大名飛脚，三都の商人が設けた町飛脚(三度《さんど》飛脚)がある。 東京・郵政博物館蔵

1-2 大井川《おおいがわ》の渡し 「越すに越されぬ大井川」といわれたように，大井川・安倍川《あべがわ》などは軍事上の理由から架橋《かきょう》・渡船《わたしぶね》が禁じられていた。人足《にんそく》利用により渡河《とか》したが，川の水位により料金は定められており，籠《かご》ごと川を渡ると数倍の料金になった。 東京・たばこと塩の博物館蔵

1-3 大名の宿泊(東海道五十三次「関宿《せきじゅく》」) 本陣《ほんじん》の早朝の出発のようすである。家紋《かもん》入りの提灯《ちょうちん》を下げ，幕を張った。家臣《かしん》の武士らは徹夜で待機をしていた。大名の参勤交代の繰り返しは，交通の整備・発達にもつながった。 東京国立博物館蔵

! 問屋場《といやば》 現在の駅の機能をもっており，宿役人《しゅくやくにん》(問屋・年寄《としより》・帳付《ちょうづけ》など)が業務にあたった。高い床上にいるのが宿役人である。伝馬役《てんまやく》の差配《さはい》，公用の書状や荷物の継ぎ送り(継飛脚《つぎびきゃく》)などが主な任務であった。人馬の雇い・交換が行われた。

問屋場(東海道五十三次「藤枝宿《ふじえだじゅく》」) 東京国立博物館蔵

静岡・新居町教育委員会提供

1-5 新居《あらい》の関所(静岡県) 往時《おうじ》の関所建物が唯一現存する。東海道の箱根，中山道《なかせんどう》の碓氷《うすい》・木曽福島《きそふくしま》とともに最重要だった(幕府直轄《ちょっかつ》は全国で約50カ所)。

1-4 庶民の宿泊(東海道五十三次「御油宿《ごゆじゅく》」) 旅籠《はたご》の客引きのようす。荷物をつかみ，強引に客取りをしているようすが描かれている。東京国立博物館蔵

TRY 論述 関所で，特に厳しく取り締まりが行われたものは何だろうか。 **比較**

1 三都(江戸・大坂・京都)

1a 三都の人口

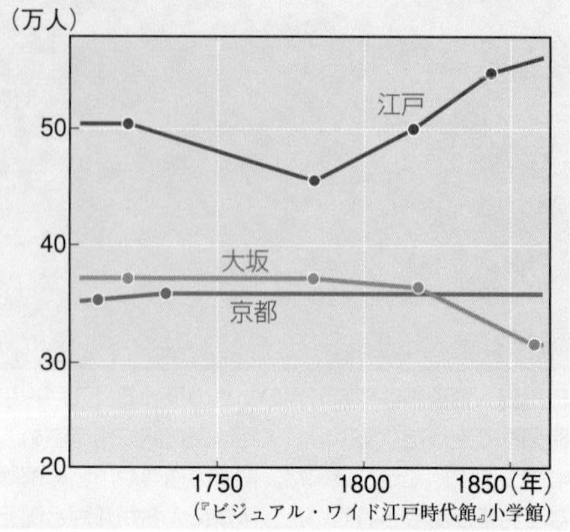

(『ビジュアル・ワイド江戸時代館』小学館)

Point 江戸時代の全国人口は約3,000万人台(18世紀以降)。江戸の人口は，除かれている武家人口を加えれば100万人を超え，当時世界最大の都市であった。

1b 三都気質の違い

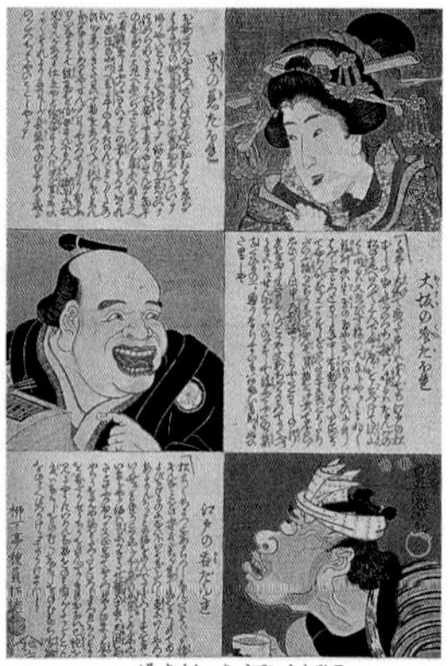

1-1 戯作者柳亭種彦《げさくしゃりゅうていたねひこ》による三都気質 「京の着だおれ・大坂の喰《く》いだおれ・江戸の呑《のみ》だおれ」と表現した。

東京都立中央図書館東京誌料文庫蔵

2 大坂～「天下の台所」

2-1 雑喉場魚市《ざこばうおいち》の賑《にぎ》わい(滑稽浪華名所《こっけいなにわめいしょ》) 物流の中心であった大坂には，蔵屋敷・市場などが集中した(◄p.136, ►p.139)。

大阪歴史博物館蔵

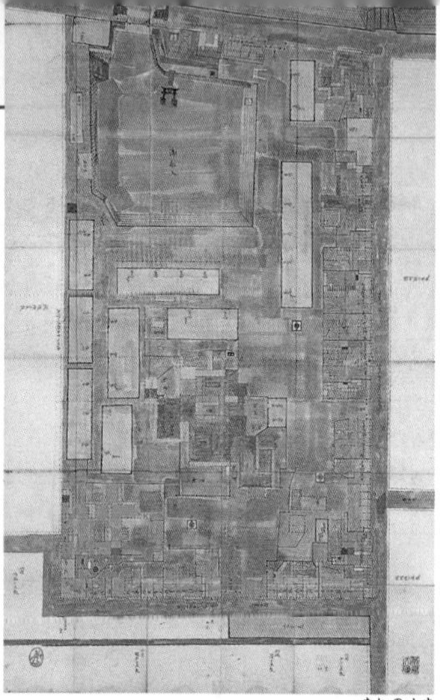

2-2 広島藩蔵屋敷絵図 大坂中之島《なかのしま》の蔵屋敷のようす。図上部の堂島川《どうじまがわ》から船通しを経て屋敷内に入る。黄土色《おうどいろ》の蔵や藩邸《はんてい》，長屋《ながや》が並ぶ。鳥居《とりい》で厳島神社《いつくしまじんじゃ》を祀《まつ》る。

大阪商業大学商業史博物館蔵

4 江戸

4a 江戸繁栄の象徴～日本橋 (江戸図屏風)

千葉・国立歴史民俗博物館蔵

日本橋は五街道の起点。交通発達の象徴。たもとには御触《おふ》れを伝える高札場《こうさつば》や罪人の晒《さら》し場もあった。

船に乗った者が籠《かご》に入れた魚を河岸《かし》に上げている。河岸側では船頭と何か交渉しながら荷を受け取り，また天秤棒《てんびんぼう》で担《にな》っていく姿も見える。日本橋魚市の始まり。

40丈《じょう》(約121m)四方に区画された町割《まちわり》。土蔵《どぞう》を構《かま》えた商家が並ぶ。中の空き地を会所地《かいしょち》というが，やがてここにも家が立ち並ぶ。いわゆる裏長屋である(◄p.126)。

3 京都～平安からの都

3-1 祇園祭礼図《ぎおんさいれいず》 寛永《かんえい》期の成立。京都町人の祭り，祇園祭での山鉾巡行《やまぼこじゅんこう》はひときわ豪華で，京都美学の集大成。

京都国立博物館蔵

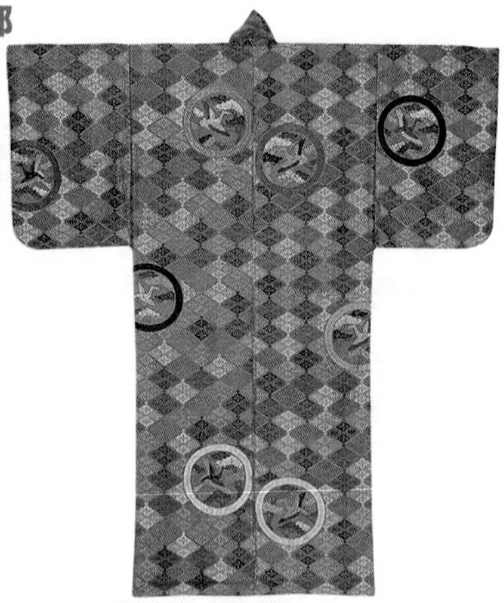

3-2 西陣織《にしじんおり》の能装束《のうしょうぞく》 西陣織や京焼の伝統手工業も京都を代表する(◄p.10)。

京都国立博物館蔵

4b 江戸町人の暮らし

神奈川県立歴史博物館蔵

4-1 屋台《やたい》の隆盛《りゅうせい》(東都名所廿六夜待遊興之図) 江戸では屋台や振売《ふりうり》などの簡便で安価な食べ物屋が極度に発達し，多くの庶民が頻繁に利用した。この絵にも汁粉《しるこ》屋・団子《だんご》屋・蕎麦《そば》屋・天麩羅《てんぷら》屋などが描かれている。

＊屋台の食べ物の値段(江戸)：蕎麦/うどん…16文　握り寿司(１つ)…４～８文
甘酒(１椀)…８文　ところてん…２文　冷水(砂糖，白玉入り)…４文　豆腐(１丁)…50～60文

4-2 吉原の遊び(江戸風俗図巻) 大商人の豪勢な遊びは文学などにも描かれた(►p.140)。大商人は財力において武士よりも力のあることを示した。

静岡・MOA美術館蔵

4c 多彩な行商人・職人たち

冷水《ひやみず》売り

東京国立博物館蔵

眼鏡《めがね》売り

東京国立博物館蔵

団扇《うちわ》売り

江戸東京博物館蔵

カルタ師

東北大学附属図書館蔵

木挽《こび》き職人

東京国立博物館蔵

提灯《ちょうちん》屋

東京国立博物館蔵

1 江戸時代の流通機構

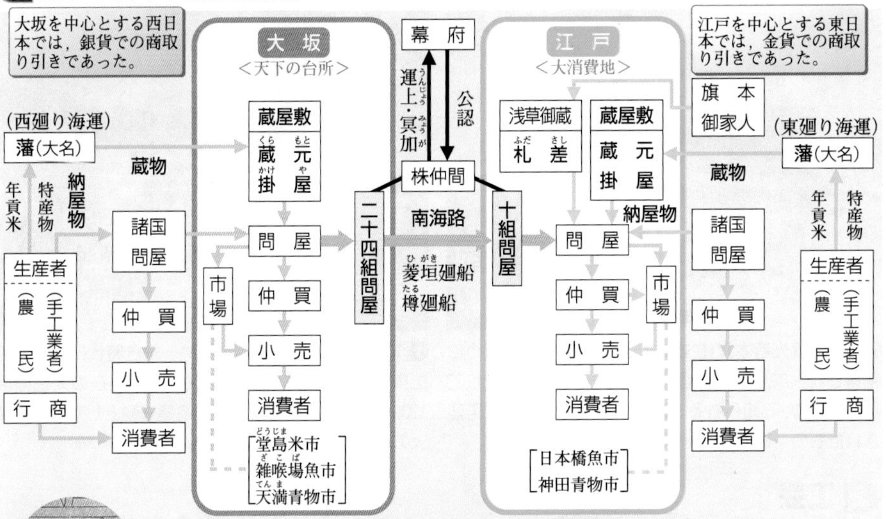

1-1 越後屋《えちごや》の店内 三井高《みついたか》利《とし》が1673年に江戸で開いた呉服店。現在の「三越《みつこし》」の前身《ぜんしん》。従来の，顧客《こきゃく》の注文を取りにまわり掛売《かけうり》をするという商慣習をやめ，「店前売《たなさきうり》」や「薄利《はくり》多売」などの新商法で発展した。三井家は両替商でも財をなした。

TRY 論述 三井が開いた越後屋はそれまでの商慣習にはなかったやり方を採用して大繁盛していく。その新しい商売のやり方はどのような形であったか。 **推移**

大阪歴史博物館蔵

1-2 大坂堂島米市場(浪花名所図絵) 堂島《どうじま》に米市場が開かれるようになったのは元禄《げんろく》年間。1730(享保15)年に幕府から公認された。過熱した米取引を，水をかけて冷やし中止させているようす。

1-3 日本橋の振売《ふりうり》(棒手振《ぼてふり》) 零細《れいさい》な小売り商人は店舗《てんぽ》をもてず，行商により商売を行った。商魂《しょうこん》たくましく先を急ぐ姿が描かれている。 ホノルル美術館蔵

2 貨幣経済の発達

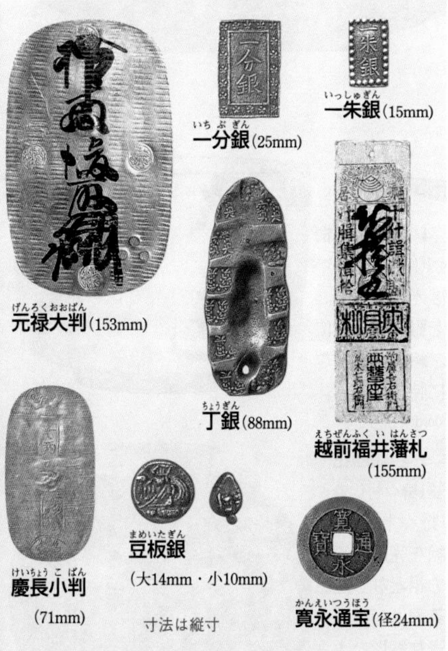

Point 関東は金貨を使い，関西は主に銀貨を用いた。それ以外に日常使用の小銭の銅銭(銭貨)があったため，それぞれの通貨交換の比率が定められた。

2 a 三貨制度

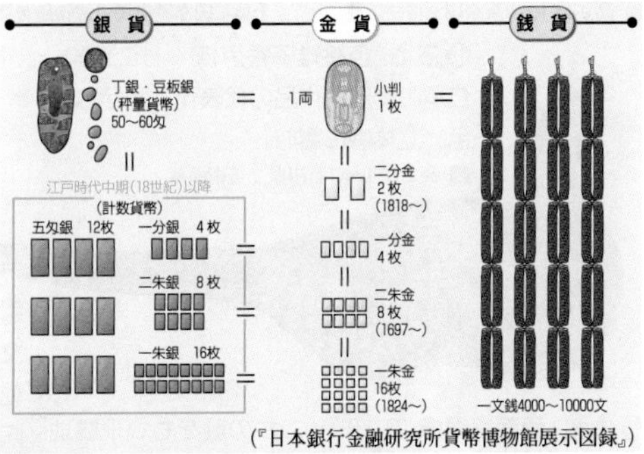

(『日本銀行金融研究所貨幣博物館展示図録』)

秤量貨幣《しょうりょうかへい》 銀貨は目方《めかた》を量って使う秤量貨幣であった。例えば50匁を支払う場合，丁銀《ちょうぎん》(通常42〜43匁)1枚と豆板銀《まめいたぎん》数枚を使った。のちに銀貨でも金貨と同じ計数貨幣がつくられた。

2-1 両替商の店前《たなさき》風景(日本永代蔵) 金銀銭の三貨が使われたため，これを交換する両替商が発達。大坂・江戸では貸付《かしつけ》・為替《かわせ》業務も行う本両替が活躍。大坂の十人両替が中心。

国立国会図書館蔵

3 株仲間の発達

3-1 株札 二十四組問屋《にじゅうしくみといや》や十組問屋《とくみといや》に代表される株仲間は構成員が限定され，上のような株札(鑑札)を与えられた。幕府に冥加金《みょうがきん》を納《おさ》め，営業の独占権を認められた。 東京・明治大学博物館蔵

<幕府の株仲間政策の変遷《へんせん》>

17世紀後半	18世紀		19世紀		(明治)
結成	公認	奨励	解散	再興	解散
(黙認)	享保期	田沼時代	天保の改革	1851年	1872年

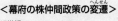

元禄文化① 建築・工芸

元禄文化

- 17世紀後半〜18世紀初め（元禄時代中心）
- 上方（大坂・京都）中心，豪商・町人が担い手
- 現実主義（「浮き世」文学など）
- 実証主義（古典研究，自然科学の発達）
- 儒学の奨励《しょうれい》―幕政の安定

絵画	琳《りん》派《ぱ》	紅白梅図屏風《こうはくばいずびょうぶ》・燕子花図屏風《かきつばたずびょうぶ》（尾形光琳《おがたこうりん》）
	住吉《すみよし》派	洛中洛外図巻《らくちゅうらくがいずかん》（住吉具慶《すみよしぐけい》，幕府御用絵師《ごようえし》）
	浮世絵	見返《みかえ》り美人図《びじんず》（菱川師宣《ひしかわもろのぶ》）
	土佐《とさ》派	土佐光起《とさみつおき》（朝廷絵師《ちょうていえし》）
建築	善光寺本堂　東大寺 国 大仏殿	
工芸	蒔絵《まきえ》	八橋蒔絵螺鈿硯箱《やつはしまきえらでんすずりばこ》（尾形光琳）
	陶磁器《とうじき》	色絵藤花文茶壺《いろえとうかもんちゃつぼ》・色絵吉野山図茶壺《いろえよしのやまずちゃつぼ》（野々村仁清《ののむらにんせい》）
		銹絵染付梅文茶碗《さびえそめつけうめもんちゃわん》（尾形乾山《おがたけんざん》）
	染色	友禅染《ゆうぜんぞめ》（宮崎友禅《みやざきゆうぜん》）
	木彫	鉈彫《なたぼ》り（円空《えんくう》）
文芸	俳諧《はいかい》	松尾芭蕉《まつおばしょう》
	小説	（浮世草子）井原西鶴《いはらさいかく》
	脚本	（人形浄瑠璃《にんぎょうじょうるり》）近松門左衛門《ちかまつもんざえもん》
芸能	歌舞伎《かぶき》	荒事《あらごと》　市川団十郎《いちかわだんじゅうろう》（初代）　江戸
		和事《わごと》　坂田藤十郎《さかたとうじゅうろう》　大坂
		女形《おやま》　芳沢《よしざわ》あやめ　大坂
	浄瑠璃《じょうるり》	語り手―竹本義太夫《たけもとぎだゆう》（義太夫節《ぶし》）

Discovery

元禄文化の背景
〜豪商・紀伊国屋文左衛門《きのくにやぶんざえもん》〜

元禄文化の豪華華麗《ごうかかれい》な雰囲気の背景には，経済・産業の発達による豪商《ごうしょう》の出現があった。文化の担い手でもあった上方町人の中でも，豪商の存在がこの文化の発展につながった。代表的な存在が紀伊国屋文左衛門《きのくにやぶんざえもん》（通称・紀文）と奈良屋茂左衛《ならやもざえ》門《もん》（通称・奈良茂《ならも》）で，いずれも幕府の材木御用達としてその身一代で大金持ちになった豪商である。

紀文の姓は武藤氏。老中阿部正武の信任を得て，幕府用材の調達に従事。1698（元禄11）年の寛永《かんえい》寺《じ》根本中堂造営の際には50万両の巨利を得たと伝えられている。（『ビジュアル・ワイド江戸時代館』小学館による）

紀文の吉原での豪遊（山東京伝『近世奇跡考』）
大根おろしの中に300両の小粒金を混《ま》ぜて一座の肴《さかな》にしたとか，江戸の初鰹《はつがつお》を買い占めそのうちの一匹だけを食べたとか，紀文の数々の豪遊ぶりが伝えられている。（独）国立公文書館蔵

1 建築

1-1 善光寺本堂（長野市）　善光寺は7世紀初めに創建され，広く民衆の信仰を集めた。「牛に引かれて善光寺詣《まい》り」で知られる。現在の本堂は1707年に再建されたもの。国 平面23.9×53.7m

1-2 東大寺大仏殿（奈良市）　鎌倉時代に再建された東大寺は，戦国期再び焼失した。現在の大仏殿は1709年に再建されたもの。木造建造物としては世界最大の規模である。国 高さ約47m 平面57.0×50.5m

2 工芸

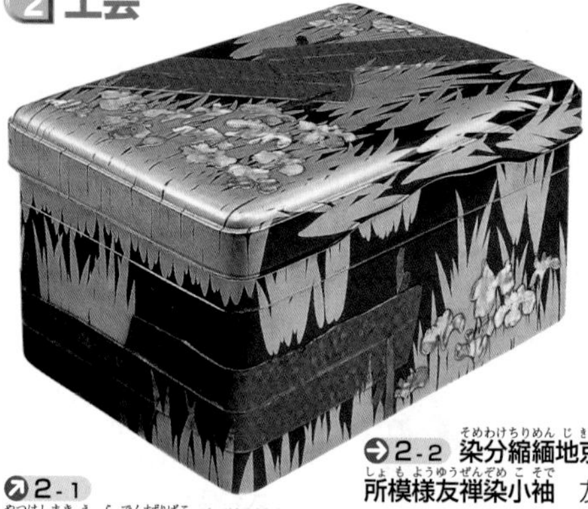

2-1 八橋蒔絵螺鈿硯箱《やつはしまきえらでんすずりばこ》（尾形光琳《おがたこうりん》作）
光琳蒔絵の代表作。漆《うるし》に鉛《なまり》，銀，螺鈿《らでん》（貝細工）を駆使《くし》して燕子花《かきつばた》と橋を描いている。
国 高さ14.1cm 東京国立博物館蔵

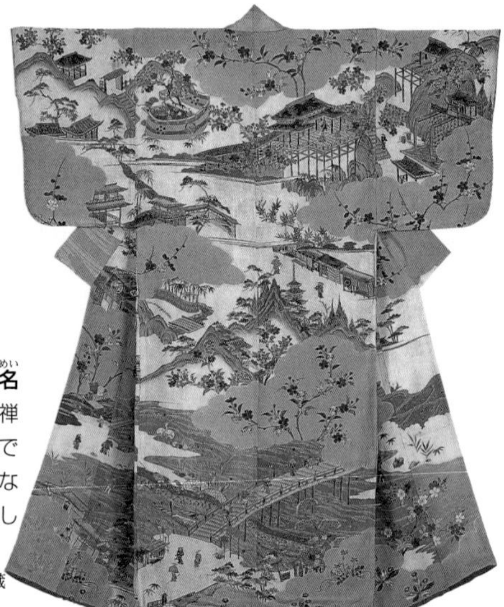

2-2 染分縮緬地京名《そめわけちりめんじきょうめい》所模様友禅染小袖《しょもようゆうぜんぞめこそで》　友禅染の技法により，自由で多彩な絵模様が可能になり，繊細《せんさい》で華《はな》やかな美しさを表現した。
千葉・国立歴史民俗博物館蔵

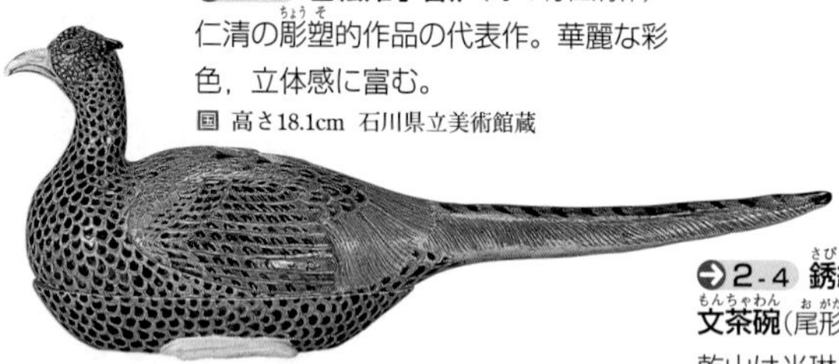

2-3 色絵雉子香炉《いろえきじこうろ》（野々村仁清《ののむらにんせい》作）
仁清の彫塑《ちょうそ》的作品の代表作。華麗な彩色，立体感に富む。
国 高さ18.1cm 石川県立美術館蔵

静岡・MOA美術館蔵

2-4 銹絵染付梅《さびえそめつけうめ》文茶碗《もんちゃわん》（尾形乾山《おがたけんざん》作）
乾山は光琳の実弟。陶法を野々村仁清に学ぶ。絵画性豊かな絵付《えつけ》に特色がある。
高さ7.0cm

2-6 両面宿儺像《りょうめんすくなぞう》（円空《えんくう》作）　二つの顔をもつ飛騨《ひだ》地方の伝説の怪人《かいじん》像。遍歴《へんれき》の僧円空は12万体の仏像をつくることを発願し，鉈彫《なたぼ》りの素朴な仏像彫刻を残した。豪放《ごうほう》でシンプルな作風で知られる。 高さ86.7cm 部分

岐阜・千光寺蔵

2-5 色絵藤花《いろえとうか》文茶壺《もんちゃつぼ》（野々村仁清《ののむらにんせい》作）　野々村仁清は色絵を完成して京焼の祖となった。この茶壺は藤の花が豊満な器形とよく調和している。
国 高さ29.0cm
静岡・MOA美術館蔵

3 絵画

国 各151.2×360.7cm 東京・根津美術館蔵

3-1 燕子花《かきつばた》図《ず》屏風《びょうぶ》(尾形光琳《おがたこうりん》筆) 6曲《きょく》1双《そう》(写真は右隻部分)，金箔《きんぱく》の大画面にただ燕子花だけが描かれ，しかもみずみずしく，爽快《そうかい》で律動感に満ちている。

TRY 論述 光琳の一派は「琳派」といわれるが，寛永期の文化のだれの画風に影響を受け，またどのようなところにその特徴が見られるか(◄p.130·131)。

推移 比較 相互関連

3-2 紅白梅《こうはくばい》図《ず》屏風《びょうぶ》

(尾形光琳筆) 中央に独特の渦文《かもん》を施《ほどこ》した流水，左右に紅白の老梅が力強く描かれ，宗《そう》達《たつ》の「風神雷神図」をも想《おも》わせる見事な構成である。

国 156.6×172.7cm 静岡・MOA美術館蔵

! 浮世絵 江戸時代の風俗画。元禄期の菱川《ひしかわ》師宣《もろのぶ》により確立。肉筆画と版画がある。初めは遊女や役者が題材であったが，化政期に錦絵《にしきえ》が発明され，風俗・風景・花鳥なども盛《さか》んに描かれた(►p.153·154)。

3-3 見返《みかえ》り美人図《びじんず》

(菱川師宣《ひしかわもろのぶ》筆) 師宣は浮世絵版画の開祖といわれる。この作品は肉筆《にくひつ》による浮世絵の名品である。

63.0×31.2cm 東京国立博物館蔵

3-4 秋郊鳴鶉図《しゅうこうめいじゅんず》

(土佐光起《とさみつおき》・光成《みつなり》筆) 光起が鶉《うずら》，子の光成が菊を描いた合作。「菊に鶉図」ともよばれる。光起は土佐派を再興し，朝廷の絵師をつとめた。

84.3×43.5cm 東京国立博物館蔵

3-5 洛中洛外図巻《らくちゅうらくがいずかん》(住吉具慶《すみよしぐけい》筆) 京都(上)と郊外の農村(下)を描いた。住吉具慶は大和絵《やまとえ》系の画家として幕府御用絵師となり，住吉派を確立した。

40.9×全長1,368.0cm 部分 東京国立博物館蔵

4 儒学者の系統

＊寛政の三博士（岡田寒泉のあと古賀精里）

1600 20 40 60 80 1700 20 40 60 80 1800 20 40 60

寛永 元禄 宝暦・天明 化政

朱子学派《しゅしがく》

- 藤原惺窩《ふじわらせいか》【京学】
  - 林羅山《はやしらざん》―林鵞峰《はやしがほう》―林信篤《はやしのぶあつ》
    - 林述斎《はやしじゅつさい》
    - ＊柴野栗山《しばのりつざん》―頼山陽《らいさんよう》
  - 石川丈山《いしかわじょうざん》
  - 松永尺五《まつながせきご》―木下順庵《きのしたじゅんあん》（木門《ぼくもん》）
    - 新井白石《あらいはくせき》
    - 雨森芳洲《あめのもりほうしゅう》
    - 室鳩巣《むろきゅうそう》……三浦梅園《みうらばいえん》
    - ……＊尾藤二洲《びとうにしゅう》
- 南村梅軒《みなみむらばいけん》【南学】……谷時中《たにじちゅう》
  - 野中兼山《のなかけんざん》
  - 山崎闇斎《やまざきあんさい》【崎門学派《きもん》】
    - 佐藤直方《さとうなおかた》……＊岡田寒泉《おかだかんせん》
    - 浅見絅斎《あさみけいさい》……古賀精里《こがせいり》
    - 三宅尚斎《みやけしょうさい》

陽明学派

- 中江藤樹《なかえとうじゅ》―熊沢蕃山《くまざわばんざん》
- 三宅石庵《みやけせきあん》―中井甃庵《なかいしゅうあん》
  - 中井竹山《なかいちくざん》
  - 中井履軒《なかいりけん》
- 佐藤一斎《さとういっさい》―佐久間象山《さくましょうざん》（ぞうざん）
- 山片蟠桃《やまがたばんとう》
- 大塩平八郎《おおしおへいはちろう》

古学派《こがく》

- 山鹿素行《やまがそこう》【聖学】
- 伊藤仁斎《いとうじんさい》【堀川学派】―伊藤東涯《とうがい》―青木昆陽《あおきこんよう》
- 荻生徂徠《おぎゅうそらい》【古文辞学派】
  - 太宰春台《だざいしゅんだい》
  - 服部南郭《はっとりなんかく》

その他 【折衷学派《せっちゅう》】 【考証学派《こうしょう》】

4-1 林羅山《はやしらざん》

4-2 伊藤仁斎《いとうじんさい》

4-3 蘐園の額《けんえん》 徂徠は江戸茅場町《かやば》に蘐園塾を開いた。（蘐＝茅《かや》の意）

4-4 荻生徂徠《おぎゅうそらい》

4 a 主な儒学者

儒学者	著書・特色など
藤原惺窩《ふじわらせいか》	京学の祖
林羅山《らざん》（道春《どうしゅん》）	『本朝通鑑《ほんちょうつがん》』編集・上野忍ヶ岡《しのぶがおか》に家塾・家康の政治顧問
林鵞峰《がほう》（春斎《しゅんさい》）	『本朝通鑑』編集・家光に仕える
林信篤《のぶあつ》（鳳岡《ほうこう》）	初代大学頭《だいがくのかみ》・綱吉に仕える
木下順庵《じゅんあん》	前田綱紀《つなのり》，徳川綱吉の侍講《じこう》・木門《ぼくもん》派を形成
新井白石《あらいはくせき》	『読史余論《とくしよろん》』『古史通《こしつう》』『藩翰譜《はんかんふ》』『折《おり》たく柴《しば》の記』
室鳩巣《むろきゅうそう》	『駿台雑話《すんだいざつわ》』『六諭衍義大意《りくゆえんぎたいい》』
山崎闇斎《やまざきあんさい》	**垂加神道《すいかしんとう》**・崎門《きもん》学派を形成
中江藤樹《なかえとうじゅ》	陽明学の祖・藤樹書院
熊沢蕃山《くまざわばんざん》	池田光政《いけだみつまさ》の藩政改革に貢献・『大《だい》学或問《がくわくもん》』（幕政批判→弾圧）
山鹿素行《やまがそこう》	『聖教要録《せいきょうようろく》』（朱子学批判）『武家事紀《ぶけじき》』『中朝事実《ちゅうちょうじじつ》』
伊藤仁斎《いとうじんさい》・東涯《とうがい》	古義堂《こぎどう》（私塾）・堀川学派
荻生徂徠《おぎゅうそらい》	『政談《せいだん》』 史―経世論・蘐園塾《けんえん》
太宰春台《だざいしゅんだい》	『経済録』

4 b 儒学者の主な活躍地

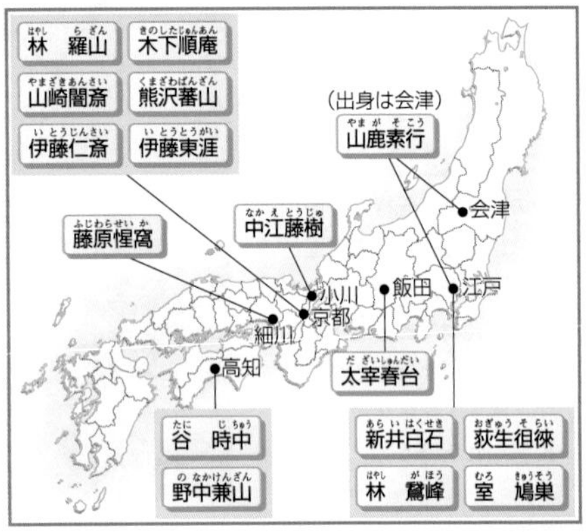

5 諸学問の発達

5 a 歴史学・国学

歴史学	林羅山《はやしらざん》・鵞峰《がほう》	『本朝通鑑《ほんちょうつがん》』編集。神武《じんむ》～後陽成《ごようぜい》天皇までの漢文編年体。
	徳川光圀《とくがわみつくに》	『大日本史』編纂《へんさん》開始（1906年完成）。朱子学的名分論により，水戸学形成に繋《つな》がる
	山鹿素行《やまがそこう》	『中朝事実《ちゅうちょうじじつ》』（中国崇拝《すうはい》を廃《はい》し日本の優位主張） 『武家事紀《ぶけじき》』（武家政治の由来，武家儀礼など）
	新井白石《あらいはくせき》	『**読史余論**《とくしよろん》』（武家政治の推移《すいい》を時代区分，徳川政権の正当性） 史 『古史通《こしつう》』（『日本書紀』神代巻の合理的解釈）
国文学研究	戸田茂睡《とだもすい》	制《せい》の詞《ことば》を否定し，歌学の革新
	契沖《けいちゅう》	『万葉代匠記《まんようだいしょうき》』（万葉集注釈書，光圀《みつくに》の命）
	北村季吟《きたむらきぎん》 →国学	『源氏物語湖月抄《こげつしょう》』（注釈書），初代幕府歌学方《かがくかた》に登用（►p.151）

5 b 自然科学

本草学	貝原益軒《かいばらえきけん》	朱子学者で医学，本草学にも優れる 『大和本草《やまとほんぞう》』（1,362種の動植鉱物を分類解説）
	稲生若水《いのうじゃくすい》	『庶物類纂《しょぶつるいさん》』（生前362巻，死後弟子が完成）
農学	宮崎安貞《みやざきやすさだ》	『農業全書』（◄p.134）
和算	吉田光由《よしだみつよし》	『塵劫記《じんこうき》』（日常的問題で計算方法を解説）
	関孝和《せきたかかず》	『発微算法《はつびさんぽう》』（縦書き筆算で代数の基礎確立）
暦学	渋川春海《しぶかわはるみ》（安井算哲《やすいさんてつ》）	**貞享暦《じょうきょうれき》**作成（元の授時暦《じゅじれき》を天体観測により修正），初代幕府天文方《てんもんかた》

5 c 主な活躍地

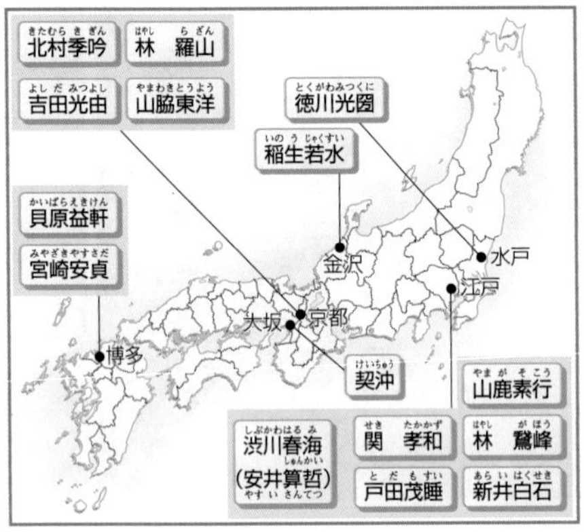

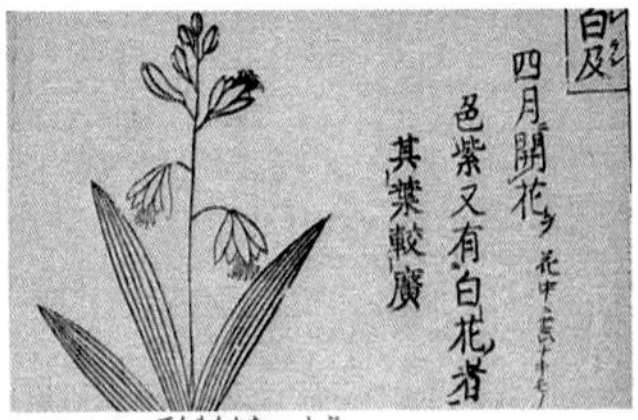

5-3 『大和本草《やまとほんぞう》』（貝原益軒《かいばらえきけん》著） 本草学の先駆《せんく》。 国立国会図書館蔵

5-1 徳川光圀《とくがわみつくに》

(財)水府明徳会 彰考館 徳川博物館蔵

5-2 『大日本史』稿本 水戸藩江戸藩邸に置かれた彰考館《しょうこうかん》で編集された。明治年間までかかって完成。

5-4 **地球儀** 幕府天文方《てんもんかた》の渋《しぶ》川春海《かわはるみ》が，元禄《げんろく》時代に日本で初めてつくった地球儀。明《ミン》で活躍したマテオ＝リッチの「坤輿万国全図《こんよばんこくぜんず》」（1602年刊）を参考にしている。 三重・神宮徴古館蔵

5-5 **算額**（復元） 和算家たちが奉納《ほうのう》したもの。幾何学《きかがく》の問題。 岩手・一関市博物館蔵

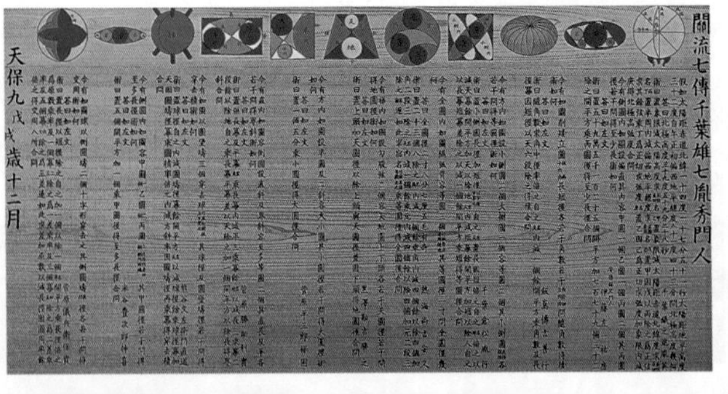

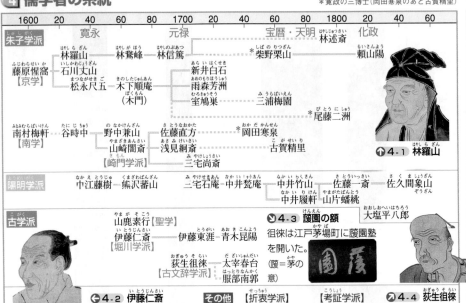

6 歌舞伎の変遷・成立

部分 静岡・MOA美術館蔵

6-1 女歌舞伎《おんなかぶき》 桃山《ももやま》期の出雲阿国《いずものおくに》(◄p.121)のかぶき踊りから生まれ，遊女《ゆうじょ》による踊りを主とするものであった。かぶきとは異様な振る舞いや風俗という意味の「傾《かぶ》く」が転じたもの。写真の男装の女性は典型的な「かぶき者」の姿。

1629年禁止

部分 東京・(財)出光美術館蔵

6-2 若衆歌舞伎《わかしゅかぶき》 女歌舞伎が風俗を乱すとして禁止され，代わって若衆歌舞伎が全盛となる。前髪を豊かにたくわえ，華やかな服装をした美少年たちの踊りを主とする。女歌舞伎同様，風紀上の理由で禁止された。

1652年禁止

6-3 野郎《やろう》歌舞伎 初代市川団十郎《いちかわだんじゅうろう》が演じる竹抜き五郎。若衆歌舞伎禁止後成立した野郎歌舞伎は，それまでの舞踊《ぶとう》中心の舞台から演劇《えんげき》的なものへと発展した。元禄期に江戸，大坂に名優が登場し，現在に続く芸能・歌舞伎は最初のピークを迎えた(►p.150)。 東京国立博物館蔵

6a 元禄期の名優

6-4 初代市川団十郎《いちかわだんじゅうろう》(1660～1704・江戸) 英雄や神仏の超人的パワーを表現する「荒事《あらごと》」を創始。屋号《やごう》は成田屋。 東京・平木浮世絵美術館蔵

6-6 初代坂田藤十郎《さかたとうじゅうろう》(1647～1704・上方) 色男役を優美に演じる「和事《わごと》」を完成。近松の脚本により活躍した。

6-7 初代芳沢《よしざわ》あやめ(1673～1729・上方) 上方歌舞伎の女形《おやま》。写実的演技にすぐれ，女形芸の大成者とされる。和事の遊女役を演じた。

6-5 2代目団十郎の演じる「助六」 荒事に和事味を加えて2代目が創始した役柄。以後，江戸歌舞伎を代表する「色男」の代名詞となった。 東京国立博物館蔵

7 元禄文学

桃山	**俳諧連歌《れんが》**（室町時代）
寛永	**貞門派《ていもん》** 松永貞徳《まつながていとく》
	談林派《だんりん》 西山宗因《にしやまそういん》
元禄	**蕉風《しょうふう》（正風）** 松尾芭蕉《まつおばしょう》
宝暦・天明	与謝蕪村《よさぶそん》
化政	小林一茶《こばやしいっさ》

7a 俳諧《はいかい》

天理大学附属天理図書館蔵

7-1 『奥の細道』行脚《あんぎゃ》の折りの松尾芭蕉《まつおばしょう》(1644～94)(左)**と河合曽良《かわいそら》**(右)

7-2 「ふる池や蛙《かわず》飛込水のおと」の短冊《たんざく》(芭蕉) 流麗典雅《りゅうれいてんが》な芭蕉の筆跡。貞享《じょうきょう》末(1687年)のもの。

兵庫・(財)柿衞文庫蔵

Point 松尾芭蕉は伊賀《いが》上野《うえの》の出身。遊戯《ゆうぎ》的なものに堕落《だらく》した貞門《ていもん》・談林《だんりん》風俳諧にあきたらず，「さび」「しおり」「軽《かる》み」などであらわされる**蕉風《しょうふう》(正風)俳諧**を確立した。旅の中に人生を探求し，旅の中から味わいの深い作品を数多く残している。

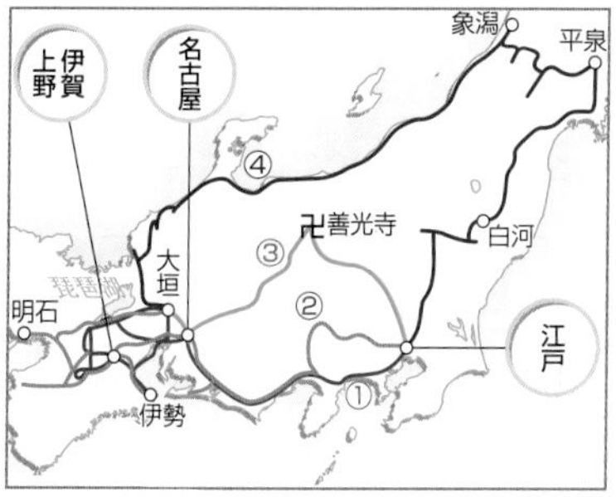

紀行文

①『野ざらし紀行』
②『笈《おい》の小文《こぶみ》』
③『更科《さらしな》紀行』
④『**奥の細道**』

俳諧七部集

門人らの撰によるもの。評価が高い『猿蓑《さるみの》』や『冬の日』・『炭俵《すみだわら》』など。

7b 浮世草子《うきよぞうし》(小説)

7-3 井原西鶴《いはらさいかく》(1642～93) 大坂町人の子ではじめ俳諧を学ぶが，のちに浮世草子作家となり，散文《さんぶん》による近代小説を確立した。人間の物欲や愛欲を肯定《こうてい》的にとらえ，近世町人のありのままの姿を描き出している。 個人蔵

好色物

『**好色一代男《こうしょくいちだいおとこ》**』
『好色一代女』
『好色五人女』

町人物

『**日本永代蔵《にっぽんえいたいぐら》**』
『**世間胸算用《せけんむねざんよう》**』

武家物

『武道伝来記《ぶどうでんらいき》』
『武家義理《ぎり》物語』

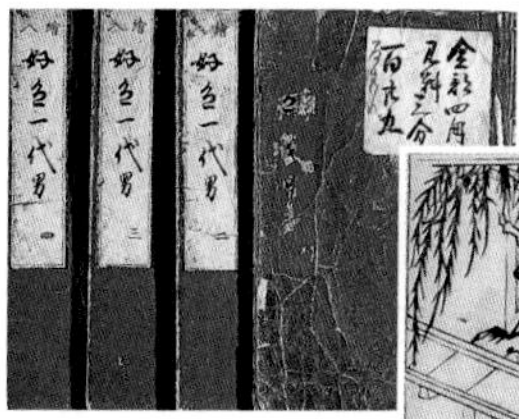

7-4 『好色一代男』(1682(天和2)年) 西鶴の浮世草子第一作。主人公世之介《よのすけ》の一代にわたる女性遍歴《へんれき》を軸にした読み物。右の場面は行水《ぎょうずい》をのぞく世之介少年。 早稲田大学図書館蔵

7c 脚本

世話物

『**曽根崎心中《そねざきしんじゅう》**』『心中天網島《しんじゅうてんのあみじま》』『冥途《めいど》の飛脚《ひきゃく》』

時代物 『国性(姓)爺合戦《こくせんやかっせん》』

7-5 近松門左衛門(1653～1724) 人形浄瑠璃《じょうるり》，歌舞伎の台本作者。浄瑠璃の語り手，**義太夫節《ぎだゆうぶし》**の創始者である**竹本義太夫《たけもとぎだゆう》**と組み，大坂の竹本座で優れた舞台を数多く生み出した。近松の作品は，義理と人情の板挟《いたばさ》みに苦悩し，最期には死をもってしか自らの誠実さを示すほかのない封建社会に生きる人間の姿を描いて，多くの町人たちの共感をよんだ。 兵庫・(財)柿衞文庫蔵

国立劇場提供

7-6 人形浄瑠璃(現在の文楽) 『曽根崎心中』の舞台の一場面。遊女お初と徳兵衛の心中同行シーン。

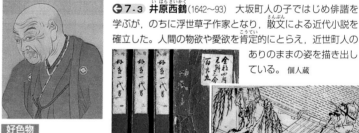

144 封建社会の動揺と享保の改革

1 封建社会の動揺

1a 幕府財政の変化

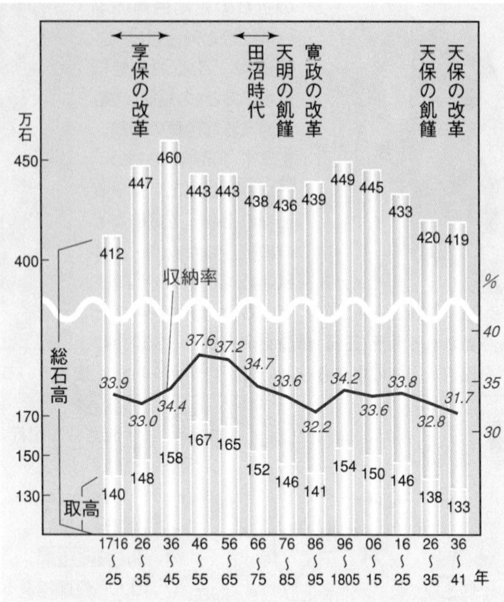

（『誠斎雑記』）

Point 享保《きょうほう》の改革期には**新田開発**などによって総石高《こくだか》も増え，年貢収納率も際立って上がっており，年貢増徴策の成果が読み取れる。1744年には180万石という幕府史上最高の年貢取高に達した。また**天明《てんめい》の飢饉《ききん》**の1786年には108万石，**天保《てんぽう》の飢饉**の1836年には104万石という低い年貢取高が記録されている。

幕府の窮乏対策
年貢増徴・新田開発
貨幣改鋳《かいちゅう》の益金
御用金
運上《うんじょう》・冥加《みょうが》拡大

1b 長州藩の負債額累計

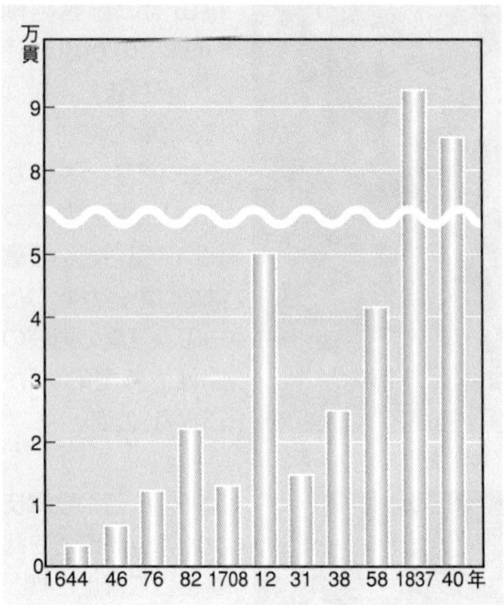

Point 長州藩では，1646年には早くも家臣の給禄を20%削減（借知《しゃくち》）し，1704年には半知を実施したが，1840年には年貢ほかの歳入額3,790貫の約22倍にも達した。藩では専売などによりかなりの財源を蓄えていたが，負債の負担は農民を苦しめた。

諸藩の窮乏対策
年貢増徴・新田開発
家臣の減封《げんぽう》（借知《しゃくち》・半知《はんち》）
御用金・大名貸し
特産物の専売

1c 武士の家計
—高500石の旗本《はたもと》の例（1825年）

収入	150両（換算）	
支出	143両	
内訳	使用人扶持給金	32両
	生計費	111両

（高橋保舟『賄方経済録』などより作成）

Point 上級武士の旗本ですら支出を切り詰めてようやく赤字を出さない状況。臨時支出があれば借金生活。

武士の窮乏対策
札差《ふださし》などからの借金
内職（楊枝削《ようじけず》り・傘貼《かさは》り）
養子縁組《ようしえんぐみ》による身分売却

2 享保《きょうほう》の改革《かいかく》—8代将軍吉宗《よしむね》（在位1716〜1745）

目標	●復古《ふっこ》理想主義（初代家康時代への復帰）—将軍独裁制の確立 ●財政再建を企図	
施策	士風《しふう》振興	●武芸と質素倹約奨励
	財政再建	●**倹約令《けんやくれい》**（支出抑制・生活緊縮） ●**上げ米《あまい》**（1722〜1730）…在府を半減する代わりに大名より1万石ごとに100石ずつ上納 ●**足高《たしだか》の制《せい》**…人材登用・財政負担軽減 ●**新田開発**奨励…町人請負新田《ちょうにんうけおいしんでん》 ●年貢増徴《ぞうちょう》（五公五民←四公六民）　●**定免法《じょうめん》**の採用←検見《けみ》法
	殖産興業《しょくさんこうぎょう》	●商品作物栽培奨励…甘藷《かんしょ》・甘蔗《かんしゃ》（さとうきび）・櫨《はぜ》・朝鮮人参《ちょうせんにんじん》など ●**実学**奨励…**漢訳洋書の輸入制限緩和《かんわ》**・**青木昆陽《あおきこんよう》**・**野呂元丈《のろげんじょう》**に蘭語学ばせる
	支配機構の整備	●**相対済し令《あいたいすまれい》**…金銀貸借《たいしゃく》訴訟の停止と裁判事務の簡素化 ●**公事方御定書《くじかたおさだめがき》**…大岡忠相《おおおかただすけ》らの編纂《へんさん》，裁判・刑罰の基準 ●御触書寛保集成《おふれがきかんぽうしゅうせい》…幕府法令の収集編纂 ●**目安箱《めやすばこ》**の設置→**小石川養生所《こいしかわようじょうしょ》**・**町火消《まちびけし》**などの実現
	商業統制	●**株仲間《かぶなかま》公認**…価格・流通の統制 ●米価調節…**大坂堂島《どうじま》米市場公認**（1730） ●貨幣改鋳《かいちゅう》…物価対策を目的として元文《げんぶん》金銀鋳造（1736）
結果	●幕府財政の好転（1744），年貢収納高幕府史上最高に達す→後世の改革の模範 ●年貢増徴政策→農民の生活圧迫（享保の飢饉《ききん》）→百姓一揆・打ちこわしの増加 ●米価の変動→社会不安の増大	

2-1 武芸の奨励（『小金原田蒐之図』）享保以降の改革では，文武の奨励，質素倹約がお題目となった。左は調馬のようす。吉宗は自ら率先して範《はん》を示した。 国立国会図書館蔵

2-2 大岡忠相《おおおかただすけ》（越前《えちぜん》） 1717（享保2）年から19年町奉行を務め，小石川養生所《こいしかわようじょうしょ》・町火消《まちびけし》制度の設置，江戸の物価対策，関東幕領の農政などに力を尽《つ》くした。「大岡裁き」は大半が後世の創作。 東京・早稲田大学演劇博物館蔵

2-3 纏《まとい》をもった江戸の町火消《まちびけし》の勇姿 その活躍は「江戸の華」とうたわれ，歌舞伎《かぶき》や浮世絵に取り上げられた。 東京消防庁消防博物館蔵

Discovery

たそがれ清兵衛

真田広之《さなだひろゆき》，宮沢りえ主演で山田洋次《やまだようじ》が初めて時代劇を撮影し，2002年邦画の賞を総なめにした。幕末の東北庄内の小藩を舞台に，病で妻に先立たれ老母と2人の娘を抱える下級武士井口清兵衛《せいべえ》。日頃内職にも追われ生活に汲々《きゅうきゅう》としている清兵衛が藩命で上意討《う》ちの果たし合い相手を命じられ，死を覚悟して家を出る。想いを寄せていた朋江に初めてそれを告げて戦いに向かった清兵衛の運命は？下級武士の窮乏状況，封建社会に生きる者の生き方。抑えた表現の中で見る者に感動を伝える時代劇である。

2a 米価の変動と「米将軍」吉宗の米価対策

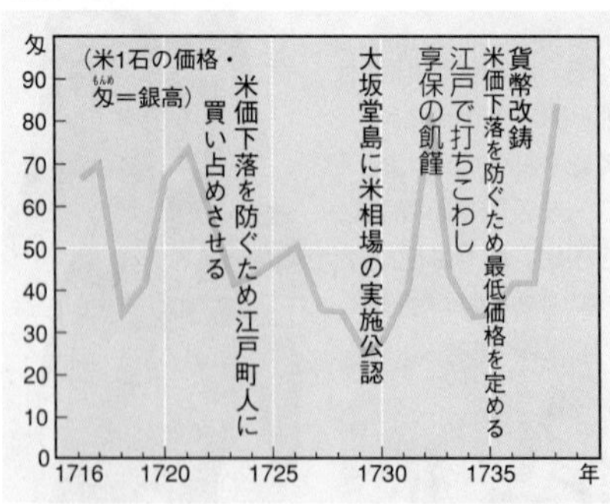

（『米価秘用暦』）

(財)徳川記念財団蔵

2-5 徳川吉宗 紀《き》伊《い》徳川家より将軍就任。

・はたもとに（は）今ぞ淋しさまさりけり
御金もとらで暮らすと思へば
（一七二二・二三年旗本の禄米支給が遅れた）
・向後万事倹約を相守り、只今まで鬼ども虎の皮のふんどしを致し候へども、以後は相止め、自今は木綿にて虎の皮染にざっと染め用ひ申すべく候。
（『享保世話』）

2-4 交趾《こうち》国（ベトナム）から吉宗に贈られた象の姿（山王祭礼図屏風）
東京国立博物館蔵

1 農村の窮乏と農民層の分解

1a 江戸時代の主な飢饉《ききん》

1615	奥羽《おうう》地方大冷害
1640〜1642	奥羽・北陸地方大冷害
1680〜1682	異常気候のため全国的飢饉
1695	奥羽地方大冷害
1701〜1703	奥羽地方大冷害，全国的飢饉
1732	**享保《きょうほう》の飢饉** （西日本のうんかの害）
1755〜1756	奥羽地方大冷害
1782〜1787	**天明《てんめい》の飢饉** 奥羽地方大冷害 浅間《あさま》山の大噴火(1783)
1833〜1839	**天保《てんぽう》の飢饉** 冷害･風水害続発，作柄3〜4分作(全国平均)
1866	奥羽地方大冷害

Point 江戸時代を通じて**飢饉**は21回，**凶作《きょうさく》**は130回発生した。一度飢饉になると種籾《たねもみ》まで食べ尽《つ》くしてしまい，数年飢饉が続くことが多かった。

1-1 **浅間《あさま》山の大噴火**　1783(天明《てんめい》3)年7月，南の追分《おいわけ》宿あたりからの眺望。100km以上離れた関東一円にも降灰《こうかい》がおよんだ。田沼時代の天明の飢饉に拍車《はくしゃ》をかける大災害であった。　個人蔵

Point グラフ 1b において，下小坂村は綿作が盛んで，早くから商品生産・貨幣経済が浸透していた。

1b 本百姓の分解(河内国下小坂村)

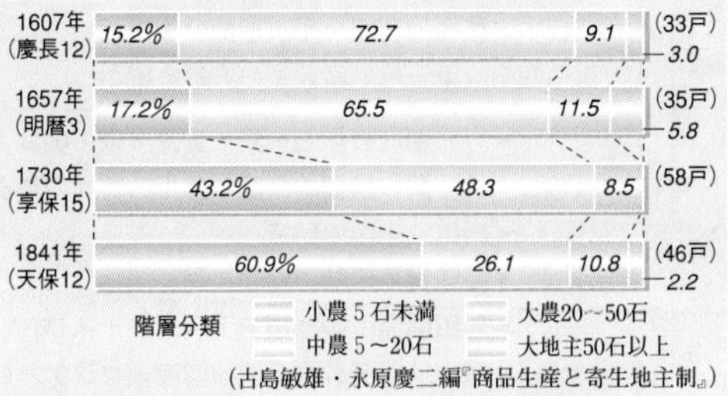

(古島敏雄・永原慶二編『商品生産と寄生地主制』)

TRY 論述 下小坂村で分解が進んだのはどのような層の農民か。また，その理由としてはどのようなことが考えられるか。　推移　相互関連

1-2 **天明《てんめい》の飢饉《ききん》**　特に東北地方が大冷害で被害が大きかった。餓死した死体や餓死寸前の惨状のようすが描かれた会津地方の図版。　福島・会津高田町教育委員会

2 百姓一揆・打ちこわし

2a 百姓一揆の発生

(青木虹二『百姓一揆総合年表』)

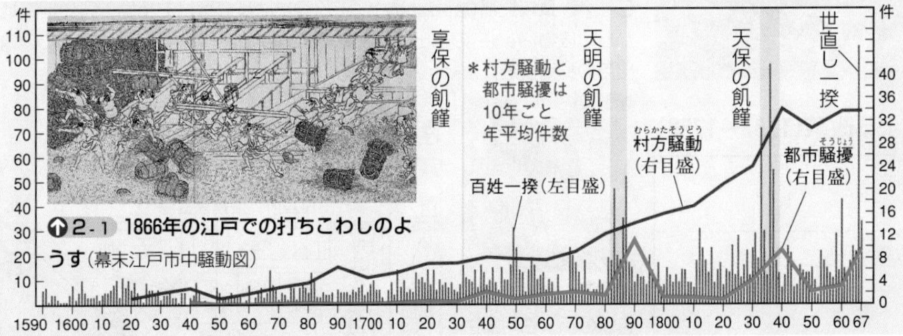

2-1 **1866年の江戸での打ちこわしのようす**(幕末江戸市中騒動図)

Point 幕藩領主に対する闘争である百姓一揆は，江戸時代を通じて約3,200件におよんでいる。また，村内の対立である村方騒動《むらかたそうどう》は，中後期より激増しており，村落内の階層分化の進行をうかがわせる。

TRY 論述 百姓一揆や都市騒《そう》擾《じょう》のピークの時期はいつか。　時系列

2-2 **傘連判状《からかされんぱんじょう》**(1754年常陸《ひたち》国茨城郡)　平等に一《いっ》致団結《ちだんけつ》し，一揆の首謀者《しゅぼうしゃ》がだれかを隠すため工夫された。　個人蔵

2-3 **「一揆大よりの図」**　1840(天保《てんぽう》11)年の出羽庄内《でわしょうない》藩での三方領地替《さんぽうりょうちが》えに反対する一揆の集結。その一揆の一部始終を描いた「夢の浮橋」の一部で，最も高揚《こうよう》した場面(►p.148)。　山形・致道博物館蔵

2b 百姓一揆の分布

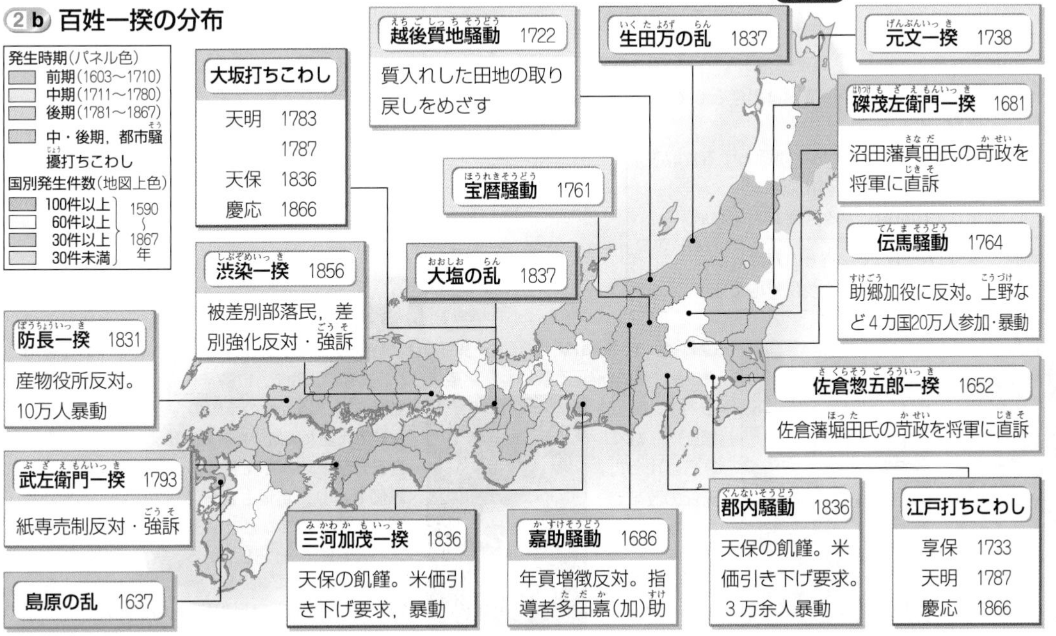

2c 百姓一揆の形態

型	内容
代表越訴《おっそ》型 前期(17世紀後半中心)	村役人らが年貢減免《げんめん》などを領主に直訴《じきそ》(越訴)
惣百姓《そうびゃくしょう》一揆型 中期(18世紀中心)	村役人らが農民をまとめて大規模化。年貢減免・専売制廃止などを村をあげて強訴《ごうそ》
世直し一揆型 後期(19世紀・幕末中心)	貧農層が領主や村役人に対し，土地再配分・専売制廃止・物価引き下げ・村役人排斥《はいせき》などを強訴
村方騒動《むらかたそうどう》 中期〜後期(村内での抗争)	貧農層と村役人層が対立(村役人の不正追及･交代要求，村政への参加要求など)
国訴《こくそ》 19世紀(畿内《きない》)	在郷《ざいごう》商人が農民を指導し，株仲間の流通独占に反対

田沼の政治と寛政の改革

1 田沼《たぬま》時代—10代将軍家治《いえはる》／田沼意次《たぬまおきつぐ》による政治(1772～1786)

目標		●商業資本の積極的利用←年貢増徴《ねんぐぞうちょう》の限界 ●吉宗《よしむね》の商業政策――殖産興業《しょくさんこうぎょう》の方針を継承
施策	商業政策	●専売制度の拡張…銅・真鍮《しんちゅう》・鉄・朝鮮人参《ちょうせんにんじん》などの幕府直営の座を設置 ●**株仲間の積極的公認**…運上《うんじょう》・冥加《みょうが》の増徴を企図 ●南鐐二朱銀《なんりょうにしゅぎん》の鋳造《ちゅうぞう》
	貿易拡大	●**長崎貿易の制限緩和《かんわ》**…銅・俵物《たわらもの》による支払い。金・銀輸入促進
	開発計画	●**新田開発**…印旛沼《いんばぬま》・手賀沼《てがぬま》の干拓《かんたく》(町人請負《うけおい》新田)→失敗 ●蝦夷地《えぞち》開発計画…俵物増産・ロシアとの貿易を企図←工藤平助《くどうへいすけ》の『赤蝦夷風説考《あかえぞふうせつこう》』 **最上徳内《もがみとくない》**ら蝦夷地探検
結果		●天災頻発《ひんぱつ》(浅間山噴火《あさまやまふんか》1783・**天明《てんめい》の飢饉《ききん》**1782～1787)→百姓一揆・**打ちこわし**激発 ●**賄賂《わいろ》政治**への不満→田沼父子の失脚 意知《おきとも》の暗殺(1784)・意次罷免《ひめん》(1786)

東京・勝林寺蔵

1-1 **田沼意次** 側《そば》用人《ようにん》(1767～1772)・老中(1772～1786)。

●役人の子はにぎにぎをよくおぼえ
●年号は安く永しと変われども
諸色高直《しょしきこうじき》いまにめいわ九《く》
(明和《めいわ》九年、年号を安永《あんえい》と改元)
●金とりて田沼る身のにくさゆえ
命捨てても佐野《さの》み惜しまん
(佐野善左衛門政言《さのぜんざえもんまさこと》、意知暗殺)

1-2 **南鐐二朱銀《なんりょうにしゅぎん》**(右側が表) 金貨を中心とする貨幣制度への一本化を図った。南鐐二朱銀8枚で小判1枚＝1両と同価。

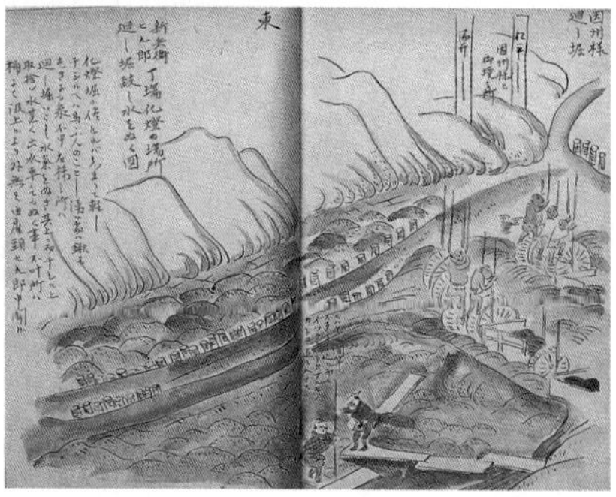

1-3 **印旛沼の干拓**(俗保定記) 田沼意次が江戸・大坂の商人によびかけ行った大規模な新田開発事業であったが，利根川の大洪水がおこり完成間近で挫折《ざせつ》。その後，天保《てんぽう》の改革《かいかく》で水野忠邦《みずのただくに》も干拓事業を手がけたが，忠邦自身が失脚し干拓工事も半《なか》ばで再度中止となった。 千葉・船橋市西図書館蔵

1-4 **長崎貿易**(唐蘭館絵巻) 田沼意次は長崎貿易を奨励，銅や蝦夷地《えぞち》からの俵物《たわらもの》(◄p.129)の輸出をし，金･銀の輸入を促進した。(左は会所《かいしょ》での輸出用の棹銅《さおどう》検査) 長崎市立博物館蔵

2 寛政《かんせい》の改革《かいかく》—11代将軍家斉《いえなり》／松平定信《まつだいらさだのぶ》による改革(1787～1793)

目標		●復古的理想主義――享保《きょうほう》の改革《かいかく》を目標・田沼《たぬま》政治の粛正《しゅくせい》 ●農村再建，本百姓維持と商業資本抑圧
施策	農村復興	●**旧里帰農令《きゅうりきのうれい》**…旅費を支給し帰村奨励 ・助郷役《すけごうやく》軽減
	社会政策	●**囲米《かこいまい》**の制《せい》…大名1万石につき50石の蓄米 ●社倉《しゃそう》・義倉《ぎそう》の設置 ●**七分積金《しちぶつみきん》**…江戸町費節約，米や銭で積立て，貧民救済・低利金融 ●人足寄場《にんそくよせば》…江戸石川島に設置。浮浪人・無宿《むしゅく》人に職業指導
	財政緊縮	●倹約令《けんやくれい》 ●**棄捐令《きえんれい》**…旗本・御家人の救済―┬6年以前の借金帳消し 史 └5年以内のものは低利返済
	風俗矯正《きょうせい》	●文武奨励，女髪結《かみゆい》・混浴・賭博《とばく》の禁止 ●**出版統制**…洒落《しゃれ》本作家**山東京伝《さんとうきょうでん》**を処罰
	思想統制	●**寛政異学《かんせいいがく》の禁**…朱子学《しゅしがく》のみを正学とし，ほかの儒学は異学として聖堂学問所での講義を禁じる 史 (湯島《ゆしま》聖堂学問所を官立の昌平坂《しょうへいざか》学問所とする1797年) ●林子平《はやししへい》の処罰…『三国通覧図説《さんごくつうらんずせつ》』『海国兵談《かいこくへいだん》』史の出版禁止
	海防強化	●定信，伊豆《いず》・相模《さがみ》巡視，諸藩に海防厳命←ラクスマン根室《ねむろ》来航
結果		●一時的に幕政緊縮→庶民の不満増大 ●**「尊号一件」**で家斉との対立 ●反動色強く，失敗に終わる――貨幣経済の進展と農村の変貌《へんぼう》に対応できず

2-1 **松平定信** 吉宗の孫，白河《しらかわ》藩主。

●白河の清きに魚のすみかねて
もとの濁りの田沼恋しき
●世の中に蚊《か》ほどうるさきものはなし
ぶんぶといふて夜も寝られず
(文武)
(大田南畝《なんぽ》)

2a 人足寄場《にんそくよせば》

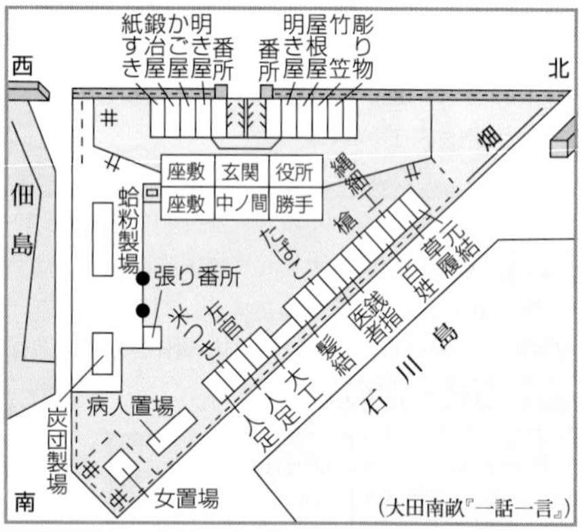

(大田南畝『一話一言』)

Point 軽犯罪者や無宿人を収容。寛政期では約130人，天保期では約600人いたといわれる。江戸の治安対策と授産更正《じゅさんこうせい》の場を与える目的をもったもの。長谷川平蔵《はせがわへいぞう》(►Discovery)の建議といわれる。

東京・早稲田大学図書館蔵　東北大学附属図書館蔵

2-2 **林子平と『海国兵談』** 海防警備を説いたことで幕政を批判したとされ，版木《はんぎ》没収，子平は禁錮《きんこ》とされた。江戸で34部のみの予約だったが。

2-3 **女髪結《かみゆい》**(葉うた虎の巻) 風俗矯正《ふうぞくきょうせい》で禁じられた(贅沢《ぜいたく》禁止)が，なくならなかった。天保の改革でも統制対象とされた。 ポーラ文化研究所蔵

Discovery

長谷川平蔵《はせがわへいぞう》 “鬼平”

池波正太郎《いけなみしょうたろう》原作の「鬼平犯科帳」シリーズやその時代劇でおなじみの長谷川平蔵(宣以《のぶため》)。実在の人物で，1787年に火付盗賊改《ひつけとうぞくあらため》の加役《かやく》を命ぜられ，捕《と》り物の手際の良さや貧民への施《ほどこ》しなどで大変な人気であったと伝えられる。一方で，自己宣伝が巧《たく》みで売名行為に長《た》けた人物という評価もあり，定信《さだのぶ》も自伝で「この人功利をむさぼるが故に山師《やまし》などというよこしまなることもあるよしにて」と記している。実際の鬼平像は？

(『ビジュアル・ワイド江戸時代館』小学館)

テレビ時代劇「鬼平犯科帳」のDVD

1 列強の動向と幕府の対応

○付数字は 3 の地図のパネルの数字に対応

	列強の動向	幕府の対応
田沼時代	1778 ロシア船，蝦夷《えぞ》地厚岸《あっけし》に来航。通商を要求 → 松前《まつまえ》藩拒絶	1783 工藤平助《くどうへいすけ》『赤蝦夷風説考《あかえぞふうせつこう》』を著す 1784 田沼意次《たぬまおきつぐ》，蝦夷地開発計画 1785～86 最上徳内《もがみとくない》ら千島《ちしま》探検，得撫島《うるっぷ》に至る
寛政改革期	1792 ロシア使節《しせつ》ラクスマン，根室《ねむろ》に来航。通商を要求①(大黒屋光太夫送還《だいこくやこうだゆうそうかん》)	1792 林子平《はやししへい》の『三国通覧図説《さんごくつうらんずせつ》』『海国兵談《かいこくへいだん》』史を出版禁止。子平は禁錮《きんこ》 松平定信《まつだいらさだのぶ》，海防強化を諸藩に命令 →幕府拒絶
大《お》御《ご》所《しょ》時代(家斉《いえなり》)		1798 近藤重蔵《こんどうじゅうぞう》の千島探検 1799 東蝦夷地を幕府の直轄《ちょっかつ》とする
	1804 ロシア使節レザノフ，**長崎に来航**。通商を要求②	1800 伊能忠敬《いのうただたか》，蝦夷地測量 →幕府拒絶。以後，北方でのロシアとの武力紛争おきる 1806 文化の薪水《しんすい》給与令(撫恤令《ぶじゅつれい》) 1807 西蝦夷地を幕府の直轄とする
	1808 **フェートン号事件**(英)③	1808～09 間宮林蔵《まみやりんぞう》の樺太《からふと》探検 1811 国後《くなしり》島でロシア艦長ゴローウニンを捕《とら》える(**ゴローウニン事件**)④
	1812 ロシア，報復として高田屋《たかだや》嘉兵衛《かへえ》を捕える	→1813 高田屋嘉兵衛とゴローウニンを交換(ロシアとの緊張緩和)
	1818 イギリス人ゴルドン，浦賀《うらが》に来航。通商要求	1821 東西蝦夷地を松前氏に返還
	1824 イギリス捕鯨《ほげい》船員，常陸《ひたち》大津浜・薩摩《さつま》宝島に上陸⑤⑥	→1825 **異国船打払令《いこくせんうちはらいれい》(無二念打払令《むにねんうちはらいれい》)** 史 1828 シーボルト事件
	1837 **モリソン号事件**(米)⑦	→1839 **蛮社《ばんしゃ》の獄《ごく》**
天保改革期	1840～42 **アヘン戦争**(清)(英)	→1842 天保《てんぽう》の**薪水給与令《しんすいきゅうよれい》**
開国	1844 オランダ国王開国勧告	→幕府謝絶
	1846 ビッドル(米)，浦賀に来航⑧	→幕府，通商要求拒絶
	1853 ペリー(米)，浦賀に来航⑨	→大統領の国書《こくしょ》受け取る
	プチャーチン，長崎来航⑩	
	1854 ペリー，再来航	→1854 **日米和親条約**を締結 史
	1856 ハリス(米)，下田《しもだ》に着任⑪	→1858 **日米修好通商条約**に調印 史

(►p.156)

2 列強のアジア進出

3 外国船の来航

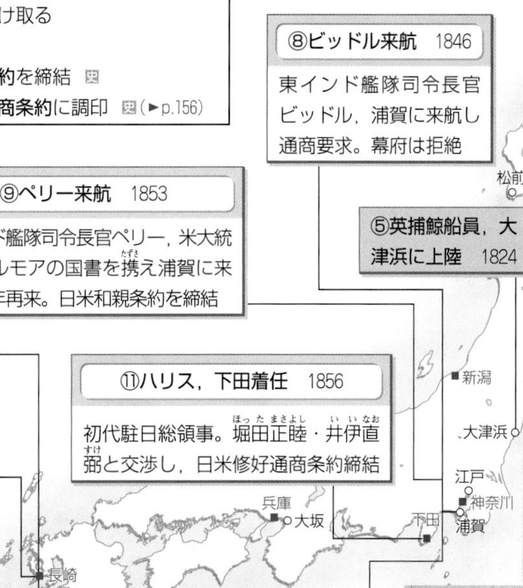

④ゴローウニン事件

1811年ロシア軍人ゴローウニンが国後島測量中捕えられ箱館に監禁される。1812年ロシア側は報復として商人高田屋嘉兵衛《たかだやかへえ》を捕えたが翌年両者とも釈放。ゴローウニンは拘留《こうりゅう》中『日本幽囚記《ゆうしゅうき》』を著す

3-1 ゴローウニン

⑧ビッドル来航 1846

東インド艦隊司令長官ビッドル，浦賀に来航し通商要求。幕府は拒絶

①ラクスマン来航 1792

エカチェリーナ2世の命により，日本人漂流民大黒屋光太夫《だいこくやこうだゆう》ら送還の名目で来航。通商を拒否されて帰国

3-2 大黒屋光太夫《だいこくやこうだゆう》
三重・大黒屋光太夫記念館蔵

⑤英捕鯨船員，大津浜に上陸 1824

⑩プチャーチン来航 1853

長崎に来航，日露間の国境画定と通商を求める。翌年下田に来航，日露和親条約に調印 史

3-7 プチャーチン

⑨ペリー来航 1853

東インド艦隊司令長官ペリー，米大統領フィルモアの国書を携《たずさ》え浦賀に来航。翌年再来。日米和親条約を締結

⑪ハリス，下田着任 1856

初代駐日総領事。堀田正睦《ほったまさよし》・井伊直弼《いいなおすけ》と交渉し，日米修好通商条約締結

3-6 レザノフ一行の上陸
(レザノフ来航絵巻) 東京大学史料編纂所蔵

②レザノフ来航 1804

長崎に来航。通商を幕府に拒絶され翌年退去。報復として樺太《からふと》・択捉《えとろふ》の番所，漁船を攻撃

3-3 高野長英《たかのちょうえい》 高野長英・渡辺崋山《わたなべかざん》ら尚歯会《しょうしかい》グループは，モリソン号事件での幕府の対応を批判したとして弾圧された(蛮社《ばんしゃ》の獄《ごく》)。重

3-5 フェートン号
長崎市立博物館蔵

③フェートン号事件 1808

仏勢力下にあるオランダの船を捕獲するために，英軍艦フェートン号が長崎に侵入。薪水《しんすい》食糧を強奪して退去。長崎奉行松平康英《まつだいらやすひで》は切腹

⑥英捕鯨船員，薩摩宝島《たからじま》に上陸 1824

⑦モリソン号事件 1837

日本人漂流民7名を伴い，来航した米船モリソン号を，浦賀と薩摩の山川《やまがわ》で撃退。翌年事情を蘭商館長から知らされ，崋山《かざん》・長英《ちょうえい》らの幕政批判となる

3-4 モリソン号
(独)国立公文書館蔵

- 赤字 日米和親条約(神奈川条約)での開港(1854年)
- 青字 日米修好通商条約での開港(1858年)・江戸と大坂は開市
- ロシア関係事項
- イギリス関係事項
- アメリカ関係事項

丸数字は年代順

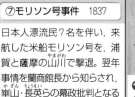

148 大御所時代と天保の改革

1 大御所時代《おおごしょじだい》 文化・文政時代中心 1793〜1841

1-1 徳川家斉

特色		11代将軍家斉《いえなり》の時代(位1787〜1837) 放漫財政―将軍・大奥の華美《かび》な生活 政治腐敗―老中水野忠成《みずのただあきら》の賄《わい》賂《ろ》政治 経済・商業の発展，農村荒廃
施策	財政	●**悪貨の大量発行―出目《でめ》の収益** ●商人への御用金賦課《ふか》
	治安	●**関東取締出役《かんとうとりしまりしゅつやく》**(八州廻り)の設置(1805) ●**寄場組合《よせばくみあい》**組織―関東の農村
	対外	●北方探査　最上徳内《もがみとくない》・近藤重蔵《こんどうじゅうぞう》・間宮《まみや》林蔵《りんぞう》ら ●伊能忠敬《いのうただたか》，全国・蝦夷地《えぞち》沿岸測量(1800〜16) ●文化の薪水給与令《しんすいきゅうよれい》(1806) ●**異国船打払令《いこくせんうちはらいれい》(無二念打払令《むにねんうちはらいれい》)** 史 (1825)
結果		**天保《てんぽう》の飢饉《ききん》**(1833〜39) ➡一揆《いっき》激増，大塩の乱(1837) 江戸町人文化の隆盛(**化政文化**)

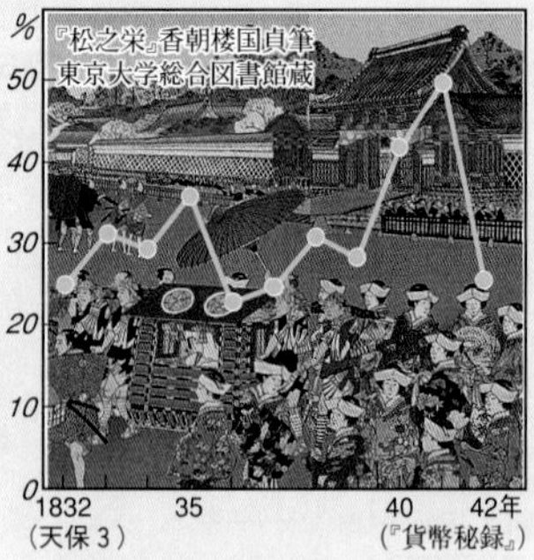

1-2 **溶姫《ようひめ》の輿入《こしい》れ**　将軍家斉には40人の側《そく》妾《しょう》と55人の子供がいた。場面は1827年第21女の溶姫が加賀藩主前田家に嫁《とつ》ぐところ。現在の東京大学の赤門はこの時につくられた。グラフは，当時の財政収入に占める貨幣改鋳《かいちゅう》収益金(出目《でめ》)の割合。幕府財政は一時的な出目《でめ》での凌《しの》ぎを繰り返し，破綻《はたん》の危機に瀕《ひん》していた。

1a 北方探査

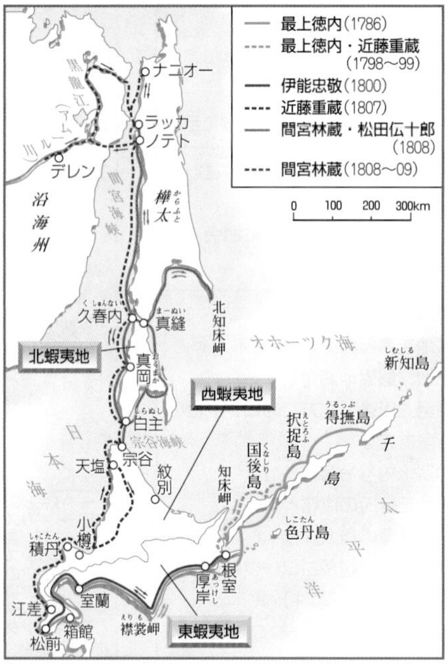

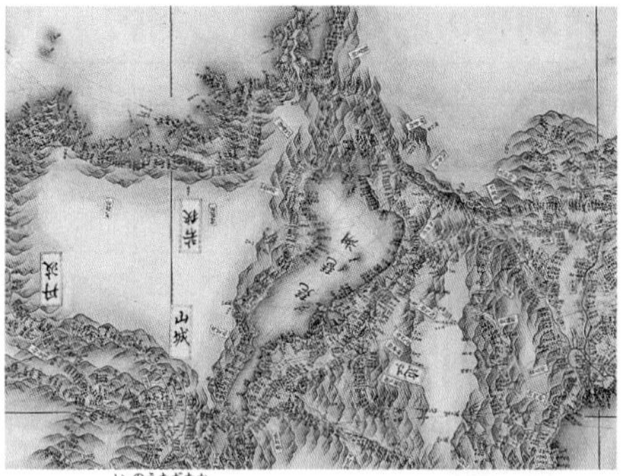

1-3 **伊能忠敬《いのうただたか》の地図**　忠敬は幕命により1800年(56歳)から全国の沿岸を測量して歩き，極めて精密な「大日本沿海輿地全図《だいにほんえんかいよちぜんず》」を作成した(►p.153)。
原図の縮尺216,000分の1　縦238×横147cm　東京国立博物館蔵

1-4 **間宮林蔵《まみやりんぞう》**　樺太《からふと》から黒龍江を探査。間宮《まみや》海峡《かいきょう》発見。　茨城・伊奈町教育委員会提供

1b 大塩の乱 史

1-5 **大塩《おおしお》平八郎《へいはちろう》**(1793〜1837)　元大坂町奉行所与《よ》力《りき》で私塾洗心《せんしん》洞《どう》をもつ陽明《ようめい》学《がく》者であった。
大阪歴史博物館蔵

1-6 **大塩《おおしお》の乱《らん》**(出潮引汐奸賊聞集記《でしおひきしおかんぞくもんしゅうき》)　1837(天保《てんぽう》8)年，「救民」の旗を掲げ大坂で挙兵。乱は1日で鎮圧されたが，各地に一揆を誘発した。　大阪歴史博物館蔵

2 天保《てんぽう》の改革《かいかく》―12代将軍家慶／水野忠邦による改革(1841〜1843)

目標		復古《ふっこ》理想主義(享保《きょうほう》・寛政《かんせい》の改革を模範《もはん》とする) 絶対主義的傾向―商品経済の直接支配を企図 幕府権力強化企図
施策	風俗矯正《きょうせい》	●**倹約令《けんやくれい》**…衣食住・年中行事・風俗・趣味・娯楽など生活のあらゆる面にわたり厳しく統制 ●出版統制…人情本《にんじょうぼん》の**為永春水《ためながしゅんすい》**らを処罰
	商業	●**株仲間《かぶなかま》解散**…物価引き下げと在郷《ざいごう》商人直接統制を意図 史
	財政	●三都商人へ御用金《ごようきん》 ●貨幣改悪 ●**棄捐令《きえんれい》**…旗本・御家人の借金救済 ●新田開発…印旛沼《いんばぬま》の干拓事業
	農村復興 幕府権力強化	●**人返《ひとがえ》しの法**…都市に流入した農民の帰村(1843) ●三方領知替《さんぽうりょうちがえ》の中止(川越《かわごえ》・庄内《しょうない》・長岡藩)(◄p.145) ●**上知《じょうち》《あげち》令**…江戸・大坂周辺地の直轄化企図(1843) 史 ●軍事改革…西洋砲術《ほうじゅつ》の採用(高島秋帆《たかしましゅうはん》)
	対外	●天保の薪水給与令《しんすいきゅうよれい》(1842)
結果		●絶対主義的政策は，その機構や基盤の弱さから各階層に不満と混乱を招き，改革は失敗に終わる➡幕府衰退

首都大学東京付属図書館蔵

2-1 **水野《みずの》忠邦《ただくに》**　1834年老中就任。家斉の死後天保の改革を推進《すいしん》したが，2年余で失脚《しっきゃく》した。

2-2 **徳丸原演習図《とくまるがはら》**　高島秋帆《たかしましゅうはん》による西洋式鉄砲隊の総合演習。幕府内ではアンチ西洋派の抵抗もあった。
板橋区立郷土資料館蔵

! 在郷商人《ざいごう》

江戸中期以降，農村内部の町(在方町《ざいかたまち》)を拠点に流通市場に乗り出し，都市の株仲間や問屋らの大商人に対抗できる勢力をもつようになった在村の商人のことをいう。在方商人《ざいかたしょうにん》ともいう。

紀伊名所図会(部分)

Discovery 歌舞伎役者も統制対象！

倹約令・贅沢《ぜいたく》禁止が徹底《てってい》された天保の改革。庶民《しょみん》の娯楽《ごらく》であった芝居・歌舞伎《かぶき》も，華麗《かれい》な歌舞伎風俗に人々が流れることを嫌った忠邦により統制を受ける。役者は外出時は編《あ》み笠《がさ》で顔を隠し，一般人との交際も禁じられた(►p.150)。

浅草寺の裏手へ移転させられた芝居街

東京・早稲田大学演劇博物館蔵

1 経済の近代化

1a 問屋制家内工業《といやせいかないこうぎょう》(18世紀頃～)

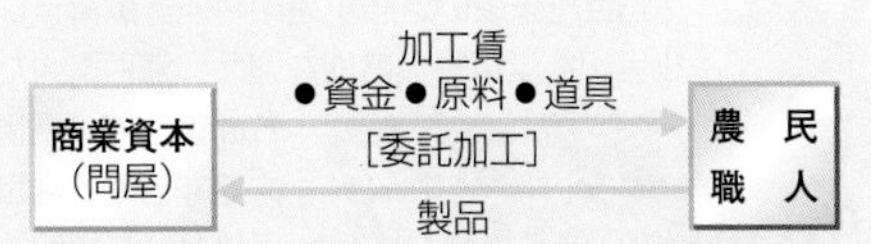

1-1 河内名所《かわちめいしょ》図絵《ずえ》　農村家内工業から発達した問屋制家内工業。木綿《もめん》を織っている農家の縁先《えんさき》で，商人が値段交渉をしているところ。 部分
(独)国立公文書館蔵

1b 工場制手工業＝マニュファクチュア(19世紀頃)

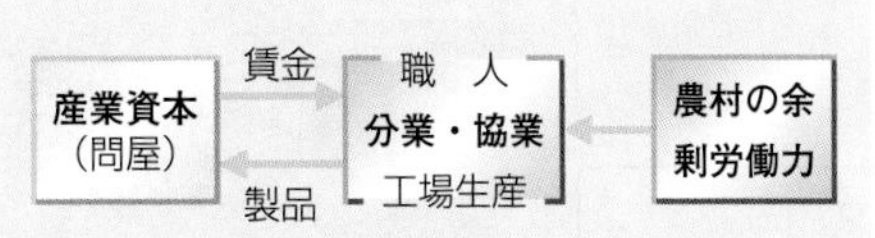

＊主なマニュファクチュア…絹織物(西陣・桐生・足利・伊勢崎)，綿織物(尾張西部・和泉南部)，酒(17世紀頃～，伊丹・灘・池田)，醤油(野田・銚子)，鋳物(川口)など
(◀p.10～13)

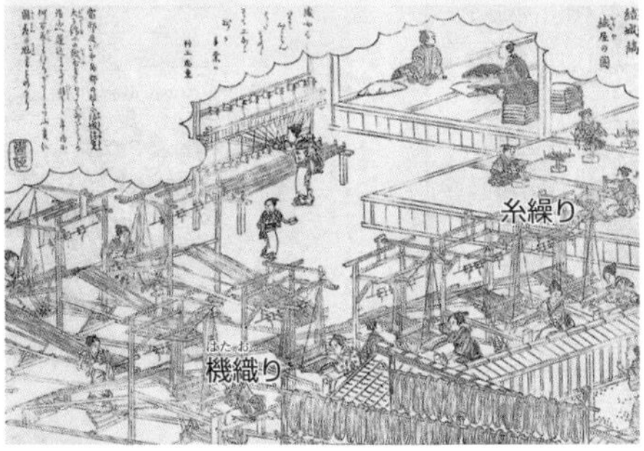

1-2 尾張《おわり》西部地方の機屋《はたや》(尾張名所図会)　高機《たかはた》(腰をかけた姿勢で両足を使って作業するので複雑な織り方が可能)を使い，女子労働者が分業によって綿織物生産を行っているようすがわかる。
名古屋市蓬左文庫蔵

2 藩政改革と雄藩の台頭

鍋島直正《なべしまなおまさ》の改革(佐賀)

均田《きんでん》制によって本百姓体制再建。軍備の近代化に努め，軍事力強化をはかる。西洋技術も積極的に導入

2-1 **佐賀藩大砲製造所**　日本で初めて反射《はんしゃ》炉《ろ》を建設(1850)。
佐賀・鍋島報效会蔵

村田清風《むらたせいふう》の改革(長州)

藩主毛利敬親《もうりたかちか》。負債銀8万5,000貫の37年賦《ねんぷ》払い，専売品の強化，**越荷方**《こしにかた》の改革で財政再建。改革派中堅藩士層の登用。西洋砲術導入

村田清風
(長州)
山口・村田清風記念館蔵

真田幸弘《さなだゆきひろ》の改革(松代《まつしろ》)

恩田木工《おんだもく》を登用。倹約《けんやく》令《れい》などによる財政再建。殖産興業・文武の奨励に努める

佐竹義和《さたけよしまさ》の改革(秋田)

天明の飢饉《ききん》後藩政改革に努め，開墾《かいこん》政策の推進，固有産業(鉱山・林業)を振興《しんこう》。明徳館《めいとくかん》を設立，教学刷新《さっしん》

上杉治憲《はるのり》の改革(米沢《よねざわ》)

大倹約令の執行。細井《ほそい》平洲《へいしゅう》を招き興譲館《こうじょうかん》を創設。殖産興業(養蚕・絹織物)を図り，農村再編

上杉治憲(米沢)
山形・上杉神社稽照殿蔵

寛政期前後の改革
天保期前後の改革
安政期の改革
品名 専売品

徳川斉昭《なりあき》の改革(水戸《みと》)(►p.156)

藤田東湖《ふじたとうこ》らの人材登用，弘道館《こうどうかん》の設立。銃砲を鋳造《ちゅうぞう》，兵制を改める。本百姓体制再建のための検地を実施。専売制に努め，軍備を増強。後幕府と対立

細川重賢《しげかた》の改革(熊本)

質素倹約を旨《むね》とし，時《じ》習館《しゅうかん》を創設。法制を改革し，殖産に尽力。宝《ほう》暦《れき》の改革と称される

細川重賢(熊本)
東京・永青文庫蔵

山内豊信《やまうちとよしげ》の改革(土佐)

吉田東洋《よしだとうよう》らを登用し，藩政改革を断行

山内豊熙《やまうちとよてる》の改革(土佐)

人材登用を第一義とし，おこぜ組を登用。財政・行政の整理，文武振興《しんこう》・海防の強化

幕　府(1850年代)

軍事力・海防の強化
- 品川台場《だいば》の建設
- 講武所(軍艦操練《そうれん》所併設)
- 海軍伝習所(長崎)
- 韮山《にらやま》の反射炉《はんしゃろ》🅆築造(**江川太郎左衛門**(担庵《たんあん》))➡鉄を溶解し，大砲を製造

調所広郷(1776～1848)　鹿児島・尚古集成館蔵

調所広郷《ずしょひろさと》の改革(薩摩《さつま》)

藩主島津斉興《しまづなりおき》。500万両の負債を無利息250年賦《ねんぷ》払い。**黒砂糖**の専売強化。琉球と規定以上の密貿易。洋式武器の導入。**斉彬**《なりあきら》の代，洋式工場(集成館《しゅうせいかん》)建設

2-2 **旧集成館機械工場**　薩摩藩の洋式工場。**反射炉**《はんしゃろ》を中心に溶鉱炉《ようこうろ》・硝子《ガラス》・陶磁器・紡績《ぼうせき》などの製造所が設置された。

世 鹿児島・尚古集成館蔵

山内豊信(土佐)
(財)土佐山内家宝物資料館蔵

2-3 **長崎海軍伝習所絵図**
黒煙が伝習船。 佐賀・鍋島報效会蔵

宝暦・天明期の文化① 国学

宝暦・天明期の文化

- 18世紀後半(田沼時代中心)
- 諸学問，思想の発達
- 江戸中心，都市の町人文化

文芸	小説	洒落本《しゃれぼん》 仕懸文庫《しかけぶんこ》(**山東京伝《さんとうきょうでん》**)
		黄表紙《きびょうし》 金々先生栄花夢《きんきんせんせいえいがのゆめ》(恋川春町《こいかわはるまち》)
		江戸生艶気樺焼《えどうまれうわきのかばやき》(山東京伝)
	俳諧《はいかい》	蕪村七部集《ぶそんしちぶしゅう》((与謝《よさ》)**蕪村《ぶそん》**)
	川柳《せんりゅう》	誹風柳多留《はいふうやなぎだる》(柄井川柳《からいせんりゅう》ら撰《せん》)
	狂歌《きょうか》	大田南畝《おおたなんぽ》(蜀山人《しょくさんじん》)・石川雅望《いしかわまさもち》(宿屋飯盛《やどやのめしもり》)
演劇	浄瑠璃《じょうるり》	仮名手本忠臣蔵《かなでほんちゅうしんぐら》・菅原伝授手習鑑《すがわらでんじゅてならいかがみ》(竹田出雲《たけだいずも》)
		本朝廿四孝《ほんちょうにじゅうしこう》(近松半二《ちかまつはんじ》)
絵画	浮世絵《うきよえ》	ささやき・弾琴美人《だんきんびじん》・五常《ごじょう》(**鈴木春信《すずきはるのぶ》**)[美人画]
		婦女人相十品《ふじょにんそうじっぴん》(**喜多川歌麿《きたがわうたまろ》**)[美人画]
		大谷鬼次《おおたにおにじ》の奴江戸兵衛《やっこえどべえ》・市川鰕蔵《いちかわえびぞう》(**東洲斎写楽《とうしゅうさいしゃらく》**)[役者絵・相撲《すもう》絵]
	文人画《ぶんじんが》	十便十宜図《じゅうべんじゅうぎず》(**池大雅《いけのたいが》**・与謝蕪村《よさぶそん》)
	写生画《しゃせいが》	雪松図屏風《ゆきまつずびょうぶ》・保津川図屏風《ほづがわずびょうぶ》(**円山応挙《まるやまおうきょ》**)[円山派]
	洋風画《ようふうが》	西洋婦人図(**平賀源内《ひらがげんない》**)
		三囲景図《みめぐりのけいず》・不忍池図《しのばずのいけず》(**司馬江漢《しばこうかん》**)

1 宝暦《ほうれき》・天明期《てんめいき》の文化，化政《かせい》文化発達の背景

1-1 江戸堺町芝居之図《えどさかいちょうしばいのず》(磔川亭永理《れきせんていえいり》筆)　18世紀末頃の芝居小屋中村座。歌舞伎は18世紀後半以降最盛期を迎え，江戸町人たちはここでの扇情《せんじょう》的《てき》で非日常的な世界に熱狂し，解放的な気分にひたった(◀p.143)。　早稲田大学演劇博物館蔵

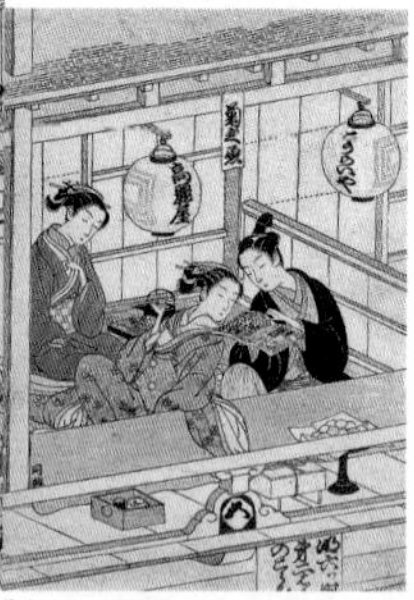

1-2 芝居《しばい》小屋の桟敷《さじき》(駒井美信《こまいよしのぶ》筆)　18世紀後半。　東京国立博物館蔵

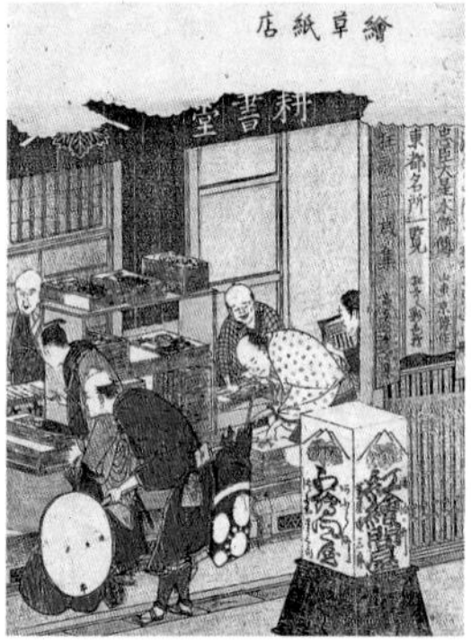

1-3 蔦屋耕書堂《つたやこうしょどう》(『画本東都《あずま》遊《あそび》』葛飾北斎筆)　耕書堂を経営した蔦屋重三郎《つたやじゅうざぶろう》は，歌麿・写楽の錦絵《にしきえ》，京伝・春町の本など次々と刊行し，江戸の出版文化をリードした。一九《いっく》や歌麿も蔦屋に居候《いそうろう》し，修業をした。寛政期の統制では，財産の半分を没収された。

1-4 江戸町火消《えどまちびけし》の火事羽織《かじばおり》　奢侈《しゃし》の取り締まりが厳しくなると，江戸っ子たちは密《ひそ》かに隠れた所に凝《こ》るというぜいたくを楽しんだ。　東京国立博物館蔵

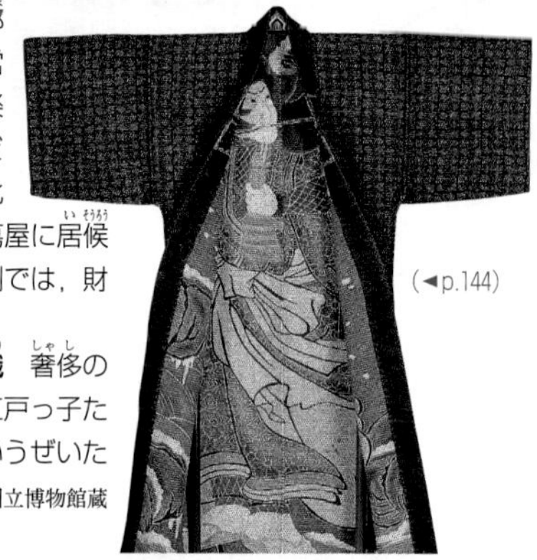

(◀p.144)

2 国学の発達 (◀p.142)

2a 国学者の系統

※人物の年代は40歳のとき

1660　80　1700　20　40　60　80　1800　20　40　60

元禄　宝暦・天明　化政

契沖《けいちゅう》
戸田茂睡《とだもすい》
北村季吟《きたむらきぎん》
下河辺長流《しもこうべちょうりゅう》

荷田春満《かだのあずままろ》 ― 荷田在満《かだのありまろ》
荷田春満 ― 賀茂真淵《かものまぶち》 ― 田安宗武《たやすむねたけ》
賀茂真淵 ― 加藤千蔭《かとうちかげ》
賀茂真淵 ― 村田春海《むらたはるみ》
賀茂真淵 ― 本居宣長《もとおりのりなが》 ― 平田篤胤《ひらたあつたね》
本居宣長 ― 伴信友《ばんのぶとも》
賀茂真淵 ― 塙保己一《はなわほきいち》
平田篤胤 ― 大国《おおくに》隆正《たかまさ》 ― 玉松操《たままつみさお》
平田篤胤 ― 生田万《いくたよろず》

赤字は国学の四大人《うし》

2b 主な国学者

2-1 国学の四大人《しうし》　個人蔵

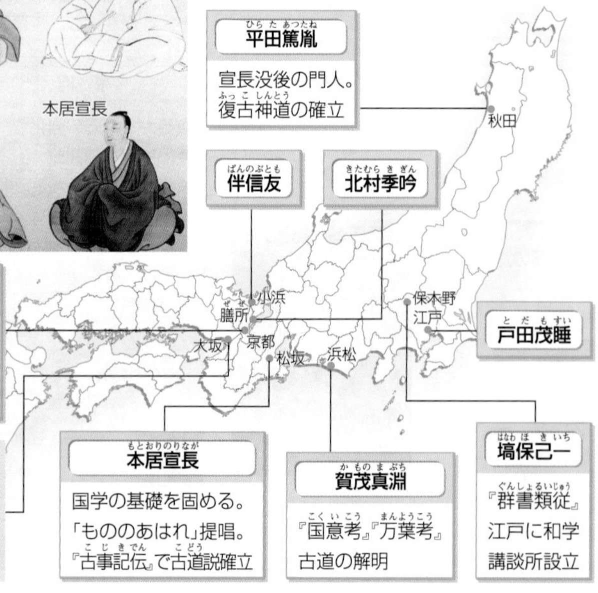

Discovery

本居宣長記念館《もとおりのりなが》

(三重・松阪市)

商人から医者となり，やがて師賀茂真淵《かものまぶち》との一晩の出会いから古典研究の道に入った宣長。その旧宅(「鈴屋」)を移築し，宣長の実子に伝わった貴重な資料(『古事記伝』自筆原稿ほか)などを展示している。18世紀の文化にかかわる展示品も見ることができる。

鈴屋《すずのや》の書斎と鈴

3 心学の発達

石田梅岩《いしだばいがん》 ― 手島堵庵《てしまとあん》 ― 中沢道二《なかざわどうに》
手島堵庵 ‥ 柴田鳩翁《しばたきゅうおう》

3-1 石田梅岩　(1685～1744)　(社)明倫舎蔵

3-2 手島堵庵《てしまとあん》の心学舎《しんがくしゃ》(講舎)　(『孝経童子訓《こうきょうどうじくん》』)　宮内庁書陵部蔵

Point 石田梅岩《いしだばいがん》は心学を創唱し，儒教(朱子学)的道徳に仏教，神道を取り入れて日常生活での道徳の実践を説いた。それまで蔑視《べっし》されていた商行為を世のため，人のためになる行為ととらえ，席は男女別だったが，だれでも聴聞《ちょうもん》に参加してよいとされた。

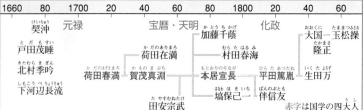

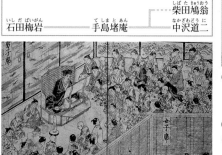

4 洋学

4a 洋学者の系統

※人物の年代は40歳のとき

1720 40 60 80 1800 20 40 60 80

青木昆陽《あおきこんよう》 ― 前野良沢《まえのりょうたく》・杉田玄白《すぎたげんぱく》 ― 大槻玄沢《おおつきげんたく》 ― 稲村三伯《いなむらさんぱく》・宇田川《うだがわ》玄真《げんしん》 ― 宇田川榕庵《ようあん》・箕作阮甫《みつくりげんぽ》・坪井信道《つぼいしんどう》 ― 緒方洪庵《おがたこうあん》 ― 橋本左内《はしもとさない》・福沢諭吉《ふくざわゆきち》・大村益次郎《おおむらますじろう》

宝暦・天明　化政

ツンベルグ ― 桂川甫周《かつらがわほしゅう》 ― 宇田川玄随《げんずい》・吉田《よしだ》長淑《ちょうしゅく》

シーボルト ― 高野長英《たかのちょうえい》・渡辺崋山《わたなべかざん》・小関三英《こせきさんえい》

4-1 杉田玄白 (1733〜1817)　早稲田大学図書館蔵

4-2 『蕃薯考《ばんしょこう》』(青木昆陽著)(◄p.144)

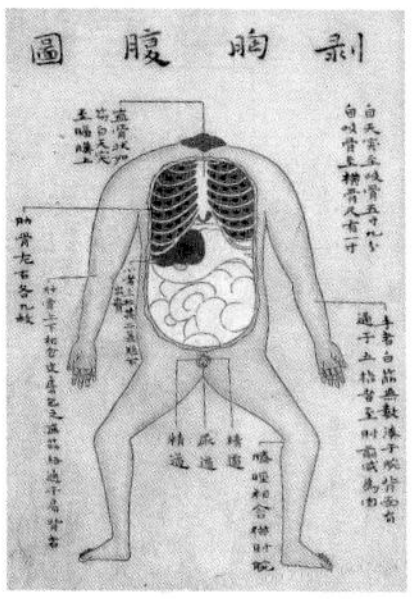

早稲田大学図書館蔵

4-3 『蔵志《ぞうし》』 刑死人解剖による図録。古医方《こいほう》家の山脇東洋により1759年に著《あらわ》された。

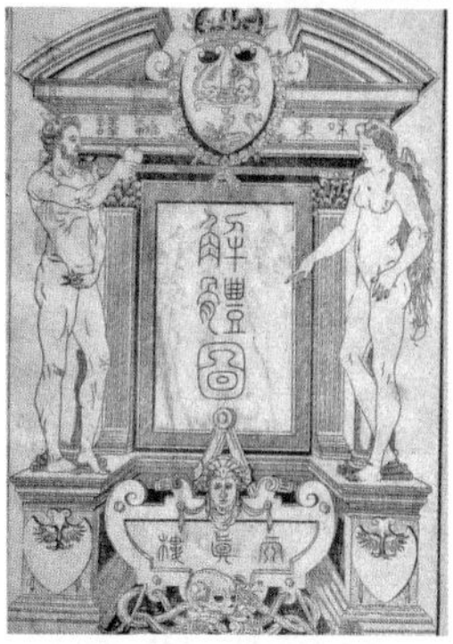

神戸市立博物館蔵

4-4 『解体新書《かいたいしんしょ》』 ドイツ医書の蘭語訳『ターヘル＝アナトミア』を杉田玄白《すぎたげんぱく》，前野良沢《まえのりょうたく》らが翻訳《ほんやく》したもの。本格的洋学発展の出発点となる。

4b 洋学者一覧

西川如見《じょけん》	長崎通詞。『華夷通商考《かいつうしょうこう》』を著す
新井白石《あらいはくせき》	イタリア人宣教師シドッチを尋問《じんもん》し，『西洋紀聞《きぶん》』『采覧異言《さいらんいげん》』を著す
青木昆陽《あおきこんよう》	徳川吉宗《よしむね》の命でオランダ語を学ぶ。『蕃薯考《ばんしょこう》』で甘藷《かんしょ》栽培を勧《すす》める
野呂元丈《のろげんじょう》	吉宗の命でオランダ語を学び，オランダ薬物を研究
平賀源内《ひらがげんない》	寒暖計，エレキテルなどを製作(本草学《ほんぞうがく》，戯作《げさく》文学でも活躍)
杉田玄白《すぎたげんぱく》	前野良沢《まえのりょうたく》らと『**解体新書**《かいたいしんしょ》』を翻訳《ほんやく》。この苦心談を『蘭学事始《らんがくことはじめ》』に記す 史
大槻玄沢《おおつきげんたく》	蘭学入門書『蘭学階梯《らんがくかいてい》』を著す。江戸に家塾「芝蘭堂《しらんどう》」を開く
稲村三伯《いなむらさんぱく》	蘭日辞書『**ハルマ和解**《わげ》』を刊行
宇田川玄随《げんずい》	オランダ内科書『西説内科撰要《せいせつないかせんよう》』を刊行
志筑忠雄《しづきただお》	『暦象新書《れきしょうしんしょ》』で地動説などを紹介
高橋至時《よしとき》	幕府天文方《てんもんかた》。寛政暦《かんせいれき》を作成
伊能忠敬《いのうただたか》	全国沿岸を測量。「**大日本沿海輿地**《だいにほんえんかいよち》**全図**《ぜんず》」を作成
桂川甫周《かつらがわほしゅう》	ロシア事情を大黒屋光太夫《だいこくやこうだゆう》から聞き『北槎聞略《ほくさぶんりゃく》』を著す
宇田川榕庵《ようあん》	化学書『舎密開宗《せいみかいそう》』を著す
緒方洪庵《おがたこうあん》	**適々斎塾**《てきてきさいじゅく》(適塾《てきじゅく》)を開き，福沢諭吉《ふくざわゆきち》・大村益次郎《おおむらますじろう》・橋本左内《はしもとさない》などを輩出

4-6 平賀源内 (1728〜79)　香川・(財)平賀源内先生顕彰会蔵

4-5 おらんだ正月 大槻玄沢《おおつきげんたく》の家塾芝蘭堂《しらんどう》で，太陽暦の元旦をおらんだ正月といって門人や学者仲間が祝った。師の良沢《りょうたく》や桂川甫周《かつらがわほしゅう》，司馬《しば》江漢《こうかん》らが描かれている。 早稲田大学図書館蔵

4-7 エレキテル 平賀源内による復元。源内は，洋風画など多方面に才能を発揮した。

東京・郵政博物館蔵

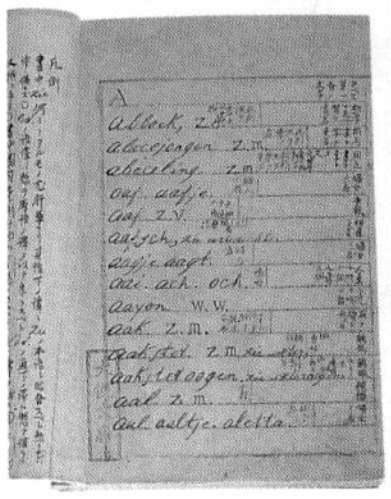

4-8 『ハルマ和解《わげ》』 稲村三伯《いなむらさんぱく》らがハルマの『蘭仏辞書』を和訳したもの。 早稲田大学図書館蔵

早稲田大学図書館蔵

4-9 稲村三伯 (1758〜1811)

5 政治・社会思想の発達

宝は宝暦・天明期，化は化政期

経世論	熊沢蕃山《くまざわばんざん》	武士の帰農，参勤交代の緩和《かんわ》主張(◄p.142)
	荻生徂徠《おぎゅうそらい》	吉宗に『政談《せいだん》』献上。武士帰農論を説く(◄p.142)
	太宰春台《だざいしゅんだい》	『経済録』を著《あらわ》す。藩営専売制を主張(◄p.142)
	海保青陵《かいほせいりょう》	『稽古談《けいこだん》』を著す。重商主義により藩営専売制主張 化
	本多利明《ほんだとしあき》	『西域《せいいき》物語』『経世秘策《けいせいひさく》』で貿易振興の富国策主張 化
	佐藤信淵《さとうのぶひろ》	『経済要録』を著す。産業国営化・貿易振興を主張 化
海防・開国論	工藤平助《くどうへいすけ》	『赤蝦夷風説考《あかえぞふうせつこう》』で蝦夷《えぞ》地の開発，ロシアとの貿易を主張(◄p.146･147) 宝
	林子平《はやししへい》	『三国通覧図説《さんごくつうらんずせつ》』『海国兵談《かいこくへいだん》』史 で海防論を説く(◄p.146･147)
	渡辺崋山《わたなべかざん》	三河田原藩士。『慎機論《しんきろん》』でモリソン号事件批判(◄p.147, ►p.153・154) 化
	高野長英《たかのちょうえい》	『戊戌夢物語《ぼじゅつゆめ》』でモリソン号事件批判(◄p.147) 化
尊王論	竹内式部《たけのうちしきぶ》	公家に尊王《そんのう》論を説き，追放処分(**宝暦**《ほうれき》**事件**，1758年) 宝
	山県大弐《やまがただいに》	『柳子新論《りゅうししんろん》』を著す。尊王思想で幕政批判，死刑(**明和**《めいわ》**事件**，1767年) 宝
	蒲生君平《がもうくんぺい》	天皇陵を調査し，『山陵志《さんりょうし》』に著す
	高山彦九郎《たかやまひこくろう》	諸国を遊説《ゆうぜい》，尊王論を説く
	頼山陽《らいさんよう》	『日本外史』を著す。歴史記述の中で尊王論主張 化
	藤田東湖《ふじたとうこ》	**水戸学派**の中心。藩政改革推進 化
	会沢正志斎《あいざわせいしさい》	『新論《しんろん》』を著す。尊王攘夷《そんのうじょうい》運動推進 化
農学・農政家	大蔵永常《おおくらながつね》	『広益国産考《こうえきこくさんこう》』『農具便利論』を著す(◄p.134) 化
	二宮尊徳《にのみやそんとく》	倹約・貯蓄を実行し，農村の復興につとめた(報徳仕法)
	大原幽学《おおはらゆうがく》	勤倹《きんけん》を説き，農村の復興に活躍
その他の思想家	安藤昌益《あんどうしょうえき》	『自然真営道《しぜんしんえいどう》』『統道真伝《とうどうしんでん》』を著す。「万人直耕の自然の世」を理想とし，身分制否定 宝
	富永仲基《とみながなかもと》	**懐徳堂**《かいとくどう》出身。『出定後語《しゅつじょうごご》』を著す。仏教・儒教を歴史的立場から批判
	山片蟠桃《やまがたばんとう》	**懐徳堂**出身。『夢《ゆめ》の代《しろ》』で無神(無鬼)論を説く 化

5a 主な活躍地(出身地)

5-1 山県大弐《やまがただいに》 (1725〜67)

5-2 二宮尊徳《にのみやそんとく》 (1787〜1856)

5-3 懐徳堂《かいとくどう》の額《がく》(三宅石庵《みやけせきあん》筆)(►p.152)

大阪大学附属図書館蔵

5-4 『自然真営道《しぜんしんえいどう》』(安藤昌益著) 封建的な身分制度を批判し，徹底した人間平等主義を唱えたが，当時はほとんど知られなかった。 東京大学総合図書館蔵

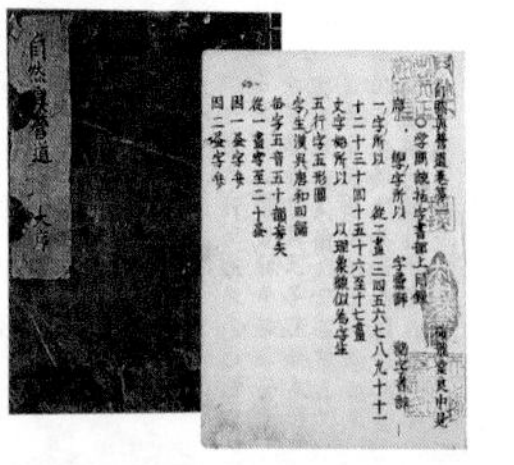

6 教育の普及

6a 寺子屋《てらこや》の普及

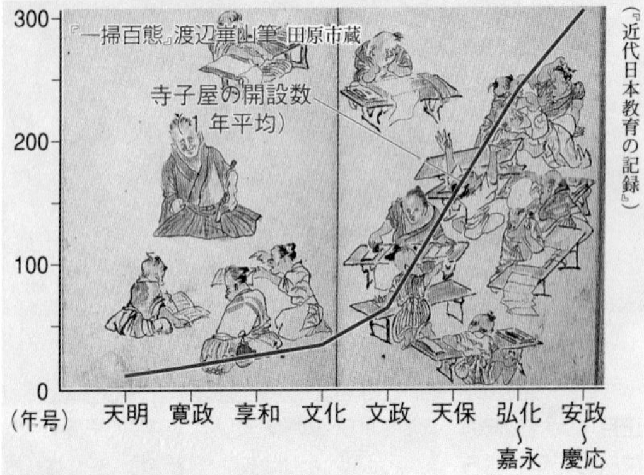

Point 10歳前後の庶民の子供に，読み・書き・そろばんが教授《きょうじゅ》された。僧侶《そうりょ》や下級武士，浪人，医者，神主《かんぬし》，村役人らが師匠《ししょう》となった。

6-1 閑谷《しずたに》学校(岡山県備《び》前《ぜん》市) 岡山藩主池田光政《みつまさ》が設けた郷校《ごうこう》。藩士の他に庶民の子弟《してい》の入学も許し，藩内の教育振興《しんこう》に重要な役割を果たした(◀p.132)。
国 岡山・備前市役所商工観光課提供

6b 藩校《はんこう》(藩学《はんがく》)と私塾《しじゅく》

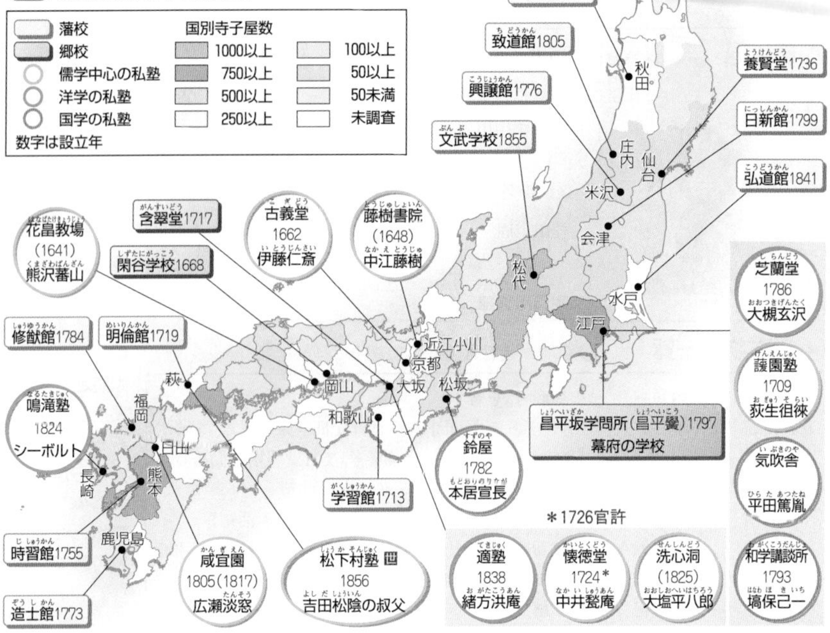

7 絵画

7a 浮世絵 (◀p.141)

7-1～7-3 東京国立博物館蔵

7-1 ささやき(鈴木春信《すずきはるのぶ》筆) 多色刷版画「錦絵《にしきえ》」を創始した春信の作品。直線的な背景と曲線的な人物との対比が，清冽《せいれつ》でしかも甘美《かんび》で浪漫《ろうまん》的な印象を与えている。 縦28.3×横21.0cm

7-2 婦女人相十品《ふじょにんそうじっぴん》「ポッピンを吹く女」(喜多川歌麿《きたがわうたまろ》筆) 上半身を大きく描く大首絵《おおくびえ》の手法によって，質の高い美人画を生み出した。縦38.7×横25.7cm

7-3 大谷鬼次《おおたにおにじ》の奴江戸兵衛《やっこえどべえ》(東《とう》洲斎写楽《しゅうさいしゃらく》筆) 大首絵の手法と大胆な誇張《こちょう》によって，歌舞伎の敵役《かたき》として個性を強烈に表現している。
縦38.1×横25.6cm

7b 文人画 ＊文人・学者が余技に描いた絵

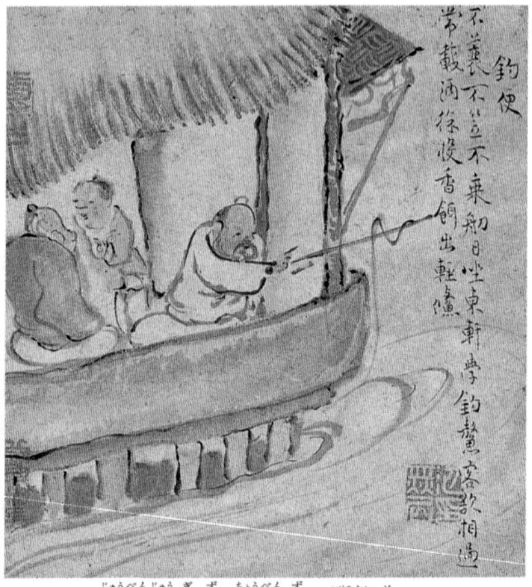

7-4 十便十宜図《じゅうべんじゅうぎず》「釣便図《ちょうべんず》」(池大雅《いけのたいが》筆) 十便図を池大雅が，十宜図を(与謝《よさ》)蕪村《ぶそん》が描いた合作。自然の変化がいかに隠遁《いんとん》生活に影響を与えているかを描く。蕪村は俳諧《はいかい》でも著名。
国 縦17.9×横17.9cm 神奈川・(財)川端康成記念会蔵

7c 写生画 ＊洋画の遠近法を取り入れ，写生を重んじる

7-5 雪松図屏風《ゆきまつずびょうぶ》(円山応挙《まるやまおうきょ》筆) 応挙は狩野《かのう》派を学び，さらに西洋画の遠近法・陰影《いんえい》法を取り入れて，当時としては革新的な写実的表現様式を完成させた。 国 縦155.8×横362.0cm 部分 東京・(財)三井文庫蔵

7d 洋風画 ＊洋学の興隆により復活・西洋遠近法

7-6 西洋婦人図《せいようふじんず》(平賀源内《ひらがげんない》筆) 源内(◀p.151)は江戸時代後期の洋風画の開拓者であった。 縦41.5×横30.5cm 神戸市立博物館蔵

7-7 不忍池図《しのばずのいけず》(司馬江漢《しばこうかん》筆) 江漢が創始した腐《ふ》食銅版画《しょくどうばんが》(エッチング)の作品。遠近感の表現が見事。縦25.1×横37.2cm 東京国立博物館蔵

化政文化

- 19世紀前半(文化《ぶんか》・文政《ぶんせい》期中心)
- 江戸中心，民衆を含む都市の町人文化
- 退廃的《たいはいてき》，享楽的《きょうらくてき》傾向
- 庶民《しょみん》，地方への普及，内容の多様化

文芸	小説	滑稽本《こっけいぼん》	東海道中膝栗毛《とうかいどうちゅうひざくりげ》(十返舎一九《じっぺんしゃいっく》)
			浮世風呂《うきよぶろ》・浮世床《うきよどこ》(式亭三馬《しきていさんば》)
		人情本《にんじょうぼん》	春色梅児誉美《しゅんしょくうめごよみ》(為永春水《ためながしゅんすい》)
		読本《よみほん》	雨月物語《うげつものがたり》(上田秋成《うえだあきなり》)
		合巻《ごうかん》	偐紫田舎源氏《にせむらさきいなかげんじ》(柳亭種彦《りゅうていたねひこ》)
			南総里見八犬伝《なんそうさとみはっけんでん》・椿説弓張月《ちんせつゆみはりづき》(曲亭馬琴《きょくていばきん》)
	俳諧《はいかい》	おらが春《はる》(小林一茶《こばやしいっさ》)	
	和歌	香川景樹《かがわかげき》・良寛《りょうかん》	
	その他	東海道四谷怪談《とうかいどうよつやかいだん》(鶴屋南北《つるやなんぼく》)	
		菅江真澄遊覧記《すがえますみゆうらんき》(菅江真澄)	
		北越雪譜《ほくえつせっぷ》(鈴木牧之《すずきぼくし》)	
美術	浮世絵	富嶽三十六景《ふがくさんじゅうろっけい》(葛飾北斎《かつしかほくさい》)[風景画]	
		東海道五十三次《とうかいどうごじゅうさんつぎ》(歌川広重《うたがわひろしげ》)・名所江戸百景《めいしょえどひゃっけい》[風景画]	
		朝比奈小人嶋遊《あさひなこびとしまあそび》(歌川国芳《うたがわくによし》)	
	文人画	鷹見泉石像《たかみせんせきぞう》・一掃百態《いっそうひゃくたい》(渡辺崋山《わたなべかざん》)	
		(田能村竹田《たのむらちくでん》)・(谷文晁《たにぶんちょう》)	
	写生画	柳鷺群禽図屏風《りゅうろぐんきんずびょうぶ》(呉春《ごしゅん》〈松村月溪《まつむらげっけい》〉)[四条派《しじょう》]	
	洋風画	浅間山図屏風《あさまやまずびょうぶ》(亜欧堂田善《あおうどうでんぜん》)	

1 学問・思想・教育の発達

1a 学問・思想

1-1 伊能忠敬《いのうただたか》
(1745～1818)

1-3 渡辺崋山《わたなべかざん》(1793～1841) 文人画でも知られる。蛮社《ばんしゃ》の獄《ごく》で弾圧された。

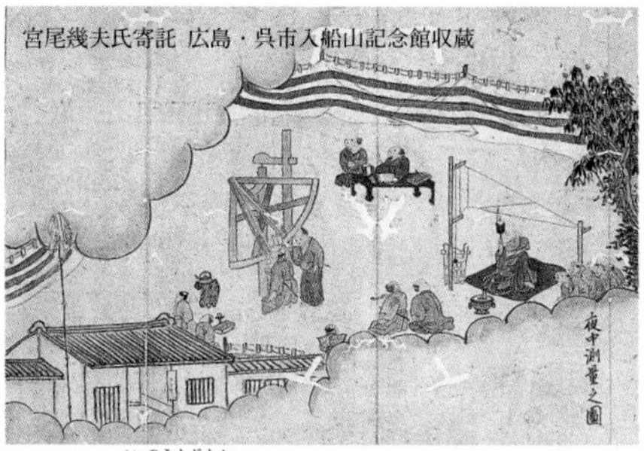

1-2 伊能忠敬《いのうただたか》の測量のようす(浦島測量之《の》図)
隠居《いんきょ》後に天文方《てんもんかた》の高橋至時《よしとき》に入門，絵図作成を始め蝦夷地《えぞち》へ向かう。全国を歩測して精度の高い地図を作成。緯度の測量では，天文観測器も使用した。

1b 教育

1-4 緒方洪庵《おがたこうあん》(1810～63) 大坂で適々斎塾《てきてきさいじゅく》(適塾《てきじゅく》)を開き，福沢諭吉《ふくざわゆきち》，大村益次郎《おおむらますじろう》らが学んだ。

1-5 吉田松陰《よしだしょういん》(1830～59)(►p.156) 松《しょう》下村塾《かそんじゅく》で多くの若者に影響を与えた。

Discovery

シーボルトと鳴滝塾《なるたきじゅく》

シーボルトは帰国の際，幕府の天文方高橋景保《てんもんかたたかはしかげやす》から持出厳禁の伊能《いのう》の地図を贈られていたことが発覚し，国外追放され，景保は獄死《ごくし》した(1828年シーボルト事件)。なおシーボルト滞日中に生まれた娘の楠本《くすもと》いねは父の門人に産科医学を学び，日本初の女医となった。鳴滝塾門下に高野長英《たかのちょうえい》らがいる。

シーボルト ドイツ人。蘭商館の医師として滞日(1823～29)。

鳴滝塾《なるたきじゅく》 長崎郊外のシーボルトの学塾。彼は居住《きょじゅう》が許されず，週1回程度通って診療と医学教授を行った。

2 文学

2a 江戸時代の小説の系統

1600年 寛永 1650 元禄 1700 1750 宝暦・天明 1800 化政 1850

- 仮名草子《かなぞうし》 → 浮世草子《うきよぞうし》(井原西鶴《いはらさいかく》) → 洒落本《しゃれぼん》(山東京伝《さんとうきょうでん》) → 滑稽本《こっけいぼん》(十返舎一九《じっぺんしゃいっく》・式亭三馬《しきていさんば》)／人情本《にんじょうぼん》(為永春水《ためながしゅんすい》)
- 初期読本《よみほん》(上田秋成《うえだあきなり》) → 読本(曲亭馬琴《きょくていばきん》)
- 赤本《あかぼん》→黒本《くろぼん》・青本《あおぼん》【草双紙《くさぞうし》】 → 黄表紙《きびょうし》(恋川春町《こいかわはるまち》) → 合巻《ごうかん》(柳亭種彦《りゅうていたねひこ》)
- 弾圧 寛政《かんせい》の改革 → 洒落本・黄表紙
- 弾圧 天保《てんぽう》の改革 → 人情本・合巻

2-1 山東京伝《さんとうきょうでん》
(1761～1816)

2-2 『北越雪譜《ほくえつせっぷ》』(挿絵) 越後塩沢《えちごしおざわ》の鈴木牧之《すずきぼくし》(1770～1842)の随筆。雪国の生活や風俗を描く。菅江真澄《すがえますみ》，良寛《りょうかん》など，地方にも文化人を輩出《はいしゅつ》した。

2-3 曲亭馬琴《きょくていばきん》
(1767～1848)

2-4 『南総里見八犬伝《なんそうさとみはっけんでん》』読本(曲亭《きょくてい》馬琴《ばきん》著) 里見家再《さい》興《こう》につどう八犬士《はっけんし》の波瀾万丈《はらんばんじょう》の物語。98巻106冊からなる大長編の傑作《けっさく》。明治大学図書館蔵

2-8 小林一茶《こばやしいっさ》
(1763～1827) 俳《はい》諧《かい》で多くの作品を残した。信濃出身。

我と来て遊べや
親のない雀《すずめ》
(おらが春)

東京・印刷博物館蔵

2-5 『偐紫田舎源氏《にせむらさきいなかげんじ》』合巻(柳亭《りゅうてい》種彦《たねひこ》著) 大ベストセラー。天保《てんぽう》の改革で弾圧され絶版《ぜっぱん》。

2-7 『東海道中膝栗毛《とうかいどうちゅうひざくりげ》』滑稽本(十返舎一九《じっぺんしゃいっく》著) 弥《や》次郎兵衛《じろべえ》と喜多八《きたはち》の愚《おろ》かしくも滑稽《こっけい》な東海道の道中記。庶民の旅への関心の高まりがヒットの背景。

東京大学総合図書館蔵

2-6 『春色梅児誉美《しゅんしょくうめごよみ》』人情本(為《ため》永春水《ながしゅんすい》著) 色男と芸者，許嫁《いいなずけ》の町娘が織りなす恋模様《もよう》は，女性読者に受けベストセラーとなった。だが，1842年天保《てんぽう》の改革で絶版《ぜっぱん》処分された。

国立国会図書館蔵

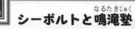

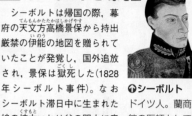

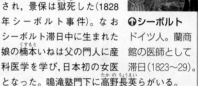

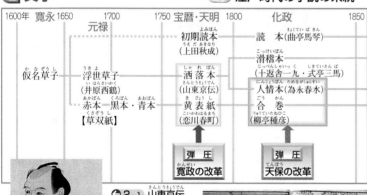

3 美術

3a 浮世絵

3-1 富嶽三十六景《ふがくさんじゅうろっけい》「凱風快晴《がいふうかいせい》」(葛飾北斎《かつしかほくさい》筆) 大胆な構図と劇的な構成でさまざまな富士の姿を描き分けた，全46枚の風景版画。朝日に染まる富士。
縦25.9×横38.0cm 東京国立博物館蔵

3-2 東海道五十三次「庄野《じょうの》」(歌川広重《うたがわひろしげ》筆) 東海道を舞台に，土地の風景と旅の人々を抒情《じょじょう》的に描く(◄p.137・139)。
縦24.3×横37.4cm 東京国立博物館蔵

3-3 名所江戸百景《めいしょえどひゃっけい》「亀戸梅屋鋪《かめいどうめやしき》」(歌川広重筆) 極端な遠近法を使った構図で有名。ゴッホらにも影響を与えた。江戸の人々を魅了《みりょう》する大ヒットシリーズとなった。
縦36.8×横25.0cm 東京国立博物館蔵

3-4 源頼光公館土蜘作妖怪図《みなもとよりみつこうやかたつちぐもさくようかいのず》(歌川国芳《うたがわくによし》筆) 土蜘蛛退治の頼光《よりみつ》が将軍家慶《いえよし》を，臣下《しんか》の卜部季武《うらべのすえたけ》が水野忠邦《みずのただくに》を表す。天保《てんぽう》の改革の理不《りふ》尽《じん》な弾圧への批判を込めた1843年の作。
縦37.1×横77.7cm
江戸東京博物館蔵

3b 文人画《ぶんじんが》 ＊文人・学者が余技《よぎ》に描いた絵

3-5 鷹見泉石像《たかみせんせきぞう》(渡辺崋山《わたなべかざん》筆) 陰影《いんえい》を施《ほどこ》した洋画的手法と，一気に引かれた衣服の張り詰めた線とがよく調和している。渡辺崋山は蛮社《ばんしゃ》の獄《ごく》で弾圧を受けた(◄p.147)。 縦115.4×横57.6cm 東京国立博物館蔵

3c 写生画 ＊洋画の遠近法を取り入れ，写生を重んじる

3-6 柳鷺群禽図屏風《りゅうろぐんきんずびょうぶ》(呉春《ごしゅん》筆) 呉春(松村月溪《げっけい》)は蕪村《ぶそん》の門下で，のちに円山《まるやま》派の写実主義を学び四条《しじょう》派を開く。この作品も蕪村風の筆法と写実的な自然描写が同居している。 縦164.8×横365.5cm 部分 個人蔵

3d 洋風画

＊洋学の興隆《こうりゅう》により復活・西洋遠近法

3-7 浅間山図屏風《あさまやまずびょうぶ》(亜欧堂田善《あおうどうでんぜん》筆) 写実的な洋風画と装飾的な屏風形式を，見事に融合《ゆうごう》させた作品である。
縦149.0×横342.4cm 部分
東京国立博物館蔵

3e 江戸時代の絵画の系統

元禄 ― 宝暦・天明 ― 化政

狩野《かのう》派

浮世絵
- 菱川師宣《ひしかわもろのぶ》・鈴木春信《すずきはるのぶ》
- 美人画・役者絵・相撲絵《すもうえ》
  - 喜多川歌麿《きたがわうたまろ》・東洲斎写楽《とうしゅうさいしゃらく》
- 風景画
  - 葛飾北斎《かつしかほくさい》・歌川広重《うたがわひろしげ》

明・清画
- 写生画＜円山《まるやま》派＞
  - 円山応挙《おうきょ》
  - ＜四条《しじょう》派＞
    - 呉春《ごしゅん》
- 文人《ぶんじん》画＜南画＞
  - 池大雅《いけのたいが》・与謝蕪村《よさぶそん》・田能村竹田《たのむらちくでん》・谷文晁《たにぶんちょう》・渡辺崋山《わたなべかざん》

南蛮《なんばん》画
- 洋風画
  - 平賀源内《ひらがげんない》・司馬江漢《しばこうかん》・亜欧堂田善《あおうどうでんぜん》

琳派《りんぱ》
- 尾形光琳《おがたこうりん》・酒井抱一《さかいほういつ》

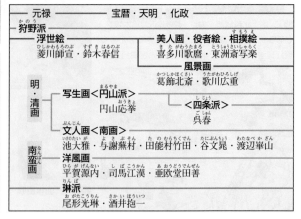

1 都市の娯楽

1-1 **江戸の三大娯楽** 相撲《すもう》(谷《たに》風《かぜ》)，歌舞伎《かぶき》(市川《いちかわ》団十郎《だんじゅうろう》)，吉原《よしわら》(扇《おうぎ》屋《や》花扇《はなおうぎ》)の三大娯楽とその第一人者たち。ほかにも見《み》世物小屋《せものごや》，寄席《よせ》，縁日《えんにち》，開帳《かいちょう》，湯治《とうじ》，物見遊山《ものみゆさん》，巡礼《じゅんれい》など庶民はさまざまなもので楽しみを得た。 東京・太田記念美術館蔵

1-2 **富突《とみつき》** 富くじ・富札《とみふだ》ともよぶ。興業主《こうぎょうぬし》が富札を売り出し，所定の日に当たり番号を決めた。 日本銀行金融研究所蔵

1-3 **神田祭** 鞍馬《くらま》山の牛若《うしわか》の踊屋台《おどりやたい》と須田《すだ》町の山車《だし》。神田明神の祭で江戸を代表する。江戸では，毎日のように縁日《えんにち》・開帳《かいちょう》がどこかで催《もよお》され人々を楽しませた。 東京・神田明神蔵

江戸東京博物館蔵

2 信仰・風俗

2-1 **御蔭参り《おかげまい》** 御蔭参りとは，江戸時代特定の年におこった伊勢神宮《いせじんぐう》への熱狂的集団参詣《さんけい》をいう。大規模なものは，1650・1705・1771・1830年の約60年周期の流行。写真は1830(文政３)年の伊勢宮川を渡る参詣人の波。人々は御蔭参りやほかの参詣等の旅行で一時的でも封建的抑圧からの開放感に浸《ひた》った。 神奈川県立歴史博物館蔵

2-2 **大山講の一行** 除災招福《じょさいしょうふく》を願う大太刀を担《かつ》ぐ。
神奈川県立歴史博物館蔵

2-3 **江ノ島詣《もう》での一行** 先頭は目の不自由な人たち。
神奈川県立歴史博物館蔵

! 庚申講《こうしんこう》 庚申講とは，除災招福《じょさいしょうふく》を願い庚申《かのえさる》の夜に集会する民間信仰の組織。庚申塔はこの信仰から造立《ぞうりゅう》された。悪疫《あくえき》も調伏《ちょうぶく》する青面金剛《しょうめんこんごう》像なども彫刻し，庚申の日に御《お》神酒《みき》などを祭った。人々は夜を徹して語り明かし，天帝《てんてい》に罪を告げられないようにした。

庚申塔

2-4 **端午《たんご》の節句《せっく》** 近世になると男児の無事な成長を祝うものとして定着。ほかの四つと合わせて五節句という。武者人形や兜《かぶと》を飾った。
東京・サントリー美術館蔵

3 旧暦と年中行事

Point 現在の太陽暦(►p.166)に対して，江戸時代は旧暦(太陰太陽暦)が用いられていた。旧暦の１カ月は平均29日半で，12カ月では太陽暦よりも11日短くなり，調整のため閏《うるう》月が19年に７回の割合で入れられた。また大の月と小の月が年により異なるなど複雑であった(►3b)。季節と暦とのずれが生じるので，農耕の時期を知るために冬至《とうじ》から約15日おきに二十四《にじゅうし》節気《せっき》を定めた。五節句《ごせっく》や盂蘭盆会《うらぼんえ》，彼岸会《ひがんえ》などの年中行事も近世中期以降には定着していった。

3a 村の生活

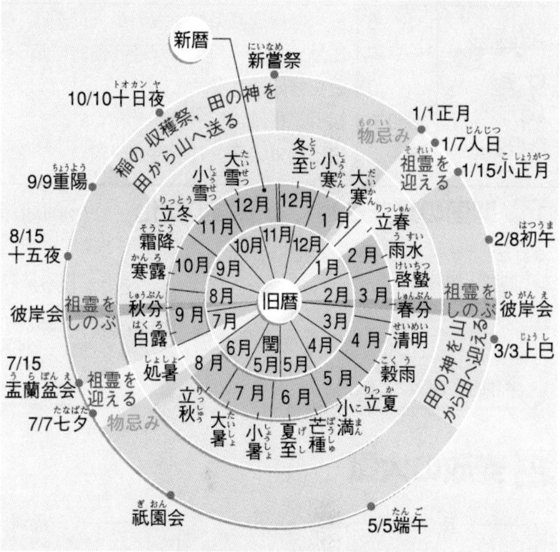

個人蔵

3-1 田植え後の休み日の農村

個人蔵

3-2 農村での秋の氏神《うじがみ》の祭礼《さいれい》のようす

3b 江戸時代の暦と暮らし—大小暦

Point 江戸期の旧暦では年により，大の月(30日)と小の月(29日)が順番や回数が異なるなど非常に複雑であった。掛け売りが一般的な江戸時代で，支払いは月末に決済されたため，大小がわかりやすい暦がつくられた。

3-3 **大小絵暦類聚《だいしょうえごよみるいじゅう》** 1770(明和７)年の絵暦(大どらもの)。描かれた正(一)・三・六・八・十・十一・十二月が大の月になる。かのえ(庚)とどら(寅年)が1770年を示す。東京国立博物館蔵

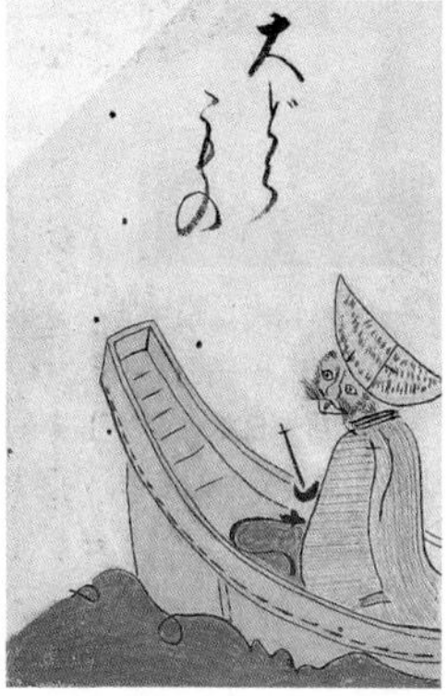

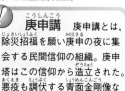

156 ペリーの来航と開国をめぐる対立

1 ペリーの来航

1a 開国関係年表

(◄p.147)

政権担当者	年代・月	事項(青字は幕府の対応)	
阿部正弘《あべまさひろ》(老中首座)(備後《びんご》／福山藩主)	1853. 6	ペリー，浦賀に来航。開国を求める国書を提出	安政の改革
		久里浜にて国書を受理。来年まで回答を延期	
		開国の是非を諸大名に諮問	
	.7	ロシア使節プチャーチン，長崎に来航。開国を要求	
	1854. 1	ペリー，横浜に来航	
	.3	日米和親条約(神奈川条約)調印 史	
	.8	日英和親条約調印	
	.10	プチャーチン来航	
	.12	日露和親条約調印。国境を確定(►p.168) 史	
堀田正睦《ほったまさよし》(老中首座)(下総《しもうさ》／佐倉藩主)	1855.12	日蘭和親条約調印	
	1856. 8	アメリカ総領事ハリス，下田に着任。日米修好通商条約調印を要求	
	1858. 2〜.3	堀田正睦，上洛。孝明《こうめい》天皇から条約勅許を得ようとするが，尊攘《そんじょう》派の反対により失敗	
井伊直弼《いいなおすけ》(大老)(近江《おうみ》／彦根藩主)	.6	日米修好通商条約・貿易章程に調印 史	安政の大獄
	.7	日蘭・日露・日英修好通商条約に調印	
	.9	日仏修好通商条約に調印	
	1859. 6	横浜・長崎・箱館を開港	
	1860. 3	桜田門外《さくらだもんがい》の変。井伊直弼暗殺	

1b ペリーの航路

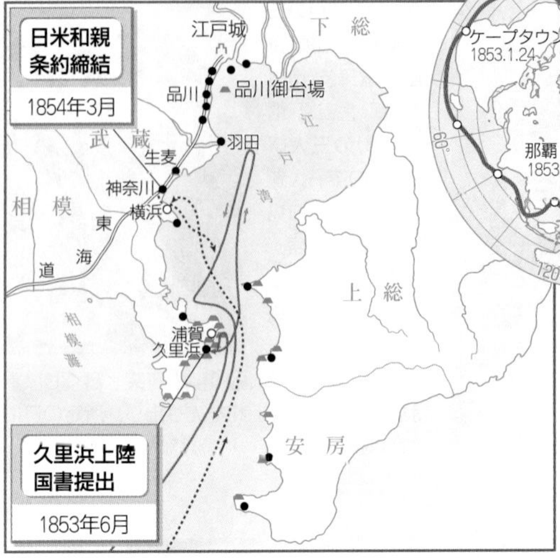

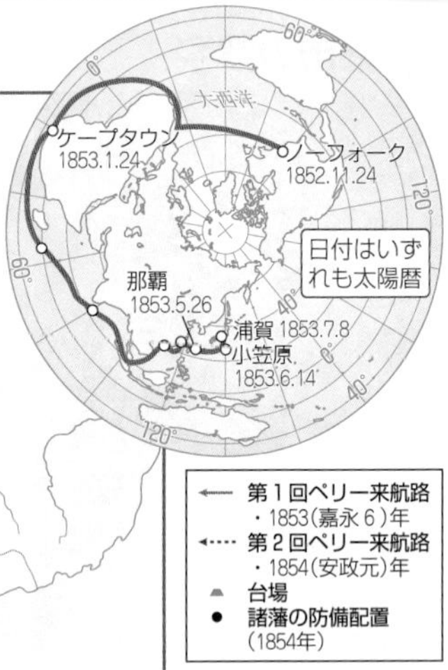

⬇1-1 ペリー神奈川(横浜)上陸図

東京国立博物館蔵

Point 1853(嘉永《かえい》6)年6月，アメリカ東インド艦隊司令長官の**ペリー**は，大西洋・インド洋を経て「**黒船**」4隻《せき》を率《ひき》いて浦賀沖に来航，開国を要求した。老中首座阿部正弘が回答を延期すると，翌年1月に再び来航し，幕府に迫って同年3月ついに**日米和親条約**を調印させた。なお，1回目の来航の途上，艦隊は琉球王国に寄港して開国を促した。また，小笠原諸島を探検してその領有を宣言したが，列強から抗議を受けて実現はしなかった。

1c 開国の是非をめぐる藩論の変化

(『週刊朝日百科 日本の歴史9』)

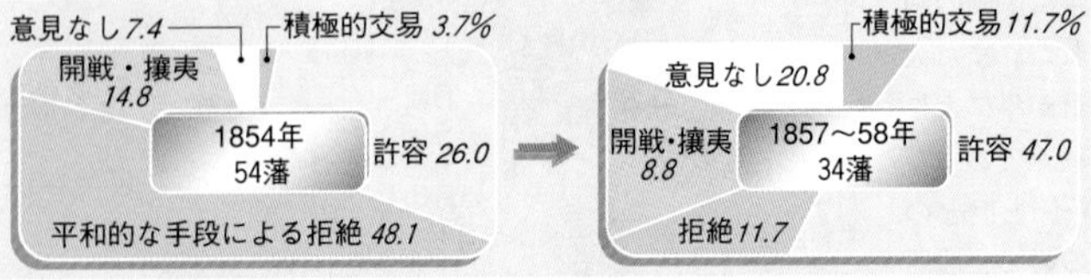

1d 瓦版・錦絵に描かれたペリー

Point 民衆が異国人に抱いた恐怖心はやがて好奇心へと変わり，瓦版《かわらばん》などには珍妙なペリーの肖像が描かれた。

①**一般的に知られるもの** 新潟・(財)黒船館蔵(〜④まで同)
②**天狗《てんぐ》に似せたもの**
③**鳥のような手をしているもの**
④**中国の豪傑《ごうけつ》・関羽《かんう》に似せたもの**

2 安政の大獄

南紀派《なんき》		一橋派《ひとつばし》
徳川慶福《とくがわよしとみ》(紀伊藩主)	次期将軍	一橋慶喜《ひとつばしよしのぶ》(一橋家当主《とうしゅ》)(►p.158)
従来どおり幕府独裁	政治方針	雄藩《ゆうはん》による連合政権 幕政改革の推進
日米修好通商条約調印	外交方針	一部(水戸藩など)に強硬な攘夷《じょうい》論
譜代《ふだい》主流・大奥《おおおく》	中心勢力	親藩《しんぱん》・外様《とざま》雄藩
井伊直弼《いいなおすけ》(彦根《ひこね》藩主)(大老)	中心人物	徳川斉昭《とくがわなりあき》(前水戸藩主)➡永蟄居《えいちっきょ》

⬇井伊直弼

滋賀・清涼寺蔵

安政の大獄
(1858年)

桜田門外の変
(1860年)

⬇徳川斉昭

茨城・(財)水府明徳会 彰考館・徳川博物館蔵

一橋慶喜(一橋家)➡隠居《いんきょ》・謹慎《きんしん》
松平慶永《まつだいらよしなが》(越前藩主)➡隠居・謹慎
山内豊信《やまうちとよしげ》(土佐藩主)➡隠居・謹慎
橋本左内《はしもとさない》(越前藩士)➡ 死罪
吉田松陰《よしだしょういん》(長州藩士)➡ 死罪
頼三樹三郎《らいみきさぶろう》(儒学者)➡ 死罪
梅田雲浜《うめだうんびん》(小浜《おばま》藩士)➡ 獄死《ごくし》

Point 13代将軍家定《いえさだ》の継嗣《けいし》問題をめぐる**南紀派**と**一橋派**の対立は，幕府政治のあり方や**日米修好通商条約**調印の是非と絡まって深刻化し，大老**井伊直弼**による一橋派の大弾圧を招いた。しかし，その井伊直弼も尊攘派志士により殺害され(►p.158)，政局はさらに混迷した。

3 幕末に活躍した外国人

⬆3-1 **グラヴァー**(英商人) 1859年に来日。長崎を拠点に武器貿易などで財をなすが，のち破産。

⬆3-2 **ハリス**(米総領事) 日米和親条約により1856年に下田に着任。1858年に**日米修好通商条約調印**に成功。

⬆3-3 **パークス**(英公使) 1865年に前任の**オールコック**に代わって着任。**薩摩・長州藩**に接近。

⬆3-4 **ロッシュ**(仏公使) 1864年に着任。財政・軍事面で幕政改革を支援。

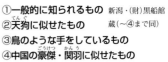

1 貿易の発展

1a 貿易額の推移

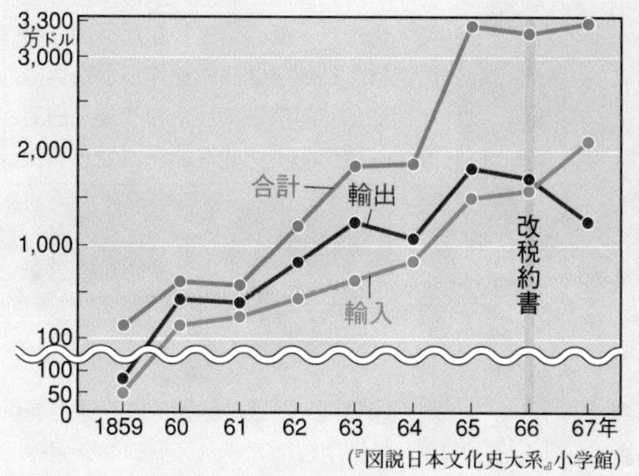

(『図説日本文化史大系』小学館)

Point 1859年の開港以来，貿易は急速に発展し，1860～67年の間に貿易総額は5倍以上に伸びた。1866年まで輸出超過だったのが以後は輸入超過に転じたのは，**改税約書**《かいぜいやくしょ》(►!)により，輸入税率が大幅に引き下げられたためである。

1b 港別貿易額比率(1865年)

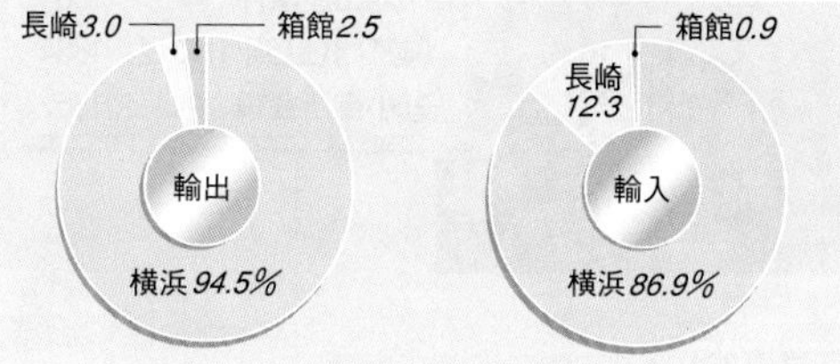

1c 横浜港の国別取扱高(1865年)

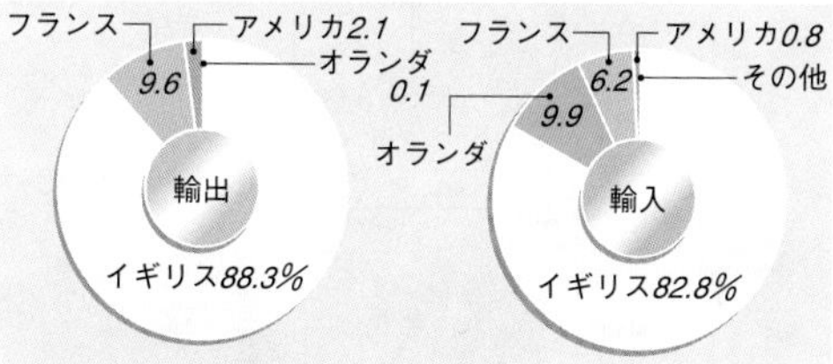

1d 品目別貿易比率(1865年)

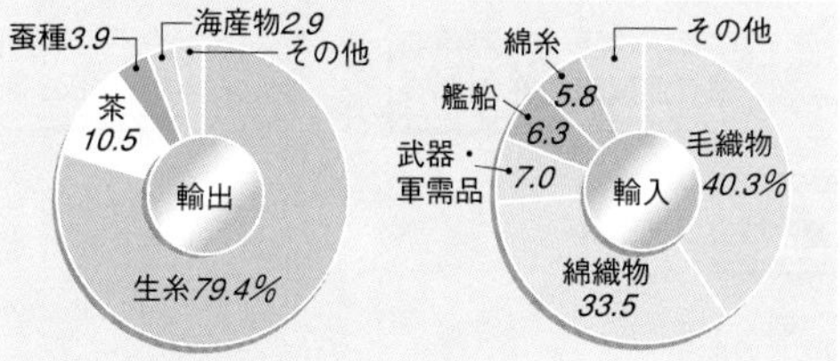

(以上『図説日本文化史大系』小学館)

改税約書《かいぜいやくしょ》　兵庫開港延期の代償として1866(慶応2)年に幕府が諸外国と結んだ輸入税軽減に関する協約。安政の五カ国条約による税率(5～35%)を廃し，大部分の輸出入品の税率を5%としたため，これ以降は輸入超過となり，貿易収支は赤字になった。

TRY 論述 幕府が万延貨幣改鋳を行った背景とその影響を述べなさい。 相互関連

1-1 **「神奈川横浜新開港図」**(五雲亭貞秀《ごうんていさだひで》筆)　開港からわずか1年たらずの間に，それまで片田舎《かたいなか》の漁村であった開港場・横浜には多くの店舗が建ち並び，外国の商人と盛んに取引が行われた。図は開港当時の横浜本町通りのにぎわい。左手前は三井の出店。

神奈川県立歴史博物館蔵

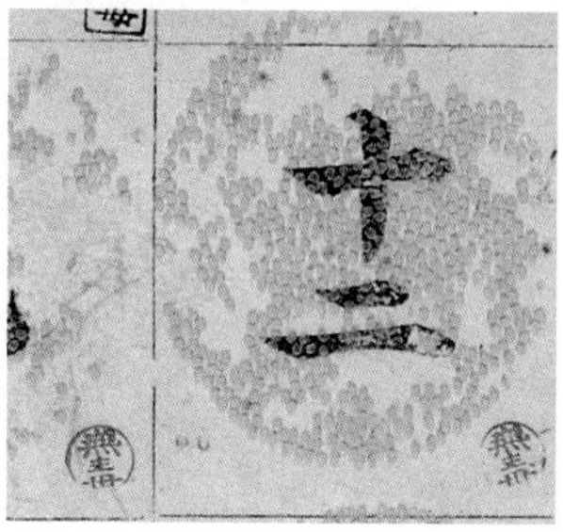
1-2 **蚕卵紙**《さんらんし》　蚕《かいこ》の蛾《が》に卵を産み付けさせた和紙。開港当時，ヨーロッパの養蚕地帯が蚕の微粒子病により壊滅的な打撃を受けたため，世界的に蚕種の需要が高まり，**生糸・茶**に次ぐ重要な輸出品となった。

長野・市立岡谷蚕糸博物館蔵

2 物価の騰貴《とうき》と貨幣の改鋳《かいちゅう》 (◄p.132)

2a 物価の騰貴

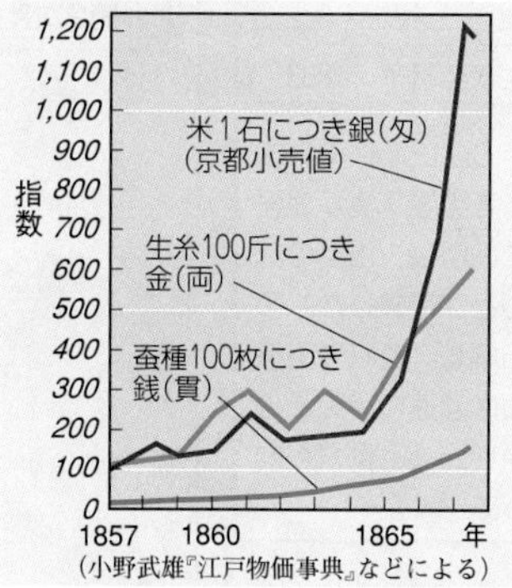

(小野武雄『江戸物価事典』などによる)

2b 幕末の貨幣

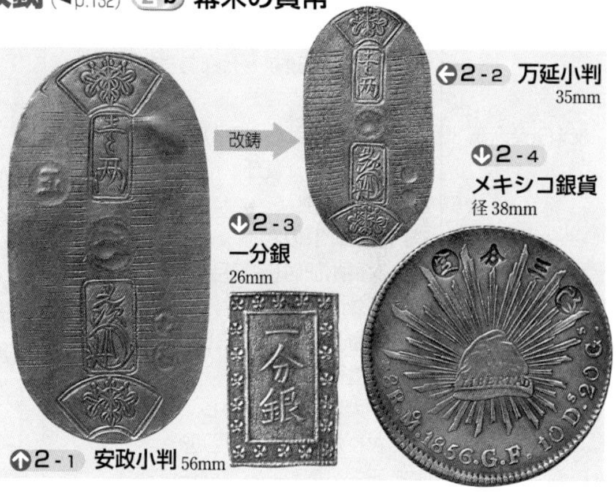

2-1 安政小判 56mm

2-2 万延小判 35mm

2-3 一分銀 26mm

2-4 メキシコ銀貨 径38mm

2c 金貨流出のしくみ

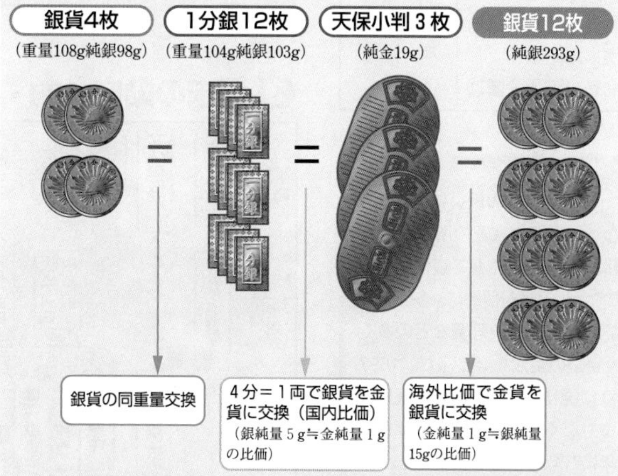

(日本銀行金融研究所貨幣博物館資料による)

Point 国際的な金と銀の交換比率は1：15であったが，国内では1：5であった。この差を利用して，外国人は1ドル銀貨4枚を日本で一分銀12枚と交換し（1ドル銀貨と一分銀3枚が等価とされた)，それを小判（金貨）3両に換え，さらにそれを海外に持ち帰って銀貨12枚に換えた。このため，国内から大量の金貨が流出し，その額は30万両にも及んだ。そのため，幕府は万延元《まんえん》(1860)年に金貨の改鋳を行った(万延小判)が,貨幣品位の低下は**物価の騰貴**を助長し,**攘夷運動を激化**させる結果となった。

1 幕末の動乱略年表

年代・月	事　項	天皇	将軍
1854(安政《あんせい》元).3	日米和親条約(神奈川条約)調印	孝《こう》明《めい》	家《いえ》定《さだ》
1855(安政２).10	堀田正睦《ほったまさよし》，老中に就任		
1856(安政３).7	米総領事ハリス，下田に着任		
1858(安政５).2	堀田正睦，条約勅許《ちょっきょ》を奏請《そうせい》		
.4	井伊直弼《いいなおすけ》，大老に就任		
.6	日米修好通商条約に調印 徳川慶福《とくがわよしとみ》を次期将軍に決定		
.9	安政《あんせい》の大獄《たいごく》(～59)①		家《いえ》茂《もち》
1859(安政６).5	英公使オールコック着任		
.6	横浜・長崎・箱館にて貿易を開始		
1860(万延《まんえん》元).1	安藤信正《あんどうのぶまさ》，老中に就任 新見正興《しんみまさおき》ら条約批准《ひじゅん》のため渡米		
.3	桜田門外《さくらだもんがい》の変《へん》→井伊直弼暗殺②		
.閏《うるう》3	五品江戸廻送令《ごひんえどかいそうれい》		
1861(文久《ぶんきゅう》元).5	高輪東禅寺《たかなわとうぜんじ》の英公使館襲撃される		
.10	和宮《かずのみや》，将軍家茂に降嫁《こうか》		
1862(文久２).1	坂下門外《さかしたもんがい》の変《へん》→安藤信正負傷③		
.4	寺田屋事件《てらだやじけん》④		
.6	島津久光《しまづひさみつ》，東下→文久の改革⑤		
.8	生麦事件《なまむぎじけん》⑥		
.閏8	松平容保《まつだいらかたもり》，京都守護職に就任⑦		
1863(文久３).5	長州藩，下関で外国船を砲撃		
.6	高杉晋作《たかすぎしんさく》，奇兵隊《きへいたい》を組織		
.7	薩英戦争《さつえいせんそう》⑨		
.8	天誅組《てんちゅうぐみ》の変《へん》⑩ 八月十八日の政変→七卿落ち⑪		
.10	生野《いくの》の変《へん》⑫		
1864(元治《げんじ》元).3	水戸天狗党《みとてんぐとう》の乱《らん》(～12月)⑬ 仏公使ロッシュ着任		
.6	池田屋事件《いけだやじけん》⑭		
.7	禁門《きんもん》(蛤御門《はまぐりごもん》)の変《へん》⑮ 第１次長州征討(～12月)⑯		
.8	四国艦隊の下関砲撃⑰		
1866(慶応《けいおう》２).1	薩長連合成立←坂本龍馬《さかもとりょうま》らの仲介⑱		
.5	改税約書に調印 江戸・大坂で打ちこわし		
.6	第２次長州征討(～８月)⑲		
.7	家茂死去。慶喜，将軍就任(12月)		
.12	孝明天皇死去		慶《よし》喜《のぶ》
1867(慶応３).7	「ええじゃないか」発生	明治	
.10	山内豊信《やまうちとよしげ》，幕府に大政奉還《たいせいほうかん》を建白 大政奉還　薩長両藩に討幕の密勅《みっちょく》		
.11	坂本龍馬・中岡慎太郎《なかおかしんたろう》暗殺		
.12	王政復古《おうせいふっこ》の大号令《だいごうれい》史小御所会議《こごしょ》㉑		

Discovery

その後の徳川慶喜

鳥羽《とば》・伏見《ふしみ》の戦《たたか》いに敗れて，「朝敵」とされた徳川慶喜《とくがわよしのぶ》は謹慎《きんしん》となった。徳川宗家《そうけ》の所領《しょりょう》は駿府《すんぷ》70万石に削《けず》られ，慶喜は隠居《いんきょ》して静岡に移った。やがて謹慎を解かれると，その激動《げきどう》の前半生とは対照的に，多くの子どもをつくり(21名)，狩猟・釣り・写真などの多くの趣味をもち，悠々自適《ゆうゆうじてき》の生活を楽しんだ。1897(明治30)年には東京に戻り，翌年，初めて天皇に面会して和解し，まもなく爵位《しゃくい》(公爵《こうしゃく》)を授《さず》けられた。1913(大正２)年に77年の天寿《てんじゅ》を全《まっと》うした。

東京・日本カメラ博物館蔵

2 幕末の動乱地図

2-1 四国連合軍に占領された長州藩の砲台

⑰四国艦隊の下関砲撃《しものせきほうげき》 1864

前年５月の長州藩の攘夷《じょうい》決行に対して英・仏・米・蘭の軍艦17隻《せき》が下関を報復砲撃《ふくほうげき》。長州藩は高杉晋作らが奇兵隊を指揮して対抗したが，わずか１日で敗北。攘夷の不可能を痛感させられた。

2-2 **両軍の砲弾**　左が連合艦隊が使用したアームストロング砲弾。

2-2 下関市立長府博物館蔵

2-3 「小御所《こごしょ》会議の図」　徳川慶喜《とくがわよしのぶ》の辞官・納地を決定。

東京・明治神宮聖徳記念絵画館蔵

④寺田屋事件	1862
⑦京都守護職を新設	1862
⑧新撰組《しんせんぐみ》結成	1863
⑪八月十八日の政変	1863
⑭池田屋事件	1864
⑮禁門《きんもん》(蛤御門《はまぐりごもん》)の変《へん》	1864
㉑小御所《こごしょ》会議	1867

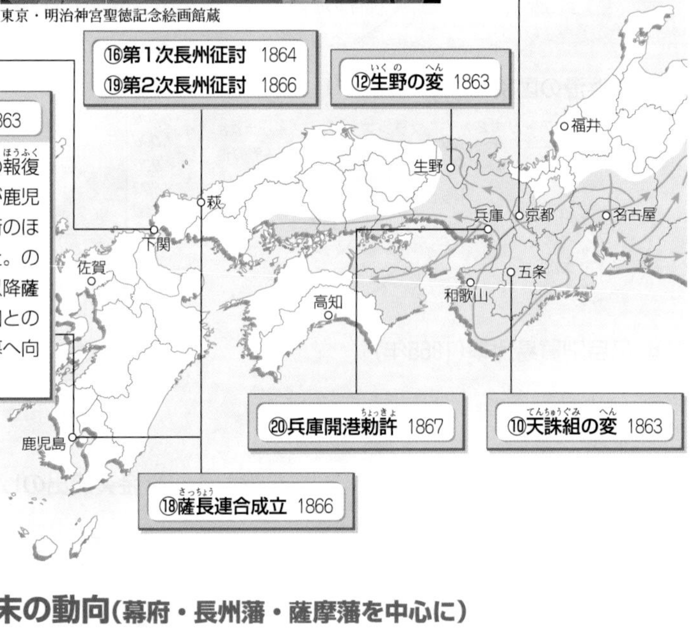

⑯第１次長州征討 1864
⑲第２次長州征討 1866

⑫生野《いくの》の変《へん》 1863

⑨薩英戦争《さつえいせんそう》 1863

前年の生麦《なまむぎ》事件の報復《ほうふく》として英艦７隻《せき》が鹿児島を砲撃《ほうげき》し，市街のほとんどが焼失した。のち和解し，これ以降薩摩藩は急速に英国との関係を深め，倒幕へ向かっていく。

⑳兵庫開港勅許《ちょっきょ》 1867

⑩天誅組《てんちゅうぐみ》の変《へん》 1863

⑱薩長《さっちょう》連合成立 1866

3 幕末の動向(幕府・長州藩・薩摩藩を中心に)

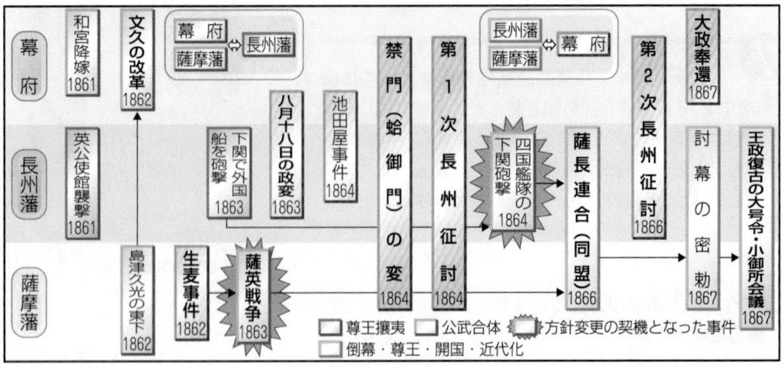

ええじゃないか 1867

この年の7月末頃より東海・近畿を中心に広まった民衆の集団的な乱舞《らんぶ》。幕府の秩序崩壊《ちつじょほうかい》を目的とした倒幕《とうばく》派の陰謀《いんぼう》という説もある。

（落合芳幾「豊饒御蔭参之図」）
東京都立中央図書館加賀文庫蔵

（高木俊輔『ええじゃないか』教育社による）

TRY 論述 従来の薩摩藩・長州藩の立場の違いを述べ，その敵対していた両藩が薩長連合(同盟)を結んで倒幕運動に結集した理由について説明しなさい。
推移　比較　相互関連

⑬天狗党《てんぐとう》の乱《らん》 1864

水戸藩攘夷《じょうい》過激派の藤田小《ふじたこ》四郎《しろう》らが筑波山《つくばさん》で挙兵。武《たけ》田耕雲斎《だこううんさい》らと上洛しようとしたが，加賀《かが》藩に降伏

①安政《あんせい》の大獄《たいごく》 1858～59
②桜田門外《さくらだもんがい》の変《へん》 1860
③坂下門外《さかしたもんがい》の変《へん》 1862
⑤文久《ぶんきゅう》の改革《かいかく》 1862

⑥生麦《なまむぎ》事件 1862

薩摩藩主の父・島津久光《しまづひさみつ》が江戸からの帰途，行列の前方を横切った3名の英国人を殺傷。薩英戦争の原因となった。

2-4 生麦事件での賠償金の支払い 薩摩藩が拒否したため，幕府が10万ポンドを支払った。

2-5 生麦事件の現場（現在の横浜市鶴見区）

草莽《そうもう》 一般的には幕末・維新期に活躍した尊攘《そんじょう》派志士《しし》をいうが，特に武士以外の階層（豪商・豪農・郷士・神官など）から尊皇攘夷《そんのうじょうい》・倒幕運動に参加した者を指す。

4 幕末動乱期に活躍した人々

氏名	出身（経歴・役職等）	生年・没年（赤字は1867年時の数え年齢） 1800 1867 1900
徳川《とくがわ》 斉昭《なりあき》	水戸藩（藩主）	00 60
佐久間《さくま》象山《しょうざん》	松代藩（兵学者）	11 64（暗殺）
井伊《いい》 直弼《なおすけ》	彦根藩（藩主・大老）	15 60（暗殺）
島津《しまづ》 久光《ひさみつ》	薩摩藩（藩主の父）	17 51 87
❶勝《かつ》 海舟《かいしゅう》	江　戸（幕臣・海軍奉行）	23 45 99
❷大村益《おおむらます》次郎《じろう》	長州藩（村医・兵学者）	24 44 69（暗殺）
❸岩倉《いわくら》 具視《ともみ》	京　都（侍従）	25 43 83
山内《やまうち》 豊信《とよしげ》	土佐藩（藩主）	27 41 72
西郷《さいごう》 隆盛《たかもり》	薩摩藩（下級藩士）	27 41 77（自刃）
松平《まつだいら》 慶永《よしなが》	越前藩（藩主・政事総裁職）	28 40 90
由利《ゆり》 公正《きみまさ》	越前藩（下級藩士）	29 39 09
武市《たけち》 瑞山《ずいざん》	土佐藩（藩士・土佐勤王党首）	29 65（切腹）
吉田《よしだ》 松陰《しょういん》	長州藩（兵学・国史学者）	30 59（刑死）
大久保《おおくぼ》利通《としみち》	薩摩藩（下級藩士）	30 38 78（暗殺）
木戸《きど》 孝允《たかよし》	長州藩（藩士）	33 35 77
橋本《はしもと》 左内《さない》	越前藩（藩士・藩医）	34 59（刑死）
岩崎《いわさき》弥《や》太郎《たろう》	土佐藩（郷士）	34 34 85
❹江藤《えとう》 新平《しんぺい》	肥前藩（下級藩士）	34 34 74（刑死）
❺近藤《こんどう》 勇《いさみ》	武蔵国（浪人・新撰組隊長）	34 34 68（刑死）
福沢《ふくざわ》 諭吉《ゆきち》	中津藩（下級藩士）	34 34 01
❻松平《まつだいら》 容保《かたもり》	会津藩（藩主・京都守護職）	35 33 93
井上《いのうえ》 馨《かおる》	長州藩（小姓役）	35 33 15
福岡《ふくおか》 孝弟《たかちか》	土佐藩（郡奉行・参政）	35 33 19
❼坂本《さかもと》 龍馬《りょうま》	土佐藩（酒造業・郷士）	35 33 67（暗殺）
五代《ごだい》 友厚《ともあつ》	薩摩藩（藩士）	35 33 85
松方《まつかた》 正義《まさよし》	薩摩藩（藩士）	35 33 24
榎本《えのもと》 武揚《たけあき》	江　戸（幕臣・海軍副総裁）	36 32 08
三条《さんじょう》 実美《さねとみ》	京　都（公家）	37 31 91
徳川《とくがわ》 慶喜《よしのぶ》	一橋家（第15代将軍）	37 31 13
板垣《いたがき》 退助《たいすけ》	土佐藩（藩士）	37 31 19
山県《やまがた》 有朋《ありとも》	長州藩（下級藩士）	38 30 22
中岡《なかおか》慎《しん》太郎《たろう》	土佐藩（大庄屋の子・藩士）	38 30 67（暗殺）
❽後藤《ごとう》象《しょう》二郎《じろう》	土佐藩（家老格）	38 30 97
大隈《おおくま》 重信《しげのぶ》	肥前藩（藩士）	38 30 22
❾高杉《たかすぎ》 晋作《しんさく》	長州藩（藩士）	39 29 67
渋沢《しぶさわ》 栄一《えいいち》	武蔵国（豪農・幕臣）	40 28 31
久坂《くさか》 玄瑞《げんずい》	長州藩（藩士）	40 64（自刃）
黒田《くろだ》 清隆《きよたか》	薩摩藩（藩士）	40 28 00
伊藤《いとう》 博文《ひろぶみ》	長州藩（下級武家奉公人）	41 27 09（暗殺）
大山《おおやま》 巌《いわお》	薩摩藩（下級藩士）	42 26 16
品川《しながわ》弥《や》二郎《じろう》	長州藩（下級藩士）	43 25 00
西郷《さいごう》 従道《つぐみち》	薩摩藩（下級藩士）	43 25 02
桂《かつら》 太郎《たろう》	長州藩（藩士）	47 21 13
西園寺《さいおんじ》公望《きんもち》	京　都（公家）	49 19 40

4-1 勝海舟《かつかいしゅう》 幕臣であったが，広い視野をもち，坂本龍馬らに大きな影響を与えた。

4-2 大村益次《おおむらますじ》郎《ろう》 長州藩出身。戊辰戦争で政府軍を指揮。陸軍創設に大きな功績。

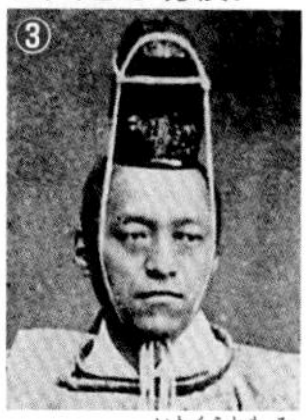
4-3 岩倉具視《いわくらともみ》 公家出身。王政復古の大号令を画策《かくさく》し，幕府を滅亡に導いた中心人物。

4-4 江藤新平《えとうしんぺい》 肥前《ひぜん》藩出身。初代司法卿。佐賀の乱の首謀者として処刑され，梟首《きょうしゅ》（►p.169）。

4-5 近藤勇《こんどういさみ》 武蔵《むさし》国の剣客《けんかく》。新撰組《しんせんぐみ》を率いて尊攘派・倒幕派志士を殺害。のち処刑・梟首《きょうしゅ》。

4-9 高杉晋作《たかすぎしんさく》 長州藩出身。尊攘派志士。奇兵隊《きへいたい》を組織し，藩を倒幕へと方向づけた。

4-8 後藤象二《ごとうしょうじ》郎《ろう》 土佐藩出身。公武合体の立場から主《あるじ》・山内豊信《やまうちとよしげ》に大政奉還を提案。

4-7 坂本龍馬《さかもとりょうま》 土佐藩郷士出身。雄藩連合を構想して薩長連合を実現したが，暗殺。

4-6 松平容保《まつだいらかたもり》 会津《あいづ》藩主。京都守護職に就任して尊攘派・倒幕派弾圧を指揮した。

1 戊辰《ぼしん》戦争関係図

⬅1-1 **鳥羽・伏見の戦い**
右が新政府軍，左が旧幕府軍。
東京・明治大学博物館蔵

⑤五稜郭《ごりょうかく》の戦《たたか》い 1868.10～1869.5

旧幕府海軍副総裁榎本武揚《えのもとたけあき》らが軍艦を率《ひき》いて箱館に逃れ，独立共和国の樹立を構想したが，新政府軍の攻撃により敗北した。これにより戊辰戦争が終結し，のち榎本は新政府に迎えられた(►p.168)。

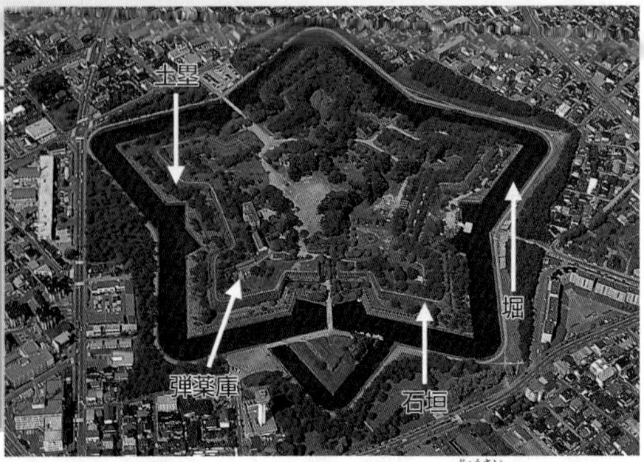

⬆1-5 **五稜郭** 1864年に完成した西洋風の城塞《じょうさい》。同型のものは長野県佐久市にもある。

①鳥羽《とば》・伏見《ふしみ》の戦《たたか》い 1868.1

小御所《こごしょ》会議での辞官・納地の決定に憤激した旧幕府軍が，京都に攻め入ろうとして薩長軍と衝突。幕府軍は敗北して「朝敵《ちょうてき》」とされ，官軍東征の口実となった。

奥羽越列藩同盟《おううえつれっぱんどうめい》の結成 1868.4

仙台・米沢藩ら14藩は会津藩赦免《しゃめん》を嘆願《たんがん》。拒否されると他の奥羽・北越17藩を加えて同盟を組織。

主な奥羽越列藩同盟(初め31藩)
新政府軍の進路
徳川慶喜らの退路(大坂→江戸)
榎本武揚らの退路(江戸→箱館)
● ⚔ 主な戦場

③長岡城の戦い 1868.5～7

長岡藩家老河井継之助《かわいつぐのすけ》を中心に新政府軍に抵抗。北越《ほくえつ》戦争ともいわれる。敗戦後に支藩の三根山《みねやま》藩から送られた見舞いの米を，藩の大参事である小林虎三郎《こばやしとらさぶろう》が国漢学校建設の費用とした「米百俵」の逸話は有名。

江戸城無血《むけつ》開城 1868.4

官軍の江戸総攻撃の直前に，山岡鉄舟《やまおかてっしゅう》の仲介《ちゅうかい》で勝《かつ》海舟《かいしゅう》・西郷隆盛《さいごうたかもり》が会談。江戸は戦火を免《まぬか》れた。

➡1-3 **江戸開城談判《だんぱん》の図**
(結城素明筆) 西郷隆盛(左)と勝海舟(右)(►p.169) 東京・明治神宮聖徳記念絵画館蔵

⬆1-6 **東征軍の隊列** 先頭に天皇家の菊の紋が見られる。個人蔵
藤沢市文書館提供

④会津の戦い 1868.8～9

藩主松平容保《まつだいらかたもり》(◄p.159)が恭順《きょうじゅん》の意を表したが容《い》れられず，奥羽越列藩同盟と新政府軍が激戦。若松城は落城し，白虎隊《びゃっこたい》は自刃《じじん》。

②彰義隊《しょうぎたい》の戦《たたか》い 1868.5

旧幕臣《ばくしん》らが上野寛永寺《かんえいじ》に立てこもって抵抗。大村益次郎《おおむらますじろう》率《ひき》いる新政府軍の２門のアームストロング砲(◄p.158)の威力によりわずか１日で敗北。

➡1-4 **彰義隊の旗**
1854(安政元)年に幕府により日本総船印とされた日の丸が描かれている。
東京・靖國神社蔵

⬇1-2 **相楽塚《さがらづか》(魁《さきがけ》塚)**(長野県下諏訪町) 「偽官軍《にせかんぐん》」として処刑された相楽総三らの墓。

偽官軍事件《にせかんぐんじけん》 1868.3

豪農出身の相楽総三《さがらそうぞう》が薩摩藩の後援により赤報隊《せきほうたい》を組織。年貢半減令を掲《かか》げて官軍への協力をよびかけたが，財政に困窮していた新政府は相楽らを「偽官軍」として処刑した。

2 戊辰戦争時の銃砲比較

	新政府軍	旧幕府軍
艦載砲	アームストロング砲　飛距離は４km，命中率は高い	飛距離２kmくらいの艦載砲
大　砲	山砲(口径86.5mm，車式)，携臼《けいきゅう》砲(口径130mm，もって運べる)，臼砲(口径200mm)	山砲のみ
機関銃	ガットリング砲　１分間に200発	無 (長岡藩には２門あり)
小　銃	スナイドル銃　飛距離は1.2km スペンサー銃　７連発　など	ゲベール銃など単発，飛距離700mくらい

(『箱館戦争』旺文社より)

⬆2-1 **旧幕府軍使用のゲベール銃**

⬆2-2 **新政府軍使用のスペンサー銃**
千葉・国立歴史民俗博物館蔵

！アームストロング砲

当時最新鋭のイギリス製の後装式施条《こうそうしきせじょう》砲《ほう》。薩英戦争で初めて使用され，戊辰戦争では各戦闘で威力を発揮した。(◄p.158)

Discovery

土方歳三の死

新撰組副長であった土方歳三《ひじかたとしぞう》は，幕府崩壊の混乱の中で榎本武揚《えのもとたけあき》らと合流して蝦夷地へ渡り，官軍に最後の一戦を挑んだ。榎本がこの地に独立共和国を建設しようとしたのに対して，土方はただ幕府に殉《じゅん》じて自分の死に場所を求めようとしていた。そのため，戦いぶりは壮烈を極め，ついに敵の砲弾に倒れた。

⬇土方歳三
市立函館図書館蔵

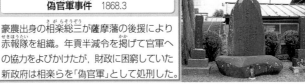

1 新政府の発足

1866.12	孝明天皇死去。明治天皇践祚《せんそ》
1868. 1	明治天皇元服
. 3	五箇条《ごかじょう》の誓文《せいもん》を発布 1-1
	五榜《ごぼう》の掲示《けいじ》を発布 1-2
.閏4	政体書《せいたいしょ》を発布
. 7	江戸を東京と改称
. 8	明治天皇即位式 1-3
. 9	「明治」改元。一世一元の制を定める
	天皇，京都御所より「東幸《とうこう》」に出発
.10	江戸城に入城 1-4
.12	京都へ「還幸《かんこう》」。皇后宮冊立《さくりつ》(結婚)
1869. 3	太政官をともなって「再東幸」(東京遷都)
.10	美子皇后が東京に「行啓《ぎょうけい》」

部分 東京・明治神宮聖徳記念絵画館蔵

1-1 **五箇条の誓文の発布** 1868(慶応4)年3月14日，天皇は京都御所の紫宸殿《ししんでん》にて天地の神々に新国家の基本方針を誓った。しかし，もともと五箇条の誓文は薩長中心の新政府に不信を抱く諸藩を懐柔させる方策にすぎず，新政の基本方針といった性格は薄い。起草から修正・加筆の過程で，新政の理念が次第に抽象化されていった点にも注目したい。史

TRY 論述 五榜の掲示の後進性をその内容と形式の両面から述べなさい。 比較

由利公正《ゆりきみまさ》

福岡孝弟《ふくおかたかちか》

木戸孝允《きどたかよし》

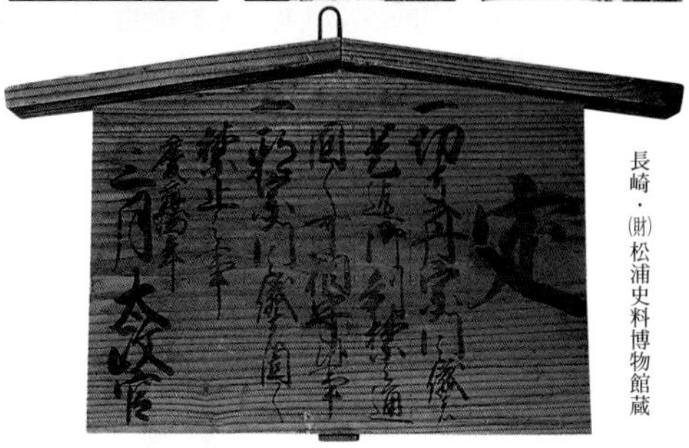

長崎・(財)松浦史料博物館蔵

1-2 **五榜の掲示**(キリシタン禁制の高札) 五箇条の誓文の翌日に民衆統治の方針として示された五榜《ごぼう》の掲示《けいじ》も，内容的には**キリスト教の禁止**など幕府の統治政策を踏襲《とうしゅう》するものであり，その形式も「高札」という方法によるなど，旧態依然《きゅうたいいぜん》のものであった。史

国立公文書館蔵

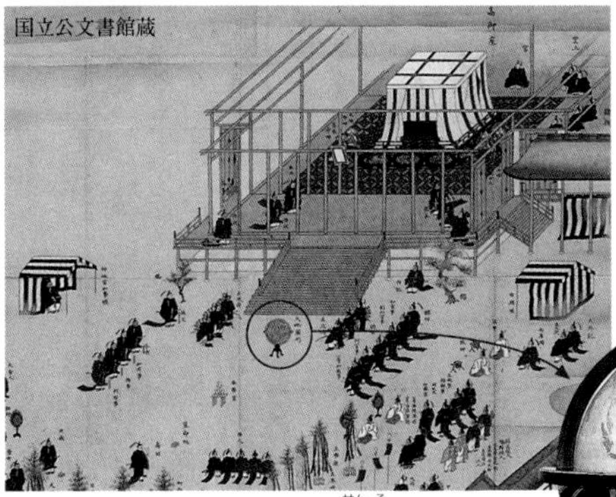

1-3 **明治天皇の即位式** 践祚《せんそ》(皇位継承)から1年半余りを経て京都御所紫宸殿《ししんでん》前で挙行された。正面には徳川斉昭《なりあき》から献上された大地球儀が置かれ，「維新」が演出された。

宮内庁蔵

1-4 **酒肴《しゅこう》の下賜《かし》** 天皇が東京に到着すると，政府は御祝儀に2940樽の酒を下賜した。東京への途上でも多くの金品が下賜されるなど，新政府は宣伝に懸命であった。この遷都(東幸《とうこう》)の総経費は80万両にのぼった。

3代広重画 江戸東京博物館蔵

2 中央官制・地方制度の推移

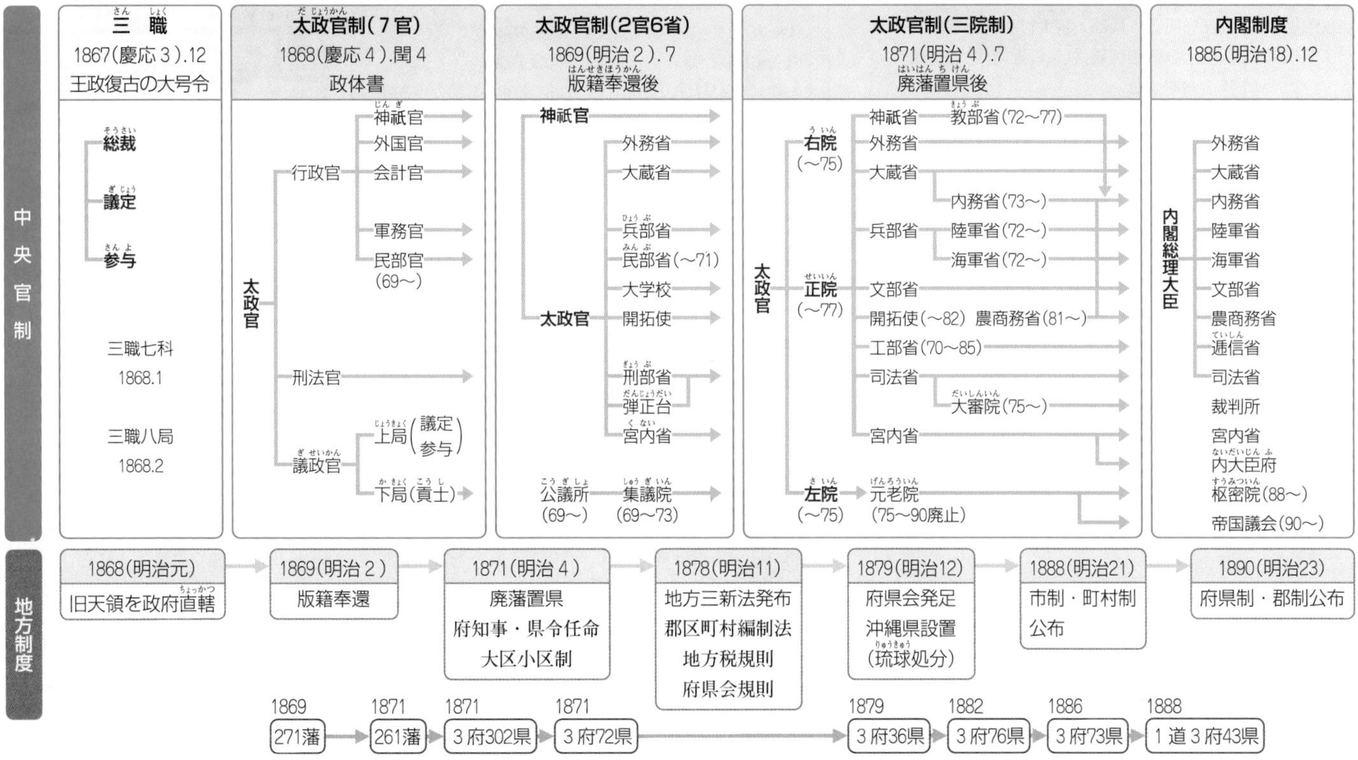

162 明治初期の内政改革① 廃藩置県・軍制改革

1 廃藩置県《はいはんちけん》

1a 廃藩置県略年表

1869.1	薩長土肥《さっちょうとひ》4藩主，版籍奉還を建白
.3	諸藩もこれにならう
.6	版籍奉還《はんせきほうかん》を許可　藩主を知藩事《ちはんじ》に任命
.12～	廃藩を願う藩が相次ぐ(13藩)
1871.1	徳島藩知事蜂須賀茂韶《はちすかもちあき》，廃藩を建白
.2	薩長土3藩から御親兵《ごしんぺい》1万人を徴集
.7	**廃藩置県**(261藩→3府302県)
.11	府県を統廃合(3府72県)

1b 3府72県(1871年11月)

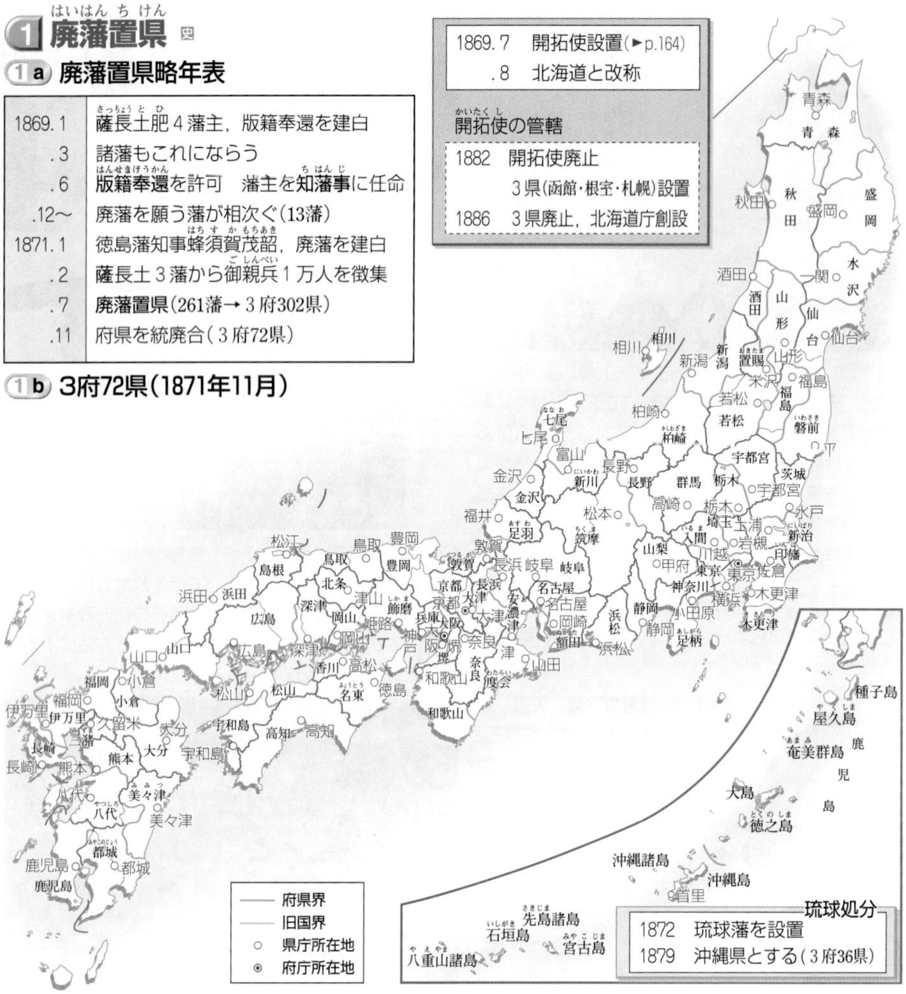

TRY 論述　廃藩置県が諸藩の抵抗を受けずに実現できたのはどうしてか。新政府の対応と当時の各藩の経済状況から述べなさい。　相互関連

(独)国立公文書館蔵

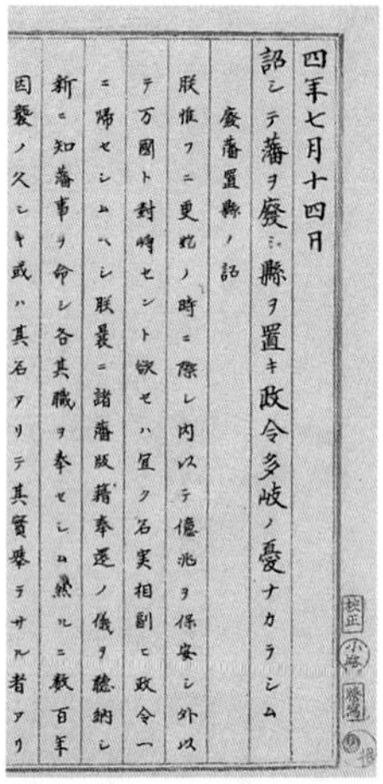
四年七月十四日
詔シテ藩ヲ廢シ縣ヲ置キ政令多岐ノ憂ナカラシム
廢藩置縣ノ詔
朕惟フニ更始ノ時ニ際シ内以テ億兆ヲ保安シ外以
テ万國ト對峙セント欲セハ宜ク名実相副ヒ政令一
ニ帰セシムヘシ朕曩ニ諸藩版籍奉還ノ儀ヲ聽納シ
新ニ知藩事ヲ命シ各其職ヲ奉セシム然ルニ數百年
因襲ノ久キ或ハ其名アリテ其實擧ラサル者アリ

1-1 廃藩置県の詔《みことのり》
(太政類典 第一編)

1-2 天皇の閲兵《えっぺい》を受ける近衛兵《このえへい》　1871年に徴集された御親兵《ごしんぺい》は翌年に近衛兵と改称され，1891年には近衛師《このえし》団《だん》となった。

Point 従来の藩権力を否定して中央集権的な支配体制を確立する廃藩置県《はいはんちけん》は，政府にとって不可欠の改革であったが，各藩の強い抵抗が予想された。政府は薩長土3藩から1万人の御親兵《ごしんぺい》を徴集するとともに，各藩の負債《ふさい》の一部を帳消《ちょうけ》しにし，残りを肩代りすると約束した。このため，廃藩置県は抵抗を受けることなく達成された。

2 軍制改革

2a 軍制改革略年表

1869(明2)	兵部《ひょうぶ》省設置　兵部大輔大村益次郎《たいふおおむらますじろう》暗殺
1871(明4)	薩長土3藩で**御親兵《ごしんぺい》**(後の近衛兵《このえへい》)を組織 4鎮台《ちんだい》を設置
1872(明5)	兵部省を廃止し陸軍省・海軍省を設置 山県有朋《やまがたありとも》，陸軍大輔となる　**徴兵告諭《ちょうへいこくゆ》**
1873(明6)	全国を6軍管区に分け鎮台を設置 **徴兵令《ちょうへいれい》**公布　各地で**血税一揆《けつぜいいっき》**が頻発《ひんぱつ》 山県有朋，陸軍卿《きょう》となる
1876(明9)	この頃，全国の兵役免除率82%
1877(明10)	**西南《せいなん》戦争**…徴兵の力を示す(►p.169)
1878(明11)	**竹橋《たけばし》事件**…近衛兵の反乱に対して厳罰 **参謀《さんぼう》本部**を設置(陸軍)
1882(明15)	**軍人勅諭《ぐんじんちょくゆ》**を発布 この頃，徴兵検査の忌避《きひ》者約4%(年に1万人)
1883(明16)	徴兵令改正…代人料を廃止
1885(明18)	陸軍卿・海軍卿を陸軍大臣・海軍大臣と改称 鎮台を師団《しだん》に改編(→反乱鎮圧から対外進出に重点を移行)
1889(明22)	徴兵令改正…徴兵免除規定を廃止 この頃，常備兵は平時4万人，戦時7万人 大日本帝国憲法の施行により**統帥権《とうすいけん》**が独立
1893(明26)	**軍令部《ぐんれいぶ》**を設置(海軍)

2b 徴兵免除の規定 ＊明治6年の米の1石は4円72銭

①一家の戸主	②家の跡継《あとつぎ》
③養家に住む養子	④独子独孫
⑤病気の父兄に代わる者	⑥兵役中の兄弟のいる者
⑦5尺1寸(約155cm)未満の者	⑧病者・障害者
⑨徒刑《とけい》以上の受刑者	⑩官省府県に勤務する者
⑪陸・海軍の生徒	⑫文部工部開拓省の生徒等
⑬代人料270円の納入者	

Point 徴兵令により満20歳に達した男子は兵役《へいえき》を義務づけられたが，広範《こうはん》な免除規定があり，実際に兵士となったのは貧農の二・三男が多かった。

2-1 竹橋《たけばし》事件(近衛砲兵暴発録之画)　待遇《たいぐう》の不満を契機《けいき》に近衛砲兵《このえほうへい》が蜂起《ほうき》。

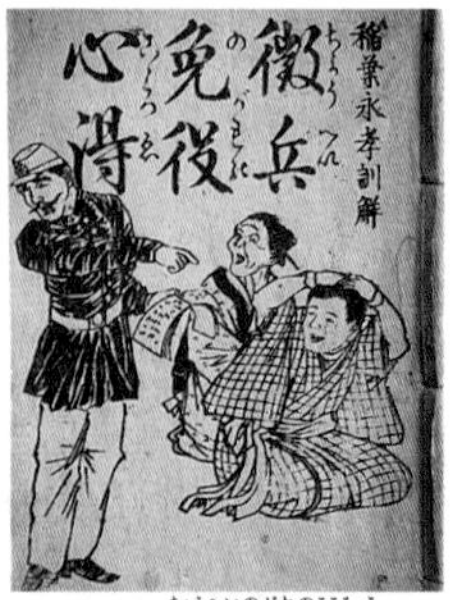

2-2 『徴兵免役心得《ちょうへいのがれのこころえ》』　徴兵逃《のが》れの手引書も数種類発行され，よく売れた。

みどり市大間々博物館蔵

Discovery

琉球《りゅうきゅう》最後の王・尚泰《しょうたい》

尚泰《しょうたい》王は1848(嘉《か》永《えい》元)年にわずか6歳で王位についたが，その治世は多事多難であった。1853年日本へ来航途中のペリーが那覇《なは》に来航し翌年，琉球は開国を余儀《よぎ》なくされるとともに，薩摩藩主島津斉彬《しまづなりあきら》の干渉により政治は混乱した。1868年に成立した明治政府は，72年に琉球王国を廃して琉球藩を設置し，79年には琉球王国の反対と清国の抵抗を退け，武力を背景に沖縄県の設置を強行した。琉球処分である。尚泰王は幽閉同然に東京に移住させられ，琉球の士族，婦女子は号泣してこれを見送ったという。明治34年に58歳で没した後，ようやく彼は亡骸《なきがら》となって沖縄に帰ることを許された。

1 身分制度と秩禄《ちつろく》処分

1a 身分制度・秩禄処分略年表

1869（明治２）	維新の功労者に賞典禄《しょうてんろく》を下賜《かし》
	版籍奉還《はんせきほうかん》…公卿《くぎょう》・諸侯《しょこう》（大名《だいみょう》）を華族《かぞく》とする
	知藩事《ちはんじ》の家禄《かろく》は旧石高の10分の１
1870	平民の苗字《みょうじ》使用を許可
1871（明治４）	戸籍法布告→1872. 2 施行
	脱刀令《だっとう》…散髪・廃刀《はいとう》を認可
	華族・士族《しぞく》・平民間の婚姻《こんいん》を認可
	身分解放令…えた・非人の称を廃止
	華族・士族・卒《そつ》に職業の自由を認可
1872（明治５）	壬申《じんしん》戸籍…全国の戸籍調査を実施
	卒を士族または平民に編入
1873（明治６）	**秩禄奉還《ちつろくほうかん》の法**…100石未満の希望者に4〜6年分を現金か公債証書《こうさいしょうしょ》で支給
1874（明治７）	**秩禄公債証書発行条例**を制定
	秩禄奉還を100石以上の者にも許可
1875（明治８）	東北３県の士族から**屯田兵《とんでんへい》**を募集
	秩禄公債証書発行条例を廃止
	↑ **士族授産《しぞくじゅさん》**の失敗により秩禄奉還を停止
	秩禄（家禄・賞典禄）を金禄《きんろく》に改正
1876（明治９）	**廃刀令《はいとうれい》**
	金禄《きんろく》公債証書発行条例を制定
1878（明治11）	金禄公債証書の発行を開始
	金禄公債証書の質入れ・売買を解禁
1880	士族授産のため勧業《かんぎょう》資金《しきん》貸与《たいよ》内規《ないき》を決定
1884	**華族令**を制定…公《こう》・侯《こう》・伯《はく》・子《し》・男《だん》の５爵《しゃく》
1906	金禄公債の償還《しょうかん》完了

Point 華族《かぞく》・士族《しぞく》・維新の功労者への秩禄《ちつろく》（家禄《かろく》＋賞典禄《しょうてんろく》）は1872（明治５）年には歳出総額の27.8%にも及び，国家財政を著《いちじる》しく圧迫した。政府は**秩禄奉還《ちつろくほうかん》の法**により希望者に一時金か公債証書を支給し，家禄の整理に着手した。しかし，受給者の多くが事業に失敗し，**士族授産《しぞくじゅさん》**の実があがらなかったため，代わって**金禄《きんろく》公債証書**を発行した。これは金禄の５〜14年分を５年間の据《す》え置きの後，抽選で５〜30年後に償還《しょうかん》するというものであった。

1b 族籍《ぞくせき》別人口比と歳出《さいしゅつ》

総人口3,313万1,525人（1872年）

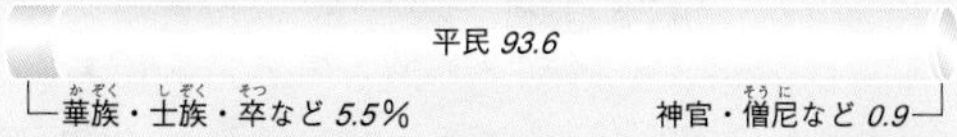

（『近代日本経済史要覧』東京大学出版会・『日本史資料（上）』東京法令出版）

歳出総額5,773万24円（1871年10月〜72年12月）

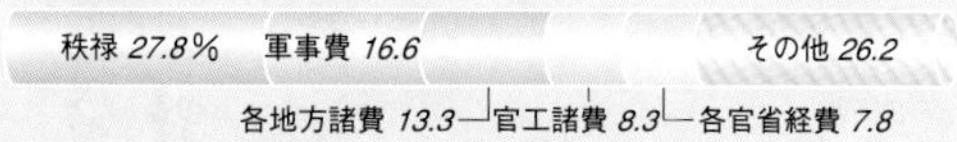

（『明治前期財政経済史料集成』第４巻）

! **家禄《かろく》・秩禄《ちつろく》・金禄《きんろく》**　主君が家臣に与える俸禄《ほうろく》を家禄《かろく》，維新の功労者への行賞《こうしょう》を賞典禄《しょうてんろく》という。その両方を合わせて秩禄《ちつろく》という。これらは現米で支給されるのが原則だが，秩禄が現金で算定される場合は金禄《きんろく》とよぶ。

1c 金禄公債の支給状況 （丹羽邦男『日本歴史15』岩波書店）

	金禄高（円）	利子	受取人員（人）	1人平均（円）	年間利子
領主層（華族）	200,000 50,000 1,000	5分	519	60,527	3,026円35銭
上・中級士族	950 500 100	6分	15,377	1,628	97円68銭
下級士族	75 50 25 10	7分	262,317	415	29円５銭
売買家禄		1割	35,304	265	26円50銭

※参考　大工《だいく》職の日給45銭，日雇労働者《ひやといろうどうしゃ》の日給24銭

1d 高額所得者 1887（明治20）年

位	氏名（出身）	所得（円）
1	岩崎《いわさき》　久弥《ひさや》（三菱《みつびし》社長）	696,596
2	岩崎　弥之助《やのすけ》（三菱前社長）	250,664
3	毛利《もうり》　元徳《もとのり》（元長州藩主）	173,164
4	前田《まえだ》　利嗣《としつぐ》（元加賀藩主の長男）	145,543
5	原《はら》　六郎《ろくろう》（横浜正金銀行頭取）	117,062
6	島津《しまづ》　忠義《ただよし》（元薩摩藩主）	111,116
7	細川《ほそかわ》　護久《もりひさ》（旧熊本知藩事）	98,354
8	渋沢《しぶさわ》　栄一《えいいち》（実業家）	97,316
9	住友吉左衛門《すみともきちざえもん》（実業家）	77,351
10	徳川《とくがわ》　茂承《もちつぐ》（元紀伊藩主）	74,842

1-2 岩崎久弥《いわさきひさや》 （1865〜1955）　岩崎弥太郎の長男で三菱会社の第３代社長。

1-3 渋沢栄一《しぶさわえいいち》 （1840〜1931）　大蔵省退官後，実業界で活躍。教育・社会事業にも尽力《じんりょく》。

Point 高額所得者の上位を占めたのは，巨額の金禄公債《きんろくこうさい》の利子を所得とした華族《かぞく》であった。その公債の多くは1877（明治10）年開業の第十五銀行に投資され，政府の財政資金や殖産興業《しょくさんこうぎょう》の資金として運用された。

1-1 金禄公債証書《きんろくこうさいしょうしょ》

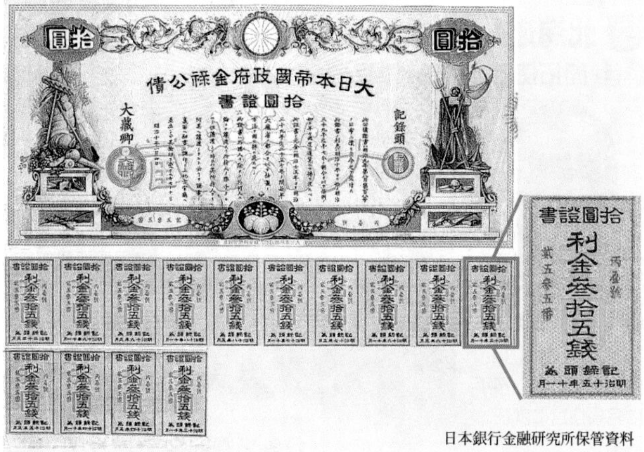

日本銀行金融研究所保管資料

2 士族授産

国文学研究資料館蔵

2-1 **士族の商法**　金禄公債を換金《かんきん》し，それを資金に転職した士族の中には，慣れない職業に失敗する者も多く，「士族の商法」と揶揄《やゆ》された。この絵には①「有平党《ありへいとう》」（不平士族）②「不平おこし」（薩摩士族）③「困弊盗《こんぺいとう》」（窮乏《きゅうぼう》士族）など，世相《せそう》を風刺《ふうし》した商品名もみられる。

2-2 **明治20年代の屯田兵《とんでんへい》村の家族**　屯田兵は北海道開拓と北辺防衛にあたった農兵で，1874（明治７）年に開拓次官（後に長官）**黒田清隆《くろだきよたか》**が士族授産の意図も込めて建議した。士族屯田は1890（明治23）年に終わったが，その後は平民屯田へ移行し，1904（明治37）年の廃止までに７万５,000町歩もの土地を開拓した（►p.164）。

北海道大学附属図書館北方資料室蔵

1 地租改正

1a 地租改正の経過と影響

封建的規制の撤廃（◄p.125）
1871　田畑勝手作《でんばたかってづく》りの許可
1872　田畑永代《えいたい》売買の禁止令を解禁

↓

1872　**地価の決定・地券の交付**

↓

1873　**地租改正条例の布告** 史

〈改正前〉		〈改正後〉
収穫高	**課税対象**	地価
5公5民(幕領)	**税率**	地価の3％
物納・村単位	**納入方法**	金納・個人
耕作者	**納税者**	土地所有者

↓

地租改正の影響
国　家…財政の安定　→行政・軍備の整備　殖産興業
地　主…高率の小作料を獲得　→のち寄生地主《きせいじぬし》に発展
自作農…高率の地租　入会地《いりあいち》の官有地化　→困窮《こんきゅう》・没落
小作農…高率の小作料　→困窮　封建的支配関係の残存

↓

地租改正反対一揆《いっき》の高揚（1876　**伊勢《いせ》暴動**）

↓

1877　**地租の軽減**（3%→2.5%）

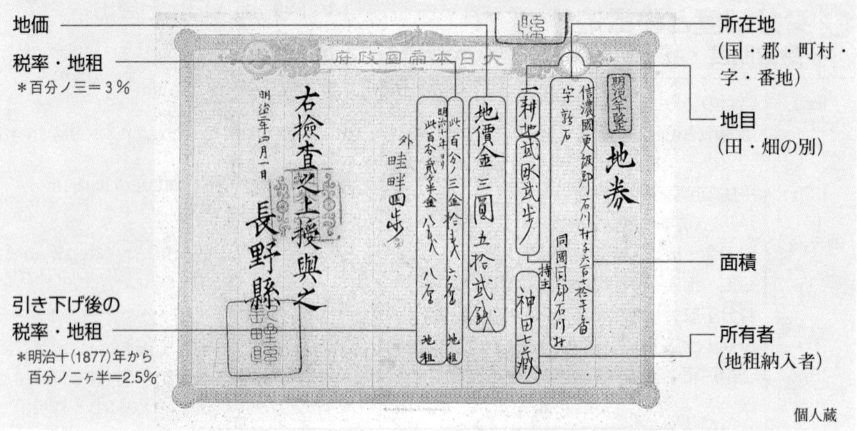

個人蔵

1-1 **地券**　1872(明治５)年より各県で発行された。土地所有権(地租の納税義務)を確認したもの(◄p.5)

1b 国家財政に占める地租の割合

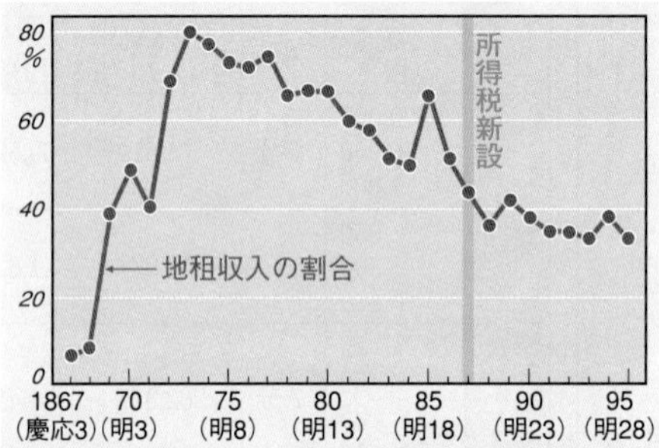

(『日本近代史辞典』東洋経済新報社)

Point 明治初期には歳入に占める地租の割合は極めて高かったが，1877年の税率引き下げ(3%→2.5%)や所得税・間接税の整備とともにその比率は減少していった。

1c 小作人生産米の配分比

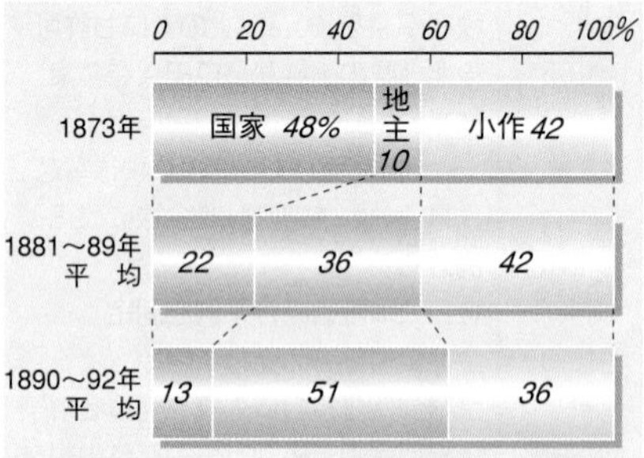

(丹羽邦男『地租改正と秩禄処分』)

Point 小作料は現物納であるのに対し，地主は一定比率の地租を国家に金納すればよいため，米価の騰貴《とうき》により地主の収入は次第に多くなった。

TRY 論述 政府が1877年に地租を３％から2.5%に軽減したのはどうしてか。当時の社会状況を踏まえて説明しなさい。　推移　相互関連

2 北海道開拓の推進

2a 開拓使とお雇《やと》い外国人

2-1 **黒田清隆《くろだきよたか》**（1840～1900）　1870年に開拓次官，74年に開拓長官に就任。

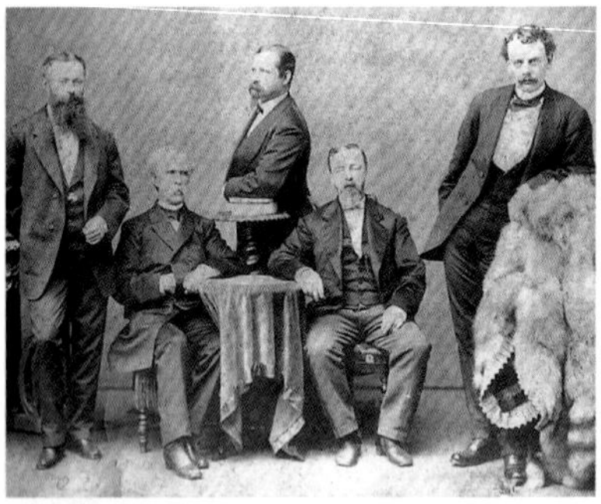

2-2 **開拓使のアメリカ人顧問**　左から２人目が「教師頭取兼顧問」のケプロン。
北海道大学附属図書館北方資料室蔵

2-3 **クラーク像**　1876(明治９)年に札幌農学校(北海道大学の前身)が開校。アメリカから教頭として招かれたクラークはわずか８カ月の在任であったが，キリスト教精神に基づく教育で若者たちに強い感化を与え，２期生から内村鑑三《うちむらかんぞう》・新渡戸稲造《にとべいなぞう》らを輩出《はいしゅつ》した(►p.188)。

2b 囚人労働

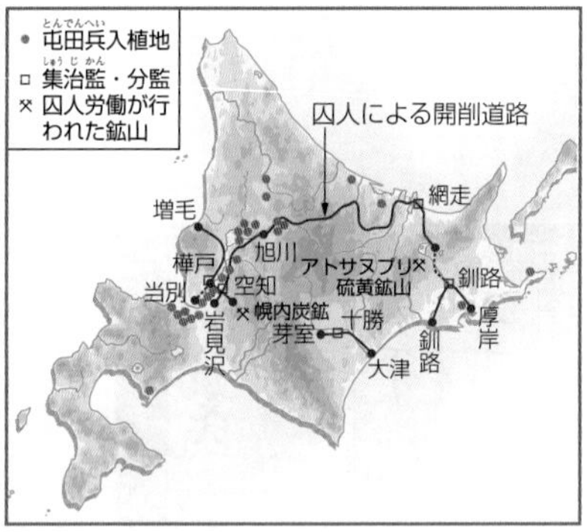

Point 士族反乱や民権運動により政治犯が急増すると，政府は樺戸集治監《かばとしゅうじかん》を建設して政治犯や凶悪犯を収容した。彼らは開拓の労働力不足を補うため道路開削などの重労働に従事させられた。

2-4 **工事を終えて獄舎に戻る受刑者たち**
北海道・月形樺戸博物館蔵

Discovery

ふるさと館JRY《ジェリー》

（北海道・湧別町）

兵屋での生活ジオラマ

屯田兵《とんでんへい》としてこの地に入植し，町の基礎を築いた先人たちの汗と涙の記録を後世に伝えるため，旧上湧別《かみゆうべつ》町開基100年を記念し，平成８年に建設された開拓の礎「屯田兵」の博物館。北海道遺産に認定された「屯田兵屋」には入室もでき，各種のジオラマやメディアシアターの200インチの大スクリーンでの立体映像により屯田兵の生活を実感できる。ちなみに，愛称のJRY《ジェリー》は
J：Joint(結び合う) Jewel(宝物)
R：Roots(先祖) Record(記録)
Y:Yubetsu Farmer-Soldier(屯田兵)
の略。(◄p.163)

1 官営《かんえい》模範《もはん》工場・鉱山《こうざん》

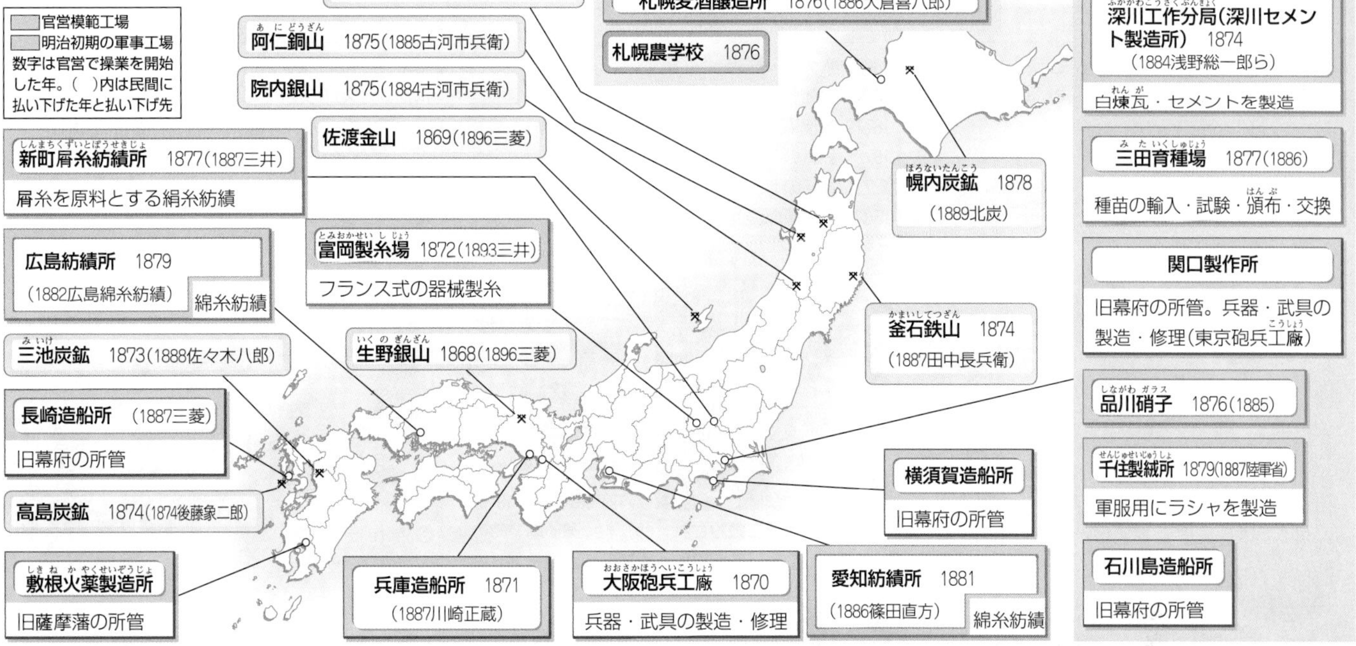

2 官営富岡製糸場

➡2-1 **設立当初の官営富岡製糸場の復元模型** コの字の手前側の棟が繰り糸場 群馬県立歴史博物館蔵

⬅2-2 **繰り糸機の推定復元模型**
群馬県立歴史博物館蔵

⬇2-3 **官営富岡製糸場**
長野・市立岡谷蚕糸博物館蔵

Point 1872(明治5)年設立。フランスの器械《きかい》と技術を導入して各地の器械製糸場のモデルとなったが，経営は赤字だった。女工《じょこう》は士族《しぞく》の子女から選ばれた。

＊2014年に「富岡製糸場と絹産業遺跡群」が世界遺産に登録された。

3 内国勧業博覧会《ないこくかんぎょうはくらんかい》の開催

⬅3-1 **大久保利通《おおくぼとしみち》**(1830～1878) 征韓派《せいかんは》下野後に内務卿《ないむきょう》として政府の中心となり，殖産興業《しょくさんこうぎょう》政策を積極的に推進した(►p.177)。

⬇3-2 **第1回内国勧業博覧会での糸繰《いとく》りの実演**
東京・GAS MUSEUMがす資料館蔵

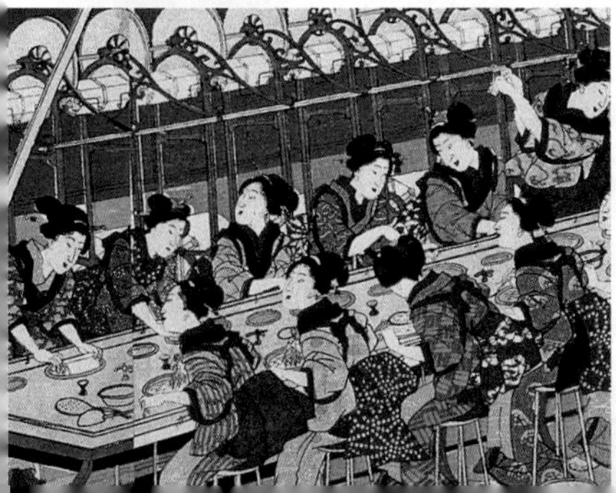

3a 内国勧業博覧会の実施状況

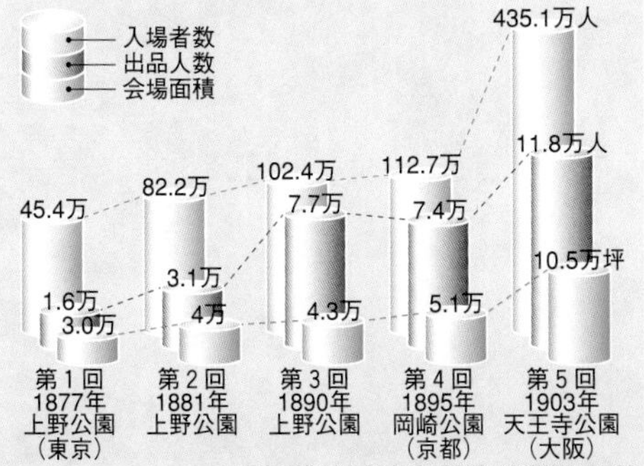

(『週刊朝日百科 日本の歴史』を参考に作成)

Point 軽工業分野での技術革新は比較的に容易であったため，零細《れいさい》職人がさまざまな発明を生み出した。それを促進する契機《けいき》となったのが**内国勧業博覧会**であり，こうした小技術革新の蓄積《ちくせき》が第1次産業革命の原動力となった。勧業博の跡地《あとち》が各都市の代表的な公園となった点も注目される。

4 国立銀行の設立

Point 渋沢栄一《しぶさわえいいち》(◄p.163)らの尽力《じんりょく》により1872(明治5)年に**国立銀行条例**が発布。殖産興業の資金確保が図《はか》られた。当初は正価兌換《せいかだかん》制度により増えなかったが，条例改正とともに急速に増加した。

年　代	行数
1873(明治6)	2
1875(明治8)	4
1877(明治10)	27
1879(明治12)	153
1881(明治14)	148

国立銀行 アメリカ合衆国における「National Bank」を直訳した語。「国法により建てられた銀行」の意で，国営・国有ではなく民間銀行である。

↘4-1 **第一国立銀行**
(三井組)

1 文明開化の世相

衣・食・住

1870	靴《くつ》の製造開始　洋服の着用　こうもり傘《がさ》の使用
1871	散髪脱刀令《さんぱつだっとうれい》　西洋料理店の営業開始
1872	帽子《ぼうし》の流行　ビール飲用の流行
1873	巻煙草《まきたばこ》の販売開始
1876	廃刀令《はいとうれい》
1887	電灯《でんとう》の使用開始

交通・通信

1869	人力車の発明　電信の導入
1870	自転車の使用
1871	郵便事業の開業(前島密《まえじまひそか》の尽力《じんりょく》による)
1872	鉄道の敷設《ふせつ》・開業(新橋－横浜)(►p.185)
1877	電話の導入
1882	鉄道馬車の開業(新橋－日本橋)

その他

1870	日刊新聞の発刊(「横浜毎日新聞」)
1872	ガス灯の使用(横浜)　野球の開始
	太陽暦《たいようれき》の使用(旧暦12月 3 日を新暦元日に)
	学制公布→小学校の建設　日曜休日の始まり
1873	暑中休暇の始まり
1878	テニスの開始

1-1 上野・精養軒《せいようけん》(明治5年創業)のハヤシライス

1-2 銀座・煉瓦亭《れんがてい》(明治28年創業)のポークカツレツ

現代に伝わる明治の味

1-3 横浜・荒井屋(明治28年創業)の牛鍋《ぎゅうなべ》

! 廃刀令《はいとうれい》　明治政府は1871年 8 月に旧《きゅう》弊《へい》を打破《だは》すべく散髪脱刀令《さんぱつだっとうれい》を発したが，強制ではなかったため，士族には帯刀《たいとう》する者も多かった。そこで1876年 3 月に徴兵制の施行にあわせて廃刀令《はいとうれい》を布告し帯刀を禁止した。その結果，一部の士族は神風連《じんぷうれん》の乱などをおこし，政府に抵抗した。(►p.169)

1-4 わが国最初の蒸気機関車　埼玉・鉄道博物館蔵

前島密《まえじまひそか》(1835～1919)

1-5 東海道に敷設《ふせつ》された電信線　士族反乱の際に役立ち，急速に普及した。

(東海名所改正道中記)　東京・郵政博物館蔵

1-6 郵便創業《そうぎょう》時《じ》のポスト　東京・郵政博物館蔵

1-7 わが国最初の太陽暦《たいようれき》　急な改暦であったため，その後も旧暦が使用された。

1-8 テニス発祥《はっしょう》当時のファッション　横浜山手テニス発祥記念館蔵

1-9 野球のユニフォーム姿の正岡子規《まさおかしき》(►p.188)　若い頃の俳人《はいじん》・正岡子規は野球に熱狂し，「野球《のぼうる》」という雅号《がごう》を用いるほどであった。当時のグラブには，ボールをしっかりとるための「土手《どて》」があった。　東京・(財)野球体育博物館蔵

2 再現「銀座煉瓦街」

2-1 裏手の長屋での庶民の生活

2-2 事故をおこした人力車夫と鉄道馬車の御者《ぎょしゃ》の喧嘩《けんか》

2-3 歩道を行き交う人々

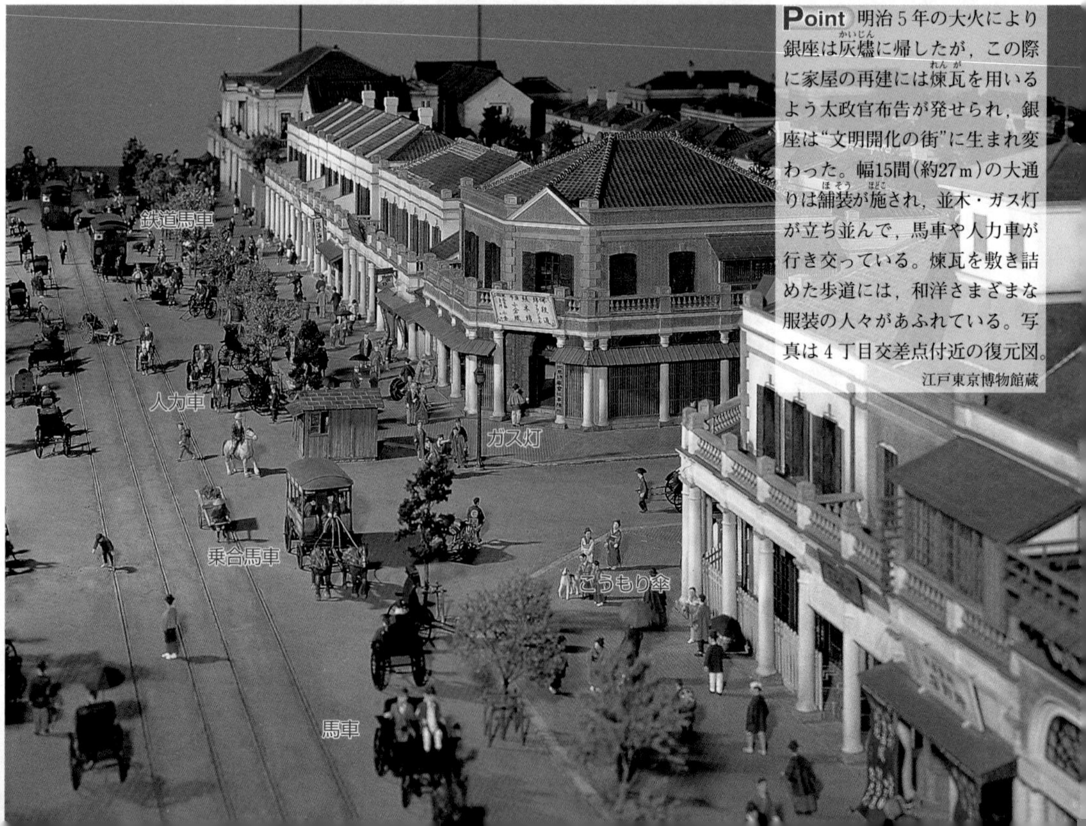

Point　明治 5 年の大火により銀座は灰燼《かいじん》に帰したが，この際に家屋の再建には煉瓦《れんが》を用いるよう太政官布告が発せられ，銀座は“文明開化の街”に生まれ変わった。幅15間(約27 m)の大通りは舗装《ほそう》が施《ほどこ》され，並木・ガス灯が立ち並んで，馬車や人力車が行き交っている。煉瓦を敷き詰めた歩道には，和洋さまざまな服装の人々があふれている。写真は 4 丁目交差点付近の復元図。　江戸東京博物館蔵

1 教育制度略年表

1871	**文部省**設置
1872（明治５）	**学事奨励《がくじしょうれい》に関する被仰出書《おおせいだされしょ》**を布告。**学制**（フランス式）公布…全国を大学区・中学区・小学区に区分
1873	この頃，就学率約30％
1879（明治12）	学制を廃止。**教育令**（アメリカ式）公布…４年間で最低16カ月の義務教育を法文化
1880	**改正教育令**公布…国家統制を強化
1885	文相に**森有礼《もりありのり》**就任…国家主義的教育を推進
1886	**学校令**（帝国大学・師範学校《しはんがっこう》・小学校・中学校令）公布。教科用図書検定条例公布
1890（明治23）	**教育に関する勅語（教育勅語《きょういくちょくご》）**発布…忠君愛国の修身教育を重視（起草―元田永孚《もとだながざね》《えいふ》・井上毅《いのうえこわし》ら）
1894	高等学校令公布
1899	実業学校令・高等女学校令公布
1900（明治33）	小学校令改正…義務教育を４年とし，授業料を免除
1902	この頃，就学率約90％
1903	**国定教科書制度**始まる…小学校教科書を文部省著作に限定
1907	小学校令改正…義務教育を６年に延長

1-1 **森有礼《もりありのり》**（1847～89）

1-2 **旧開智学校《きゅうかいちがっこう》**（長野県松本市）
1876（明治９）年竣工《しゅんこう》。当時の金額で１万1,000円もの巨額を住民の寄付《きふ》などで調達して建設。現在は博物館となっている。国

2 学制の大学区と大学の創立

Point 1872（明治５）年公布の学制は，フランスの教育制度を模範《もはん》とし，全国を８大学区（実際は７大学区），１大学区を32中学区，１中学区を210小学区とするピラミッド型の学区制で，実施３年後の1875年には全国で２万4,225の小学校が設立された。

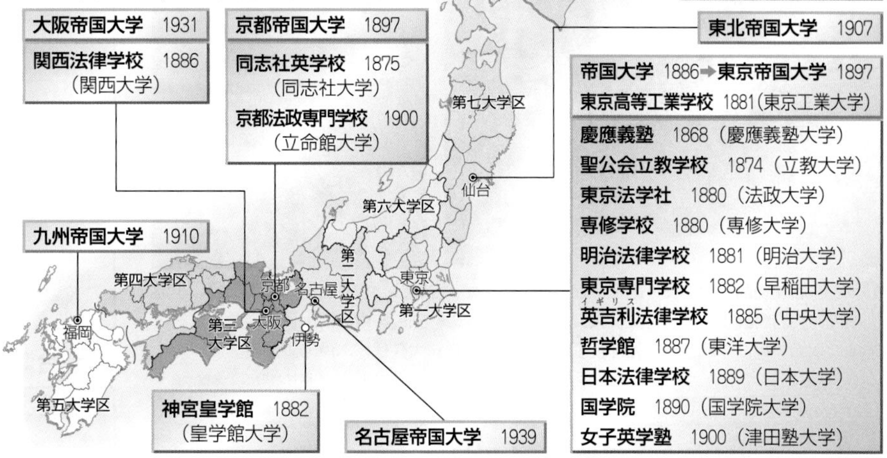

4 明治の学校教材

4-1 **掛図《かけず》を使った授業** 初期には教科書がほとんどなかったため，掛図を使った授業が多かった。
国立教育政策研究所蔵

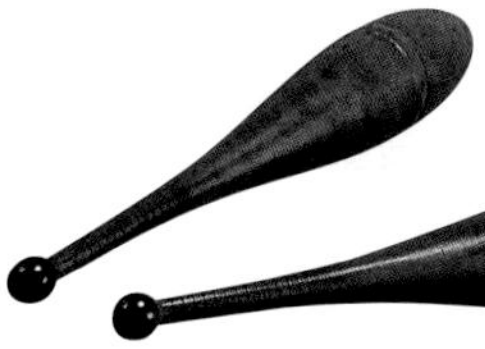

4-2 **体操具** 体育（美容術）の授業ではこのような用具を用いた徒手体操《としゅたいそう》が行われた。
江戸東京博物館蔵

4-3 **石盤《せきばん》** チョークに似た石筆で文字を書いた。
元京都市立日彰小学校蔵

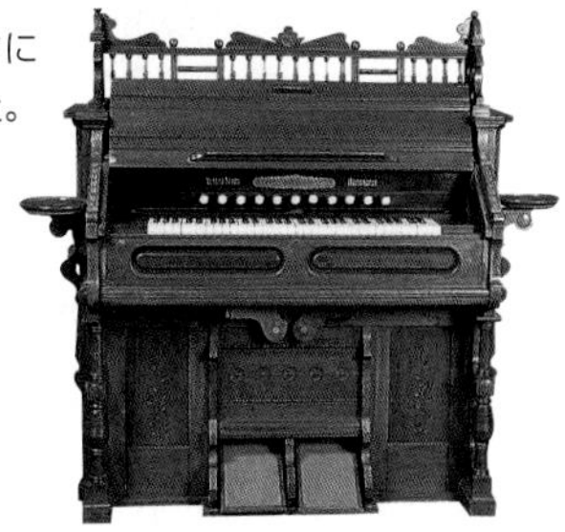

4-4 **初期の国産オルガン**
元京都市立日彰幼稚園蔵

4-3・4とも京都市学校歴史博物館蔵

3 義務教育制度の変遷

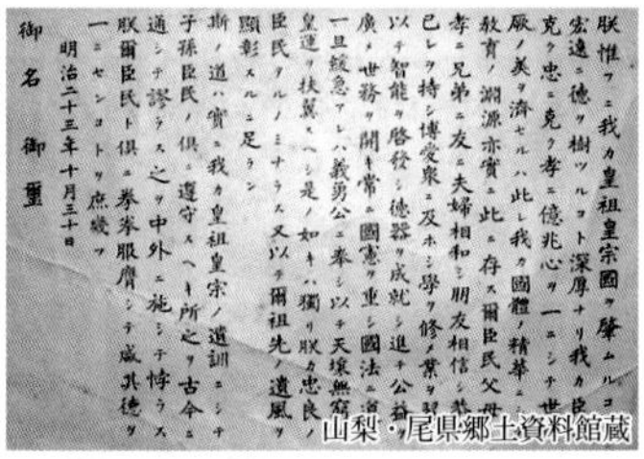

山梨・尾県郷土資料館蔵

3-1 **教育勅語**（1890年発布）

Point 「邑《むら》に不学の戸なく…」という国《こく》民皆学《みんかいがく》の理想を掲《かか》げて公布された学制であったが，高額の授業料や学校建設費が地元負担とされたため反対も強く，就学率《しゅうがくりつ》は３割程度にとどまった。そこで政府は義務教育年限を４年間に引き下げ，授業料を免除《めんじょ》して就学率向上を図った。また，1890（明治23）年には「教育勅語《きょういくちょくご》」を発布して教育の目標が忠君愛国《ちゅうくんあいこく》にあることを示し，教育の国家統制を強めた。

3a 義務教育制度の変遷《へんせん》と就学率の推移

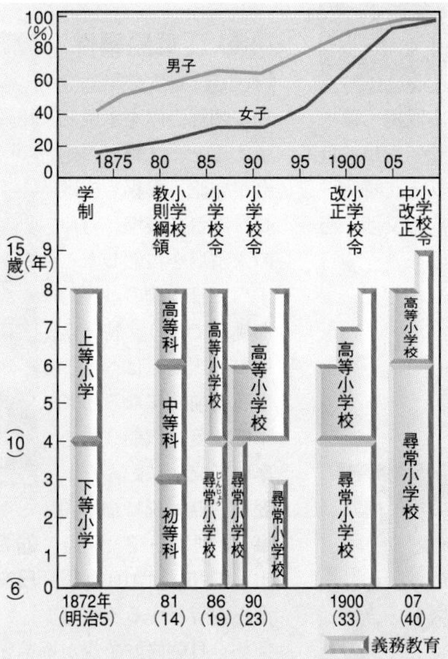

TRY 論述 学制が公布された当初，就学率が低かったのはなぜか。また，小学校令の公布（1886年）とその改正（1900年）を機に，就学率が向上した要因をその内容から考えなさい。 推移 相互関連

Discovery

唱歌の始まり～「てふてふ」と地球の自転・公転～

学制公布の際に唱歌《しょうか》は正式な教科とされたが，教員・教材が不足しており，実際は教えられなかった。これに対して，弱冠《じゃっかん》22歳で愛知師《し》範《はん》学校長となった伊沢修二《いさわしゅうじ》は，唱歌遊技《ゆうぎ》（歌付きの遊び）の必要性を説き，明治８年に「椿《つばき》」「胡蝶《こちょう》」「鼠《ねずみ》」という唱歌とその遊び方を文部省に報告した。この「胡蝶」が「てふてふ」となった。遊び方は下図のように，肩を組んだ２人の子どもがくるくると自転しながら，多くの子どもが反対方向に回っている外側を駆け回るというもので，伊沢はこの遊びで地球の自転と公転の関係を教えようとした。

これ以降，「鉄道唱歌《てつどうしょうか》」が地理教育のためにつくられたように，唱歌は音楽本来の楽しさを味わったり表現力を養《やしな》うのではなく，知識を暗記する方法として発達し，音楽教育をゆがめる結果となった。（参考：繁下和雄『週刊朝日百科 日本の歴史103』）

国立音楽大学附属図書館蔵

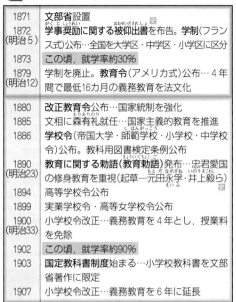

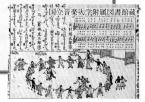

168 明治初期の外交

1 欧米諸国との関係

1a 岩倉使節団の派遣

↑1-1 **岩倉使節団の大使・副使** 左から木戸孝允《きどたかよし》，山口尚芳《やまぐちなおよし》，岩倉具視《いわくらともみ》，伊藤博文《いとうひろぶみ》，大久保利通《おおくぼとしみち》。大使の岩倉は羽織《はおり》・袴《はかま》に洋靴という和洋折衷《わようせっちゅう》の服装であった。

↑1-2 **岩倉使節団の出発** 小蒸気船の中央に大使の岩倉，左右に大久保・木戸の両副使。

部分 東京・明治神宮聖徳記念絵画館蔵

Discovery

もう一人の女子留学生・山川捨松

岩倉使節団とともに留学した女子留学生のうち，津田梅子《つだうめこ》は女子英学塾(現在の津田塾大学)(◄p.167)の創設《そうせつ》者として有名であるが，その梅子を陰で支えたのが山川捨松《やまかわすてまつ》であった。

会津藩士の娘に生まれ幼少時に戊辰《ぼしん》戦争を経験した捨松は，1871(明治４)年に梅子らとアメリカに留学した。「捨松」とは娘を捨てたつもりで帰りを待つという意味の名前である。利発《りはつ》で気丈《きじょう》な捨松は，年下の永井繁子《ながいしげこ》・津田梅子を励《はげ》まして留学生活を続け，帰国後に陸軍卿大山巌《いわお》と結婚，「鹿鳴館《ろくめいかん》の女王」として社交界でもてはやされた。その美貌《びぼう》と恵まれた生活への反感から徳冨蘆花《とくとみろか》の小説『不如帰《ほととぎす》』のヒロイン浪子をいじめる継母《ままはは》のモデルとされたが事実無根で，むしろ社会事業に深くかかわり，梅子の女子英学塾には惜《お》しみない援助を与えた。大正８年に梅子が病に倒れると後継塾長の決定に奔走《ほんそう》し，その決定直後に急死した。捨松と梅子の生涯《しょうがい》は対照的であったが，２人は最期まで固い友情で結ばれていたといえよう。

➲留学中の梅子・捨松・繁子(左より) 津田塾大学津田梅子資料室蔵

1b ロシアとの国境画定

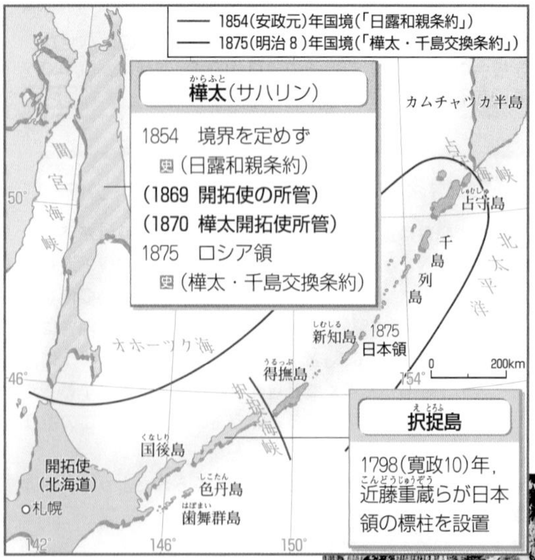

↑1-3 **榎本武揚《えのもとたけあき》** 幕末に箱館五稜郭《はこだてごりょうかく》で官軍に抵抗(◄p.160)。のちに樺太・千島交換条約の交渉にあたった。

➲1-4 **北海道に移住した樺太アイヌ** 条約後，希望するアイヌ人を対雁《ついしかり》(現在の江別市)に移住させた。北海道大学附属図書館蔵

2 中国・朝鮮との関係

Point 清とは相互に領事裁判権を認め合うなどの対等な内容の**日清修好条規**を1871年に調印したが，琉球の帰属問題をめぐって対立し，74年には琉球の漂流民が台湾の現地人に殺害されたことを契機《けいき》に**台湾出兵**を強行した。また，1875年には**江華島事件**《こうかとう(カンフワド)》をおこして開国を渋《しぶ》る朝鮮を挑発《ちょうはつ》し，翌76年には領事裁判権・無関税特権など，日本に一方的に有利な日朝修好条規を調印して，朝鮮を開国させた。なお，こののち1895年には尖閣《せんかく》諸島を，1905年には竹島を日本の領土に編入した(►p.230)。

2a 台湾出兵

Point 政府は士族の不満をそらすために**台湾出兵**を計画したが，英米に兵員・物資の輸送を断られて中止した。だが，征台《せいたい》都督西郷従道《さいごうつぐみち》は独断で出兵。大久保利通が清と交渉にあたり，撤兵《てっぺい》を条件に50万両《テール》の賠償金を獲得した。

↑2-1 西郷従道《つぐみち》

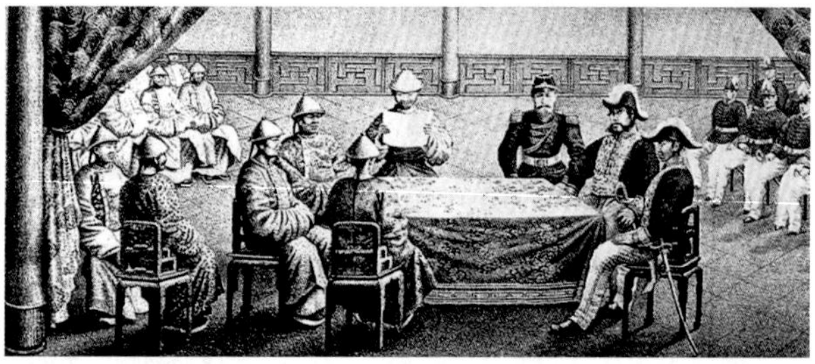

↑2-2 **台湾出兵をめぐる日清の交渉**(村井静馬著『明治太平記』)

2b 江華島事件

Point 日本の軍艦雲揚《うんよう》が朝鮮沿岸を示威測量《じいそくりょう》すると，江華島の砲台が発砲。雲揚も応戦し，砲台を破壊。対岸の永宗島を占領した。すべて日本側の計画的な挑発《ちょうはつ》であり，特命全権の黒田清隆《くろだきよたか》はペリー来航の前例にならって軍艦３隻・汽船３隻を率《ひき》いて交渉に臨《のぞ》んだ。翌年，無関税特権・領事裁判権・３港(釜山《ふざん(プサン)》・仁川《じんせん(インチョン)》・元山《げんさん(ウオンサン)》)の開港を内容とする不平等条約，日朝修好条規が締結《ていけつ》された。

↑2-3 **江華島の南，永宗島の永宗城をおそう日本軍**(村井静馬著『明治太平記』)

1 新政府への反抗

1 a 士族の反乱と農民一揆

④秋月《あきづき》の乱 1876.10.27
宮崎車之助《みやざきしゃのすけ》ら旧秋月藩士が征韓《せいかん》・国権拡張を主張して挙兵

⑤萩《はぎ》の乱 1876.10.28
前原一誠《まえばらいっせい》ら不平士族の反乱。前原は処刑

信濃川疎通《そつう》反対 1872

わっぱ騒動 1874
酒田県で旧税法の継続に反対しておこった一揆。県令三島通庸《みしまみちつね》(►p.172)により弾圧

①長州藩脱隊騒動 1869

②佐賀の乱 1874. 2
江藤新平《えとうしんぺい》を擁《よう》して蜂起《ほうき》。江藤は梟首《きょうしゅ》(さらし首)

旧主留任要求 1871

③神風連《じんぷうれん》(敬神党《けいしんとう》)の乱 1876.10.24
太田黒伴雄《おおたぐろともお》ら旧熊本藩士が廃刀令《はいとうれい》(◄p.166)を不満として挙兵

中野騒動 1870
中野県で，年貢《ねんぐ》値引きなどを要求して蜂起。県庁を焼き払う

⑥西南《せいなん》戦争 1877. 2～9
西郷隆盛《さいごうたかもり》と私学校系の士族を中心に3万人の不平士族が挙兵。徴兵軍に敗北し西郷らは自刃《じじん》。最終・最大の士族反乱

徴兵令《ちょうへいれい》反対一揆 1873
北条《ほくじょう》県で数万人が蜂起。血税《けつぜい》騒動の代表例

地租改正《ちそかいせい》反対一揆 1876
茨城・堺・三重・愛知・岐阜などで起こる。政府は翌年地租税率を3％から2.5％に軽減

(①～⑥) ● 主な士族の反乱地
●(規模大) ・(規模小)農民一揆(1868～99)の発生地

1 b 幕末・維新期の農民一揆

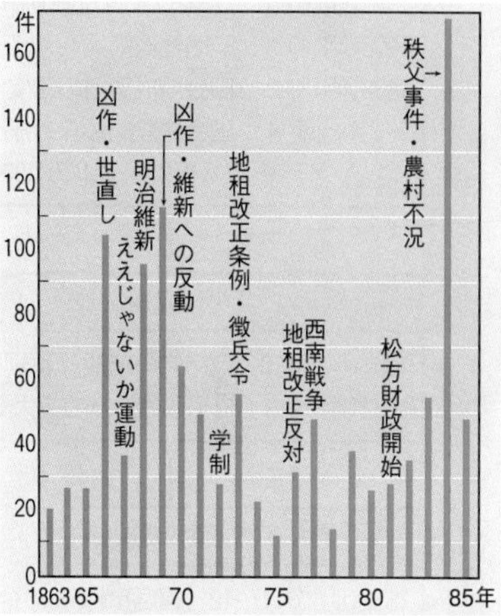

(青木虹二『百姓一揆総合年表』・『明治農民騒擾の年次的研究』より作成)

2 西南戦争

※ジオラマは西郷南洲顕彰館製作

2 a 西郷隆盛の生涯 (◄p.160)

2-1 **西郷隆盛**(1827～77)
キヨソーネ画

流罪《るざい》を許され，鳥羽・伏見の戦いで活躍。勝海舟と会談し江戸城を無血開城。

下級武士の出身であったが，藩主島津斉彬《しまづなりあきら》に抜擢され，政界の裏工作に奔走。

明治六年の政変で参議を辞し，郷里鹿児島で開墾《かいこん》や私学校経営に従事。

勤王の僧・月照《げっしょう》との入水《じゅすい》事件後，奄美大島《あまみおおしま》に流罪《るざい》。その後も再度流罪となる。

1877(明治10)年，不平士族にかつがれて西南戦争を指揮《しき》。鹿児島城山で自刃《じじん》。

2 b 西南戦争関係図(1877年)

熊本市立熊本博物館蔵

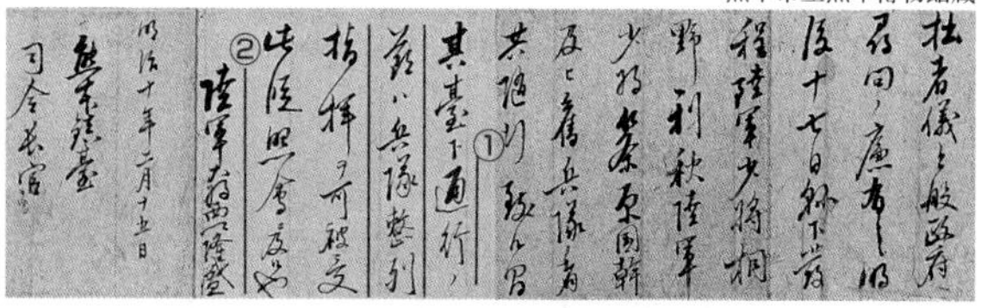

2-2 **熊本鎮台司令官谷干城《たにたてき》少将への通知状** 陸軍大将西郷隆盛の名(傍線②)で「通行の際は…指揮を可被受」(傍線①)と命令。西郷は非職で権限がなかったため，鎮台兵は猛烈に反発。50余日におよぶ籠《ろう》城戦となった。

2-3 **熊本城籠《ろう》城軍の幹部** 前列中央が司令官の谷干城《たにたてき》。

2-4 **「田原坂《たばるざか》激戦之図」** 右が西郷軍，左が政府軍。政府軍の元込式スナイドル銃に対して西郷軍は旧式の先込式エンピール銃を使用。最後には弾薬もなくなり，抜刀攻撃となった。熊本市立熊本博物館蔵

西郷札《さいごうさつ》 西南戦争の際に西郷軍が発行した急造の札。「通用三ヶ年限」と記されている。

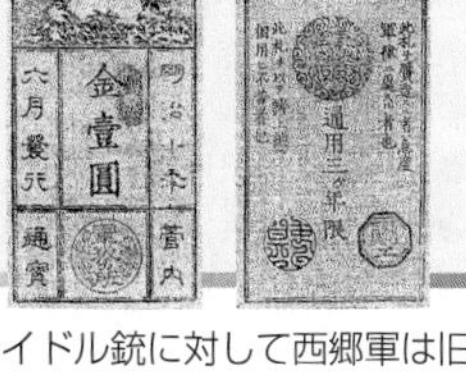

170 自由民権運動①

1 自由民権運動の展開と政府の対応

士族民権 / 豪農民権 / 農民民権 / 運動の転換

自由民権運動の始まり

1874(明７)１　愛国公党結成(板垣退助《いたがきたいすけ》)
民撰議院設立《みんせんぎいんせつりつ》の建白書《けんぱくしょ》提出 史 (板垣退助ら)
４　立志社《りっししゃ》設立(高知・板垣退助)
1875(明８)２　愛国社《あいこくしゃ》設立(大阪)

自由民権運動の高まり

1877(明10)６　立志社建白の上奏《じょうそう》(片岡健吉《かたおかけんきち》)
1878(明11)９　愛国社再興《さいこう》大会(大阪)
1880(明13)３　国会期成同盟《こっかいきせいどうめい》の結成
４　国会開設請願書の提出 (２府22県・８万7,000人)

政党の結成(►p.172)

1881(明14)10　自由党《じゆうとう》の結成(板垣退助)
1882(明15)３　立憲改進党《りっけんかいしんとう》の結成(大隈重信《おおくましげのぶ》)

自由民権運動の激化(►p.172)

1882(明15)11～12　福島事件
1883(明16)３　高田事件
1884(明17)５　群馬事件　９　加波山事件《かばさんじけん》
10～11　秩父事件《ちちぶじけん》
12　名古屋事件・飯田事件
1885(明18)11　大阪事件
1886(明19)６　静岡事件

自由民権運動の再燃

1886(明19)　大同団結運動《だいどうだんけつうんどう》(～89)
1887(明20)　三大事件建白運動 (地租《ちそ》軽減・言論集会の自由・外交失策の挽回《ばんかい》)
1889(明22)５　大同倶楽部《だいどうくらぶ》結成(河野広中《こうのひろなか》)
大同協和会《だいどうきょうわかい》結成(大井憲太郎《おおいけんたろう》)
1890(明23)５　愛国公党再結成(板垣退助)
９　立憲自由党結成

政府内の対立と分裂①

1873(明６)　征韓《せいかん》派と内治《ないち》派の対立
10　征韓派参議《さんぎ》の下野《げや》 (西郷隆盛《さいごうたかもり》・板垣退助ら)

政府の弾圧と懐柔《かいじゅう》策①

1875(明８)１～２　大阪会議 (木戸孝允《きどたかよし》・板垣退助を政府に迎える)
４　漸次立憲政体樹立《ぜんじりっけんせいたいじゅりつ》の詔《みことのり》
６　讒謗律《ざんぼうりつ》・新聞紙条例 史
９　出版条例改正
1880(明13)４　集会条例

政府内の対立と分裂②

1881(明14)８　開拓使官有物払下《かいたくしかんゆうぶつはらい》げ事件
10　明治十四年の政変
大隈重信罷免《ひめん》
国会開設の勅諭 史

松方財政《まつかたざいせい》(1881～92)によるデフレーション(►p.171)

鹿鳴館《ろくめいかん》時代 (欧化政策《おうかせいさく》) (1879～87) (►p.178)

立憲体制の確立(►p.174)

1882(明15)３　伊藤博文渡欧《とおう》
1884(明17)３　制度取調局《せいどとりしらべきょく》設置
７　華族《かぞく》令
1885(明18)12　内閣制度創設(伊藤博文)
1888(明21)４　枢密院《すうみついん》設置
1889(明22)２　大日本帝国憲法発布
1890(明23)11　第１回帝国議会

政府の弾圧と懐柔策②

1887(明20)12　保安条例 史
1889(明22)３　後藤象二郎《ごとうしょうじろう》入閣(逓信相《ていしん》)

2 民権思想の浸透

2a 「自由」の流行

自由

2-1 盃《さかずき》　個人蔵
複製 国立歴史民俗博物館提供

自由の松原
土佐電鉄

2-2 地名　武市祐雄氏撮影

自由主義

2-3 焼印《やきいん》　自由党高知支部は民権派行商人にこれを押した木札を与え，人々はその商人から購入した。
個人蔵 高知市立自由民権記念館提供

2b オッペケペー節

2-4 川上音二郎《かわかみおとじろう》

権利幸福きらいな人に
自由湯をば飲ましたい
オッペケペッポー　ペッポッポー

2-5 オッペケペー節
2-4とも東京・早稲田大学演劇博物館蔵

3 明治十四年の政変

払下げの即時中止と事件の究明を要求

伊藤博文(内務卿)(►p.177)		大隈重信(大蔵卿)(►p.177)
殖産興業《しょくさんこうぎょう》政策の見直し	財政政策	殖産興業政策の推進
緊縮財政		外債《がいさい》の募集
不換紙幣《ふかんしへい》の整理		不換紙幣の発行
政府主導の欽定憲法《きんていけんぽう》の制定	憲法・国会	イギリス風の政党内閣制
国会開設は漸進的《ぜんしんてき》・慎重に		国会の早期開設

払下げを中止　国会開設の勅諭　大隈重信を罷免《ひめん》

TRY 論述 「幕内《まくうち》の相撲《すもう》」と題されたこの絵(「団団珍聞《まるまるちんぶん》」)を解説しなさい。
推移

千葉・日本漫画資料館蔵

Discovery

高知市立自由民権記念館 (高知・高知市)

自由民権運動を中心とする土佐の近代に関する資料を収集・保管・展示し，その精神を次の世代に伝えるため，高知市制百周年を契機《けいき》に建設された。常設展示では「板垣君遭難の図」(下)をはじめ，立志社の「日本憲法見込案」や「国会ヲ開設スル允可《いんか》ヲ上願スル書」など，貴重な資料を数多く展示している。また，特別展示室では坂本龍馬《さかもとりょうま》・中浜万次郎《なかはままんじろう》・岩崎弥太郎《いわさきやたろう》・寺田寅彦《てらだとらひこ》などさまざまな分野での郷土出身の30人の先人を紹介している。

1 大隈財政《おおくまざいせい》から松方財政《まつかたざいせい》へ

大隈財政　**大隈重信**《おおくましげのぶ》(大蔵卿《おおくらきょう》1873～80)

【政策】●**殖産興業**《しょくさんこうぎょう》の資金調達《ちょうたつ》のため**不換紙幣**《ふかんしへい》を濫発《らんぱつ》
●**西南戦争**《せいなん》の戦費《せんぴ》調達
●輸入の超過

【影響】■正価保有量《せいかほゆうりょう》の減少
■激しい**インフレーション**→物価の上昇

松方財政　**松方正義**《まつかたまさよし》(大蔵卿　1881～85)
(大蔵大臣1885～92)

【政策】●税収入の確保
・新税(醤油《しょうゆ》税・菓子《かし》税など)
・増税(酒造《しゅぞう》税・煙草《たばこ》税など)
●**緊縮財政**《きんしゅくざいせい》
・行政費の削減《さくげん》
・官営企業の払下《はらいさ》げ
●**日本銀行**《にほんぎんこう》の設立(1882)
●**不換紙幣の整理**
・国立銀行条例の改正(1883)
・兌換銀行券条例《だかんぎんこうけんじょうれい》の制定(1884)
・日銀，銀兌換銀行券の発行を開始(1885)

【影響】□正貨の蓄積《ちくせき》→財政の安定
□銀本位制《ぎんほんいせい》の確立→通貨制度の安定
□政商《せいしょう》・財閥《ざいばつ》の発展→資本主義の発展
■激しい**デフレーション**→物価の下落《げらく》，不況
■農村の困窮《こんきゅう》→農民の階層分化
地主…寄生地主制《きせいじぬしせい》が進む
貧農…都市に流入して労働者となる

1-1 松方正義

2 日本銀行の設立

2-1 1882(明治15)年開業当時の日本銀行　現在の東京都中央区日本橋箱崎《はこざき》町にあり，建物は借り物で，職員はわずか55人であった。日本橋本石《ほんごく》町に移転したのは1896(明治29)年で，その際に辰野金吾《たつのきんご》の設計による現在の旧館《きゅうかん》が建造された(►p.190)。

2-2 日本銀行兌換銀行券《にほんぎんこうだかんぎんこうけん》　1885(明治18)年から100円・10円・5円・1円の4種の**兌換銀行券**が発行された。写真は100円紙幣《しへい》で，「百圓《ひゃくえん》」の下に「此券《このけん》引かへに銀貨百圓相渡可申候也《あいわたしもうすべくそうろうなり》」と記されている(◄p.9)。　縦115×横186mm

3 主な官営企業の払下《はらいさ》げ (◄p.165)

企業名	払下げ年	払下げ額	払下げ先
高島炭鉱《たかしまたんこう》	1874(明治7)年	550,000円	後藤象二郎《ごとうしょうじろう》
院内銀山《いんないぎんざん》	84(明治17)	108,977	古河市兵衛《ふるかわいちべえ》
阿仁銅山《あにどうざん》	85(明治18)	337,766	古河市兵衛
釜石鉄山《かまいしてつざん》	87(明治20)	12,600	田中長兵衛《たなかちょうべえ》
三池炭鉱《みいけたんこう》	88(明治21)	4,590,439	佐々木八郎《ささきはちろう》
佐渡金山《さどきんざん》	96(明治29)	2,560,926	三《みつ》菱《びし》
生野銀山《いくのぎんざん》	96(明治29)		
長崎造船所《ながさきぞうせんじょ》	87(明治20)	459,000	三菱
深川《ふかがわ》セメント製造所	84(明治17)	61,741	浅野総一郎《あさのそういちろう》
品川硝子《しながわガラス》	85(明治18)	79,950	西村勝三《にしむらかつぞう》・磯部栄一《いそべえいいち》
新町紡績所《しんまちぼうせきじょ》	87(明治20)	141,000	三《みつ》井《い》
富岡製糸場《とみおかせいしじょう》	93(明治26)	121,460	三井

! 兌換紙幣《だかんしへい》・不換紙幣《ふかん》　兌換紙幣とは発行者に正貨《せいか》(金・銀など)との兌換義務がある紙幣。その義務がない紙幣を不換紙幣という。明治初期に政府が発行した紙幣や国立銀行券は不換紙幣であった。

Point 官営企業払下げにおける藩閥政府《はんばつせいふ》と政商《せいしょう》・財閥《ざいばつ》との癒着《ゆちゃく》は著《いちじる》しく，第1議会で田中正造《たなかしょうぞう》が質問した件だけで十数件におよぶ。また，この払下げにより三菱《みつびし》・三井《みつい》・古河《ふるかわ》などの財閥は鉱工業《こうこうぎょう》にも進出し，財閥が発展する契機《けいき》となった。

4 物価の下落と農民の窮乏

4a 米・生糸価格の下落

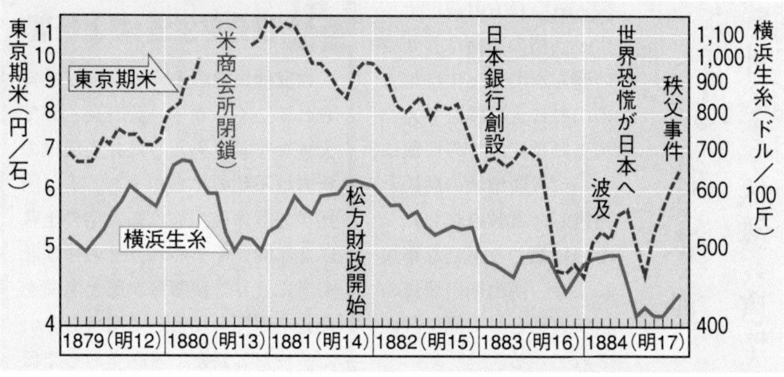

(『新聞集成明治編年史治』により作成)

Point 松方財政での極端なデフレ政策により諸物価が低落したため，農業や農村工業は大打撃を受けた。農民は没落《ぼつらく》して小作人《こさくにん》となったり，都市に流入して低賃金労働者となり，**寄生地主制**《きせいじぬしせい》や初期の**資本主義が確立**する契機となった。また，養蚕業《ようさんぎょう》・製糸業の盛んだった地方では特に経済的打撃が大きく，農民たちは困民党・借金党などを組織して，各地で負債《ふさい》の帳消しや返済猶予《へんさいゆうよ》を求める騒動《そうどう》をおこした。さらに秩父《ちちぶ》事件に見られるように，一部の地域では自由党左派の指導の下に激化事件をおこし，政府と激しく対立した(►p.172)。

4-1 生糸《きいと》と繭《まゆ》(右上)

東京都立中央図書館東京誌料文庫蔵

4-2「諸色峠《しょしきとうげ》の谷底下り」　険《けわ》しい峠道で谷底に転落するように，松方デフレで諸物価が谷底へ落ちる(下落する)様子が描かれている。

4b 小作地率別府県数の推移

(『岩波講座　日本歴史』などにより作成)

小作地率	10%	15	20	25	30	35	40	45	50	55	60	65	全国平均小作地率
1883～84年(明治16～17)(府県)	●	●	●●	●●●●●●	●●●●●●	●●●●●●●●●●	●●●●●●●●	●●●●●●	●				36.8%
1887(明治20)(府県)		●		●●●●	●●●●●●	●●●●●●●●●	●●●●●●●●●●●	●●●●●●●	●●●●	●●			39.3
1892(明治25)(府県)			●●	●●●	●●●	●●●●●●●●●●●●●	●●●●●●	●●●●●●●●●●●	●●●	●●	●●		40.0
1903(明治36)(府県)				●●	●●●	●●●●●●●●	●●●●●●●●●●●	●●●●●●●●●●●●	●●●●	●●●	●	●	44.4

1 主な激化事件と政社 (◄p.170)

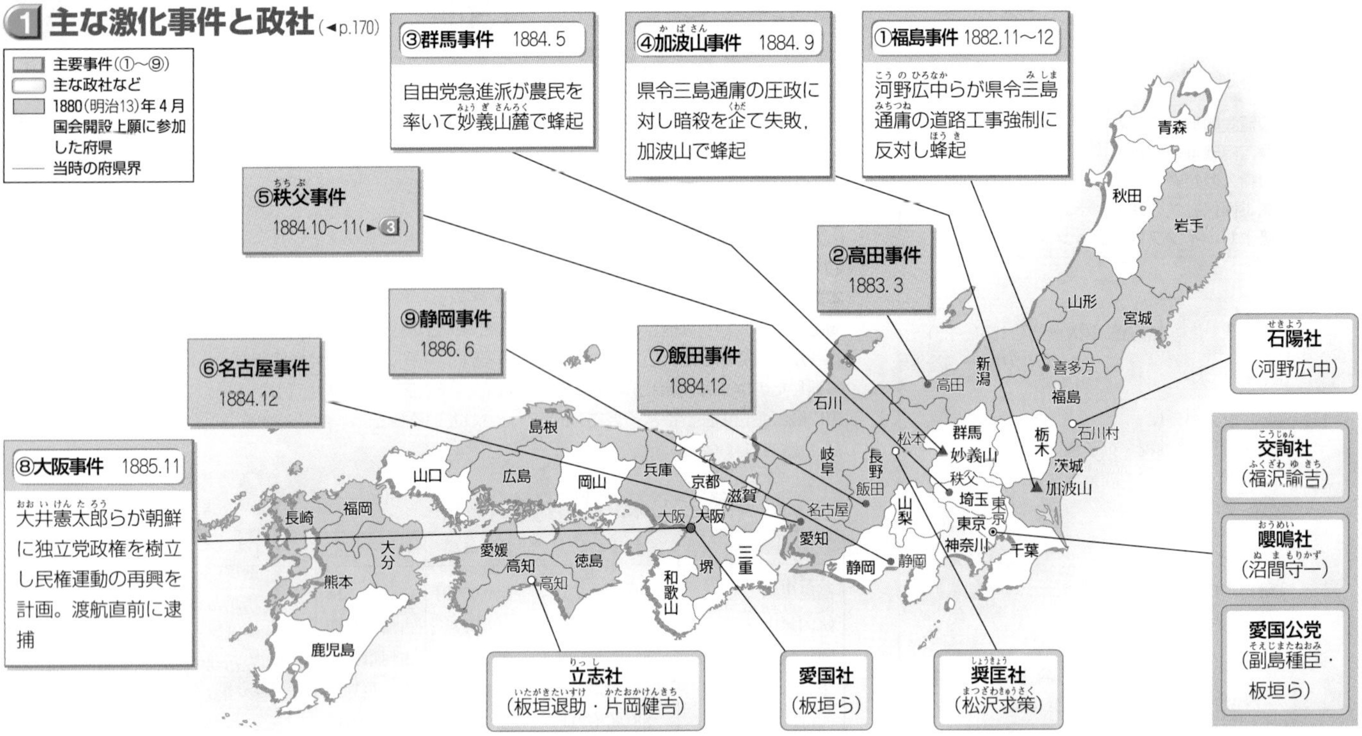

2 国会開設・憲法制定に向けて

2a 私擬憲法の策定

名　称	起草者	特　徴
私擬憲法案	交詢社《こうじゅんしゃ》 (改進党系)	立憲君主制・政党内閣・二院制・制限選挙
日本帝国憲法 (五日市《いつかいち》憲法草案)	千葉卓三郎《ちばたくさぶろう》ら	議院内閣制・三権分立・君民共治の立憲政治・人権の保障
東洋大日本国国憲按《こっけんあん》 史	植木枝盛《うえきえもり》 (自由党系)	人民主権・連邦制・一院制・革命権・女性参政権
日本憲法見込案	立志社《りっし》 (自由党系)	人民主権・一院制・抵抗権・人権の保障

2b 政党の結成

	主要人物	主義・主張	支持層	機関誌
自由党	**板垣退助《いたがきたいすけ》** 後藤象二郎《ごとうしょうじろう》 星《ほし》 亨《とおる》 1881年結成 (明治14)	フランス流 自由主義 ・一院制議会 ・主権在民 ・普通選挙	士族 豪農 (農村中心)	『自由新聞』 板垣退助 
立憲改進党	**大隈重信《おおくましげのぶ》** 犬養毅《いぬかいつよし》 尾崎行雄《おざきゆきお》 1882年結成 (明治15)	イギリス流 立憲主義 ・二院制議会 ・君民同治 ・制限選挙	知識層 産業資本家 (都市中心)	『郵便報知新聞』 大隈重信 
立憲帝政党	**福地源一郎《ふくちげんいちろう》** 丸山作楽《まるやまさくら》 1882年結成 (明治15)	国粋主義， 政府擁護 ・二院制 ・主権在君 ・制限選挙	官僚 神官・僧侶 国学者	『東京日日新聞』

3 秩父事件

3a 秩父困民党《ちちぶこんみんとう》の蜂起

3-1 秩父事件120周年を記念して2004年に製作・公開された映画「草の乱」

3-2 困民軍が富商から軍用金を徴収《ちょうしゅう》した際の領収書　「革命本部」と記《しる》されている。
埼玉・秩父市立図書館蔵

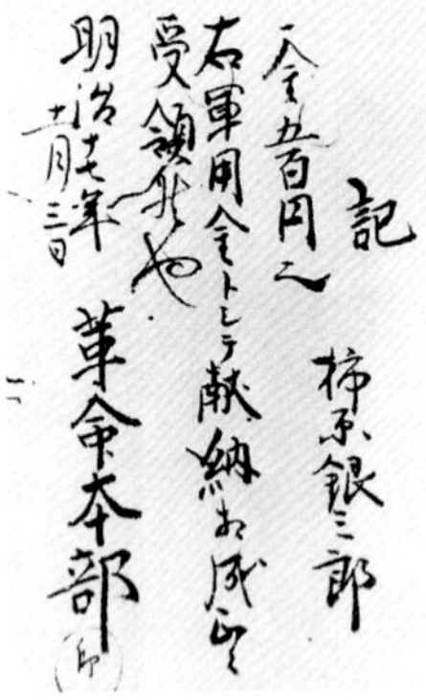

Point 松方財政による生糸価格の下落は養蚕業《ようさんぎょう》の盛んな関東・中部地方の山村に大打撃を与え，埼玉県秩父地方の農民は，ついに近隣《きんりん》地域の農民と連携《れんけい》して武装蜂起《ぶそうほうき》した。その組織力と厳格な軍規により，明治期の農民の抵抗運動として高く評価されている。

3b 秩父困民党指導者の群像

3-3 田代栄助《たしろえいすけ》　侠客《きょうかく》。困民軍総理となり，死刑。

3-4 菊池貫平《きくちかんぺい》　長野県佐久出身の困民軍参謀《さんぼう》長。恩赦《おんしゃ》。

3-5 落合寅市《おちあいとらいち》　民衆の組織・蜂起《ほうき》を先導《せんどう》。死刑。

Discovery

数奇な生涯・井上伝蔵

秩父困民党の多くの幹部が逮捕されていくなかで，会計長として大きな役割を果たした井上伝蔵《でんぞう》の行方は不明のままだった。実は困民軍の解体後，彼は知人宅の土蔵に2年間かくまわれ，その後は北海道に渡《わた》り，伊藤房次郎と名前を変えて開拓農民として潜伏《せんぷく》していた。やがて新《あら》たに家庭をもった伝蔵は，小間物・文具店を経営して平穏《へいおん》な人生を歩んだが，死期の迫《せま》った1918(大正7)年，妻と長男に初めて自分の素性《すじょう》を打ち明け，その数日後に息を引き取った。下の写真は彼の死を予期した妻が写真屋をよんで撮影したもの。

1 明治期の内閣

■数字は「代」　○数字は「次」　(　)は在職日数
□は主な閣僚　写真下は就任時の年齢／出生地
緑字はニックネーム　青字は総辞職の事情

□は非政党内閣　■は政党内閣

内閣	総理大臣	主な事項
1 伊藤博文《いとうひろぶみ》① 1885.12〜88. 4 (861日) 外務：井上 馨 内務：山県有朋 文部：森 有礼	 44歳／山口 (長州)	85. 12　内閣制度発足(►p.175) 86. 10　大同団結運動(〜89) 87. 5　井上外相による条約改正会議(►p.178) . 6　憲法起草開始(►p.174) . 10　三大事件建白運動 . 12　保安条例公布 憲法の制定に専念するため首相交代
2 黒田清隆《くろだきよたか》 1888. 4 〜89.10 (544日) 外務：大隈重信 内務：山県有朋	 47歳／鹿児島 (薩摩)	88. 6　枢密院で憲法草案の審議開始(►p.174) 89. 2　大日本帝国憲法発布(►p.174) 衆議院議員選挙法公布 . 10　大隈外相負傷→条約改正交渉中止 大隈重信の条約改正案に閣内からも反対の声が強まり，大隈の負傷を機に総辞職
3 山県有朋《やまがたありとも》① 1889.12〜91. 5 (499日) 外務：青木周蔵 内務：山県有朋	 51歳／山口 (長州)	90. 7　第1回衆議院議員総選挙(►p.175) . 9　立憲自由党結成 . 10　教育勅語発布 . 11　第1回帝国議会 立憲自由党の一部の賛同により予算案は可決したが，政費節減を受け入れざるを得ず，議会運営に自信を失って総辞職
4 松方正義《まつかたまさよし》① 1891. 5 〜92. 8 (461日) 外務：青木周蔵 内務：品川弥二郎 海軍：樺山資紀	 56歳／鹿児島 (薩摩)	91. 5　大津事件(►p.178) . 12　田中正造，足尾鉱毒問題提起(►p.186) 樺山《かばやま》海相の「蛮勇《ばんゆう》演説」→議会解散 92. 2　品川内相の選挙干渉(►p.175) 選挙干渉に関する民党の糾弾に加え，閣内からもこれを批判して辞職する者が続出したため総辞職
5 伊藤博文② 1892. 8 〜96. 8 (1,485日) 外務：陸奥宗光 内務：井上馨	 50歳／山口 (長州)	94. 3　甲午《こうご》農民戦争(東学の乱)(►p.179) . 7　日英通商航海条約調印 →治外法権・居留地撤廃 . 8　日清戦争宣戦布告 95. 4　下関条約調印(►p.179)。三国干渉 . 11　自由党，政府と提携→板垣退助入閣 大隈重信の入閣に板垣退助が不満をもつとともに，超然主義放棄の方針に山県有朋が反発。政権維持が困難として総辞職
6 松方正義② 〈松隈内閣〉 1896. 9 〜98. 1 (482日) 与党　進歩党 外務：大隈重信 内務：板垣退助	 61歳／鹿児島 (薩摩)	97. 10　金本位制実施 . 11　大隈重信，地租増徴案に反対→辞職 地租増徴案に反発した大隈重信と進歩党系閣僚が辞任。衆議院で内閣不信任案の可決が確実となったため総辞職
7 伊藤博文③ 1898. 1 〜98. 6 (170日)	 56歳／山口 (長州)	98. 6　地租増徴案を否決→議会解散 大隈重信・板垣退助ら，憲政党を結成 第5回衆議院議員総選挙で自由党・進歩党が大勝利し，合同して憲政党を結成。それに対抗する新党の結成のため総辞職
8 大隈重信《おおくましげのぶ》① 〈隈板内閣〉 1898. 6 〜98.11 (132日) 与党　憲政党 外務：大隈重信 内務：板垣退助 文部：尾崎行雄	 60歳／佐賀 (肥前)	98. 8　尾崎文相の共和演説→議会解散 . 10　憲政党分裂→憲政党・憲政本党 憲政党内での旧自由党と旧進歩党の対立が激しく，尾崎行雄の「共和演説」事件をめぐって党内が分裂したため総辞職

(1889.10〜89.12 三条実美暫定内閣)歴代に数えず

内閣	総理大臣	主な事項
9 山県有朋② 1898.11〜1900.10 (711日) 外務：青木周蔵 内務：西郷従道	 60歳／山口 (長州)	98. 12　地租増徴案可決(2.5%→3.3%) 99. 3　文官任用令改正 . 7　日英通商航海条約実施 00. 3　治安警察法制定 衆議院議員選挙法改正(15円→10円) . 5　義和団事件。軍部大臣現役武官制 . 9　伊藤博文，立憲政友会を結成 超然主義を唱えて政党を排除しようとしたため，議会運営が困難となり総辞職
10 伊藤博文④ 1900.10〜01. 5 (204日) 与党　立憲政友会 外務：加藤高明	 59歳／山口 (長州)	01. 2　官営八幡製鉄所操業開始(►p.185) . 5　社会民主党結成→即日解散(►p.187) 星亨が汚職事件で辞職し，さらに鉄道建設をめぐる閣内の対立がおこり総辞職
11 桂太郎《かつらたろう》① 1901. 6 〜06. 1 (1,681日) 外務：小村寿太郎	 53歳／山口 (長州) ニコポン	02. 1　日英同盟協約締結(►p.180) 04. 2　日露戦争始まる(►p.181) 日韓議定書調印 . 8　第1次日韓協約調印 05. 5　日本海海戦で勝利(►p.181) . 9　ポーツマス条約調印 日比谷焼打ち事件 . 11　第2次日韓協約(韓国保護条約)調印 . 12　統監府設置(初代統監：伊藤博文) 日露戦争への不満が日比谷焼打ち事件となり，その責任をとって総辞職
12 西園寺公望《さいおんじきんもち》① 1906. 1 〜08. 7 (920日) 与党　立憲政友会 外務：加藤高明 内務：原　敬	 56歳／京都 〈公卿〉	06. 1　日本社会党結成→翌年禁止 . 3　鉄道国有法公布 . 11　南満州鉄道株式会社(満鉄)設立(►p.182) 07. 7　第3次日韓協約調印 . 8　義兵運動おこる(►p.182) 鉄道国有化をめぐる閣僚の辞職や社会主義運動取り締まりの甘さへの批判等により総辞職
13 桂太郎② 1908. 7 〜11. 8 (1,143日) 外務：寺内正毅	 60歳／山口 (長州)	08. 10　戊申《ぼしん》詔書発布 09. 10　伊藤博文，安重根《アンジュングン》に暗殺される 10. 5　大逆事件→幸徳秋水ら処刑(►p.187) . 8　韓国併合条約調印(►p.183) 朝鮮総督府設置(初代総督：寺内正毅) 11. 2　日米新通商航海条約調印 →関税自主権回復 . 3　工場法公布(施行は1916年〜) 大逆事件に対する責任追及の声があがると，密かに西園寺公望への政権譲渡を約束し，条約改正の終了を機に総辞職
14 西園寺公望② 1911. 8 〜12.12 (480日) 与党　立憲政友会 内務：原　敬 陸軍：上原勇作	 61歳／京都 〈公卿〉	12. 7　明治天皇没→大正と改元 →. 9 乃木希典《のぎまれすけ》夫妻，殉死(►p.194) . 8　友愛会結成 . 11　閣議で陸軍2個師団増設案を否決 →上原陸相，帷幄上奏《いあくじょうそう》により辞職 辛亥革命の影響もあって陸軍の2個師団増強を求める声が強まったが，行財政改革をめざす内閣はこれを拒否。上原勇作陸相が辞表を提出。陸軍が後継陸相の推薦を拒否したため総辞職

在職期間

1885.12 伊藤① 88. 4 黒田 89.10 89.12 山県① 91. 5 松方① 92. 8 伊藤② 96. 9 松方② 98. 1 伊藤③ 98. 6 大隈① 98.11 山県② 1900.10 伊藤④ 01. 6 桂 ① 06. 1 西園寺① 08. 7 桂 ② 11. 8 西園寺② 12.12

(三条暫定内閣)

大日本帝国憲法の制定

1 憲法の制定の過程

憲法の調査(1882〜84)

1875 漸次《ぜんじ》立憲政体樹立の詔《みことのり》
1881 明治14年の政変→国会開設の勅諭《ちょくゆ》
1882 伊藤博文《いとうひろぶみ》をヨーロッパに派遣《はけん》
1884 制度取調局《せいどとりしらべ》を設置

憲法草案の起草・検討(1887〜89)

井上毅《いのうえこわし》甲案(天皇大権を規定)
乙案(規定せず)
ロエスレル案

- 伊藤博文・伊東巳代治・金子堅太郎・井上毅による検討 → 夏島草案(1887. 8)
- 井上毅の「逐条意見」や ロエスレルの意見を参考に修正 → 十月草案(1887.10)
- さらに検討・修正 → 二月草案(1888. 2)
- 多少の修正・加筆 → 最終草案

枢密院《すうみついん》での審議(1888. 6 〜89. 1)

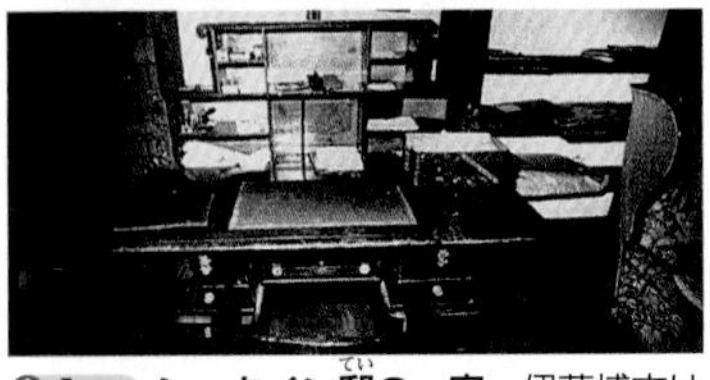

1-1 **シュタイン邸《てい》の一室** 伊藤博文はここでウィーン大学教授であったシュタインから憲法学の講義を受けた。

1-2 井上毅《いのうえこわし》

1-3 伊東巳代治《いとうみよじ》

1-4 金子堅太郎《かねこけんたろう》

1-5 **ヨーロッパ滞在時の伊藤博文**

千葉・日本漫画資料館蔵

1-6 **夏島での伊藤博文**(ビゴー画) 憲法の起《き》草《そう》は夏島の伊藤の別荘で極秘裏《ごくひり》に行われ,「夏島の畔に高まくら」と皮肉《ひにく》られたが,実際は真剣な検討がされていた。

1-7 **枢密院《すうみついん》会議之図** 枢密院において天皇出席のもとで皇室典範《こうしつてんぱん》・憲法が審議された。 憲政記念館蔵

諸制度の整備

1884 華族令《かぞくれい》の制定(華族を公《こう》・侯《こう》・伯《はく》・子《し》・男爵《だんしゃく》に)
1885 内閣制度の発足(第1次伊藤博文内閣)
1888 市制・町村制 枢密院(天皇の最高顧問府)の設置
1890 府県制・郡制

2 憲法の発布

2-1 **大日本帝国憲法** (独)国立公文書館蔵

2-2 **明治天皇睦仁《むつひと》** キヨソーネ画 宮内庁蔵

2-3 **「憲法発布式」の図**(和田英作画) 東京・明治神宮聖徳記念絵画館蔵

Point 伊藤博文らが起草した憲法草案は枢密院で審議が重ねられ,1889(明治22)年2月11日に大日本帝国憲法として発布《はっぷ》された。絵は天皇から黒田清隆首相へ授《さず》けられる場面。

2-4 **憲法発布を祝う仮装の人々**(着色写真) 国民の多くは憲法の内容をほとんど知らないまま,熱狂《ねっきょう》して歓迎《かんげい》した。中江兆民《ちょうみん》はそのようすを「愚《おろか》にして狂」と評し,御雇《おやとい》外国人のベルツもその日記に「滑稽《こっけい》」と記した。ピーボディー・エセックス博物館蔵

TRY 論述 大日本帝国憲法の草案作成にあたっては,どの国の憲法が参考とされたか。また,それはなぜか。 比較 相互関連

3 大日本帝国憲法の性格と政治機構

3a 日本国憲法との比較

大日本帝国憲法 史		日本国憲法 史
1889(明治22)年2月11日	公布	1946(昭和21)年11月3日
1890(明治23)年11月29日	施行	1947(昭和22)年5月3日
欽定憲法	形式	**民定憲法**
天皇主権	主権	国民主権
国家元首 大権を有し三権を掌握	天皇	日本国・日本国民統合の**象徴** **国事行為**のみを行う
天皇の協賛《きょうさん》機関	議会	国権の最高機関 唯一《ゆいいつ》の立法機関
天皇の輔弼《ほひつ》機関 天皇に対して責任を負う	内閣	議院内閣制を明確化 国会に対して責任を負う
「臣民」の位置づけ 法律の範囲内で権利を有する	国民の権利	基本的人権として保障される
兵役の義務 天皇に統帥権《とうすいけん》	軍隊	平和主義 戦力不保持 戦争放棄

3b 大日本帝国憲法下の政治機構

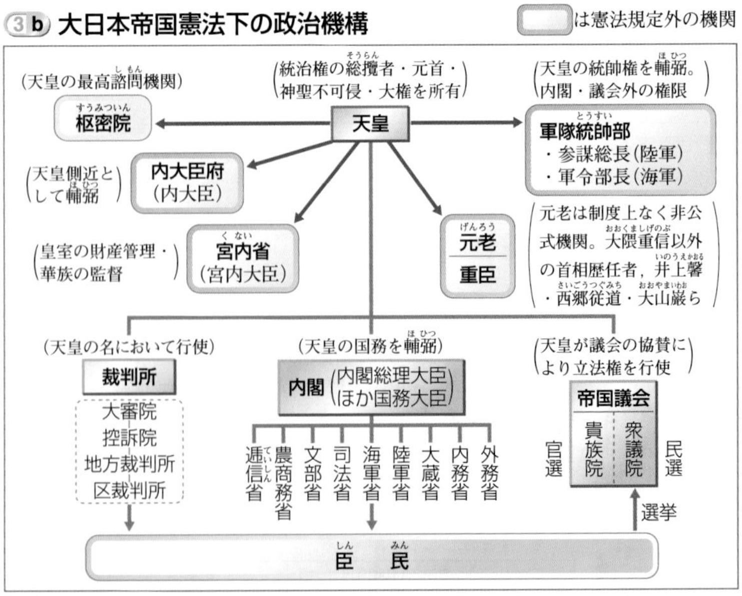

1 諸法典の整備

（網掛け）は六法

新律綱領《しんりつこうりょう》	1870 制定 施行	明《ミン》・清《シン》律を基本に公事方御定書《くじかたおさだめがき》を加味。身分による刑罰の差あり
改定律例《かいていりつれい》	1873 制定 施行	新律綱領の不備を補充
刑　法	1880 公布 1882 施行	ボアソナード起草による近代的刑法。大逆罪《たいぎゃく》・不敬罪《ふけい》・内乱罪を規定
治罪法《ちざいほう》	1880 公布 1882 施行	ボアソナード起草による近代的刑事訴訟法。拷問《ごうもん》の禁止・証拠《しょうこ》法を規定
大日本帝国憲法	1889 公布 1890 施行	ロエスレルらの指導により，ドイツ憲法を範に伊藤博文《いとうひろぶみ》らが起草
皇室典範《こうしつてんぱん》	1889 制定 1890 施行	皇室関係の法規であるが公布されず。皇位の継承・即位などを規定
刑事訴訟法	1890 公布 施行	治罪法を改訂
民事訴訟法	1890 公布 1891 施行	ドイツ法を模範とする。1926年に改正
民　法	1890 公布 施行は延期	ボアソナードが草案を起草。民法典論争により施行延期。1898年戸主権重視の新民法を施行
商　法	1890 公布 施行は延期	ロエスレル起草。法典調査会で修正し，1899年新商法を施行

1-1 ボアソナード

法務図書館蔵

1-2 穂積八束《ほづみやつか》

日本学士院蔵

1-3 梅謙次郎《うめけんじろう》

日本学士院蔵

Point 司法省がボアソナード(仏)を顧問《こもん》として編纂《へんさん》していた自由主義的な民法に東大教授穂積八束《ほづみやつか》らが「**民法出《い》デテ忠孝亡《ちゅうこうほろ》ブ**」と述べて施行延期を主張。この民法を支持する梅謙次郎《うめけんじろう》らとの間に**民法典論争**《みんぽうてんろんそう》を巻きおこした。結局，「家」を重視して「個人」の権利を押さえた極めて**戸主権**《こしゅけん》の強い新民法が施行された。

2 初期内閣の構成と総理大臣

	第1次 伊藤博文内閣《いとうひろぶみ》 1885.12～	黒田清隆内閣《くろだきよたか》（史） 1888.4～	第1次 山県有朋内閣《やまがたありとも》 1889.12～
総理	伊藤博文	黒田清隆	山県有朋
外務	井上馨《いのうえかおる》	大隈重信《おおくましげのぶ》	青木周蔵《あおきしゅうぞう》
内務	山県有朋	山県有朋	山県有朋
大蔵	松方正義《まつかたまさよし》	松方正義	松方正義
陸軍	大山《おおやま》　巌《いわお》	大山　巌	大山　巌
海軍	西郷従道《さいごうつぐみち》	西郷従道	西郷従道
司法	山田顕義《やまだあきよし》	山田顕義	山田顕義
文部	森《もり》　有礼《ありのり》	森　有礼	榎本武揚
農商務	谷《たに》　干城《たてき》	榎本武揚	岩村通俊《いわむらみちとし》
逓信《ていしん》	榎本武揚《えのもとたけあき》	榎本武揚	後藤象二郎《ごとうしょうじろう》

（白）は長州藩　（網掛け）は薩摩藩　（網掛け）は土佐藩
（網掛け）は肥前藩　（網掛け）は幕臣　出身

1　伊藤博文①
(1885.12～88.4)
2　黒田清隆
(1888.4～89.10)
3　山県有朋①
(1889.12～91.5)
4　松方正義①
(1891.5～92.8)
5　伊藤博文②
(1892.8～96.8)
6　松方正義②
(1896.9～97.12)
7　伊藤博文③
(1898.1～98.6)
8　大隈重信①
(1898.6～98.10)
以下，省略

Point 大日本帝国憲法に「天皇ヲ輔弼《ほひつ》」する機関と規定された内閣は，初期においては，上表にみられるように，薩摩・長州藩を中心に構成された藩閥《はんばつ》内閣であり，歴代の総理大臣もみごとなまでに薩摩・長州両藩出身者が交互に就任《しゅうにん》した。

TRY 論述 下の写真や絵を参考に，初期の投票の方法について説明しなさい。また，衆議院議員選挙法に規定された選挙人の資格をあげなさい(►p.197)。 比　較

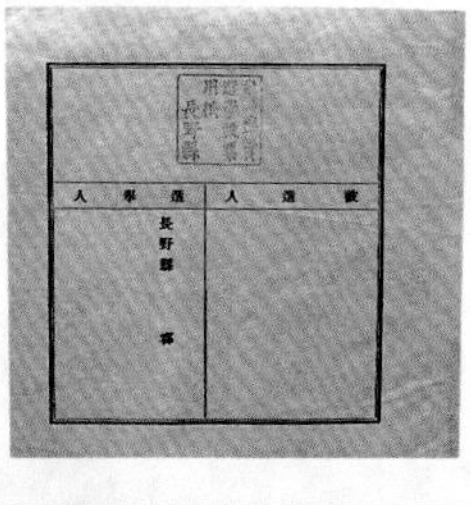

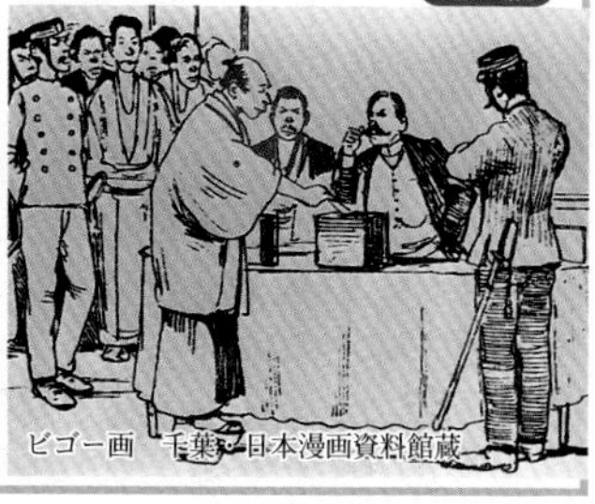

ビゴー画　千葉・日本漫画資料館蔵

3 初期議会の動向

3a 政府と民党の対立

第1議会 1890.11～91.3	山県有朋《やまがたありとも》 （1次）	民党が「**政費節減・民力休養**」を唱えて政府と対立。政府は立憲自由党土佐派を買収して予算案を可決。中江兆民《なかえちょうみん》はそれに抗議し辞職
第2議会 1891.11～91.12	松方正義《まつかたまさよし》 （1次）	軍艦建造費などの軍拡予算に民党が反対。海相樺山資紀《かばやますけのり》の「**蛮勇演説**《ばんゆう》」で紛糾《ふんきゅう》して解散
第2回総選挙　内務大臣の品川弥二郎《しながわやじろう》による選挙干渉		
第3議会 1892.5～92.6	松方正義 （1次）	民党が政府の**選挙干渉**を非難。軍艦建造費の削減を可決して停会
第4議会 1892.11～93.2	伊藤博文《いとうひろぶみ》 （2次）	民党が政府の軍艦建造費増額案を否決。政府は詔勅《しょうちょく》によりこれを可決
第5議会 1893.11～93.12		民党が条約改正問題などで政府を攻撃して紛糾。停会・解散
第6議会 1894.5～94.6		民党が条約改正問題で政府を追及。内閣弾劾上奏案《だんがいじょうそう》を可決。政府は朝鮮出兵を決定

3-1 樺山資紀《かばやますけのり》

3-2 品川弥二郎《しながわやじろう》

3b 初期議会での政党別勢力分布

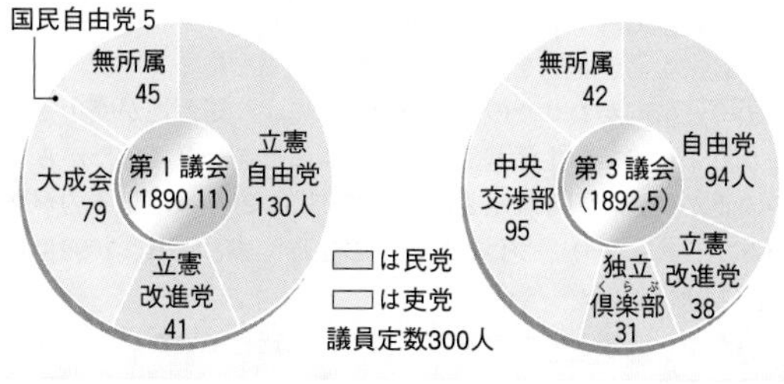

Point 初期議会は民党が吏《り》党を圧倒していたが，政府の買収工作や選挙干渉，立憲自由党と立憲改進党の不和などにより，政府を打倒するだけの勢力とはなりえなかった。

Discovery

憲政記念館 (東京都・千代田区)

憲政記念館があるこの地には，江戸時代には彦根藩上屋敷《ひこねはんかみやしき》，明治以降は参謀《さんぼう》本部・陸軍省が置かれていたが，昭和27年に衆議院の所管となり，昭和35年に尾崎行雄《おざきゆきお》記念館が建設された。議会開設80周年を迎えた昭和45年にそれを吸収して，議会制民主主義についての理解を広めるために現在の憲政記念館が設立された。明治以降の憲法と議会制度が確立していく過程を，映像や数多くの文書資料により知ることができる。文書資料には板垣退助の「民撰議院設立建白書」や田中正造の足尾銅山に関する質問書などがある。明治42年にハルビン駅頭で伊藤博文が狙撃《そげき》・暗殺された際の弾丸《だんがん》や，昭和35年に演説会の壇《だん》上《じょう》で右翼青年に惨殺《ざんさつ》された浅沼稲次郎《あさぬまいねじろう》社会党委員長の手帳などの生《なま》々《なま》しい展示もされている。国会の議場を忠実に再築し，自由に演壇に立ったり記念写真を撮《と》れる議場体験コーナーもある。入館は無料。

➡当時の帝国議会の雰囲気を伝える「大日本帝国議会之図」(安達吟光画)
憲政記念館蔵

時代の証人・ビゴーの視線

「漁夫の利」「猿まね」「ノルマントン号事件」…どの日本史の教科書にも必ず何点かは掲載されている彼の痛烈な風刺漫画。しかし，彼には日本の庶民を描いた多くの作品があることは意外と知られていない。そして，彼自身の経歴も…。ここでは，明治の日本と日本人を鋭く，また温かく描いた時代の証人・ビゴーの実像に迫る。

浮世絵の国・日本への憧《あこが》れ ～ビゴーが来日した理由～

ジョルジュ・フェルディナン・ビゴーは1860年に官吏《かんり》の子としてフランス・パリに生まれた。12歳で美術学校(エコール・デ・ボザール)に入学したが，父親の死去により中退していくつかの新聞に挿絵《さしえ》を寄稿するようになり，ゾラの『ナナ』の挿絵を描くなど，若くして挿絵画家として高い評価を受けた。故国でも挿絵画家として十分に生活が保障されていたビゴーは，なぜ遠い異国の地・日本に住むようになったのだろうか。

幕末から始まった貿易で，多くの日本の美術品が海外に輸出された。特に北斎《ほくさい》・歌麿《うたまろ》らの浮世絵はそれまでの西洋になかった斬新な表現法で，パリの芸術家たちに大きな影響を与え，ジャポニズムとよばれる空前の日本ブームがおこった。日本美術に造詣《ぞうけい》の深いゾラやゴンクール兄弟と親交のあったビゴーも，浮世絵とそこに描かれた日本に強い憧れをもち，ついに1882(明治15)年，横浜港に降り立つこととなった。

➡1 ビゴーが描いたゾラ作『ナナ』の挿絵

⬆2 和装姿のビゴー(来日後まもなく撮影)

日本人になりきったフランス人 ～ビゴーの日本での生活～

来日したビゴーは陸軍士官学校の画学教師に雇われた。月給60円の給料は日本での生活には十分であったが，この職は2年契約であったため，契約終了後は中江兆民《なかえちょうみん》の仏学塾に雇われたり数紙の新聞に挿絵を寄稿するなど，多岐《たき》にわたって精力的に活動をした。横浜や東京の居留地《きょりゅうち》に住む外国人を相手に画集や雑誌を販売したり，『ロンドン・グラフィック』紙など英仏の数社の新聞社にも寄稿をした。

浮世絵に興味をもって来日したビゴーであったが，意外にも実際は浮世絵版画の制作にはそれほど熱心に取り組むことはなかった。浮世絵制作の前に，日本の庶民の生活に強い関心を抱き，庶民の生活に溶け込んでその生活を描くことにより自分の芸術的課題を探りたいと考えたのであろう。ビゴーは日本と日本人を知るためにあえて内地雑居《ないちざっきょ》をし，瞬《また》く間に日本語を習得して庶民の生活に溶け込んでいった。日本の女性に強い関心をもつ彼は，花街《はなまち》にも通い，何人もの女性と同棲《どうせい》を繰り返し，ついには士族佐野清の三女，佐野マスと結婚をするにいたった。

ビゴーの視線① ～政治への痛烈な風刺～

優雅《ゆうが》な浮世絵の世界に憧《あこが》れて来日したビゴーであったが，すでに当時の日本は文明開化の荒波に襲われ，古き良き時代の面影《おもかげ》を失いつつあった。自らの優れた文化を理解せず，いたずらに西洋の文明を鵜呑《うの》みにする滑稽《こっけい》な日本…。しかも富国強兵《ふこくきょうへい》を旗印《はたじるし》にアジアの近隣諸国への侵略を進める日本…。こうした日本の姿に，彼は言いようのない失望を感じた。それが彼をして痛烈な風刺画を描かせた。彼の風刺画は失われた良き日本への哀惜《あいせき》の裏返しと見ることができよう。

ただし，彼がこうした風刺画を自由に描くことができたのは，当時の日本が条約改正前で，まだ治外法権《ちがいほうけん》下の居留地で出版の自由が保障されていたからである。

⬆3 「極東情勢風刺絵葉書《きょくとうじょうせいふうしえはがき》」 軍事力でアジア諸国を支配しようとする日本を痛烈に風刺。

⬅4 「食後－日本の上流社会のサロン」(『トバエ』1887年) 鹿《ろく》鳴館《めいかん》の控え室での光景。履《は》き慣れない靴《くつ》を脱いでくつろぐ芸者たち。

ビゴーの視線② ～庶民への温かな情感～

辛辣《しんらつ》な風刺画家として知られるビゴーには知られていないもうひとつの側面がある。彼には政治への風刺画以上に，芸者・女中・車夫《しゃふ》・商人・農民・物乞《ものご》い・兵士…等々といった市井《しせい》の庶民を対象とした銅版画や絵画が実に多い。それらはいずれも若干の滑稽感《こっけいかん》を伴いながらも，温かな情感に包まれている。これらの絵からは奇妙な風習をもつ猥《わい》雑《ざつ》な人々に苦笑しつつも，温かくそれを見つめるビゴーの視線が感じられる。哀歓《あいかん》あふれる庶民の生活に溶け込んで暮らしたビゴーならではの視線であろう。

⬆5 宴会でどんちゃん騒ぎをする日本人

⬆6 品物を売り終えて一服する行商人

絵で書いた日本人論

風刺画を含め，彼が17年間の滞日中に出版した漫画雑誌は5種110冊，漫画集も30種以上にのぼる。それらに掲載された数千点もの絵は，まさに「絵で書いた日本人論」(清水勲《しみずいさお》氏)であり，100年を隔《へだ》てた今日の私たちが思わず赤面するほど的確で新鮮な描写である。

ⓐビゴーの滞日期間中の日本の主な出来事

1882(明15)	ビゴー来日 井上馨《いのうえかおる》外相の条約改正交渉　欧化政策
1885(明18)	内閣制度発足
1886(明19)	大同団結運動始まる　ノルマントン号事件
1887(明20)	三大事件建白運動　保安条例
1889(明22)	大日本帝国憲法公布
1890(明23)	第1回衆議院議員選挙　第1回帝国議会
1894(明27)	日英通商航海条約調印　日清戦争始まる
1895(明28)	下関条約調印　三国干渉
1899(明32)	日英通商航海条約発効　内地雑居開始 ビゴー帰国

愛する国・日本との訣別《けつべつ》 ～ビゴーが帰国した理由～

歪《ゆが》んだ近代化により古き良き時代の日本が失われていくなかで，ビゴーは愛する日本と日本人への失望を深め，次第に帰国の気持ちを強めていった。また，報道画家として日清戦争に従軍《じゅうぐん》したビゴーは，写真機の性能の向上により報道画家の存在意義が薄れ，生活の基盤を失うことに強い不安を抱えていた。

しかし，それらの理由にもまして彼を帰国の途に向かわせたのは，条約改正により居留地が廃止され，従来のような自由な創作や出版ができなくなり，日本での生活基盤が失われることを恐れていたからである。すでに1897(明治30)年末までに条約改正が列強各国と締結され，1899(明治32)年には新条約が発効して居留地は廃止されることとなっていた。ここに至り，ついに彼は妻の佐野マスと別れ，1899年6月，彼女との間に生まれた一児を伴い，帰国の途に着いた。

帰国後に再婚した彼は，生活も安定していたが，画家としての絶頂期はすでに過ぎていた。

1～6 千葉・日本漫画資料館蔵

幕末と明治維新期の激動の時代を生き抜き，日本の近代化を成《な》し遂《と》げた明治の政治家たち。その功罪にはさまざまな評価があるにしても，彼らには強靱《きょうじん》な意志と強い使命感，そして何よりも骨太の人間的な魅力があった。

大久保利通《おおくぼとしみち》

明治国家の骨組みを組んだ冷徹《れいてつ》な現実家

大久保利通《おおくぼとしみち》(1830～1878)は鹿児島城下の最下級の士族の家に生まれ，お由良《ゆら》騒動で処分されたが，島津斉彬《なりあきら》が藩主となると西郷隆盛《さいごうたかもり》とともに頭角をあらわした。斉彬の急死により斉彬派は弾圧を受けたが，利通は久光《ひさみつ》に近づいてその信頼を得，藩の内政を任された。以後，維新直前まで利通は久光を補佐しつつその権力を利用し，一橋慶喜《ひとつばしよしのぶ》と松平《まつだいら》慶永《よしなが》の任用を朝廷に働きかけ，隆盛を藩政に復帰させた。

↑1 大久保利通 国立印刷局博物館(お札と切手の博物館)蔵

常に冷静に情勢を見ていた利通は公武合体から倒幕への転身も鮮《あざ》やかで，特に宮廷工作に才能を発揮した。隆盛の活躍の陰《かげ》で常にその脇役《わきやく》に徹した利通であったが，維新の内乱終結以降は隆盛に代わって政治の表舞台に登場し，東京遷《せん》都《と》・版籍奉還《はんせきほうかん》・廃藩置県《はいはんちけん》といった改革を推進し，明治政府の中核としての地位を確立した。1871年には岩倉遣欧《けんおう》使節の副使として欧米諸国を歴訪《れきほう》。この間に隆盛や江藤新平《えとうしんぺい》らが征韓論《せいかんろん》を唱えると，急いで帰国して征韓を思いとどまらせようとしたが，ついに決裂。隆盛らは下野《げや》し，鹿児島や佐賀は独立国の様相《ようそう》を呈《てい》するなど，明治政府は分裂の危機に瀕《ひん》した。利通は長年の盟友《めいゆう》であった隆盛と訣別《けつべつ》し，佐賀の乱では首謀者《しゅぼうしゃ》の江藤新平《えとうしんぺい》を厳罰に処《しょ》し(梟首《きょうしゅ》)，西南戦争でも毅然《きぜん》として鎮圧《ちんあつ》にあたった(◄p.169)。その後1878年５月，島田一郎《しまだいちろう》らに襲われ絶命。隆盛に比べると人気は低いが，現実を冷徹に判断しうる希《け》有《う》な政治家であり，以後のわが国の路線を定めた明治国家最大の指導者といえよう。

↓2 征韓論をめぐる閣議の想像図

大隈重信《おおくましげのぶ》

薩長閥に対抗した実力派の民衆政治家

肥前《ひぜん》藩佐賀城下の中級士族の家に生まれた大隈重信《おおくましげのぶ》(1838～1922)は，維新後に外交官として手腕を発揮し，やがて財政の実権を握った。殖産興業《しょくさんこうぎょう》，国立銀行制度の導入など積極的な「大隈財政」を展開したが，深刻なインフレを招き，退陣した。この頃より伊藤博文《いとうひろぶみ》との間に対立が生じ政府から追放された。

↑3 大隈重信像 早稲田大学蔵

その後，重信は立憲改進党《りっけんかいしんとう》を組織し，東京専門学校(現在の早稲田大学)を設立するなど，在野《ざいや》の政党政治家・教育事業家として活躍し，しばしば政治の表舞台に登場した。第１次伊藤博文内閣では外務大臣として条約改正にあたったが，外国人判事を大審院《だいしんいん》で任用するという妥協《だきょう》案が国民の反対を招き，国粋《こくすい》団体玄洋社《げんようしゃ》社員から爆弾を投げつけられて右脚《みぎあし》を失った。1898年には犬猿の仲であった自由党の板垣退助《いたがきたいすけ》と組んでわが国最初の政党内閣(隈板《わいはん》内閣)を組織した。1914年にも77歳の高齢で内閣を組織，第一次世界大戦参戦に踏み切るなど(►p.195)，政治家としての花道を飾り，1922年に85歳で死去した。

↑4 爆弾で右脚を失った大隈重信とその家族

肥前藩出身のため，薩摩・長州閥から阻害《そがい》されたという点では不運の政治家であった。そのコンプレックスのせいか，彼は万事に豪華を好んで「大名趣味」といわれたが，そのことと「民衆政治家」としての人気の高さが矛盾《むじゅん》しない点が彼の魅力であった。彼の国民葬には約30万人もの人々が参列したという。

➡5 遊説中の大隈重信(1915年)

伊藤博文《いとうひろぶみ》

明治国家の頂点を極めた立憲政体樹立の功労者

伊藤博文《ひろぶみ》(1841～1909)は長州藩の農民の子に生まれ，まもなく父が長州藩の軽卒*の養子となったため，伊藤姓を名乗る。松下村塾《しょうかそんじゅく》で吉田松陰《よしだしょういん》に師事。江戸で高《たか》杉晋作《すぎしんさく》・久坂玄瑞《くさかげんずい》らとイギリス公使館焼き討ちなどにかかわったが，イギリス留学を機に開国論者へと転身した。1869年に渡米して帰国後に新貨条例《しんかじょうれい》を制定。73年には工部卿《こうぶきょう》に昇進，殖産興業《しょくさんこうぎょう》政策を推進した。

↑6 博文の別荘滄浪閣《そうろうかく》にて

西郷・木戸・大久保といった重鎮《じゅうちん》の死後，博文と大隈重信の対立が深まり，博文は大隈派を追放し，明治政府の実権を握った。その後，大日本帝国憲法の制定と内閣制度創設に大きな貢献をした博文は，天皇から絶大な信任を得て４度にわたる内閣総理大臣・枢密院《すうみついん》議長・貴族院議長・元老・韓国統監《とうかん》を歴任，政府の頂点を極めた。また，彼は政党の重要性を認識して1900年に立憲政友会を結成したが，その点で同じ長州出身の山県有朋《やまがたありとも》とも立場を異にしていた。

韓国統監であった博文は1909年10月，ハルビン駅にて韓国人安重根《アンジュングン》に狙撃されて波乱の人生を閉じた(►p.182)。近代的な立憲政を樹立した最大の功労者として高い評価をされる一方で，露骨《ろこつ》な侵略の推進役として強い批判を受けるなど(実際の伊藤博文は国際協調を重視する現実派で，韓国についても保護国化による実質統治で十分であるとし，併合には反対であった)，彼の評価は大きく分かれているが，その二律背反《にりつはいはん》こそが明治国家のあり方そのものともいえよう。

➡7 「五月人形蔭弁慶《さつきにんぎょうかげべんけい》」(団団珍聞《まるまるちんぶん》)
言論の弾圧に必死の伊藤内閣を風刺。

＊軽卒＝身分の低い兵士

山県有朋《やまがたありとも》

幅広い派閥網を形成した陰の実力者

山県有朋《やまがたありとも》(1838～1922)は長州藩の城下町萩《はぎ》に生まれ，父は足軽以下の軽輩。松下村塾で吉田松陰《よしだしょういん》に学び，尊王攘夷論《そんのうじょういろん》に傾倒。1863年の長州藩の攘夷決行と翌年の下関戦争の際には奇兵隊の軍監《ぐんかん》として活躍し，この経験がのちの徴兵《ちょうへい》制採用の動機となった。1869年に留学し，帰国後は大村益次郎《おおむらますじろう》のあとを継《つ》いで71年の御親兵《ごしんぺい》の設置，73年の徴兵令の施行など，軍制改革に中心的な役割を果たした。

有朋は自分を「一介《いっかい》の武弁《ぶべん》(ただの軍人)」と称したが，政治的な手腕も非凡であった。第１次伊藤博文《いとうひろぶみ》内閣では内務大臣として保安条例を発布し，黒田清隆《くろだきよたか》内閣では市制・町村制の制定に努め，89年には自ら内閣を組織した。この間，彼は陸軍・内務省・司法省などに網の目のような派閥を形成した。彼は慎重かつ神経質で容易に人を信用しないが，ひとたび信用するとよくその面倒をみたという。政治的には政党内閣を嫌悪《けんお》し，閣僚を自分の派閥で固めた内閣を組織して，退陣後も腹心《ふくしん》の桂太郎《かつらたろう》に組閣させ，大きな影響力をもったため，第１次桂太郎内閣は「小山県内閣」「緞帳《どんちょう》内閣」といわれた(►p.173)。その権力欲は死ぬまで衰えず，大正期の政治にも元老として大きな影響力を与えた。

↑8 二人の元帥《げんすい》

1922年に死去した際に国葬が行われたが，その１カ月前の大隈重信《おおくましげのぶ》の盛大な国民葬に比べて，参列者は意外と少なかったという。これはこの二人の政治家の特質の違いを如実《にょじつ》に表しているといえよう。

➡9 1912年に山県有朋邸(現在の目白椿山荘《ちんざんそう》)にて

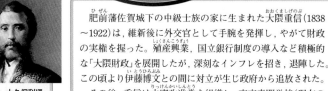

条約改正

1 条約改正の経過

担当者	交渉の内容および経過・結果
岩倉具視《いわくらともみ》(右大臣) 1872(明5)(◀p.168)	●条約改正の予備交渉にあたる ▶相手にされず断念。欧米の制度・文物《ぶんぶつ》を視察し帰国 ▶津田梅子《つだうめこ》・山川捨松《やまかわすてまつ》らの留学生を派遣(◀p.168)
寺島宗則《てらしまむねのり》(外務卿) 1873(明6)～79(明12)	●関税自主権の回復を主眼に交渉 ▶米との交渉には成功し「日米関税改定約書」に調印 ▶英・独の反対により無効
井上馨《いのうえかおる》(外務卿) (外務大臣) 1879(明12)～87(明20)	●**外国人判事の任用**と**外国人の内地雑居**を条件に治外法権《ちがいほうけん》の撤廃と関税率の引き上げを図る ●欧米諸国の関心を引くため極端な**欧化《おうか》政策**を展開(**鹿鳴館《ろくめいかん》時代**) ▶**ノルマントン号事件**により国民の反対 ▶政府内でも農商務大臣谷干城《たにたてき》・法律顧問ボアソナードらが反対 ▶民権派も**三大事件建白運動**で政府の軟弱外交を非難 ▶条約改正会議は無期延期となり，井上は外相を辞任
大隈重信《おおくましげのぶ》(外務大臣) 1888(明21)～89(明22)	●大審院《だいしんいん》への外国人判事任用を条件に国別に秘密交渉 ▶米・独・露との交渉に成功するが，「ロンドン＝タイムス」で交渉内容を知った国民の反対や政府内での違憲論がおこる ▶大隈，玄洋《げんよう》社社員の爆弾テロにより負傷(◀p.177)。改正交渉は中止
青木周蔵《あおきしゅうぞう》(外務大臣) 1889(明22)～91(明24)	●領事裁判権の撤廃について英と対等の立場で交渉 ▶露の南下を懸念する英との交渉に成功するが，**大津事件**により外相を辞任 ▶榎本武揚《えのもとたけあき》が外相となり交渉を継続するが不調
陸奥宗光《むつむねみつ》(外務大臣) 青木周蔵(駐英公使) 1892(明25)～95(明28)	●青木案を引き継ぎ，領事裁判権の撤廃について英と交渉 ▶日清戦争直前に**日英通商航海条約**に調印。**領事裁判権の撤廃**・最恵国待遇の相互平等・関税自主権の一部回復を達成 ▶列国とも改正に成功
小村寿太郎《こむらじゅたろう》(外務大臣) 1908(明41)～11(明44)	●関税自主権の回復を目的に交渉 ▶日米通商航海条約の満期改正調印で**関税自主権を回復** ▶列国とも改正に成功 ＝条約改正の最終的決着

Point 幕末に日本が欧米諸国と結んだ修好通商条約(**安政の五カ国条約**)やその他の諸条約は**領《りょう》事裁判権《じさいばんけん》**の承認，**関税自主権**の喪失《そうしつ》，**片務的最恵国待遇《へんむてきさいけいこくたいぐう》**などが規定されており，日本にとって著《いちじる》しく不利な不平等条約であった。これらを対等な内容に改正しようとすることが明治政府の最大の外交課題であり，多くの政治家・外交官が長年にわたってこれに努めた。

1-1 井上馨《いのうえかおる》

1-2 青木周蔵《あおきしゅうぞう》

1-3 陸奥宗光《むつむねみつ》

1-4 小村寿太郎《こむらじゅたろう》

2 大津事件

2-1 長崎を訪れたロシア皇太子ニコライ

2-2 児島惟謙《こじまこれかた いけん》

2-3 「露国皇太子上陸の図」

鹿児島市立美術館蔵

Point 1891(明治24)年5月，来日中のロシア皇太子ニコライ(後にロシア最後の皇帝となったニコライ2世)は，滋賀県大津にて警護《けいご》の巡《じゅん》査《さ》**津田三蔵《つださんぞう》**に襲《おそ》われて負傷。事態を憂慮《ゆうりょ》した政府は超法規的な措置により極刑を適用しようとしたが，大審院《だいしんいん》長**児島惟謙**は一般謀殺未遂《ぼうさつみすい》罪を適用し，司法権の独立を守った。なお，ニコライ来日に際して，その目的はシベリアに逃《のが》れていた西郷隆盛の日本帰還《きかん》にあったとする風説《ふうせつ》が広まったことは興味深い。津田の犯行動機は不明だが，この点に関連させて考える説もある。

佐賀・(財)鍋島報效会蔵

3-3 式部長官鍋島直大《なべしまなおひろ》夫人栄子《ながこ》の夜会服

3 鹿鳴館時代

Point 外務卿井上馨《いのうえかおる》は「開化した日本」を印象づけ，条約改正交渉を有利に進めるため，イギリス人コンドルの設計による鹿鳴館《ろくめいかん》を建設した。煉瓦《れんが》造り二階建ての絢爛《けんらん》な意匠《いしょう》であった。

3-1 鹿鳴館《ろくめいかん》での舞踏会《ぶとうかい》 連日のように華《はな》やかな夜会が開かれ，新聞などからは「猿芝居」「茶番劇」と批判された。

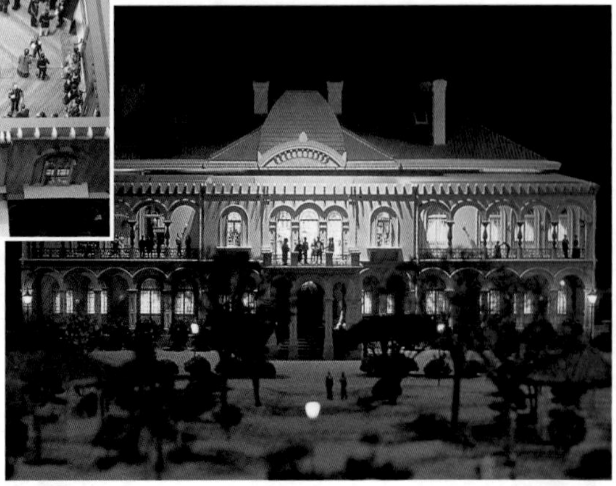

3-2 夜の鹿鳴館 広い庭園にはガス灯がともされた。

※いずれも復元模型 江戸東京博物館蔵

TRY 論述 この絵を説明しなさい。 **比較**

千葉・日本漫画資料館蔵

Discovery

幻の首都改造計画 ～井上馨の見たパリの夢～

欧州留学の経験から日本の西洋化が不可欠との強い信念をもった井上馨《いのうえかおる》は，政府に働きかけて首都東京をパリ風のバロック都市に改造するという壮大《そうだい》な計画を立案《りつあん》し，ドイツ人建築家ベックマンが下図の設計案を作成した。この計画は井上の失脚によりあえなく挫折《ざせつ》したが，この設計案には明治天皇も強い関心を示していたという。

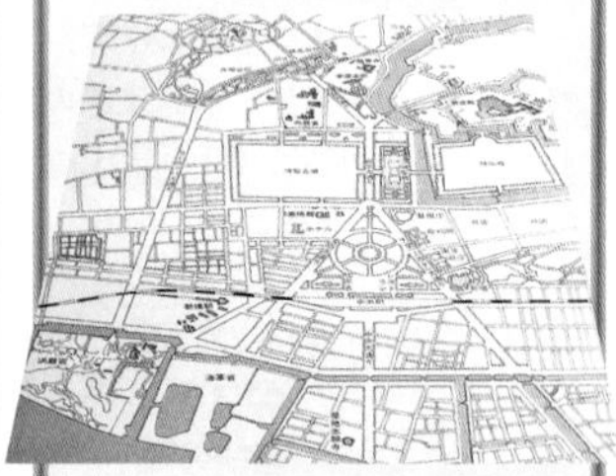

(藤森照信『明治の東京計画』岩波書店)

1 朝鮮をめぐる問題

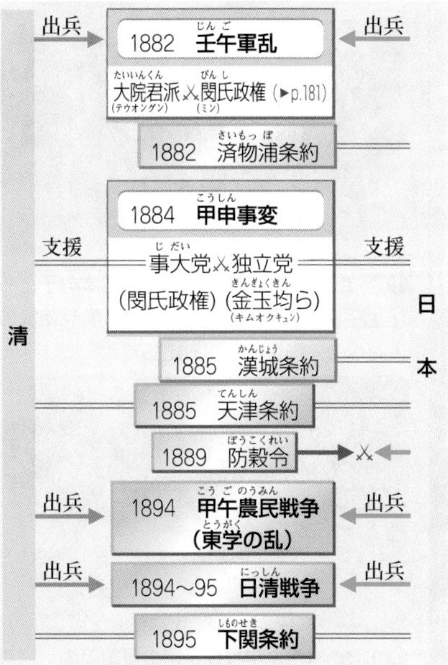

➡1-1 壬午軍乱《じんご》 日本公使館が襲撃される場面
楊洲周延画 東京経済大学図書館蔵

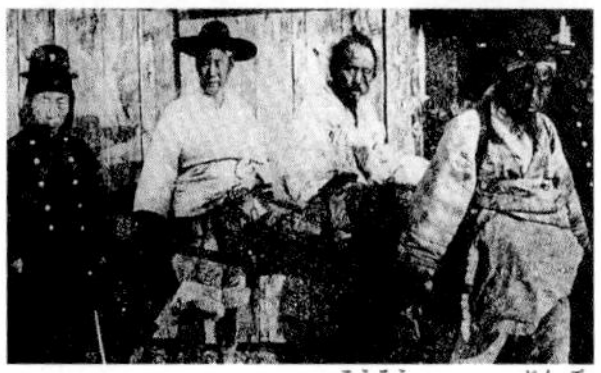

➡1-2 捕らえられた甲午農民戦争《こうごのうみん》(東学《とうがく》の乱)の指導者・全琫準《ぜんほうじゅん》

Point 明治政府は朝鮮内部の政権抗争《こうそう》である壬午《じんご》軍乱や甲申事変《こうしんじへん》に積極的に関与し，朝鮮への勢力伸長《せいりょくしんちょう》を図《はか》った。当然，それは朝鮮に宗主権《そうしゅけん》をもつ清との対立を招いた。また，イギリス・ロシアなどは日清の対立を利用して東アジアでの自国の勢力を拡大しようと画策《かくさく》した。

! **脱亜論《だつあろん》** 甲申《こうしん》事変の失敗を契機《けいき》に，1885(明治18)年3月16日に，福沢諭吉《ふくざわゆきち》(▶p.188)が彼自身が社主である『時事新報《じじしんぽう》』の社説で展開した考え方。福沢は従来から社説「朝鮮の交際を論ず」などで「朝鮮や中国は近代化が遅れているため，日本が先頭に立ってアジアの国々を西洋諸国から守らねばならない」と主張していた。しかし，「脱亜論」では「日本は近代化の遅れている中国や朝鮮とともにアジアの発展をはかるのはあきらめ，近代化の進んだ西洋諸国とともに行動すべきである」と論じた。この考え方は，結果的にこれ以降，昭和初期までの日本の政治・外交の基調となり，アジア諸国への侵略《しんりゃく》を正当化する論拠《ろんきょ》となった。

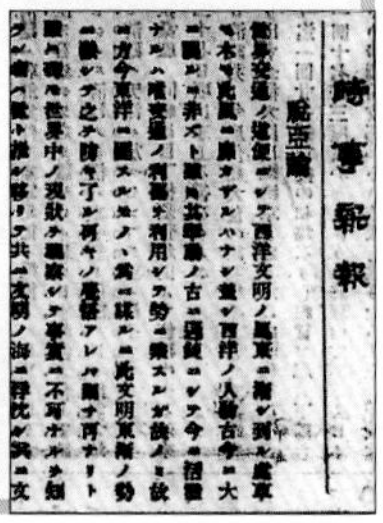
時事新報
脱亜論

TRY論述 右の絵はビゴーにより描かれた「漁夫の利《ぎょふのり》」という題の絵である。この絵に描かれているA~Dが，どの国を示しているかを明らかにしながら，この絵に描かれた日清戦争前の東アジア情勢を説明しなさい。 推移 比較

➡ビゴー画「漁夫の利《ぎょふのり》」
千葉・日本漫画資料館蔵

2 日清戦争の経過《にっしん》

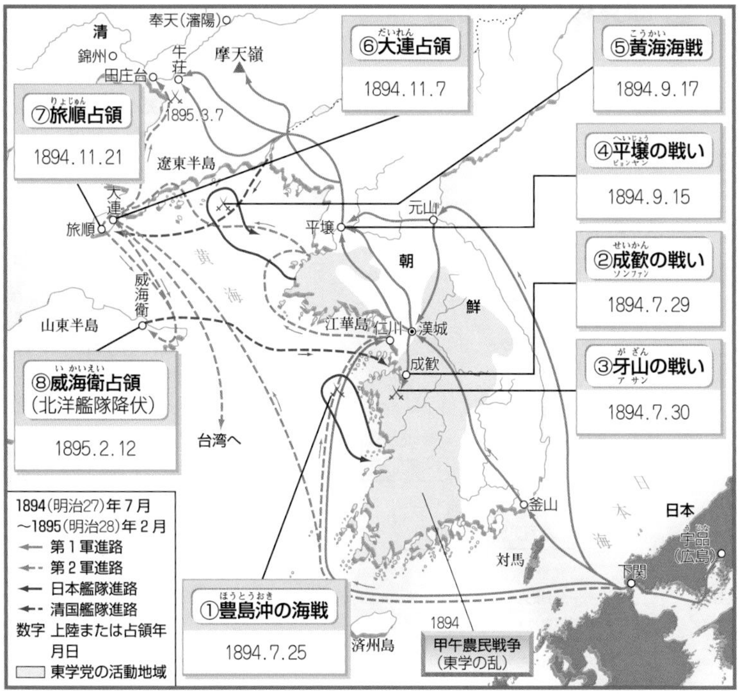

⬇2-1 大本営《だいほんえい》での明治天皇 南薫造画 東京・明治神宮聖徳記念絵画館蔵

⬇2-2 仁川《じんせん》(インチョン)に上陸した日本軍
ペンタックスカメラ博物館蔵

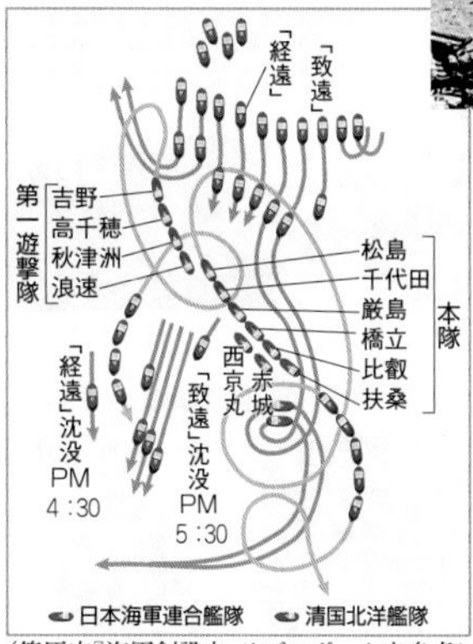

(篠原宏『海軍創設史』リブロポートを参考に作成)

⬅2-3 黄海《こうかい》海戦での戦闘図 命中精度に勝《まさ》る日本が勝利。制海権《せいかいけん》を握った。

2a 日清戦争の兵士数・戦費等

	日本	清
出兵兵士数	240,616人	不明
死者総数	13,488人	不明
病死者数	11,894人	不明
臨時戦費	2億48万円	不明
軍艦数	28隻	82

(『日清戦史』『週刊朝日百科日本の歴史』より)

3 下関条約の調印《しものせき》

⬇3-1 春帆楼《しゅんぱんろう》での下関条約の署名

部分 東京・明治神宮聖徳記念絵画館蔵

⬆3-2 李鴻章《りこうしょう》 清朝末期の洋務《ようむ》運動と外交を指導。

3a 講和条約の内容

①清は朝鮮の独立を承認(宗主権の放棄)
②遼東《りょうとう》半島・台湾・**澎湖諸島《ほうこしょとう》**の割譲《かつじょう》
③賠償金2億両《テール》(約3億1,000万円)
④沙市《さし》・重慶《じゅうけい》・蘇州《そしゅう》・杭州《こうしゅう》の開市・開港
⑤欧米諸国並みの通商上の特権供与《きょうよ》

Point 戦局を有利に進めてきた日本は，戦勝に酔《よ》う国民の膨張熱《ぼうちょうねつ》を背景に講和《こうわ》交渉の当初より過大な条件を提示し，そのほとんどを認めさせた。これは列強《れっきょう》のアジア進出をめぐる紛争《ふんそう》を激化させることとなった。

3b 賠償金《ばいしょうきん》の使途《しと》

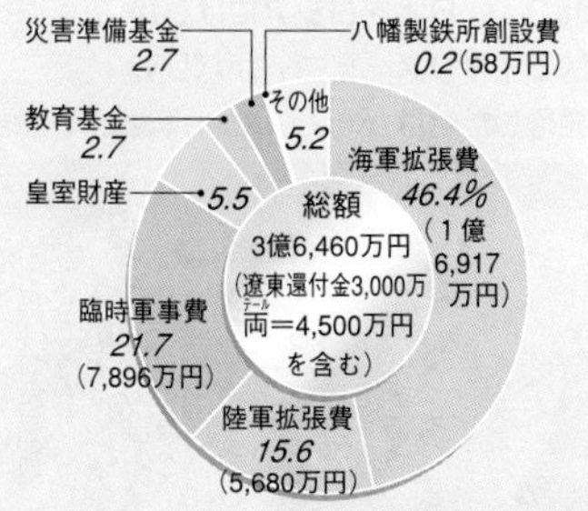

(『日本史料集成』平凡社)

日清・日露戦争間の政治と社会

1 「臥薪嘗胆《がしんしょうたん》」の時代

1a 軍事費の増大

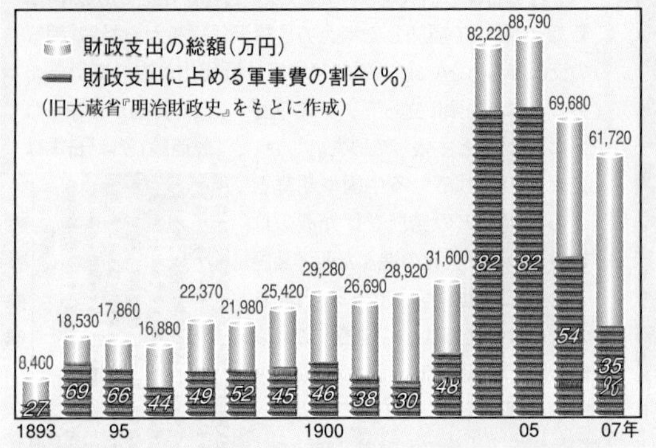

臥薪嘗胆《がしんしょうたん》 春秋時代の中国に由来する故事成語《こじせいご》で，「苦難に耐えて好機をうかがう」という意。三宅雪嶺《みやけせつれい》が新聞『日本』に掲載した「嘗胆臥薪」という論説が契機《けいき》となり，彼の意図《いと》を離れて，三国干渉《さんごくかんしょう》に悲憤慷慨《ひふんこうがい》する国民の反露感情を巧《たく》みに利用した政府により，ロシア戦と戦後経営のための軍拡に備えた増税を国民に強要する標語《ひょうご》として多用された。

1b 日清戦争後の軍備拡張計画(日露開戦まで)

海　軍：「6・6 艦隊」創設
戦　艦　三笠《みかさ》　朝日　初瀬《はつせ》　敷島《しきしま》　富士　八島《やしま》
巡洋艦　出雲《いずも》　磐手《いわて》　浅間《あさま》　常陸《ひたち》　八雲《やくも》　吾妻《あづま》
陸　軍：6 個師団増設，13個師団へ
既　設　近衛《このえ》　東京　仙台　名古屋　大阪　広島　熊本
新　設　旭川　弘前《ひろさき》　金沢　姫路　善通寺《ぜんつうじ》　久留米《くるめ》
(『再現日本史明治⑨』講談社をもとに作成)

Point 三国干渉・遼東還付《かんぷ》は外交の失敗であったが，政府はそれを逆手《さかて》にとって国民の反露感情を煽《あお》り，懸案《けんあん》であった軍備の拡張を実現した。国民は過重な負担を強《し》いられることとなった。

1-1 増税を風刺《ふうし》した漫画(北沢楽天作「巨人の摑み取り」)『東京パック』明治39年 2 月15日号 さいたま市立漫画会館蔵

1c 国民の意識の変化

千葉・日本漫画資料館蔵

1-2 中国人をはやしたてる日本の子ども(ビゴー画) 日清戦争の勝利は中国や朝鮮の人々への差別意識を生み出した。

国立国会図書館蔵

1-3 尋常小学校修身書《じんじょうしょうがっこうしゅうしんしょ》の軍国美談 日清戦争での木口小平《きぐちこへい》や日露戦争での橘周太《たちばなしゅうた》・広《ひろ》瀬武夫《せたけお》らが「軍神《ぐんしん》」・「勇士」として賞揚《しょうよう》された。

2 台湾の統治

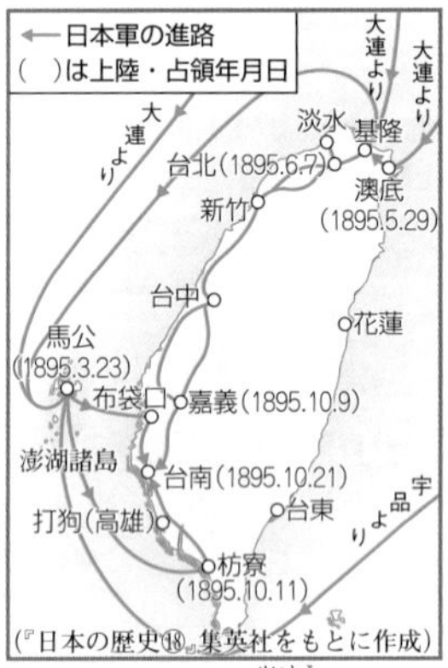

2-2 台湾製糖《せいとう》会社 三井物産など日本の富豪《ふごう》・華族《かぞく》が出資。1902年操業《そうぎょう》開始。

Point 下関条約で割譲《かつじょう》が決定した台湾を征服すべく派遣された日本軍に対し，現地の人々は台湾民主国の建国を宣言して猛烈に抵抗。その犠牲者は 1 万7,000人にのぼった。日本軍将兵の戦死者も日清戦争全体の 3 分の 1 以上を占めた。

2-1 第4代台湾総督《そうとく》の児玉源太郎《こだまげんたろう》(右)と民政長官の後藤新平《ごとうしんぺい》(左) 明治大学図書館蔵

国立国会図書館蔵

3 日英同盟の締結 史

主戦派		穏健派
山県有朋 桂　太郎 小村寿太郎	⚔	伊藤博文 井上　馨
日英同盟		日露協商

3-2 日英同盟締結記念絵はがき

三越資料編纂室蔵

3-1 日本をロシアにけしかけるイギリス ビゴーがパリで発行した絵はがき。 千葉・日本漫画資料館蔵

Point 日清戦争後の軍備拡張はただちに日露開戦をめざすものではなく，開戦の是非をめぐって主戦派と穏健派《おんけんは》が対立していた。しかし，北清事変(1900年)以降のロシアの満州占領により危機感は高まり，**日英同盟締結《ていけつ》・日露開戦**へと進むこととなった。

4 政党の変遷(明治) (◄p.172)

【民党(自由党系)】
- 1881**自由党**(板垣退助)
- 1884解党
- 1887大同団結
- 1889**大同同和会**(大井憲太郎)
- 1889**大同倶楽部《だいどうくらぶ》**(河野広中)
- 1890**愛国公党**(板垣退助)
- 1890**立憲自由党**(板垣退助)
- 1891**自由党**(板垣退助)

【民党(改進党系)】
- 1882**立憲改進党**(大隈重信)
- 1884大隈脱党
- 1891大隈復党
- 1896**進歩党**(大隈重信)

- 1898**憲政党**(板垣退助・大隈重信)
- 1898解党
- 1898**憲政党**(板垣退助)
- 1898**憲政本党**(大隈重信)
- 1900**立憲政友会**(伊藤博文) 史
- 1903(西園寺公望)
- 1910**立憲国民党**(犬養毅)

【吏党(政府系)】
- 1882**立憲帝政党**(福地源一郎)
- 1883解党
- 1890**大成会**(杉浦重剛ら)
- 1892**国民協会**(西郷従道)
- 1899**帝国党**
- 1905**大同倶楽部**
- 1910**中央倶楽部**

【社会主義政党】(►p.187)
- 1898**社会主義研究会**(幸徳秋水ら)
- 1900**社会主義協会**(安部磯雄ら)
- 1901**社会民主党**(幸徳秋水ら) 直後禁止
- 改称
- 1901**社会平民党** 即日禁止
- 1906**日本社会党**(堺利彦)
- 1906**日本平民党**(西川光二郎)
- 1906**日本社会党**
- 1907禁止・解散

Point 1881(明治14)年に発布された国会開設の勅諭《ちょくゆ》を契機に板垣退助・大隈重信がそれぞれ結成した**自由党**・**立憲改進党**は，その後，名称を変えたり，統合・分裂を繰り返しながらも，明治から昭和初期に至《いた》るわが国の政党の二大主流となった。また，明治後期からは社会主義政党も結成されたが，その多くは**治安警察法**などにより違法とされ，弾圧された。

西園寺公望《さいおんじきんもち》

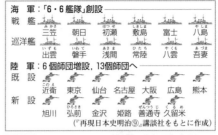

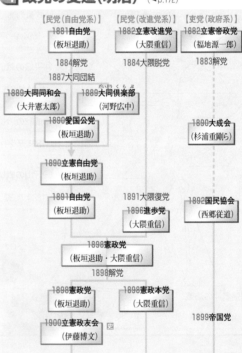

1 日露戦争前の極東情勢

1a 閔妃《びんひ》の暗殺

➡1-2 **三浦梧楼《ごろう》** 閔妃殺害に関与して入獄《にゅうごく》。晩年は政界の黒幕《くろまく》として護憲《ごけん》三派連合の結成などに暗躍《あんやく》した(►p.197)。 国立国会図書館蔵

⬆1-1 **閔妃《びんひ》と伝えられる写真** 高宗《こうそう》の妃《ひ》。大院君《たいいんくん》と対立して国政改革に尽力。1895年に日本人に暗殺される。諱名《いみな》は明成皇后《ミョンソンこうごう》。

⬆1-3 **北清事変《ほくしんじへん》に出兵した8カ国連合軍の兵士たち**

1b 北清事変《ほくしんじへん》の出兵

国　名	参加兵士（a）	戦死者（b）	b/a
日　本	21,634人	349人	1.61％
ロシア	15,570	160	1.02
イギリス	10,653	64	0.60
フランス	7,080	50	0.70
ドイツ	8,401	60	0.71
アメリカ	5,608	48	0.85
オーストリア	429	8	1.86
イタリア	2,545	18	0.70

Point 日清戦争を契機《けいき》に急速に列強の中国分割が進んだ。民衆たちは宗教結社**義和団《ぎわだん》**を中心に「**扶清滅洋《ふしんめつよう》**」を掲《かか》げてキリスト教や各国公使館を攻撃，清もこれを好機として列国に宣戦《せんせん》した。列国は共同出兵をして鎮圧《ちんあつ》にあたったが，日本は連合軍の30%もの兵力を動員し，「**極東の憲兵**」とよばれた。なお，この後，ロシアは満州を占領。日露戦争の要因となった。

1c 列強の中国分割(1900年頃)

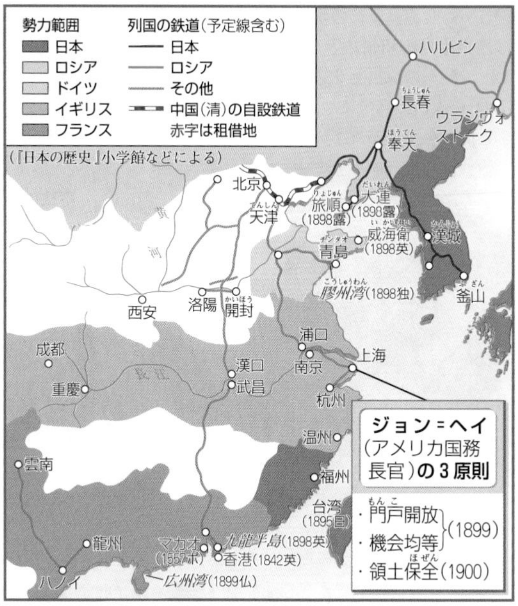

2 日露戦争の経過

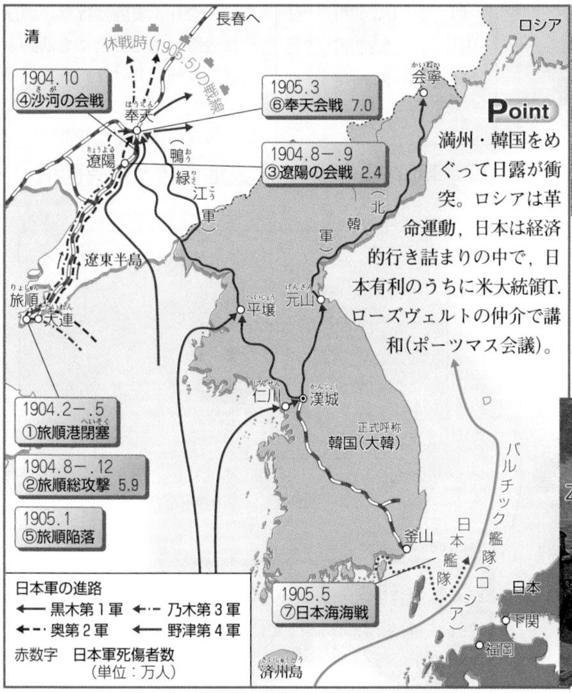

Point 満州・韓国をめぐって日露が衝突。ロシアは革命運動，日本は経済的行き詰まりの中で，日本有利のうちに米大統領T.ローズヴェルトの仲介で講和(ポーツマス会議)。

⬆2-1 **水師営《すいしえい》の会見** 旅順《りょじゅん》攻防戦では作戦の失敗もあり，多くの犠牲者を出した。

⬇2-2 **日本海海戦《かいせん》** 参謀《さんぼう》・秋山真之《あきやまさねゆき》考案の「丁字《ていじ》戦法」(◄p.179)によりバルチック艦隊に劇的な勝利をしたとされる。

⬇2-3 **旗艦三笠《きかんみかさ》艦上の東郷《とうごう》平八郎**

東城鉦太郎画 神奈川・(財)三笠保存会蔵

3 日清・日露戦争の比較

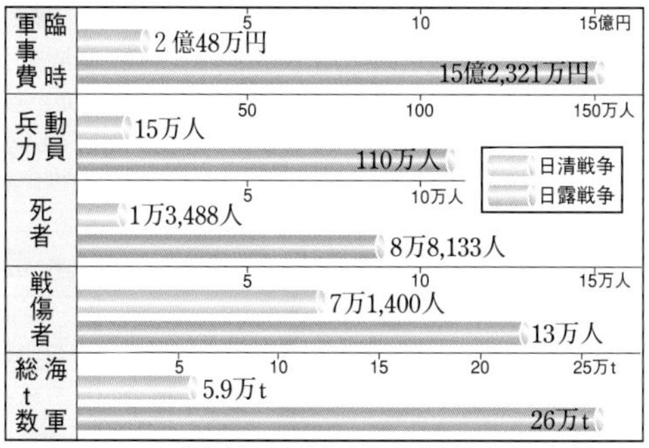

(『日本歴史大辞典』河出書房新社などより作成)

4 ポーツマス条約 史

4a ポーツマス条約の主な内容

●ロシアは日本に

①韓国に対する指導権・監督権を承認

②旅順《りょじゅん》・大連《だいれん》の租借権《そしゃくけん》と長春《ちょうしゅん》・旅順間の鉄道および付属地の権利を譲渡《じょうと》

③北緯50度以南のサハリン(樺太《からふと》)を譲渡

④沿海州《えんかいしゅう》とカムチャツカの漁業権を承認

●両国は

⑤満州《まんしゅう》(日本の租借地を除く)から撤退《てったい》

⑥清《シン》国に対する機会均等を確認

⬇4-1 **ポーツマス講和会議** アメリカ大統領セオドア=ローズヴェルトの斡旋《あっせん》で行われた。明治神宮外苑聖徳絵画館蔵

Discovery

与謝野晶子《よさのあきこ》「君死にたまふこと勿《なか》れ」は反戦詩か？

与謝野晶子《よさのあきこ》(►p.198)の「君死にたまふこと勿《なか》れ」は，旅順要塞《ようさい》攻略戦に参加している実弟《じってい》・橘籌三郎《たちばなちゅうざぶろう》の無事を祈ったものであるが，硬派《こうは》の文芸評論家・大町桂月《けいげつ》はこの詩の「すめらみことは戦ひに」以下に激怒《げきど》し，晶子を「乱臣也《らんしんなり》，賊子《ぞくし》也」と罵倒《ばとう》し，この詩も戦争非協力の反戦詩とされた。しかし，むしろ晶子は夫の鉄幹《てっかん》とともに熱烈な愛国者，天皇崇拝者《すうはいしゃ》で，それゆえに「大みこゝろの深ければ…」と続けたのである。晶子は桂月の非難に対して「ひらきぶみ」で，忠君愛国《ちゅうくんあいこく》の国家思想によって個人が犠牲となるのを惜しみ，戦場での肉親の無事を祈る庶民の「まことの心」をうたったと弁明している。史

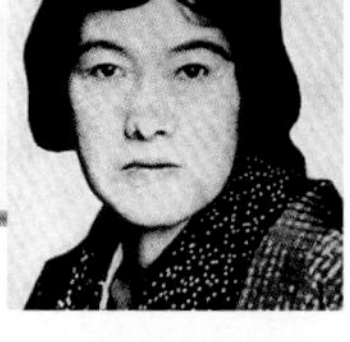

日本近代文学館蔵

満州侵略と韓国併合

1 日露戦争後の極東情勢

Point 日露戦争後の**ポーツマス条約**により，日本は**遼東半島**《りょうとう》**の租借権**《そしゃくけん》と**北緯50度以南の樺太**《からふと》を獲得し，大陸への進出と北辺の防備の足がかりを得た。下の「樺太占領満韓新地図」《からふとせんりょうまんかん》では南満州・南樺太が日本と同じ色で描かれている。個人蔵

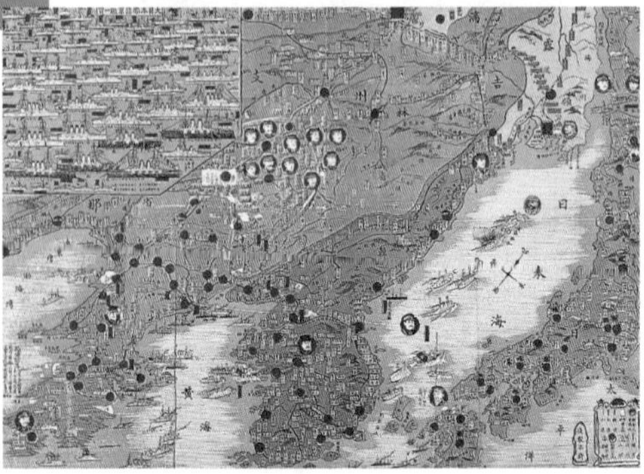

1-1 **旧南満州鉄道株式会社(満鉄)本社**(大連)

1-2 **大連港**　遼東半島先端に位置し，満州への玄関口となる。

1 a 南満州鉄道路線図(1906～31年)

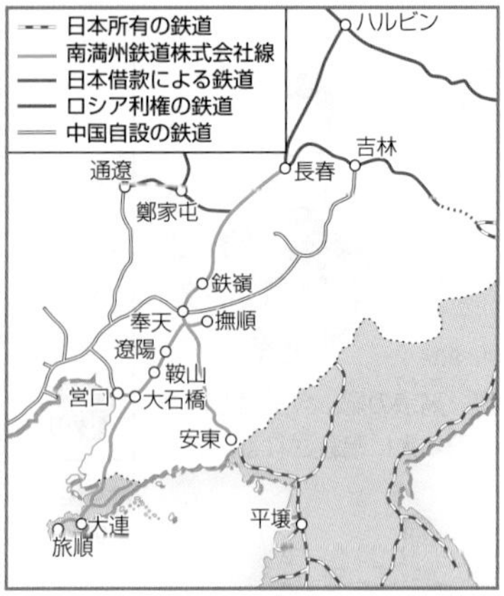

Point **南満州鉄道株式会社(満鉄)**は，鉄道・鉱山・港湾・ホテル経営などさまざまな産業を傘下《さんか》におさめる半官半民の一大企業で，日本の満州支配の大動脈《どうみゃく》となった。

1-3 **満鉄が誇る世界最速の特急アジア号**　天理大学附属天理参考館蔵

1-4 **初代満鉄総裁 後藤新平**《ごとうしんぺい》　岩手・後藤新平記念館蔵

＊1897年に「朝鮮」から「大韓」に国号を改称

2 韓国併合 史　(◄p.177，►p.183)

2-1 **皇太子韓国訪問記念写真 1907(明治40)年**(『併合記念朝鮮写真帖』明治43年刊)　前列中央が皇太子(後の大正天皇)，その右横が韓国皇太子，一人おいて**韓国統監**《とうかん》**伊藤博文**。

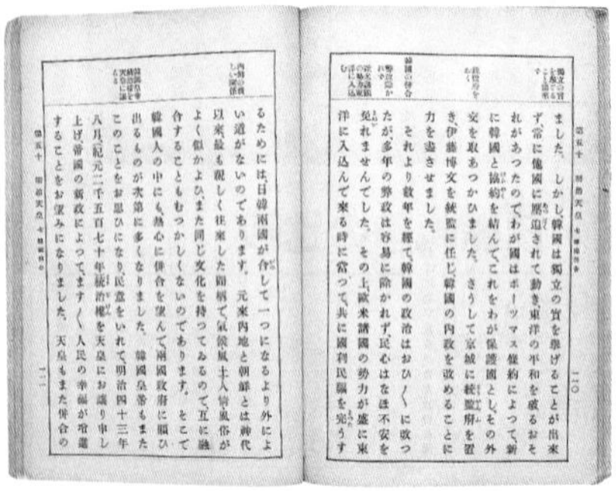

2-2 **朝鮮人子弟**《してい》**用の教科書**　韓国の国力が弱くて欧米諸国により東洋の平和が乱されるおそれがあるため，韓国国民の強い希望により併合《へいごう》したとして正当化している。国立教育政策研究所蔵

TRY 論述 韓国併合を風刺した下の「鵺亀」《ぬえがめ》の絵を解説しなさい。　比較

『東京パック』明治41年11月1日号国立国会図書館蔵

2 a 東洋拓殖《たくしょく》会社経営の土地(1914年度末)

地　目	面　積
田	46,642町　0反
畑	18,753町　6反
山林	2,265町　7反
雑種地	2,482町　4反
計	70,143町　7反

Point 東洋拓殖会社(東拓《とうたく》)は，日韓両政府が出資して1908年に設立された移民送出を目的とする植民会社。実際には移民のほかに金融・土地経営にも活動を広げ，満州における満鉄と同様に，朝鮮の植民地支配において中心的な役割を果《は》たした。

2 b 朝鮮における日本人地主数と所有面積

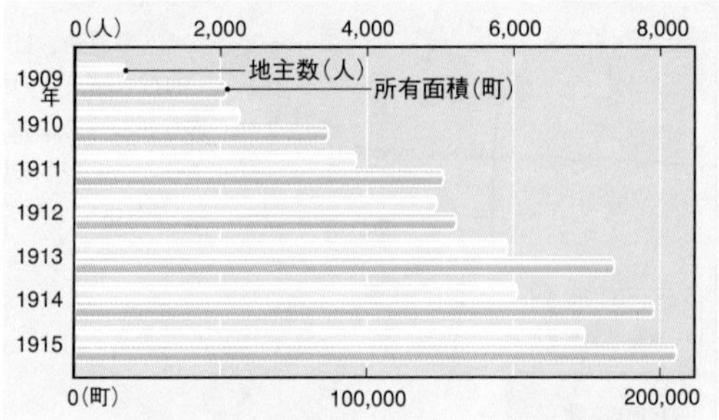

(2 a とも『近代日本経済史要覧』東京大学出版会)

3 韓国民衆の抵抗運動

3-1 **抗日の戦いに決起した義兵たち**　1908年刊『Tragedy of Korea』

Point 日本の侵略に韓国政府が無力であるのをみた韓国の民衆は，各地で武装抗日《ぶそうこうにち》運動をおこして日本軍と激しく衝突《しょうとつ》した。日本軍は徹底的にこれを弾圧《だんあつ》したが，民衆の抵抗を根絶《こんぜつ》することはできなかった。

3 a 義兵闘争関係図

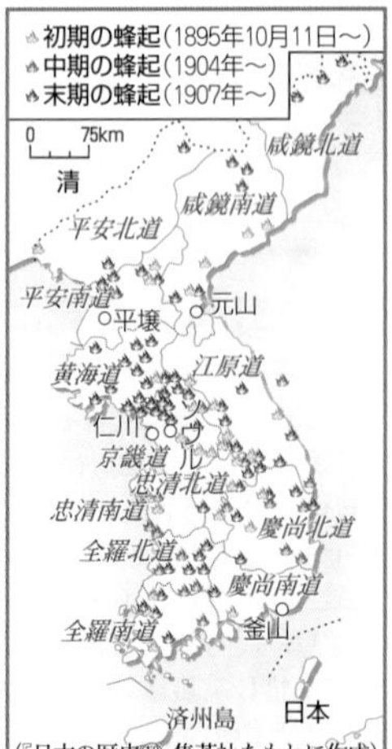

(『日本の歴史⑱』集英社をもとに作成)

3 b 義兵との交戦

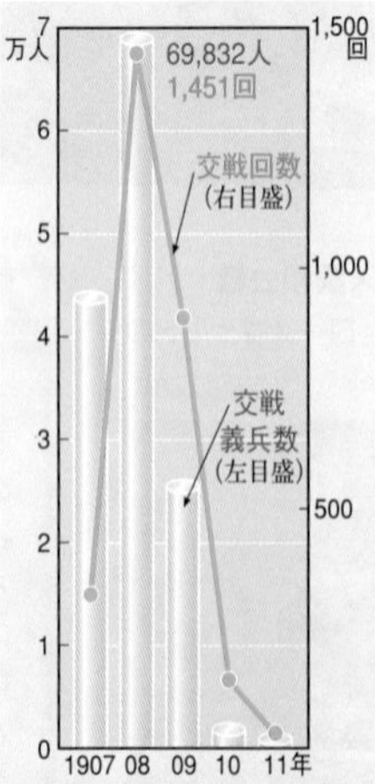

(『朝鮮暴徒討伐誌』をもとに作成)

Discovery

伊藤博文暗殺の謎

1909(明治42)年10月26日午前9時，伊藤博文はハルビン駅頭において義兵《ぎへい》闘争《とうそう》の指導者・安重根《アンジュングン》(►p.183)の発射した3発の銃弾により絶命《ぜつめい》した。しかし，伊藤に随行《ずいこう》して自らも負傷《ふしょう》した貴族院議員室田義文《むろたよしあや》は「安重根と同時に駅の2階の食堂からフランス製の騎馬銃で伊藤を狙撃《そげき》した者がいた。伊藤の傷はいずれも階上から斜め下に向けて発射されており，至近《しきん》距離の低い姿勢から発射した安重根のピストルのものではない。」と述べている。だが，当初から安重根の犯行と決めつけて取り調べたため，銃弾の数・射入角度や死体解剖《かいぼう》の検証《けんしょう》は不十分で，正式な発表もされていない。この事件を韓国併合の好機《こうき》とみた日本にとって，真犯人が朝鮮人以外では都合が悪い。室田の証言は黙殺《もくさつ》された。

「鹿野琢見」蔵／弥生美術館

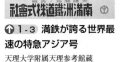

「近くて遠い国」―日本と朝鮮との関係をこれほど端的《たんてき》にあらわす言葉はないであろう。長い歴史の過程で，両国は高度な文化を共有しながらも，侵略・支配を「する側」と「される側」に分かれ，侮蔑《ぶべつ》と憎しみを増幅《ぞうふく》させてきた。その不幸な歴史に幕を閉じ，今，若い世代を中心に新たな関係が生まれつつある。

1 侵略から併合へ

1873	征韓論おこる
	大院君《たいいんくん》が失脚し，閔氏政権が樹立
1875	江華島《こうかとう》事件(◄p.168)
1876	**日朝修好条規**調印(不平等条約)➡釜山《プサン》開港
1882	壬午《じんご》軍乱➡済物浦《さいもっぽ》条約調印(◄p.179)
1884	甲申《こうしん》事変➡天津《てんしん》条約調印(85／日本・清)
1885	大井憲太郎らが朝鮮の改革を計画(大阪事件)
1889	防穀令《ぼうこくれい》発布をめぐって対立
1894	**甲午《こうご》農民戦争**(東学《とうがく》の乱)➡日・清出兵
	日清戦争始まる(～95)(◄p.179)
1895	駐韓公使三浦梧楼《みうらごろう》らにより**閔妃《びんひ》《ミンヒ》殺害(乙未《いつび》事件)**
1897	国号を「大韓《だいかん》」と改称。「皇帝」の称号を使用
1904	**日韓議定書**調印➡日露戦争に必要な土地を収用
	第1次日韓協約調印➡日本人顧問を任用
	日露戦争(～05)(◄p.181)
1905	桂・タフト協定➡日本の朝鮮での優越権を確認
	第2次日韓協約(乙巳《いっし》保護条約)➡外交権を接収
1906	**統監府《とうかんふ》設置**(初代統監：**伊藤博文《いとうひろぶみ》**)
1907	ハーグ密使事件➡高宗《こうそう》退位
	第3次日韓協約➡内政権を接収
1909	**安重根《アンジュングン》**がハルビン駅で伊藤博文を射殺(◄p.182)
1910	**韓国併合条約**調印
	朝鮮総督府設置(初代総督：寺内正毅《てらうちまさたけ》)

1 **韓国の衣装を着た伊藤博文**(後列中央)**と夫人**(前列右から２人目)

2 **弟たちや牧師に遺言をする安重根** 「鹿野琢見」蔵／弥生美術館

2 植民地支配と民衆の抵抗

1911	土地収用法公布
	朝鮮教育令公布➡同化(皇民化《こうみんか》)教育が本格化
1914	**第一次世界大戦**(～18)(►p.195)
1919	**三《さん》・一《いち》独立運動**おこる。上海に大韓民国臨時政府
1920	産米増殖計画(～34)
	➡朝鮮農民の没落。日本への移住が増加
1923	関東大震災➡約6,000名の朝鮮人が虐殺(►p.200)
1927	民族統一戦線新幹会《しんかんかい》創立
1931	万宝山《ばんぽうざん》事件。 **満州事変**(►p.210)
1932	満州国建国(►p.210)
1936	孫基禎《ソンギジョン》，ベルリン五輪のマラソンで優勝
	➡「東亜日報《とうあにっぽう》」などの日章旗抹消事件おこる
	在満韓人祖国光復会《こうふくかい》結成(会長：金日成《キムイルソン》)
	➡抗日パルチザン闘争を展開
1938	ハングル教育を廃止して日本語常用を強制
1939	**国民徴用令**実施➡**朝鮮人強制連行**開始(►p.219)
1940	**創氏改名《そうしかいめい》**を実施
1943	朝鮮での徴兵制を実施
1945	第二次世界大戦終結➡日本降伏。朝鮮解放
	建国準備委員会結成➡朝鮮人民共和国樹立
	米・ソによる南北分割占領

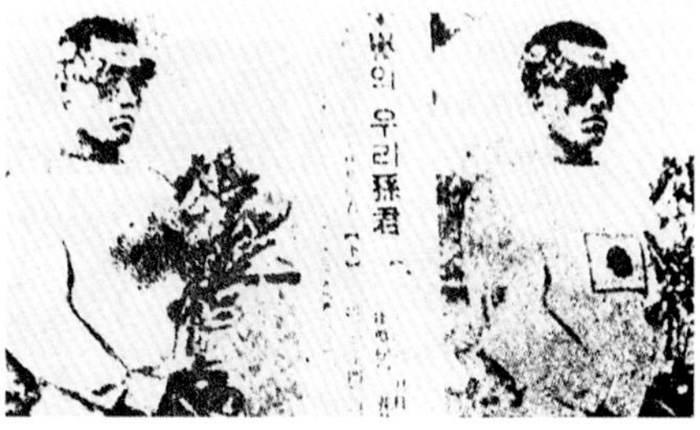

4 **塗りつぶされた日の丸** 「東亜日報」は，1936年のベルリンオリンピックのマラソンで優勝した孫基禎《ソンギジョン》選手の胸の日の丸(右)を塗りつぶした写真(左)を掲載し，11カ月の停刊処分を受けた。

3 **日本語の授業** 朝鮮の学校では日本語で授業が行われ，大詔奉戴《たいしょうほうたい》日《び》(太平洋戦争開始後の毎月8日)には「**日の丸**」掲揚，「**君が代**」斉唱が行われた。

Discovery

朝鮮を愛した男・柳宗悦

朝鮮人とその文化に強い優越感《ゆうえつかん》と差別意識をもつ日本人が多かった当時，朝鮮文化を高く評価し，朝鮮人を敬愛《けいあい》した日本人がいた。民芸運動の祖として知られる柳宗悦《やなぎむねよし》である。彼は陶芸家バーナード＝リーチとの親交を機に朝鮮の工芸品に関心を抱《いだ》き，1916年以降何回も朝鮮を訪れ，朝鮮在住の浅川伯教《のりたか》・巧《たくみ》兄弟を通じて朝鮮の文化を理解し，すぐれた工芸品を収集して内外に紹介した。また，1919年の三・一独立運動の際には朝鮮民衆に深い同情を示した。彼はアイヌ民族や沖縄の人々の文化にも理解を示し，政府の同化政策を強く批判した。

(財)日本民芸館蔵

3 戦後の新たな関係

(►p.241)

1948	**大韓民国(韓国)**建国
	朝鮮民主主義人民共和国(北朝鮮)建国
1950	**朝鮮戦争**始まる(～53)➡**特需《とくじゅ》景気**おこる
1960	(韓)李承晩《りしょうばん》《イスンマン》大統領失脚
1961	(韓)クーデタにより朴正熙《パクチョンヒ》軍事政権成立
1965	(韓)**日韓基本条約**締結
1973	(韓)金大中《キムデジュン》拉致事件
1980	(韓)**光州《こうしゅう》事件**　(韓)全斗煥《チョンドゥホアン》，大統領に就任
1983	中曽根康弘《なかそねやすひろ》首相，日本の首相として初めて訪韓
1988	(韓)盧泰愚《ノテウ》，大統領に就任
	(韓)**ソウルオリンピック**開催
1990	盧泰愚大統領来日。天皇よりの「お言葉」
1991	韓国・北朝鮮，**国連に同時加盟**
	韓国の元従軍慰安婦ら，補償を求めて対日提訴
1993	金泳三《キムヨンサム》，大統領に就任(公選による文民大統領)
	細川護熙《ほそかわもりひろ》首相，過去の植民支配について謝罪
1994	(北)**金日成主席**死去
1995	旧朝鮮総督府建物の解体始まる
1998	金大中，大統領に就任
2000	金大中大統領，金正日《キムジョンイル》国防委員長と会談
	金大中大統領，ノーベル平和賞受賞
2001	歴史教科書の記述と小泉純一郎《こいずみじゅんいちろう》首相の靖国《やすくに》神社参拝を契機に歴史認識をめぐる摩擦
2002	サッカーワールドカップ日韓共催
2003	北朝鮮に拉致《らち》された日本人５人が帰国
2006	竹島(独島《ドクト》)の領有をめぐり日韓が対立
	北朝鮮のミサイル発射に対して日本が抗議

5 **靖国神社参拝を終えて退出する小泉純一郎首相（2004年１月）** Ａ級戦犯を合祀する靖国神社への閣僚の参拝は近隣諸国から強く非難されており，こうした歴史認識問題をめぐる摩擦は外交問題にまで発展しつつある。

6 **北朝鮮に拉致された5人の帰国** 北朝鮮政府は日本人拉致の事実を認め，とりあえず５人が帰国を果たした。

創氏改名

姓(本貫《ほんがん》＋姓)＋名で構成される朝鮮人の名前を，氏＋名の日本風の構成にする(創氏)ように強制し，名も日本風にできる(改名)とした典型的な皇民化政策。血統を重視して結婚しても姓は不変である朝鮮の家族制度の伝統を無視する政策で，朝鮮人にとっては最大の屈辱《くつじょく》であった。

＊本貫とは出自・出身地のこと。

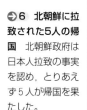

1 産業革命略年表

時期	年月	事項
殖産興業政策《しょくさんこうぎょうせいさく》	1870.閏《うるう》10	工部省《こうぶしょう》設置
	1871.5	新貨条例《しんかじょうれい》公布
	1872.10	官営富岡製糸場《とみおかせいしじょう》開業(◄p.165)
	.11	国立銀行条例公布(◄p.165)
	1873.7	地租改正《ちそかいせい》条例公布
	.11	内務省《ないむしょう》設置
	1875.9	郵便汽船三菱《みつびし》会社設立(►p.185)
	1876.8	秩禄処分《ちつろくしょぶん》(◄p.163)
	1877.2	西南《せいなん》戦争(～9月)
	.8	第1回内国勧業博覧会《ないこくかんぎょうはくらんかい》(◄p.165)
	1880.11	官営模範《もはん》工場の払い下げ(84年～本格化)
	1881.4	農商務省《のうしょうむしょう》設置
	.10	松方財政《まつかたざいせい》
	1882.10	日本銀行開業→兌換銀行券《だかんぎんこうけん》の発行(85年～)
	1883.7	大阪紡績《ぼうせき》会社開業
第一次産業革命(軽工業中心)	1886	会社設立ブーム(企業勃興《きぎょうぼっこう》)(～89年)
	1889.7	東海道本線全通(新橋《しんばし》－神戸《こうべ》)
		綿糸《めんし》生産高が輸入高を超える
	1891.12	田中正造《たなかしょうぞう》，議会で足尾鉱毒《あしおこうどく》事件を質問
	1894.8	日清戦争(～95年)(◄p.179)
		器械製糸《きかいせいし》生産高が座繰《ざぐり》製糸生産高を超える
	1895.4	下関《しものせき》条約→賠償金《ばいしょうきん》の獲得
	1897.10	金本位制《きんほんいせい》実施
		綿糸輸出高が輸入高を超える
第二次産業革命(重工業中心)	1901.2	八幡製鉄所《やはたせいてつしょ》操業《そうぎょう》開始(►p.185)
	.12	田中正造，足尾鉱毒事件で天皇に直訴《じきそ》
	1904.2	日露戦争(～05年)(◄p.181)
	1906.3	鉄道国有法公布
	.11	南満州鉄道株式会社《みなみまんしゅうてつどうかぶしきがいしゃ》(満鉄《まんてつ》)設立(◄p.182)
	1907	戦後恐慌《きょうこう》始まる
	1908	旧町村の再編始まる(地方改良運動)
	1909.10	三井合名《みついごうめい》会社設立
		生糸《きいと》輸出高，中国を抜き世界第一位となる
財閥《ざいばつ》の形成	1910.8	韓国併合《かんこくへいごう》
	1911.3	工場法公布(施行は1916年)
	1912.8	鈴木文治《すずきぶんじ》ら友愛会《ゆうあいかい》を設立(►p.197)
		発電量，水力が火力を上回る
	1914.7	第一次世界大戦(～18年)
	1915	大戦景気始まる(►p.196)
	1917.9	金本位制からの離脱
	1918.8	米騒動《こめそうどう》

2 製糸業《せいしぎょう》・紡績業《ぼうせきぎょう》の発達

製糸業：蚕《かいこ》の繭《まゆ》から絹織物の原材料となる生糸を生産する産業
紡績業：短い繊維《せんい》から長い糸を生産する産業。綿糸紡績業が代表的

2a 製糸器械の発達

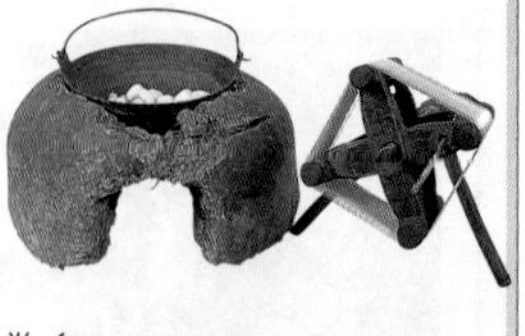

2-1 うしっ子 江戸時代中期まで用いられた。鍋《なべ》で繭《まゆ》を煮《に》て撚《よ》り合わせた糸を小枠《こわく》に巻く。

2-2 二つ取り座繰《ざぐり》器《き》 江戸時代末期より小枠《こわく》が二つとなり，能《のう》率《りつ》が向上した。

2-3 足踏《あしぶみ》式座繰器 小枠の回転を足踏式に改良。明治初期より広く普及《ふきゅう》した。

2-1～3 長野・市立岡谷蚕糸博物館蔵

2-4 長野県岡谷の製糸工女 1872(明治5)年設立の官営富岡製糸場では器械製糸《きかいせいし》が導入されたが(◄p.165)，紡績業に比《くら》べて製糸業は機械化が困難であったため，基本工程の繰糸《くりいと》は女工の熟練《じゅくれん》した技術による手作業に依存《いぞん》せざるを得なかった。このため，女工たちは苛酷《かこく》な労働に使役《しえき》されることとなった(►p.186)。

2b 紡績機械の発達

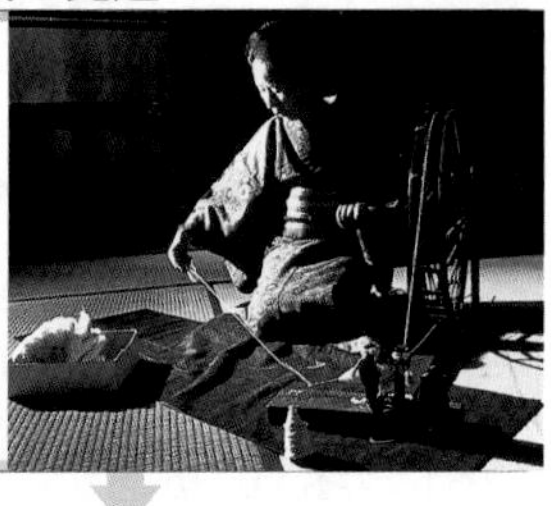

2-5 糸車《いとぐるま》 綿花《めんか》の繊維《せんい》を撚《よ》り合わせて糸車に巻き取る。(一財)日本綿業振興会蔵

2-6 ガラ紡《ぼう》 水車駆動《くどう》で，その騒音《そうおん》から「ガラ紡」とよばれる。製作が容易で取り扱いも簡便《かんべん》なため，一時は普及したが，本格的な洋式技術の普及とともに衰退《すいたい》した。発明者は臥雲辰致《がうんときむね》《たっち》。愛知・明治村蔵

2-7 イギリス製紡《ぼう》績機《せきき》 幕末に薩摩《さつま》が購入。外国製紡績機は取り扱いが難しく普及が遅れた。

2-8 大阪紡績会社(大阪三軒家《さんげんや》工場) 1883年に渋沢《しぶさわ》栄一《えいいち》がイギリス製リング機を導入して1万錘規模《すいきぼ》の大規模紡績として開業。以後，これをモデルとした大紡績工場の設立が相次いだ。

2c 生糸《きいと》生産高と綿糸《めんし》生産高・輸出入

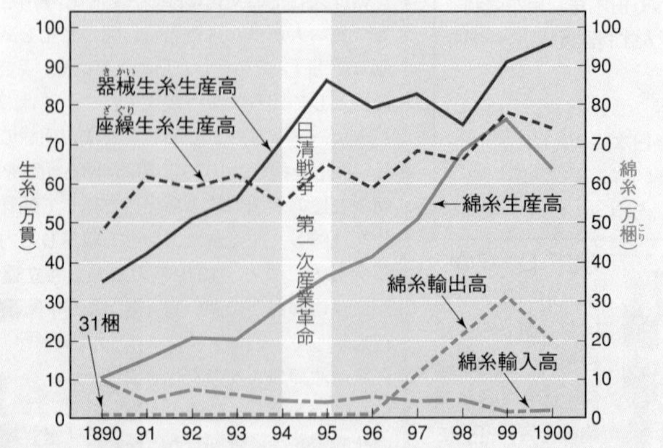

(『日本の歴史』小学館)

Point 生糸は常に輸出品のトップの座を占め，1894年には器械製糸の生産高が座繰製糸の生産高を超え，1909年には中国を押さえて世界最大の生糸輸出国となった。紡績《ぼうせき》業でも1890年には綿糸の生産高が輸入高を，1897年には輸出高が輸入高を超えた。こうした国際競争力の向上の要因は最新技術の導入もあるが，低賃金・長時間労働(►p.186)という労働者の犠牲《ぎせい》によるところが大きい。

Discovery

映画「あゝ野麦峠」を見る

富国強兵策の下で機械制大工業や軍備増強のための外貨獲《かく》得《とく》の役割を担《にな》ったのが，10代･20代の製糸女工の手によって紡《つむ》がれた生糸《きいと》であり，まさに「生糸で軍艦《ぐんかん》を買う」という状況であった。製糸業の中心地であった長野県諏訪《すわ》地方の製糸工場では，貧しい農村部から女工たちを集め，1日12時間以上の過《か》酷《こく》な労働に従事《じゅうじ》させていた。そのようすは細井和喜蔵《ほそいわきぞう》の『女工《じょこう》哀史《あいし》』や山本茂実《しげみ》の『あゝ野麦峠《のむぎとうげ》』などに詳《くわ》しい。後者は製糸女工として諏訪地方の製糸工場で働いた経験のある岐阜県飛驒《ひだ》地方の人々からの聞き書きによるルポルタージュで，1979年に山本薩夫《さつお》監督により映画化され，大きな反響をよんだ。

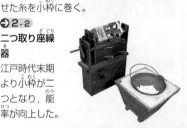

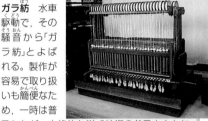

1 重工業の発達と労働者の増加

1a 部門別生産高増加指数

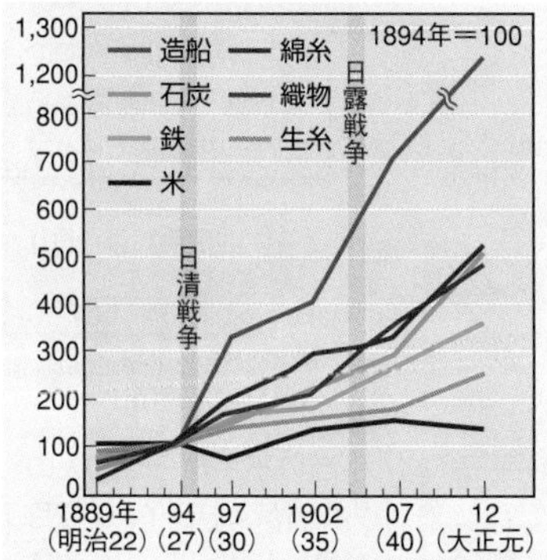

（大久保利謙『近代史史料』）

Point 米の生産高がほとんど増えていないのに対して，工業生産高は日清戦争・日露戦争の頃に著《いちじる》しく増加している。

1-1 官営八幡製鉄所 背後に筑豊炭田を控《ひか》えているなどの理由により福岡県八幡村が建設地として選ばれ，1898年から本格的な工事に入り，1901年に火入れ試験が行われた。

＊2015年に官営八幡製鉄所を含む「明治日本の産業革命遺産」が世界遺産に登録された。

1b 業種別労働者数の推移

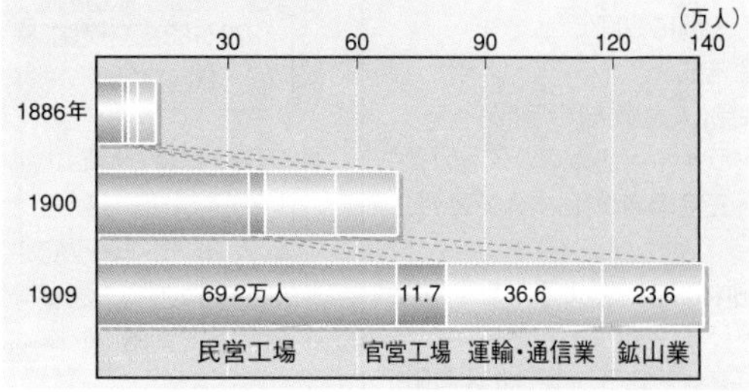

Point 左図に見られるように，1886年に13.9万人（人口1万人あたり36人）であった労働者数は，1909年には141.2万人（1万人あたり235人）に急増した。ただし，民営の多くは職工数29人以下の小規模工場で，しかも紡《ぼう》績業《せきぎょう》・製糸業などを中心に約3分の2が女性労働者であった。

1c 官営・民営工場の業種別労働者数と男女比（1909年）

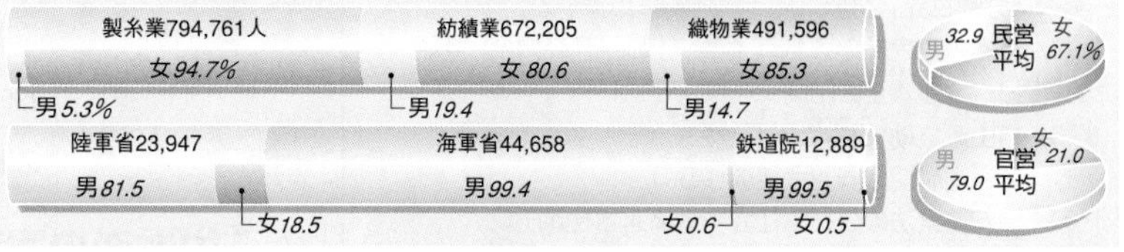

（1b とも『日本の歴史⑱』集英社をもとに作成）

2 鉄道・海運の発達

2a 鉄道網の整備（1907年）

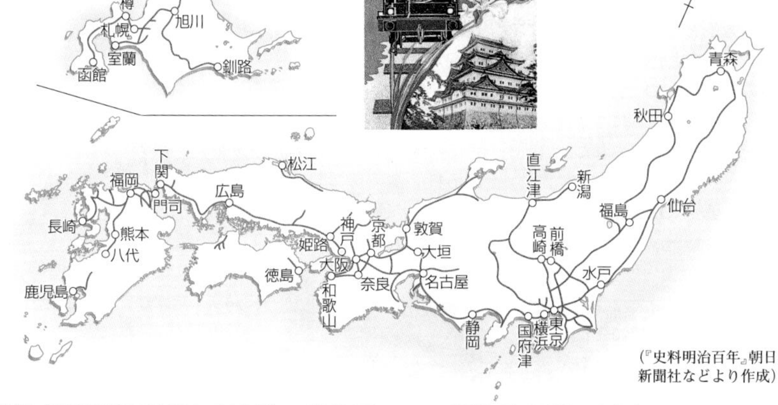

（『史料明治百年』朝日新聞社などより作成）

2-1 鉄道 5,000哩《マイル》（約8,000km）記念絵はがき（1906年） 埼玉・鉄道博物館蔵

2b 鉄道営業距離と乗客数・貨物量

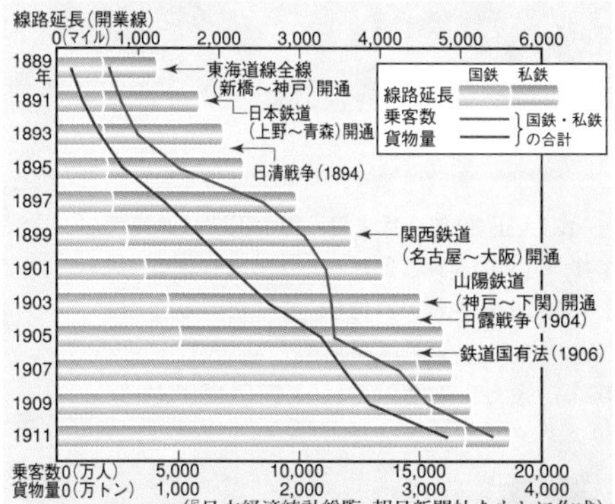

（『日本経済統計総覧』朝日新聞社をもとに作成）

Point 1872年の開業（◀p.166）以来，鉄道路線は飛躍《ひやく》的《てき》に伸び，1906年には台湾を含《ふく》め5,000マイルを突破《とっぱ》した。当初は日本鉄道会社など民営鉄道の路線距離が官営鉄道よりも長かったが，この年の鉄道国有法を機《き》に逆転した。海運では**岩崎弥太郎**《いわさきやたろう》の三菱商会（のち三菱会社・**日本郵船会社**と改称《かいしょう》）が政府の援助《えんじょ》を受けて事業を拡大した。

2c 海運業の発達

2-3 欧州航路の開設（1896年） 横浜桟橋《さんばし》から出航する第一船土佐丸《とさまる》（右）

2-4 とも日本郵船歴史資料館蔵

2-2 日本郵船のポスター 日本郵船歴史資料館蔵

2-4 岩崎弥《や》太郎《たろう》（1834～85）

3 貿易の発展

3a 明治期の輸出入額の推移

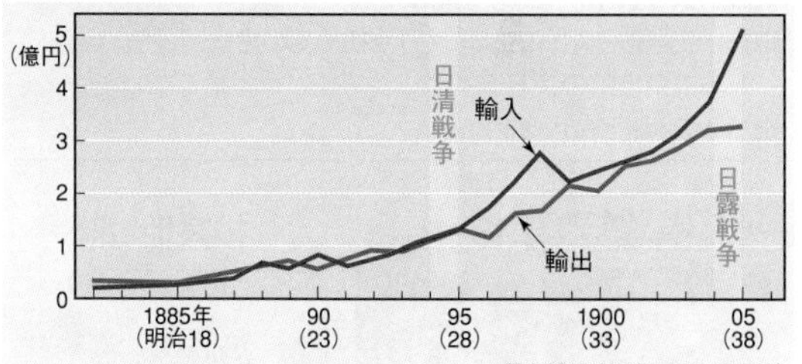

（『史料明治百年』朝日新聞社）

3b 品目別輸出入額の割合

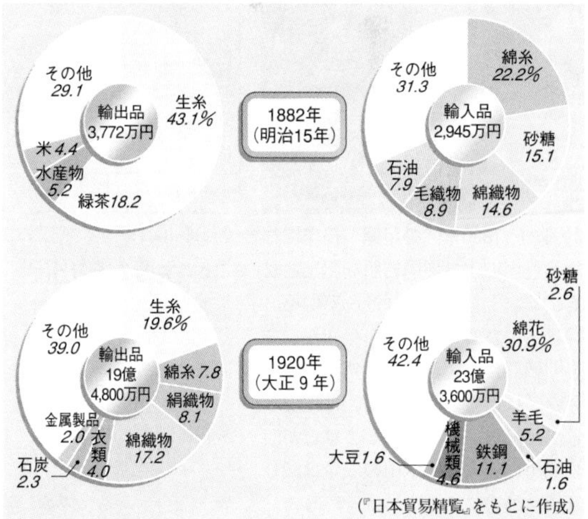

（『日本貿易精覧』をもとに作成）

Point 明治の前半は輸出入のバランスがとれていたが，日清戦争以降は，綿花・羊毛などの原料を輸入して生糸・綿糸・絹織物などの製品・半製品を輸出する加工貿易型の産業構造となったため，大戦景気の期間（1915～19年頃）を除いて，**大幅な輸入超過**であった。

! 日本鉄道会社 1881（明治14）年に華族・士族の金《きん》禄公債《ろくこうさい》などを資金に創立された民間会社。関東地方を中心に路線を広げ，1891年に上野～青森間を開通させた。この成功に刺激《しげき》され，1886～89年の「企業勃興《ぼっこう》」期には私設鉄道の設立が相次《あいつ》いだ。

186 社会問題の発生

1 社会・労働問題略年表 (►p.187)

1870	高島炭鉱《たかしまたんこう》で暴動…83年までの間に5回
1875	岐阜・高知県で小作人組合結成
1882	東洋社会党(小農民)・車会党《しゃかいとう》(人力車夫《じんりきしゃふ》)の結成
1886	甲府雨宮《あまみや》製糸で女工のストライキ＝初めてのストライキ
1888	高島炭鉱の鉱夫虐待《こうふぎゃくたい》事件⇐三宅雪嶺《みやけせつれい》が『日本人』で告発
1890	活版印刷工同志会結成
1891	**足尾鉱毒《あしおこうどく》事件**が問題化⇐田中正造《たなかしょうぞう》，衆議院に問題を提起
1894	大阪天満《てんま》紡績で女工のストライキ
1897	足尾銅山鉱毒被害農民が東京へ請願デモ⇒警官により阻止《そし》
	職工義友会《しょっこうぎゆうかい》結成(高野房太郎《たかのふさたろう》ら)⇒労働組合期成会に発展。
	「労働世界」発刊
1898	日本鉄道会社のストライキ…上野—青森間全線不通
	日本鉄道矯正会《きょうせいかい》結成
1899	横山源之助《よこやまげんのすけ》**『日本之下層社会《にほんのかそうしゃかい》』**
	普通選挙期成同盟会結成(東京)
1900	**治安警察法《ちあんけいさつほう》**の公布⇒社会・労働運動を弾圧
1901	田中正造，足尾鉱毒事件で天皇に直訴《じきそ》・未遂《みすい》
1903	農商務省**『職工事情《しょっこうじじょう》』**編集。幸徳秋水《こうとくしゅうすい》・堺利彦《さかいとしひこ》ら**平民社**結成
	…**「平民新聞」**発行，反戦論を展開
1907	足尾銅山・別子《べっし》銅山で鉱夫のストライキ・暴動⇒軍隊により鎮圧
1911	**工場法**制定(1916年施行)＝初めての労働関係法
	東京市電のストライキ
1925	細井和喜蔵《ほそいわきぞう》『女工哀史《じょこうあいし》』

2 主な社会・労働問題関係地図

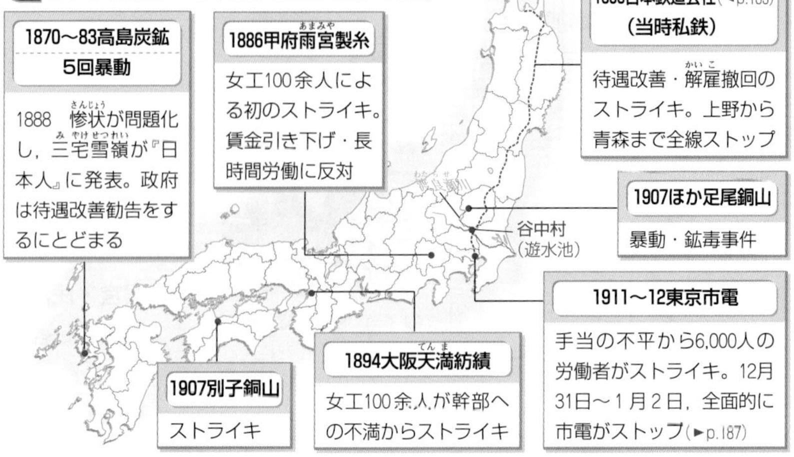

3 労働者の実態

3a 炭鉱《たんこう》での労働

「炭坑記録画」　©Yamamoto Family
福岡・田川市石炭・歴史博物館所蔵

Point 劣悪《れつあく》な労働環境のもとの採炭《さいたん》作業は，過酷《かこく》ではあったが活気にあふれていた。福岡県筑豊炭田《ちくほうたんでん》でみずからも炭鉱労働者として従事した経験のある山本作兵衛《やまもとさくべえ》氏が退職後に描いた1000枚余りの絵は，そうした炭鉱での労働と暮らしの実態を如実に伝える希有《けう》な作品群である。これらの「炭坑画」の一部と日記・ノートは，2011年5月にユネスコの世界記憶遺産に登録された。

➡3-1 **採炭**　男女が一組になり，サキヤマ(男)が掘った石炭をアトヤマ(女)が運ぶ。

➡3-2 **リンチ**　盗み・姦通《かんつう》を犯したり，ケツワリ(逃亡)をしようとした者に容赦《ようしゃ》のない制裁《せいさい》が加えられた。

⬇3-3 **炭鉱(ヤマ)の水害**　古洞に溜まった水が壁を破って出水。

⬇3-4 **作画中の山本作《やまもとさく》兵衛《べえ》氏(1973年撮影)**

3b 製糸工女の日課

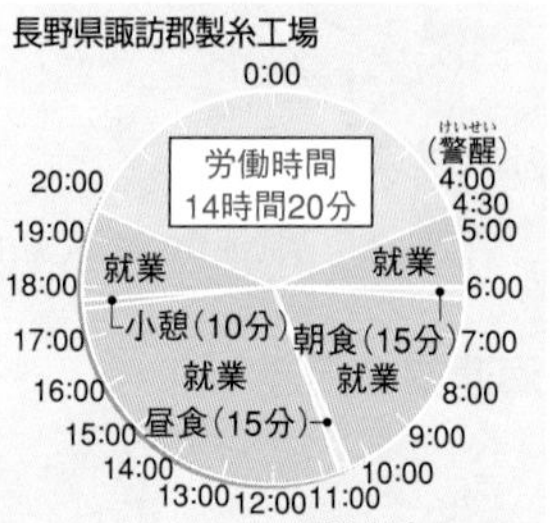

(『職工事情《しょっこうじじょう》』光生館)

4 足尾鉱毒事件

⬆4-1 **1980年代の足尾**　長年にわたる煙害により黒い岩肌《いわはだ》を露出《ろしゅつ》させている。現在は植林が進んでいる。

Point 1887年に古河市兵衛が操業《そうぎょう》を開始した足尾銅山は，新鉱脈の発見などにより急成長し，銅は重要な輸出品となった。しかし，鉱毒《こうどく》が渡《わた》良瀬《らせ》川に流入して水田の収量は減り，乱伐《らんばつ》や煙害により山林は荒廃《こうはい》した。栃木県出身の衆議院議員田中正造は私財をなげうって被害住民の救済に奔走《ほんそう》し，ついには天皇への直訴《じきそ》を試《こころ》みたが失敗した。政府は谷中村を遊《ゆう》水池《すいち》とすることで問題の解決をはかったが，正造は最後まで立ち退《の》きを拒否する住民とともに抵抗《ていこう》した。常に弱者の側に立ち，名利《めいり》を求めない高潔《こうけつ》な政治姿勢は，当時のキリスト教徒や社会主義者にも影響を与え，海外でも高く評価されている。

4a 被害地域図

(『週刊朝日百科　日本の歴史93』)

4b 主要な輸出品

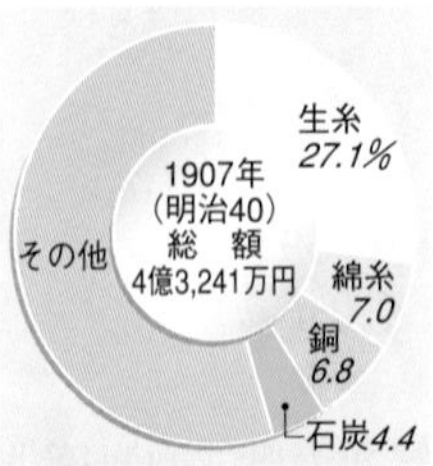

⬇4-2 **晩年の田中正造**

Discovery

田中正造の残したもの

1913(大正2)年9月4日，田中正造は渡良瀬《わたらせ》川沿岸の鉱毒被害地を巡視《じゅんし》している途中で急に倒れ，近くの農家に運ばれたが，まもなく死去した。死の直前，彼はわずかに残った土地と生家を故郷の小中村に寄付《きふ》し，まったくの無一文《むいちもん》となった。最後に死の枕元《まくらもと》に残された愛用の信玄袋《しんげんぶくろ》の中には，新約聖書マタイ伝と大日本帝国憲法を綴《と》じ合わせた本，新約聖書，日記，請願書草稿《せいがんしょそうこう》，そして数個の小石が入っていただけであった。

鉱毒問題の解決と被害農民の救済にすべてを捧《ささ》げた正造の唯一《ゆいいつ》の趣味といえるのが自然石を集めることで，しかもそれは何の変哲《へんてつ》もない小石であった。正造はその小石を常にもち歩いて慈《いつく》しんだ。そこに貧しくもつつましく生きる人々を限りなく愛する彼の高潔《こうけつ》な精神をうかがうことはできないだろうか。

栃木・佐野市郷土博物館蔵

1 労働組合と労働争議

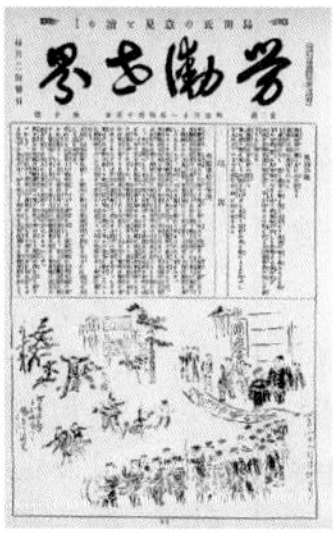

法政大学大原社会問題研究所蔵

1-1 **「労働世界」** 労働組合期成会の機関誌《きかんし》。1897年創刊《そうかん》。主筆は片山潜《かたやません》。

1-2 **高野房《たかのふさ》太郎《たろう》**(1868～1904)

Point 渡米中に労働組合運動の経験をもつ**高野房太郎**が，片山潜らと帰国後に**労働組合期成会**を結成し，労働組合の組織化を指導。1899年末には42支部・組合員数5,400名を数えた。

1-3 **労働者大懇親会《だいこんしんかい》** 実質的なわが国最初のメーデー。1901年４月に東京向《むこう》島《じま》の白髯《しらひげ》神社で開催《かいさい》され，約１万人の労働者が参加した。 法政大学大原社会問題研究所蔵

1a 労働争議の件数と参加人数

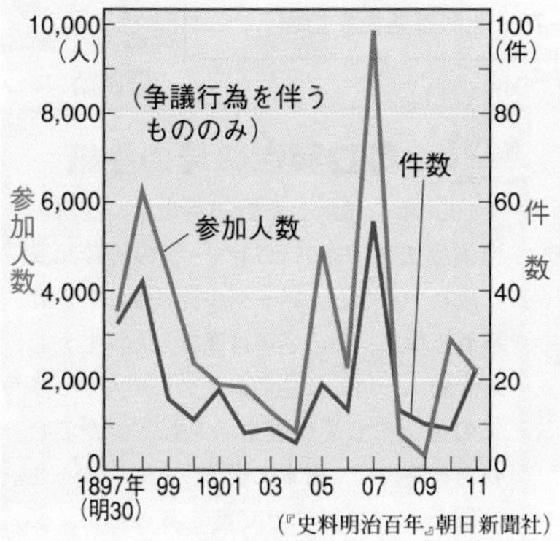

(『史料明治百年』朝日新聞社)

1-4 **東京市電ストライキ** 東京市営となった旧東京鉄道会社の運転士・車掌《しゃしょう》が解散慰労《かいさんいろう》手当の配分を不満とし，1911年の年末から新年にかけておこした。写真は運転をやめて車庫に入った電車。

2 社会主義者の群像

2-1 **幸徳秋水《こうとくしゅうすい》**(1871～1911) 中江兆民《ちょうみん》の書生《しょせい》を経て1898年に万朝報《よろずちょうほう》社に入社。この頃，片山潜《かたやません》に誘《さそ》われて**社会主義研究会**に入会。主戦論に転じた万朝報社を辞職後，堺利彦《さかいとしひこ》らと「**平民新聞**」を発刊。筆禍《ひっか》により入獄し，釈放後，渡米。帰国後は直接行動を唱《とな》えて片山潜らと対立。私生活でも管野スガとの恋愛で同志の信頼を失って孤立化《こりつか》。スガらの天皇暗殺計画を阻止《そし》できず，**大逆事件**に連座《れんざ》し，死刑となる。 高知・中村市立図書館提供

2-2 **片山潜《かたやません》**(1859～1933) 25歳から12年間の滞米《たいべい》生活を経験。帰国後は高野房太郎《ふさたろう》らと労使協調の労働組合運動に努《つと》めたが，政府の弾圧により社会主義に傾倒《けいとう》。1903年から第２インターナショナルの大会参加のため離日。帰国後，幸徳秋水らと対立し，指導力を失う。1914年に４回目の渡米。1921年以降はコミンテルン執行委員としてソビエトで生活。

2-3 **堺利彦《さかいとしひこ》**(1870～1933) 1899年に万朝報社に入社，幸徳秋水の影響で**社会民主党**の結成にかかわる。万朝報社を辞職後は「平民《へいみん》新聞」の発刊者として活躍。1907年の日本社会党の戦術論争の際には折衷案《せっちゅうあん》を提出して調停《ちょうてい》をはかった。1900年代には幸徳の，1920年代には山川均《ひとし》の女房役《にょうぼうやく》を務めた。

(財)日本近代文学館蔵

3 初期社会主義運動の発展と挫折

1880～90年代 城多虎雄《きたとらお》・徳富蘇峰《とくとみそほう》らが社会主義を紹介

↓

1898年(明治31) **社会主義研究会**の結成…理論と可否を研究(安部磯雄《あべいそお》・幸徳秋水《こうとくしゅうすい》・片山潜《かたやません》ら)

↓

1900年 社会主義協会と改称…社会主義の実践と宣伝

- 1900年 **治安警察法**の制定…集会・結社・言論の自由を制限 史

↓

1901年(明治34) **社会民主党**の結成…わが国最初の社会主義政党(安部磯雄・片山潜・幸徳秋水・木下尚江《なおえ》ら)

- 1901年 **治安警察法**により社会民主党を即日解散

↓

1903年(明治36) **平民社**の設立…平民主義・社会主義・平和主義を掲げて日露戦争に反対 ➡1905年解散

↓

1906年(明治39) **日本社会党**の結成…わが国最初の合法的社会主義政党(幸徳秋水・堺《さかい》利彦・西川光二郎・大杉栄《さかえ》・山口義三《ぎぞう》ら)

↓

1907年 議会政策論(田添鉄二《たぞえてつじ》)と直接行動論(幸徳秋水)の対立

- 1907年 直接行動論の優勢を警戒して日本社会党を禁止
- 1908年(明治41) **赤旗事件**…「無政府共産」の赤旗を掲げた大杉栄・堺利彦・山川均《ひとし》・荒畑寒村《あらはたかんそん》らを投獄
- 1910年(明治43) **大逆事件**…明治天皇暗殺を計画したとして幸徳秋水・管野《かんの》スガら26名を逮捕 12名を処刑 ➡以後，社会主義運動は「**冬の時代**」へ

3-1 **徳富蘇峰《とくとみそほう》と『国民之友』** 平民主義を唱《とな》え，後《のち》に国家主義に転向した徳富蘇峰も『国民之友』などで社会主義を紹介した。 日本学士院蔵

法政大学大原社会問題研究所蔵

3-2 **社会民主党の党員** 左より安部磯雄・河上清《かわかみきよし》・幸徳秋水・木下《きのした》尚江《なおえ》・片山潜・西川光二郎。

3-3 **平民社の編集室** 左から幸徳秋水・堺利彦・石川三四郎《いしかわさんしろう》・西川光二郎。右の壁にマルクスの肖像が飾られている。 (財)日本近代文学館蔵

3-4 **第2インターナショナル第6回大会参加者** 前列×印が片山潜，その右がロシアのプレハーノフ。後ろの女性がドイツのローザ＝ルクセンブルク。

> **大逆罪《たいぎゃくざい》**
> 大日本帝国憲法下の刑法第73条に規定された罪。天皇・太皇太后・皇太后・皇后・皇太子・皇太孫に危害を加えた者を死刑とした。未遂《みすい》も同様。

3-5 **徳冨蘆花《とくとみろか》**
大逆事件にかかわった文学者では**石川啄《たく》木《ぼく》**が有名だが，天皇への公開の助命嘆願《じょめいたんがん》書を書いたり，処刑直後に一高で「謀叛《むほん》論《ろん》」と題する演説を行い，実際に幸徳らを弁護したのは徳冨蘆花のみであった。

(財)日本近代文学館蔵

3-6 **幸徳秋水と管野スガ**
(財)日本近代文学館蔵

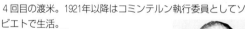

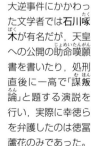

明治の文化① 思想・科学・文学

1 西洋思想の紹介

思想家	訳・著書	内容
福沢諭吉《ふくざわゆきち》 (◄p.179) (1834～1901)	『西洋事情』 『学問のすゝめ』 『文明論之概略《ぶんめいろんのがいりゃく》』	欧米での見聞と外国書を基にした紹介書 学問の重要性を説き，特に実学を奨励 史 西洋文明摂取《せっしゅ》の急務を説く
中村正直《なかむらまさなお》 (1832～91)	『西国立志編《さいごくりっしへん》』 『自由之理』	スマイルズの「Self Help」の翻訳 J.S.ミルの「On Liberty」の翻訳
加藤弘之《かとうひろゆき》 (1836～1916)	『国体新論』 『人権新説』	天賦人権論を主張 社会ダーウィニズムにより天賦人権論を否定
中江兆民《なかえちょうみん》 (1847～1901)	『民約訳解《みんやくやくかい》』	ルソーの『民約論』の翻訳
田口卯吉《たぐちうきち》 (1855～1905)	『日本開化小史《にほんかいかしょうし》』	自由主義経済論を展開
明六社 (1873～79)	（社員）森有礼《もりありのり》・福沢諭吉・中村正直・西周《にしあまね》・津田真道《つだまみち》など （活動）『明六雑誌《めいろく》』などにより啓蒙《けいもう》的思想を普及	

2 お雇い外国人の活躍

部門	人名	国	雇用期間	業績
法律	ボアソナード(◄p.175)	仏	1873～95	刑法・民法典を起草《きそう》
	ロエスレル(◄p.174)	独	1878～93	憲法草案の起草・助言
教育	クラーク(◄p.164)	米	1876～77	札幌農学校で青年を指導
理科	モース	米	1877～79	大森貝塚を発掘《はっくつ》
	ナウマン	独	1875～79	フォッサマグナを指摘
	ベルツ	独	1876～1902	東京帝大で内科を教授
美術	ラグーザ	伊	1876～82	工部美術学校で彫刻指導
	フォンタネージ	伊	1876～78	工部美術学校で絵画指導
建築	コンドル	英	1877～90	鹿鳴館《ろくめいかん》などを設計
文芸	フェノロサ	米	1878～86	日本美術を評価・紹介
	ハーン(小泉八雲《こいずみやくも》)	英	1890～1903	英文学を教授。『怪談』
産業	ケプロン(◄p.164)	米	1871～75	北海道開拓《かいたく》を指導

2-1 ベルツ

2-2 フェノロサ

2-3 ハーン

3 人文科学・自然科学の発達

	部門	人名	業績
人文科学	歴史学	福沢《ふくざわ》 諭吉《ゆきち》	文明発達の事例。『文明論之概略』
		田口《たぐち》 卯吉《うきち》	文明史論。『日本開化小史』
		久米《くめ》 邦武《くにたけ》	「神道は祭天の古俗」で筆禍《ひっか》
	法学	梅《うめ》 謙次郎《けんじろう》	フランス市民法の導入
		穂積《ほづみ》 陳重《のぶしげ》	ドイツ・イギリス系法学を導入
	哲学	西《にし》 周《あまね》	西洋哲学の紹介
		井上哲次郎《いのうえてつじろう》	ドイツ観念論哲学を導入
自然科学	医学	北里柴三郎《きたさとしばさぶろう》	破傷風血清療法《はしょうふうけっせいりょうほう》・ペスト菌《きん》発見
		志賀《しが》 潔《きよし》	赤痢菌《せきりきん》を発見
		野口《のぐち》 英世《ひでよ》	梅毒《ばいどく》病原体スピロヘータを培養《ばいよう》
	薬学	高峰《たかみね》 譲吉《じょうきち》	アドレナリンを発見
		鈴木梅太郎《すずきうめたろう》	オリザニン(ビタミンB_1)を創製
		秦《はた》 佐八郎《さはちろう》	梅毒療法剤サルバルサンを創製
	地震学	大森《おおもり》 房吉《ふさきち》	大森式地震計・「大森公式」
	天文学	木村《きむら》 栄《ひさし》	緯度変化のZ項を発見
	物理学	長岡半太郎《ながおかはんたろう》	原子模型の理論を発表
	植物学	牧野富太郎《まきのとみたろう》	植物分類学に貢献

3-1 福沢諭吉《ふくざわゆきち》

3-2 田口卯吉《たぐちうきち》

3-3 野口英世《のぐちひでよ》

3-4 牧野富太郎《まきのとみたろう》

3-5 秦佐八郎《はたさはちろう》とエールリッヒ 2人は協力して梅毒《ばいどく》の療法剤特効薬サルバルサンの創製に成功した。 島根・美都町教育委員会提供

3-6 研究室の北里柴三郎《きたさとしばさぶろう》 ドイツで細菌学の権威《けんい》コッホに師事《しじ》し，破傷風《はしょうふう》の血清療法《けっせいりょうほう》に成功。帰国後，ペスト菌を発見したり伝染病研究所を設立して後進の指導にあたるなど，わが国の医学の発展に大きく貢献した。

Discovery

野口英世の母の手紙

1900年に渡米した野口英世は，蛇毒の血清《けっせい》療法や梅毒スピロヘータの純粋培養《ばいよう》に成功するなど，ノーベル賞候補にもあげられるほど，その名声は高まった。しかし，渡米前に一時的に生活が荒れ，知人から多くの借金をして遊蕩《ゆうとう》生活をしていたことがある英世は，日本に戻ろうとしなかった。

母のシカは無学で文盲《もんもう》であったが，必死になって文字を習い，英世に再会を願う手紙を書いた。稚拙《ちせつ》な手紙であったが，母の真心が英世の心を動かした。まもなく彼は15年ぶりに帰国し，母と涙の再会を果たした。母は再会の3年後に死去した。

英世の故郷，福島県猪苗代《いなわしろ》町では，町内の母親を審査員にして「母から子への手紙コンクール」を開催《かいさい》している。

東京・野口英世記念会蔵

4 新聞・雑誌の発行

発行年	新聞・雑誌名	関係者
1870	横浜毎日新聞	島田三郎
1872	東京日日新聞	福地源一郎《ふくちげんいちろう》
	日新真事誌《にっしんしんじし》	ブラック
	郵便報知《ほうち》新聞	前島密《ひそか》・栗本鋤雲《くりもとじょうん》
1874	読売新聞	
	明六雑誌	福沢諭吉《ゆきち》・森有礼《もりありのり》
1879	大阪朝日新聞	村山龍平《りゅうへい》
1882	時事新報《じじしんぽう》	福沢諭吉
	自由新聞	板垣退助
1887	国民之友《こくみんのとも》	徳富蘇峰《とくとみそほう》
1888	東京朝日新聞	村山龍平
	大阪毎日新聞	
	日本人	三宅雪嶺《みやけせつれい》
1890	国民新聞	徳富蘇峰
1892	万朝報《よろずちょうほう》	黒岩涙香《るいこう》
1895	太陽	高山樗牛《ちょぎゅう》
1899	中央公論	
1903	平民新聞	幸徳秋水《しゅうすい》・堺《さかい》利彦

5 近代文学の成立と発展

	明治初期～10年代	10 年代	20 年代	30 年代	40 年代	明治末～大正末
小説	戯作《げさく》文学—仮名垣魯文《かながきろぶん》	翻訳《ほんやく》小説—坪内逍遙《つぼうちしょうよう》Ⓐ 政治小説—矢野龍溪《やののりゅうけい》・末広鉄腸《すえひろてっちょう》 写実主義—坪内逍遙・尾崎紅葉《おざきこうよう》 二葉亭四迷《ふたばていしめい》Ⓑ	ロマン主義—森鷗外《もりおうがい》Ⓒ 樋口一葉《ひぐちいちよう》Ⓓ 泉鏡花《いずみきょうか》・徳冨蘆花《とくとみろか》 (◄p.187) 理想主義—幸田露伴《こうだろはん》	自然主義—国木田独歩《くにきだどっぽ》・島崎藤村 田山花袋《たやまかたい》・正宗白鳥《まさむねはくちょう》 徳田秋声《とくだしゅうせい》	反自然主義—(余裕派)夏目漱石《なつめそうせき》Ⓔ 森鷗外 (耽美派《たんびは》)永井荷風《ながいかふう》 谷崎潤一郎《たにざきじゅんいちろう》	
近代詩	新体詩—外山正一《とやままさかず》・森鷗外 落合直文《おちあいなおぶみ》			ロマン詩—島崎藤村《しまざきとうそん》・土井晩翠《つち(ど)いばんすい》・薄田泣菫《すすきだきゅうきん》 象徴詩—上田敏《うえだびん》・蒲原有明《かんばらありあけ》・北原白秋《きたはらはくしゅう》		
短歌			浅香社《あさか》—落合直文	明星派《みょうじょうは》—与謝野晶子《よさのあきこ》・石川啄木《いしかわたくぼく》 根岸短歌会—正岡子規《まさおかしき》	アララギ派—伊藤左千夫《いとうさちお》・長塚節《ながつかたかし》	
俳句				ホトトギス派—正岡子規・高浜虚子《たかはまきょし》 (◄p.166)	新傾向の俳句—河東碧梧桐《かわひがしへきごとう》	

「大新聞《おおしんぶん》」「小新聞《こしんぶん》」

言論活動中心の政党機関紙を「大新聞」，艶種《つやだね》や警察種などの記事が中心の娯楽紙を「小新聞」という。民権運動の衰退とともに「大新聞」と「小新聞」の明確な区別はなくなっていった。

Ⓐ Ⓑ Ⓒ Ⓓ Ⓔ

1 演劇界の革新

歌《か》舞《ぶ》伎《き》	**脚本** 河竹黙阿弥《かわたけもくあみ》…散切物《ざんぎりもの》(活歴物) **名優の輩出** 団《だん》・菊《きく》・左《さ》時代(1890年代) 9代目市川団十郎《いちかわだんじゅうろう》 5代目尾上菊五郎《おのえきくごろう》 初 代市川左団次《いちかわさだんじ》
新《しん》派《ぱ》劇	従来の歌舞伎(旧派)に対して新しくおこった演劇 **壮士芝居《そうししばい》** 自由民権運動の鼓吹《こすい》 『経国美談《けいこくびだん》』・オッペケペー節(川上音二郎《かわかみおとじろう》) **現代物** 『金色夜叉《こんじきやしゃ》』・『不如帰《ほととぎす》』(伊井蓉峰《いいようほう》)
新劇	歌舞伎・新派劇に対するヨーロッパ近代劇 **文芸協会**(1906～13) 坪内逍遙《つぼうちしょうよう》・島村抱月《しまむらほうげつ》・松井須磨子《まついすまこ》 シェークスピア・イプセンなどの作品を上演 **自由劇場**(1909～19) 小山内薫《おさないかおる》・2代目市川左団次 イプセン・チェーホフ・ゴーリキなどの作品を上演

Discovery

新しい女・松井須磨子(1886～1919)

長野県松代町出身で本名は小林正子。18歳で結婚し，23歳で再婚。坪内逍遙《つぼうちしょうよう》の文芸協会に入会して女優となり，まもなく2人目の夫とも離婚。やがて「人形の家」のノラ役で脚光《きゃっこう》を浴びたが，妻子のある大学教授・演出家の島村抱月《しまむらほうげつ》との恋愛で世間の注目を浴び，2人は文芸協会を脱会し，芸術座を結成した。ここでも「復活」のカチューシャ役で人気を博《はく》し，その劇中歌は人々に愛唱《あいしょう》された。1919(大正7)年に抱月が死去すると，翌年にあとを追って縊死《いし》した。まさに「新しい女」そのままの人生であった。

2 彫刻・絵画・建築一覧

彫刻		娘の胸像・清原玉女像《きよはらたまじょ》(ラグーザ) 老猿《ろうえん》・西郷隆盛《さいごうたかもり》(高村光雲《たかむらこううん》) 女・坑夫《こうふ》(荻原守衛《おぎわらもりえ》) 伎芸天《ぎげいてん》像(竹内久一《たけうちきゅういち》) 墓守《はかもり》(朝倉文夫《あさくらふみお》) ゆあみ(新海竹太郎《しんかいたけたろう》)
建築		旧札幌《さっぽろ》農学校演武場(ホイラー・米) 北海道庁旧本庁舎(平井晴二郎《ひらいせいじろう》) ニコライ堂・鹿鳴館《ろくめいかん》・岩崎邸(コンドル・英) 日本銀行本店(辰野金吾《たつのきんご》) 帝国劇場(横河民輔《よこかわたみすけ》) 旧東宮御所《とうぐうごしょ》(迎賓館赤坂離宮《げいひんかんあかさかりきゅう》)(片山東熊《かたやまとうくま》)
絵画	日本画	悲母観音《ひぼかんのん》(狩野芳崖《かのうほうがい》) 龍虎図《りゅうこず》(橋本雅邦《はしもとがほう》) 黒き猫《ねこ》・落葉《らくよう》(菱田春草《ひしだしゅんそう》) 無我《むが》(横山大観《よこやまたいかん》) アレ夕立《ゆうだち》に・雨霽《うせい》(竹内栖鳳《たけうちせいほう》) 大原御幸《おはらごこう》・木の間の秋(下村観山《しもむらかんざん》)(►p.191)
	洋画	鮭《さけ》(高橋由一《たかはしゆいち》) 収穫《しゅうかく》・春畝《しゅんぽ》(浅井忠《あさいちゅう》) 読書・湖畔《こはん》・舞妓《まいこ》(黒田清輝《くろだせいき》) 某《ぼう》婦人の肖像《しょうぞう》(岡田三郎助《おかださぶろうすけ》) 海の幸《さち》・わだつみのいろこの宮(青木繁《しげる》) 天平《てんぴょう》の面影《おもかげ》(藤島武二《ふじしまたけじ》) 渡頭《ととう》の夕暮《ゆうぐれ》(和田英作《わだえいさく》) 南風《なんぷう》(和田三造《さんぞう》) 夜汽車(赤松麟作《あかまつりんさく》)(►p.192)

3 彫刻

3-1 墓守《はかもり》(朝倉文夫《あさくらふみお》作) 1910年の文展で2等賞となった作品。写実風の巧《たく》みな作風で活躍した。

像高176cm 東京・朝倉彫塑館蔵

3-2 清原玉女像《きよはらたまじょ》(ラグーザ作) 1878年頃作。工部美術学校教授として日本に洋風彫刻を伝え，日本的なモチーフの作を残す。のちこのモデルと結婚。

像高48.5cm 東京藝術大学蔵

3-3 ながれ(建畠大夢《たてはたたいむ》作) 1911年文展3等賞の作。情感豊かで温和なリアリズムの作風が特徴。朝倉文夫・北村西望《きたむらせいぼう》とともに官展三羽烏《がらす》といわれる。

像高90cm 東京国立近代美術館蔵

3-4 女《おんな》(荻原守衛《おぎわらもりえ》作) 1910年文展出品作で，封建制からの脱皮を表現した作品。ロダンに師事し日本近代彫刻の開拓者となる。

像高98.5cm 長野・碌山美術館蔵

3-5 老猿《ろうえん》(高村光雲《たかむらこううん》作) 1893年のシカゴ万国博に出品し優秀賞となった木彫。伝統的木彫技術と写生を加味した技法が特徴。

像高90.9cm 東京国立博物館蔵

3-6 伎芸天像《ぎげいてんぞう》(竹内久一《たけうちきゅういち》作) 1893年シカゴ万国博出品作。木彫に華麗な彩色を施した作品。

像高227.3cm 東京藝術大学蔵

3-7 ゆあみ(新海竹太郎《しんかいたけたろう》作) 1907年の文展出品作。古典的な洋風彫刻に天平《てんぴょう》風の髷《まげ》を取り合わせ，洋風と和風の融合を求めた作。像高187cm

東京国立近代美術館蔵

4 建築

西洋への憧れ 〜旧松本健次郎邸〜

4-1 全景 左側の洋館（4-3の写真）と右側の和風住宅が別棟《べつむね》になっているのは当時の富豪《ふごう》の家では一般的であった。ちなみに松《まつ》本健次郎《もとけんじろう》は「石炭王」とよばれた九州の実業家。

4-2 食堂 室内の調度《ちょうど》品《ひん》もアール＝ヌーボー様式で統一されており，ヨーロッパから取り寄せたものも多い。

4-3 住居兼迎賓館《げいひんかん》 辰野金吾《たつのきんご》とその弟子の片岡安《やすし》の設計によるアール＝ヌーボーの建築様式を取り入れた華麗《かれい》な洋館。 1〜3とも西日本工業倶楽部総合写真

4-4 旧東山梨《ひがしやまなし》郡役所（1885完成） 明治前期に各地に建設された郡役所の典型といえる木造洋風建築。洋風建築でありながらも，屋根が瓦葺《かわらぶ》きであるなど，日本の伝統的な木造建築の手法でつくられている点が興味深い。

重 愛知・博物館明治村蔵

4-5 北海道庁旧本庁舎（1888完成札幌市） 北海道開拓の歴史を記念する貴重な遺構。平井晴二郎《ひらいせいじろう》の設計。

4-6 旧東宮御所《とうぐうごしょ》（迎賓《げいひん》館《かん》赤坂離宮《あかさかりきゅう》）（1908完成東京）

大正天皇の皇太子時代の宮殿として建てられたもので，片山東熊《かたやまとうくま》の代表作。耐《たい》震《しん》石造2階建でヴェルサイユ宮殿を模《も》している。左は迎賓館になってから増築された和風別館。国

4-7 日本銀行本店（旧館）（1896完成東京） コンドル（英）に師事《しじ》した明治建築界の大御所《おおごしょ》・辰野金吾の代表作。ルネサンス式の石造・煉瓦《れんが》造の折衷《せっちゅう》で当時の銀行建築の典型《てんけい》。現在の建物は1936年に改築されたもの。

4-8 ニコライ堂（日本ハリストス正教会聖堂）（1891完成東京） コンドルの設計・監督《かんとく》による煉瓦造りのビザンツ式建築。現在の建物は関東大震災《だいしんさい》後に再建されたもの。

4-9 大浦天主堂《おおうらてんしゅどう》（1864完成長崎市） 現存する最古の教会堂。1877年に改築《かいちく》された。国

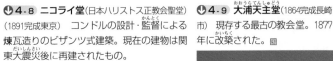

5 日本画

➡5-2 大原御幸《おはらごこう》(下村観山《しもむらかんざん》1908筆) 『平家物語』を題材に6場面で構成。伝統的な大和《やまと》絵と近代的な写生法が自然に調和した近代絵巻物の秀作《しゅうさく》。

52.3×790.3cm 部分 東京国立近代美術館蔵

⬆5-1 無我《むが》(横山大観《よこやまたいかん》1897筆) 大観は岡倉天心《おかくらてんしん》とともに日本美術院の創設・再興《さいこう》に尽力《じんりょく》した。あどけない幼児《ようじ》には新しい日本画が象徴《しょうちょう》されているようである。

143×84.6cm 部分 東京国立博物館蔵

⬇5-4 アレタ立《ゆうだち》に(竹内栖鳳《せいほう》1909筆) 戯曲《ぎきょく》清元「山姥《やまんば》」の踊りを鮮烈《せんれつ》な着物と水墨《すいぼく》の帯という奇抜な意匠《いしょう》で斬新《ざんしん》に表現した。四条派《しじょうは》の伝統的技術と西洋画の技法を巧《たく》みに融合《ゆうごう》。

165×84cm 部分 高島屋史料館蔵

⬇5-5 悲母観音《ひぼかんのん》(狩野芳崖《かのうほうがい》1888筆) 仏画に西洋画の豊富な色彩や空間を取り入れて，深い慈悲《じひ》の姿を表現した芳崖の代表作。死の直前に完成し，彼の遺作《いさく》となった。 196×86.5cm 東京藝術大学蔵

⬇5-6 黒き猫《ねこ》(菱田春草《ひしだしゅんそう》1910筆) 目を光らせた黒猫が穏《おだ》やかで装飾《そうしょく》的な構図の中に描き込まれ，強烈《きょうれつ》な印象を与えている。 150×51cm 部分 東京・(財)永青文庫蔵

⬇5-3 焚火《たきび》(川合玉堂《かわいぎょくどう》1903筆) 写実を重んじた玉堂の初期の作品。落葉《おちば》についた霜《しも》を描くのに苦心し，高価なプラチナを使用した。

139.5×85.2cm 東京・五島美術館蔵

⬇5-7 龍虎図《りゅうこず》(橋本雅邦《はしもとがほう》1895筆) それぞれ六曲一双の屏風《びょうぶ》で，龍と虎の対決を描いている。狩野《かのう》派の伝統をひく豪壮《ごうそう》な題材とその手法を生かしつつ，豊かな色彩と新しい構図《こうず》を生み出している。

各160.5×369.5cm 部分 東京・静嘉堂文庫美術館蔵

6 洋画

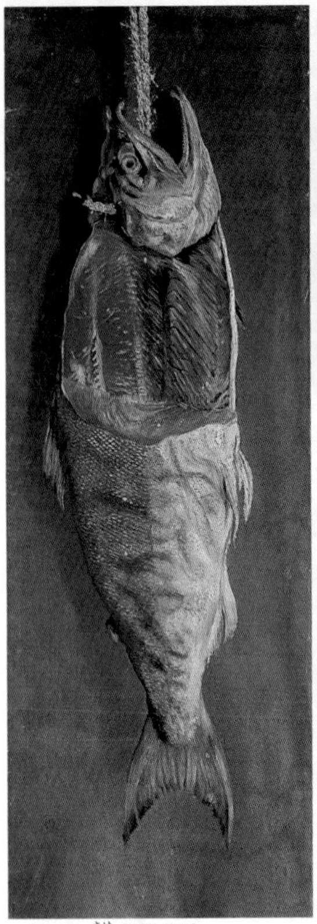

6-1 鮭《さけ》(高橋由一《たかはしゆいち》1877頃筆) 純写実主義に基づいて油絵のもつ迫真的な描写力《びょうしゃりょく》を最大限まで発揮《はっき》した日本近代洋画黎明《れいめい》期の名作。 重 140.0×46.5cm 部分 東京藝術大学蔵

6-2 海の幸《さち》(青木繁《しげる》1904筆) 黒田清輝《せいき》の門下であったが，早くから外光派《がいこうは》の枠をこえた独自の才能を発揮した。しかし，私生活は困窮《こんきゅう》し，失意の内に28歳でこの世を去った。 重 70.2×182.0cm 東京・石橋財団 アーティゾン美術館蔵

6-3 読書(黒田清輝《くろだせいき》1890〜91筆) 窓からの光線による微妙《びみょう》な陰影《いんえい》を巧《たく》みに表現した外光派《がいこうは》の代表作。渡仏中の作品。 99×80.2cm 東京国立博物館蔵

6-4 収穫《しゅうかく》(浅井忠《あさいちゅう》1890筆) 労働に励《はげ》む農民の姿を堅実《けんじつ》な写実主義の手法で描いた明治中期洋画の代表作。 69×97cm 東京藝術大学蔵

6-5 南風《なんぷう》(和田三造《わださんぞう》1907筆) 第１回文展の最高賞受賞作。海に生きる漁師《りょうし》のたくましい姿が生き生きと描かれている。 149×181.5cm 東京国立近代美術館蔵

6-6 渡頭《ととう》の夕暮《ゆうぐれ》(和田英作《えいさく》1897筆) 微妙な光の変化を巧《たく》みに表現し，農村の静かな夕暮れの情景を詩情豊かに描写《びょうしゃ》している。 127.5×189.5cm 東京藝術大学蔵

Discovery

明治画壇をめぐる二つの騒動

1890(明治23)年に東京美術学校長に就任《しゅうにん》した岡倉天心《おかくらてんしん》は，橋本雅邦《がほう》らと若手画家の育成に努め，横山大観《よこやまたいかん》・菱田春草《ひしだしゅんそう》らを輩出《はいしゅつ》した。しかし，天心の奔放不羈《ほんぽうふき》な行動に反感をもつ人々により辞職に追い込まれ，門下生《もんかせい》らと野に下って日本美術院を創設した。いわゆる東京美術学校事件(1898年)である。一方，1896(明治29)年に東京美術学校に洋画科が設置されると，フランスから帰国した黒田清輝《せいき》が教授に就任。白馬会を創立し，文展の創設に尽力《じんりょく》してのちには帝国美術院長・貴族院議員に就任するなど，洋画壇《ようがだん》に大きな影響力を振るった。彼が渡仏中に制作した「朝妝《ちょうしょう》」が公開されると，いわゆる裸体画風紀《らたいがふうき》問題を引きおこし，彼の名は一般にも知られるようになった。

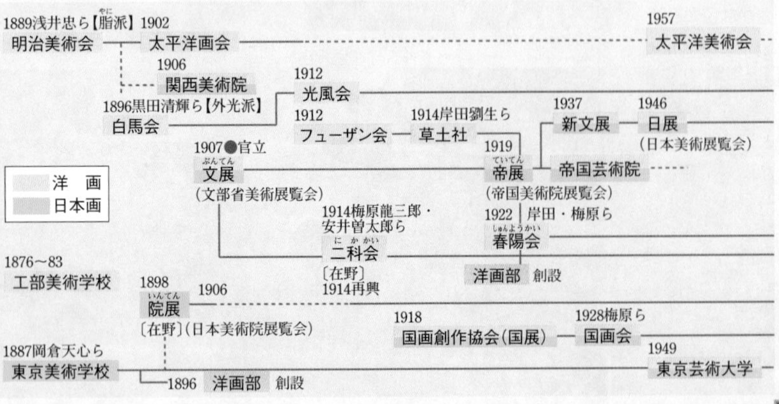

1 大正期の内閣

■数字は「代」　○数字は「次」　(　)は在職日数
□は主な閣僚　写真下は就任時の年齢／出生地
緑字はニックネーム　青字は総辞職の事情

□は非政党内閣　■は政党内閣

内閣	総理大臣	主な事項
15 桂太郎《かつらたろう》③ 1912.12～13. 2 (62日) 外務：加藤高明 大蔵：若槻礼次郎	 65歳／山口	12. 12　**第一次護憲運動**始まる(►p.194) 13.　2　内閣不信任案提出 →内閣総辞職(**大正政変**)(►p.194) 第一次護憲運動がおこったが，桂は帝国議会の停会を命じたため，民衆が激昂《げっこう》。衆議院議長大岡育造《おおおかいくぞう》の説得で総辞職
16 山本権兵衛《やまもとごんべえ》① 1913. 2 ～14. 4 (421日) 与党　立憲政友会 内務：原　敬 大蔵：高橋是清	 60歳／鹿児島	13.　6　軍部大臣現役武官制改正 . 12　立憲同志会結成 14.　1　**シーメンス事件**(►p.194) シーメンス事件の責任をとり総辞職
17 大隈重信《おおくましげのぶ》② 1914. 4 ～16.10 (908日) 与党　立憲同志会 外務：加藤高明 大蔵：若槻礼次郎	 76歳／佐賀	14.　8　ドイツに宣戦布告 第一次世界大戦に参戦(►p.195) 15.　1　袁世凱《えんせいがい》政府に**二十一カ条の要求**(►p.195) 16.　9　工場法施行 . 10　**憲政会**結成(総裁：加藤高明) 選挙干渉を非難されて大浦兼武《おおうらかねたけ》内相が辞任。加藤外相の助言により総辞職
18 寺内正毅《てらうちまさたけ》 1916.10～18. 9 (721日) 与党　立憲政友会 内務：後藤新平 海軍：加藤友三郎	 64歳／山口 ビリケン	17.　1　西原借款《しゃっかん》 .　9　金輸出を禁止 . 11　**石井・ランシング協定**調印 18.　8　**シベリア出兵**を宣言(►p.195) **米騒動**発生(►p.196) 米騒動の責任をとり総辞職
19 原《はら》　敬《たかし》 1918. 9 ～21.11 (1, 133日) 与党　立憲政友会 外務：内田康哉 大蔵：高橋是清 海軍：加藤友三郎	 62歳／岩手	19.　3　朝鮮で**三・一独立運動**おこる(►p.199) .　5　中国で**五・四運動**おこる(►p.199) .　6　**ヴェルサイユ条約**調印(►p.199) 20.　5　わが国最初のメーデー 21. 11　原首相，刺殺される ★わが国最初の本格的政党内閣 東京駅で原首相が刺殺されたため総辞職
20 高橋是清《たかはしこれきよ》 1921.11～22. 6 (212日) 与党　立憲政友会 外務：内田康哉 大蔵：高橋是清 海軍：加藤友三郎	 67歳／東京 ダルマ	21. 11　**ワシントン会議**に参加(►p.199) . 12　四カ国条約調印→日英同盟終了 22.　2　海軍軍縮条約・九カ国条約調印 .　3　全国水平社創立(►p.197) 財政政策をめぐって床次竹二郎《とこなみたけじろう》内相らと対立し総辞職
21 加藤友三郎《かとうともさぶろう》 1922. 6 ～23. 8 (440日) 与党　立憲政友会 外務：加藤高明	 61歳／広島	22.　7　日本共産党結成 . 10　シベリア撤兵完了 . 11　犬養毅・尾崎行雄，**革新倶楽部**を結成 23.　4　石井・ランシング協定廃棄 加藤首相の急死により総辞職
22 山本権兵衛② 1923. 9 ～24. 1 (128日) 与党　革新倶楽部 内務：後藤新平 大蔵：井上準之助 文部・通信：犬養毅	 70歳／鹿児島	23.　9　(組閣前日)**関東大震災**発生(►p.200) →首都圏に戒厳令《かいげんれい》 朝鮮人の虐殺。亀戸《かめいど》事件。甘粕《あまかす》事件 . 12　**虎《とら》の門《もん》事件** 虎の門事件の責任をとって総辞職
23 清浦奎吾《きようらけいご》 1924. 1 ～24. 6 (157日) 与党　政友本党	 73歳／熊本	24.　1　**第二次護憲運動**始まる(►p.197) .　5　総選挙で護憲三派が大勝利 ★清浦首相は枢密院《すうみついん》議長出身。政党からは1人も入閣せず，超然主義を貫く 第二次護憲運動により総辞職
24 加藤高明《かとうたかあき》①・② 1924. 6 ～26. 1 (597日) 与党　護憲三派 ↓ 憲政会 外務：幣原喜重郎 大蔵：浜口雄幸	 64歳／愛知	25.　1　日ソ基本条約調印 .　4　**治安維持法**公布(►p.197) .　5　**普通選挙法**公布(►p.197) 地租・営業税の地方委譲をめぐって政友会・革新倶楽部と対立し，連立崩壊 .　8　憲政会単独内閣発足 加藤首相の死去により総辞職

2 大正～昭和初期の政党

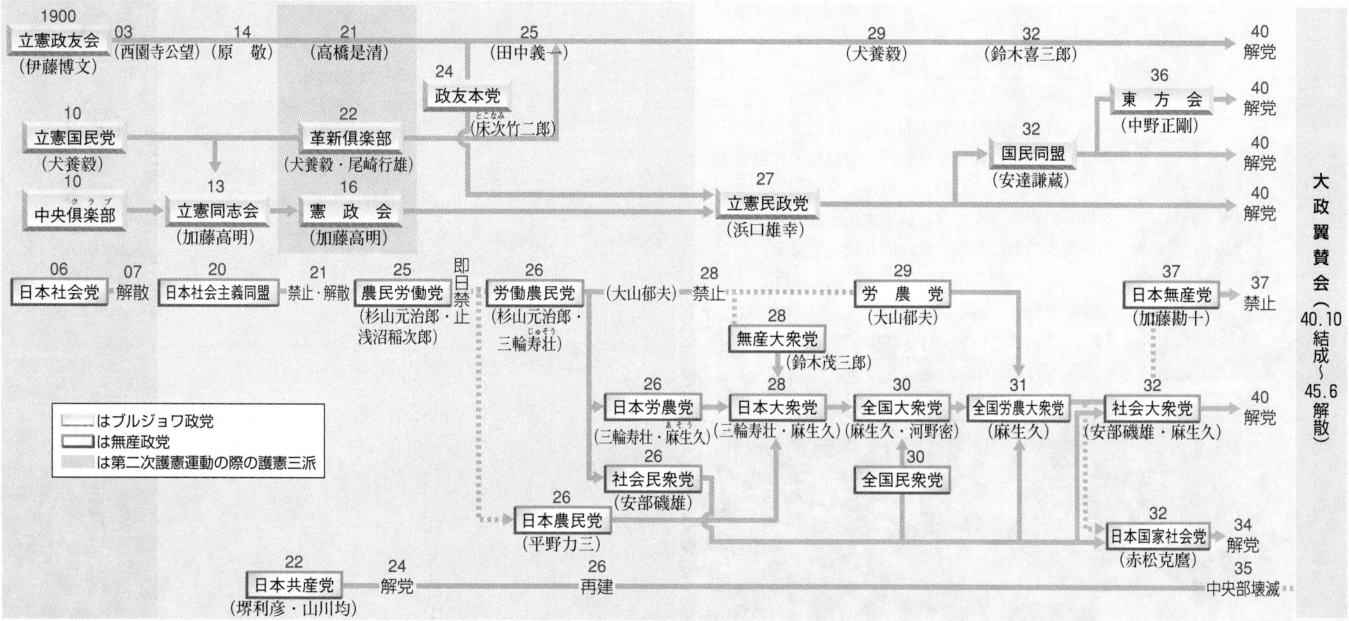

在職期間

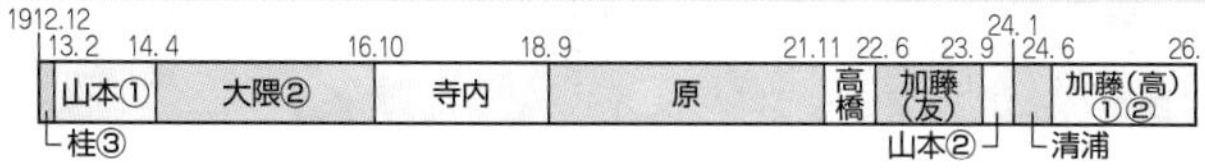

1 桂園《けいえん》時代 (◀p.173・193)

⬇1-1 渡欧《とおう》する桂太郎《かつらたろう》(左)を見送る西《さい》園寺公望《おんじきんもち》首相(1912年7月)

⬆1-2 荒らされる西園寺内閣　行財政《ぎょうざいせい》改革に取り組む内閣が陸海軍の予算要求に困惑《こんわく》する姿を風刺《ふうし》。千葉・日本漫画資料館蔵

京都国際マンガミュージアム蔵

Point 明治末期には長州藩出身で陸軍大将の桂太郎と公卿《くぎょう》出身で立憲政友会総裁の西園寺公望が交互に政権を担当し，藩閥勢力と政党勢力が協力関係を保ちながらも拮抗《きっこう》した。この時代を**桂園時代**という。この時代に政府は日露戦争での出費や累積《るいせき》国債による膨大《ぼうだい》な財政赤字を抱《かか》えて本格的な行財政改革に取り組まざるを得なくなる一方で，日露戦争の勝利を機にさらなる軍備拡張を強硬《きょうこう》に要求する陸海軍と対立を深めるなど，困難な問題を抱えることとなった。

⬅1-3 **ああ増税**(『東京パック』·1910年)　戦費捻《ねん》出《しゅつ》のための桂太郎内閣の増税策を風刺。

2 第一次護憲運動

2a 第一次護憲運動《ごけんうんどう》と大正政変《たいしょうせいへん》

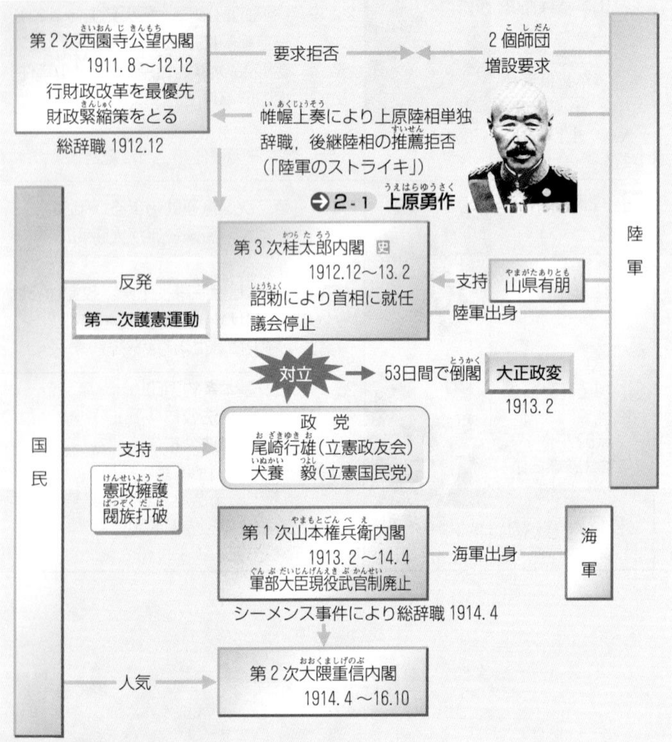

➡2-1 上原勇作《うえはらゆうさく》

Point 桂内閣の非立憲的な態度に憤激《ふんげき》した国民は，立憲国民党の犬養毅《いぬかいつよし》や立憲政友会の尾崎行雄《おざきゆきお》の指導の下に「憲政擁護《けんせいようご》・閥族打破《ばつぞくだは》」の運動を展開し，ついに桂を退陣に追い込んだ。これを**大正政変**という。政党勢力が藩閥勢力に勝利した劇的な政変である。

⬅2-2 桂太郎首相(左)を弾劾《だんがい》する尾崎行雄 史　東京・憲政記念館蔵

⬇2-3 犬養毅と尾崎行雄

⬆2-4 衆議院前を取り囲む民衆(1913年2月10日)

Discovery

明治の終焉《しゅうえん》～夏目漱石《なつめそうせき》と乃木希典《のぎまれすけ》～

1912年7月30日，明治天皇は尿毒症《にょうどくしょう》の悪化から心臓麻《しんぞうま》痺《ひ》をおこし，死去した。

歴史の表舞台にはその姿をあらわすことは少なかったが，明治天皇は身分の上下に関係なく，人々の大きな精神的な支柱であった。開化の外発性を批判した夏目漱石ですら，小説『こころ』の中の人物に「明治の精神が天皇にはじまって天皇に終わったような気がしました」と語らせ，9月13日の大喪儀《たいそうのぎ》の日には喪章《もしょう》をつけて写真を撮った。

同じく大喪儀の日，学習院長兼軍事参議官であった乃木希典陸軍大将と妻の静子は軍刀・短刀で殉死《じゅんし》した。これについては肯定的に受け止める雰囲気が一般的ではあったが，疑問をもつ者も多く，「信濃毎日新聞」は「殉死もしくは自殺は封建《ほうけん》の遺習《いしゅう》である」と論じた。こうした価値観の相克《そうこく》を経て時代は大正の新時代に向かうことになる。

⬆喪章をつけた夏目漱石

➡殉死当日朝の乃木夫妻(『乃木院長記念写真帖』)

「憲政の神様」

尾崎行雄《おざきゆきお》(1858—1954)は現在の神奈川県に生まれ，官吏《かんり》となった父に従って各地を転居。1882年に大隈重信《おおくましげのぶ》とともに立憲改進党《りっけんかいしんとう》の創立に参加。1890年衆議院議員に当選して以来，63年間に連続25回当選。1903～1912年には東京市長を務める。1912年の第一次護憲運動では桂太郎《かつらたろう》首相を弾劾《だんがい》する演説により大正政変のきっかけをつくった。その後も普通選挙運動・婦人参政権運動・軍縮推進運動・治安維持法反対運動など，一貫して民主主義と世界平和の確立のために尽力《じんりょく》した。永年在職表彰第1号，東京都名誉都民第1号のほか，衆議院名誉議員第1号として衆議院の正面玄関に胸像《きょうぞう》が建立《こんりゅう》されている。首相経験こそないが，その政治姿勢から「憲政の神様」「議会政治の父」とよばれる。雅号《がごう》は学堂《がくどう》(のちに愕《がく》堂・咢《がく》堂)。

⬆衆議院正面玄関に飾られた尾崎行雄像と三木武夫《みきたけお》

2b シーメンス事件

Point 大正政変後，海軍出身の山本権兵衛《やまもとごんべえ》が首相となり，政党政治に向かう社会の趨勢《すうせい》に配慮した政策を展開したが，海軍高官が兵器購入の際にドイツのシーメンス社から賄賂《わいろ》を受け取ったことが明るみに出ると，責任をとって辞職した。

➡2-5 シーメンス事件(『東京パック』·1914年)

1 第一次世界大戦前の国際情勢

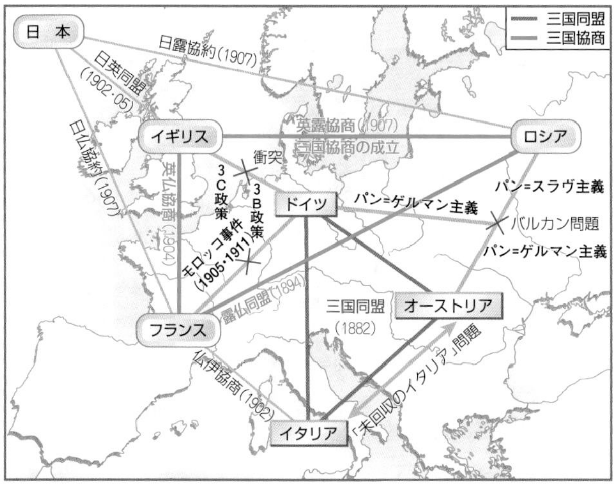

1-1 「沸騰《ふっとう》する鍋《なべ》」 「ヨーロッパの火薬庫」バルカン半島の情勢を風刺《ふうし》。

Point 三国同盟と三国協商の対立に加え，パン＝ゲルマン主義とパン＝スラヴ主義の民族的な対立が情勢を複雑にしていた。

Discovery

子どもたちの第一次世界大戦

第一次世界大戦は日本の国民(特に子どもたち)に「世界」を感じさせた初めての戦争であった。この当時の少年雑誌の新年号の付録《ふろく》には，さまざまな意匠《いしょう》の双六《すごろく》があるが，子どもたちはこうした双六で遊びながら「世界」のイメージを把握《はあく》したのではないだろうか。

「滑稽《こっけい》世界漫遊《まんゆう》双六」 横浜を出発して世界の諸都市を巡《めぐ》るという趣向《しゅこう》。

個人蔵

2 日本の参戦と外交

2a 第一次世界大戦略年表

大隈重信《おおくましげのぶ》②	1914. 6	サライェヴォ事件
	7	第一次世界大戦勃発
	8	ドイツに宣戦布告
	10	赤道以北のドイツ領南洋諸島を占領
	11	青島《チンタオ》を占領
	1915. 1	袁世凱《えんせいがい》政府に二十一カ条の要求を提出➡5月受諾
寺内正毅《てらうちまさたけ》	1917. 1	西原借款《にしはらしゃっかん》開始
	2	日本海軍，地中海に出動
	11	石井・ランシング協定
	1918. 8	シベリア出兵を宣言
原《はら》敬《たかし》	1918. 11	ドイツ革命。休戦協定調印＝第一次世界大戦終結
	1919. 1	パリ講和会議開催(►p.199)
	3	朝鮮で三・一独立運動
	5	中国で五・四運動(►p.199)
	1920. 1	国際連盟発足
	3～5	尼港《にこう》事件

2b 日本の参戦関係図

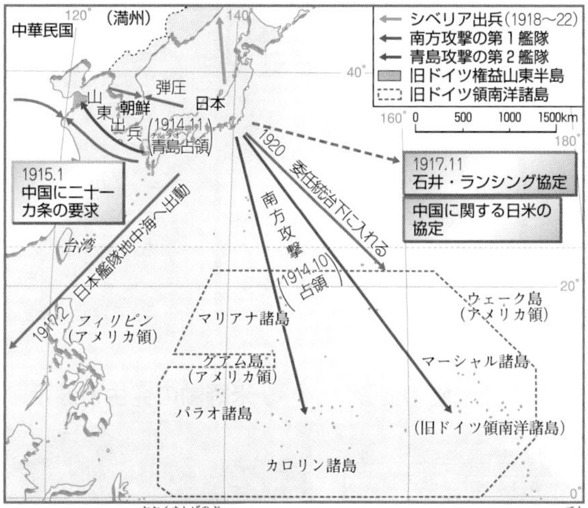

Point 第2次大隈重信《おおくましげのぶ》内閣は第一次世界大戦を「大正新時代の天《てん》佑《ゆう》」(井上馨《かおる》)としてただちに参戦を決定。これを機に極東・太平洋地域のドイツ勢力を排除《はいじょ》した。

2-1 地中海へ派遣《はけん》される駆逐艦《くちくかん》 イギリスの要請により輸送船を護衛《ごえい》。

2-2 青島陥落《チンタオかんらく》を祝う花電車 その後，青島攻略軍の凱旋《がいせん》に合わせて東京駅を開業。

2c 二十一カ条の要求

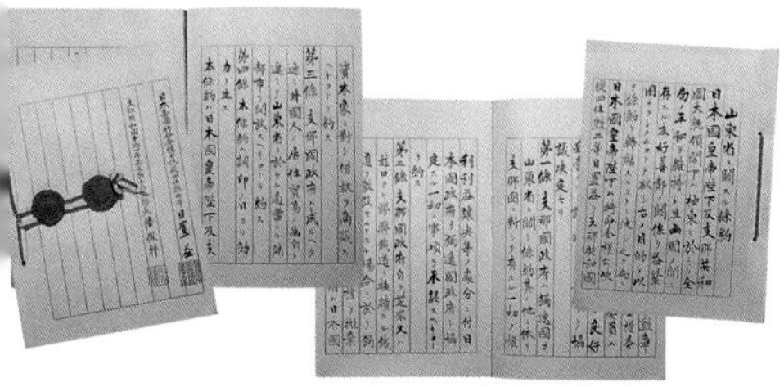

2-3 二十一カ条の要求 外務省外交史料館蔵

二十一カ条の要求の概要 史

【第1号】山東省《さんとうしょう》に関するもの
●ドイツ権益については日独の協定に従う
【第2号】南満州・東部内蒙古《うちもうこ》関係
●旅順《りょじゅん》・大連《だいれん》の租借権の99カ年延長
【第3号】漢冶萍公司《かんやひょうコンス》に関するもの
●漢冶萍公司を日中合弁とする
【第4号】中国沿岸の港湾・島嶼《とうしょ》の不割譲
【第5号】中国全土にわたる要求
●中国政府に日本人顧問を傭聘《しょうへい》

2-4 袁世凱《えんせいがい》 北方軍閥《ぐんばつ》の巨頭。

Point 第一次世界大戦で欧米列強の関心が中国から逸《そ》れた隙《すき》に，大隈重信内閣は袁世凱政府に過度な要求を突きつけ，そのほとんどを認めさせた。最後通《つう》牒《ちょう》の手交の日(5月7日)と受諾の日(5月9日)は「国恥《こくち》記念日」とされ，排日運動が高まった。

2d シベリア出兵

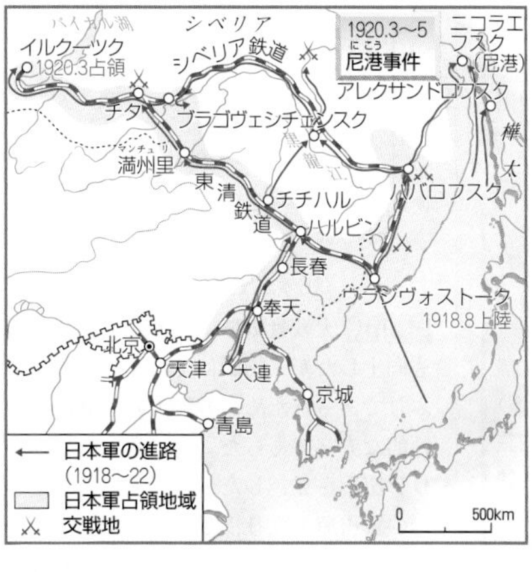

2-5 兵舎での氷結した酒の分配 猛烈な寒気とパルチザンの襲撃に脅《おびや》かされ，兵士たちの士気は低下した。結局，10億円の経費と3,500名の犠《ぎ》牲《せい》を払って得たのは国際的な不信だけであった。

2-6 盛大な見送りを受けて汐《しお》留《どめ》駅を出発する兵士たち

大戦景気と米騒動

1 大戦景気

1a 重化学工業品の生産と自給率

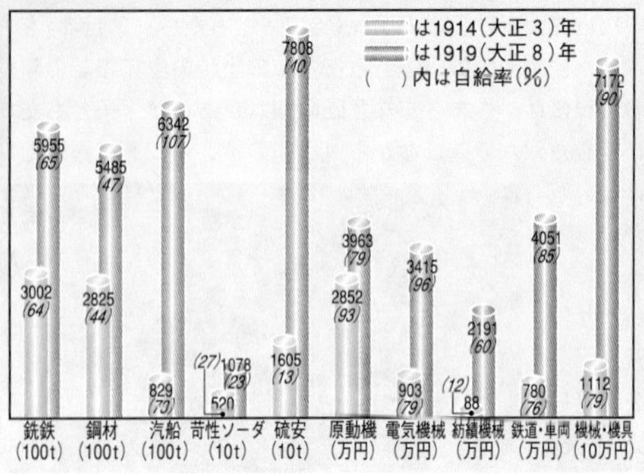

(『近代日本貿易史』などより作成)

1b 貿易額の変動

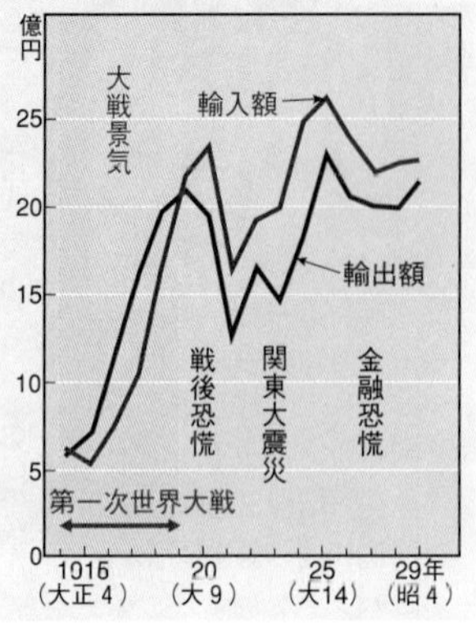

(『現代日本史資料(上)』東京法令出版)

1c 産業構造の変化

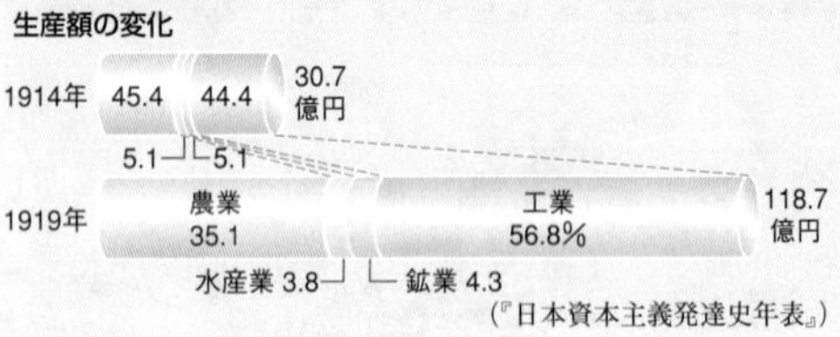

(『日本資本主義発達史年表』)

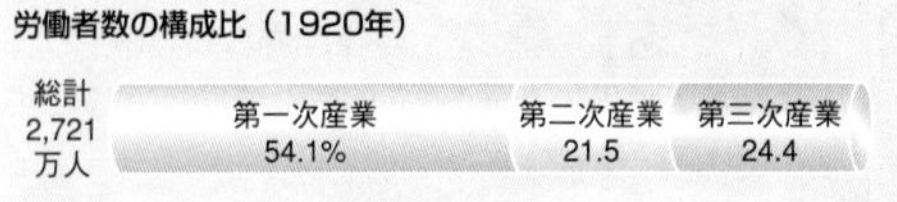

第三次は商業，交通，陸海軍，教育その他の公務自由業，家事使用人その他の産業。

(『日本長期統計総覧』)

農業国→工業国

工業生産額が農業生産額を超過《ちょうか》

発展	
海運業《かいうんぎょう》	造船業《ぞうせんぎょう》
鉄鋼業《てっこうぎょう》	化学工業《かがくこうぎょう》

輸入超過→輸出超過

貿易収支《ぼうえきしゅうし》が赤字から黒字へ転換《てんかん》

債務国《さいむこく》→債権国《さいけんこく》

国際収支において債務国(他国への支払いのほうが多い)から債権国(他国からの支払いが多い)へと変化

2 成金《なりきん》の出現

2-1 靴を探すために百円札を灯《あか》りにする成金 和田邦坊画

2-2 金《かね》子直吉《こなおきち》 鈴木商店の大番頭。積極的な事業拡大により鈴木商店《すずきしょうてん》を三井物産に並ぶ貿易商社に発展させた。

2-3 内《うち》田信也《だのぶや》 三井物産の船舶主任であったが大戦勃発《ぼっぱつ》を予見して退社。内田汽《うちだき》船《せん》を設立した。

2-4 成金職工《なりきんしょっこう》 需要が急増した産業や熟《じゅく》練《れん》技術を要する産業では高給取りでおしゃれな成金職工が出現した。写真は八幡製鉄所の工場絵葉書《えはがき》。 個人蔵

! 成金 将棋《しょうぎ》で歩《ふ》の駒《こま》が敵陣に入ると金将の駒と同等になることから，特に第一次世界大戦中の好景気でにわかに金持ちになった者を指す。特に鉄・造船・海運で財をなした者が多い。しかし，その多くは戦後恐慌(1920年)や金融恐慌(1927年)で没落した。まさに「成金」と「成貧」の差は紙一重であった。

3 庶民の困窮《こんきゅう》と米騒動《こめそうどう》

3a 労働者家庭の家計(1918年/1ヵ月)

■家族構成—夫，妻，子(6歳，4歳)

収入	36円
支出	41円93銭《せん》5厘《りん》
赤字	5円93銭5厘

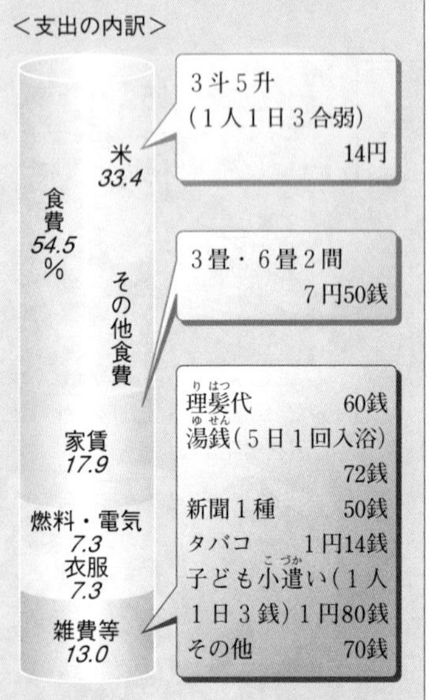

(『日本史資料(上)』東京法令出版により作成)

3b 東京の小売米価《こうりべいか》の変動

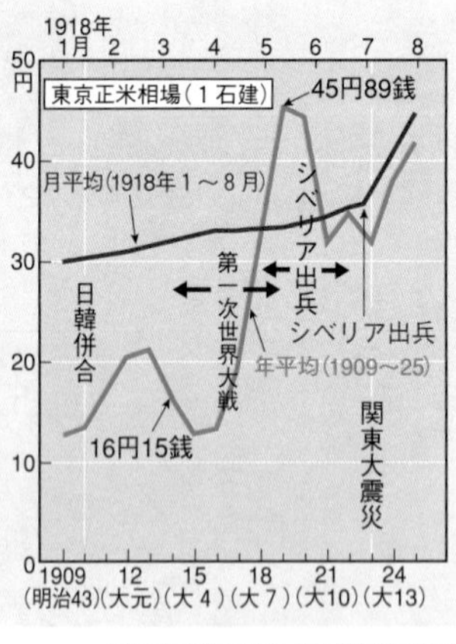

(『日本近代史辞典』東洋経済新報社)

Point 大戦景気により労働者の賃金も向上したが，物価はそれを凌《しの》ぐ上昇ぶりであったため，労働者の家計は慢《まん》性《せい》的な赤字であった。特に政府の**シベリア出兵**を見越した米穀商《べいこくしょう》や大地主が米の買占め・売り惜しみをすると米価は急騰《きゅうとう》し，困窮《こんきゅう》した民衆は各地で**米騒動**をおこした。

TRY 論述 米騒動のおこった要因を当時の政府の政策と関連させて説明し，さらに米騒動がその後の政治に与えた影響について述べなさい。 推移 相互関連

3c 米騒動の発生と波及

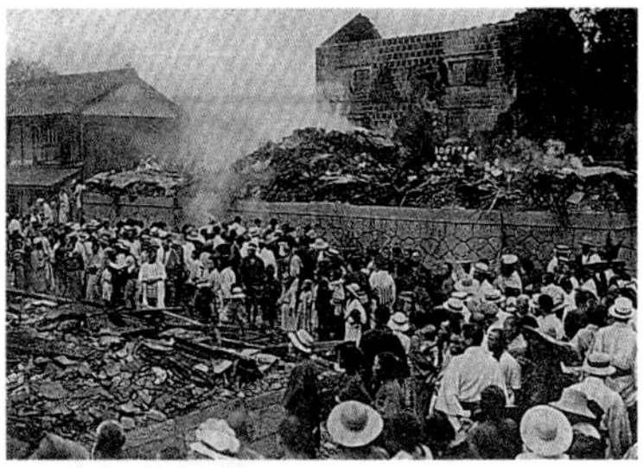

3-1 焼き打ちされた精米所

Point 富山県下の「女房一揆《にょうぼういっき》」から始まった米騒動は，たちまちのうちに1道3府39県に波及し，参加者は延べ人数で70万人を超えた。**寺内正毅《てらうちまさたけ》内閣**は外出禁止令や報道規制とともに軍隊を出動させて鎮《ちん》圧《あつ》にあたったが，まもなく総辞職し，わが国最初の本格的な政党内閣(►p.197)である**原敬《はらたかし》内閣**が誕生した。

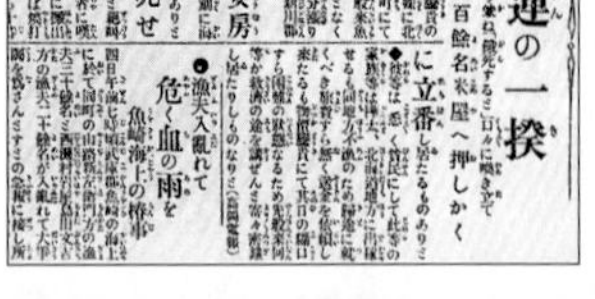

3-2 米騒動を伝える新聞 「大阪朝日新聞」 1918年8月5日

1 社会運動の発展

1a 大正デモクラシーの理論と指導者

1-1 吉野作造《よしのさくぞう》(1878～1933) 『中央公論』に「憲政の本義を説いて其《その》有終の美を済《な》すの途《みち》を論す」を発表して**民本主義**を主張。大学教授などからなる**黎明会《れいめいかい》**を結成，学生団体**新人会《しんじんかい》**を指導して普選運動にも大きな影響を与えた。「民本」とは天皇主権下での民主的政治運用を意味する彼の造語。

1-2 美濃部達吉《みのべたつきち》(1873～1948) 天皇は国家の最高機関として憲法に基づいて統治権を行使するという**天皇機関説**を主張。その考え方は大正から昭和初期に一般的となって政府もその立場をとったが，1935年に貴族院で問題とされ，著書は発禁，彼は貴族院議員を辞任した(►p.211)。

1b 部落解放運動

1-3 全国水平社の創設者たち 前列右から2番目は「水平社」を命名した阪本清一郎《さかもとせいいちろう》，後列右は宣言起草者の西光万吉《さいこうまんきち》。

Point 1922(大正11)年3月，京都岡崎公会堂で全国水平社創立大会が開催され，被差別部落の人々が自らの手でいわれなき差別を撤廃する運動を開始した。西光万吉の起草した**水平社宣言**には社会主義の影響が強くみられるが，それ以上に人間の尊厳を高らかに歌いあげ，人権宣言としての格調の崇高さにおいて際だっている。この時代のヒューマニズムの到達点といえる。

1c 普選運動

Point 普通選挙権の要求は自由民権運動にもみられたが，本格化したのは1897年に松本で結成された普通選挙期成同盟会の活動からである。**大逆事件**の影響で弾圧されたが，第一次世界大戦後に吉野作造・福田徳三《ふくだとくぞう》らの黎明会や吉野門下の赤松克麿《あかまつかつまろ》らの新人会を中心に大衆運動として復活。1922年以降は憲政会・国民党など野党統一普選案が議会の度《たび》に提出されるなど，国民的な盛り上がりを見せた。

1-4 全国普選大演説会(1920年・上野公園) 演説者は尾崎行雄《おざきゆきお》(◄p.194)。

1-5 普選要求デモ(1918年頃・日本橋)

1d 労働運動・農民運動

1-6 伏石争議《ふせいし》 香川県伏石村で農民たちが小作料の30%減を要求。立毛《たちげ》(収穫前の稲)を差し押さえようとする地主に対して実力で脱穀を強行し，17.5%の小作料減を達成した。

1-7 争議を支援する鈴木文治《すずきぶんじ》(写真の中央) 1912年に鈴木文治らにより結成された**友愛会《ゆうあいかい》**は，しだいに争議にかかわるようになり，19年には**大日本労働総同盟友愛会**，21年には**日本労働総同盟**と改称，日本を代表する労働組合に成長した。

2 政党内閣の成立

2a 原敬内閣の成立

2-1 「平民宰相《へいみんさいしょう》」原敬《はらたかし》 爵位をもたない「平民宰相」で，陸・海・外相以外は政友会党員からなるわが国初の本格的な**政党内閣**を組織した。しかし，普選実施などの国民の要求を抑え，党利を優先したため，国民の反感は強かった。

(右) 千葉・日本漫画資料館蔵

2b 第二次護憲運動

2-2 清浦奎吾《きようらけいご》 山県有朋系の官僚。陸・海・外相以外は貴族院から選ばれるなど，時代錯誤はだれの目にも明らかであった。

清浦奎吾《きようらけいご》内閣
超然《ちょうぜん》主義・議会を無視
← 支持 ― 貴族院 政友本党

対立 → 衆議院解散・総選挙 → 総選挙で護憲三派大勝 護憲三派内閣成立

護憲三派
憲政会(加藤高明《かとうたかあき》)
立憲政友会(高橋是清《たかはしこれきよ》)
革新倶楽部《クラブ》(犬養《いぬかい》 毅《つよし》)
← 支持 ― 国民

2-3 三党首の会談 三浦梧楼《みうらごろう》(朝鮮王妃閔妃《びんひ(ミンヒ)》を殺害した人物)(◄p.181)の斡旋《あっせん》により高橋是清《たかはしこれきよ》(政友会)，加藤高明《かとうたかあき》(憲政会)，犬養毅《いぬかいつよし》(革新倶楽部)の三党首会談が行われ，**護憲三派の提携**が成立した。三浦は枢密顧問官を辞して斡旋にあたった。写真左より三浦，高橋，加藤，犬養。

3 普通選挙法と治安維持法

3a 治安維持法の成立

3-2 「口に雨戸」(北沢楽天画『楽天漫画集大成』) 政府の言論・自由の弾圧姿勢を描いた風刺画。さいたま市立漫画会館蔵

3-1 治安維持法反対集会で検挙された参加者 言論の自由への圧迫を危惧《きぐ》した民衆は，各地で治安維持法反対運動を繰り広げた。

Point 普選断行を公約に掲げた護憲三派内閣は，野党の政友本党の反対を押し切って1925年3月に**普通選挙法**を成立させた。その結果，下記の表にみられるように，有権者の数は4倍に増えた。その10日ほど前には**治安維持法**が圧倒的多数で可決されている。このように政府は一方で選挙権を拡大して国民の期待に応《こた》えつつ，他方では無産勢力の進出を厳重に取り締まる**「アメとムチ」の政策**を展開した。

3b 衆議院議員選挙法の変遷と有権者の増加

公布年	性格	有権者の資格		有権者数	公布当時の首相
		直接国税	年齢・性別	0% 20 40 60 80 100	
1889	制限選挙	15円以上	25歳以上の男性	45.1 (1.1)	黒田《くろだ》 清隆《きよたか》
1900	制限選挙	10円以上	25歳以上の男性	98.3(2.2)	山県《やまがた》 有朋《ありとも》
1919	制限選挙	3円以上	25歳以上の男性	307.0(5.5)	原《はら》 敬《たかし》
1925	普通選挙	制限なし	25歳以上の男性	1,240.9(20.8)	加藤《かとう》 高明《たかあき》
1945	普通選挙	制限なし	20歳以上の**男女**	3,687.8(50.4)	幣原《しではら》喜重郎《きじゅうろう》
2015	普通選挙	制限なし	18歳以上の**男女**	10,609.1(83.7)*	安倍《あべ》 晋三《しんぞう》

赤数字：総数(万人)
( )内 青数字：全人口比(%)

*第48回衆議院議員選挙(2017年10月)のもの。

特集　近代の女性群像

長く続いた封建社会の下で，男尊女卑《だんそんじょひ》の道徳観や因襲《いんしゅう》を押しつけられてきた女性たちも，近代の夜明けとともにしだいに自分たちのそれぞれの生き方を求め，男性本位であった社会に果敢《かかん》に挑戦し，変革をしていった。

与謝野晶子《よさのあきこ》

女性の自立を唱《とな》えた
情熱の浪漫派《ろまんは》詩人

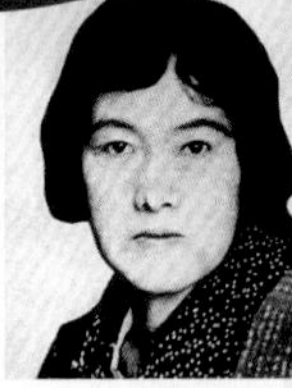
↑1　与謝野晶子

与謝野晶子《よさのあきこ》(1878～1942)は，大阪堺《さかい》の老舗《しにせ》菓子商の三女として出生。本名は鳳晶《おおとりしょう》。父の宋七《そうしち》が風流人であったため，幼少時より学問・文芸への感化を受け，『源氏物語』や近松《ちかまつ》門左衛門《もんざえもん》の浄瑠璃《じょうるり》を愛好した。関西青年文学界の機関誌『よしあし草』に短歌や新体詩を発表するようになり，やがて**与謝野鉄幹**《よさのてっかん》(寛《ひろし》)が短歌の革新を唱えると山川登美子《やまかわとみこ》とともに『**明星**《みょうじょう》』に作品を発表し，競い合った。

妻子ある鉄幹との恋愛に悩む晶子がその恋愛を高らかに歌い上げて正当化しようとしたのが『みだれ髪』で，その華麗《かれい》な調べは三木《みき》露風《ろふう》・若山牧水《わかやまぼくすい》ら多くの青年に感化を与えた。結局，鉄幹との間には10名を超える子供をなした。

1904年の日露戦争に際しては戦場に赴《おもむ》く弟籌三郎《ちゅうざぶろう》を気づかって「**君死にたまふことなかれ**」を歌い，反戦詩として非難を受けた(◄p.181)。1912年には鉄幹を追って渡米。これを契機《けいき》に個人主義や社会問題に目覚めた晶子は政治・経済・婦人問題を積極的に発表した。特に女性の母性については，トルストイやエレン＝ケイが唱える，女性は母となることが天賦《てんぷ》の使命だとする説に反対し，国家や男性の保護を必要としない女性の完全な精神的・経済的自立を主張し，平塚らいてうとの間に論争を巻きおこした。

↓2　**文化学院**(東京都文京区)
1921年，愛と自由を理念として西村伊作《にしむらいさく》らと創設

↑3　『**みだれ髪**』　堺市立図書館蔵

平塚《ひらつか》らいてう

『青鞜《せいとう》』を創刊した女性解放運動の象徴《しょうちょう》

平塚らいてう(1886～1971)のらいてう(雷鳥)は号で，本名は明《はる》。東京に生まれ，上流階級のエリート女性として成長した。その明《はる》を有名にしたのが作家森田草平《もりたそうへい》との情死未遂事件で，自我《じが》の確立を求めていた明《はる》が観念的な恋愛を試みようとしたものだとされる。

→4　『**青鞜**』**創刊号**(長沼智恵子画)
(財)日本近代文学館蔵

←5　平塚らいてう

やがて1911年9月，明《はる》は与謝野晶子《よさのあきこ》・野上弥生子《のがみやえこ》・田村俊子《たむらとしこ》らと『**青鞜**《せいとう》』を発刊する。「元始，女性は実に太陽であった…」という創刊の辞はあまりにも有名である。当初は文芸雑誌であったが，しだいに婦人問題評論誌としての色彩が強まり，伊藤野枝《いとうのえ》・神近市子《かみちかいちこ》・山川菊栄《やまかわきくえ》らの女性活動家を輩出《はいしゅつ》した。

1916年に『青鞜』が廃刊となると，『婦人公論』誌上で活発な評論活動を開始し，与謝野晶子との間に激しい論争を巻きおこした。1919年末には市川房枝《いちかわふさえ》・奥《おく》むめおらと新婦人協会の結成にかかわったが，女性参政権要求に絞《しぼ》って活動を展開しようとする実務家の房枝と決別し，3年で新婦人協会は解散した。以後，女性解放運動の第一線からは完全に退《しりぞ》いたが，朝鮮戦争の際に米国務長官のダレスに平和を訴えたことを契機《けいき》に人々に思い出され，女性解放運動のシンボルとされた。

→6　『**青鞜**』**の同人**　右から2人目がらいてう。　(財)日本近代文学館蔵

高群逸枝《たかむれいつえ》

結婚と家族形態から
女性史を研究した理論家

平塚らいてうは，長い歴史の中で女性が強いられてきた歪《ゆが》みを見つめ直すことが重要であると考えたが，その思想はらいてうが「自分の精神的娘」とよんだ高群逸枝《たかむれいつえ》(1894～1964)に引き継がれた。

↑7　高群逸枝と橋本憲三

逸枝は熊本県で小学校長の家庭に生まれ，師範学校を卒業して上京するとともに詩人として文壇にデビュー。文学青年の橋本憲三《はしもとけんぞう》と恋愛関係となるが，愛児を喪《うしな》ったりして憲三との恋愛のこじれから悩み，四国遍路《へんろ》の旅に出る。その後，憲三と和解して正式に結婚。以降，逸枝は結婚と家族のあり方を通じての女性史の研究に没頭。憲三が用意した「森の家」とよばれる洋館にて後半生の三十数年間をほとんど門外不出で1日10時間以上もの研究生活を送った。こうした研究生活から大著『大日本女性史』(のち『母系制の研究』)や『招婿婚《しょうせいこん》の研究』などが生まれ，家父長《かふちょう》的な家族制度は日本の始まりから存在していたという従来の通念を打ち砕いた。

逸枝は社会主義運動にもかかわり，昭和5年に無産婦人芸術連盟を結成し機関誌『婦人戦線』を発刊。家事労働や育児の共同化を提起，実生活でも逸枝が研究に専念できるよう家事は夫の憲三が受けもった。こうした夫婦関係は当時の常識からは大きく外れていたが，現代の男女共同参画社会の先駆《さきが》けといえよう。

←8　逸枝が研究に没頭した「森の家」

市川房枝《いちかわふさえ》

女性の政治参加をめざした
生涯現役の闘士

1893年に愛知県下の農家に生まれる。愛知女子師範学校を卒業後，高等小学校教員・新聞記者を経て上京し，平塚らいてうと出会う。1919年末にらいてうらと**新婦人協会**を結成し，女性の政治演説会への参加を禁止した治安警察法第5条の撤廃《てっぱい》をめざして活動を開始した。

しかし，理論優先のらいてうと実務派の房枝はしだいに距離を置くようになり，房枝はその後渡米。帰国後の1924年に**婦人選挙権獲得期成同盟**を設立し，女性解放運動の指導者として活躍した。戦後の一時期は公職追放により社会活動を中断されるが，追放解除後の1950年には日本婦人有権者同盟の会長に就任し，1953年の参院選では経費をかけない「理想選挙」で当選。以後，選挙のたびに常に上位当選を果たし，労働省婦人少年局の存続，売春防止法の制定，再軍備反対運動，国際婦人年の推進，政界の浄化などの実績をあげた。その人柄，高い理想と強い意志から「だいこんの花」「野中の一本杉」「もみくちゃの十円札」などとよばれ，多くの政治家から尊敬された。

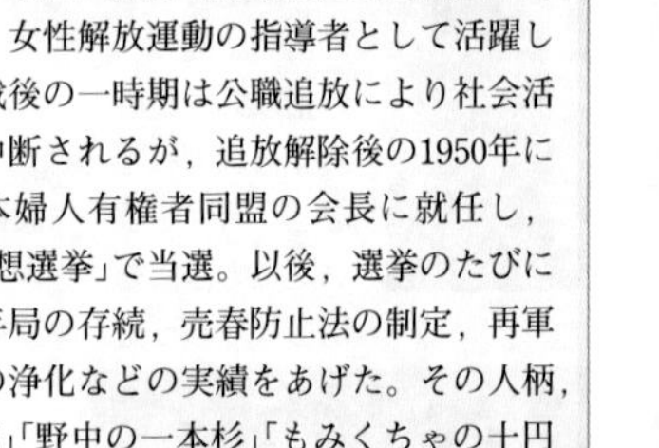
↑9　**新婦人協会総会での演説**(1919年)

←10　**国会でロッキード事件追及の質問**(1976年)

→11　**参院選全国区に87歳でトップ当選**(1980年)

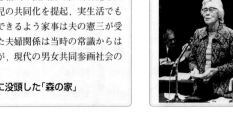

1 協調外交と軍縮

1a 国際協調時代の国際会議・軍縮条約

会議・条約名	参加国	日本全権	主な内容と影響
パリ講和会議 (1919.1～.6) ↓ **ヴェルサイユ条約** (1919.6)	27カ国	西園寺《さいおんじ》公望《きんもち》 牧野《まきの》伸顕《のぶあき》	赤道以北の南洋諸島を日本の委任統治領とする。山東省のドイツ権益を日本が継承する ➡**五・四運動**がおこる
＊ワシントン会議 **四カ国条約** (1921.12)	英・米・日・仏	加藤友三郎《かとうともさぶろう》 徳川家達《とくがわいえさと》 幣原喜重郎《しではらきじゅうろう》	太平洋地域の安全保障と現状維持 ➡**日英同盟終了**(◀p.180)
＊ワシントン会議 **九カ国条約** (1922.2)	英・米・日・仏・中・蘭・ベルギー・ポルトガル・伊		中国の主権尊重・門戸開放・機会均等。山東半島権益の返還➡**石井・ランシング協定廃棄**
＊ワシントン会議 **ワシントン海軍軍縮条約** (1922.2) 史	英・米・日・仏・伊		主力艦・航空母艦の保有量を制限する。10年間建造を禁止
ジュネーヴ会議 (1927.6～.8)	英・米・日 ※仏・伊は不参加	斎藤《さいとう》実《まこと》 石井菊次郎《いしいきくじろう》	補助艦制限をめざすが，仏・伊は総トン数制限を拒否して不参加。英・米・日間でも調停に失敗
不戦条約 (ケロッグ・ブリアン協定／1928.8)	15カ国(のち，63カ国) 日本も調印	内田康哉《うちだこうさい》	国策手段としての戦争の放棄➡「人民の名において…」の文面が国体に矛盾すると問題化
ロンドン会議 (1930.1～.4) ↓ **ロンドン海軍軍縮条約**(1930.4)	英・米・日・仏・伊	若槻礼次郎《わかつきれいじろう》 財部《たからべ》彪《たけし》	主力艦の建造禁止を5年間延長する。英・米・日の補助艦の保有量を制限する ➡**統帥権干犯問題**《とうすいけんかんぱんもんだい》

＊ワシントン会議(1921.12～22.2)

外務省外交史料館蔵

➡1-1 パリ講和会議の日本代表団 前列右から6人目が西園寺公望，その左が牧野伸顕《のぶあき》。総勢64名の中には昭和になって首相・外相となった近衛文麿《このえふみまろ》・吉田茂・芦田均《あしだひとし》・松岡洋右《まつおかようすけ》・重光《しげみつ》葵《まもる》なども加わっていた。

1b ワシントン海軍軍縮条約(1922.2)による主力艦・航空母艦の保有制限

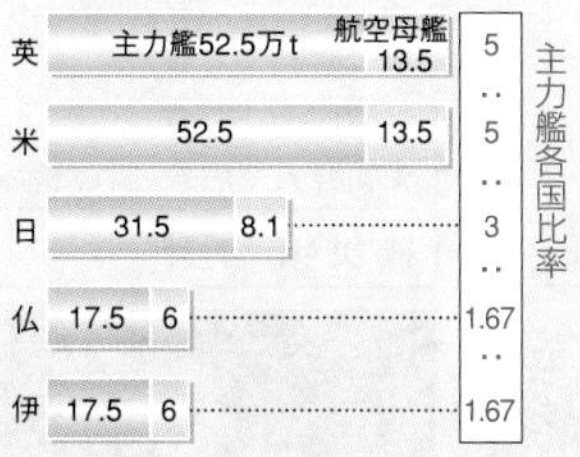

➡1-2 幣原喜重郎《しではらきじゅうろう》 (1872～1951) 歴代の憲政会・立憲民政党内閣の外相として国際協調に努め，その外交は**幣原外交**《しではらがいこう》とよばれた。敗戦直後に首相となり，農地改革や日本国憲法の制定に関わった。

1c ロンドン海軍軍縮条約(1930.4)による補助艦の保有制限

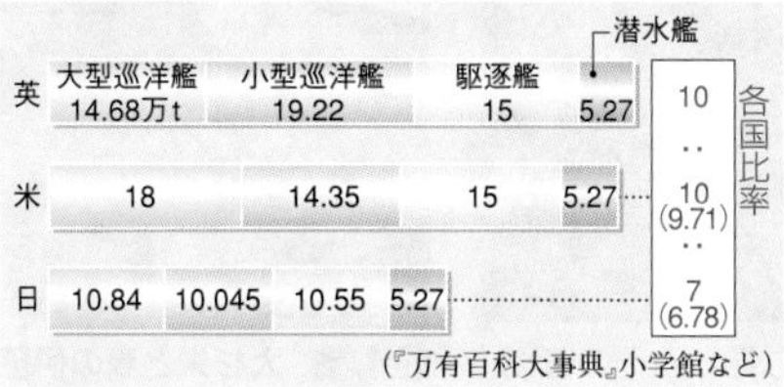

(『万有百科大事典』小学館など)

Point 野党の立憲政友会や海軍軍令部，右翼は，政府が軍令部の反対を押し切ってロンドン海軍軍縮条約に調印したのは統帥権《とうすいけん》の干犯《かんぱん》であると激しく攻撃。浜口首相は1930年11月，東京駅にて右翼青年に狙撃され，翌年8月に死亡した。(►p.211)

1d 財政支出における軍事費の比率

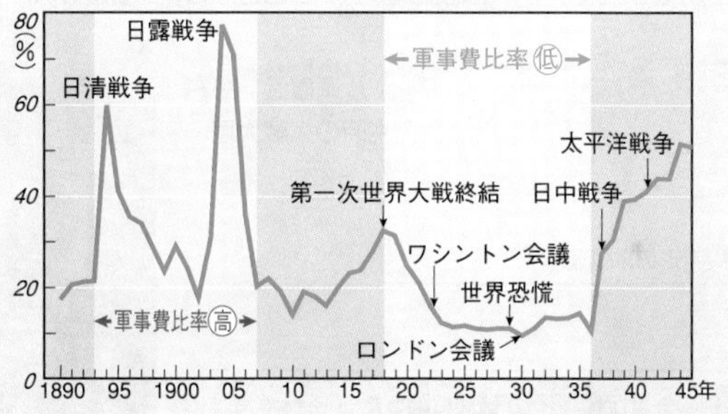

(『長期経済統計7 財政支出』より作成)

Point 日清・日露戦争時と比較すると，第一次世界大戦後の1920年代～1930年代前半は軍事費の比率が極めて低い。これは世界的な軍縮の影響であるが，その背景には第一次世界大戦後のヨーロッパ諸国の国力の低下や戦後恐慌《きょうこう》・世界恐慌の影響があった。

2 朝鮮の三・一独立運動

⬆2-1 女子学生たちのデモ 三・一独立運動は女子学生や妓《キー》生《セン》(芸者《げいしゃ》)まで参加する国民的な運動に発展し，鎮圧《ちんあつ》に苦慮《くりょ》した朝鮮総督《そうとく》府《ふ》は，これを機に武断《ぶだん》制度から皇民《こうみん》化《か》政策による文化《ぶんか》政治へと転換《てんかん》した(◀p.183)。

(平凡社『アジア歴史地図』など)

⬇2-2 三・一独立運動を記念するパゴダ公園のレリーフの1枚

! 三罷《さんぴ》闘争…学生・商店・労働者のストライキ
罷《ひ》市《し》…商店の一斉閉店
日貨排斥…日本商品の不買運動

3 中国の五・四運動

Point 日本の侵略を警戒していた中国民衆は，パリ講和会議で山東省権益が還付《かんぷ》されないことが確実になると，北京大学の学生のデモを機に各地で一斉に抗日《こうにち》運動をおこした。中国政府は親日官僚を罷《ひ》免《めん》し，ヴェルサイユ条約の調印を拒否せざるをえなかった。

⬆3-1 抗日国民大会(1919年12月 北京・天安門広場)

⬅3-2 上海の抗日運動

➡3-3 排日運動のビラ 二十一カ条要求(◀p.195)当時のもの。

外務省外交史料館蔵

関東大震災と金融恐慌

1 関東大震災の発生とその被害

1a 被害地域図

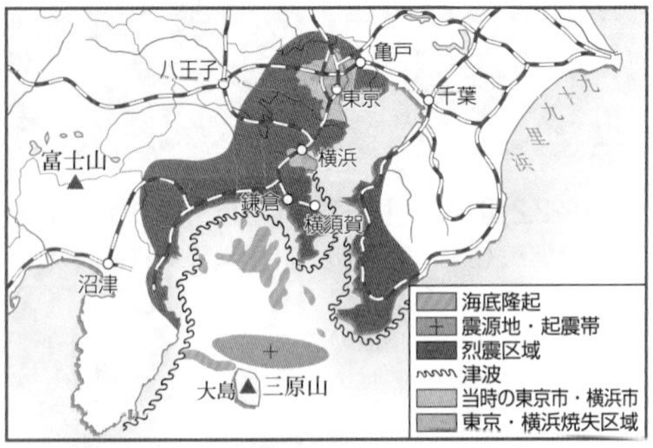

1b 被害の概要

	被害総額—約65億円(当時の国家予算一般会計の4倍以上)	
家屋	全《ぜん》　壊《かい》	128,226戸
	半《はん》　壊《かい》	126,233
	焼《しょう》　失《しつ》	447,128
	津波《つなみ》による流出	868
	合　計	約70万戸
人員	死　者	99,331人
	負傷者	103,733
	行方不明者	43,476
	★朝鮮人で虐殺《ぎゃくさつ》された者	約6,000
	罹《り》災《さい》者《しゃ》合計	約340万人

Point 1923(大正12)年9月1日午前11時58分，マグニチュード7.9の大地震が関東一円を襲い，未《み》曾《ぞ》有《う》の大被害をおよぼした。特に昼食時であったために各地で火災が発生し，多くの人々が焼死した。混乱に乗じて朝鮮人の殺害や社会主義者への弾圧・暗殺(**亀戸《かめいど》事件・甘粕事件**)も相次いでおこった。現在，9月1日は防災の日となっている。

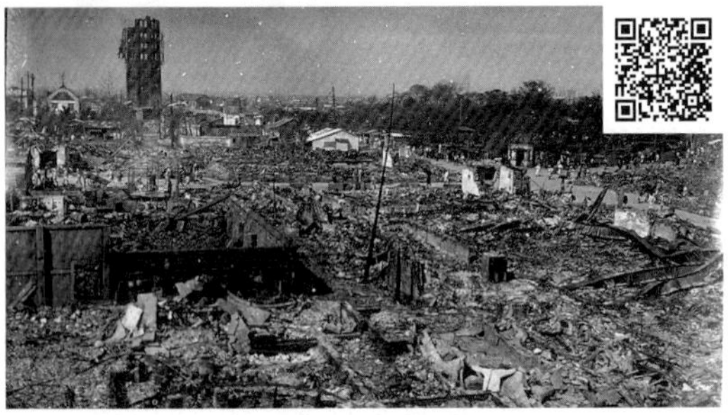

↑1-1 **震災直後の浅草の焼け跡** 大きな揺れとその直後に発生した火災により東京の下町の広い範囲が焼け野原となった。左奥に見えるのは8階部分から崩壊した浅草十二階(凌雲閣《りょううんかく》)。

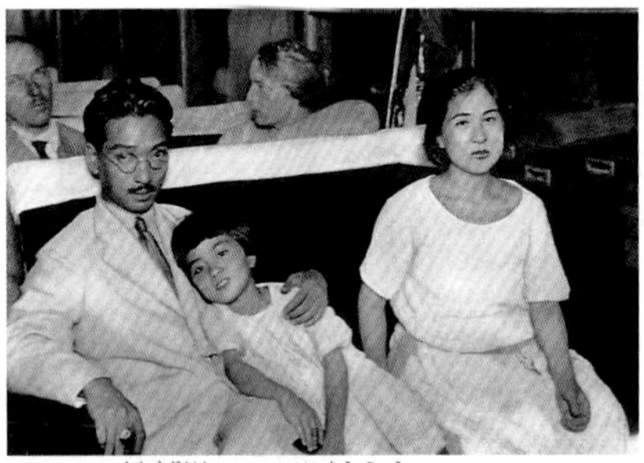

↑1-2 **大杉栄《おおすぎさかえ》と妻の伊藤野枝《いとうのえ》** 神戸から東京へ戻る車中で。この2カ月半後の震災の混乱のなかで甘粕正彦《あまかすまさひこ》の率いる憲兵隊《けんぺいたい》に虐殺された(**甘粕事件《あまかすじけん》**)。

Discovery

市民による朝鮮人の殺害

震災直後より「朝鮮人が井戸へ毒を投げ込んだり，放火・殺人・強姦《ごうかん》をしている」というデマが飛び交った。警察も警戒をよびかけたため，人々は容易にこのデマを信じ，各地で自警団《じけいだん》を組織して朝鮮人に公然と暴行を加えたり，殺害した。殺害された朝鮮人は6,000人にものぼるとされるが，そのうち刑事責任を追及されたのはほんのわずかにすぎず，政府はこの事件を黙殺《もくさつ》した。朝鮮人へのいわれなき差別意識が生んだ不幸な事件であった。

➡武装した自警団の人々

2 金融恐慌《きんゆうきょうこう》の発生

2a 金融恐慌の経過

背景	1920	戦後恐慌
	1923	関東大震災→震災手形《しんさいてがた》の未処理

⬇

内閣	年月日	できごと
第1次若槻《わかつき》礼次郎《れいじろう》内閣	1927.3.14	片岡直温蔵相《かたおかなおはるぞうしょう》の失言「**渡辺銀行《わたなべぎんこう》が破綻《はたん》に陥《おちい》った**」(衆議院予算委員会にて震災手形処理法案の審議中)【金融恐慌の引き金】
	.15	東京渡辺銀行休業 京浜地方で銀行の取付け騒《さわ》ぎ(預金等《よきんとう》の払戻《はらいもど》し)広がる
	.19	中小銀行の休業
	.3.27	日本銀行より非常貸し出し
	.4.5	**鈴木商店**の破産で，**台湾銀行《たいわんぎんこう》**破綻の危機
	.4.13	政府，緊急勅令《きんきゅうちょくれい》による台湾銀行救済《きゅうさい》方針
	.4.17	枢密院《すうみついん》が政府案を否決(←**協調外交《きょうちょうがいこう》への反発**)
	.4.17	台湾銀行休業。取付け騒ぎ，全国に広がる
	.4.20	若槻内閣総辞職
田中《たなか》義一《ぎいち》内閣	.4.21	田中義一内閣成立
	【対策】蔵相 高橋是清《たかはしこれきよ》 4.22	3週間のモラトリアム(支払猶予令《しはらいゆうよれい》)実施
	4.22～.23	全国の銀行一斉《いっせい》休業 紙幣《しへい》の増刷 裏白紙幣《うらじろしへい》(200円)の発行
	.4.25	全国の銀行，業務再開
	.5.10	台湾銀行救済案を可決
	.5.12	モラトリアム終了【金融恐慌終息《しゅうそく》へ】

⬇

- 中小銀行の淘汰《とうた》(整理・合併《がっぺい》)
- 三大財閥系(三井《みつい》・三菱《みつびし》・住友《すみとも》)の銀行に資本集中

共同通信社提供

➡2-1 **片岡直温《かたおかなおはる》** 金融恐慌発生時の大蔵大臣。

➡2-2 **預金引き出しのため川崎銀行に殺到した預金者たち** 同様の光景は全国の多くの銀行でみられた。

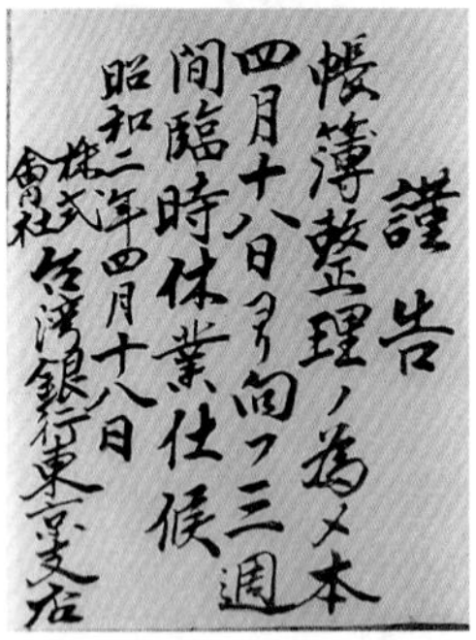

⬅2-3 **台湾銀行東京支店に張られた休業の張り紙**

➡2-4 **近江《おうみ》銀行預金者の対策集会**(大阪・生国《いくくに》魂《たま》神社)

⬅2-5 **非常貸し出しのため日銀から運ばれる札束《さつたば》**

TRY 論述

金融恐慌の際に，日本銀行は右の写真のような「裏白《うらじろ》紙幣《しへい》」を印刷・発行した。その事情を説明しなさい。

推移　相互関連

1 財閥の支配

1a 五大銀行の預金占有

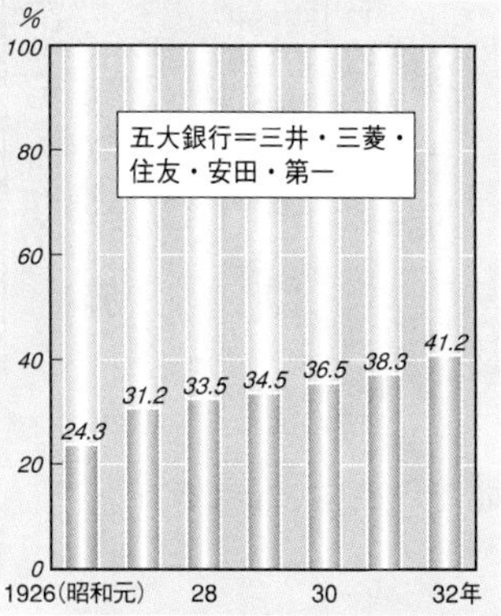

(『近代日本経済史要覧』東京大学出版会)

Point 明治期の政商から発展した大資本家は各種の産業分野に進出し，第一次世界大戦前後には傘下《さんか》の各企業を独立させ，本社を核とする持株《もちかぶ》関係や幹部が親族で構成される家族的な**コンツェルン(＝財閥《ざいばつ》)**を形成した。

金融恐慌《きょうこう》を契機《けいき》に中小銀行の整理・統合が進み，銀行数は1926年の1,420行から32年には538行と大幅に減り，金融恐慌の際の不安感から中小銀行の預金額が３割減となったのに対し，五大財閥系銀行の預金額は５割増となるなど，預金も大手銀行に集中する傾向が顕著《けんちょ》となった。これ以降，各財閥は今まで以上に政党や軍部との関係を強めていく。

※**三大財閥**…三井・三菱・住友

五大財閥…三井・三菱・住友・安田・第一

1b 財閥の組織(三菱財閥の例)

(持株会社整理委員会『日本財閥とその解体』)

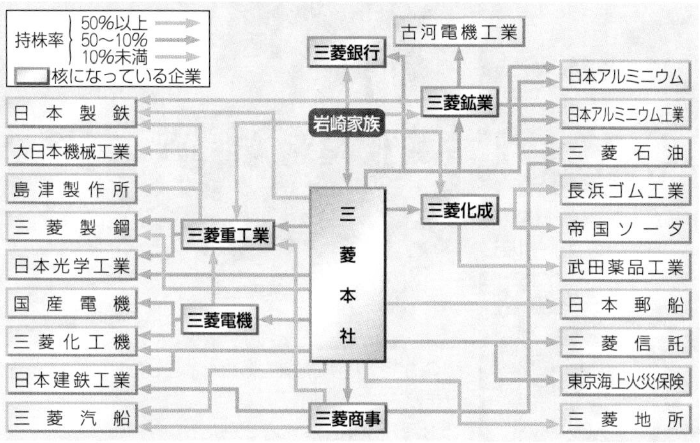

2 社会主義運動の高まりと弾圧 (►p.211)

2a 小作争議・労働争議の件数

(『日本史辞典』角川書店)

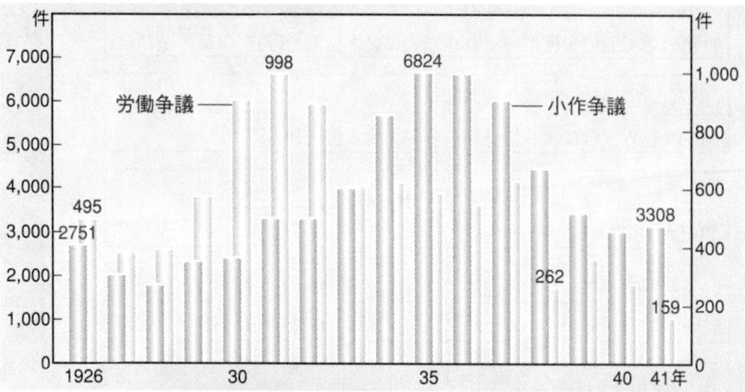

1-1 天満紡績《てんまぼうせき》の女工の争議

1-2 第1回普通選挙での当選に沸く山本宣治《やまもとせんじ》の選挙事務所

1-3 **裁判所に護送《ごそう》される三・一五事件の被告**
1928年３月，全国の１道３府27県の警察は一斉に日本共産党・労働農民党員を検挙《けんきょ》。翌年４月にも一斉検挙(四・一六事件)を行った。 共同通信社提供

3 積極外交への転換

3a 北伐・山東出兵関係図

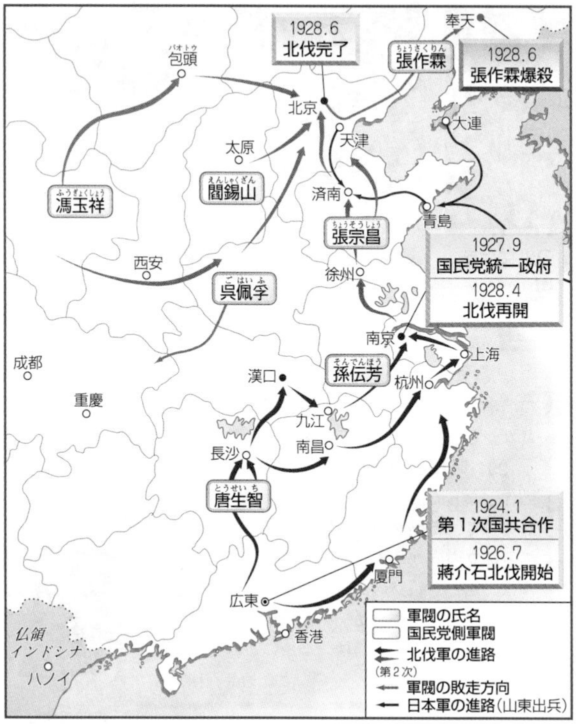

3-1 蔣介石《しょうかいせき》
(1887〜1975)

3-2 張作霖《ちょうさくりん》
(1873〜1928)

3-3 済南《さいなん》城に突入する日本軍(1928年５月)

3-4 張作霖《ちょうさくりん》爆殺事件の現場

Point 政友会の田中内閣は従来の憲政会内閣の協調外交から**積極外交**へと転換《てんかん》し，蔣介石が進めていた北伐《ほくばつ》に干渉《かんしょう》して**山東出兵**《さんとうしゅっぺい》《シャントン》を強行するとともに，**東方会議**《とうほうかいぎ》を開催して満蒙分離《まんもうぶんり》を骨子《こっし》とする「対支政策綱領」を策定した。また，関東軍の河本大作《こうもとだいさく》大佐は奉天派軍閥《ほうてんはぐんばつ》の**張作霖**《ちょうさくりん》を列車ごと爆殺《ばくさつ》した。

この事件は，「**満州某重大事件**《まんしゅうぼうじゅうだいじけん》」として国民には真相が伝えられず，田中内閣は天皇の叱責《しっせき》を受けて総辞職した。

Discovery

人形に託した日米和解への望み

日本の中国進出や排日移民法の成立により日米両国民の対立が高まりつつあることを懸念《けねん》したアメリカの教会関係者らは，渋沢栄一《しぶさわえいいち》を仲介に日本の子どもたちに「青い目のお人形」を贈《おく》り，親善《しんぜん》を図ろうとした。1927年に日本に贈られた１万体余りの人形は全国各地の幼稚園・小学校に配られて歓迎されたが，太平洋戦争の開始とともに敵性人形として焼却《しょうきゃく》された。

金解禁と昭和恐慌

1 金解禁《きんかいきん》の経緯と昭和恐慌《しょうわきょうこう》への流れ

1897(明治30)年　第2次松方正義《まつかたまさよし》内閣
日清戦争で賠償金《ばいしょうきん》獲得→それを基金《ききん》に金本位制《きんほんいせい》を確立　(貨幣法《かへいほう》制定)

1917(大正6)年　寺内正毅《てらうちまさたけ》内閣
第一次世界大戦による情勢の不安定→金本位制から離脱《りだつ》

1923(大正12)年　第2次山本権兵衛《やまもとごんべえ》内閣
関東大震災(◄p.200)→震災手形の決済難航《なんこう》

1927(昭和2)年　第1次若槻礼次郎《わかつきれいじろう》内閣
金融恐慌の発生(◄p.200)→震災手形問題もあり金本位制に復帰できず

1930(昭和5)年　浜口雄幸《はまぐちおさち》内閣(蔵相：井上準之助《いのうえじゅんのすけ》)
金輸出・金兌換《だかん》の解禁(金解禁)→金本位制に復帰
目的　為替相場の安定　貿易の振興
影響　旧平価《きゅうへいか》(金輸出禁止前の為替《かわせ》相場)で解禁
→円高(輸出減少・輸入増大)

1930(昭和5)年　浜口雄幸内閣　第2次若槻礼次郎内閣
昭和恐慌の発生
- 輸出の減少・輸入の増大→正貨(金)の流出
- 通貨量の縮小→デフレーション
- 株価・諸物価の暴落→倒産・失業者の増大
- 繭価《けんか》(まゆ)・米価の暴落　冷害→農村の疲弊《ひへい》(身売り・欠食児童)

1931(昭和6)年　犬養毅《いぬかいつよし》内閣(蔵相：高橋是清《たかはしこれきよ》)
対策
重要産業統制法により産業合理化を推進
金輸出の再禁止(管理通貨制度《かんりつうかせいど》へ移行)
→円安(輸出増大・輸入減少)

1932(昭和7)年頃～　恐慌は終息に向かうが産業分野により格差が拡大
工業　生産額は以前の水準に回復→財閥の発展
農業　農産物価格はその後も低迷《ていめい》→農村の疲弊

1929.10～世界恐慌

4 恐慌からの回復と格差の拡大

4a 各国の重化学工業生産額の推移

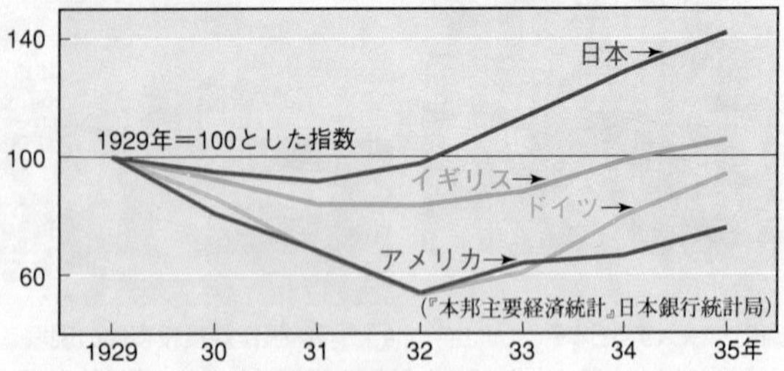

4b 国内の農業生産物価格の推移

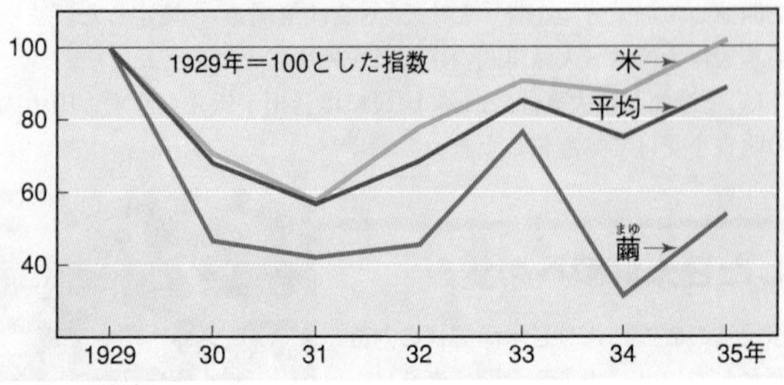

Point 低迷《ていめい》するアメリカ・イギリスに対して，日本の重化学工業生産額は1933年には恐慌前の水準を回復し，金輸出再禁止による円安で輸出も伸びた。一方で，農産物価格はその後もしばらく低迷を続け，特に繭価《けんか》は回復しなかったため，農村は疲弊《ひへい》した。

2 金解禁

2-1 「金解禁」と揮《き》毫《ごう》する井上準之助《いのうえじゅんのすけ》蔵相

初日は金兌換《だかん》量も少なく，「静隠《せいおん》に迎《むか》へた第一日」と報道した新聞もあった。

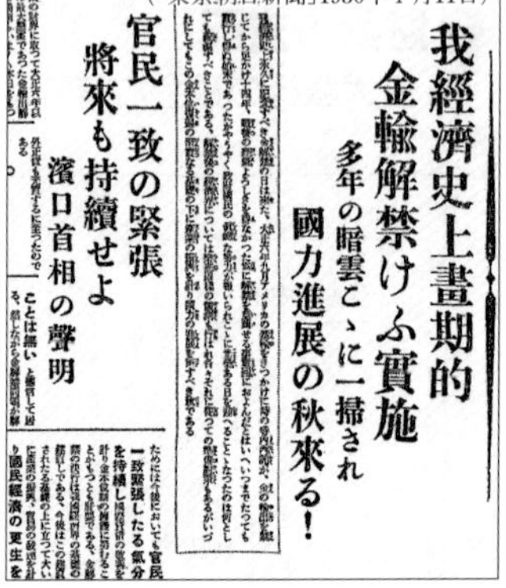
(「東京朝日新聞」1930年1月11日)
我經濟史上畫期的
金輸解禁けふ實施
多年の暗雲こゝに一掃され
國力進展の秋來る！
官民一致の緊張
將來も持續せよ
濱口首相の聲明

2-2 金解禁を伝える新聞記事

！ 金解禁　金輸出解禁《きんゆしゅつかいきん》の略で，国際的な金本位制に復帰したこと。金本位制とは，一定量の金に基づいて通貨の単位価値を決定し，同価値とされる通貨と金の自由な兌換《だかん》や金の輸出入を認める制度。

3 昭和恐慌と民衆の暮らし

3-1 株価が大暴落した暗黒の木曜日(1929年10月24日)のウォール街

3-2 大根で飢《う》えをしのぐ子どもたち(1934年秋・岩手県)

3-3 落穂《おちぼ》を集める子どもたち

3-4 山形からの身売りの少女たち

3-5 失業者で満員の無料宿泊所

3-6 仕事を求める青年

Discovery

「雨ニモマケズ」の書かれた時代

詩人・童話作家として有名な宮沢賢治は，1921年から数年間稗《ひえ》貫《ぬき》農学校(現在の花巻《はなまき》農業高校)で教職に就《つ》き，退職後は過労に倒れながらも，石灰《せっかい》による土壌《どじょう》の改良の研究とその普及《ふきゅう》に努《つと》めた。

1931(昭和6)年は東北地方を冷害が襲《おそ》い，大凶作《きょうさく》となった。この年に賢治は「雨ニモマケズ」を書いて，苛酷《かこく》な現実に翻弄《ほんろう》されつつもそれに愚直《ぐちょく》に立ち向かう姿勢を示した。この詩のモデルは賢治とも親交のあったキリスト教伝道者の斎藤宗次郎《さいとうそうじろう》とされるが，「サムサノナツハオロオロアルキ… 」の一節は，まさにこの当時の賢治の姿でもあった。

岩手・林風舎蔵

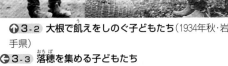

狭い国土に多くの人口を抱《かか》えるわが国では，明治初期より海外への移民が奨励《しょうれい》され，多くの人々がハワイへ，北米へ，南米へ，そして満州へと海を渡った。異郷《いきょう》の地で血のにじむような苦労を重ねてその生活を築いた人々であったが，なかにははからずも侵略の尖兵《せんぺい》となり，悲惨《ひさん》な運命を迎えた人々もいた。

ハワイ・アメリカ大陸への移民

ⓐ移民数の推移(1868～1945年)

(『日本全史』講談社をもとに作成)

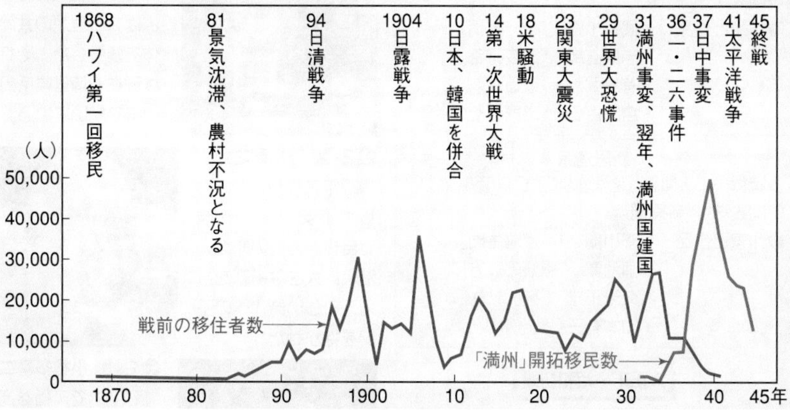

Point 海外への移民は1868年のハワイへの「元年移民」に始まり，1890年代以降，人口の増加，農村の窮乏《きゅうぼう》，失業者の増大などといった国内での矛盾の深刻化とともに，本格化していった。最初はハワイへ，のちに北米・南米へ，そして1930年代から40年代には国策としての満州開拓移民が多くなった。

➡1 ハワイ(布哇)への移民用の旅券 外務省外交史料館蔵

⬆2 農場で働く日系移民(明治40年・カリフォルニア州『古い写真館』)

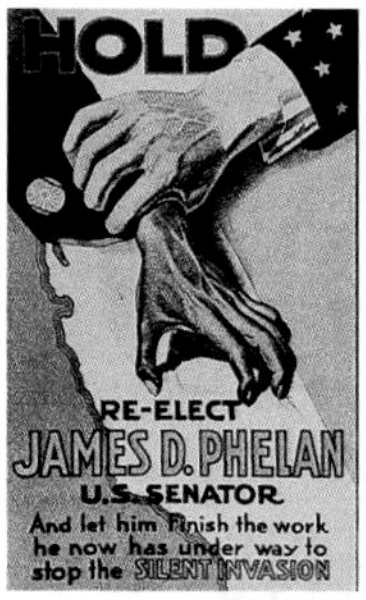

⬇3 排日派議員の選挙ポスター

⬆4 強制収容所の日系人 太平洋戦争の開始により約11万の日系人が敵性国人として強制収容所へ入れられた。

満州開拓移民

ⓐ満州開拓移民関係図

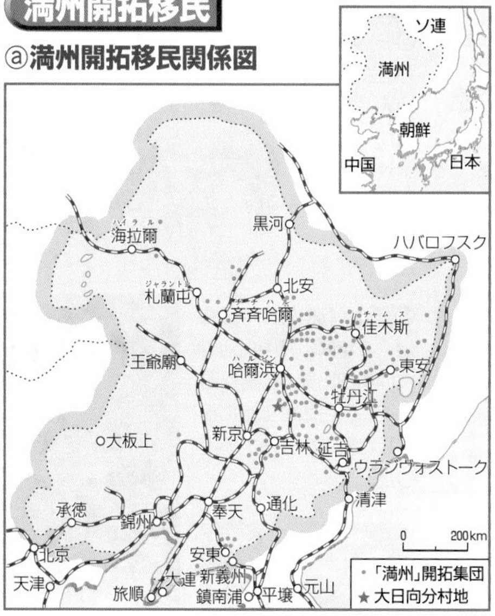

(『日本全史』講談社をもとに作成)

Point 満州への移民は**満州事変**を契機《けいき》に始まり，町村役場や区長，学校などの強い働きかけで，貧しい農村の二，三男を中心に地縁的《ちえんてき》な開拓団が組織された。それとは別に**満蒙開拓青少年義勇軍**《まんもうかいたくせいしょうねんぎゆうぐん》も組織されたが，長野県の場合，その説得《せっとく》に信濃教育会が大きく関与《かんよ》した。

しかし，終戦直前の突然のソ連軍の侵攻により多くの死者・行方不明者を出し，無事に帰国できたのは3人に1人程度であった。引揚《あ》げの際に中国人に預けられたり，行方不明になった子どもたちは，戦後の国交断絶により長い間帰国できず，**中国残留孤児問題**《ざんりゅうこじ》を引きおこした(►p.220)。ソ連軍の捕虜《ほりょ》となった兵士も極寒《ごっかん》の地で強制労働に従事させられた(**シベリア抑留問題**《よくりゅう》)。

ⓑ長野県からの満州開拓移民数

(当時の行政区画による)

(『信州の昭和史下巻』毎日新聞社をもとに作成)

ⓒ分村移民《ぶんそんいみん》～長野県大日向村

Point 耕地の少ない山村では，一戸あたりの耕地を増すために村を二分し，その一方を満州に送り込む**分村移民**《ぶんそんいみん》が行われた。全国で最初に分村移民が行われた長野県大日向村《おおひなた》では158戸550名が満州に渡ったが，その半数は故郷に戻れなかった。帰国できた人々は再び浅間山麓《さんろく》(現在の長野県軽井沢町《かるいざわ》借宿《かりやど》)で開拓に励《はげ》み，今日に至《いた》っている。

⬆5 満蒙開拓《まんもうかいたく》青少年義勇軍《ぎゆうぐん》の壮行会《そうこうかい》

⬅6 満州開拓団に嫁《とつ》いだ「大陸の花嫁」 ほとんどは写真で相手を知るだけであった。

➡7 開拓地での射撃訓練 開拓移民は防衛の役割も担わされ，常時，軍事訓練を受けた。

⬇8 故郷をあとにする先遣隊《せんけんたい》

⬇9 凍《い》てつく平原での新年

1 科学・技術の発達

人文・社会科学	哲　学	西田幾多郎《にしだきたろう》	西田哲学の創始。『善《ぜん》の研究』
		和辻《わつじ》　哲郎《てつろう》	『偶像再興《ぐうぞうさいこう》』『古寺巡礼《こじじゅんれい》』
	歴史学	津田左右吉《つだそうきち》	記紀《きき》の研究。『神代史《しんだいし》の研究』
	民俗学	柳田《やなぎた》　国男《くにお》	日本民俗学の確立。『遠野《とおの》物語』
		折口《おりくち》　信夫《しのぶ》	文学・芸能を民俗学的観点から研究
	経済学	河上《かわかみ》　肇《はじめ》	マルクス経済学の研究。『貧乏物語』
	法　学	美濃部達吉《みのべたつきち》	天皇機関説《てんのうきかんせつ》を主唱。『憲法撮要《けんぽうさつよう》』
	政治学	上杉《うえすぎ》　慎吉《しんきち》	絶対主義的天皇主権説
	(◄p.197)	吉野《よしの》　作造《さくぞう》	民本《みんぽん》主義を主張。史 黎明《れいめい》会を結成
自然科学	医　学	野口《のぐち》　英世《ひでよ》	黄熱《おうねつ》病の研究(◄p.188)
	物理学	本多光太郎《ほんだこうたろう》	KS磁石鋼《じしゃくこう》の発明
		湯川《ゆかわ》　秀樹《ひでき》	中間子論の理論(►p.231)
	工　学	八木《やぎ》　秀次《ひでつぐ》	超短波用アンテナ(八木アンテナ)発明
	研究機関	北里研究所　1915	北里柴三郎《きたさとしばさぶろう》により創設
		理化学研究所　1917	財団法人。大河内正敏《おおこうちまさとし》ら
		航空研究所　1918	東京帝大附属
		鉄鋼研究所　1919	東北帝大附属。本多光太郎
		地震研究所　1925	東京帝大附属

1-1 西田幾多郎《きたろう》

1-2 津田左右吉《つだそうきち》

1-3 河上肇《はじめ》

1-4 湯川秀樹

成城大学民俗学研究所蔵

1-5 **書斎での柳田国男《やなぎたくにお》**　農商務官僚であったが国の農政に失望して辞任。独力でわが国の民俗学を切り開いた。その思想は折口信夫《おりくちしのぶ》らに受け継《つ》がれた。

1-6 **理化学研究所**　理化学研究所(理研)は1917年に財団法人として設立。研究成果が次々と事業化，理研コンツェルンに発展した。写真は1929年ハイゼンベルク，ディラック理研来所時。左から仁科芳雄，片山正夫，大河内正敏《おおこうちまさとし》(３代所長)，ハイゼンベルク，長岡半太郎《ながおかはんたろう》，ディラック，本多光太郎《ほんだこうたろう》，杉浦義勝。

理化学研究所提供

Discovery

日本近代文学館 (東京・目黒区)

高見順《じゅん》・川端康成《かわばたやすなり》・伊藤整《いとうせい》らの呼びかけにより1963年に財団法人として設立され，日本近代文学に関するあらゆる資料の収集・保存をはじめ，通常の図書館業務，各種の講演会・企画展や研究資料の刊行などにあたっている。現在所蔵《しょぞう》している資料は111万点以上におよび，閲覧《えつらん》もできる。

2 文学の潮流

大正前期～後期

白樺派《しらかばは》

- 特徴……人道主義・理想主義・個人主義
- 同人誌…『白樺』
- 作家と作品
  - 武者小路実篤《むしゃのこうじさねあつ》　『友情』
  - 志賀直哉《しがなおや》　『暗夜行路《あんやこうろ》』
  - 有島武郎《ありしまたけお》　『或《あ》る女』
  - 倉田百三《ひゃくぞう》　『出家とその弟子』

新思潮派《しんしちょう》

- 特徴……人間心理を理知的に解釈。繊細《せんさい》な技巧《ぎこう》
- 同人誌…『新思潮』
- 作家と作品
  - 芥川龍之介《あくたがわりゅうのすけ》　『羅生門《らしょうもん》』
  - 菊池寛《きくちかん(ひろし)》　『恩讐《おんしゅう》の彼方《かなた》に』
  - 久米正雄《くめまさお》　『破船《はせん》』
  - 山本有三《ゆうぞう》　『路傍《ろぼう》の石』

大正末～昭和初頭

プロレタリア文学

- 特徴……労働者階級の立場から現実を改革
- 同人誌…『種蒔《たねま》く人』『文芸戦線』『戦旗《せんき》』など
- 作家と作品
  - 葉山嘉樹《はやまよしき》　『海に生くる人々』
  - 小林多喜二《たきじ》　『蟹工船《かにこうせん》』
  - 徳永直《すなお》　『太陽のない街』

新感覚派

- 特徴……知的で鋭敏《えいびん》な感覚により現実を把握《はあく》
- 同人誌…『文芸時代』
- 作家と作品
  - 横光利一《よこみつりいち》　『日輪《にちりん》』
  - 川端康成《かわばたやすなり》　『伊豆の踊子』
  - 梶井基次郎《かじいもとじろう》　『檸檬《れもん》』

新興芸術派

- 特徴……プロレタリア文学に反発
- 作家と作品
  - 井伏鱒二《いぶせますじ》　『山椒魚《さんしょううお》』

新心理主義

- 特徴……人間心理の深層《しんそう》を表現
- 作家と作品
  - 伊藤整《いとうせい》　『得能五郎《とくのうごろう》の生活と意見』
  - 堀辰雄《ほりたつお》　『風立ちぬ』

昭和10年代

転向文学

- 特徴……転向の苦悩を私小説風に吐露《とろ》
- 作家と作品
  - 中野重治《なかのしげはる》　『村の家』
  - 島木健作《しまきけんさく》　『生活の探究《たんきゅう》』

戦争文学

- 特徴……戦争批判あるいは戦争協力
- 作家と作品
  - 石川達三《たつぞう》　『生きている兵隊』
  - 火野葦平《ひのあしへい》　『麦と兵隊』

その他

大衆文学

- 特徴……大衆娯楽《ごらく》雑誌に掲載《けいさい》された通俗小説
- 作家と作品
  - 中里介山《なかざとかいざん》　『大菩薩峠《だいぼさつとうげ》』(►p.208)
  - 吉川英治《よしかわえいじ》　『鳴門秘帖《なるとひちょう》』
  - 大佛次郎《おさらぎじろう》　『鞍馬天狗《くらまてんぐ》』

児童文学

- 作家と作品
  - 鈴木三重吉《みえきち》　雑誌『赤い鳥』
  - 小川未明《みめい》　『赤い船』
  - 宮沢賢治《けんじ》(◄p.202)　『風の又三郎《またさぶろう》』

(財)日本近代文学館蔵

2-1 **新しき村での武者小路実篤《むしゃのこうじさねあつ》**　彼は1918年に宮崎県木城《きじょう》町に共同労働を原則として，個性を重んじる「新しき村」とよばれる理想の共同体を建設した。それは現在も埼玉県毛呂山《もろやま》町で続いている。

2-2 **芥川龍之介**　1927年に「ぼんやりとした不安」により36歳で自殺。当時の知識人階級に大きな衝撃《しょうげき》を与え，新しい時代への不安を抱《いだ》かせた。

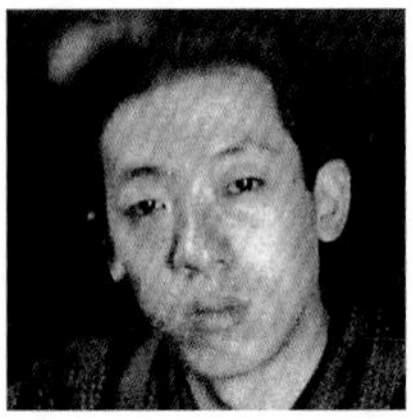

2-3 **小林多喜二**　『蟹工船《かにこうせん》』で声価を高め，共産党に入党して文化運動を指導したが，1933年に捕《と》らえられ，警察の拷問《ごうもん》により殺害された(►p.211)。

2-4 **『文芸時代』の同人**　左より川端康成《かわばたやすなり》・片岡鉄平《かたおかてっぺい》・横光利一《よこみつりいち》・池谷新三郎《いけたにしんさぶろう》。(財)日本近代文学館蔵

2-5 **転向後の中野重治《しげはる》**　２年間の獄中《ごくちゅう》生活で彼は柳田国男らの著作を愛読し，日本の風土に根ざした変革の方法を模索《もさく》した。

2-6 **大佛次郎《おさらぎじろう》『鞍馬天狗《くらまてんぐ》』**　幕末の京都を舞台に革命をめざす謎の剣士の活躍を描く。のちに，嵐寛寿郎主演で映画化され，人気をよんだ。

神奈川・大佛次郎記念館蔵

2-7 **『赤い鳥』創刊号**　(清水良雄画)　1918年発刊の鈴木三重吉《みえきち》編集の童話《どうわ》集。童話とはいえ，質は高く，寄稿者《きこうしゃ》には小川未明《みめい》・坪田譲治《つぼたじょうじ》らの童話作家のほか，北原白秋・芥川龍之介《りゅうのすけ》らがいた。(財)日本近代文学館蔵

3 彫刻・絵画・建築一覧

彫刻		転生《てんしょう》・鏡獅子《かがみじし》(平櫛田中《ひらぐしでんちゅう》)
		手・高村光雲《たかむらこううん》像(高村光太郎《こうたろう》)
		若きカフカス人(中原悌二郎《なかはらていじろう》)
		足芸《あしげい》・曇り(戸張孤雁《とばりこがん》)
		俊寛《しゅんかん》・雷神《らいじん》(石井鶴三《いしいつるぞう》)
		トロを待つ坑婦《こうふ》(藤井浩祐《ふじいこうゆう》)
絵画	日本画	生々流転《せいせいるてん》(横山大観《よこやまたいかん》)
		夢殿《ゆめどの》・黄瀬川《きせがわ》の陣《じん》(安田靫彦《やすだゆきひこ》)
		髪《かみ》・阿弥陀堂《あみだどう》・犬と遊ぶ(小林古径《こばやしこけい》)
		洞窟《どうくつ》の頼朝《よりとも》・ローマ使節(前田青邨《まえだせいそん》)
		黒船屋《くろふねや》・立田姫《たつたひめ》・逢状《あいじょう》・舞姫《まいひめ》(竹久夢二《たけひさゆめじ》)
		築地明石町《つきじあかしちょう》(鏑木清方《かぶらききよかた》)
		荒磯《ありそ》(平福百穂《ひらふくひゃくすい》)
		湯女《ゆな》・舞妓林泉《まいこりんせん》・大原女《おはらめ》(土田麦僊《つちだばくせん》)(►p.206)
	洋画	金蓉《きんよう》(安井曽太郎《やすいそうたろう》)
		桜島《さくらじま》・紫禁城《しきんじょう》・長安街《ちょうあんがい》(梅原龍三郎《うめはらりゅうざぶろう》)
		麗子微笑《れいこびしょう》(岸田劉生《きしだりゅうせい》)
		もたれて立つ人・裸体美人《らたいびじん》(万鉄五郎《よろずてつごろう》)
		エロシェンコ氏の像(中村彝《なかむらつね》)
		耕到天《たがやしててんにいたる》(藤島武二《ふじしまたけじ》)(►p.207)
建築		旧帝国ホテル(フランク=ロイド=ライト・米)
		東京駅(東京中央停車場)(辰野金吾《たつのきんご》)
		東京中央郵便局(吉田鉄郎《よしだてつろう》)
		三越《みつこし》本店(横河民輔《よこかわたみすけ》)

4 建築

4-1 国会議事堂 設計図案を懸賞募集《けんしょうぼしゅう》して1920(大正９)年に着工，1936(昭和11)年に完成。中央塔の左が衆議院，右が参議院。中央広間は４階まで吹き抜けで，伊《い》藤博文《とうひろぶみ》，大隈重信《おおくましげのぶ》，板垣退助《いたがきたいすけ》の銅《どう》像《ぞう》が立っている。

国会議事堂全景

国会議事堂中央広間

愛知・博物館明治村蔵

4-2 旧帝国ホテル ライトの設計により1922(大正12)年に完成。大谷石と黄色煉瓦《れんが》を鉄筋《てっきん》コンクリートで固めた構造で，西洋と東洋の美が融合《ゆうごう》した傑作《けっさく》とされる。

現在の東京駅

4-3 東京駅(東京中央停車場) 辰野金吾《たつのきんご》の設計で1914(大正３)年に完成。全長335m，高さ46m，３階建ての赤煉瓦《れんが》造り。空襲《くうしゅう》により一部が損壊《そんかい》したが，戦後の修復を経て，2012年秋に本来の姿に復元。

創建当初の東京駅全景

5 彫刻

5-1 トロを待つ坑婦《こうふ》(藤井浩祐《ふじいこうゆう》1914作) 初め木彫を習ったが彫塑《ちょうそ》に移り，裸婦《らふ》を中心に叙情《じょじょう》的な造形を追求した。これは坑山労働者をテーマとした一連の作品の一つ。 像高114.5cm 東京国立近代美術館蔵

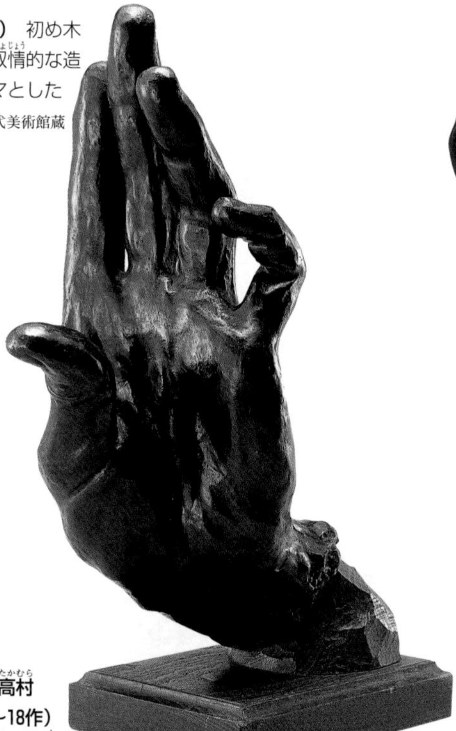

5-2 手(高村《たかむら》光太郎《こうたろう》1917～18作) 高村光雲《たかむらこううん》の長男。渡《と》欧《おう》してロダンに傾倒，緊密な量感と詩情に富む作品を製作した。天を指す人指し指を中心に，５本の指がつくり出し支配する空間と形態は，生命感に満ちている。詩人としても有名。
像高38cm 東京国立近代美術館蔵

5-3 曇り(戸張孤雁《とばりこがん》1917作) 渡米して油絵を学んだが，荻原守衛《おぎわらもりえ》の影響で帰国後，彫刻を始める。
像高24cm 東京国立近代美術館蔵

5-4 転生《てんしょう》(平櫛田中《ひらぐしでんちゅう》1920作) 高村光雲に木彫を学ぶ。生ぬるいものを嫌《きら》う鬼が，人肉を吐《は》き出すようすを表現している。
像高150cm 東京藝術大学蔵

6 日本画

6-1 **生々流転《せいせいるてん》(横山大観《よこやまたいかん》1923筆)** 人の世の絶えざる転変を水の流れに譬《たと》えて描いた長巻図。彼の芸術観や東洋的な世界観を表現した頂点ともいえる大作。

重 55×4,070cm 部分 東京国立近代美術館蔵

6-2 **夢殿《ゆめどの》(安田靫彦《やすだゆきひこ》1912筆)** 大和絵の技法を駆使《くし》して新しい日本画の創造に努め，新古典主義を確立。特に歴史画に傑作《けっさく》が多い。

113.5×225.5cm 東京国立博物館蔵

6-3 **ローマ使節(前田青邨《まえだせいそん》1927筆)** 天正の遣欧使節《けんおうしせつ》の正使伊東マンショの晴れ姿を描いた作品。作者はこのような歴史画を数多く残した。 197×196cm

部分 早稲田大学會津八一記念博物館蔵

6-4 **逢状《あいじょう》(竹久夢二《たけひさゆめじ》1920頃筆)** 独特の甘美《かんび》な哀愁《あいしゅう》感・叙情《じょじょう》性を帯びた画風を特色とし，挿《さし》絵《え》・版画などで一世を風靡《ふうび》した。

57.2×14.8cm 部分 岡山・夢二郷土美術館蔵

6-6 **髪(小林古径《こばやしこけい》1931筆)** 余分な要素をすべて省《はぶ》き，精緻《せいち》な描線《びょうせん》で女性の裸体《らたい》の清潔感溢《せいけつかんあふ》れる端麗《たんれい》な量感を表現した格調高い作品。 173.5×108cm 部分 東京・(財)永青文庫蔵

6-5 **築地明石町《つきじあかしちょう》(鏑木清方《かぶらききよかた》1927筆)** 江戸浮世絵の伝統を新時代の風俗・美人画に生かし，清新で叙情性《じょじょうせい》ある作品を残した。 128×79cm

6-7 **湯女《ゆな》(土田麦僊《つちだばくせん》1918筆)** 江戸時代の湯女を題材とし，後期印象派(なかでもゴーガン)の影響を強く受けた作品。

重 二曲一双 各227×215cm 部分 東京国立近代美術館蔵

6-8 **荒磯《ありそ》(平福百穂《ひらふくひゃくすい》1926筆)** 宗達《そうたつ》・光琳《こうりん》など桃《もも》山障壁画《やましょうへきが》の装飾性を近代的な描法《びょうほう》で表現した作品。荒れる海とじっと佇《たたず》む海鳥の動と静が対照的に描かれている。二曲一双 各150.5×141cm 部分 東京国立近代美術館蔵

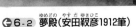

7 洋画

7-1 麗子微笑《れいこびしょう》(岸田劉生《きしだりゅうせい》1921筆)　外光派から後期印象派に進み，浮世絵や宋元画《そうげんが》にも関心を示した。娘麗子を描き続けた一連の作品で有名だが，この作品はその中でも代表作とされる。 重 45.5×38cm 東京国立博物館蔵

7-2 エロシェンコ氏の像(中村彝《なかむらつね》1920筆)　亡命《ぼうめい》した盲目《もうもく》のロシア詩人をモデルに，優雅《ゆうが》で柔らかい色調で繊《せん》細《さい》に描き，詩人の精神的な内面までをも表現した傑作《けっさく》。作者は肺結核《はいけっかく》で夭折《ようせつ》した。 重 47×45.5cm 東京国立近代美術館蔵

7-3 長安街(梅原龍三郎《うめはらりゅうざぶろう》1940筆)　浅井忠《あさいちゅう》やルノワールに師《し》事《じ》し，絢爛《けんらん》な色彩と強靱《きょうじん》な筆致《ひっち》の描法を確立した。戦時中に数回にわたって中国を訪れ，多くの優《すぐ》れた作品を残したが，この作品はその中でも傑作とされる。72.7×90.9cm 東京国立近代美術館蔵

7-4 Nの家族(小出楢重《こいでならしげ》1919筆)　第6回二科展《にかてん》に出品して樗牛賞《ちょぎゅう》を受賞した作品。作者は挿絵《さしえ》画家・随筆《ずいひつ》作家としても有名。77×89.5cm 岡山・大原美術館蔵

7-5 裸体美人(万《よろず》鉄五郎《てつごろう》1912筆)　後期印象派からフォービズム・キュービズムなどの新しい画風を積極的に取り入れた。これは東京美術学校の卒業制作品であるが，すでにその傾向が色濃《いろこ》く表れている。 重 162×97cm 東京国立近代美術館蔵

7-6 耕到天《たがやしててんにいたる》(藤島武二《ふじしまたけじ》1938筆)　日本画から洋画に転向し，海外留学を経て世紀末的傾向の浪漫《ロマン》的な作品を多く残した。この作品は最晩年のもの。
91.5×98.5cm 岡山・大原美術館蔵

7-7 巴里《パリ》風景(藤田嗣治《ふじたつぐはる》1918筆)　この作品のように，色彩数を極端に制限した「ぼかし」による平面的描写が特徴であったが，のちには濃彩色に転換《てんかん》した。パリに長く在住し，最後はフランスに帰化した。
46.0×55.2cm ©Kimiyo Foujita & SPDA, Tokyo, 2004 東京・石橋財団 アーティゾン美術館蔵

Discovery

松方コレクション
～華麗なる大戦景気の遺産～

大戦景気で巨万の富を築き上げた川崎造船所・神戸新聞社社長の松方幸次郎《まつかたこうじろう》は，海外に流出していた浮世絵の買い戻しに尽力《じんりょく》するとともに，フランスやイギリスを中心に近代絵画・彫刻の収集に情熱を注《そそ》いだ。その松方とヨーロッパの一流画家たちの仲介役を果たしたのが，彼の姪《めい》の黒木竹子《くろきたけこ》であった。特に「睡蓮《すいれん》」などの傑作で知られるモネは竹子を実の娘のように可愛《かわ》いがり，彼女を通じて松方はモネと面識をもつようになった。松方はこうして収集した一大コレクションを展示する美術館の建設を計画したが，折りしも金融恐慌によりその計画は実現せず，夢と消えてしまった。

「黒木夫人の肖像」(1922年　アマン・ジャン　1860～1936)
松方コレクション 国立西洋美術館蔵

7-8 金蓉《きんよう》(安井曽太郎《やすいそうたろう》1934筆)　梅原龍三郎とともに浅井忠に師事。のちに渡仏し，ミレー・ピサロ・セザンヌらの影響を受けた。肖像画を得意としたが，この作品はその代表作。96.5×74.5cm 東京国立近代美術館蔵

8 大衆文化の発展

年	できごと
1912	大阪で通天閣《つうてんかく》が完成。新世界ルナパーク開業
	日本活動写真株式会社(日活)設立
1913	宝塚唱歌隊(のちの宝塚少女歌劇)設立
	中里介山《なかざとかいざん》「大菩薩峠《だいぼさつとうげ》」連載開始(都新聞) ►8-1
1914	芸術座がトルストイ作「復活」を上演
	宝塚少女歌劇が宝塚新温泉で初公演
	日本橋に三越百貨店が新築オープン ►8-2
1915	三浦環《みうらたまき》が「蝶々夫人《ちょうちょうふじん》」のプリマドンナとして出演
	第１回全国中等学校優勝野球大会が開催される
	大阪朝日・大阪毎日新聞社が夕刊の発行を開始
1916	チャップリン映画大人気
1917	『主婦之友』創刊。浅草オペラ大人気
1918	『赤い鳥』(鈴木三重吉《すずきみえきち》)創刊
1919	東京市街自動車会社が青バスの運行を開始
	『改造』(山本実彦《やまもとさねひこ》)創刊。『新青年』創刊(1920)
1921	沢田正二郎《さわだしょうじろう》主演の「国定忠治《くにさだちゅうじ》」が大ヒット
	【数】自動車登録台数9,648台
1922	『週刊朝日』『サンデー毎日』創刊
	平和記念東京博覧会(上野)で文化住宅展示 ►8-3
	【数】電灯使用790万戸(普及率70%)
1923	『文藝春秋』(菊池寛《きくちかん》)創刊
	東京駅前に丸ノ内ビルジング(丸ビル)が完成
	日本航空(株)設立。大阪・別府間に定期航空路
	【数】常設映画館数，全国で703館
1924	東京で市営乗合自動車運行
	築地《つきじ》小劇場(小山内薫《おさないかおる》・土方与志《ひじかたよし》)開場
	モボ・モガが出現。その新風俗が話題となる ►8-4
	大衆雑誌『キング』創刊 ►8-5
	【数】「大阪毎日新聞」「東京朝日新聞」100万部突破
1925	東京放送局，ラジオの試験放送を開始
	東京六大学野球リーグ戦が始まる
1926	３放送局が合併して日本放送協会(NHK)設立
	『現代日本文学全集』発売…最初の円本《えんぽん》
	【数】ラジオ受信者数33万8,204人 ►8-6
1927	『岩波文庫』発刊…最初の文庫本。
	地下鉄開業(浅草～上野) ►8-7
	嵐寛寿郎《あらしかんじゅうろう》の鞍馬天狗《くらまてんぐ》シリーズ封切り
1928	大相撲《おおずもう》ラジオ実況中継始まる。ラジオ体操始まる
1929	映画「大学は出たけれど」封切り。共感をよぶ
	阪急百貨店開業…最初のターミナルデパート
	浅草で「カジノ＝フォーリー」(榎本健一《えのもとけんいち》)発足 ►8-8
	「東京行進曲」のレコード発売。大ヒットとなる
1930	エロ・グロ・ナンセンスの流行
	浅草松竹座公演で「男装《だんそう》の麗人《れいじん》」水の江瀧子が人気
	【数】内地人口6,445万5人 外地人口2,594万6,038人 失業者32万2,527人
1931	**「のらくろ二等卒」連載《れんさい》開始** ►8-9
	「マダムと女房」封切…最初のトーキー映画 ►8-10
	新宿ムーラン・ルージュ，浅草オペラ館開場
1932	小唄勝太郎《こうたかつたろう》の歌う「島の娘」が大ヒット。小唄《こうた》が流行
	【数】東京の人口551万人(世界２位)
1933	**「東京音頭《とうきょうおんど》」の盆踊《ぼんおど》りが流行** ►8-11
1934	**東京宝塚劇場がオープン。「花詩集」を上演** ►8-12
	大日本東京野球倶楽部《クラブ》創立…最初のプロ野球
	日産自動車が小型自動車ダットサンの量産を開始
1935	第１回芥川《あくたがわ》賞(石川達三《いしかわたつぞう》)・直木賞(川口松太郎)

8-1 「大菩薩峠《だいぼさつとうげ》」の主人公・机《つくえ》竜之介 ニヒルな盲目《もうもく》の天才剣士《けんし》・机竜之介は多くの読者に愛され，都新聞をはじめ東京日日新聞・国民新聞・読売新聞など数社に受け継《つ》がれ，1913年から41年まで連《れん》載《さい》された。44年に作者の死により幕を閉じた。

8-2 新築オープンの三越百貨店 左はわが国最初の常設エスカレーター。右は４階の大食堂。のちに「今日は帝劇《ていげき》，明日は三越《みつこし》」の名宣伝文句《せんでんもんく》が生まれた。 東京・三越資料室蔵

8-3 文化住宅 1922年，平和記念東京博覧会での展示を契機に，都市部では洋風生活への憧れを背景とした和《わ》洋折衷《ようせっちゅう》の民家(文化住宅)が建てられた。写真は映画『となりのトトロ』に登場する「サツキとメイの家」の再現。 愛知 愛・地球博記念公園内

8-5 『キング』創刊号 講談社の大衆娯楽《ごらく》雑誌。「日本一面白《おもしろ》い」という大々的な宣伝により創刊号62万部を完売した。

8-4 ワンピース姿のモガ(モダンガール) 因襲《いんしゅう》にとらわれない彼女たちの奔放《ほんぽう》な行動は，強い批判を受けながらも新しい女性の生き方を示していた。

8-6 ラジオを囲む家族 この頃よりちゃぶ台が流行。家族でちゃぶ台を囲んでラジオを聞く光景が見られるようになった。

8-9 『のらくろ』(田河水泡《たがわすいほう》画) 野良犬黒吉(のらくろ)の軍隊生活を通じて世相を風刺《ふうし》，人気を博《はく》した。太平洋戦争下では当局により連載を禁止された。

8-8 カジノ＝フォーリー 榎本健一《えのもとけんいち》(エノケン)らを中心とするドタバタ喜劇。エロ・グロ・ナンセンスの典型。

8-7 東京地下鉄道のポスター(杉浦非水《すぎうらひすい》画) 自動ドア・自動改札などすべてが珍しかった。1933年には大阪梅田～心斎橋《しんさいばし》間にも開通。

8-10 映画「マダムと女房」 無声映画に代わって登場した国産トーキー(有声映画)の第１作。外国トーキーに遜色《そんしょく》のないできばえと好評《こうひょう》。監督五所平之助《ごしょへいのすけ》，主演田中絹代《たなかきぬよ》。

8-12 宝塚少女歌劇 兵庫県宝塚温泉の余興《よきょう》であった少女歌劇は，健全な大衆娯楽として人気を集めた。写真は東京宝塚劇場での初公演のポスター。 宝塚歌劇団／(財)阪急学園池田文庫提供

8-11 「東京音頭」の放送 西《さい》条八十《じょうやそ》作詞，中山晋平《なかやましんぺい》作曲，小《こ》唄勝太郎《うたかつたろう》・三島一声《みしまいっせい》歌の「東京音頭」が大流行。この曲に合わせて各地で盆踊《ぼんおど》りが行われた。

1 昭和前期の内閣

■数字は「代」　○数字は「次」　(　)は在職日数
□は主な閣僚　写真下は就任時の年齢／出生地
緑字はニックネーム　青字は総辞職の事情

内閣	総理大臣	主な事項
25 若槻礼次郎《わかつきれいじろう》① 1926.1～27.4 (446日) 与党　憲政会 外務：幣原喜重郎 内務：浜口雄幸	 59歳／島根	26.12　大正天皇没→昭和と改元 27.3　金融恐慌始まる(～.5)(◄p.200) 日本銀行，非常貸し出し .4　台湾銀行休業 枢密院《すうみついん》に台湾銀行特別融資緊急勅令案を否決され総辞職
26 田中義一《たなかぎいち》 1927.4～29.7 (805日) 与党　立憲政友会 大蔵：高橋是清 海軍：岡田啓介	 63歳／山口	27.4　モラトリアム実施(◄p.200) .5　第1次山東出兵《さんとうしゅっぺい》 .6　東方会議開催(東京) 28.12　わが国初の普通選挙実施 .6　張作霖《ちょうさくりん》爆殺事件(◄p.201) 治安維持法改正(最高刑に死刑追加) .7　全国の府県に特別高等警察を設置 山東出兵の失敗と国際的批判，「張作霖爆殺事件」で天皇の不興《ふきょう》を買い総辞職
27 浜口雄幸《はまぐちおさち》 1929.7～31.4 (652日) 与党　立憲民政党 外務：幣原喜重郎 大蔵：井上準之助	 59歳／高知 ライオン	29.10　世界恐慌始まる(◄p.202) 30.1　金輸出を解禁(金解禁)(◄p.202) .4　ロンドン海軍軍縮条約調印(◄p.199) →統帥権干犯《とうすいけんかんぱん》問題 .11　浜口首相，狙撃され重傷(►p.211) 31.3　三月事件 浜口首相が統帥権干犯問題で右翼から狙撃され負傷し総辞職
28 若槻礼次郎② 1931.4～31.12 (244日) 与党　立憲民政党 外務：幣原喜重郎	 65歳／島根	31.9　柳条湖《りゅうじょうこ》事件→満州事変(►p.210) .10　十月事件 国際協調政策への立憲政友会・軍の反感と閣内の不統一のため総辞職
29 犬養《いぬかい》 毅《つよし》 1931.12～32.5 (156日) 与党　立憲政友会 大蔵：高橋是清 文部：鳩山一郎	 76歳／岡山	31.12　金輸出再禁止→管理通貨制度へ移行 32.1　第1次上海《シャンハイ》事変(►p.210) .2　血盟団《けつめいだん》事件(～.3)(►p.211) .3　満州国建国(►p.210) .5　五・一五事件→犬養首相暗殺(►p.211) ★戦前最後の政党内閣 五・一五事件により犬養首相が暗殺され総辞職
30 斎藤《さいとう》 実《まこと》 1932.5～34.7 (774日) 外務：広田弘毅 大蔵：高橋是清	 73歳／岩手	32.9　日満議定書調印→満州国承認 33.3　国際連盟脱退を通告(►p.210) 34.3　満州国帝政実施 株売買に閣僚が関与した疑獄《ぎごく》事件(帝人《ていじん》事件)により閣僚が辞任し総辞職
31 岡田啓介《おかだけいすけ》 1934.7～36.3 (611日) 外務：広田弘毅 大蔵：高橋是清	 66歳／福井	34.12　ワシントン海軍軍縮条約廃棄を通告 35.2　天皇機関説問題 .8　国体明徴《こくたいめいちょう》声明。相沢事件 36.2　二・二六事件(►p.211) 二・二六事件で高橋蔵相らが暗殺され総辞職
32 広田弘毅《ひろたこうき》 1936.3～37.2 (331日)	 58歳／福岡	36.5　軍部大臣現役武官制復活 .11　日独防共協定調印 .12　ワシントン海軍軍縮条約失効 「割腹問答《かっぷくもんどう》」をめぐって寺内寿一陸相が衆議院解散を要求。閣内不統一により総辞職 ★戦後，東京裁判でA級戦犯とされ，文官としては唯一死刑

□は非政党内閣　□は政党内閣

内閣	総理大臣	主な事項
33 林銑十郎《はやしせんじゅうろう》 1937.2～37.6 (123日) 海軍：米内光政	 60歳／石川	37.1　宇垣一成《うがきかずしげ》陸軍大将，組閣に失敗 「軍財抱合《ぐんざいほうごう》財政」の方針を打ち出したが，政党連合の倒閣運動に圧され総辞職
34 近衛文麿《このえふみまろ》① 1937.6～39.1 (581日) 外務：広田弘毅 陸軍：杉山元 海軍：米内光政	 45歳／東京	37.7　盧溝橋《ろこうきょう》事件→日中戦争(►p.213) .8　第2次上海事変 .11　日独伊防共協定調印(►p.210) 38.1　第一次近衛声明発表(►p.213) .4　国家総動員法公布(►p.214) .11　第二次近衛声明発表 .12　近衛三原則(第三次近衛声明) 日中戦争を推進しようとする陸軍と対立。事態を収拾できずに総辞職
35 平沼騏一郎《ひらぬまきいちろう》 1939.1～39.8 (238日) 内務：木戸幸一 陸軍：板垣征四郎 海軍：米内光政	 71歳／岡山	39.5　ノモンハン事件(►p.213) .7　国民徴用令《ちょうようれい》公布 米国，日米通商航海条約廃棄を通告 独ソ不可侵条約調印を機に「欧州情勢は複雑怪奇《かいき》なり」の言葉を残して総辞職
36 阿部信行《あべのぶゆき》 1939.8～40.1 (140日) 外務：野村吉三郎	 63歳／石川	39.9　第二次世界大戦勃発 40.1　日米通商航海条約失効 陸軍内を統率できず，解散をしようとしたが，予算確定前であったため総辞職
37 米内光政《よないみつまさ》 1940.1～40.7 (189日)	 59歳／岩手	40.3　汪兆銘《おうちょうめい》，南京に国民政府を樹立 親米英派で，近衛の新体制運動に冷淡であったため，不評を買う。畑俊六《はたしゅんろく》陸相辞任後，陸軍が後継陸相を推挙しなかったため総辞職
38 39 近衛文麿②・③ 1940.7～41.10 (454日) 陸軍：東条英機	 48歳／東京	40.9　北部仏印に進駐。日独伊三国同盟調印 .10　大政翼賛会《たいせいよくさんかい》発足(►p.214) 41.4　日ソ中立条約調印。日米交渉開始 強硬論を唱える松岡洋右《まつおかようすけ》外相を更迭するために総辞職 .7　南部仏印に進駐 .9　「帝国国策遂行要領《ていこくこくさくすいこうようりょう》」決定 対米交渉に進展がなく，東条らの強硬論に押し流されて総辞職
40 東条英機《とうじょうひでき》 1941.10～44.7 (1,009日) 外務：東郷茂徳 商工：岸信介	 57歳／東京	41.12　真珠湾《しんじゅわん》奇襲攻撃→太平洋戦争開始 42.4　翼賛選挙実施 .6　ミッドウェー海戦で大敗 43.11　カイロ会談・カイロ宣言(►p.220) 大東亜会議開催(東京)(►p.216) サイパン島陥落(44.7)で絶対国防圏が崩壊。責任をとり総辞職
41 小磯国昭《こいそくにあき》 1944.7～45.4 (260日) 外務：重光葵 海軍：米内光政 軍需：吉田茂	 64歳／栃木	45.2　ヤルタ会談 .3　東京大空襲 .4　沖縄戦始まる(～.6)(►p.219) 戦局を挽回《ばんかい》できず，米軍の沖縄上陸を機に総辞職
42 鈴木貫太郎《すずきかんたろう》 1945.4～45.8 (133日) 外務：東郷茂徳 陸軍：阿南惟幾 海軍：米内光政	 77歳／大阪	45.5　ドイツ降伏 .7　ポツダム会談・ポツダム宣言 .8　広島・長崎に原爆投下(►p.220) ソ連参戦→満州・樺太・千島に進撃 ポツダム宣言受諾。玉音《ぎょくおん》放送 天皇の信任を受けて終戦工作に奔走《ほんそう》。終戦により任務を果たして総辞職

在職期間

1926.1	27.4	29.7	31.4	31.12	32.5	34.7	36.3	37.2	37.6	39.1	39.8	40.1	40.7	41.7	44.7	45.4	45.8
若槻①	田中	浜口	若槻②	犬養	斎藤	岡田	広田	林	近衛①	平沼	阿部	米内	近衛②③	東条	小磯	鈴木	

1 満州事変と満州国の建国

1a 満州事変関係地図

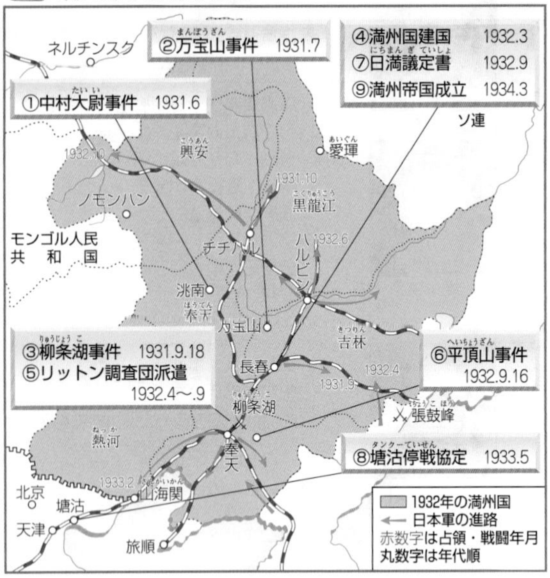

1b 満州国組織図

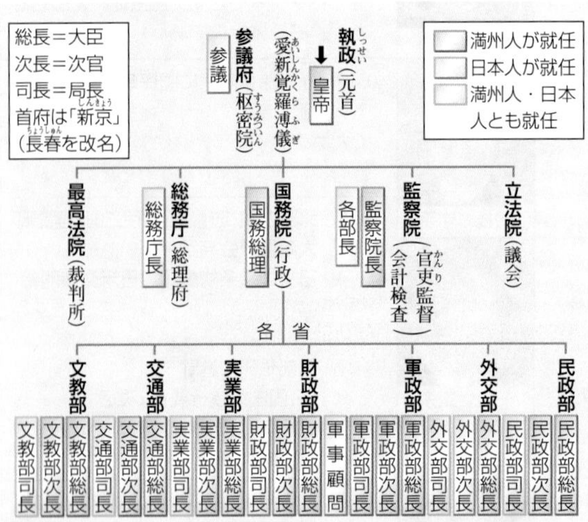

Point 満州国は関東軍司令部が事実上の政府で，明らかに日本の傀儡《かいらい》国家であった。実権は満州人にはなく，日本人の総務庁長や司長が握っていた。

1-1 **満州事変の首《しゅ》謀者石原莞爾《ぼうしゃいしはらかんじ》** 日本とアメリカとの「世界最終戦争」を確信していた。

1-2 **満州国執政《しっせい》・愛《あい》新覚羅溥儀《しんかくらふぎ》** 清朝《シンちょう》最後の皇帝「宣統帝《せんとうてい》」。1934年には満州国皇帝に就任。

1-3 **占領後の北大営《ほくだいえい》を警戒する関東軍** 関東軍は満鉄の爆破（柳条湖《りゅうじょうこ》事件）を中国軍の計画的犯行であるとし，日本軍の行動は自衛のためであったと発表。結局，日本国民はその真相を敗戦まで知らされなかった。

1-4 **上海事変《シャンハイじへん》**（1932年１月） 柳条湖《りゅうじょうこ》事件から始まる満州事変は政府の不拡大方針にもかかわらず戦火は拡大。日本人僧侶襲撃事件を演出して大軍を上海に派遣し，上海占領を企てた。激戦の末，５月に停戦協定締結。写真は海軍陸戦隊の上海北部総攻撃のようす。

Discovery

“ラストエンペラー”

ベルトリッチ監督の大作映画「ラストエンペラー」にも描かれた愛新覚羅溥儀《あいしんかくらふぎ》の生涯はまさに波瀾万丈《はらんばんじょう》である。わずか２歳で清朝《シンちょう》最後の宣統帝《せんとうてい》に就任。３年半後，辛亥《しんがい》革命で清朝は滅亡。12年間は紫禁城《しきんじょう》で暮らすが追われて天津へ。日本軍から接近され満州事変で満州国執政《しっせい》に。２年後，自ら望んで28歳で２度目の皇帝となった。日本敗戦からの転落，流転《るてん》は映画や自伝「わが半生」に詳しい。時代に翻弄《ほんろう》されながら晩年《ばんねん》において人間・溥儀を取り戻した人生であった。

リットン調査団

中華民国政府は満州事変を日本の侵略として国際連盟に提訴。連盟はリットン（英）を団長とする調査団を派遣した。日本側は調査団到着前に「満州国」建国を宣言し既成事実化を図《はか》ったが，調査団は「日本の行為は侵略」との報告書を提出した。調査団は英・米・仏・独・伊の代表５名での構成だった。

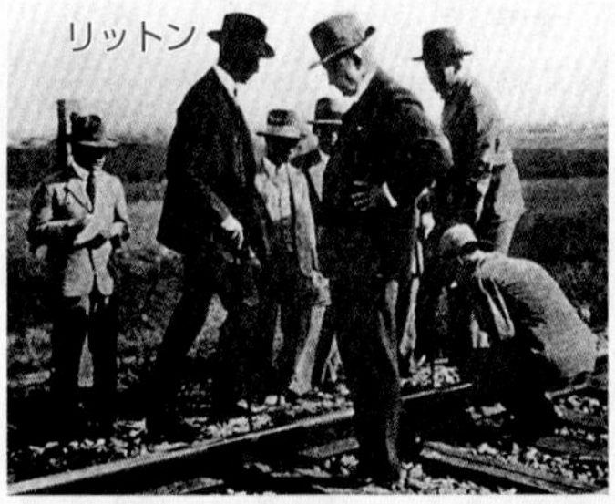

リットン調査団

2 日本の孤立化

聯盟よさらば！遂に協力の方途盡く

總會、勸告書を採擇し
我が代表堂々退場す
四十二對一票、棄權一

支那側勸告受諾
第六項の權利强調

けふ閣議で正式に
脱退方針を決定
聯盟離脱の最終手續

2-1 **国際連盟脱退を報じる新聞**（「東京朝日新聞」1933年２月25日） 国際連盟は1933（昭和８）年２月の総会で，日本軍の満州からの撤退と満州国承認取り消しを求める勧告を42対１で採択。全権代表松《まつ》岡洋右《おかようすけ》は総会を退場し，翌月，日本は正式に国際連盟脱退を通告した。史

2-2 **1937**（昭和12）**年11月「日独伊三国防共《ぼうきょう》協定」記念国民大会**（東京後楽園） 国際連盟脱退により国際的に孤立化した日本は，急速にファシズム体制の独・伊に接近。1937年に日独伊三国防共協定，第二次世界大戦勃発後の1940（昭和15）年には日独伊三国（軍事）同盟を締結し**枢軸**体制を固めたが，同時に日米の対立も深刻化した。（►p.215）

TRY 論述 日本が国際連盟脱退に至った経緯を簡潔に説明しなさい。 推移

1 昭和初期の主な思想・学問弾圧とテロ・クーデタ

青字：思想・学問弾圧
赤字：テロ・クーデタ

1928(昭3)	三・一五事件(共産党員を一斉検挙《けんきょ》)	1
	治安維持法改正・強化(最高刑を死刑・無期にする)	
1929(昭4)	代議士山本宣治《やまもとせんじ》，右翼により暗殺	2
	四・一六事件(共産党員の一斉検挙)	
1930(昭5)	橋本欣五郎《はしもときんごろう》ら陸軍中堅将校《しょうこう》，桜会《さくらかい》を結成	
	浜口雄幸《はまぐちおさち》首相，東京駅で狙撃《そげき》され重傷	3
1931(昭6)	三月事件 十月事件 (ともに桜会将校，民間右翼らのクーデタ未遂《みすい》事件)	
1932(昭7)	血盟団《けつめいだん》事件(右翼団体のテロ。井上準之助《いのうえじゅんのすけ》前蔵相《ぞうしょう》・団《だん》琢磨三井合名《たくまみついごうめい》会社理事長を射殺)	4
	五・一五事件(海軍青年将校らのクーデタ)	5
1933(昭8)	プロレタリア作家小林多喜二《こばやしたきじ》，特高《とっこう》により虐殺	6
	滝川事件(京大教授滝川幸辰《ゆきとき》，免職《めんしょく》・著書発禁《はっきん》)	7
1934(昭9)	陸軍パンフレット「国防の本義《ほんぎ》と其《その》強化の提唱」	
1935(昭10)	天皇機関説《てんのうきかんせつ》問題(東大教授美濃部達吉《みのべたつきち》の憲法学説が政治問題化，免職・貴族院議員辞職)	8
	➡岡田内閣「国体明徴声明《こくたいめいちょうせいめい》」を出す	
	相沢《あいざわ》事件(陸軍皇道派《こうどうは》軍人，統制派永田鉄山斬殺《ながたてつざんざんさつ》)	
1936(昭11)	二・二六事件(陸軍皇道派青年将校らのクーデタ。斎《さい》藤実《とうまこと》内大臣・高橋是清《たかはしこれきよ》蔵相ら射殺)	9
1937(昭12)	東大教授矢内原忠雄《やないはらただお》，免職・著書発禁処分	
	第1次人民戦線《じんみんせんせん》事件(左翼活動家を一斉検挙)	10
1938(昭13)	石川達三《いしかわたつぞう》『生きてゐ《い》る兵隊』発禁処分	
	第2次人民戦線事件(東大大内兵衛《おおうちひょうえ》ら，免職)	
1940(昭15)	早大教授歴史学者津田左右吉《つだそうきち》，著書発禁処分(◀p.204)	

＊数字は該当する写真の番号を表す

共産黨の結社暴露し
全國で千余名大檢擧
過激なる宣言綱領を作成して
畫策した一大陰謀
【本日記事の差止めを解除さる】
起訴四百名に上らん
尙逃走中の首腦多數
山形縣五色溫泉を根城に
學生も多數加盟す

←1 三・一五事件(「東京朝日新聞」1928年4月11日) 千数百人の共産党員および左翼活動家を一斉に検挙《けんきょ》。以後弾圧が強まり転向《てんこう》者も続出した。(◀p.201)

↓5 五・一五事件で射殺された犬養毅《いぬかいつよし》首相のデスマスク
犬養は満州国建国に反対し，海軍青年将校《しょうこう》らのピストルで射殺された。この事件で政党内閣も幕を閉じた。

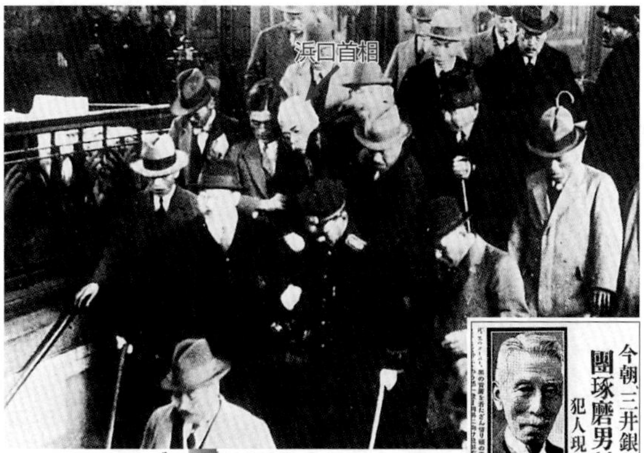

↑3 浜口首相狙撃《そげき》事件 東京駅にて右翼の襲撃を受け重傷。翌年死亡。

TRY論述 浜口首相が右翼の青年に襲われたのはなぜか。外交と経済の2点から説明しなさい。
推移 相互関連

今朝、三井銀行前で
團琢磨男射殺さる
犯人現場で即時捕縛

←4 血盟団《けつめいだん》事件・団琢磨《だんたくま》暗殺(「東京朝日新聞」1932年3月5日) 凶作・恐慌の中で財閥への反発も強まり，三井の大《だい》黒柱《こくばしら》の団も右翼血盟団の凶弾《きょうだん》に倒れた。

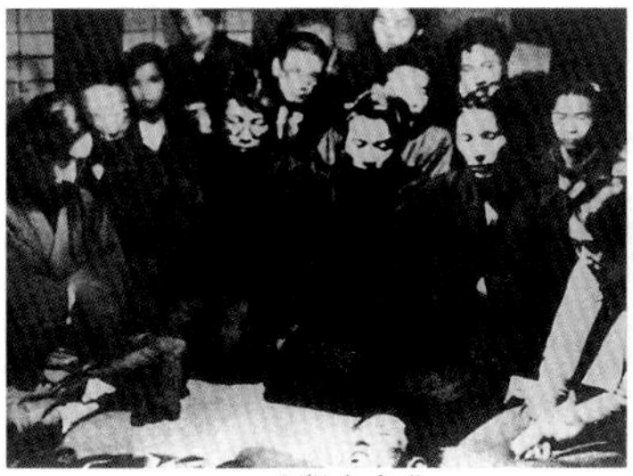

↑6 虐殺された小林多喜二《こばやしたきじ》と遺体を囲む同志たち 築地《つきじ》署での特高《とっこう》による3時間の拷問《ごうもん》の末，全身傷だらけとなり殺害された。

↑7 滝川幸辰《たきがわゆきとき》 『刑法学説』が国体破壊だとされ弾圧された。

↑8 天皇機関説《てんのうきかんせつ》問題で議会・貴族院において反論する美濃部達吉《みのべたつきち》(◀p.197)

↑→9 二・二六事件 北一輝《きたいっき》の影響を受けた陸軍皇道派《こうどうは》将校《しょうこう》らが1,400余名の兵士を率《ひき》いておこしたクーデタ。閣僚《かくりょう》らを殺害し首都中枢《ちゅうすう》部を占拠。鎮圧後，陸軍では統制派が主導権を確立し軍部の発言力が強化された。上の写真は首相官邸《かんてい》を占拠した反乱軍。右は反乱軍兵士に「勅命下《ちょくめいくだ》る軍旗《ぐんき》に手向《てむか》うな」と帰順《きじゅん》をよびかけるアドバルーン。日本近代史研究会提供

Discovery

山本宣治《やまもとせんじ》～一人孤塁《こるい》を守る～(◀p.201)

1928年の最初の普選《ふせん》で無産《むさん》政党・労働農民党から当選した。苦学の末に生物学者となり，同志社や京大でも教鞭《きょうべん》を取った。産児制限運動に取り組む中で労働・農民運動にかかわり選挙にも立った。1928年の治安維持法の改悪では他の無産政党からの代議士7名が弾圧で反対をしなくなる状況でも「一人孤塁を守り」反対を貫《つらぬ》いた。議会での反対演説のために上京した際，神田《かんだ》の旅館で右翼の人物により刺殺《しさつ》された。上京直前に講演で訪れた信州別所《べっしょ》温泉には彼の記念碑が残り，愛誦句《あいしょうく》が刻まれている。「Vita Brevis Scientia《ヴィタブレビススキエンタ》 Longa《ロンガ》」(ラテン語)＝人生は短く科学は長い。

犯人は七生義團員
人民新報編輯の黒田保久二
背後の黒幕を捜査

↑2 山宣暗殺(「東京朝日新聞」1929年3月6日)

↓10 第1次人民戦線《じんみんせんせん》事件(「東京朝日新聞」1937年12月23日) 加藤勘十《かとうかんじゅう》・鈴木《すずき》茂三郎《もさぶろう》・山川均《やまかわひとし》・向坂逸郎《さきさかいつろう》ら400余名が検挙《けんきょ》された。

左翼陣營掃滅のあと
皇軍慰問後長崎で
加藤代議士拘引
曉の動員、警官四百名

転向《てんこう》

個人の思想・信条の立場の転換をさすが，歴史的には特に1931年の満州事変以降の共産主義者の大量転向をさすことが多い。国家主義高揚《こうよう》の時勢において徹底した弾圧・差別・誘導などで転向が強要された。1933年の佐野学《さのまなぶ》ら共産党幹部の獄中《ごくちゅう》転向声明がきっかけとなった。

重化学工業の発達と戦時経済

Discovery

2人の蔵相《ぞうしょう》～高橋財政への転換～

民政党の浜口《はまぐち》・若槻《わかつき》内閣時代に蔵相として「金解禁」を断行した井《いの》上準之助《うえじゅんのすけ》が，1932(昭和７)年１月22日に「金輸出再禁止」での「管理《かんり》通貨制《つうかせい》」への移行を高橋是清《たかはしこれきよ》蔵相に質問しているのが上の写真。下はその年の６月の議会での高橋。高橋蔵相は大正期に首相も務め，蔵相には長きにわたり就任,“だるま”と称された。1931年の蔵相就任時は，金輸出再禁止と赤字国債《こくさい》発行による軍事費を中心とした膨《ぼう》張財政《ちょうざいせい》，対外的には為替相場《かわせそうば》低下の一種のダンピング政策で輸出増大策をとり，1934年には恐慌前の生産水準にまで回復させた。しかし，これ以降軍事部門に偏《かたよ》った形で重化学工業中心の産業構造に推移するきっかけとなった。井上はこの写真直後の血盟団《けつめいだん》事件で，高橋は1936年の二・二六事件でいずれも凶弾《きょうだん》に倒れた。

1 重化学工業の発達

1a 種類別輸出額

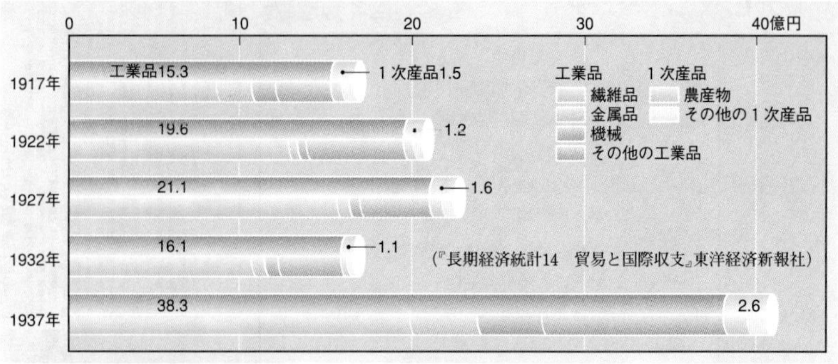

1b 種類別工業生産額

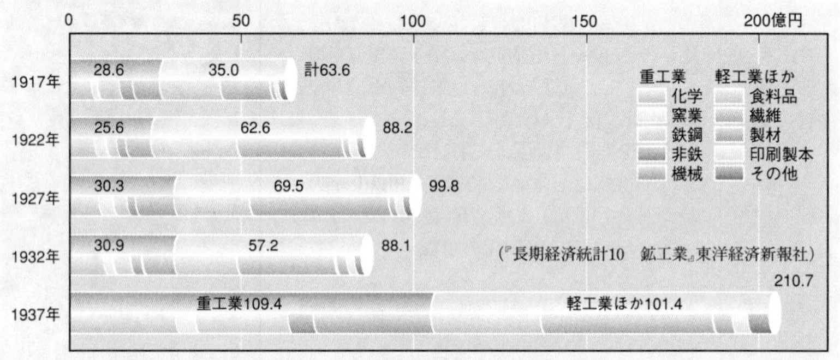

2 新興財閥《しんこうざいばつ》の成長

2a 主な新興財閥

名　称	創始者	中心企業
日産《にっさん》コンツェルン	鮎川《あいかわ》　義介《よしすけ》	日本産業
日窒《にっちつ》コンツェルン	野口《のぐち》　遵《したごう》	日本窒素肥料《ちっそひりょう》
理研《りけん》コンツェルン	大河内正敏《おおこうちまさとし》	理化学興業
森コンツェルン	森《もり》　矗昶《のぶてる》	昭和肥料
日曹《にっそう》コンツェルン	中野　友礼《とものり》	日本曹達《ソーダ》

Point 新興財閥は明治以来の旧財閥に対し，満州事変以後軍需《ぐんじゅ》工業を中心に朝鮮，満州に進出して急成長した。

2-1 **ダットサン1931年型** 日産コンツェルンの日産自動車の製品。 日産自動車(株)提供

2-2 **朝鮮窒素《ちっそ》肥料会社興南《こうなん》工場** 日窒コンツェルン。朝鮮半島北部での操業《そうぎょう》。 日本近代史研究会提供

3 戦時経済

3a 歳出に対する軍事費比率

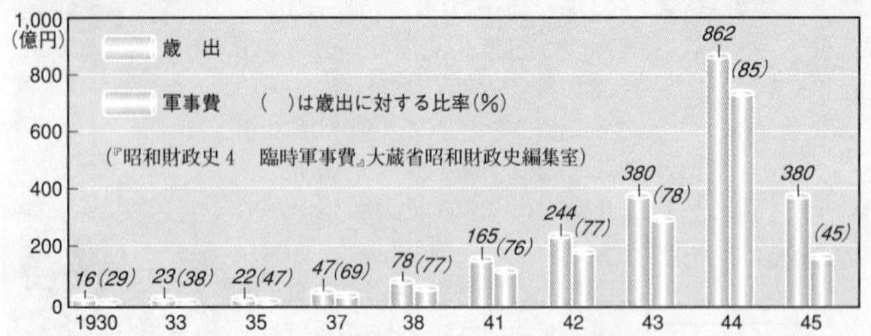

Point 長引く戦争は国家財政にもはっきりと反映されていく。満州事変前の軍事支出比率は27～28%だが，その後急増していくようすがわかる。

3b 一般鉱工業と兵器産業

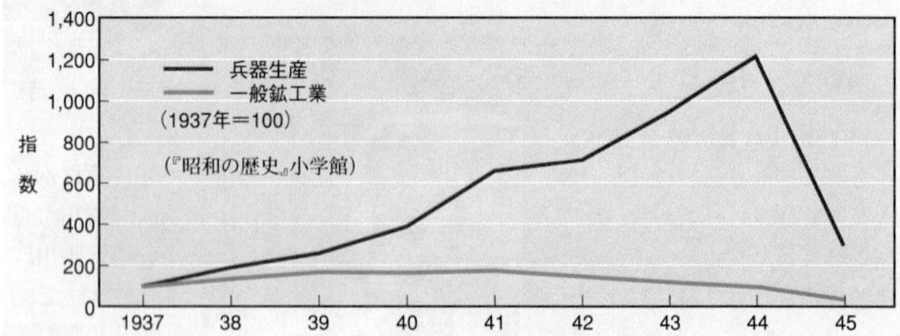

Point 戦争遂行《すいこう》が最優先される中で，国民生活は犠牲にされ，兵器生産だけが拡大し続けた。

3-1 **戦艦大和《せんかんやまと》** 当時世界最大の戦艦で1941(昭和16)年12月の完成だが，すでに大艦巨砲《たいかんきょほう》の時代ではなく，1945年４月沖縄へ向かう途中撃沈《げきちん》された。

3-2 **零式艦上戦闘機《れいしきかんじょうせんとうき》** 太平洋戦争における海軍の主力戦闘機でゼロ戦とも称される。1940年に海軍が制式とした。写真は1978年アメリカで復元されたものである。

1 中国侵略の拡大(1937～1945年)

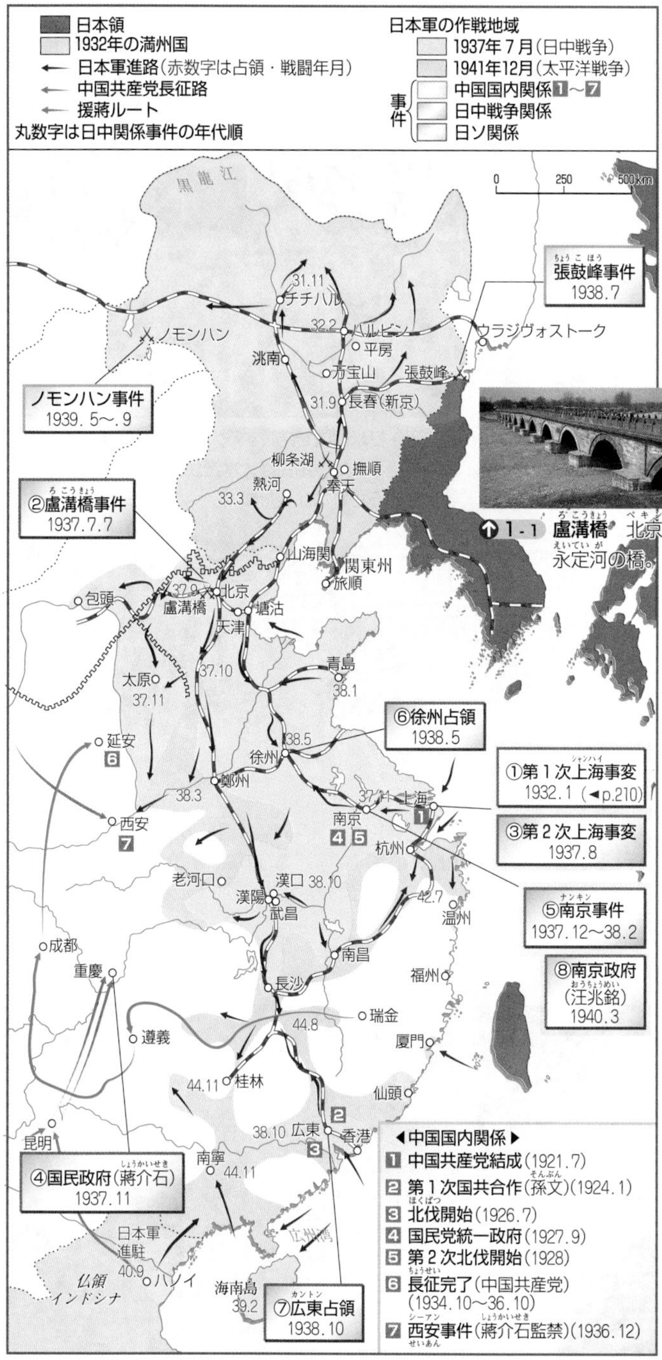

1-1 盧溝橋《ろこうきょう》 北京《ペキン》西，永定河《えいていが》の橋。

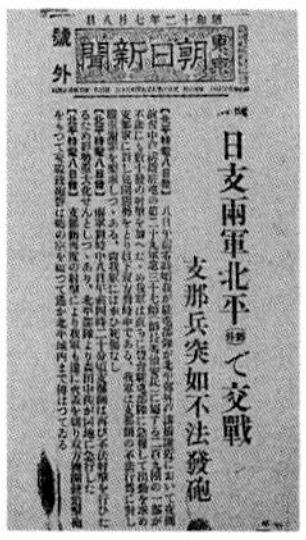

1-2 盧溝橋事件を伝える号外
(「東京朝日新聞」1937年7月8日)

1a 日中戦争への日本政府の対応

第1次近衛文麿《このえふみまろ》内閣(1937.6～1939.1)

1937. 7 当初は不拡大方針・現地にて停戦協定➡兵力増派
. 8 中華民国政府断固膺懲《だんこようちょう》声明(事実上の戦争宣言)
1938. 1 第一次近衛声明「国民政府を対手《あいて》とせず」史，
トラウトマン和平工作(1937.11～)打ち切り
. 11 第二次近衛声明「東亜新秩序《とうあしんちつじょ》建設」

平沼騏一郎《ひらぬまきいちろう》内閣・阿部信行《あべのぶゆき》内閣(1939.1～1940.1)

米内光政《よないみつまさ》内閣(1940.1～1940.7)

1940. 3 南京《ナンキン》政府(汪兆銘《おうちょうめい》主席の日本の傀儡《かいらい》政権)樹立

2 戦線の拡大と泥沼化

2-1 **ノモンハン事件**(1939年5～9月) 前年の張鼓峰《ちょうこほう》事件に続いて，日本軍はソ連軍の圧倒的な火力・機動力の前に敗北。1個師団《しだん》が壊滅《かいめつ》。

2-2 **徐州《じょしゅう》への進軍途中で焼き打ちする日本軍** 1938(昭和13)年5月，日本軍は華北と華中を結ぶ徐州に進軍，占領した。この頃から戦線は急速に拡大し，泥沼化していく。

2-3 **『麦と兵隊』** 麦畑を進軍した徐州《じょしゅう》作戦に従軍した火野《ひの》葦平《あしへい》の戦記。ベストセラーとなる。
(財)日本近代文学館蔵

2-4 **鉄道の爆破**
(1938年10月，武漢攻略作戦にて)

3 中国での暴行や略奪
～南京事件(1937年12月～1938年2月)等～

……夜が明けて点呼を終り朝食ををはると，勤務のない兵隊たちはにこにことして野営地《やえいち》から出て来た。勤務で出られない兵がどこへ行くんだと問ふと彼らは，野菜の徴発《ちょうはつ》にいってくるとか生肉の徴発だとか答えた。進軍の早いしかも奥地に向つてゐる軍に対して兵糧《ひょうろう》は到底輸送し切れなかったしその費用も大変なものであつたから，前線部隊はおおくは現地徴発主義で兵を養つてゐた。

……(石川達三『生きてゐる兵隊』から)

3-1 南京に入城する日本軍

Point 中国の首都南京《ナンキン》を占領した日本軍は暴行・略奪と蛮行《ばんこう》を繰り返した。犠牲者の数は諸説あり，捕虜《ほりょ》や婦女子など無抵抗の非戦闘員も殺害された。補給は現地調達・調弁《ちょうべん》で賄《まかな》うという日本軍のやり方がこれらの背景にあった(左，石川達三文章参照)。日本国民は敗戦までこうした事実を知らされず，戦勝に酔いしれた。

3-2 南京陥落を祝う日本国内の旗行列

1 戦時体制の強化

1937(昭和12)年
- .5 文部省『国体《こくたい》の本義』を配布
- .10 企画院設置(～1943.11)
- 国民精神総動員運動開始
- .11 大本営《だいほんえい》設置
- .11 矢内原忠雄《やないはらただお》筆禍《ひっかじけん》事件
- .12 第1次人民戦線事件

1938(昭和13)年
- .2 第2次人民戦線事件
- .3 綿糸切符制《めんしきっぷせい》開始
- .4 国家総動員法公布
- 電力管理法公布
- .5 ガソリン切符制開始
- .6 集団勤労作業始まる
- .10 河合栄治郎《かわいえいじろう》筆禍事件

1939(昭和14)年
- .2 鉄製品の回収
- .4 米穀配給統制法公布
- .6 パーマネント廃止
- ネオン全廃
- .7 国民徴用令《こくみんちょうようれい》公布
- .9 第1回興亜奉公日《こうあほうこうび》
- .10 価格等統制令公布

1940(昭和15)年
- .2 津田左右吉《つだそうきち》筆禍事件
- .6 新体制運動開始
- 砂糖・マッチ等配給制，切符制開始
- .7 七・七禁令(贅沢品《ぜいたくひん》の禁止)
- .9 隣組《となりぐみ》強化
- .10 大政翼賛会《たいせいよくさんかい》発足
- .11 大日本産業報国会結成
- 皇紀2600年式典

1941(昭和16)年
- .1 陸軍「戦陣訓《せんしんくん》」配布
- 大日本青少年団結成
- .3 国民学校令公布
- 治安維持法《ちあんいじほう》改正(予防拘禁制《よぼうこうきんせい》)
- .4 生活必需物資統制令公布
- 大都市で米穀配給通帳制
- .7 文部省教学局「臣民《しんみん》の道」
- .12 太平洋戦争始まる

194?(昭和17)年
- .1 大日本翼賛壮年団結成
- .2 食糧管理法公布
- 大日本婦人会結成
- 衣料総合切符制開始
- .4 翼賛選挙
- .5 翼賛政治会発足
- 日本文学報国会結成
- .11 大東亜省《だいとうあしょう》設置

1943(昭和18)年
- .3 戦時行政特別法公布
- .9 14～25歳未婚女性の勤労動員開始
- .11 軍需省《ぐんじゅしょう》設置
- .12 学徒出陣《がくとしゅつじん》開始
- 徴兵《ちょうへい》年齢の引き下げ(19歳)

1944(昭和19)年
- .2 決戦非常措置《そち》要綱決定
- .4 旅行制限の強化
- .6 学童集団疎開《そかい》決定
- .8 学徒勤労令・女子挺身勤労令《じょしていしんきんろうれい》
- 砂糖の配給停止
- .10 徴兵年齢の引き下げ(17歳)
- .11 煙草《たばこ》の配給制
- 松代大本営《まつしろだいほんえい》工事開始

1945(昭和20)年
- .3 東京大空襲
- 決戦教育措置要綱(国民学校初等科以外授業停止)
- .5 戦時教育令(学校教育の停止)
- .6 戦時緊急措置法公布
- 義勇兵役法《ぎゆうへいえきほう》公布
- .7 主食の配給1割減
- .8 ポツダム宣言受諾《じゅだく》

2 翼賛体制の確立

2-1 第1次近衛《このえ》内閣の発足(1937年6月) “青年宰相《さいしょう》”として各層から期待された近衛文麿《このえふみまろ》(前列右端)であったが，結局軍部に押し切られ戦争への道を歩んだ。

2-2 国家総動員法の成立(1938年3月，第1次近衛内閣) 戦争遂行《すいこう》のため，人的物的資源を政府が自由に運用，動員できるという古今《ここん》未曾有《みぞう》の立法であった。

2-3 大日本産業報国会の創立大会(1940年11月) 新体制運動で労働組合などはすべて解散され，産業報国会を結成。その全国組織。

2a 翼賛体制の浸透

2-4 隣組《となりぐみ》と回覧板

2-5 慰問袋《いもんぶくろ》づくりをする国防婦人会の人々

新体制運動

近衛文麿《このえふみまろ》を中心にナチスやファシスト党にならって指導政党・国民組織づくりを目指した。結局「大政翼賛会」(右写真1940年10月発足)を中心として，上意下達《じょういかたつ》組織で多数の下部組織をもち，戦争への国民総動員体制推進の意味合いしかもたなかった。

3 報道管制

3-1 日米開戦を発表する大本営《だいほんえい》陸海軍部(1941年12月) 敗戦に至るまで，国民は大本営からの発表によってしか戦況を知らされなかった。

3-2 「不許可」写真 軍関係の写真は検閲《けんえつ》の上，「保留」・「不許可」・「検閲済」の3種に分けられた。機密漏洩《きみつろうえい》の恐れのあるものや残虐で厭戦《えんせん》気分を催《もよお》すものは「不許可」とされた。

1 第二次世界大戦直前の国際関係

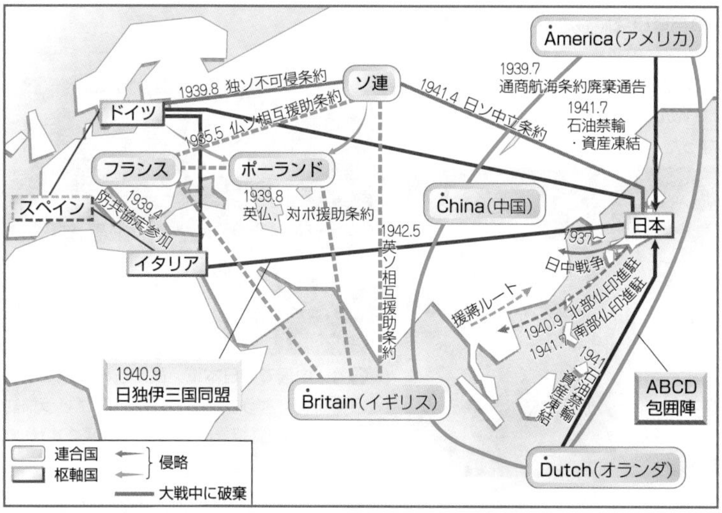

1-1 日独伊三国同盟調印式に臨《のぞ》む各国の代表 左から来栖《くるす》駐独大使，ヒトラー総統，チアノ伊外相。ナチス＝ドイツのパリ攻略を受けての同盟調印。史

2 南進政策の推進

2-1 日ソ中立条約調印後の記念写真(1941年4月) 日米交渉継続を図った近衛首相がいったん総辞職し，再度の第3次内閣組閣の際には松岡は外相から外された。史

Point 仏のドイツへの降伏を受けて，1940年9月に北部仏印*進駐を開始。ここから日本の南進政策が始まり，1941年4月の日ソ中立条約で北方を固めた後，日本軍は1941年7月に南部仏印にも進駐する。アメリカは更に態度を硬化させた。

＊仏印＝フランス領インドシナ

3 日米交渉決裂(1941年11月)

3-1 交渉のためホワイトハウスに向かうハル国務長官(中央)**と野村吉三郎大使**(左)，**来栖三郎特使**(右)

ハル・ノート(1941年11月)

ハルが野村・来栖両氏に手渡した強硬《きょうこう》な立場の覚書《おぼえがき》。日本軍の中国・仏印からの全面撤兵《てっぺい》，蔣介石政権以外を支持しない，日独伊三国同盟の死文化，中国を満州事変以前の状態に戻すことを要求。日本側は最後通牒《つうちょう》と誤認し，戦争に突入した。

Point 日本軍の南進策拡大や三国同盟，日ソ中立条約締結に対し，アメリカ側では1941年8月対日石油禁輸をとるなど態度を硬化させ，日米交渉は行き詰まった。

4 日米軍事力・生産力の比較

4a 軍事力比較

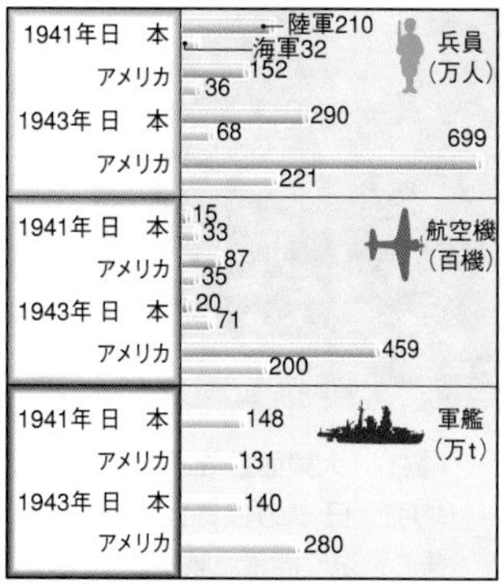

Point 左のグラフでわかるように，日米の軍事力の差は歴然《れきぜん》としていた。特に大型戦艦《せんかん》に主力を置く日本に対し，米は航空機に重点を置き制空権を掌握《しょうあく》。それが勝敗の分かれ目となった。また，下のグラフから，開戦前の段階で鉄，石油など軍需必需品での対米依存度は非常に高く，対米戦は無理があった。生産力においても格段の差があった。

(『現代史資料』みすず書房)

4b 日本の軍需物資国別輸入額(1940年)

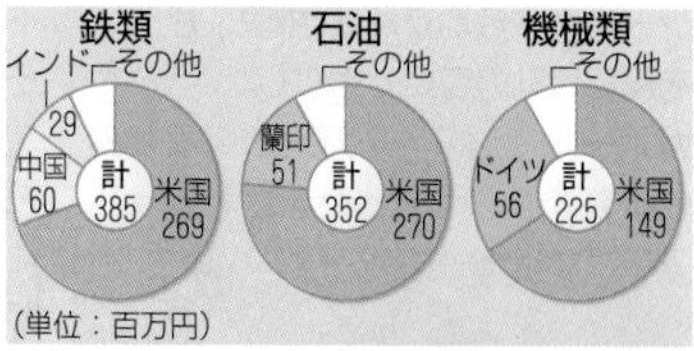

(『昭和史』岩波書店)

4c 日米主要物資生産高比較

	石炭	石油	鉄鉱石
1941年	9.3	527.9	74.0
1944年	13.8	956.3	26.5

日本の生産高を「1」としたときのアメリカの数値

(『基礎国力動態総覧』国民経済研究協会)

5 開戦～太平洋戦争への拡大

5-1 日本軍の真珠湾への奇襲攻撃(1941年12月8日)

5-2 開戦を伝える新聞(1941年12月9日「朝日新聞」夕刊) ハワイ＝布哇の眞珠灣だけでなく米・英軍への同時奇襲攻撃での開戦(アジア・太平洋戦争への拡大)が読み取れる。

TRY 論述 太平洋戦争への拡大はどのような形であったか，下の新聞記事なども参考にして述べなさい。推移

帝國・英米に宣戰を布告

對米英宣戰の大詔發布

詔書

布哇比島を決死空襲

新嘉坡を大爆撃

上海で英艦撃沈、米艦降伏

大本營陸海軍部發表(八日午前六時) 帝國陸海軍は本日未明西太平洋において米英軍と戰爭状態に入れり

我空軍ホノルル大爆撃

眞珠灣で米艦船二隻撃沈

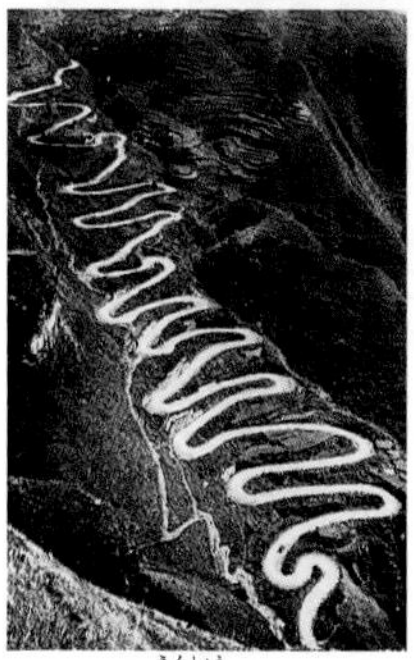

5-3 援蔣《えんしょう》ルート 日本軍の南進の目的は援蔣ルートの遮断《しゃだん》と戦争物資の獲得であった。

5-4 シンガポール占領(1942年2月) 白旗，英国旗を掲げての英軍の降伏。真珠湾攻撃よりも数時間早く始まったマレー上陸作戦から2カ月での陥落であった。

「大東亜共栄圏」～理想と現実～

「アジアを欧米帝国主義から解放し，日本を中心に共存共栄を図る」というのが，“大東亜共栄圏《だいとうあきょうえいけん》”の構想であった。しかし実態は支配者が欧米から日本に代わっただけであった。日本の侵略を正当化する名目《めいもく》にすぎなかった“大東亜共栄圏”の実相を捉《とら》えることは，アジア地域との関係を築く第一歩である。

2 「大東亜会議」（1943年11月） 日本の傀儡《かいらい》政権を集め東京で開催。戦争協力を強化するために結束を示そうとした。

3 旧731《ななさんいち》部隊研究施設のボイラー残骸《ざんがい》 関東軍防疫《ぼうえき》給水部隊の通称。毒ガスや細菌兵器の研究をし，実際に使用された。また，中国やソ連の捕虜《ほりょ》は「マルタ」（丸太）とよばれ，人体実験の犠牲《ぎせい》となった。

4 中国での日本軍 武漢《ぶかん》攻略作戦で前方の村を焼くようす。華北《かほく》では抗日《こうにち》ゲリラ掃討《そうとう》として「三光《さんこう》」（焼き，殺し，奪い尽くす）作戦が行われた。現中国政府の見解では，中国の軍民両方での犠牲者は2,200万人弱。

11 日本占領時期死難人民記念碑（シンガポール） シンガポールやマレー半島の各地で華人《かじん》（中国系住民）を反日活動の容疑で虐殺した。シンガポールでは4～5万人の虐殺（現地研究者推定）があったとされる。

1 大東亜共栄圏《だいとうあきょうえいけん》めぐり双六《すごろく》（「家の光」昭和19年1月号付録）

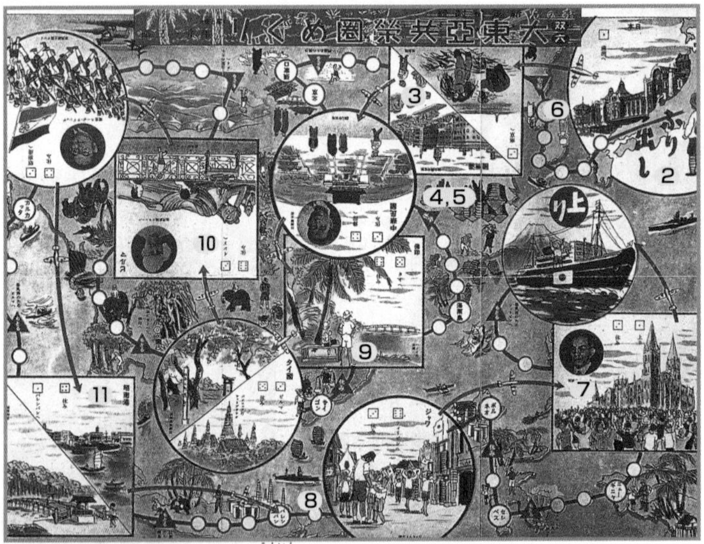

5 抗日《こうにち》壁画 村瀬守保氏撮影

10 泰緬《たいめん》鉄道のクワイ川鉄橋 タイ・ビルマ間の鉄道。インド侵攻作戦のため日本軍が敷設《ふせつ》。多くの連合国軍捕虜《ほりょ》と東南アジア各地から「ロームシャ（労務者）」を動員して建設が進められ，捕虜1万2,000人，労務者数万人の死者が出たといわれる。この橋の近くに「JEATH 戦争博物館」がある。JEATHは日英米豪泰蘭《ごうたいらん》の頭《かしら》文字だが，「DEATH＝死」をもじり，日本軍による死を表しているのであろう。この博物館の表門には“Forgive but not forget”（許そう，しかし忘れない）と掲《かか》げられている。

8 蘭印《らんいん》（インドネシア）の石油採掘施設を復旧させる日本軍 東南アジア侵略には戦争での人的，物的資源（石油，錫《すず》，天然ゴム，鉄鉱石など）の獲得と中国支援＝援蔣《えんしょう》ルートの遮断《しゃだん》の目的があった。

TRY 論述 日本が「大東亜共栄圏」を唱えたのはなぜか。 推移 相互関連

6 朝鮮の「皇民化《こうみんか》」政策 皇国臣民《こうこくしんみん》教育振興隊の朝鮮人児童が紀元節《きげんせつ》などの意義を村人に説明しているところ。皇民化として神社参拝《さんぱい》の強制，日本語強制，「創氏改名《そうしかいめい》」なども行われた。1943年には徴兵制も実施した。

（◄p.183，►p.219・241・244）

9 反日に決起《けっき》するベトナム民衆 「日本ファシスト粉砕《ふんさい》」「ベトナム完全独立」の横断幕《おうだんまく》。ベトナムでは1944～45年にかけて気候不順による大飢饉《ききん》と日本軍の食料収奪《しゅうだつ》により，200万人におよぶ餓死《がし》者が出た。（仏印《ふついん》地域）

7 フィリピン・バターン半島の捕虜《ほりょ》 1942年4月，炎天下で強行された長距離の移動で，米軍・フィリピン軍の軍人，民間人に多数の犠牲を出した。「バターン死の行進」といわれる。

1 戦時下の国民生活～学校で

⬆1-1 **京都高等工芸学生の軍事教練**（1939年10月滋賀県山中越での行軍風景）

⬆1-2 **“鬼畜米英《きちくべいえい》”ローズヴェルト，チャーチルの似顔絵をたたく小学生**（1943年山梨県塩山《えんざん》国民学校）

⬆1-3 **学童疎開《そかい》の列車に乗り込む子どもたち**（1944年８月） 1944年の後半以降集団疎開が行われる。対象は都会の初等科３年生以上の子どもたちで，その総数は全国で約41万人。

⬆1-4 **教室で軍服を縫《ぬ》う女学生**（1944年長野県長野高等女学校） 鉢巻《はちまき》の日の丸は，この後付《つ》く。

⬆1-5 **奉安殿《ほうあんでん》に最敬礼《さいけいれい》をする子どもたち**（1937年石川県金沢市小将《こしょう》町高等小学校） 能登印刷（株）蔵

TRY 論述 子どもたちが奉安殿に最敬礼させられているのはなぜか。 **相互関連**

⬆1-6 **学徒出陣壮行式《がくとしゅつじんそうこうしき》**（1943年10月21日明治神宮外苑《がいえん》） 政府は，1943年９月に文科系大学生への徴兵猶予《ちょうへいゆうよ》の取り消しを決定，12月から入営が始まった。

2 戦時下の生活～地域社会で

⬅2-1 **「ぜいたく追放」の立看板**（『国際写真情報』1940年９月号） 1940年８月，国民精神総動員本部は節約《せつやく》をよびかける立看板を東京のあちこちに配置した。

➡2-5 **ジャガイモなどの配給**（1943年） 多くの生活必《ひつ》需品《じゅひん》・食料が配給制となり，人々の生活を苦しめた。

⬅2-4 **軍服姿の七五三の子どもたち**（1941年11月）

⬅2-2 **パーマネントの禁止**（1939年６月） パーマネントの女性の通行を禁止する町内会もあった。

➡2-3 **人手不足でもんぺ姿で自転車に乗って電報配達に出発する女子通信報国隊《つうしんほうこくたい》隊員**（1943年東京）

⬇2-6 **本土決戦に備えた竹槍《たけやり》訓練**

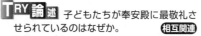

戦局の悪化

1 太平洋戦争の展開(1941～1945年)

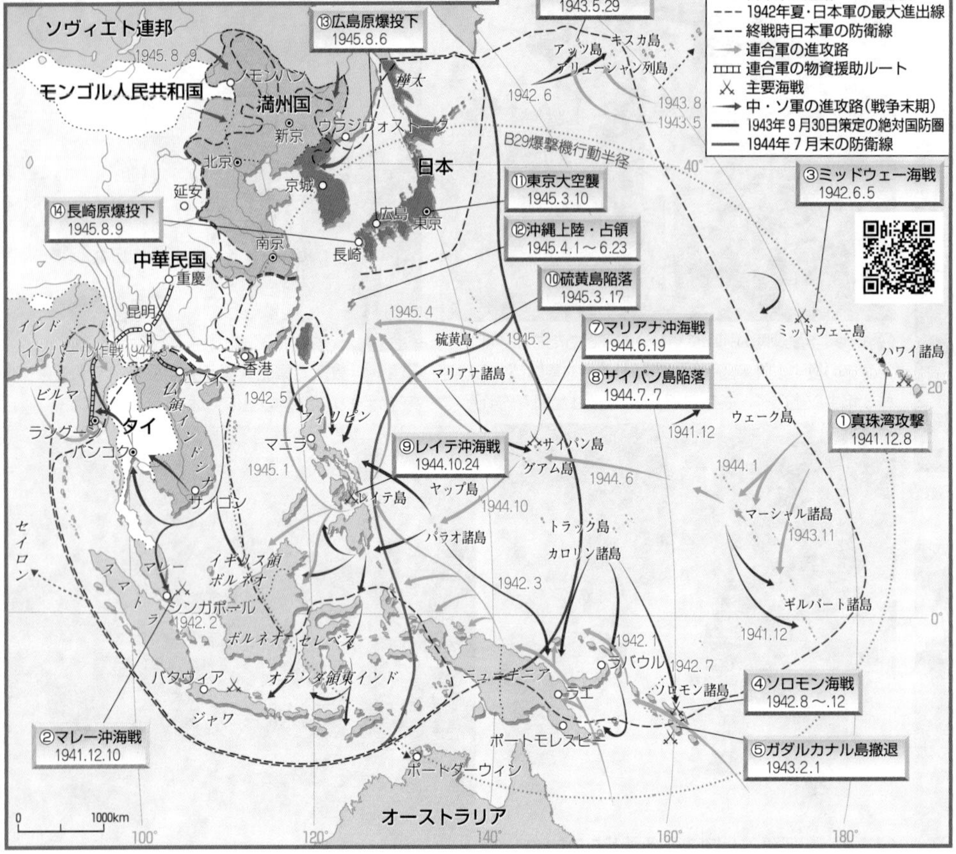

2 戦局の悪化

2-1 出撃する特攻隊員《とっこうたいいん》と見送る女子挺身《じょしていしん》隊員《たいいん》(1944年12月) 特攻攻撃は成功率が低く，戦術としては有効ではなかった。

2-2 東京大空襲(1945年3月10日) 焼夷《しょうい》弾《だん》による無差別爆撃で10万余の死者が出た。

玉砕《ぎょくさい》 無価値な瓦となるよりは潔《いさぎよ》く玉の如《ごと》く砕けるという意味。戦争において，捕虜となるより戦死を覚悟して全員最期まで戦うこと。東条英機《とうじょうひでき》が陸相として作成した「戦陣訓《せんじんくん》」の「生キテ虜囚《りょしゅう》ノ辱《はずかし》メヲ受ケズ」という戦い方が強いられ，各地で悲惨な結果を招いた。

2-3 サイパン島の玉砕《ぎょくさい》(1944年7月) 玉砕した日本兵の死体をブルドーザーで埋める米軍。4万余の兵士と1万の市民のうち，生存者はわずか千人余であった。米軍のサイパン占領により，そこを基地としてB29などの長距離爆撃機による本土空襲が本格化する。 ©Eugene Smith

2-4 硫黄《いおう》島決戦(1945年3月) 硫黄島での戦いでは，日本側が本土決戦への時間稼ぎのため死闘を展開した。米軍の見通しを狂わせ約1カ月におよぶ戦いの末，約2万の兵が玉砕。写真は米軍舟艇の航跡と激戦地の摺鉢《すりばち》山。

3 本土空襲

3a 空襲による被害状況

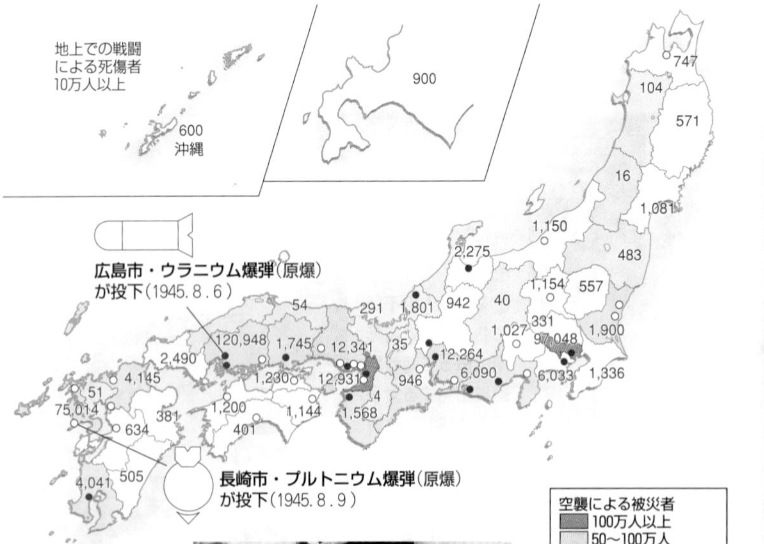

空襲による被災者
- 100万人以上
- 50～100万人
- 10～50
- 1～10
- 1万人未満

赤数字空襲による死者数(1945年)
- ● 焼失・破壊家屋2万以上の都市
- ○ 焼失・破壊家屋1万以上の都市

(早乙女勝元ほか『母と子でみる日本の空襲』草土文化社などによる)

3-1 米爆撃機「B29」

松代大本営と沖縄戦

硫黄《いおう》島決戦(1945.3)での“玉砕《ぎょくさい》”も，国内唯一《ゆいいつ》の本格的地上戦「沖縄戦」(1945.3～6)も，米軍との“本土決戦”を少しでも遅らせることが使命であった。そして“本土決戦”に備え，1944年「松代大本営」の工事が開始された。信州松代で地下壕《ちかごう》掘りが急がれていた時，沖縄住民は壕(ガマ)に逃《のが》れ必死に生きようとしていたのである。

大本営 戦時における最高統帥《とうすい》機関。“大元帥《だいげんすい》”天皇と陸軍・海軍で構成された。陸軍の責任者は参謀《さんぼう》総長，海軍は軍令部長である。日清・日露戦争でも設置され，日中戦争・太平洋戦争では戦争勃発《ぼっぱつ》後の1937年11月に設置された。以後は「事変」でも適用可能とした。統帥・政府の連絡のため大本営政府連絡会議が設けられ1944年に戦争最高指導会議に発展したが，最期まで一元的戦争指導は実現しなかった。

松代大本営

1 松代大本営跡

2 大坑道に残されたハングル文字(『ガイドブック松代大本営』より) まだ正確な解読《かいどく》はされていない。天皇の御座《ござ》所として建設された建物は現在，地震《じしん》観測所として使われ大坑道にはひずみ地震計が設置されている。

Point 1943年２月，ガダルカナル島撤退《てったい》を受け，政府大本営は９月に「絶対国防圏」を設定。1944年に入り「絶対国防圏」も厳《きび》しくなる状況下で，信州あたりに適地を探《さが》し工事を開始することが検討され始めた。天皇以下大本営や政府機関・NHKなども移し「国体《こくたい》護持《ごじ》」を図《はか》ろうとした。松代は★本州の最も幅の広い地帯で近くに飛行場もある★地盤が固く掘削《くっさく》に適し空襲《くうしゅう》にも堪《た》えうる(地下施設も可能)★人情が純朴《じゅんぼく》で信州は神州に通じる，などの理由で選ばれたと考えられる。1944年11月11日午前11時に最初の発破《はっぱ》がかけられたといわれ，以後敗戦までの９カ月で突貫《とっかん》工事が進められた。総延長13kmにおよぶ碁盤《ごばん》目状の地下壕《ちかごう》である。工事に従事した人間は延《の》べ300万人と推定され，その中心は6,000～7,000人の朝鮮人で，そのうち200人以上は死んだとされる(天皇の「御座所」建設で口封《くちふう》じで殺された者もいた)。1985年に篠ノ井旭高校(当時)の生徒が沖縄のガマに入った経験から松代大本営地下壕の保存公開を求める運動を開始。国・県・市への働きかけも拡大し，長野市も1990年から一部のみ保存工事，公開に踏み切った。意義ある戦争遺跡《いせき》として，永久保存，全面公開，平和祈念館建設を求める運動が続いている。

沖縄戦

ⓐ沖縄戦の経過

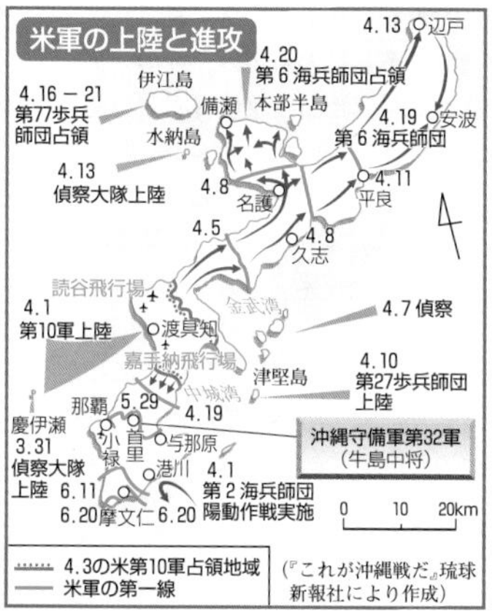

(『これが沖縄戦だ』琉球新報社により作成)

3 米軍の艦砲射撃《かんぽうしゃげき》「鉄の暴風」 慶良間《けらま》諸島などへの攻撃に続き1945年４月１日に米軍は沖縄本島に上陸。艦砲射撃などもあり，上陸はほぼ無抵抗であった。

Point 兵力不足の沖縄守備軍は，一般住民を巻き込んでの守備体制を取った。中学生や女学生も含め，島民２万5,000人を防衛隊・義勇隊《ぎゆうたい》で「根こそぎ動員」したが，1945年５月22日に首里を撤退《てったい》，南部で１カ月持久戦を続けたが６月23日(＝「沖縄慰霊《いれい》の日」)に牛島満司令官が自決，組織的戦闘は終結した。日本守備軍は戦局悪化で，協力させた住民を切り捨てた。食料を十分与えず，スパイ容疑などで「住民虐殺《ぎゃくさつ》」もした。また，住民にも戦陣訓《せんじんくん》を押し付け「集団自決」を強要した。６月23日以降もこうした住民の被害は続いた。

6 壕にたてこもる沖縄守備軍への米軍の火炎放射器《かえんほうしゃき》攻撃(馬乗り攻撃) この後兵隊が突撃《とつげき》した。壕に守備軍とともに逃れていた住民にも多くの犠牲者が出た。 月刊沖縄社 提供

4 捕虜《ほりょ》の鉄血勤皇《てっけつきんのう》隊《たい》の少年兵 5とも月刊沖縄社 提供

5 白旗を掲げる少女 この子を先頭に住民はやっとガマから出た。

7 沖縄での集団自決の跡 手榴弾《しゅりゅうだん》による集団自決と考えられる。毒薬のネコいらずを飲んだり，鎌《かま》を使うなどして自決が強要された。沖縄戦での軍と義勇隊の死者10万人，県民の死者は約12万人以上。県総人口の４分の１にもなった。

Discovery

ひめゆり平和祈念資料館 (沖縄・糸満市)

看護補助員《かんごほじょいん》として沖縄戦に動員された女子学徒のうち，県立第一高女と師範《しはん》女子部による学徒隊を「ひめゆり学徒隊」という。両校の校友会誌名を合わせて名付けられた。この学徒隊の女学生は，220名余が動員され120名以上の犠牲者《ぎせいしゃ》を出した。

資料館第４展示室のトンネルを入ると，犠牲者の在《あ》りし日の一人ひとりの写真が並ぶ。十数歳の若き命を散らした彼女たちの姿は，物言わずとも迫り来るものがある。病院壕の実物大のジオラマ，生存者の証言コーナーも心を締め付けられる。

ひめゆり学徒隊となる師範女子部の生徒たち 1944年春

1 第二次世界大戦中の連合国の主要会談

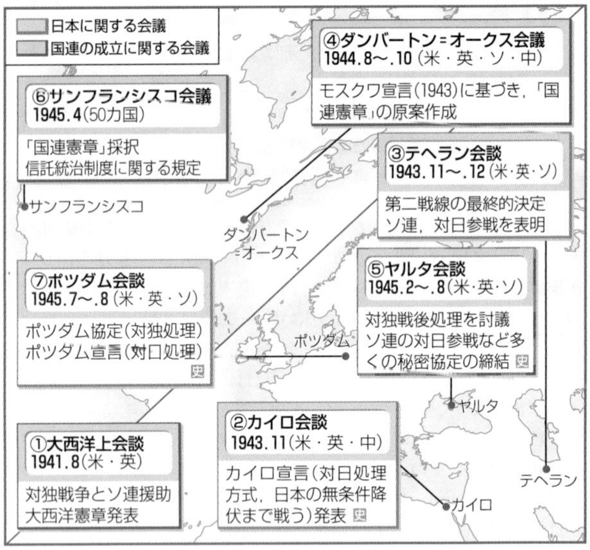

1-1 カイロ会談(1943年11月)**の3首脳**
左から蔣介石《しょうかいせき》(中国),F=ローズヴェルト大統領(米),チャーチル首相(英)。連合国側は日本が無条件降伏するまで徹底的に戦う方針を固めた。

1-2 ポツダム会談(1945年7月)**の3首脳**
左からチャーチル(英)(会談の最中の首相交代でアトリー参加),トルーマン大統領(米),スターリン(ソ連)。7月26日に米英中の3国の名で発表されたポツダム宣言(のちにソ連が加わる)で勧告された無条件降伏を,日本政府は直《ただ》ちに受け入れず,原爆投下やソ連の参戦による満州の悲劇などを招いた。

2 原子爆弾の投下

2-1 がれきと化した広島市街 1945年8月6日8時15分に原爆投下。原爆ドーム(旧産業奨励館)は1996年12月,"世界遺産"に登録された。

2a 原爆の規模と被害

	広島	長崎
種類	ウラニウム235	プルトニウム239
TNT 火薬換算の威力	12±1kt(キロトン)	22±2kt
死没者数	約14万人(1945年末時点,広島平和記念資料館による)	73,884人(1950年7月長崎市原爆資料保存委員会発表)
	201,990人(1990年厚生省発表)	93,966人(1990年厚生省発表)

Point 広島・長崎への2度にわたる原爆の投下により,爆風・熱線・放射線,その後の原爆症で約30万人もの貴重な生命が奪われ,今なおその後遺症に苦しむ人も多い。近年,アメリカのスミソニアン博物館の原爆展開催を巡り,原爆投下の正当性についての議論が話題となった。

2-2 長崎へ投下された原爆のキノコ雲(1945年8月9日)
11時02分に投下された。長きにわたる戦争にピリオドが打たれた。

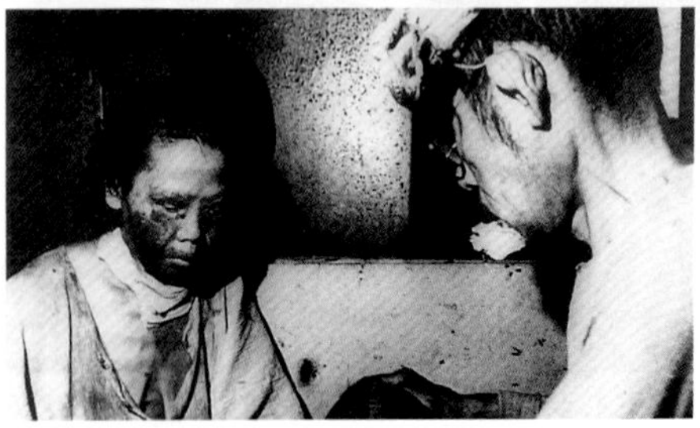

2-3 顔に熱傷を負った広島市民 被爆した人たちは「水を,水を」とあえぎながら,やがて息を引きとったという。

2-4「原爆の図」(丸木位里《まるきいり》・俊《とし》筆)埼玉・(財)原爆の図 丸木美術館蔵

3 敗戦

3-1 宮城《きゅうじょう》前(1945年8月15日)

帝國再建に未曾有の聖斷・忝き大詔を
朝日新聞
四國宣言を受諾
皇國不滅に叡慮
感涙下る御言葉
大御心一つ

3-2 1945年8月15日付の「朝日新聞」「皇《こう》國不滅《こくふめつ》に叡慮《えいりょ》」「大御心《おおみこころ》一つ」「國體護持《こくたいごじ》」などの見出しに当時の指導者層の考え,降伏の遅れた理由が見えてくる。その教育や社会状況に置かれ続けたゆえに国民に3-1の写真のような現象が見られた。

4 中国残留孤児《ちゅうごくざんりゅうこじ》および樺太《サハリン》残留韓国・朝鮮人問題

4-1 肉親と再会する中国残留孤児(左)**と樺太残留韓国・朝鮮人**(右)

Point 中国残留孤児(►p.242)は現在推定約1万人,日本の支配下で動員し見捨てた樺太残留韓国・朝鮮人は敗戦時4万人以上いたとされる。肉親との再会や故郷への帰郷・移住を望む人々も多いが,政治・社会上の障害もあり,いまだ解決していない。

1 戦後〜現代の内閣

■数字は「代」　○数字は「次」　（　）は在職日数
□は主な閣僚　写真下は就任時の年齢／出生地
㊚は選挙区　緑字はニックネーム　青字は総辞職の事情

□は非政党内閣　■は政党内閣

内閣	総理大臣	主な事項
43 東久邇宮稔彦《ひがしくにのみやなるひこ》 1945. 8〜45.10 （54日） 外務：重光葵《しげみつまもる》 吉田茂《よしだしげる》	 57歳／京都 〈皇族首相〉	45. 8　マッカーサー，厚木《あつぎ》到着 . 9　**降伏文書調印**。陸海軍解体。 軍需工業停止。戦犯《せんぱん》容疑者逮捕指令 . 10　**治安維持法廃止**。特高《とっこう》警察廃止指令。 政治犯釈放 GHQからの改革指示を実施困難として総辞職
44 幣原喜重郎《しではらきじゅうろう》 1945.10〜46. 5 （226日） 外務：吉田茂《よしだしげる》 国務：松本烝治《まつもとじょうじ》	 73歳／大阪	45. 10　**五大改革指令**（►p.222） . 11　**財閥解体指令**（►p.223） 日本社会党・日本自由党・日本進歩党結成。日本共産党再建 . 12　**農地改革指令**。労働組合法公布 46. 1　**天皇の人間宣言**。公職追放指令 . 2　金融緊急措置令 . 4　**戦後初の総選挙**（女性参政権行使《こうし》） 総選挙で自由党が第一党となり総辞職
45 吉田《よしだ》　茂《しげる》① 1946. 5〜47. 5 （368日） 与党 日本自由党 日本進歩党 国務：幣原喜重郎《しではらきじゅうろう》 大蔵：石橋湛山《いしばしたんざん》	 67歳／東京 ㊚高知	46. 10　自作農創設特別措置法＝第二次農地改革 . 11　**日本国憲法公布**→47. 5 施行 . 12　傾斜生産方式閣議決定 47. 1　GHQ，二・一ゼネスト中止指令 . 3　教育基本法・学校教育法公布 . 4　労働基準法・独占禁止法公布 総選挙で社会党が第一党となり総辞職
46 片山《かたやま》　哲《てつ》 1947. 5〜48. 3 （292日） 与党 日本社会党 民主党 国民協同党	 59歳／神奈川	47. 9　労働省設置 . 10　国家公務員法公布 . 12　警察法（地方分権・民主化）・過度《かど》経済力集中排除法・臨時石炭鉱業管理法・改正民法公布 炭鉱国家管理問題で左右両派（革新・保守）が対立し総辞職
47 芦田《あしだ》　均《ひとし》 1948. 3〜48.10 （220日） 与党 民主党 日本社会党 国民協同党 文部：森戸辰男《もりとたつお》	 60歳／京都	48. 5　海上保安庁設置 . 7　教育委員会法・政令201号（公務員の争議権禁止の公布） . 10　**昭和電工疑獄《しょうわでんこうぎごく》事件** 昭和電工疑獄事件で閣僚《かくりょう》からも逮捕者が出て批判高まり総辞職
48〜51 吉田　茂②〜⑤ 1948.10〜54.12 （2,248日） 与党 民主自由党 ↓ 自由党 大蔵：池田勇人《いけだはやと》 郵政：佐藤栄作《さとうえいさく》	 70歳／東京 ㊚高知	48. 11　極東国際軍事裁判判決（►p.222） . 12　**経済安定九原則指令**（►p.226） 49. 3　**ドッジ＝ライン**発表 . 4　**単一為替《かわせ》レート**設定（1ドル＝360円） . 7　下山《しもやま》事件・三鷹《みたか》事件 . 8　松川《まつかわ》事件（►p.226） . 9　**シャウプ税制改革勧告《かんこく》** 50. 6　**朝鮮戦争**勃発《ぼっぱつ》（►p.230） . 8　**警察予備隊**発足（►p.230） 51. 9　**サンフランシスコ平和条約・日米安全保障条約**調印（►p.230） 52. 2　日米行政協定調印 . 4　講和条約発効＝独立回復（GHQ廃止） . 5　「血のメーデー」事件 . 7　破壊活動防止法公布
	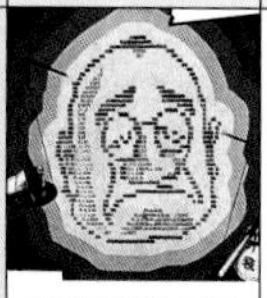 **⬆吉田茂の風刺画** ワンマン宰相《さいしょう》	52. 8　IMF・IBRDに加盟 . 10　保安隊発足 53. 2　「バカヤロー」解散 . 10　池田・ロバートソン会談 54. 3　第五福龍丸《ふくりゅうまる》，ビキニ沖で被爆 MSA協定調印 . 6　教育２法・警察法改正公布 . 7　**防衛庁・自衛隊**発足（►p.232） 公職追放からの復帰で反吉田勢力増大。不信任議決前に総辞職
52〜54 鳩山一郎《はとやまいちろう》①〜③ 1954.12〜56.12 （745日） 与党 日本民主党 ↓ 自由民主党 外務：重光葵《しげみつまもる》 通産：石橋湛山《いしばしたんざん》	 72歳／東京	55. 8　第１回原水爆禁止世界大会 . 10　**日本社会党統一** . 11　**自由民主党結成**（**保守合同**） ｝55年体制（►p.232） 56. 6　教育委員の任命制 . 10　**日ソ共同宣言**（**国交回復**）（►p.242） . 12　**日本，国際連合加盟**実現 日ソ国交回復，国連加盟を機に首相引退表明し総辞職
55 石橋湛山《いしばしたんざん》 1956.12〜57. 2 （65日） 与党 自由民主党	 60歳／静岡	56. 12　沖縄・那覇《なは》市長に瀬長亀次郎《せながかめじろう》当選（沖縄人民党書記長，革新市政） 57. 2　首相退陣表明 首相，病気のために総辞職 ★戦前『東洋経済新報《とうようけいざいしんぽう》』で活躍，植民地放棄なども主張した言論人
56 57 岸《きし》　信介《のぶすけ》①・② 1957. 2〜60. 7 （1,241日） 与党 自由民主党 通産：池田勇人《いけだはやと》	 60歳／山口 昭和の妖怪	57. 9　勤評《きんぴょう》実施通達→57. 勤評闘争 58. 4　道徳教育実施 . 10　安保条約改定交渉開始 . 11　警職法反対闘争激化 59. 12　三池《みいけ》争議始まる（〜60） 60. 1　**日米新安保条約・地位協定**調印 . 5　自民党，新安保条約を単独強行採決→安保闘争激化 . 6　**新安保条約**自然承認 新安保条約自然承認での混乱で総辞職
58〜60 池田勇人《いけだはやと》①〜③ 1960. 7〜64.11 （1,575日） 与党 自由民主党 大蔵：田中角栄《たなかかくえい》 厚生：中山マサ （初の女性大臣）	 60歳／広島 〈寛容《かんよう》と忍耐〉 （政治対立から経済成長へ）	60. 12　**国民所得倍増計画**発表 「私はうそを申しません」 61. 6　**農業基本法**公布 63. 8　**部分的核実験停止条約**調印 64. 4　IMF（国際通貨基金）８条国に移行 経済協力開発機構＝OECD 加盟 . 10　**東京オリンピック**開催（►p.234） 高度経済成長期を現出させるが，首相病気によりオリンピックを花道に総辞職
61〜63 佐藤栄作《さとうえいさく》①〜③ 1964.11〜72. 7 （2,798日） 与党 自由民主党 外務：三木武夫《みきたけお》 大蔵：福田赳夫《ふくだたけお》 田中角栄《たなかかくえい》 通産：大平正芳《おおひらまさよし》	 63歳／山口 人事の佐藤 〈岸信介《きしのぶすけ》の実弟《じってい》〉	65. 6　**日韓基本条約**調印（►p.241） 67. 8　公害対策基本法→71.7環境庁の発足 . 12　非核三原則表明 68. 4　**小笠原《おがさわら》返還協定**調印 69. 7　同和対策事業特別措置法公布 . 10　70年安保闘争激化 70. 3　万国博覧会開催（大阪）（►p.234） . 6　日米安保条約自動延長を声明 71. 6　**沖縄返還協定**調印（►p.240） 72. 5　沖縄返還実現，沖縄県発足 沖縄返還実現を機に首相引退表明し総辞職

在職期間

1945. 8	45.10	46. 5	47. 5	48. 3	48.10	54.12	56.12	57. 2	60. 7	64.11	72. 7
東久邇宮	幣原	吉田①	片山	芦田	吉田②〜⑤	鳩山①〜③	石橋	岸①②	池田①〜③	佐藤①〜③	

占領と民主化

1 日本の占領－GHQによる間接統治

1a 占領機構

極東委員会 FEC（本部：ワシントン）｜米，ソ，英，仏，中，フィリピン，オランダ，カナダ，オーストラリア，インド，ニュージーランド（計11カ国）

↓ 基本方針　伝達　（1946.2～1952.4）

アメリカ政府｜大統領（国務長官）→ 合同参謀《さんぼう》本部 JCS

↓ 指令

連合国軍総司令部 GHQ ／ 連合国軍最高司令官 SCAP（1945.8～1952.4）⇔ 諮問《しもん》・助言 ⇔ 対日理事会 ACJ（本部：東京）｜米，英，中，ソ（計4カ国）（1946.4～1952.4）

↓ 指令・勧告《かんこく》

日本政府

↓ 実行（ポツダム政令）

日　本　国　民

1-1 ミズーリ号艦上での降伏文書調印《こうふくぶんしょちょういん》 1945（昭和20）年9月2日。日本代表は重光葵《しげみつまもる》外相と大本営《だいほんえい》代表の梅《うめ》津美治郎《づよしじろう》陸軍参謀《さんぼう》総長。

1-2 マッカーサー元帥《げんすい》 GHQ最高司令官として占領期日本の全権を握り，民主化推進。1945年8月30日厚木《あつぎ》基地（神奈川）に到着から1951（昭和26）年4月の帰国まで在職。サングラスとコーンパイプがトレードマーク。

1b 占領下の改革一覧

五大改革指令（1945.10）	①女性解放　②労働組合結成　③教育の自由主義化　④圧政的諸制度撤廃　⑤経済民主化
軍国主義・国家主義の除去	●軍隊解体（陸・海軍），軍需工業停止指令 ●戦犯《せんぱん》逮捕→極東国際軍事裁判《きょくとうこくさいぐんじさいばん》（1946.5～1948.11） ●治安維持法・特高警察《とっこうけいさつ》の廃止→政治犯釈放《しゃくほう》（**人権指令**） ●天皇制批判の自由，国家と神道《しんとう》の分離，天皇の人間宣言（1946.1） ●**公職追放令**
経済の民主化	●農地改革（►p.223） ●財閥解体《ざいばつかいたい》（►p.223） ●労働組合の育成（►p.224）
教育の自由主義化（►p.224）	●軍国主義教育の停止 ●教育基本法・学校教育法・教育委員会法の制定
政治社会の民主化	●日本国憲法の制定（►p.225） ●選挙法改正（1945.12）→**女性参政権**実現 ●**民法改正**（1947.12）：家督《かとく》・戸主《こしゅ》権の廃止，男女同権 ●**地方自治法**（1947.12）：首長公選制《しゅちょうこうせんせい》・リコール制 ●警察法（1947.12）：公安委員会制度 ↓　：地方分権化（自治体警察） 1954年改正 ●刑法の一部改正，刑事訴訟法全面改正

1-4 米大使館にマッカーサーを訪問した昭和天皇 1945年9月27日。内閣はこの写真を不敬罪《ふけいざい》として掲載を禁止したが，GHQが許可。多くの国民に敗戦を実感させた。

1-5 公職追放令を手に愕然《がくぜん》とする鳩山一《はとやまいち》郎《ろう》 1946年1月から1948年5月までの間に約21万人が追放された。政界，官界，財界，言論界などからの追放であった。鳩山は反共《はんきょう》思想が理由とされたが，首相目前の鳩山の追放により吉田内閣が成立。

1-3 政治犯の釈放《しゃくほう》 1945（昭和20）年，全国で約500人が釈放。写真は東京府中《ふちゅう》刑務所を出る共産党指導者たち。左は徳田球一《とくだきゅういち》，右が志賀義雄《しがよしお》。

2 極東国際軍事裁判《きょくとうこくさいぐんじさいばん》（東京裁判）

戰犯廿五被告に判決下る

東條、廣田ら七名絞首刑

無罪なし 木戸ら十六名終身禁固

絞首刑 東條英機
絞首刑 廣田弘毅
絞首刑 松井石根
絞首刑 土肥原賢二
絞首刑 板垣征四郎
絞首刑 木村兵太郎
絞首刑 武藤章
終身禁固 木戸幸一
終身禁固 平沼騏一郎
終身禁固 賀屋興宣
終身禁固 嶋田繁太郎
終身禁固 白鳥敏夫
終身禁固 大島浩
終身禁固 星野直樹
終身禁固 荒木貞夫
終身禁固 小磯國昭
終身禁固 畑俊六
終身禁固 梅津美治郎
終身禁固 南次郎
終身禁固 鈴木貞一
終身禁固 佐藤賢了
終身禁固 橋本欣五郎
終身禁固 岡敬純
禁固廿年 東郷茂徳
禁固七年 重光葵

2-1 極東国際軍事裁判判決《きょくとうこくさいぐんじさいばん》（『朝日新聞』1948年11月13日）の記事 戦犯にはA・B・C級があり，A級は侵略戦争計画者として「平和に対する罪」に問われた者，B・C級は非戦闘員への残虐行為や通常の戦争犯罪を裁かれた。A級28名は途中病死などを除き全員有罪（うち絞首刑《こうしゅけい》7名）。B・C級では各国の裁判で死刑937名・終身刑358名・有期刑3,075名。

2-2 極東国際軍事裁判法廷《きょくとうこくさいぐんじさいばんほうてい》 右側の被告席は東条英機《とうじょうひでき》元首相。

2-3 B・C級横浜裁判所（1946年5月27日） マニラから証言に来て，「大阪捕虜《ほりょ》収容所で殴《なぐ》った男だ」と指《ゆび》さす元捕虜。

Discovery

天皇の戦争責任裁かず

東京裁判で「天皇の戦争責任」を裁《さば》くべきだ，と主張したウェッブ裁判長（豪）やソ連，アメリカ国内の世論《よろん》を抑《おさ》えて，マッカーサーやアメリカ政府は天皇を戦犯《せんぱん》として訴追《そつい》しなかった。「天皇を訴追することは日本社会の混乱・反発や左翼化の可能性があり，天皇の権威を利用した方が占領政策をスムーズに遂行《すいこう》しやすい」と考えたからである。マッカーサーからアイゼンハワー宛の電報にも同内容のことが記されている。法廷において東条ら重要な人物に「天皇に戦争開戦の積極的意図なし」との証言をさせ，ソ連や米国内世論の納得を図《はか》った。天皇訴追回避を図る米のキーナン主席検事《しゅせきけんじ》と天皇出廷《しゅってい》を望むウェッブ裁判長らとの闘いは熾烈《しれつ》であった。

ウェッブ裁判長（豪）

キーナン主席検事（米）

1 農地改革

	第一次農地改革	第二次農地改革
実　施	1946(昭和21)年２月 農地調整法改正による	1946年10月～1950(昭和25)年７月 **自作農創設特別措置《そち》法**
不在地主《ふざいじぬし》の小作地《こさくち》	全小作地解放	全小作地解放
在村《ざいそん》地主保有限度	隣接市町村に在住する者も含む。５町歩《ちょうぶ》まで保有できる	農地のある市町村に在住する者のみ。保有限度は １町歩(内地)・４町歩(北海道)
自作農保有制限	なし	３町歩(内地)・12町歩(北海道)
保有面積の計算	個人単位	世帯単位
譲渡《じょうと》の方式	地主・小作人の直接交渉	政府が買収し，小作人へ売り渡す
農地委員会構成	地主5，自作5，小作５人	地主3，自作2，小作５人
小作料	金納《きんのう》(物納《ぶつのう》でもよい)	金納(小作料率最高25%まで)
結　果	寄生《きせい》地主制を温存するものであったため，GHQはさらに徹底した改革を指示	**寄生地主制崩壊**…全小作地の80%以上を解放。 自作農の創出

TRY 論述 農地改革が結果として二次にわたって行われたのはなぜか。上の表のまとめを参考にして述べなさい。 **推移** **相互関連**

1-1 農地解放のポスターに見入《みい》る人々　小作農《こさくのう》にとっては夢のような話であった。

1-2 農村の民主化のポスター　農地改革後の農民の意識改革啓蒙《けいもう》用。

1a 自作地《じさくち》と小作地《こさくち》の割合

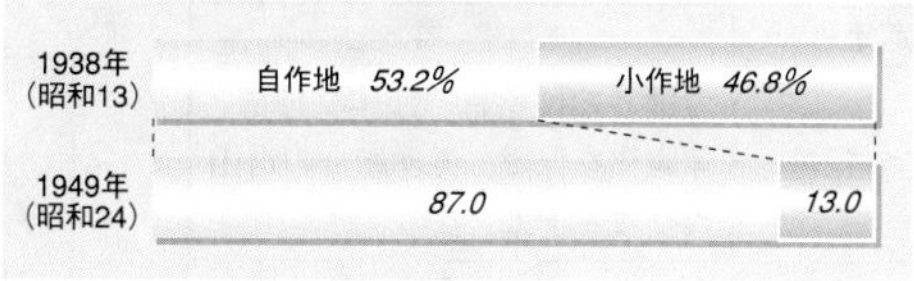

1b 自小作別の農家割合

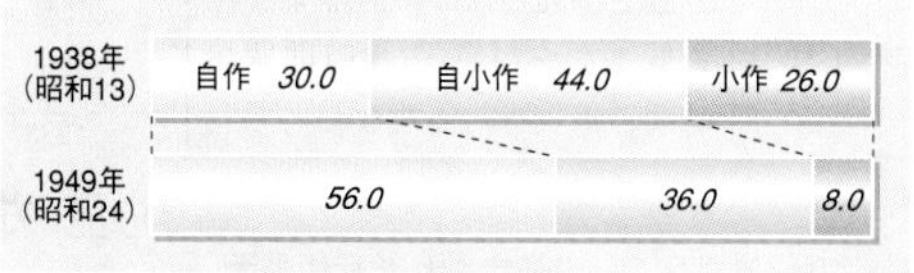

1c 経営耕地別農家割合

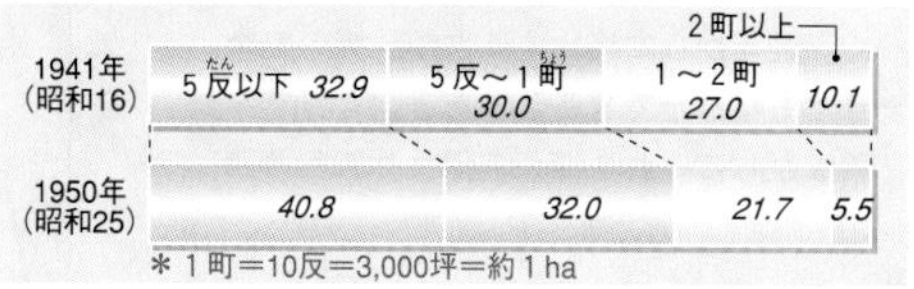

＊1町＝10反＝3,000坪＝約1 ha

(『農林省統計表』)

1-3「全農地の9割が自作地となる」と訴《うった》える農地改革推進《すいしん》ポスター

! 寄生地主《きせいじぬし》
自《みずか》らは農業経営をせず，小作人《こさくにん》に貸し付けて高額の現物小作料を取り，それに依存した地主。明治初期から戦前の農村社会で大きな影響力をもっていた。農地改革で消滅。

Discovery

北方文化博物館～戦前の大地主の館～ (新潟市)

新潟県「越後《えちご》一」の豪農《ごうのう》といわれた伊藤家。最盛期に所有した田畑は1,327町歩《ちょうぶ》，旧村区分では64カ村にまたがるという大地主であった。当然農地改革の対象であり，3町歩田畑と山林を残すのみとなってしまった。しかし部屋数65以上という巨大屋敷と8,800坪《つぼ》の敷地《しきち》に茶室が５つも点在する優美な庭は残った。７代目当主《とうしゅ》の伊藤文吉《ぶんきち》がペンシルベニア大学で同窓《どうそう》であったGHQのライト中尉《ちゅうい》の強い勧《すす》めで屋敷と庭園をそのまま博物館としたもので，戦後誕生の博物館第１号でもある。柱，天井《てんじょう》，式台《しきだい》などすべて欅《けやき》づくりである。(『ビジュアル日本の歴史』ディアゴスティーニによる)

2 財閥《ざいばつ》解体

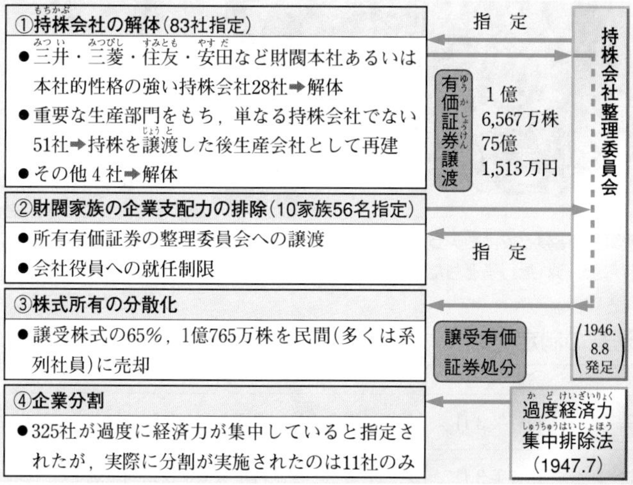

! 独占禁止法　財閥解体《ざいばつかいたい》の一環《いっかん》として将来にわたっての独占を予防する措置《そち》を制定。1947年４月成立。公正取引委員会《こうせいとりひきいいんかい》が監視にあたるため設置された。カルテルや持株会社《もちかぶがいしゃ》(コンツェルン・財閥の結合方式)も禁止された。持株会社は1997年に解禁された。

2a 企業分割

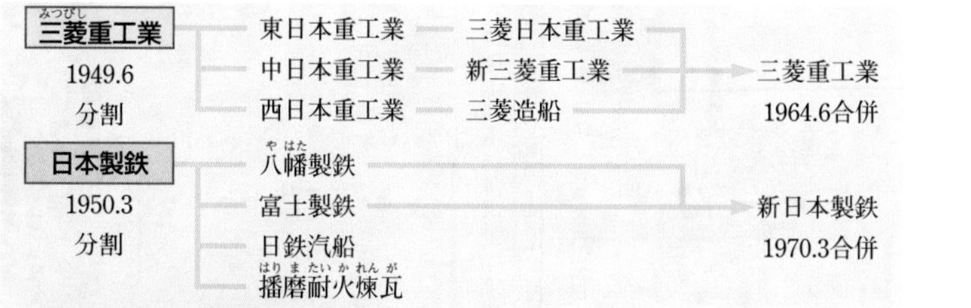

Point 325社が指定されたものの，実際の分割は上の２例を含め11社のみ。大銀行の分割もなし。

2-1 三井《みつい》・三菱財閥《みつびしざいばつ》の株券《かぶけん》引き渡しに立ち会うGHQの係官

2-2·3 地下金庫から運び出される東京・帝国銀行の証券(左)**とその東京支店からの移送**(右)

労働・教育の民主化

1 労働組合の育成

1a 労働三法

名　称	制定年月	内　容
労働組合法	1945年12月	労働者の団結権・団体交渉権・争議権を保障。労働組合の自由な結成を促進。
労働関係調整法	1946年９月	争議調整方法や争議行為の制限を規定。
労働基準法	1947年４月	労働者保護のための労働条件の最低基準を規定(労働時間週48時間，年次有給休暇《ねんじゆうきゅうきゅうか》など)。

1b 労働組合組織率の推移

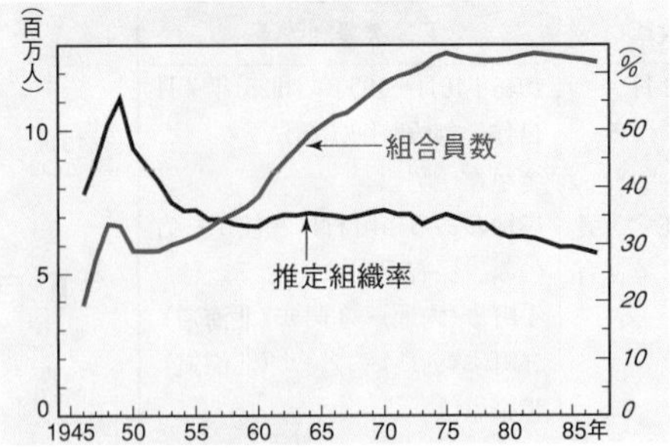

1c 労働争議の推移

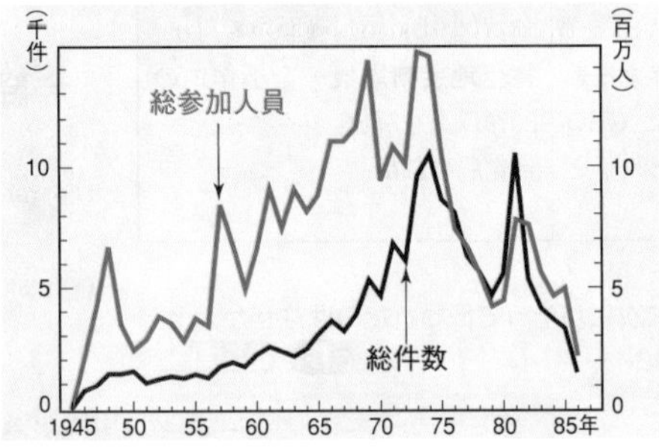

(労働省調べ)

↑1-1 **復活した第17回メーデー**(1946年５月１日の皇居前広場)　前年の労働組合法制定もあり，戦後の厳しい経済状況下で労働運動は急速な盛り上がりをみせた。

二・一ゼネスト　1947年２月１日に予定された戦後最大のストライキ計画。全官公庁共闘《かんこうちょうきょうとう》が賃上げ要求実現のためゼネスト突入を決定したが，前日の１月31日，GHQマッカーサーの中止命令により不発・中止に終わった。翌年から本格化する占領政策の転換，いわゆる「逆コース」の始まりともなったできごとである。

下の写真は中止命令後，涙ながらにそれを伝える伊井弥四郎《いいやしろう》共闘委員会議長。　共同通信社提供

↗→1-2 **食糧メーデー**(1946年５月19日)　25万人が参加。宮城《きゅうじょう》へ向かい，天皇への上奏文《じょうそうぶん》を提出。下のプラカードが不敬罪《ふけいざい》で訴《うった》えられたが結果は大赦《たいしゃ》で不審議《ふしんぎ》。モノ・食料不足は深刻だった。

Point 1946年の１月１日にはいわゆる天皇の「人間宣言」が出され，天皇批判の自由も保障されたことと労働組合運動や社会主義運動の盛り上がりが背景にあっての事件である。

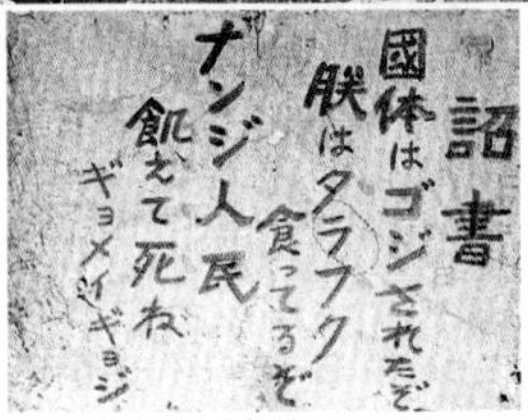

日本近代史研究会提供

2 教育の民主化

2a 学校制度の比較(戦前戦後)

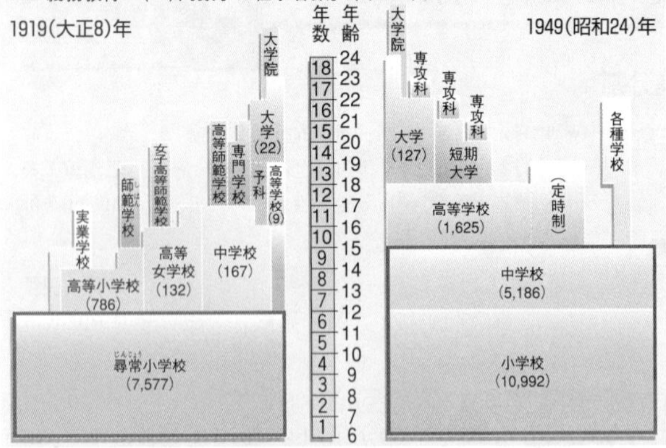

(文部省『学制百年史』)

↑2-1 **青空教室**　空襲で校舎も失った焼け跡の中で，新しい民主主義教育が始められた。子どもたちの顔にも明るさが感じられる。

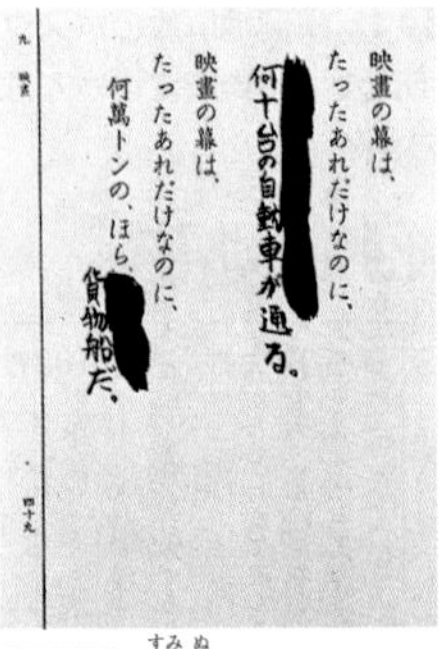

↑2-2 **墨塗《すみぬ》り教科書**　児童に筆を持参させ軍国主義的な表現に墨を塗らせた。写真では「何十台の戦車が通る」と「軍艦だ」を直している。

←2-3 **ホームルーム**　戦前は教師が級長を任命していた学校クラスも民主化された。子どもたち自身がホームルーム長や児童会長を選び，民主主義を学ぶ場としての意味合いがあった。

2b 教育法規の制定

名　称	制定年月	内　容
教育基本法 史	1947年３月	教育の機会均等，義務教育９年制，男女共学等規定。
学校教育法	1947年３月	六・三・三・四制の単線型《たんせんがた》学校系列を規定。
教育委員会法	1948年７月	都道府県，市町村に教育委員会設置。当初は公選制《こうせんせい》だったが，1956年に任命制に変わる。

Point 1946年３月来日したアメリカ教育使節団の勧告《かんこく》もあり，教育基本法などを中心に民主化が進んだ。従来の修身《しゅうしん》・歴史・地理・公民に代わる「社会科」もスタートした。

1 日本国憲法の制定

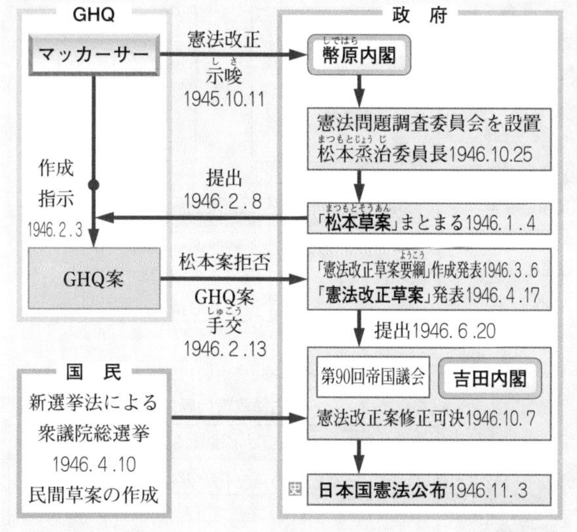

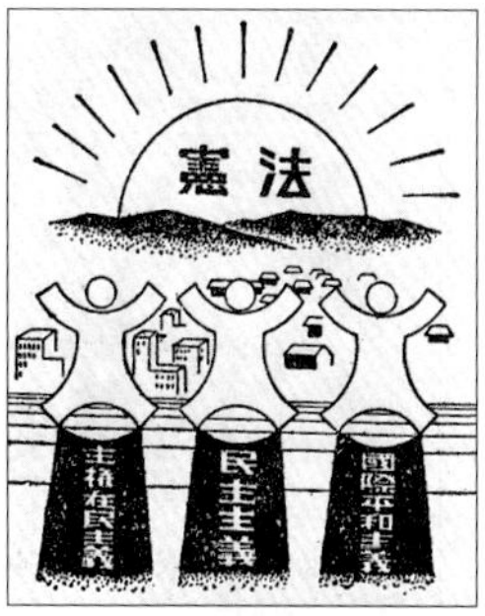

1-1 『あたらしい憲法のはなし』の挿絵《さしえ》(1947年文部省刊行《もんぶしょうかんこう》の社会科副教材)

Point 政府作成の松本草案《まつもとそうあん》は，他の民間作成の草案と比しても最も明治憲法に近く，国体護持《こくたいごじ》を目的としたものであったため，GHQは拒否した。その後，GHQの原案が元になって作成されたため「押しつけ憲法」という批判があるが，当時の国民の多くは悲惨な戦争体験を経て，新憲法を圧倒的に支持した。「**戦争放棄《ほうき》**」＝**平和主義**も「**象徴《しょうちょう》天皇**」も国民の支持で採用されたのである。「**国民主権**」は女性代議士《だいぎし》も含めての議会審議により修正され明記《めいき》された。

1-2 **日本国憲法**(表紙，部分) 1946(昭和21)年11月3日公布。 (独)国立公文書館蔵

1-3 **憲法公布祝賀都民大会**《けんぽうこうふしゅくがとみんたいかい》(1946年11月3日) 宮城《きゅうじょう》前で10万人参加の祝賀大会が開かれた。

Discovery

憲法研究会～憲法案作成の学者たち～

高野岩三郎 (1871～1949) 東大教授。

戦後，復興《ふっこう》・新結成された各政党も憲法案を作成したが，旧無産《むさん》政党が結集した日本社会党案ですら統治権の一部は天皇に残していた。保守側は当然のように天皇主権のままであった。学者・知識人らでつくられた「憲法研究会」はそれぞれの主義，憲法への考え方などの違いを超えて憲法草案を発表した。「国民主権」(天皇の民主化)や「生存権」(憲法25条)の規定などは，GHQもこの草案を参考にしたともいわれている。中心となったのは，高野岩三郎《たかのいわさぶろう》(彼自身は共和制論者《きょうわせいろんじゃ》，労働組合《ろうどうくみあい》期成会《きせいかい》の房太郎《ふさたろう》(◄p.187)は兄)や岩淵辰雄《いわぶちたつお》らである。

1-4 **憲法《けんぽう》普及会《ふきゅうかい》による新憲法の普及活動** 国会決議により普及会が発足《ほっそく》。全国で講演会や映画上映会が開催された。写真は東京支部の「新憲法紙芝居《かみしばい》」の上演。プロの紙芝居業者が演じ，学者などの話よりわかりやすいと大好評であった。

1-5 **初めての女性参政権行使**《じょせいさんせいけんこうし》 1946年4月の戦後第1回の総選挙。写真は東京中野《なかの》駅前での加藤シズエの街頭演説《がいとうえんぜつ》に集《つど》う人々。女性代議士《だいぎし》が39名選ばれ，彼女らも含めて憲法審議《しんぎ》が行われた。(►p.261)

2 戦後の国民生活

2-1 **銀座復興絵巻**《ぎんざふっこうえまき》(1946年，麻生豊《あそうゆたか》筆) 埼玉県立博物館蔵

2-2 **ギブ・ミー・チョコレート**

2-3 **焼け跡** 奇跡的に空襲被害から焼け残った国会議事堂前も畑にされた。食料増産，確保が一番の急務《きゅうむ》だった。

2-4 **闇市《やみいち》** 東京新橋《しんばし》駅前。

2-7 **買出《かいだ》し列車** 都市の住民は食料確保のために農村へ向かった。

2-5 **青空マーケット**(大阪・天六露天市場) ヤミでの取引は禁じられていたが，そこで買わねば生きていけなかった。配給《はいきゅう》はまったくの不足状態であった。

2-6 **DDTの散布《さんぷ》** 発疹《はっしん》チフス予防でシラミ退治《たいじ》のために行われた。

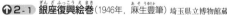

占領政策の転換と戦後の経済

1 占領政策の転換

1947. 1 .31	GHQ，二・一ゼネストの中止を命令
10.10	キーナン検事《けんじ》「天皇と実業家に戦争責任なし」と言明《げんめい》
1948. 1 . 1	米陸軍長官ロイヤル，「**日本は共産主義への防壁《ぼうへき》**」と演説
7.31	マッカーサー書簡により**政令201号公布** **(公務員の争議権・団体交渉権の停止)**
12.24	GHQ，岸信介《きしのぶすけ》らA級戦犯《せんぱん》容疑者19人を釈放《しゃくほう》と発表
1949. 7 . 4	マッカーサー，「日本は共産主義進出の防壁」と声明《せいめい》
7 . 5	**下山事件《しもやまじけん》**
7 .15	**三鷹事件《みたかじけん》**
7 .19	イールズ，新潟大学開学式で「共産主義教授を追放」と演説
8 .17	**松川事件《まつかわじけん》**
10. 1	中華人民共和国成立
1950. 1 . 1	マッカーサー，「憲法は自衛権を否定せず」と声明
1 .31	米統合参謀《さんぼう》本部議長ブラッドレーら来日，沖縄と日本の軍事基地強化を声明
2 .14	中ソ友好同盟相互援助条約
5 . 3	マッカーサー，「共産党は侵略者の手先《てさき》なり」と攻撃
6 . 6	マッカーサー，共産党中央委員全員の公職追放を指令
6 .25	朝鮮戦争勃発《ぼっぱつ》
6 .26	マッカーサー，「アカハタ」1カ月発行停止を指令
7 . 8	マッカーサー，**警察予備隊創設，海上保安庁増員を指令**
7 .18	マッカーサー，「アカハタ」の無期限停刊《ていかん》を指令
7 .28	新聞・通信・放送など報道機関の**レッドパージ**始まる
8 .30	マッカーサー，全労連《ぜんろうれん》解散を指令
9 . 1	政府，公務員のレッドパージの基本方針を決定
10.13	政府，GHQの承認を得て10,090名の公職追放解除
11.10	旧職業軍人に初の追放解除3,250名
1951. 1 . 1	マッカーサー，集団安全保障と講和を強調
4 . 8	マッカーサー罷免《ひめん》，後任《こうにん》リッジウェイ中将《ちゅうじょう》
6 .20	政府・第1次追放解除。約7万名，以後解除相次《あいつ》ぐ
9 . 8	**対日平和条約** 史 ・**日米安保条約調印**(1952. 4 .28発効)
1952. 3 . 8	GHQ，兵器製造禁止を緩和《かんわ》
4 .28	対日平和条約の発効により，**GHQの解散**を発表

1-1 共産党躍進《きょうさんとうやくしん》 1949(昭和24)年1月の総選挙で4議席から35議席に大躍進。党内では平和革命の幻想と9月革命説が混在《こんざい》していたが，この後下山《しもやま》事件《じけん》やレッドパージにより弾圧が強化されていった。

1-2 「夏なお寒い入道雲《にゅうどうぐも》」(近藤日《こんどうひ》出造《でぞう》筆) 1949年夏の情勢。前年の10月に再登場した吉田内閣の前には，経済安定九原則実施による不景気，定員法による大量首切りなど社会不安が立ちはだかっていた。

1-3 松川事件《まつかわじけん》 1949年8月東北本線松川駅付近(福島駅)でおきた列車転覆《てんぷく》事件。労働組合活動家・共産党員らの被告は長い裁判闘争の末無罪を獲得したが，下山《しもやま》(国鉄総裁《こくてつそうさい》の怪死《かいし》事件)・三鷹《みたか》(東京三鷹駅構内での列車暴走事件)・松川と続く一連の怪事件は労働運動(当時解雇《かいこ》を巡《めぐ》る闘争の中心が国鉄労働者であった)や共産党の弾圧に利用され，運動は急速に衰《おとろ》えた。

ドッジ＝ライン

「経済安定九原則」の具体策を確立させるためトルーマン米大統領から派遣された経済のエキスパート，ジョセフ＝ドッジ(デトロイト銀行頭取《とうどり》)により策定《さくてい》された経済施策。赤字を出させない超均衡《きんこう》予算・単一《たんいつ》為替《かわせ》レート(1ドル＝360円)の設定など。

1949年10月，再来日のドッジを迎《むか》える池田《いけだ》勇人《はやと》蔵相《ぞうしょう》

1-4 レッドパージ 1950(昭和25)年5月にマッカーサーが共産党を非難する声明《せいめい》を出し，6月には共産党幹部の追放を指令。報道機関や公務員に弾圧はおよび，民間からも大量の解雇《かいこ》者を出した。写真は農林省の玄関に張り出された「首切り通告」。公務員レッドパージの口火《くちび》を切った。 共同通信社提供

2 経済の自立化

2a 経済政策の流れ

戦後の経済混乱
軍需《ぐんじゅ》産業崩壊・引揚《ひきあ》げ復員《ふくいん》による失業者急増・物資欠乏・インフレ

→ **金融緊急措置令《きんゆうきんきゅうそちれい》(1946)**
預《よ》金封鎖《きんふうさ》・新円切り換え，通貨量の縮小を図《はか》るが物価騰貴《とうき》は防げず

↓

復興金融金庫《ふっこうきんゆうきんこ》(1947)
基幹《きかん》産業へ復興資金貸し付け

傾斜生産方式《けいしゃせいさんほうしき》(1946)
基幹産業へ資金・資材を重点的に融《ゆう》資《し》する政策

低賃金政策

↓

インフレ助長，国民生活圧迫

↓ ← 占領政策の転換

経済安定九原則(1948.12)

目的 日本経済の自立化と悪性インフレの鎮静《ちんせい》

①経費節減《けいひせつげん》・財政の均衡《きんこう》
②徴税《ちょうぜい》計画の改善強化
③融資《ゆうし》の制限
④賃金の安定
⑤物価統制の強化
⑥貿易・為替《かわせ》管理の改善
⑦輸出の振興《しんこう》
⑧重要国産原料・製品の増産
⑨食糧集荷《しゅうか》計画の改善

↓

ドッジ＝ライン(1949.3)
①赤字のない緊縮《きんしゅく》予算作成
②1ドル＝360円の単一《たんいつ》為替《かわせ》レートの設定など

シャウプ勧告《かんこく》(1949.9)
①所得税中心主義
②地方税を独立税とする
③青色申告《あおいろしんこく》制度の採用

↓

結果
①インフレの進行防止，資本主義経済再建の基礎
②不況により中小企業倒産
③行政《ぎょうせい》整理・企業整備による失業者急増
④労働争議の激化・社会不安増大

2b 戦後のインフレーション

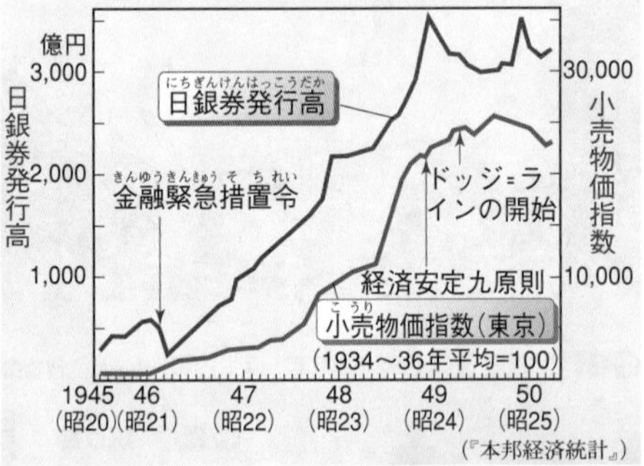

(『本邦経済統計』)

2-1 急ピッチで旧券に証《しょう》紙《し》を貼《は》る作業員 1946(昭和21)年の金融緊急措置令《きんゆうきんきゅうそちれい》による新円への切り換え。新日銀券発行が間に合わず，旧券への証紙貼り付けでの対応となった。(◀p.9)

TRY 論述 金融緊急措置令《きんゆうきんきゅうそちれい》は一時的，中期的ではその結果も異なってくる。どのような経済的効果があったか。一時的・中期的見方で述べなさい。

推移 相互関連

1 戦後の労働組合

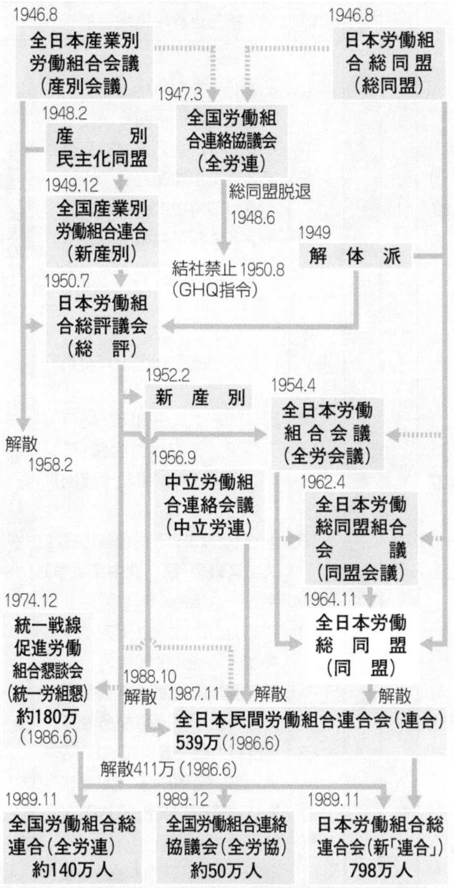

↑1-1 **三池争議《みいけそうぎ》**　1959～60年にかけて福岡県の三井三《みついみ》池炭鉱《いけたんこう》で闘《たたか》われた合理化反対の大争議。労働組合は経営者側に対し282日間におよぶストライキで激しく抵抗した。1950～60年代は政治でも保革《ほかく》対立が激しく，労働運動も激化。エネルギー革命も炭鉱《たんこう》に重くのしかかった。

←1-2 **40年の歴史に幕を閉じた「総評《そうひょう》」**　総評＝日本労働《にほんろうどう》組合総評議会《くみあいそうひょうぎかい》は1950年に反共《はんきょう》を掲《かか》げる労組《ろうそ》として結成された。その後社会党との結びつきで労働組合運動の中核を占め，春闘《しゅんとう》方式を指導。高度成長期の労働者の賃金上昇に力を発揮《はっき》した。1989年11月に解散して「連合《れんごう》」＝日本労働組合《にほんろうどうくみあい》総連合会《そうれんごうかい》に参加。

2 戦後のおもな政党

(2022年5月30日現在)

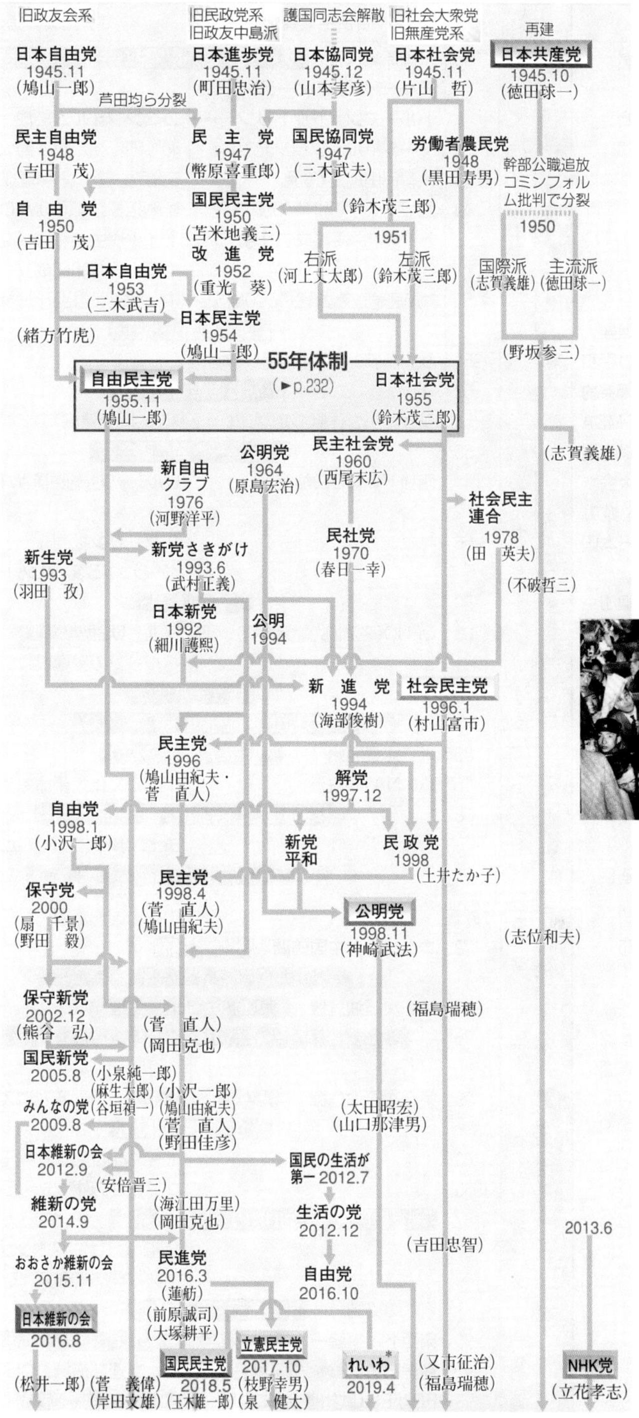

＊　れいわ新選組

↑2-1 **日本社会党結党大会《にほんしゃかいとうけっとうたいかい》**　1945年11月2日の結党大会は社会民主主義者の右派《うは》が優勢《ゆうせい》であった。壇上《だんじょう》は中央執行委員の鈴木茂三郎《すずきもさぶろう》。

↑2-2 **日本自由党結党大会《にほんじゆうとうけっとうたいかい》**(1945年11月8日)　鳩山一郎《はとやまいちろう》が中心となった。戦前の非翼産政治会系《ひよくさんせいじかいけい》による政党で，自由主義を唱《とな》えていたが，国体護持《こくたいごじ》を掲《かか》げた保守《ほしゅ》政党であった。

Discovery

片山　哲

1945年の政党復活で旧無産政党《きゅうむさんせいとう》が大同団《だいどうだん》結《けつ》して結成された「日《に》本社会党《ほんしゃかいとう》」。1947年の新憲法公布後初の総選挙で社会党は第1党となり，保守の民主党《みんしゅとう》・国民協同党《こくみんきょうどうとう》との連立で社会党党首の片山哲首《かたやまてつしゅ》班《はん》の内閣が成立した（1947年5月）。しかし党内分裂が引《ひ》き金《がね》となり1948年2月には総辞職を余儀《よぎ》なくされ，同じ連立での芦田均《あしだひとし》（民主党）内閣に交代した。片山らしさ，社会党らしさは出せずに終わってしまった。

↑**満員電車で通勤する片山哲首相**　民衆と同じ目線で行動するという彼のポリシーの表れであろう。クリスチャンとしても知られていた片山。その博愛《はくあい》精神が社会主義に接近する理由となったが，誠《せい》実《じつ》・温厚《おんこう》・清廉《せいれん》な人柄《ひとがら》は政界のドロドロの権力争いには向いていなかったのかもしれない（後任《こうにん》芦田内閣は昭電《しょうでん》疑獄《ぎごく》事件で退陣《たいじん》）。
（『ビジュアル日本の歴史』ディアゴスティーニによる）

1 国際情勢の変化

※ 1995年に常設化され，OSCE(欧州安全保障協力機構)と改称された。

首相	年	日本		米大統領	年	自由主義陣営	社会主義陣営	ソ連書記長	中国最高指導者	年	第三世界・地域紛争	
	1945	ポツダム宣言受諾《じゅだく》	冷戦《れいせん》の激化・米ソの対立	トルーマン	1945	米国原爆保有　ヤルタ会談・ポツダム会談・国連発足						
	46	天皇の人間宣言			46	チャーチル「鉄のカーテン」演説				1946	インドシナ戦争(〜54)	
		極東《きょくとう》軍《ぐん》事《じ》裁判《さいばん》開始			47	トルーマン＝ドクトリン	コミンフォルム結成				中国国共内戦《こっきょうないせん》再開	
		日本国憲法公布				マーシャル＝プラン発表	48 ソ連，ベルリン封鎖(〜49)			47	インド・パキスタン独立宣言	アジア諸国の独立
					48	大韓民国成立(8月)	朝鮮民主主義人民共和国成立(9月)	スターリン		48	イスラエル建国宣言	
					49	北大西洋条約機構(NATO)成立	経済相互援助会議(COMECON)成立				⇨第1次中東戦争(〜49)	
						ドイツ連邦共和国成立(9月)	ドイツ民主共和国成立(10月)			49	インドネシア共和国成立	
							中華人民共和国成立					
	50	警察予備隊発足《ほっそく》			50	対共産圏輸出統制委員会(COCOM)成立	中ソ友好同盟相互援助条約成立					
		朝鮮特需《とくじゅ》，経済復興《ふっこう》				朝鮮戦争(〜53)						
吉田茂	1951	サンフランシスコ平和			1951	サンフランシスコ講和条約		マレンコフ		1951	イラン石油国有化法(⇨54挫折《ざせつ》)	
		条約・日米安全保障条約			53	朝鮮休戦協定調印						
	54	第五福龍丸《ふくりゅうまる》が被爆《ひばく》・MSA			54	ジュネーヴ休戦協定調印(インドシナ戦争停戦)				54	周《しゅう》・ネルー会談(平和五原則声明)	
		協定調印・自衛隊発足			55	ジュネーヴ四巨頭《きょとう》会談				55	アジア・アフリカ会議(バン	
鳩山一郎	55	原水爆禁止世界大会	雪どけ(緊張緩和《かんわ》)	アイゼンハワー		西独，NATOに加盟	ワルシャワ条約機構(WTO)成立				ドン会議)開催(平和十原則)	A・A諸国の台頭
		自由民主党結成(55年体制成立)										
	56	日ソ共同宣言→日本国			56		スターリン批判			56	ナセル，スエズ運河国有化宣言	
		連加盟実現					ポーランド政変，ハンガリー動乱	フルシチョフ	毛沢東		スエズ戦争(第2次中東戦争)	
岸信介	60	日米新安保条約調印→			59	米ソ首脳会談				59	キューバ革命	
		60年安保闘争			60	OECD(経済協力開発機構)調印	ソ連，U2型機撃墜《げきつい》			60	アフリカで17カ国が独立(アフリカの年)	
池田勇人					1961		ベルリンの壁建設			1961	キューバ社会主義宣言	
				ケネディ	62	キューバ危機					第1回非同盟諸国首脳会議	
	1964	東京オリンピック			63	部分的核実験停止条約調印(米・英・ソ)	中ソ対立激化			62	アルジェリア，仏から独立	南北問題の顕在《けんざい》化
佐藤栄作	65	日韓基本条約調印		ジョンソン	65	米，北爆《ほくばく》開始　ベトナム戦争(〜75)				63	アフリカ統一機構(OAU)結成	
	67	非核三原則表明			66	仏，NATO脱退	中国，文化大革命始まる			64	第2回非同盟諸国首脳会議(カイロ)	
	68	小笠原《おがさわら》諸島日本復帰	多極化《たきょくか》		68	核拡散防止条約NPT調印(62カ国)					第1回国連貿易開発会議(UNCTAD)	
							チェコ事件(ソ連，チェコ侵入)			67	第3次中東戦争	
	70	日米新安保自動延長			70	米ソSALT(戦略兵器制限交渉)開始					東南アジア諸国連合(ASEAN)成立	
	1971	沖縄返還協定調印	デタント(緊張緩和)	ニクソン	1971		中国，国連加盟			1972	南北朝鮮共同声明	
田中	72	日中共同声明調印			72	ニクソン，中国訪問　米中共同声明《せいめい》						
		＝日中国交回復				米ソSALT(戦略兵器制限暫定協定)調印		ブレジネフ		73	ベトナム和平協定調印⇨米軍撤退	
	73	第1次石油危機			73	第1次石油危機　東西ドイツ，国連加盟					第4次中東戦争(OPEC石油戦略発動)	
三木	75	第1回サミット参加		フォード	75	欧州安全保障協力会議(CSCE)※，ヘルシンキ宣言				75	ベトナム戦争終結	
	76	ロッキード事件表面化								78	中東和平会談(米・エジプト・イスラエル)	
福田	78	日中平和友好条約	新冷戦	カーター	79	第2次石油危機　米ソSALTⅡ調印	ソ連，アフガニスタン侵攻			79	エジプト＝イスラエル平和条約調印	
大平	79	第2次石油危機				米中国交樹立宣言			鄧小平		イラン革命・カンボジア内戦(〜89)	
		元号《げんごう》法成立			80		ポーランド自主管理労組《ろうそ》「連帯」設立			80	イラン＝イラク戦争(〜88)	
				レーガン	1985		ゴルバチョフ政権成立，「新思考」外交			1982	フォークランド紛争	南南問題・非同盟諸国間の対立
中曽根	1986	国鉄《こくてつ》民営化法成立			87	米ソ中距離核戦力(INF)全廃条約調印	史上初核削減条約				イスラエル，レバノン侵攻	
竹下					88		ソ連，アフガニスタンから撤退	ゴルバチョフ(90〜大統領)				
				ブッシュ(父)	89		中ソ30年ぶりの和解《わかい》・天安門《てんあんもん》事件			88	イラン＝イラク戦争停戦	
						冷戦の終結……米ソ首脳マルタ会談					ビルマ，軍によるクーデタ	
海部					90	東西ドイツ統一　欧州安全保障協力会議(CSCE)開催				90	イラク，クウェート侵攻	
	1991	ペルシア湾に海自掃海《かいじそうかい》	新デタント		1991	湾岸戦争　米ソSTARTⅠ調印	ソ連邦崩壊，CIS発足			1991	湾岸戦争・ユーゴ分裂	
		艇《てい》派遣		クリントン	93	ECがEU(欧州連合)に発展	米ロSTARTⅡ調印				アパルトヘイト終結宣言	
宮沢	92	PKO協力法成立			95	フランス核実験実施	中国核実験実施	エリツィン(ロシア大統領)		95	ボスニア・ヘルツェゴヴィナ和平合意	
細川	93	コメ部分開放			96	包括的核実験禁止条約(CTBT)調印			江沢民	98	インド，パキスタン核実験実施	
橋本	97	アイヌ文化振興法《しんこうほう》			99	欧州通貨統合	NATOの「東への拡大」			2000	南北朝鮮，初の首脳会議	
小泉	2001	テロ対策特措法《とくそほう》		ブッシュ	2001	米国同時多発テロ				2003	イラク戦争(〜11)	
	03	イラク特措法成立										
	04	自衛隊イラク派遣			04	EUに東欧の旧社会主義諸国(バルト3国など)加盟		プーチン	胡錦濤			
					08	リーマンショックが世界に波及	ロシア，ジョージアと軍事衝突					
菅《かん》	11	東日本大震災		オバマ	10	米ロ新START調印				11	「アラブの春」が中東諸国で続く	
安倍	14	集団的自衛権行使容認	トランプ		14		ロシア，クリミアを編入	プーチン	習近平	14	イスラム国が組織され，活動	
菅《すが》　岸田《きしだ》				バイデン	22		ロシア，ウクライナへ侵攻				が活発化	

2 東西両陣営の安全保障体制

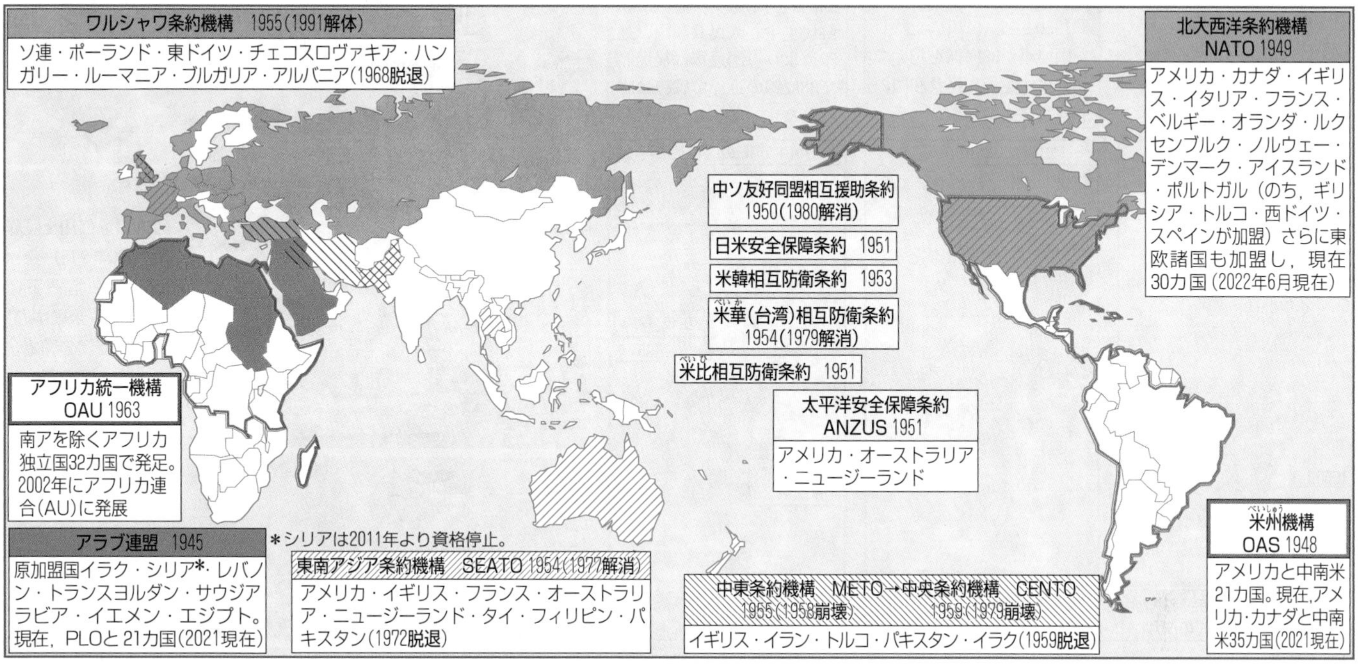

3 国際情勢の変化　冷戦《れいせん》～冷戦の終結～新国際秩序の模索《もさく》へ

3-1 中華人民共和国の成立を宣言する毛沢東《もうたくとう》(1949年10月1日)　社会主義国・新中国の登場は世界の政治地図を大変動させた。当初は同じ社会主義国ソ連と蜜《みつ》月《げつ》関係であった。

3-4 ベルリンの壁　1948年のソ連による封鎖《ふうさ》以来東西対立の場であったベルリンで東独が1961年境界の壁を構築。冷戦の象徴であったが，1989年市民の手により打ち砕かれた。

3-5 プラハの春(1968年)　チェコスロヴァキアの民主化の動きを抑圧《よくあつ》するために侵入したソ連軍戦車。

3-6 民主化達成後の20万人集会(1989年11月)　プラハ・バツラフ広場での大集会。プラハの春から21年後。

3-2 ベトナム戦争(1965～75年)　写真は米軍機による枯《か》れ葉剤散布《はざいさんぷ》の場面。米軍北爆《ほくばく》開始以後，泥《どろ》沼《ぬま》化，長期化。しだいに米国内でも反戦運動が広がった。

東西冷戦(Cold War)

東の社会主義陣営(旧ソ連・東欧諸国・北朝鮮・中国・キューバ等)と西の資本主義陣営(米・西欧諸国・日本等)とのイデオロギー・軍事・政治・経済などの分野における対立。

3-7 中距離核戦力(INF)全廃条約調印(1987年)　ソ連・ゴルバチョフ書記長の登場は世界情勢を大きく変え，既存《きそん》の核戦力の削減を米ソ間で初めて合意した。1989年，冷戦終結へ(►p.242)。

3-3 ベトナム戦争「安全への逃避」(1965年９月)　写真は沢田教一《さわだきょういち》氏撮影で，ピュリッツァー賞を受賞した作品である。ベトナム戦争やインドシナ半島での紛争《ふんそう》は多くの難民《なんみん》を生んだ。

3-8 アメリカ同時多発テロ(2001年９月11日)　乗っ取られた旅客機２機が米・ニューヨークの高層ビルに突入。世界へ大衝撃を与えた。

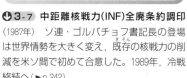

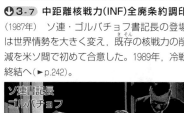

朝鮮戦争と講和条約

1 朝鮮戦争

①1950.6.25　朝鮮民主主義人民共和国軍が38度線を突破して，韓国軍を釜山《ふざん》《プサン》周辺に追いつめる

②1950.9.15　仁川《じんせん》《インチョン》に上陸した国連軍が38度線を越えて，朝鮮民主主義人民共和国の北部まで進撃した

③1950.10.25　中華人民共和国義勇《ぎゆう》軍の支援を得た朝鮮民主主義人民共和国の進撃により，国連軍は後退して38度線の近くで戦線《せんせん》は膠《こう》着《ちゃく》した

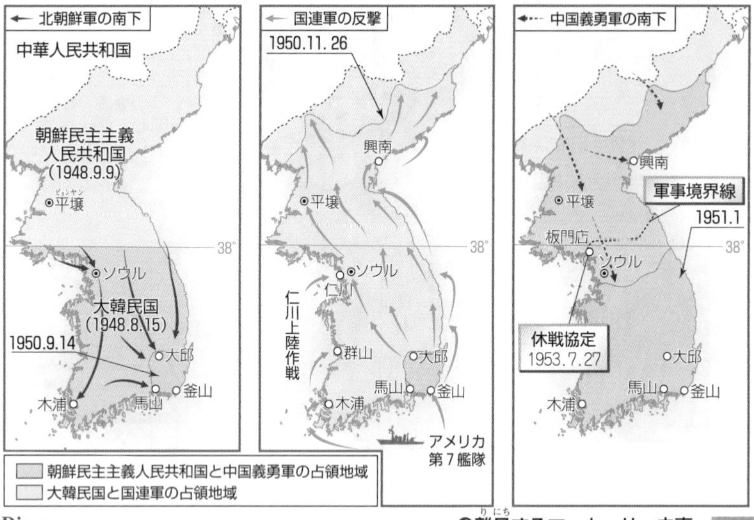

1-1 大韓民国樹《だいかんみんこくじゅ》立国民祝賀会《りつこくみんしゅくがかい》(1948年8月15日)　正面政《せい》庁《ちょう》は旧朝鮮総督府《そうとくふ》。

1-2 金日成《キムイルソン》　抗日戦争で活躍。戦後，朝鮮民主主義人民共和国首相。

1-3 仁川《じんせん》《インチョン》上陸作戦(1950年9月)　マッカーサー指揮下の「国連軍」(米軍中心)による反撃の開始。この後，国連軍は北上。

1-4 国連軍の空《くう》挺隊《ていたい》攻撃(1950年10月)　平壌《ピョンヤン》付近。

Discovery

マッカーサー解任

日本占領の全権を握り大きな足跡を残した連合国軍最高司令官のマッカーサー。独断で中国領への爆撃を主張し朝鮮戦争の勝利を考えたため，休戦を探っていたトルーマン米大統領に解任《かいにん》された(1951年4月11日)。時には戦前の天皇以上の権力を見せた最高司令官の解任は，日本人にとっては青天《せいてん》の霹靂《へきれき》であった。1951年4月16日，羽田空港までの沿道《えんどう》は彼を見送る人々で埋《う》め尽《つ》くされた。彼は帰国後の議会で「老兵《ろうへい》は死なず，ただ消え去るのみ」との一節を残して引退した。

離日《りにち》するマッカーサー夫妻

1-5 警察予備隊　在日米軍の朝鮮出動の空白を埋めることを直接の目的に1950年8月に発《ほっ》足《そく》。「治安維持《ちあんいじ》」という名目《めいもく》であったが，米軍から貸与《たいよ》されたバズーカ砲を用い，米式訓練を受けた。

2 サンフランシスコ講和会議

TRY 論述　最大の被害国である中国の2カ国がサンフランシスコ講和会議に招請《しょうせい》されなかった理由，ソ連など3カ国が調印を拒否した理由は何か。
相互関連

2-1 サンフランシスコ平和条約(1951年9月)に署名《しょめい》する吉田茂主席全権《よしだしげるしゅせきぜんけん》　サンフランシスコ講和会議はアメリカが中心となり条約草案《そうあん》を作成。1952年4月28日，条約発効により日本は独立を回復。

2a 講和会議への対応

対応の仕方	国　名
会議不参加	インド，ビルマ，ユーゴスラヴィア
条約調印拒否	ソ連，ポーランド，チェコスロヴァキア
会議に招請《しょうせい》されず	中華人民共和国，中華民国

全連合国55カ国中48カ国が日本との講和条約調印

2-2 吉田首相の言《げん》に激怒《げきど》する南原繁《なんばらしげる》総長(那須良輔《なすりょうすけ》筆)　講和を巡《めぐ》り「全面講和」と「単独講和」対立があり，東大南原総長の全面講和論を吉田は「曲学阿世《きょくがくあせい》の徒《と》」として非難した。全面講和論には米軍駐留継続への反対の意味も含まれていた。　熊本・湯前まんが美術館蔵

2b 日本の領土縮小と領土問題

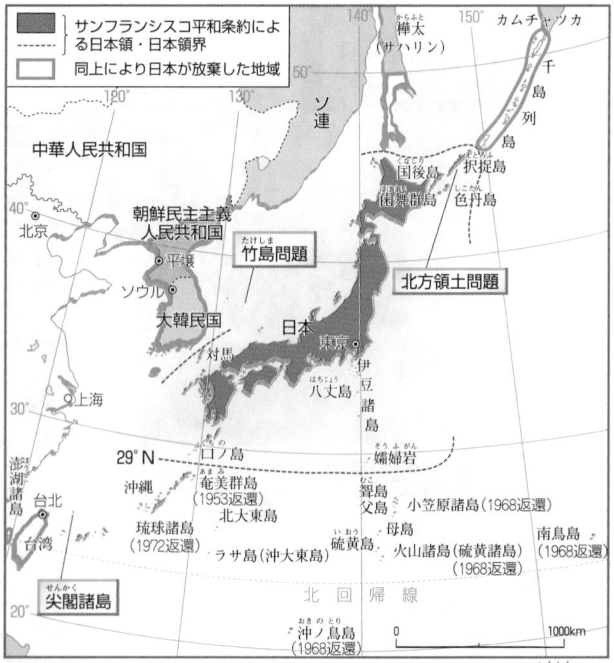

Point　サンフランシスコ平和条約で日本は戦争等で得た領土の返還《へんかん》，朝鮮の独立を認めた。千島《ちしま》列島も放棄《ほうき》し，ヤルタ会談の密約《みつやく》もありソ連が支配。その南の北方領土問題は現在も存続。

1 戦後の文化

学問	考古学　登呂遺跡・岩宿遺跡の発掘
	政治学　丸山真男《まるやままさお》／経済史学　大塚久雄《おおつかひさお》
	法社会学　川島武宜《かわしまたけよし》
	理論物理学　**湯川秀樹**《ゆかわひでき》ノーベル賞受賞(1949)
	日本学術会議設立(1949)
	文化財保護法(1950) ⬅法隆寺金堂壁画焼損
文学	坂口安吾《さかぐちあんご》『白痴《はくち》』(1946) 太宰治《だざいおさむ》『斜陽《しゃよう》』(1947)
	大岡昇平《おおおかしょうへい》『俘虜記《ふりょき》』・谷崎潤一郎《たにざきじゅんいちろう》『細雪《ささめゆき》』(1948)
	木下順二《きのしたじゅんじ》『夕鶴《ゆうづる》』・三島由紀夫《みしまゆきお》『仮面《かめん》の告白《こくはく》』(1949)
	峠三吉《とうげさんきち》『原爆詩集《げんばくししゅう》』(1951)　野間宏《のまひろし》『真空地帯《しんくうちたい》』(1952)

Point 終戦で思想言論の自由を回復したことで，個人が解放され，民主主義が育っていった。また，アメリカの占領により，アメリカの生活様式や文化が流入した。

1a 学問

1-1 湯川秀《ゆかわひで》樹《き》ノーベル物理学賞受賞(1949年) 日本人初の快挙《かいきょ》であった(◄p.204，►p.238)。

1-2 丸山真《まるやままさ》男《お》(1914～96) 1946年雑誌『世界』に「超国家主義の論理と心理」を発表。日本ファシズムの精神構造を分析《ぶんせき》した。戦後の政治思想に多大な影響を与えた。

1b 文学

1-3 坂口安吾《さかぐちあんご》

1-4 太宰治《だざいおさむ》　田村茂氏撮影

1-5 『斜陽《しゃよう》』

1-6 谷崎潤一郎《たにざきじゅんいちろう》

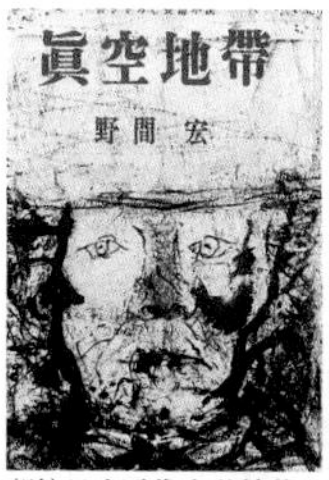

1-8 『真空地帯《しんくうちたい》』

(財)日本近代文学館蔵

1-7 野間宏《のまひろし》

1c スポーツ

1-9 古橋広之《ふるはしひろの》進《しん》(左)　世界新を連発し，「フジヤマのトビウオ」とよばれた。写真は1950年日米水上大会で米国選手と握手する姿。

1-10 力道山《りきどうざん》　1951年プロレスデビューから外国人との対戦で日本中を沸《わ》かせた。写真は鉄人ルー＝テーズとの対戦での空手チョップ。

1-11 白井義男《しらいよしお》　1952年5月，ダド＝マリノを倒し，日本人初の世界チャンピオンとなった。

1d 映画

角川映画(株)提供

1-12 黒澤明《くろさわあきら》監督作品　1951年のベネチア国際映画祭でグランプリを受賞。続く「七人の侍」(1954年)なども合わせて黒澤と主演の三船敏郎《みふねとしろう》への国際的評価は定着した。溝口健二《みぞぐちけんじ》監督も同時期に活躍《かつやく》。

松竹(株)提供

1-13 1945年公開の「そよかぜ」　主題歌の「リンゴの唄《うた》」が明るいメロディーで大ヒット('赤いリンゴに唇《くちびる》寄せて～')。映画ワンシーンの写真の右端が歌を歌った並木路子《なみきみちこ》。

1-14 「青い山脈」(1949年公開)　石坂洋次郎原作。主題歌とともに大ヒット。民主主義的風潮《ふうちょう》を表す映画でもあった。　東宝(株)提供

1e ラジオ・テレビ

1-15 街頭テレビ　1953(昭和28)年，テレビ放送開始。プロレス・プロ野球が人気番組で，中でも力道山の活躍(◄ 1-10)は人々を興奮させた。

1-16 「鉄腕アトム」1952年連載《れんさい》開始　手塚治虫《てづかおさむ》の登場以来，漫画《まんが》・アニメが庶民の文化で隆盛《りゅうせい》となる。アトムは初の国産長編テレビアニメ(1963年)でもある。　手塚プロダクション提供

1f 歌謡界

1-17 笠置《かさぎ》シヅ子　1947年の「東京ブギウギ」。

1-18 美空ひばり(1937～89)　戦後歌謡界最大のスター。少女歌手時代(1949年デビュー)から映画にも出演。大人気を得て，その後も数々のヒット曲を世に出した。

Discovery

ラジオドラマも映画も大ヒット～「君の名は」～

テレビ放送開始前の1952(昭和27)年，NHKラジオの連続ドラマとして放送された「君の名は」(菊田一夫作)は，戦後を背景にした社会劇から，すれ違いを軸《じく》にした恋愛ドラマに変わっていくにしたがい人気も急上昇。聴取率《ちょうしゅりつ》も50%という前代未聞《ぜんだいみもん》の大ヒット作となった。「君の名は」の放送時間となると，銭湯《せんとう》の女風呂がカラになる！という伝説も生まれた。

1953(昭和28)年，映画化されこちらも大ヒット。主演は岸恵子と佐田啓二で，ヒロインの真知子を演じた岸恵子がしていたストールを頭から首に巻く「真知子巻《まちこま》き」も大流行した。すれ違い悲恋ドラマは宣伝・広告，大消費時代の先駆《さきが》けでもあった。
(『ビジュアル日本の歴史』ディアゴスティーニ)

映画化された「君の名は」 数寄屋橋《すきやばし》の出会いシーン。
大庭秀雄監督，1953年公開，松竹(株)製作

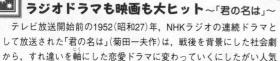

日米安保体制・自衛隊・55年体制

1 自衛隊・安保条約などの推移(►p.243)

1946	.11	日本国憲法公布(戦争放棄《ほうき》規定)
1950	.6	**朝鮮戦争《ちょうせんせんそう》**勃発《ぼっぱつ》
	.7	**警察予備隊《けいさつよびたい》**創設《そうせつ》を指令7万5,000人
1951	.9	**サンフランシスコ平和条約**, **日米安全保障《にちべいあんぜんほしょう》条約**調印《ちょういん》
1952	.2	**日米行政協定《にちべいぎょうせいきょうてい》**調印(基地提供, 分担金負担)
50年代		在日米軍基地への反対闘争(内灘《うちなだ》事件・砂川《すながわ》事件等)
1952	.10	**保安隊《ほあんたい》**創設←警察予備隊・海上警備隊(警備隊)改組《かいそ》
1954	.3	MSA協定(日米相互防衛援助協定)調印
		第五福龍丸, 米のビキニ環礁《かんしょう》水爆実験により被爆
	.7	**防衛庁**・**自衛隊**(陸・海・空の三隊)**発足**
1955	.8	第1回原水爆禁止世界大会開催
1960	.1	**日米新安保《にちべいしんあんぽ》(日米相互協力及び安全保障)条約調印**
		安保闘争《とうそう》(安保条約改定阻止《そし》闘争)の激化
		(安保改定阻止国民会議 社共両党や全学連《ぜんがくれん》, 労組《ろうそ》ら)
		*政府・自民党 5.20衆院で強行採決→連日のデモ
		→6.19 参院の議決なしで「自然承認」
1965		ベトナム戦争本格化
1970	.6	日米安保条約の自動延長
1976	.11	防衛費, **GNPの1%枠《わく》**を閣議《かくぎ》決定(三木内閣)
		→1987.1 GNP1%枠撤廃《てっぱい》, 総額明示方式へ(中曽根内閣)

←1-1 **自衛《じえい》隊創設《たいそうせつ》** 越中《えっちゅう》島駐屯《じまちゅうとん》部隊《ぶたい》の開庁式《かいちょうしき》。1954(昭和29)年7月。吉田首相による観閲《かんえつ》。

2 憲法第9条の政府解釈の変遷《へんせん》

1946.6 吉田首相		「直接には自衛権は否定していないが, 自衛権の発動《はつどう》としての戦争も, 交戦権も放棄《ほうき》したものだ。」
1952.11 吉田首相		政府統一見解「**戦力とは, 近代戦争遂行《すいこう》に役立つ程度《ていど》の装備, 編成《へんせい》をそなえるものをいう。**」「保安隊及び警備隊は戦力ではない。」
1957.4 岸首相		「外国からの急迫《きゅうはく》不正な侵害を防止するため, **必要最小限の防衛力の保有は憲法に違反しない。**現在の防衛力は, 憲法上の戦力に当たらない。」
1970.2 佐藤首相		「憲法の建前《たてまえ》から, 防衛の基本方針は専守防衛《せんしゅぼうえい》。憲法が変わらない限り性格が変わるようなことはない。」
1972.11 田中首相		政府統一見解「憲法9条2項が保持を禁じている『戦力』は, **自衛のための必要最小限度を超えるもの**である。」
2014.7 安倍首相		政府統一見解「わが国と密接な関係にある他国に対する武力攻撃によって, **わが国の存立が脅《おびや》かされ, 国民の生命, 自由および幸福追求の権利が根底から覆《くつがえ》される明白な危険がある場合, 集団的自衛権を行使できる。**」

←2-1 **砂川事件《すながわじけん》** 1956(昭和31)年10月, 東京立《たち》川《かわ》米軍基地拡張反対の砂川住民・革新勢力と, 警察隊が衝突。1,100人あまりの負傷者がでた。

3 新旧安保条約

旧安保条約(1951.9.8調印)
吉田茂内閣

- 米軍の駐留
  ＝日本の基地提供義務
- 片務《へんむ》的性格
  在日米軍に日本の防衛義務なし
  内乱時の出動あり

↓

新安保条約(1960.1.19調印) 史
岸信介内閣

- 双務《そうむ》的性格への変更
  米軍に日本防衛義務, 日本側にも共同作戦行動
  日本に防衛力増強の義務
  (アメリカの戦争に巻き込まれる可能性拡大との批判で反対闘争激化)
- 事前協議制＝交換公文

←3-1 **安保《あんぽ》闘争《とうそう》** 1960(昭和35)年6月19日, 安保条約自然承認の夜。5月20日の強行採決後, 国会デモが続くなど闘争は拡大・激化した。

4 55年体制

4a 55年体制の成立

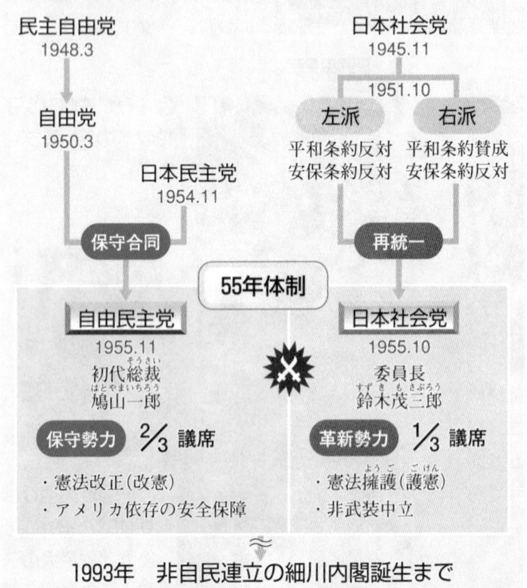

Point 55年体制とは, 1955(昭和30)年に, 「日本社会党」統一と, 保守合同《ほしゅごうどう》による「自由民主党」結成により成立した日本型の二大政党制である。「1と1/2政党制」ともいわれ, 国会の過半数以上の勢力を保持した自由民主党による保守長期政権が継続した。1993年の非自民勢力による細川連立政権の誕生により崩壊《ほうかい》することとなる。

←4-1 **1955(昭和30)年10月日本社会党の統一大会** 1951年, サンフランシスコ平和条約への対応を巡《めぐ》って分裂していた左派社会党と右派社会党が「憲法改正」を掲《かか》げた鳩山内閣の登場に対して, 憲法改定を阻止《そし》できる国会での1/3以上の議席確保のために統一を実現。

→4-2 **三木武吉《みきぶきち》** 戦前からの鳩山一郎の盟友《めいゆう》。鳩山内閣成立と保守合同に奔走《ほんそう》し, 翌年死去。

←4-3 **保守合同大演説会** 1955年11月, 当時の保守政界の中心であった鳩山一郎・緒方竹虎《おがたたけとら》・岸《きし》信介《のぶすけ》・三木武吉といった名前が並ぶ。財界の要請《ようせい》もあり, 社会党統一に対抗すべく保守の「日本民主党」と「自由党」の合同が実現。「自由民主党」が結成された。初代総裁には鳩山首相が就任した。

4b 日ソ国交回復, 国連加盟の実現(1956年)

Point 独自外交を掲げた鳩山内閣の誕生で日ソの国交回復交渉が開始され, 1956(昭和31)年10月, 鳩山首相らがモスクワを訪問し, **日ソ共同宣言**に調印し国交が回復した。(►p.242)

→4-4 **1956年の第11回国連総会での日本代表の重光葵《しげみつまもる》外相(左)ら** 日ソ国交回復により国際連合への加盟が実現した。

1 戦後日本経済の歩み

1a 戦後日本経済略年表

戦後インフレ期	**経済の民主化** ●財閥解体《ざいばつかいたい》●農地改革 ●労働組合の育成 **インフレの激化**	1945(昭和20)敗戦。**財閥《ざいばつ》解体**・農地改革指令 1946(昭和21)**農地改革**(一次・二次)。**物価統制令《ぶっかとうせい》**・**金融緊急措置令《きんゆうきんきゅうそちれい》**。**傾斜生産方式《けいしゃせいさんほうしき》**決定 1947(昭和22)**復興《ふっこう》金融金庫**発足。**労働基準法**・**独占禁止法**公布
復興期	**日本経済の自立化促進** ●インフレ収束《しゅうそく》➡不況	1948(昭和23)GHQ，**経済安定九原則**発表 1949(昭和24)**ドッジ＝ライン。1ドル=360円の単一為替《かわせ》レート。シャウプ税制**勧告《かんこく》
成長期	**朝鮮特需《とくじゅ》** ●景気回復 ┌資本蓄積・技術革新┐ 軍需《ぐんじゅ》工業復活 └重化学工業化進展┘ **アメリカ経済圏への編入**	1950(昭和25)**朝鮮戦争**，特需《とくじゅ》景気(金属・繊維) 1951(昭和26)対日講和・日米安保条約調印 1952(昭和27)**国際通貨基金(IMF)・世界銀行(IBRD)**加盟 1953(昭和28)金融引き締め。独禁法改正➡産業合理化・不況カルテル容認 1954(昭和29)**MSA協定**調印
高度成長期	**第1次高度成長期** ●民間設備投資主導型 ┌技術革新┐ 需要《じゅよう》拡大 ─消費革命 豊富な資金と政策 ┬高い貯蓄率 └財政投融資《とうゆうし》など └安価・良質の労働力┘ 開放経済体制への移行 (自由化・国際競争力)	1955(昭和30)**GATT**加盟　神武《じんむ》景気 1956(昭和31)設備投資ブーム。造船世界一に。経済白書“もはや戦後ではない” 1957(昭和32)国際収支悪化　なべ底不況 1959(昭和34)最低賃金法　岩戸景気 1960(昭和35)**国民所得倍増計画・高度経済成長政策**発表(池田内閣) 1961(昭和36)農業基本法 1964(昭和39)**IMF8条国**に移行。**OECD**加盟。貿易自由化率93% 1966(昭和41)赤字国債《こくさい》発行　いざなぎ景気 1967(昭和42)資本取引自由化。公害対策基本法
	第2次高度成長期 ●輸出主導型	1968(昭和43)GNP，米に次ぎ2位に(ソ連除く) 1970(昭和45)新日鉄発足。減反《げんたん》政策実施
安定成長期	**スタグフレーション** インフレ ↑ 輸入インフレ← 共存　オイル＝ショック ↓　金融引き締め 不況 世界不況・コスト増大	1971(昭和46)**ドル＝ショック**，株価大暴落。円切り上げ1ドル=308円 1972(昭和47)『日本列島改造論』(田中内閣) 1973(昭和48)**変動相場制《へんどうそうばせい》**に移行。**第1次石油危機** 1974(昭和49)狂乱《きょうらん》物価(インフレ)・不況➡戦後初のマイナス成長　失業増 1976(昭和51)国際収支黒字に転化➡貿易摩擦《まさつ》 1978(昭和53)円急騰《きゅうとう》，1ドル=175円50銭
	国際収支の大幅黒字 円高・貿易摩擦 ↓ 設備投資停滞 → 低成長 ← 個人消費の停滞 ↑ 緊縮財政 ↑ (財政赤字)	1979(昭和54)第2次石油危機 1980(昭和55)自動車生産世界一。世界同時不況 1982(昭和57)**貿易摩擦**による対日批判強まる 1985(昭和60)**プラザ合意**➡円高へ。NTT・日本たばこ産業発足　円高不況 1987(昭和62)**国鉄分割民営化**。1ドル=120円台
低成長期		1989(平成1)消費税実施。日米経済構造協議 1991(平成3)牛肉・オレンジ輸入自由化 1993(平成5)コメ市場の部分開放　平成不況 1995(平成7)金融不安，株価低迷 1997(平成9)消費税5%に引き上げ

1b 対日援助と特需《とくじゅ》

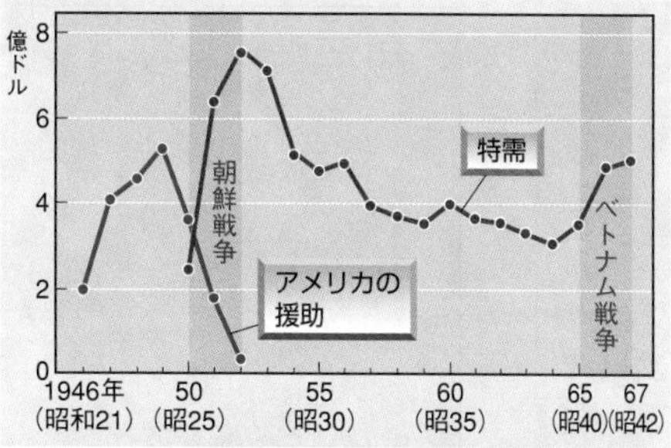

(香西泰『高度成長の時代』日本評論社などによる)

1-1 **戦車の修理工場のようす**(三菱重工相模原工場《みつびしじゅうこうさがみはら》)

朝鮮特需

1950年の朝鮮戦争勃発《ぼっぱつ》によって始まった米軍の日本での大量物資調達による特別需要。経済自立化政策で冷え込んだ日本経済にとっては，まさに経済復興のきっかけとなった。左の写真は戦車の修理工場のようす(ほかには弾《だん》薬《やく》製造等)。日本の植民地支配から独立した朝鮮半島は，分断，そして戦争。日本はその戦争の特需で潤《うるお》うという皮肉。

1c 産業構造の変化(就業別人口割合・国民所得割合・名目)

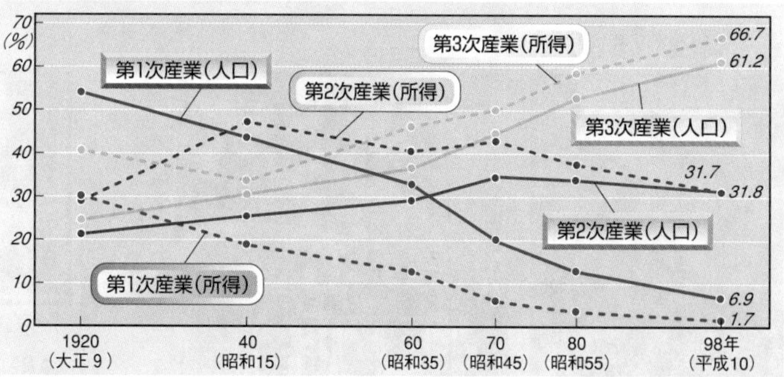

(『経済白書』2000による)

1d 工業産業別出荷額割合の推移

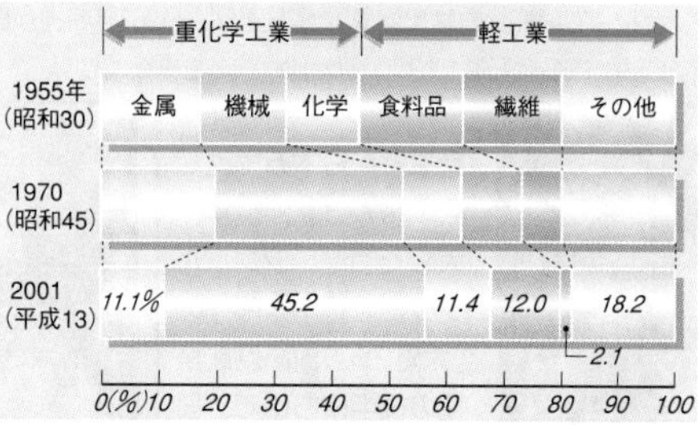

(『日本国勢図会』2004/05などによる)

TRY 論述

1c・1dのグラフから，戦後の経済発展において日本の産業の中心はどのように移行していったか，答えなさい。　**推移**

1e 通関実績・実質経済成長率推移

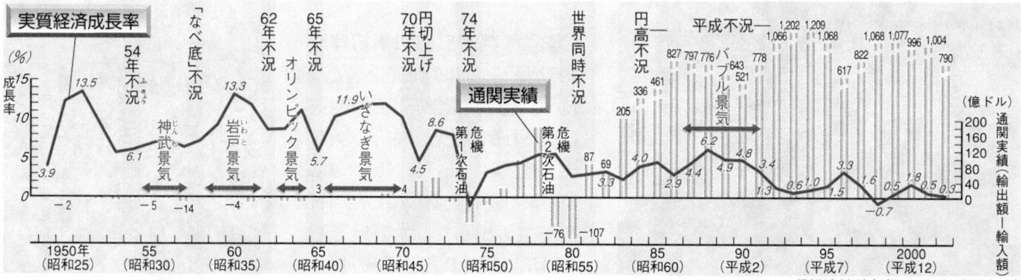

(『経済統計年鑑』2003などによる)

1f エネルギー供給構成の推移

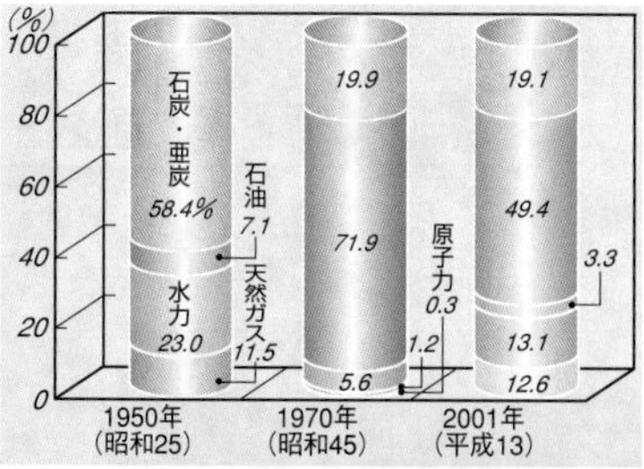

(『日本国勢図会』2004/05による)

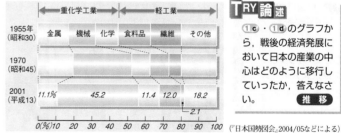

1 高度経済成長

⬆1-1 **集団就職** 1955(昭和30)年の神《じん》武《む》景気の頃から中卒者への求人はしだいに増加した。農村からの集団就職や出稼《でかせ》ぎが高度成長を支えた。中卒就職者は「金の卵」だった。

1a 消費革命─耐久《たいきゅう》消費財の普及

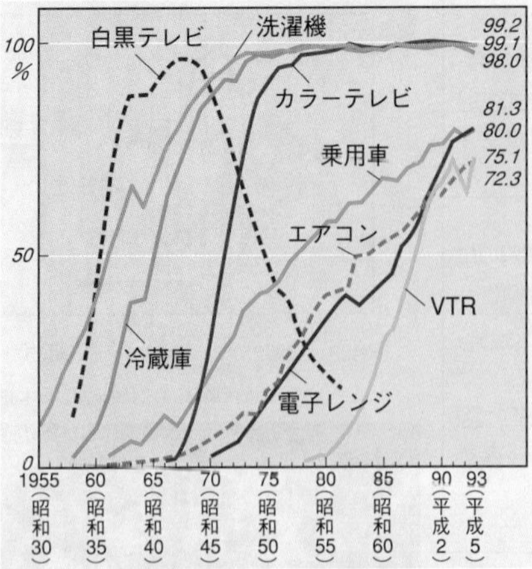

(『広告景気年表』電通)

➡1-3 **「三種の神器《じんぎ》」を表した切手**

⬅1-2 **大阪府千里《せんり》ニュータウン** 高度成長による人口の都市集中があり，1960年代ニュータウン計画が工業都市地域で進められた。

⬇1-4 **1955年の電気屋の店先のようす**

Point 高度成長にともない，大量生産・消費が日常化し，衣食住の便利さ・豊かさ，耐久消費財の保持《ほじ》，生活水準の向上が一般化した。このことを一般に「**消費革命**」とよぶ。一方ではさまざまな歪《ゆが》みも表面化していく。

TRY 論述 経済成長に伴う消費革命で，耐久消費財の普及はどのように進んだのか，述べなさい。 **推移**

➡1-5 **「Oh! モーレツ」** ガソリンスタンド(販売会社)のテレビCM。1969(昭和44)年。高度成長にひた走る社会のモーレツぶりと「昭和元禄《げんろく》」とよばれる世相《せそう》をよく表したコピーであった。1969年はGNPで旧西ドイツを抜き世界2位となり，大阪万《ばん》博《ぱく》を翌年に控えたという時期であった。

! 三種の神器《じんぎ》

耐久消費財の中でも家庭電化製品が1950年代後半から急速に普及。特に電気洗濯機・電気冷蔵庫・白黒テレビは家庭電化時代の象徴で「三種の神器」といわれた。

2 高度成長の象徴

⬆2-1 **東京タワー** 1958(昭和33)年完成。テレビ時代の象徴。

⬅2-2 **東海道新幹線**(1964年10月1日オリンピックに合わせて開通。左は出発式)**と高速道路**(1963年名神が開業。1965年全通，東名全通は1969年) (左)埼玉・鉄道博物館提供

➡2-3 **オリンピック東京大会のポスター**

⬇2-4 **オリンピック東京大会** 1964(昭和39)年開催。写真は開会式。

⬇2-5 **日本万国博覧会** 1970(昭和45)年，大阪で開催。シンボルタワーは岡本太郎《おかもとたろう》作の「太陽の塔」。高度成長期の後半において，日本の繁栄を世界に示す機会となった。

3 高度成長のひずみ

3a 都市の過密《かみつ》・農村の過疎《かそ》

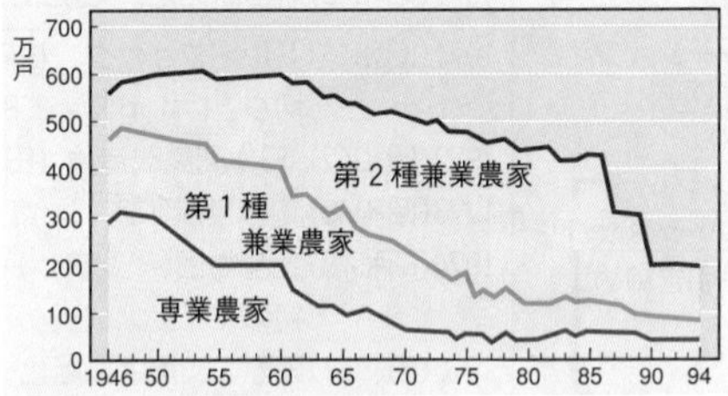

⬆**専業・兼業別農家数の推移**

Point 農家数の減少，都市への人口集中により食料自給率も急速に低下し，農家では「三ちゃん農業*」といわれる状況も生じた。

＊三ちゃん…じいちゃん・ばあちゃん・かあちゃん

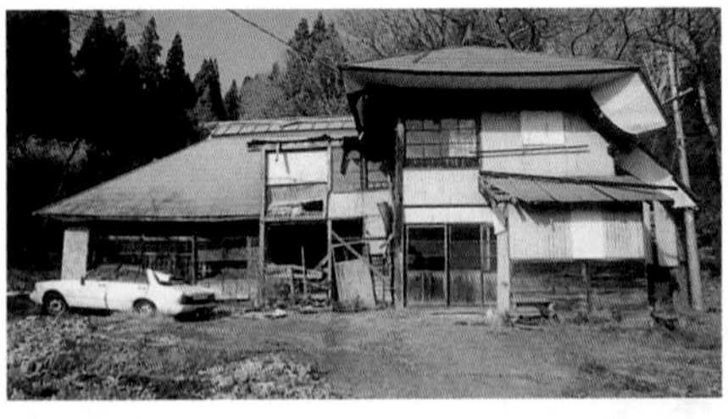

⬅3-1 **過疎《かそ》の地長野県山《さん》間《かん》部のようす** 荒れはてた家屋《かおく》と車が置き去りになっている。

3b 革新首長《かくしんしゅちょう》の登場

➡3-2 **美濃部《みのべ》都知事初登庁《とうちょう》** 1967(昭和42)年の都知事選で革新統一候補の美濃部亮吉《りょうきち》氏が当選。中央下が美濃部氏，右下は東《あずま》前知事。社会のさまざまなひずみによる不満は福祉を看板にした革新首長を生み出した。大阪府でも，1971年に革新の黒田知事が誕生。

3c 公害(環境)問題の発生

撮影 塩田武史氏

3-3 チッソ工場前に立てられた"怨"の旗

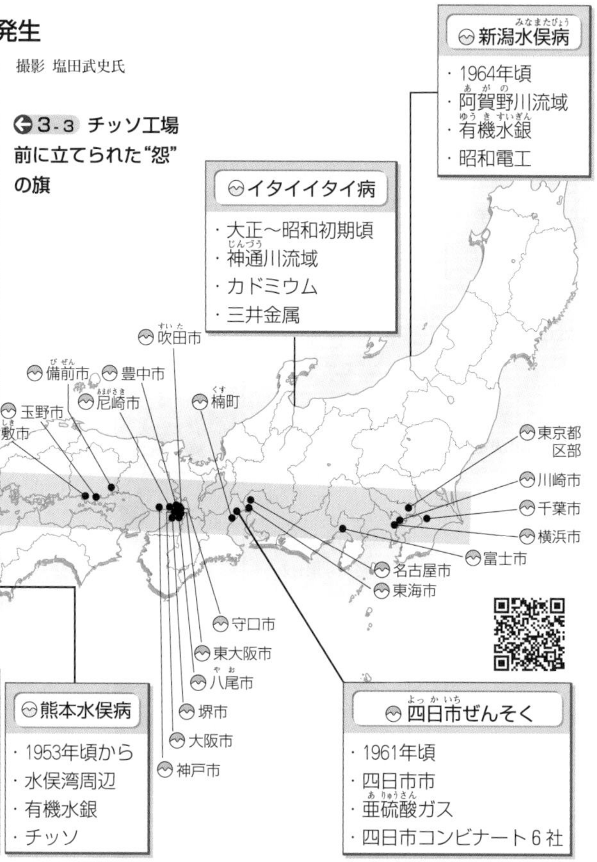

3-4 **深刻なゴミ問題** 物質的に豊かな生活の裏返し。都市部を中心にゴミ処分をどうするかは大問題となっている。

3-5 **東京の空を覆《おお》うスモッグ** 排ガス・都市熱と汚れる一方の首都の空。都市では交通問題など過密の弊害が多発。

4 高度成長の終わり

4a 高度成長の終焉《しゅうえん》

為替《かわせ》の固定相場での円安状況の終わり

アメリカのドル危機→ニクソン=ショック(1971)
　=金・ドル交換停止発表，為替レート切上げ要求
↓
スミソニアン体制(1971.12)：1ドル=308円へ切上げ
　(従来1ドル=360円)
↓
変動相場制へ移行(1973[昭和48])

低価格での資源(=石油)供給《きょうきゅう》崩壊

第1次石油危機(1973～74)
第4次中東戦争勃発《ぼっぱつ》(1973)
→OAPECが石油戦略発動。原油価格，約4倍の値上げ

「狂乱物価《きょうらんぶっか》」=異常なインフレ状態
→戦後初のマイナス成長(1974，田中内閣)

4-1 **『日本列島改造論』** 田中角栄《たなかかくえい》氏の持論《じろん》。全国の交通網を更《さら》に整備し，工業地帯の分散・発展を図った。高度成長政策の継続であったがインフレに拍車《はくしゃ》をかけて挫折《ざせつ》。

4-2 **トイレットペーパーパニック** 第1次石油危機で品不足がいわれ，人々は買いだめに走り，連日大混乱した。「狂乱《きょうらん》物価《ぶっか》」のインフレ状態となり，市民生活に大打撃。

4-3 **田中角栄前首相の逮捕**(1976年7月27日) 田中氏は彼自身の金脈《きんみゃく》問題への批判で，首相を1974年に辞任。その2年後，米ロッキード社の旅客機導入を巡る汚職《おしょく》事件が発覚し，逮捕された。高度成長を象徴する人物の逮捕は時代の転換と重なる。

その後も1989年のリクルート事件などの汚職事件が続き，「政治とカネ」の問題への批判が高まった。

5 安定成長へ～産業構造の転換

重厚長大《じゅうこうちょうだい》型産業・軽薄短小《けいはくたんしょう》型産業

高度成長期を支えた資源多消費型の鉄鋼，石油化学，造船などを「重厚長大型産業」とよぶ。対して第1次，第2次(1978～79年)の石油危機を乗り越えた日本では，産業の中心が省エネ型ハイテク産業へと変わった。この自動車，電気機械，半導体，IC，コンピュータなどを「軽薄短小型産業」または「知識集約型産業」という。

5-1 **横浜港で船積みを待つ日本車** 1980(昭和55)年，日本の自動車生産台数がアメリカを抜き世界一になった。この年の輸出は前年比30%増の596万台，うち，米国へは240万台。産業構造の転換，省エネに成功した日本の工業製品は大量に輸出され「貿易摩擦」を生む。(►p.243)

5-2 **日本電気(現NEC)のPC-8001** 1979(昭和54)年5月9日発表。日本でパソコンブームが幕を開けた。「軽薄短小《けいはくたんしょう》型産業」の発展により，日本は「経済大国」となった。

戦後～現代の内閣②

(◄p.221)

1 戦後～現代の内閣

■数字は「代」　○数字は「次」　(　)は在職日数
□は主な閣僚　写真下は就任時の年齢／出生地
㊜は選挙区　緑字はニックネーム　青字は総辞職の事情

内閣	総理大臣	主な事項
64 65 田中角栄《たなかかくえい》①・② 1972.7～74.12 (886日) 与党　自由民主党 通産：中曽根康弘《なかそねやすひろ》 外務：大平正芳《おおひらまさよし》	 54歳／新潟 今太閤《いまたいこう》	72.9 日中共同声明調印(日中国交回復) 73.2 円の変動相場制への移行 .8 金大中《キムデジュン》事件 .9 北ベトナムと国交樹立 .10 第1次石油危機(第4次中東戦争) 74.6 国土庁設置 .10 田中金脈問題 首相の金脈問題を批判され総辞職
66 三木武夫《みきたけお》 1974.12～76.12 (747日) 与党　自由民主党 大蔵：大平正芳 法務：稲葉修《いなばおさむ》	 67歳／徳島 クリーン三木	75.7 政治資金規正法改正公布(76.施行) .11 第1回先進国首脳会議(パリ)参加 76.2 ロッキード事件表面化 .7 田中角栄前首相逮捕(◄p.235) .10 防衛費のGNP1%以内閣議決定 ロッキード事件後の党内対立と総選挙敗北(過半数割れ)で総辞職
67 福田赳夫《ふくだたけお》 1976.12～78.12 (714日) 与党　自由民主党 外務：鳩山威一郎《はとやまいいちろう》	 71歳／群馬	77.7 領海《りょうかい》12海里 漁業専管水域《ぎょぎょうせんかんすいいき》200海里実施 78.8 日中平和友好条約調印(►p.242) .12 OPEC石油値上げ決定 自民党総裁予備選挙で田中・大平連合に敗退し総辞職
68 69 大平正芳《おおひらまさよし》①・② 1978.12～80.6 (554日) 与党　自由民主党 大蔵：竹下登《たけしたのぼる》	 68歳／香川	79.2 第2次石油危機 .6 元号《げんごう》法公布 東京サミット開催 80.6 大平首相急死 初の衆参同日選挙で自民党圧勝 内閣不信任案可決で，衆院解散・総選挙(衆参同日選挙)運動中に首相急死 ★70年代　派閥《はばつ》争いの激化「三角大福中《さんかくだいふくちゅう》」
70 鈴木善幸《すずきぜんこう》 1980.7～82.11 (864日) 与党　自由民主党 通産：安倍晋太郎《あべしんたろう》	 69歳／岩手	81.3 第2次臨時行政調査会発足 (国鉄《こくてつ》・電電公社《でんでんこうしゃ》・専売公社《せんばい》の分割民営化検討) 82.8 公職選挙法改正(参議院全国区を拘《こう》束名簿式比例代表制《そくめいぼしきひれいだいひょうせい》に変更) 首相，突然の退陣表明で総裁選に不出馬。総辞職
71～73 中曽根康弘《なかそねやすひろ》①～③ 1982.11～87.11 (1,806日) 与党　自由民主党 大蔵：竹下登	 64歳／群馬 政界の風見鶏《かざみどり》	84.12 電電公社民営化関連3法成立 85.4 JT，NTT発足 .6 男女雇用機会均等法公布 .8 首相，靖国《やすくに》神社公式参拝 86.5 東京サミット開催 .11 国鉄分割民営化関連法成立 .12 防衛費，GNP1%枠《わく》突破 87.4 国鉄分割民営化，JR開業 自民総裁任期延長後，任期満了で退陣。総辞職
74 竹下登《たけしたのぼる》 1987.11～89.6 (576日) 与党　自由民主党 外務：宇野宗佑《うのそうすけ》	 63歳／島根 〈ふるさと創生《そうせい》事業実施〉	88.7 リクルート事件発覚 .12 税制改革6法成立(消費税等) 89.1 昭和天皇没。年号「平成」へ .4 消費税スタート(税率3%) リクルート事件，消費税に批判高まったため総辞職 ★竹下派七奉行《ぶぎょう》＝のちの政界の中心人物を輩出《はいしゅつ》　小沢一郎《おざわいちろう》，羽田孜《はたつとむ》，橋本龍太郎《はしもとりゅうたろう》，小渕恵三《おぶちけいぞう》ら「経世会《けいせいかい》支配」
75 宇野宗佑《うのそうすけ》 1989.6～89.8 (69日) 与党　自由民主党	 66歳／滋賀	89.7 参議院選挙で自民党大敗。土井《どい》社会党躍進で参院与野党逆転 自民党，リクルート・消費税・コメ問題などでの批判を受け参院選挙大敗し辞職
76 77 海部俊樹《かいふとしき》①・② 1989.8～91.11 (818日) 与党　自由民主党 大蔵：橋本龍太郎《はしもとりゅうたろう》	 58歳／愛知	90.2 衆院総選挙で自民安定多数確保。社会党躍進 91.1 湾岸戦争《わんがんせんそう》勃発 .3 湾岸戦争支援に90億ドル支出 .4 ペルシャ湾に海上自衛隊掃海艇《そうかいてい》派遣 首相，自民総裁の任期満了。再選困難で総辞職
78 宮沢喜一《みやざわきいち》 1991.11～93.8 (644日) 与党　自由民主党 郵政：小泉純一郎《こいずみじゅんいちろう》 外務：羽田孜《はたつとむ》	 72歳／広島	92.2 佐川急便事件 .6 PKO協力法成立 .9 カンボジアPKOへ自衛隊派遣 93.3 金丸《かねまる》前自民副総裁，巨額脱税事件で逮捕 .7 衆院総選挙で新党躍進 不信任可決後の解散・総選挙で自民大敗し総辞職(自民党下野)
79 細川護熙《ほそかわもりひろ》 1993.8～94.4 (263日) 与党　日本新党など非自民の8党連立 外務：羽田孜	 55歳／東京 ㊜熊本 〈近衛文麿《このえふみまろ》の孫〉	93.8 憲政史上初の女性議長誕生(衆院・土井《どい》たか子) .11 首相韓国訪問，植民地支配謝罪 .12 コメの部分開放受け入れ決定 94.1 政治改革関連4法成立(衆院小選挙《しょうせんきょ》区制《くせい》導入) 首相の不正政治資金供与問題表面化し辞職
80 羽田孜《はたつとむ》 1994.4～94.6 (64日) 与党　新生党など 大蔵：藤井裕久《ふじいひろひさ》	 58歳／東京 ㊜長野	94.4 社会党，新会派「改新」に反発し連立離脱＝少数与党 内閣不信任案提出前に退陣表明し総辞職 ★非自民政権2代＝短期で崩壊
81 村山富市《むらやまとみいち》 1994.6～96.1 (561日) 与党　社会・自民・さきがけ 通産：橋本龍太郎	 70歳／大分 トンちゃん	94.6 片山哲《かたやまてつ》以来47年ぶりに社会党首班内閣成立 .9 社会党，自衛隊・安保条約容認 .12 原爆被爆者援護《げんばくひばくしゃえんご》法成立 95.1 阪神《はんしん》・淡路《あわじ》大震災(►p.239) .3 地下鉄サリン事件(►p.239) .8 戦後50年決議 住専《じゅうせん》問題等で，「人心一新」を理由に総辞職
82 83 橋本龍太郎《はしもとりゅうたろう》①・② 1996.1～98.7 (932日) ①与党　自民・社民・さきがけ ②与党　自由民主党 厚生：①菅直人《かんなおと》 ②小泉純一郎	 58歳／岡山	96.4 日米安保共同宣言 .8 薬害《やくがい》エイズ事件表面化 .10 総選挙(初の小選挙区比例代表並立《しょうせんきょくひれいだいひょうへいりつ》制《せい》) 97.4 消費税5%に引き上げ .5 アイヌ文化振興《しんこう》法成立 .9 新ガイドライン合意 98.6 中央省庁等改革基本法公布 参院選で自民大敗の責任を取り総辞職
84 小渕恵三《おぶちけいぞう》 1998.7～2000.4 (616日) 与党　自民・自由・公明 大蔵：宮沢喜一	 61歳／群馬	99.1 自自(自民・自由党)連立内閣 .5 新ガイドライン関連法成立 .6 男女共同参画《さんかく》社会基本法公布 .8 国旗《こっき》・国歌《こっか》法，通信傍受《ぼうじゅ》法成立 .10 公明党連立参加(自自公連立) 首相の急病・入院により総辞職

在職期間

1972.7	74.12	76.12	78.12	80.7	82.11	87.11	89.6	89.8	91.11	93.8	94.4	94.6	96.1	98.7	2000.
田中①②	三木	福田(赳)	大平①②	鈴木	中曽根①～③	竹下	宇野	海部①②	宮沢	細川	羽田	村山	橋本①②	小渕	

85 86 森《もり》 喜朗《よしろう》①・②

2000. 4 ～01. 4
(387日)
与党［自民・公明・保守
大蔵：宮沢喜一《みやざわきいち》

62歳／石川

- 00. 7 金融庁発足
- 九州・沖縄サミット開催
- .11 公職選挙法改正(参院選非拘束名簿式《さんいんせんひこうそくめいぼしき》)
- 01. 1 中央省庁の再編

首相の度重《たびかさ》なる失言で支持率低下，与党内からも退陣要求が出て総辞職

87～89 小泉純一郎《こいずみじゅんいちろう》①～③

2001. 4 ～06. 9
(1,980日)
①与党［自民・公明・保守
②③与党［自民・公明
官房長官：
①②福田康夫《ふくだやすお》
③安倍晋三《あべしんぞう》

59歳／神奈川
〈小泉劇場〉

- 01. 8 首相，靖国《やすくに》神社参拝
- . 9 **米同時多発テロ発生**(◄p.229)
- .10 テロ対策特別措置法成立
- 02. 9 首相，北朝鮮訪問。**日朝平壌《ピョンヤン》宣言**
- 03. 3 イラク戦争
- . 4 日本郵政公社発足
- . 6 有事《ゆうじ》関連3法成立
- . 7 イラク復興支援特別措置法成立
- 05. 9 衆院総選挙，自民歴史的大勝利
- .10 **郵政民営化法**成立
- 06. 8 首相，終戦記念日に靖国神社参拝

自民総裁任期満了で退陣，総辞職

90 安倍晋三《あべしんぞう》①

2006. 9 ～07. 9
(366日)
与党［自由民主党・公明党
外務：麻生太郎《あそうたろう》

52歳／東京
㊣山口
〈岸信介の孫〉

- 06. 12 改正教育基本法公布
- 07. 1 防衛庁→防衛省へ
- . 5 国民投票法公布
- . 7 参院選，自民歴史的大敗，民主躍進

参院選後の臨時国会で所信表明《しょしんひょうめい》演説後，突然の退陣表明，総辞職

91 福田康夫《ふくだやすお》

2007. 9 ～08. 9
(365日)
与党［自由民主党・公明党
外務：高村正彦《こうむらまさひこ》

71歳／群馬
〈福田赳夫の子〉

- 07. 10 **郵政民営化**実施
- 08. 7 洞爺湖《とうやこ》サミット開催

「ねじれ国会」で政権運営に行きづまり，臨時国会を前に突然の退陣表明，総辞職

92 麻生太郎《あそうたろう》

2008. 9 ～09. 9
(358日)
与党［自由民主党・公明党
総務：鳩山邦夫《はとやまくにお》

68歳／福岡
〈吉田茂の孫〉

- 08. 9 リーマン=ショック，世界同時不況
- 09. 5 裁判員制度開始
- . 8 衆院総選挙，自民歴史的大惨敗，民主第1党に
- . 9 消費者庁発足

衆院総選挙で自民党が歴史的大惨敗を喫《きっ》し，総辞職

93 鳩山由紀夫《はとやまゆきお》

2009. 9 ～10. 6
(266日)
与党［民主・社民・国民
国家戦略：菅直人《かんなおと》

62歳／東京
㊣北海道
〈鳩山一郎の孫〉

- 09. 11 事業仕分け実施
- 10. 4 高校授業料無償《むしょう》化
- . 5 普天間《ふてんま》基地の県外移設断念

普天間基地移設問題，社民党の連立離脱，首相・小沢幹事長の金銭問題の責任をとり，総辞職

94 菅《かん》 直人《なおと》

2010. 6 ～11. 9
(452日)
与党［民主党・国民新党
国交：前原誠司《まえはらせいじ》

63歳／山口
㊣東京

- 10. 7 第22回参院選で民主敗北，与党過半数割れ
- . 9 日本振興銀行が経営破綻《はたん》，初のペイオフ発動
- . 9 尖閣《せんかく》諸島中国漁船衝突事件
- 11. 3 **東日本大震災，東京電力福島第一原発事故発生**(►p.244)

退陣条件の3法案(第2次補正予算案，再生可能エネルギー特別措置法案，特例公債法案)成立ののち，総辞職

95 野田佳彦《のだよしひこ》

2011. 9 ～12.12
(482日)
与党［民主党・国民新党
財務：安住淳《あずみじゅん》

54歳／千葉

- 12. 8 **消費税増税法**成立，成立に反対の民主党議員多数離党
- . 9 尖閣諸島国有化
- .12 第46回衆院選で民主敗北

党首討論で議員定数削減実現を呼びかけ，衆議院を解散。総選挙で民主党が大敗し，内閣総辞職

96～98 安倍晋三②～④

2012.12～20. 9
(2,824日)
与党［自由民主党・公明党
副総理・財務：麻生太郎

58歳／東京
㊣山口

- 13. 7 TPP交渉に正式参加
- 14. 4 消費税8%に引き上げ
- . 7 集団的自衛権行使容認のための憲法解釈変更を閣議決定
- 15. 6 公職選挙法改正(**満18歳以上に選挙権**)
- . 9 **安全保障関連法**成立
- 16. 4 熊本地震発生
- . 5 伊勢志摩サミット開催
- オバマ大統領，広島訪問
- 17. 6 天皇退位等特例法公布
- 18. 6 民法改正(**成年年齢を満18歳以上〔2022年施行〕に**引き下げ)
- . 7 「平成30年7月豪雨」発生
- . 9 北海道胆振《いぶり》東部地震発生
- .12 **TPP11協定**発効
- 19. 4 明仁《あきひと》天皇退位
- . 5 徳仁《なるひと》親王即位，年号「**令和**」へ
- . 6 G20大阪サミット開催
- .10 消費税10%に引き上げ
- 「令和元年台風第19号」発生
- 20. 1 日本で新型コロナウイルス感染者確認
- . 4 7都府県に**緊急事態宣言発令**。以降，全国へ拡大
- . 7 「令和2年7月豪雨」発生

新型コロナウイルス対策の記者会見にて，持病の再発を理由に辞任表明，総辞職

99 菅《すが》 義偉《よしひで》

2020. 9 ～21.10
(384日)
与党［自由民主党・公明党
副総理・財務：麻生太郎

71歳／秋田
㊣神奈川

- 21. 1 大学入学共通テスト実施
- . 7 「令和3年梅雨前線豪雨等による災害」発生
- 東京オリンピック開催
- . 8 東京パラリンピック開催
- . 9 デジタル庁発足

新型コロナウイルス対策などへの批判で支持率が低下。衆院の任期満了間近での解散に踏み切れず，発足から約1年で総辞職

100 101 岸田文雄《きしだふみお》①・②

2021.10～
与党［自由民主党・公明党
財務：鈴木俊一《すずきしゅんいち》
防衛：岸信夫《きしのぶお》

64歳／東京
㊣広島

- 22. 3 制定後初の電力需給ひっ迫警報発令(東京・東北電力管内)
- . 4 改正民法施行(成年年齢を満18歳以上に引き下げ)
- . 7 安倍元首相が銃撃され，死去

在職期間

2000.4	01.4	06.9	07.9	08.9	09.9	10.6	11.9	12.12	20.9	21.10
森①②	小泉①～③	安倍①	福田(康)	麻生	鳩山	菅	野田	安倍②～④	菅	岸田①②

現代の世相・文化①

1 学問

1a 文学

作家名	作品名
石原慎太郎《いしはらしんたろう》	『太陽の季節』(1955)
三島由紀夫《みしまゆきお》	『金閣寺』(1956)
井上靖《いのうえやすし》	『天平の甍《いらか》』(1957)
松本清張《まつもとせいちょう》	『点と線』(1958)
大江健三郎《おおえけんざぶろう》	『飼育《しいく》』(1958)

1-1 井上靖《いのうえやすし》

1-2 松本清張《まつもとせいちょう》

1-3 三島由紀夫割腹事件《みしまゆきおかっぷく》（1970年）　国際的にも高い評価を得て，ノーベル文学賞の候補ともなった著名な作家であった。市ヶ谷《いちがや》の自衛隊基地内においてクーデタを扇動《せんどう》し，割腹自殺を遂げた。学生運動の喧噪《けんそう》が収まり切らぬ日本社会に大きな衝撃《しょうげき》を与えた。

1b ノーベル賞受賞者～近年日本人の受賞相次ぐ　数字は受賞年　＊米国籍

❶湯川秀樹《ゆかわひでき》 1949・物理学

❷朝永振一郎《ともながしんいちろう》 1965・物理学

❸川端康成《かわばたやすなり》 1968・文学

❹江崎玲於奈《えさきれおな》 1973・物理学

❺佐藤栄作《さとうえいさく》 1974・平和

❻福井謙一《ふくいけんいち》 1981・化学

❼利根川進《とねがわすすむ》 1987・生理学・医学

❽大江健三郎《おおえけんざぶろう》 1994・文学

❾白川英樹《しらかわひでき》 2000・化学

❿野依良治《のよりりょうじ》 2001・化学

⓫小柴昌俊《こしばまさとし》 2002・物理学

⓬田中耕一《たなかこういち》 2002・化学

⓭南部陽一郎《なんぶよういちろう》＊ 2008・物理学

⓮小林誠《こばやしまこと》 2008・物理学

⓯益川敏英《ますかわとしひで》 2008・物理学

⓰下村脩《しもむらおさむ》 2008・化学

⓱根岸英一《ねぎしえいいち》 2010・化学

⓲鈴木章《すずきあきら》 2010・化学

⓳山中伸弥《やまなかしんや》 2012・生理学・医学

⓴赤﨑勇《あかさきいさむ》 2014・物理学

㉑天野浩《あまのひろし》 2014・物理学

㉒中村修二《なかむらしゅうじ》＊ 2014・物理学

㉓梶田隆章《かじたたかあき》 2015・物理学

㉔大村智《おおむらさとし》 2015・生理学・医学

㉕大隅良典《おおすみよしのり》 2016・生理学・医学

㉖本庶佑《ほんじょたすく》 2018・生理学・医学

㉗吉野彰《よしのあきら》 2019・化学

㉘真鍋淑郎《まなべしゅくろう》＊ 2021・物理学

2 世界に広がる日本文化

2a マンガ・アニメ・ファミコン

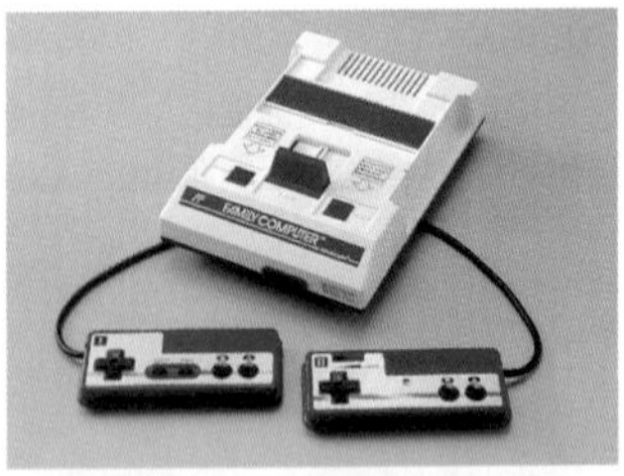

2-1 ファミコンブーム（1980年代～）コンピュータ時代の象徴，外国でも大ヒット。

任天堂提供

2-2 『千と千尋の神隠し』(2001年)宮崎駿《みやざきはやお》監督(アカデミー賞受賞)　日本で製作されたアニメーション作品は，海外でも人気・評価ともに高い。テレビアニメ等もアジア，アメリカなどで大評判となっている。

©2001二馬力・TGNDDTM

3 1950～70年代の社会運動

3-1 第五福龍丸

東京・第五福竜丸展示館提供

3-2「原爆マグロ」

3-3 第1回原水爆禁止世界大会(1955年)

3-4「ゴジラ」第1作公開(1954年)

Point 1954(昭和29)年ビキニ沖でのアメリカの水爆実験で第五福龍丸が被爆《ひばく》(第五福龍丸は現在東京都江東《こうとう》区夢の島の展示館で保存公開)，原爆症での死者も出た。国民の中に，原水爆反対の声が広がり署名《しょめい》運動が開始され，翌年第１回原水爆禁止世界大会の広島開催へとつながった。1954年公開の「ゴジラ」も水爆実験の影響で太古《たいこ》の眠りから覚め放射能火炎《かえん》を吐《は》くという設定であり，時代をよく表している。

3-5 ベトナム反戦運動　50年代は反基地闘争(内灘《うちなだ》・砂川《すながわ》)，60年代後半は小田《おだ》実《まこと》らの「ベ平連《へいれん》」を中心に反戦運動が拡大。

3-6 学生運動(全共闘《ぜんきょうとう》運動)の激化　1968(昭和43)年６月，東大９学部１日ストと同年の駒場祭《こまばさい》のポスター(制作は作家の橋本治《はしもとおさむ》氏)。1970年以降は過激派《かげきは》のみの事件に収《おさ》まっていく。

4 スポーツ

↑4-1 **長嶋茂雄《ながしましげお》** 1958(昭和33)年巨人入団以来，プロ野球人気を引っ張った。野球界最大のスター。

↑4-2 **王貞治《おうさだはる》** 1959(昭和34)年巨人入団。長嶋と共に「O·N」と称され，巨人9連覇の主役となった。1977(昭和52)年アメリカの大リーグ，ハンク＝アーロンの記録を破る756号のホームランを打った時の写真。それにより初の国民栄誉賞《こくみんえいよしょう》を受賞した。

←4-3 **大鵬《たいほう》の土俵入り《どひょういり》** 通算32回の最多優勝を誇《ほこ》る大横綱。1960～70年代，子どもたちの好物は「巨人・大鵬・卵焼き」が代表格とされた。

↑4-4 **東京オリンピックでの女子バレーボール優勝** 1964年，大松博文《だいまつひろふみ》率いる“東洋の魔女《まじょ》”は，宿敵《しゅくてき》ソ連を下して優勝。日本中が歓喜《かんき》した。大松はのちに参議院議員。“鬼の大松”の「俺についてこい」が流行語となった。

←4-5 **Jリーグ開幕**（1993年5月） 2002年にはW杯を日韓で共催《きょうさい》。

←4-6 **野茂英雄《のもひでお》** アメリカ大リーグで1995年から活躍《かつやく》。後を追って，イチローらも海を渡り大活躍。

→4-7 **長野冬季オリンピック開催**（1998年1月，開会式のようす） 札幌冬季(1972年)以来26年ぶりの日本での五輪開催。

5 芸能

5a 映画

←5-1 **「嵐を呼ぶ男」**(1957年) 前年の兄原作の「太陽の季節」でデビューした石原裕次郎《いしはらゆうじろう》。彼の主演した“太陽族”映画は若者に大きな影響を与えた。日活(株)提供

5b 歌謡界

↑5-2 **山口百恵《やまぐちももえ》** 1980年人気絶頂期に結婚で引退。1970年代から80年代にかけて多くのアイドルが登場したが，その頂点《ちょうてん》ともいえる存在。

↓5-3 **ビートルズ来日公演**(1966年6月) 動員された警察官延《の》べ8,370人，補導《ほどう》された少年少女6,520人。まさに空前絶後《くうぜんぜつご》のイベントとなり，日本中の若者が熱狂《ねっきょう》した。日本ではこの後グループサウンズブームとなった。

6 世相《せそう》

6a 週刊誌ブーム

←6-1 **少年週刊誌発売** 1959年に『少年マガジン』・『少年サンデー』が同時発刊された。

それぞれ40円，30円での発売であった。青年誌や女性誌も次々に発刊。小学館提供

6b インスタント食品登場

↓6-2 **初のインスタントラーメン** 日清《にっしん》食品の「チキンラーメン」1958年発売(35円)。インスタント食品は60年代に大ヒット。

6c 新技術の登場～“IT革命”へ

↑6-3 **ソニーのウオークマン** 1979年発売

↑6-4 **ホンダのASIMO**

→6-5 **ウィンドウズ95発売**(1995年11月) マイクロソフト社のOS「ウィンドウズ95」の発売でパソコンの普及《ふきゅう》が進み，家庭でもインターネットの時代が到《とう》来《らい》した。

6d 大災害・大事件の発生(1990年代)

→6-6 **阪神《はんしん》・淡路《あわじ》大震災**（1995年1月17日） 6,000人強の犠牲《ぎせい》。災害時緊急活動が課題に。

↘6-7 **地下鉄サリン事件**（1995年3月） 霞《かすみ》ヶ《が》関《せき》駅付近で手当を受ける被害者。前年の松本サリン事件に続くもので，オウム真理教に入信した者たちによる諸事件は社会への衝撃《しょうげき》も大きかった。

↘6-8 **バブル崩壊** 金融機関の破綻《はたん》が相次《あいつ》ぎ，証券会社大手の山一《やまいち》証券は1997年11月に自主廃業《はいぎょう》に追い込まれた。写真は，その時，店頭に多くの顧客《こきゃく》が殺到《さっとう》したようす。日本経済や金融機関への信頼が揺《ゆ》らいだ。

沖縄の戦後史

1 戦後の沖縄の歩み

1945	.3　沖縄戦開始～45.6	“本土《ほんど》決戦のための捨て石”
1946	GHQ，北緯30度以南の南西諸島を日本より分離統治	
1948	沖縄の通貨を軍票《ぐんぴょう》B円に統一（1 B円＝3円）	
1951	**サンフランシスコ平和条約→沖縄，米の施政下《しせいか》に**	
1952	.4　日本独立回復。沖縄，琉球《りゅうきゅう》政府発足（主席任命制）	
1953	.4　米軍「土地収用令」“銃剣《じゅうけん》とブルドーザー” による土地強制収用開始 →米軍基地建設	
1956	島ぐるみ闘争展開	「冷戦下の沖縄“太平洋の要石《かなめいし》”」Keystone of the Pacific
1958	通貨のドル切り替え	
1960	沖縄県祖国復帰協議会結成	
1968	B52爆撃機の常駐《じょうちゅう》化←ベトナム戦争 初の主席公選，革新候補屋良朝苗《やらちょうびょう》氏圧勝	
1969	**佐藤・ニクソン会談（日米共同声明72年返還合意）**	
1970	コザ騒動－米軍支配への住民の怒り爆発	
1971	**沖縄返還協定調印** 史	“核抜き・本土並み”といわれたが，基地縮小されず
1972	**.5.15　沖縄日本復帰**	
1975	沖縄国際海洋博覧会開催	
1980	米軍用地特別措置法による強制使用の手続き開始	
1982	一坪反戦地主《ひとつぼはんせんじぬし》運動開始	
1987	沖縄県収用委員会が10年間の強制使用を裁決 沖縄国体開催，日の丸・君が代の反対問題起きる	
1995	米兵による少女暴行事件→**沖縄県民総決起《そうけっき》大会** 大田知事，米軍用地使用の代理署名拒否の方針表明	
1996	代理署名訴訟最高裁判決，大田知事敗訴《はいそ》 基地縮小，日米地位協定見直しでの県民投票 （有権者の過半数が賛成）	
1997	米軍用地特別措置法改正	
1999	稲嶺《いなみね》知事，普天間代替《ふてんまだいたい》施設の移設先は名護《なご》市と発表 →名護市長受け入れ表明・政府閣議決定	
2000	九州・沖縄サミット開催	
2002	沖縄振興特別措置法施行・沖縄復帰30周年記念式典	
2009	民主党鳩山首相，普天間基地の移転先を「最低でも県外」と発言	
2012	自民党安倍首相，普天間基地を辺野古《へのこ》に移設と発表	
2014	辺野古移設反対派の翁長《おなが》氏が知事に当選	

2 沖縄の祖国復帰へ

2a アメリカの支配

2-1 **アメリカ民政府（那覇《なは》市）** 1950年米軍極東軍司令部の命《めい》により設置。その後，大統領令で高等弁務《こうとうべんむ》官《かん》制が敷かれ，高等弁務官の任命で「琉球《りゅうきゅう》政府主席」が決まっていた。

沖縄タイムス社提供

2-2 **沖縄の通貨B型軍票《ぐんぴょう》** 1948年から円表示の米軍発行のB円が10年間唯一《ゆいいつ》の法定通貨《ほうていつうか》として使用された。1958年に米ドルに切り替えられ，子どもたちは円で算数を習い，実生活ではドルを使う状況だった。 軍票 沖縄県立博物館蔵

2-3 **プライス勧告粉砕《ふんさい》を叫ぶ大学生（1956年）** 住民の基地土地接収への要求をことごとく否定したプライス勧告（1956年）に住民の怒りが爆発。「島ぐるみ闘争」が展開された。この闘いが沖縄問題を海外にまで知らしめた。

2-4 **パスポートを焼く学生たち** 米軍統治下の沖縄への出入りにはパスポートが必要だった。その統治への抗議行動（1968年東京晴海《はるみ》埠頭《ふとう》で）。

2-5 **沖縄返還要求海上デモ（1968年4月28日）** 返還要求運動には，基地が使われたベトナム戦争への反戦の意味もあった。同日は平和条約発効の日（1952年）で，沖縄には屈辱の記念日だった。

2b 沖縄返還の実現

2-6 **屋良朝苗《やらちょうびょう》主席と佐藤首相会談（1968年）** 主席当選前から返還運動に取り組んだ屋良氏は，復帰後初の県知事にも当選した。

2-7 **沖縄返還記念式典（1972年5月15日）** 佐藤首相とニクソン大統領との会談で返還が決定し，日本独立の20年後に返還が実現した。

2-8 **「人は左，車は右」** 1978年7月30日の朝から一斉切り替えで本土と同じとなり，「730《ナナサンマル》」とよばれた。

全日本写真連盟沖縄支部提供

3 沖縄の基地問題

3a 沖縄の米軍専用施設

Point 日本の国土面積の0.6%にすぎない沖縄に，在日米軍専用施設の約75%が集中している。1996年の日米特別委員会＝SACOの最終合意で返還が合意された普天間飛行場やその他の施設も，代替地《だいたいち》問題で難航している。

3-1 **米兵の少女暴行事件への怒り（1995年）** 県民集会へは8万5,000人が集結。高校生の仲村さんがアピールを発表した。大田知事は米軍用地使用代理署名を拒否。沖縄基地問題が注目される。

Discovery

佐喜眞《さきま》美術館 ～基地が一望できる美術館で沖縄戦を考える～

（沖縄・宜野湾市）

普天間《ふてんま》飛行場のほど近くにあり，屋上からはそれが一望できる。屋上へ上る階段は6段，23段で沖縄戦の「沖縄慰霊の日＝6月23日」を表す。その日の夕日が長く階段に入り込むよう設計されている。館内には，「原爆の図」で知られる丸木位里《まるきいり》・俊《とし》夫妻の「沖縄戦の図」を展示する。“もの想う空間”の美術館である。

1 戦後の日韓・日朝関係，朝鮮半島情勢

年	月	大韓民国(韓国)	朝鮮民主主義人民共和国
1945	.8	日本の敗戦により植民地支配から解放。8.15＝「光復節《こうふくせつ》」 米ソによる南北分割占領。北緯38度線で分断	
1948	.8	大韓民国成立(**李承晩《りしょうばん》《(イ スンマン)》大統領**)	
	.9		朝鮮民主主義人民共和国成立(**金日成《きんにっせい》《(キムイルソン)》首相**)
1950	.6	**朝鮮戦争勃発《ぼっぱつ》**。国連安保理，北朝鮮非難決議(ソ連欠席)	
	.7	「国連軍」を設置する(米軍主体・司令官マッカーサー) ＊朝鮮戦争中➡日本は，特需景気で経済回復基調へ	
	.10	中華人民共和国義勇軍《ぎゆうぐん》参戦。北朝鮮南下	
1951	.7	南北休戦会談開始される(板門店《はんもんてん》)	
1951		**日韓交渉開始【吉田内閣―李承晩政権】** ➡(52 第1次～64 第7次交渉)	
1952	.3	「国連軍」ソウル奪回➡戦線膠着《こうちゃく》	
1953	.7	板門店で朝鮮休戦協定調印＝南北分断の固定化	
1960		学生革命➡李承晩退陣	
1961		軍事クーデタ	
1963		**朴正熙《ぼくせいき》《(パクチョン ヒ)》大統領**就任	
1965	.6	**日韓基本条約調印**➡**12月発効** **【佐藤内閣―朴正熙政権】**	
1973	.8	**金大中《キムデジュン》連行事件**	
1974	.1	**日韓大陸棚《たいりくだな》協定**	
1979	.10	朴正熙大統領暗殺	
1980		光州《こうしゅう》事件，**全斗煥《チョンドゥホアン》大統領**就任	1970年代
1982		韓国・中国が**歴史教科書問題**で 抗議，外交問題化	主体《チュチェ》思想運動 金日成主席のもとで
1983	.1	**中曽根《なかそね》首相，首相初の訪韓**	の指導理論
1984	.9	全斗煥大統領訪日	独裁体制強化
1987	.12	**盧泰愚《ノテウ》大統領**当選(初めて民主 的な政権交代)	 90 日朝3党国交樹立
1988		ソウルオリンピック開催	目指して共同宣言発表
1990		ソ連と国交樹立(92 対中国)	(金丸《かねまる》氏ら)
1990	.5	盧泰愚大統領訪日➡天皇，両国 の歴史問題についての「**お言葉**」	91 **日朝国交正常化交** **渉開始**➡92 **中断**
1991	.9	**韓国・北朝鮮国連同時加盟**実現，南北朝鮮不可侵合意	
1991		韓国の元慰安婦《いあんふ》ら補償を求め対日提訴	
1992	.1	宮沢首相，**慰安婦問題で韓国に公式謝罪**	
	.12	**金泳三《キムヨンサム》大統領**当選(32年ぶりの文民政権)	
1993		細川首相，過去の植民地支配について謝罪	
1994	.7		金日成主席没➡金正日
1994		村山首相，慰安婦問題で「平和友 好交流計画」提唱《ていしょう》	97 **金正日《キムジョンイル》総書記**就任 98 事実上の国家元首
1997	.12	**金大中《キムデジュン》大統領**当選。対北朝鮮包 容**(太陽)政策**	90年代後半，食糧危機 98 テポドン発射
1998	.9	金大中大統領訪日	00 **日朝国交正常化交** **渉再開**➡**中断**
2000	.6	金大中大統領，平壌《ピョンヤン》訪問。初の南北首脳会談 「南北共同宣言」署名【金大中－金正日】	
2002	.6	サッカーW杯日韓共同開催	02 小泉首相訪朝，会談 【小泉－金正日】日朝平壌宣
	.12	盧武鉉《ノムヒョン》大統領当選	言。北朝鮮，拉致《らち》認める
2007	.12	李明博《イミョンバク》大統領当選	日本人拉致被害者5名帰国
2010	.11	北朝鮮，延坪島《ヨンピョンド》にて軍事演習中の韓国軍を砲撃	
2011	.12		金正日総書記没➡金正恩
2012	.12	朴槿恵《パククネ》大統領当選	12 金正恩《キムジョンウン》第1書記就任
2017	.5	文在寅《ムンジェイン》大統領当選	
2018	.4	板門店にて南北首脳会談。「板門店宣言」署名【文在寅－金正恩】	
2022	.3	尹錫悦《ユンソンニョル》大統領当選	

⬆金日成

1a 日韓基本条約(1965年調印)

➡1-1 **ソウル市内で日韓会談に反対してデモ集会を行う学生たち**(1964年3月25日)

Point 朝鮮戦争中(日本独立回復前)の1951年から日韓交渉が始まった。翌1952年の第1次交渉以降12年がかりで第7次の交渉でようやくまとまった。この間，日本側の戦前の植民地支配に対する発言が韓国から怒《いか》りを買ったことも長引いた要因である。両国内で激しい反対運動がおこった。

☆条約の主な内容
- 韓国政府が朝鮮半島における唯一《ゆいいつ》合法的政府であることの確認(北朝鮮＝非合法)
- 両国関係の正常化
- 1910年の日韓併合条約とそれ以前の条約の無効の確認

☆同時に締結された4協定
- **「漁業協定」**
- **「文化財・文化協力協定」**
- **「請求権及び経済協力協定」**(日本側が約8億ドルの経済協力を行う代わりに韓国は日本政府への賠償請求《ばいしょうせいきゅう》を放棄《ほうき》➡日本資本の韓国進出につながる)
- **「在日韓国人の法的地位と待遇の協定」**(日本敗戦前から居住の在日韓国人とその子孫の永住権承認)

1b 日朝国交正常化交渉(1991年以降　中断→再開→中断)

⬇1-2 **2002年9月　小泉首相訪朝　金正日《キムジョンイル》総書記と会談**　代表撮影

Point 朝鮮民主主義人民共和国は，日本が唯一《ゆいいつ》外交関係をもたない国連加盟国である。両国間には，戦前の**日本植民地支配に対する賠償《ばいしょう》**や現在の**北朝鮮拉致《らち》問題**や**核開発疑惑**など複雑な問題が残り，国交正常化の見通しが立っていない。

2002年小泉首相が訪朝し，金正日が口頭《こうとう》で北朝鮮特殊機関《とくしゅきかん》関与の拉致を謝罪《しゃざい》，5人の拉致被害者が日本に帰国(2004年に拉致被害者家族も帰国)した。しかし，さらなる拉致被害者捜索《そうさく》問題が事態を難しくしている。「**平壌《ピョンヤン》宣言**」は02年10月からの交渉再開を合意したが，現在，交渉は中断したままである。

1c 戦後補償《ほしょう》問題 (◀p.183・▶p.244)

⬆1-3 **慰安婦訴訟，第1回口頭弁論《こうとうべんろん》で入廷《にゅうてい》する原告団**(1992年6月)

Point 1991年の提訴《ていそ》以降，日本軍の**慰安婦《いあんふ》**とされた韓国人女性(他国もあり)への個人補償が問題となっている。日本は政府調査結果に基づき河野《こうの》官房長官談話(93年)で公式に謝罪《しゃざい》・反省を表明しているが，「戦後補償は国家間で決着済み」との立場で，ほかの補償要求と同様個人への補償に応じる姿勢はない。代わりに「アジア女性基金」を95年に設立し募金を募《つの》った。その後も慰安婦問題をめぐる日韓政府の対応はすれ違ったままである。

さらに，戦時中の日本企業による徴用工《ちょうようこう》労働への補償を求める韓国内での訴訟で，2018年，韓国大法院《だいほういん》は被告の日本企業に損害賠償を命ずる判決を示した。日本政府はこれに反発し，仲裁《ちゅうさい》委員会の開催や国際司法裁判所への提訴も主張する状況となっている。

1d 在日韓国・朝鮮人問題

Point 日本の植民地支配に起因する約60～70万人といわれる在日韓国・朝鮮人は，同じ立場の在日中国人とともに法的には永住権を認められている。しかし，日本社会の中ではさまざまな差別に苦しんできた。日本復興期《ふっこうき》のヒーロー力道山以降も，スポーツ・芸能界で多くの在日韓国・朝鮮人が活躍してきたが，その出自《しゅつじ》を名乗れないというケースが大多数であった。

共催した2002年のサッカーW杯では，韓国チームの準決勝を日韓の若者が一緒に応援したり，近年では，両国のアイドル・芸能人が互いに人気となったりと，新しい日韓関係も築《きず》かれつつある。

➡1-4 **日韓の若者らが一緒に応援したW杯**

日中・日ロをめぐる外交問題

1 戦後の日中関係史

1945	.8　日本敗戦，中国勝利
1946	中国国民政府と共産党との内戦再開
1949	.10　中国共産党勝利，**「中華人民共和国」**成立
	(国民政府　蔣介石《しょうかいせき》らは台湾へ逃れる)
1950	.6　朝鮮戦争勃発→.10　中国人民義勇軍《じんみんぎゆうぐん》出動
1951	.9　サンフランシスコ講和会議(両中国招請《しょうせい》なし)
1952	.4　日華《にっか》平和条約調印(対「中華民国」日台条約)
	.6　日中第1次貿易協定(民間貿易)
	(1959　中ソ対立激化→米中・日中接近)
1962	.11　LT貿易協定(廖承志《りょうしょうし》－高碕達之助《たかさきたつのすけ》)
	(池田内閣「政経分離《せいけいぶんり》」方針での準政府間覚書《おぼえがき》)
1966	～69　中国　文化大革命による混乱
1968	.3　日中貿易交渉妥結《だけつ》　LT貿易→日中覚書貿易
1971	.10　国連の代表権交替　中国招請・台湾追放
1972	.2　**ニクソン米大統領訪中・米中共同声明発表**
	.9　**田中首相訪中，日中共同声明調印(国交正常化)**
	＝日華平和条約失効・国民政府と断交
1974	.1　日中貿易協定　.4　日中航空協定
1976	中国　周恩来《しゅうおんらい》首相・毛沢東《もうたくとう》主席没，鄧小平《とうしょうへい》復活
1978	.8　**日中平和友好条約調印(福田内閣)**
1982	歴史教科書検定問題で中国・韓国より抗議
1983	.11　中国　胡耀邦《こようほう》総書記訪日
1989	.4　中国　李鵬《りほう》首相訪日　.6　中国　天安門《てんあんもん》事件
1997	中国　鄧小平没，江沢民《こうたくみん》主席が最高権力者に
	(改革・開放路線の継続)
1998	.11　江沢民主席訪日，日中共同宣言発表
2000	.10　朱鎔基《しゅようき》首相訪日

1a 日中共同声明(1972年)

1-1 日中首脳会談　田中首相が訪中し，周恩来《しゅうおんらい》首相と共同声明に調印。

1-2 鄧小平《とうしょうへい》　毛沢東《もうたくとう》亡き後再復活し，最高実力者として改革・開放を推進。

1-3 江沢民《こうたくみん》　鄧小平の信任により党主席となり，鄧小平路線を維持。

1-4 日中平和友好条約調印(1978年)

日中共同声明(1972年9月) 史

・「中華人民共和国政府が中国の唯一の合法政府」を承認
・台湾が中華人民共和国の不可分の一部であることの表明と日本政府はこれの理解と尊重
　(「日華《にっか》平和条約」廃棄《はいき》，台湾政府と断交《だんこう》)
・両国関係の正常化
・中国政府，対日賠償《ばいしょう》請求権放棄

TRY論述　日中国交正常化により，中国政府から日本に贈られたプレゼントとしてブームを起こしたものと，逆に日本からの里帰りで展示会が開かれた美術品は何か。　相互関連

1b 中国残留《ざんりゅう》日本人孤児《こじ》問題

Point 1981年，中国旧満州《まんしゅう》での残留孤児が肉親探しで初来日。日本敗戦から36年後，日中国交正常化により，ようやく実現。以降，毎年訪日調査が行われ帰国永住が進んだが，言葉・就職・子どもの教育などの課題に直面している(◄p.220)。

1-5 来日を伝える新聞記事(「朝日新聞」1981年2月28日)

2 戦後の日ソ・日ロ関係史

ソヴィエト連邦	1945	.7　日本，ソ連に和平斡旋《あっせん》し，拒否される
		.8　日ソ中立条約を破棄《はき》し，ソ連宣戦布告
		→満州に進撃(シベリア抑留《よくりゅう》問題発生)
	1948	.6　日ソ貿易協定成立
	1951	.9　サンフランシスコ講和会議，ソ連条約調印拒否
	1953	ソ連，スターリン死去(→スターリン批判56～)
	1955	.1　ソ連国交正常化申し入れ(鳩山内閣)
	1956	.10　**鳩山一郎《はとやまいちろう》首相訪ソ，日ソ共同宣言調印＝日ソ国交回復**
		→.12　**日本国連加盟実現**
	1961	.11　池田首相，領土問題は未解決であると通告
	1963	.2　日ソ貿易支払い協定調印
	1964	ソ連共産党フルシチョフ書記長解任→ブレジネフ
	1976	.9　ソ連戦闘機ミグ25，函館に亡命《ぼうめい》着陸
	1982	ソ連ブレジネフ書記長没
	1985	**ソ連ゴルバチョフ書記長就任**
		“ペレストロイカ”
	1989	**米ソ首脳会談＝冷戦《れいせん》の終結の確認**
	1991	**ソ連共産党解体・ソ連邦解体**
		→CIS成立
ロシア連邦		ロシア連邦が国連常任理事国の地位を後継《こうけい》
		(エリツィン大統領)
	1993	エリツィン大統領訪日，東京宣言合意－領土問題
	1997	.11　**橋本首相－エリツィン　クラスノヤルスク合意**(→2000年までの平和条約締結約束)
	2000	.5　ロシア　プーチン大統領就任　.9　訪日
	2001	.3　**イルクーツク会談　森首相－プーチン**

2-1 フルシチョフ

2-2 ブレジネフ

2a 日ソ共同宣言 史

2-3 日ソ共同宣言の調印(1956年)

Point「自主外交」を掲《かか》げた鳩山内閣(◄p.232)は，サンフランシスコ平和条約調印を拒否したソ連との国交回復に取り組んだ。1956(昭和31)年10月，モスクワを訪問した鳩山一郎首相とソ連のブルガーニン首相との間で共同宣言が調印され，戦争状態は終結した。しかし，「北方領土」問題は棚上《たなあ》げされたままにされ，その後平和条約締結がない状態で，ソ連崩壊からロシアまで継続して問題は解決していない(◄p.230)。日ソ国交回復によりソ連の支持も得られ，1956年12月，日本の国連加盟が実現した。

2b 冷戦《れいせん》の終結

2-4 米ソ首脳会談(マルタ)(1989年12月)　ブッシュとゴルバチョフとの間で，長年にわたる冷戦の終結が確認された。

2-5 クラスノヤルスク会談(1997年11月)　98年の川奈《かわな》会談，モスクワ会談と続き，双方で領土問題の案を出し合ったが，いまだ解決には遠い。

2c 日本の援助

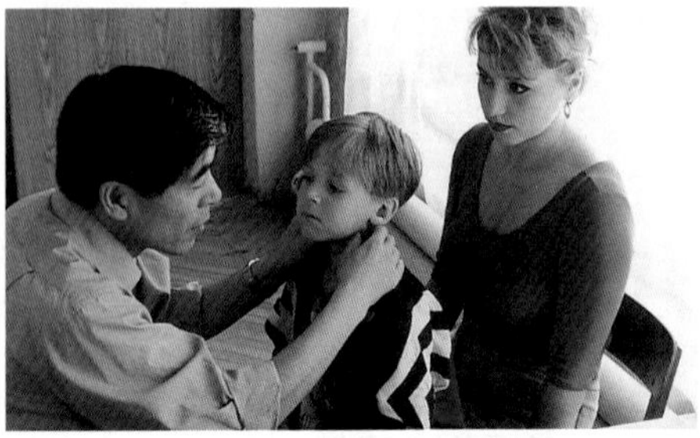

2-6 チェルノブイリ原発事故(1986年)への援助活動　日本人医師らにより継続的に支援が行われ，資金面の援助も行われている。

1 戦後の日米関係，外交問題

年　月	事　項
1945 .8	**ポツダム宣言受諾《じゅだく》**。GHQの統治開始➡.9 降伏文書調印
1946 .5	極東国際軍事裁判開廷《かいてい》 ～48.11 判決，東条《とうじょう》ら７名絞首刑《こうしゅけい》
1949 .7	マッカーサー元帥《げんすい》「日本は反共《はんきょう》の防壁《ぼうへき》」と言明《げんめい》
	➡50.1　日本の自衛権強調
1950 .6	**朝鮮戦争勃発《ぼっぱつ》**➡マッカーサーの指示で**警察予備隊設置**
1951 .1	マッカーサー，講和と再軍備の必要強調。ダレス特使来日
.9	**サンフランシスコ講和会議，対日平和条約**・日米安保条約
1952 .2	日米行政協定調印
.4	**対日平和条約・日米安保条約発効**＝独立回復・GHQ廃止
1953 .10	**池田・ロバートソン会談**（日本の再軍備の基本合意）
.12	奄美群島《あまみぐんとう》復帰の日米協定調印
1954 .3	MSA協定＝ 米からの経済援助➡日本の防衛力漸増《ぜんぞう》
	➡.7　**防衛庁・自衛隊発足**
1957 .6	**岸・アイゼンハワー会談**。共同声明―日米新時代強調
1958 .10	日米安保条約改定交渉開始➡中断➡59.4　再開
1960 .1	新日米安保条約 史・日米地位協定調印➡**安保闘争激化**
.5	**新安保条約衆院単独強行採決**➡.6　自然承認，岸内閣，
	アイゼンハワー訪日延期要請。新安保批准書交換《ひじゅんしょこうかん》
1962 .1	ガリオア・エロア資金返済協定調印
1964 .4	日本，IMF8条国に移行・OECD加盟
.11	米原子力潜水艦佐世保《させぼ》港に入港
1965 .1	佐藤首相訪米―ジョンソン大統領
1967 .11	佐藤首相訪米，小笠原《おがさわら》諸島返還決定など日米共同声明発表
1968 .1	米原子力空母エンタープライズ佐世保港寄港《きこう》➡反対運動
.4	小笠原返還協定調印➡.6　小笠原復帰
1969 .11	佐藤・ニクソン会談―沖縄の72年の本土復帰実現
1970 .6	日米安保条約，自動延長入り―70年安保闘争
1971 .6	**沖縄返還協定調印**【佐藤―ニクソン】
.8	ニクソン＝ショック➡.12　円切り上げ（スミソニアン体制）
1972 .1	日米繊維《せんい》協定調印―この頃から日米間，貿易摩擦激化《まさつげきか》
.5	**沖縄の施政権返還《しせいけんへんかん》・本土復帰・沖縄県発足**
1974 .11	フォード大統領訪日➡【田中―フォード】
1976 .2	米上院でロッキード社の日本政府高官《こうかん》への贈賄《ぞうわい》を公表
1978 .11	「日米防衛協力のための指針」＝ガイドライン決定
1980 .2	海上自衛隊，環太平洋《かんたいへいよう》合同演習に参加
1981 .5	対米自動車輸出規制（３年間）
	鈴木首相・レーガン大統領会談。同盟関係強調
1982 .1	日米安保協議会，極東有事《ゆうじ》研究の開始決定
1983 .1	中曽根《なかそね》首相訪米「**日米運命共同体**」「**日本列島不沈空母《ふちんくうぼ》**」発言
1985 .1	中曽根首相訪米―レーガン大統領
1988 .6	牛肉・オレンジ日米交渉，自由化で決着
1991 .1	**湾岸戦争**―日本政府，戦争支援90億ドル支出
.4	ペルシア湾に海上自衛隊の掃海艇《そうかいてい》派遣《はけん》（機雷《きらい》除去）
1992 .6	**PKO（国連平和維持活動）協力法成立**
1993 .12	日本政府，コメ部分開放決定（細川内閣）
1995 .9	沖縄県在日米軍兵士による少女暴行事件
.10	８万５千人参加で沖縄県民総決起《そうけっき》大会
	大田沖縄知事，在日米軍基地用地強制使用代理署名《しょめい》拒否
	（日米地位協定見直し，基地の整理・縮小要求高まる）
1996 .4	クリントン訪日，日米安保共同宣言発表（安保再定義）
	沖縄，米軍の普天間《ふてんま》飛行場の７年以内の返還決定
1997 .9	「日米防衛協力のための指針」改定（新ガイドライン）
1999 .5	新ガイドライン関連法成立（周辺事態《じたい》法など）
2001 .9	米，同時多発テロ➡アフガニスタン・テロ戦争
.10	テロ対策特別措置法成立➡米軍への後方支援，自衛隊派遣
2003 .3	イラク戦争➡.7　イラク復興支援特別措置法成立

赤字は防衛関係項目，青字は経済関係項目

1a 日米の防衛協力

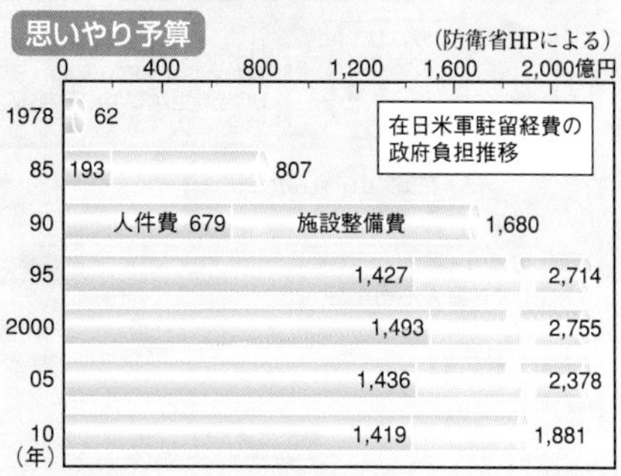

Point 1978(昭和53)年の「ガイドライン」合意で米軍駐留経費《ちゅうりゅうけいひ》の日本側の肩代《かたが》わり「**思いやり」予算**が始まる。予算枠《わく》は増加が続いたが，日本の財政難もあり，1998年に初めて削減された(2,538億円)。それでも，2010年度では総額1,800億円強で米兵１人あたり500万円にもなる。通常の防衛費も米国政府の要請もあり増大が続き，冷戦終結で他国の軍事費が減るなか，ドル表示で世界４位という大きさとなっている。

Point 1970年代後半以降，特に日米の防衛協力の拡大が顕著《けんちょ》である。1991年の湾岸戦争後には海上自衛隊を初めて海外へ派遣した(➡1-1)。アフガン戦争やイラク戦争でも特別措置法をつくり，米軍に協力してきた。1997年にガイドラインも新しく見直し，日米軍事協力の範囲は拡大している。これらの動きに対して，憲法違反という反対論もある。

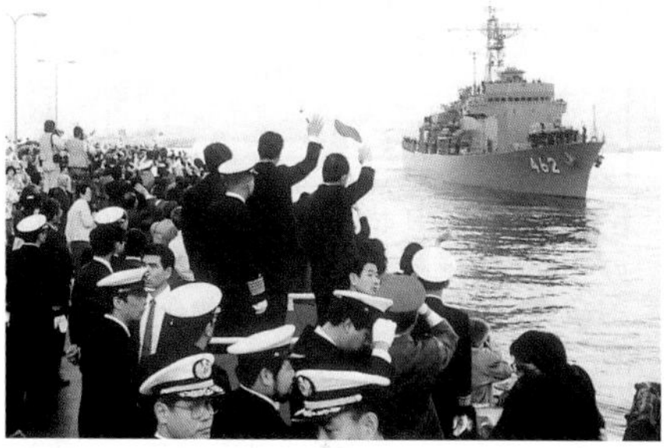
➡1-1 掃海艇《そうかいてい》の派遣

1b 貿易関係―60年代後半～貿易摩擦

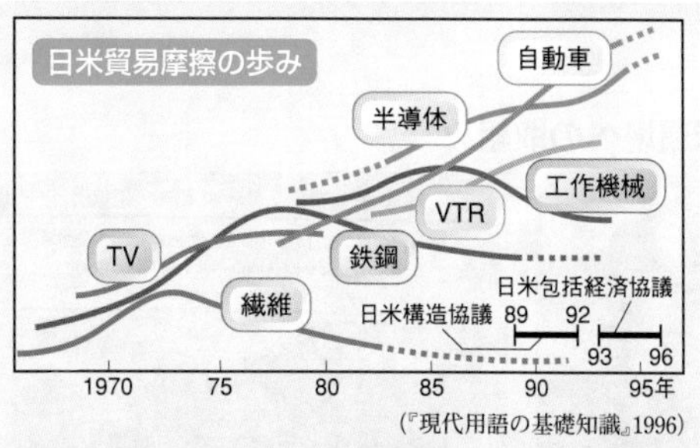

(『現代用語の基礎知識』1996)

Point 日本の経済成長にともない，アメリカとの間に生じた貿易摩擦《まさつ》は品目を変えながら1960年代後半以降ずっと続いてきた。この間牛肉・オレンジは自由化を受け入れ(88年)，コメは部分開放(93年)した。また自動車や半導体は自主規制をしてきたが，90年代以降は経済構造そのもの(輸出依存《ゆしゅついぞん》体質)の変革を求められている。

©AP/WWP
⬆1-2 日本車をたたき壊《こわ》すアメリカ人(1980年)

➡1-3 **東芝《とうしば》のラジカセをたたき壊す議員たち**(1987年) 東芝のココム違反(共産圏《きょうさんけん》への輸出禁止)事件に絡《から》んだもの。深刻《しんこく》な政治問題化した。

1c アメリカから日本へ～“民主主義”，生活文化の大量流入

➡1-5 **1969年のウッドストック集会** フォークソングはそのメッセージとともに日本へ。1950年代後半はロックが入り，ロカビリーブーム。

⬅1-4 **映画「ローマの休日」**(1954年) “民主主義と自由”を象徴するような設定。

⬇1-6 **「日本から米へ」NY5番街の昼食**(1987年) 1970年代以降は経済以外の日本文化や日本食などもアメリカへ入っていく。

1 戦後補償《ほしょう》問題

(『朝日新聞』1992年１月４日より作成)

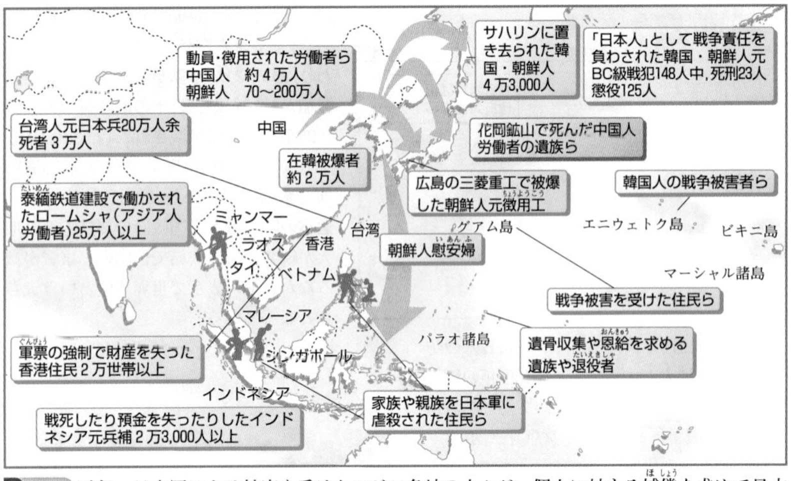

Point 近年，日本軍による被害を受けたアジア各地の人々が，個人に対する補償《ほしょう》を求めて日本の裁判所に訴えるケースが増加している。上図は，日本政府の責任が追及されている事例を示したものである。図中の**「花岡《はなおか》鉱山事件」**では2002年に福岡地裁が企業(三井鉱山)にも賠償を命じる判決を示した。企業の賠償責任が認められたのは初めてである。ほかにも，中国国内に日本軍が残した化学兵器(毒ガス)による事故がおき，責任・賠償が求められている。

日本が戦後処理として各国に賠償したのは6,000億円強(借款《しゃっかん》などは除く)だが，ドイツは個人への補償が中心で，現在までに総額４兆円以上，今後の年金分も含めて６兆円以上を支出予定。

2 日本の国際貢献

2a 自衛隊の海外派遣と地球環境への取組み

2-1 カンボジアPKOで活動する自衛隊 1991年の湾岸戦争以後「国際貢献」が叫《さけ》ばれ，PKO協力法成立により自衛隊が部隊として派遣されることになった。カンボジア派遣が最初。

2-2 地球温暖化防止京都会議(1997年) 気候変動枠組条約締約国会議で京都議定書《ぎていしょ》が採択。2015年には，これに代わる地球温暖化対策の取り組みとしてパリ協定が採択された。

2b 日本のODA～主要諸国の2018年ODA実績

(外務省資料により作成)

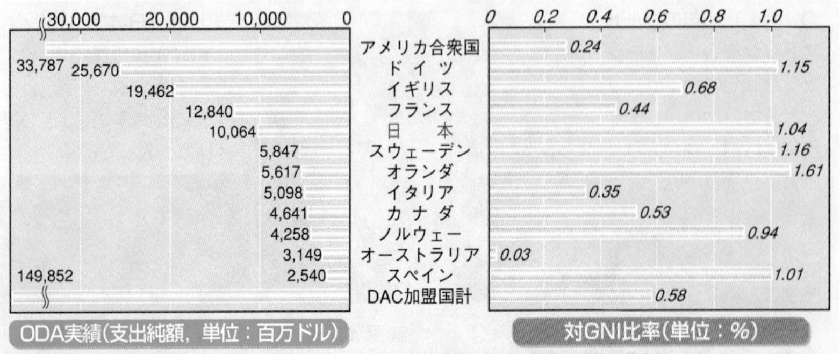

DAC(開発援助委員会，25カ国とEUが加盟)は，OECDの下部組織。援助に関する政策調整を行っている。

Point 日本のODAは総額は世界有数だが，返済が必要な円借款《しゃっかん》の比率が高く贈与率が低い，情報の不透明性(かつてはひも付き援助)などの問題点が指摘されている。

3 人口・エネルギー問題

3a 少子高齢社会～現役世代(15～64歳)と高齢者(65歳以上)の比率

Point 日本社会は急速な高齢化の進展に加えて，少子化も進んでいる。合計特殊出生率《とくしゅしゅっしょうりつ》が2.1以下だと人口が減り始めるといわれているが，日本ではこの数値が1.36(2019年)と2.1を大きく下回っている。高齢化，少子化ともに対策は急務《きゅうむ》である。

3b エネルギー問題～主要国の発電源別総発電量割合

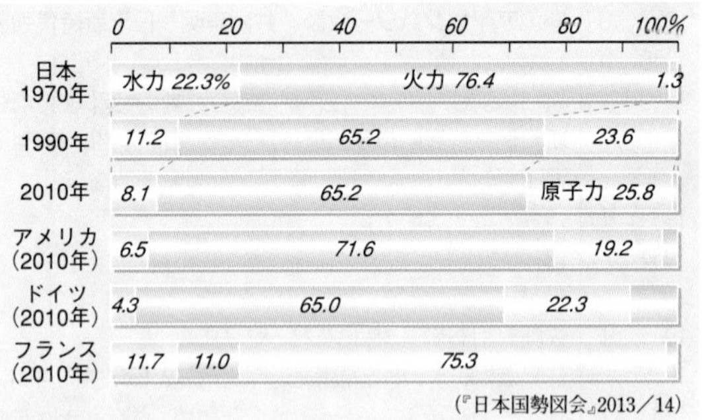

(『日本国勢図会』2013／14)

Point 資源小国日本は脱石油化を目指《めざ》して原子力発電を推進《すいしん》してきたが，諸外国では，安全性や放射性廃棄物《はいきぶつ》問題から新規《しんき》の原発建設がストップしている国(アメリカは1978年，ドイツ・スウェーデンは将来的に全廃《ぜんぱい》方針など)もある。日本でも**高速増殖炉《ぞうしょくろ》「もんじゅ」の事故**(95年)や**東海村の臨界被曝《りんかいひばく》事故**(99年)，**東京電力福島第一原発事故**(2011年)などの発生で，改めて安全性や核《かく》燃料《ねんりょう》サイクルへの疑問が出ている。

4 未曾有《みぞう》の災害～東日本大震災からの復興

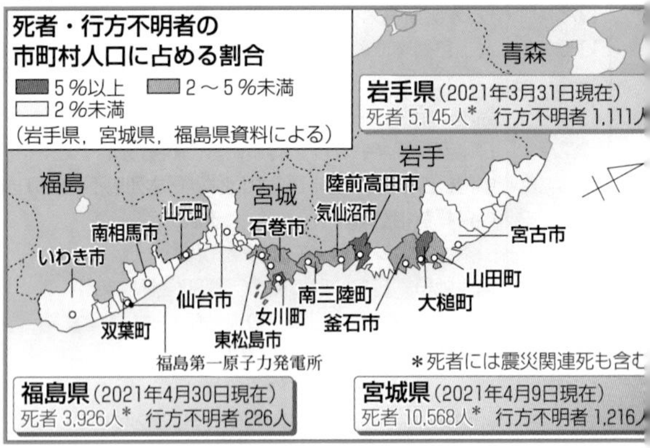

Point 2011年３月11日に起きた東日本大震災での死者・行方不明者は約２万人にもおよぶ。避難所へ逃れた人は３月14日時点で約47万人にもなり，第二次世界大戦後の自然災害では最悪の数字となった。その多くが岩手・宮城・福島の沿岸部に集中し，いかに津波の被害が甚大《じんだい》であったかを示している。また，震災直後からの東京電力福島第一原子力発電所からの放射性物質の広がりが問題となり，原発の半径30km圏が避難区域となった。

震災からの復興，放射性物質の除染，原子力発電に依存してきた電力供給をどうするのかなど，大きな課題が突きつけられている。

- 政治・外交，経済・社会欄の青字は外交関係
- ◇印は年号，月が不明確な事項
- 生活・文化欄の赤字は文学関係
- 太字は重要語句
- 世界欄の緑字は中国，朝鮮関係

天皇	西暦(年号)	政治・外交	生活・文化	朝鮮	中国	世界
	70万〜	◇ナウマンゾウ・オオツノジカなどが大陸より渡来《とらい》				
			旧石器文化			
					殷《いん》	
	1万2000	◇**土器の発明**（縄文土器）	縄文《じょうもん》文化		周《しゅう》(西周《せいしゅう》)	
	1万	◇**弓矢の発明**			春秋・戦国	492　ペルシア戦争
		◇気候の温暖化			秦《しん》	202　漢《かん》(前漢《ぜんかん》)建国
	B.C.400	◇終末期には水稲農耕《すいとうのうこう》が始まる	弥生《やよい》文化			
		◇**水稲農耕**の普及（西日本〜東北）			前《ぜん》漢《かん》	108　楽浪郡《らくろうぐん》設置
		◇**金属器**の使用				
		◇**階級社会**の始まり				
		◇戦争の始まり				
	B.C.	**小国の分立**				
		◇倭《わ》国，百余国に分立，楽浪郡《らくろうぐん》に遣使《けんし》（『漢書』地理志）			新《しん》	
	A.D.57	倭の奴《な》国王，後漢《ごかん》に朝貢《ちょうこう》，光武帝《こうぶてい》より「**漢委奴国王**《かんのわのなのこくおう》」の印綬《いんじゅ》を賜《たま》う（『後《ご》漢書《かんじょ》』東夷伝《とういでん》）				A.D.25　後漢《ごかん》建国
		中国冊封《さくほう》体制に編入				
	107	倭国王帥升《すいしょう》ら，後漢に生口《せいこう》160人献上《けんじょう》（『後漢書』東夷伝）		(楽浪郡など朝鮮四郡)	後《ご》漢《かん》	
	147〜189	倭国大乱（『後漢書』東夷伝）				
			古墳文化			
	239	**邪馬台国**《やまたいこく》《やまと》の**卑弥呼**《ひみこ》《め》，魏《ぎ》へ遣使。「親魏倭王《しんぎわおう》」の金印紫綬《きんいんしじゅ》，銅鏡《どうきょう》を賜う（『魏志』倭人伝）			魏《ぎ》・呉《ご》・蜀《しょく》	226　ササン朝ペルシア成立
	266	倭の女王（壱与《いよ》？），西晋《せいしん》に遣使（『晋書《しんじょ》』）	◇鉄製農具の普及			
		ヤマト政権の成立			西晋《せいしん》	313　高句麗，楽浪・帯方《たいほう》2郡滅ぼす
		◇**前方後円墳の成立**…統一的政治連合	372　**石上神宮**《いそのかみ》**七支刀**《ななつさやのたち》《しちしとう》〔製作369〕			
		◇朝鮮半島への侵出				
	391	**倭，百済**《くだら》《ひゃくさい》**・新羅**《しらぎ》《しんら》**を破り高句麗**《こうくり》**と戦う**（『好太王碑文《こうたいおうひぶん》』）				375　ゲルマン民族大移動
応神《おうじん》	404	倭，高句麗に敗れ後退	◇渡来人の増加		東《とう》晋《しん》	
		王権の強化と中国交渉…倭の五王の時代	大陸の文化・技術を伝える			
仁徳《にんとく》	413	倭王が東晋《とうしん》に遣使（『晋書』）	◇弓月君《ゆづきのきみ》（秦氏《はたうじ》の祖）・阿知使主《あちのおみ》（東漢氏《やまとのあやうじ》の祖）・王仁《わに》（西文氏《かわちのふみうじ》の祖）などが渡来	三国時代(高句麗《こうくり》・百済《くだら》《ひゃくさい》・新羅《しらぎ》《しんら》)	五胡十六国《ごこじゅうろっこく》	414　好太王碑《こうたいおうひ》建立
履中《りちゅう》	421	倭王讃《さん》，宋《そう》に遣使（『宋書』）				
	425	**讃，宋に司馬曹達**《しばそうたつ》**を遣わし，上表**《じょうひょう》**，方物**《ほうぶつ》**を献上**（『宋書』）				
反正《はんぜい》	438	**珍**《ちん》，宋に遣使（『宋書』）	◇前方後円墳の巨大化		宋《そう》	439　北魏《ほくぎ》が華北統一（南北朝時代）
允恭《いんぎょう》	443	済《せい》，宋に遣使し，「安東《あんとう》将軍倭国王」の称号を賜う（『宋書』）				
安康《あんこう》	462	**興**《こう》，宋に遣使し，「安東将軍倭国王」の称号を賜う（『宋書』）	471◇**稲荷山古墳出土鉄剣**《いなりやまこふんしゅつどてっけん》（埼玉）			
雄略《ゆうりゃく》	478	**武**《ぶ》，宋に上表文を提出。「使持節都督《しじせつととく》倭・新羅・任那《みまな》・加羅《から》・秦韓《しんかん》・慕《ぼ》韓《かん》・六国諸軍事安東大将軍倭王」賜う（『宋書』）	◇**江田船山古墳出土大刀**《えたふなやまこふんしゅつどたち》（熊本）		北《ほく》魏《ぎ》／斉《せい》	
武烈《ぶれつ》	502	武，梁《りょう》から「征東将軍」賜う（『梁書』）	503◇隅田八幡《すだはちまん》神社人物画像鏡			
—507—		**氏姓《しせい》制度による体制強化**				
継体《けいたい》	512	**大連大伴金村**《おおむらじおおとものかなむら》，**加耶**《かや》（**加羅**《から》）4県を百済に**割譲**《かつじょう》	513　百済より**五経博士**《ごきょうはかせ》渡来			
	527	筑紫国造《つくしのくにのみやつこ》**磐井**《いわい》**の乱**。新羅と結ぶ			梁《りょう》	◇ササン朝ペルシア全盛
—531—	531	欽明《きんめい》天皇即位（『上宮聖徳法王帝説《じょうぐうしょうとくほうおうていせつ》』）				
欽明《きんめい》			538　百済聖明王《せいめいおう》より**仏教公伝**〔『上宮聖徳法王帝説』・『元《がん》興寺縁起《ごうじえんぎ》』・『書紀』では552〕		西魏	
(534 安閑《あんかん》)	562	新羅，加耶を滅ぼす			東魏	571　ムハンマド誕生
(536 宣化《せんか》)	572	敏達《びだつ》天皇即位，**物部守屋**《もののべのもりや》を大連《おおむらじ》に，**蘇我馬子**《そがのうまこ》を大臣《おおおみ》とする			北斉／北周／陳《ちん》	
敏達《びだつ》						
用明《ようめい》	587	**蘇我馬子，物部守屋を滅ぼし崇峻**《すしゅん》**天皇を擁立**《ようりつ》				
崇峻《すしゅん》						592　隋《ずい》，均田《きんでん》制実施
—592—	592	馬子，崇峻天皇を暗殺させる	588　**飛鳥寺**《あすかでら》（法興寺《ほうこうじ》）造営着手			
		推古朝の政治	飛鳥《あすか》文化			
	593	.4 **厩戸王**《うまやとおう》(聖徳太子《しょうとくたいし》)，**推古**《すいこ》**天皇**の摂政となる	593　四天王寺《してんのうじ》，難波で造営			
	594	.2 仏教興隆の詔《みことのり》				
	600	◇『隋書』に遣隋使《けんずいし》の記事	602　.10 百済僧**観勒**《かんろく》，暦本《れきほん》献上		隋《ずい》	
推古《すいこ》	603	.12 **冠位十二階**《かんいじゅうにかい》を制定	603　.11 秦《はた》氏，広隆寺を創建			
	604	.4 **憲法十七条**の制定				
	607	.7 **小野妹子**《おののいもこ》を隋に派遣，翌年**裴世清**《はいせいせい》とともに帰国	607◇**法隆寺**（**斑鳩寺**《いかるがでら》）創建			611　隋の煬帝《ようだい》，高句麗《こうくり》遠征失敗
	608	.9 小野妹子を隋へ再派遣，**高向玄理**《たかむこのげんり》《くろまろ》・**南淵請安**《みなぶちのしょうあん》・僧旻《みん》ら同行し留学	610　.3 高句麗僧**曇徴**《どんちょう》，紙・墨《すみ》・絵の具の製法を伝える			

天皇	西暦(年号)	政治・外交	経済・社会	生活・文化	朝鮮	中国	世界
推古《すいこ》	614	.6 犬上御田鍬《いぬかみのみたすき》を隋《ずい》に派遣		620◇『天皇記』『国記《こっき》』を撰録《せんろく》	三国時代(高句麗《こうくり》・百済《くだら》《ひゃくさい》・新羅《しらぎ》《しんら》)		618 唐建国
	626	.5 馬子《うまこ》没《ぼつ》，蘇我蝦夷《そがのえみし》が大臣となる	626◇大飢饉《ききん》	622◇中宮寺《ちゅうぐうじ》天寿国繡帳《てんじゅこくしゅうちょう》			
舒明《じょめい》	630	.8 第1回遣唐使《けんとうし》を送る（犬上御田鍬）		623 .3 法隆寺《ほうりゅうじ》金堂《こんどう》釈迦《しゃか》三《さん》尊像《そんぞう》			
			636◇大干《かん》ばつで飢饉				
皇極《こうぎょく》	643	.11入鹿《いるか》，山背大兄王《やましろのおおえのおう》一族を滅ぼす		632 .10唐より僧旻《みん》帰国			637 唐で律令制定
	645	.6－12中大兄皇子《なかのおおえのみこ》・中臣鎌足《なかとみのかまたり》らが板蓋宮《いたぶきのみや》で入鹿殺害 .6－13蝦夷《えみし》自殺 .6－14左大臣・右大臣・内臣《うちつおみ》（鎌足）・国博士《くにのはかせ》を置く		640 .10高向玄理《たかむこのげんり》・南淵請安《みなぶちのしょうあん》が帰国			
—645—				641 山田寺《やまだでら》造営開始			
孝徳《こうとく》	645(大化《たいか》元)	.6－19初めて年号を建て，大化とする		645 .6『天皇記』・『国記』焼失 .8 仏教興隆《こうりゅう》の詔《みことのり》			
		.12難波長柄豊碕宮《なにわながらとよさきのみや》に遷都《せんと》〔～655〕	645 .8 男女の法を定める				
	646(大化2)	.1 改新の詔《みことのり》		白鳳文化			
	647(大化3)	◇渟足柵《ぬたりのさく》をつくる。翌年磐舟柵《いわふねのさく》をつくる	646 .1 屯倉《みやけ》・田荘《たどころ》・名代《なしろ》・子代《こしろ》・部曲《かきべ》を廃止	646 .3 厚葬《こうそう》・殉死《じゅんし》禁止（薄《はく》葬令《そうれい》）			
654	652(白雉《はくち》3)	.1 班田《はんでん》を行う					
斉明《さいめい》（皇極《こうぎょく》重祚《ちょうそ》）	658	.4 阿倍比羅夫《あべのひらふ》，蝦夷《えみし》の征討《せいとう》開始〔～660〕					
	660	.3 阿倍比羅夫，粛慎《みしはせ》を討《う》つ					660 百済滅亡
—661—	663	.8 日本軍，白村江《はくそんこう(はくすきのえ)》の戦いで敗北					
（中大《なかのおお》兄皇子《えのみこ》称制《しょうせい》）	664	◇対馬《つしま》・壱岐《いき》・筑紫《つくし》に防人《さきもり》を置き，烽《とぶひ》を設置。筑紫に水城《みずき》を築く。	664 .2 冠位二十六階を制定，豪族の氏上《うじのかみ》と民部《たみべ》・家部《やかべ》を定める				
	667	.3 飛鳥から近江大津宮《おうみおおつのみや》〔～672〕に遷都					
—668— 天智《てんじ》	668	.1 中大兄皇子即位（天智天皇）					668 高句麗滅亡
		◇近江令《おうみりょう》制定					
	671	.1 大友皇子《おおとものみこ》，太政《だいじょう》大臣となる	670 .2 庚午年籍《こうごねんじゃく》作成	670 .4 法隆寺(斑鳩寺《いかるがでら》)炎上			
（弘文《こうぶん》）	672	.6 壬申《じんしん》の乱					
		◇飛鳥浄御原宮《あすかきよみはらのみや》に遷《うつ》る〔～694〕		678 .12山田寺丈六《じょうろく》の仏像（興福寺仏頭《こうふくじぶっとう》）鋳造《ちゅうぞう》			
—673—		律令国家の成立					
天武《てんむ》	673	.2 天武天皇（大海人皇子《おおあまのみこ》）即位		680 .11薬師寺《やくしじ》建立《こんりゅう》発願《ほつがん》			676 新羅，朝鮮統一
—686—	684	.10八色《やくさ》《はっしき》の姓《かばね》《せい》を制定		681◇『帝紀《ていき》』『旧辞《きゅうじ》』，撰集《せんしゅう》開始			
	（持統《じとう》称制）						
—690—	689	.6 飛鳥浄御原令《あすかきよみはらりょう》（22巻）を施行《しこう》	690 .9 庚寅年籍《こういんねんじゃく》作成	690 ◇高松塚《たかまつづか》古墳壁画			690 則天武后《そくてんぶこう》，唐の実権掌握《しょうあく》
持統	694	.12藤原京遷都〔～710〕	694 .3 初めて鋳銭司《じゅせんし》《ちゅう》を置く			唐《とう》	
—697— 文武《もんむ》	701(大宝《たいほう》元)	.8 大宝律令《たいほうりつりょう》，刑部親王《おさかべしんのう》，藤原不比等《ふじわらのふひと》らにより完成		710 .3 藤原氏，興福寺造営発願			
—707—	708(和銅《わどう》元)	.1 武蔵《むさし》国より銅献上	708 .5 和同開珎《わどうかいちん》鋳造				
元明《げんめい》	710(和銅3)	.3 平城京《へいじょうきょう》遷都〔～784〕	711 .10蓄銭叙位令《ちくせんじょいれい》	712 .1『古事記《こじき》』撰上			
	712(和銅5)	.9 出羽《でわ》国設置	717 .4 百姓の浮浪《ふろう》，出家《しゅっけ》を禁止，行基《ぎょうき》の活動禁止	713 .5 諸国に『風土記《ふどき》』編集命ず			713 渤海《ぼっかい》建国
—715—	718(養老《ようろう》2)	◇藤原不比等らに養老律令《ようろうりつりょう》選定をさせる					
元正《げんしょう》	720(養老4)	.3 大伴旅人《おおとものたびと》，隼人《はやと》の反乱を鎮圧《ちんあつ》	722 .閏4 良田《りょうでん》百万町歩《ひゃくまんちょうぶ》開《かい》墾《こん》計画	720 .5『日本書紀《にほんしょき》』撰上（舎人親王《とねりしんのう》）			
—724—	724(神亀《じんき》元)	.2 聖武天皇即位，長屋王《ながやおう》が左大臣に就任					
		.4 藤原宇合《うまかい》，蝦夷を鎮圧 ◇多賀《たが》城建設	723 .4 三世一身法《さんぜいっしんほう》				
	727(神亀4)	.12渤海使《ぼっかいし》，出羽に来日〔～920，計34回〕					
	729(天平《てんぴょう》元)	.2 長屋王の変 .8 藤原光明子《こうみょうし》が皇后となる	730 .4 皇后宮職《こうごうぐうしき》に施薬院《せやくいん》を置く	730 .3 薬師寺東塔《とうとう》建立			732 フランク王国でトゥール・ポワティエ間の戦い
	737(天平9)	◇藤原四子（武智麻呂《むちまろ》，房前《ふささき》，宇合，麻呂《まろ》），天然痘《てんねんとう》で死す		733 .2『出雲国風土記《いずものくにふどき》』成立			
聖武《しょうむ》			737◇天然痘大流行	天平文化			
	738(天平10)	.1 橘諸兄《たちばなのもろえ》，右大臣就任。玄昉《げんぼう》，吉備真備《きびのまきび》登用		734 .11玄昉，吉備真備帰国			
	740(天平12)	.9 藤原広嗣《ひろつぐ》の乱 .12天皇，恭仁《くに》京に行幸《ぎょうこう》		741 .2 国分寺《こくぶんじ》・国分尼寺《こくぶんにじ》建立の詔			
	744(天平16)	.2 難波宮《なにわのみや》遷都 .11紫香楽宮《しがらきのみや》遷都	743 .5 墾田永年私財法《こんでんえいねんしざいほう》				
	745(天平17)	.5 平城京遷都		743 .10大仏《だいぶつ》造立の詔			
—749—			749 .7 私出挙《しすいこ》を禁止。諸寺の墾田を制限	751 .11『懐風藻《かいふうそう》』完成	新羅 渤海《ぼっかい》		750 イスラーム，アッバース朝成立
孝謙《こうけん》	757(天平宝字《ほうじ》元)	.5 養老律令《ようろうりつりょう》を施行 .7 橘奈良麻呂《たちばなのならまろ》の乱		752 .4 大仏開眼供養《だいぶつかいげんくよう》			
—758—	758(天平宝字2)	.8 仲麻呂《なかまろ》，恵美押勝《えみのおしかつ》の名を賜う	758 .1 問民苦使《もみくし》の派遣，各地に義倉《ぎそう》増加	754 .4 鑑真《がんじん》，東大寺に戒壇《かいだん》を築く ◇鳥毛立女《ちょうもうりゅうじょ》《とりげりつじょ》屛風《びょうぶ》			
淳仁《じゅんにん》	760(天平宝字4)	.1 恵美押勝（仲麻呂），太師《たいし》（太政大臣）となる		756 .6 聖武遺品を正倉院へ納入			755 安禄山《あんろくざん》・史思明《しめい》の乱〔～763〕
—764— 称徳《しょうとく》	764(天平宝字8)	.9 恵美押勝の乱。道鏡《どうきょう》，大臣禅師《だいじんぜんじ》となる	765 .3 寺院以外の墾田開発を禁止	759 .8 唐招提寺《とうしょうだいじ》建立			
	765(天平神護《じんご》元)	.閏10道鏡，太政大臣禅師となる〔766 法王〕		◇『万葉集《まんようしゅう》』最新歌			768 フランク王国，カール大帝即位
（孝謙重祚）	769(神護景雲《けいうん》3)	.9 宇佐八幡神託《うさはちまんしんたく》事件。和気清麻呂《わけのきよまろ》を大隅《おおすみ》配流《はいる》。〔770 召還《しょうかん》〕	初期荘園(墾田地系荘園)発展	770 .4 百万塔《ひゃくまんとう》・陀羅尼《だらに》			
		政治刷新への動き		◇石上宅嗣《いそのかみのやかつぐ》の芸亭《うんてい》			
—770— 光仁《こうにん》	770(宝亀《ほうき》元)	.8 称徳天皇没，道鏡下野《しもつけ》に左遷		弘仁・貞観文化			
—781—				781～783 室生寺《むろうじ》創建			780 唐，両税法《りょうぜいほう》施行
桓武《かんむ》	784(延暦《えんりゃく》3)	.11長岡京《ながおかきょう》遷都（造長岡京宮使《ぐうし》は藤原種継《たねつぐ》）					
	788(延暦7)	◇蝦夷征討《えみしせいとう》開始		788◇最澄《さいちょう》，比叡山延暦寺《ひえいざんえんりゃくじ》創建			
	792(延暦11)	.6 健児《こんでい》の制（辺境以外の軍団廃止）					

天皇	摂政	関白	西暦(年号)	政治・外交	経済・社会	生活・文化	朝鮮・中国	世界
			794(延暦《えんりゃく》13)	.10平安京遷都　.11山背《やましろ》国を山城国と改める	795　.閏7雑徭《ぞうよう》半減（60日→30日），公出挙《くすいこ》の利率減（5割→3割）	796◇教王護国寺《きょうおうごこくじ》（東寺《とうじ》）創建		
桓武《かんむ》			797(延暦16)	.9勘解由使《かげゆし》設置　.11坂上田村麻呂《さかのうえのたむらまろ》，征夷大将《せいいたいしょう》軍《ぐん》に任命される		797　.2『続日本紀《しょくにほんぎ》』撰進		800　フランク王国のカール大帝戴冠《たいかん》
			802(延暦21)	.1田村麻呂，胆沢城《いさわじょう》を築き，鎮守府《ちんじゅふ》を多賀城より移す	801　.6畿内の班田を12年1班とする	805　.6最澄《さいちょう》帰国（天台《てんだい》宗《しゅう》開く）		
—806— 平城《へいぜい》 —809—			810(弘仁《こうにん》元)	.3蔵人所《くろうどどころ》を設置，藤原冬嗣《ふゆつぐ》が蔵人頭《くろうどのとう》になる .9平城《へいぜい》太上天皇の変（薬子《くすこ》の変）		806　.8空海《くうかい》帰国（真言《しんごん》宗《しゅう》開く）		
嵯峨《さが》			811(弘仁2)	.10文室綿麻呂《ぶんやのわたまろ》，蝦夷を服属させる		◇『凌雲集《りょううんしゅう》』 816　.6空海，金剛峰寺《こんごうぶじ》創建		
			820(弘仁11)	.4弘仁格式《こうにんきゃくしき》成立（藤原冬嗣ら）				
			821(弘仁12)	◇検非違使《けびいし》設置	823　.2大宰府管内で公《く》営田《えいでん》制実施	821◇藤原冬嗣，勧学院《かんがくいん》創立		
—823— 淳和《じゅんな》			825(天長《てんちょう》2)	.1冬嗣，右大臣となる .4冬嗣が左大臣に，藤原緒嗣《おつぐ》が右大臣となる		827　.5『経国集《けいこくしゅう》』		
—833—			833(天長10)	.2令義解《りょうのぎげ》の撰上（清原夏野《きよはらのなつの》ら）	◇勅旨田《ちょくしでん》，親王賜田《しんのうしでん》が増加	828　.11空海が綜芸種智《しゅげいしゅち》院《いん》創立		
仁明《にんみょう》			838(承和《じょうわ》5)	.7事実上，最後の遣唐使派遣				
			842(承和9)	.7承和《じょうわ》の変（伴健岑《とものこわみね》，橘逸勢《たちばなのはやなり》ら流罪）	◇院宮王臣家《いんぐうおうしんけ》荘園の拡大	841　.12『日本後紀《にほんこうき》』（藤原緒嗣《おつぐ》ら）		
—850—				藤原北家の台頭	840◇群盗頻発する			843　ヴェルダン条約（フランク王国三分）
文徳《もんとく》			857(天安《てんあん》元)	.2藤原良房，太政大臣就任	◇勅旨田《ちょくしでん》増加	847　.10円仁《えんにん》帰国（838入唐）		
—858—			858(天安2)	.11惟仁《これひと》親王（清和天皇），9歳で即位，良房が事実上摂政の任につく		◇学館院《がっかんいん》創立		
清和《せいわ》	—866— 藤原良房《よしふさ》 —872—		866(貞観《じょうがん》8)	.閏3応天門《おうてんもん》が炎上　.8良房，人臣《じんしん》にして初めて摂政就任　.9応天門の変（伴善男《とものよしお》ら流罪）	861　.11武蔵《むさし》国各郡に検《け》非違使《びいし》設置	858　.6円珍《えんちん》帰国（853入唐）	新羅　渤海　唐	
			869(貞観11)	.9貞観格《じょうがんきゃく》撰上〔871　.10貞観式撰上〕		869　.8『続日本後紀《しょくにほんこうき》』（藤原良房ら）		862　リューリク，ノヴゴロド国建国
			872(貞観14)	.11藤原基経《もとつね》，摂政就任				
			873(貞観15)	.4清和天皇の孫の経基王に源姓を与える（清和《せいわ》源氏《げんじ》）		879　.11『日本文徳天皇実録』（藤原基経ら）		875　黄巣《こうそう》の乱〔～884〕
—876— 陽成《ようぜい》	基経《もとつね》		878(元慶《がんぎょう》2)	.3出羽《でわ》国で反乱（元慶の乱）		881◇在原行平《ありわらのゆきひら》，奨学院《しょうがくいん》創立		
光孝《こうこう》	—884—		884(元慶8)	.6藤原基経が事実上の関白				
—887—			887(仁和《にんな》3)	.11基経に関白の詔。阿衡《あこう》の紛議《ふんぎ》おこる〔～888〕	879　.12畿内に官田を設置	◇神仏習合《しんぶつしゅうごう》（本地垂迹説《ほんじすいじゃくせつ》）すすむ		
		基経	889(寛平《かんぴょう》元)	.5桓武天皇の曾孫高望《たかもち》王に平姓を与える（桓武《かんむ》平氏《へいし》）	◇官省符荘《かんしょうふしょう》が増加，不輸・不入の権拡大	◇薬師寺僧形八幡神像《そうぎょうはちまんしんぞう》		
宇多《うだ》	—890—			寛平の治	寄進地系荘園の発達			
			891(寛平3)	.1基経没　.2菅原道真《すがわらのみちざね》，蔵人頭となる				
			894(寛平6)	.8道真，遣唐大使に任命されるが，遣唐使停止を建議				
—897—				◇滝口の武者を置く				
			899(昌泰《しょうたい》2)	.2左大臣に藤原時平，右大臣に道真が就任		899◇教王護国寺両界曼《りょうかいまん》陀羅《だら》		
醍醐《だいご》			901(昌泰4)	.2道真，大宰権帥《だざいごんのそち》に左遷（昌泰の変）　.7延喜改元		国風文化		
				延喜の治	902　.3延喜の荘園整理令，最後の班田の記録	901　.8『日本三代実録』（藤原時平ら）		
			907(延喜《えんぎ》7)	.11藤原時平ら延喜格《えんぎきゃく》撰上				907　唐滅亡
			914(延喜14)	.4三善清行《みよしきよゆき》，意見封事《ふうじ》十二箇条を奏上《そうじょう》　.8藤原忠平《ただひら》，右大臣就任	◇田堵《たと》の成長	905　.5紀貫之《きのつらゆき》ら『古今和歌集』撰上		916　耶律阿保機《やりつあぼき》，契丹《きったん》国（遼）建国
—930—	—930—		927(延長《えんちょう》5)	.12忠平ら延喜式《えんぎしき》を撰上		◇『竹取物語』		
			935(承平《じょうへい》5)	.2平将門《たいらのまさかど》，叔父の平国香《たいらのくにか》を殺害		◇『伊勢物語』	五《ご》代《だい》	918　王建《おうけん》，高《こう》麗《らい》建国
朱雀《すざく》	忠平《ただひら》		939(天慶《てんぎょう》2)	.11将門，常陸《ひたち》，上野《こうずけ》，下野《しもつけ》の国衙《こくが》を攻め取り，新皇と称する　.12純友，讃岐《さぬき》・淡路を襲い，大宰府を焼き討ち	937　.11富士山噴火 ◇国衙領《こくがりょう》の成立，遙任《ようにん》国司が増える	◇『土佐《とさ》日記』（紀貫之） 938◇空也《くうや》（市聖《いちのひじり》），都で念仏す		936　高麗，朝鮮半島統一
			940(天慶3)	.2平貞盛《さだもり》，藤原秀郷《ひでさと》が将門を討つ		940◇『将門記《しょうもんき》』（初の軍記物）		
—946—		忠平	941(天慶4)	.6小野好古《よしふる》，源経基が純友を討つ				
村上《むらかみ》				天暦の治		951　.10醍醐寺五重塔建立，和歌所を置き，『後撰和歌集《ごせんわかしゅう》』撰集開始		
			967(康保《こうほう》4)	.6実頼，関白就任　.12源高明《みなもとのたかあきら》，左大臣に就任	958　.3乾元大宝《けんげんたいほう》を鋳造（最後の本朝《ほんちょう》十二銭）			960　宋建国
冷泉《れいぜい》		実頼《さねより》	969(安和《あんな》2)	.3安和《あんな》の変			高《こう》麗《らい》　契《きっ》丹《たん》（遼《りょう》）	962　オットー1世，神聖ローマ帝国皇帝即位
円融《えんゆう》	実頼		970(天禄《てんろく》元)	.1実頼没，伊尹《これただ》摂政就任				
	伊尹		972(天禄3)	.11権中納言兼通《ごんちゅうなごんかねみち》，大納言兼家《かねいえ》を越え，関白就任		◇『大和《やまと》物語』『宇津保《うつほ》物語』		
		兼通	977(貞元《じょうげん》2)	.10兼通，弟兼家を左遷，頼忠《よりただ》に関白を譲る	◇荘園の寄進，摂関家へ集中			
花山《かざん》		頼忠	986(寛和《かんな》2)	.6兼家，天皇を出家させ，摂政就任		974◇『蜻蛉日記《かげろうにっき》』（藤原道《みち》綱《つな》の母）	宋《そう》（北宋）	979　宋，中国を統一
	兼家《かねいえ》							
			989(永祚《えいそ》元)	.6頼忠没	988　.11尾張《おわり》国の郡司・百姓らが，国司藤原元命《もとなが》の非法を訴える（尾張国郡司百姓等《おわりのくにぐんじひゃくしょうら》解《げ》）			987　フランス，カペー朝成立
一条《いちじょう》		兼家	990(正暦《しょうりゃく》元)	.10道隆《みちたか》，摂政となる。藤原遵子《じゅんし》が皇后，定子《ていし》が中宮《ちゅうぐう》となる		985◇『往生要集《おうじょうようしゅう》』（源信《げんしん》）		
	道隆《みちたか》		993(正暦4)	.4道隆，関白となる		◇『枕草子《まくらのそうし》』（清少納言《せいしょうなごん》）		
		道隆	995(長徳《ちょうとく》元)	.5道隆に続き道兼没。道長《みちなが》，内覧《ないらん》の宣旨《せんじ》受ける　.7伊周《これちか》との論争				
		道兼 —995—	道長《みちなが》（内覧）					

天皇	院	摂政 関白	西暦(年号)	政治・外交	経済・社会	生活・文化	朝鮮	中国		世界
				摂関政治全盛						
一条《いちじょう》 —1011— 三条《さんじょう》		藤原 道長《みちなが》 (内覧《ないらん》)	1000(長保《ちょうほう》2)	.2道隆の女《むすめ》，定子《ていし》を皇后に，道長の女，彰子《しょうし》を中宮とする	1006 .7興福寺僧が入京し強訴《ごうそ》	1004◇『和泉式部《いずみしきぶ》日記』 ◇『紫式部《むらさきしきぶ》日記』				
—1016—		—1016— 道長	1016(長和5)	.1道長，摂政就任	◇強訴が盛んになる	◇『源氏物語《げんじものがたり》』(紫式部《むらさきしきぶ》) 1013◇『和漢朗詠集《わかんろうえいしゅう》』藤原公任《きんとう》				1016 デーン人，イギリス征服
後一条《ごいちじょう》		—1017— 頼通《よりみち》	1017(寛仁《かんにん》元)	.3頼通《よりみち》，摂政就任 .12道長，太政大臣となる		1020 .2法成寺《ほうじょうじ》建立				
		—1019—	1019(寛仁3)	.4刀伊《とい》の入寇 .12頼通，関白就任		1021◇この年，『御堂関白《みどうかんぱく》記《き》』(藤原道長)終了				
—1036— 後朱雀《ごすざく》		頼通	1028(長元《ちょうげん》元)	.6平忠常《ただつね》の乱	1045 .10寛徳《かんとく》の荘園整理令(前の国司以後の新立荘園禁止)	◇『栄華《えいが》(花)物語』 1032◇この年，『小右記《しょうゆうき》』(藤原実資《さねすけ》)終了				1038 セルジューク朝成立，西《せい》夏《か》建国
後冷泉《ごれいぜい》			1051(永承《えいしょう》6)	◇前九年《ぜんくねん》合戦						
後三条《ごさんじょう》 —1072—		—1068— 教通《のりみち》	1068(治暦《じりゃく》4)	.7後三条天皇即位(藤原氏を外戚《がいせき》とせず)，大江匡房《まさふさ》の登用	1069 .2延久《えんきゅう》の荘園整理令，初めて記録荘園券契《けんけい》所を設置	1052◇末法の初年 1053 .3平等院鳳凰堂《びょうどういんほうおうどう》建立，阿弥陀如来像《あみだにょらいぞう》(定朝《じょうちょう》)		契丹《きったん》(遼《りょう》)	宋(北宋)	
		—1075—	1073(延久《えんきゅう》5)	.1後三条上皇院蔵人所《いんくろうどどころ》(院庁《いんのちょう》)設置	1072 .9量衡《りょうこう》の制を定む(延久の宣旨枡《せんじます》)	◇『更級日記《さらしなにっき》』(菅原孝標《すがわらのたかすえ》の女《むすめ》) ◇『陸奥話記《むつわき》』				
白河《しらかわ》		師実《もろざね》	1083(永保《えいほう》3)	.3後三年合戦						1066 イギリス，ノルマン朝成立
				院政開始		1063 .8鶴岡八幡宮《つるがおかはちまんぐう》創建(源頼義)				
—1086—	—1086—	—1086— 師実	1086(応徳《おうとく》3)	.11白河上皇，堀河天皇(8歳)に譲位し，院政開始	1091 .6源義家への荘園寄進禁止	1077 .12白河天皇,法勝寺《ほっしょうじ》供養 1086 .9『後拾遺和歌集《ごしゅういわかしゅう》』(藤原通俊《みちとし》)				1069 宋，王《おう》安石《あんせき》の新法実施
堀河《ほりかわ》		—1090— 師実	1090(寛治《かんじ》4)	.1上皇，熊野《くまの》に参詣《さんけい》 ◇院の警固に北面《ほくめん》の武士を置く	1097◇平正盛，私領を六条《ろくじょう》院《いん》に寄進し院に接近	◇「源氏物語絵巻《げんじものがたりえまき》」				
	白河	師通 忠実	1098(承徳《じょうとく》2)	.10源義家が院の昇殿《しょうでん》を許される	◇成功《じょうごう》(売位・売官)の増加	◇「高野山聖衆来迎図《こうやさんしょうじゅらいごうず》」				
—1107— 鳥羽《とば》		忠実 忠実	1108(天仁《てんにん》元)	.1平正盛《まさもり》，出雲《いずも》で反乱の源義親《よしちか》(義家の子)を討つ	◇名主《みょうしゅ》層の成長 ◇南都北嶺《なんとほくれい》の争い。強訴が激しい	1096 .6～京都に田楽《でんがく》大流行 ◇今様《いまよう》流行 ◇『今昔物語集《こんじゃくものがたりしゅう》』				1096 第1回十字軍 1115 金《きん》建国
		忠通		平氏の台頭						
—1123— 崇徳《すとく》	—1129—	忠通	1129(大治《だいじ》4)	.3平忠盛《ただもり》，瀬戸内海の海賊追討	1137 .2興福寺僧徒，神木《しんぼく》を奉じ入京強訴	1124 .8平泉中尊寺金色堂《ちゅうそんじこんじきどう》 ◇『大鏡《おおかがみ》』				1125 金，遼を滅ぼす
—1141—		忠通 —1141—	1132(長承《ちょうしょう》元)	.3平忠盛，昇殿を許される	◇荘園の寄進，院に集中 ◇荘園公領制が確立	1140 .9鳥羽僧正覚猷《とばそうじょうかくゆう》没(「鳥獣戯画《ちょうじゅうぎが》」)	高麗			1127 南宋建国
近衛《このえ》	鳥羽	忠通 —1150—	1150(久安《きゅうあん》6)	.9藤原忠通《ただみち》と頼長《よりなが》争い，頼長が氏《うじの》長者《ちょうじゃ》となる	1141～74 八条院領成立					1142 南宋と金の和議
—1155— 後白河《ごしらかわ》	1156 1158	忠通 —1158—	1156(保元《ほうげん》元) 1159(平治《へいじ》元)	.7保元《ほうげん》の乱 .12平治《へいじ》の乱		1160◇陸奥白水阿弥陀堂《むつしらみずあみだどう》 1164 .9清盛，書写を厳島《いつくしま》神社に奉納(平家納経《へいけのうきょう》)				1143 ポルトガル王国成立
				平氏政権						
二条《にじょう》		基実《もとざね》	1160(永暦《えいりゃく》元)	.1源義朝《よしとも》，尾張で謀殺《ぼうさつ》 .3源頼《より》朝《とも》，伊豆配流	1165 .10興福寺僧徒，神木を奉じ入京強訴	.12三十三間堂《さんじゅうさんげんどう》(蓮華王《れんげおう》院《いん》)創建				
—1165— 六条《ろくじょう》 —1168—	後白河	基実 基房	1167(仁安《にんあん》2) 1172(承安《じょうあん》2)	.2平清盛，太政大臣《だいじょうだいじん》就任 .2清盛の女，徳子《とくこ》を中宮とする	◇日宋《にっそう》貿易の活発化	1175◇法然《ほうねん》，専修念仏《せんじゅねんぶつ》を説く				
		基房	1177(治承《じしょう》元)	.6鹿ケ谷《ししがたに》の陰謀《いんぼう》						
高倉《たかくら》	—1179—	—1179— 基通《もとみち》	1179(治承3)	.11清盛，院政を強制的に停止し，法皇を鳥羽殿に幽閉《ゆうへい》		1179◇『梁塵秘抄《りょうじんひしょう》』成立				
—1180— 安徳《あんとく》	—1180— 高倉 —1181—	—1180— 基通	1180(治承4)	.4以仁王《もちひとおう》の令旨《りょうじ》 .5源頼政《よりまさ》挙兵 .6福原遷都 .8源頼朝，伊豆で挙兵 .9源(木曽)義仲《よしなか》挙兵 .11侍所《さむらいどころ》設置(別当：和田義盛《わだよしもり》)	1180 .2清盛，大輪田泊《おおわだのとまり》を修築 .9宋船が大輪田《おおわだの》泊《とまり》に停泊	1181 .8重源《ちょうげん》，東大寺再建勧進開始		金《きん》	南宋	1180 フランス，フィリップ2世即位
1183		—1183— 師家《もろいえ》	1183(寿永《じゅえい》2)	.7義仲入京，法皇，平氏追討の院《いん》宣《ぜん》を下す .10頼朝，東国支配権を獲得		1183 .2『千載和歌集《せんざいわかしゅう》』を藤原俊成《しゅんぜい》に撰進命ず ◇『保元物語《ほうげんものがたり》』『平治物語《へいじものがたり》』				
		—1184—	1184(寿永3)	.10頼朝，公文所《くもんじょ》(別当：大江広元《おおえのひろもと》)・問注所《もんちゅうじょ》(執事：三善康信《みよしやすのぶ》)設置	1184 .3頼朝，平家没官《もっかん》領500カ所を与えられる(関東御領《ごりょう》の初め)	1185 .3頼朝，東大寺に造営費寄進				
1185	後白河	基通	1185(文治《ぶんじ》元)	.2屋島《やしま》の戦い .3壇《だん》の浦《うら》の戦いで平氏滅亡 .11諸国に守護・地頭設置	.6頼朝，知行国《ちぎょうこく》3カ国(三河・駿河・武蔵)を与えられ，(関東御分国《ごぶんこく》の初め)，翌年末までに9カ国となる	1187 .3栄西《えいさい》，再度入宋 .9『千載和歌集』(藤原俊成)				
		—1186—		鎌倉幕府の成立		1189◇不空羂索観音《ふくうけんじゃくかんのん》				
後鳥羽《ごとば》		兼実《かねざね》	1189(文治5)	.閏4藤原泰衡《やすひら》，義経を殺害 .9頼朝，奥州《おうしゅう》平定		1190 .10東大寺上棟《じょうとう》				1189 テムジン，モンゴル統一
		兼実	1191(建久《けんきゅう》2)	.1頼朝，公文所を政所《まんどころ》と改称		1191 .7栄西，帰朝し臨済《りんざい》宗《しゅう》を伝える				
	—1192—	将軍	1192(建久3)	.3後白河法皇没 .7頼朝，征夷《せいい》大将軍《たいしょうぐん》となる	1193 .7宋銭の流通を禁止	1198 .3法然『選択本願念仏集《せんちゃくほんがんねんぶつしゅう》』				
—1198—	—1198—	①源頼朝《よりとも》 —1199—	1199(正治《しょうじ》元)	.1頼朝没 .4頼家《よりいえ》の独裁やめ13人合議制		◇栄西『興禅護国論《こうぜんごこくろん》』 1199 .8東大寺南大門《なんだいもん》(大仏様《よう》)				1198 インノケンティウス3世，ローマ教皇
土御門《つちみかど》	後鳥羽		1200(正治2)	.1梶原景時《かじわらかげとき》の追討《ついとう》，敗死						

天皇	院	将軍	執権	西暦(年号)	政治・外交	経済・社会	生活・文化	朝鮮	中国	世界
土御門《つちみかど》		1202 ②源頼家		1203(建仁《けんにん》3)	.9比企能員《ひきよしかず》の乱。頼家を修禅寺《しゅぜんじ》に幽閉《ゆうへい》。**北条時政《ほうじょうときまさ》，政所別当《まんどころべっとう》就任**		1202◇栄西，建仁寺《けんにんじ》を創建 1203 .7運慶《うんけい》・快慶《かいけい》ら「金剛力士像《こんごうりきしぞう》」(東大寺南大門)		金	
		1203	1203 ①北条時政《ときまさ》	1204(元久《げんきゅう》元)	.7頼家，修禅寺で殺される		1205 .3後鳥羽上皇『新古今和歌集《しんこきんわかしゅう》』(藤原定家ら編纂《へんさん》)			1204 十字軍，コンスタンティノープル占領
				1205(元久2)	.閏7**義時，政所別当**					
—1210—	後鳥羽《ごとば》	③実朝《さねとも》	—1205—	1213(建保《けんぽう》元)	.5和田義盛《わだよしもり》挙兵，敗死。**義時，侍所別当《さむらいどころべっとう》兼任**					
順徳《じゅんとく》				1216(建保4)	.11実朝《さねとも》，渡宋計画。陳和卿《ちんなけい》に造船命令	**銭貨の流通と社会の変動**	1212 .3鴨長明《かものちょうめい》『方丈記《ほうじょうき》』 1213 .12源実朝『金槐和歌集《きんかいわかしゅう》』			1206 モンゴル帝国建国，チンギス＝ハン即位
		—1219—	②義時《よしとき》	1219(承久《じょうきゅう》元)	.1**公暁《くぎょう》，鶴岡《つるがおか》で実朝を暗殺**		1214 .2栄西『喫茶養生記』			
					執権政治の確立	◇農業技術進歩，生産物の商品化	◇『宇治拾遺物語《うじしゅういものがたり》』			
—1221— 仲恭《ちゅうきょう》 —1221—	—1221— 後高倉《ごたかくら》			1221(承久3)	.5**義時追討の院宣《いんぜん》(承久の乱)** .6**六波羅探題《ろくはらたんだい》**を設置		1220◇慈円《じえん》『愚管抄《ぐかんしょう》』〔一説1222〕			
	—1223—			1223(貞応《じょうおう》2)	.6**新補地頭《しんぽじとう》**の得分《とくぶん》率法を決定		1221 .4順徳天皇『禁秘抄《きんぴしょう》』			1215 イギリス，ジョン王マグナ＝カルタ承認
後堀河《ごほりかわ》			—1224—	1225(嘉禄《かろく》元)	.7**時房《ときふさ》が連署《れんしょ》**となる .12**評定《ひょうじょう》衆《しゅう》**の設置。鎌倉番役の設置		1224◇**親鸞《しんらん》，浄土真宗《じょうどしんしゅう》開く**(『教行信証《きょうぎょうしんしょう》』)			
		—1226—	③泰時《やすとき》	1226(嘉禄2)	.1九条《くじょう》(藤原)頼経《よりつね》，将軍となる(摂家将軍《せっけしょうぐん》)		1227◇**道元《どうげん》，帰朝し曹洞宗《そうとうしゅう》伝える。**加藤景正，帰朝し瀬戸焼《せとやき》を始める			
—1232— 四条《しじょう》	後堀河 —1234—	④藤原頼経《よりつね》		1232(貞永《じょうえい》元)	.8**泰時，御成敗式目《ごせいばいしきもく》(貞永式目)を制定**	1230〜31 **寛喜《かんぎ》の飢饉《ききん》(諸国大飢饉，餓死・人身売買激増)**			南	1231 蒙古軍，高麗侵入
—1242—		—1244—	—1242—		**公武二元政治の展開**		1232 .10藤原定家『新勅撰和歌集《しんちょくせんわかしゅう》』			1234 金滅亡
後嵯峨《ごさが》 —1246—	—1246—	⑤頼嗣《よりつぐ》	④経時《つねとき》 —1246—	1247(宝治《ほうじ》元)	.6**時頼，三浦泰村《やすむら》一族を滅ぼす(宝治合戦《ほうじがっせん》)**	1240 .2鎌倉市中の禁制を定める .5幕府，御家人の所領譲与・売買を禁止	1244 .7越前永平寺《えちぜんえいへいじ》創建		宋	1241 モンゴル軍，ポーランド・ドイツ侵入(ワールシュタットの戦い)
				1249(建長《けんちょう》元)	.12**引付衆《ひきつけしゅう》**の設置		◇『平家物語《へいけものがたり》』(信濃前司行長《しなのぜんじゆきなが》か)			
		—1252—	⑤時頼《ときより》	1252(建長4)	.2宗尊《むねたか》親王，将軍となる(**皇族将軍**)。五摂家《ごせっけ》の分立確定		**説話集・仏教・建築様式の多様化**			
後深草《ごふかくさ》							1252◇『十訓抄《じっきんしょう》』		蒙《もう》	
		⑥宗尊《むねたか》親王		1254(建長6)	.4宋船の入港5艘《そう》と決定		1253 .4**日蓮《にちれん》，日蓮宗を開く**		古《こ》	
—1259—	後嵯峨		—1256—		.10人身売買禁止	**貨幣経済の進展と訴訟の激増**				
			⑥長時《ながとき》	1263(弘長《こうちょう》3)	.4高麗使，日本人の沿岸侵略禁止を要請	1264◇御家人の訴訟激増 .10幕府，**越訴《おっそ》奉行《ぶぎょう》を置く**	1260 .7日蓮『立正安国論《りっしょうあんこくろん》』			
亀山《かめやま》		—1266—	—1264— ⑦政村《まさむら》		**元寇と北条氏の専制**		1265 .12藤原為家《ためいえ》『続古今和歌集』	高		
		⑦惟康《これやす》王 —1270—	—1268—	1268(文永《ぶんえい》5)	.2幕府，フビライの国書奏上。襲来の防備命令			麗		
—1274—	—1272— —1274—			1274(文永11)	.10**元軍，壱岐《いき》・対馬《つしま》・筑前《ちくぜん》上陸(文永の役)**		1270 .12金沢文庫《かねざわぶんこ》焼失 1274 .5日蓮，身延山久遠寺《みのぶさんくおんじ》建立			1271 元朝の成立
			⑧時宗《ときむね》	1275(建治《けんじ》元)	.5幕府，長門《ながと》警備命令 .9元使杜世忠《とせいちゅう》らを斬殺《ざんさつ》	1275 .10阿氐河荘《あてがわのしょう》荘民の訴状	◇**一遍《いっぺん》，時宗《じしゅう》を開く**			
後宇多《ごうだ》	亀山	⑦源惟康 (賜姓)		1281(弘安《こうあん》4)	.7**元・高麗連合軍，志賀島《しかのしま》・長門襲来。大風雨で壊滅(弘安の役)**	◇**銭貨の流通が飛躍的に増加**	1280◇阿仏尼《あぶつに》『十六夜日記《いざよいにっき》』 1282◇円覚寺創建 1283 .8無住《むじゅう》『沙石集《しゃせきしゅう》』			1279 元，南宋を滅ぼす
			—1284—		**得宗政権の強化**					
—1287—				1285(弘安8)	.11**霜月《しもつき》騒動(平頼綱《よりつな》，安達泰盛《あだちやすもり》一族を滅ぼす)**。北条氏28国の守護職独占					
伏見《ふしみ》	後深草 —1290—	⑦惟康親王(宣下) 1289	⑨貞時《さだとき》			**御家人の衰退と悪党の活躍**				
				1292(正応《しょうおう》5)	.10高麗使来日					1291 スイス，独立運動発生
1298		⑧久明《ひさあき》親王		1293(永仁《えいにん》元)	.3鎮西探題《ちんぜいたんだい》設置 .4平頼綱《よりつな》の乱		1293 .2「蒙古襲来絵詞《もうこしゅうらいえことば》」			
後伏見	伏見					1297 .3**永仁の徳政令**	1299 .8円伊《えんい》『一遍上人絵伝《いっぺんしょうにんえでん》』			
後二条	後宇多		—1301— ⑩師時			1306 .4日本商船，元で貿易(日元貿易)				1299 オスマン帝国建国
花園《はなぞの》	伏見 後伏見	—1308—	⑪宗宣		**朝権回復への動き**				元《げん》	
—1318—	後宇多		⑫熙時 ⑬基時	1317(文保《ぶんぽう》元)	.4**文保の和談**		1315 .3鎌倉大火			1309 バビロン捕囚《ほしゅう》
後醍醐《ごだいご》	1321			1321(元亨《げんこう》元)	.12院政廃止，後醍醐親政		1322 .8虎関師錬《こかんしれん》『元亨釈書《げんこうしゃくしょ》』			
			⑭高時《たかとき》	1324(正中《しょうちゅう》元)	.9**正中の変(討幕計画)**					
			⑮金沢貞顕	1325(正中2)	.7幕府，建長寺《けんちょうじ》船を元に派遣		◇大徳寺《だいとくじ》創建			
1331	—1331—	⑨守邦《もりくに》親王	1326	1331(元弘《げんこう》元・元徳《げんとく》3)	.5**元弘の変** .8後醍醐天皇，笠置《かさぎ》へ .9楠木正成《くすのきまさしげ》挙兵 .9**幕府，光厳《こうごん》天皇擁立**		1330〜36◇**兼好《けんこう》法師『徒然草《つれづれぐさ》』**			1328 フランス，ヴァロワ朝
【南朝】 【北朝】光厳《こうごん》	後伏見		⑯守時《もりとき》	1332(元弘2・正慶《しょうけい》元)	.3後醍醐天皇，隠岐《おき》配流《はいる》 .11尊雲《そんうん》法親王，還俗《げんぞく》し(護良《もりよし》親王)，吉野に挙兵					

天皇	院 北朝	将軍	西暦(年号)	政治・外交	経済・社会	生活・文化	朝鮮	中国	世界
	1333	1333	1333(元弘《げんこう》3・ 正慶《しょうけい》2)	建武の新政 .5 足利高《あしかがたか》(尊)氏《うじ》六波羅探題攻略，新田《にった》義貞《よしさだ》鎌倉攻略，鎌倉幕府滅亡 .6 後醍醐天皇，京都へ帰る .10後醍醐，記録所《きろくじょ》を復活し，雑訴決断所《ざっそけつだんしょ》・武者所《むしゃどころ》を設置	幕府の寺社本所領保護と社会不安				
			1334(建武《けんむ》元)	.1 建武と改元 .11護良《もりよし(もりなが)》親王，鎌倉配流	1334 .1 大内裏造営のため紙幣発行 .5 徳政令発布。◇二条河原《にじょうがわら》の落書《らくしょ》	1334 .1 後醍醐天皇『建武年中行事』。南禅寺，五山の第一となる			
後醍醐《ごだいご》			1335(建武2)	.7 中先代《なかせんだい》の乱（北条時行《ときゆき》の乱） 南北朝の動乱					
	1336 【北朝】		1336(延元《えんげん》元)	【南朝】.12後醍醐，吉野遷幸《せんこう》（南北朝分裂） 【北朝】1336（建武3） .11建武式目制定	1336◇山城《やましろ》・丹波《たんば》の土民蜂《どみんほう》起《き》す			元	1338 英仏百年戦争〔～1453〕
	光明《こうみょう》	1338	1338(延元3)	【南朝】.7 新田義貞敗死 【北朝】1338（暦応《りゃくおう》元） .8 尊氏，征夷大将軍となる		1339◇西芳寺《さいほうじ》庭園。北畠親房《きたばたけちかふさ》『神皇正統記《じんのうしょうとうき》』 1340 .2 北畠親房『職原抄《しょくげんしょう》』			
1339			1339(延元4・ 暦応《りゃくおう》2)	【南朝】.8 後醍醐天皇没 【北朝】1342（興国《こうこく》3） .12天龍寺船を派遣		1342 .4 五山十刹《ござんじっさつ》の制を制定			
	1348		1348(正平《しょうへい》3)	【南朝】.1 楠木正行《くすのきまさつら》，四条畷《しじょうなわて》に敗死 【北朝】1348（貞和《じょうわ》4） ◇高師直《こうのもろなお》，河内に勢力浸透，吉野攻略		1345 .8 天龍寺落慶供養《らっけいくよう》 1347◇『奥州後三年記』	高麗		1347 ヨーロッパに黒死病大流行
後村上《ごむらかみ》	崇光《すこう》	①足利《あしかが》尊氏《たかうじ》	1350(正平5)	【南朝】.12足利直義の帰服承認 【北朝】1350（観応《かんのう》元） .10尊氏，弟直義《ただよし》らを追討（観応の擾乱《じょうらん》～52）					1351 元に紅巾《こうきん》の乱 1358 フランス，ジャックリーの大農民一揆
	1352		1351(正平6)	【南朝】.12尊氏，南朝に降伏 【北朝】1351（観応2） .2 尊氏・直義和睦。高師直殺害		1349 .6 四条河原《しじょうがわら》の勧進能《かんじんのう》大盛行（連歌《れんが》・能楽《のうがく》の流行）			
	後光厳《ごこうごん》	1358 ②義詮《よしあきら》		【北朝】1352（観応3） .2 尊氏，直義を毒殺	1352 .7 幕府，近江《おうみ》・美濃《みの》・尾張《おわり》に半済令《はんぜいれい》 1354◇近江に土一揆 1355◇伏見の土民蜂起	◇『梅松論《ばいしょうろん》』なる 1356 .3 二条良基《にじょうよしもと》『菟玖波《つくば》集《しゅう》』			
1368	1371	1368				◇『太平記』 ◇『増鏡《ますかがみ》』			1368 朱元璋《しゅげんしょう》，元を追い，明《ミン》建国
長慶《ちょうけい》	後円融《ごえんゆう》		1378(天授《てんじゅ》4)	【南朝】.9 菊池武朝《たけとも》敗北 【北朝】1378（永和《えいわ》4） .3 義満，室町新邸に移る	荘園侵略と守護領国制の進展	1372 .12二条良基『応安新《おうあんしん》式《しき》』			1370 ティムール帝国成立
1383	1382								
後亀山《ごかめやま》		③義満《よしみつ》	1390(元中《げんちゅう》7)	【北朝】1390（明徳《めいとく》元） .閏3 美濃守護土岐《とき》氏の乱	1389◇山名氏清一族ら11カ国の守護兼任（六分《ろくぶん》の一衆《いちしゅう》〈六分一殿《ろくぶいちどの》〉）	1374◇観阿弥《かんあみ》・世阿弥《ぜあみ》，今熊《いまぐま》野《の》神社で猿楽《さるがく》上演 1376◇絶海中津《ぜっかいちゅうしん》，明より帰国			1381 イギリス，ワット＝タイラーの乱
			1391(元中8)	【北朝】1391（明徳2） .12明徳《めいとく》の乱（山名氏清《やまなうじきよ》の乱）					
1392			1392(元中9・ 明徳《めいとく》3)	.閏10後亀山天皇帰京 ── 南北両朝合体 ── 室町幕府の確立と日明貿易	1392 .1 大内義弘《おおうちよしひろ》，堺を経営 幕府の財源と商業の発展	◇五山《ござん》文学の隆盛 1382 .11相国寺《しょうこくじ》創建 1386 .7 五山の座位を定め，南禅寺を五山の上位とする			1392 高麗《こうらい》滅び，朝鮮建国 1393 ティムール，西アジアを統一
		1394	1394(応永《おうえい》元)	.12義満，太政大臣となる	1393 .11幕府，洛中の土倉酒屋役を決定				
			1398(応永5)	◇義満，三管領《さんかんれい》・四職《ししき》の制を整える					
後小松《ごこまつ》			1399(応永6)	.12大内義弘，堺城に挙兵（応永《おうえい》の乱）		1397 .4 鹿苑寺金閣《ろくおんじきんかく》を造営			1396 オスマン帝国，ヨーロッパ騎士軍を破る
			1401(応永8)	.5 義満，遣明使《けんみんし》として肥富《こいつみ》・祖阿《そあ》を派遣		1400◇世阿弥《ぜあみ》『風姿花伝《ふうしかでん》（花《か》伝書《でんしょ》）』をあらわす		明《ミン》	
		④義持《よしもち》	1404(応永11)	.5 義満，明使より勘合《かんごう》を初めて受く（勘合貿易の開始） 東国の戦乱と守護大名の分権化		◇如拙《じょせつ》「瓢鮎図《ひょうねんず》」 ◇生け花・茶の湯が流行し始める			
			1411(応永18)	.9 義持，明使の入京を許可せず（国交の一時的断絶）					1405 明の鄭和《ていわ》，南海遠征
1412			1416(応永23)	.10上杉禅秀《うえすぎぜんしゅう》の乱					1410 明の永楽帝北征
称光《しょうこう》			1419(応永26)	.6 応永の外寇《がいこう》（宗氏ら対馬来寇《らいこう》の朝鮮兵を撃退）			朝《ちょう》		1419 フス戦争〔～1436〕
		⑤義量《よしかず》			1421◇諸国に飢饉。疫病流行す	1422 .1 一条兼良《いちじょうかねよし》《ら》『公事根《くじこん》源《げん》』	鮮《せん》		
1428		1425 1429	1429(永享《えいきょう》元)	◇琉球で尚巴志《しょうはし》，三山（北山《ほくざん》・中山《ちゅうざん》・南《なん》山《ざん》）を統一し琉球王国建国	惣村の発達と徳政要求 1428 .9 正長《しょうちょう》の徳政一揆 1429 .1 播磨《はりま》の土一揆 .2 丹波土一揆	1430 .11世阿弥『申楽談儀《さるがくだんぎ》』成る			1429 ジャンヌ＝ダルク，オルレアンの包囲を解く
			1432(永享4)	.8 義教，明と復交。勘合貿易復活					
		⑥義教《よしのり》	1438(永享10)	.8 永享《えいきょう》の乱（幕府，持氏を追討）〔～1439．2〕		1439 .閏1 上杉憲実《うえすぎのりざね》，足利学校を再興			
		1441	1440(永享12)	.3 結城《ゆうき》合戦〔～1441．4〕	1441 .8 嘉吉《かきつ》の徳政一揆				
後花園《ごはなぞの》		1442	1441(嘉吉《かきつ》元)	.6 嘉吉《かきつ》の変（赤松満祐《あかまつみつすけ》，義教を誘殺）	1447◇近江《おうみ》・河内《かわち》・山城《やましろ》・大和《やまと》に土一揆				1445 グーテンベルク，活字印刷
		1443	1443(嘉吉3)	◇対馬の宗貞盛《そうさだもり》，朝鮮との交易条約締結	1451 .10大和の徳政一揆				
		1449 ⑦義勝《よしかつ》	1455(康正《こうしょう》元)	.6 足利成氏《しげうじ》，下総《しもうさ》国古河《こが》に移る（古河公《く》方《ぼう》）	1454 .9 山城の土一揆，徳政要求。享徳《きょうとく》徳政令				1453 東ローマ帝国滅亡
		⑧義政《よしまさ》	1457(長禄《ちょうろく》元)	.12義政，政知《まさとも》を伊豆堀越《ほりごえ》に派遣（堀越公方）	1457 .6 河内の一揆 .11山城の土一揆				

天皇	将軍	西暦（年号）	政治・外交	経済・社会	生活・文化	朝鮮	中国	世界
後花園								
—1464—		1464（寛正《かんしょう》5）	.12義尋《ぎじん》，還俗《げんぞく》して名を義視《よしみ》と改める		1465 .8 義政，東山山荘の地を定める			
	⑧義政《よしまさ》	1465（寛正6）	.11義政夫人・日野富子，義尚《よしひさ》を産む	1465◇山城《やましろ》西岡の一揆				
			応仁の乱と幕府・天皇の衰退	**自治村落の形成と一揆の発展**	1469 .5 雪舟《せっしゅう》，明より帰国			
		1467（応仁《おうにん》元）	.5 **応仁の乱（山名持豊《もちとよ》ら西軍，細川勝元《かつもと》ら東軍）**〔～1477.11〕		1480 .7 一条兼良『樵談治要《しょうだんちよう》』			1479 イスパニア王国成立
後土御門《ごつちみかど》	—1473—			1485 .12**山城の国一揆**〔翌年国中の掟《おきて》を制定〕〔～1493〕	1481 .6 桂庵玄樹《けいあんげんじゅ》・伊地知重貞《いじちしげさだ》『大学章句《だいがくしょうく》』			
	⑨義尚《よしひさ》	1477（文明《ぶんめい》9）	.11**畠山義就《はたけやまよしひろ》ら帰国。土岐成頼《ときしげより》，義視《よしみ》を奉《ほう》じて帰国。大内政弘《まさひろ》ら帰国（応仁の乱終結）**	1488 .6 **加賀《かが》の一向一揆**，守護富樫政親《とがしまさちか》を自殺さす〔～1580〕	1485◇慈照寺東求堂《じしょうじとうぐどう》完成			1492 コロンブス，バハマ諸島発見
	—1490— ⑩義稙《よしたね》		**戦国大名の領国経営**		1488 .1 宗祇《そうぎ》ら『水無瀬三吟百韻《みなせさんぎんひゃくいん》』			
	—1494— ⑪義澄《よしずみ》	1495（明応《めいおう》4）	.9 北条早雲《そううん》，小田原城を奪取					
—1500—	—1508—				1489 .2 **慈照寺銀閣《じしょうじぎんかく》上棟**			1498 ヴァスコ＝ダ＝ガマ，カリカットに到達
後柏原《ごかしわばら》	⑩義稙	1510（永正《えいしょう》7）	.4 三浦《さんぽ》の日本人，釜山浦《ふざんぽ》攻略（**三浦の乱**）	1505 .10幕府，**撰銭令《えりぜに》**を発布	1495 .6 宗祇『新撰菟玖波集《しんせんつくばしゅう》』			
	—1521—	1523（大永《たいえい》3）	.4 寧波《ニンポー》の乱	**領国経済の発展と城下町の繁栄**	1496 .9 **蓮如，石山御坊《いしやまごぼう》を創建**（のちの**石山本願寺**）			
—1526—				◇北条早雲，家訓21カ条を作成（小田原の繁栄）				
	⑫義晴《よしはる》	1536（天文《てんぶん》5）	.7 **天文法華《てんぶんほっけ》の乱**	1526 .4 今川氏親《うじちか》，今川仮名《いまがわかな》目録《もくろく》を制定	1499 .6 龍安寺《りょうあんじ》石庭完成 1518 .8『閑吟集《かんぎんしゅう》』			1510 三浦の乱 1517 ルターの宗教改革
後奈良《ごなら》		1543（天文12）	.8 ポルトガル人種子島《たねがしま》に漂着し，鉄砲を伝える	1536 .4 伊達稙宗《たねむね》，塵芥集《じんかいしゅう》を制定	◇山崎宗鑑《そうかん》『犬筑波集《いぬつくばしゅう》』 ◇御伽草子《おとぎぞうし》の流行			1519 マゼラン，世界周航
	—1546—							
		1547（天文16）	.5 大内義隆，遣明船派遣（最後の遣明船）	1547 .6 武田晴信，家法55カ条制定（甲州法度之次第《こうしゅうはっとのしだい》）	1549 .7 **フランシスコ＝ザビエル鹿児島来着（キリスト教伝来）**			1533 インカ帝国滅亡
		1551（天文20）	.9 大内義隆《よしたか》，陶晴賢《すえはるかた》に滅ぼさる					
	⑬義輝《よしてる》	1555（弘治《こうじ》元）	.10毛利元就《もとなり》，陶晴賢を討つ					
—1557—			**織豊政権の成立**	**信長・秀吉の郷村支配**	1555 .10武野紹鷗《たけのじょうおう》没（茶道《さどう》）			
		1560（永禄《えいろく》3）	.5 **桶狭間《おけはざま》の戦い**	1563◇三河一向一揆蜂起	**キリスト教の普及**			1566 ロンドン取引所の開始。ネーデルラント市民の蜂起
		1561（永禄4）	.9 **上杉景虎《かげとら》（謙信《けんしん》），武田晴信《はるのぶ》（信玄《しんげん》）と川中島で戦う**〔1553，55，58，64にも合戦〕	1564 .2 **三河一向一揆，家康に降《くだ》る**	1556◇**幕府，ガスパル＝ヴィレラに布教許可**			
	—1565—			1567 .10**信長，美濃加納《みのかのう》を楽市とする**	1563 .6 ルイス＝フロイス来日			
	—1568—	1568（永禄11）	◇この年ポルトガル船，長崎で初交易 .9 **信長，足利義昭を奉じ入洛《にゅうらく》**	1568 .10信長，諸国の関所を撤廃	1567 .10東大寺大仏殿焼失	朝鮮	明	1569 ポーランド共和制王国の成立
	⑭義栄《よしひで》 ⑮義昭《よしあき》	1570（元亀《げんき》元）	.6 姉川《あねがわ》の戦い .9 本願寺顕如光佐《ほんがんじけんにょこうさ》，諸国の門徒に檄《げき》し，信長と戦わせる（石山戦争開始）		1569 .4 **信長，ルイス＝フロイスの京都居住許可**			
		1571（元亀2）	.9 **信長，延暦寺堂塔を焼く**					1571 スペイン，マニラを占領。レパントの海戦
	—1573—	1573（天正《てんしょう》元）	.7 **信長，義昭を追放する（室町幕府滅亡）**	1574 .9 **信長，伊勢長島の一揆を鎮定《ちんてい》**〔1570～〕				
正親町《おおぎまち》		1575（天正3）	.5 **長篠合戦《ながしのかっせん》**					
		1576（天正4）	.2 **信長，安土城《あづちじょう》を築城し移る**	1577 .6 **信長，安土城下を楽市・楽座とする**				1579 イギリス人，初めてインドへ
		1580（天正8）	.閏3 本願寺顕如光佐，信長と和睦《わぼく》（石山戦争終わる） .6 イギリス商船，平戸に来航					1580 スペイン・ポルトガル同君連合成立
		1582（天正10）	.3 天目山《てんもくざん》の戦い .6 **本能寺の変（信長没） .6 山崎の合戦**	1582 .7 **秀吉，山城の検地を行う（太閤検地始まる）**	1582 .1 **大友・大村・有馬氏，ローマ教皇に使者派遣（天正遣欧使節《てんしょうけんおう》）**			
		1583（天正11）	.4 **豊臣秀吉，柴田勝家《かついえ》を賤《しず》ヶ岳《たけ》に破る**					1581 オランダ独立宣言
		1584（天正12）	.4 **小牧《こまき》・長久手《ながくて》の戦い** .6 スペイン商船，平戸に来航		1583 .9 **秀吉，大坂城を築く**〔～1588〕			
		1585（天正13）	.7 **秀吉，関白となる** .8 長宗我部元親《ちょうそかべもとちか》，秀吉に降る（四国平定）					1585 天正遣欧使節，教皇（グレゴリウス13世）に謁見
—1586—		1586（天正14）	.12秀吉，太政大臣となり豊臣《とよとみ》の姓を受ける					
		1587（天正15）	.5 島津義久《しまづよしひさ》，秀吉に降る（九州平定） .6 **バテレン追放令を発布**	1587◇天正通宝鋳造	1587 .9 聚楽第《じゅらくてい》成る .10秀吉，北野に大《だい》茶会を催す			
		1588（天正16）	.4 後陽成《ごようぜい》天皇，聚楽第に行幸《ぎょうこう》 .7 秀吉，海賊取締令を発布	1588 .7 **秀吉，刀狩令◇大小判鋳造**				1588 イギリス，スペインの無敵艦隊を破る
		1590（天正18）	.7 小田原平定（北条氏を降す） .8 家康，関東に移封され，江戸城に入る .9 **秀吉，京都に凱旋《がいせん》（全国統一完成）**		1590 .6 ヴァリニャーニ，遣欧使節を連れて帰り，印刷機を伝える			1589 ブルボン王朝開始
後陽成《ごようぜい》		1591（天正19）	.7 秀吉，ポルトガル印度《いんど》総督に貿易を求める .8 **人掃令《ひとばらいれい》（身分統制令）発布** .9 フィリピンに入貢《にゅうこう》を促す	1591 .3 **秀吉，諸国を検地**	1591 .2 千利休自殺			1595 オランダ人，ジャワに到達
		1592（文禄《ぶんろく》元）	.1 **文禄の役**〔～1593〕		1592◇肥前天草にてキリシタン・天草版『平家物語』『伊《い》曽保《そほ》物語』『どちりなきりしたん』刊行			
		1596（慶長《けいちょう》元）	.9 サン＝フェリペ号，土佐に漂着					1598 ユグノー戦争終わる（ナントの勅令）
		1597（慶長2）	.1 **慶長の役**〔～1598〕					
		1598（慶長3）	.7 **五大老《ごたいろう》・五奉行《ごぶぎょう》**設置					
		1600（慶長5）	.3 オランダ船リーフデ号豊後《ぶんご》に漂着 .5 ウィリアム＝アダムズ，ヤン＝ヨーステンら家康に謁見《えっけん》 .9 **関《せき》ヶ原《はら》の戦い**		1596 .11**長崎で26聖人殉教《じゅんきょう》**			1600 **英，東インド会社設立**

天皇	将軍	西暦（年号）	政治・外交	経済・社会	生活・文化	朝鮮	中国	世界
			徳川政権の成立	**封建的規制の強化**	**キリスト教の弾圧と儒学の興隆**			
	1603	1603（慶長《けいちょう》8）	.2 **家康，征夷大将軍《せいいたいしょうぐん》となり江戸幕府開く**	1601 .5 伏見に銀座を置き，丁銀《ちょうぎん》・豆板銀《まめいたぎん》を鋳造《ちゅうぞう》	1603 .4 **出雲阿国《いずものおくに》，京都でかぶき踊り**			1602 蘭，東インド会社設立
	①徳川《とくがわ》家康《いえやす》	1604（慶長9）	.5 家康，糸割符《いとわっぷ》制を制定					
後陽成《ごようぜい》	1605	1607（慶長12）	.5 朝鮮国使節初めて来る	1607◇**角倉了以《すみのくらりょうい》**，富士川に舟運を通じる	1607 .4 **林羅山《はやしらざん》，幕府の儒官《じゅかん》となる**			1604 仏，東インド会社設立
		1609（慶長14）	.2 **島津家久《しまづいえひさ》，琉球《りゅうきゅう》に出兵** .3 対馬《つしま》の宗《そう》氏と朝鮮国との間に己酉《きゆう》約条 .7 オランダとの貿易開始（平戸《ひらど》に商館建設）	1609 .7 金・銀・銭の比価を永楽銭1貫文《かんもん》＝鐚銭《びたせん》4貫文＝銀50匁《もんめ》＝金1両とする				
		1610（慶長15）	.6 田中勝介《しょうすけ》をメキシコ(ノヴィスパン)に派遣					
1611		1612（慶長17）	.3 **幕領（天領）に禁教令**					
	②秀忠《ひでただ》	1613（慶長18）	.9 イギリスとの貿易開始（平戸に商館建設）。伊達政宗《だてまさむね》，支倉常長《はせくらつねなが》を欧州に派遣（慶長遣欧使節）〔～1620〕 **.12全国に禁教令**				明	1613 ロシア，ロマノフ王朝成立
		1614（慶長19）	.7 豊臣秀頼，京都方広寺大仏殿再建（鐘《しょう》銘《めい》事件） **.10大坂冬の陣**		1614 .9 **高山右近《たかやまうこん》**・内藤如安《ないとうじょあん》らキリスト教徒148人をマニラ・マカオへ追放			
後水尾《ごみずのお》		1615（元和《げんな》元）	.4 **大坂夏の陣（豊臣氏滅亡）**。一国一城令 .7 **武家諸法度《ぶけしょはっと》・禁中並公家諸法度《きんちゅうならびにくげしょはっと》**制定			朝		
		1616（元和2）	.4 家康没 .8 ヨーロッパ船の来航地を長崎・平戸に限定	1616 .10人身売買・煙草《たばこ》作りなどの禁止	1617◇日光東照宮社殿竣工《しゅんこう》 1620◇**桂離宮《かつらりきゅう》**建立〔～1624〕	鮮		1616 **後金《こうきん》の建国**
	1623	1623（元和9）	.11イギリス，平戸の商館閉鎖	1619◇**菱垣廻船《ひがきかいせん》の創設**	1622 .8 元和大殉教《げんなだいじゅんきょう》			1624 蘭人，台湾を占領〔～1661〕
		1624（寛永《かんえい》元）	.3 スペイン船の来航禁止	1625 .8 関所通行・伝馬《てんま》などの規則改定				
1629		1629（寛永6）	.11**紫衣《しえ》事件**〔沢庵《たくあん》ら流刑《るけい》〕 後水尾《ごみずのお》天皇退位		1629◇**絵踏《えふみ》始まる** .10女舞《おんなまい》・女歌舞伎《おんなかぶき》の禁止			1628 英，権利請願
		1630（寛永7）	◇山田長政，シャムで殺害		1630◇**キリスト教の書籍輸入禁止** ◇林羅山《はやしらざん》，上野《うえの》忍《しのぶ》ヶ岡《がおか》に学寮を建設			
		1631（寛永8）	.6 海外渡航に老中奉書《ろうじゅうほうしょ》を交付（奉書船の始まり）					
		1632（寛永9）	.12大目付設置		◇貞門派俳諧《ていもんははいかい》盛ん			
		1633（寛永10）	.2 奉書船以外の海外渡航の禁止		1636 .4 日光東照宮完成			1636 **後金，国号を清《シン》と改称**
明正《めいしょう》	③家光《いえみつ》	1635（寛永12）	.5 外国船の入港を長崎に限定。**日本人の海外渡航・帰国の禁止** .6 **武家諸法度の改定（参勤交代制**など） .11寺社奉行設置	1636 .6 江戸と近江《おうみ》坂本に銭座設置（**寛永通宝**鋳造）	1641◇熊沢蕃山《くまざわばんざん》，**花畠教場《はなばたけきょうじょう》**設立 1647◇**酒井田柿右衛門《さかいだかきえもん》，赤絵焼に成功**			1642 **ピューリタン革命**〔～1649〕
		1637（寛永14）	.10**島原の乱**〔～1638〕					
		1639（寛永16）	.7 ポルトガル船の来航禁止	1641◇オランダ風説書始まる	1652 .6 若衆歌舞伎《わかしゅかぶき》禁止			
		1640（寛永17）	.6 **宗門改役《しゅうもんあらためやく》設置**（**寺請制度《てらうけせいど》**の始まり）	1643 .3 **田畑永代売買《でんぱたえいたいばいばい》の禁止令** ◇田畑勝手作《でんばたかってづく》りの禁	1654 .7 **隠元《いんげん》**，来日。**黄檗宗《おうばくしゅう》**を伝える			1644 **明の滅亡**
		1641（寛永18）	.4 オランダ商館を平戸より長崎出島へ（鎖国の完成）					
1643				1649◇慶安《けいあん》の触書《ふれがき》公布	1657 .7 **徳川光圀《みつくに》，『大日本史』の編纂《へんさん》開始**			1660 英，王政復古
後光明《ごこうみょう》			**武断政治から文治政治へ**	1652 .5 佐倉惣五郎《さくらそうごろう》一揆	1662 .2 **伊藤仁斎《じんさい》**，**古義堂《こぎどう》**を開塾			
	1651	1651（慶安《けいあん》4）	.7 **由井正雪《ゆいしょうせつ》の乱** .12**末期養子《まつごようし》の禁緩和**	1657 .1 **明暦《めいれき》の大火**（振袖《ふりそで》火事）				1661 鄭成功《ていせいこう》，台湾占領。英，ボンベイ獲得
1654		1655（明暦《めいれき》元）	.4 糸割符制を廃し，相対《あいたい》貿易とする		1665◇**山鹿素行《やまがそこう》『聖教要録《せいきょうようろく》』**			
後西《ごさい》				1671 .7 **河村瑞賢《かわむらずいけん》，東廻り海運開設**	1668◇岡山藩**閑谷《しずたに》学校**創設〔1701完成〕		清《シン》	
1663		1663（寛文《かんぶん》3）	.5 武家諸法度改定。**殉死《じゅんし》の禁止**					
	④家綱《いえつな》	1665（寛文5）	.7 諸大名の人質（証人）を停止。諸宗寺院法度・諸社禰宜《ねぎ》神主法度の制定	1672◇**河村瑞賢，西廻り海運開設**	1670◇林羅山，鵞峰《がほう》撰『本朝通鑑《ほんちょうつがん》』完成			1664 仏，東インド会社再興
		1669（寛文9）	.7 **シャクシャインの戦い**〔～1672〕	1673 .6 **分地制限令** .8 三井高利《たかとし》，江戸・京都に越後屋呉服店を開く	1673 .5 **市川団十郎《いちかわだんじゅうろう》**，江戸で**荒事《あらごと》**演じる			
			文治政治の展開					
		1671（寛文11）	.10諸代官に**宗旨人別帳《しゅうしにんべつちょう》**（**宗門改《しゅうもんあらため》帳**）の作成を命じる		1674◇**関孝和《せきたかかず》『発微算法《はつびさんぽう》』**刊			
霊元《れいげん》	1680			**町人の台頭**	1678 .2 **坂田藤十郎《とうじゅうろう》**，大坂で**和事《わごと》**を確立			
		1681（天和《てんな》元）	.12堀田正俊《ほったまさとし》，大老となる〔～1684〕	1681◇上州沼田藩，磔茂左衛《はりつけもざえ》門《もん》一揆				
		1682（天和2）	.6 勘定吟味役《かんじょうぎんみやく》設置		**元禄文化の開花**			
		1683（天和3）	.7 武家諸法度改定（末期養子《まつごようし》許可，殉死《じゅんし》の禁）	1684 .10宣命《せんみょう》暦を**貞享《じょうきょう》暦**に変える	1682 .9 **井原西鶴《いはらさいかく》『好色一代男』**刊			1683 鄭氏降伏し，台湾，清領となる
		1685（貞享《じょうきょう》2）	.1 糸割符制再興 .7 **生類憐《しょうるいあわれ》みの令**を出す〔この後，頻発〕	1691 .5 別子銅山《べっしどうざん》開坑（住友）	1684 .12**渋川《しぶかわ》春海《はるみ》《しゅんかい》，初代幕府天文方《てんもんかた》**となる			
1687								1685 仏，ナント勅令廃止
		1688（元禄《げんろく》元）	.11**柳沢吉保《やなぎさわよしやす》，側用人《そばようにん》となる**	1694◇**江戸に十組《とくみ》問屋仲間成立**〔1813公認〕◇**大坂に二十四組問屋仲間成立**〔1784公認〕	1688 .1 西鶴『日本永代蔵《にっぽんえいたいぐら》』刊◇**契沖《けいちゅう》『万葉代匠記《まんようだいしょうき》』**			
	⑤綱吉《つなよし》	1690（元禄3）	.8 ドイツ人ケンペル来日		1689 .3 **芭蕉**，「奥の細道」へ出立 1690 .7 **林鳳岡《ほうこう》邸内の聖堂を湯島に移す**			1688 英，**名誉革命** 1689 清・露，ネルチンスク条約。英，権利章典
東山《ひがしやま》				1695 .8 **荻原重秀《おぎわらしげひで》，金銀貨を改鋳**（元字金銀《げんじきんぎん》）				
		1696（元禄9）	.4 **荻原重秀《おぎわらしげひで》，勘定奉行となる**〔1712罷免《ひめん》〕		1696◇宮崎安貞《やすさだ》『**農業全書**』〔97刊〕			
		1702（元禄15）	.12赤穂浪士大石良雄《あこうろうしおおいしよしお》ら吉良義央《きらよしなか》を討つ		1703 .5 **近松門左衛門《ちかまつもんざえもん》の『曽《そ》根崎心中《ねざきしんじゅう》』**初演			

天皇	将軍	西暦（年号）	政治・外交	経済・社会	生活・文化	朝鮮	中国	世界
		1705（宝永《ほうえい》2）	.1 禁裏御料《きんりごりょう》1万石増進（計3万石）	1705◇**御蔭参《おかげまい》り流行**				1701 **スペイン王位継承戦争**。プロイセン王国創立
東山《ひがしやま》	⑤綱吉《つなよし》	1708（宝永5）	.8 宣教師シドッチ，屋久島に来着		1709 .3 東大寺大仏殿再建			
			正徳の政治		◇寺子屋普及			
1709	1709	1709（宝永6）	.1 **新井白石《あらいはくせき》・間部詮房《まなべあきふさ》を登用**。生類憐みの令を廃止		1712◇**白石『読史余論《とくしよろん》』**			
	⑥家宣《いえのぶ》				1717◇**荻生徂徠《おぎゅうそらい》**，古文辞学《こぶんじがく》を説く（**蘐園《けんえん》学派**の成立）			
		1710（宝永7）	.8 閑院宮《かんいんのみや》家の創立					1703 ピョートル大帝，ペテルブルク建設
	1712	1711（正徳《しょうとく》元）	.2 朝鮮使節の待遇の簡素化		1722◇荻生徂徠『政談』を吉宗に献上			
	⑦家継《いえつぐ》	1715（正徳5）	.1 海舶互市《かいはくごし》新例（正徳新令）	1714 .5 **金銀を改鋳し古制に戻す（正徳金銀）**				
	1716	1716（享保《きょうほう》元）	.5 紀州の吉宗，将軍となる。新井白石ら罷免《ひめん》		1726 .6 大坂に**懐徳堂《かいとくどう》**設立 1729 .3 太宰春台《だざいしゅんだい》『経済録』			1721 ウォルポール内閣成立（責任内閣制度の始め）
			享保の改革		◇**石田梅岩《ばいがん》**，京都で**心学**の講席を開く			
中御門《なかみかど》		1717（享保2）	.2 **大岡忠相《ただすけ》（越前守《えちぜんのかみ》）を江戸町奉行に登用**					
		1719（享保4）	.11**相対済《あいたいすま》し令**〔～1729〕	1720 .8 **江戸町火消《まちびけし》いろは組創設**				
		1720（享保5）	.12漢訳洋書の輸入制限緩和					
		1721（享保6）	.8 **目安箱《めやすばこ》**を評定所門前に置く	1721 .8 **小石川薬園**設立	1735 .2 青木昆陽『蕃薯考《ばんしょこう》』			1723 清，キリスト教禁止
	⑧吉宗《よしむね》	1722（享保7）	.7 **上《あ》げ米《まい》**を実施し，参勤期限を緩和〔1730廃止〕		**宝暦・天明期の文化**			1732 英，北米にジョージア植民地建設
		1723（享保8）	.6 **足高《たしだか》の制**を定める	1724 .7 江戸蔵前《くらまえ》の**札差《ふださし》組合**を公認（109人）				
		1724（享保9）	.6 倹約令を出す		1748 .8 竹田出雲《いずも》『仮名手本《かなでほん》忠臣蔵《ちゅうしんぐら》』初演			
1735		1730（享保15）	.4 諸大名の上げ米を停止し，参勤交代を旧に復する	1730 .8 **大坂堂島の米相場を公認**	1755 .2 安藤昌益《あんどうしょうえき》『自然真営《しぜんしんえい》《じねん》道《どう》』			1740 **オーストリア継承戦争**〔～1748〕
桜町《さくらまち》		1739（元文《げんぶん》4）	.3 青木昆陽《あおきこんよう》を登用	1732◇**享保の飢饉**（西日本に大虫害）				
	1745	1742（寛保《かんぽう》2）	.4 **公事方御定書《くじかたおさだめがき》を制定**		1765 .7 柄井川柳《からいせんりゅう》『誹風柳多留《はいふうやなぎだる》』初篇刊　◇**鈴木春信《はるのぶ》，錦絵《にしきえ》を創始**　◇賀茂真淵《かものまぶち》『国意考』　◇円山応挙《まるやまおうきょ》「雪松図《ゆきまつず》」			1750◇イギリス，アメリカ貿易を完全に掌握
1747		1753（宝暦《ほうれき》3）	.4 諸大名に備荒貯穀《びこうちょこく》を命じる	1743◇**甘藷《かんしょ》栽培を奨励**				
桃園《ももぞの》	⑨家重《いえしげ》	1758（宝暦8）	.7 **宝暦事件**（竹内式部《たけのうちしきぶ》を捕らえ，公家17人処罰）	**百姓一揆・打ちこわしの激増** 1756 .6 米価騰貴《とうき》のため米商に買占め禁止 .11阿《あ》波五社《わごしゃ》騒動				
	1760	1759（宝暦9）	.2 **山県大弐《やまがただいに》『柳子《りゅうし》新論』**を著し政治を批判					1755 清，琉球国王に授印
1762		1764（明和《めいわ》元）	.3 **俵物《たわらもの》**の生産を奨励		1771 .8 与謝蕪村《よさぶそん》・池大雅《いけのたいが》「十便十宜図《じゅうべんじゅうぎず》」	朝鮮		
後桜町《ごさくらまち》			**田沼の政治**	1763 .11江戸神田に朝鮮人参座《ちょうせんにんじんざ》を設置			清	1756 七年戦争〔～1763〕
1770		1767（明和4）	.7 **田沼意次《おきつぐ》を側用人とする** .8 **明和事件**（山県大弐死刑，竹内式部流罪《るざい》）		1774 .8 前野良沢《りょうたく》・杉田玄白《げんぱく》ら『解体新書』			1757 プラッシーの戦い
後桃園《ごももぞの》		1772（安永《あんえい》元）	.1 **田沼意次，老中となる** .1 大坂天満《てんま》青物市場問屋・仲買株を公認	1771 .4～7 **伊勢御蔭参り盛行**	1776 .4 米沢藩校興譲館《こうじょうかん》再興 .11**平賀源内《ひらがげんない》，エレキテル**完成			1762 ルソー『社会契約論』刊
1779	⑩家治《いえはる》	1778（安永7）	.6 ロシア船，蝦夷地厚岸《えぞちあっけし》に来航し，松前藩に通商要求〔79年拒否〕	1780 .8 大坂に鉄座，江戸・京・大坂に真鍮《しんちゅう》座を設置	1779◇**洒落本《しゃれぼん》，黄表紙《きびょうし》**流行			
		1782（天明《てんめい》2）	.7 **下総印旛沼干拓《しもうさいんばぬまかんたく》に着手**	1782◇冷害のため諸国大飢饉，奥羽《おうう》地方餓死多数（**天明の飢饉**）〔～1787〕	1783 .1 工藤平助《くどうへいすけ》『赤蝦夷風説考《あかえぞふうせつこう》』　◇大槻玄沢《おおつきげんたく》『**蘭学階梯《かいてい》**』〔1788刊行〕 .9 司《し》馬江漢《ばこうかん》，日本銅《どう》版画を創製			1763 パリ平和条約
		1783（天明3）	.7 伊勢の船頭**大黒屋光太夫《だいこくやこうだゆう》**らアリューシャンに漂流					1769 **ワット，蒸気機関の改良に成功**
		1784（天明4）	.3 佐野政言《まさこと》，田沼意知《おきとも》を刺殺 .8 大坂の二十四組江戸積問屋株仲間を公認	1783 .7 **浅間山噴火** 1785 .12大坂町人へ御用金を命じる				
	1786	1786（天明6）	.8 田沼意次ら失脚◇**最上徳内《もがみとくない》ら千島を探検し得撫《うるっぷ》に至る**		1786 .8 大槻玄沢，私塾**芝蘭《しらん》堂**を設立			1776 **米，独立宣言**。スミス『国富論』
			寛政の改革					
	1787	1787（天明7）	.6 **松平定信《まつだいらさだのぶ》，老中就任** .8 **倹約令《けんやくれい》発布**	1787 .5 **江戸・大坂など各地で打ちこわし**（天明の打ちこわし）				1783 パリ条約（英，アメリカ合衆国の独立承認）
		1789（寛政《かんせい》元）	.9 **棄捐令《きえんれい》**の発布。諸大名に**囲米《かこいまい》**を命じる					
		1790（寛政2）	.5 **寛政異学の禁**					
		1791（寛政3）	.12**七分積金《しちぶつみきん》の制**	1790 .2 **人足寄場《にんそくよせば》を江戸石川島に設置**	1791 .3 山東京伝《さんとうきょうでん》の『仕懸《しかけ》文庫』など絶版，手鎖《てぐさり》 .4 林子平《はやししへい》『海国兵談』刊			
		1792（寛政4）	.9 ロシア使節ラクスマンら漂民光太夫を護送して根室に来航，通商要求					1789 **フランス革命**。人権宣言を発する
光格《こうかく》			**家斉と藩政改革の時代**		1792 .5 **『海国兵談』を絶版にし，林子平を蟄居《ちっきょ》**			
	⑪家斉《いえなり》				1793 .7 塙保己一《はなわほきいち》，**和学講談所**設立 1796◇稲村三伯《いなむらさんぱく》『ハルマ和解《わげ》』 1797 .12**昌平坂《しょうへいざか》学問所（聖堂）を官立とする**			1796 清，アヘン輸入禁止
		1798（寛政10）	.7 **近藤重蔵《こんどうじゅうぞう》，択捉《えとろふ》島に「大日本恵土呂府《えとろふ》」の標柱を建てる**		1798 .6 本居宣長《もとおりのりなが》『古事記伝』 **化政文化**			1798 ナポレオンのエジプト遠征
		1800（寛政12）	.閏4 **伊能忠敬《いのうただたか》，蝦夷地を測量**〔翌年より全国の測量を開始〕		◇滑稽本《こっけいぼん》流行			
		1804（文化《ぶんか》元）	.9 ロシア使節レザノフ，長崎に来航し通商を要求〔翌年，幕府拒否〕		1802 .10志筑忠雄《しづきただお》『暦象新書《れきしょうしんしょ》』			

天皇	将軍	西暦（年号）	政治・外交	経済・社会	生活・文化	朝鮮	中国	世界
光格《こうかく》	⑪家斉《いえなり》	1805（文化《ぶんか》2）	.6 関東取締出役《かんとうとりしまりしゅつやく》（八州廻《はっしゅうまわ》り）の設置		1802◇十返舎一九《じっぺんしゃいっく》『東海道中《とうかいどうちゅう》膝栗毛《ひざくりげ》』初編刊			1804 **ナポレオン，皇帝になる**
		1806（文化3）	.1 **文化の薪水《しんすい》給与令（撫恤令《ぶじゅつれい》）**	1806 .10江戸町人に御用金を課す	1809 .1 式亭三馬《しきていさんば》『浮世風《うきよぶ》呂《ろ》』前編刊			1806 **神聖ローマ帝国滅亡**
		1808（文化5）	.4 松田伝十郎・間宮林蔵《まみやりんぞう》ら樺太《からふと》探検，間《ま》宮海峡《みやかいきょう》を発見 .8 英艦フェートン号事件	1810 .12大坂町人に御用金を課す	1811 .5 式亭二馬『浮世床《うきよどこ》』初編刊◇天文方に**蛮書和解御用掛《ばんしょわげごようがかり》**を設立			1810 **オランダ，フランスに併合**
		1811（文化8）	.6 ロシア艦長ゴローウニンを国後《くなしり》島で捕らえる					
		1812（文化9）	.8 **高田屋嘉兵衛《たかだやかへえ》**が国後海上でロシア艦に捕らえられる		1813◇海保青陵《かいほせいりょう》『稽古談《けいこだん》』			
		1813（文化10）	.9 ゴローウニン事件解決（ゴローウニンと高田屋嘉兵衛交換）	1813 .3 幕府，十組問屋仲間65組1,995人に株札交付し，以後の新規加入禁止	1814 .11曲亭《きょくてい》（滝沢）馬琴《ばきん》『南総里見八犬伝《なんそうさとみはっけんでん》』第1輯《しゅう》 1815 .4 杉田玄白『**蘭学事始《らんがくことはじめ》**』 1820 .8 **山片蟠桃《やまがたばんとう》『夢の代《しろ》』**			1814 **ウィーン会議**
—1817—								
仁孝《にんこう》		1821（文政《ぶんせい》4）	.12東西蝦夷地《えぞち》を松前氏に還付《かんぷ》		1821 .7 **伊能忠敬《いのうただたか》「大日本沿海輿地全図《だいにほんえんかいよちぜんず》」**完成〔没後〕			
		1823（文政6）	.7 ドイツ人医師シーボルト，オランダ商館医として長崎に来航	1823 .5 摂津《せっつ》・河内《かわち》・和泉《いずみ》で国訴	1824◇**シーボルト，鳴滝塾《なるたきじゅく》**設立			1823 モンロー宣言
		1825（文政8）	.2 **異国船打払令（無二念打払令《むにねんうちはらいれい》）**		1827 .5 **頼山陽《らいさんよう》『日本外史』**◇佐藤信淵《のぶひろ》『経済要録』			
		1827（文政10）	.12**薩摩藩《さつまはん》調所広郷《ずしょひろさと》**の財政改革始まる					
		1828（文政11）	.10**シーボルト事件**		1829 .1 柳亭種彦《りゅうていたねひこ》『偐紫《にせむらさき》田舎源氏《いなかげんじ》』初編刊			
		1830（天保《てんぽう》元）	.1 水戸藩主徳川斉昭《なりあき》，藩政改革に着手	1830 .閏3〜8 **伊勢御蔭参《おかげまい》り流行**				1830 パリ七月革命
		1834（天保5）	.3 **水野忠邦《みずのただくに》，老中となる**〔〜1843〕		1832 .1 為永春水《ためながしゅんすい》『春色梅児《しゅんしょくうめご》誉美《よみ》』初編刊			
	—1837—	1837（天保8）	.2 **大塩平八郎の乱**（大坂） .6 国学者**生田万《いくたよろず》の乱**（越後柏崎《えちごかしわざき》）。モリソン号事件（アメリカ商船）	1831 .7 防長一揆 1833◇**天保の飢饉**〔〜1839〕	1833◇**歌川《うたがわ》（安藤）広重《ひろしげ》「東海道五十三次」**			
	⑫家慶《いえよし》	1838（天保9）	.8 長州藩，**村田清風《せいふう》**を起用し藩政改革	1835 .9 **天保通宝**（百文銭）を鋳造	1838 .10高野長英『戊戌《ぼじゅつ》夢物語』。渡辺崋山《かざん》『慎機論《しんきろん》』。中山みき，天理教を開く◇**緒方洪庵《おがたこうあん》，適々斎塾《てきてきさいじゅく》（適塾《てきじゅく》）**開く			
		1839（天保10）	.5 **蛮社《ばんしゃ》の獄**	1836 .8 甲斐《かい》郡内騒動 .9 三河加茂《みかわかも》一揆				
			天保の改革					
		1841（天保12）	.5 **水野忠邦，天保の改革**	1841 .5 倹約令《けんやくれい》 .12株仲間解散令				1840 アヘン戦争〔〜1842〕
		1842（天保13）	.7 **天保の薪水《しんすい》給与令**		1842 .6 人情本禁止。**為永春水，柳亭種彦を処罰**	朝鮮	清	1842 南京条約
		1843（天保14）	.3 **人返しの法** .6 **上知令《あげちれい》** .閏9 水野忠邦老中免職。阿部正弘《あべまさひろ》，老中就任					1844 清，望厦《ぼうか》条約，黄埔《こうほ》条約
		1844（弘化《こうか》元）	.7 オランダ国王開国勧告					
—1846—		1846（弘化3）	.閏5 米使ビッドル浦賀に来航，通商要求		1851◇**本木昌造《もときしょうぞう》，鉛製活字《なまりせいかつじ》**を製造			
孝明《こうめい》			**尊王攘夷から倒幕運動へ**	1850 .10**佐賀藩，反射炉《はんしゃろ》**を築造				1848 共産党宣言。フランス二月革命
	—1853—	1853（嘉永《かえい》6）	.6 ペリー，浦賀に来航。幕府，久里浜《くりはま》で国書受領 .7 ロシア使節プチャーチン，長崎に来航	1851 .3 十組問屋ほか株仲間の再興許可	1852 .2 水戸藩『大日本史』173巻を朝廷・幕府に献上〔完成は1905年〕			1851 太平天国の乱〔〜1864〕
	⑬家定《いえさだ》	1854（安政《あんせい》元）	.3 日米和親条約締結（神奈川条約）	**開国と物価騰貴**	**西洋文化の導入**			
			.8 日英和親条約に調印 .12日露和親条約に調印（国境画定）	1854 .4 京都大火，皇居炎上	1855 .1 **洋学所**を建てる			1855 パリ万国博覧会
		1855（安政2）	.10**堀田正睦《ほったまさよし》，老中首座《しゅざ》となる** .12日蘭和親条約調印	1855 .10江戸大地震（安政大地震）	1856 .2 **洋学所を蕃書調所《ばんしょしらべしょ》と改称◇吉田松陰，松下村塾《しょうかそんじゅく》**の主宰者となる			1856 **クリミア戦争**終わる。アロー号事件（清）
		1856（安政3）	.8 アメリカ総領事ハリス，下田《しもだ》に着任	1857◇鉄銭箱館通宝《てっせんはこだてつうほう》を鋳造				
	—1858—	1858（安政5）	.4 **井伊直弼《いいなおすけ》，大老就任** .6 日米修好通商条約・貿易章程に調印。**紀伊徳川慶福《よしとみ》（家茂）を継嗣《けいし》と決定** .7 徳川斉昭《なりあき》・慶《よし》恕《くみ》・越前松平慶永《よしなが》らに謹慎《きんしん》。蘭・露・英と修好通商条約に調印 .9 仏と修好通商条約調印 ◇**安政の大獄**〔〜1859〕	1858◇コレラ流行	1858 .5 伊東玄朴《いとうげんぼく》ら江戸に種痘所《しゅとうじょ》開設 .10**福沢諭吉，江戸鉄砲洲《てっぽうず》に私塾（慶応義塾《けいおうぎじゅく》の初め）**			1857 **シパーヒーの反乱**〔〜1859〕 1858 清，ロシアとアイグン条約。英仏米露と天津《てんしん》条約
	⑭家茂《いえもち》	1859（安政6）	.9 梅田雲浜《うめだうんぴん》獄死 .10吉田松陰，橋本左内ら刑死	1859 .6 **横浜・長崎・箱館を開港**	1859 .9 米宣教師ヘボン来日			
		1860（万延《まんえん》元）	.1 **安藤信正《のぶまさ》，老中就任**。勝安房守《あわのかみ》（海舟《かいしゅう》）ら咸臨丸《かんりんまる》でアメリカに向かう .3 **桜田門外の変** .10**皇女和宮《こうじょかずのみや》**，将軍家茂への降嫁《こうか》が勅許《ちょっきょ》〔1862 .2 婚儀（江戸城）〕	1860 .閏3 **五品江戸廻送令《ごひんえどかいそうれい》** 1861 .5 東禅寺《とうぜんじ》事件	1861 .10種痘所を**西洋医学所**と改称			1860 **北京条約** 1861 **南北戦争**〔〜1865〕
		1862（文久《ぶんきゅう》2）	.1 **坂下門外の変** .6 大原重徳《しげとみ》・**島津久光**ら東下 .7 **一橋慶喜を将軍後見職として幕政改革を行う（文久の改革）** .8 **生麦《なまむぎ》事件** .閏8 松平容保《かたもり》を京都守護職に任命		1862 .5 蕃書調所を**洋書調所**と改称◇『英和対訳袖珍辞書《えいわたいやくしゅうちんじしょ》』刊（英和辞書の最初）			1862 安南《あんなん》，仏とサイゴン条約
		1863（文久3）	.4 幕府，5月10日を攘夷期限と上奏 .5 長州藩，下関で外国船砲撃 .7 薩英《さつえい》戦争 .8 **八月十八日の政変**	1863 .8 天誅組《てんちゅうぐみ》の変 .10生《いく》野《の》の変	1863 .2 西洋医学所を医学所と改称 .8 洋書調所を**開成所《かいせいじょ》**と改称			1863 リンカン，奴隷解放宣言
		1864（元治《げんじ》元）	.6 **池田屋騒動** .7 **禁門の変（蛤御門《はまぐりごもん》の変）。第1次長州征伐《せいばつ》** .8 四国艦隊，下関砲撃	1864 .7 佐久間《さくま》象《しょう》《ぞう》山《ざん》暗殺				1864 第1インターナショナル結成

天皇	将軍	西暦（年号）	政治・外交	経済・社会	生活・文化	世界
孝明《こうめい》	⑭家茂《いえもち》	1865(慶応《けいおう》元)	.5第2次長州征伐 .閏5英公使パークス着任 .10条約勅許《ちょっきょ》	1865 .9横須賀製鉄所建設	1865 .1長崎大浦天主堂《おおうらてんしゅどう》完成	1865 リンカン暗殺
	—1866— ⑮慶喜《よしのぶ》	1866(慶応2)	.1**薩長《さっちょう》連合(同盟)成立** .5英・米・仏・蘭と改税約書調印 .12**慶喜，将軍となる**	1866◇**江戸・大坂で大規模な打ちこわし**	1866 .12福沢諭吉『西洋事情』（初編）	1866 普墺《ふおう》戦争
—1867—	—1867—	1867(慶応3)	.5兵庫開港勅許 .9薩長芸3藩，挙兵倒幕を約す .10土佐藩（山内豊信），幕府へ大政奉還の建白。**討幕の密勅《みっちょく》。徳川慶喜，大政奉還** .12**王政復古の大号令。小御所《こごしょ》会議**（慶喜に辞官納地令）	1867 .8**名古屋地方にええじゃないか**，東海道・江戸・京畿その他一円に拡大 .11坂本龍馬《さかもとりょうま》，中岡慎太郎《なかおかしんたろう》殺害	1867 .9米宣教師ヘボン『和英語林集成』完成 **文明開化と生活洋風化の始まり**	
			明治維新(維新政府の成立と幕藩体制の解体)	**封建的制度の撤廃と身分制の再編成**		
		1868(明治《めいじ》元)	.1鳥羽《とば》・伏見《ふしみ》の戦い（**戊辰《ぼしん》戦争**） .3**五箇条の誓《せい》文《もん》と五榜《ごぼう》の掲示** .閏4**政体書** .7江戸を東京と改称 .9一世一元《いっせいいちげん》の制	1868 .閏4**長崎の浦上《うらがみ》信徒弾圧，各国領事抗議** .5太政官札《だじょうかんさつ》を発行	1868 .3**神仏分離令《しんぶつぶんりれい》，廃仏毀釈《はいぶつきしゃく》の運動おこる** .4福《ふく》沢諭吉《ざわゆきち》，**慶応義塾《けいおうぎじゅく》**開設	
		1869(明治2)	.1**薩長土肥4藩主，版籍奉還《はんせきほうかん》**を上表 .5箱館五《はこだてご》稜郭《りょうかく》開城，榎本武揚《えのもとたけあき》ら降伏（戊辰戦争終結） .6**版籍奉還を許可**。華族・士族の称を設ける .7官制改革，二官六省の制，開拓使を設置	1869 .1横井小楠《よこいしょうなん》刺殺 .11大村益次郎《おおむらますじろう》暗殺	1869 .7昌平坂《しょうへいざか》学校を**大学校**とする .12**電信開通**	1869 米，大陸横断鉄道開通。スエズ運河開通
		1870(明治3)	.9平民に苗字《みょうじ》使用を許可 .閏10工部省《こうぶしょう》設置	1870 .10岩崎弥太郎《やたろう》，海運事業の九十九《つくも》商会設立（三菱《みつびし》商会の前身）	1870 .1**大教宣布《だいきょうせんぷ》の詔《みことのり》** .10中村正直《まさなお》『西国立志編《さいごくりっしへん》』 .12日刊の「**横浜毎日新聞**」	1870 **普仏戦争**〔～1871〕。仏，第三共和制。伊，統一完了
		1871(明治4)	.4戸籍法 .7**廃藩置県《はいはんちけん》(3府302県)**。太政官制《だじょうかんせい》を改め，正院・左院・右院を設ける。日清修好条規調印 .10岩倉使節団を欧米に派遣	1871 .1東京～京都～大阪間に郵便制度創始 .5**新貨条例制定**	1871 .3**郵便開始** .4仮名《かな》垣魯文《がきろぶん》，戯作《げさく》『安愚楽鍋《あぐらなべ》』 .7**文部省**設置	1871 **ドイツ帝国成立**。パリ＝コミューン
			明治政府の三大改革(地租改正・徴兵令・学制)			
		1872(明治5)	.1**壬申《じんしん》戸籍**編成 .2**田畑永代《えいたい》売買の解禁** .8**学《がく》制《せい》公布** .11**徴兵《ちょうへい》の詔書《しょうしょ》と告諭《こくゆ》** .12**太陽暦《たいようれき》**採用により12月3日が明治6年1月1日〔注〕	1872 .9**新橋～横浜間に鉄道開通** .10**官営富岡《とみおか》製糸場開業** .11**国立銀行条例制定**	1872 .2福沢諭吉『学問のすゝめ』	
		1873(明治6)	.1徴兵令公布 .7**地租改正条例** .10**征韓論《せいかんろん》敗北**，西郷隆盛《たかもり》・板垣退助《たいすけ》・後藤象二郎《しょうじろう》ら下野《げや》 .11内務省設置 .12秩禄奉還《ちつろくほうかん》決まる	**地租改正と殖産興業・政商の成長** 1873 .1紀元節《きげんせつ》・天長節《てんちょうせつ》など祝日制定	1873 .2キリスト教黙認，禁制の高札撤去 .8**明六《めいろく》社**結成	1873 朝鮮の大《たい》院君《いんくん》失脚，閔《びん》氏政権
			自由民権運動の開始と士族の反乱			
明治《めいじ》		1874(明治7)	.1東京警視庁設置。板垣・後藤ら**民撰議院設立の建白書提出** .2佐賀の乱 .4台湾出兵。板垣・片岡健吉ら立志社結成	1874 .6**三田演説会開会**	1874 .3明六社『明六雑誌』発行 .9「朝野《ちょうや》新聞」 .11「読売新聞」創刊	
		1875(明治8)	.1大阪会議 .2板垣ら愛国社結成 .4漸次《ぜんじ》立憲政体樹立の詔。元老院《げんろういん》・大審院《だいしんいん》設置 .5樺太《からふと》・千《ち》島《しま》交換条約調印 .6地方官会議開会。讒謗律《ざんぼうりつ》・新聞紙条例制定 .9江華島《こうかとう》《カンフワド》事件	1875 .5屯田《とんでん》兵の入植開始	1875 .9商法講習所設立（一橋大の前身） .11新島襄《にいじまじょう》，同志社英学校設立	1875 清，同治《どうち》帝《てい》没，西太《せいたい》后《ごう》に実権。メートル法条約。英政府，スエズ運河の株買収
		1876(明治9)	.2日朝修好条規調印 .3廃刀令《はいとうれい》 .8金禄公債証《きんろくこうさいしょう》書《しょ》発行条例 .10神風連《じんぷうれん》の乱・秋月《あきづき》の乱・萩《はぎ》の乱		1876 .4開智小学校落成（松本市。現在，重要文化財） .9クラーク（科学）来日，札幌農学校開校（北海道大の前身）	
		1877(明治10)	.2**西南戦争**（～.9） .6立志社，国会開設の建白	1877 .8第1回**内国勧業博《ないこくかんぎょうはく》覧会《らんかい》開催**。コレラ流行	1877 .4東京大学開設 .9**米人モース，大森貝塚を発掘**	1877 英領インド帝国成立。露土戦争
		1878(明治11)	.7郡区町村編制法・府県会規則・地方税規則の**地方三新法制定** .8近衛《このえ》砲兵隊の反乱（竹橋《たけばし》事件） .9愛国社再興大会 .12参謀《さんぼう》本部設置，統帥権《とうすいけん》独立		1878 .5パリ万国博覧会に参加	1878 ベルリン会議
		1879(明治12)	.3東京府開く（府県会の初め） .4琉球藩廃止，**沖縄県設置** .9教育令	1879◇政府2000錘紡績機を導入。コレラ大流行	1879 .1「朝日新聞」創刊 .4植木枝盛《えもり》『民権自由論』	
			自由民権運動の展開と諸事件激化	**松方デフレと農民生活の困窮**		
		1880(明治13)	.3**国会期成同盟を結成** .4集会条例制定	1880 .1交詢社《こうじゅんしゃ》設立		
		1881(明治14)	.10**明治十四年の政変。国会開設の勅諭《ちょくゆ》**発布。**自由党結成**	1881 .7開拓使官有物払下《かいたくしかんゆうぶつはらいさ》げ .10松方正義《まつかたまさよし》，大蔵卿就任，紙幣整理（松方財政） .11日本鉄道会社設立	**近代文化発達と都市近代化開始** 1880 .9東京法学社創立（法政大の前身） .12明治法律学校創立（明大の前身）	1881 清・露間でイリ条約
		1882(明治15)	.1**軍人勅諭発布**。井上馨《かおる》，条約改正交渉 .3伊藤博文《ひろぶみ》，憲法調査のため欧州出張。**立憲改進党結成。立憲帝政党結成** .6**日本銀行**条例制定 .7朝鮮ソウルで壬午《じんご》事変 .11**福島事件**	1882 .6**新橋～日本橋間に馬車鉄道** .11銀座でアーク灯点灯	1882 .10東京専門学校創立（のち早大）。加藤弘之『人権新説』。**中江兆民《ちょうみん》『民約訳解《みんやくやくかい》』**（ルソー『民約論』）	1882 独・墺・伊三国同盟。英，エジプト占領
		1883(明治16)	.3高田事件 .12徴兵《ちょうへい》令改正（免役《めんえき》制を猶予《ゆうよ》制に，兵役年限を12年に延長）	1883 .11**鹿鳴館《ろくめいかん》開館**		
		1884(明治17)	.5群馬事件 .7華族令《かぞくれい》制定 .9**加波山《かばさん》事件** .10自由党解党。**秩父《ちちぶ》事件** .12朝鮮ソウルで甲申《こうしん》事変	1884◇**松方デフレと凶作で，農民生活困窮**		1884 清仏戦争〔～1885〕
内閣総理大臣			**明治憲法体制の成立と条約改正の難航**	**企業の勃興と社会問題の発生**		
—1885.12—		1885(明治18)	.4天津《てんしん》条約調印 .11大阪事件 .12**内閣制度確立**	1885 .5兌換《だかん》銀行券発行（銀本位制） .9日本郵船設立	1885 .2尾崎紅葉《こうよう》ら硯友《けんゆう》社結成 .3福沢諭吉『**脱亜《だつあ》論**』 .9坪内逍遙《しょうよう》『**小説《しょうせつ》神髄《しんずい》**』	1885 インド国民会議派成立
①伊藤博文《いとうひろぶみ》①		1886(明治19)	.1北海道庁設置 .5井上馨外相，第1回条約改正会議開催 .10**大同団結運動**の提唱。ノルマントン号事件		1886 .3**帝国大学令公布** .4**小学校令公布** .5「毎日新聞」創刊	1886 英，ビルマ併合 1887 仏領インドシナ連邦成立
		1887(明治20)	.6伊藤博文，憲法起草開始 .10**後藤象二郎ら，大同団結運動**。片岡健吉ら**三大事件建白書** .12**保安条例**公布施行	1887 .5**博愛社を日本赤十字社と改称**		

〔注〕1872(明治5)年12月3日の改暦以前は太陰暦の年月日を使用。

内閣総理大臣	西暦（年号）	政治・外交	経済・社会	生活・文化	世界
—1888. 4 — ②黒田清隆《くろだきよたか》 1889.10	1888(明治《めいじ》21)	. 4 市制・町村制公布。枢密院《すうみついん》設置（議長伊藤博文《いとうひろぶみ》）	1888　. 6 高島炭鉱鉱夫虐待《たかしまたんこうこうふぎゃくたい》問題おこる	1887　. 2『国民之友《こくみんのとも》』創刊 .10東京美術学校・東京音学学校開校（東京芸大の前身《ぜんしん》）	
1889.12	1889(明治22)	. 2 **大日本帝国憲法《だいにほんていこくけんぽう》公布**。皇室典範《こうしつてんぱん》制定。衆議院議員選挙法・貴族院令公布。**黒田首相，超然《ちょうぜん》主義表明**　.10大隈外相《おおくまがいしょう》，襲われ条約交渉中止　.10～12三条実美暫《さんじょうさねとみざん》定《てい》内閣	1889　. 7 **東海道本線**，新橋《しんばし》～神戸間全通	1888　. 4 三宅雪嶺《みやけせつれい》ら政教社《せいきょうしゃ》結成，『日本人』発刊 1889　. 2 陸羯南《くがかつなん》ら『日本』創刊	1889　パリで第2インターナショナル結成
③山県有朋《やまがたありとも》①		**初期議会と藩閥政府の抗争**			
	1890(明治23)	. 4 商法・民法（一部）・民事訴訟法《みんじそしょうほう》公布　. 5 府県制・郡制公布　. 7 **第 1 回衆議院議員総選挙**　. 9 **立憲自《りっけんじ》由党《ゆうとう》結成**　.10刑事訴訟法《けいじそしょうほう》公布　.11**第 1 回帝国議会**	1890◇**最初の経済恐慌** .12**東京・横浜に電話入る**	1890　.10**教育勅語《きょういくちょくご》発布** 1891　. 1 内村鑑三《かんぞう》，不敬《ふけい》事件 . 2 川上音二郎《おとじろう》，壮士《そうし》劇 .11幸田露伴《ろはん》『五重塔《ごじゅうのとう》』	1891　シベリア鉄道起工《きこう》。露仏同盟
—1891. 5 — ④松方正義《まつかたまさよし》①	1891(明治24)	. 3 **立憲自由党，自由党と改称**　. 5 **大津《おおつ》事件**　.12樺《かば》山海相《やまかいしょう》，蛮勇《ばんゆう》演説	1891　.12田中正造《しょうぞう》，足尾鉱毒《あしおこうどく》事件の最初の質問書	1892　.11「万朝報《よろずちょうほう》」発刊。北《きた》里柴三郎《さとしばさぶろう》，伝染病研究所創立	1892　露・仏軍事協約
—1892. 8 —	1892(明治25)	. 2 第 2 回衆議院議員総選挙，流血の選挙干渉	1892　. 3 久米邦武筆禍《くめくにたけひっか》事件		1893　仏，ラオスを保護国化
	1893(明治26)	. 7 陸奥宗光《むつむねみつ》外相，条約改正交渉開始　.10文官任用令《ぶんかんにんようれい》公布	**産業革命の進行と労働運動の始まり**	1893　. 1 北村透谷《とうこく》ら『文学界』創刊	1894　仏，ドレフュス事件。孫文《そんぶん》，ハワイで興中会《こうちゅうかい》を組織
		条約改正と日清戦争		**近代的学問・芸術の発展**	
⑤伊藤博文《いとうひろぶみ》②	1894(明治27)	. 3 ～ 5 朝鮮で甲午《こうご》農民戦争（東学《とうがく》の乱）　. 7 日英通商航海条約調印。朝鮮王宮を占領。豊島《ほうとう》沖海戦 . 8 日清戦争開始　.11旅順《りょじゅん》占領		1894　. 6 **高等学校令公布**	
	1895(明治28)	. 2 威海衛《いかいえい》占領　. 4 下関条約調印。独・仏・露，三国干渉　. 5 遼東《りょうとう》半島，清に還付《かんぷ》　.10閔妃《びんひ》《ミンヒ》殺害	1895◇**賠償金《ばいしょうきん》2 億両《テール》（3. 1 億円）で企業熱勃興《ぼっこう》**	1895　. 1『太陽』創刊。樋口《ひぐち》一葉《いちよう》『たけくらべ』	
—1896. 9 — ⑥松方正義②	1896(明治29)	. 3 進歩党結成（総裁大隈重信《そうさいおおくましげのぶ》）。台湾総督府条例 . 9 大隈重信入閣（松隈《しょうわい》内閣）		1896　. 6 黒田清輝《せいき》ら白馬《はくば》会設立　.11**キネトスコープ(映画)の公開**	
	1897(明治30)	. 3 貨幣法公布（**金本位制《きんほんいせい》成立**）	1897　. 7 高野房太郎《ふさたろう》ら労働《ろうどう》組合期成会《くみあいきせいかい》設立	1897　. 1 尾崎紅葉《おざきこうよう》『金色夜《こんじきや》叉《しゃ》』。『ホトトギス』創刊 . 8 **島崎藤村《とうそん》『若菜集《わかなしゅう》』** .10黒田清輝「湖畔《こはん》」 .12志賀潔《きよし》，赤痢菌《せきりきん》発見	1897　独，膠州《こうしゅう》湾占領。露艦隊，旅順《りょじゅん》入港
—1898. 1 — ⑦伊藤博文③ —1898. 6 — ⑧大隈重信《おおくましげのぶ》①	1898(明治31)	. 6 民法（家族法）公布。自由・進歩党合同し，**憲政《けんせい》党《とう》結成**。保安条例廃止。**隈板《わいはん》内閣成立**（最初の政党内閣）　. 8 尾崎行雄《ゆきお》文相《ぶんしょう》，共和演説　.10尾崎文相辞職 .12地租増徴案《ちそぞうちょうあん》可決，地価の2. 5 %から3. 3 %に	1898　.10**幸徳秋水《こうとくしゅうすい》ら社会主義研究会結成** **産業資本と社会主義運動の成立**	1898　. 2 正岡子規《しき》『歌よみに与ふる書』　.10岡倉天心《てんしん》ら日本美術院創立 .11徳冨蘆花《とくとみろか》『不如帰《ほととぎす》』	1898　中国の半植民地化激化。清，戊《ぼ》戌《じゅつ》の政変《せいへん》。米西《べいせい》戦争。米，ハワイ併合
		日清戦後経営の展開と日英同盟			
—1898.11—	1899(明治32)	. 3 文官任用令改正　. 7 日英通商航海条約実施，内地《ないち》雑居《ざっきょ》始まる			
⑨山県有朋②	1900(明治33)	. 3 **治安《ちあん》警察法公布。衆議院議員選挙法改正**（直接国税10円以上）　. 5 軍部大臣現役武官制《ぐんぶだいじんげんえきぶかんせい》　. 6 北清事変《ほくしんじへん》 . 9 **伊藤博文，立憲政友会《りっけんせいゆうかい》結成**		1899　. 1『**中央公論**』発刊 . 4 土井晩翠《どいばんすい》『天地有情《てんちうじょう》』。横山源之助《よこやまげんのすけ》『日本之《の》下層社会』	1899　米が中国の門戸《もんこ》開放宣言。南ア戦争〔～1902〕
—1900.10— ⑩伊藤博文④ —1901. 6 —	1901(明治34)	. 5 **片山潜《せん》ら社会民主党結成**，即日禁止　. 9 北京議定《ペキンぎてい》書調印《しょちょういん》（辛丑《しんちゅう》条約）　.12田中正造，足尾鉱毒事件で天皇に直訴《じきそ》	1901　. 7 **官営八幡《やはた》製鉄所，高《こう》炉《ろ》・転炉《てんろ》に火入《ひい》れ**	1900　. 4 与謝野鉄幹《よさのてっかん》『明星《みょうじょう》』発行　. 9 **津田梅子《つだうめこ》，女子英学塾設立**	1900　義和団《ぎわだん》事件。8 カ国，清に共同出兵
	1902(明治35)	. 1 日英同盟協約締結		1901　. 8 与謝野晶子《よさのあきこ》『みだれ髪』◇この年高峰譲吉《たかみねじょうきち》，アドレナリン発見	
	1903(明治36)	. 8 頭山満《とうやまみつる》ら，対露同志会《たいろどうしかい》結成　.10小村・ローゼン間で日露交渉開始　.11**幸徳・堺ら平民社《へいみんしゃ》結成**	1903　. 3 農商務省《のうしょうむしょう》編『職工事《しょっこうじ》情《じょう》』	1902　. 2 木村栄《ひさし》，緯度《いど》変化のZ項《ぜっとこう》発見	1901　オーストラリア連邦成立。露，東清《とうしん》鉄道完成
		日露戦争とポーツマス講和条約	**大陸への進出と社会運動の発展**		
⑪桂《かつら》 太郎《たろう》①	1904(明治37)	. 2 対露宣戦布告《せんせんふこく》，日露戦争始まる。**日韓《にっかん》議定書調印** . 8 第 1 次日韓協約	1904　. 3 平民新聞「与露国社会党書」掲載　.11社会主義協会結社禁止	1903　. 4 **国定教科書制度成立** **近代文化の広範な展開** 1904　. 9 与謝野晶子「君死にたまふこと勿《なか》れ」	
	1905(明治38)	. 5 **日本海海戦**　. 7 樺太《からふと》占領。桂《かつら》・タフト協定 . 8 第 2 回日英同盟　. 9 **ポーツマス条約調印。日比《ひび》谷《や》焼打《やきう》ち事件**　.11第 2 次日韓協約（外交権，日本に）		1905　. 1 夏目漱石《そうせき》『吾輩《わがはい》は猫である』	1902　露・清，満州撤兵《てっぺい》協約（露，不《ふ》履行《りこう》）
		韓国併合と日露戦後経営政策			
—1906. 1 — ⑫西園寺公望《さいおんじきんもち》①	1906(明治39)	. 1 西川光次郎《にしかわみつじろう》ら日本平民党，堺利彦《さかいとしひこ》ら日本社会党結成〔2 月，日本平民党が合流〕　. 2 韓国に統監府《とうかんふ》設置 . 8 関東都督府官制《かんとうととくふかんせい》公布　.11**南満州鉄道株式会社設立**	1906　. 3 **鉄道国有法**　. 4 報《ほう》徳会《とくかい》設立　. 5 医師法公布	1906　. 2 文芸協会発会。『大日本史』完成　. 3 島崎藤《とう》村《そん》『破戒《はかい》』	1904　英仏協商。米，パナマ運河会社買収《ばいしゅう》
	1907(明治40)	. 7 ハーグ密使《みっし》事件。第 3 次日韓協約。**第 1 回日露協約調印**　. 8 **義兵《ぎへい》運動**	1907◇**戦後恐慌始まる** . 2 **足尾銅山で暴動**	1907　. 3 小学校令改正，**義務教育 6 年**　.10第 1 回文展《ぶんてん》	1905　孫文《そんぶん》，中国革命同盟会結成
—1908. 7 —	1908(明治41)	.10**戊申詔書《ぼしんしょうしょ》発布**	1908　. 1 **ハワイ移民を停止**	1908　.10『アララギ』創刊 ◇高峰譲吉タカジアスターゼ創成	
	1909(明治42)	. 9 満州に関する日清協約調印　.10伊藤博文，ハルビンで韓国人安重根《アンジュングン》に射殺される		1909　. 2 小山内薫《おさないかおる》ら，自由劇場設立	1907　英露協商で三国協商完成
⑬桂 太郎②	1910(明治43)	. 3 中央倶楽部《クラブ》・立憲国民党結成　. 5 **大逆《たいぎゃく》事件の検挙《けんきょ》始まる**（幸徳秋水《こうとくしゅうすい》ら）　. 7 第 2 回日露協約調印 . 8 **韓国併合に関する日韓条約調印**（朝鮮と改称，植民地とする）。朝鮮総督《そうとく》府設置（初代総督寺内正毅《まさたけ》）			

内閣総理大臣	西暦（年号）	政治・外交	経済・社会	生活・文化	世界
		明治の終末，社会矛盾の激化		1910 .4 武者小路実篤《むしゃのこうじさねあつ》ら『白樺《しらかば》』創刊 .5『三田《みた》文学』創刊 .12石川啄木《たくぼく》『一握《いちあく》の砂《すな》』	1908 青年トルコ党の革命。清，宣統《せんとう》帝即位
—1911.8—	1911（明治《めいじ》44）	.2 日米新通商航海条約調印（関税自主権回復） .7 第3回日英同盟協約調印	1911 .3 工場法・電気事業法公布		
	1912（明治45）	.7 第3次日露協約調印。**明治天皇没《ぼつ》**	1912 .6 新橋《しんばし》～下関《しものせき》間に展望車つきの特急		
⑭西園寺公望《さいおんじきんもち》②	1912（大正《たいしょう》元）	.7 大正天皇即位，大正と改元《かいげん》 .11陸相上原勇作《りくしょううえはらゆうさく》，朝鮮に2個師団《こしだん》増設案を提出，閣議否決 .12陸相単独辞職，陸相後任難のため内閣総辞職（**陸軍ストライキ**）	重工業の発達と社会運動の高揚 1912 .8 **鈴木文治《ぶんじ》ら友愛会《ゆうあいかい》設立** .9 乃木希典《のぎまれすけ》夫妻殉死《じゅんし》	1911 .1 西田幾多郎《きたろう》『善の研究』。鈴木梅太郎《うめたろう》，オリザニンを発見 .9『青鞜《せいとう》』創刊	1911 中国で辛亥《しんがい》革命 1912 中華民国《ちゅうかみんこく》成立。第1次バルカン戦争
—1912.12— ⑮桂《かつら》 太郎《たろう》③		第一次護憲運動		1912 .3 美濃部達吉《みのべたつきち》『憲法講話《こうわ》』（天皇機関説《てんのうきかんせつ》）	
—1913.2—	1913（大正2）	.2 **桂内閣総辞職（大正政変《せいへん》）** .6 **軍部大臣現役武官制《ぐんぶだいじんげんえきぶかんせい》廃止** .12立憲同志会結党《りっけんどうしかいけっとう》（総裁加藤高明《そうさいかとうたかあき》）		市民の自覚と大衆文化の登場 1912 .7 第5回オリンピック初参加	1913 第2次バルカン戦争。袁世凱《えんせいがい》，大総統就任。
⑯山本権兵衛《やまもとごんべえ》①	1914（大正3）	.1 **シーメンス事件**（海軍高官収賄《しゅうわい》）		1913 .7 島村抱月《しまむらほうげつ》・松井須磨《すま》子《こ》ら芸術座創立	
—1914.4—		第一次世界大戦参戦 .8 －23独に宣戦布告《せんせんふこく》 .10独領南洋諸島占領 .11青《チン》島《タオ》占領			1914 **サライェヴォ事件（第一次世界大戦勃《ぼっ》発《ぱつ》）**。
⑰大隈重信《おおくましげのぶ》②	1915（大正4）	.1 －18**中国に二十一カ条の要求提出**	1915 .12株価暴騰《ぼうとう》（**大戦景気始まる**）	1914 .10二科会《にかかい》創立。日本美術院再興《さいこう》展（院展《いんてん》）	
—1916.10—	1916（大正5）	.7 第4回日露協約 .9 工場法施行 .10**憲政会《けんせいかい》結成**（総裁加藤高明）	1916 .1 **吉野作造《よしのさくぞう》，民本《みんぽん》主義を唱導《しょうどう》**	1915 .11芥川龍之介《あくたがわりゅうのすけ》『羅生門《らしょうもん》』 1916 .2 芥川龍之介『鼻』	
⑱寺内正毅《てらうちまさたけ》	1917（大正6）	.1 西原借款《しゃっかん》開始 .9 金輸出禁止 .11**石井・ランシング協定**〔1923廃棄〕	1917 .6 三菱長崎造船所スト。ストライキ続発（398件）	.9 河上肇《はじめ》『貧乏物語』 1917 .3 理化学研究所設立	1915 伊，三国同盟を破棄，墺に宣戦布告
—1918.9—	1918（大正7）	.8 シベリア出兵を宣言〔.6 英が提案〕，**富山県に米騒動おこる** .9 寺内内閣総辞職，**原敬内閣**（初の本格的政党内閣）成立 .12大学令公布（公私立大を初めて認可）		.6 **本多光太郎《ほんだこうたろう》，ＫＳ磁石《じしゃく》鋼《こう》発明** 1918 .7 鈴木三重吉《みえきち》『赤い鳥』創刊 .11武者小路実篤《むしゃのこうじさねあつ》ら「新しき村」建設開始	1917 ロシア二月革命。**米，参戦**。ロシア十月革命
		大戦の終結と国際協調外交			
⑲原《はら》 敬《たかし》	1919（大正8）	.2 普選期成《ふせんきせい》大会開催。普選運動各地に拡大 .4 関東庁令等改正（軍民分離）と弾圧強化 .6 ヴェルサイユ条約調印	1919 .8 大川周明《おおかわしゅうめい》・北一輝《きたいっき》ら猶存社《ゆうぞんしゃ》結成	1919 .3 有島武郎《たけお》『或《あ》る女』 .4『改造』創刊 .10第1回帝展《ていてん》	1918 **ウィルソン十四カ条平和原則。第一次世界大戦終わる**
	1920（大正9）	.1 国際連盟に正式加入（常任理事国） .3 尼港《にこう》事件	戦後恐慌と労働運動の発展 1920 .3 株価暴落，**戦後恐慌始まる**。平塚らいてう《ちょう》・市《いち》川房枝《かわふさえ》ら**新婦人協会結成** .5 **日本最初のメーデー**	1921 .2『種蒔《たねま》く人』創刊 .10『思想』創刊	
		国際協調外交の進展と第二次護憲運動		教養文化と大衆文化の進展	
—1921.11—	1921（大正10）	.11**ワシントン会議開催** .12**四カ国条約調印**，日英同盟終了	.12大杉栄《おおすぎさかえ》・堺利彦《さかいとしひこ》・山川《やまかわ》均《ひとし》ら日本社会主義同盟創立〔1921解散命令〕		1919 三・一独立運動。五・四運動。ヴェルサイユ条約
⑳高橋是清《たかはしこれきよ》	1922（大正11）	.2 **ワシントン海軍軍縮条約・九カ国条約調印** .4 治安警察法第5条一部削除（婦人の政談集会許可）			
—1922.6—		.7 **日本共産党非合法に結成** .10シベリア撤兵《てっぺい》完了 .11尾崎・犬養《いぬかい》ら革新倶楽部《クラブ》結成	1921 .10大日本労働総同盟友愛会，**日本労働総同盟**と改称 ◇銀行の合同進行	1923 .1『文藝春秋《ぶんげいしゅんじゅう》』創刊	
㉑加藤友三郎《かとうともさぶろう》	1923（大正12）	.9 －1 **関東大震災**，京浜地区に戒厳令《かいげんれい》〔～11月15日〕，亀戸《かめいど》事件，甘粕《あまかす》事件 .12**虎の門事件**		.5 北一輝『日本改造法案大綱《たいこう》』	1920 **国際連盟成立**
—1923.9— ㉒山本権兵衛②				1924 .6 **築地《つきじ》小劇場開場**。『文芸戦線』創刊 .11『キング』創刊	1921 **ワシントン会議**〔～1922.2〕
—1924.1—	1924（大正13）	.1 **第二次護憲《ごけん》運動** .6 護憲三派《さんぱ》連立内閣 .12**婦人参政権獲得同盟会**結成（市川房枝ら）	1922 .3 **全国水平社創立大会**（京都） .4 **日本農民組合結成**（神戸）		
㉓清浦奎吾《きようらけいご》 —1924.6—				1925.3 **東京放送局ラジオ放送開始** .7 細井和喜蔵《わきぞう》『女工哀史《あいし》』刊	1922 ソヴィエト社会主義共和国連邦樹立宣言
㉔加藤高明《かとうたかあき》①	1925（大正14）	.1 日ソ基本条約調印（国交回復） .4 **治安維持法公布** .5 **普通選挙法公布**	1923 .9 **震災で関東経済界麻《ま》痺《ひ》**，30日間の支払猶予令《しはらいゆうよれい》		
—1925.8— ㉔加藤高明②	1926（大正15）	.3 **労働農民党**結成 .12大正天皇没（48歳）		1926 .1 川端康成《かわばたやすなり》『伊豆《いず》の踊《おどり》子《こ》』 .12改造社『現代日本文学全集』刊行開始，円《えん》本《ぽん》時代に入る	
—1926.1—	1926（昭和《しょうわ》元）	.12摂政裕仁《ひろひと》親王即位，**昭和**と改元	1927 .1 明治節《せつ》制定 .4 各地に銀行取付けおこる。鈴木商店破産		1924 **中国，第1次国共合作《こっきょうがっさく》成立**
㉕若槻礼次郎《わかつきれいじろう》① —1927.4—	1927（昭和2）	.3 **金融恐慌始まる** .4 **枢密院《すうみついん》，台湾銀行特別融資緊急勅令《ちょくれい》案否決**，若槻内閣総辞職。**3週間のモラトリアム**（支払猶予令）**実施**（緊急勅令） .5 **第1次山東《さんとう》出兵** .6 **立憲民政党《りっけんみんせいとう》結成**（浜口雄幸《はまぐちおさち》）。**東方《とうほう》会議**（対華《たいか》強硬策）	世界恐慌と不況の深刻化	1927 .7 芥川龍之介自殺。岩波文庫発刊	1925 **五・三〇事件**。ロカルノ条約調印
㉖田中義一《たなかぎいち》	1928（昭和3）	.2 初の**普通選挙実施** .3 **三・一五事件** .4 第2次山東出兵 .5 済南《さいなん》事件。第3次山東出兵 .6 張作霖《ちょうさくりん》を爆殺（**満州某重大事件《まんしゅうぼうじゅうだいじけん》**）。治安維持法改正（死刑・無期追加） .7 内務省に特別高等警察設置 .8 不戦条約調印	1929 .3 大学卒業生の就職難深刻化（東大就職率約30%）	プロレタリア芸術と大衆文化	1926 **北伐《ほくばつ》開始** 1928 **パリ不戦条約調印**
—1929.7—	1929（昭和4）	.4 四・一六事件		1929 .4 島崎藤村《しまざきとうそん》『夜明け前』 .5 小林多喜二《こばやしたきじ》『蟹《かに》工船《こうせん》』 .6 徳永直《とくながすなお》『太陽のない街』	1929 **米，株式市場大暴落，世界恐慌に拡大**
		ファシズムの台頭と大陸進出			
㉗浜口雄幸《はまぐちおさち》	1930（昭和5）	.1 **金解禁実施**。ロンドン海軍軍縮会議参加（全権若槻礼次郎） .4 **軍縮条約に調印，統帥権干犯《とうすいけんかんぱん》として政治問題化**	1930◇世界恐慌波及し，操業短縮激化		1930 **ロンドン海軍条約**
—1931.4— ㉘若槻礼次郎②	1931（昭和6）	.1 血盟団《けつめいだん》結成 .3 三月事件 .9 －18関東軍，柳条《りゅうじょう》湖《こ》付近の満鉄線路爆破（**満州事変の開始**） .10十月事件 .12**金輸出再禁止**	1931 .4 **重要産業統制法施行** .9 清水トンネル開通 ◇**北海道・東北大飢《き》饉《きん》，娘の身売り盛ん。農村恐慌《きょうこう》深刻**	1931 .8 初の本格的トーキー「マダムと女房」封切《ふうきり》	

内閣総理大臣	西暦（年号）	政治・外交	経済・社会	生活・文化	世界
—1931.12— ㉙犬養《いぬかい》 毅《つよし》 —1932.5—	1932(昭和《しょうわ》7)	.1 第1次上海《シャンハイ》事変 .2 血盟団員《けつめいだんいん》が前蔵相《ぞうしょう》井上準之助《いのうえじゅんのすけ》射殺。リットン調査団来日 .3 満州国建国。血盟団員，三井合名《みついごうめい》理事長団琢磨《だんたくま》射殺 .5 犬養首相射殺 **（五・一五事件）** .9 満州国承認，日満議定書《にちまんぎていしょ》調印 .10リットン報告書公表		1932 .5『日本資本主義発達史講座』刊行開始	1931 中華ソヴィエト臨時政府（瑞《ずい》金《きん》政府）成立
㉚斎藤《さいとう》 実《まこと》	1933(昭和8)	.2 連盟総会，日本の満州撤退勧告案を42対1で可決。松岡洋右《まつおかようすけ》代表退場 .3 国際連盟脱退 .5 滝川事件。塘沽《タンクー》停戦協定成立		1933 .2 小林多喜二《こばやしたきじ》虐殺	1933 **ヒトラー首相就任**，独全権委任法可決。米，**ニューディール開始**。独，国際連盟脱退
—1934.7—	1934(昭和9)	.3 満州国帝制実施（皇帝溥儀《ふぎ》） .12ワシントン海軍軍縮条約廃棄を米に通告	1934 .1 **製鉄6社合同し日本製鉄(株)設立**（鉄鋼トラストの成立） .4 三菱重工業設立		
㉛岡田啓介《おかだけいすけ》	1935(昭和10)	.2 美濃部達吉《みのべたつきち》の天皇機関説《てんのうきかんせつ》問題化 .8 **国体明徴声明《こくたいめいちょうせいめい》**		1935 .2 湯川秀樹《ゆかわひでき》，中間子《ちゅうかんし》理論発表 .9 芥川賞・直木賞創設	
—1936.3— ㉜広田弘毅《ひろたこうき》	1936(昭和11)	.1 ロンドン海軍軍縮会議から脱退 .2 **二・二六事件** .5 **軍部大臣現役武官制《ぐんぶだいじんげんえきぶかんせい》復活** .11日独防共協定《にちどくぼうきょうきょうてい》調印 .12ワシントン海軍軍縮条約失効			1934 ソ連，連盟に加入
—1937.2— ㉝林銑十郎《はやしせんじゅうろう》 —1937.6—	1937(昭和12)	.7－7 **盧溝橋《ろこうきょう》事件**（日中戦争開始） .8 第2次上海事変 .11日独伊三国防共協定《にちどくいさんごくぼうきょうきょうてい》調印 .12南京《ナンキン》事件	1937 .10**国民精神総動員中央連盟創立**。企画院設置 .12第1次人民戦線《じんみんせんせん》事件	1937◇**文化勲章《くんしょう》制定** .5 文部省『国体《こくたい》の本義《ほんぎ》』発行 .11～12矢内原忠雄筆禍《やないはらただおひっか》事件	1936 西安《せいあん》事件 1937 中国，第2次国共合《こっきょうがっ》作《さく》成立
㉞近衛文麿《このえふみまろ》①	1938(昭和13)	.1 **国民政府を対手《あいて》とせずと声明《せいめい》（第一次近衛声明）** .4 **国家総動員法公布** .7 張鼓峰《ちょうこほう》事件 .11政府，**東《とう》亜新秩序《あしんちつじょ》建設を声明（第二次近衛声明）**	**戦時統制経済の強化** 1938 .2 第2次人民戦線事件 .4 **農地調整法公布**	1938◇**厚生省設置，国民健康保険法**	1938 独，墺を併合。**ミュンヘン会談**
—1939.1— ㉟平沼騏一郎《ひらぬまきいちろう》 —1939.8— ㊱阿部信行《あべのぶゆき》	1939(昭和14)	.5 ノモンハン事件 .7 米，通商航海条約廃棄を通告〔1940年1月失効〕	1939 .7 **国民徴用令《ちょうようれい》公布** .10価格等統制令	**言論・思想の統制**	1939 .8－23 独ソ不可侵条約調印 .9－1 **独軍ポーランド侵入（第二次世界大戦始まる）**
—1940.1— ㊲米内光政《よないみつまさ》 —1940.7—	1940(昭和15)	.3 汪兆銘《おうちょうめい》，南京に国民政府樹立（親日政権） .8 民政党解党（全政党解党終了） .9 北部仏印《ふついん》へ進駐《しんちゅう》開始。日独伊三国同盟調印 .10**大政翼賛会《たいせいよくさんかい》発足**	1940 .11**大日本産業報国会結成**	1940 .2 津田左右吉《つだそうきち》『神代史《しんだいし》の研究』など発禁《はっきん》	
㊳近衛文麿② —1941.7— ㊴近衛文麿③ —1941.10—	1941(昭和16)	.4 日ソ中立条約調印。日米交渉開始（ハル国務長官《こくむちょうかん》・野村吉三郎大使《のむらきちさぶろうたいし》） .7 南部仏印進駐 .11米，ハル＝ノートで回答 .12－1 御前会議《ごぜんかいぎ》で対米英蘭開戦を決定 .12－8 日本軍マレー上陸・ハワイ真珠湾《しんじゅわん》攻撃，対米英宣戦布告	1941 .4 小学校を国民学校とする。**生活必需物資統《せいかつひつじゅぶっしとう》制令《せいれい》公布**（配給統制の全面化） .11**米穀配給通帳《べいこくはいきゅうつうちょう》制《せい》**	1941 .7 文部省『臣民《しんみん》の道』刊 .12米映画上映禁止。言論出版集会結社等臨時取締法	1941 .6 **独ソ戦争開始** .8 **大西洋憲章《けんしょう》発表**
		太平洋戦争			
㊵東条英機《とうじょうひでき》	1942(昭和17)	.2 シンガポール占領 .4 バターン半島占領。米軍機，本土《ほんど》初空襲。**翼賛《よくさん》選挙** .6 ミッドウェー海戦 .10ガダルカナル島の攻防	1942 .2 衣料総合切符制。**食糧管理法公布**		
	1943(昭和18)	.2 ガダルカナル島撤退《てったい》 .11**大東亜会議開催**（東京）	1943 .10**学徒出陣**壮行会挙《がくとしゅつじんそうこうかいきょ》行《こう》		1943 .9 伊，降伏 .11**カイロ会談**
—1944.7— ㊶小磯国昭《こいそくにあき》	1944(昭和19)	.7 **サイパン島日本軍玉砕《ぎょくさい》**，内閣総辞職	1944 .8 学童の集団疎開《そかい》開始。学徒勤労令公布	1944 .11太宰治《だざいおさむ》『津軽《つがる》』	
—1945.4— ㊷鈴木貫太郎《すずきかんたろう》 —1945.8—	1945(昭和20)	.4－1 米軍沖縄に上陸〔.6－23占領〕 .8－6 **広島に原爆投下** .8－8 ソ連，対日宣戦布告，満州に進撃 .8－9 **長崎に原爆投下** .8－14ポツダム宣言受諾《じゅだく》回答 .8－15**戦争終結の詔書《しょうしょ》を放送（玉音《ぎょくおん》放送）**，内閣総辞職	1945 .3－9～10**東京大空襲** **国民経済の破産と経済の民主化**	**自由の回復とその統制**	1945 .2 **ヤルタ会談** .5 独，無条件降伏 .7 ポツダム宣言を発表 .10 **国際連合発足**
		太平洋戦争の敗戦と戦後の民主化			
㊸東久邇宮稔彦《ひがしくにのみやなるひこ》 —1945.10—		.9－2 降伏文書に調印 .10－4 **ＧＨＱ，治安維持《ちあんいじ》法廃止，政治犯釈放《しゃくほう》，特高《とっこう》警察の罷免《ひめん》を指令** .11－6 **ＧＨＱ，財閥解体を指令**。日本社会党，日本自由党，日本進歩党結成 .12日本共産党再建。**新選挙法成立（婦人参政権）**	.12**農地改革指令**，農地調整法改正公布（第一次農地改革〔1946.2－1施行〕)。労働組合法公布〔1946.3－1施行〕	1945◇**プレス＝コード指令** .9 文部省，戦時教材削除を通達（墨《すみ》ぬり教科書） .12ＧＨＱ，修身《しゅうしん》・日本歴史・地理の授業停止を指令	
㊹幣原喜重郎《しではらきじゅうろう》 —1946.5— ㊺吉田《よしだ》 茂《しげる》①	1946(昭和21)	.1－1 **天皇人間宣言** .1－4 **ＧＨＱ，軍国主義者の公職追放を指令** .5 極東国際軍事裁判開廷《きょくとうこくさいぐんじさいばんかいてい》（～48.11） .11－3 **日本国憲法公布**	1946 .2 **金融緊急措置令《きんゆうきんきゅうそちれい》** .5 **メーデー復活**。食糧メーデー .8 日本労働組合総同盟・全日本産業別労働組合会議結成 .9 **労働関係調整法公布** .10**農地調整法改正成立（第二次農地改革開始）**	1946 .3 第1回日展《にってん》 .9 文部省『くにのあゆみ』発行。第1回国民体育大会	
—1947.5— ㊻片山《かたやま》 哲《てつ》	1947(昭和22)	.1－31ＧＨＱ，ゼネスト中止指令 .3 国民協同党，民主党結成 .3－31**教育基本法・学校教育法公布**（六・三制） .4 **労働基準法・独占禁止法**・地方自治法公布 .5－3 **日本国憲法施行** .12**改正民法公布**（「家」制度廃止）	1947 .7 **公正取引委員会発足** .12**過度経済力集中排除法**	1947 .4－1 **六・三制実施** .7 登呂《とろ》遺跡発掘。太宰治『斜陽《しゃよう》』	1947 **マーシャル＝プラン発表**。コミンフォルム結成

内閣総理大臣	西暦（年号）	政治・外交	経済・社会	生活・文化	世界
—1948.3— ㊼芦田《あしだ》 均《ひとし》 —1948.10—	1948(昭和《しょうわ》23)	.3民主自由党結成，地方自治体警察発足《ほっそく》 .7教育委員会法公布。政令201号公布（公務員の争議行為禁止） .11極東国際軍事裁判《きょくとうこくさいぐんじさいばん》判決	1948 .12ＧＨＱ，経済安定九原則を発表	1948 .2大岡昇平《おおおかしょうへい》『俘虜記《ふりょき》』 .6太宰治《だざいおさむ》『人間失格』，太宰自殺。教育勅語《ちょくご》失効	1948 .4ベルリン封鎖《ふうさ》。大韓民国，朝鮮民主主義人民共和国成立
㊽吉田《よしだ》 茂《しげる》② —1949.2—	1949(昭和24)	.3ドッジ公使，経済安定策(ドッジ＝ライン)を指示 .9シャウプ税制勧告《かんこく》	1949 .4ＧＨＱ，1ドル360円の為替《かわせ》レート設定 .7下山《しもやま》事件。三鷹《みたか》事件 .8松川《まつかわ》事件	1949 .1日本学術会議発足。木下順二《きのしたじゅんじ》『夕鶴《ゆうづる》』。法隆寺金堂《こんどう》壁画焼失 .9岩宿《いわじゅく》遺跡発掘 .10『きけわだつみのこえ』刊 .11湯川《ゆかわ》秀樹《ひでき》，ノーベル物理学賞受賞	
㊾吉田 茂③	1950(昭和25)	.6ＧＨＱ，日本共産党幹部の追放指令 .8警察予備隊の設置 .9－1レッド＝パージ方針閣議決定 .10公職追放解除始まる	1950 .7日本労働組合総評議会（総評）結成	1950 .5文化財保護法公布 .7金閣寺焼失	1949 .4ＮＡＴＯ成立 .10中華人民共和国成立。東西ドイツ成立
	1951(昭和26)	.9－8サンフランシスコ講和会議，対日平和条約・日米安全保障条約調印 .10社会党，左右両派に分裂	1951 .6ＩＬＯ・ユネスコ加盟		
		独立と国際社会への復帰	朝鮮特需と経済の自立		
—1952.10— ㊿吉田 茂④	1952(昭和27)	.2日米行政協定調印 .4ＧＨＱ廃止。日華《にっか》平和条約調印 .7破壊活動防止法公布 .10警察予備隊を保安隊に改組《かいそ》	1952 .8ＩＭＦ・ＩＢＲＤに加盟	1951 .6ユネスコに正式加入 .9民間放送開始。	1950 .6朝鮮戦争勃発《ぼっぱつ》
—1953.5— (51)吉田 茂⑤	1953(昭和28)	.12奄美《あまみ》群島復帰の日米協定調印	1953 .9独占禁止法改正施行（合理化・不況カルテル容認）	「羅生門《らしょうもん》」ベネチア国際映画祭グランプリ 電化生活と映像文化	1953 スターリン没《ぼつ》
—1954.12— (52)鳩山一郎《はとやまいちろう》①	1954(昭和29)	.3ＭＳＡ協定調印 .6教育2法(教員の政治活動制限)公布 .7－1防衛庁・自衛隊発足	1954 .3第五福龍丸《ふくりゅうまる》，ビキニで被爆《ひばく》	1953 .2ＮＨＫテレビ本放送開始 .8民間テレビ放送も開始	1954 インドシナ休戦協定調印
—1955.3— (53)鳩山一郎② —1955.11—	1955(昭和30)	.10両派社会党統一 .11自由民主党結成（保守合同なる）	1955 .8第1回原水爆禁止世界大会 .9ＧＡＴＴ加盟 ◇神武《じんむ》景気始まる	1954 .1平城京発掘調査開始	1955 ＡＡ会議。ワルシャワ条約。ジュネーヴ四巨《きょ》頭《とう》会談
(54)鳩山一郎③ —1956.12— (55)石橋湛山《いしばしたんざん》	1956(昭和31)	.2国会で原水爆実験禁止要望決議 .6新教育委員会法公布 .10日ソ共同宣言（国交回復） .12国連総会，日本加盟可決	1956 .1原子力委員会発足	1955 .1法隆寺金堂昭和大修理完了 1956 .10文部省，教科書調査官を設置	1956 ハンガリー動乱。スエズ戦争
—1957.2— (56)岸《きし》 信介《のぶすけ》①	1957(昭和32)	.10日本，国連安保非常任理事国に当選 .12日ソ通商条約調印	1958◇公定歩合《こうていぶあい》引下げ（戦後初めて）・不況到来（なべ底不況）	1957 .1南極に昭和基地設営 .6エサキダイオード発明 .9東海村原子炉の点火	1957 ＥＥＣ成立
—1958.6—	1958(昭和33)	.10安保条約改定交渉開始			
(57)岸 信介②	1959(昭和34)	.4皇太子結婚式。安保改定交渉再開	1959 .1メートル法実施 .4最低賃金法施行		1959 キューバ革命
—1960.7— (58)池田勇人《いけだはやと》① —1960.12—	1960(昭和35)	.1－19新安保条約・地位協定調印 .6－19新安保条約自然成立	.11国民年金法施行 .12三池《みいけ》争議 ◇景気回復（岩戸《いわと》景気）	1960 .9カラーテレビ本放送開始	1962 .10キューバ危機
		経済優先の政治と繁栄の中での対立運動		都市的文化の普及と国際文化交流	
	1961(昭和36)	.6農業基本法公布	1960 .1三井三池労組《ろうそ》無期限スト（三池争議）		1963 .8米英ソ，部分的核実験停止条約調印
(59)池田勇人②	1962(昭和37)	.11日中ＬＴ貿易協定，日英通商航海条約	.12国民所得倍増計画・高度経済成長政策	1961 .10文部省，中学校一斉学力テスト実施	
	1963(昭和38)	.8部分的核実験停止条約調印			
—1963.12— (60)池田勇人③ —1964.11—	1964(昭和39)	.4ＩＭＦ8条国に移行。ＯＥＣＤに加盟 .11佐藤内閣成立。公明党結成	高度経済成長と貿易・資本の自由化	1964 .10東京オリンピック開催	1964 中国，文化大革命開始
(61)佐藤栄作《さとうえいさく》①	1965(昭和40)	.4ＩＬＯ87号条約承認 .6日韓基本条約調印〔12月発効〕	1964 .10東海道新幹線開通（東京・新大阪間4時間） 1965 .7名神《めいしん》高速道路全通	1965 .10朝永振一郎《ともながしんいちろう》，ノーベル物理学賞受賞 1966 .6ビートルズ来日	1965 米，北ベトナム爆撃開始
—1967.2—	1967(昭和42)	.4東京都知事に革新系の美濃部亮吉《みのべりょうきち》当選 .8公害対策基本法公布 .11小笠原《おがさわら》返還決定等日米共同声明《せいめい》発表	1966 .1第1回赤字国債《こくさい》発行 ◇景気上昇（いざなぎ景気）		1966 中国，文化大革命最高潮
(62)佐藤栄作②	1968(昭和43)	.3日中貿易交渉妥結《だけつ》し，ＬＴ貿易から日中覚書《おぼえがき》貿易と改称 .6小笠原《おがさわら》諸島復帰 .11沖縄主席初公選，屋《や》良朝苗《らちょうびょう》当選	1968 全国115の大学で学園紛争 .5厚生省，イタイイタイ病・水俣病《みなまたびょう》の原因を企業排出物と認定	1968 .6文化庁発足 .10川《かわ》端康成《ばたやすなり》，ノーベル文学賞受賞	1967 第3次中東戦争 1968 ソ連軍，チェコ侵入
	1969(昭和44)	.1東大安田講堂《やすだこうどう》に機動隊導入 .10自民，安保自動継続決定 .11佐藤・ニクソン会談（沖縄の72年本土《ほんど》復帰実現）	1969 .5東名《とうめい》高速道路全通		1969 アポロ11号月面着陸
—1970.1—	1970(昭和45)	.2核兵器拡散《かくさん》防止条約に調印 .6－23日米安保条約，自動延長入り .7家永《いえなが》教科書裁判，東京地裁が教科書検定違憲《いけん》判決	1971 .2成田空港建設第1次強制代執行 .6イタイイタイ病で原告勝訴《げんこくしょうそ》	1970 .2初の人工衛星「おおすみ」打ち上げに成功 .3大阪で日本万国博覧《ばんこくはくらん》会《かい》開催	1971 .10中華人民共和国国連加盟
(63)佐藤栄作③	1971(昭和46)	.6－17沖縄返還協定調印 .7環境庁発足 .12－19 10カ国蔵相《ぞうしょう》会議で円の切り上げ（1ドル＝308円）決定（スミソニアン体制）	.8ドル＝ショックで株価大暴落 1972 .7四日市《よっかいち》ぜんそく訴訟，原告勝訴	映像文化と情報化社会の進行 1972 .2札幌オリンピック開催 .3高松塚《たかまつづか》古墳壁画発見	1972 .2米中共同声明
		沖縄祖国復帰と日中国交回復	公害問題と石油ショック		
—1972.7— (64)田中角栄《たなかかくえい》①	1972(昭和47)	.5－15 沖縄の施政権《しせいけん》返還，沖縄県発足 .9－29日中共同声明調印			
—1972.12—	1973(昭和48)	.9北ベトナムと国交樹立	1973 .2円変動相場制に移行 .3水俣病《みなまたびょう》訴訟，原告勝訴 .10第1次石油危機	1973 .10江崎玲於奈《えさきれおな》，ノーベル物理学賞受賞	1973 .10第4次中東戦争勃発
(65)田中角栄② —1974.12—	1974(昭和49)	.10田中金脈問題		1974 .10佐藤栄作，ノーベル平和賞受賞	

内閣総理大臣	西暦（年号）	政治・外交	経済・社会	生活・文化	世界
(66) 三木武夫《みきたけお》	1975（昭和《しょうわ》50）	.11三木首相，第1回先進国首脳《しゅのう》会議に出席	1975◇**公労協《こうろうきょう》，スト権奪還《だっかん》スト**〔～12月3日〕	1975　.7沖縄海洋博開催	1976.1**周恩来没《しゅうおんらいぼつ》** .9**毛沢東《もうたくとう》没**
	1976（昭和51）	.6新自由クラブ結成　.7－27**東京地検《ちけん》，ロッキード事件の受託収賄《じゅたくしゅうわい》容疑で田中前首相を逮捕**			
—1976.12—					1979　**米中の国交樹立**
(67) 福田赳夫《ふくだたけお》	1977（昭和52）	.7領海12海里《かいり》・200海里漁業水域設定			
	1978（昭和53）	.8－12**日中平和友好条約調印**			1980　.9**イラン＝イラク戦争勃発《ぼっぱつ》**
—1978.12—			1978　.5**新東京国際空港（成田）開港**	1978　.9**稲荷山《いなりやま》古墳出土鉄《てっ》剣銘《けんめい》解読に成功**	
(68) 大平正芳《おおひらまさよし》①	1979（昭和54）	.6**元号《げんごう》法成立**。東京サミット開催　.10第35回総選挙（自民248で惨敗《ざんぱい》）			
—1979.11—			1979　.2第2次石油危機	1979　.1**国公立初の共通一次入試実施**。太安万侶《おおのやすまろ》の墓誌《ぼし》出土	1982　.4**フォークランド紛争勃発**
(69) 大平正芳②					
—1980.7—		世界の中の日本	世界不況の中で		
(70) 鈴木善幸《すずきぜんこう》			1981　.3**第1回中国残留《ざんりゅう》日本人孤児《こじ》来日，肉親探し始まる**	1981　.10**福井謙一《ふくいけんいち》，ノーベル化学賞受賞**	1983　ソ連，大《だい》韓《かん》航空機を撃墜《げきつい》
	1982（昭和57）	.8**公職選挙法改正公布（参院全国区は比例代表制に）**			
—1982.11—					
(71) 中曽根康弘《なかそねやすひろ》①	1983（昭和58）	.6－26第13回参議院選挙（全国区が初めて比例代表制となり，18政党で争う）　.10**ロッキード裁判，田中元首相に実刑《じっけい》判決**		1983　.1青函《せいかん》トンネル開通	
					1984　.12**英・中，香港返還で合意**
—1983.12—					
(72) 中曽根康弘②	1984（昭和59）	.3中曽根首相訪中《ほうちゅう》　.9韓国の全斗煥《チョンドファン》大統領来日	1984　.3グリコ事件　.10森《もり》永脅迫《ながきょうはく》事件	1984　.7**島根県荒神谷《こうじんだに》遺跡で358本の銅剣出土**	
	1985（昭和60）	.5**男女雇用機会均等法成立**			1986　.4ソ連，チェルノブイリ原発事故
—1986.7—			1985　.4**日本電信電話株式会社（NTT），**日本たばこ産業株式会社（JT）発足	1985　.9奈良県**藤ノ木《ふじのき》古墳**で朱塗《しゅぬり》の石棺《せっかん》を発見	
(73) 中曽根康弘③					
—1987.11—					1987　米ソ，INF全廃条約調印
	1988（昭和63）	.6牛肉・オレンジ日米交渉，自由化で決着　.11国会で**リクルート疑惑**が問題となる			
(74) 竹下《たけした》　登《のぼる》			1987　.4**国鉄分割民営化，JR11社発足**	1987　.12**利根川進《とねがわすすむ》，ノーベル生理学・医学賞受賞**	
	1989（平成《へいせい》元）	.1昭和天皇没（87歳），明仁《あきひと》親王即位，**平成《へいせい》**元年スタート　.7参院選自民大敗，与野党逆転			1989　.5中ソ首脳会談　.6中国，天安門《てんあんもん》事件
—1989.6—			1988　.3青函トンネル開業		
(75) 宇野宗佑《うのそうすけ》					
—1989.8—					
(76) 海部俊樹《かいふとしき》①	1990（平成2）	.5韓国の盧泰愚《ノテウ》大統領来日	1989　.4消費税（3％）スタート　.11日本労働組合総連合会（新「連合」）発足	1989　.3弥生時代の大環濠《かんごう》集落，佐賀県**吉野ヶ里《よしのがり》遺跡**が注目を集める	
					1990　.10ドイツ統一
—1990.2—					
(77) 海部俊樹②	1991（平成3）	.4ペルシア湾に海上自衛隊の掃海艇《そうかいてい》を派遣			
				1990　.1大学入試センター試験実施	1991　.1**湾岸戦争**　.12**ソ連消滅**
—1991.11—					
(78) 宮沢喜一《みやざわきいち》	1992（平成4）	.6**PKO協力法成立**　.10天皇・皇后《こうごう》両陛下《へいか》，初訪中	1991　.7株価大幅下落《げらく》〔'90.10～**バブル崩壊**〕		
				1993　.6皇太子御成婚《ごせいこん》	
—1993.8—					
(79) 細川護熙《ほそかわもりひろ》	1993（平成5）	.8**非自民連立内閣成立**　.11環境基本法成立	1992　.3暴力団対策法施行	1994　.8青森県**三内丸山《さんないまるやま》遺跡**で，国内最大級の縄文集落を発見　.10**大江健《おおえけん》三郎《ざぶろう》，ノーベル文学賞受賞**	1994　.7金日《きんにっ》成《せい》主席没（キムイルソン）
	1994（平成6）	.1政治改革関連4法成立　.12原爆被爆者援護《ひばくしゃえんご》法《ほう》成立，新進党結成			
—1994.4—					
(80) 羽田《はた》　孜《つとむ》			1994　.6松本サリン事件　.9関西国際空港開港		1995.9フランス核実験再開
—1994.6—					
(81) 村山富市《むらやまとみいち》	1995（平成7）	.10大田沖縄県知事，在日米軍基地用地強制使用代理署名を拒否　.11APEC大阪で開催	1995　.1**阪神《はんしん》・淡路《あわじ》大震災**　.3東京で地下鉄サリン事件	1998　.2長野冬季オリンピック開催	1997　.7香港，中国へ返還
—1996.1—	1996（平成8）	.1社会党，**社会民主党**に党名変更　.4**クリントン大統領来日，日米安保共同宣言発表**　.9民主党結成	1997　.4消費税5％に	1999　.1最古の通貨「富本《ふほん》銭《せん》」が奈良県飛鳥池《あすかいけ》遺跡で大量出土	1999　.1EUの単一通貨「ユーロ」誕生
(82) 橋本龍太郎《はしもとりゅうたろう》①			1998　.6**金融監督庁**発足		
—1996.11—					
	1997（平成9）	.5アイヌ文化振興《しんこう》法成立　.11**財政構造改革法**成立	1999　.9茨城県東海村核燃料加工施設で臨界《りんかい》事故		
(83) 橋本龍太郎②	1998（平成10）	.7参院選で自民党大敗		2000　.6皇太后逝去《せいきょ》　.10**白《しら》川英樹《かわひでき》，ノーベル化学賞受賞**	2000　.6南北朝鮮首脳会議
—1998.7—					
	1999（平成11）	.5**新ガイドライン関連法成立**　.8国旗・国歌法，通信傍受《ぼうじゅ》法成立	2000　.3有珠山《うすざん》噴火　.6三《み》宅島《やけじま》噴火　.7二千円札発行		
(84) 小渕恵三《おぶちけいぞう》					
—2000.4—	2000（平成12）	.5ストーカー規制法成立　.7九州・沖縄サミット開催		2001　.10**野依良治《のよりりょうじ》，ノーベル化学賞受賞**	2001　.9米，同時多発テロ
(85) 森《もり》　喜朗《よしろう》①			2001　.5**ハンセン病訴訟で国に賠償命令**　.8狂牛《きょうぎゅう》病《びょう》（BSE）の発生が国内で確認		2002　.1ユーロ現金流通
—2000.7—					
(86) 森　喜朗②	2001（平成13）	.7参院選挙で自民党圧勝（小泉効果）　.10**テロ対策特別措置法成立**		2002　.10**小柴昌俊《こしばまさとし》（物理学），田中耕一《たなかこういち》（化学），ノーベル賞受賞**	
					2003　.3米英軍イラク空爆
—2001.4—					
(87) 小泉純一郎《こいずみじゅんいちろう》①	2002（平成14）	.9日朝平壌宣言			
	2003（平成15）	.6**有事関連3法成立**　.7**イラク復興支援特別措置法成立**	2002　.4**ペイオフ解禁**　.10北朝鮮拉致《らち》被害者帰国	2003　.3宮崎駿《みやざきはやお》監督「千《せん》と千《ち》尋《ひろ》の神隠し」，アカデミー賞受賞　.5弥生時代が500年早いとする報告発表	2005　.7ロンドンで大規模多発テロ
—2003.11—					
(88) 小泉純一郎②	2004（平成16）	.2陸上自衛隊をイラクへ派遣	2003　.5りそな銀行に公的資金注入		
	2005（平成17）	.4個人情報保護法全面施行			2008　.5中国・四川《しせん》大地震　.9リーマン＝ショック
—2005.9—		.9郵政民営化法案参院否決で衆院解散，**総選挙で自民党歴史的大勝利**，民主党惨敗	2004　.1鳥インフルエンザ発生・拡大	2005　.3愛知万博《ばんぱく》開催	
				2008　.10**南部陽一郎《なんぶよういちろう》・小林《こばやし》誠《まこと》・益川敏英《ますかわとしひで》（物理学），下村脩《しもむらおさむ》（化学），ノーベル賞受賞**	
(89) 小泉純一郎③					
	2006（平成18）	.8小泉首相が終戦記念日に靖国《やすくに》神社を公式参拝《さんぱい》	2005　.4日本とメキシコFTA発効		
—2006.9—					
	2007（平成19）	.5憲法改正手続法である国民投票法成立　.7第21回参院選で自民党歴史的大敗，民主党躍進初の第1党			2009　.1アメリカ初の黒人大統領にオバマ就任
(90) 安倍晋三《あべしんぞう》①			2006　.7**日銀，量的緩和政策を解除。**		
—2007.9—					
	2008（平成20）	.7洞爺湖《とうやこ》サミット開催		2009　.2滝田洋二郎《たきたようじろう》監督「おくりびと」，加藤久仁生《かとうくにお》監督「つみきのいえ」，アカデミー賞受賞	
(91) 福田康夫《ふくだやすお》			2007　.10郵政民営化		
—2008.9—					
(92) 麻生太郎《あそうたろう》	2009（平成21）	.5裁判員制度開始　.8第45回衆議院総選挙で自民党歴史的惨敗，民主党第1党	2009　.4新型インフルエンザ発生・流行		2010　.12チュニジアで反政府デモ
—2009.9—					
(93) 鳩山由紀夫《はとやまゆきお》		.11事業仕分け実施	2010　.4宮崎県で口蹄疫《こうていえき》感染・流行　.9日本振興銀行が破綻，初のペイオフ発動	2010　.10**根岸英一《ねぎしえいいち》・鈴木章《すずきあきら》，ノーベル化学賞受賞**	
	2010（平成22）	.4高校授業料無償《むしょう》化			2011　.12金正《キムジョン》日《イル》総書記没，金正恩《キムジョンウン》体制
—2010.6—		.7第22回参院選で民主敗北，与党過半数割れ		2011　.7サッカー女子W杯初優勝	
(94) 菅《かん》　直人《なおと》					
—2011.9—	2011（平成23）	.6東日本大震災復興基本法成立	2011　.3**東日本大震災，東京電力福島第一原発事故発生**		
(95) 野田佳彦《のだよしひこ》	2012（平成24）	.8**消費税増税法成立**　.9尖閣《せんかく》諸島国有化			

内閣総理大臣	西暦（年号）	政治・外交	経済・社会	生活・文化	世界
—2012.12— (96)安倍晋三《あべしんぞう》②	2013(平成《へいせい》25)	.12第46回衆議院総選挙で民主党大敗，自民党第１党 .７第23回参院選で自民大勝，ねじれ国会解消へ	2012 .９原子力規制委員会発足	2012 .10**山中伸弥《やまなかしんや》，ノーベル生理学・医学賞受賞**	
	2014(平成26)	.７**集団的自衛権行使容認**を閣議決定	2014 .４消費税８％に引き上げ	2014 .10**赤崎勇《あかさきいさむ》・天野浩《あまのひろし》・中村修二《なかむらしゅうじ》，ノーベル物理学賞受賞**	2014 .３ロシアがクリミア半島に侵攻･占領
—2014.12— (97)安倍晋三③	2015(平成27) 2016(平成28) 2017(平成29)	.６公職選挙法改正(**満18歳以上に選挙権**) .９**安全保障関連法**成立 .５伊勢志摩サミット開催。オバマ大統領，広島訪問 .６天皇退位等特例法公布	2015 .８九州電力川内《せんだい》原発再稼働《さいかどう》 2016 .４熊本地震発生 2017 .７九州北部豪雨発生 2018 .７「平成30年７月豪雨」発生 .９北海道胆振《いぶり》東部地震発生	2015 .10**梶田隆章《かじたたかあき》(物理学)，大村智《おおむらさとし》(生理学・医学)，ノーベル賞受賞** 2016 .10**大隅良典《おおすみよしのり》，ノーベル生理学・医学賞受賞**	2017 .１米大統領にトランプ就任 .５韓国大統領に文在寅《ムンジェイン》就任
—2017.11— (98)安倍晋三④	2018(平成30) 2019(平成31) 2019(令和《れいわ》元) 2020(令和２)	.６民法改正(**成年年齢を満18歳以上〔2022年施行〕**に引き下げ) .12**TPP11協定**発効 .４明仁《あきひと》天皇退位 .５徳仁《なるひと》親王即位，**令和《れいわ》**元年スタート .６G20大阪サミット開催 .11 38年ぶりにローマ教皇が来日	2019 .10消費税10％に引き上げ。「令和元年台風第19号」発生 2020 .１日本で新型コロナウイルス感染者確認 .４ ７都府県に**緊急事態宣言発令**。以降，全国へ拡大 .７「令和２年７月豪雨」発生	2018 .10**本庶佑《ほんじょたすく》，ノーベル生理学・医学賞受賞** 2019 .10**吉野彰《よしのあきら》，ノーベル化学賞受賞**。沖縄・首里城正殿焼失 2020 .１地質時代名に「チバニアン」決定	2018 .４韓国・北朝鮮両首脳が会談，「板門店宣言」に署名 .６初の米朝首脳会談 2019 .12中国･武漢で新型コロナウイルス感染症(COVID-19)発生 2020 .１イギリスがEU離脱 .３ **WHOが新型コロナウイルス感染症のパンデミックを宣言**
—2020.９— (99)菅《すが》　義偉《よしひで》 —2021.10— (100)岸田文雄《きしだふみお》① —2021.11—	2021(令和３)	.９デジタル庁発足	2021 .７「令和３年梅雨前線豪雨等による災害」発生	2021 .１大学入学共通テスト実施 .７東京オリンピック開催 .８東京パラリンピック開催 .10**真鍋淑郎《まなべしゅくろう》，ノーベル物理学賞受賞**	2021 .１米大統領にバイデン就任 .２ミャンマーで国軍のクーデタ
(101)岸田文雄②	2022(令和４)	.４改正民法施行(成年年齢を満18歳以上に引き下げ) .７安倍元首相が銃撃され，死去	2022 .３制定後初の電力需給ひっ迫警報発令(東京・東北電力管内)		2022 .２**ロシアがウクライナへ侵攻** .５韓国大統領に尹錫悦《ユンソンニョル》就任

各党の衆議院議席数の推移

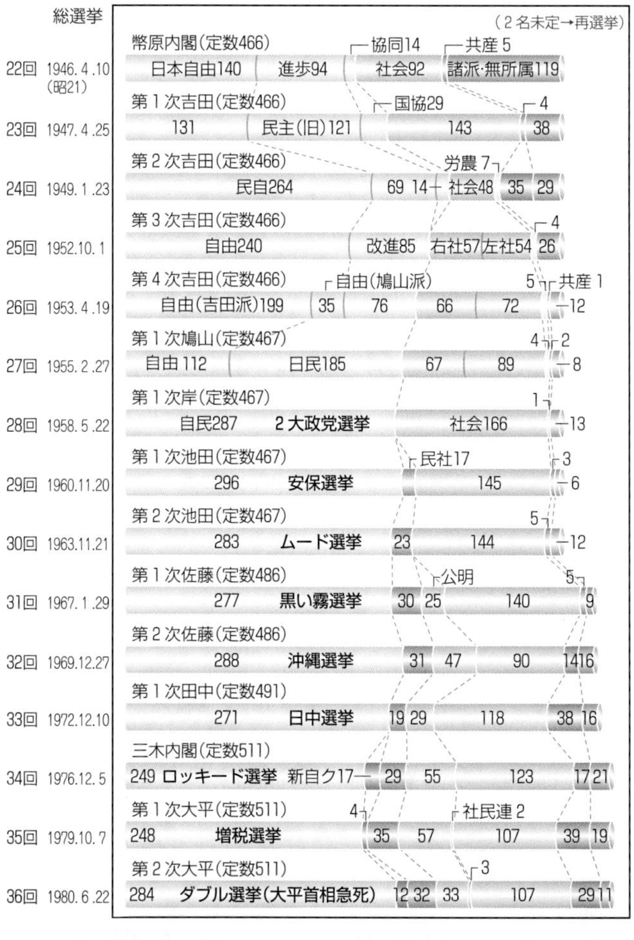

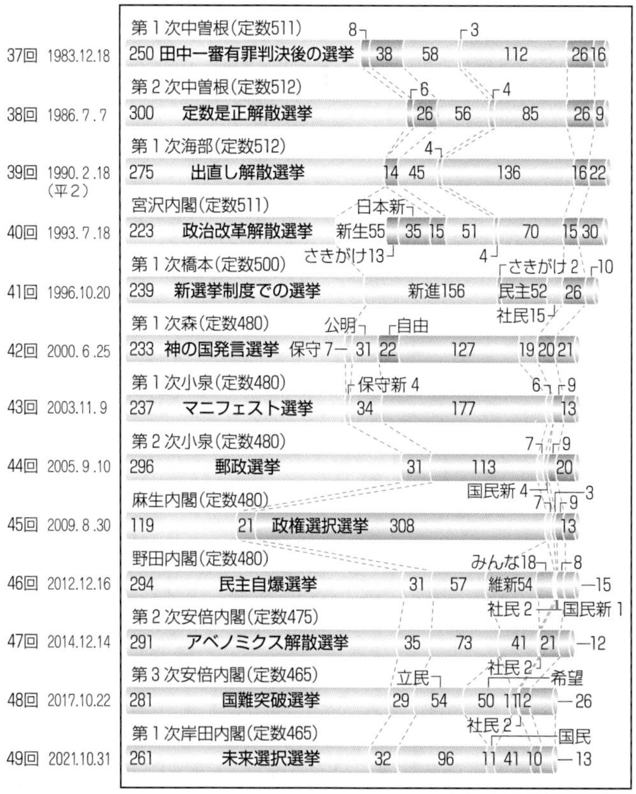

＊日本自由＝日本自由党　進歩＝日本進歩党　社会＝日本社会党　共産＝日本共産党　協同＝日本協同党　民主（旧）＝民主党（旧）　国協＝国民協同党　民自＝民主自由党　労農＝労働者農民党　改進＝改進党　右社＝日本社会党分裂による右派　左社＝日本社会党分裂による左派　日民＝日本民主党　民社＝民社党　公明＝公明党　新自ク＝新自由クラブ　社民連＝社会民主連合　新生＝新生党　さきがけ＝新党さきがけ　日本新＝日本新党　新進＝新進党　民主＝民主党　社民＝社会民主党　保守＝保守党　自由＝自由党　保守新＝保守新党　国民新＝国民新党　維新＝日本維新の会　みんな＝みんなの党　立民＝立憲民主党　希望＝希望の党　国民＝国民民主党

色文字は女帝

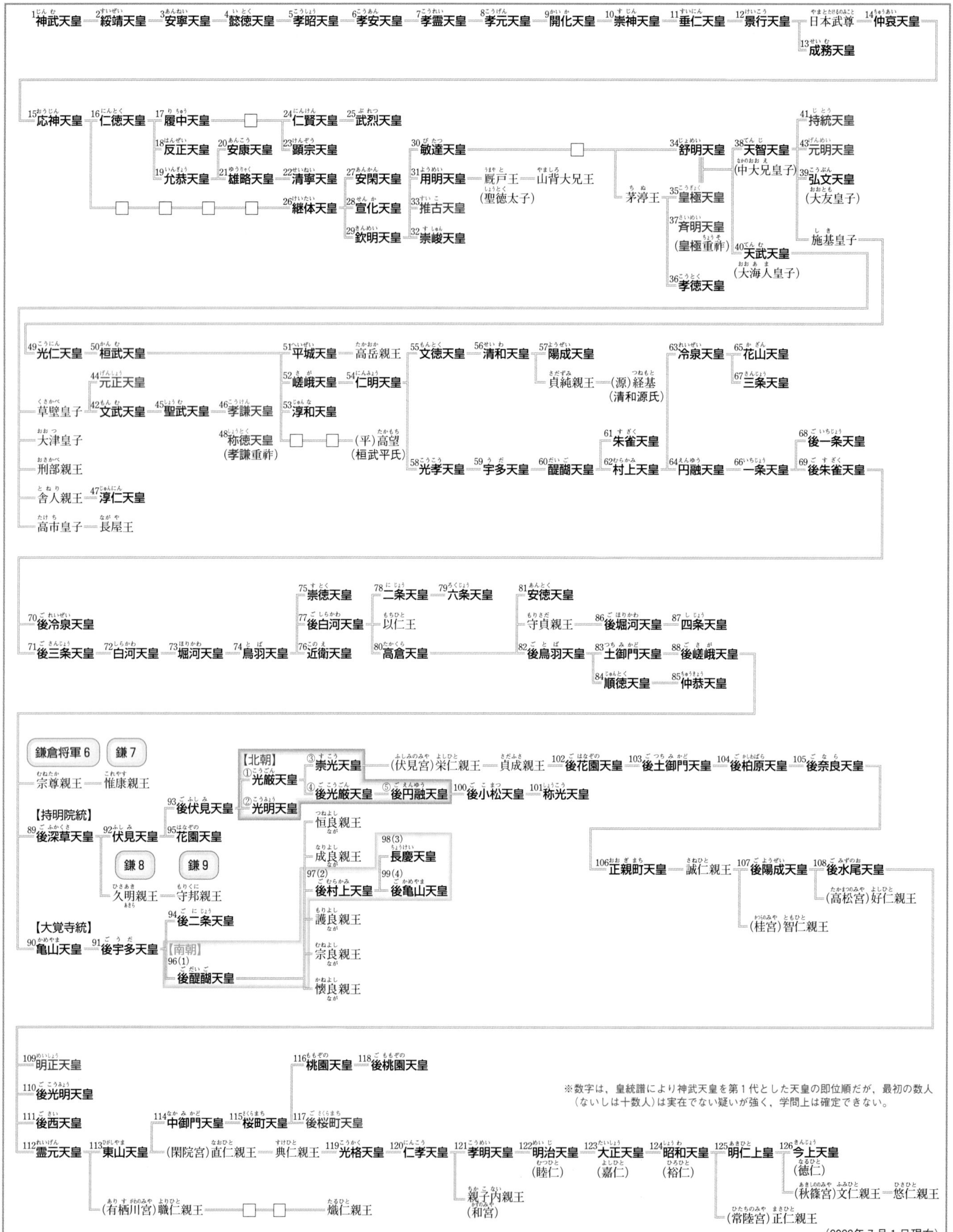

※数字は，皇統譜により神武天皇を第1代とした天皇の即位順だが，最初の数人（ないしは十数人）は実在でない疑いが強く，学問上は確定できない。

（2022年7月1日現在）

(西暦は改元年を含む)

時代	年号	西暦
(古墳時代)	大《たい》化《か》	645～650
	白《はく》雉《ち》	650～654
	朱《しゅ》鳥《ちょう》	686
	大《たい》宝《ほう》	701～704
	慶《けい》雲《うん》	704～708
奈良時代	和《わ》銅《どう》	708～715
	霊《れい》亀《き》	715～717
	養《よう》老《ろう》	717～724
	神《じん》亀《き》	724～729
	天《てん》平《びょう》	729～749
	天平感宝《かんぽう》	749
	天平勝宝《しょうほう》	749～757
	天平宝字《ほうじ》	757～765
	天平神護《じんご》	765～767
	神護景雲《じんごけいうん》	767～770
	宝《ほう》亀《き》	770～780
	天《てん》応《のう》	781～782
平安時代	延《えん》暦《りゃく》	782～806
	大《だい》同《どう》	806～810
	弘《こう》仁《にん》	810～824
	天《てん》長《ちょう》	824～834
	承《じょう》和《わ》	834～848
	嘉《か》祥《しょう》	848～851
	仁《にん》寿《じゅ》	851～854
	斉《さい》衡《こう》	854～857
	天《てん》安《あん》	857～859
	貞《じょう》観《がん》	859～877
	元《がん》慶《ぎょう》	877～885
	仁《にん》和《な》	885～889
	寛《かん》平《びょう》	889～898
	昌《しょう》泰《たい》	898～901
	延《えん》喜《ぎ》	901～923
	延《えん》長《ちょう》	923～931
	承《じょう》平《へい》	931～938
	天《てん》慶《ぎょう》	938～947
	天《てん》暦《りゃく》	947～957
	天《てん》徳《とく》	957～961
	応《おう》和《わ》	961～964
	康《こう》保《ほう》	964～968
	安《あん》和《な》	968～970
	天《てん》禄《ろく》	970～973
	天《てん》延《えん》	973～976
	貞《じょう》元《げん》	976～978
	天《てん》元《げん》	978～983
	永《えい》観《かん》	983～985
	寛《かん》和《な》	985～987
	永《えい》延《えん》	987～989
	永《えい》祚《そ》	989～990
	正《しょう》暦《りゃく》	990～995
	長《ちょう》徳《とく》	995～999
	長《ちょう》保《ほ》	999～1004
	寛《かん》弘《こう》	1004～1012
	長《ちょう》和《わ》	1012～1017
	寛《かん》仁《にん》	1017～1021
	治《じ》安《あん》	1021～1024
	万《まん》寿《じゅ》	1024～1028
	長《ちょう》元《げん》	1028～1037
	長《ちょう》暦《りゃく》	1037～1040
	長《ちょう》久《きゅう》	1040～1044
	寛《かん》徳《とく》	1044～1046
	永《えい》承《しょう》	1046～1053
	天《てん》喜《ぎ》	1053～1058
	康《こう》平《へい》	1058～1065
	治《じ》暦《りゃく》	1065～1069
	延《えん》久《きゅう》	1069～1074
	承《じょう》保《ほう》	1074～1077
	承《じょう》暦《りゃく》	1077～1081
	永《えい》保《ほ》	1081～1084
	応《おう》徳《とく》	1084～1087
	寛《かん》治《じ》	1087～1094
	嘉《か》保《ほう》	1094～1096
	永《えい》長《ちょう》	1096～1097
	承《じょう》徳《とく》	1097～1099
	康《こう》和《わ》	1099～1104
	長《ちょう》治《じ》	1104～1106
	嘉《か》承《しょう》	1106～1108
	天《てん》仁《にん》	1108～1110
	天《てん》永《えい》	1110～1113
	永《えい》久《きゅう》	1113～1118
	元《げん》永《えい》	1118～1120
	保《ほう》安《あん》	1120～1124
	天《てん》治《じ》	1124～1126
	大《だい》治《じ》	1126～1131
	天《てん》承《しょう》	1131～1132
	長《ちょう》承《しょう》	1132～1135
	保《ほう》延《えん》	1135～1141
	永《えい》治《じ》	1141～1142
	康《こう》治《じ》	1142～1144
	天《てん》養《よう》	1144～1145
	久《きゅう》安《あん》	1145～1151
	仁《にん》平《ぴょう》	1151～1154
	久《きゅう》寿《じゅ》	1154～1156
	保《ほう》元《げん》	1156～1159
	平《へい》治《じ》	1159～1160
	永《えい》暦《りゃく》	1160～1161
	応《おう》保《ほ》	1161～1163
	長《ちょう》寛《かん》	1163～1165
	永《えい》万《まん》	1165～1166
	仁《にん》安《あん》	1166～1169
	嘉《か》応《おう》	1169～1171
	承《じょう》安《あん》	1171～1175
	安《あん》元《げん》	1175～1177
	治《じ》承《しょう》	1177～1181
	養《よう》和《わ》	1181～1182
	寿《じゅ》永《えい》	1182～1184
	元《げん》暦《りゃく》	1184～1185
鎌倉時代	文《ぶん》治《じ》	1185～1190
	建《けん》久《きゅう》	1190～1199
	正《しょう》治《じ》	1199～1201
	建《けん》仁《にん》	1201～1204
	元《げん》久《きゅう》	1204～1206
	建《けん》永《えい》	1206～1207
	承《じょう》元《げん》	1207～1211
	建《けん》暦《りゃく》	1211～1213
	建《けん》保《ぽう》	1213～1219
	承《じょう》久《きゅう》	1219～1222
	貞《じょう》応《おう》	1222～1224
	元《げん》仁《にん》	1224～1225
	嘉《か》禄《ろく》	1225～1227
	安《あん》貞《てい》	1227～1229
	寛《かん》喜《ぎ》	1229～1232
	貞《じょう》永《えい》	1232～1233
	天《てん》福《ぷく》	1233～1234
	文《ぶん》暦《りゃく》	1234～1235
	嘉《か》禎《てい》	1235～1238
	暦《りゃく》仁《にん》	1238～1239
	延《えん》応《のう》	1239～1240
	仁《にん》治《じ》	1240～1243
	寛《かん》元《げん》	1243～1247
	宝《ほう》治《じ》	1247～1249
	建《けん》長《ちょう》	1249～1256
	康《こう》元《げん》	1256～1257
	正《しょう》嘉《か》	1257～1259
	正《しょう》元《げん》	1259～1260
	文《ぶん》応《おう》	1260～1261
	弘《こう》長《ちょう》	1261～1264
	文《ぶん》永《えい》	1264～1275
	建《けん》治《じ》	1275～1278
	弘《こう》安《あん》	1278～1288
	正《しょう》応《おう》	1288～1293
	永《えい》仁《にん》	1293～1299
	正《しょう》安《あん》	1299～1302
	乾《けん》元《げん》	1302～1303
	嘉《か》元《げん》	1303～1306
	徳《とく》治《じ》	1306～1308
	延《えん》慶《きょう》	1308～1311
	応《おう》長《ちょう》	1311～1312
	正《しょう》和《わ》	1312～1317
	文《ぶん》保《ぽう》	1317～1319
	元《げん》応《おう》	1319～1321
	元《げん》亨《こう》	1321～1324
	正《しょう》中《ちゅう》	1324～1326
	嘉《か》暦《りゃく》	1326～1329
	(南)元徳《げんとく》	1329～1331
	(南)元弘《げんこう》	1331～1334
南北朝時代	(南)建武《けんむ》	1334～1336
	(南)延元《えんげん》	1336～1340
	(南)興国《こうこく》	1340～1346
	(南)正平《しょうへい》	1346～1370
	(南)建徳《けんとく》	1370～1372
	(南)文中《ぶんちゅう》	1372～1375
	(南)天授《てんじゅ》	1375～1381
	(南)弘和《こうわ》	1381～1384
	(南)元中《げんちゅう》	1384～1392
	(北)元徳《げんとく》	1329～1332
	(北)正慶《しょうきょう》	1332～1334
	(北)建武《けんむ》	1334～1338
	(北)暦応《りゃくおう》	1338～1342
	(北)康永《こうえい》	1342～1345
	(北)貞和《じょうわ》	1345～1350
	(北)観応《かんのう》	1350～1352
	(北)文和《ぶんな》	1352～1356
	(北)延文《えんぶん》	1356～1361
	(北)康安《こうあん》	1361～1362
	(北)貞治《じょうじ》	1362～1368
	(北)応安《おうあん》	1368～1375
	(北)永和《えいわ》	1375～1379
	(北)康暦《こうりゃく》	1379～1381
	(北)永徳《えいとく》	1381～1384
	(北)至徳《しとく》	1384～1387
	(北)嘉慶《かきょう》	1387～1389
	(北)康応《こうおう》	1389～1390
	(北)明徳《めいとく》	1390～1394
	(1392 南北朝合体)	
室町時代	応《おう》永《えい》	1394～1428
	正《しょう》長《ちょう》	1428～1429
	永《えい》享《きょう》	1429～1441
	嘉《か》吉《きつ》	1441～1444
	文《ぶん》安《あん》	1444～1449
	宝《ほう》徳《とく》	1449～1452
	享《きょう》徳《とく》	1452～1455
	康《こう》正《しょう》	1455～1457
	長《ちょう》禄《ろく》	1457～1460
	寛《かん》正《しょう》	1460～1466
	文《ぶん》正《しょう》	1466～1467
	応《おう》仁《にん》	1467～1469
	文《ぶん》明《めい》	1469～1487
	長《ちょう》享《きょう》	1487～1489
	延《えん》徳《とく》	1489～1492
	明《めい》応《おう》	1492～1501
	文《ぶん》亀《き》	1501～1504
	永《えい》正《しょう》	1504～1521
	大《たい》永《えい》	1521～1528
	享《きょう》禄《ろく》	1528～1532
	天《てん》文《ぶん》	1532～1555
	弘《こう》治《じ》	1555～1558
	永《えい》禄《ろく》	1558～1570
	元《げん》亀《き》	1570～1573
安土・桃山	天《てん》正《しょう》	1573～1592
	文《ぶん》禄《ろく》	1592～1596
江戸時代	慶《けい》長《ちょう》	1596～1615
	元《げん》和《な》	1615～1624
	寛《かん》永《えい》	1624～1644
	正《しょう》保《ほ》	1644～1648
	慶《けい》安《あん》	1648～1652
	承《じょう》応《おう》	1652～1655
	明《めい》暦《れき》	1655～1658
	万《まん》治《じ》	1658～1661
	寛《かん》文《ぶん》	1661～1673
	延《えん》宝《ぽう》	1673～1681
	天《てん》和《な》	1681～1684
	貞《じょう》享《きょう》	1684～1688
	元《げん》禄《ろく》	1688～1704
	宝《ほう》永《えい》	1704～1711
	正《しょう》徳《とく》	1711～1716
	享《きょう》保《ほう》	1716～1736
	元《げん》文《ぶん》	1736～1741
	寛《かん》保《ぽう》	1741～1744
	延《えん》享《きょう》	1744～1748
	寛《かん》延《えん》	1748～1751
	宝《ほう》暦《れき》	1751～1764
	明《めい》和《わ》	1764～1772
	安《あん》永《えい》	1772～1781
	天《てん》明《めい》	1781～1789
	寛《かん》政《せい》	1789～1801
	享《きょう》和《わ》	1801～1804
	文《ぶん》化《か》	1804～1818
	文《ぶん》政《せい》	1818～1830
	天《てん》保《ぽう》	1830～1844
	弘《こう》化《か》	1844～1848
	嘉《か》永《えい》	1848～1854
	安《あん》政《せい》	1854～1860
	万《まん》延《えん》	1860～1861
	文《ぶん》久《きゅう》	1861～1864
	元《げん》治《じ》	1864～1865
	慶《けい》応《おう》	1865～1868
明治以後	明《めい》治《じ》	1868～1912
	大《たい》正《しょう》	1912～1926
	昭《しょう》和《わ》	1926～1989
	平《へい》成《せい》	1989～2019
	令《れい》和《わ》	2019～

干支表

五《ご》行《ぎょう》	木		火		土		金		水	
十《じっ》干《かん》	甲《きのえ》 コウ	乙《きのと》 オツ	丙《ひのえ》 ヘイ	丁《ひのと》 テイ	戊《つちのえ》 ボ	己《つちのと》 キ	庚《かのえ》 コウ	辛《かのと》 シン	壬《みずのえ》 ジン	癸《みずのと》 キ

十二支《じゅうにし》	子《ね》 シ (鼠)	丑《うし》 チュウ (牛)	寅《とら》 イン (虎)	卯《う》 ボウ (兎)	辰《たつ》 シン (龍)	巳《み》 シ (蛇)	午《うま》 ゴ (馬)	未《ひつじ》 ビ (羊)	申《さる》 シン (猿)	酉《とり》 ユウ (鶏)	戌《いぬ》 ジュツ (犬)	亥《い》 ガイ (猪)

干支順位表

各欄の左上の数に60の倍数を加えると西暦年となる。

4 甲《きのえ》子《ね》 (カッシ)	5 乙《きのと》丑《うし》 イツ チュウ	6 丙《ひのえ》寅《とら》 ヘイ イン	7 丁《ひのと》卯《う》 テイ ボウ	8 戊《つちのえ》辰《たつ》 ボ シン	9 己《つちのと》巳《み》 キ シ	10 庚《かのえ》午《うま》 コウ ゴ	11 辛《かのと》未《ひつじ》 シン ビ	12 壬《みずのえ》申《さる》 ジン シン	13 癸《みずのと》酉《とり》 キ ユウ	14 甲《きのえ》戌《いぬ》 コウ ジュツ	15 乙《きのと》亥《い》 イツ ガイ
16 丙《ひのえ》子《ね》 ヘイ シ	17 丁《ひのと》丑《うし》 テイ チュウ	18 戊《つちのえ》寅《とら》 ボ イン	19 己《つちのと》卯《う》 キ ボウ	20 庚《かのえ》辰《たつ》 コウ シン	21 辛《かのと》巳《み》 シン シ	22 壬《みずのえ》午《うま》 ジン ゴ	23 癸《みずのと》未《ひつじ》 キ ビ	24 甲《きのえ》申《さる》 コウ シン	25 乙《きのと》酉《とり》 イツ ユウ	26 丙《ひのえ》戌《いぬ》 ヘイ ジュツ	27 丁《ひのと》亥《い》 テイ ガイ
28 戊《つちのえ》子《ね》 ボ シ	29 己《つちのと》丑《うし》 キ チュウ	30 庚《かのえ》寅《とら》 コウ イン	31 辛《かのと》卯《う》 シン ボウ	32 壬《みずのえ》辰《たつ》 ジン シン	33 癸《みずのと》巳《み》 キ シ	34 甲《きのえ》午《うま》 コウ ゴ	35 乙《きのと》未《ひつじ》 イツ ビ	36 丙《ひのえ》申《さる》 ヘイ シン	37 丁《ひのと》酉《とり》 テイ ユウ	38 戊《つちのえ》戌《いぬ》 ボ ジュツ	39 己《つちのと》亥《い》 キ ガイ
40 庚《かのえ》子《ね》 コウ シ	41 辛《かのと》丑《うし》 シン チュウ	42 壬《みずのえ》寅《とら》 ジン イン	43 癸《みずのと》卯《う》 キ ボウ	44 甲《きのえ》辰《たつ》 コウ シン	45 乙《きのと》巳《み》 イツ シ	46 丙《ひのえ》午《うま》 ヘイ ゴ	47 丁《ひのと》未《ひつじ》 テイ ビ	48 戊《つちのえ》申《さる》 ボ シン	49 己《つちのと》酉《とり》 キ ユウ	50 庚《かのえ》戌《いぬ》 コウ ジュツ	51 辛《かのと》亥《い》 シン ガイ
52 壬《みずのえ》子《ね》 ジン シ	53 癸《みずのと》丑《うし》 キ チュウ	54 甲《きのえ》寅《とら》 コウ イン	55 乙《きのと》卯《う》 イツ ボウ	56 丙《ひのえ》辰《たつ》 ヘイ シン	57 丁《ひのと》巳《み》 テイ シ	58 戊《つちのえ》午《うま》 ボ ゴ	59 己《つちのと》未《ひつじ》 キ ビ	0 庚《かのえ》申《さる》 コウ シン	1 辛《かのと》酉《とり》 シン ユウ	2 壬《みずのえ》戌《いぬ》 ジン ジュツ	3 癸《みずのと》亥《い》 キ ガイ

内閣一覧

＊出身地は原則として，戦前は「出生地」を，戦後は「選挙区」を記載　★は戦後の連立内閣

時期	代	首相名	内閣成立年月	在職日数	出身地*	就任年齢	出身／与党・性格	在任中の主な出来事
明治の内閣（◀p.173）	1	伊藤《いとう》博文《ひろぶみ》①	1885(明治18).12	861	山口	44歳	長州藩	86.5 第1回条約改正会議開催 87.12 保安条例公布
	2	黒田《くろだ》清隆《きよたか》	1888(明治21).4	544	鹿児島	47歳	薩摩藩／超然主義	89.2 大日本帝国憲法発布，衆議院議員選挙法公布
	3	山県《やまがた》有朋《ありとも》①	1889(明治22).12	499	山口	51歳	長州藩／陸軍・超然主義	90.11 第1回帝国議会召集
	4	松方《まつかた》正義《まさよし》①	1891(明治24).5	461	鹿児島	56歳	薩摩藩	91.5 大津事件 92.2 第2回衆議院議員総選挙，選挙干渉
	5	伊藤博文②	1892(明治25).8	1,485	山口	50歳	長州藩	94.7 日英通商航海条約調印 94.8 日清戦争 95.4 下関条約調印
	6	松方正義②	1896(明治29).9	482	鹿児島	61歳	薩摩藩／進歩党(松隈内閣)	97.3 貨幣法公布(金本位制の確立)
	7	伊藤博文③	1898(明治31).1	170	山口	56歳	長州藩	
	8	大隈《おおくま》重信《しげのぶ》①	1898(明治31).6	132	佐賀	60歳	肥前藩／憲政党	98.6 隈板内閣成立(最初の政党内閣)
	9	山県有朋②	1898(明治31).11	711	山口	60歳	長州藩／陸軍	00.3 治安警察法公布 00.5 軍部大臣現役武官制
	10	伊藤博文④	1900(明治33).10	204	山口	59歳	長州藩／立憲政友会	01.5 社会民主党結成
	11	桂《かつら》　太郎《たろう》①	1901(明治34).6	1,681	山口	53歳	長州藩／陸軍・超然主義	02.1 日英同盟協約締結 04.2 日露戦争 05.9 ポーツマス条約調印
	12	西園寺《さいおんじ》公望《きんもち》①	1906(明治39).1	920	京都	56歳	公卿／立憲政友会	06.3 鉄道国有法公布 07.7 第3次日韓協約調印
	13	桂　太郎②	1908(明治41).7	1,143	山口	60歳	長州藩／陸軍	10.5 大逆事件 10.8 韓国併合条約調印 11.2 関税自主権回復
	14	西園寺公望②	1911(明治44).8	480	京都	61歳	公卿／立憲政友会	12.11 2個師団増設案閣議で否決
大正の内閣（◀p.193）	15	桂　太郎③	1912(大正元).12	62	山口	65歳	長州藩／陸軍・内大臣	13.1 第一次護憲運動 13.2 大正政変(桂内閣総辞職)
	16	山本《やまもと》権兵衛《ごんべえ》①	1913(大正2).2	421	鹿児島	60歳	薩摩藩／海軍・立憲政友会	13.6 軍部大臣現役武官制廃止 14.1 シーメンス事件
	17	大隈重信②	1914(大正3).4	908	佐賀	76歳	肥前藩／立憲同志会など	14.8 独に宣戦布告(第一次世界大戦に参戦) 15.1 二十一カ条要求
	18	寺内《てらうち》正毅《まさたけ》	1916(大正5).10	721	山口	64歳	長州藩／陸軍・超然主義	17.11 石井・ランシング協定調印 18.8 シベリア出兵，米騒動
	19	原《はら》　敬《たかし》	1918(大正7).9	1,133	岩手	62歳	平民宰相／立憲政友会	19.6 ヴェルサイユ条約調印 20.1 国際連盟へ正式加入
	20	高橋《たかはし》是清《これきよ》	1921(大正10).11	212	東京	67歳	官僚／立憲政友会	21.12 四カ国条約調印 22.2 ワシントン海軍軍縮条約調印
	21	加藤《かとう》友三郎《ともさぶろう》	1922(大正11).6	440	広島	61歳	海軍	
	22	山本権兵衛②	1923(大正12).9	128	鹿児島	70歳	薩摩藩／海軍・革新倶楽部	23.9 関東大震災 23.12 虎の門事件(山本内閣引責辞職)
	23	清浦《きようら》奎吾《けいご》	1924(大正13).1	157	熊本	73歳	官僚／貴族院・枢密院	24.1 第二次護憲運動
	24	加藤《かとう》高明《たかあき》①②	1924(大正13).6	597	愛知	64歳	官僚／護憲三派	25.4 治安維持法公布 25.5 普通選挙法公布
昭和前期の内閣（◀p.209）	25	若槻《わかつき》礼次郎《れいじろう》①	1926(大正15).1	446	島根	59歳	官僚／憲政会	27.3 金融恐慌
	26	田中《たなか》義一《ぎいち》	1927(昭和2).4	805	山口	63歳	陸軍／立憲政友会	27.5 第1次山東出兵 28.6 満州某重大事件
	27	浜口《はまぐち》雄幸《おさち》	1929(昭和4).7	652	高知	59歳	官僚／立憲民政党	30.1 金輸出解禁実施 30.4 統帥権干犯問題
	28	若槻礼次郎②	1931(昭和6).4	244	島根	65歳	官僚／立憲民政党	31.9 柳条湖事件(満州事変勃発)
	29	犬養《いぬかい》　毅《つよし》	1931(昭和6).12	156	岡山	76歳	立憲政友会	32.3 満州国建国 32.5 五・一五事件(犬養首相射殺)
	30	斎藤《さいとう》　実《まこと》	1932(昭和7).5	774	岩手	73歳	海軍／挙国一致内閣	32.9 日満議定書調印 33.3 国際連盟脱退
	31	岡田《おかだ》啓介《けいすけ》	1934(昭和9).7	611	福井	66歳	海軍	35.2 天皇機関説問題 35.8・10 国体明徴声明 36.2 二・二六事件
	32	広田《ひろた》弘毅《こうき》	1936(昭和11).3	331	福岡	58歳	外交官／挙国一致内閣	36.11 日独防共協定調印
	33	林《はやし》銑十郎《せんじゅうろう》	1937(昭和12).2	123	石川	60歳	陸軍／昭和会・国民同盟	
	34	近衛《このえ》文麿《ふみまろ》①	1937(昭和12).6	581	東京	45歳	公卿／挙国一致内閣	37.7 盧溝橋事件(日中戦争勃発) 38.4 国家総動員法公布
	35	平沼《ひらぬま》騏一郎《きいちろう》	1939(昭和14).1	238	岡山	71歳	官僚	39.5 ノモンハン事件
	36	阿部《あべ》信行《のぶゆき》	1939(昭和14).8	140	石川	63歳	陸軍	39.9 第二次世界大戦勃発
	37	米内《よない》光政《みつまさ》	1940(昭和15).1	189	岩手	59歳	海軍	
	38	近衛文麿②	1940(昭和15).7	362	東京	48歳	公卿	40.9 日独伊三国同盟調印 40.10 大政翼賛会結成
	39	近衛文麿③	1941(昭和16).7	93	東京	49歳	公卿	41.7 米，在米対日資産凍結
	40	東条《とうじょう》英機《ひでき》	1941(昭和16).10	1,009	東京	57歳	陸軍	41.12 ハワイ真珠湾攻撃，対米英宣戦布告 44.7 サイパン島玉砕
	41	小磯《こいそ》国昭《くにあき》	1944(昭和19).7	260	栃木	64歳	陸軍	45.3 硫黄島玉砕 45.4 米軍，沖縄上陸
	42	鈴木《すずき》貫太郎《かんたろう》	1945(昭和20).4	133	大阪	77歳	海軍	45.8 広島・長崎原爆投下，ポツダム宣言受諾
戦後	43	東久邇宮《ひがしくにのみや》稔彦《なるひこ》	1945(昭和20).8	54	京都	57歳	皇族	45.9 降伏文書調印 45.10 GHQ五大改革指令
	44	幣原《しではら》喜重郎《きじゅうろう》	1945(昭和20).10	226	大阪	73歳	外務官僚	46.1 天皇の人間宣言
	45	吉田《よしだ》　茂《しげる》①	1946(昭和21).5	368	高知	67歳	外務官僚／自由党・進歩党★	46.11 日本国憲法公布
	46	片山《かたやま》　哲《てつ》	1947(昭和22).5	292	神奈川	59歳	弁護士／社会・民主・国民協同★	47.12 過度経済力集中排除法
	47	芦田《あしだ》　均《ひとし》	1948(昭和23).3	220	京都	60歳	外務官僚／民主・社会・国民協同★	48.7 政令201号公布 48.10 昭和電工疑獄事件
	48	吉田　茂②	1948(昭和23).10	125	高知	70歳	外務官僚／民主自由党	48.12 GHQ経済安定九原則指令
	49	吉田　茂③	1949(昭和24).2	1,353	高知	70歳	外務官僚／民主自由党→自由党	50.6 朝鮮戦争勃発 51.9 サンフランシスコ平和条約・日米安保条約調印
	50	吉田　茂④	1952(昭和27).10	204	高知	74歳	外務官僚／自由党	

戦後〜現代の内閣(◀p.221・236・237)

51	吉田《よしだ》　茂《しげる》⑤	1953(昭和28).5	569	高　知	74歳	外務官僚／自由党	54.7　自衛隊発足
52	鳩山一郎《はとやまいちろう》①	1954(昭和29).12	100	東　京	71歳	政友会／日本民主党	
53	鳩山一郎②	1955(昭和30).3	249	東　京	72歳	政友会／日本民主党	55.11　自由民主党結成(保守合同・55年体制)
54	鳩山一郎③	1955(昭和30).11	398	東　京	72歳	政友会／日本民主党	56.10　日ソ共同宣言調印　56.12　国際連合へ加盟
55	石橋湛山《いしばしたんざん》	1956(昭和31).12	65	静　岡	72歳	新聞記者／自由民主党	
56	岸《きし》　信介《のぶすけ》①	1957(昭和32).2	473	山　口	60歳	満州国官僚／自由民主党	57.12　日ソ通商条約調印
57	岸　信介②	1958(昭和33).6	769	山　口	61歳	満州国官僚／自由民主党	59.12　三池《みいけ》争議始まる　60.1　新安保条約調印
58	池田勇人《いけだはやと》①	1960(昭和35).7	143	広　島	60歳	大蔵官僚／自由民主党	60.10　浅沼社会党委員長刺殺《しさつ》　60.12　国民所得倍増計画発表
59	池田勇人②	1960(昭和35).12	1,097	広　島	61歳	大蔵官僚／自由民主党	61.6　農業基本法公布　63.8　部分的核実験停止条約調印
60	池田勇人③	1963(昭和38).12	337	広　島	64歳	大蔵官僚／自由民主党	64.4　IMF 8条国へ移行　64.10　東京オリンピック開催
61	佐藤栄作《さとうえいさく》①	1964(昭和39).11	831	山　口	63歳	運輸官僚／自由民主党	65.6　日韓基本条約調印
62	佐藤栄作②	1967(昭和42).2	1,063	山　口	65歳	運輸官僚／自由民主党	67.8　公害対策基本法公布　68.4　小笠原《おがさわら》返還協定調印
63	佐藤栄作③	1970(昭和45).1	906	山　口	68歳	運輸官僚／自由民主党	70.6　新安保条約自動延長　71.6　沖縄返還協定調印
64	田中角栄《たなかかくえい》①	1972(昭和47).7	169	新　潟	54歳	土建業／自由民主党	72.9　日中共同声明調印
65	田中角栄②	1972(昭和47).12	718	新　潟	54歳	土建業／自由民主党	73.10　第1次石油危機　74.10　田中金脈問題
66	三木武夫《みきたけお》	1974(昭和49).12	747	徳　島	67歳	自由民主党	75.7　政治資金規正法改正　76.7　ロッキード事件
67	福田赳夫《ふくだたけお》	1976(昭和51).12	714	群　馬	71歳	大蔵官僚／自由民主党	78.8　日中平和友好条約調印
68	大平正芳《おおひらまさよし》①	1978(昭和53).12	338	香　川	68歳	大蔵官僚／自由民主党	79.6　元号《げんごう》法成立
69	大平正芳②	1979(昭和54).11	217	香　川	69歳	大蔵官僚／自由民主党	80.6　大平首相急死。初の衆参同日選挙で自民党大勝
70	鈴木善幸《すずきぜんこう》	1980(昭和55).7	864	岩　手	69歳	自由民主党	82.8　参議院全国区に拘束《こうそく》名簿式比例代表制導入
71	中曽根康弘《なかそねやすひろ》①	1982(昭和57).11	396	群　馬	64歳	海軍将校／自由民主党	83.1　中曽根首相，首相として初めて訪韓
72	中曽根康弘②	1983(昭和58).12	939	群　馬	65歳	海軍将校／自由民主党	85.4　NTT発足　85.5　男女雇用機会均等法成立
73	中曽根康弘③	1986(昭和61).7	473	群　馬	68歳	海軍将校／自由民主党	87.4　国鉄《こくてつ》分割民営化　87.5　防衛費GNP 1％突破
74	竹下《たけした》　登《のぼる》	1987(昭和62).11	576	島　根	63歳	島根県議／自由民主党	88.7　リクルート事件　89.1　昭和天皇死去　89.4　消費税導入
75	宇野宗佑《うのそうすけ》	1989(平成元).6	69	滋　賀	66歳	滋賀県議／自由民主党	89.7　参議院選挙で自民党大敗
76	海部俊樹《かいふとしき》①	1989(平成元).8	203	愛　知	58歳	自由民主党	90.2　衆議院総選挙で社会党大躍進
77	海部俊樹②	1990(平成2).2	616	愛　知	59歳	自由民主党	90.10　株価大暴落(バブル崩壊)　91.3　湾岸戦争に90億ドル支援
78	宮沢喜一《みやざわきいち》	1991(平成3).11	644	広　島	72歳	大蔵官僚／自由民主党	92.6　PKO協力法成立
79	細川護熙《ほそかわもりひろ》	1993(平成5).8	263	熊　本	55歳	熊本県知事／日本新党ほか7党★	93.11　環境基本法成立　94.1　政治改革関連法成立
80	羽田《はた》　孜《つとむ》	1994(平成6).4	64	長　野	58歳	バス会社／新生党ほか7党★	
81	村山富市《むらやまとみいち》	1994(平成6).6	561	大　分	70歳	大分県議／社会·自民·さきがけ★	95.1　阪神《はんしん》・淡路《あわじ》大震災起こる　95.3　地下鉄サリン事件
82	橋本龍太郎《はしもとりゅうたろう》①	1996(平成8).1	302	岡　山	58歳	自民・社会・さきがけ★	96.10　初の小選挙区比例代表並立《へいりつ》制での総選挙
83	橋本龍太郎②	1996(平成8).11	631	岡　山	59歳	自由民主党	97.4　消費税5％となる　97.11　財政構造改革法成立
84	小渕恵三《おぶちけいぞう》	1998(平成10).7	616	群　馬	61歳	自由民主党→自民·自由·公明★	99.5　周辺事態法成立　99.8　国旗・国歌法制化
85	森《もり》　喜朗《よしろう》①	2000(平成12).4	91	石　川	62歳	自民・公明・保守★	00.5　ストーカー規制法成立
86	森　喜朗②	2000(平成12).7	297	石　川	62歳	自民・公明・保守★	00.7　九州・沖縄サミット開催
87	小泉純一郎《こいずみじゅんいちろう》①	2001(平成13).4	938	神奈川	59歳	自民·公明·保守(保守新)★	01.10　テロ対策特別措置法成立　02.9　初の日朝首脳会談
88	小泉純一郎②	2003(平成15).11	673	神奈川	61歳	自民・公明★	04.2　陸上自衛隊イラクへ派遣　05.9　衆議院総選挙で自民党圧勝
89	小泉純一郎③	2005(平成17).9	371	神奈川	63歳	自民・公明★	05.10　郵政民営化法成立　06.7　日銀，ゼロ金利政策を解除
90	安倍晋三《あべしんぞう》①	2006(平成18).9	366	山　口	52歳	自民・公明★	07.7　参議院選挙で自民党歴史的大敗，民主党初の第1党
91	福田康夫《ふくだやすお》	2007(平成19).9	365	群　馬	71歳	自民・公明★	07.10　郵政民営化　08.7　洞爺《とうや》湖サミット開催
92	麻生太郎《あそうたろう》	2008(平成20).9	358	福　岡	68歳	自民・公明★	09.8　衆議院総選挙で自民党歴史的惨敗，民主党第1党
93	鳩山由紀夫《はとやまゆきお》	2009(平成21).9	266	北海道	62歳	民主・社民・国民★	09.11　事業仕分け実施　10.4　高校授業料無償《むしょう》化
94	菅《かん》　直人《なおと》	2010(平成22).6	452	東　京	63歳	民主・国民★	10.7　第22回参院選で与党過半数割れ　11.3　東日本大震災起こる
95	野田佳彦《のだよしひこ》	2011(平成23).9	482	千　葉	54歳	民主・国民★	12.8　消費税増税法成立　12.9　尖閣《せんかく》諸島国有化
96	安倍晋三②	2012(平成24).12	729	山　口	58歳	自民・公明★	13.7　TPP交渉参加　14.4　消費税8％となる
97	安倍晋三③	2014(平成26).12	1,044	山　口	60歳	自民・公明★	15.6　公職選挙法改正(満18歳以上に選挙権)　16.5　伊勢志摩サミット
98	安倍晋三④	2017(平成29).11	1,051	山　口	63歳	自民・公明★	18.12　TPP11協定発効　19.5　令和《れいわ》に改元　19.10　消費税10％となる
99	菅《すが》　義偉《よしひで》	2020(令和2).9	384	神奈川	71歳	自民・公明★	21.1　大学入学共通テスト実施　21.7　東京オリンピック開催
100	岸田文雄《きしだふみお》①	2021(令和3).10	38	広島	64歳	自民・公明★	
101	岸田文雄②	2021(令和3).11		広島	64歳	自民・公明★	22.4　改正民法施行(成年年齢満18歳以上に)　22.7　安倍元首相が銃撃され，死去

下線頁は写真が掲載されています。

写真所蔵・提供一覧(敬称略)　ＵＦＪ銀行貨幣資料館／W.P.E／会津若松市／会津若松市教育委員会／相澤忠洋記念館／愛知県教育サービスセンター愛知県埋蔵文化財センター／青森県教育庁文化財保護課／青森県埋蔵文化財調査センター／青森県立郷土館／赤穂市産業振興部観光商工課／浅沼写真スタジオ／朝日新聞社／飛鳥園／安土城天主信長の館／天草市立天草キリシタン館／飯塚市歴史資料館／石川県埋蔵文化財センター／石川県立歴史博物館／一茶記念館／伊都国歴史博物館／井戸尻考古館／井上博道／いわき市教育委員会／岩波書店／上杉神社稽照殿／江戸東京博物館／奥州市立高野長英記念館／青梅市教育委員会／大阪城天守閣／大阪府教育委員会／大阪府文化財センター／大阪府立弥生文化博物館／太田市教育委員会／大塚食品／大村次郷／岡山大学文学部考古学研究室／尾崎行雄記念財団／オリオンプレス／鹿児島県立埋蔵文化財センター／笠懸野岩宿文化資料館／金沢市教育委員会／かみつけの里博物館／唐津市教育委員会／河内長野市教育委員会／河辺村役場／願成寺／九州歴史資料館／教科書資料リサーチ／京丹後市教育委員会／共同通信社／京都国立博物館／京都市歴史資料館／京都大学総合博物館／桐生市教育委員会／宮内庁三の丸尚蔵館／宮内庁書陵部／群馬県教育委員会／憲政記念館／講談社／高知県立歴史民俗資料館／高伝寺／神戸市教育委員会／神戸市立博物館／高野山持明院／高野山霊宝館／光琳社／ゴールデン佐渡／国立公文書館／国立国会図書館／国立歴史民俗博物館／埼玉県立さきたま資料館／佐賀県教育委員会／佐賀県立博物館・美術館／坂本龍馬記念館／桜井市教育委員会／ジェイアール東海生涯学習財団／ジオグラフィックフォト／滋賀県安土城郭調査研究所／滋賀大学経済学部附属史料館／静岡市教育委員会／四天王寺／島根県教育委員会／島根県教育庁埋蔵文化財調査センター／島根県古代文化センター／島原市観光課／順天堂大学医学部／松蔭神社／小学館／常在寺／心月寺／水産航空／瑞峯院／スタジオ千鶴／須玉町教育委員会／世界文化フォト／仙台市博物館／艸藝社／相国寺承天閣美術館／高崎市教育委員会／高槻市教育委員会／高松平家物語歴史館／宝鏡寺／詫間町教育委員会／田原市博物館／致道博物館／茅野市尖石縄文考古館／中央公論新社／長者ヶ原考古館／鎭國守國神社／逓信総合博物館／天理大学附属天理参考館／天理大学附属天理図書館／土井ヶ浜遺跡・人類学ミュージアム／東京国立近代美術館／東京国立博物館　Image：TNM Image Archives／東京大学史料編纂所／東京大学総合研究博物館／東京大学大学院国文学研究室／東京都立中央図書館加賀文庫／東京都歴史文化財団イメージアーカイブ／銅鐸博物館／德川記念財団／鳥取県湯梨浜町／長岡市立科学博物館／長崎県教育委員会／長崎県立長崎図書館／長崎市観光宣伝課／長野県埋蔵文化財センター／長野県立歴史館／永野鹿鳴荘／名古屋市秀吉清正記念館／奈良県立橿原考古学研究所／奈良国立博物館／奈良市教育委員会／奈良市写真美術館／奈良文化財研究所／西浅井町観光課／日清食品／日本銀行金融研究所貨幣博物館／日本近代史研究会／日本近代文学館／日本地図センター／日本漫画資料館／ネイチャー・プロダクション／農業・生物系特定産業技術研究機構東北農業研究センター／農林水産省経営局／野口英世記念会／芳賀ライブラリー／箱根町立郷土資料館／秦神社／八戸市縄文学習館／浜松市博物館／早雲寺／東大阪市教育委員会／彦根城博物館／土方歳三資料館／姫路市／平泉町観光商工課／弘前市教育委員会／弘前市立博物館／広島県教育委員会／広島県教育事業団埋蔵文化財調査室／フォト・ワークス／福井県立一乗谷朝倉氏遺跡資料館／福井市教育委員会／福岡市教育委員会／福岡市経済振興局観光課／福岡市埋蔵文化財センター／船橋市西図書館／豊後高田市観光協会／平凡社／便利堂／法政大学大原社会問題研究所／報徳博物館／法隆寺／北海道大学附属図書館北方資料室／北海道立埋蔵文化財センター／北方文化博物館／毎日新聞社／町田市教育委員会／松阪市文化財センター／箕郷町教育委員会／三菱経済研究所・史料館／宮崎県立西都原考古博物館／明王院／妙法院門跡／三次市教育委員会／向日市埋蔵文化財センター／村瀬あや／明治大学博物館／毛利博物館／森永製菓／山形県埋蔵文化財センター／山縣神社／山崎郁男／山梨県立考古博物館／ユニフォト・プレス／八日市市今堀町／八日市市教育委員会／横浜市ふるさと歴史財団埋蔵文化財センター／淀江町教育委員会／読売新聞社／龍福寺／龍安寺／臨済寺／冷泉家時雨亭文庫／若狭三方縄文博物館／若宮町教育委員会／和歌山県立博物館／早稲田大学図書館／渡辺義雄写真研究室
その他多数の個人の方々。※本文写真所蔵中，(独)＝独立行政法人　※権利者(著作権者・所蔵者)が不明のため，掲載許可手続のとれなかったものがございます。お気づきの場合は，小社までお知らせ下さい。
写真協力　コーベット・フォトエージェンシー／時事通信フォト／ＰＰＳ通信社　**執筆協力**(五十音順)　橋詰洋司　馬場信義　桃林聖一

編集委員　木内幸康　桜井　豊　野澤誠一　村石正行(五十音順)

日本領域の変遷

1 明治時代初期（1870年代）

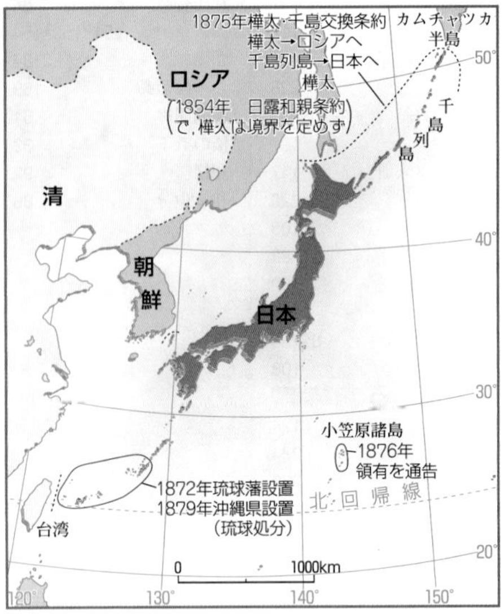
1875年樺太・千島交換条約
樺太→ロシアへ
千島列島→日本へ
カムチャツカ半島
ロシア
樺太
1854年 日露和親条約で，樺太は境界を定めず
千島列島
清
朝鮮
日本
小笠原諸島
1876年 領有を通告
1872年琉球藩設置
1879年沖縄県設置
（琉球処分）
北回帰線
台湾
0 1000km

2 日清戦争後（1895年）

ロシア
樺太
清
遼東半島
1895年下関条約で獲得→三国干渉で清に返還
1897年〜
大韓帝国（韓国）
朝鮮
日本
北回帰線
台湾
澎湖諸島
1895年下関条約で獲得
0 1000km

3 日露戦争後（1910年）

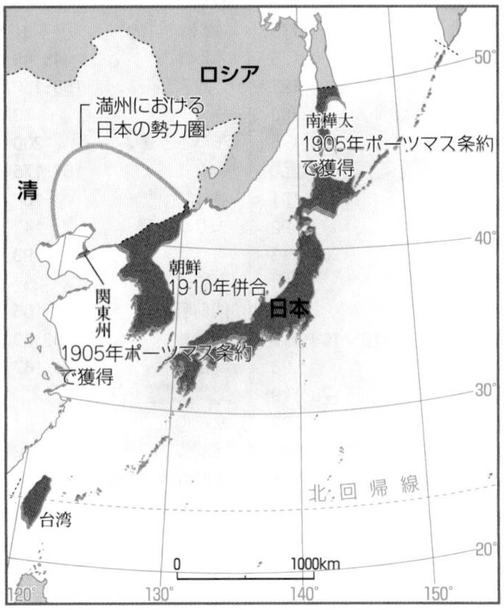
ロシア
満州における日本の勢力圏
南樺太
1905年ポーツマス条約で獲得
清
朝鮮
1910年併合
関東州
1905年ポーツマス条約で獲得
日本
北回帰線
台湾
0 1000km

4 第一次世界大戦後（1920年）

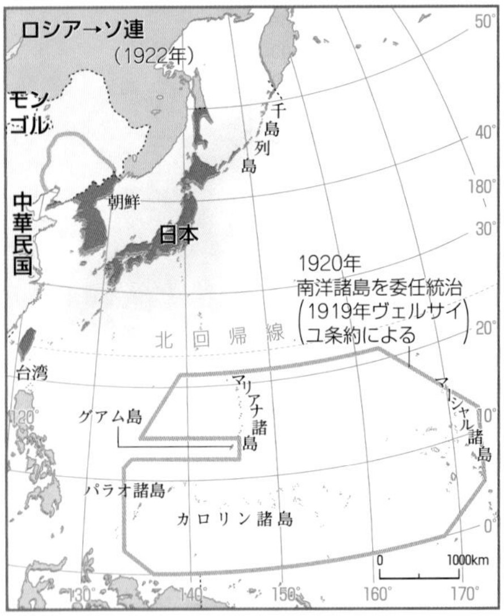
ロシア→ソ連
（1922年）
モンゴル
中華民国
千島列島
朝鮮
日本
1920年
南洋諸島を委任統治
（1919年ヴェルサイユ条約による）
北回帰線
台湾
マリアナ諸島
マーシャル諸島
グアム島
パラオ諸島
カロリン諸島
0 1000km

5 太平洋戦争中（1941〜1945年）

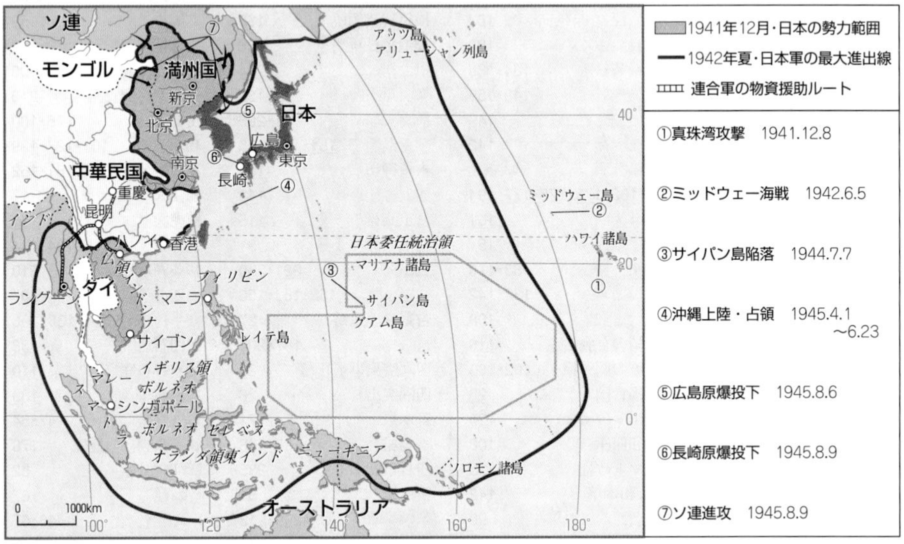
ソ連
モンゴル
満州国
新京
北京
中華民国
南京
重慶
昆明
インド
ハノイ
香港
仏領インドシナ
タイ
ラングーン
マニラ
フィリピン
サイゴン
レイテ島
イギリス領ボルネオ
マレー
シンガポール
スマトラ
ボルネオ
セレベス
オランダ領東インド
ニューギニア
ソロモン諸島
オーストラリア
日本
広島
長崎
東京
アッツ島
アリューシャン列島
ミッドウェー島
ハワイ諸島
日本委任統治領
マリアナ諸島
サイパン島
グアム島
0 1000km
1941年12月・日本の勢力範囲
1942年夏・日本軍の最大進出線
連合軍の物資援助ルート
①真珠湾攻撃 1941.12.8
②ミッドウェー海戦 1942.6.5
③サイパン島陥落 1944.7.7
④沖縄上陸・占領 1945.4.1〜6.23
⑤広島原爆投下 1945.8.6
⑥長崎原爆投下 1945.8.9
⑦ソ連進攻 1945.8.9

6 終戦時（1945年）

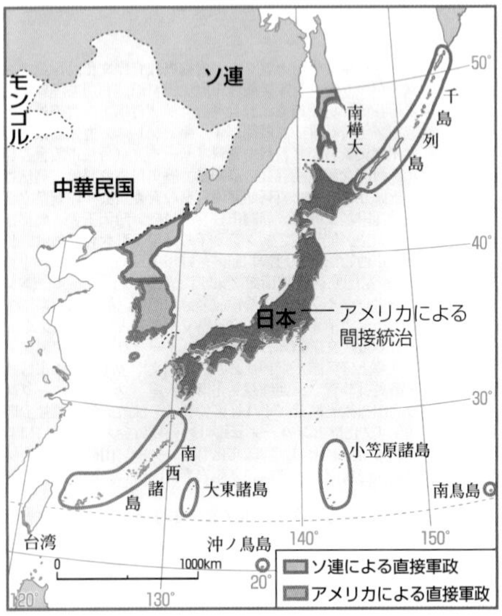
ソ連
モンゴル
南樺太
千島列島
中華民国
日本
アメリカによる間接統治
南西諸島
大東諸島
小笠原諸島
南鳥島
沖ノ鳥島
台湾
0 1000km
ソ連による直接軍政
アメリカによる直接軍政

7 サンフランシスコ平和条約（1951年調印 1952年発効）

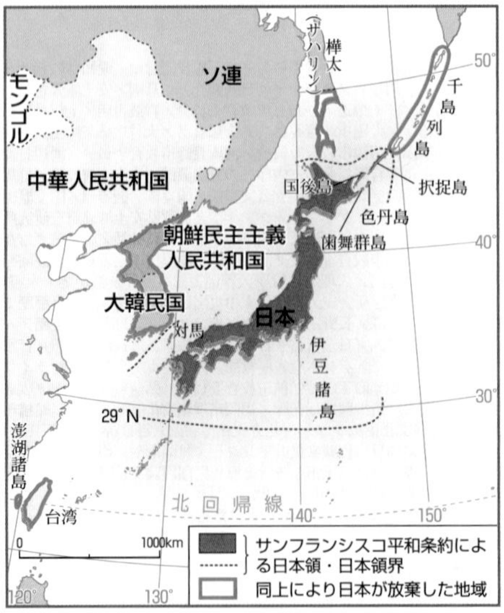
ソ連
樺太（サハリン）
千島列島
モンゴル
中華人民共和国
国後島
択捉島
色丹島
歯舞群島
朝鮮民主主義人民共和国
大韓民国
対馬
日本
伊豆諸島
29°N
澎湖諸島
台湾
北回帰線
0 1000km
サンフランシスコ平和条約による日本領・日本領界
同上により日本が放棄した地域

8 現在（1953年〜）

ソ連
ロシア（1991年〜）
樺太（サハリン）
南樺太と千島列島は帰属が定まっていない
千島列島
モンゴル
中華人民共和国
国後島
択捉島
（日本の北端）
色丹島
歯舞群島
北方領土問題
朝鮮民主主義人民共和国
大韓民国
日本
竹島《たけしま》問題
尖閣《せんかく》諸島
奄美群島
1953年返還
小笠原諸島
1968年返還
南鳥島
1968年返還
（日本の東端）
大東諸島
1972年返還
琉球諸島
1972年返還
与那国島（日本の西端）
沖ノ鳥島
1968年返還
（日本の南端）
台湾
北回帰線
0 1000km

系図・職制図一覧 1

鎌倉幕府中期の職制 本誌 *P.82*

（凡例）承久の乱以前設置／承久の乱以後設置／元寇《げんこう》後設置　（　）は設置年。

- 将軍
  - 執権《しっけん》（1203）　将軍補佐。初代は政《まん》所別当《どころべっとう》の北条時政《ときまさ》
  - 連署《れんしょ》（1225）　執権補佐。初代は北条時房《ときふさ》
  - 評定衆《ひょうじょうしゅう》（1225）　合議による政務と裁判。有力御家人ら11名で創設
  - 評定会議［執権・連署・評定衆等の合議（13名：1225年）］
  - 中央
    - 侍《さむらい》所《どころ》（1180）
    - 公文所《くもんじょ》（1184）→政《まん》所《どころ》（1191）
    - 問注所《もんちゅうじょ》（1184）……［引付衆設置後は訴訟の受理］
    - 引付衆《ひきつけしゅう》（1249）……［最初は御家人の所領に関する裁判を担当。裁判の公正・迅速《じんそく》化］
  - 地方
    - 京都守護（1185）→六波羅探題《ろくはらたんだい》（1221）［京都内外の警備，朝廷の監視。尾張《おわり》（中期以降は三河《みかわ》）以西諸国の裁判・軍事・政務の一切を統轄。初代は北条泰時《やすとき》・時房《ときふさ》。北条氏任命］
    - 長門《ながと》探題（1276）［モンゴルに備えて設置。長門・周防《すおう》２国の守護兼任。北条氏任命］
    - 鎮西奉行《ちんぜいぶぎょう》（1185）→鎮西探題（1293）［鎮西（九州）の御家人の統率・軍事・行政・裁判。北条氏任命］
    - 奥州総奉行《おうしゅうそうぶぎょう》（1189）
    - 守《しゅ》護《ご》（1185）
    - 地《じ》頭《とう》（1185）……［1223年制定の新補率法《しんぽりっぽう》適用者は新補地頭《しんぽじとう》，ほかは本補《ほんぽ》地頭とする］

建武政府の組織図 本誌 *P.98*

- 天皇
  - 中央（京都）
    - 記録所《きろくしょ》（行政・司法など重要政務）
    - 恩賞方《おんしょうがた》（恩賞事務）
    - 雑訴決断所《ざっそけつだんしょ》（所領関係の裁判）
    - 武者所《むしゃどころ》（京都の治安維持）
  - 地方
    - 鎌倉将軍府（成良《なりよし（なりなが）》親王・足利直義《あしかがただよし》）
    - 陸奥《むつ》将軍府（義良《のりよし》親王・北畠顕家《きたばたけあきいえ》）
    - 国司・守護（諸国に併置）

室町幕府の職制 本誌 *P.99*

- 将軍
  - 中央
    - 奉公衆《ほうこうしゅう》　将軍の直轄《ちょっかつ》軍。通常は在京して将軍の護衛《ごえい》・御料所《ごりょうしょ》管理
    - 管《かん》領《れい》［将軍補佐　三管領《さんかんれい》　細川《ほそかわ》・斯波《しば》・畠山《はたけやま》］
      - 評定衆《ひょうじょうしゅう》　一般政務の合議―引付衆《ひきつけしゅう》　訴訟
      - 問注所《もんちゅうじょ》　記録・訴訟関係文書の保管（長官は執事：町野《まちの》・太田《おおた》）
      - 政《まん》所《どころ》　将軍家の家政，財政管理（長官は執事：二階堂→伊勢）
      - 侍《さむらい》所《どころ》　京都市中警備・軍事［長官は所司《しょし》。四職《ししき》―赤松《あかまつ》・京極《きょうごく》・山名《やまな》・一色《いっしき》］
  - （公方《くぼう》）地方
    - 鎌倉府《かまくらふ》　関東10カ国統轄《とうかつ》
      - 鎌倉公方《かまくらくぼう》［足利基氏《あしかがもとうじ》の子孫が世襲《せしゅう》］―関東管領《かんとうかんれい》［鎌倉公方を補佐。上杉《うえすぎ》氏が世襲］―評定衆・問注所・政所・侍所
    - 奥州探題《おうしゅうたんだい》　陸奥《むつ》の統治（大崎《おおさき》→伊達《だて》）
    - 羽州《うしゅう》探題　出羽《でわ》の統治（最上《もがみ》）
    - 九州探題　九州の統治（今川→渋川《しぶかわ》）
    - 守護―地頭　在京して幕府に出仕

武家政権の職制図

江戸幕府のおもな職制 本誌 *P.124*

（凡例）譜代大名／旗本より任命

- 将軍
  - 大《たい》老《ろう》……［幕府の最高職，１名。常置ではない。江戸時代を通じて13名のみ。**酒井忠清《さかいただきよ》**，**井伊直弼《いいなおすけ》**らが著名］
  - 老《ろう》中《じゅう》（政務総括　４～５名　月番制　**松平定信《まつだいらさだのぶ》**　**水野忠邦《みずのただくに》**　**阿部正弘《あべまさひろ》**など）
    - 高《こう》家《け》……［儀式・典礼，勅使《ちょくし》公家衆の接待などを司《つかさど》る。26家が世襲，**吉良上野介《きらこうずけのすけ》**などが有名］
    - 大番頭《おおばんがしら》……［番方の一つ。江戸城及び江戸市中の警備。12組設置］―大番組頭
    - 大目付《おおめつけ》……［大名の監察。４～５名。**柳生宗矩《やぎゅうむねのり》**らが初任］
    - ＊町奉行《まちぶぎょう》（江戸）……［江戸市中の行政・司法・警察を管轄。２名。南・北町奉行所が月番《つきばん》で執務。**大岡忠相《ただすけ》**（南町），**遠山景元《かげもと》**（北町）らが有名］
    - ＊勘定《かんじょう》奉行……［幕領の租税徴収・幕府財政の運営・幕領の訴訟を取り扱う。４～５名］
      - 郡代（美濃・飛驒など）……［10万石以上の幕領の民政担当］
      - 代官
    - 勘定吟味役《ぎんみやく》……［勘定奉行所以下の行政を監察。４～６名］
    - 関東郡代……［関東の幕領支配］
    - 道中《どうちゅう》奉行……［五街道宿場の道路・旅宿・飛脚・伝馬などを管轄。大目付と勘定奉行が兼務］
    - 城《じょう》代《だい》……［将軍に代わり城を守衛。駿府《すんぷ》・伏見《ふしみ》（1619廃止）・二条（1699廃止）］
    - 町奉行……［京都・大坂・駿府］―遠国《おんごく》奉行
    - 奉行……［伏見・長崎・佐渡《さど》・山田・日光・奈良・堺《さかい》・下田《しもだ》・浦賀《うらが》・箱館《はこだて》・新潟］―遠国奉行
  - 側用人《そばようにん》……［常時将軍の側近にあって，その命を老中に伝える。１名。**柳沢吉保《やなぎさわよしやす》**，**間部詮房《まなべあきふさ》**，**田沼意次《たぬまおきつぐ》**らが著名］
  - 若年寄《わかどしより》（老中補佐　３～５名　月番制）
    - 書院番頭《しょいんばんがしら》……［番方《ばんかた》の一つ。江戸城の警備，］―書院番組頭《しょいんばんくみがしら》
    - 小姓組番頭《こしょうぐみばんがしら》……［将軍の出行，市中巡回の護衛］―小姓組組頭《こしょうぐみくみがしら》など
    - 目《め》付《つけ》……［旗本・御家人の監察。10名前後。月番制］
  - ＊寺社《じしゃ》奉行……［全国の寺社，寺社領の管理，宗教統制全般を司る。４名。月番制］
  - 京都所司代《しょしだい》……［京都の護衛，朝廷の監察，京都周辺８カ国の幕領の訴訟，西国大名の監察など。１名］
  - 大坂城代《じょうだい》……［大坂城の守護，城下諸役人の統率，西国諸大名の監察。１名］

＊は三奉行

評定所《ひょうじょうしょ》…最高司法機関。三奉行・大目付らで構成され，式日には老中も出席

月番制《つきばん》…１カ月交替で勤務する方法。１人が月番として勤務，ほかは非番。大事は合議制

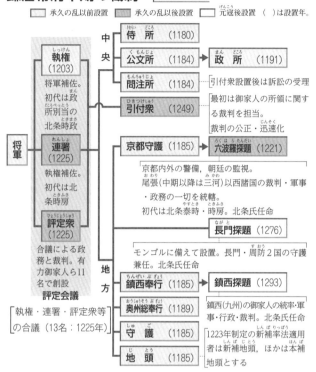

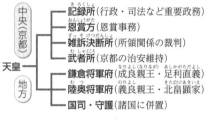

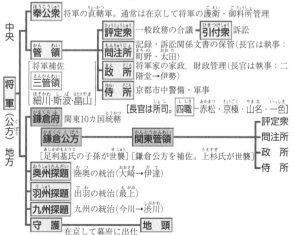

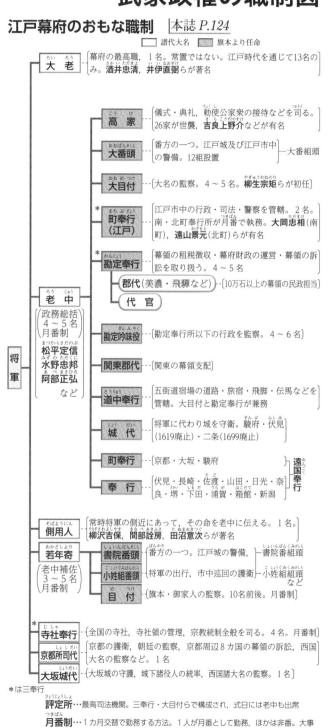

2　大王(天皇)家・蘇我氏・藤原氏系図

大王(天皇)家・蘇我氏関係系図　本誌 *P.32, 36, 42*

応神王朝　　＊数字は皇統譜による天皇の即位順だが，学問上確定したものではない。

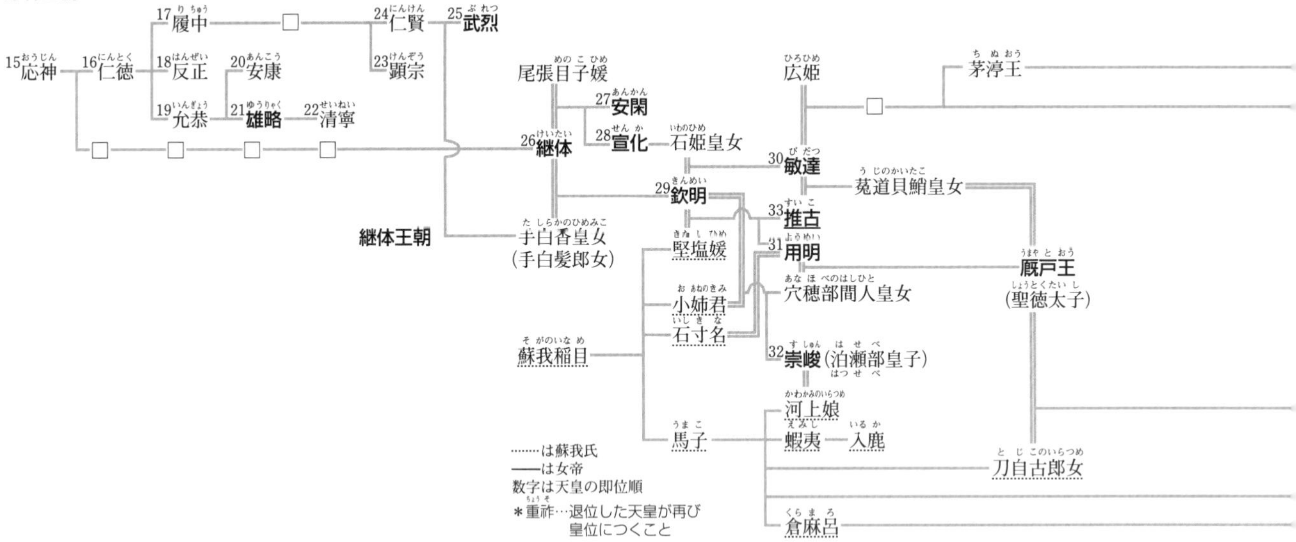

皇室・藤原氏関係系図　本誌 *P.55, 69*

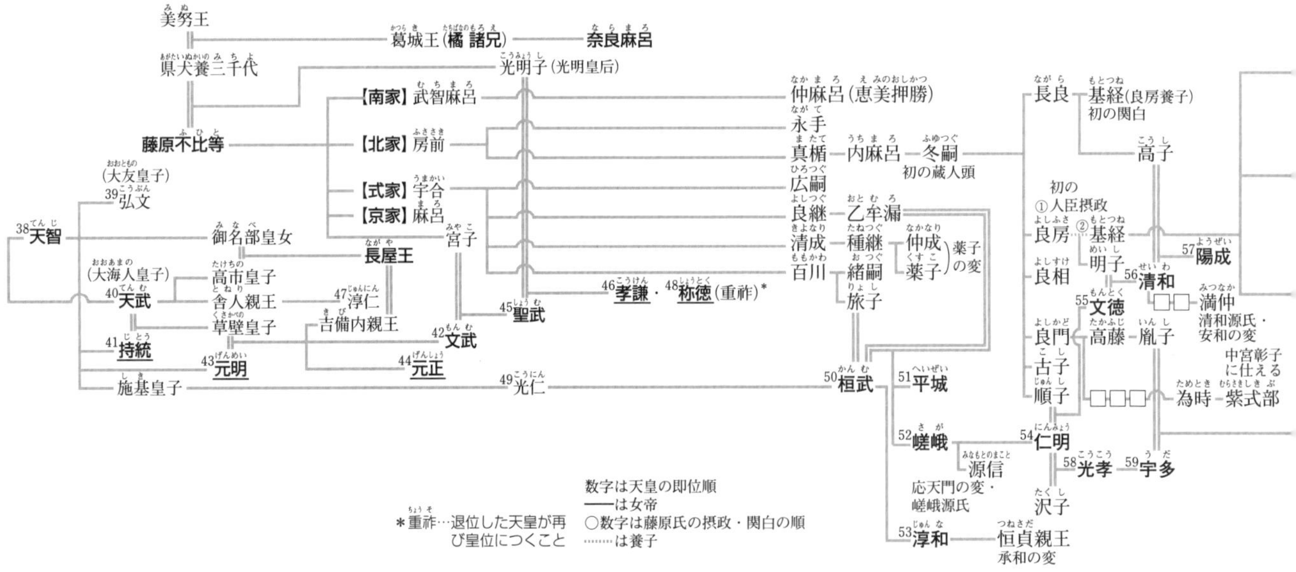

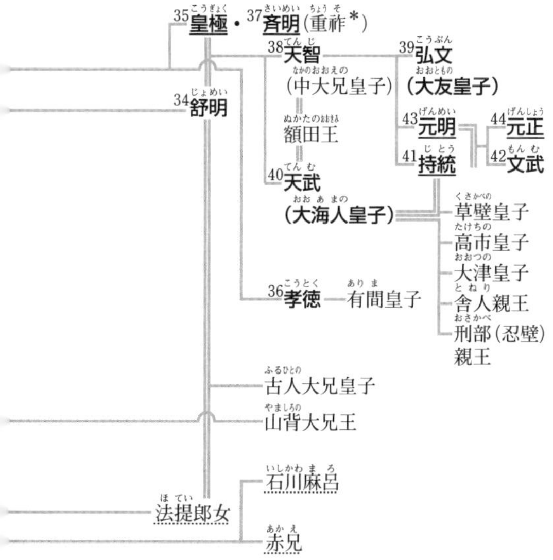
35 皇極《こうぎょく》・37 斉明《さいめい》(重祚《ちょうそ》＊)
38 天智《てんじ》
(中大兄皇子《なかのおおえの》)
額田王《ぬかたのおおきみ》
40 天武《てんむ》
(大海人皇子《おおあまの》)
39 弘文《こうぶん》
(大友皇子《おおともの》)
43 元明《げんめい》
41 持統《じとう》
44 元正《げんしょう》
42 文武《もんむ》
草壁皇子《くさかべの》
高市皇子《たけちの》
大津皇子《おおつの》
舎人親王《とねり》
刑部《おさかべ》(忍壁)親王
34 舒明《じょめい》
36 孝徳《こうとく》
有間皇子《ありま》
古人大兄皇子《ふるひとの》
山背大兄王《やましろの》
石川麻呂《いしかわまろ》
法提郎女《ほてい》
赤兄《あかえ》

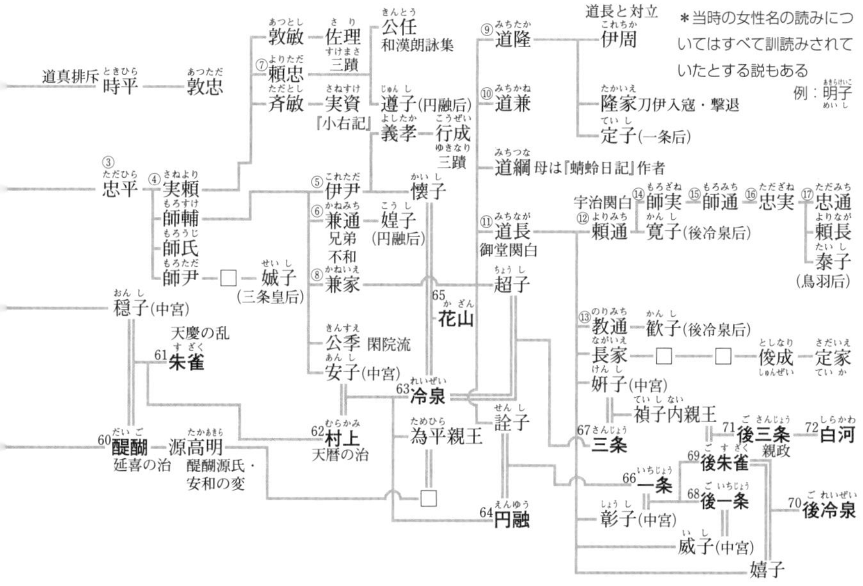
道真排斥 時平《ときひら》
敦忠《あつただ》
敦敏《あつとし》
佐理《さり》
公任《きんとう》
和漢朗詠集
⑦頼忠《よりただ》
三蹟《すけまさ》
斉敏《ただとし》
実資《さねすけ》
『小右記』
遵子《じゅんし》(円融后)
義孝《よしたか》
行成《こうぜい》
三蹟《ゆきなり》
③
忠平《ただひら》
④実頼《さねより》
師輔《もろすけ》
師氏《もろうじ》
師尹《もろただ》
□
娍子《せいし》
(三条皇后)
⑤伊尹《これただ》
⑥兼通《かねみち》
兄弟
不和
⑧兼家《かねいえ》
懐子《かいし》
媓子《こうし》
(円融后)
65 花山《かざん》
公季《きんすえ》 閑院流
安子《あんし》(中宮)
穏子《おんし》(中宮)
天慶の乱
61 朱雀《すざく》
63 冷泉《れいぜい》
62 村上《むらかみ》
天暦の治
為平親王《ためひら》
□
60 醍醐《だいご》
延喜の治
源高明《たかあきら》
醍醐源氏・
安和の変
64 円融《えんゆう》
⑨道隆《みちたか》
道長と対立
伊周《これちか》
⑩道兼《みちかね》
隆家《たかいえ》刀伊入寇・撃退
定子《ていし》(一条后)
道綱《みちつな》 母は『蜻蛉日記』作者
⑪道長《みちなが》
御堂関白
宇治関白
⑫頼通《よりみち》
⑭師実《もろざね》
⑮師通《もろみち》
⑯忠実《ただざね》
⑰忠通《ただみち》
頼長《よりなが》
泰子《たいし》
(鳥羽后)
寛子《かんし》(後冷泉后)
超子《ちょうし》
詮子《せんし》
⑬教通《のりみち》
歓子《かんし》(後冷泉后)
長家《ながいえ》
□
□
俊成《としなり》《しゅんぜい》
定家《さだいえ》《ていか》
妍子《けんし》(中宮)
禎子内親王《ていしない》
67 三条《さんじょう》
71 後三条《ごさんじょう》
親政
72 白河《しらかわ》
69 後朱雀《ごすざく》
66 一条《いちじょう》
68 後一条《ごいちじょう》
70 後冷泉《ごれいぜい》
彰子《しょうし》(中宮)
威子《いし》(中宮)
嬉子
＊当時の女性名の読みについてはすべて訓読みされていたとする説もある
例：明子《あきらけいこ》《めいし》

4　平氏・源氏・北条氏・摂関家・皇室系図

平氏系図

本誌 *P.76, 79*

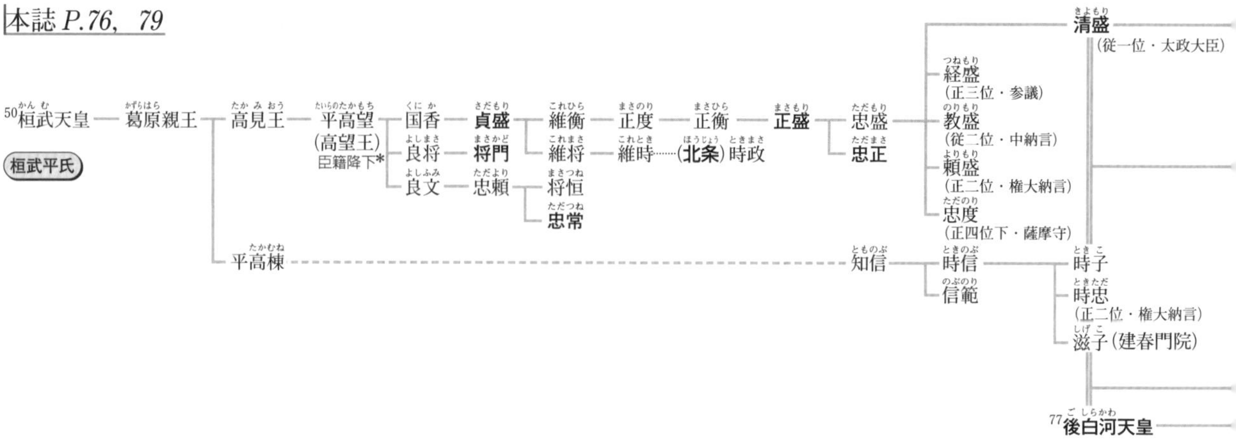

源氏・北条氏・摂関家関係系図

本誌 *P.76, 79, 84*

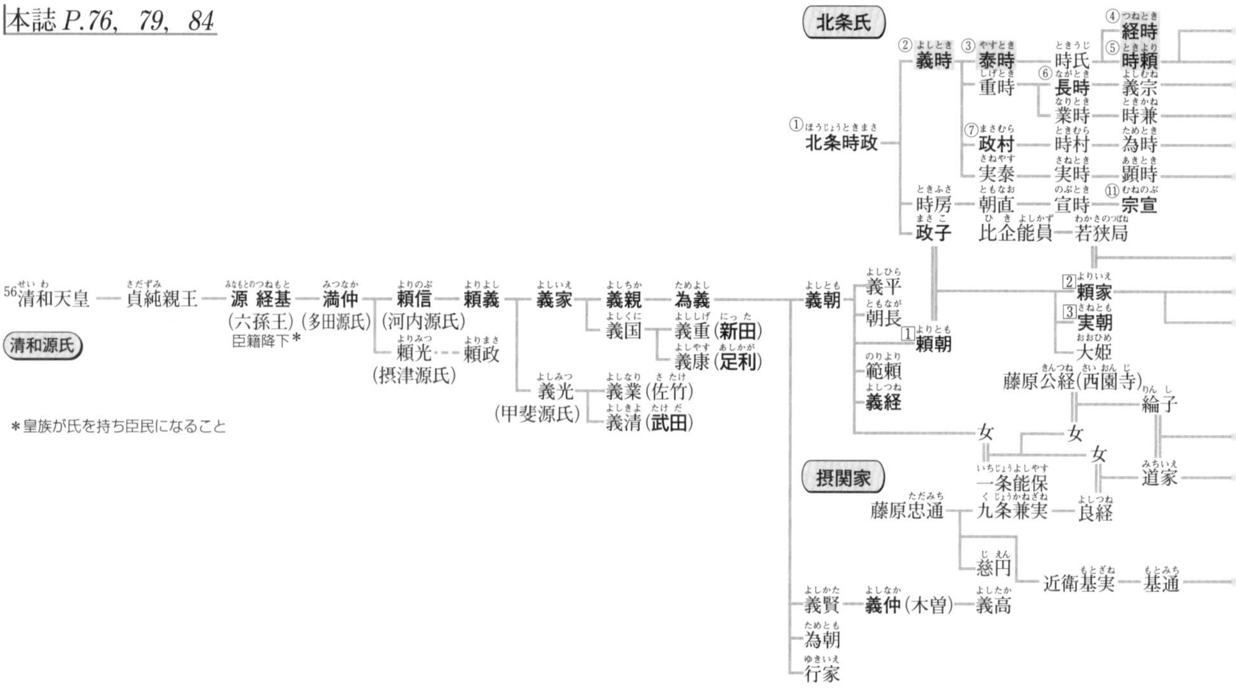

＊皇族が氏を持ち臣民になること

院政期～南北朝期の皇室系図

本誌 *P.78, 84, 98*

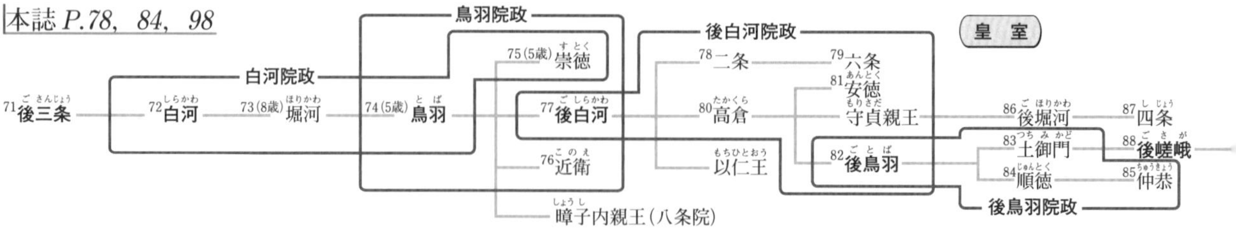

重盛《しげもり》（正二位・内大臣）― 維盛《これもり》（従二位・右近衛権中将）

宗盛《むねもり》（従一位・内大臣）
知盛《とももり》（従二位・権中納言）
重衡《しげひら》（正三位・左近衛権中将）
盛子《もりこ》（近衛基実夫人）
徳子《とくこ》（建礼門院《けんれいもんいん》）
81 安徳天皇《あんとく》
80 高倉天皇《たかくら》
以仁王《もちひとおう》

数字は天皇即位順
（　）内は最高官位

⑧時宗《ときむね》 ― ⑨貞時《さだとき》 ― ⑭高時《たかとき》 ― 時行《ときゆき》（中先代《なかせんだい》）
宗政《むねまさ》 ― ⑩師時《もろとき》
久時《ひさとき》 ― ⑯守時《もりとき》
⑬基時《もととき》
⑫熙時《ひろとき》
⑮貞顕《さだあき》（金沢《かねざわ》）

一幡《いちまん》
公暁《くぎょう》
竹御所《たけのごしょ》
4 頼経《よりつね》 ― 5 頼嗣《よりつぐ》
教実《のりざね》（九条）
良実《よしざね》（二条）
実経《さねつね》（一条）
家実《いえざね》 ― 兼経《かねつね》（近衛）
兼平《かねひら》（鷹司《たかつかさ》）
五摂家

①～⑯は執権就任順
1～5は将軍就任順
数字は天皇即位順
▨は得宗
▭は藤原（摂家）将軍

同時代の文化の系譜

藤原定家と和歌の家系 本誌 *P.91*

藤原俊成《としなり》《しゅんぜい》（『千載《せんざい》和歌集』撰者）
隆信《たかのぶ》（似絵《にせえ》画家，定家の異父兄）
定家《さだいえ》《ていか》（『新古今和歌集』撰者）― 為家《ためいえ》
為氏《ためうじ》（**二条《にじょう》家**の祖《そ》）
為教《ためのり》（**京極《きょうごく》家**の祖）
為相《ためすけ》（**冷泉《れいぜい》家**の祖）
和歌の三家系
阿仏尼《あぶつに》（『十六夜《いざよい》日記』作者）

運慶と慶派略系図 本誌 *P.94*

定朝《じょうちょう》 ―（３代略）― 康慶《こうけい》（慶派興隆のもと）
快慶《かいけい》
定慶《じょうけい》
運慶《うんけい》（鎌倉時代の新様式完成）
定覚《じょうかく》
湛慶《たんけい》
康弁《こうべん》
康勝《こうしょう》
┄┄ は師弟関係

6 宗尊《むねたか》親王 ― 7 惟康《これやす》親王
持明院統《じみょういん》
89 後深草《ごふかくさ》
92 伏見《ふしみ》
93 後伏見《ごふしみ》
95 花園《はなぞの》
8 久明《ひさあき(ひさあきら)》親王 ― 9 守邦《もりくに》親王
大覚寺統《だいかくじ》
90 亀山《かめやま》 ― 91 後宇多《ごうだ》
94 後二条《ごにじょう》 ― 邦良《くによし》《なが》親王
96 ①後醍醐《ごだいご》（南朝）
（北朝）
①光厳《こうごん》
②光明《こうみょう》
③崇光《すこう》 ― □ ― □ ― 102 後花園《ごはなぞの》
④後光厳《ごこうごん》 ― ⑤後円融《ごえんゆう》 ― 100 ⑥⑤後小松《ごこまつ》 ― 101 称光《しょうこう》
護良《もりよし(もりなが)》親王（大塔宮）
宗良《むねよし(むねなが)》親王
恒良《つねよし(つねなが)》親王
成良《なりよし(なりなが)》親王
97 ②後村上《ごむらかみ》
（義良《のりよし(のりなが)》親王）
98 ③長慶《ちょうけい》
99 ④後亀山《ごかめやま》
懐良《かねよし(かねなが)》親王（征西将軍）
1392　南北朝合体
両統迭立時代《りょうとうてつりつ》
南北朝時代《なんぼくちょう》

数字は天皇即位順
6～9は鎌倉将軍就任順
○は北朝即位順
●は南朝即位順

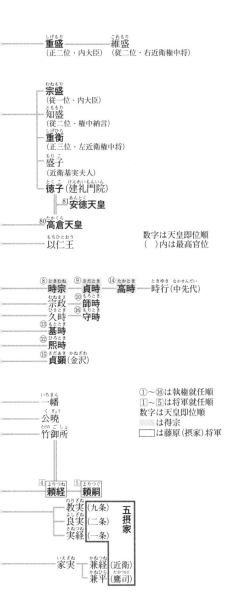

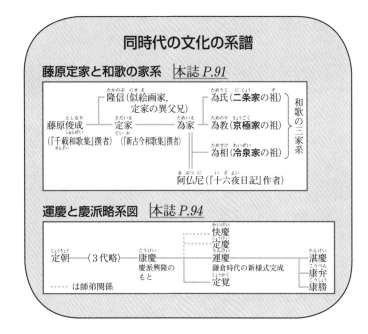

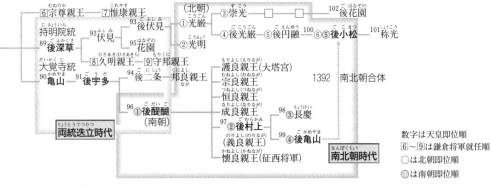

6　足利氏系図／織田・豊臣・徳川氏系図

足利氏系図　本誌 P.99

北条久時《ほうじょうひさとき》(赤橋《あかはし》)—守時《もりとき》(16代執権)
北条久時《ほうじょうひさとき》(赤橋《あかはし》)—登子《とうし》

義範《よしのり》(山名《やまな》)
義重《よししげ》(新田《にった》)—(6代略)—義貞《よしさだ》—義興《よしおき》
義貞《よしさだ》—義宗《よしむね》
義純《よしずみ》(畠山《はたけやま》)
家氏《いえうじ》(斯波《しば》)
公深《きみふか》(一色《いっしき》)
源義家《よしいえ》—義国《よしくに》—義康《よしやす》(足利《あしかが》)—義兼《よしかね》—義氏《よしうじ》—□—頼氏《よりうじ》—家時《いえとき》—貞氏《さだうじ》
義康《よしやす》(足利《あしかが》)—義清《よしきよ》—□—義季《よしすえ》(細川《ほそかわ》)
上杉重房《うえすぎしげふさ》—頼重《よりしげ》—清子《せいし》
源義家《よしいえ》—義親《よしちか》—為義《ためよし》—義朝《よしとも》—頼朝《よりとも》

①尊氏《たかうじ》—②義詮《よしあきら》—③義満《よしみつ》—④義持《よしもち》—⑤義量《よしかず》
③義満《よしみつ》—⑥義教《よしのり》—⑦義勝《よしかつ》
⑥義教《よしのり》—⑧義政《よしまさ》—⑨義尚《よしひさ》
⑥義教《よしのり》—義視《よしみ》—⑩義稙《よしたね》
③義満《よしみつ》—義嗣《よしつぐ》

堀越公方《ほりごえ》
(1)政知《まさとも》—(2)茶々丸《ちゃちゃまる》
(1)政知《まさとも》—⑪義澄《よしずみ》

鎌倉公方《かまくらくぼう》
(1)基氏《もとうじ》—(2)氏満《うじみつ》—(3)満兼《みつかね》—(4)持氏《もちうじ》—(5)成氏《しげうじ》(1)—政氏《まさうじ》(2)

古河公方《こが》

直冬《ただふゆ》
直義《ただよし》……直冬(養子)

(扇谷上杉《おうぎがやつうえすぎ》)
重顕《しげあき》
(犬懸上杉《いぬがけ》)
憲房《のりふさ》—憲藤《のりふじ》—□—氏憲《うじのり》(禅秀《ぜんしゅう》)
憲顕《のりあき》—憲方《のりかた》—□—□—憲実《のりざね》
(山内上杉《やまのうち》)
憲栄《のりひで》
(越後《えちご》上杉)

……は養子関係

織田・豊臣・徳川氏系図　本誌 P.123

信長《のぶなが》—信忠《のぶただ》—秀信《ひでのぶ》(三法師《さんほうし》)
信長《のぶなが》—信雄《のぶかつ(お)》
信長《のぶなが》—信孝《のぶたか》
織田信秀《のぶひで》—長益《ながます》(有楽斎《うらくさい》)
朝日姫《あさひひめ》(秀吉の妹・家康の妻)
おね<ねい>(北政所《きたのまんどころ》)
豊臣秀吉《ひでよし》……秀次《ひでつぐ》(秀吉の姉の子)
浅井長政《あざいながまさ》
鶴松《つるまつ》
(3歳で病死)
茶々《ちゃちゃ》(淀殿《よどどの》)
秀頼《ひでより》
(お)市《いち》
(お)初《はつ》
(お)江《ごう》<小督《こ(お)ごう》・(お)江与《えよ》>
柴田勝家《しばたかついえ》

信康《のぶやす》(織田信長の命で岡崎にて切腹)
結城秀康《ゆうきひでやす》(越前，のち松平姓)—忠直《ただなお》
千姫《せんひめ》

①徳川家康《いえやす》—②秀忠《ひでただ》—③家光《いえみつ》—④家綱《いえつな》……⑤綱吉《つなよし》……⑥家宣《いえのぶ》—⑦家継《いえつぐ》……⑧吉宗《よしむね》—⑨家重《いえしげ》

松平忠長《ただなが》(駿府。兄家光により改易され自害)
綱重《つなしげ》—綱豊《つなとよ》(甲府)
綱吉《つなよし》(上野館林)
和子《かずこ(まさこ)》
109明正天皇《めいしょう》
108後水尾天皇《ごみずのお》
(田安家)
宗武《むねたけ》
(一橋家)
宗尹《むねただ》

松平忠輝《ただてる》(越後高田のち改易)

【尾張】
義直《よしなお》—光友《みつとも》—□—□—□—□—宗春《むねはる》—(6代略)—慶勝《よしかつ》

保科正之《ほしなまさゆき》(会津)—□—□—□

【紀伊】
頼宣《よりのぶ》—光貞《みつさだ》—綱教《つなのり》……頼職《よりもと》……吉宗—□—□
頼職
吉宗

【水戸】
頼房《よりふさ》—光圀《みつくに》—□—□—□—□—□

在職期間

1家康　6家宣　7家継

1603	05	23	51	80	1709	12	13	16	45
	2秀忠	3家光	4家綱	5綱吉				8吉宗	9家
				元禄時代	正徳の政治			享保の改革	
武断政治			文治政治						

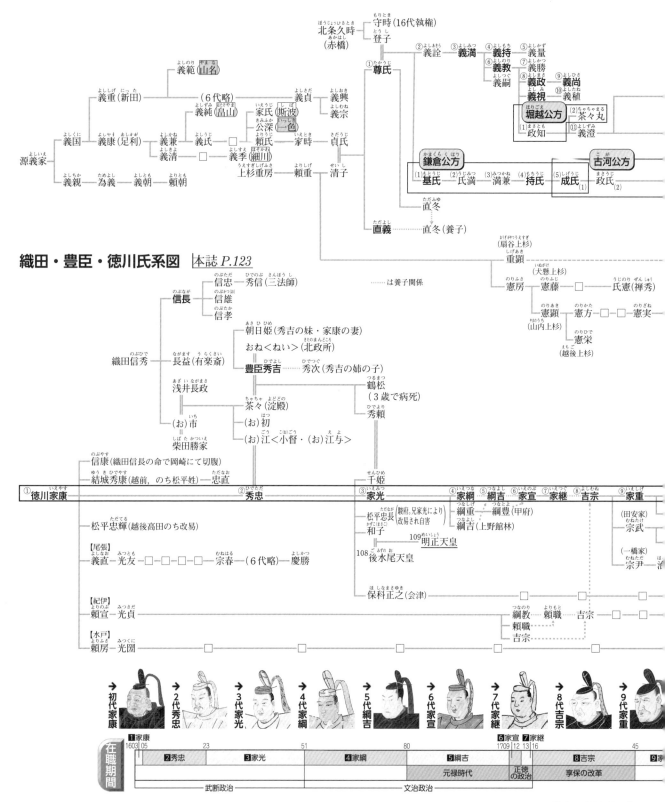

○数字は将軍就任順
(　)数字は鎌倉公方
□は三管領《かんれい》
■は四職《ししき》の一部
……は養子関係

⑫義晴《よしはる》 ― ⑬義輝《よしてる》
⑫義晴 ― ⑮**義昭**《よしあき》
義維《よしつな》 ― ⑭義栄《よしひで》

高基《たかもと》(3) ― 晴氏《はるうじ》(4) ― 義氏《よしうじ》(5)

朝定《ともさだ》

憲忠《のりただ》 ― □ ― □ ― □ ― 憲政《のりまさ》……謙信《けんしん》……景勝《かげかつ》(米沢《よねざわ》上杉)

同時代の文化の系譜

狩野派の系譜　本誌 *P.120*

● 室　町 ● 安土・桃山 ● 江　戸 ● 明　治

①**狩野正信**《かのうまさのぶ》　足利幕府の御用絵師創始者
― ②**元信**《もとのぶ》　大徳寺大仙院花鳥図
― ③宗信《むねのぶ》
― ④直信《ただのぶ》 ― ⑤**永徳**《えいとく》　信長・秀吉の庇護　唐獅子図屏風
― 長信《ながのぶ》　花下遊楽図屏風
― 乗真 ― 秀頼《ひでより》　高雄観楓図屏風

永徳 ― ⑥光信《みつのぶ》　名護屋城図屏風 ― ⑦貞信《さだのぶ》 -・-・ ⑧安信《やすのぶ》 ― 時信《ときのぶ》
安信 ― 英一蝶《はなぶさいっちょう》
永徳 ― 孝信《たかのぶ》 ― **探幽**《たんゆう》　江戸幕府の御用絵師として地位確立　大徳寺方丈襖絵
探幽 …… **久隅守景**《くすみもりかげ》[弟子]　夕顔棚納涼図屏風
孝信 ― 尚信《なおのぶ》 ― 常信《つねのぶ》 ― (略) ― 雅信《まさのぶ》
常信 ― 岑信《みねのぶ》
雅信 …… **芳崖**《ほうがい》[弟子]　悲母観音
雅信 …… **橋本雅邦**《はしもとがほう》[弟子]　龍虎図
永徳 …… **山楽**《さんらく》[弟子]　牡丹図 -・-・ 光家《みついえ》(山雪《さんせつ》)

①～⑧は相続順
-・-・は養子関係

茶道の系譜　本誌 *P.121*

● 室　町 ● 安土・桃山 ● 江　戸

村田珠光《むらたじゅこう》(しゅこう)[創始] ― 十四屋宗伍《じゅうしやそうご》(悟)[推進] ― **武野紹鷗**《たけのじょうおう》[洗練]
武野紹鷗 ― 今井宗久《いまいそうきゅう》
武野紹鷗 ― 津田宗及《つだそうぎゅう》
武野紹鷗 ― **千　利休**《せんのりきゅう》[大成]
千利休 ― 蒲生氏郷《がもううじさと》
千利休 ― 古田織部《ふるたおりべ》 ― 小堀遠州《こぼりえんしゅう》
千利休 ― 細川忠興《ほそかわただおき》
千利休 ― 織田有楽斎《おだうらくさい》
千利休 ― 千《せんの》　少庵《しょうあん》 ― 千　宗旦《そうたん》(千家再興)
千宗旦 ― 千　宗左《そうさ》**【表千家】**《おもてせんけ》(紀州徳川家)
千宗旦 ― 千　宗室《そうしつ》**【裏千家】**《うらせんけ》(加賀前田家)
千宗旦 ― 千　宗守《そうしゅ》**【武者小路千家】**《むしゃのこうじせんけ》(讃岐松平家)

数字は天皇即位順。○数字は将軍就任順。
……は養子関係。――は女帝。【　】は三家。(　)は三卿。

⑩**家治**《いえはる》……⑪**家斉**《いえなり》 ― ⑫**家慶**《いえよし》 ― ⑬**家定**《いえさだ》……⑭**家茂**《いえもち》……⑮**慶喜**《よしのぶ》……家達《いえさと》
重好《しげよし》(清水家)
治察《はるあき》……斉匡《なりまさ》 ― 慶永《よしなが》(越前松平)
斉匡 ― 慶頼《よしより》 ― 家達
定信《さだのぶ》(白河松平)
家斉
斉匡
斉敦《なりあつ》 ― 斉礼《なりのり》 ― □ ― □ ― □ ― □ ― 慶喜
□ ― □ ― □ ― □ ― 松平容保《かたもり》
□ ― □ ― □ ― □ ― 慶福《よしとみ》
□ ― 斉昭《なりあき》 ― 慶喜
斉昭 ― 昭武《あきたけ》

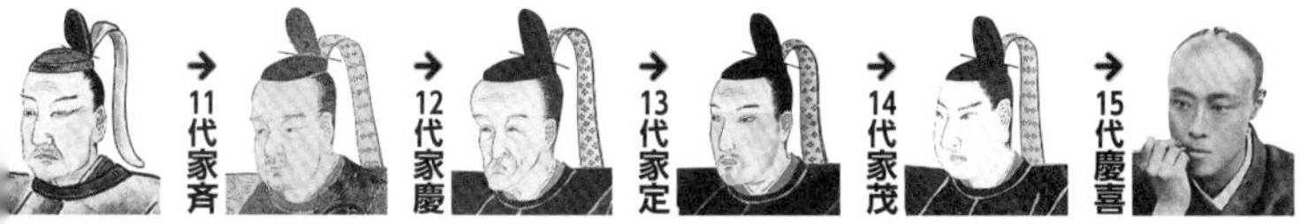

⑮慶喜
86 87 1837 53 58 66 67
⑩家治 | ⑪家斉 | ⑫家慶 | ⑬家定 | ⑭家茂
田沼時代 | 寛政の改革 | 大御所政治 | 天保の改革 | 安政の改革

写真所蔵・提供(敬称略)：(公財)徳川記念財団／徳川美術館所蔵　ⓒ徳川美術館イメージアーカイブ／DNP artcom／日光東照宮宝物館／日本カメラ博物館
写真協力：Cynet Photo

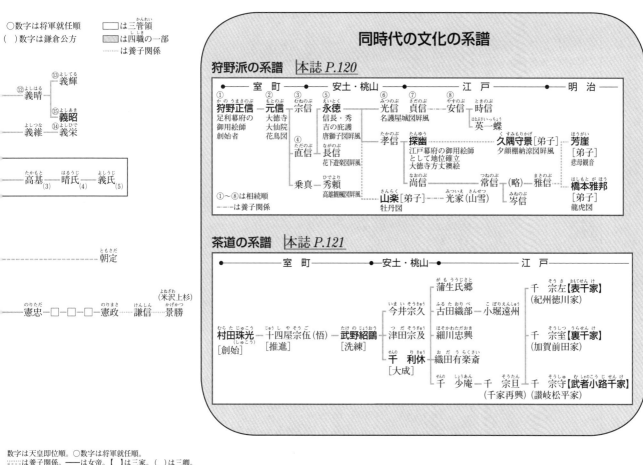

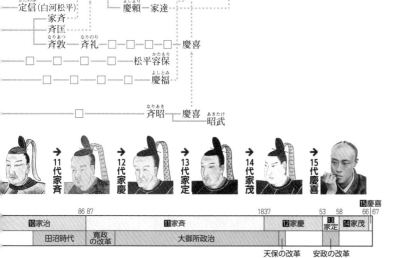

必修

日本史史料150選

各史料名の下に⏬で記載したページは，『日本史のアーカイブ』の参照ページです。

とうほう

AC

原始・古代

1 紀元前後の倭国《わこく》

▶P.28

夫《そ》れ楽浪《らくろう》[1]海中《かいちゅう》に倭人《わじん》[2]有《あ》り。分《わか》れて百余国《ひゃくよこく》と為《な》る。歳時《さいじ》を以《もっ》て来《きた》り、献見《けんけん》すと云《い》ふ。

〔『漢書《かんじょ》』地理志《ちりし》〕

言葉 [1]楽浪：紀元前一〇八年、前漢の武帝が朝鮮北部を征服して設置したという四郡（楽浪《らくろう》・臨屯《りんとん》・真番《しんばん》・玄菟《げんと》）の一。現在の平壌《ピョンヤン》付近　[2]倭人：古代日本人に対する中国の古称

現代語訳 朝鮮の楽浪郡の海の向こうに住む倭人は百余りの小国に分かれている。彼らは定期的に楽浪郡に使者を送って貢物を持ってあいさつに来るという。

2 一～二世紀の倭国《わこく》

▶P.28

建武中元《けんむちゅうげん》二年、倭《わ》の奴国《なこく》[1]、奉貢朝賀《ほうこうちょうが》す。使人《しじん》自《みずか》ら大夫《たいふ》[2]と称《しょう》す。倭国《わこく》の極南界《きょくなんかい》なり。**光武《こうぶ》[3]賜《たま》ふに印綬《いんじゅ》[4]を以《もっ》てす。**

安帝《あんてい》[5]の永初《えいしょ》元年、倭《わ》の国王帥升《こくおうすいしょう》[6]等《ら》、生口《せいこう》[7]百六十人を献《けん》じ、請見《せいけん》を願《ねが》ふ。

桓《かん》・霊《れい》[8]の間《あいだ》、倭国大《わこくおお》いに乱《みだ》れ、更々相攻伐《こもごもあいこうばつ》し、歴《れき》年主《ねんあるじ》なし。

〔『後漢書《ごかんじょ》』東夷伝《とういでん》〕

言葉 [1]奴国：福岡県博多湾付近にあったと推定される小国。『魏志』にも見られる　[2]大夫：中国古代の官名。漢代では論議をつかさどる官名で、一般に大臣をいう　[3]光武：後漢初代の光武帝（在位二五～五七）　[4]印綬：印とそれにつける組み紐《ひも》　[5]安帝：後漢六代皇帝（在位一〇七～一二五）　[6]帥升：他書には師升とある　[7]生口：奴隷のこと。捕虜、留学生、捕魚者の説もある　[8]桓・霊：後漢十一代の桓帝（在位一四七～一六七）、十二代の霊帝（在位一六八～一八九）

現代語訳 建武中元二（五七）年、倭の奴国は使者を都に送り、貢物を奉じてあいさつに来た。使者は自分を大夫と称した。奴国は倭国の最南端にある。これに対して光武帝は印綬を与えた。

安帝の永初元（一〇七）年、倭国王帥升等は奴隷百六十人を献上し、皇帝にお会いしたいと願った。

桓帝と霊帝の時代（二世紀後半）に、倭国は内乱が続き、長い間統一されなかった。

3 邪馬台国《やまたいこく》

▶P.28

(1) **邪馬台国**

倭人《わじん》は帯方《たいほう》[1]の東南大海《とうなんたいかい》の中《なか》にあり、山島《さんとう》に依《よ》りて国邑《こくゆう》をなす。旧《もと》百余国《よこく》。漢《かん》の時朝見《ときちょうけん》する者《もの》あり、今《いま》、使訳通《しやくつう》ずる所《ところ》三十国《こく》。

郡《ぐん》より倭《わ》に至《いた》るには、海岸《かいがん》に循《したが》つて水行《すいこう》し、……**邪《や》馬壹国《またいこく》[2]に至《いた》る。**……

(2) **風俗**

……**下戸《げこ》、大人《たいじん》と道路《どうろ》に相逢《あいあ》へば、逡巡《しゅんじゅん》して草《そう》に入《い》り、辞《じ》を伝《つた》へ事《こと》を説《と》くには、或《あるい》は蹲《うずくま》り或《あるい》は跪《ひざまず》き、両手《りょうて》は地《ち》に拠《よ》り、これが恭敬《きょうけい》を為《な》す。**……

(3) **女王卑弥呼**

その国《くに》、本《もと》また男子《だんし》を以《もっ》て王《おう》となし、住《とど》まること七、八十年。**倭国乱《わこくみだ》れ、相攻伐《あいこうばつ》すること歴年《れきねん》、乃《すなわ》ち共《とも》に一《いち》女子《じょし》を立《た》てて王《おう》となす。名《な》づけて卑弥呼《ひみこ》といふ。鬼道《きどう》[3]に事《つか》へ、能《よ》く衆《しゅう》を惑《まど》はす。**……

(4) **魏との交渉**

景初《けいしょ》二年[4]六月、倭《わ》の女王《じょおう》、大夫難升米《たいふなしめ》等《ら》を遣《つか》はして郡《ぐん》に詣《いた》り、天子《てんし》[5]に詣《いた》りて朝献《ちょうけん》せむことを求《もと》む。

……

その年《とし》十二月、詔書《しょうしょ》して倭《わ》の女王《じょおう》に報《ほう》じて曰《いわ》く、「……**今汝《いまなんじ》を以《もっ》て親魏倭王《しんぎわおう》となし、金印紫綬《きんいんしじゅ》[6]を仮《ゆる》し、**装封《そうふう》して帯方《たいほう》の太守《たいしゅ》に付《ふ》し仮授《かじゅ》せしむ。……」と。

……

(5) **卑弥呼死後の状況**

卑弥呼《ひみこ》以《もっ》て死《し》す。大《おお》いに冢《つか》を作《つく》る。径《けい》百余歩《よぶ》[7]、徇《じゅん》葬《そう》[8]する者《もの》、奴婢《ぬひ》百余人《よにん》。更《さら》に男王《だんおう》を立《た》てしも、国《くに》中服《じゅうふく》せず。更々相誅殺《こもごもあいちゅうさつ》し、当時《とうじ》千余人《よにん》を殺《ころ》す。また卑弥呼《ひみこ》の宗女《そうじょ》[9]壹与《いよ》[10]年《とし》十三なるを立《た》てて王《おう》となし、国《くに》中遂《じゅうつい》に定《さだ》まる。

〔『魏志《ぎし》』倭人伝《わじんでん》〕

言葉 [1]帯方：後漢末の建安年間（一九六～二二〇）に遼東太守公孫康が楽浪郡の南半を割いて設置した郡　[2]邪馬壹国：通説では邪馬臺（台）国の誤り　[3]鬼道：一般に呪術《じゅじゅつ》の意。女王卑弥呼の巫女《みこ》＝シャーマン的性格を現しているといわれ、祭政一致の支配体制を物語る。鬼道については、中国の道教との関連を指摘する説もある　[4]景初二年：景初三（二三九）年の誤りとするのが通説。二三八年に魏は公孫淵を滅して、楽浪・帯方郡を勢力下におさめた　[5]天子：魏の皇帝明帝　[6]金印紫綬：後漢の制では、玉印黄赤綬（皇帝）、金印朱綬、金印紫綬（最高の大臣級）、銀印青綬の順になっている　[7]径百余歩：一歩＝一・五メートル説によれば、百五十メートル（一・八メートル、〇・三メートル説もある）　[8]徇葬：貴人の死に従う者を葬る殉葬のこと　[9]宗女：一族の女　[10]壹与：臺与（とよ）の誤りとする説もある

現代語訳 倭人は帯方郡の東南方の大海の中にあって、山がちな島に国をつくっている。もと百余国に分かれていた。漢代に朝貢する者があったが、現在魏に使者（や通訳）を送って来る国は三十国である。

帯方郡から倭に行くには、朝鮮半島の海岸沿いに航行し、……邪馬台国に至る。……

……身分の低い人が身分の高い人と道で出会うと、後ずさりして草むらに入り、話をする時は、うずくまるかひざまずき、両手を地につけて、つつしみうやまう。……

邪馬台国では、前は男王を立てて、七、八〇年過ごしたが、倭国内が乱れて、何年間も戦争が続いたので、共同で一人の女子を王として立てた。この女王の名は卑弥呼といい、呪術にたくみで、人民をうまく信頼させ支配している。……

景初三（二三九）年六月、倭の女王が大夫難升米らを帯方郡に派遣し、魏の皇帝に謁見して朝貢することを求めた。

……

その年十二月、詔書で倭の女王に報じられたのは「……今、あなたを親魏倭王に任じ、金印紫綬を授けるが、封をして帯方郡長官にことづける。……」というものだった。

……

卑弥呼が死んで、大きな墓をつくった。直径が百余歩で、殉死した奴隷が百人を超えた。卑弥呼の死後、再び男王が立てられたが、国中が服従せず、互いに殺し合い、千人を超える死者が出た。そこで卑弥呼の一族の女で十三歳の壱与を王に擁立して、ようやく国中がおさまった。

4 朝鮮半島への進出

▶P.28・32

百残《ひゃくざん》[1]・新羅《しんら》は旧《もと》是《こ》れ属民《ぞくみん》なり、由来朝貢《ゆらいちょうこう》す。而《しか》るに倭《わ》は、辛卯《かのとう》の年《とし》[2]を以《もっ》て来《きた》り海《うみ》を渡《わた》り、百残《ひゃくざん》□新羅《しらぎ》を破《やぶ》り、以《もっ》て臣民《しんみん》と為《な》す。……

〔高句麗好太王碑文《こうくりこうたいおうひぶん》〕

言葉 [1]百残：百済のこと。「残」は悪い意味をこめた用字 [2]辛卯の年：西暦三九一年とされる。原文は「倭以辛卯年来渡海破百残□□新羅以為臣民」で、「渡海破百残」の主語は倭ではなく、高句麗だとする説もある

現代語訳 百済・新羅は我が国に古くから服属し、朝貢してきた。しかし倭が辛卯の年（三九一年）に渡海して百済や新羅を破り、服属させてしまった。

5 倭《わ》の五王《ごおう》

▶P.20・32

……興死《こうし》して弟《おとうと》武《ぶ》立《た》ち、自《みずか》ら使持節都督倭《しじせつととくわ》・百済《くだら》・新羅《しらぎ》・任那《みまな》・加羅《から》・秦韓《しんかん》・慕韓《ぼかん》七国諸軍事《こくしょぐんじ》、安《あん》東大将軍《とうだいしょうぐん》、倭国王《わこくおう》と称《しょう》す。

順帝《じゅんてい》[1]の昇明《しょうめい》二年（四七八）、使《し》を遣《つか》はして表《ひょう》を上《たてまつ》る。曰《いわ》く、「封国《ほうこく》[2]は偏遠《へんえん》にして、藩《はん》を外《そと》に作《な》す。昔《むかし》より祖《そ》禰《でい》[3]躬《みずか》ら甲冑《かっちゅう》を擐《つらぬ》き、山川《さんせん》を跋渉《ばっしょう》し、寧処《ねいしょ》に遑《いとま》あらず。東《ひがし》は毛人《もうじん》[4]を征《せい》すること五十五国《こく》、西《にし》は衆夷《しゅうい》[5]を服《ふく》すること六十六国《こく》、渡《わた》りて海北《かいほく》[6]を平《たいら》ぐること九十五国《こく》。王道融泰《おうどうゆうたい》にして、土《つち》を廓《ひら》き畿《き》を遐《はる》かにす。……」と。

〔『宋書《そうじょ》』倭国伝《わこくでん》〕

言葉 [1]順帝：宋の八代皇帝（在位四七七～四七九） [2]封国：王として封ぜられた国の意 [3]祖禰：父祖の意。また、禰は彌（弥）の誤りだとし、梁書《りょうしょ》にいう武の祖父（宋書の珍）をさすという説もある [4]毛人：蝦夷《えみし》をさすか [5]衆夷：熊襲《くまそ》などをさすか [6]海北：朝鮮半島をさす

現代語訳 ……興が死んで弟の武が即位し、自ら「使持節都督倭・百済・新羅・任那・加羅・秦韓・慕韓七国諸軍事、安東大将軍、倭国王」と称した。

順帝の昇明二（四七八）年、武は使者を派遣して上表し、次のように述べた。「私の国は中国からはるか遠くにあり、辺鄙なところを支配しています。昔から私の祖先は自ら甲冑をつけ、山河をかけめぐり、休む暇もなく国土の平定に努めました。東の蝦夷の五十五国、西の熊襲等の六十六国、海を渡り朝鮮の九十五国を平定しました。王権が行き届いて平安で、国土も広大です。……」と。

6 漢字の使用

▶P.34

●稲荷山《いなりやま》古墳《こふん》出土《しゅつど》鉄剣銘《てっけんめい》

（表）辛亥年《かのとい》[1]七月中記《しる》す。乎獲居臣《おわけのおみ》、上祖《かみつおや》の名《な》は意冨比垝《おひこ》[2]、其《そ》の児多加利足尼《こたかりすくね》、其《そ》の児名《こな》は弖已加利獲居《てよかりわけ》、其《そ》の児名《こな》は多加披次獲居《たかひしわけ》、其《そ》の児名《こな》は多沙鬼獲居《たさきわけ》、其《そ》の児名《こな》は半弖比《はてひ》、

（裏）其《そ》ノ児名《こな》は加差披余《かさひよ》、其《そ》の児名《こな》は乎獲居臣《おわけのおみ》、世々《よよ》杖刀人《じょうとうじん》の首《おさ》と為《な》り、奉事《ほうじ》し来《きた》り今《いま》に至《いた》る。獲加多支鹵大王《わかたけるのおおきみ》の寺《てら》[3]、斯鬼宮《しきのみや》に在《あ》る時《とき》、吾天下《われてんか》を左治《さじ》し、此《こ》の百練《ひゃくれん》の利刀《りとう》を作《つく》らしめ、吾《わ》が奉事《ほうじ》せる根原《こんげん》を記《しる》す也《なり》。

言葉 [1]辛亥年：四七一年説が有力 [2]意冨比垝：記紀の伝承にある大彦命（崇神天皇が各地に派遣した四道将軍のひとりで、北陸道を征服した）とする説がある。大彦命は阿倍臣・膳《かしわで》臣の祖とされるので、この説では乎獲居臣は畿内豪族となる [3]寺：ここでは朝廷の意

現代語訳 ●稲荷山古墳出土鉄剣銘

（表）辛亥（四七一）年七月に記した。オワケの臣、祖先の名はオオヒコ、その子の名はタカリスクネ、その子の名はテヨカリワケ、その子の名はタカヒシワケ、その子の名はタサキワケ、その子の名はハテヒ

（裏）その子の名はカサヒヨ、その子の名はオワケの臣。代々武官の長として大王にお仕えして今に至った。ワカタケル大王の朝廷が斯鬼宮にあった時、私が大王の統治を補佐し、このすばらしい刀をつくらせて、私がお仕えしている経緯を記すものである。

7 仏教の伝来

▶P.28

志癸嶋《しきしま》の天皇《すめらみこと》[1]の御世《みよ》、戊午《つちのえうま》の年《とし》十月十二日、百斉国主明王《くだらのこくしゅめいおう》、始《はじ》めて仏像経教《ぶつぞうきょうきょう》并《なら》びに僧等《そうら》を度《わた》し奉《たてまつ》る。勅《ちょく》して蘇我稲目宿禰《そがのいなめのすくね》の大臣《おおおみ》に授《さず》けて興隆《こうりゅう》せしむる也《なり》。

〔上宮聖徳法王帝説《じょうぐうしょうとくほうおうていせつ》〕

言葉 [1]志癸嶋の天皇：欽明天皇。大和国の磯城島《しきしま》に金刺《かねざしの》宮《みや》を置いたことによる

現代語訳 欽明《きんめい》天皇の治世、戊午の年（五三八年）十月十二日、百済《くだら》の聖明王《せいめいおう》が初めて仏像《ぶつぞう》・経典《きょうてん》・僧侶《そうりょ》らを送ってきた。天皇は詔勅《しょうちょく》を出し、蘇我稲目《そがのいなめ》にそれらを授《さず》け、仏教の興隆をはかったのである。 AC

8 憲法十七条《けんぽうじゅうしちじょう》

▶P.36

一《ひとつ》に曰《のたまわ》く、和《やわらぎ》を以《もっ》て貴《とうと》しとし[1]、忤《さから》ふること無《な》きを宗《むね》とせよ。……

二《ふたつ》に曰《のたまわ》く、篤《あつ》く三宝《さんぽう》を敬《うやま》へ。三宝《さんぽう》とは仏《ほとけ》・法《のり》・僧《ほうし》なり。……

三《みつ》に曰《のたまわ》く、詔《みことのり》を承《うけたまわ》りては必《かなら》ず謹《つつし》め、君《きみ》をば則《すなわ》ち天《あめ》とす、臣《やっこらま》をば則《すなわ》ち地《つち》とす。……

四《よつ》に曰《のたまわ》く、群卿百寮《まえつきみたちつかさつかさ》[2]、礼《いやび》を以《もっ》て本《もと》とせよ。其《そ》れ民《たみ》を治《おさ》むるが本《もと》、要《かなら》ず礼《いやび》に在《あ》り。……

十二《とおあまりふたつ》に曰《のたまわ》く、国司《くにのみこともち》[3]・国造《くにのみやつこ》、百姓《おおみたから》[4]に斂《おさ》めとること勿《なか》れ。国《くに》に二《ふたり》の君《きみ》非《あら》ず、民《おおみたから》に両《ふたり》の主《あるじ》無《な》し。……

〔日本書紀《にほんしょき》〕

言葉 [1]和を以て貴しとし：『礼記』や『論語』からの引用。このような儒家思想による引用句が多い [2]群卿百寮：群卿は国政に参画する上級の官吏をさし、百寮は様々な役人をさす [3]国司：律令制的国司制はこの当時成立していない。「国司」という言葉が使われていることから、憲法十七条は後世の偽作とする説（津田左右吉説など）もあったが、内容の緻密な検討により推古朝の時代のものであるとする説の方が有力となっている（もちろん、用字などは書紀編者による改変がある） [4]百姓：古代の一般有姓者の総称。部民や奴婢は含まれない

現代語訳 一条　和を大切《たいせつ》にし、逆《さか》らうことのないようにしなさい。……

二条　三宝《さんぽう》を熱心に崇拝《すうはい》しなさい。三宝とは仏像《ぶつぞう》・経典《きょうてん》・僧侶《そうりょ》のことである。……

三条　天皇の命令である詔《みことのり》に対しては、必ずこれに服従《ふくじゅう》しなさい。君主こそ天であり、臣《しん》は地に相当《そうとう》する。……

四条　官吏《かんり》は礼を基本としなさい。人民を統治する基本は礼である。……

十二条　地方官の国司《くにのつかさ》・国造《くにのみやつこ》は、百姓から勝手に税をとってはならない。国土や人民には二人の王はありえない。

9 遣隋使《けんずいし》の派遣

P.36

大業《たいぎょう》三年[1]、其《そ》の王《おう》、多利思比孤《たりしひこ》、使《し》[2]を遣《つか》はして朝貢《ちょうこう》す。……其《そ》の国書《こくしょ》に曰《いわ》く「日出《ひい》づる処《ところ》の天子《てんし》、書《しょ》を日没《ひぼっ》する処《ところ》の天子《てんし》に致《いた》す。恙《つつが》無《な》きや、云々《うんぬん》」と。帝《みかど》、之《これ》を覧《み》て悦《よろこ》ばず、鴻臚卿《こうろけい》[3]に謂《い》ひて曰《いわ》く「蛮夷《ばんい》の書《しょ》、無礼《ぶれい》なる者《もの》有《あ》り、復《ま》た以《もっ》て聞《ぶん》する勿《なか》れ」と。明《みょう》年《ねん》、上《しょう》[4]、文林郎《ぶんりんろう》[5]裴清《はいせい》を遣《つか》はして倭国《わこく》に使《つかい》せしむ。

〔『隋書《ずいしょ》』倭国伝《わこくでん》〕

言葉 [1]大業三年：六〇七年。当時の皇帝は煬帝《ようだい》（在位六〇四～六一八） [2]使：小野妹子《おののいもこ》をさす [3]鴻臚卿：隋の外交事務を担当する高官 [4]上：煬帝をさす [5]文林郎：裴《はい》世清《せいせい》のこと。文林郎は日本の令制《りょうせい》では少初位《そい》上（三十階中二十九位）

現代語訳 煬帝《ようだい》の大業《たいぎょう》三（六〇七）年、倭王のタリシヒコが使者を送り朝貢《ちょうこう》してきた。……その国書には「日が出る国の天子が、日が没《ぼっ》する国の天子に書を送ります。お変わりありませんか……」とあった。煬帝《ようだい》はこれを見て不機嫌になり、鴻臚卿《こうろけい》（外務長官）に「蕃夷の国の文書で、大変無礼《ぶれい》なところがある。二度と奏上《そうじょう》し耳に入れるようなことはするな」と言われた。翌六〇八年、煬帝は、文林郎《ぶんりんろう》という官位の低い地位にあった裴世清《はいせいせい》を倭国に使者として派遣した。

10 改新《かいしん》の詔《みことのり》

P.42

其《そ》の一《はじめ》に曰《のたまわ》く、昔在《むかし》の天皇《すめらみこと》等《たち》の立《た》てたまへる子代《こしろ》の民《おおみたから》[1]、処処《ところどころ》の屯倉《みやけ》[2]、及《およ》び、別《こと》には臣《おみ》[3]・連《むらじ》・伴造《とものみやつこ》・国造《くにのみやつこ》・村首《むらのおびと》の所有《たもて》る部曲《かきべ》の民《おおみたから》[4]、処《ところ》処《どころ》の田荘《たどころ》[5]を罷《や》めよ。仍《よ》りて食封《へひと》《じきふ》[6]を大夫《まえつきみ》[7]より以上《かみつかた》に賜《たま》ふこと、各《おのおの》差《しな》有《あ》らむ。……

其《そ》の二《つぎ》に曰《のたまわ》く、初《はじ》めて京師《みさと》を修《おさ》め、畿内《きない》・国司《くにのみこともち》[8]・郡司《こおりのみやつこ》[9]・関塞《せきそこ》[10]・斥候《うかみ》[11]・防人《さきもり》[12]・駅馬《はゆま》[13]・伝馬《つたわりうま》[14]を置《お》き、鈴契《すずしるし》[15]を造《つく》り、山河《やまかわ》を定《さだ》めよ。……

其《そ》の三《つぎ》に曰《のたまわ》く、初《はじ》めて戸籍《こせき》・計帳《けいちょう》[16]・班田収授《はんでんしゅうじゅ》之法《ほう》を造《つく》れ。……

其《そ》の四《つぎ》に曰《のたまわ》く、旧《もと》の賦役《えつき》[17]を罷《や》めて、田《た》の調《みつぎ》を行《おこな》へ。……別《こと》に戸別《へごと》の調《みつぎ》[18]を収《と》れ。……

〔日本書紀《にほんしょき》〕

言葉 [1]子代の民：名代《なしろ》とともに皇室のための直属民 [2]屯倉：皇室の直轄領 [3]臣：以下の称号は、当時の豪族の代表的な姓や地位を表した慣用句 [4]部曲の民：豪族の私有民 [5]田荘：豪族の私有地 [6]食封：皇族や官職にあるものに一定数の戸（封戸）を支給し、そこから納められる税の大部分を与える制度 [7]大夫：国政審議に参画する高官。令制では五位以上の者をさす [8]畿内・国司：畿内国の司と読む説もある [9]郡司：郡は大宝令施行以後の呼称。それ以前は「評」であったことが『藤原宮出土木簡』で確認されている [10]関塞：関所ととりで [11]斥候：北辺の守備兵か [12]防人：辺境、特に大宰府管内の守備兵 [13]駅馬：官道（宿駅）に置かれた公用の馬 [14]伝馬：郡に置かれた公用の馬 [15]鈴契：鈴は諸国に、契は関に置いた、駅馬・伝馬使用のための証明 [16]計帳：調庸を賦課するための台帳 [17]旧の賦役：従来行われた貢納や力役 [18]戸別の調：戸を単位として賦課する税

現代語訳 その一は、これまで歴代の天皇が設定した皇室の私有民である子代《こしろ》の民《たみ》や朝廷の直轄地である屯倉《みやけ》、とりわけ豪族の臣《おみ》・連《むらじ》・伴造《とものみやつこ》・国造《くにのみやつこ》、村の首長である村首《むらのおびと》らがもっていた私有民の部曲《かきべ》や私有地の田荘《たどころ》を廃止しなさい。そのかわり、国政に参与する地位の大夫《まえつきみ》以上には食封《じきふ》を各々冠位に応じて支給する。……

その二は、都の制度を新設し、畿内・国司・郡司や関（軍事用地）・守備連絡兵・辺境防備《へんきょうぼうび》兵、官道の宿駅に置く馬、各郡に置く馬を設置し、駅鈴《えきれい》と木札を造り、国郡の境を確定しなさい。……

その三は、戸籍《こせき》・計帳《けいちょう》・班田収授法《はんでんしゅうじゅのほう》を造りなさい。

……

その四は、従来の課役徴発《かえきちょうはつ》は廃止し、田に賦課《ふか》する調を徴収しなさい。……別に、戸ごとに賦課《ふか》する調も徴収しなさい。……

11 令《りょう》の諸制度

P.48・49・67

●戸令《こりょう》第八

凡《およ》そ戸《こ》は、五十戸《こ》を以《もっ》て里《り》[1]と為《せ》よ。里毎《りごと》に長《おさ》一人を置《お》け。……

凡《およ》そ戸籍《こせき》は、六年に一たび造《つく》れ。十一月上旬《じょうじゅん》より起《おこ》して式《しき》[2]に依《より》て勘《かんが》へ造《つく》れ。……

●田令《でんりょう》第九

凡《およ》そ田《た》は、長《なが》さ卅《(三十)》歩《ぶ》[3]・広《ひろ》さ十二歩《ぶ》を段《たん》と為《せ》よ。十段《たん》を町《ちょう》と為《せ》よ。段《たん》の租稲《そとう》二束《そく》二把《わ》、町《ちょう》の租稲《そとう》廿《(二十)》二束《そく》。

凡《およ》そ口分田《くぶんでん》を給《たま》はんことは、男《おとこ》に二段《たん》、女《おんな》は三分の一を減《げん》ぜよ。五年以下《ねんいか》[4]には給《たま》はざれ。……

凡《およ》そ田《た》は、六年《ねん》に一たび班《たま》へ。……若《も》し身死《みし》したるを以《もっ》て田《た》を退《かえ》すべくんば、班年《はんねん》に至《いた》らん毎《ごと》に、即《すなわ》ち、収《と》り授《たま》ふ[5]に従《よ》れ。

●賦役令《ぶやくりょう》第十

凡《およ》そ調《ちょう》[6]の絹《きぬ》・絁《あしぎぬ》[7]・糸《いと》・綿《わた》[8]・布《ぬの》[9]は、並《ならび》に郷土《くに》の所出《しょしゅつ》に随《したが》へよ。正丁《せいてい》[10]一人に絹《きぬ》・絁《あしぎぬ》八尺《しゃく》五寸《すん》。

……

凡《およ》そ正丁《せいてい》の歳役《さいえき》[11]は十日。若《も》し庸《よう》[12]を収《と》る須《べ》くば布《ぬの》二丈《じょう》六尺《しゃく》。……

凡《およ》そ令条《りょうじょう》の外《ほか》の雑徭《ぞうよう》[13]は、人毎《ひとごと》に均《ひと》しく使《つか》へ。総《すべ》て六十日《にち》を過《す》ぐることを得《え》ざれ。

●軍防令《ぐんぼうりょう》第十七

凡《およ》そ兵士《へいし》の簡《えら》び点《ささ》む次《ついで》は、……同戸《どうこ》の内《うち》に三丁毎《ていごと》に一丁《てい》を取《と》れ[14]。

凡《およ》そ兵士《へいし》の上番《じょうばん》せむは、京《きょう》に向《むか》はむは一年《ねん》、防《ふせぎ》に向《むか》はむは三年《ねん》、行程《こうてい》を計《かぞ》へず。……凡《およ》そ兵士《へいし》の京《きょう》に向《むか》ふをば衛士《えじ》と名《な》づく。辺《ほとり》を守《まも》るをば防人《さきもり》と名《な》づく。

〔令義解《りょうのぎげ》〕

言葉 [1]里：律令制下の地方行政区画の最小単位 [2]式：造籍式（式は律令の施行細則） [3]歩：一歩は当時の五尺で約一・八メートル [4]五年以下：五歳以下 [5]収り授ふ：いわゆる班田収授法の骨子をなす規定であるが、六年ごとに収授するといっても、死亡など、変動がない限りは、同じ田を継続して耕作し得た [6]調：律令制の基本的物納課税。地方の産物を納める [7]絁：粗製の絹 [8]綿：真綿のこと。木綿ではない [9]布：麻の布 [10]正丁：二十一～六十歳の良民男性で身体上の障害のない者 [11]歳役：一年に十日間上京して中央政府に使役される義務 [12]庸：歳役の代わりに納める麻布 [13]雑徭：地方国衙《こくが》に対する労役 [14]三丁毎に一丁を取れ：実際には一国の正丁の総数の三分の一を兵士にした

現代語訳 ●戸令《こりょう》第八

五十戸で一里としなさい。里には里長を一人設《もう》けなさい。

……

戸籍は六年ごとに一回作成しなさい。十一月上旬《じょうじゅん》から始

め、令の施行細則である「式」に従って作成せよ。……
●田令《でんりょう》第九
水田は、長さ三十歩《ぶ》、幅《はば》十二歩を一段《たん》とし、十段で一町としなさい。一段から田租として稲を二束《そく》二把《わ》、一町から二十二束を徴収《ちょうしゅう》しなさい。
口分田《くぶんでん》は、男性に二段、女性に一段百二十歩を与え、五歳以下のものには与えない。……
水田は、六年に一度与えなさい。……死亡して田を返す場合は班田《はんでん》を行う年に国に返却《へんきゃく》させなさい。
●賦役令《ぶやくりょう》第十
調《ちょう》として納める絹《きぬ》・絁《あしぎぬ》（目の粗い絹の一種）・生糸《きいと》・真綿《まわた》・麻布《あさぬの》は、地域の実情に従って行いなさい。二十一歳から六十歳までの男性一人は、絹・絁ならば八尺《しゃく》五寸《すん》。……
二十一歳から六十歳までの男性が、朝廷への労役《ろうえき》負担として納める歳役《さいえき》は年間十日としなさい。庸布《ようふ》で代納させる場合は二丈六尺としなさい。……
令で規定されているもの以外の地方国衙に納める労役負担の雑徭《ぞうよう》は、均等《きんとう》に一人六十日を過ぎないようにしなさい。
●軍防令《ぐんぼうりょう》第十七
兵士は、……郷戸《ごうこ》の内で三人の正丁《せいてい》に一人の割合で出させなさい。
兵士としての勤務は、京都へ行く者は一年、辺境へ行く者は三年とし、その任地に行くのにかかる日数は勤務年数に加えることはしない。……京に行く兵士のことを衛士《えじ》という。辺境を守る兵士のことを防人《さきもり》という。

12 天皇の神格化

▶▶P.44

壬申《じんしん》の年《とし》の乱《らん》[1]の平定《へいてい》しぬる以後《のち》の歌《うた》二首《しゅ》

大君《おおきみ》[2]は神《かみ》にし坐《ま》せば赤駒《あかごま》の匍匐《はらば》ふ田井《たい》を都《みやこ》[3]となしつ

大伴御行《おおとものみゆき》[4]

大君《おおきみ》は神《かみ》にし坐《ま》せば水鳥《みずとり》の多集《すだ》く水沼《みぬま》[5]を都《みやこ》となしつ

作者不詳《さくしゃふしょう》

天皇《てんのう》、雷岳《いかづちのおか》に御遊《いでま》しし時《とき》、柿本人麻呂《かきのもとのひとまろ》の作《つく》る歌《うた》一首《しゅ》

大君《おおきみ》は神《かみ》にし坐《ま》せば天雲《あまくも》の雷《いかづち》の上《うえ》に廬《いお》らせるかも

柿本人麻呂《かきのもとのひとまろ》[6]
〔万葉集《まんようしゅう》〕

言葉 [1]壬申の乱：六七二年 [2]大君：この三首の大君はいずれも天武天皇 [3]都：飛鳥浄御原《あすかきよみはら》宮をさす [4]大伴御行：(?～七〇一) 壬申の乱で天武天皇を助けて功があり、天武・持統朝に仕えた官人 [5]水鳥の多集く水沼：水鳥がたくさん巣をつくっているような沼 [6]柿本人麻呂：(生没年不詳) 持統・文武朝に仕えた。万葉集最高の歌人といわれる

現代語訳 壬申の乱を平定した後の歌二首
大君（天皇）は神でいらっしゃるので、栗毛の馬が腹ばいになるようなたんぼでも、都になさった。
大伴御行
大君は神でいらっしゃるので、水鳥が群れ集う沼地でも、都になさった。
作者不詳
天皇が雷岳に行幸《ぎょうこう》（外出）した時に柿本人麻呂が作った歌一首
大君は神でいらっしゃるので、空の雲の上に仮の宮をつくっていらっしゃる。
柿本人麻呂

13 貧窮問答歌《ひんきゅうもんどうか》

風《かぜ》まじへ　雨降《あめふ》る夜《よる》の　雨《あめ》まじへ　雪降《ゆきふ》る夜《よる》は　術《すべ》もなく　寒《さむ》く……我《われ》よりも　貧《まず》しき人《ひと》の　父母《ちちはは》は　飢《う》ゑ寒《こご》ゆらむ　妻子《めこ》どもは　吟《によ》び泣《な》くらむ　この時《とき》は　いかにしつつか　汝《な》が世《よ》は渡《わた》る

天地《あめつち》は　広《ひろ》しと言《い》へど　吾《あ》がためは　狭《さ》くやなりぬる　日月《ひつき》は　明《あか》しと言《い》へど　吾《あ》がためは　照《て》りや給《たま》はぬ　人皆《ひとみな》か　吾《あ》のみや然《しか》る　わくらばに[1]　人《ひと》とはあるを　人《ひと》なみに　我《あれ》もなれるを[2]　綿《わた》もなき　布肩衣《ぬのかたぎぬ》の　海松《みる》のごと　わわけさがれる[3]　襤褸《かがふ》[4]のみ　肩《かた》にうちかけ　伏《ふ》せ廬《いほ》[5]の　曲《ま》げ廬《いほ》[6]の内《うち》に　直土《ひたつち》に[7]　藁《わら》解《と》き敷《し》きて　父母《ちちはは》は　枕《まくら》の方《かた》に　妻子《めこ》どもは　足《あと》の方《かた》に　囲《かく》みゐて　憂《うれ》ひさまよひ[8]　かまどには　火気《ほけ》吹《ふ》き立《た》てず　こしき[9]には　蜘蛛《くも》の巣懸《すか》きて　飯炊《いひかし》ぐ　ことも忘《わす》れて　ぬえ鳥《どり》[10]の　呻吟《のどよ》ひをるに　いとのきて[11]　短《みじか》きものを　端切《はしき》ると　言《い》へるがごとく　し**もと[12]取《と》る　里長《さとおさ》[13]が声《こえ》は　寝屋処《ねやど》[14]まで　来立《きた》ち呼《よ》ばひぬ　かくばかり　術《すべ》なきものか　世《よ》の中《なか》の道《みち》**

世《よ》の中《なか》を憂《う》しと恥《やさ》し[15]と思《おも》へども飛《と》び立《た》ちかねつ鳥《とり》にしあらねば

〔万葉集《まんようしゅう》〕

AC

言葉 [1]わくらばに：偶然に [2]我もなれるを：自分も成人しているのに [3]わわけさがれる：ずたずたに裂けてたれ下がっている [4]襤褸：ぼろ [5]伏せ廬：低く伏したような小屋 [6]曲げ廬：曲がった小屋。廬とは当時の庶民の竪穴住居を示す言葉 [7]直土に：地面に直接に [8]憂ひさまよひ：嘆きうめいて [9]こしき：米をむして炊く器 [10]ぬえ鳥：トラツグミのことで、「のどよふ」の枕詞 [11]いとのきて：副詞。そうでなくてさえ。以下端切るまでは当時のことわざ [12]しもと：罪人を打つために用いる木の枝で作ったむち [13]里長：令の規定で五十戸を一里とし里には里長を一人置いた [14]寝屋処：寝室の入口 [15]恥し：恥ずかしい

現代語訳 風まじりの雨が降り、その雨に雪がまじるような夜は、どうしようもなく寒い。……しかし、私よりもっと貧しい人の父母は飢《う》えと寒さにふるえ、妻や子はかぼそい声で食物を求めて泣いていることだろう。そんな時、どうやってあなたは生きているのか。
天地は広くても、自分のためにはせまく身の置き場もない。太陽や月は明るくても、自分のために照ってはくれない。だれでもそうなのだろうか。それとも自分だけなのか。たまたま人と生まれた限りは、人なみに自分も成長し働いているのに、真綿《まわた》もなければ、布肩衣も海草のように破れすり切れ、ぼろ衣だけを身にまとうのがやっとである。低い屋根のつぶれかかった家の中で土にじかに藁《わら》を敷《し》いて、枕元《まくらもと》に父母、足元《あしもと》に妻子が自分をとり囲むように寝て嘆《なげ》き悲しんでいる。かまどやこしきには火の気《け》もなく蜘蛛《くも》の巣がかかり、長いこと御飯を炊《た》くことさえ忘れている。それなのに格別に短い物をさらにその端を切るという諺《ことわざ》のように鞭《むち》をもった里《さと》長《おさ》は戸口にまで催促《さいそく》にやってくる。これほどこの世を生きていくことは何とも仕方のないものか。
この世で生きていくことは本当につらく恥ずかしいことばかりだと思うけれど、鳥でもないので逃げることもできない。

14 国分寺《こくぶんじ》の建立

▶▶P.55・59

（天平《てんぴょう》十三年三月）乙巳《きのとみ》[1]、詔《みことのり》して曰《のたまわ》く、……**宜《よろ》しく天下《あめのした》の諸国《しょこく》をして各々敬《おのおのつつし》んで七重塔《しちじゅうのとう》一区《いっく》を造《つく》り、并《なら》びに金光明最勝王経《こんこうみょうさいしょうおうきょう》[2]・妙法蓮華経《みょうほうれんげきょう》[3]各《おのおの》一部《いちぶ》[4]を写《うつさ》しむべし。**朕又別《われまたべつ》に、金字《こんじ》の金光明最《こんこうみょうさい》

勝王経《しょうおうきょう》を写《うつ》して、塔毎《とうごと》に各《おのおの》一部《いちぶ》を置《お》かしめむと擬《ほっ》す。……又国毎《またくにごと》の僧寺《そうじ》には封《ふ》五十戸《こ》、水田《すいでん》十町《ちょう》を施《ほどこ》せ。尼寺《にじ》には水田《すいでん》十町《ちょう》。僧寺《そうじ》には必《かなら》ず廿《(二十)》僧《ほうし》有《あ》らしめ、其《そ》の寺《てら》の名《な》を金光明四天王護国之寺《こんこうみょうしてんのうごこくのてら》と為《な》し、尼寺《にじ》には一十尼《に》ありて、其《そ》の寺《てら》の名《な》を法華滅罪之寺《ほっけめつざいのてら》と為《な》せ。

〔続日本紀《しょくにほんぎ》〕

言葉 [1]乙巳：七四一年三月二十四日。ただしこれは誤りで、正しくは二月十四日　[2]金光明最勝王経：「本経を持する国王人民は、諸天これを擁護すべし」とされる鎮護国家の仏教経典　[3]妙法蓮華経：釈迦《しゃか》の王舎城での八年間の説法を結集したとされる仏教教典。この経の霊験功徳はいかなる重障をも克服できると信じられた　[4]各一部：各十部とした書もある

現代語訳 天平十三（七四一）年三月二十四日に、聖武天皇が詔を出した。「……全国に命じて、各々七重塔一区画を建立し、金光明最勝王経と妙法蓮華経を一部ずつ写させよ。私も、それとは別に、自分で金字で金光明最勝王経を写して、諸国の塔ごとに一部ずつを置こうと思う。（この造塔と写経の功徳により）……また、各国は、僧寺（国分寺）には封戸《ふこ》五十戸・水田十町を寄進し、尼寺（国分尼寺）には水田十町を寄進せよ。僧寺には必ず二十人の僧を置き、その寺の名を金光明四天王護国之寺とせよ。尼寺には必ず十人の尼を置き、その寺の名を法華滅罪之寺とせよ。」と。

15 大仏の造立

▶P.55・58

（天平《てんぴょう》十五年）冬《ふゆ》十月辛巳《かのとみ》[1]、詔《みことのり》して曰《のたまわ》く、「……**粤《ここ》に天平《てんぴょう》十五年歳癸未《ほしみずのとひつじ》十月十五日を以《もっ》て、菩薩《ぼさつ》の大願《たいがん》[2]を発《おこ》して盧舎那仏《るしゃなぶつ》[3]の金銅像一軀《こんどうぞういっく》を造《つく》り奉《たてまつ》る。……夫《そ》れ天下《てんか》の富《とみ》を有《たも》つ者《もの》は朕《われ》なり、天下《てんか》の勢《いきおい》を有《たも》つ者《もの》も朕《われ》なり。此《こ》の富勢《ふせい》を以《もっ》て此《こ》の尊像《そんぞう》を造《つく》る。事《こと》や成《な》り易《やす》く、心《こころ》や至《いた》り難《がた》し。**……」

〔続日本紀《しょくにほんぎ》〕

言葉 [1]辛巳：七四三年十月十五日　[2]菩薩の大願：仏教興隆の悲願。菩薩とは、衆生救済をし、仏になるため修行する者をいう　[3]盧舎那仏：元来太陽を意味し、光明のように全世界に広がる仏とされる。奈良時代には、華厳《けごん》宗の中心仏とされた

現代語訳 天平十五（七四三）年十月十五日、聖武天皇は詔を出され、「……ここに天平十五年十月十五日、菩薩がめざすようにすべての衆生《しゅじょう》を救済し地上に極楽《ごくらく》を実現したいという悲願《ひがん》をおこして、盧舎那仏の金銅像一体を造る。……本来、天下の財富をもつのは朕であり、天下の権力も朕がもつ。この財と権力をもってすれば尊像造立は容易であるが、本来の祈願の主旨《しゅし》は徹底できない。……」

16 三世一身法《さんぜいっしんほう》

▶P.55・57

（養老《ようろう》七年夏《なつ》四月）辛亥《かのとい》[1]。太政官奏《だいじょうかんそう》すらく、「頃《この》者《ごろ》百姓《ひゃくせい》漸《ようや》く多《おお》くして、田池窄狭《でんちさくきょう》なり。望《のぞ》み請《こ》ふらくは、天下《てんか》に勧《すす》め課《おお》せて田疇《でんちゅう》[2]を開闢《ひら》[3]かしめむ。**其《そ》の新《あら》たに溝池《こうち》を造《つく》り、開墾《かいこん》を営《いとな》む者《もの》有《あ》らば、多少《たしょう》に限《かぎ》らず給《きゅう》して三世《さんぜ》[4]に伝《つた》へしめむ。若《も》し旧《もと》の溝池《こうち》を逐《お》はば、其《そ》の一身《いっしん》に給《きゅう》せむ**」と。奏可《そうか》す。

〔続日本紀《しょくにほんぎ》〕

言葉 [1]辛亥：七二三年四月十七日　[2]田疇：田地　[3]開闢：開墾のこと　[4]三世：田令の規定からすれば、三世は子・孫・曽孫の三代と考えられるが、本人・子・孫の三代とする説もある

現代語訳 養老七（七二三）年四月十七日、太政官は（元正）天皇の裁可を求め次のように奏上した。「最近、百姓が増えたのに田地はせまい。よって、全国に田地の開墾《かいこん》を奨励《しょうれい》したい。溝池《みぞいけ》を新設して開墾した土地はその面積の多少にかかわらず三代にわたる相続を認めたい。もし、荒廃《こうはい》した溝・池を再開発して開墾した土地は本人一代に限り私有を認めたい」と。この申請を天皇は認可した。

17 墾田永年私財法《こんでんえいねんしざいほう》

▶P.55・57

（天平《てんぴょう》十五年五月）乙丑《きのとうし》[1]。詔《みことのり》して曰《のたまわ》く、「聞《き》くならく、墾田《こんでん》は養老《ようろう》七年の格《きゃく》[2]に依《よ》るに、限満《かぎりみ》つるの後《のち》、例《れい》に依《よ》りて収授《しゅうじゅ》す。是《これ》に由《よ》りて、農夫怠倦《のうふたいけん》し、開《ひら》ける地《ち》復《ま》た荒《あれ》る、と。**今《いま》より以後《いご》は、任《まま》に私財《しざい》と為《な》し、三世一身《さんぜいっしん》を論《ろん》ずること無《な》く、咸悉《みなことごと》く永年取《えいねんと》る莫《なか》れ。**其《そ》の親王《しんのう》の一品《いっぽん》[3]及《およ》び一位《いちい》[4]には五百町《ちょう》、二品《にほん》及《およ》び二《に》位《い》には四百町《ちょう》、……初位《そい》已下《いか》庶人《しょにん》に至《いた》るまでには十町《ちょう》、但《ただ》し郡司《ぐんじ》には、大領《かみ》《たいりょう》[5]・少領《すけ》に三十町《ちょう》、主政《じょう》《しゅせい》・主帳《さかん》《しゅちょう》に十町《ちょう》。……」と。

〔続日本紀《しょくにほんぎ》〕

言葉 [1]乙丑：七四三年五月二十七日　[2]養老七年の格：七二三年の三世一身法をさす。格は律令の修正・追加の法令　[3]一品：親王(天皇の兄弟や皇子)の位階は一品から四品まで四階級あった　[4]一位：官人の位階は一位から八位及び初位まで三十階があった　[5]大領：郡司の四等官の長官（かみ）

現代語訳 天平十五（七四三）年五月二十七日、（聖武）天皇が命令書を下して言うことには、「聞くところによると、開発田が養老七年格によって、（三世または一身の）期間ののちは、恒例によって公有地となり収授されるので、農民が耕作を怠り、一度開発されてもすぐまた荒れてしまうということである。今後は開発田を意のままに私財として所有させ、三世一身という期限に関係なく、没収して公有化することは永久にやめよ。一品の親王と一位の貴族は五百町、二品と二位は四百町、……初位から庶民までは十町までの範囲で私有を許す。ただし郡司は、その長官・次官に三十町、三等官・四等官に十町とする。……」と。

18 平安京造都の中止《へいあんきょうぞうとのちゅうし》―徳政相論《とくせいそうろん》

▶P.64

（延暦《えんりゃく》二十四年十二月壬寅《みずのえとら》）[1]是《こ》の日《ひ》、中納言《ちゅうなごん》近衛大将《このえのたいしょう》従三位《じゅさんみ》藤原朝臣内麻呂《ふじわらのあそんうちまろ》、殿上《でんじょう》に侍《じ》す。勅《ちょく》有《あ》りて、参議《さんぎ》右衛士督《うえじのかみ》従四位下《じゅしいげ》藤原朝臣緒嗣《ふじわらのあそんおつぐ》と参議《さんぎ》左大弁《さだいべん》正四位下《しょうしいげ》菅野朝臣真道《すがののあそんまみち》とをして、天下《てんか》の徳政《とくせい》を相論《そうろん》せしむ。時《とき》に緒嗣《おつぐ》、議《ぎ》して云《いわ》く、「**方今《いま》、天下《てんか》の苦《くる》しむ所《ところ》は軍事《ぐんじ》と造作《ぞうさく》[2]なり。此《こ》の両事《りょうじ》を停《とど》めば百姓安《ひゃくせいやす》んぜむ**」と。真道《まみち》、異議《いぎ》を確執《かくしつ》[3]して肯《あ》へて聴《き》かず。帝《みかど》[4]、緒嗣《おつぐ》の議《ぎ》を善《よ》しとし、即《すなわ》ち停廃《ちょうはい》[5]に従《したが》ふ。

〔日本後紀《にほんこうき》〕

言葉 [1]延暦二十四年十二月壬寅：八〇五年十二月七日　[2]軍事と造作：蝦夷《えみし》征討と平安京造営をさす　[3]確執：自分の意見を強く主張して、譲らないこと　[4]帝：桓武天皇　[5]停廃：中止

現代語訳 （延暦二十四（八〇五）年十二月七日）この日、藤原内麻呂が殿上に侍していたが、天皇の命令を受けて藤原緒嗣と菅野真道が天下の徳政について議論することになった。緒嗣は「今、天下の民衆が苦しんでいる原因は蝦夷の征討と平安京造営である。この二つの事業を停止すれば民衆は安んじることでしょう」と建議した。真道は異議を強く唱え同意

しなかったが、桓武天皇は緒嗣の建議をよしとして、二つの事業は中止されることになった。

19 税制の破綻——意見封事《いけんふうじ》十二箇条《かじょう》

▼▼P.68

臣《しん》[1]、去《さ》る寛平《かんぴょう》五年[2]、備中介《びっちゅうのすけ》に任《にん》ず。彼《か》の国《くに》の下道郡《しもつみちのこおり》に、邇磨郷《にまのごう》[3]有《あ》り。爰《ここ》に彼《か》の国《くに》の風土記《ふどき》を見《み》るに、**皇極天皇《こうぎょくてんのう》六年**[4]に、大唐《だいとう》の将軍《しょうぐん》蘇定方《そていほう》、新羅《しらぎ》の軍《ぐん》を率《ひき》ゐ百済《くだら》を伐《う》つ。百済使《くだらし》を遣《つか》はして救《すく》はむことを乞《こ》ふ。天皇《てんのう》筑紫《つくし》に行幸《ぎょうこう》して、将《まさ》に救兵《きゅうへい》を出《だ》さむとす。……路《みち》に下道郡《しもつみちのこおり》に宿《やど》したまふ。一郷《いちごう》を見《み》るに戸邑《こゆう》甚《はなは》だ盛《さかん》なり。天皇 詔《てんのうみことのり》を下《くだ》し、試《こころ》みに此《こ》の郷《さと》の軍士《ぐんし》を徴《め》す。即《すなわ》ち勝兵《しょうへい》[5]**二万人《まんにん》**を得《え》たり。天皇大《てんのうおお》いに悦《よろこ》びて、此《こ》の邑《むら》を名《な》づけて二万郷《にまのごう》と曰《い》ふ。後《のち》に改《あらた》めて邇磨郷《にまのごう》と曰《い》ふ。……

天平神護年中《てんぴょうじんご》[6]、右大臣吉備朝臣《うだいじんきびのあそん》[7]、大臣《だいじん》を以《もっ》て本《ほん》郡《ごうり》の大領《かみ》《たいりょう》を兼《か》ぬ。試《こころ》みに此《こ》の郷《さと》の戸口《ここう》を計《かぞう》るに、**纔《わずか》に課丁《かちょう》**[8]**千九百余人有《あ》るのみ。貞観《じょうがん》**[9]**の初《はじ》め**、故民《こみん》部卿《ぶきょう》藤原保則朝臣《ふじわらのやすのりあそん》、彼《か》の国《くに》の介《すけ》たりし時《とき》、……大《だい》帳《ちょう》[10]を計《はか》るの次《ついで》に、其《そ》の課丁《かちょう》を閲《けみ》する[11]に、**七十余人有《あ》るのみ**。某《それがし》、任《にん》に到《いた》り又此《またこ》の郷《さと》の戸口《ここう》を閲《けみ》するに、**老丁《ろうてい》**[12]**二人、正丁《せいてい》**[13]**四人、中男《ちゅうなん》**[14]**三人有《あ》るのみ**。去《さ》る延《えん》喜《ぎ》十一年[15]、彼《か》の国《くに》の介藤原公利《すけふじわらのきみとし》、任満《にんみ》ちて都《みやこ》に帰《かえ》る。清行問《きよゆきと》ふ、「邇磨郷《にまのごう》の戸口《ここう》当今幾何《いくばく》ぞ」と。公利答《きみとしこた》へて曰《いわ》く、**「一人も有《あ》ること無《な》し」**と。謹《つつし》みて年紀《ねんき》を計《かぞう》るに、皇極天皇《こうぎょくてんのう》六年庚申《かのえさる》より、延喜《えんぎ》十一年辛未《かのとひつじ》に至《いた》るまで、纔《わずか》に二百五十二年、衰弊《すいへい》の速《すみや》かなること亦《また》既《すで》に此《かく》の如《ごと》し。一郷《いちごう》を以《もっ》て之《これ》を推《お》すに、天下《てんか》の虚耗《きょもう》[16]、掌《たなごころ》を指《さ》して知《し》るべし。

〔本朝文粋《ほんちょうもんずい》〕

言葉 [1]臣：三善清行 [2]寛平五年：八九三年 [3]邇磨郷：現在の岡山県倉敷市真備町。吉備真備の出身地 [4]皇極天皇六年：六六〇年。実際には、皇極が重祚《ちょうそ》した斉明天皇六年 [5]勝兵：すぐれた兵士 [6]天平神護年中：七六五～七六七年 [7]吉備朝臣：吉備真備。七六七年以後右大臣。ただし、郡司兼任はしていないと思われる [8]課丁：調庸を負担する農民 [9]貞観：八五九～八七七年 [10]大帳：大計帳。年毎の戸口の異動や当年の徴税額を計したもの [11]閲する：調査する [12]老丁：六十一～六十五歳の男子 [13]正丁：二十一～六十歳の男子 [14]中男：十七～二十歳の男子 [15]延喜十一年：九一一年 [16]虚耗：すり減ってなくなってしまうこと

現代語訳 私は、去る寛平五（八九三）年に備中国の介（国司の次官）に任ぜられました。その国の下道郡に邇磨郷があります。この国の風土記を見ますと、皇極天皇六（六六〇）年に、唐の将軍蘇定方が新羅軍を率いて百済を討ったので、百済は日本に使者を派遣して救援を求めてきました。天皇は筑紫に行幸して、援軍を派遣しようとされました。……途中、下道郡に宿営しましたが、ある郷を見ると家々が非常ににぎわっていました。そこで天皇は詔を出され、試みにこの郡から兵士を徴発すると、すぐれた兵士二万人を得ることができました。そこで、天皇は大いに喜び、この村を二万郷と名付けました。のちに邇磨郷と改められたのです。……

天平神護年間（七六五～七六七）に、右大臣吉備真備が、大臣のままこの郡の大領（郡司の長官）を兼ねました。当時、この郷の人口を調べると、**課丁**はわずか一九〇〇余人になっていました。**貞観年間**（八五九～八七七）の初め頃、亡くなった民部卿の藤原保則がその国の介だった時、……大帳を作成するついでに、この郷の課丁を数えると七〇余人になっていました。私が赴任してこの人口を調べたところ、老丁二人、正丁四人、中男三人しかいませんでした。去る延喜一一（九一一）年、この国の介藤原公利が任期を終え都に帰ってきました。私が邇磨郷の人口は現在何人かと問うと、公利はひとりもいないと答えました。初めからの年代を数えてみますと、皇極天皇六年から延喜一一年までは、わずかに二五二年間です。しかし、（この郷の）衰退が急速であることは今述べたとおりです。一郷の例から推察するに天下が疲弊していることは、自らの掌をさすように明らかです。

20 応天門《おうてんもん》の変

▼▼P.68

今《いま》は昔《むかし》、水尾《みのお》の御門《みかど》[1]の御時《おんとき》に、応天門《おうてんもん》[2]焼《や》けぬ。人《ひと》の付《つ》けたるになんありける。それを伴善男《とものよしお》[3]といふ大納言《だいなごん》、「これは信《まこと》の大臣《おとど》[4]のしわざなり」と大《おお》やけに申《もうし》ければ、その大臣《おとど》を罪《つみ》せんとさせ給《たま》ひけるに、忠《ちゅう》仁公《じんこう》[5]、……この事《こと》を聞《き》きおどろき給《たま》ひて……御前《ごぜん》に参《まい》り給《たまひ》て、この事申《こともう》す。「人《ひと》の讒言《ざんげん》にも侍《はべ》らん。大事《だいじ》になさせ給事《たまうこと》、いと異様《ことよう》の事也《ことなり》。かかる事《こと》は返〱《かえすがえす》よくただして、まこと、そらごとあらはして、おこなはせ給《たまう》べきなり」と……。応天門《おうてんもん》を焼《やい》て、信《まこと》の大臣《おとど》におほせて、かの大臣《おとど》を罪《つみせ》させて、一《いち》の大納言《だいなごん》なれば、大臣《おとど》にならんとかまへける事《こと》の、かへりてわが身罪《みつみ》せられけん、いかにくやしかりけむ。

〔宇治拾遺物語《うじしゅういものがたり》〕

言葉 [1]水尾の御門：清和天皇 [2]応天門：平安京大内裏の朝堂院の南面の門。応天門炎上は八六六（貞観八）年閏三月のこと [3]伴善男：八六四（貞観六）年に大納言となったが、応天門の変で伊豆へ配流《はいる》された [4]信の大臣：源信。嵯峨天皇皇子で、左大臣の地位にいた [5]忠仁公：藤原良房。太政大臣

現代語訳 今は昔、清和天皇の時代に応天門が焼けた。誰かが放火したのである。それについて大納言の伴善男が「これは左大臣源信のしわざである」と公言していたので、左大臣源信が処罰されそうになったとき、藤原良房が……この事を聞いて驚いて、……天皇の御前に参りでて「人の讒言です。そんな讒言を真に受けて大事にしてしまい、源信を処罰してしまうことはおかしなことです。このようなことは返す返すもよくただして、嘘偽りがないか正してから処罰を行うべきです」と申し出た。……

応天門を焼いて源信にその罪を着させようとしたために、首席大納言になり、さらに大臣になろうとしていた伴善男が逆にその罪のために処罰されてしまうとは、なんとも悔しかったことであろう。

AC

21 藤原道長《ふじわらのみちなが》の栄華

▼▼P.68・69

（寛仁《かんにん》二年十月）十六日乙巳《きのとみ》、今日《きょう》、**女御《にょうご》[1]藤原威《ふじわらのい》子《し》を以《もっ》て皇后《こうごう》に立《た》つるの日《ひ》なり。** 前太政大臣《さきのだいじょうだいじん》の第三《だいさん》の娘《むすめ》なり。一家《いっか》にして三后《さんこう》[2]を立《た》つ、未《いま》だ曽《か》つて有《あ》らず。……太閤《たいこう》[3]下官《げかん》[4]を招《まね》き呼《よ》びて云《い》ふ、和歌《わか》を読《よ》まんと欲《ほっ》す。必《かなら》ず和《わ》すべし[5]者《てへり》。答《こた》へて云《い》ふ、何《いずくん》ぞ和《わ》し奉《たてまつ》らざらんやと。又云《またい》ふ、誇《ほこ》りたる歌《うた》になむ有《あ》る。但《ただ》し宿構《しゅくこう》[6]に非《あら》ず者《てへり》。**此《こ》の世《よ》をば我《わ》が世《よ》とぞ思《おも》ふ望月《もちづき》[7]の虧《かけ》たる事《こと》も無《な》しと思《おも》へば。** 余申《よもう》して云《い》ふ、御歌優美《おんうたゆうび》なり。酬答《しゅうとう》するに方《すべ》無《な》し。満座只此《まんざただこ》の御歌《おんうた》を誦《じゅ》す可《べ》しと。……

〔小右記《しょうゆうき》〕

言葉 [1]女御：天皇の后妃の一つ。初めは地位が低かったが、

このころには皇后に次ぐ。摂関家の娘も女御を経て皇后に上がる [2]三后：道長の長女彰子《しょうし》が一条中宮、次女の妍子《けんし》が三条中宮となっていた [3]太閤：前関白の唐名。道長 [4]下官：自分をさす卑称 [5]和す：返歌を詠む [6]宿構：あらかじめ作る [7]望月：十五夜の満月

現代語訳 （寛仁二（一〇一八）年、十月）十六日今日、女《にょう》御《ご》だった藤原威子《いし》が後一条《ごいちじょう》天皇の皇后（中宮職のこと）の位につかれた。（彼女は前太政大臣である藤原道長の三女。一家から三人の皇后を出したのは歴史上に例がない。）……道長は実資《さねすけ》を呼び寄せて「和歌を詠みたいので、返歌をつくってほしい」と言った。実資は「喜んで返歌をしましょう」と答えた。すると道長は「誇《ほこ》った歌であるが、あらかじめ作っておいたものではない」と言って「此《こ》の世をば我が世とぞ思う望月《もちづき》のかけたることも無しと思えば」と詠んだ。実資は「大変優美な和歌です。まずい返歌など、そえる手だてはありません。むしろ、皆で唱詠《しょうえい》しましょう」と答えた。……

22 往生要集《おうじょうようしゅう》

P.71

夫《そ》れ往生極楽《おうじょうごくらく》の教行《きょうぎょう》は、濁世《じょくせ》[1]末代《まつだい》[2]の目足《もくそく》[3]なり。道俗貴賤《どうぞくきせん》、誰《だれ》か帰《き》せざる者《もの》あらん。但《ただ》し、顕密《けんみつ》[4]の教《きょう》法《ほう》は、其文一《そのもんいつ》に非《あら》ず。事理《じり》の業因《ごういん》[5]は、其《そ》の行《ぎょう》惟《こ》れ多《おお》し。利智精進《りちしょうじん》の人《ひと》は、未《いま》だ難《かた》しと為《な》さず。予《よ》の如《ごと》き頑《がん》魯《ろ》の者《もの》[6]、豈《あ》に敢《あえ》てせんや。是《こ》の故《ゆえ》に念仏《ねんぶつ》の一門《いちもん》に依《よ》りて、聊《いささ》か経論《きょうろん》の要文《ようもん》[7]を集《あつ》む。之《これ》を披《ひら》き之《これ》を修《しゅう》するに、覚《さと》り易《やす》く行《おこな》ひ易《やす》し。……〔往生要集《おうじょうようしゅう》 序《じょ》〕

言葉 [1]濁世：濁った世 [2]末代：末法の世の中 [3]目足：道標、導き [4]顕密：顕教と密教 [5]事理の業因：悟りを開き成仏するために必要な修行 [6]頑魯の者：頭が固く愚かな者 [7]要文：経論の中の重要な典拠

現代語訳 極楽に往生するための教理と修行は、濁った末世に生きるものにとっての導きの糸である。僧・俗人・貴族・庶民を問わず、皆、それに帰依していくのは当然だ。ただ、顕教・密教の教えは、その内容が多岐にわたり、往生するために必要な行いもいろいろと多い。それでも、智力にすぐれていて精進できる人にとっては困難でないだろうが、私のように愚かな者は、ためらわざるを得ない。だから、念仏の宗派の立場から、経論の中の重要部分の抜き書きを、ここに集めてみた。この本（往生要集）を開いて学べば、教理を覚り易く、修行も容易になるだろう。

23 梁塵秘抄《りょうじんひしょう》——今様《いまよう》

P.80

浄土《じょうど》は数多《あまた》あむなれど、弥陀《みだ》の浄土《じょうど》ぞ勝《すぐ》れたる、九品《ここのしな》[1]なむなれど、下品下《げぼんげ》にてもありぬべし

弥陀《みだ》の誓《ちかい》ぞ頼《たの》もしき、十悪五逆《じゅうあくごぎゃく》の人[2]なれど、一《ひと》たび御名《みな》を唱《とな》ふれば、来迎引接《らいごういんじょう》疑《うたが》はず

舞《ま》ゑ〱蝸牛《かたつむり》[3]舞《ま》はぬものならば、馬《うま》の子《こ》や牛《うし》の子《こ》に蹴《け》させてむ、踏破《ふみわら》せてむ、真《まこと》に愛《うつく》しく舞《ま》うたらば、華《はな》の園《えん》まで遊《あそ》ばせむ〔梁塵秘抄《りょうじんひしょう》〕

言葉 [1]九品：西方浄土に往生する人には九段階がある [2]十悪五逆の人：罪深い凡夫 [3]蝸牛：「まいまいつむり」ともいう。触角を振って歩く姿が「舞う」と見られた

現代語訳 浄土にもいろいろあるというけれど、阿弥陀様の浄土がいい。その中でも九品あるというけれど、一番下の下品下でもよいから往生したい。

阿弥陀様の誓願は頼もしい。十悪五逆の悪業を積んでいても、一度仏を念じて御名を唱えれば、臨終のとき、浄土から来迎され、浄土へ引き導いてくださる。

（頭上の触角を振って）舞え舞え、蝸牛。舞わないなら（僕らが番している）馬や牛の子に蹴らせて殻を破らせるぞ。美しく舞ったら、お花畑まで連れてって、遊ばせてやる。

24 尾張国郡司百姓等解《おわりのくにぐんじひゃくせいらげ》[1]

P.75

尾張国《おわりのくに》の郡司百姓《ぐんじひゃくせい》[2]等解《らげ》し申《もう》す官裁《かんさい》を請《こ》ふの事《こと》

裁断《さいだん》せられんことを請《こ》ふ、当国守藤原朝臣元命《とうこくのかみふじわらあそんもとなが》[3]、三箇年内《かねんない》[4]に責《せ》め取《と》る非法《ひほう》の官物《かんもつ》[5]、幷《なら》びに濫行横法《らんぎょうおうほう》(三十)卅一箇条《かじょう》の愁状《しゅうじょう》

一、(一条)裁断《さいだん》せられんことを請《こ》ふ、例挙《れいこ》[6]の外《ほか》に三箇年内《かねんない》に収納《しゅうのう》せる加徴《かちょう》の正税《しょうぜい》[7](四十)卌三万千二百卌八束《そく》の息《そく》利《り》十二万九千三百七十四束《そく》四把《ぱ》一分《ぶ》の事《こと》……

一、(三〇条)裁断《さいだん》せられんことを請《こ》ふ、守元命朝臣《かみもとながあそん》、京《みやこ》自《よ》り下向《げこう》するに、毎度《まいど》引率《いんそつ》する有官散位《うかんさんみ》[8]の従類《じゅうのたぐい》、同《おな》じく不善《ふぜん》の輩《ともがら》[9]の事《こと》……

……**望《のぞ》み請《こ》ふらくは件《くだん》の元命朝臣《もとながあそん》を停止《ちょうじ》し、改《あらた》めて良吏《りょうり》を任《にん》じ、以《もっ》て将《まさ》に他国《たこく》の牧宰《ぼくさい》をして治国優民《ちこくゆうみん》の褒賞《ほうしょう》を知《し》らしめんことを。**仍《よ》りて具《つぶ》さに三十一箇《か》条《じょう》の事状《じじょう》を勒《ろく》し、謹《つつし》みて解《げ》す。〔尾張国解《おわりのくにげ》〕

言葉 [1]解：令制で、下から上へ差し出す文書形式 [2]百姓：古代では百姓《ひゃくせい》と読み、奴婢等以外の国家に直接隷属する身分を示す [3]元命：藤原魚名（北家房前の子）の子孫 [4]三箇年内：国司の任期は、このころ通常四年。この訴訟は任期切れの時期を狙って起され、再任を阻止した [5]官物：官に納められた税の総称 [6]例挙：恒例の出挙稲貸付《すいことうかしつけ》。国ごとにその額が決まっており、その利息が地方官衙《かんが》の主要財源 [7]正税：国郡の正倉に備蓄された租税の稲。出挙（種籾の高利強制貸付）の元本 [8]有官散位：有位者で官についているものを有官、いないものを散位という [9]不善の輩：元命は彼らに、検田、納税、百姓の弾圧などの仕事をさせた

現代語訳 尾張国の郡司と百姓が太政官の裁判を請願すること

国守の藤原元命が、今まで三か年の間に行った非法な税の収奪と無法行為、しめて三十一か条に関する私たちの嘆願書を裁いて頂くようお願いします。

一、定例の出挙以外に、この三年間正税四十三万千二百四十八束の利息として十二万九千三百七十四束四把一分を徴収したことについて裁断して頂きたい。

一、元命が、京から下向の度に引率してくる有官・散位の従者とよからぬ者たちについて裁断して頂きたい。

……この元命朝臣を罷免《ひめん》して、良い官吏を任命して頂き、諸国の国司に良い国政をすればその賞があることを知らせたいのです。……よって、細かに三十一か条にわたって述べて、謹んで申し上げます。

25 荘園《しょうえん》の寄進——鹿子木荘《かのこぎのしょう》の例

P.74

鹿子木《かのこぎ》の事[1]

一 当寺《とうじ》の相承《そうしょう》は、開発領主《かいはつりょうしゅ》[2]沙弥《しゃみ》[3]寿妙嫡《じゅみょうちゃく》々相伝《そうでん》の次第なり。

一 寿妙《じゅみょう》の末流高方《まつりゅうたかかた》[4]の時《とき》、**権威《けんい》を借《か》らんが為めに、実政《さねまさ》[5]卿《きょう》を以《もっ》て領家《りょうけ》と号《ごう》し、**年貢《ねんぐ》四百石《こく》を以《もっ》て割《さ》き分《わか》ち、**高方《たかかた》は庄家《しょうけ》領掌進退《りょうしょうしんたい》の預所職《あずかりどころしき》[6]とな**る。

一 実政《さねまさ》の末流願西《まつりゅうがんさい》[7]微力《びりょく》の間《あいだ》、国衙《こくが》の乱妨《らんぼう》を防《ふせ》がず。この故《ゆえ》に願西《がんさい》、領家得分《りょうけとくぶん》二百石《こく》を以《もっ》て、高陽《かやの》

院内親王《いんないしんのう》[8]に寄進《きしん》す。……**これ則《すなわ》ち本家《ほんけ》の始《はじ》めなり。**

〔東寺百合文書《とうじひゃくごうもんじょ》〕

……

言葉　[1]鹿子木の事：鹿子木荘のことで肥後国飽田郡にあった　[2]開発領主：その地を最初に開いた本来の領主（根本領主とも呼ばれた）　[3]沙弥：入門直後の正式に僧侶にならないものをいう　[4]高方：中原高方。寿妙の孫　[5]実政：藤原実政。寄進を受けた一〇八六年には、太宰大弐《だざいのだいに》従《じゅ》二位であった　[6]預所職：現地を掌握する荘官の名称の一つ　[7]願西：刑部大輔藤原隆道の法名、実政の曽孫　[8]高陽院内親王：鳥羽天皇の娘

現代語訳　鹿子木のこと

一、この荘園を東寺が伝承しているのは、開発領主の沙弥寿妙の子孫が代々継承してきたからである。

一、寿妙の子孫の高方の時、権威を借りようとして藤原実政卿を領家として、年貢四百石を上納することとし、高方は現地を管理支配する預所職となった。

一、実政の子孫の願西は力がなかったので国衙の干渉を防げなかった。そこで願西は領家の得分のうち二百石を高陽院内親王に寄進した。……これがこの荘園の本家の初めである。

26 延久《えんきゅう》の荘園整理令《しょうえんせいりれい》

P.68

延久元年《えんきゅうがんねん》二月廿(二十)三日、**寛徳《かんとく》二年**[1]**以後《いご》の新立《しんりゅう》荘園《しょうえん》を停止《ちょうじ》すべし。**たとひ彼《か》の年以往《としいおう》と雖《いえど》も、立券《りっけん》[2]分明《ぶんみょう》ならず、国務《こくむ》に妨《さまん》げある者《もの》は、同《おな》じく停止《ちょうじ》の由宣《よしせん》下《げ》す。……

閏《うるう》二月[3]十一日、始《はじ》めて**記録《きろく》荘園券契所《しょうえんけんけいじょ》**[4]**を置《お》き、**寄人《よりうど》[5]等《ら》を定《さだ》む。

〔百錬抄《ひゃくれんしょう》〕

言葉　[1]寛徳二年：一〇四五年。この年には、寛徳荘園整理令が出され、新立の荘園を停止した　[2]立券：国家による荘園設立許可書の発行手続のこと　[3]閏二月：延久元年の閏月は二月ではなく十月である。史料の日付は疑問　[4]記録庄園券契所：各荘園の証拠書類（券契）の調査機関　[5]寄人：記録荘園券契所の職員

現代語訳　〔(『百錬抄』の) 延久元(一〇六九)年二月二十三日条〕「寛徳二(一〇四五)年以後に新立された荘園を廃止し、またそれ以前に設立されたものでもその証拠書類が明瞭でなく、国司の地方行政の障害になるものは同じく廃止せよ」という(後三条)天皇の命令が下された。……閏二月十一日、初めて記録荘園券契所を置き、その職員を決めた。

27 平将門《たいらのまさかど》の乱

P.77

「……苟《いや》しくも将門《まさかど》、刹帝《せったい》[1]の苗裔《びょうえい》[2]、三世《さんせい》の末葉《まつよう》[3]なり。同《おな》じくは八国《はっこく》より始《はじ》めて、兼《か》ねて王城《おうじょう》を虜領《りょりょう》せむと欲《おも》ふ。今《いま》すべからく諸国《しょこく》の印鎰《いんやく》[4]を奪《うば》ひ、一向《いっこう》に受領《ずりょう》の限《かぎ》りを官堵《かんと》[5]に追《お》ひ上《あ》げてむ。然《しか》れば且《か》つは掌《たなごころ》に八国《はっこく》を入《い》れ、且《か》つは腰《こし》に万民《ばんみん》を附《つ》けむ」てへり。……また数千の兵《つわもの》を帯《たい》して、天慶《てんぎょう》二年十二月十一日を以《もっ》て、先《ま》ず下野国《しもつけのくに》に渡《わた》る。……将門《まさかど》、同月十五日を以《もっ》て上毛野《かみつけの》[6]に遷《うつ》る。……**将門《まさかど》を名《な》づけて新皇《しんのう》と曰《い》ふ。**……

〔将門記《しょうもんき》〕

言葉　[1]刹帝：帝王の血筋　[2]苗裔：子孫　[3]三世の末葉：将門が、高望王《たかもち》（桓武平氏の祖、九世紀末に上総国に土着）の三世孫であることをさすか　[4]印鎰：印は国印。鎰は鍵（国印の入った櫃《ひつ》の鍵、または国の税を納めた倉庫の鍵）。これを奪うとは、国守の実権を奪うことを意味する　[5]官堵：官都。京都　[6]上毛野：上野国

現代語訳　……いやしくも私は天皇の血を引く、高望王《たかもち》の三世の子孫である。同じことならば、関東八か国から始めて、都まで征服しようと思う。今はまず、諸国の国印と正倉の鍵を奪い、すべての国司（受領）を都へ追い返そう。そうすれば八国を支配下に置き、万民を支配することになろう。」と言った。……また、数千人の兵を従えて、天慶二（九三九）年十二月十一日に下野国に入った。……将門は同（十二）月十五日に上野国に進んだ。……将門を新皇と呼んだ。……

中世

28 院政《いんせい》の開始

P.78

白河院《しらかわいん》……天下《あめのした》ヲ治給《おさめたまう》コト十四年。……**世《よ》ノ政《まつりごと》ヲハジメテ院《いん》**[1]**中《ちゅう》ニテシラセ給《たまう》。**後《のち》ニ出家《しゅっけ》セサセ給《たまい》テモ猶《なお》ソノマ、ニテ御一期《おんいちご》[2]ハスゴサセマシ〳〵キ。……**此御代《このみよ》ニハ院《いん》ニテ政《まつりごと》ヲキカセ給《たま》ヘバ、執柄《しっぺい》**[3]**ハタヾ職《しょく》ニソナハリタルバカリニナリヌ。**サレドコレヨリ又《また》フルキスガタハ一変《いっぺん》スルニヤ侍《はべり》ケン。執柄世《しっぺいよ》ヲオコナハレシカド、宣旨《せんじ》[4]・官符《かんぷ》[5]ニテコソ天下《てんか》ノ事《こと》ハ施行《せこう》セラレシニ、此御時《このみよ》ヨリ**院宣《いんぜん》**[6]**・庁御下文《ちょうのおんくだしぶみ》**[7]**ヲオモクセラレシニヨリテ、在位《ざいい》ノ君《きみ》**[8]**又位《またはくらい》ニソナハリ給《たま》ヘルバカリナリ。**世《よ》ノ末《すえ》ニナレルスガタナルベキニヤ。

〔神皇正統記《じんのうしょうとうき》〕

言葉　[1]院：太上天皇（上皇）の御所。上皇その人の敬称でもある　[2]御一期：御一生　[3]執柄：摂政・関白の別称　[4]宣旨：詔勅より簡単な手続きで出される天皇命令　[5]官符：太政官から命令を下達する公文書。院司が院の仰せを受けて出す奉書の形式　[6]院宣：院の命令を下達する公文書　[7]御下文：院庁下文。院庁から出す公式文書　[8]在位ノ君：天皇

現代語訳　白河上皇が……天皇として国を治められたのは十四年間であった。……その後、初めて院で政治をし、出家して法皇となられても、亡くなるまで院政を続けられたのである。……白河上皇の治世は、院で政治が処理されたので、摂関はただ名前だけのものとなった。（この点だけみると摂関の存在しない昔に戻ったかのようだが）しかし、実はこの時から古い政治の姿が一変していったのである。というのは、以前は摂関が政治を指導していても、天皇の宣旨や官符によって命令がされていたのに、この時から院宣や院庁下文の役割が重くなって、天皇自身も、形式的に位におられるという、名前だけの存在になられてしまったからである。世も末の姿であろう。

29 平氏の繁栄

P.78

六波羅殿《ろくはらどの》[1]の御一家《ごいっか》の君達《きんだち》[2]といひてしかば、花族《かしょく》[3]も栄耀《えいゆう》[4]も面《おもて》をむかへ肩《かた》をならぶる人《ひと》なし。**されば入《にゅう》道相国《どうしょうこく》**[5]**のこじうと、平大納言時忠卿《へいだいなごんときただきょう》ののたまひけるは、「此一門《このいちもん》にあらざらむ人《ひと》は皆人非人《みなにんぴにん》なるべし」とぞのたまひける。**……惣《そう》じて一門《いちもん》の公卿《くぎょう》[6]十六人《にん》、殿上人《てんじょうびと》[7]卅(三十)余人《よにん》、諸国《しょこく》の受領《ずりょう》、衛府《えふ》、諸司《しょし》、都合《つごう》六十余人《よにん》なり。世《よ》には又人《またひと》なくぞみえられける。……**日本秋津嶋《にほんあきつしま》は纔《わずか》に六十六箇国《かこく》、平家知行《へいけちぎょう》の国《くに》**[8]**卅《さんじゅう》余箇国《よかこく》、既《すで》に半国《はんこく》にこえたり。某外庄園田畠《そのほかしょうえんでんばた》い**

くらといふ数《かず》を知《しら》ず。綺羅《きら》充満《じゅうまん》して、堂上花《どうじょうはな》の如《ごと》し。軒騎《けんき》[9]群集《ぐんしゅう》して、門前市《もんぜんいち》をなす。……　〔平家物語《へいけものがたり》〕

言葉　[1]六波羅殿：平清盛のこと。京都六波羅に屋敷があったための呼称　[2]君達：貴族の子息。貴公子　[3]花族：華族の誤り。摂関家に次ぐ家柄の清華家のこと　[4]栄耀：英雄の誤りで、華族と同じ　[5]入道相国：出家した太政大臣で平清盛をさす　[6]公卿：朝廷の最高機関の構成員。公とは大臣、卿は大納言・中納言・参議及び三位以上の上級官人をさす　[7]殿上人：清涼殿の殿上の間に昇ることを許された四位・五位の廷臣の通称　[8]知行の国：知行国。一国の支配権が、特定個人に与えられるもの。与えられた知行国主は国司（守）を推薦する権利を持ち、朝廷へわずかな額を納めるほかは、自分の収入にすることができた　[9]軒騎：車に乗ることと馬に乗ること。またその車馬

現代語訳　平清盛殿の一族の貴公子たちといえば、華族でも英雄でも対等につきあえる人はいなかった。そういう状態なので、清盛の妻の弟、平時忠は「この平家一門でなければ人ではない」と言ったものだ。……すべて合わせると、一門の公卿が十六人、殿上人が三十余人、諸国の受領や衛府・諸司の長官が六十余人にも上った。世の中には、平家一門以外には人がいないように思われた。……

日本は、わずか六十六か国なのに、平家の知行国は三十余か国で、半分以上を占めている。そのほか、荘園や田畑の領有はどのくらいあるのかわからない。きらびやかな服装の人々が満ちあふれて、屋敷には花が咲いたようである。その門前には、車や馬が群がって市場のようなにぎやかさである。

……

30　東国支配権の獲得

▶P.79

（寿永《じゅえい》二年閏《うるう》十月）[1]十三日、……**東海《とうかい》・東山《とうざん》・北陸三道《ほくりくさんどう》の庄園《しょうえん》、国領《こくりょう》[2]本《もと》の如《ごと》く領知《りょうち》すべきの由《よし》、宣下《せんげ》せらるべきの旨《むね》、頼朝《よりとも》申《もう》し請《こ》ふ。**仍《よ》って宣旨《せんじ》[3]を下《くだ》さるるの処《ところ》、北陸道《ほくりくどう》許《ばか》りは義仲《よしなか》を恐《おそ》るるに依《より》て其《そ》の宣旨《せんじ》を成《な》されず。頼朝《よりとも》これを聞《き》かば、定《さだ》めて鬱《うつ》を結《むす》ぶか。

……

寿永《じゅえい》二年閏《うるう》十月二十二日、……東海《とうかい》・東山道《とうさんどう》等《とう》の庄公[4]服さざるの輩《ともがら》あらば、頼朝《よりとも》に触《ふ》れ沙汰《さた》を致《いた》すべしと云々《うんぬん》。　〔玉葉《ぎょくよう》〕

言葉　[1]寿永二年閏十月：一一八三年閏十月。閏月は太陰暦において、季節と暦のずれを調整するため設けられた月　[2]国領：国衙領《こくがりょう》　[3]宣旨：天皇の命令を伝える公文書　[4]庄公：荘園と国衙領

現代語訳　寿永二（一一八三）年閏十月十三日、……東海・東山・北陸三道の荘園・国衙領を従来通り支配せよとの命令が下されるように頼朝が申し入れた。それにより宣旨が下されたのだが、北陸道だけは義仲を恐れて除外した。頼朝がこれを聞けばきっと不満を抱くであろう。……

寿永二（一一八三）年閏十月二十二日、……東海・東山道などで、それに従わない荘園・国衙領があれば、頼朝の命令で追討させるということである。

31　守護《しゅご》・地頭《じとう》の設置

▶P.83

（文治元年《ぶんじがんねん》十一月）十二日……凡《およ》そ今度《こんど》の次第《しだい》[1]関東《かんとう》の重事《ちょうじ》たるの間《あいだ》、……因幡前司広元《いなばのぜんじひろもと》[2]申《もう》して云《いわ》く、「……**此《こ》の次《ついで》を以《もっ》て、諸国《しょこく》に御沙汰《ごさた》を交《まじ》へ、国衙《こくが》・庄園毎《しょうえんごと》に、守護《しゅご》・地頭《じとう》を補《ぶ》せらるれば、強《あなが》ち怖《おそ》るる所《ところ》有《あ》るべからず。**早《はや》く申《もう》し請《こ》[3]はしめ給《たま》ふべし」と云々《うんぬん》。二品《にほん》[4]殊《こと》に甘心《かんしん》し、此《こ》の儀《ぎ》を以《もっ》て治定《じじょう》す。

……

（文治元年十一月）廿《（二十）》八日……**諸国平均《しょこくへいきん》に守護地頭《しゅごじとう》を補任《ぶにん》し、権門勢家庄公《けんもんせいかしょうこう》[5]を論《ろん》ぜず、兵粮米《ひょうろうまい》[6]段別五升《だんべつごしょう》[7]を宛《あ》て課《か》すべきの由《よし》、**今夜《こんや》北条殿《ほうじょうどの》藤中納言経房卿《とうのちゅうなごんつねふさきょう》[8]に謁《えつ》し申《もう》すと云々《うんぬん》。　〔吾妻鏡《あづまかがみ》〕

言葉　[1]今度の次第：頼朝の叔父行家と弟義経が反逆したこと、または、二人の申請で後白河法皇が頼朝追討の院宣を出したこと　[2]因幡前司広元：公文所の別当職にあった前因幡守大江広元　[3]申し請：朝廷に申請する　[4]二品：二位のことで、頼朝をさす。頼朝はこの年四月に従二位となっていた　[5]権門勢家庄公：有力貴族の荘園や国衙領　[6]兵粮米：戦時に将兵の食料として徴収した米　[7]段別五升：田畑一段あたり五升　[8]藤中納言経房卿：藤原経房

現代語訳　（文治元〔一一八五〕年十一月）十二日……おおよそこの度の事態は、鎌倉幕府にとって重大なことなので、……大江広元が申し上げるには、「……この機会に、諸国に命令を出して、国衙領・荘園ごとに守護・地頭を置くことにすれば、それほど恐れることもなくなるでしょう。この案を早急に申請されたらいかがですか。」とのことであった。頼朝公はずいぶんと感心し、そのように決定した。……

（文治元年十一月）二十八日……諸国に一様に守護・地頭を任命し、有力貴族の荘園や国衙領に関わりなく、兵粮米として一段につき五升ずつ課すべき旨を、今夜北条時政殿が中納言の藤原経房卿に面会し申し入れたとのことである。

32　尼将軍北条政子《あましょうぐんほうじょうまさこ》の演説

▶P.84

（承久《じょうきゅう》三年五月）十九日、……二品《にほん》[1]家人《けにん》等《ら》を簾《れん》下《か》[2]に招《まね》き、秋田城介景盛《あきたじょうのすけかげもり》[3]を以《もっ》て示《しめ》し含《ふく》めて曰《いわ》く、皆心《みなこころ》を一《いつ》にして奉《うけたまわ》るべし。是《これ》最期《さいご》の詞《ことば》なり。**故《こ》右《う》大将軍《だいしょうぐん》[4]、朝敵《ちょうてき》を征罰《せいばつ》し、関東《かんとう》を草創《そうそう》[5]してより以降《このかた》、官位《かんい》と云《い》ひ、俸禄《ほうろく》と云《い》ひ、其《そ》の恩既《おんすで》に山岳《さんがく》よりも高《たか》く、溟渤《めいぼつ》[6]よりも深《ふか》し。報謝《ほうしゃ》の志《こころざし》浅《あさ》からんや。**而《しか》るに今《いま》逆臣《ぎゃくしん》の讒《そしり》に依《よ》り、非義《ひぎ》の綸旨《りんじ》[7]を下《くだ》さる。名《な》を惜《お》しむの族《やから》は、早《はや》く秀康《ひでやす》[8]・胤義《たねよし》[9]等《ら》を討《う》ち取《と》り、三代将軍《さんだいしょうぐん》[10]の遺跡《いせき》を全《まっと》うすべし。但《ただ》し院中《いんちゅう》[11]に参《さん》ぜんと欲《ほっ》する者《もの》、只今《ただいま》申《もう》し切《き》るべし者《てえれば》、群参《ぐんさん》の士《し》悉《ことごと》く命《めい》に応《おう》じ、且《か》つは涙《なみだ》に溺《おぼ》れ返報《へんぽう》を申《もう》すに委《くわ》しからず。只命《ただいのち》を軽《かろ》んじて恩《おん》に酬《むく》いんことを思《おも》ふ。　〔吾妻鏡《あづまかがみ》〕

言葉　[1]二品：当時従二位であった北条政子　[2]簾下：簾はすだれ。当時身分の高い人は直接顔を見せず、簾を隔てて対面した　[3]秋田城介景盛：政子の側近安達景盛　[4]故右大将軍：源頼朝　[5]関東を草創：鎌倉幕府の開設　[6]溟渤：大海　[7]綸旨：宣旨より簡単な手続きで蔵人から出される天皇の命令だが、ここでは義時追討の宣旨をさす　[8]秀康：藤原秀康。北面の武士の一人で後鳥羽上皇の寵臣　[9]胤義：三浦胤義。有力御家人三浦義村の弟。京都大番役で在京中に上皇方に参加した　[10]三代将軍：源頼朝・頼家・実朝　[11]院中：後鳥羽上皇の御所

現代語訳　（承久三〔一二二一〕年五月）十九日……北条政子は御家人等を近くに招集し、安達景盛を通じて「皆心を一つにして聞きなさい。これが最後の言葉です。故右大将軍頼朝公が、朝敵を征討し鎌倉幕府を開いて以来、皆が得た官位や俸禄など考え合わせると、その恩は山よりも高く海よりも深いものです。それに感謝し報いようとする気持ちは、決し

て浅いはずはありません。ところが今、反逆者による偽りの告げ口で、誤った綸旨が下されました。名誉を重んじる者は、早く藤原秀康や三浦胤義らを討ち取り、三代にわたる将軍のあとを守りなさい。ただし上皇方に味方したい者は、今はっきりと申し出なさい」と言うと、集まった家来たちはすべて政子の命令に従い、感激の涙で返事もできないほどであった。ひたすら命をかけて、御恩に報いようと思うばかりであった。

33 承久《じょうきゅう》の乱の評価

P.84

……王者《おうじゃ》ノ軍《いくさ》ト云《い》ハ、トガ《（咎）》アルヲ討《とう》ジテ、キズナキヲバホロボ《（滅）》サズ。頼朝高官《よりともこうかん》ニノボリ《（昇）》、守護《しゅご》ノ職《しょく》ヲ給《なまわる》、コレミナ法皇《ほうおう》[1]ノ勅裁也《ちょくさいなり》。ワタクシニヌスメリ《（盗）》トハサダメ《（定）》ガタシ。後室《こうしつ》[2]ソノ跡《あと》ヲハカラヒ《（計）》、義時《よしとき》[3]久《ひさし》ク彼《かれ》ガ権《けん》ヲトリテ、人望《じんぼう》ニソム《（背）》カザリシカバ、下《しも》ニハイマダ《（未）》キズ有《あり》トイフベカラズ、**一往《いちおう》ノイハレ《（謂）》[4]バカリニテ追討《ついとう》セラレンハ、上《かみ》[5]ノ御《おん》トガトヤ申《もうす》ベキ。**謀叛《むほん》オコシタル朝敵《ちょうてき》ノ利《り》ヲ得《え》タル[6]ニハ比量《ひりょう》セラレガタシ。カヽレバ時ノイタラ《（至）》ズ、天ノユルサ《（許）》ヌコトハウタガヒ《（疑）》ナシ。

〔神皇正統記《じんのうしょうとうき》〕

言葉 [1]法皇：後白河法皇　[2]後室：頼朝の未亡人の北条政子　[3]義時：北条義時。執権政治を確立し、権力を握った　[4]一往ノイハレ：源氏将軍の断絶など　[5]上：承久の乱を企てた後鳥羽上皇をさす　[6]謀叛オコシ…利ヲ得タル：後醍醐天皇の建武政府から離脱し、南北朝の抗争で優位に立つ足利尊氏を念頭に置いている

現代語訳 ……王者のいくさというものは、罪のある者を討つのであって、罪科のないものを滅ぼすことはしない。頼朝が高い官職を得、守護の職を与えられたのは、すべて後白河法皇自らの裁定によるものである。これを勝手に盗み取ったものだとはいえない。政子がその跡を受け継ぎ、北条義時も長く権力を握って、人望に背かなかったのだから、臣下として欠点があったとはいえない。(源家将軍の断絶など) ひととおりの理由だけで追討するのは、君主として後鳥羽上皇の過ちであったと言わざるを得ないだろう。謀叛を起こした朝敵が利益を手に入れるのとは比較できない。このように見てくると、時機も熟さず、天も許さないことは疑いのないことである。

34 式目制定《しきもくせいてい》の趣旨

P.84

さてこの式目《しきもく》をつくられ候《そうろう》事《こと》は、……ま事《こと》にさせる本文《ほんぶん》[1]にすがりたる事候《ことそうら》はねども、**たゞ道理《どうり》[2]のおすところを記《しる》され候者也《そうろうものなり》。**……この状《じょう》は法令《ほうれい》[3]のおしへに違《い》するところなど少々《しょうしょう》候《そうら》へども、……あまねく人《ひと》に心《こころ》えやすからせんために、**武家《ぶけ》の人《ひと》への、はからひのためばかりに候《そうろう》。これによりて京都《きょうと》の御沙汰《ごさた》[4]、律令《りつりょう》のおきて聊《いささか》もあらたまるべきにあらず候也《そうろうなり》。**……京都人々《きょうとのひとびと》の中《なか》に謗難《ぼうなん》を加事候《くわうることそうら》はゞ、此趣《このおもむき》を御《お》心《こころ》え候《そうろう》て御問答《ごもんどう》あるべく候《そうろう》。恐々謹言《きょうきょうきんげん》[5]。

貞永元九月十一日　武蔵守《むさしのかみ》[6]在

駿河守《するがのかみ》[7]殿《どの》

〔貞永式目《じょうえいしきもく》唯浄裏書本《ゆいじょううらがきぼん》〕

言葉 [1]本文：依りどころとなる法理上の原典　[2]道理：武家社会の慣習や道徳　[3]法令：律令格式　[4]京都の御沙汰：朝廷の御裁断　[5]恐々謹言：書状の終わりに記して、相手に対して敬意を表す文言　[6]武蔵守：執権北条泰時　[7]駿河守：泰時の弟で六波羅探題の北条重時

現代語訳 さて、この式目の制定にあたり、……たしかにこれというべきほどの原典によったということはないが、ただ道理のさし示すことを記したのである。……この式目の内容は律令格式の説くところとは少し異なっているが、……広く人々が納得できるために、武家の人々の便宜となるように定めたものである。これによって朝廷の御裁断や、律令の規定が少しも変更されるものではない。……京都の人々の中で非難するものがあったら、この趣旨を心得て対処なさるように。

恐々謹言

貞永元（一二三二）年九月十一日　武蔵守（北条泰時）判

駿河守（北条重時）殿

35 御成敗式目《ごせいばいしきもく》

P.84

一（第三条）**諸国守護人奉行《しょこくしゅごにんぶぎょう》[1]の事《こと》**

右《みぎ》、**右大将家《うだいしょうけ》[2]の御時定《おんときさだ》め置《お》かるる所《ところ》は、大番催《おおばんさい》促《そく》[3]・謀叛《むほん》・殺害人《せつがいにん》**付《つ》けたり、夜討《ようち》、強盗《ごうとう》、山賊《さんぞく》、海賊《かいぞく》等《ら》の事也《ことなり》。

……

一（第五条）**諸国地頭《しょこくじとう》、年貢所当《ねんぐしょとう》[4]を抑留《よくりゅう》せしむるの事《こと》**

右《みぎ》、年貢《ねんぐ》を抑留《よくりゅう》するの由《よし》、本所《ほんじょ》の訴訟《そしょう》あらば、即《すなわ》ち結解《けちげ》を遂《と》げ勘定《かんじょう》を請《う》くべし。……

一（第八条）御下文《おんくだしぶみ》を帯《たい》すと雖《いえど》も知行《ちぎょう》せしめず年序《ねんじょ》を経《ふ》る所《しょ》領《りょう》の事《こと》

右《みぎ》、**当知行《とうちぎょう》の後《あと》、廿《（二十）》ヶ年を過《す》ぎば、右大将家《うだいしょうけ》の例《れい》に任《まか》せて理非《りひ》を論《ろん》ぜず改替《かいたい》する能《あた》はず、**……

一（第二三条）**女人養子《にょにんようし》の事《こと》**

右《みぎ》、法意《ほうい》[5]の如《ごと》くばこれを許《ゆる》さずと雖《いえど》も、大将家《たいしょうけ》御時《おんとき》以来当世《いらいとうせい》に至《いた》るまで、**其《そ》の子《こ》無《な》き女人《にょにん》等《ら》、所領《しょりょう》[6]を養子《ようし》に譲《ゆず》り与《あた》ふる事《こと》不易《ふえき》の法《ほう》[7]あげて計《かぞ》ふべからず、**……

〔御成敗式目《ごせいばいしきもく》〕

言葉 [1]守護人奉行：守護が職務として遂行すべき事柄　[2]右大将家：源頼朝　[3]大番催促：御家人が交代で京都警備をする京都大番役を、守護が催促・指揮する権限　[4]所当：年貢と同じ意味　[5]法意：律令の規定　[6]所領：私的所有の土地のこと　[7]不易の法：ある年代を限って、それ以前の決定や裁決を変更しない法令。ここでは武家の慣習法のこと

現代語訳 一　諸国の守護が遂行すべき職務のこと

頼朝公の時に定められたのは大番催促、謀叛人・殺害人（夜討・強盗・山賊・海賊を付け加える）の取り締まりなどのことである。……

一　諸国の地頭が（荘園領主に送るべき）年貢をおさえとどめること

このことについて、年貢をおさえとどめていると、荘園領主の訴えがあれば、すぐに決算をし、荘園領主側の監査を受けなければならない。……

一　将軍の下文を持っているのに、実際の支配をしないままで一定の年数が過ぎた所領のこと

このことについて、実際に土地支配をして二十年以上ならば、頼朝公の先例によって支配権の正当性のいかんにかかわらず、（その者の権利を認め）土地支配をやめさせることはしない。……

一　女子が養子をとって家督を継がせること

このことについて、律令の見解では許されていないが、頼朝公以来現在まで、子どものいない女子が土地を養子に譲り与えることは、変わることのない武家の法で、数え切れないほど先例がある。……

AC

36 地頭《じとう》の非法に抵抗する農民

▶P.75

阿《あ》テ河《がわ》[1]ノ上村《かみむら》百姓《ひゃくしょう》ラツツ《（謹）》シテ言上《ごんじょう》

一 ヲンサイモク《（御材木）》[2]ノコト、アルイワチトウ《（地頭）》ノ**キヤウシヤウ《（京上）》[3]、アルイワチカフ《（近夫）》[4]トマウシ、カクノコトクノ人フ《（人夫）》ヲ、チトウノカタエセメ《（責）》ツカワレ《（使）》候《そうら》ヘハ、ヲ《（テ）》マヒマ候《そうら》ワス候《そうろう》、**……テウマウ《（逃亡）》ノアト《（跡）》[5]ノムキ《（麦）》マ《（蒔）》ケト候《そうらい》テ、ヲイモトシ《（追戻）》候《そうら》イヌ、ヲレラカコノムキマカヌモノナラハ、**メコトモ《（女子供）》[6]ヲヲイコメ、ミミ《（耳）》ヲキリ、ハナ《（鼻）》ヲソキ、カミ《（髪）》ヲキリテ、アマ《（尼）》ニナシテ、ナワホタシ《（縄絆）》ヲウチテ、サエナマン《（苛）》ト**候《そうろう》ウテ、セメセンカウ《（責詮考）》セラレ候《そうろう》アイタ、ヲサイモクイヨイヨヲソナワリ《（遅）》候《そうら》イヌ、ソノウエ百姓《ひゃくしょう》ノサイケイチウ《（在家一宇）》[7]、チトウトノ《（地頭殿）》エコホチトリ《（毀取）》候《そうら》イヌ。

ケンチカンネン《（建治元年）》十月廿八日　百姓ラ《（等）》カ上《たてまつ》ル

〔高野山文書《こうやさんもんじょ》〕

言葉 [1]阿テ河：紀伊国（現在の和歌山県）にあった荘園、阿氏河荘　[2]ヲンサイモク（御材木）：年貢として領家（寂楽寺）に納入する材木　[3]キヤウシヤウ（京上）：大番役などで上京すること　[4]チカフ（近夫）：近所の用事といって使われる人夫役。ケカウ（下向）と読んで、京から帰る意に解する説もある　[5]テウマウ（逃亡）ノアト（跡）：農民が逃亡して耕す者のいなくなった土地　[6]メコトモ（女子供）：逃亡者の妻子　[7]サイケイチウ（在家一宇）：（農民の）家一軒

現代語訳 阿氏河荘上村の百姓らが謹んで申し上げます。

一御材木の納入が遅れている件につきましては、地頭が京へ上るからとか、近夫だといって、かように人夫として地頭にこき使われますと、全く暇などありません。……逃亡した百姓の畑に麦をまけとむりやり連れ戻します。お前たちがこの麦をまかなければ、女子供を捕えて押し込め、耳を切り、鼻をそぎ落とし、髪を切って尼にし、縄でしばって虐待するといって責められるので、御材木の貢進はますます遅くなってしまいました。その上、百姓の家屋一軒が地頭によって解体して取られてしまいました。

建治元（一二七五）年一〇月二十八日　百姓等が申し上げます

37 御家人《ごけにん》・非御家人の動員

▶P.88

蒙古人《もうこびと》対馬《つしま》[1]・壱岐《いき》[2]に襲来《しゅうらい》し、既《すで》に合戦《かっせん》を致《いた》すの由《よし》、覚恵《かくえ》[3]注《ちゅう》し申《もう》す所《ところ》なり。早《はや》く来《きた》る廿《（二十）》日以前《いぜん》に安芸《あき》[4]に下向《げこう》し、彼《か》の凶徒《きょうと》[5]寄《よ》せ来《き》たらば、国中《くにじゅう》の地頭《じとう》・御家人《ごけにん》ならびに本所《ほんじょ》・領家《りょうけ》一円《いちえん》の地《ち》の住人《じゅうにん》[6]等《ら》を相《あ》い催《もよお》し、禦戦《ふせぎたたか》わしむべし。更《さら》に緩怠《かんたい》あるべからざるの状《じょう》、仰《おお》せによって執達件《しったつくだん》の如《ごと》し。

文永十一年《（一二七四）》十一月一日

武蔵守《むさしのかみ》[7]　在判

相模守《さがみ》[8]　在判

武田五郎次郎[9]殿

〔東寺百合文書《とうじひゃくごうもんじょ》〕

言葉 [1]対馬：現長崎県対馬市　[2]壱岐：現長崎県壱岐市　[3]覚恵：少弐資能　[4]安芸：広島県西部　[5]彼の凶徒：元軍　[6]本所・領家一円の地の住人：荘園領主が独占的に支配している所領の住人（非御家人）　[7]武蔵守：連署北条義政　[8]相模守：執権北条時宗　[9]武田五郎次郎：安芸国守護の武田信時

現代語訳 蒙古人が対馬・壱岐に襲来し、すでに合戦がおこなわれたと少弐資能が報告してきた。急いで、来る二十日までに安芸に行き、元軍が押し寄せていたなら、国中の地頭・御家人並びに荘園領主一円領の住人などを召集して、防戦させなさい。手ぬかりがないための通達として、（将軍の）仰せで以上のことを伝える。

38 永仁《えいにん》の徳政令《とくせいれい》

▶P.89

一 **越訴《おっそ》[1]を停止《ちょうじ》すべきの事《こと》……**

一 **質券売買地《しちけんばいばいち》の事《こと》**

右《みぎ》、**所領《しょりょう》を以《もっ》て或《あるい》は質券《しちけん》に入《い》れ流《なが》し、或《あるい》は売買《ばいばい》せしむるの条《じょう》、御家人等侘傺《ごけにんらたてい》の基《もとい》なり。向後《きょうこう》に於《おい》ては停止《ちょうじ》に従《したが》ふべし。以前沽却《いぜんこきゃく》の分《ぶん》に至《いた》りては、本主《ほんしゅ》をして領掌《りょうしょう》[2]せしむべし。但《ただ》し或《あるい》は御下文《おんくだしぶみ》・下知状《げちじょう》[3]を成《な》し給《たま》ひて、或《あるい》は知行《ちぎょう》廿《（二十）》箇年《かねん》[4]を過《す》ぐるは、公私《こうし》の領《りょう》を論《ろん》ぜず今更相違《いまさらそうい》有《あ》るべからず。**……次《つぎ》に非御家《ひごけ》人《にん》、凡下《ぼんげ》の輩《ともがら》質券買得地《しちけんばいとくち》の事《こと》、年紀《ねんき》[5]を過《す》ぐると雖《いえど》も売主《うりぬし》をして知行《ちぎょう》せしむべし。

一 **利銭出挙《りせんすいこ》[6]の事《こと》**

……自今以後《じこんいご》成敗《せいばい》[7]に及《およ》ばず、……

永仁《えいにん》五年七月廿《（二十）》二日

〔東寺百合文書《とうじひゃくごうもんじょ》〕

言葉 [1]越訴：訴訟の判決を不服とするものが起こす再審請求　[2]領掌：領有し、現実に支配権を行使すること　[3]御下文・下知状：いずれも幕府から出される公文書。ここでは土地の売買・譲渡を認めた文書のこと　[4]知行廿箇年：御成敗式目に示された、二十年間実際に支配している所領は占有者のものになるという時効規定　[5]年紀：[4]と同じ二十か年のこと　[6]利銭出挙：利息のついた金銭貸借　[7]成敗：訴訟の受理

現代語訳 一　再審の請求は受けつけない……

一　質入れされたり、売買された土地のこと。

このことについて、所領を質に入れ流したり売買したりすることは、御家人の困窮のもとである。今後はやめるように。以前に売った土地は、本来の持ち主（御家人）が領有し支配すべきである。ただし、（売った相手が御家人である時は）幕府が売買を認めた下文や下知状を出していて、その所領を知行して二十年を過ぎている場合には、幕府からの恩給地か、先祖代々の私領かを問わず、今さらとり返せない。……ただ、御家人以外の武士や一般庶民が御家人から買い取った土地は、二十年を過ぎていても、売り主の御家人が知行すべきである。

一　利息つきの金銭貸借のこと

……今後は、金銭貸借の訴訟は一切取り上げない。……

永仁五（一二九七）年七月二十二日

39 親鸞《しんらん》の思想

▶P.90

一 **「善人《ぜんにん》[1]なをもちて往生《おうじょう》をとぐ、いはんや悪人《あくにん》[2]をや。**しかるを、世《よ》のひとつねにいはく、『悪人《あくにん》なを往生《おうじょう》す、いかにいはんや善人《ぜんにん》をや』と。この条《じょう》、一旦《いったん》そのいはれあるににたれども、本願他力《ほんがんたりき》[3]の意趣《いしゅ》にそむけり。そのゆへは、自力作善《じりきさぜん》[4]の人《ひと》は、ひとへに他力《たりき》をたのむこゝろかけたるあひだ、弥陀《みだ》[5]の本願《ほんがん》にあらず。……煩悩具足《ぼんのうぐそく》[6]のわれらは、いづれの行《ぎょう》にても生死《しょうじ》[7]をはなるゝことあるべからざるを哀《あわれみ》たまひて、願《がん》をおこしたまふ本意《ほい》、悪人成仏《あくにんじょうぶつ》のためなれば、**他力《たりき》をたのみたてまつる悪人《あくにん》、もとも往生《おうじょう》の正因《しょういん》なり。よりて善人《ぜんにん》だにこそ往生《おうじょう》すれ、まして悪人《あくにん》は」**と、

AC

仰《おおせ》さふらひき。　〔歎異抄《たんにしょう》〕

言葉　[1]善人：造寺・造仏・写経などの善行を積もうとする人　[2]悪人：煩悩に狂わされて善行を積む力もない人　[3]本願他力：念仏する者を救済しようとする本願を立てた阿弥陀如来を信じてすがること　[4]自力作善：自分の修行や努力で善行を積み往生しようとすること　[5]弥陀：阿弥陀如来　[6]煩悩具足：心身を煩わし、悩ます迷いをすべて備えていること　[7]生死：生まれたり死んだりという輪廻に苦しむこと

現代語訳　一　「善人ですら極楽往生することができる。まして悪人が極楽浄土へ行くのは当然である。にもかかわらず、ふだん世間の人は『悪人でさえ極楽へ行くのだから、善人が行くのは当然ではないか』という。この考えは一応もっともなようにみえるけれども、実は（阿弥陀如来の）他力本願の教えの趣旨に背いている。そのわけは、自ら修行や善行を積むことができる人は、ひたすら阿弥陀如来の力にすがろうという心に欠けているために、阿弥陀如来の本来の救済の対象ではない。……あらゆる煩悩を持つ我々は、どのような修行をしても、苦悩に満ちた迷いの世界を離れられない。そのことを哀れに思われて、阿弥陀如来は救済の願をお立てになったのであり、その真意は悪人を成仏させようとしたのだから、阿弥陀如来におすがりしようとする悪人こそが、最も救済されるにふさわしい。だから善人でさえ極楽往生できる、まして悪人が往生できるのは当然だ」と（親鸞が）仰せになった。

40 慈円《じえん》の歴史観

P.91

年《とし》ニソヘ《（添）》日《ひ》ニソヘテハ、物《もの》ノ道理《どうり》[1]ヲノミ思《おもい》ツヾケテ、老《おい》ノネザメ《（寝覚）》ヲモナグサメ《（慰）》ツヽ、イトヾ、年《とし》モカタブキ《（傾）》マカル《（罷）》マヽニ、世中《よのなか》モヒサシク《（久）》ミテ《（見）》侍《はべ》レバ、昔《むかし》ヨリウツリ《（移）》マカル道理《どうり》モアハレニオボエ《（覚）》テ、……**保元以後《ほうげんいご》ノコトハミナ乱世《らんせい》ニテ侍《はべ》レバ**、ワロキ事《こと》ニテノミアランズルヲハバカリ《（憚）》テ、人《ひと》モ申《もうし》ヲカ《（置）》ヌニヤトヲロカ《（愚）》ニ覚《おぼえ》テ、ヒトスヂ《（一筋）》ニ世《よ》ノウツリ《（移）》カハリ《（変）》オトロヘ《（衰）》クダルコトハリ《（理）》、ヒトスヂヲ申《もう》サバヤトオモヒテ、思《おも》ヒツヾ《（続）》クレバ、マコトニイ《（言）》ハレテノミ覚《おぼ》ユルヲ……

コノヤウニテ世《よ》ノ道理《どうり》ノウツリユク事《こと》ヲタ《（立）》テムニハ、**一切《いっさい》ノ法《ほう》**[2]**ハタヾ道理《どうり》ト云《いう》ニ文字《もじ》ガモツ《（持）》ナリ。其外《そのほか》ニハナニモナキ也《なり》。**……　〔愚管抄《ぐかんしょう》〕

言葉　[1]道理：避けることのできない必然、人の守るべき規範などだが、慈円はそこに歴史の推移を見いだそうとし、また仏教的な「道理」の考え方も取り入れた　[2]法：存在。真理

現代語訳　年のたつにつけ、日のたつにつけて、物の道理ばかりを考え続け、年老いてふとめざめがちな夜半のなぐさめなどにしたりして、いよいよ生涯も終わりに近づこうとしているが、世間をずいぶん長く見てきたので、世の中が移り変わってきた道理も心にしみじみと感じられる。……保元の乱以後はすべて乱世のことで、悪いことばかりになるのを嫌って語り伝えないのであろうか。それも馬鹿げているので、世の中が推移し衰退してきた一本の道理の道を、申し述べてみたいとずっと考えつづけていると、すべては道理に当てはまっているように思える。……

このように世の道理というものが移り変わっていくことを明らかにしようとするならば、すべての存在は道理という二文字によってのみ支えられている。それ以外には何もない（ことがわかってくる）。……

41 新政の成立

P.98

保元平治治承《ほうげんへいじじしょう》より以来《このかた》、武家《ぶけ》の沙汰《さた》として政務《せいむ》を恣《ほしいまま》にせしかども、元弘《げんこう》三年の今《いま》は天下一統《てんかいっとう》に成《なり》しこそめづらしけれ。**君《きみ》**[1]**の御聖断《ごせいだん》は延喜天暦《えんぎてんりゃく》**[2]**のむかしに立帰《たちかえり》て、武家安寧《ぶけあんねい》に民屋謳歌《みんおくおうか》し、**いつしか諸国《しょこく》に国司守護《こくししゅご》を定《さだめ》、卿相雲客《けいしょううんかく》[3]各《おのおの》其《その》位階《いかい》に登《のぼ》りし躰《てい》、実《まこと》に目出度《めでた》かりし善政《ぜんせい》なり。……**今《いま》の例《れい》は昔《むかし》の新儀《しんぎ》なり、朕《ちん》**[4]**が新儀《しんぎ》は未来《みらい》の先例《せんれい》たるべし**とて新《あら》なる勅《ちょく》裁漸《さいようや》くきこえけり。……

爰《ここ》に京都《きょうと》の聖断《せいだん》を聞奉《ききたてまつ》るに、記録所《きろくしょ》[5]決断所《けつだんしょ》をゝかるといへども、近臣臨時《きんしんりんじ》に内奏《ないそう》[6]を経《へ》て非義《ひぎ》を申《もうし》行《おこなう》間《あいだ》、綸言《りんげん》[7]朝《あした》に変《へん》じ暮《くれ》に改《あらたま》りしほどに諸人《しょにん》の浮《ふ》沈《ちん》掌《たなごころ》を返《かえ》すがごとし。……又《また》、天下一同《てんかいちどう》の法《ほう》[8]を以《もって》安堵《あんど》の綸旨《りんじ》[9]を下《くだ》さるといへ共《ども》、所帯《しょたい》をめさるゝ輩《ともがら》恨《うらみ》を含《ふくむ》時分《じぶん》、**公家《くげ》に口《くち》ずさみあり。尊氏《たかうじ》なしといふ詞《ことば》を好《この》みつかひける。**……　〔梅松論《ばいしょうろん》〕

言葉　[1]君：後醍醐天皇　[2]延喜天暦：一〇世紀の醍醐・村上天皇の治世の年号。天皇親政の理想的な時代とされた　[3]卿相雲客：公卿と殿上人　[4]朕：天皇の自称で、後醍醐天皇のこと　[5]記録所：後三条天皇設置の記録荘園券契所がその起源。その後、断続的に存続したが、後醍醐天皇は一三二一年に親政とともに設置、政務の中心機関としており、建武の新政にあたり、一三三四年、再興し拡充した　[6]内奏：側近の蔵人や天皇の側室などを通じ、天皇と直接連絡をとること　[7]綸言：天皇の言葉　[8]天下一同の法：一三三三（元弘三）年七月の「諸国平均安堵法」をさす　[9]綸旨：天皇の意向を受けた蔵人によって発給される文書。天皇の意志を最も直接的に伝えるものとして後醍醐天皇は重用し、絶対・万能とした

現代語訳　保元・平治や治承の乱の時以来、武家が思いのままに政治を行ってきたが、元弘三（一三三三）年の今、天下が（朝廷によって）統一できたことは、大変すばらしい。天皇のお考えは、延喜・天暦の時代にたち返り、皆が平和に暮らす政治を行うことである。諸国に国司や守護をおき、公卿や殿上人がそれぞれの位階にのぼった様子はまことに立派な善政である。……「今、先例となっているものは、そもそも昔は新しい方法であった。私の新しいやり方は未来の先例となるであろう。」と、新しい政治を次々と行っていった。……

さて京都の天皇の政治について聞くところによると、記録所や雑訴決断所を置いたけれども、側近が内密《ないみつ》に天皇に申し上げ、道理にはずれたことを行うので、天皇の命令はすぐに変更され、人々の浮き沈みも激しい。……また（北条方に味方した者以外は）一律に現在の知行を安堵する綸旨が出されたが、所領を没収された人々が恨みを持ち始めると、公家の間にひそかに、「（政権の要職に）尊氏なし」ということばがはやった。

42 二条河原《にじょうがわら》の落書《らくしょ》

P.98

口遊《くちずさみ》[1]　去年八月二条河原《にじょうがわらの》[2]落書《らくしょ》云々《うんぬん》　元年歟《か》

此比《このごろ》都《みやこ》ニハヤル物《もの》、夜討強盗謀綸旨《ようちごうとうにせりんじ》[3]、召人《めしうど》[4]早馬《はやうま》虚騒動《そらそうどう》、生頸《なまくび》[5]還俗自由出家《げんぞくじゆうしゅっけ》、俄大名迷者《にわかだいみょうまよいもの》、安堵《あんど》[6]恩賞虚軍《おんしょうそらいくさ》、本領《ほんりょう》ハナルヽ、訴訟人《そしょうにん》、文書入《もんじょいれ》タル細葛《ほそつづら》、追従讒人禅律僧《ついしょうざんにんぜんりつそう》、下克上《げこくじょう》[7]スル成出者《なりでもの》、器用堪否沙《きようかんぷさ》汰《た》モナク、モル《（洩）》ヽ、人《ひと》ナキ決断所《けつだんじょ》[8]、キツケヌ冠《かんむり》上《うえ》ノキヌ[9]、持《もち》モナラハヌ笏《しゃく》[10]持《もち》テ、内裏《だいり》マシハ《（交）》リ珍《めずら》シヤ、……　〔建武年間記《けんむねんかんき》〕

言葉 [1]口遊：噂 [2]二条河原：当時内裏があった二条富小路に近い賀茂川の河原 [3]綸旨：天皇の意向を受け、蔵人が出す文書。後醍醐天皇が好んで使用した [4]召人：捕らわれた犯罪者 [5]生頸：辻斬りや斬首刑によるものか [6]安堵：土地の領有権や知行権を確認してもらうこと [7]下克上：下剋上。下のものが上のものをしのぐこと [8]決断所：雑訴決断所 [9]上ノキヌ：束帯用の上衣 [10]笏：正装したときに持つ薄い板

現代語訳 噂《うわさ》 去年八月二条河原の落書云々 （建武）元（一三三四）年か

最近都ではやるのは、夜討ち、強盗、にせの綸旨。囚人、急使の早馬、理由のない騒動。生首が転がり、僧が俗人に戻り、俗人が勝手に出家する。急に大名になる者、一方で路頭《ろとう》に迷う者。本領安堵や恩賞欲しさに、いくさをでっち上げる者。本領を没収された者が、証拠文書を入れた細い籠を持って上京する。おべっかを使う者、他人の悪口を言う者、政治に介入する僧、下剋上で成り上がった者。才能は関係なく誰でも構わず寄人《よりうど》に任用する雑訴決断所。着なれない冠や公家装束《しょうぞく》をつけ、持ちなれない笏を持って、内裏に出入りするようすも珍しい。……

43 室町幕府《むろまちばくふ》の政治方針—建武式目《けんむしきもく》

P.98

鎌倉元《かまくらもと》の如《ごと》く柳営《りゅうえい》[1]たるべきか。他所《たしょ》[2]たるべきや否《いな》やの事《こと》……

居処《きょしょ》の興廃《こうはい》は、政道《せいどう》の善悪《ぜんあく》によるべし。……ただし、諸人《しょにん》もし遷移《せんい》せんと欲《ほっ》せば、衆人《しゅうじん》の情《じょう》にしたがふべきか。

政道《せいどう》の事《こと》 ……

一 倹約《けんやく》を行《おこな》はるべき事《こと》
一 群飲佚遊《ぐんいんいつゆう》を制《せい》せらるべき事《こと》
一 私宅《したく》の点定《てんじょう》[3]を止《や》めらるべき事《こと》
一 京中《きょうじゅう》の空地《あきち》[4]、本主《ほんしゅ》に返《かえ》さるべき事《こと》
一 無尽銭土倉《むじんせんどそう》[5]を興行《こうぎょう》せらるべき事《こと》
一 諸国《しょこく》の守護人《しゅごにん》、ことに政務《せいむ》の器用《きよう》を択《えら》ばるべき事《こと》
一 権貴《けんき》[6]并《なら》びに女性《にょしょう》禅律僧《ぜんりっそう》[7]の口入《くにゅう》を止《とど》めらるべき事《こと》

……以上《いじょう》十七箇条《かじょう》、大概斯《たいがいかく》の如《ごと》し。……遠《とお》くは延喜《えんぎ》天暦両聖《てんりゃくりょうせい》[8]の徳化《とくか》を訪《と》ひ、近《ちか》くは義時泰時父子《よしときやすときふし》の行状《ぎょうじょう》を以《もっ》て近代《きんだい》の師《し》となす。ことに万人帰仰《ばんにんききょう》の政道《せいどう》を施《ほどこ》さるれば、四海安全《しかいあんぜん》の基《もとい》たるべきか。

建武《けんむ》三年十一月七日

真恵《しんえ》[9]
是円《ぜえん》[10]

〔建武式目《けんむしきもく》〕

言葉 [1]柳営：幕府 [2]他所：ここでは京都を想定 [3]私宅の点定：建武新政時に京都へ入った武士が多数の民家を取りあげて使ったことを指す [4]京中の空地：元弘の変以来、京都市街の多くが戦乱で焼失した [5]無尽銭土倉：質物を預かって金融を行う業者。次第に「土倉」と呼ぶようになる。無尽銭は貸付金のこと [6]権貴：権門（官位が高く権勢がある家柄の）貴族 [7]禅律僧：禅宗と律宗の僧 [8]延喜天暦両聖：醍醐・村上天皇 [9]真恵：是円の弟 [10]是円：中原是円（章賢《のりかた》）。鎌倉幕府・建武政権・室町幕府で活躍した法律家の武士

現代語訳 鎌倉を以前のように幕府の所在地とすべきか、よそへ移すべきか否かのこと……

政権所在地が栄えるのもすたれるのも政治のよしあしにかかっている。……ただし、多くの人々が他の場所へ移りたいと望むなら、その気持ちに従うべきであろう。

政治の方法のこと……

一 倹約につとめること
一 大勢集まって酒を飲んだり、勝手気ままな遊興は禁じること
一 個人の住宅の収用をやめるべきこと
一 京都市中の空地は、もとの持ち主に返すべきこと
一 無尽銭土倉といった金融業を盛んにすること
一 諸国の守護には、特に政治の実務にすぐれた人物を登用すること
一 権門貴族、女性や禅宗・律宗の僧の政治への干渉をさせないようにすること

……以上の十七か条、概略はこの通りである。……古くは延喜・天暦の治における両天皇の徳に学び、最近では北条義時・泰時父子の業績を模範として、特にすべての人が仰ぎ服するような政治を行うことが、世の中の平和のための基礎となるであろう。

建武三（一三三六）年十一月七日

真恵
是円

44 守護《しゅご》大名《だいみょう》の成長

P.99

一 諸国《しょこく》の守護《しゅご》たる人廉直《ひとれんちょく》を先《さき》とすべき事《こと》。

諸国《しょこく》の国司《こくし》は一任《いちにん》四ケ年に過《す》ぎず。当時《とうじ》[1]の守護職《しゅごしき》は昔《むかし》の国司《こくし》におなじといへども、子々孫々《ししそんそん》に伝《つたえ》て知行《ちぎょう》をいたすことは、春秋《しゅんじゅう》[2]の時《とき》の十二諸侯《しょこう》、戦国《せんごく》[3]の世《よ》の七雄《しちゆう》にことならず。……[4]然《しか》るに当時《とうじ》の躰《てい》たらく、上裁《じょうさい》[5]にもかゝはらず、下知《げち》[6]にもしたがはず、ほしいまゝに権威《けんい》をもて他人《たにん》の所帯《しょたい》を押領《おうりょう》し、富《とみ》に富《とみ》をかさね、欲《よく》に欲《よく》をくはふる事《こと》は、さしあたりてことかけたるゆへにはあらず。只無用《ただむよう》の事《こと》のしたきと人《ひと》かずをおほくそへんとのため成《なる》べし。

〔樵談治要《しょうだんちよう》〕

言葉 [1]当時：現在のことをさす [2]春秋：中国の春秋時代（前八～前五世紀） [3]戦国：中国の戦国時代（前五～前三世紀） [4]この中略部分では、頼朝時代、御成敗式目及び建武式目における守護についての規定が述べられている [5]上裁：将軍の裁定 [6]下知：将軍の意向を受けた命令

現代語訳 一 諸国の守護となる人は、心が清く正直な人を優先すべきこと。

諸国の国司の一回の任期は四年間に過ぎない。現在の守護職は、昔の国司と同じような職だというけれど、子々孫々にまで相伝して支配していることは、中国の春秋時代の十二諸侯や、戦国時代の七雄と同様である。……しかるに現代のありさまは、将軍の裁定にもかかわらず、幕府の命令にも従うこともなく、思いのままに権威をふるって他人の所領を侵略し、富を蓄積し、あくなき欲望をいだくのは、当座の生活に困っているからではない。ただ余計なことをしたいのと、（家臣の）人数を増やしたいためなのであろう。

45 半済令《はんぜいれい》

P.99

寺社本所領《じしゃほんじょりょう》の事《こと》、観応《かんのう》三年七月廿（二十）四日の御沙汰《ごさた》

……近江《おうみ》・美濃《みの》・尾張《おわり》[1]三箇国《かこく》、本所領《ほんじょりょう》半分《はんぶん》の事《こと》、兵粮料所《ひょうろうりょうしょ》[2]として、当年一作《とうねんいっさく》、軍勢《ぐんぜい》に預《あず》け置《お》くべきの由《よし》、守護人《しゅごにん》等《ら》に相触《あいふ》れおわんぬ。半分《はんぶん》に於《おい》ては、宜《よろ》しく本所《ほんじょ》に分《わ》け渡《わた》すべし。……

〔建武以来追加《けんむいらいついか》〕

言葉 [1]近江・美濃・尾張：滋賀・岐阜・愛知県で、尊氏方

の佐々木・土岐らの守護国　[2]兵粮料所：兵糧米にあてるため武士に給与した土地

現代語訳　寺院、神社、公家などの荘園に関すること、観応二（一三五二）年七月二十四日の御命令

……近江・美濃・尾張の三か国の荘園については、その半分を兵糧米を徴収する所領と指定し、本年一年の収穫に限り、（守護の）軍勢に預け置くことを守護人にはすでに知らせておいた。残り半分は必ず荘園領主側に渡すこと。……

46 守護請《しゅごうけ》

P.99

高野《こうや》領《りょう》備後国《びんごのくに》太田庄《おおたのしょう》[1] 幷《ならびに》桑原方《くわばらがた》[2] 地頭職《じとうしき》尾道倉敷《おのみちくらしき》[3] 以下《いか》の事《こと》、**下地《したじ》に於《お》いては知行《ちぎょう》致《いた》し、年貢《ねんぐ》に至《いた》りては毎年千石《まいねんせんごく》を寺《てら》に納《おさ》むべきの旨《むね》**、山名右衛門佐《やまなうえもんのすけ》入道常熙《にゅうどうじょうき》[4] に仰《おお》せられ畢《おわ》んぬ。早《はや》く存知《ぞんち》すべきの由《よし》、仰《おお》せ下《くだ》さるる所《ところ》なり。仍《よっ》て執達件《しったつくだん》の如《ごと》し。

応永《おうえい》九年（一四〇二）七月十九日

沙弥《しゃみ》[5]（花押《かおう》）

当寺《とうじ》衆徒中《しゅうとちゅう》

〔高野山文書《こうやさんもんじょ》〕

言葉　[1]太田庄：広島県世羅郡にあった荘園　[2]桑原方：太田庄は太田郷と桑原郷から構成された　[3]尾道倉敷：現広島県尾道市にあった、年貢物を輸送する際に一時納めておく太田荘の倉敷地《くらしきち》（倉庫・敷地）　[4]常熙：備後の守護山名時熙《ときひろ》　[5]沙弥：管領畠山基国《もとくに》

現代語訳　高野山領である備後国太田荘と桑原郷の地頭職、尾道倉敷などのこと。現地の支配は守護が行い、年貢は毎年千石を高野山金剛峰寺に納めるよう、山名右衛門佐入道常熙に命ぜられた。早くこの趣旨を理解し徹底するようにとのご命令である。……

応永九（一四〇二）年七月十九日

畠山基国

高野山金剛峰寺の僧兵へ

47 足軽《あしがる》の活動

P.103

一　足《あし》がる（軽）[1] といふ者《もの》ながく停止《ちょうじ》せらるべき事《こと》

むかしより天下《てんか》のみだるゝ事《こと》は侍《はべ》れど、**足《あし》がるといふ事《こと》は旧記《きゅうき》[2] などにもしるさゞる名目《みょうもく》也《なり》。……此《この》たびはじめて出来《いでき》れる足《あし》がるは、超過《ちょうか》したる悪党《あくとう》なり。**其故《そのゆえ》は洛中洛外《らくちゅうらくがい》の諸社《しょしゃ》・諸寺《しょじ》・五山十刹《ござんじっさつ》[3]・公家《くげ》・門跡《もんぜき》[4] の滅亡《めつぼう》はかれらが所行也《しょぎょうなり》。かたきのたて籠《こも》らん所《ところ》にをいては力《ちから》なし。さもなき所々《しょしょ》をうちやぶり、或《あるい》は火《ひ》をかけて財宝《ざいほう》をみさぐる（見探）事《こと》は、ひとへにひる強盗《ごうとう》といふべし。かゝるためしは先代未聞《せんだいみもん》の事《こと》也《なり》。……

〔樵談治要《しょうだんちよう》〕

言葉　[1]足がる：徒歩で戦闘に参加する雑兵　[2]旧記：古い記録　[3]五山十刹：室町時代に制定された禅宗寺院の格式で、ここでは京都五山とそれに次ぐ十か寺のこと　[4]門跡：皇族や摂関家子息らが住する格式の高い寺院。

現代語訳　一　足軽というものは長く禁止されるべきこと

昔から世の中が乱れたことはあるが、足軽ということは古い記録などにもない呼び名である。……このたび（応仁の乱で）初めて現れた足軽は、並はずれた悪党である。その理由は、都の内外の神社・寺院・五山十刹・公家・門跡寺院が荒れ果てたのは彼らのしわざである。それが敵のたてこもった所なら仕方がない。そうでないところを破壊したり、放火したりして財宝を略奪することは、まるで白昼強盗とでもいうべきだ。こんな例は今まで聞いたこともない。

48 惣《そう》の規約

P.102

定《さだむ》**今堀《いまぼり》[1]　地下掟《じげおきて》之事《のこと》**

合《あわせて》　延徳《えんとく》元年　己酉《つちのととり》十一月四日

一　他所之人《よそのひと》を地下《じげ》ニ請人《うけにん》候《そうら》ハて、置《お》くべからざる事《こと》。

一　惣《そう》ノ地《ち》ト私《わたくし》ノ地《ち》ト、サイメ相論《そうろん》[2] ハ、金《かね》ニテすますへシ。

一　犬《いぬ》かうへからす[3] 事《こと》。

一　二月・六月サルカク[4] ノ六ヲ、壱貫文《いっかんもん》ツ（ず）ゝ、惣銭ヲ出スへキ者也《ものなり》。

一　家売《いえう》タル人《ひと》ノ方《かた》ヨリ、百文《もん》ニハ三文《もん》ツゝ、壱貫文《いっかんもん》ニハ卅（三十）文《もん》ツゝ、惣《そう》へ出《だ》スへキ者也《ものなり》。**此旨《このむね》ヲ背《そむ》ク村《むら》人《びと》ハ、座《ざ》[5] ヲヌクへキ也《なり》。**

一　堀《ほり》[6] ヨリ東《ひがし》ヲハ、屋敷《やしき》ニスヘカラス者《もの》なり。

〔今堀日吉神社文書《いまぼりひえじんじゃもんじょ》〕

言葉　[1]今堀：近江国蒲生《がもう》郡得珍保《とくちんのほう》今堀郷。現、滋賀県東近江市あたりにあった延暦寺荘園の一郷村　[2]サイメ相論：サイメは際目、境界、相論は訴訟や論争　[3]犬かうへからす：犬を飼うことを禁じた理由は、①今堀郷の鎮守である日吉神社の使いが、犬を天敵とする猿であるため、②狂犬病の流行を防ぐため、③犬が畑を荒らすため、④倹約のため、⑤犬を飼える特殊な優越者の出現を防ぐためなどと考えられる　[4]サルカク：神事の際に行う猿楽能　[5]座：村の神社を中心に神事を行う組織で宮座のこと　[6]堀：今堀郷が環濠集落であったことを示す

現代語訳　定める、**今堀郷の郷内の人々が守るべき掟のこと**

寄合での決定、延徳元（一四八九）年十一月四日

一　よその人を、郷内に身元保証人がいなければ置いてはならないこと。

一　惣で管理する共有地と私有地との境界の訴訟は金銭で処理すること。

一　犬を飼ってはいけないこと。

一　二月と六月に行われる猿楽能の一座に出す禄（祝儀）は、一貫文ずつ惣の費用から出すこと。

一　家を売った人は百文につき三文ずつ、一貫文については三十文ずつ惣へ出すこと。**これに違反した村人は、宮座から追放する。**

一　堀より東側は屋敷としてはならない。

49 正長《しょうちょう》の徳政一揆《とくせいいっき》

P.102

正長《しょうちょう》元年九月　日、**一天下《いってんか》の土民《どみん》[1] 蜂起《ほうき》す。徳政《とくせい》[2] と号《ごう》し、酒屋《さかや》、土倉《どそう》[3]、寺院《じいん》[4] 等《とう》を破却《はきゃく》せしめ、雑物《ぞうもつ》等《とう》恣《ほしいまま》にこれを取《と》り、借銭《しゃくせん》等《とう》悉《ことごと》くこれを破《やぶ》る。**官領《かんれい》[5] これを成敗《せいばい》す。凡《およ》そ**亡国《ぼうこく》の基《もとい》、これに過《す》ぐべからず。**日本開白《にほんかいびゃく》以来《いらい》、**土民蜂起《どみんほうき》是《こ》れ初《はじ》めなり。**

〔大乗院日記目録《だいじょういんにっきもくろく》〕

言葉　[1]土民：下級武士を含む農民　[2]徳政：金銭の貸借関係を破棄すること　[3]酒屋、土倉：高利貸業者　[4]寺院：寺院も寄進された祠堂《しどう》銭を運用し、高利貸を営んでいた　[5]官領：管領畠山満家

現代語訳　正長元（一四二八）年九月　日天下の土民が暴動を起こした。徳政だと言って酒屋・土倉・寺院などを破壊し、

質入れした品物を奪ったり、借用証文などを破った。管領はこれを処罰した。そもそも国が滅びる原因でこれ以上のものはない。日本が始まって以来土民の暴動は初めてである。

50 柳生《やぎゅう》の徳政《とくせい》一揆《いっき》

P.102

正長《しょうちょう》元年ヨリサキ(前)者《は》カンへ四カンカウ[1]ニヲヰメ(負目)アルへカラス

〔柳生《やぎゅう》の徳政《とくせい》碑文《ひぶん》〕

言葉 [1]カンへ四カンカウ：神戸四か郷。大柳生・坂原・小柳生・邑地

現代語訳 正長元（一四二八）年以前は、神戸四カ郷に負債は存在しない。

51 嘉吉《かきつ》の変

P.99

（嘉吉《かきつ》元年六月）廿(二十)五日、晴《はれ》。昨日《きのう》の儀《ぎ》粗《あらあら》聞《き》く。……猿楽《さるがく》初《はじまり》時分《じぶん》、内方《うちかた》ととめく(轟)。何事《なにごと》そと御尋《おたず》ねあり。雷鳴《らいめい》かなと三条《さんじょう》申《もう》さるるの処《ところ》、**御後《おうしろ》の障子《しょうじ》引《ひき》あけて、武士《ぶし》数輩《すうはい》出《いで》て則《すなわ》ち公方《くぼう》を討《う》ち申《もう》す。**……御前《ごぜん》に於《おい》て腹切《はらき》る人《ひと》なし。赤松《あかまつ》落《お》ち行《ゆ》き、追懸《おいかけ》て討《う》つ人《ひと》なし。未《み》練《れん》謂《い》はん量《ばかり》なし。諸大名《しょだいみょう》同心《どうしん》か。其《そ》の意《い》を得《え》ざる事《こと》なり。所詮《しょせん》、赤松《あかまつ》討《う》ちたるべき御企《おんくわだて》露顕《ろけん》の間《あいだ》、遮《さえぎり》て討《う》ち申《もう》すと云々《うんぬん》。**自業自得《じごうじとく》、果《はた》して無力《むりょく》の事《こと》か。将《しょう》軍《ぐん》此《かく》の如《ごと》き犬死《いぬじに》、古来《こらい》其《そ》の例《れい》を聞《き》かざる事《こと》なり。**

〔看聞日記《かんもんにっき》〕

現代語訳 （嘉吉元（一四四一）年六月）二十五日、晴れ。昨日の事件のことを聞いた。……猿楽が始まると、屋敷内で騒音が響き将軍足利義教が「なにごとか」と尋ねた。「雷鳴かな」と三条実雅が言ったとき、義教の背後の障子から武士が数人入り素早く公方（将軍）を討った。……将軍の前で腹を切る者はなかった。赤松満祐は逃走し、追いかけて討つ者はいない。不手際である。諸大名は赤松に同調しているのであろうか、わからない。結局は、赤松を討つという義教の企てがばれたので、赤松が先手を打って討ち果たしたのだ。将軍の自業自得だが、将軍が無力なだけだろうか。将軍がこのように犬死にするとは前代未聞である。

52 応仁《おうにん》の乱

P.102

応仁《おうにん》丁亥《ひのとい》ノ歳《とし》、天下《てんか》大《おお》イニ動乱《どうらん》シ、ソレヨリ永《なが》ク五《ご》畿七道《きしちどう》悉《ことごと》ク乱《みだ》ル、其起《そのおこり》ヲ尋《たず》ルニ、尊氏将軍《たかうじしょうぐん》ノ七代《だい》目《め》ノ将軍義政公《しょうぐんよしまさこう》ノ天下《てんか》ノ成敗《せいばい》ヲ有道《うどう》ノ管領《かんれい》ニ任《まか》セズ、只《ただ》御台所《みだいどころ》[1]或《あるい》ハ香樹院《きょうじゅいん》或《あるい》ハ春日局《かすがのつぼね》[2]ナド云《いう》、理非《りひ》ヲモ弁《わきま》ヘズ、公事《くじ》[3]政道《せいどう》ヲモ知《し》リ給《たま》ハザル青女房比丘《あおにょうぼうびく》尼《に》[4]達計《たちはから》ヒトシテ、酒宴婬楽《しゅえんいんらく》ノ紛《まぎ》レニ申沙汰《もうしさた》セラレ、亦《また》伊勢守貞親《いせのかみさだちか》[5]ヤ鹿苑院《ろくおんいん》ノ蔭凉軒《いんりょうけん》[6]ナンド評定《ひょうじょう》セラレケレバ、……

……応仁《おうにん》ノ一変《いっぺん》ハ仏法王法《ぶっぽうおうほう》[7]トモニ破滅《はめつ》シ、諸宗《しょしゅう》皆《みな》悉《ことごと》ク絶《たえ》ハテヌルヲ感歎《かんたん》ニ堪《た》ヘズ飯尾彦六左衛門尉《いいおひころくざえもんのじょう》[8]、一首《いっしゅ》ノ歌《うた》ヲ詠《えい》ジケル、

汝《なれ》ヤシル都《みやこ》ハ野辺《のべ》ノ夕雲雀《ゆうひばり》
アガルヲ見《み》テモ落《おつ》ル涙《なみだ》ハ

〔応仁記《おうにんき》〕

言葉 [1]御台所：将軍義政の妻日野富子 [2]香樹院或ハ春日局：ともに義政のそばに仕える女性 [3]公事：訴訟 [4]青女房比丘尼：青女房は若い未熟な女性のことで春日局、比丘尼は尼のことで香樹院をそれぞれさす [5]伊勢守貞親：政所執事の伊勢貞親 [6]鹿苑院ノ蔭凉軒：鹿苑院は禅宗寺院行政を管轄する僧録のいる所で相国寺内にあり、副僧録は鹿苑院の一画の蔭凉軒にいた。ここで蔭凉軒とは副僧録で政治に口出しした季瓊真蘂《きけいしんずい》をさす [7]仏法王法：仏教と政治 [8]飯尾彦六左衛門尉：室町幕府の評定衆の一人か

現代語訳 応仁元（一四六七）年、**天下は大動乱となり、それ以来長期にわたって全国各地が戦争状態となった。**その原因を求めると、足利尊氏から数えて七代目（将軍としては八代目）の将軍義政公は政治を有能な管領に任せず、ただ夫人の日野富子や香樹院、春日局などの善悪の判断もつかず、裁判や政治のこともわからない若い女房や尼たちに宴会やみだらな遊楽の席で政務を処理させたためである。また、伊勢貞親や鹿苑院の季瓊真蘂などが合議で決め……

……**今度の応仁の乱では仏教も政治も破滅し、各宗派もことごとく絶え果ててしまった。**その歎きに堪えきれず、飯尾彦六左衛門尉が一首歌を詠んだ。

あなたは知っているでしょうか。都はすっかり焼け野原となってしまい、（以前は都で見なかった）ヒバリが飛び立っている。そのヒバリがあがるのを見るにつけても、落ちるのは涙ばかりです。

53 山城《やましろ》の国《くに》一揆《いっき》

P.102

（文明《ぶんめい》十七年十二月十一日）……**今日《きょう》山城国人《やましろこくじん》[1]集会《しゅうかい》す。**上《うえ》ハ六十歳《さい》下《した》ハ十五六歳《さい》ト云々《うんぬん》**同《おな》じく一国中《いっこくじゅう》の土民《どみん》等《ら》群《ぐん》集《しゅう》す。今度《このたび》両陣《りょうじん》[2]の時宜《じぎ》[3]を申《もう》し定《さだ》めんが為《ため》と云々《うんぬん》。然《しか》るべきか。但《ただ》し又《また》下極上《げこくじょう》[4]の至《いたり》なり。**両陣《りょうじん》の返事《へんじ》問答《もんどう》の様《さま》如何《いかん》、未《いま》だ聞《き》かず。……

〔大乗院寺社雑事記《だいじょういんじしゃぞうじき》〕

言葉 [1]国人：領主的な在地武士 [2]両陣：南山城でにらみ合いを続ける畠山政長方と畠山義就方の両軍 [3]時宜：対応・措置 [4]下極上：下剋上

現代語訳 （文明十七（一四八五）年十二月十一日）……山城の国人が集会した。上は六十歳から下は十五・六歳だという。同様に国中の土民も集まった。今度の畠山両陣についての措置を決めるのだ。もっともなことである。しかしまた下剋上の極みである。両陣の返事や話し合いはどんな様子であろうか。まだ聞いていない。

54 加賀《かが》の一向《いっこう》一揆《いっき》

P.102

（長享《ちょうきょう》二年六月二十五日）……叔和西堂《しゅくわせいどう》[1]語《かた》りて云《いわ》く、今月《こんげつ》五日、越前府中《えちぜんふちゅう》[2]に行《い》く。其以前《そのいぜん》、越前合力勢《えちぜんごうりきぜい》[3]賀州《がしゅう》[4]に赴《おもむ》く。然《しか》りと雖《いえど》も、**一揆衆《いっきしゅう》二十万人、富樫《とがし》城《じょう》[5]を取回《とりま》く。故《ゆえ》を以《もっ》て同《どう》九日城《しろ》を攻落《せめおと》せる。皆生《みなしょう》害《がい》す。而《しか》して富樫一家《とがしいっか》の者《もの》[6]一人《ひとり》これを取立《とりた》つ。**

〔蔭凉軒日録《いんりょうけんにちろく》〕

百姓《ひゃくしょう》トリ立《た》テ富樫《とがし》ニテ候間《そうろうあいだ》、百姓《ひゃくしょう》ノウチツヨク成《な》リテ近年《きんねん》ハ百姓《ひゃくしょう》ノ持《もち》タル国《くに》ノヤウニナリ行《ゆ》キ候《そうろう》コトニテ候《そうろう》。

〔実悟記拾遺《じつごきしゅうい》〕

言葉 [1]叔和西堂：禅僧の名前 [2]越前府中：現福井県越前市 [3]越前合力勢：将軍義尚の命で出動した隣国越前の朝倉貞景の援軍 [4]賀州：加賀国（現石川県） [5]富樫城：加賀国守護富樫政親の居城高尾《たこう》城（金沢市） [6]富樫一家の者：富樫泰高

現代語訳 （長享二（一四八八）年六月二十五日）……叔和西堂が言うには、今月五日に越前府中へ行った。それより前、越前軍が加賀を助けに行った。しかし一揆衆二十万人が富樫城を包囲したので同九日城が陥落し、皆自害した。そこで富樫一族の一人を守護に取り立てた。

百姓たちが取り立てた富樫（守護）なので百姓が次第に強くなり、近年は百姓が支配している国のようになってしまった。

55 義満《よしみつ》の対明国書《たいみんこくしょ》

P.100

日本《にほん》准三后《じゅんさんごう》[1] **某《それがし》書《しょ》を大明皇帝陛下《だいみんこうていへいか》**[2]**に上《たてまつ》る。**日《に》本国開闢以来《ほんこくかいびゃくいらい》、聘問《へいもん》を上邦《じょうほう》[3]に通《つう》ぜざることなし。某《それがし》、幸《さいわい》に国鈞《こくきん》を秉《と》り、海内虞《かいだいおそれ》なし。特《とく》に往古《おうこ》の規《き》法《ほう》に遵《したが》ひ、**肥富《こいづみ》**[4]**をして祖阿《そあ》**[5]**に相副《あいそ》へ、好《よしみ》を通《つう》じて方物《ほうぶつ》**[6]**を献《けん》ぜしむ。**……海島《かいとう》に漂寄《ひょうき》の者《もの》[7]幾許人《いくばくにん》を捜《そう》尋《じん》し、之《これ》を還《かえ》す。某《それがし》誠惶誠恐《せいこうせいきょう》、頓首《とんしゅ》々々謹言《きんげん》[8]。

〔善隣国宝記《ぜんりんこくほうき》〕

言葉 [1]准三后：太皇太后・皇太后・皇后に準ずる位。足利義満 [2]大明皇帝陛下：明の第二代皇帝の恵帝 [3]上邦：明に対する敬称 [4]肥富：副使の博多商人 [5]祖阿：正使の禅僧 [6]方物：その地方に産する物 [7]漂寄の者：倭寇が中国沿岸から奪い連れて来た者 [8]謹言：手紙の末尾に用いて、敬意を表す語

現代語訳 日本国の准三后である私（足利義満）が、国書を大明国の皇帝陛下に差し上げます。日本は開国以来、あいさつの使いを貴国に送らなかったことはありません。私は幸いにも国政をつかさどり、国内を平和に治めています。特に昔からの方式に従って、肥富を祖阿に同行させ、日本の土産物を献上させます。……また、日本に漂着した人を何人かさがし出したので、送還します。恐れ謹み、敬意を表して申し上げます。

56 明《みん》の国書《こくしょ》

P.100

……茲爾《ここになんじ》**日本国王《にほんこくおう》 源《みなもとの》 道義《どうぎ》**[1]、心《こころ》王室《おうしつ》[2]に存《そん》し、君《きみ》を愛《あい》するの誠《まこと》を懐《いだ》き、波濤《はとう》を踰越《ゆえつ》し、使《つかい》を遣《つかわ》して来《らい》朝《ちょう》し、逋流《ほりゅう》の人《ひと》を帰《かえ》し、……朕甚《ちんはなは》だ嘉《よみ》す。……今《いま》使者《ししゃ》道彝《どうい》・一如《いちにょ》を遣《つかわ》し、大統暦《だいとうれき》[3]を班示《はんじ》し、正朔《せいさく》を奉《ほう》ぜ[4]しめ、錦綺《きんき》[5]二十匹《ひき》を賜《たま》ふ。至《いた》らば領《りょう》すべし。

建文《けんぶん》四年二月初六日

〔善隣国宝記《ぜんりんこくほうき》〕

言葉 [1]源道義：足利義満。道義は義満の号 [2]王室：明の王室。当時の皇帝は建文帝（恵帝） [3]大統暦：明の暦 [4]正朔を奉ぜ……：大統暦を使用することは、明を宗主国として宗属することを意味する [5]錦綺：錦と綾絹

現代語訳 ……ここに日本国王源道義が、わが王室に思いを寄せ、忠義の誠を持って荒波の海を越えて、使いを派遣して来朝し漂流民を返したこと、……朕はほめたたえる。……使者の道彝・一如を派遣し大統暦を授け、宗属国として認め、錦綺二十匹を与える。到着したら受け取れ。

建文四（一四〇二）年二月六日

57 蓮如《れんにょ》の布教

P.108

夫《それ》、人間《にんげん》の浮生《ふしょう》[1]なる相《そう》[2]をつら〱観《かん》ずるに、おほよそはかなきものは、この世《よ》の始中終《しちゅうじゅう》[3]まぼろしのごとくなる一期《いちご》[4]なり。されば、いまだ万歳《まんざい》の人身《にんじん》をうけたりといふ事《こと》をきかず。一生《いっしょう》すぎやすし。いまにいたりて、たれか百年《ひゃくねん》の形体《ぎょうたい》[5]をたもつべきや。我《われ》やさき、人《ひと》やさき、けふともしらず、あすともしらず、をくれさきだつ人《ひと》は、もとのしづく、すゑの露《つゆ》[6]よりもしげしといへり。されば、朝《あした》には紅顔《こうがん》ありて、夕《ゆうべ》には白骨《はっこつ》となれる身《み》なり。すでに無常《むじょう》の風《かぜ》[7]きたりぬれば、すなはちふたつのまなこたちまちにとぢ、ひとつのいきながくたえぬれば、紅顔《こうがん》むなしく変《へん》じて、桃李《とうり》のよそほひをうしなひぬるときは、六親眷属《ろくしんけんぞく》[8]あつまりて、なげきかなしめども、更《さら》にその甲斐《かい》あるべからず。さてしもあるべき事《こと》ならねばとて、野外《やがい》におくりて、夜半《よわ》のけぶりとなしはてぬれば、たゞ白骨《はっこつ》のみぞのこれり。あはれといふも中《なか》〱をろかなり。されば、人間《にんげん》のはかなき事《こと》は、老少不定《ろうしょうふじょう》のさかひなれば、**たれの人《ひと》もはやく後生《ごしょう》**[9]**の一大事《いちだいじ》を心《こころ》にかけて、阿弥《あみ》陀仏《だぶつ》をふかくたのみまいらせて、念仏《ねんぶつ》まうすべきものなり。**あなかしこ〱。

〔御文《おふみ》〕

言葉 [1]浮生：はかない人生 [2]相：姿。かたち [3]始中終：すべて [4]一期：一生 [5]形体：人間の体 [6]もとのしづく、すゑの露：葉の先の露も、もとの方のしずくも、早かれ遅かれいずれは消えていくこと。人の寿命についてのたとえで使用される [7]無常の風：風が花を散らすように無常が人の命を奪う [8]六親眷属：一切の親族 [9]後生：死後の世界のこと

現代語訳 人間のはかない一生の様子をよくよく観察すると、何がはかないといって、この世のすべてのものが幻のように思われる人間の一生ほどはかないものはない。だから万年もの寿命を持った人間が生まれたということは聞いたことがない。一生はたちまち過ぎてゆく。この今の時代に誰が百年も生きられよう。自分が先に死ぬかあるいは人が先なのか、今日死ぬのか明日なのかもわからない。生き残る人と先に死んでいく人のようすは、たとえにいう、「本のしずく、末の露」よりもせわしいといえる。だから、朝には血色のよい紅顔の若者が、夕には死んで白骨となるのである。無常の風が吹いてくれば、すぐに両目を閉じ、息も絶えてしまうので、紅顔もむなしく変わり、桃や李《すもも》の花のような美しい姿もなくなってしまった時にはもう、すべての親族が嘆き悲しんだところでどうしようもない。そこで、そうもしていられないことと野辺の送りをし、夜の（荼毘《だび》の）煙と変わってしまえば、ただ白骨だけが残るのである。これをあわれだといってみてもはじまらない。だから人間の命ははかなく、老人であろうが少年であろうが必ず死ぬ境遇にあるので、誰もが早く来世の極楽往生を心にかけ阿弥陀仏にすがって、念仏を唱えるべきである。あなかしこ　あなかしこ

AC

58 分国法《ぶんこくほう》

P.107

一 **当家塁館《とうけるいかん》**[1]**の外《ほか》、必《かなら》ず国中《くにじゅう》に城郭《じょうかく》を構《かま》へさせらる間敷《まじく》候《そうろう》。**総《すべ》て大身《たいしん》の輩《ともがら》[2]をば、悉《ことごと》く一乗《いちじょう》の谷《たに》[3]へ引越《ひっこ》さしめて、其《そ》の郷《ごう》其《そ》の村《むら》には、ただ代官《だいかん》下司《げす》[4]のみ据置《すえお》かるべき事《こと》。

〔朝倉孝景条々《あさくらたかかげじょうじょう》〕

一 **私領《しりょう》の名田《みょうでん》**[5]**の外《ほか》、恩地領《おんちりょう》**[6]**左右無《そうな》く沽却《こきゃく》**[7]**せしむるのこと、停止《ちょうじ》せしめ訖《おわ》んぬ。**……

一 **内儀《ないぎ》を得《え》ずして他国《たこく》へ音物書札《いんもつしょさつ》を遣《つか》はす事《こと》、一向《いっこう》これを停止《ちょうじ》せしめ畢《おわ》んぬ。**……

〔甲州法度之次第《こうしゅうはっとのしだい》〕

一 **喧嘩口論《けんかこうろん》堅《かた》く停止《ちょうじ》の事《こと》。**……此《こ》の旨《むね》に背《そむ》き、互《たがい》に**勝負《しょうぶ》に及《およ》ばば理非《りひ》に寄《よ》らず双方成敗《そうほうせいばい》すべし。**

〔長宗我部元親百箇条《ちょうそかべもとちかひゃくかじょう》〕

……

一 **駿遠《すんえん》**[8]**両国《りょうこく》の輩《ともがら》、或《あるい》はわたくしとして他国《たこく》より**

嫁《よめ》を取《とり》、或《あるい》は婿《むこ》に取《とり》、娘《むすめ》をつかはす事《こと》、自今以後《じこんいご》之《これ》を停止《ちょうじ》し畢《おわ》んぬ。

〔今川仮名目録《いまがわかなもくろく》〕

一 百姓《ひゃくしょう》、地頭《じとう》の年貢所当《ねんぐしょとう》[9]相《あい》つとめず、他領《たりょう》へ罷《まか》り去《さ》る事《こと》、盗人《ぬすびと》の罪科《ざいか》たるべし。……

〔塵芥集《じんかいしゅう》〕

言葉 [1]当家塁館：朝倉氏の居城 [2]大身の輩：有力な家臣 [3]一乗の谷：朝倉氏の城下町。現福井市 [4]下司：下級役人 [5]私領の名田：先祖伝来の領地や買い取った土地 [6]恩地領：恩賞として与えられた領地 [7]沽却：売却 [8]駿遠：駿河・遠江（ともに現静岡県）で今川氏の領国 [9]年貢所当：年貢及びその他の雑税

現代語訳 一 朝倉家の居城のほかに、決して国中には城を造ってはいけない。すべて有力な家臣たちは残らず一乗谷の城下に引っ越させて、村々には代官や下級役人だけを置くようにすること。

一 もともとの自分の所領を除いて、主君から恩賞として与えられた領地を理由もなく売ることは禁止する。……

一 あらかじめ許可を得ずに他国へ贈り物や手紙を送ることは一切禁止する。……

一 喧嘩口論は堅く禁止する。……この命令に反して、お互いに勝負するようなことがあれば理由にかかわらず両方とも処罰する。……

一 駿河・遠江両国の今川氏の家臣は、勝手に他の国から嫁をもらったり、婿を迎えたり、娘を嫁にやったりすることは今後禁止する。

一 百姓が地頭の年貢や雑税を納めず、他領へ逃げ込んだときは盗みの罪とする。……

59 自由都市堺《さかい》

▶P.106

堺《さかい》[1]の町《まち》は甚《はなは》だ広大《こうだい》にして、大《おおい》なる商人《しょうにん》多数《たすう》あり。此《こ》の町《まち》はベニス[2]市《し》の如《ごと》く執政官《しっせいかん》[3]に依《よ》りて治《おさ》めらる。

〔一五六一年ガスパル＝ヴィレラ書簡《しょかん》「耶蘇会士日本通信《やそかいしにほんつうしん》」〕

日本全国《にほんぜんこく》、当堺《とうさかい》の町《まち》より安全《あんぜん》なる所《ところ》なく、他《た》の諸《しょ》国《こく》において動乱《どうらん》あるも、此《こ》の町《まち》にはかつてなく、敗者《はいしゃ》も勝者《しょうしゃ》も、此《こ》の町《まち》に来住《らいじゅう》すれば皆平和《みなへいわ》に生活《せいかつ》し、諸《しょ》人《じん》相和《あいわ》し、他人《たにん》に害《がい》を加《くわ》ふる者《もの》なし。……町《まち》は甚《はなは》だ堅《けん》固《ご》にして、西方《せいほう》は海《うみ》[4]を以《もっ》て、又他《またた》の側《がわ》は深《ふか》き堀《ほり》[5]を以《もっ》てかこまれ、常《つね》に水充満《みずじゅうまん》せり。

〔一五六二年同「耶蘇会士日本通信《やそかいしにほんつうしん》」〕

言葉 [1]堺：現大阪府堺市 [2]ベニス：イタリアの都市 [3]執政官：堺で合議制により市政を担当した会合衆 [4]海：現大阪湾 [5]堀：環濠《かんごう》

現代語訳 堺の町はとても広く、大商人が多数いる。この町はベニスのように執政官によって治められている。

日本全国でこの堺の町より安全な場所はなく、他の諸国で戦乱があってもこの町には全くなく、敗者も勝者もこの町に来住すれば、皆平和に生活し、各自が仲良く暮らし他人に危害を加えるものもいない。……町の守りはとても堅固で、西方は海、他方は深い堀で囲まれ、つねに水が満たされている。

近世

60 楽市令《らくいちれい》

▶P.114

定《さだむ》 安土山下町《あづちさんかちょう》[1]中《じゅう》

一 当所中《とうしょちゅう》楽市《らくいち》[2]として仰《おお》せ付《つ》けらるるの上《うえ》は、諸《しょ》座《ざ》・諸役《しょやく》・諸公事《しょくじ》[3]等《とう》、悉《ことごと》く免許《めんきょ》の事《こと》。

一 普請《ふしん》[4]免除《めんじょ》の事《こと》。……

一 伝馬《てんま》[5]免除《めんじょ》の事《こと》。

一 分国中徳政《ぶんこくちゅうとくせい》[6]、これを行《おこな》ふと雖《いえど》も、当所中《とうしょちゅう》は免《めん》除《じょ》の事《こと》。

〔八幡町共有文書《はちまんちょうきょうゆうもんじょ》〕

言葉 [1]安土山下町：織田信長の築いた安土城下の町々 [2]楽市：自由な商いを認め、様々な制限や諸税を撤廃した市場 [3]諸座・諸役・諸公事：座に関する規制・役務《えきむ》・雑税など [4]普請：土木工事への徴発の負担のこと。普請役 [5]伝馬：運搬用の馬を出す徴発の負担のこと。伝馬役 [6]徳政：債権・債務の破棄をいう。徳政令

現代語訳 安土城下の町中に対して定める

一 当地一帯に楽市を布告した以上は、さまざまな座の規制・座役《ざやく》などの役務・公事等の諸税、すべて免除する。

一 普請役は免除する。……

一 伝馬役は免除する。

一 （信長の）領国内で徳政を施行することがあっても、当地一帯ではこれを実施しない。

61 太閤検地《たいこうけんち》

▶P.116・117

一 仰《おお》せ出《いだ》され候《そうろう》趣《おもむき》、国人《こくじん》[1]并《なら》びに百姓共《ひゃくしょうども》に合《が》点《てん》行《ゆ》き候《そうろう》様《よう》に、能々《よくよく》申聞《もうしき》かすべく候《そうろう》。自然《じねん》[2]、相《あい》届《とど》かざる覚悟《かくご》の輩《ともがら》これあるに於《おい》ては、城主《じょうしゅ》にて候《そうら》はば、其《その》もの城《しろ》へ追入《おいい》れ、各相談《おのおのそうだん》、一人《ひとり》も残《のこ》し置《お》かず、なできり（撫斬）に申付《もうしつ》くべく候《そうろう》。百姓《ひゃくしょう》以下《いか》に至《いた》るまで、相届《あいとど》かざるに付《つい》ては、一郷《ごう》も二郷《ごう》も悉《ことごと》くなでぎり仕《つかまつ》るべく候《そうろう》。六十余州《よしゅう》堅《かた》く仰《おお》せ付《つ》けられ、出羽奥《でわおう》州《しゅう》[3]迄《まで》そさうにはさせらる間敷《まじく》候《そうろう》。たとへ亡所《ぼうしょ》[4]に成候《なりそうろう》ても苦《くる》しからず候間《そうろうあいだ》、其意《そのい》を得《う》べく候《そうろう》。山《やま》のおく、海《うみ》はろかい（櫓櫂）のつづき候《そうろう》迄《まで》、念《ねん》を入《い》るべき事《こと》専一《せんいつ》に候《そうろう》。……

（天正《てんしょう》十八年）[5]八月十二日　秀吉朱印《ひでよししゅいん》

浅野弾正少弼《あさのだんじょうしょうひつ》[6]どのへ

〔浅野家文書《あさのけもんじょ》〕

言葉 [1]国人：在地領主。主に地頭や荘官の系譜を持つ者 [2]自然：もしも [3]出羽奥州：東北地方 [4]亡所：耕作者がいなくなった荒れ地 [5]天正十八年：一五九〇年 [6]浅野弾正少弼：浅野長政。のちの五奉行のひとり

現代語訳 一 仰せ出された検地命令の趣旨については、国人・百姓たちが納得できるように、よく申し聞かせなさい。もし、命令に従わない者たちがあった場合には、城主ならばその者を城へ追い入れ、検地責任者らが相談の上、一人残らず斬りすてるよう命令しなさい。百姓以下の者たちまでが、命令を聞こうとしないようであれば、一郷でも二郷でもことごとく斬りすててしまいなさい。日本全国六十余州全域にわたって仰せつけられた（検地命令である）ので、出羽・陸奥に至るまで手ぬかりがあってはならない。たとえ耕作者がいなくなり、土地が荒廃してもかまわぬから、その趣旨を十分承知しておきなさい。山の奥まで、また海は櫓や櫂の続く限り、念を入れて実施することが肝心である。……

八月十二日　秀吉朱印

浅野弾正少弼殿へ

62 刀狩令《かたながりれい》

▶P.116

一 諸国百姓《しょこくひゃくしょう》、刀《かたな》[1]、脇指《わきざし》[2]、弓《ゆみ》、やり、てつぱう

AC

其外《そのほか》武具《ぶぐ》のたぐひ所持《しょじ》候事《そうろうこと》、堅《かた》く御停止《ごちょうじ》候《そうろう》。其子細《そのしさい》は、入《い》らざる道具《どうぐ》をあひたくはへ、年貢所《ねんぐしょ》当《とう》[3]を難渋《なんじゅう》せしめ、自然《じねん》一揆《いっき》を企《くわだ》て、給人《きゅうにん》[4]にたいし非儀《ひぎ》の動《はたらき》をなすやから《（族）》、勿論《もちろん》御成敗《ごせいばい》あるべし。

……

一　右取《みぎとり》をかるべき刀《かたな》、脇指《わきざし》、ついえにさせらるべき儀《ぎ》にあらず候《そうろう》の間《あいだ》、今度大仏建立《このたびだいぶつこんりゅう》[5]の釘《くぎ》かすがひに仰《おお》せ付《つ》けらるべし。……

天正《てんしょう》十六年　七月八日　　秀吉朱印《ひでよししゅいん》

〔小早川家文書《こばやかわけもんじょ》〕

言葉　[1]刀：刃渡《はわた》りが二尺（約六〇センチメートル）以上のもの　[2]脇指：短い刀。刃渡りが一～二尺未満のもの　[3]年貢所当：年貢やその他の雑税　[4]給人：大名の下に服属し、家臣化した在地の支配者。江戸時代には、実際に領地を与えられている大名家臣をいう　[5]大仏建立：京都の六波羅に建立された方広寺の大仏

現代語訳　一　諸国の百姓たちが、刀、短刀、弓、槍、鉄砲その他の武器武具の類を所持することを、堅く禁止する。そのわけは、不必要な武具類を百姓たちが手もとにたくわえていると、年貢やその他の雑税の納入をしぶったり、万一一揆を企てて領主に不法な行為をする者たちがあったりすれば、当然処罰しなければならない。……

一　右のように取り上げた刀、短刀等は、無駄にしてしまうのではなく、今度の大仏造営に際し、その建立用の釘、かすがいの材料にするよう命ずるものである。……

天正十六（一五八八）年七月八日　　秀吉朱印

63 バテレン（宣教師《せんきょうし》）追放令《ついほうれい》

P.116

定《さだむ》（抄）

一　日本《にほん》は神国《しんこく》たる処《ところ》、きりしたん国《こく》[1]より邪法《じゃほう》[2]を授《さず》け候《そうろう》儀《ぎ》、太《はなはだ》以《もっ》て然《しか》るべからず候事《そうろうこと》。

一　其国郡《そのこくぐん》の者《もの》を近付《ちかづ》け、門徒《もんと》になし、神社仏閣《じんじゃぶっかく》を打《うち》破《やぶ》るの由《よし》、前代未聞《ぜんだいみもん》に候《そうろう》。……

一　伴天連《ばてれん》[3]其知恵《そのちえ》の法《ほう》を以《もっ》て、心《こころ》ざし次第《しだい》に檀那《だんな》[4]を持《も》ち候《そうろう》と思召《おぼしめ》され候《そうら》へば、右《みぎ》の如《ごと》く日域《にちいき》[5]の仏法《ぶっぽう》を相破《あいやぶ》る事曲事《ことくせごと》に候条《そうろうじょう》、伴天連儀《ばてれんのぎ》日本《にほん》の地《ち》にはおかせられ間敷候間《まじくそうろうあいだ》、今日《きょう》より廿《（二十）》日の間《あいだ》に用意《ようい》仕《つかまつ》り、帰国《きこく》すべく候《そうろう》。……

一　黒船《くろふね》[6]の儀《ぎ》は商売《しょうばい》の事《こと》に候間《そうろうあいだ》、各別《かくべつ》に候《そうろう》の条《じょう》、年月《としつき》を経《へ》、諸事売買《しょじばいばい》いたすべき事《こと》。

天正《てんしょう》十五年　六月十九日　　〔松浦家文書《まつらけもんじょ》〕

言葉　[1]きりしたん国：キリスト教国　[2]邪法：キリスト教の教え　[3]伴天連：ポルトガル語パードレのあて字。宣教師またはキリスト教　[4]檀那：信者　[5]日域：日本国内　[6]黒船：ポルトガル・イスパニアなどの南蛮船。外装を腐食防止のため黒色塗料で塗っていたので黒船と呼ばれた。幕末のペリー艦隊等も黒船と呼ばれる

現代語訳　定め

一　日本は神国であるのに、キリスト教国から邪法（キリスト教）を授け広めるということは、まったくけしからぬことである。

一　諸大名が自分の領地の者をキリスト教に近づけて信者とし、神社仏閣を破壊しているとのことは、前代未聞のことである。……

一　宣教師がいろいろな智恵を使い、思い通りに信者を増やしていると秀吉公はお考えになっておられたのに、このように日本の仏教を破壊するということは、あってはならないことであり、宣教師を日本の地に留めておくことはできない。よって、今日から二十日間のうちに用意を整えて帰国しなさい。……

一　南蛮船の渡来は商売のためであるから、特別に取り扱うこととする。今後とも商売は行うがよい。

天正十五（一五八七）年六月十九日

64 武家《ぶけ》諸法度《しょはっと》・元和令《げんなれい》

P.124

一（第一条）文武弓馬《ぶんぶきゅうば》の道《みち》[1]、専《もっぱ》ら相嗜《あいたしな》むべき事《こと》。……

一（第六条）諸国《しょこく》の居城《きょじょう》、修補《しゅうほ》をなすといへども必《かなら》ず言上《ごんじょう》すべし。況《いわ》んや新儀《しんぎ》の構営《こうえい》[2]堅《かた》く停止《ちょうじ》せしむる事《こと》。

……

慶長《けいちょう》廿《（二十）》年[3]卯《う》七月　日　　〔御触書寛保集成《おふれがきかんぽうしゅうせい》〕

言葉　[1]文武弓馬の道：学問や武術　[2]新儀の構営：新たに城を構えること　[3]慶長廿年：この年の七月十三日に元和と改元。発布の日は七月七日

現代語訳　一　学問・武術の修業にひたすら心がけて励むこと。……

一　諸国の居城を修繕《しゅうぜん》する場合であっても、必ず届け出なければならない。まして、新たな築城《ちくじょう》は厳禁する。……

慶長二十（一六一五）年七月　日

65 武家《ぶけ》諸法度《しょはっと》・寛永令《かんえいれい》

P.124

一（第二条）大名小名《だいみょうしょうみょう》、在《ざい》[1]江戸交替《えどこうたい》[2]相定《あいさだ》むる所《ところ》なり。毎歳夏《まいとしなつ》四月[3]中参勤致《ちゅうさんきんいた》すべし。従者《じゅうしゃ》の員数近来甚《いんずうきんらいはなは》だ多《おお》し。且《かつ》は国郡《こくぐん》の費《ついえ》、且《かつ》は人民《じんみん》の労《つかれ》なり。向《きょう》後其《こうそ》の相応《そうおう》[4]を以《もっ》て之《これ》を減少《げんしょう》すべし。……

一（第一七条）五百石《こく》以上《いじょう》の船《ふね》停止《ちょうじ》の事《こと》。……

寛永《かんえい》十二年六月廿《（二十）》一日　御朱印《ごしゅいん》[5]　〔御触書寛保集成《おふれがきかんぽうしゅうせい》〕

言葉　[1]在：各大名の国元　[2]交替：参勤交代　[3]夏四月：陰暦では四月から六月が夏　[4]相応：大名の格式、家格に応じての意味　[5]御朱印：将軍の印

現代語訳　一　大小の大名は、国元と江戸に交代で居住するように定める。毎年夏の四月中に参勤しなくてはならない。その際のお供の者の人数が最近非常に多い。これは国元の出費となり、また領民の労苦ともなる。今後は大名の家格に応じて減らしなさい。……

一　五百石積以上の船の建造を禁止する。……

寛永十二（一六三五）年六月二十一日　　御朱印

66 禁中《きんちゅう》並《ならびに》公家《くげ》諸法度《しょはっと》

P.125

一（第一条）天子諸芸能《てんししょげいのう》の事《こと》。第一御学問也《だいいちおんがくもんなり》。……

一（第四条）摂家《せっけ》[1]たりといへども、其《そ》の器用《きよう》[2]無《な》き者《もの》、三公《さんこう》[3]摂関《せっかん》[4]に任《にん》ぜらるべからず、況《いわ》んや其《そ》の外《ほか》をや。

一（第七条）武家《ぶけ》の官位《かんい》は公家当官《くげとうかん》の外《ほか》[5]たるべき事《こと》。

一（第一六条）紫衣《しえ》[6]の寺《てら》、住持職《じゅうじしょく》、先規希有《せんきけう》の事《こと》なり。近年《きんねん》猥《みだ》りに勅許《ちょっきょ》の事《こと》、且《かつう（かつ）》は臈次《ろうじ》[7]を乱《みだ》し且《かつ》は官寺《かんじ》を汚《けが》す。甚《はなは》だ然《しか》るべからず。……

慶長《けいちょう》廿《（二十）》乙卯《きのとう》年七月日　　〔御当家令条《ごとうけれいじょう》〕

言葉　[1]摂家：摂政・関白に任命される家柄。一条・二条・五条・近衛・鷹司の五摂家　[2]器用：能力、学識　[3]三公：太政大臣・左大臣・右大臣　[4]摂関：摂政と関白　[5]公家当官の

外：官位令に規定される公家の官位とは別扱い [6]紫衣：勅許によって着用を許される紫色の法衣・袈裟 [7]﨟次：僧侶が受戒後、修業を積んだ年数により決められる序列

現代語訳 一 天子が身につけるべきことは、学問をもって第一とすべきである。……

一 摂関家の者であっても、能力や才能のない者が太政大臣・左大臣・右大臣、摂政・関白に任命されることがあってはならない。ましてその他の家柄《いえがら》の者については言うまでもない。

一 武家に与える官位は、公家の官位とは別枠（定員外）のものとする。

一 紫衣を許された寺の住持職は、かつては、極めてまれだった。近頃、ひんぱんに紫衣が授けられている。これは、一方では僧の序列《じょれつ》の秩序《ちつじょ》を乱し、他方では官寺の名を傷つけるものであり、とてもよろしくないことである。……

慶長二十（一六一五）年七月日

67 為政者の農民観

百姓《ひゃくしょう》は天下《てんか》の根本也《こんぽんなり》。是《これ》を治《おさ》めるに法《ほう》[1]あり、先《ま》ず一人一人《ひとりひとり》の田地《でんち》の境目《さかいめ》[2]をよく立《た》て、さて一年の入用《にゅうよう》作食《さくじき》をつもらせ、其余《そのよ》を年貢《ねんぐ》に収《おさ》むべし。**百姓《ひゃくしょう》は財《ざい》の余《あま》らぬように、不足《ふそく》なきやうに、治《おさ》むること道《みち》なり。**毎年《まいとし》立毛《たちげ》[3]の上《うえ》を以《もっ》て納《おさ》むること、古《いにしえ》の聖人《せいじん》の法《ほう》なり。斯《かく》の如《ごと》く収《おさ》める時《とき》は過不及《かふきゅう》なし。又《また》九月十月の間《あいだ》に、国《くに》の中《なか》の道橋《みちはし》を造営《ぞうえい》して、往還《おうかん》の煩《わずらい》なき様《よう》にすべし。入用《にゅうよう》は公儀《こうぎ》より扶助《ふじょ》すべし。此外《このほか》に少《すこ》しも民《たみ》をつかふべからず。又田地《またでんち》になき米《こめ》をとり、横役《よこやく》[4]に懸《かかり》て、百姓《ひゃくしょう》つかる丶時《とき》は、田《た》にこえをする力《ちから》なく、田畠《たはた》をかへす事《こと》も半作成《はんさくなり》に依《より》て、物成《ものなり》[5]あしく、此故《これゆえ》に国《くに》つかれ民亡《たみほろ》び、天下国家《てんかこっか》の費《ついえ》一倍二倍にあらず。

〔本佐録《ほんさろく》〕

百姓《ひゃくしょう》は飢寒《きかん》に困窮《こんきゅう》せぬ程《ほど》に養《やしな》ふべし。豊《ゆたか》なるに過《すぎ》れば、農事《のうじ》を厭《いと》ひ、業《ぎょう》を易《かう》る者多《ものおお》し、困窮《こんきゅう》すれば離散《りさん》す。**東照宮《とうしょうぐう》[6]上意《じょうい》に、郷村《ごうそん》の百姓共《ひゃくしょうども》は死《し》なぬ様《よう》に、生《い》きぬ様《よう》にと合点致《がてんいた》し、収納申付様《しゅうのうもうしつくよう》に**との上意《じょうい》は、毎《まい》年《とし》御代官《おだいかん》[7]衆《しゅう》、支配所《しはいじょ》へ御暇賜《おいとまたまわ》る節《せつ》、仰《おお》せ出《いだ》されしと云《い》へり。

〔昇平夜話《しょうへいやわ》〕

家中《かちゅう》士共《さむらいども》、百姓計《ひゃくしょうばかり》ヲ大切《たいせつ》ニ仕《つかまつり》、士共《さむらいども》ハ有《あり》なしに仕《つかまつり》候《そうろう》と申由《もうすゆえ》ニ候《そうろう》。扨々《さてさて》愚知千万《ぐちせんばん》なる義《ぎ》ニ候《そうろう》。去年当年士共迷惑《さむらいどもめいわく》仕《つかまつり》候《そうろう》ハ百姓《ひゃくしょう》のならさる故《ゆえ》とハ不レ知《しらず》候《そうろう》哉《や》。**米《こめ》ノ出来《でき》て君臣町人《くんしんちょうにん》ともニやしな（養）ハる丶ハ、民《たみ》か蔵《くら》なる事《こと》を不レ存《ぞんぜず》候《そうろう》哉《や》。**此《かく》の如《ごと》く民《たみ》ニ力《ちから》ヲ尽《つく》スハ、当暮《とうくれ》[8]より士共《さむらいども》ニ物成能《ものなりよく》とらせ、町人《ちょうにん》もうり物《もの》をしてすき（過）、飢《うえ》ふちをやめ申《もう》すべくためニて候《そうろう》。

〔池田光政日記《いけだみつまさにっき》〕

言葉 [1]法：治めるこつ [2]田地の境目：検地で決定された各人の所持田畑の境界 [3]立毛：生育中の稲のことであるが、ここでは収穫量を調べる検見《けみ》をさす [4]横役：無理な課役 [5]物成：作物の収穫。年貢 [6]東照宮：徳川家康を祀《まつ》った神社のことであるが、ここでは家康のこと [7]代官：直轄地（幕府領）に派遣され、年貢収納等の支配を行う役人 [8]当暮：その年の暮れ

68 田畑永代売買《でんぱたえいたいばいばい》の禁止令《きんしれい》

P.126

一 身上《しんしょう》[1]能《よ》き百姓《ひゃくしょう》は田地《でんち》を買《か》い取《と》り、弥《いよいよ》宜《よろし》く成《な》り、身体《しんだい》[2]成《な》らざる者《もの》は田畑沽却《でんぱたこきゃく》[3]せしめ、猶々《なおなお》身上成《しんしょうな》るべからざるの間《あいだ》、**向後田畑売買停止《きょうこうでんぱたばいばいちょうじ》たるべき事《こと》。**

〔御触書寛保集成《おふれがきかんぽうしゅうせい》〕

言葉 [1]身上：財産 [2]身体：財産。身上と同義語 [3]沽却：売却

現代語訳 一 財産を持っている百姓は田地を買い取り、ますます裕福になっていく。財産のない百姓は、田畑を売却してしまい、ますます貧しくなってしまう。それゆえ、今後、田畑の売買は禁止する。

69 慶安《けいあん》の触書《ふれがき》[1]

P.126

一 公儀御法度《こうぎごはっと》[2]を怠《おこた》り、地頭《じとう》[3]代官《だいかん》[4]の事《こと》をおろそかに存《ぞん》ぜず、さて**又名主《またなぬし》[5]組頭《くみがしら》[6]をは真《まこと》の親《おや》とおもふべき事《こと》。**

一 **男《おとこ》は作《さく》をかせき、女房《にょうぼう》ハおはた[7]をかせき夕《ゆう》なべを仕《つかまつ》り、夫婦《ふうふ》ともにかせき申《もう》すべし。**……

一 百姓《ひゃくしょう》は衣類《いるい》の儀《ぎ》、布《ぬの》・木綿《もめん》より外《ほか》は、帯《おび》・衣裏《きぬうら》にも仕《つかまつ》る間敷事《まじきこと》。

……**年貢《ねんぐ》さへすまし候《そうら》へば、百姓《ひゃくしょう》ほど心易《こころやす》きものはこれなく、**……よくよく身持《みもち》をかせき申《もう》すべきもの也《なり》。

〔徳川禁令考《とくがわきんれいこう》〕

言葉 [1]慶安の触書：近年、存在が疑問視されている [2]公儀御法度：幕府の法令 [3]地頭：知行地を持つ旗本 [4]代官：幕府の直轄地に派遣された役人 [5]名主：村を代表する村役人 [6]組頭：名主の補佐役人 [7]おはた：苧機《おはた》か。青苧《あおそ》からとった糸で機を織り衣料を作ること

現代語訳 一 幕府の法令を守らなかったり、旗本や代官のことをおろそかに思ったりせず、そしてまた、名主や組頭を本当の親と思いなさい。

一 男は農業に従事し、女房は苧機織りに精を出して夜なべ仕事をし、夫婦ともに仕事に打ち込むべきである。……

一 百姓の衣類は、麻布・木綿以外のものは、帯・着物の裏地にも用いてはならない。

……年貢さえ納めれば、百姓ほど気楽なものはないので、……十分に働いて生活していくべきである。

70 鎖国令《さこくれい》

P.128

●**寛永十年令《かんえいじゅうねんれい》**

（第一条）一 **異国《いこく》え奉書船《ほうしょせん》[1]の外《ほか》、舟遣《ふねつかわ》し候《そうろう》儀《ぎ》、堅《かた》く停止《ちょうじ》の事《こと》。**

（第二条）一 **奉書船《ほうしょせん》の外《ほか》に、日本人異国《にほんじんいこく》え遣《つかわ》し申《もう》すまじく候《そうろう》。**

……

（第一二条）一 異国船《いこくせん》につみ来《きた》り候《そうろう》白糸《しらいと》[2]、直段《ねだん》を立《た》て候《そうろう》て、残《のこ》らず五ケ所《しょ》[3]へ割符《わっぷ》仕《つかまつ》るべきの事《こと》。

●**寛永十二年令《かんえいじゅうにねんれい》**

（第一条）一 **異国《いこく》え日本《にほん》の船《ふね》これを遣《つかわ》すの儀《ぎ》、堅《かた》く停止《ちょうじ》の事《こと》。**

（第二条）一 **日本人異国《にほんじんいこく》え遣《つかわ》し申《もう》すまじく候《そうろう》。**……

（第三条）一 異国《いこく》え渡《わた》り住宅《じゅうたく》仕《つかまつ》りこれある日本人来《にほんじんきた》り候《そうら》はば、死罪《しざい》申《もう》し付《つ》くべき事《こと》。

●**寛永十六年令**

……**自今以後《じこんいご》、かれうた[4]渡海《とかい》の儀《ぎ》、これを停止《ちょうじ》せ**

られ畢《おわ》んぬ。此上《このうえ》若《も》し差渡《さしわた》るにおいては其船《そのふね》を破却《はきゃく》し、幷《なら》びに乗来《のりきた》る者《もの》速《すみやか》に斬罪《ざんざい》に処《しょ》せられるべきの旨《むね》、仰《おお》せ出《いだ》さるる所也《ところなり》。……　〔徳川禁令考《とくがわきんれいこう》〕

言葉 [1]奉書船：将軍の朱印状に加え、渡航を許可する老中奉書を与えられた貿易船　[2]白糸：中国産の生糸　[3]五ヶ所：長崎・京都・堺・大坂・江戸の糸割符仲間　[4]かれうた：ここではポルトガルの帆船をさす

現代語訳 ●寛永一〇（一六三三）年令

一　海外へ、奉書船以外の船を派遣《はけん》することを厳禁する。

一　奉書船以外の船で、日本人を外国へ派遣してはならない。

……

一　外国船に積んできた中国産の生糸は、値段を決めて残らず五か所へ分配しなさい。

●寛永一二（一六三五）年令

一　外国へ、日本の船を派遣することを厳禁する。

一　日本人を外国へ派遣してはならない。……

一　外国に渡り居住していた日本人が帰ってきたら、死罪を命じる。

●寛永一六（一六三九）年令

……今後、ポルトガル船の来航は禁止された。この上、さらに来航してくる者があればその船を破壊し、また来航してきた者はただちに斬罪に処すことが命じられた。……

71 生類憐《しょうるいあわれ》みの令《れい》

P.132

一　捨子《すてご》これ有《あ》り候《そうら》はば、早速届《さっそくとど》くるに及《およ》ばず、其《そ》の所《ところ》の者《もの》いたはり置《お》き、直《ただち》に養《やしな》ひ候《そうろう》か、又《また》は望《のぞみ》の者《もの》これ有《あ》り候《そうら》はば、遣《つか》はすべく候《そうろう》。急度《きっと》[1] 付け届《とどけ》[2] に及《およ》ばず候事《そうろうこと》。

一　主無《あるじな》き犬《いぬ》[3]、頃日《けいじつ》[4] は食物給《しょくもつあたえ》させ申《もう》さず候《そうろう》様《よう》に相聞《あいきこ》へ候《そうろう》。畢竟《ひっきょう》[5] 食物給《しょくもつあたえ》させ候《そうら》えば、其《そ》の人《ひと》の犬《いぬ》の様《よう》に罷《まか》り成《な》り、以後迄《いごまで》六ヶ敷事《むつかしきこと》と存《ぞん》じ、いたはり申《もう》さずと相聞《あいきこ》へ、不届《ふとどき》[6] に候《そうろう》。向後《きょうこう》[7] 左様《さよう》これ無《な》き様相心得《ようあいこころう》べき事《こと》。

一　**犬計《いぬばかり》に限《かぎ》らず、惣《そうじ》て生類《しょうるい》[8] 人々《ひとびと》慈悲《じひ》の心《こころ》を本《もと》といたし、あはれみ候《そうろう》儀《ぎ》肝要《かんよう》の事《こと》。**

卯四月[9] 日　〔御当家令条《ごとうけれいじょう》〕

言葉 [1]急度：すぐに、速やかに　[2]付け届：訴え、届け出ること　[3]主無き犬：飼い主のいない犬　[4]頃日：このごろ、日頃　[5]畢竟：結局　[6]不届：不埒《ふらち》、心得違い　[7]向後：今後　[8]生類：生き物　[9]卯四月：一六八七年四月

72 貨幣改鋳《かいちゅう》

P.132

今《いま》、重秀《しげひで》[1] が議《はか》り申《もう》す所《ところ》は、御料《ごりょう》[2] すべて四百万石《ごく》、歳々《としどし》に納《おさめ》られるゝ所《ところ》の金《きん》は凡《およ》そ七十六、七万両《りょう》余《あまり》……余《あま》る所《ところ》は四十六、七万両《りょう》なり。……**しかるに只《ただ》今《いま》、御蔵《おくら》にある所《ところ》の金《きん》、わづかに三十七万両《りょう》にすぎず。……元禄《げんろく》八年の九月より金銀《きんぎん》の製《せい》を改《あらた》め造《つく》らる。**これより此《この》かた、歳々《としどし》に収《おさ》められし所《ところ》の公利《こうり》[3]、総計金《そうけいきん》凡《およそ》五百万両《りょう》、これを以《もっ》てつねにその足《た》らざる所《ところ》を補《おぎな》ひしに、おなじき十六年の冬《ふゆ》、大地震《おおじしん》によりて傾《かたむ》き壊《こわ》れし所々《しょしょ》を修治《しゅうじ》せらるゝに至《いたり》て、**彼歳々《かのとしどし》に収《おさ》められし所《ところ》の公利《こうり》も忽《たちまち》につきぬ。**　〔折《おり》たく柴《しば》の記《き》〕

言葉 [1]重秀：荻原重秀《おぎわら》（一六五八〜一七一三）。一六八七（貞享四）年勘定吟味《かんじょうぎんみ》役に任命され、元禄の貨幣改鋳《かいちゅう》を実行、のち、勘定奉行となる　[2]御料：幕府直轄地、天領　[3]公利：この場合は、貨幣改鋳による差益金

現代語訳 このたび、勘定奉行《かんじょうぶぎょう》荻原重秀《おぎわらしげひで》が提議《ていぎ》するのには、幕府直轄地は全部で四百万石である。毎年納入される金《きん》は大体七十六、七万両ほどで……残りは四十六、七万両ほどである。……それなのに現在、御金蔵《ごきんぞう》にある金《きん》は、たった三十七万両たらずである。……元禄《げんろく》八（一六九五）年九月より金銀貨幣の改鋳がなされた。それから今まで、毎年幕府に納められた差益額《さえきがく》は、総計で大体五百万両となり、これを使っていつも不足分を補充《ほじゅう》してきたが、同じ元禄十六（一七〇三）年の冬に、大地震のため傾いたり、壊れたりした所を修理してきたので、毎年納められていた差益金もまたたく間《ま》に使い果たしてしまった。

73 海舶互市新例《かいはくごししんれい》（長崎新令《ながさきしんれい》・正徳新令《しょうとくしんれい》）

P.129・132

一　**長崎表廻銅《ながさきおもてかいどう》[1]、凡《およそ》一年の定数《じょうすう》四百万斤《きん》[2] より四百五拾《（十）》万斤迄《きんまで》の間《あいだ》を以《もっ》て、其限《そのかぎり》とすべき事《こと》。**

……

一　唐人方商売《とうじんかたしょうばい》の法《ほう》、凡《およそ》一年の船数《せんすう》、口船《くちぶね》[3]、奥船《おくぶね》[4] **合《あわ》せて三拾《（十）》艘《そう》、すべて銀高《ぎんだか》六千貫目《かんめ》に限《かぎ》り、其内銅《そのうちどう》三百万斤《きん》[5] を相渡《あいわた》すべき事《こと》。**……

一　阿蘭陀《オランダ》人商売《じんしょうばい》の法《ほう》、凡《およそ》一年の船数《せんすう》弐《（二）》艘《そう》、凡《すべ》て銀《ぎん》高《だか》三千貫目《かんめ》限《かぎ》り、其内銅《そのうちどう》百五拾《（十）》万斤《きん》を渡《わた》すべき事《こと》。

……

正徳《しょうとく》五年正月十一日　〔徳川禁令考《とくがわきんれいこう》〕

言葉 [1]廻銅：当時の唯一の外国貿易港長崎へ送る輸出銅　[2]四百万斤：一斤＝六百グラム　[3]口船：南京《ナンキン》、寧波《ニンポー》、厦門《アモイ》など日本に近い港を発航地とする船　[4]奥船：広東《カントン》以南を発航地とする船　[5]其内銅三百万斤：取り引き総額銀六千貫目に対する支払いとして、銅三百万斤や海産物をもってあてることを定めた

現代語訳 一　長崎へ廻送《かいそう》の輸出用の銅は、おおむね一年の定められた額として、四百万斤《きん》から四百五十万斤の間に制限しなさい。……

一　中国人との取り引き方法は、おおむね一年間の船数を、中国本土からの船（口船）と南方からの船（奥船）を合わせて三十隻《せき》とし、総額は銀に換算して六千貫目を限度とし、そのうち銅で三百万斤支払うようにしなさい。……

一　オランダ人との取り引き方法は、おおむね一年間の船数を二隻とし、総額は銀に換算して三千貫目を限度とし、そのうち銅で百五十万斤支払うようにしなさい。……

正徳五（一七一五）年正月十一日

AC

74 読史余論《とくしよろん》

P.142

本朝天下《ほんちょうてんか》の大勢《たいせい》、九変《へん》して武家《ぶけ》の代《だい》となり、武家《ぶけ》の代《だい》また五変《へん》して、当代《とうだい》に及《およ》ぶ総論《そうろん》の事《こと》。……

武家《ぶけ》は、源頼朝《みなもとのよりとも》、幕府《ばくふ》を開《ひらき》て、父子《ふし》三代天下兵馬《だいてんかひょうば》の権《けん》を司《つかさ》どれり。凡《およそ》三十三年〈**一変**〉[1]。平義時《たいらのよしとき》[2]、承久《じょうきゅう》の乱後《らんご》、天下《てんか》の権《けん》を執《と》る。そののち七代凡《だいおよそ》百十二年、高時《たかとき》[3] が代《だい》に至《いたり》て滅《ほろ》ぶ〈**二変**〉[4]。……

後醍醐中興《ごだいごちゅうこう》ののち、源尊氏《みなもとのたかうじ》反《はん》して、天子蒙塵《てんしもうじん》、尊氏《たかうじ》、光明院《こうみょういん》を北朝《ほくちょう》の主《しゅ》となして、みづから幕府《ばくふ》を開《ひら》く。子孫相継《しそんあいつぎ》て十二代《だい》におよぶ。凡《およそ》二百卅《（三十）》八年《ねん》〈**三変**〉[5]。……

足利殿《あしかがどの》の末《すえ》、織田家《おだけ》勃興《ぼっこう》して将軍《しょうぐん》を廃《はい》し⑥、天子《てんし》を挟《はさ》みて天下《てんか》に令《れい》せんと謀《はか》りしかど、事未《ことい》だ成《な》らずして、凡《およそ》十年がほど、其臣光秀《そのしんみつひで》に弑《しい》せらる。豊臣家《とよとみけ》、其故《そのこ》智《ち》を用《もち》ひ、みづから関白《かんぱく》となりて天下《てんか》の権《けん》を恣《ほしいまま》にせしこと、凡《およそ》十五年《ねん》**〈四変〉**。そののち終《つい》に当代《とうだい》の世《よ》となる**〈五変〉**。〔読史余論《とくしよろん》〕

言葉 ①一変：鎌倉幕府の成立をさす　②平義時：北条義時のこと　③高時：北条高時のこと　④二変：北条氏の台頭、執権政治をさす　⑤三変：後醍醐天皇による建武の中興を経て、室町幕府が成立したことをさす　⑥織田家勃興して将軍を廃し：一五七三（天正元）年の織田信長による足利義昭の京都追放（室町幕府の滅亡）をさす。また、このことを「四変」とした

現代語訳　我が国の政体が、九回変化して武家の時代となり、武家の時代が五回変化して現在に至るまでの総論。……

武家は源頼朝が幕府を開いてから、父子三代にわたり権力を握った。約三十三年間であった〈一変〉。平義時（北条義時）が、承久の乱の後政権を握り、その後七代約百十二年間が経過して、北条高時の代になって滅んだ〈二変〉。……

後醍醐天皇による建武《けんむ》の中興ののち、源尊氏（足利尊氏）が反乱を起こし、天皇が都から逃れたので、尊氏は光明天皇を北朝の天皇として擁立《ようりつ》し、自分は幕府を開いた。子孫が継いで十二代に及んだ。約二百三十八年間であった〈三変〉。……

足利氏のあとに、織田家が台頭して将軍を廃止し、天皇を擁立して天下に号令しようとしたが、そのことが成就《じょうじゅ》しないうちに、約十年ほどで家臣明智《かしんあけち》光秀に殺害された。豊臣家は古人の智略を用いて、みずから関白となり、天下の権力を握っていること約十五年間であった〈四変〉。

その後、ついに現在の徳川家の時代となった〈五変〉。

75 相対済《あいたいすま》し令《れい》

P.144

一　近年金銀出入《きんねんきんぎんでいり》①段々多《だんだんおお》く成《な》り、評定所《ひょうじょうしょ》②寄合《よりあい》の節《せつ》も此儀《このぎ》を専《もっぱ》ら取扱《とりあつか》ひ、公事訴訟《くじそしょう》は末《すえ》に罷《まか》り成《な》り、評定《ひょうじょう》の本旨《ほんし》を失《うしな》ひ候《そうろう》。**借金銀《かりきんぎん》・買懸《かいがか》り③等《とう》の儀《ぎ》は、人々相対《ひとびとあいたい》④の上《うえ》の事《こと》に候得《そうらえ》ば、自今《じこん》は三奉行所《さんぶぎょうしょ》⑤にて済口《すみくち》⑥の取扱《とりあつか》ひ致《いた》す間敷《まじく》候《そうろう》。**……

一　只今迄奉行《ただいままでぶぎょう》にて取上《とりあ》げ、日切《ひぎり》⑦に申《もう》し付《つ》け、段々《だんだん》済寄《すましよ》り候《そうろう》金銀《きんぎん》の出入《でいり》も、向後罷《きょうこうまか》り出《い》で間敷《まじ》き由《よし》申《もう》し付《つ》くべく候事《そうろうこと》。以上《いじょう》。〔御触書寛保集成《おふれがきかんぽうしゅうせい》〕

言葉 ①出入：もめごとの意味。原告・被告双方の対審《たいしん》により判決を下す裁判、もしくは手続きを意味し、原告側の訴えをもって審理を開始　②評定所：三奉行及び老中らにより構成される幕府の訴訟裁決の最高機関　③買懸り：売掛《か》け、買掛けなど取引上の問題　④人々相対：原告と被告の当事者相互　⑤三奉行所：寺社・勘定・江戸町奉行の三奉行所　⑥済口：内済《ないさい》（和解）の意味　⑦日切：日限を限って

現代語訳　一　近年、金銭貸借関係の訴訟が次第に多くなってきて、評定所での集まりのさい、これらの訴訟ばかり扱うので、他の一般の訴訟の取扱いが隅《すみ》にやられて、評定所は本来の役割を失っている。金銀の借用や売掛け・買掛けなど金銭問題は、当事者相互の談合で決めるべきことなので、これからは三奉行所では和解の取扱いをしないことにする。……

一　現在まで奉行所で取り上げ、指定期間内の債務決済を申し渡し、次第に両者が和解しつつある金銭貸借の訴訟も、今後は訴え出てはならない旨を申し渡す。以上。

76 上《あ》げ米《まい》の令《れい》

P.144

御旗本《おはたもと》に召《め》し置《お》かれ候《そうろう》御家人《ごけにん》、御代々段々相増《おんだいだいだんだんあいま》し候《そうろう》。御蔵入高《おくらいりだか》①も先規《せんき》よりは多《おお》く候得共《そうらえども》、御切米御扶持方《おきりまいおふちかた》②、其外表立《そのほかおもてた》ち候《そうろう》御用筋《ごようすじ》の渡方《わたしかた》に引合《ひきあい》候《そうろう》ては、畢竟年々不足《ひっきょうねんねんふそく》の事《こと》に候《そうろう》。……それに付御代々御《つきおんだいだいおん》沙汰《さた》③もこれなき事《こと》に候得共《そうらえども》、**万石以上《まんごくいじょう》の面々《めんめん》より八木《はちぼく》④差《さ》し上《あ》げ候《そうろう》様《よう》に仰《おお》せ付《つ》けらるべしと思《おぼ》し召《め》し、**左候《さそうら》はねば、御家人《ごけにん》の内数《うちすう》百人《にん》、御扶持《おふち》を召《め》し放《はな》さるべきより外《ほか》はこれ無《な》く候故《そうろうゆえ》、御恥辱《おんちじょく》をも顧《かえり》みられず仰《おお》せ出《いだ》され候《そうろう》。**高《たか》一万石《ごく》につき八木《はちぼく》百石積《こくつも》り差《さ》し上《あ》げらるべく候《そうろう》。**……これに依《よ》り**在江戸《ざいえど》半年充《はんとしあて》御免《ごめん》**成《な》され候《そうろう》⑤間《あいだ》、緩々休息《ゆるゆるきゅうそく》いたし候様《そうろうよう》にと仰《おお》せ出《いだ》され候《そうろう》。〔御触書寛保集成《おふれがきかんぽうしゅうせい》〕

言葉 ①御蔵入高：幕府領（天領）からの年貢収納高　②御切米御扶持方：知行地を持たない家臣に給付する米で、石・俵単位で与えたものを切米、何人扶持という形で与えたものを扶持米という。一人扶持は蔵米一日五合の割合　③御沙汰：この場合は将軍の命令、指示、決定等の意味　④八木：米の異称。「米」の字形が八と木に分けられることによるという　⑤在江戸半年充御免成され候：参勤交代は、江戸と国元一年交代を原則としていた

現代語訳　御旗本《おはたもと》に任用された御家人の員数《いんずう》は、将軍の代ごとに次第に増加してきた。天領の年貢収入も以前より多くなっているが、切米・扶持米などの俸禄米《ほうろくまい》や、その他の主要な経常支出と引き合わせると、結局毎年不足なのである。……そこで、代々の将軍からは命令もなかったことなのだが、一万石以上の大名たちから米を提出するように命令しようと将軍がお考えになられた。そうしなければ、御家人のうち数百人の俸禄を取り上げる以外に方法がないので、恥を忍《しの》ばれて命令を出されたのである。持高一万石当《あ》たり米百石の割合で提出しなさい。……これを行うことにより参勤交代の江戸在府期間を半年ずつ免除するので、ゆっくり（国元で）休むようにしなさいと命令された。

77 足高《たしだか》の制《せい》

P.144

諸役人《しょやくにん》、役柄《やくがら》に応《おう》ぜざる小身《しょうしん》の面々《めんめん》①、前々《まえまえ》より御《おん》役料定《やくりょうさだ》め置《お》かれ下《くだ》され候処《そうろうところ》②、知行《ちぎょう》③の高下《こうげ》これ有《あ》る故《ゆえ》、今迄定《いままでさだ》め置《お》かれ候《そうろう》御役料《おんやくりょう》にては、小身《しょうしん》の者《もの》御奉公《ごほうこう》続《つづき》兼申《かねもう》すべく候《そうろう》。これに依《よっ》て、今度《このたび》御吟味《ごぎんみ》これ有《あ》り、**役柄《やくがら》により其場《そのば》不相応《ふそうおう》に小身《しょうしん》にて御役《おんやく》勤《つと》め候《そうろう》者《もの》は、御役勤《おんやくつと》め候《そうろう》内御足高《うちおんたしだか》④仰《おお》せ付《つ》けられ、**御役料増減《おんやくりょうぞうげん》これ有《あ》り、別紙《べっし》の通《とお》り相極《あいき》め候《そうろう》。〔御触書寛保集成《おふれがきかんぽうしゅうせい》〕

言葉 ①小身の面々：家禄、禄高の低い者　②前々より……下され候処：元禄年間に定められた役料規定では、支給役料が一定であったので、小禄の者ほど負担の軽減に結びつかなかった　③知行：家禄、禄高の意味　④御足高：具体的には役職ごとに基準家禄を設け、これに満たない小禄の者に、基準家禄との差額を在職期間中支給した

現代語訳　幕府の諸役人のうち、役職に応じた家禄に達していない者たちには、以前から一定の役料が下されていたが、禄高の高い者や低い者がいるので、今までにお定めになった役料では、禄高の低い者は勤務を続けていくことができなくなってきている。このため、今回調査が行われ、役職により

（その）役職に不相応な小禄者でありながら勤務している者には、在職期間中足高をお命じになられ、別紙にあるように役料の増減を定められた。

78 公事方御定書《くじかたおさだめがき》

▶P.144

二十六　賄賂差出《わいろさしだ》し候者《そうろうもの》御仕置《おしおき》[1]の事《こと》

公事《くじ》[2]諸願其外請負事等《しょねがいそのほかうけおいごととう》に付《つい》て

一　賄賂差出《わいろさしだ》し候者《そうろうもの》並《ならび》に、取持致《とりもちいた》し候者《そうろうもの》　軽追《けいつい》放《ほう》[3]

但《ただ》し賄賂《わいろ》請《う》け候者《そうろうもの》、其品相返《そのしなあいかえ》し、申《もう》し出《い》づるにおゐては、賄賂差出《わいろさしだ》し候者並《そうろうものならび》に取持致《とりもちいた》し候者《そうろうもの》ともに、村役人《むらやくにん》に候《そうら》はば役儀取上《やくぎとりあ》げ、平百姓《ひらひゃくしょう》に候《そうら》はば過料《かりょう》[4]申《もう》し付《つ》くべき事《こと》。

五十六　盗人《ぬすびと》御仕置《おしおき》の事《こと》

一　人《ひと》を殺《ころ》し盗《ぬすみ》いたし候者《そうろうもの》　引廻《ひきまわし》の上獄門《うえごくもん》[5]

一　追剥《おいはぎ》いたし候者《そうろうもの》　獄門《ごくもん》

一　手元《てもと》にこれある品《しな》をふと盗《ぬす》み取《と》り候類《そうろうたぐい》

金子《きんす》は拾両《(十)りょう》より以上《いじょう》、雑物《ぞうもつ》は代金《だいきん》につもり拾《じゅう》両位《りょうくらい》より以上《いじょう》は　死罪《しざい》[6]

金子《きんす》は拾両《じゅうりょう》より以下《いか》、雑物《ぞうもつ》は代金《だいきん》につもり拾《じゅう》両位《りょうくらい》より以下《いか》は　入墨《いれずみ》[7]　敲《たたき》[8]

七十一　人殺《ひところし》並《ならび》に疵付等《きずつけとう》御仕置《おしおき》の事《こと》

一　主殺《あるじごろし》[9]　二日《ふつか》さらし[10]　一日引廻《ひきまわし》、鋸挽《のこぎりびき》[11]の上《うえ》、磔《はりつけ》[12]

一　主人に手負《てお》わせ候者《そうろうもの》　さらしの上《うえ》、磔《はりつけ》

一　獄門《ごくもん》　浅草《あさくさ》、品川《しながわ》[13]におゐて、獄門《ごくもん》にかける。

……

一　火罪《かざい》　引廻《ひきまわし》の上《うえ》、浅草《あさくさ》、品川《しながわ》におゐて、火罪《かざい》申《もう》し付《つけ》る。……

〔徳川禁令考《とくがわきんれいこう》〕

言葉　[1]御仕置：罰すること　[2]公事：ここでは訴訟の意　[3]軽追放：江戸十里四方、京・大坂等への立入禁止と、田畑の没収処分　[4]過料：罰金刑　[5]獄門：いわゆるさらし首　[6]死罪：首を刎《は》ねる斬首《ざんしゅ》の刑　[7]入墨：左腕の肘《ひじ》の下に幅三分（約一センチメートル）程度の輪状の入墨を二筋つける刑　[8]敲：牢屋敷の門前において鞭《むち》で五十もしくは百回打たれる刑　[9]主殺：主人殺し　[10]さらし：民衆に見せる刑　[11]鋸挽：罪人の両肩を刀で傷つけ、竹鋸に血をつけそのそばに置き、鋸で罪人の身体を引きたい者に引かせる刑　[12]磔：十字形に組んだ木材に罪人を縛りつけて、左右両側より脇腹から肩口へ鑓《やり》で刺し貫く刑　[13]浅草、品川：小塚原《こづかっぱら》、鈴ケ森の刑場

79 商品経済の浸透

▶P.142・151

その上昔《むかし》は在々《ざいざい》[1]に銭殊《こと》の外《ほか》に払底《ふってい》にて、一切《いっさい》の物《もの》を銭《ぜに》にては買《か》わず。皆《みな》、米麦《こめむぎ》にて買《か》いたること……**元《げん》禄《ろく》の頃《ころ》より田舎《いなか》へも銭行渡《ぜにいきわた》りて、銭《ぜに》にて物《もの》を買《か》うことになりたり。**……この五、六十年前《まえ》は、伽羅《きゃら》の油付《あぶらつ》くる事《こと》もなし。元結《もとゆい》[2]は手前《てまえ》にてより、あるいは主人《しゅじん》の下《した》を用《もち》ゆる。きざみ烟草世間《たばこせけん》になく、葉《は》たばこを調《ととの》える故《ゆえ》に、あたい《（値）》半《なかば》より内也《うちなり》。判銭《はんせん》[3]もわずかの事《こと》也《なり》。口入銭《くちいれせん》[4]という事《こと》はなし。……これらを考《かんが》え見《み》れば、下々《しもじも》の一人《ひとり》の身《み》の上《うえ》にても物入《ものい》り多《おお》き世界《せかい》になりたり。それより段々《だんだん》よき人《ひと》ほど、一人《ひとり》の身《み》の上《うえ》に物入《ものい》りの多《おお》くなりたり。

〔政談《せいだん》〕

言葉　[1]在々：村々　[2]元結：髻《もとどり》を結び束ねるもの　[3]判銭：保証人に支払う礼金　[4]口入銭：奉公人周旋《しゅうせん》業者に支払う礼金

現代語訳　……昔はとくに村々には貨幣が流通せず、一切の物を銭ではなく米や麦で買っていた……元禄の頃から田舎にも貨幣経済が広がり、銭で物を買うようになったという。……この五十〜六十年前（十七世紀半ば）には、香料入りの鬢《びん》付け油をつけることもなかったし、髻《もとどり》を束ねる元結も自分でよったり、主人のお下がりを使った。きざみたばこは世間になく、葉たばこを自分で調合したので、値段は半額以下であった。保証人への礼金はわずかだったし、口入銭（奉公人周旋業者への礼金）などというものはなかった。……これらのことを考えてみれば、下々の人々でもお金がかかる物入りの時代になったといえる。それより身分の上の者は、上にいけばいくほどお金がかかる時代になったといえよう。

80 棄捐令《きえんれい》

▶P.146

AC

寛政《かんせい》元酉年《とり》[1]　九月　大目付《おおめつけ》[2]え

此度《このたび》御蔵米取《おくらまいどり》[3]御旗本御家人勝手向《おはたもとごけにんかってむき》[4]御救《おすくい》のため、蔵宿《くらやど》[5]借金仕法《しゃっきんしほう》御改正《ごかいせい》仰《おお》せ出《いだ》され候事《そうろうこと》。

一　御旗本御家人《おはたもとごけにん》蔵宿共《くらやどども》より借入金《かりいれきん》利《り》足《（息）》の儀《ぎ》は、向《きょう》**後金壱両《こうきん(一)りょう》に付銀六分宛《つきぎんろくぶんあて》[6]の積《つも》り、利下《りさ》げ[7]申《もう》し渡《わた》し**候間《そうろうあいだ》、借《か》り方《かた》の儀《ぎ》は是迄《これまで》の通《とお》り蔵宿《くらやど》と相対《あいたい》[8]に致《いた》すべき事《こと》。……

一　**旧来《きゅうらい》の借金《しゃっきん》は勿論《もちろん》、六ヶ年以前辰年《いぜんたつのとし》[9]までに借《かり》請候《うけそうろう》金子《きんす》は、古借新借《こがりしんがり》の差別《さべつ》無《な》く、棄捐《きえん》[10]の積《つも》り相心得《あいこころう》べき事《こと》。**……

右之《みぎの》趣《おもむき》万石《ごく》以下之面々《いかのめんめん》え相触《あいふ》れらるべく候《そうろう》。

〔御触書天保集成《おふれがきてんぽうしゅうせい》〕

言葉　[1]寛政元酉年：一七八九年　[2]大目付：老中のもとで諸大名を監察する役。文書の伝達役ともなった　[3]御蔵米取：蔵米給与のこと。当初は直接、旗本・御家人に給与されていたが、その後札差《ふださし》が旗本・御家人の委託《いたく》を受けて、受け取りや売却を代行するようになった　[4]勝手向：暮らし向き、生計、家計のこと　[5]蔵宿：札差の別称　[6]金壱両に付銀六分宛：一か月についての利息。一年間では十二パーセントとなる　[7]利下げ：利息の引き下げ　[8]相対：貸し主と借り主との話し合い　[9]六ヶ年以前辰年：一七八四（天明四）年のこと　[10]棄捐：債権者（札差）に債権を放棄させること

現代語訳　寛政元（一七八九）年九月　大目付《おおめつけ》へ

今度、浅草御蔵《おくら》より俸禄米《ほうろくまい》を受ける旗本《はたもと》・御家人《ごけにん》の家計を救《すく》うため、蔵米《くらまい》取引き商人（札差《ふださし》）との借金の方法を改正する命令が発せられた。

一　旗本・御家人の札差たちからの借金の利息《りそく》は、今後金一両について銀六分とし、利率の引き下げを命ずるが、借金の仕方はこれまでのように札差と相互《そうご》の話し合いで決めなさい。……

一　古くからの借金はいうまでもなく、六年前の天明四（一七八四）年までに借りた金銭は、古い新しいの区別なく、債権の破棄を命ずるのでそのように承知しなさい。……

右の趣旨を一万石以下の人々（旗本・御家人）へ触れるようにしなさい。

81 寛政異学《かんせいいがく》の禁《きん》

P.146

寛政《かんせい》二庚戌《かのえいぬ》年[1] 五月廿（二十）四日

学派《がくは》維持《いじ》の儀《ぎ》に付申達《つきもうしたっ》す 林大学頭《はやしだいがくのかみ》[2]え

朱学《しゅがく》の儀《ぎ》は、慶長《けいちょう》以来御代々《いらいおんだいだい》御信用《ごしんよう》の御事《おんこと》にて、已《すで》に其方家代々《そなたのいえだいだい》[3]右学風《みぎがくふう》維持《いじ》の事仰《ことおお》せ付《つ》け置《お》かれ候得《そうらえ》ば、油断《ゆだん》無《な》く正学《せいがく》[4]相励《あいはげ》み、門人共取立申《もんじんどもとりたてもう》すべき筈《はず》に候《そうろう》。然《しか》る処《ところ》、近来《ちかごろ》世上《せじょう》種々《しゅしゅ》新規《しんき》の説《せつ》[5]をなし、異学《いがく》[6]流行《りゅうこう》し、風俗《ふうぞく》を破《やぶ》り候類《そうろうたぐい》これ有《あ》り、全《まった》く正学衰微《せいがくすいび》の故《ゆえ》に候哉《そうろうや》、甚《はなは》だ相済《あいす》まざる事《こと》にて候《そうろう》。……此度聖堂《このたびせいどう》[7]御取締《おとりしまり》厳重《げんじゅう》に仰《おお》せ付《つ》けられ、柴野彦助《しばのひこすけ》・岡田清助《おかだせいすけ》[8]儀《ぎ》も右御用仰《みぎごようおお》せ付《つ》けられ候事《そうろうこと》に候得《そうらえ》ば、能々此旨申《よくよくこのむねもう》し談《だん》じ、**急度門人共異学相禁《きっともんじんどもいがくあいきん》じ、猶又自門《なおまたじもん》に限《かぎ》らず他門《たもん》[9]に申《もう》し合《あわ》せ、正学講窮致《せいがくこうきゅういた》**し人材取立《じんざいとりた》て候様相心掛《そうろうようあいこころが》け申《もう》すべく候事《そうろうこと》。

〔徳川禁令考《とくがわきんれいこう》〕

言葉 [1]寛政二庚戌年：一七九〇年 [2]林大学頭：林信敬《のぶたか》 [3]其方家代々：徳川家康以来、代々の将軍に仕えた林羅山《らざん》（道春《どうしゅん》）以降の林家《りんけ》をさす [4]正学：朱子学をさす [5]世上種々新規の説：朱子学以外に古義《こぎ》学派、蘐園《けんえん》学派などの儒《じゅ》学の諸派が並存している状況を示す [6]異学：朱子学以外の儒学の諸派をさす [7]聖堂：この場合は聖堂学問所のこと。本来聖堂とは孔子廟《こうしびょう》をさす。一六九〇（元禄三）年上野忍ケ岡《しのぶおか》の林羅山の家塾にあったものが、湯島昌平坂《ゆしましょうへいざか》に移転された [8]柴野彦助・岡田清助：それぞれ柴野栗山《りつざん》・岡田寒泉《かんせん》のことで、尾藤二洲《びとうにしゅう》とともに「寛政の三博士」と呼ばれた [9]他門：林家の朱子学以外の朱子学を修めた者

現代語訳 寛政二（一七九〇）年五月二十四日

朱子学派の維持について林大学頭《かみ》へ申し渡す。

朱子学のことは、慶長年間（一五九六～一六一五年）以来、代々の将軍が御信用なされていることで、すでにお前（林述斎《じゅっさい》）の家が代々朱子学の学風の維持を命令されているのだから、気を許すことなく正学（朱子学）の修養に励《はげ》み、門下生の養育に当たる約束であった。ところが、最近世間では様々《さまざま》の新学説を唱え、異学（古学《こがく》・折衷《せっちゅう》学など）が流行し、風俗を乱《みだ》す者たちがいるが、それはすべて朱子学が衰退したためであろうか、大変よろしくないことである。……このたび、湯島聖堂《ゆしませいどう》の学問所の取締りを厳重にするように命令され、柴野彦助《しばのひこすけ》（彦輔《ひこすけ》・栗山《りつざん》）、岡田清助《おかだせいすけ》（寒泉《かんせん》）たちにも右の用務をいいつけられたからには、十分この命令の趣旨を申し伝え、必ず門下生の異学修得を禁止し、その上また、自分の門下生ばかりでなく、他の儒家の門派とも話し合って、朱子学の講義や研究に励み、学才のある人物を育成するよう心がけるべきである。

82 異国船《いこくせん》(無二念《むにねん》)打払令《うちはらいれい》[1]

P.147・148

異国船渡来《いこくせんとらい》の節取計方《せっとりはからいかた》、前々《まえまえ》より数度仰《すうどおお》せ出《いだ》されこれ有《あ》り、おろしや船《ふね》の儀《ぎ》については、文化《ぶんか》の度改《たびあらた》めて相触《あいふ》れ候次第《そうろうしだい》[2]も候処《そうろうところ》、いきりすの船《ふね》、先年《せんねん》長崎《ながさき》において狼藉《ろうぜき》に及《およ》び[3]、近来《きんらい》は所々《しょしょ》へ小船《こぶね》にて乗《のり》寄《よ》せ、薪水食料《しんすいしょくりょう》を乞《こ》ひ、去年《きょねん》に至《いた》り候《そうろう》ては猥《みだり》に上陸致《じょうりくいた》し[4]、……一体《いったい》いきりすに限《かぎ》らず、南蛮《なんばん》[5]・西洋《せいよう》の儀《ぎ》は御制禁邪教《ごせいきんじゃきょう》の国《くに》に候間《そうろうあいだ》、**以来何《いらいいず》れの浦方《うらかた》におゐても異国船乗寄候《いこくせんのりよせそうろう》を見受候《みうけそうら》はば、其所《そのところ》に有合《ありあわせ》候人夫《そうろうにんぷ》を以《もっ》て、有無《うむ》に及《およ》ばず一図《いちず》に打払《うちはら》い、**逃延《にげのび》候《そうら》はば追船等差出《おいぶねとうさしだ》すに及《およ》ばず、其分《そのぶん》に差置《さしお》き、若《も》し押《お》して上陸《じょうりく》いたし候《そうら》はば、搦捕又《からめとりまた》は打留《うちとど》め候《そうろう》ても苦《くる》しからず候《そうろう》。……阿蘭陀船《おらんだせん》は見分《みわけ》も相成《あいなり》かね申《もう》すべく、右等《みぎら》の船《ふね》、万一見損《みそこな》ひ、打誤《うちあやま》り候共《そうらえども》、御察度《ごさっと》はこれある間敷候間《まじくそうろうあいだ》、**二念《にねん》無《な》く、打払《うちはらい》を心掛《こころが》け、**図《ず》を失《うしな》はざる取計候処《とりはからいそうろうところ》、専要《せんよう》の事《こと》に候《そうろう》……

〔御触書天保集成《おふれがきてんぽうしゅうせい》〕

言葉 [1]異国船（無二念）打払令：一八二五（文政八）年二月発布 [2]文化の度改めて相触れ候次第：一八〇六（文化三）年薪水給与令（文化の撫恤《ぶじゅつ》令）のこと [3]長崎において狼藉に及び：一八〇八（文化五）年、英国軍艦フェートン号がオランダ国旗を掲げて長崎港に侵入し、オランダ商館員を捕え薪水、食料を奪った事件。長崎奉行松平康英は責任をとって自殺した [4]上陸致し：一八二四（文政七）年七月のイギリス捕鯨船員の常陸大津浜や薩摩宝島への上陸をさしている [5]南蛮：ポルトガルとイスパニアのこと

現代語訳 外国船が渡来した場合の取り扱《あつか》い方については、以前にも数回ご命じになられている。ロシア船については文化三（一八〇六）年に改めて通達があったばかりだが、イギリス船は、先年、長崎において乱暴をし、近年あちこちの港へ小船でやって来ては薪水・食料を求め、去年などは不法に上陸して、……本来、イギリスだけでなく、南蛮・西洋の国々は日本で禁止しているキリスト教国であるので、今後はどの海辺の村にでも外国船が見えたら、そこに居あわせた者たちで必ずただちに打ち払い、逃げた時には追跡の船を出さないでそのままにしておき、もし、無理に上陸するような時には、捕えて殺してもやむを得ない。……オランダ船は見分けがつけにくく、そのような船を、万が一、見損なってまちがって打ってもおとがめはない筈《はず》だから、ただ専一《せんいつ》に打ち払いに心がけ、時機をのがさないようにすることが大切である。……

83 大塩《おおしお》の乱—大塩平八郎《へいはちろう》の檄文《げきぶん》[1]

P.148

此節《このせつ》は米価弥々高値《べいかいよいよたかね》に相成《あいな》り、大坂《おおさか》の奉行《ぶぎょう》幷諸《ならびにしょ》役人共《やくにんども》、万物一体《ばんぶついったい》の仁《じん》[2]を忘《わす》れ得手勝手《えてかって》[3]の政道《せいどう》を致《いた》し、……是《ここ》に於《おい》て蟄居《ちっきょ》[4]の我等最早堪忍成難《われらもはやかんにんなりがた》く……此度有志《このたびゆうし》の者《もの》と申合《もうしあわ》せ、下民《げみん》を悩《なや》し苦《くる》しめ候役人共《そうろうやくにんども》を先《ま》づ誅伐《ちゅうばつ》いたし、引続《ひきつづ》き驕《おごり》に長《ちょう》じ居候大坂市中《おりそうろうおおさかしちゅう》の金持《かねもち》の町人共《ちょうにんども》を誅戮《ちゅうりく》に及《およ》び申《もう》すべく候間《そうろうあいだ》、右《みぎ》の者《もの》共《ども》の穴蔵《あなぐら》に貯《たくわ》へ置《お》き候金銀銭等《そうろうきんぎんぜにとう》、諸蔵屋敷《しょくらやしき》[5]に隠《かく》し置《お》き候俵米《そうろうたわらまい》、夫々分散配当致《それぞれぶんさんはいとういた》し遣《つかわ》し候間《そうろうあいだ》、摂《せっ》・河《か》・泉《せん》・播《ばん》[6]の内《うち》、田畑所持致《たはたしょじいた》さざる者《もの》、縦令所持《たといしょじ》候共《そうらえども》、父母妻子家内《ふぼさいしかない》の養方出来難《やしないできがた》き程《ほど》の難渋者《なんじゅうしゃ》へは、右金米等取《みぎきんまいとうと》らせ遣《つかわ》し候間《そうろうあいだ》、何日《なんにち》にても、大坂市中《おおさかしちゅう》に騒動起《そうどうおこ》り候《そうろう》と聞伝《ききつた》へ候《そうら》はば、里数《りすう》を厭《いとわ》ず一刻《いっこく》も早《はや》く大坂《おおさか》へ向《む》け馳《は》せ参《さん》ずべく候《そうろう》。面々《めんめん》へ右米金分遣《みぎまいきんわけつかわし》申《もう》すべく候《そうろう》。

天保《てんぽう》八丁酉《ひのととり》年月日

摂河泉播村々《せっかせんばんむらむら》庄屋年寄百姓幷小百姓共《しょうやとしよりひゃくしょうならびにこひゃくしょうども》え

〔大塩平八郎檄文《おおしおへいはちろうのげきぶん》〕

言葉 [1]檄文：自分の信義を衆人にふれる文書。ふれぶみ [2]万物一体の仁：仁は儒教の考え方の基本。この仁の実践が可能ならば万物がすべて調和し、発展するという考え方に基づく [3]得手勝手：でたらめ [4]蟄居：家にこもっていること。ここでは、政治上の役職を退いたことをさす [5]蔵屋敷：諸大名が米や国産物を売りさばくため設けた倉庫施設 [6]摂・河・泉・播：摂津《せっつ》・河内《かわち》・和泉《いずみ》・播磨《はりま》。いずれも現在の大阪市及びその周辺

現代語訳 このごろは米の値段《ねだん》がますます高騰《こうとう》しているのに、

大坂の町奉行《まちぶぎょう》や諸役人たちは、万物一体《ばんぶついったい》の仁《じん》の考えを忘れて好き勝手な政治をしている。……こうなっては隠居《いんきょ》中の私などでも、もう我慢ができない。……今度有志の者と語り合って、下々の民を悩まし苦しめる役人たちをまず誅伐《ちゅうばつ》し、続いておごりにふけっている大坂市中の金持ちの町人たちの誅伐を実施しよう。そこで、右の者たちが穴蔵《あなぐら》に蓄えている金銀銭や、各蔵屋敷の中に隠している俵米《たわらまい》を、それぞれ分け与えるつもりでいる。摂津《せっつ》・河内《かわち》・和泉《いずみ》・播磨《はりま》諸国のうちで田畑を持っていない者、たとえ持っていても、父母妻子など家族を養《やしな》うのが不可能なほど生活に困っている者へは、右の金《かね》や米をやろう。だからいつでも、大坂の町中で騒動が起こったといううわさを伝え聞いたなら、いくら遠くても、一刻も早く大坂に向かってかけつけて来なさい。そうすればそれぞれに、右の米や金《かね》を分け与えるつもりである。

天保八丁酉（一八三七）年月日

摂津・河内・和泉・播磨村々の庄屋、年寄、百姓並びに小百姓どもへ

84 株仲間解散令《かぶなかまかいさんれい》

P.148

仲間《なかま》株札《かぶふだ》[1]は勿論《もちろん》此外《このほか》都《すべ》て問屋《といや》仲間《なかま》并《ならびに》組合《くみあい》抔《など》と唱《となえ》候《そうろう》儀《ぎ》相成《あいな》らざる旨《むね》、十組問屋《とくみといや》[2]共《ども》え申渡書《もうしわたしがき》

菱垣廻船《ひがきかいせん》[3]積問屋《つみどいや》[4]　十組問屋共《とくみといやども》

其方共《そなたども》儀《ぎ》、是迄《これまで》年々《ねんねん》金《きん》壱《(一)》万弐《(二)》百両《りょう》冥加《みょうが》上納《じょうのう》[5]致《いたし》来《きた》り候《そうろう》処《ところ》、問屋共《といやども》不正《ふせい》の趣《おもむき》に相聞《あいきこえ》候《そうろう》に付《つき》、以来《いらい》上納《じょうのう》に及《およ》ばず候《そうろう》。尤《もっと》も、向後《きょうこう》仲間《なかま》株札《かぶふだ》は勿論《もちろん》、此《この》外共《ほかとも》都《すべ》て問屋《といや》仲間《なかま》并《ならびに》組合《くみあい》抔《など》と唱《となえ》候《そうろう》儀《ぎ》は、相成《あいな》らず候《そうろう》。

天保《てんぽう》十二丑《うし》年[6]十二月十三日

〔徳川禁令考《とくがわきんれいこう》〕

言葉　[1]仲間株札：株仲間の鑑札《かんさつ》　[2]十組問屋：一六九四（元禄七）年成立。大坂からの下《くだ》り荷物を扱う問屋仲間として発足した　[3]菱垣廻船：江戸・大坂間の定期的廻船だが、樽《たる》廻船におされていた　[4]積問屋：発送先と発送する商品が固定化している事業問屋　[5]冥加上納：一八一三（文化一〇）年以降、菱垣廻船積問屋六十五組は、合計一万二百両の冥加金を毎年幕府に納め、その代わりに問屋仲間による流通独占が認められていた　[6]天保十二丑年：一八四一年

現代語訳　株仲間成員証の鑑札《かんさつ》行使はもちろん、そのほか全て問屋仲間や問屋組合の名称を使うことを禁止する旨を、十組《とくみ》問屋たちへ申し渡す書。

菱垣廻船積問屋《ひがきかいせんつみとんや》、十組問屋《とくみとんや》の者たち

お前たちは、これまで毎年金一万二百両の冥加金を上納してきたが、問屋たちに不正行為があるとの噂があるので、今後は上納しなくもよい。ただし、今後は株仲間鑑札の使用はもちろん、このほか全て問屋仲間や問屋組合などと称してはいけない。

天保十二（一八四一）年十二月十三日

85 上知令《じょうちれい》《あげち》

P.148

御料所《ごりょうしょ》[1]の内《うち》、薄地《はくち》[2]多《おお》く、御収納免合《ごしゅうのうめんあい》[3]相劣《あいおと》り、……当時《とうじ》御料所《ごりょうしょ》より私領《しりょう》の方《かた》高免《たかめん》の土地《とち》多《おお》く之有《これあ》り候《そうろう》は、不都合《ふつごう》の儀《ぎ》と存《ぞん》じ奉《たてまつ》り候《そうろう》。……幸《さいわ》い此度《このたび》江戸《えど》大坂《おおさか》最寄《もより》御取締《おとりしま》りのため上知《あげち》仰《おお》せ付《つ》けられ候《そうろう》、右《みぎ》領分《りょうぶん》其《そ》の余飛地《あまりとびち》[4]の領分《りょうぶん》にも、高免《たかめん》の場所《ばしょ》も之有《これあ》り、御沙汰《ごさた》次第《しだい》差上《さしあ》げ、代知《かえち》[5]の儀《ぎ》いか様《よう》にも苦《くる》しからず候得共《そうらえども》、……有難《ありがた》く安心《あんしん》仕《つかまつ》るべく候《そうろう》。……

天保《てんぽう》十四年[6]八月十八日

〔徳川禁令考《とくがわきんれいこう》〕

言葉　[1]御料所：幕府領（天領）　[2]薄地：地味が悪く収穫の少ない土地　[3]免合：租率をいう　[4]其の余飛地：大名領地のうち、一円的な城付きの領地に対し、遠隔地に分散している知行地。特に譜代大名に多くみられる　[5]代知：代替の知行地　[6]天保十四年：一八四三年

現代語訳　幕府直轄地の中には、やせ地が多く、収穫が少なく年貢収納における年貢率が低く、……現在幕府直轄地より大名・旗本領の方が年貢率の高い土地が多くあるのは、不都合なことと思われる。……幸いにも今度江戸・大坂周辺を管理するため知行地の返上をお命じになられた。江戸・大坂周辺の領地その他の飛地の領地にも、年貢率の高い土地があるので、幕府の命令に従って返上し、その代替の領地についてはどのようなところでもよいが、……ありがたく拝領《はいりょう》すべきである。……

天保十四（一八四三）年八月十八日

86 蘭学事始《らんがくことはじめ》——蘭学《らんがく》の研究《けんきゅう》

P.151

其翌日《そのよくじつ》[1]良沢《りょうたく》が宅[2]に集《あつ》まり、前日《ぜんじつ》のことを語《かた》り合《あ》ひ、先《ま》づ彼《か》のターヘル＝アナトミア[3]の書《しょ》にうち向《むか》ひしに、誠《まこと》に艫舵《ろかじ》なき船《ふね》の大海《たいかい》に乗《の》り出《だ》せしが如《ごと》く、茫洋《ぼうよう》として寄《よ》るべきかたなく、只《ただ》あきれにあきれて居《い》たる迄《まで》なり。……

〔蘭学事始《らんがくことはじめ》〕

言葉　[1]其翌日：一七七一（明和八）年三月四日に小塚原の刑場で、前野良沢、杉田玄白らがターヘル＝アナトミアと対照して死体解剖をした翌五日　[2]良沢が宅：中津藩医前野良沢の家は築地鉄砲洲の藩邸にあった。集まったのは良沢、玄白ら　[3]ターヘル＝アナトミア：ドイツ人クルムスの『解剖図譜』のオランダ語訳本。解剖医書

現代語訳　その翌日、前野良沢の家に集まって、前日のことを話し合い、ともかくもあの「ターヘル＝アナトミア」の本に向かったが、本当に、艫《ろ》も舵《かじ》もない船で大海に乗りだしたようで、広くて見当がつかず、頼れるものもなく、ただあきれ返るばかりであった。……

87 海国兵談《かいこくへいだん》——林子平《はやししへい》の海防論《かいぼうろん》

P.146・147・151

当世《とうせい》の俗習《ぞくしゅう》[1]にて、異国船《いこくせん》の入津《にゅうしん》[2]は長崎《ながさき》に限《かぎ》りたる事《こと》にて、別《べつ》の浦《うら》え船《ふね》を寄《よ》する事《こと》は決《けっ》して成《な》らざる事《こと》と思《おも》へり。実《じつ》に太平《たいへい》に鼓腹《こふく》する[3]人《ひと》と云《いう》べし。……当時《とうじ》[4]長崎《ながさき》に厳重《げんじゅう》に石火矢《いしびや》の備有《そなえあり》て、却《かえっ》て、安房《あわ》[5]・相模《さがみ》[6]の海港《かいこう》に其備《そのそなえ》なし。此事《このこと》甚《はなは》だ不審《いぶかし》。細《こま》かに思《おも》へば、江戸《えど》の日本橋《にほんばし》より唐《から》、阿蘭陀《おらんだ》まで境《さかい》なしの水路《すいろ》也《なり》。然《しか》るを此《ここ》に備《そな》へずして、長崎《ながさき》にのみ備《そなう》るは何《なん》ぞや。

〔海国兵談《かいこくへいだん》〕

言葉　[1]俗習：風習、習慣　[2]入津：入港　[3]太平に鼓腹する：鼓腹とは、腹つづみを打って楽しむこと。つまり、太平の世に慣れてしまっている様子　[4]当時：現在　[5]安房：東海道の一国で、現在の千葉県。房総半島の南端地域　[6]相模：東海道の一国で、現在の神奈川県。安房国とともに江戸（東京）湾の出入口にあたる浦賀水道の沿岸地

現代語訳　今の世間の習慣として、外国船の寄港は長崎に限られていて、他《ほか》の港に船が接岸《せつがん》することは絶対にありえないと思っている。これは大変平安無事に慣《な》れた人というべきである。……現在、長崎には厳重な砲台の設備があるのに、（江戸周辺の）安房《あわ》・相模《さがみ》の港にその設備がない。これは非常に不可解である。よく考えてみると、江戸日本橋から、清国・

オランダまでは境界のない水路で続いている。それなのにここ（江戸周辺）を防備しないで、長崎だけを防備するのはどういうことなのだろうか。

近代

88 日米和親条約《にちべいわしんじょうやく》①

P.147・156

第一条　日本《にほん》と合衆国《がっしゅうこく》とは、其《そ》の人民《じんみん》永世《えいせい》不朽《ふきゅう》の和《わ》親《しん》を取結《とりむす》ひ、場所《ばしょ》・人柄《ひとがら》の差別《さべつ》これなき事《こと》。

第二条　**伊豆《いず》下田《しもだ》・松前地《まつまえち》**②**箱館《はこだて》**の両港《りょうこう》は、日本政府《にほんせいふ》に於《おい》て、亜墨利加《アメリカ》船薪水《せんしんすい》・食料《しょくりょう》・石炭欠乏《せきたんけつぼう》の品《しな》を、日本《にほん》にて調《ととの》ひ候丈《そうろうだけ》は給《きゅう》し候為《そうろうた》め、渡来《とらい》の儀《ぎ》差免《さしゆる》し候《そうろう》。……

第九条　**日本政府《にほんせいふ》、外国人《がいこくじん》え当節《とうせつ》亜墨利加人《アメリカじん》え差免《さしゆる》さず候廉《そうろうかど》相免《あいゆる》し候節《そうろうせつ》は、亜墨利加人《アメリカじん》えも同様差免《どうようさしゆる》し申《もう》すべし。**右《みぎ》に付談判《つきだんぱん》猶予致《ゆうよいた》さず候事《そうろうこと》。

〔幕末外国関係文書《ばくまつがいこくかんけいもんじょ》〕

言葉　①日米和親条約：一八五四（安政元）年三月三日横浜で調印　②松前地：蝦夷地の最南端。現在の北海道渡島《おしま》半島南部

現代語訳　第一条　日本と合衆国政府は、両国人民の永久不変の親睦を結び、場所や人によって差別しないこと。
第二条　伊豆の下田、松前の箱館の両港については、日本政府は、アメリカ船が薪・水・食料・石炭等の欠乏の品を日本で調達できる限りは補給できるよう、アメリカ船の来航を許可する。……
第九条　日本政府が外国人に対して、今回アメリカ人に許可しなかった事柄を許可した際には、アメリカ人へも同様の事柄を許可する。このことは会議をせずにただちに行うこと。

89 日露和親条約《にちろわしんじょうやく》①

P.147・156・168

第一条　今《いま》より後《のち》、両国《りょうこく》末永《すえなが》く真実《しんじつ》懇《ねんごろ》にして、おのおの其《そ》の所領《しょりょう》に於《おい》て互《ご》に保護《ほご》し、人命《じんめい》は勿論《もちろん》、什物《じゅうもつ》②に於《おい》ても損害《そんがい》なかるへし。

第二条　今《いま》より後《のち》、**日本国《にほんこく》と魯西亜国《ロシアこく》との境《さかい》、「エトロプ」島《とう》③と「ウルップ」島《とう》④との間《あいだ》に在《あ》るへし。**「エトロプ」全島《ぜんとう》は日本《にほん》に属《ぞく》し、「ウルップ」全島《ぜんとう》、夫《それ》より北《きた》の方《かた》「クリル」諸島《しょとう》⑤は魯西亜《ロシア》に属《ぞく》す。「カラフト」島《とう》⑥に至《いた》りては、日本国《にほんこく》と魯西亜国《ロシアこく》との間《あいだ》に於《おい》て界《かい》を分《わか》たす、是《これ》まで仕来《しきたり》の通《とおり》たるへし。

第三条　日本政府《にほんせいふ》、**魯西亜船《ロシアせん》の為《ため》に箱館《はこだて》、下田《しもだ》、長崎《ながさき》の三港《こう》を開《ひら》く。**……

第八条　魯西亜人《ロシアじん》の日本国《にほんこく》に在《あ》る、日本人《にほんじん》の魯西亜国《ロシアこく》に在《あ》る、是《これ》を待《ま》つ事緩優《ことかんゆう》にして禁錮《きんこ》する事《こと》なし。然《しか》れ共《ども》、若《も》し法《ほう》を犯《おか》す者《もの》あらは、是《これ》を取押《とりおさ》へ処置《しょち》するに、おのおの其《そ》の本国《ほんごく》の法度《はっと》を以《もっ》てすへし。

第九条　両国近隣《りょうごくきんりん》の故《ゆえ》を以《もっ》て、日本国《にほんこく》にて向後《きょうこう》⑦他国《たこく》へ許《ゆる》す処《ところ》の諸件《しょけん》は、同時《どうじ》に魯西亜人《ロシアじん》にも差免《さしゆる》すへし。

〔幕末外国関係文書《ばくまつがいこくかんけいもんじょ》〕

言葉　①日露和親条約：一八五四（安政元）年十二月二十一日下田で調印　②什物：日常用いる器具　③「エトロプ」島：択捉島《えとろふ》　④「ウルップ」島：得撫島《うるっぷ》　⑤「クリル」諸島：千島列島　⑥「カラフト」島：樺太《からふと》。一八〇八年に間宮林蔵が探検し、島であることを確認した　⑦向後：これ以後

90 日米修好通商条約《にちべいしゅうこうつうしょうじょうやく》①

P.147・156

第三条　下田《しもだ》・箱館港《はこだてこう》②の外《ほか》、次《つぎ》にいふ所《ところ》の場所《ばしょ》を、左《ひだり》の期限《きげん》より開《ひら》くへし。

神奈川③　午三月より凡十五ヶ月の後より　西洋紀元千八百五十九年七月四日
長崎　同断　同断
新潟④　同断凡二十ヶ月の後より　千八百六十年一月一日
兵庫⑤　同断凡五十六ヶ月の後より　千八百六十三年一月一日　……神奈川港《かながわこう》を開《ひら》く後《のち》六箇月《かげつ》にして下田港《しもだこう》は鎖《とざ》すへし。此箇条《このかじょう》の内《うち》に載《のせ》たる各地《かくち》は、亜墨利加人《アメリカじん》に居留《きょりゅう》を許《ゆる》すへし。

……

第四条　総《すべ》て国地《こくち》に輸入《ゆにゅう》・輸出《ゆしゅつ》の品々《しなじな》、別冊《べっさつ》⑥の通《とお》り、日本役所《にほんやくしょ》へ、運上《うんじょう》を納《おさ》むへし。……

第六条　**日本人《にほんじん》に対《たい》し、法《ほう》を犯《おか》せる亜墨利加人《アメリカじん》は、亜墨利加《アメリカ》コンシュル裁断所《さいだんじょ》にて吟味《ぎんみ》の上《うえ》、亜墨利加《アメリカ》の法度《はっと》を以《もっ》て罰《ばっ》すへし。亜墨利加人《アメリカじん》へ対《たい》し、法《ほう》を犯《おか》したる日本人《にほんじん》は、日本役人糺《にほんやくにんただし》の上《うえ》、日本《にほん》の法度《はっと》を以《もっ》て罰《ばっ》すへし。**

〔幕末外国関係文書《ばくまつがいこくかんけいもんじょ》〕

言葉　①日米修好通商条約：一八五八（安政五）年六月十九日調印　②下田・函館港：一八五四年の日米和親条約によって開港された　③神奈川：現在の神奈川県横浜市の神奈川区の一部にあたる。東海道の宿場として栄え、開港場に指定されたが、実際には神奈川宿の南にあたる横浜村が開港場として開かれた　④新潟：実際に開港されるのは一八六八（明治元）年十一月十九日　⑤兵庫：実際には兵庫の東に接する神戸・二ツ茶屋・走水の三か村にまたがる沿岸部に、一八六七（慶応三）年十二月七日開港された（神戸港）　⑥別冊：この条約に付属する「貿易章程」のこと

現代語訳　第三条　下田・箱館港のほか、次の場所を左の期限から開港する。
神奈川（この三月から一五か月後から　西暦一八五九年七月四日）
長崎（神奈川と同じ）
新潟（二〇か月後から　一八六〇年一月一日）
兵庫（五六か月後から　一八六三年一月一日）……神奈川港の開港後、六か月を経過して下田港は閉鎖する。この箇条（第三条）に記してある各地においては、アメリカ人の居住を認める。……
第四条　すべて国内に輸入、国内から輸出する品物については、別冊の規定通りに、日本の役所へ関税を納めるように。
……
第六条　日本人に対して犯罪を犯したアメリカ人は、アメリカの領事裁判所において取り調べの上、アメリカの法律をもってこれを罰する。アメリカ人に対して犯罪を犯した日本人は、日本の役人が取り調べの上、日本の法律をもってこれを罰する。

91 王政復古《おうせいふっこ》の大号令《だいごうれい》①

P.158

徳川内府《とくがわないふ》②、従前御委任《さきにごいにん》ノ大政返上《たいせいへんじょう》、将軍職辞退《しょうぐんしょくじたい》ノ両条《りょうじょう》、今般断然聞《こんぱんだんぜんきこ》シ食《め》サレ候《そうろう》。抑《そもそも》癸丑《みずのとうし》③以来《いらい》未曾有《みぞう》ノ国難《こくなん》、先帝《せんてい》④頻年宸襟《ひんねんしんきん》⑤ヲ悩《なや》マサレ候御次第《そうろうおんしだい》、衆庶《しゅうしょ》ノ知《し》ル所《ところ》ニ候《そうろう》。之《これ》ニ依《より》テ叡慮《えいりょ》⑥ヲ決《けっ》セラレ、王《おう》

政復古《せいふっこ》、国威挽回《こくいばんかい》ノ御基《おんもとい》立《た》テサセラレ候間《そうろうあいだ》、**自今《じこん》、摂関《せっかん》・幕府等廃絶《ばくふとうはいぜつ》、即今先仮《そっこんまずかり》ニ総裁《そうさい》**[7]**・議定《ぎじょう》**[8]**・参与《さんよ》**[9]**ノ三職《さんしょく》ヲ置《おか》レ、万機《ばんき》行《おこな》ハセラルヘシ。** 〔維新史《いしんし》〕

言葉 [1]王政復古の大号令：一八六七（慶応三）年十二月九日布告 [2]内府：内大臣。慶喜のこと [3]癸丑：一八五三（嘉永六）年、ペリー来航の年 [4]先帝：前天皇、孝明天皇のこと [5]宸襟：天皇の心 [6]叡慮：天皇の考え [7]総裁：すべての事項を決定する最高の官職 [8]議定：政務を分掌し、議事に参加する [9]参与：議定の下で実務を担当する

現代語訳 内大臣徳川慶喜がこれまで天皇から委任されてきた大権を返上し、また将軍職を辞退するという二点について、このたびきっぱりとお許しになられた。そもそも癸丑の年（一八五三年）以来いまだかつてない国難について、先の孝明天皇が毎年お心を悩まされてきたことは、多くの人々が知るところである。そこで明治天皇は決断を下され、王政復古、国威回復の基本を樹立されたので、今後は摂政・関白や幕府などを廃止し、ただちにまず仮に総裁・議定・参与の三職を設置し、国の政治を行わせることとした。

92 五箇条《ごかじょう》の誓文《せいもん》[1]

P.161

一 **広《ひろ》ク会議《かいぎ》ヲ興《おこ》シ、万機公論《ばんきこうろん》ニ決《けっ》スヘシ**
一 上下《しょうか》心《こころ》ヲ一《いつ》ニシテ、盛《さかん》ニ経綸《けいりん》[2]ヲ行《おこな》フヘシ
一 官武《かんぶ》一途《いっと》庶民《しょみん》ニ至《いた》ル迄《まで》、各其志《おのおのそのこころざし》ヲ遂《と》ケ、人心《じんしん》ヲシテ倦《う》マサラシメンコトヲ要《よう》ス
一 **旧来《きゅうらい》ノ陋習《ろうしゅう》**[3]**ヲ破《やぶ》リ、天地《てんち》ノ公道《こうどう》ニ基《もとづ》クヘシ**
一 智識《ちしき》ヲ世界《せかい》ニ求《もと》メ、大《おおい》ニ皇基《こうき》ヲ振起《しんき》スヘシ

我国《わがくに》未曽有《みぞう》ノ変革《へんかく》ヲ為《なさ》ントシ、**朕躬《ちんみ》ヲ以《もっ》テ衆《しゅう》ニ先《さき》ンシ、天地神明《てんちしんめい》ニ誓《ちか》ヒ、大《おおい》ニ斯国是《このこくぜ》**[4]**ヲ定《さだ》メ**万民保全《ばんみんほぜん》ノ道《みち》ヲ立《たて》ントス。衆亦此旨趣《しゅうまたこのししゅ》ニ基《もとづ》キ、協心努力《きょうしんどりょく》セヨ。 〔法令全書《ほうれいぜんしょ》〕

言葉 [1]五箇条の誓文：一八六八（明治元）年三月十四日公布 [2]経綸：政治、治国済民の方策 [3]旧来ノ陋習：古い習慣、ここでは尊皇攘夷運動をさす [4]国是：国家の政治上の基本方針

現代語訳 一 広く会議を起こし、重要な事柄はすべて公の議論のもとに決定されなければならない。
一 上のものも下のものも心を一つにして、盛んに国家を治め整えなければならない。
一 公家も武家も一体となり、庶民に至るまで、その意志を貫徹し、人の心に怠け心を起こさせないようにすることが大切である。
一 旧来の悪習を改め、万国公法に基づいて政治は行われるべきである。
一 知識を広く世界に求め、大いに天皇の政治を盛んにしなければならない。

わが国がいまだかつて経験したことの無い変革を成し遂げ、私は国民の先頭にたって、天地の神々に誓い、大いに国家の基本方針を定め、国民を安んずる道を立てようとしている。国民はこの趣旨をよく汲んでともに協力し努力せよ。

93 五榜《ごぼう》の掲示《けいじ》[1]

P.161

同日《どうじつ》、旧幕府《きゅうばくふ》の掲榜《けいぼう》[2]を撤《てっ》し、更《あらた》めて五条《ごじょう》を掲示《けいじ》す。

第一榜《ぼう》
一 **人《ひと》タルモノ五倫《ごりん》ノ道《みち》**[3]**ヲ正《ただ》シクスヘキ事《こと》**
一 鰥寡孤独癈疾《かんかこどくはいしつ》ノ者《もの》ヲ憫《あわれ》ムヘキ事《こと》
一 人《ひと》ヲ殺《ころ》シ家《いえ》ヲ焼《や》キ財《ざい》ヲ盗《ぬす》ム等《など》ノ悪業《あくぎょう》アル間敷事《まじきこと》

第二榜《ぼう》 曰《いわ》ク、**党《とう》ヲ樹《た》テ強訴《ごうそ》シ或《あるい》ハ相率《あいひきい》テ田里《でんり》ヲ去《さ》ル**[4]**コト勿《なか》レ**

第三榜《ぼう》 曰《いわ》ク、**切支丹邪宗門《きりしたんじゃしゅうもん》**[5]**ハ旧《きゅう》ニ仍《よ》リテ之《これ》ヲ厳禁《げんきん》ス**

以上三榜永世《いじょうさんぼうえいせい》の定法《じょうほう》とす

第四榜《ぼう》 外国人《がいこくじん》ニ対《たい》シテ暴行《ぼうこう》ヲ為《な》スヲ禁《きん》ス

第五榜《ぼう》 逋逃《ほとう》[6]ヲ禁《きん》ス

以上二榜一時《いじょうにぼういちじ》の掲示《けいじ》とす。 〔明治政史《めいじせいし》〕

言葉 [1]五榜の掲示：一八六八年三月十五日掲示 [2]掲榜：立札のこと [3]五倫ノ道：君臣・父子・夫婦・長幼・朋友の間で守るべき道 [4]党ヲ樹テ……田里ヲ去ル：一揆・強訴・逃散 [5]邪宗門：キリスト教のこと [6]逋逃：逃亡

現代語訳 本日、旧幕府の高札を廃止し、改めて五か条にわたる掲示を示す。

第一榜 一 人たるものは五倫の道を全うしなければならない。
一 身寄りの無いものや身体に障害をもつものにあわれみの心をもたねばならない。
一 殺人や放火、盗みなど悪行をはたらいてはならない。

第二榜 徒党を組んで強訴したり、兆散したりしてはならない。

第三榜 キリスト教は旧来のとおりこれを厳禁とする。

以上三札を永久の決まりとする。

第四榜 外国人に対して暴行を働くことは禁止である。

第五榜 浮浪・本国脱走を禁止する。

以上二札は一時的な掲示とする。

94 廃藩置県《はいはんちけん》の詔《みことのり》[1]

P.162

朕曩《ちんさき》ニ諸藩版籍奉還《しょはんはんせきほうかん》ノ議《ぎ》ヲ聴納《ちょうのう》[2]**シ、新《あらた》ニ知藩事《ちはんじ》**[3]**ヲ命《めい》シ、各其職《おのおのそのしょく》ヲ奉《ほう》セシム、**然《しか》ルニ数百年因襲《すうひゃくねんいんしゅう》ノ久《ひさし》キ、或《あるい》ハ其名《そのめい》アリテ其実挙《そのじつあが》ラサル者《もの》アリ。……**仍《よっ》テ今更《いまさら》ニ藩《はん》ヲ廃《はい》シ県《けん》ト為《な》ス。**是務《これつとめ》テ冗《じょう》ヲ去《さ》リ簡《かん》ニ就《つ》キ[4]、有名無実《ゆうめいむじつ》ノ弊《へい》ヲ除《のぞ》キ、政令多岐《せいれいたき》ノ憂《うれい》無《な》カラシメントス[5]、汝群臣其《なんじぐんしんそ》レ朕《ちん》カ意《い》ヲ体《たい》セヨ。 〔法令全書《ほうれいぜんしょ》〕

言葉 [1]廃藩置県の詔：一八七一（明治四）年七月十四日公布 [2]聴納：聞き入れること [3]知藩事：旧藩主を旧領地に任命。この年の藩政改革で藩の石高《こくだか》の十分の一を家禄《かろく》として支給された [4]冗ヲ去リ簡ニ就キ：無駄を省いて簡素化する [5]政令…無カラシメントス：中央集権の強化をはかること

現代語訳 私は以前に諸藩の版籍奉還の申し出を聞き入れ、新しく知藩事《ちはんじ》を命じ、その職につかせた。ところが数百年にわたる古いしきたりのため、名ばかりで実《じつ》があがらない者がいる。……そこで今、さらに藩をなくして県を置く。これはできる限り無駄を省いて簡素にし、有名無実の弊害を取り除き、法令が多方面から出される問題点を無くそうとするものである。なんじら群臣は、この朕の意図することを理解しなさい。

95 徴兵告諭《ちょうへいこくゆ》

P.162

我朝上古《わがちょうじょうこ》ノ制《せい》、海内挙《かいだいあげ》テ兵《へい》ナラサルハナシ、……凡《およ》ソ天地《てんち》ノ間《あいだ》、一事一物《いちじいちぶつ》トシテ税《ぜい》アラサルハナシ、以《もっ》テ国用《こくよう》ニ充《あ》ツ。然《しか》ラハ則《すなわ》チ**人《ひと》タルモノ、固《もと》ヨリ心力《しんりょく》ヲ尽《つく》シ国《くに》ニ報《ほう》セサルヘカラス。西人之《せいじんこれ》ヲ称《しょう》シテ血税《けつぜい》**[1]

ト云《い》フ。其生血《そのせいけつ》ヲ以《もっ》テ国《くに》ニ報《ほう》スルノ謂《いい》ナリ。……西洋《せいよう》諸国《しょこく》、数百年来《ねんらい》、研究実践《けんきゅうじっせん》以《もっ》テ兵制《へいせい》ヲ定《さだ》ム。……故《ゆえ》ニ今其長《いまそのちょう》スル所《ところ》ヲ取《と》リ、古昔《こせき》ノ軍制《ぐんせい》ヲ補《おぎな》ヒ、海陸《かいりく》二軍《ぐん》ヲ備《そな》ヘ、**全国四民男児《ぜんこくしみんだんじ》二十歳《さい》ニ至《いた》ル者《もの》ハ、尽《ことごと》ク兵《へい》籍《せき》ニ編入《へんにゅう》シ**、以《もっ》テ緩急《かんきゅう》ノ用《よう》ニ備《そな》フヘシ。

明治《めいじ》五年壬申《じんしん》十一月二十八日　〔法令全書《ほうれいぜんしょ》〕

言葉 ①血税：身血を国家にささげて租税とする意味で、兵役義務のこと。これが国民の血をしぼり取ることと誤解された面もあって、徴兵反対の大規模な一揆が各地に起こり、十数万の農民が参加した

現代語訳 わが国の上古の制度は、全国民皆兵士であった。……およそ世の中で税金のかからない物は一つとしてなく、この税を国費に当てるのである。ならば人間たるもの当然真《ま》心《こころ》をもって国に報《むく》いなければならない。西洋人はこれを血《けつ》税《ぜい》と呼ぶ。自らの血によって国に報いるという意味である。……西洋の諸国は数百年来の研究と実践《じっせん》により、その兵制を定めている。……だから今、その長所を取り入れ、日本古来の軍制を補い、海軍と陸軍の二軍を備え、全国の士・農・工・商のすべての人民男子で二十歳になった者を全て兵籍に編入し、国家の緊急《きんきゅう》時に備えなければならない。

明治五（一八七二）年壬申十一月二十八日

96 地《ち》租《そ》改正《かいせい》布《ふ》告《こく》及《および》条例《じょうれい》

➡P.5・164

今般《こんぱん》地租改正《ちそかいせい》ニ付《つき》、旧来田畑貢納《きゅうらいでんばたこうのう》ノ法《ほう》ハ悉《ことごとく》皆相《みなあい》廃《はい》シ、更《さら》ニ地券《ちけん》①調査相済次第《ちょうさあいすみしだい》**土地《とち》ノ代価《だいか》ニ随《したが》ヒ百分ノ三ヲ以《もっ》テ地租《ちそ》ト相定《あいさだ》ムヘキ旨仰《むねおお》セ出《いだ》サレ候条《そうろうじょう》**、改正《かいせい》ノ旨趣別紙《ししゅべっし》条例《じょうれい》ノ通相心得《とおりあいこころう》ヘシ。

地租改正条例《ちそかいせいじょうれい》

第二章　地租改正施行相成候上《ちそかいせいせこうあいなりそうろううえ》ハ、**土地《とち》ノ原価《げんか》ニ随《したが》ヒ賦税致《ふぜいいた》シ候《そうろう》ニ付《つき》、以後仮令豊熟《いごたといほうじゅく》ノ年《とし》ト雖《いえど》モ増《ぞう》税申付《ぜいもうしつ》ケサルハ勿論《もちろん》、違作《いさく》②ノ年柄之有《としがらこれあ》リ候《そうろう》トモ、減租《げんそ》ノ儀一切相成《ぎいっさいあいな》ラス候事《そうろうこと》。**　〔法令全書《ほうれいぜんしょ》〕

言葉 ①地券：明治政府が発行した土地所有の権利証。一八七二（明治五）年に、全国の土地についてその所有者に交付された。これを壬申地券《じんしんちけん》と呼ぶ。一八七三年の地租改正により壬申地券と引き換えに新地券を発行した。所有者名、地目《ちもく》、反別《たんべつ》、地価が記載された　②違作：凶作。幕府領の場合、享保期から定免《じょうめん》制が採用されるが、その場合でも三割以上の不（凶）作ならば検見《けんみ》を行い、年貢減免が実施されていた

現代語訳 今回の地租改正により、従来の田畑への税とりたて法はすべて止《や》めて、地券《ちけん》の調査がすみ次第、地価の百分の三を地租とすると命令が出された。改正の趣旨は別紙条例にあるので、心得なさい。

地租改正条例

第二章　地租改正が実施《じっし》されたからには、土地の価格に従って課税《かぜい》するので、これからはたとえ豊作の年でも増税はしないが、凶作の年であっても減税することは一切しない。

97 学問《がくもん》のすゝめ①

➡P.188

天《てん》は人《ひと》の上《うえ》に人《ひと》を造《つく》らず②、人《ひと》の下《した》に人《ひと》を造《つく》らずと云《い》へり。されば天《てん》より人《ひと》を生《しょう》ずるには、万人《ばんにん》は万《ばん》人《にん》、皆同《みなおな》じ位《くらい》にして、生《うま》れながら貴賤上下《きせんじょうげ》の差別《さべつ》なく、万物《ばんぶつ》の霊《れい》たる身《み》と心《こころ》との働《はたらき》を以《もっ》て、天地《てんち》の間《あいだ》にあるよろづの物《もの》③を資《と》り、以《もっ》て衣食住《いしょくじゅう》の用《よう》を達《たっ》し、自由《じゆう》自在《じざい》、互《たがい》に人《ひと》の妨《さまた》げをなさずして、各《おのおの》安楽《あんらく》に此世《このよ》を渡《わた》らしめ給《たま》ふの趣意《しゅい》なり。……実語教《じつごきょう》④に、人学《ひとまな》ばざれば智《ち》なし、智《ち》なき者《もの》は愚人《ぐじん》なりとあり。されば賢《けん》人《じん》と愚人《ぐじん》との別《べつ》は、学《まな》ぶと学《まな》ばざるとに由《よ》りて出来《でき》るものなり。　〔学問《がくもん》のすゝめ〕

言葉 ①学問のすゝめ：福沢諭吉の代表的著作。一八七二（明治五）～七六（明治九）年に十七冊の小冊子として刊行され、のちに一冊にまとめられた。各編とも約二十万部刊行され、偽版も多く出るなどベストセラーとなった　②天は人の上に人を造らず：ルソー等の天賦《てんぷ》人権思想の影響がみられる　③よろづの物：すべての事、万事　④実語教：儒学の経典である経書の中から、格言を抄録した児童の教訓書。学問と道徳の実践の大切さを説いている。江戸時代には刊本として広まり、寺子屋の教科書として使われた

現代語訳 天は人の上に人を造らないし、また人の下にも人を造らないという。だから生まれながらの人間は、万人が万人皆《みな》同じ位《くらい》で、生まれながら貴《とうと》い・賤《いや》しいとか上・下の差別はなく、万物の霊長《れいちょう》（人間）としての身心《しんしん》の働きを持ち、天地自然界に存在する様々《さまざま》な物質を使って衣食住に当て、自由な存在として互いに他人の邪魔《じゃま》をせず、各人が安らかに人生を過ごせるようにとの計《はか》らいからなのである。……実語教という書物によれば、人は学ばなければ知恵を得ることはできず、知恵なき者は愚かな人とある。そうであるから、賢い人とおろかな人との差は学問をするかしないかの差なのである。

98 学制《がくせい》の公布―学事奨励《がくじしょうれい》ニ関《かん》スル被仰出書《おおせいだされしょ》①

➡P.167

人能《ひとよ》ク其才《そのさい》ノアル所《ところ》ニ応《おう》シ勉励《べんれい》シテ之《これ》ニ従事《じゅうじ》シ、而《しか》シテ後初《のちはじめ》テ生《せい》ヲ治《おさ》メ産《さん》ヲ興《おこ》シ業《ぎょう》ヲ昌《さかん》ニスルヲ得《う》ヘシ。サレハ**学問《がくもん》ハ身《み》ヲ立《たつ》ルノ財本共云《ざいほんともいう》ヘキ者《もの》ニシテ、人《ひと》タルモノ誰《だれ》カ学《まな》ハスシテ可《か》ナランヤ。**……之《これ》ニ依《より》テ今般《こんぱん》文部省《もんぶしょう》②ニ於《おい》テ学制《がくせい》③ヲ定《さだ》メ、追々教則《おいおいきょうそく》④ヲモ改正《かいせい》シ布告《ふこく》ニ及《およ》フヘキニツキ、自今以後《じこんいご》一般《いっぱん》ノ人民《じんみん》華士族農工《かしぞくのうこう》商及婦女子《しょうおよびふじょし》、**必《かなら》ス邑《むら》⑤ニ不学《ふがく》ノ戸《こ》ナク、家《いえ》ニ不学《ふがく》ノ人《ひと》ナカラシメン事《こと》ヲ期《き》ス。**人《ひと》ノ父兄《ふけい》タルモノ宜《よろし》ク此意《このい》ヲ体《たい》認《にん》シ、其愛育《そのあいいく》ノ情《じょう》ヲ厚《あつ》クシ、其子弟《そのしてい》ヲシテ必《かなら》ス学《がく》ニ従《じゅう》事《じ》セシメサルヘカラサルモノナリ。　〔法令全書《ほうれいぜんしょ》〕

言葉 ①学事奨励ニ関スル被仰出書：一八七二（明治五）年八月二日太政官布告　②文部省：一八七一年設立、文部卿大木喬任《たかとう》により学制が起草される　③学制：近代的学校制度を定めた法令。フランスの学制を手本に、全国を八大学区、各大学区を三十二中学区、各中学区を二百十小学区に分け、全国で八大学校、二百五十六中学校、五万三千七百六十小学校を開設する計画を示しピラミッド型の学制を作った。実質的な就学率は三割程度であった。一八七九（明治十二）年の教育令により廃止　④教則：教育課程、教授法の基準。同年に小学校教則が、翌年には師範学校教則が出された　⑤邑：村と同義

現代語訳 人はよくその才能に応じて勉め励んで学問に従い、そして初めて財産を増やし、家業を盛んにすることができる。だから学問は、身を立てる資本ともいうべきものであって、人たる者は誰でも学ばなければいけないのである。……こうして今回、文部省では学制を定め、順次《じゅんじ》教授に関する規則も改正し布告する予定であるので、今後一般の人民（華族・士族・農民・工人・商人及び婦女子を問《と》わず）は、必ず村に不学の家がないように、家には不学の人がないように願いたい。人の父兄たる者はよくこの意味を認識して、子弟への愛育の情を深め、子弟を必ず学校に通わせなければならない。

99 日朝修好条規《にっちょうしゅうこうじょうき》[1]

▶P.168

第一款《かん》　朝鮮国《ちょうせんこく》ハ自主《じしゅ》ノ邦《くに》[2]ニシテ日本国《にほんこく》ト平等《びょうどう》ノ権《けん》ヲ保有《ほゆう》セリ。嗣後《じご》両国和親《りょうこくわしん》ノ実《じつ》ヲ表《ひょう》セント欲《ほっ》スルニハ彼此《ひし》互ニ同等《どうとう》ノ礼義《れいぎ》ヲ以《もっ》テ相接待《あいせったい》シ、毫《ごう》モ侵《しん》越猜嫌《えつさいけん》スル事《こと》アルヘカラス。……

第八款　嗣後《じご》日本国政府《にほんこくせいふ》ヨリ朝鮮国指定各《ちょうせんこくしていかく》口（港）ハ時宜《じぎ》ニ随《したが》ヒ日本商民《にほんしょうみん》ヲ管理《かんり》スルノ官《かん》ヲ設《もう》ケ置《お》クヘシ。若《も》シ両国《りょうこく》ニ交渉《こうしょう》スル事件《じけん》アル時《とき》ハ該官《がいかん》ヨリ其所《そのところ》ノ地方長官《ちほうちょうかん》ニ会商《かいしょう》シテ弁理《べんり》セン。

第十款　**日本国人民《にほんこくじんみん》、朝鮮国指定《ちょうせんこくしてい》ノ各口《かくこう》ニ在留中《ざいりゅうちゅう》、若《も》シ罪科《ざいか》ヲ犯《おか》シ朝鮮国人民《ちょうせんこくじんみん》ニ交渉《こうしょう》スル事件《じけん》ハ総《すべ》テ日本国官員《にほんこくかんいん》ノ審断《しんだん》ニ帰《き》スヘシ**[3]。若《も》シ朝鮮国人民罪《ちょうせんこくじんみんざい》科《か》ヲ犯《おか》シ日本国人民《にほんこくじんみん》ニ交渉《こうしょう》スル事件《じけん》ハ均《ひと》シク朝鮮《ちょうせん》国官員《こくかんいん》ノ査弁《さべん》ニ帰《き》スヘシ。

〔大日本外交文書《だいにほんがいこうぶんしょ》〕

言葉　[1]日朝修好条規：一八七六（明治九）年二月二十六日調印　[2]自主ノ邦：現実には清国は朝鮮を属国とみなしており、このことがその後の日清両国の紛争の種となった　[3]日本国人民……審断ニ帰スヘシ：治外法権＝領事裁判権をさす。これがのちに日本商人の不法行為を大目に見、その不法を助長する結果になった。たとえば、一八八一（明治十四）年下半期において二千人に足りない居留民のうち二百四十八人が刑事犯罪を犯しているが、このうち処分されたのは三十六人であった

現代語訳　第一款　朝鮮国は自主の国であり、日本国と平等の権利を保有する。今後両国の和親の成果を勝ち取るためには、両国が互いに同等の礼儀で応待し合い、相手を犯し踏み入ったり、憎みきらったりしてはならない。……

第八款　今後日本政府は、朝鮮国が指定した各港へは、好きな時に、日本人商人を管理するための領事を設け置くことができる。もし両国間に交渉の必要な事件があるときは、この領事がそこの地方長官と会合し相談し処理する。

第十款　日本国の人民が、朝鮮国の指定した各港に在留中において、もし罪科を犯し朝鮮国の人民と関係する事件が生じた際には、日本国の官員の審断に任せる。もし朝鮮の人民が罪科を犯し日本人民に関係する事件であれば、同様に朝鮮国官員の処理に任せる。

100 樺太《からふと》・千島交換条約《ちしまこうかんじょうやく》[1]

▶P.168

第一款《かん》　大日本国皇帝陛下《だいにほんこくこうていへいか》ハ其後胤《そのこういん》[2]ニ至《いた》ル迄《まで》、現今《げんこん》樺太島《からふととう》即《すなわち》薩哈嗹島《サハリンとう》ノ一部ヲ所領《しょりょう》スルノ権理《けんり》及《および》君主《くんしゅ》ニ属《ぞく》スル一切《いっさい》ノ権理《けんり》ヲ全魯西亜国皇帝陛下《ぜんロシアこくこうていへいか》ニ譲《ゆず》リ、而今而後《じこんじご》[3]**樺太全島《からふとぜんとう》ハ悉《ことごと》ク魯西亜帝国《ロシアていこく》ニ属《ぞく》シ「ラペルーズ」海峡《かいきょう》[4]ヲ以《もっ》テ両国《りょうこく》ノ境界《きょうかい》トス。**

第二款《かん》　全魯西亜国皇帝陛下《ぜんロシアこくこうていへいか》ハ、第一款《かん》ニ記《き》セル樺太《からふと》島《とう》即《すなわち》薩哈嗹島《サハリンとう》ノ権理《けんり》ヲ受《うけ》シ代《かわり》トシテ、其後胤《そのこういん》ニ至《いた》ル迄《まで》、現今所領《げんこんしょりょう》「クリル」群島《ぐんとう》[5]即《すなわ》チ第一「シュムシュ」島《とう》……第十八「ウルップ」島共計《とうどもけい》十八島《とう》ノ権理《けんり》及《およ》ヒ君主《くんしゅ》ニ属《ぞく》スル一切《いっさい》ノ権理《けんり》ヲ大日本国皇帝陛下《だいにほんこくこうていへいか》ニ譲《ゆず》リ、**而今而後《じこんじご》「クリル」全島《ぜんとう》ハ日本帝国《にほんていこく》ニ属《ぞく》シ、柬察加《カムチャツカ》地方《ちほう》「ラパッカ」岬《みさき》ト「シュムシュ」島《とう》ノ間《あいだ》ナル海峡《かいきょう》ヲ以《もっ》テ両国《りょうこく》ノ境界《きょうかい》トス。**

〔大日本外交文書《だいにほんがいこうぶんしょ》〕

言葉　[1]樺太・千島交換条約：一八七五（明治八）年五月七日調印　[2]後胤：子孫　[3]而今而後：今後　[4]「ラペルーズ」海峡：宗谷海峡のことをさす。北海道と樺太間の海峡。フランス人ラペルーズが一七八七（天明七）年に発見したことにちなむ　[5]「クリル」群島：千島列島

現代語訳　第一款　大日本国天皇は末代《まつだい》に至るまで、現樺太島（サハリン島）の一部を所有する権利と君主に属する全《すべ》ての権利をロシア皇帝に譲り、今から以後、樺太全島は全てロシア帝国に属し、ラペルーズ海峡をもって両国の境界とする。

第二款　ロシア皇帝は第一款に記した樺太島の権利を受けとる代《かわ》りとして、その末代に至るまで現在所有するクリル群島即ち第一シュムシュ島（占守島）……第十八ウルップ島（得撫島）など計十八島の権利と君主に属する全ての権利を大日本国天皇に譲り、今後、クリル全群島は日本帝国に所属し、カムチャツカ地方のラパッカ岬とシュムシュ島の間の海峡をもって両国の境界とする。

101 民撰議院設立《みんせんぎいんせつりつ》の建白書《けんぱくしょ》[1]

▶P.170

臣等《しんら》[2]伏《ふ》シテ方今政権《ほうこんせいけん》ノ帰《き》スル所《ところ》ヲ察《さっ》スルニ、上帝《かみてい》室《しつ》ニ在《あ》ラス、下人民《しもじんみん》ニ在《あ》ラス、而《しか》シテ独有司《ひとりゆうし》[3]ニ帰《き》ス。……臣等愛国《しんらあいこく》ノ情《じょう》自《おのずか》ラ已《や》ム能《あた》ハス、**乃《すなわ》チ之《これ》ヲ振救《しんきゅう》スルノ道《みち》ヲ講求《こうきゅう》スルニ、唯天下《ただてんか》ノ公議《こうぎ》ヲ張《は》ルニ在《あ》ル而已《のみ》。天下《てんか》ノ公議《こうぎ》ヲ張《は》ルハ、民撰議院《みんせんぎいん》ヲ立《たつ》ルニ在《あ》ル而已《のみ》。**……

〔日新真事誌《にっしんしんじし》〕

AC

言葉　[1]民撰議院設立の建白書：一八七四（明治七）年一月十七日左院提出　[2]臣等：建白書提出者の自称。提出者は、征韓論分裂で下野した前参議板垣退助（土佐）、後藤象二郎（土佐）、江藤新平（肥前）、副島種臣（肥前）とイギリス帰りの小室信夫（阿波）、古沢滋（土佐）、前東京府知事由利公正（越前）、前大蔵大丞岡本健三郎（土佐）の八人。起草者は古沢である　[3]有司：政府の官僚。「有司専制」と非難された。

現代語訳　我々が考えてみると、近頃の政権を独占しているのは、上の天皇でも、下の人民でもなく、ひとえに政府の役人なのである。……我々の国を愛する心情は消すことができず、そこでこのひどい状態を救う道を追求すれば、それは広範な人民が議論を行うことにしかあり得ない。そして、このような議論を行うには、民撰による議院をつくる以外にない。

102 新聞紙条例《しんぶんしじょうれい》・讒謗律《ざんぼうりつ》[1]

▶P.170

●新聞紙条例《しんぶんしじょうれい》

第十二条　新聞紙《しんぶんし》若《もし》クハ雑誌雑報《ざっしざっぽう》[2]ニ於《おい》テ人《ひと》ヲ教唆《きょうさ》[3]シテ罪《つみ》ヲ犯《おか》サシメタル者《もの》ハ犯《おか》ス者《もの》ト同罪《どうざい》。……

第十三条　**政府《せいふ》ヲ変壊《へんかい》[4]シ国家《こっか》ヲ顛覆《てんぷく》スルノ論《ろん》ヲ載《の》セ騒乱《そうらん》ヲ煽起《せんき》[5]セントスル者《もの》**ハ、禁獄《きんごく》一年以上《ねんいじょう》三年《ねん》ニ至《いた》ル迄《まで》ヲ科《か》ス。……

〔法令全書《ほうれいぜんしょ》〕

●讒謗律《ざんぼうりつ》

第一条　凡《およ》ソ事実《じじつ》ノ有無《うむ》ヲ論《ろん》セス人《ひと》ノ栄誉《めいよ》ヲ害《がい》スヘキノ行事《ぎょうじ》[6]ヲ摘発公布《てきはつこうふ》スル者之《ものこれ》ヲ讒毀《ざんき》[7]トス。人《ひと》ノ行《ぎょう》事《じ》ヲ挙《あぐ》ルニ非《あら》スシテ悪名《あくめい》ヲ以《もっ》テ人《ひと》ニ加《くわ》ヘ公布《こうふ》スル者《もの》之《これ》ヲ誹謗《ひぼう》[8]トス。……

第四条　**官吏《かんり》ノ職務《しょくむ》ニ関《かん》シ讒毀《ざんき》スル者《もの》**ハ禁獄《きんごく》十日以《い》上《じょう》二年以下《ねんいか》罰金《ばっきん》十円以上《えんいじょう》五百円以下《えんいか》、**誹謗《ひぼう》スル者《もの》**ハ禁獄《きんごく》五日以上《いじょう》一年以下《ねんいか》罰金《ばっきん》五円以上《えんいじょう》三百円以《えんい》下《か》。

〔法令全書《ほうれいぜんしょ》〕

言葉　[1]新聞紙条例・讒謗律：一八七五（明治八）年六月

二十八日公布　[2]雑報：さまざまな報道　[3]教唆：そそのかすこと　[4]変壊：破壊して変えること　[5]煽起：あおって引き起こすこと　[6]行事：行ったことがら。事実　[7]讒毀：人のことを悪く言い、名誉を傷つけること　[8]誹謗：他を悪く言うこと。そしること

現代語訳　●新聞紙条例

第十二条　新聞紙あるいは雑誌や雑報において、他人をそそのかして犯罪を犯させた者は、犯した者と同罪である。

第十三条　政府を倒し、国家をくつがえそうとする論文を掲載《けいさい》し、騒動や内乱を扇動《せんどう》しようとする者は禁獄一年以上を科す。

……

●讒謗律

第一条　一般に事実の有る無しにかかわらず、人の栄誉をそこなう行為をあばき公表することを「讒毀」とする。人の行為を論ずるのではなく、人の悪評判を宣伝、公表することを「誹謗」とする。……

第四条　官吏の職務について「讒毀」する者は禁獄十日以上二年以下、罰金十円以上五百円以下。「誹謗」する者は禁獄五日以上一年以下、罰金五円以上三百円以下。

103　国会《こっかい》開設《かいせつ》の勅諭《ちょくゆ》[1]

P.170

嚮《さき》ニ明治《めいじ》八年ニ元老院《げんろういん》[2]ヲ設《もう》ケ、十一年ニ府県会《ふけんかい》[3]ヲ開《ひら》カシム。此《こ》レ皆《みな》漸次《ぜんじ》基《もとい》ヲ創《はじ》メ、序《ついで》ニ循《したが》テ歩《ほ》ヲ進《すす》ムルノ道《みち》ニ由《よ》ルニ非《あら》サルハ莫《な》シ。爾有衆《なんじゆうしゅう》[4]亦《また》朕《ちん》カ心《こころ》ヲ諒《りょう》トセン。……将《まさ》ニ明治《めいじ》二十三年ヲ期《き》シ、議員《ぎいん》ヲ召《め》シ国会《こっかい》ヲ開《ひら》キ、以《もっ》テ朕《ちん》カ初志《しょし》ヲ成《な》サントス。……

〔法令全書《ほうれいぜんしょ》〕

言葉　[1]国会開設の勅諭：一八八一（明治十四）年十月十二日公布　[2]元老院：一八七五（明治八）年大阪会議の結果、立法権確立のため左院の後身として設置。実際には政府の諮問機関　[3]府県会：一八七八（明治十一）年府県会規則によって定められた地方議会。民権運動のなかの地方民会設立の要求を形式的容認。議員は民選であったが権限は弱く財政審議権だけに限られた。一八九〇（明治二十三）年府県制の施行で廃止　[4]爾有衆：人民

現代語訳　先に、明治八年には元老院を設け、十一年には府県会を開かせた。これもみな、徐々に基礎を作り、順序に従って前進しようとしているからにほかならない。なんじら人民よ、朕の心を理解せよ。……今ここに、明治二十三年を期して議員を集め、国会を開いて朕の初志を達成したいと思う。

104　保安条例《ほあんじょうれい》[1]

P.170

第四条　**皇居《こうきょ》又《また》ハ行在所《あんざいしょ》[2]ヲ距《へだ》タル三里《り》以内《いない》ノ地《ち》ニ住《じゅう》居《きょ》又《また》ハ寄宿《きしゅく》スル者《もの》ニシテ、内乱《ないらん》ヲ陰謀《いんぼう》シ又《また》ハ教唆《きょうさ》シ又《また》ハ治安《ちあん》ヲ妨害《ぼうがい》スルノ虞《おそれ》アリト認《みと》ムルトキハ、警《けい》視総監《しそうかん》又《また》ハ地方長官《ちほうちょうかん》ハ内務大臣《ないむだいじん》[3]ノ認可《にんか》ヲ経《へ》、期《き》日《じつ》又《また》ハ時間《じかん》ヲ限《かぎ》リ退去《たいきょ》ヲ命《めい》シ、三年以内同一《いないどういつ》ノ距離《きょり》内《ない》ニ出入寄宿又《でいりきしゅくまた》ハ住居《じゅうきょ》ヲ禁《きん》スルコトヲ得《う》。**

〔法令全書《ほうれいぜんしょ》〕

言葉　[1]保安条例：一八八七（明治二十）年十二月二十五日公布　[2]行在所：天皇が地方巡幸した際の仮の住まい　[3]内務大臣：内務省は民衆行政一般を担当。特にこの時期には警察行政を中心に社会運動への取り締まりに力を発揮した。時の内務大臣は山県有朋

現代語訳　第四条　皇居《こうきょ》または天皇の仮御所《かりごしょ》から三里以内の地に居住または寄宿《きしゅく》する者で、内乱を計画し、人をそそのかし、治安を乱《みだ》すおそれがあると認めた時は、警視総監《けいしそうかん》または地方長官は内務大臣の許可を得て、期日《きじつ》と時間を制限し退去を命じ、三年以内は同一の距離《きょり》内に出入り、寄宿、居住することを禁ずることができる。

105　私擬憲法《しぎけんぽう》

P.172

●**東洋大日本国国憲按《とうようだいにほんこくこっけんあん》[1]**（植木枝盛《うえきえもり》）

第四十二条　日本人民《にほんじんみん》ハ法律上《ほうりつじょう》ニ於《おい》テ平等《びょうどう》トナス

第四十九条　日本人民《にほんじんみん》ハ思想《しそう》ノ自由《じゆう》ヲ有《ゆう》ス

第七十二条　**政府《せいふ》恣《ほしいまま》ニ国憲《こっけん》[2]ニ背《そむ》キ擅《ほしいまま》ニ人民《じんみん》ノ自由《じゆう》権利《けんり》ヲ侵害《しんがい》シ建国《けんこく》ノ旨趣《ししゅ》[3]ヲ妨《さまた》クルトキハ日本国《にほんこく》民《みん》ハ之《これ》ヲ覆滅《ふくめつ》[4]シテ新政府《しんせいふ》ヲ建設《けんせつ》スルコトヲ得《う》**

〔秘書類纂《ひしょるいさん》〕

言葉　[1]東洋大日本国国憲按：一八八一（明治十四）年起草　[2]国憲：憲法　[3]旨趣：本来の目的　[4]覆滅：倒す。人民の革命権を規定している

現代語訳　●東洋大日本国国憲按（植木枝盛）

第四十二条　日本の人民は法律の上で平等である。

第四十九条　日本の人民は思想の自由を有する。

第七十二条　政府が思いのままに憲法にそむき、勝手《かって》に人民の自由の権利を侵害し、建国の趣旨を妨げるときは、日本国民はこの政府を倒して新政府を建設することができる。

106　大日本帝国憲法《だいにほんていこくけんぽう》[1]

P.174

第一条　**大日本帝国《だいにほんていこく》ハ万世一系《ばんせいいっけい》[2]ノ天皇之《てんのうこれ》ヲ統治《とうち》ス**

第三条　**天皇《てんのう》ハ神聖《しんせい》ニシテ侵《おか》スヘカラス**[3]

第四条　**天皇《てんのう》ハ国《くに》ノ元首《げんしゅ》ニシテ統治権《とうちけん》ヲ総攬《そうらん》[4]シ此《こ》ノ憲法《けんぽう》ノ条規《じょうき》ニ依《よ》リ之《これ》ヲ行《おこな》フ**

第五条　天皇《てんのう》ハ**帝国議会《ていこくぎかい》ノ協賛《きょうさん》[5]ヲ以《もっ》テ立法権《りっぽうけん》ヲ行《おこな》フ**

第八条　天皇《てんのう》ハ公共《こうきょう》ノ安全《あんぜん》ヲ保持《ほじ》シ又《また》ハ其《そ》ノ災厄《さいやく》ヲ避《さ》クル為緊急《ためきんきゅう》ノ必要《ひつよう》ニ由《よ》リ帝国議会閉会《ていこくぎかいへいかい》ノ場合《ばあい》ニ於《おい》テ**法律《ほうりつ》ニ代《かわ》ルヘキ勅令《ちょくれい》[6]ヲ発《はっ》ス**……

第十一条　**天皇《てんのう》ハ陸海軍《りくかいぐん》ヲ統帥《とうすい》[7]ス**

第十二条　天皇《てんのう》ハ陸海軍《りくかいぐん》ノ編制及常備兵額《へんせいおよびじょうびへいがく》ヲ定《さだ》ム

第十四条　天皇《てんのう》ハ**戒厳《かいげん》[8]ヲ宣告《せんこく》ス**

第二十条　日本臣民《にほんしんみん》ハ法律《ほうりつ》ノ定《さだ》ムル所《ところ》ニ従《したが》ヒ**兵役《へいえき》ノ義務《ぎむ》[9]ヲ有《ゆう》ス**

第二十八条　日本臣民《にほんしんみん》ハ安寧秩序《あんねいちつじょ》ヲ妨《さまた》ケス及《および》**臣民《しんみん》タルノ義務《ぎむ》ニ背《そむ》カサル限《かぎり》ニ於《おい》テ信教《しんきょう》ノ自由《じゆう》ヲ有《ゆう》ス**

第二十九条　日本臣民《にほんしんみん》ハ**法律《ほうりつ》ノ範囲内《はんいない》ニ於《おい》テ**言論著作《げんろんちょさく》印行《いんこう》[10]集会及結社《しゅうかいおよびけっしゃ》ノ自由《じゆう》ヲ有《ゆう》ス

第三十三条　帝国議会《ていこくぎかい》ハ**貴族院《きぞくいん》[11]衆議院《しゅうぎいん》ノ両院《りょういん》ヲ以《もっ》テ**成立《せいりつ》ス

〔法令全書《ほうれいぜんしょ》〕

言葉　[1]大日本帝国憲法：一八八九（明治二十二）年二月十一日発布　[2]万世一系：天照大神《あまてらすおおみかみ》以来、連綿《れんめん》として変わることのない皇室の系統　[3]神聖ニシテ侵スヘカラス：（神聖）不可侵とは君主無答責を意味する。つまり君主は法律・政治上の責任を負わず、刑事の訴追を受けることはない　[4]総攬：一手に掌握すること　[5]協賛：力を合わせて協力すること　[6]勅令：緊急勅令。天皇大権の一つ　[7]統帥：軍隊をまとめ率いること。軍隊の最高指揮権、天皇大権の一つ。統帥権は内閣から独立した権限とされたため、解釈をめぐり軍

部と内閣の対立も多く、軍部による政治支配を生んだ [8]戒厳：戦争、内乱に際し法律を停止し、軍の権力下に置くこと。 [9]兵役ノ義務：ほかに納税の義務も規定（第二十一条） [10]印行：図書の印刷、発行 [11]貴族院：皇族・華族、勅選多額納税者、帝国学士院会員から成る。衆議院と対抗

現代語訳 第一条 大日本帝国は万世一系《ばんせいいっけい》の天皇が統治《とうち》する。

第三条 天皇は神聖《しんせい》なるもので神とみなしてこれを侵《おか》してはならない。

第四条 天皇は国の元首《げんしゅ》で統治権を全《すべ》て掌握《しょうあく》し、この憲法の規定により国を統治する。

第五条 天皇は帝国議会の助力《じょりょく》を得て立法権を取り行う。

第八条 天皇は公共の安全を保《たも》ち災難《さいなん》をさけるため、緊急《きんきゅう》必要時でかつ帝国議会閉会時においては法律にかわる勅《ちょく》令《れい》を発することができる。……

第十一条 天皇は陸・海軍を指揮統率《しきとうそつ》するものとする。

第十二条 天皇は陸海軍の編制と常備の軍事費を定める。

第十四条 天皇は戒厳令を宣言する。

第二十条 日本の臣民（国民）は法律の定めるところにより兵役の義務を有する。

第二十八条 日本の臣民（国民）は社会の安全や秩序を妨げない限り、また臣民（国民）の義務に反しない限りにおいて信教の自由を有する。

第二十九条 日本臣民は法律の定める範囲内において言論・著作・印刷《いんさつ》・集会・結社の自由を保持する。

第三十三条 帝国議会は貴族院と衆議院の両院から成る。

107 黒《くろ》田《だ》首相の超《ちょう》然《ぜん》主《しゅ》義《ぎ》演説[1]

➡P.175

憲法《けんぽう》ハ敢《あえ》テ臣民《しんみん》ノ一辞《いちじ》ヲ容《い》ル、[2]所《ところ》ニ非《あらざ》ルハ勿論《もちろん》ナリ。唯《た》タ施政上《しせいじょう》ノ意見《いけん》ハ人々其所説《ひとびとそのしょせつ》ヲ異《い》ニシ、其合《そのごう》同《どう》スル者相投《ものあいとう》シテ団結《だんけつ》ヲナシ、所謂政党《いわゆるせいとう》ナル者《もの》ノ社会《しゃかい》ニ存立《そんりつ》スルハ亦情勢《またじょうせい》ノ免《まぬか》レサル所《ところ》ナリ。然《しか》レトモ政《せい》府《ふ》ハ常《つね》ニ一定《いってい》ノ方向《ほうこう》ヲ取《と》リ、超然《ちょうぜん》[3]トシテ政党《せいとう》ノ外《そと》ニ立《た》チ、至公至正《しこうしせい》[4]ノ道《みち》ニ居《お》ラサル可《べか》ラス。……

〔明治政史《めいじせいし》〕

言葉 [1]黒田首相の超然主義演説：一八八九（明治二十二）年二月十二日 [2]一辞ヲ容ル、：口をさしはさむ [3]超然：ある物事に関係せず、その外にいて行う主義 [4]至公至正：この上なく公正な

現代語訳 憲法には国民が意見をさしはさむべきものでないことは勿論《もちろん》である。だが、施政《しせい》上の意見は各人により異《こと》なり、同じ意見の者同士が団結し、政党などができることは時代の流れでやむを得ない。しかしながら、政府はいつも一定の主義を守り、政党の動きにとらわれることなく政党の外に立ち、この上なく公正な立場にいなければならない。……

108 脱《だつ》亜《あ》論《ろん》[1]

➡P.179

左《さ》れば今日《こんにち》の謀《はかりごと》を為《な》すに、我国《わがくに》は隣国《りんごく》の開明《かいめい》を待《まっ》て共《とも》に亜細亜《アジア》を興《おこ》すの猶予《ゆうよ》ある可《べか》らず、寧《むし》ろ其伍《そのご》[2]を脱《だっ》して西洋《せいよう》の文明国《ぶんめいこく》と進退《しんたい》を共《とも》にし、其支那《そのしな》朝鮮《ちょうせん》に接《せっ》するの法《ほう》も隣国《りんごく》なるが故《ゆえ》にとて特別《とくべつ》の会釈《えしゃく》に及《およ》ばず、正《まさ》に西洋人《せいようじん》が之《これ》に接《せっ》するの風《ふう》に従《したがい》て処分《しょぶん》すべきのみ。悪友《あくゆう》を親《した》しむ者《もの》は共《とも》に悪名《あくめい》を免《まぬ》かる可《べか》らず。我《わ》れは心《こころ》に於《おい》て亜細亜《アジア》東方《とうほう》の悪友《あくゆう》を謝絶《しゃぜつ》[3]するものなり。

〔時事新報《じじしんぽう》〕

言葉 [1]脱亜論：一八八五（明治十八）年三月十六日「時事新報」に発表 [2]伍：仲間 [3]謝絶：断わること。拒絶すること

現代語訳 今日の日本の計画としては、隣国（朝鮮・中国）の近代化を待って、協力してアジアを発展させるという余裕はなく、むしろその仲間を抜けて西洋の文明国と行動を共にし、中国・朝鮮と応対する方法も、隣国だからといって特別に思いやる必要はなく、西洋人が中国・朝鮮と応対するようにやるのが正当である。悪友と親しくする者は、共に悪名を避けることはできない。私は心の中でアジア東方の悪友（朝鮮・中国）を断わるものである。

109 下関条約《しものせきじょうやく》[1]

➡P.179

第一条 清国《しんこく》ハ朝鮮国《ちょうせんこく》ノ完全無欠《かんぜんむけつ》ナル独立自主《どくりつじしゅ》ノ国《くに》タルコトヲ確認《かくにん》ス。……

第二条 清国《しんこく》ハ左記《さき》ノ土地《とち》ノ主権並《しゅけんならび》ニ該地方《がいちほう》ニ在《あ》ル城塁《じょうるい》、兵器製造所及官有物《へいきせいぞうしょおよびかんゆうぶつ》ヲ永遠日本国《えいえんにほんこく》ニ割与《かつよ》ス。

一 左《ひだり》ノ経界内《けいかいない》ニ在《あ》ル奉天省南部《ほうてんしょうなんぶ》ノ地《ち》[2]……

二 台湾全島及《たいわんぜんとうおよび》其《そ》ノ附属諸島嶼《ふぞくしょとうしょ》

三 澎湖《ほうこ》《ポンフー》列島《れっとう》……

第四条 清国《しんこく》ハ軍費賠償金《ぐんびばいしょうきん》[3]トシテ庫平銀《こへいぎん》二億両《テール》[4]ヲ日本国《にほんこく》ニ支払《しはら》フヘキコトヲ約《やく》ス、……

〔日本外交文書《にほんがいこうぶんしょ》〕

言葉 [1]下関条約：一八九五（明治二十八）年四月十七日調印 [2]奉天省南部ノ地：遼東半島のこと [3]賠償金：日清戦争の日本の戦費は二億四十七万円であり、清国から得た賠償金は三億六千万円以上であったから、損失を補ってはるかに上まわるものであった [4]庫平銀二億両：庫平は清朝の標準の「はかり」。当時の日本円にして約三億円

現代語訳 第一条 清国は朝鮮国が完全に独立した自主国家であることを確認する。……

第二条 清国は左記の土地の主権と、そこにある城・兵器製造所と公共物《こうきょうぶつ》を永久に日本に譲り渡す。

一 左の境界内にある奉天省《ほうてんしょう》南部の地……

二 台湾《たいわん》全島とその付属《ふぞく》する島々

三 澎湖《ほうこ》《ポンフー》列島……

第四条 清国は軍費賠償金《ばいしょうきん》として、清国の公定貨幣である庫平銀二億両《テール》（日本円で約三億円）を日本国に支払《しはら》うことを約《やく》束《そく》する。……

110 立憲政友会宣言《りっけんせいゆうかいせんげん》[1]

➡P.180

抑《そもそも》閣臣《かくしん》の任免《にんめん》は憲法上《けんぽうじょう》の大権《たいけん》[2]に属《ぞく》し、其簡抜択《そのかんばつたく》用《よう》[3]或《あるい》は政党員《せいとういん》よりし或《あるい》は党外《とうがい》の士《し》を以《もっ》てす。皆元首《みなげんしゅ》の自由意志《じゆういし》に存《そん》す。而《しか》して其已《そのすで》に挙《あ》げられて輔弼《ほひつ》[4]の職《しょく》に就《つ》き献替《けんたい》[5]のことを行《おこな》ふや党員政友《とういんせいゆう》と雖《いえど》も決《けっ》して外《そと》より之《これ》に容喙《ようかい》[6]するを許《ゆる》さず。……

〔立憲政友会史《りっけんせいゆうかいし》〕

言葉 [1]立憲政友会宣言：一九〇〇（明治三十三）年八月二十五日発表 [2]大権：天皇大権。天皇が議会の協力なしに独立して行使できる権限 [3]簡抜択用：選び抜くこと [4]輔弼：天皇を補佐すること [5]献替：主君を補佐し、可否を申し上げること [6]容喙：余計な口出し

現代語訳 内閣の大臣の任免は、天皇大権（天皇が日本を統治する権限）に属し、政党員から、あるいは政党員外から選び、用いる。それは皆元首（天皇）の自由意思である。大臣として用いられて、天皇を補佐する職務に就き、天皇に可否を申し上げるについては、政友会党員といえども、横合いから余計な口出しをしてはならない。……

111 日英同盟協約《にちえいどうめいきょうやく》[1]

P.180

第一条　……**大不列顛国《だいブリテンこく》**[2]**ニ取《と》リテハ主《おも》トシテ清国《しんこく》ニ関《かん》シ、又日本国《またにほんこく》ニ取《と》リテハ、其清国《そのしんこく》ニ於《おい》テ有《ゆう》スル利益《りえき》ニ加《くわ》フルニ、韓国《かんこく》ニ於《おい》テ政治上《せいじじょう》並《ならび》ニ商業上《しょうぎょうじょう》及工業上《およびこうぎょうじょう》格段《かくだん》ニ利益《りえき》ヲ有《ゆう》スルヲ以《もっ》テ**、……両締約国執《りょうていやくこくいず》レモ該利益《がいりえき》ヲ擁護《ようご》スル為《た》メ必要欠《ひつようか》クヘカラサル措置《そち》ヲ執《と》リ得《う》ヘキコトヲ承認《しょうにん》ス。

第二条　若《も》シ日本国又《にほんこくまた》ハ大不列顛国《だいブリテンこく》ノ一方《いっぽう》カ、上記《じょうき》各自《かくじ》ノ利益《りえき》ヲ防護《ぼうご》スル上《うえ》ニ於《おい》テ、**別国《べっこく》ト戦端《せんたん》ヲ開《ひら》クニ至《いた》リタル時《とき》ハ、他《た》ノ一方《いっぽう》ノ締約国《ていやくこく》ハ厳正中立《げんせいちゅうりつ》ヲ守《まも》リ**、併《あわ》セテ其同盟国《そのどうめいこく》ニ対《たい》シテ、他国《たこく》カ交戦《こうせん》ニ加《くわ》ハルヲ妨《さまた》クルコトニ努《つと》ムヘシ。

〔日本外交文書《にほんがいこうぶんしょ》〕

言葉　[1]日英同盟協約：一九〇二（明治三十五）年一月三十日調印。一九〇五年に改訂され、同盟の範囲をインドまで拡大した第二次協約が結ばれた。さらに一九一一年に再改訂され、ドイツを仮想敵国とする第三次協約を締結した。しかし、一九二一年のワシントン会議での四カ国条約締結に伴い終了が同意された　[2]大不列顛国：イギリスのこと

現代語訳　第一条　……イギリスにとっては主として清国を、日本にとっては清国への利益に加えて韓国においても政治上・商業上・工業上で特別な利益を保持するので……両締約国は共にその利益を守るため、必要不可欠《ふかけつ》な処置《しょち》をとることができることを承認する。

第二条　もし日本または英国のいずれか一方が、上記の各々の利益を守るために第三国と戦争状態《じょうたい》に入った場合には、他の一方の国は厳《きび》しく中立を守り、併《あわ》せてその同盟国に対して、他国が交戦に参加しないよう努《つと》めなければならない。

112 君死《きみし》にたまふこと勿《なか》れ[1] ——与謝野晶子《よさのあきこ》

P.181

あゝをとうと[2]よ君《きみ》を泣《な》く
君死《きみし》にたまふことなかれ
末《すえ》に生《うま》れし君《きみ》なれば
親《おや》のなさけはまさりしも
親《おや》は刃《やいば》をにぎらせて
人《ひと》を殺《ころ》せとをしへしや
人《ひと》を殺《ころ》して死《し》ねよとて
二十四までをそだてしや
……

〔明星《みょうじょう》〕

言葉　[1]君死にたまふこと勿れ：一九〇四（明治三十七）年『明星』九月号に掲載　[2]をとうと：晶子の弟、籌三郎《ちゅうさぶろう》。日露戦争に出兵。この詩は旅順港包囲網の激戦のなかにいる弟の無事を祈りうたったもの。籌三郎は無事帰還している

現代語訳　ああ、弟よ。あなたを思って私は泣いています。
決してあなたが死ぬことがありませんように。
末子として生まれたあなたですから、
親の愛情が厚いことはあっても、
親は刃を握らせて、
人を殺せと教えたことがあったでしょうか。
人を殺して死ねと、二十四まで育てたのでしょうか。
……

113 ポーツマス条約《じょうやく》[1]

P.181

第二条　**露西亜帝国政府《ロシアていこくせいふ》ハ、日本国《にほんこく》カ韓国《かんこく》ニ於《おい》テ政事上《せいじじょう》、軍事上及経済上《ぐんじじょうおよびけいざいじょう》ノ卓絶《たくぜつ》**[2]**ナル利益《りえき》ヲ有《ゆう》スルコトヲ承認《しょうにん》シ**、日本帝国政府《にほんていこくせいふ》カ韓国《かんこく》ニ於《おい》テ必要《ひつよう》ト認《みと》ムル指導《しどう》、保護及監理《ほごおよびかんり》ノ措置《そち》ヲ執《と》ルニ方《あた》リ之《これ》ヲ阻礙《そがい》[3]シ又《また》ハ之《これ》ニ干渉《かんしょう》セサルコトヲ約《やく》ス[4]……

第五条　露西亜帝国政府《ロシアていこくせいふ》ハ清国政府《しんこくせいふ》ノ承諾《しょうだく》ヲ以《もっ》テ、**旅順口《りょじゅんこう》、大連《だいれん》並《ならびに》其《そ》ノ附近《ふきん》ノ領土《りょうど》及領水《およびりょうすい》**[5]**ノ租借権《そしゃくけん》**……ヲ日本帝国政府《にほんていこくせいふ》ニ移転《いてん》譲渡《じょうと》ス[6]……

第六条　露西亜帝国政府《ロシアていこくせいふ》ハ**長春《ちょうしゅん》（寛城子《かんじょうし》）旅順口《りょじゅんこう》間《かん》ノ鉄道《てつどう》**及《および》其《そ》ノ一切《いっさい》ノ支線《しせん》並《ならびに》同地方《どうちほう》ニ於《おい》テ之《これ》ニ附属《ふぞく》スル一切《いっさい》ノ権利《けんり》、特権及財産《とっけんおよびざいさん》……ヲ、補償《ほしょう》ヲ受《う》クルコトナク且清国政府《かつしんこくせいふ》ノ承諾《しょうだく》ヲ以《もっ》テ日本帝国政府《にほんていこくせいふ》ニ移転《いてん》譲渡《じょうと》スヘキコトヲ約《やく》ス……

第九条　露西亜帝国政府《ロシアていこくせいふ》ハ**薩哈嗹島《サハリンとう》**[7]**南部《なんぶ》及《および》其《そ》ノ附近《ふきん》ニ於《お》ケル一切《いっさい》ノ島嶼《とうしょ》並《ならびに》該地方《がいちほう》ニ於《お》ケル一切《いっさい》ノ公共営造物及財産《こうきょうえいぞうぶつおよびざいさん》ヲ完全《かんぜん》ナル主権《しゅけん》ト共《とも》ニ永遠日本帝国政府《えいえんにほんていこくせいふ》ニ譲与《じょうよ》ス**、其《そ》ノ譲与地域《じょうよちいき》ノ北方境界《ほっぽうきょうかい》ハ**北緯《ほくい》五十度《ど》ト定《さだ》ム**……

〔日本外交年表 竝 主要文書《にほんがいこうねんぴょうならびにしゅようぶんしょ》〕

言葉　[1]ポーツマス条約：一九〇五（明治三十八）年九月五日調印　[2]卓絶：他に例がないほど抜きん出てすぐれていること　[3]阻礙：隔てさえぎる　[4]干渉セサルコトヲ約ス：韓国に対する日本の特殊権益はロシアによっても承認され、やがて日韓併合によって、韓国は日本に吸収合併された　[5]領水：領海のこと　[6]譲渡ス：関東州の租借権（ある国が他国の領土の一部を借りて一定期間統治すること）が日本側に譲渡された　[7]薩哈嗹島：樺太のこと

現代語訳　第二条　ロシア帝国政府は、日本が韓国において政治・軍事・経済上の非常に優越した権益《けんえき》を所有することを承認し、日本帝国政府が韓国で必要と認める指導・保護・監督と管理の行動をとるに当たり、これをさまたげたり干渉しないことを約束する。……

第五条　ロシア帝国政府は、清国政府の承諾《しょうだく》によって、旅《りょ》順港《じゅんこう》・大連《だいれん》とその付近の領土・領海の租借権《そしゃくけん》……を日本帝国政府に移転譲渡する。……

第六条　ロシア帝国政府は長春《ちょうしゅん》（寛城子）旅順港間の鉄道およびその一切の支線と、同地方においてそれらの鉄道に付属する一切の権利、特権、財産……を、無償で、かつ清国政府の承諾により日本帝国政府に移転譲渡することを約束する。……

第九条　ロシア帝国政府は樺太《からふと》南部とその付近におけるすべての島々、ならびにその地方の一切の公共建造物・財産を、完全な主権とともに、永久に日本帝国政府に譲り与える。譲与する地域の北方境界は、北緯五十度と定める。……

114 日韓協約《にっかんきょうやく》（第一～三次）

P.183

●**第一次日韓協約《にっかんきょうやく》**——一九〇四年八月二十二日調印

一　韓国《かんこく》[1]政府《せいふ》ハ日本政府《にほんせいふ》ノ推薦《すいせん》スル**日本人《にほんじん》一名《めい》ヲ財務顧問《ざいむこもん》**トシテ韓国政府《かんこくせいふ》ニ傭聘《ようへい》シ、財務《ざいむ》ニ関《かん》スル事項《じこう》ハ総《すべ》テ其意見《そのいけん》ヲ詢《と》ヒ施行《せこう》スヘシ[2]。

一　韓国政府《かんこくせいふ》ハ日本政府《にほんせいふ》ノ推薦《すいせん》スル**外国人《がいこくじん》一名《めい》ヲ外交顧問《がいこうこもん》**トシテ外部《がいぶ》[3]ニ傭聘《ようへい》シ、外交《がいこう》ニ関《かん》スル要務《ようむ》ハ総《すべ》テ其意見《そのいけん》ヲ詢《と》ヒ施行《せこう》スヘシ。

一　韓国政府《かんこくせいふ》ハ外国《がいこく》トノ条約締結其他重要《じょうやくていけつそのたじゅうよう》ナル外交案件《がいこうあんけん》、即《すなわち》外国人《がいこくじん》ニ対《たい》スル特権《とっけん》譲与若《じょうよも》クハ契約等《けいやくとう》ノ処理《しょり》ニ関《かん》シテハ、予《あらかじ》メ日本政府《にほんせいふ》ト協議《きょうぎ》スヘシ[4]。

〔日本外交年表 竝 主要文書《にほんがいこうねんぴょうならびにしゅようぶんしょ》〕

●**第二次日韓協約《にっかんきょうやく》（韓国保護条約《かんこくほごじょうやく》）**——一九〇五年十一月十七日調印

第一条　日本国政府《にほんこくせいふ》ハ在東京外務省《ざいとうきょうがいむしょう》ニ由《よ》リ**今後《こんご》韓国《かんこく》ノ外国《がいこく》ニ対《たい》スル関係及《かんけいおよび》事務《じむ》ヲ監理指揮《かんりしき》スヘク**、日本国《にほんこく》ノ外交代表者及《がいこうだいひょうしゃおよび》領事《りょうじ》ハ外国《がいこく》ニ於《お》ケル韓国《かんこく》ノ臣民及《しんみんおよび》利益《りえき》ヲ保護《ほご》スヘシ。

第二条　韓国政府《かんこくせいふ》ハ今後《こんご》日本国政府《にほんこくせいふ》ノ仲介《ちゅうかい》ニ由《よ》ラスシテ、国際的性質《こくさいてきせいしつ》ヲ有《ゆう》スル何等《なんら》ノ条約若《じょうやくも》クハ約束《やくそく》ヲナササルコトヲ約《やく》ス。[5]

第三条　日本国政府《にほんこくせいふ》ハ其代表者《そのだいひょうしゃ》トシテ韓国皇帝陛下《かんこくこうていへいか》ノ闕下《けっか》[6]**ニ一名《めい》ノ統監《とうかん》**[7]**（レヂデントゼネラル）ヲ置《お》ク。統監《とうかん》ハ専《もっぱ》ラ外交《がいこう》ニ関《かん》スル事項《じこう》ヲ管理《かんり》スル為《た》メ京城《けいじょう》ニ駐在《ちゅうざい》シ**、親《した》シク韓国皇帝陛下《かんこくこうていへいか》ニ内謁《ないえつ》[8]スルノ権利《けんり》ヲ有《ゆう》ス。……〔日本外交年表並主要文書《にほんがいこうねんぴょうならびにしゅようぶんしょ》〕

●**第三次日韓協約《にっかんきょうやく》**——一九〇七年七月二十四日調印

第一条　韓国政府《かんこくせいふ》ハ**施政《しせい》**[9]**改善《かいぜん》ニ関《かん》シ統監《とうかん》ノ指導《しどう》ヲ受《う》クルコト**。

第二条　**韓国政府《かんこくせいふ》ノ法令《ほうれい》ノ制定及《せいていおよ》ビ重要《じゅうよう》ナル行政上《ぎょうせいじょう》ノ処分《しょぶん》ハ予《あらかじ》メ統監《とうかん》ノ承認《しょうにん》ヲ経《へ》ルコト**。

第四条　韓国高等官吏《かんこくこうとうかんり》ノ任免《にんめん》ハ統監《とうかん》ノ同意《どうい》ヲ以《もっ》テ之《これ》ヲ行《おこな》フコト。

第五条　韓国政府《かんこくせいふ》ハ統監《とうかん》ノ推薦《すいせん》スル日本人《にほんじん》ヲ韓国官吏《かんこくかんり》ニ任命《にんめい》スルコト。〔日本外交年表並主要文書《にほんがいこうねんぴょうならびにしゅようぶんしょ》〕

言葉　[1]韓国：朝鮮は一八九七年に大韓《だいかん》と改称し、この国号は一九一〇年の韓国併合まで続いた　[2]財務ニ関スル……施行スヘシ：この条により韓国政府の財政権が事実上日本政府の監督下に入った　[3]外部：韓国の外務省　[4]予メ日本政府ト協議スヘシ：この条により韓国の外交権が制限された　[5]日本国政府ノ……コトヲ約ス：これにより第一条と合わせて韓国の外交権は完全に奪われた　[6]闕下：天子の前　[7]統監：韓国の外交権を接収した日本が京城（ソウル）に設置した機関。初代統監には伊藤博文《いとうひろぶみ》が任命　[8]内謁：内々に皇帝などの貴人に面会すること　[9]施政：政治を行うこと。このか条により韓国の内政権が日本の指導下に入った

115 韓国併合《かんこくへいごう》

▶P.182・183

●**韓国併合条約《かんこくへいごうじょうやく》**[1]

第一条　韓国皇帝《かんこくこうてい》[2]陛下《へいか》ハ**韓国全部《かんこくぜんぶ》ニ関《かん》スル一切《いっさい》ノ統治権《とうちけん》ヲ完全且永久《かんぜんかつえいきゅう》ニ日本国皇帝陛下《にほんこくこうていへいか》ニ譲与《じょうよ》ス**。

第二条　日本国皇帝陛下《にほんこくこうていへいか》ハ前条《ぜんじょう》ニ掲《かか》ケタル譲与《じょうよ》ヲ受諾《じゅだく》シ、且《かつ》**全然韓国《ぜんぜんかんこく》ヲ日本帝国《にほんていこく》ニ併合《へいごう》スルコトヲ承諾《しょうだく》ス**。

第六条　日本国政府《にほんこくせいふ》ハ前記併合《ぜんきへいごう》ノ結果《けっか》トシテ**全然韓国《ぜんぜんかんこく》ノ施政《しせい》ヲ担任《たんにん》シ**、同地《どうち》ニ施行《しこう》スル法規《ほうき》ヲ遵守《じゅんしゅ》スル韓人《かんじん》ノ身体及財産《しんたいおよびざいさん》ニ対《たい》シ十分《じゅうぶん》ナル保護《ほご》ヲ与《あた》ヘ、且《かつ》其福利《そのふくり》ノ増進《ぞうしん》ヲ図《はか》ルヘシ。〔日本外交年表並主要文書《にほんがいこうねんぴょうならびにしゅようぶんしょ》〕

言葉　[1]韓国併合条約：一九一〇（明治四十三）年八月二十二日調印。この条約に基づき日本政府は朝鮮総督府《ちょうせんそうとくふ》を設置。初代総督には寺内正毅が任命された　[2]韓国皇帝：第二十七代皇帝李拓《りたく》。第三条・四条において、皇帝及びその一族はその地位、名誉を保障され経済的にも十分な歳費を支給された

現代語訳　●韓国併合条約

第一条　韓国皇帝陛下（二十七代李拓）は、韓国全部についてのすべての統治権を完全かつ永久に日本国皇帝陛下に譲与する。

第二条　日本国皇帝陛下は前条に掲げた譲与を受け入れ、かつ韓国全部を日本帝国に併合することを承諾する。

第六条　日本国政府は前記の併合の結果として、すべて韓国の政治をひきうけ、韓国に施行される法規に従う韓国人の身体や財産に対し、十分な保護を与え、その幸福と利益の増進を図るものとする。

116 製糸女工《せいしじょこう》の実態

▶P.186

余《よ》嘗《かつ》て桐生《きりゅう》、足利《あしかが》の機業地《きぎょうち》[1]に遊《あそ》び、聞《き》いて極楽《ごくらく》観《み》て地獄《じごく》、職工自身《しょくこうじしん》が然《し》かく口《くち》にせると同《おな》じく、余《よ》も亦《ま》たその境遇《きょうぐう》の甚《はなは》しきを見《み》て之《これ》を案外《あんがい》なりとせり。而《し》かも足利《あしかが》、桐生《きりゅう》を辞《じ》して前橋《まえばし》に至《いた》り、製糸職《せいししょっ》工《こう》に接《せっ》し、更《さら》に織物職工《おりものしょっこう》より甚《はなはだ》しきに驚《おどろ》ける也《なり》。労《ろう》働時間《どうじかん》の如《ごと》き忙《いそが》しき時《とき》は、朝床《あさとこ》を出《い》でゝ直《ただち》に業《ぎょう》に服《ふく》し、夜業《やぎょう》十二時《じ》に及《およ》ぶこと稀《まれ》ならず。[2]食物《しょくもつ》はワリ麦《むぎ》[3]六分《ぶ》に米《こめ》四分《ぶ》、寝室《しんしつ》は豚小屋《ぶたごや》に類《るい》して醜陋《しゅうろう》[4]見《み》るべからず。……〔日本之下層社会《にほんのかそうしゃかい》〕

AC

言葉　[1]機業地：機織りの盛んな所。ここでは絹織物　[2]夜業十二時に及ぶこと稀ならず：当時製糸女工の労働時間は十八時間にも及んだ　[3]ワリ麦：粗くひいた大麦　[4]醜陋：みにくく、いやしい

現代語訳　私は以前桐生・足利の絹織物の産地を訪れたが、「聞いて極楽、見て地獄」（話に聞けば極楽のようだが、実際見れば地獄のようだ）と、職工自身が口にしているように、私もまた職工たちの生活のあまりのひどさを見て、これは予想外だと感じた。しかも足利・桐生を離れて前橋に行き、製糸職工に会うと、さらに織物職工よりもひどい生活であるのに驚いた。労働時間など忙しい時は、朝床を出てそのまま仕事につき、夜十二時までおよぶこともまれではない。食事は大麦六割に米四割で、寝室は豚小屋に似てきたならしく、とても見られない。……

117 足尾鉱毒事件《あしおこうどくじけん》[1]

▶P.186

伏《ふし》テ惟《おもん》ミルニ、政府当局《せいふとうきょく》ヲシテ能《よ》ク其責《そのせき》ヲ竭《つく》サシメ、以《もっ》テ陛下《へいか》ノ赤子《せきし》[2]ヲシテ日月《ひづき》ノ恩《おん》ニ光被《こうひ》セシムルノ途《みち》他《ほか》ナシ。渡良瀬川《わたらせがわ》ノ水源《すいげん》ヲ清《きよ》ムル其《その》一ナリ。河身《こうしん》ヲ修築《しゅうちく》シテ其天然《そのてんねん》ノ旧《きゅう》ニ復《ふく》スル其《その》二ナリ。激甚《げきじん》ノ毒土《どくど》ヲ除去《じょきょ》スル其《その》三ナリ。沿岸無量《えんがんむりょう》ノ天産《てんさん》ヲ復活《ふっかつ》スル其《その》四ナリ。多数町村《たすうちょうそん》ノ頽廃《たいはい》セルモノヲ恢復《かいふく》スル其《その》五ナリ。**加毒《かどく》ノ鉱業《こうぎょう》ヲ止《と》メ毒水毒屑《どくすいどくくず》**[3]**ノ流出《りゅうしゅつ》ヲ根絶《こんぜつ》スル其《その》六ナリ**。……

明治《めいじ》三十四年十二月

草莽《そうもう》ノ微臣《びしん》田中正造《たなかしょうぞう》誠恐誠惶頓首頓首《せいきょうせいこうとんしゅとんしゅ》[4]

〔田中正造全集《たなかしょうぞうぜんしゅう》〕

言葉　[1]足尾鉱毒事件：一九〇一（明治三十四）年十二月十日田中正造、天皇に直訴　[2]赤子：人民。天皇を親とみたて、人民を子とした言葉　[3]毒屑：有毒な屑　[4]誠恐誠惶頓首頓首：誠恐誠惶は恐れ慎むこと。頓首は頭を地につけて敬意を表すこと。ともに文の終尾に書いて敬意を表す言葉

現代語訳　恐れ多くもつくづく考えますに、政府当局によくその任務をまっとうさせ、それによって天皇陛下の赤子であ

る人民に自然の恵みを受けさせる他に方法はありません。渡良瀬川の水源を清めることがその一つ目です。川の流れを改修して、もとのような自然の流れにもどすことがその二つ目です。きわめて激しい毒素を含んだ土を除去することがその三つめです。渡良瀬川の天然の恵みを復活させることがその四つめです。衰えすたれた多数の町村を回復することがその五つめです。毒を流している精錬所の操業を止め、毒水と有毒な屑《くず》の流出を根絶することがその六つめです。……

明治三十四（一九〇一）年十二月
取るに足らない民間人田中正造が恐れ慎んで申し上げました

118 工場法《こうじょうほう》[1]

P.186

第一条　本法《ほんほう》ハ左《ひだり》ノ各号《かくごう》ノ一ニ該当《がいとう》スル工場《こうじょう》ニ之《これ》ヲ適用《てきよう》ス

一、**常時《じょうじ》十五人以上《にんいじょう》ノ職工《しょっこう》[2]ヲ使用《しよう》スルモノ**

第二条　**工業主《こうぎょうぬし》ハ十二歳未満《さいみまん》ノ者《もの》ヲシテ工場《こうじょう》ニ於《おい》テ就業《しゅうぎょう》セシムルコトヲ得《え》ス。**……

第三条　**工業主《こうぎょうぬし》ハ十五歳未満《さいみまん》ノ者及《ものおよび》女子ヲシテ一日《にち》ニ付《つき》十二時間《じかん》ヲ超《こ》エテ就業《しゅうぎょう》セシムルコトヲ得《え》ス**

〔法令全書《ほうれいぜんしょ》〕

言葉　[1]工場法：一九一一（明治四十四）年三月二十九日公布　[2]十五人以上ノ職工：一九二三（大正十二）年には十人以上が対象となる。当時、労働組合期成会は五人以上を対象とするよう要求していた

現代語訳　第一条　この法律は、左の各号の一つにあてはまる工場に適用する。

一、常に十五人以上の職工を使用するもの

第二条　工業主は十二歳未満の者を工場で働かせることはできない。……

第三条　工業主は十五歳未満の者および女性に、一日につき十二時間を超えて働かせることはできない。

119 治安警察法《ちあんけいさつほう》[1]

P.186・187

第五条　**左《ひだり》ニ掲《かか》クル者《もの》ハ政事《せいじ》[2]上《じょう》ノ結社《けっしゃ》ニ加入《かにゅう》スルコトヲ得《え》ス**

一、現役及招集中《げんえきおよびしょうしゅうちゅう》ノ予備後備《よびこうび》ノ陸海軍軍人《りくかいぐんぐんじん》。二、警察官《けいさつかん》。三、神官神職僧侶其《しんかんしんしょくそうりょそ》ノ他諸宗教師《たしょしゅうきょうし》。四、官立公立私立学校《かんりつこうりつしりつがっこう》ノ教員学生生徒《きょういんがくせいせいと》。五、女子《じょし》。六、未成年者《みせいねんしゃ》。七、公権《こうけん》[3]剥奪及停止中《はくだつおよびていしちゅう》ノ者《もの》。

女子《じょし》[4]及《および》未成年者《みせいねんしゃ》ハ公衆《こうしゅう》ヲ会同《かいどう》スル政談集会《せいだんしゅうかい》ニ会《かい》同《どう》シ、若《もし》ハ其《そ》ノ発起人《ほっきにん》タルコトヲ得《え》ス

〔法令全書《ほうれいぜんしょ》〕

言葉　[1]治安警察法：一九〇〇（明治三十三）年三月十日公布　[2]政事：政治に同じ　[3]公権：公法上認められた権利。この場合は参政権、国務要求権（裁判を受ける権利等）及び自由権等、個人の国家に対する権利　[4]女子：女子の政治集会への参加を禁止した条項。この撤廃が女性解放運動の一つの目標となり、新婦人協会（一九二〇年結成）は運動を展開、一九二二年に撤廃された。女性の結社への加入を禁止した一項は残されたため、第五条全廃を求める運動がその後も続いた

現代語訳　第五条　左に掲げる者は政治に関する結社に加入してはならない。

一、現役及び招集中の予備役・後備役の陸海軍軍人。二、警察官。三、神官・神職・僧侶・その他宗教者。四、官公私立学校の教員・学生・生徒。五、女子。六、未成年者。七、公権剥奪及び停止者。

女性や未成年者は大衆の集まる政治集会に参加したり、またはその発起人になってはならない。

120 教育勅語《きょういくちょくご》[1]

P.167

朕惟《ちんおも》フニ我《わ》カ皇祖皇宗《こうそこうそう》[2]、国《くに》ヲ肇《はじ》ムルコト宏遠《こうえん》ニ徳《とく》ヲ樹《た》ツルコト深厚《しんこう》ナリ。我《わ》カ臣民《しんみん》克《よ》ク忠《ちゅう》ニ克《よ》ク孝《こう》ニ億兆《おくちょう》心《こころ》ヲ一《いつ》ニシテ、世々《よよ》厥《そ》ノ美《び》ヲ済《な》セルハ、此《こ》レ我《わ》カ国体《こくたい》ノ精華《せいか》[3]ニシテ、教育《きょういく》ノ淵源《えんげん》亦《また》実《じつ》ニ此《ここ》ニ存《そん》ス。爾臣民《なんじしんみん》、父母《ふぼ》ニ孝《こう》ニ、兄弟《けいてい》ニ友《ゆう》ニ、夫婦相和《ふうふあいわ》シ、朋《ほう》友相信《ゆうあいしん》シ、恭倹己《きょうけんおの》レヲ持《じ》シ[4]博愛衆《はくあいしゅう》ニ及《およ》ホシ、学《がく》ヲ修《おさ》メ業《ぎょう》ヲ習《なら》ヒ以《もっ》テ智能《ちのう》ヲ啓発《けいはつ》シ徳器《とくき》[5]ヲ成就《じょうじゅ》シ、進《すすみ》テ公益《こうえき》ヲ広《ひろ》メ世務《せいむ》ヲ開《ひら》キ、常《つね》ニ国憲《こっけん》ヲ重《おもん》シ国法《こくほう》ニ遵《したが》ヒ、**一旦緩急《いったんかんきゅう》[6]アレハ義勇公《ぎゆうこう》ニ奉《ほう》シ、以《もっ》テ天壌無窮《てんじょうむきゅう》[7]ノ皇運《こううん》ヲ扶翼《ふよく》スヘシ**[8]。……

〔官報《かんぽう》〕

言葉　[1]教育勅語：一八九〇（明治二十三）年十月三十日発布。明治憲法下で天皇が国務大臣の副署を要せず臣民に示した意志表示　[2]皇祖皇宗：天照大神に始まる歴代の天皇　[3]精華：すぐれてうるわしいこと　[4]恭倹己レヲ持シ：人に対してうやうやしく慎み深いこと　[5]徳器：徳行と才能　[6]緩急：危急の場合　[7]天壌無窮：天地とともにきわまりのないこと　[8]皇運ヲ扶翼スヘシ：皇室の発展を助けるようにしなければならない

現代語訳　朕（明治天皇）が考えるに、我が祖先の天照大神と、その子孫である歴代天皇が国づくりを始めたのははるか昔のことで、その恩徳（めぐみ）は深く厚いものであった。我が臣民もよく臣下の義務（忠孝）をつくし、心を一つにして代々その美徳をなしてきたのは我が国のすぐれた点であり、教育の根本精神もまたここにある。お前たち臣民も、父母に孝行を尽くし、兄弟は仲良く、夫婦はむつまじく、友は信じ合い、自分を慎み深くし、広く人々を愛し、学業を修得し知能を高めてりっぱな人格をつくりあげ、進んで公共の利益を広めて世の務めに励み、常に憲法を重んじて法律に従い、ひとたび国の非常時ともなれば義勇を持って国のために働き、天地のように永遠につづく皇室の運命を守り助けなければならない。……

121 第三次桂《かつら》内閣初閣議における桂の発言

P.194

抑《そもそも》立憲《りっけん》ノ要義《ようぎ》ニ於《おい》テ内閣大臣輔弼《ないかくだいじんほひつ》[1]ノ責任《せきにん》ハ、瞭々《りょうりょう》火《ひ》ヲ見《み》ルカ如《ごと》ク一毫其疑《いちごうそのうたがい》ヲ存《ぞん》セスト雖《いえども》、従《じゅう》来《らい》ノ慣行或《かんこうあるい》ハ政事《せいじ》ヲ閣外《かくがい》ノ元勲《げんくん》[2]ニ私議《しぎ》シ、殆《ほとんど》後進《こうしん》カ先輩《せんぱい》ニ対《たい》スル一《いち》ノ礼譲《れいじょう》視《し》スルノ観《かん》ヲ呈《てい》シ、随《したがっ》テ一《いち》面《めん》ハ元勲《げんくん》ニ累《るい》ヲ嫁《か》スルノ嫌《きらい》ヲ生《しょう》シ、一面《いちめん》ハ閣臣《かくしん》タル自《じ》家《か》ノ本領《ほんりょう》ヲ忘《わす》ル、カ如《ごと》キモノアリ。……故《ゆえ》ニ太郎就任《たろうしゅうにん》ノ初《はじめ》ニ於《おい》テ深《ふか》ク之《これ》ヲ鑑《かんが》ミ此微衷《このびちゅう》ヲ元《げん》勲諸氏《くんしょし》ノ聡明《そうめい》ニ訴《うった》ヘシニ、深《ふか》ク之《これ》ヲ諒《りょう》トシ将来《しょうらい》ハ閣《かく》臣進《しんすすみ》テ此弊《このへい》ヲ廃《はい》スヘシ、元勲《げんくん》モ亦喜《またよろこび》テ之《これ》ヲ避《さ》クヘキヲ以《もっ》テ互《たがい》ニ誓言《せいげん》セリ。

〔桂太郎関係文書〕

言葉　[1]輔弼：君主の政治に対して補佐や進言をすること。大日本帝国憲法第五十五条に規定されている　[2]元勲：元老のこと。明治維新に功績のあった人びと。当時存命だったのは、山県有朋、松方正義、西園寺公望ら

現代語訳　そもそも立憲制の重要な点として、内閣の大臣が輔弼の責任を負っていることは、火を見るように明らかで、全く疑問の余地はないけれども、これまでの慣行では、政治に関する事柄を閣僚でない元勲に私的に相談しており、このことはまるで後輩が先輩に対して行うべき礼儀であるかのように思われている。そのため一面では、元勲に責任が及ぶ弊害が生じ、もう一面では、閣僚としての自らの責任に無自覚

な者がいる。……

そのため太郎（桂太郎）は首相就任に当たってこのことを深く考え、思うところを聡明なる元勲のみなさんに訴えたところ、私の考えに深く同意し、将来は内閣の大臣が進んでこの弊害を廃すべきである、元勲も喜んでこの弊害を避けるように努める、ということを互いに誓い合った。

122 尾崎行雄《おざきゆきお》の内閣弾劾演説《ないかくだんがいえんぜつ》[1]

▶P.194

彼等《かれら》[2]は常《つね》に口《くち》を開《ひら》けば直《ただ》ちに忠愛《ちゅうあい》を唱《とな》へ、恰《あたか》も忠《ちゅう》君愛国《くんあいこく》は自分《じぶん》の一手専売《いってせんばい》の如《ごと》く唱《とな》へてありまするが、其為《そのな》すところを見《み》れば、**常《つね》に玉座《ぎょくざ》[3]の蔭《かげ》に隠《かく》れて政敵《せいてき》を狙撃《そげき》するが如《ごと》き挙動《きょどう》を執《と》って居《お》るのである。**（拍手《はくしゅ》起《おこ》る）**彼等《かれら》は玉座《ぎょくざ》を以《もっ》て胸壁《きょうへき》となし、詔勅《しょうちょく》を以《もっ》て弾《だん》丸《がん》に代《か》へて政敵《せいてき》を倒《たお》さんとするものではないか。**……
〔大日本憲政史《だいにほんけんせいし》〕

言葉 [1]尾崎行雄の内閣弾劾演説：一九一三（大正二）年二月五日桂首相を弾劾 [2]彼等：桂首相を筆頭とする藩閥、軍閥、官僚など [3]玉座：天皇の座

現代語訳 いつでも彼らは口を開けばすぐに忠愛を語り、あたかも忠君愛国が自分たちの専売であるかのように唱えていますが、その行為を見れば、**常に天皇の陰に隠れて政敵を倒そうとするような行動をとっているのである。**（拍手が起こる）**彼らは天皇の玉座を防壁とし、詔勅を弾丸にかえて政敵を倒そうとするものではないか。**……

123 大正新時代の天佑《てんゆう》——井上馨《いのうえかおる》書簡[1]

一、今回欧洲《こんかいおうしゅう》ノ大禍乱《だいからん》[2]ハ、日本国運《にほんこくうん》ノ発展《はってん》ニ対《たい》スル**大正新時代《たいしょうしんじだい》ノ天佑《てんゆう》**[3]ニシテ、日本国《にほんこく》ハ直《ただち》ニ挙国一《きょこくいっ》致《ち》ノ団結《だんけつ》ヲ以《もっ》テ、此天佑《このてんゆう》ヲ享受《きょうじゅ》セザルベカラズ。

一、此天佑《このてんゆう》ヲ全《まっと》ウセンガ為《ため》ニ、内《うち》ニ於《おい》テハ比年囂々《ひねんごうごう》タリシ廃減税等《はいげんぜいとう》ノ党論《とうろん》[4]ヲ中止《ちゅうし》シ、財政《ざいせい》ノ基礎《きそ》ヲ強《きょう》固《こ》ニシ、一切《いっさい》ノ党争《とうそう》ヲ排《はい》シ、国論《こくろん》ヲ世界《せかい》ノ大勢《おおぜい》ニ随《ずい》伴《はん》セシムル様指導《ようしどう》シ、以《もっ》テ外交《がいこう》ノ方針《ほうしん》ヲ確立《かくりつ》セザルベカラズ。

一、此戦局《このせんきょく》ト共《とも》ニ、英《えい》・仏《ふつ》・露《ろ》ノ団結一致《だんけついっち》ハ更《さら》ニ強《きょう》固《こ》ニナルト共《とも》ニ、日本《にほん》ハ右三国《みぎさんこく》ト一致団結《いっちだんけつ》シテ、茲《ここ》**ニ東洋《とうよう》ニ対《たい》スル日本《にほん》ノ利権《りけん》ヲ確立《かくりつ》セザルベカラズ。**
〔世外井上公伝《せがいいのうえこうでん》〕

言葉 [1]井上馨書簡：一九一四年八月八日提言 [2]欧洲ノ大禍乱：第一次世界大戦のこと [3]天佑：天の助け [4]廃減税等ノ党論：当時憲政擁護会では、営業税・織物消費税・通行税の三税廃止を要求して悪税撤廃運動を起こしていた

124 二十一カ条《じょう》の要求《ようきゅう》[1]

▶P.195

第一号 山東省《さんとうしょう》[2]に関《かん》する件《けん》 第一条 **支那国政府《しなこくせいふ》[3]ハ独逸国《ドイツこく》カ山東省《さんとうしょう》ニ関《かん》シ条約其他《じょうやくそのた》ニ依《よ》リ支那国《しなこく》ニ対《たい》シテ有《ゆう》スル一切《いっさい》ノ権利《けんり》、利益《りえき》、譲与等《じょうよとう》ノ処分《しょぶん》ニ付《つき》、日本国政府《にほんこくせいふ》カ独逸国政府《ドイツこくせいふ》ト協定《きょうてい》スヘキ一切《いっさい》ノ事項《じこう》ヲ承認《しょうにん》スヘキコトヲ約《やく》ス**

第二号 南満州及《みなみまんしゅうおよ》び東部内蒙古《とうぶうちもうこ》[4]に関《かん》する件《けん》 第一条 **両締約国《りょうていやくこく》ハ旅順《りょじゅん》、大連租借期限《だいれんそしゃくきげん》[5]竝《ならびに》南満《みなみまん》州及安奉両鉄道《しゅうおよびあんぽうりょうてつどう》[6]各期限《かくきげん》ヲ何《いず》レモ更《さら》ニ九十九ケ年《ねん》ツツ延長《えんちょう》スヘキコトヲ約《やく》ス**

第三号 漢冶萍公司《かんやひょうコンス》[7]に関《かん》する件《けん》 第一条 **両締約《りょうていやく》国《こく》ハ将来適当《しょうらいてきとう》ノ時機《じき》ニ於《おい》テ漢冶萍公司《かんやひょうコンス》ヲ両国《りょうこく》ノ合《ごう》弁《べん》トナスコト……**

第四号 沿岸不割譲《えんがんふかつじょう》に関《かん》する件《けん》 支那国政府《しなこくせいふ》ハ支那《しな》国沿岸《こくえんがん》ノ港湾及島嶼《こうわんおよびとうしょ》ヲ他国《たこく》ニ譲与《じょうよ》シ若《も》クハ貸与《たいよ》セサルヘキコトヲ約《やく》ス
〔日本外交年表竝主要文書《にほんがいこうねんぴょうならびにしゅようぶんしょ》〕

言葉 [1]二十一カ条の要求：一九一五（大正四）年一月十八日提出 [2]山東省：当時山東半島では、ドイツが青島の租借権、鉄道敷設権、鉱山採掘権などの利権を所有 [3]支那国政府：中華民国の袁世凱《えんせいがい》政府。辛亥《しんがい》革命により清朝を倒して成立した中華民国であったが、当時袁世凱が大総統として孫文《そんぶん》らの革命派を弾圧、専制権力を拡大しつつあった [4]東部内蒙古：満州地方に接続するモンゴル高原南部を内蒙古といい、日本は満州とともに内蒙古への進出をはかった。北部の外蒙古にはロシアが進出していたが、一九一一年には独立を宣言していた [5]旅順、大連租借期限：ポーツマス条約を受けて日清間に条約が結ばれ、日本が租借、期限は一九二三年までであった [6]南満州及安奉両鉄道：南満州鉄道は長春～大連間、安奉鉄道は安東～奉天間の鉄道 [7]漢冶萍公司：中国最大の製鉄会社

現代語訳 第一号【山東省に関する件】 第一条 中国政府は、ドイツが山東省に関して条約その他によって中国に対して現在持っているすべての権利、利益、譲与などの処分について、日本国政府がドイツ国政府と協定する一切のことがらを承認することを約束する。

第二号【南満州及び東部内蒙古に関する件】 第一条 日中両国は旅順、大連の租借期限、並びに南満州鉄道と安奉鉄道のそれぞれ租借期限をいずれも九十九か年ずつ延長することを約束する。

第三号【漢冶萍公司に関する件】 第一条 日中両国は将来の適当な時期に、漢冶萍公司を両国の合弁事業とすること。

……

第四号【沿岸不割譲に関する件】 中国政府は、中国沿岸の港湾および島々を（日本以外の）他国に譲ったり貸与したりしないことを約束する。

125 民本主義《みんぽんしゅぎ》——吉野作造《よしのさくぞう》

▶P.197・204

民本主義《みんぽんしゅぎ》[1]といふ文字《もんじ》は、日本語《にほんご》としては極《きわ》めて新《あたら》しい用例《ようれい》である。従来《じゅうらい》は民主主義《みんしゅしゅぎ》といふ語《ご》を以《もっ》て普《ふ》通《つう》に唱《とな》へられて居《お》つたやうだ。……**我々《われわれ》が視《み》て以《もっ》て憲《けん》政《せい》の根柢《こんてい》と為《な》すところのものは、政治上一般民衆《せいじじょういっぱんみんしゅう》を重《おも》んじ、其間《そのかん》に貴賤上下《きせんじょうげ》の別《べつ》を立《た》てず、而《し》かも国体《こくたい》[2]の君主制《くんしゅせい》たると共和制《きょうわせい》たるとを問《と》はず、普《あまね》く通用《つうよう》する所《ところ》の主義《しゅぎ》たるが故《ゆえ》に、民本主義《みんぽんしゅぎ》といふ比較的新《ひかくてきあたら》しい用語《ようご》が一番適当《いちばんてきとう》であるかと思《おも》ふ。**
〔中央公論《ちゅうおうこうろん》〕

言葉 [1]民本主義：デモクラシーの訳語の一つ。すでに明治期に新聞「万朝報」で使用されいくつかの用法があったが、吉野作造により詳細に定義された [2]国体：主権または統治権の所在で区別した国家体制

現代語訳 「民本主義」というのは日本語としてはとても新しい用例である。従来は民主主義というのが普通に呼ばれていた。……我々の観点から考えるに、憲政の根本は、一般民衆の利益・幸福を最も重視することにある。民衆の間に貴賤の区別を設けず、国家の体制が君主制であろうと共和制であろうと広くあてはまることから、民本主義という比較的新しい用語が、日本に最適であると思う。

126 青鞜社《せいとうしゃ》──『青鞜《せいとう》』発刊に際して

P.198

元始《げんし》[1]、女性《じょせい》は実《じつ》に太陽《たいよう》であった。真正《しんせい》の人《ひと》であった。今《いま》、女性《じょせい》は月《つき》である。他《た》に依《よ》って生《い》き、他《た》の光《ひかり》によって輝《かがや》く、病人《びょうにん》のような蒼白《あおじろ》い顔《かお》の月《つき》である。偖《さ》てこゝに「青鞜《せいとう》」は初声《うぶごえ》を上《あ》げた。〔青鞜《せいとう》〕

言葉 [1]元始：もと。初め

現代語訳 もともと、女性は太陽であり、本当の人間であった。しかし今、女性は月である。他（男性）の力によって生き、その光によって輝く青白い顔の月である。さてここに『青鞜』は産声を上げた。

127 原敬《はらたかし》首相の普選に対する考え

P.197

階級制度打破《かいきゅうせいどだは》[1]と云《い》ふが如《ごと》き、現在《げんざい》の社会組織《しゃかいそしき》[2]に向《むか》って打撃《だげき》を試《こころ》みんとする趣旨《しゅし》より、**納税資格《のうぜいしかく》を撤廃《てっぱい》すと云《い》ふが如《ごと》きは、実《じつ》に危険極《きけんきわま》る次第《しだい》にて**此《こ》の民衆《みんしゅう》の強要《きょうよう》に因《よ》り、現代組織《げんだいそしき》を破壊《はかい》する様《よう》の勢《いきおい》を作《つく》らば、**実《じつ》に国家《こっか》の基礎《きそ》を危《あやう》うするものなれば、寧《むし》ろ此際《このさい》、議《ぎ》会《かい》を解散《かいさん》して政界《せいかい》の一新《いっしん》を計《はか》るの外《ほか》なきかと思《おも》ふ。**〔原敬日記《はらたかしにっき》〕

言葉 [1]階級制度打破：ここでは急進的な社会主義者の主張　[2]社会組織：資本主義国家内の階級社会

現代語訳 階級制度の打破というように、現在の資本主義社会の体制に対して、打撃を与えようとする目的で納税資格の撤廃を主張するようなことは、実に危険きわまることである。こうした民衆の強要を受け入れ、現在の社会組織を破壊するような情勢になれば、実に国家の基礎を危うくするものであり、むしろこの際は議会を解散して、政界の一新をはかるほかはないものと思う。

128 普通選挙法《ふつうせんきょほう》の成立

P.197

●普通選挙法《ふつうせんきょほう》[1]

第五条　帝国臣民《ていこくしんみん》タル**男子《だんし》ニシテ年齢満《ねんれいまん》二十五年以《ねんい》上《じょう》ノ者《もの》ハ選挙権《せんきょけん》ヲ有《ゆう》ス。**帝国臣民《ていこくしんみん》タル男子《だんし》ニシテ**年齢満《ねんれいまん》三十年以上《ねんいじょう》ノ者《もの》ハ被選挙権《ひせんきょけん》ヲ有《ゆう》ス。**〔官報《かんぽう》〕

言葉 [1]普通選挙法：一九二五（大正十四）年三月二十九日成立、五月五日公布

現代語訳 ●普通選挙法
第五条　帝国臣民であって満二十五歳以上の男性は選挙権を有する。帝国臣民であって満三十歳以上の男性は被選挙権を有する。

129 治安維持法《ちあんいじほう》

P.197

●治安維持法《ちあんいじほう》[1]

第一条　**国体《こくたい》[2]ヲ変革《へんかく》シ又《また》ハ私有財産制度《しゆうざいさんせいど》ヲ否認《ひにん》スルコトヲ目的《もくてき》トシテ結社《けっしゃ》ヲ組織《そしき》シ又《また》ハ情《じょう》ヲ知《し》リテ之《これ》ニ加入《かにゅう》シタル者《もの》ハ十年以下《ねんいか》ノ懲役《ちょうえき》[3]又ハ禁錮《きんこ》[4]ニ処《しょ》ス**

前項《ぜんこう》ノ未遂罪《みすいざい》ハ之《これ》ヲ罰《ばっ》ス〔官報《かんぽう》〕

●改正治安維持法《かいせいちあんいじほう》[5]

第一条　国体《こくたい》ヲ変革《へんかく》スルコトヲ目的《もくてき》トシテ結社《けっしゃ》ヲ組織《そしき》シタル者《もの》、又《また》ハ結社《けっしゃ》ノ役員《やくいん》其《そ》ノ他指導者《たしどうしゃ》タル任務《にんむ》ニ従事《じゅうじ》シタル者《もの》ハ**死刑《しけい》又《また》ハ無期《むき》若《もし》クハ五年以上《いじょう》ノ懲《ちょう》役《えき》若《もし》クハ禁錮《きんこ》ニ処《しょ》シ、**……〔官報《かんぽう》〕

言葉 [1]治安維持法：一九二五（大正十四）年四月二十二日加藤高明内閣が公布　[2]国体：主権または統治権の所在により区別した国家体制。ここでは天皇を頂点とする当時の国家体制　[3]懲役：刑務所に拘置して労働に従事させる刑罰　[4]禁錮：拘置はするが、労働に従事させない刑罰　[5]改正治安維持法：一九二八（昭和三）年六月二十九日田中義一内閣において緊急勅令で公布

現代語訳 ●治安維持法
第一条　天皇制を変革したり、私有財産制度を否定することを目的に結社を組織した者、または事情を知りながらそれに加入した者は、十年以下の懲役または禁錮にする。
前項の未遂罪も処罰する。
●改正治安維持法
第一条　天皇制を変革することを目的とした結社を組織した者や、その役員など指導的な任務に当たった者は死刑又は無期あるいは五年以上の懲役・禁錮刑に処する。……

130 ワシントン海軍軍縮条約《かいぐんぐんしゅくじょうやく》[1]

P.199

第一条　締約国《ていやくこく》[2]ハ本条約《ほんじょうやく》ノ規定《きてい》ニ従《したが》ヒ**各自《かくじ》ノ海軍《かいぐん》軍備《ぐんび》ヲ制限《せいげん》スヘキコトヲ約定《やくじょう》ス。**

第四条　各締約国《かくていやくこく》ノ主力艦《しゅりょくかん》[3]合計代換噸数《ごうけいだいかんとんすう》[4]ハ基準《きじゅん》排水量《はいすいりょう》[5]ニ於《おい》テ合衆国《がっしゅうこく》五十二万五千噸《とん》、英帝国《えいていこく》五十二万五千噸《とん》、仏蘭西国《フランスこく》十七万五千噸《とん》、伊太利国《イタリアこく》十七万五千噸《とん》、日本国《にほんこく》三十一万五千噸《とん》ヲ超《こ》ユルコトヲ得《え》ス。〔日本外交年表竝主要文書《にほんがいこうねんぴょうならびにしゅようぶんしょ》〕

言葉 [1]ワシントン海軍軍縮条約：一九二二（大正十一）年二月六日調印。日本全権は加藤友三郎　[2]締約国：米・英・仏・伊・日の五カ国　[3]主力艦：戦艦、巡洋戦艦をさす　[4]代換噸数：将来、老齢艦などを廃棄し、それに代わる建造をした場合の合計トン数　[5]基準排水量：船の重量表示。水上に浮かぶ船体が排除した水の総重量が、船体の重量に等しくなる

現代語訳 第一条　締約国はこの条約の規定に従って、各国の海軍軍備を制限すべきことを取り決める。
第四条　各締約国の主力艦の合計トン数は、基準排水量においてアメリカ五十二万五千トン、イギリス五十二万五千トン、フランス十七万五千トン、イタリア十七万五千トン、日本三十一万五千トンを超えないこと。

131 金融恐慌

P.200

現内閣《げんないかく》[1]ハ一銀行《ぎんこう》一商店《しょうてん》ノ救済《きゅうさい》ニ熱心《ねっしん》ナルモ、支《シ》那《ナ》方面《ほうめん》ノ我《わ》ガ居留民《きょりゅうみん》及《および》対支貿易《たいしぼうえき》ニ付《つい》テハ何等《なんら》施《ほどこ》ス所《ところ》ナク、唯々《ただただ》我等《われら》ノ耳《みみ》ニ達《たっ》スルモノハ、其《そ》ノ惨憺《さんたん》タル暴状《ぼうじょう》ト、而《しか》シテ政府《せいふ》ガ弾圧手段《だんあつしゅだん》ヲ用《もち》ヒテ、之等《これら》ノ報道《ほうどう》ヲ新聞《しんぶん》ニ掲載《けいさい》スルコトヲ禁止《きんし》シタルコトナリ。……〔伯爵伊東巳代治《はくしゃくいとうみよじ》〕

言葉 [1]現内閣：第一次若槻礼次郎内閣（憲政会）。一九二六（大正十五）年一月～一九二七（昭和二）年四月

現代語訳 若槻内閣は、台湾銀行と鈴木商店の救済には熱心であるが、中国の日本人居留民や対中国貿易については無策で、我々が聞くのはその無残な状況と、新聞による事実の報道を政府が弾圧しているということだ。

132 国際連盟脱退《こくさいれんめいだったい》[1]

P.210

本年《ほんねん》二月二十四日臨時総会《りんじそうかい》ノ採択《さいたく》セル報告書《ほうこくしょ》[2]ハ、帝国《ていこく》カ東洋《とうよう》ノ平和《へいわ》ヲ確保《かくほ》セントスル外何等異図《ほかなんらいと》ナキノ精神《せいしん》ヲ顧《かえり》ミサルト同時《どうじ》ニ、事実《じじつ》ノ認定及之《にんていおよびこれ》ニ基《もとづ》ク論断《ろんだん》ニ於《おい》テ甚《はなはだ》シキ誤謬《ごびゅう》ニ陥《おちい》リ、就中《なかんずく》九月十八日事件《じけん》[3]当時及其《とうじおよびそ》ノ後《ご》ニ於《お》ケル日本軍《にほんぐん》ノ行動《こうどう》ヲ以《もっ》テ自衛権《じえいけん》ノ発動《はつどう》ニ非《あら》ス[4]ト臆断《おくだん》シ、……仍《よっ》テ**帝国政府《ていこくせいふ》ハ此《こ》ノ上連盟《うえれんめい》ト協力《きょうりょく》スルノ余地《よち》ナキヲ信《しん》シ、**連盟規約《れんめいきやく》第一条第《じょうだい》三項《こう》ニ基《もとづ》キ**帝国《ていこく》カ国際連盟《こくさいれんめい》ヨリ脱退《だったい》スルコトヲ通告《つうこく》スルモノナリ。**

〔日本外交年表《にほんがいこうねんぴょう》竝《ならびに》主要文書《しゅようぶんしょ》〕

言葉 [1]国際連盟脱退：一九三三（昭和八）年三月二十七日詔書発布　[2]報告書：リットン報告書　[3]九月十八日事件：柳条湖事件　[4]自衛権ノ発動ニ非ス：リットン報告書第四章に「日本軍ノ軍事行動ハ正当ナル自衛手段ト認ムルコトヲ得ズ」とある

現代語訳 本年（一九三三年）二月二十四日の国際連盟臨時総会が採択したリットン報告書は、日本が東洋の平和を確保しようとする以外に何らの意図もないことを考慮しないと同時に、事実の認定とそれに基づく結論において、はなはだしい誤りを犯している。とりわけ柳条湖事件当時と、その後の日本軍の行動を自衛権の発動ではないと、いいかげんな推測で判断し、……よって日本政府は、これ以上連盟と協力する余地のないことを確信し、連盟規約に基づいて国際連盟からの脱退を通告する。

133 天皇《てんのう》機《き》関説《かんせつ》問題[1] ――一身上の弁明・美濃部達吉

P.211

……所謂機関説《いわゆるきかんせつ》と申《もう》しまするのは、国家《こっか》それ自身《じしん》を一《ひと》つの生命《せいめい》あり、それ自身《じしん》に目的《もくてき》を有《ゆう》する恒久的《こうきゅうてき》の団体《だんたい》、即《すなわ》ち法律学上《ほうりつがくじょう》の言葉《ことば》を以《もっ》て申《もう》せば一《ひと》つの法人《ほうじん》と観念《かんねん》いたしまして、天皇《てんのう》は此法人《このほうじん》たる国家《こっか》の元首《げんしゅ》たる地位《ちい》に存《まし》まし、国家《こっか》を代表《だいひょう》して一切《いっさい》の権利《けんり》を総覧《そうらん》し給《たま》ひ、天皇《てんのう》が憲法《けんぽう》に従《したが》って行《おこな》はせられまする行為《こうい》が、即《すなわ》ち国家《こっか》の行為《こうい》たる効力《こうりょく》を生《しょう》ずると云《い》ふことを言《い》ひ現《あら》はすものであります。

〔第六七回帝国議会貴族院速記録〕

言葉 [1]天皇機関説問題：一九三五（昭和十）年二月十八日、貴族院議員陸軍中将菊池武夫が、貴族院で美濃部達吉の天皇機関説を攻撃（天皇機関説問題の始まり）

現代語訳 いわゆる天皇機関説というのは、国家自身を、一つの生命をもち、目的をもつ恒久的な団体、つまり法律学上の言葉を使えば、一つの法人と考えるものであって、天皇は、この法人である国家の元首の地位にあり、国家を代表してすべての権利を一手に握り、天皇が憲法に従って行う行為が、国家の行為としての効力をもつということを言い表すものである。

134 国体明徴声明《こくたいめいちょうせいめい》[1]

P.211

大日本帝国統治《だいにほんていこくとうち》の大権《たいけん》は儼《げん》として天皇《てんのう》に存《そん》すること明《あきら》かなり。若《も》し**夫《そ》れ統治権《とうちけん》が天皇《てんのう》に存《そん》せずして、天皇《てんのう》は之《これ》を行使《こうし》する為《ため》の機関《きかん》なりと為《な》すが如《ごと》きは、是《こ》れ全《まった》く万邦無比《ばんぽうむひ》なる我《わ》が国体《こくたい》の本義《ほんぎ》を愆《あやま》るものなり。**近時憲法学説《きんじけんぽうがくせつ》を繞《めぐ》り国体《こくたい》の本義《ほんぎ》に関連《かんれん》して兎角《とかく》の論議《ろんぎ》を見《み》るに至《いた》れるは寔《まこと》に遺憾《いかん》に堪《た》へず。政府《せいふ》は愈々国体《いよいよこくたい》の明徴《めいちょう》に力《ちから》を効《いた》し其《そ》の精華《せいか》を発揚《はつよう》せんことを期《き》す。

〔官報《かんぽう》〕

言葉 [1]国体明徴声明：一九三五（昭和十）年八月三日発表。政府が天皇機関説は国体に反すると声明したもの（第一次国体明徴声明）。十月十五日にも再声明が出されている（第二次国体明徴声明）

現代語訳 大日本帝国統治の大権は、厳然として天皇にあるということは明らかである。統治権が天皇になく、天皇は統治権を行使するための機関であるとするような学説は、あらゆる国のなかで比べるもののない我が天皇制の正しい意味を誤るものである。近頃憲法学説をめぐり、天皇制の正しい意味についていろいろな論議をみるようになったのは、大変残念でならない。政府はますます天皇制を明らかにすることに努め、その真価をふるいおこして欲しい。

135 第《だい》一次《じ》近衛《このえ》声明《せいめい》[1]

P.213

帝国政府《ていこくせいふ》ハ南京攻略《ナンキンこうりゃく》[2]後尚《ごな》ホ支那国民政府《シナこくみんせいふ》[3]ノ反省《はんせい》ニ最後《さいご》ノ機会《きかい》ヲ与《あた》フルタメ今日《こんにち》ニ及《およ》ヘリ。然《しか》ルニ国民《こくみん》政府《せいふ》ハ帝国《ていこく》ノ真意《しんい》ヲ解《かい》セス漫《みだ》リニ抗戦《こうせん》ヲ策《さく》シ、内民人《うちみんじん》塗炭《とたん》ノ苦《くるし》ミヲ察《さっ》セス外東亜全局《そととうあぜんきょく》ノ和平《わへい》ヲ顧《かえり》ミル所《ところ》ナシ。**仍《よっ》テ帝国政府《ていこくせいふ》ハ爾後国民政府《じごこくみんせいふ》ヲ対手《あいて》トセス、帝国《ていこく》ト真《しん》ニ提携《ていけい》スルニ足《た》ル新興支那政権《しんこうシナせいけん》[4]ノ成立発展《せいりつはってん》ヲ期《き》待《たい》シ、是《これ》ト両国国交《りょうこくこっこう》ヲ調整《ちょうせい》シテ更生新支那《こうせいしんシナ》ノ建設《けんせつ》ニ協力《きょうりょく》セントス。**……

〔日本外交年表《にほんがいこうねんぴょう》竝《ならびに》主要文書《しゅようぶんしょ》〕

言葉 [1]第一次近衛声明：一九三八（昭和十三）年一月十六日声明　[2]南京攻略：一九三七年十二月十三日占領。この南京侵攻の際、日本軍は南京市民を無差別虐殺し、二十～三十万人を殺害したとされる（南京事件）　[3]支那国民政府：蔣介石《しょうかいせき》の国民政府　[4]新興支那政権：近衛声明に呼応して重慶を脱出した汪兆銘《おうちょうめい》は、一九四〇年に南京政府を樹立して日本の傀儡《かいらい》となった

現代語訳 日本政府は南京占領後も、中国国民政府に対し最後の反省の機会を与える交渉を継続してきた。しかし国民政府は日本の真意を理解せず、むやみに抗戦を計画し、中国民衆の苦難や東アジア全体の平和を考慮していない。よって、日本政府は今後国民政府を交渉の相手とせず、日本と提携できる新政府の成立を待って、その政府との間に国交を開き、新生中国の建設に協力したい。

136 国家総動員法《こっかそうどういんほう》[1]

P.214

第一条　本法《ほんぽう》ニ於《おい》テ**国家総動員《こっかそうどういん》トハ、戦時《せんじ》（戦争《せんそう》ニ準《じゅん》ズベキ事変《じへん》[2]ノ場合《ばあい》ヲ含《ふく》ム、以下之《いかこれ》ニ同《おな》ジ）ニ際《さい》シ、国防目的達成《こくぼうもくてきたっせい》ノ為《ため》、国《くに》ノ全力《ぜんりょく》ヲ最《もっと》モ有効《ゆうこう》ニ発揮《はっき》セシムル様《よう》、人的及物的資源《じんてきおよびぶってきしげん》ヲ統制運用《とうせいうんよう》スルヲ謂《い》フ。**

第四条　政府《せいふ》ハ戦時《せんじ》ニ際《さい》シ国家総動員《こっかそうどういん》上必要《じょうひつよう》アルトキハ勅令《ちょくれい》[3]ノ定《さだ》ムル所《ところ》ニ依《よ》リ帝国臣民《ていこくしんみん》ヲ徴用《ちょうよう》シテ総動員業務《そうどういんぎょうむ》[4]ニ従事《じゅうじ》セシムルコトヲ得《う》。但《ただ》シ兵役法《へいえきほう》[5]ノ適用《てきよう》ヲ妨《さまた》ケス

〔官報《かんぽう》〕

言葉 [1]国家総動員法：一九三八（昭和十三）年四月一日公布、五月五日施行　[2]事変：国際間での宣戦布告のない戦争　[3]勅令：帝国議会の議決によらず、天皇が裁可（許可）した法令。この場合は具体的に国民徴用令、船員徴用令、医療関係者徴用令などをさす。白紙召集状　[4]総動員業務：物資生産・運輸・金融・衛生・教育・宣伝などが第三条にあげられている　[5]兵役法：徴兵令のこと

AC

現代語訳 第一条　この法律で国家総動員というのは、戦争時（戦争に準ずる事変の場合も含む、以下同様）において、国防の目的の達成のために、国のあらゆる力を最も有効に発揮できるよう人的・物的資源を統制し、運用することをいう。
第四条　政府は戦争時において国家総動員の必要がある時は勅令の定めによって、国民を徴用し、総動員業務に従わせることができる。ただし兵役法の適用を妨げない。

137 日独伊三国同盟《にちどくいさんごくどうめい》[1]

P.215

第一条　日本国《にほんこく》ハ、独逸国《ドイツこく》及《および》伊太利国《イタリアこく》ノ欧洲《おうしゅう》ニ於《お》ケル新秩序《しんちつじょ》[2]建設《けんせつ》ニ関《かん》シ、指導的《しどうてき》地位《ちい》ヲ認《みと》メ且《かつ》之《これ》ヲ尊《そん》重《ちょう》ス。
第二条　独逸国《ドイツこく》及《および》伊太利国《イタリアこく》ハ、日本国《にほんこく》ノ大東亜《だいとうあ》ニ於《お》ケル新秩序《しんちつじょ》[3]建設《けんせつ》ニ関《かん》シ、指導的《しどうてき》地位《ちい》ヲ認《みと》メ且《かつ》之《これ》ヲ尊重《そんちょう》ス。
〔日本外交年表《にほんがいこうねんぴょう》竝《ならびに》主要文書《しゅようぶんしょ》〕

言葉 [1]日独伊三国同盟：一九四〇（昭和十五）年九月二十七日ベルリンで調印　[2]欧洲ニ於ケル新秩序：従来の英仏主導のヴェルサイユ体制を打破するため、独伊がとった行動、すなわち独伊同盟、世界大戦の勃発などをさす　[3]大東亜ニ於ケル新秩序：日本が東アジアにおいて主導権を握ることを意味し、日中戦争の勃発、汪兆銘《おうちょうめい》の南京政府樹立などをさす

現代語訳 第一条　日本国は、ドイツやイタリアが欧州新秩序建設の指導的地位にあることを認め、尊重する。
第二条　ドイツやイタリアは、日本国が大東亜新秩序建設の指導的地位にあることを認め、尊重する。

138 日ソ中立条約《にっちゅうりつじょうやく》[1]

P.215

第一条　両締約国《りょうていやくこく》ハ両国間《りょうこくかん》ニ平和《へいわ》及《および》友好《ゆうこう》ノ関係《かんけい》ヲ維《い》持《じ》シ且《かつ》相互《そうご》ニ他方締約国《たほうていやくこく》ノ**領土《りょうど》ノ保全《ほぜん》及《および》不可侵《ふかしん》**[2]**ヲ尊重《そんちょう》スヘキコトヲ約《やく》ス。**
第二条　締約国《ていやくこく》ノ一方《いっぽう》カ一又《また》ハ二以上《いじょう》ノ第《だい》三国《ごく》ヨリノ軍事行動《ぐんじこうどう》ノ対象《たいしょう》ト為《な》ル場合《ばあい》ニハ他方締約国《たほうていやくこく》ハ該《がい》**紛争《ふんそう》ノ全期間《ぜんきかん》中《ちゅう》中立《ちゅうりつ》ヲ守《まも》ルヘシ。**
第三条　本条約《ほんじょうやく》ハ両締約国《りょうていやくこく》ニ於《お》テ其《そ》ノ批准《ひじゅん》ヲ了《りょう》シタル日《ひ》ヨリ実施《じっし》セラルヘク且《かつ》五年《ねん》ノ期間満了《きかんまんりょう》ノ一年《ねん》前《まえ》ニ本条約《ほんじょうやく》ノ廃棄《はいき》ヲ通告《つうこく》セサルトキハ、本条約《ほんじょうやく》ハ次《つぎ》ノ五年間《ねんかん》自動的《じどうてき》ニ延長《えんちょう》セラレタルモノト認《みと》メラルヘシ。
〔日本外交年表《にほんがいこうねんぴょう》竝《ならびに》主要文書《しゅようぶんしょ》〕

言葉 [1]日ソ中立条約：一九四一（昭和十六）年四月十三日調印　[2]不可侵：侵害を許さないこと。侵略しないこと

139 カイロ宣言《せんげん》[1]

P.220

同盟国《どうめいこく》[2]ノ目的《もくてき》ハ日本国《にほんこく》ヨリ千九百十四年《ねん》ノ第《だい》一次《じ》世界戦争《せかいせんそう》ノ開始《かいし》以後《いご》ニ於《お》テ日本国《にほんこく》カ奪取《だっしゅ》シ又《また》ハ占領《せんりょう》シタル**太平洋《たいへいよう》ニ於《お》ケル一切《いっさい》ノ島嶼《とうしょ》[3]ヲ剥奪《はくだつ》スルコト並《ならび》ニ満州《まんしゅう》[4]、台湾《たいわん》及《および》澎湖島《ほうことう》[5]ノ如《ごと》キ日本国《にほんこく》カ清国人《しんこくじん》ヨリ盗取《とうしゅ》シタル一切《いっさい》ノ地域《ちいき》ヲ中華民国《ちゅうかみんこく》ニ返還《へんかん》スルコトニ在《あ》リ。**……
前記三大国《ぜんきさんだいこく》ハ朝鮮《ちょうせん》ノ人民《じんみん》ノ奴隷状態《どれいじょうたい》ニ留意《りゅうい》シ軈《やが》テ**朝鮮《ちょうせん》ヲ自由《じゆう》且《かつ》独立《どくりつ》ノモノタラシムルノ決意《けつい》ヲ有《ゆう》ス。**
〔日本外交年表《にほんがいこうねんぴょう》竝《ならびに》主要文書《しゅようぶんしょ》〕

言葉 [1]カイロ宣言：一九四三（昭和十八）年十一月二十七日署名。ローズヴェルト（米）、チャーチル（英）、蔣介石《しょうかいせき》（中）がカイロで会談し、対日戦の処理について行った宣言　[2]同盟国：アメリカ、イギリス、中華民国　[3]太平洋ニ於ケル一切ノ島嶼：第一次世界大戦後、旧ドイツ領南洋諸島は、日本が国際連盟の委任統治領として支配していた　[4]満州：中国東北部。日本軍により、満州国が建てられていた　[5]澎湖島：下関条約により日本が獲得した澎湖諸島

現代語訳 同盟国の目的は、一九一四年の第一次世界大戦開始以後、日本国が奪ったり占領した太平洋における一切の島々を取り戻し、満州・台湾・澎湖諸島などのように日本国が奪い取った一切の地域を中華民国に返還させることである。……
英・米・中の三大国は、日本の植民地として奴隷状態にある朝鮮人民に配慮し、朝鮮を独立させるつもりである。

140 ヤルタ協定《きょうてい》[1]

P.220

「ドイツ」国《こく》カ降伏《こうふく》シ且《かつ》「ヨーロッパ」ニ於《お》ケル戦《せん》争《そう》カ終結《しゅうけつ》シタル後《のち》二月《ふたつき》又《また》ハ三月《みつき》ヲ経《へ》テ「ソヴィエト」連邦《れんぽう》カ左《ひだり》ノ条件《じょうけん》ニ依《よ》リ連合国《れんごうこく》ニ与《くみ》シテ日本《にほん》ニ対《たい》スル戦争《せんそう》ニ参加《さんか》スヘキコトヲ協定《きょうてい》セリ。……
〔日本外交年表《にほんがいこうねんぴょう》竝《ならびに》主要文書《しゅようぶんしょ》〕

言葉 [1]ヤルタ協定：一九四五（昭和二十）年二月、クリミア半島のヤルタで、ローズヴェルト（米）、チャーチル（英）、スターリン（ソ）が会談した時の秘密協定。翌四十六年二月十一日発表

現代語訳 ドイツが降伏し、ヨーロッパでの戦争が終結してから二、三ヶ月後に、ソ連が次の条件で連合国に加わり、対日参戦することを協定する。……

141 ポツダム宣言《せんげん》[1]

P.220

一、吾等《われら》合衆国大統領《がっしゅうこくだいとうりょう》[2]、中華民国政府主席《ちゅうかみんこくせいふしゅせき》[3]及《および》「グレート・ブリテン」国総理大臣《こくそうりだいじん》[4]ハ吾等《われら》ノ数億《すうおく》ノ国《こく》民《みん》ヲ代表《だいひょう》シ協議《きょうぎ》ノ上《うえ》日本国《にほんこく》ニ対《たい》シ今次《こんじ》ノ戦争《せんそう》ヲ終《しゅう》結《けつ》スルノ機会《きかい》ヲ与《あた》フルコトニ意見一致《いけんいっち》セリ。
八、「カイロ」宣言《せんげん》ノ条項《じょうこう》ハ履行《りこう》セラルヘク、又《また》**日本《にほん》国《こく》ノ主権《しゅけん》ハ本州《ほんしゅう》、北海道《ほっかいどう》、九州《きゅうしゅう》及《および》四国《しこく》並《ならび》ニ吾等《われら》ノ決定《けってい》スル諸小島《しょしょうとう》ニ局限《きょくげん》セラルヘシ。**
九、**日本国軍隊《にほんこくぐんたい》ハ、完全《かんぜん》ニ武装《ぶそう》ヲ解除《かいじょ》**セラレタル後《のち》、各自《かくじ》ノ家庭《かてい》ニ復帰《ふっき》シ[5]、平和的《へいわてき》且《かつ》生産的《せいさんてき》ノ生活《せいかつ》ヲ営《いとな》ムノ機会《きかい》ヲ得《え》シメラルヘシ。
十三、吾等《われら》ハ日本国政府《にほんこくせいふ》カ直《ただち》ニ全日本国軍隊《ぜんにほんこくぐんたい》ノ無条《むじょう》件降伏《けんこうふく》ヲ宣言《せんげん》シ、且《かつ》右《みぎ》行動《こうどう》ニ於《お》ケル同政府《どうせいふ》ノ誠意《せいい》ニ付《つき》、適当《てきとう》且《かつ》充分《じゅうぶん》ナル保障《ほしょう》ヲ提供《ていきょう》センコトヲ同政府《どうせいふ》ニ対《たい》シ要求《ようきゅう》ス。右以外《みぎいがい》ノ日本国《にほんこく》ノ選択《せんたく》ハ迅速《じんそく》且《かつ》完《かん》全《ぜん》ナル壊滅《かいめつ》アルノミトス。
〔日本外交年表《にほんがいこうねんぴょう》竝《ならびに》主要文書《しゅようぶんしょ》〕

言葉 [1]ポツダム宣言：一九四五（昭和二十）年七月二十六日発表、日本は八月十四日受諾。米英中三国の首脳の名で発表された対日戦争終結条件及び戦後処理方針に関する共同宣

言。ポツダム会談では議題とならず会談期間中に、トルーマン（米）がチャーチル（英）に提示、蔣介石《しょうかいせき》（中）に電信で合意を得た [2]大統領：トルーマン [3]主席：蔣介石 [4]総理大臣：アトリー。ポツダム会談中、イギリスでは総選挙が行われ、労働党が勝ったため、宣言の署名はアトリーが行っている [5]各自ノ家庭ニ復帰シ：敗戦時本土外にあった日本兵力は合わせて計三百三十万余であったとされる

現代語訳 一、アメリカ大統領（トルーマン）・中華民国主席（蔣介石）・イギリス首相（アトリー）は各国の数億国民を代表し協議した結果、日本にこの戦争終結の機会を与えることで、意見が一致した。

八、カイロ宣言の条項が実行され、日本国の主権は本州・北海道・九州・四国と当方で決定する諸小島に限定される。

九、日本軍は完全に武装解除した後、兵隊は各家庭に戻り、平和的・生産的な生活をする機会が与えられる。

十三、日本政府が、ただちに全日本軍の無条件降伏を宣言し、軍のその行動について、日本政府が誠意を持って保障することを要求する。これ以外の選択は日本国の迅速で完全な壊滅を招くのみである。

現代

142 天皇の人間宣言

▶P.222

朕《ちん》ト爾等《なんじら》国民《こくみん》トノ間ノ紐帯《ちゅうたい》ハ、終始《しゅうし》相互《そうご》ノ信頼《しんらい》ト敬愛《けいあい》トニ依《よ》リテ結《むす》バレ、単《たん》ナル神話《しんわ》ト伝説《でんせつ》トニ依《よ》リテ生《しょう》ゼルモノニ非《あら》ズ。天皇《てんのう》ヲ以《もっ》テ現御神《あきつみかみ》[1]トシ、且《かつ》日《に》本国民《ほんこくみん》ヲ以《もっ》テ他《た》ノ民族《みんぞく》ニ優越《ゆうえつ》セル民族《みんぞく》ニシテ、延《ひい》テ世《せ》界《かい》ヲ支配《しはい》スベキ運命《うんめい》ヲ有《ゆう》ストノ架空《かくう》ナル観念《かんねん》[2]ニ基《もとづ》クモノニモ非《あら》ズ。……〔官報《かんぽう》〕

言葉 [1]現御神：現人神（人間の姿となって現れる神） [2]架空ナル観念：太平洋戦争中に盛んに宣伝された、大和民族最優秀論や八紘一宇《はっこういちう》（全世界を一つの家のごとく支配する）の考え方をさす

現代語訳 私と君達国民とは、相互の信頼と敬愛とによって結ばれているのであって、単なる神話と伝説に基づくものではない。天皇を現人神《あらひとがみ》とし、日本国民は他の民族より優れた民族で、世界を支配すべき運命にあるというような架空の信念に基づくものではない。

143 日本国憲法《にほんこくけんぽう》[1]（前文《ぜんぶん》）

▶P.225

日本国民《にほんこくみん》は、正当《せいとう》に選挙《せんきょ》された国会《こっかい》における代表《だいひょう》者《しゃ》を通《つう》じて行動《こうどう》し、われらとわれらの子孫《しそん》のために、諸国民《しょこくみん》との協和《きょうわ》による成果《せいか》と、わが国全土《くにぜんど》にわたつて自由《じゆう》のもたらす恵沢《けいたく》を確保《かくほ》し、政府《せいふ》の行為《こうい》によつて再《ふたた》び戦争《せんそう》の惨禍《さんか》が起《おこ》ることのないやうにすることを決意《けつい》し、ここに主権《しゅけん》が国民《こくみん》に存《そん》することを宣言《せんげん》し、この憲法《けんぽう》を確定《かくてい》する。……〔官報《かんぽう》〕

言葉 [1]日本国憲法：一九四五（昭和二十）年十月四日、最高司令官マッカーサーが憲法改正を指示。翌年幣原内閣は松本案を提示したが、GHQはこれを拒否、改めてGHQが原案を提示し草案が作成された。一九四六（昭和二十一）年十一月三日公布、翌年五月三日施行

144 教育基本法《きょういくきほんほう》[1]

▶P.222・224

われらは個人《こじん》の尊厳《そんげん》を重《おも》んじ、真理《しんり》と平和《へいわ》を希求《ききゅう》する人間《にんげん》の育成《いくせい》を期《き》するとともに、普遍的《ふへんてき》にしてしかも個性《こせい》ゆたかな文化《ぶんか》の創造《そうぞう》をめざす教育《きょういく》を普及徹底《ふきゅうてってい》しなければならない。

第一条（教育《きょういく》の目的《もくてき》）教育《きょういく》は、人格《じんかく》の完成《かんせい》をめざし、平和的《へいわてき》な国家《こっか》及《およ》び社会《しゃかい》の形成者《けいせいしゃ》として、真理《しんり》と正義《せいぎ》を愛《あい》し、個人《こじん》の価値《かち》をたっとび、勤労《きんろう》と責任《せきにん》を重《おも》んじ、自主的精神《じしゅてきせいしん》に充《み》ちた心身《しんしん》ともに健康《けんこう》な国民《こくみん》の育《いく》成《せい》を期《き》して行《おこな》われなければならない。〔官報《かんぽう》〕

言葉 [1]教育基本法：一九四七（昭和二十二）年三月三十一日公布、四月一日施行

145 サンフランシスコ平和条約《へいわじょうやく》[1]

▶P.226・230

第一条(a) 日本国《にほんこく》と各連合国《かくれんごうこく》との間《あいだ》の戦争状態《せんそうじょうたい》は、第《だい》二十三条《じょう》[2]の定《さだ》めるところによりこの条約《じょうやく》が日《に》本国《ほんこく》と当該連合国《とうがいれんごうこく》との間《あいだ》に効力《こうりょく》を生《しょう》ずる日《ひ》[3]に終《しゅう》了《りょう》する。

(b) 連合国《れんごうこく》は、日本国及《にほんこくおよ》びその領水《りょうすい》[4]に対《たい》する日本《にほん》国民《こくみん》の完全《かんぜん》な主権《しゅけん》を承認《しょうにん》する。

第二条(a) 日本国《にほんこく》は、朝鮮《ちょうせん》の独立《どくりつ》を承認《しょうにん》して、……朝鮮《ちょうせん》に対《たい》するすべての権利《けんり》・権原《けんげん》[5]及《およ》び請求権《せいきゅうけん》を放棄《ほうき》する。

(b) 日本国《にほんこく》は、台湾《たいわん》及《およ》び澎湖諸島《ほうこしょとう》に対《たい》するすべての権利《けんり》、権原及《けんげんおよ》び請求権《せいきゅうけん》を放棄《ほうき》する。

(c) 日本国《にほんこく》は、千島列島並《ちしまれっとうなら》びに日本国《にほんこく》が千九百五年《ねん》九月《がつ》五日《か》のポーツマス条約《じょうやく》の結果《けっか》として主権《しゅけん》を獲《かく》得《とく》した樺太《からふと》の一部及《いちぶおよ》びこれに近接《きんせつ》する諸島《しょとう》に対《たい》するすべての権利《けんり》、権原及《けんげんおよ》び請求権《せいきゅうけん》を放棄《ほうき》する。……

第六条(a) 連合国《れんごうこく》のすべての占領軍《せんりょうぐん》は、……九十日《にち》以内《いない》に、日本国《にほんこく》から撤退《てったい》しなければならない。但《ただ》し、この規定《きてい》は、一又《また》は二以上《いじょう》の連合国《れんごうこく》を一方《いっぽう》とし、日本国《にほんこく》を他方《たほう》として双方《そうほう》の間《あいだ》に締結《ていけつ》された若《も》しくは締結《ていけつ》される二国間《こくかん》若《も》しくは多数国間《たすうこくかん》の協定《きょうてい》に基《もとづ》く、又《また》はその結果《けっか》としての外国軍隊《がいこくぐんたい》の日本国《にほんこく》の領域《りょういき》における駐《ちゅう》とん・[6]又《また》は駐留《ちゅうりゅう》を妨《さまた》げるものではない。……〔日本外交主要文書《にほんがいこうしゅようぶんしょ》・年表《ねんぴょう》〕

言葉 [1]サンフランシスコ平和条約：一九五一（昭和二十六）年九月八日調印 [2]第二十三条：批准《ひじゅん》についての規定 [3]効力を生ずる日：一九五二（昭和二十七）年四月二十八日 [4]領水：領海のこと。このころは三海里（一海里は約一八五二メートル） [5]権原：権利を発生させる法的な根拠 [6]駐とん：軍隊がその地に長くとどまっていること。日米安全保障条約を締結するためにこの部分を入れ、その結果占領軍は駐留軍となる

146 日《にっ》ソ共同宣言《きょうどうせんげん》[1]

▶P.242

一、日本国《にほんこく》とソヴィエト社会主義《しゃかいしゅぎ》共《きょう》和国連邦《わこくれんぽう》との間《あいだ》の戦争状態《せんそうじょうたい》[2]は、この宣言《せんげん》が効力《こうりょく》を生《しょう》ずる日《ひ》に終《しゅう》了《りょう》し、両国《りょうこく》の間《あいだ》に平和及《へいわおよ》び友好善隣関係《ゆうこうぜんりんかんけい》が回復《かいふく》される。

四、ソヴィエト社会主義《しゃかいしゅぎ》共《きょう》和国連邦《わこくれんぽう》は、国際連合《こくさいれんごう》へ

の加入《かにゅう》[3]に関《かん》する日本国《にほんこく》の申請《しんせい》を支持《しじ》するものとする。

ソヴィエト社会主義《しゃかいしゅぎ》共和国連邦《きょうわこくれんぽう》は日本国《にほんこく》の要望《ようぼう》にこたえ、かつ日本国《にほんこく》の利益《りえき》を考慮《こうりょ》して、**歯舞群島《はぼまいぐんとう》および色丹島《しこたんとう》[4]を日本国《にほんこく》に引《ひ》き渡《わた》すことに同意《どうい》する。**ただし、これらの諸島《しょとう》は日本国《にほんこく》とソヴィエト社会主義共和国連邦《しゃかいしゅぎきょうわこくれんぽう》との間《あいだ》の平和条約《へいわじょうやく》が締結《ていけつ》された後《のち》に、現実《げんじつ》に引《ひ》き渡《わた》されるものとする。

〔日本外交主要文書《にほんがいこうしゅようぶんしょ》・年表《ねんぴょう》〕

言葉 [1]日ソ共同宣言：一九五六（昭和三十一）年十月十九日調印 [2]戦争状態：ソ連はヤルタ協定に従い日ソ中立条約を破棄し、一九四五（昭和二十）年八月八日、満州及び南樺太に進撃したことより始まる [3]国際連合への加入：この日ソ国交正常化により、一九五六（昭和三十一）年十二月十九日国連総会は日本の加盟を可決 [4]歯舞群島および色丹島：北海道の一部、現在ロシアが領有

147 日米新安全保障条約《にちべいしんあんぜんほしょうじょうやく》[1]

P.232・243

●日米相互協力及び安全保障条約《にちべいそうごきょうりょくおよびあんぜんほしょうじょうやく》（新安保条約《しんあんぽじょうやく》）

第五条　**各締約国《かくていやくこく》は、日本《にほん》の施政《しせい》の下《もと》にある領域《りょういき》における、いずれか一方《いっぽう》に対《たい》する武力攻撃《ぶりょくこうげき》が、自国《じこく》の平和《へいわ》及《およ》び安全《あんぜん》を危《あや》うくするものであることを認《みと》め、自国《じこく》の憲法上《けんぽうじょう》の規定《きてい》及《およ》び手続《てつづき》に従《したが》って共通《きょうつう》の危険《きけん》に対処《たいしょ》するように行動《こうどう》することを宣言《せんげん》する。**

第六条[2]　日本国《にほんこく》の安全《あんぜん》に寄与《きよ》し、並《なら》びに極東《きょくとう》における国際《こくさい》の平和《へいわ》及《およ》び安全《あんぜん》の維持《いじ》に寄与《きよ》するため、アメリカ合衆国《がっしゅうこく》は、その陸軍《りくぐん》、空軍《くうぐん》及《およ》び海軍《かいぐん》が日本国《にほんこく》において施設《しせつ》及《およ》び区域《くいき》を使用《しよう》することを許《ゆる》される。

〔日本外交主要文書《にほんがいこうしゅようぶんしょ》・年表《ねんぴょう》〕

言葉 [1]日米新安全保障条約：一九六〇（昭和三十五）年一月十九日調印 [2]第六条：具体的には、日米行政協定を継承した日米地位協定で、施設・区域と日本国内での米軍の地位が定められ、また交換公文で、米軍装備の重大な変更、日本からの戦闘作戦行動のための施設・区域の使用には事前協議が行われることとされた

148 日韓基本条約《にっかんきほんじょうやく》[1]

P.183・241

日本国及大韓民国《にほんこくおよびだいかんみんこく》は……両国《りょうこく》の相互《そうご》の福祉《ふくし》及《およ》び共通《きょうつう》の利益《りえき》の増進《ぞうしん》のため、並《なら》びに国際《こくさい》の平和《へいわ》及《およ》び安全《あんぜん》の維持《いじ》のために、両国《りょうこく》が国際連合憲章《こくさいれんごうけんしょう》の原則《げんそく》に適合《てきごう》して緊密《きんみつ》に協力《きょうりょく》することが重要《じゅうよう》であることを認《みと》め……次《つぎ》の諸条《しょじょう》を協定《きょうてい》した。

第一条　両締約国間《りょうていやくこくかん》に外交《がいこう》及《およ》び領事関係《りょうじかんけい》が開設《かいせつ》される。……

第二条　**千九百十年八月二十二日[2]以前《いぜん》に大日本帝国《だいにほんていこく》と大韓帝国《だいかんていこく》との間《あいだ》で締結《ていけつ》されたすべての条約及《じょうやくおよ》び協定《きょうてい》は、もはや無効《むこう》であることが確認《かくにん》される。**

第三条　**大韓民国政府《だいかんみんこくせいふ》は、国際連合総会決議《こくさいれんごうそうかいけつぎ》[3]第百九十五号《ごう》（III）に明《あき》らかにされているとおりの朝鮮《ちょうせん》にある唯一《ゆいいつ》の合法的《ごうほうてき》な政府《せいふ》であることが確認《かくにん》される。**

〔日本外交主要文書《にほんがいこうしゅようぶんしょ》・年表《ねんぴょう》〕

言葉 [1]日韓基本条約：一九六五（昭和四十）年六月二十二日調印 [2]千九百十年八月二十二日：一九一〇（明治四十三）年八月二十二日、韓国併合条約調印の日 [3]国際連合総会決議：韓国の統治権は北緯三十八度以南に限定するというもので、半島における唯一合法政権であることを明記したい韓国の要求が全面的には認められなかった

149 沖縄返還協定《おきなわへんかんきょうてい》[1]

P.240

第一条　1　**アメリカ合衆国《がっしゅうこく》は、2に定義《ていぎ》する琉球諸島《りゅうきゅうしょとう》及《およ》び大東諸島《だいとうしょとう》に関《かん》し、**千九百五十一年九月八日にサンフランシスコ市で署名《しょめい》された**日本国《にほんこく》との平和条約第三条《へいわじょうやくだいさんじょう》の規定《きてい》に基《もと》づくすべての権利及《けんりおよ》び利益《りえき》を、この協定《きょうてい》の効力発生《こうりょくはっせい》の日《ひ》から日本国《にほんこく》のために放棄《ほうき》する。**……

第三条　1　日本国《にほんこく》は、千九百六十年一月十九日にワシントンで署名《しょめい》された**日本国《にほんこく》とアメリカ合衆国《がっしゅうこく》との間《あいだ》の相互協力及《そうごきょうりょくおよ》び安全保障条約及《あんぜんほしょうじょうやくおよ》びこれに関《かん》する取極《とりきめ》に従《したが》い、この協定《きょうてい》の効力発生《こうりょくはっせい》の日《ひ》にアメリカ合衆国《がっしゅうこく》に対《たい》し琉球諸島《りゅうきゅうしょとう》及《およ》び大東諸島《だいとうしょとう》における施設《しせつ》及《およ》び区域《くいき》の使用《しよう》を許《ゆる》す。**

〔官報《かんぽう》〕

言葉 [1]沖縄返還協定：正式には「琉球諸島及び大東諸島に関する日本国とアメリカ合衆国との間の協定」という。一九七一（昭和四十六）年六月十七日調印

150 日中共同声明《にっちゅうきょうどうせいめい》[1]

P.242

日本側《にほんがわ》は、過去《かこ》において日本国《にほんこく》が戦争《せんそう》を通《つう》じて中国国民《ちゅうごくこくみん》に重大《じゅうだい》な損害《そんがい》を与《あた》えたことについての責任《せきにん》を痛感《つうかん》し、深《ふか》く反省《はんせい》する。また日本側《にほんがわ》は中華人民共和国政府《ちゅうかじんみんきょうわこくせいふ》が提起《ていき》した「復交三原則《ふっこうさんげんそく》[2]」を十分理解《じゅうぶんりかい》する立場《たちば》に立《た》って国交正常化《こっこうせいじょうか》の実現《じつげん》をはかるという見解《けんかい》を再確認《さいかくにん》する。中国側《ちゅうごくがわ》は、これを歓迎《かんげい》するものである。

……

二、**日本国政府《にほんこくせいふ》は、中華人民共和国政府《ちゅうかじんみんきょうわこくせいふ》が中国《ちゅうごく》の唯一《ゆいいつ》の合法政府《ごうほうせいふ》であることを承認《しょうにん》する。**

〔日本外交主要文書《にほんがいこうしゅようぶんしょ》・年表《ねんぴょう》〕

言葉 [1]日中共同声明：一九七二（昭和四十七）年九月二十九日、田中角栄首相と周恩来首相との間で調印 [2]復交三原則：①中華人民共和国政府が中国の唯一の合法政府であること、②台湾は中華人民共和国の領土の不可分の一部であること、③日本と台湾の平和条約は不法・無効であること

8 江戸時代の学問の系統

本誌 *P.142, 150, 151*

(注)人物の年代は40歳のとき　＊寛政の三博士(岡田寒泉のあと古賀精里)

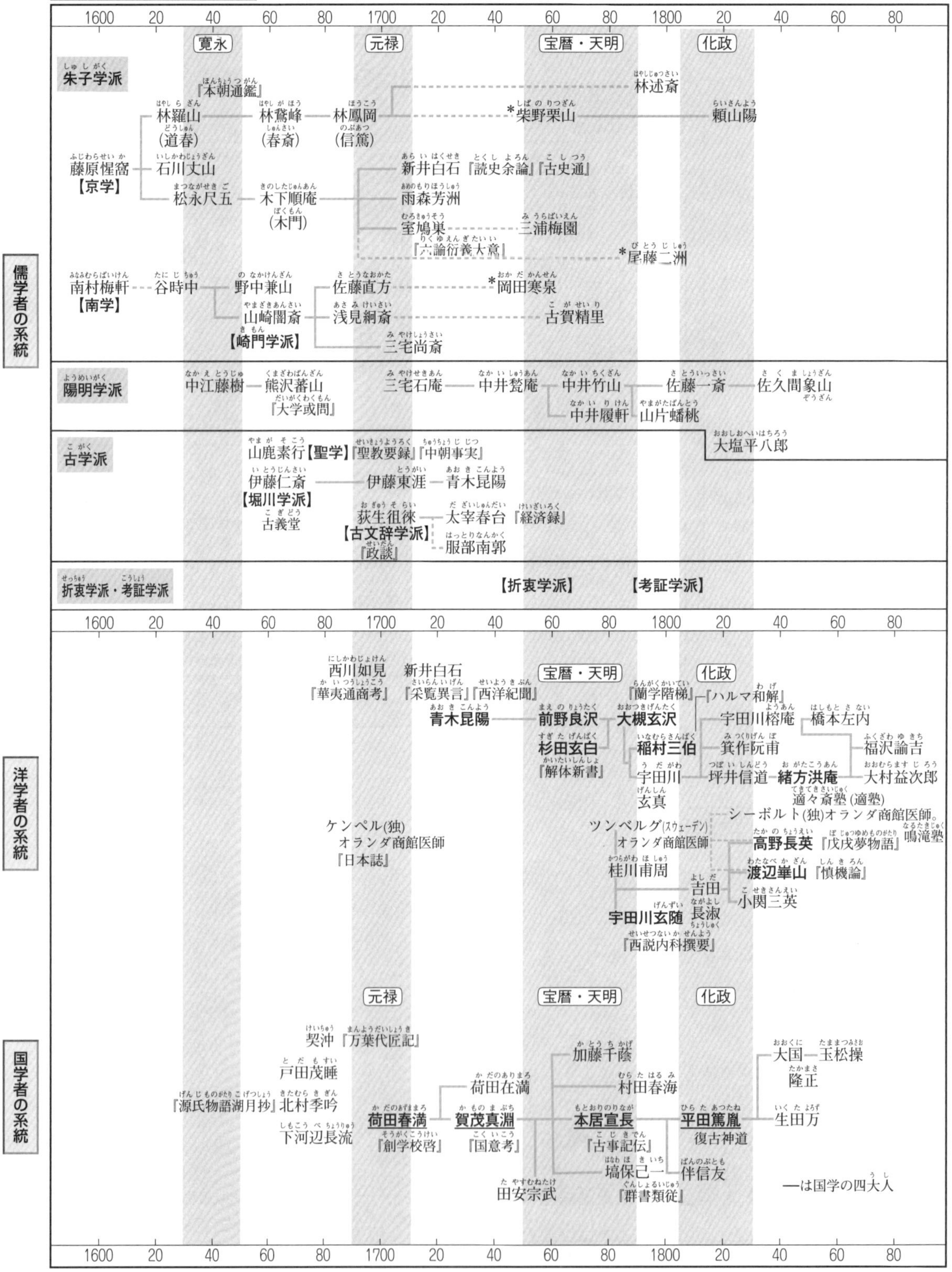